紙上金石

小品善拓過眼録（下）

仲 威 編著

文物出版社

凡　例

1. 本書收録“金石小品拓本”160餘件，皆為筆者近年在上海圖書館碑帖整理中之最新發現。
2. 入選標準有四：拓本珍貴稀見，題跋精彩豐富，品種齊全多樣，彰顯金石文化。
3. 本書分為八大類：金類、石類、磚陶類、玉類、金石集拓類、雜類、博古圖類、外國類。
4. “金類”有：度量衡器、詔版、兵器、燈錠、浮圖、金屬造像、錢幣、地券、璽印、熏爐、符節、鏡鑒、金屬雜器等吉金小品。“石類”有：造像、題名、殘石、地券、硯銘等石刻小品。“磚陶類”有：磚銘、瓦當、壺銘、錢範、陶量等。“玉類”有：玉璽、玉璧、玉詔版等。“金石集拓類”為多種金石小品的集結，多為二條屏、四條屏、八條屏等樣式。凡無法收入金類、石類、磚陶類、玉類者，歸入“雜類”。 凡金石與繪畫結合者，如博古彩繪圖、皴法金石圖、穎拓金石圖等，一概併入“博古圖類”。非我國金石小品者，入“外國類”。
5. 凡遇鐘鼎禮器、樂器等大件名品，本書概不收録。凡名碑、名帖等善本，均收録於《善本碑帖過眼録》。
6. 本書文字部分，除藏品概況、收藏情況、拓本描述之外，還附録相關鑒藏家的生平信息，過録名家題跋、題簽等第一手文獻資料。異體字一般從舊照録。

目　録

叁 磚陶類

一　磚　銘

1.《磚拓萃聚》劉世珩藏本 002
2.《磚銘八軸》吳昌碩跋本 014
3.《河間君子館磚》苗夔題詩本 027
4《五鳳元年磚》鄭文焯跋本 032
5.《建元五年磚》鄭文焯跋本（一） 034
6.《建元五年磚》鄭文焯跋本（二） 035
7.《永元畫像磚七品》褚德彝藏本 036
8.《延光四年磚》郭沫若跋本 038
9.《中平五年磚》朱昌燕跋本 040
10.《天璽元年磚》鄭文焯跋本 046
11.《百歲祝壽圖》六舟拓本 047
12.《唐磚四美圖》金兆蕃藏本 049
13.《雷峰塔造像磚》李健跋本 058

二　瓦　當

1.《秦長生無極全瓦》徐榮亩跋本 061
2.《長生無極全瓦》吳雲跋本 064
3.《秦漢瓦當四軸》吳大澂跋本 066
4.《琅琊臺瓦當》廉泉跋本 070

三　壺　銘

1.《曼生壺拓本》吳昌碩跋本 074
2.《曼生壺花卉圖》顧均繪本 078

四　錢　範

1.《齊化石範拓本》羅振玉跋本 080
2.《漢宣帝五銖泉範磚》吳大澂跋本 082

五　陶　量

1.《秦陶量》鄒安跋本 084
2.《秦陶量殘片》鄭文焯跋本 087
3.《古瓦鐙、古瓦量》陳介祺跋本 088
4.《瓷祖陶尊》莫繩孫跋本 089

肆 玉　類

一　璽　印

1.《匈奴相邦玉印》王國維跋本 092
2.《六國燕將渠鉨》端方跋本 094
3.《趙飛燕玉印》鄭文焯跋本 095
4.《永曆帝遺璽》金松岑藏本 098
5.《瞿式耜行軍章》丁仁藏本 102

二　玉　璧

1.《玉璧四軸》吳大澂跋本 108

三　詔　版

1.《新詔版》潘飛聲跋本 112

伍 金石集拓類

1.《徐乃昌藏青銅器拓本四軸》王國維跋本 116
2.《金石十二屏》陸增祥藏本 122
3.《金石團扇兩軸》吳熙載跋本 139
4.《鼎彝款識四軸》張廷濟跋本 142
5.《吳大澂題鼎彝八軸》吳湖帆藏本 150
6.《漢代銅器四軸》王文燾跋本 159

陸 雜　類

1.《歸化日晷》端方跋本……168
2.《紀曉嵐煙斗》陳漢第藏本 附：紀曉嵐硯臺……170
3.《宋建瓷供御茶盞》鄭文焯跋本……174
4.《陶陵通拓本》陸增祥跋本……176
5.《建文官員懸帶腰牌》趙時棡跋本
附：《乾隆千叟宴腰牌》拓片……179
6.《孫登公和鐵琴》吳士鑑藏本……182
7.《朱紫陽銅琴》談月色拓本……185
8.《顧文彬古琴六種》吳穀祥藏本……187

柒 博古圖類

一　博古圖

1.六舟博古花卉圖四軸……198
2.漢元延二年臨虞宮銅鍾補紫藤圖……204
3.張燕昌手繪伏鹿匜蓋圖……206
4.黃士陵博古圖八軸……209
5.黃士陵博古圖四軸……216
6.管琳皴法博古圖……221
7.蘇潤寬穎拓博古圖四軸……223
8.班師古博古圖四軸……227

二　穎　拓

1.姚華穎拓四件……232

捌 外國金石類

1.《埃及造像》端方題贈本……240
2.《羅馬古印》鄭文焯跋本……242
3.《拉丁文銅盤》鄭文焯跋本……244
4.《印度佛像》鄭文焯跋本……245
5.《高句麗故城刻石》王瓘跋本……248
6.《新羅真興王定界殘碑》王瓘跋本……250

磚陶類

一　磚　銘

1.《磚拓萃聚》劉世珩藏本

《古磚拓》四卷軸，存有古磚拓片廿七張（原為廿九張，舊時遺失兩張），另有二十八位名家題跋、觀款數十則。卷軸中留存之磚拓多為呂佶孫（百磚研齋）藏磚，係呂氏門客子宣手拓，道光乙未（1835）呂佶孫（次閑）將磚拓轉贈李一山（芋香）。光緒丁丑（1877）李一山又加入孫文川手拓磚銘兩張，至此，磚銘卷軸初具規模。

李一山收藏六十年後，光緒乙未（1895）七月，磚銘卷軸為劉世珩（檵庵）購得於石頭城，光緒丁酉（1897）重新裝裱，宣統二年（1910）卷軸中添入最後一位名家褚德彝的題跋。本件磚拓卷軸其磚銘之精彩、題跋之豐富，為所見磚銘拓本之最，故名之曰"磚拓萃聚"。

劉世珩（1874–1926），字聚卿，又字蔥石，號檵庵、聚卿，別號楚園，別署靈田耕者、枕雷道士、梅溪釣客等。安徽貴池人。清末著名藏書家、刻書家、文學家。光緒二十年（1894）舉人，歷官江蘇特用道，江寧商會總理、湖北造幣廠總辦、天津造幣廠監督、直隸財政監理官、度支部右參議。辛亥革命後，移居上海，以清朝遺老自居，築楚園以貯金石書畫。家藏書十餘萬卷，其中善本千餘種。著有《貴池二妙集》《貴池唐人集》《臨春閣曲譜》《大小忽雷曲譜》《夢鳳詞》《曲品》等。

卷軸四件，各有劉世珩外簽題識，現僅存三則。

外簽一：古磚揭。磚凡廿九。漸李芋香藏。共四幅。存凡廿七。

外簽二：古磚揭。□□凡卅八名公臏墨萃積覲間，誠可寶也。蔥石識。

外簽三：古磚揭。丁酉（1897）五月嚴裱褙重裝。貴池劉世珩藏記于江寗寄廬。

《磚拓萃聚》經李一山、劉世珩兩人遞藏，卷中題跋絕大多數為道光至光緒年間歸李一山收藏時期所題。歸劉世珩後，僅添入劉氏自跋及褚德彝題跋。

現將名公題跋依時間先後（有年款者在前，無年款者在後）釋文如下：

（1）道光十五年（1835）閏月十日，吳廷康題記四則：

> 李一山尊兄從子和先生處分得所藏四明專文搨本數十，裝為屏幅，置諸座右，以肴展玩，其嗜好之篤，有勝于廷康者，爰識數言，以申欽仰云。（見卷軸一）
>
> 漢瓦當文有鳳鳥形，張芑堂藏有"鳳鳥"二字專，此與漢竟背文同一精致，宜為李一山外史所珍寶焉。乙未（1835）閏月十日同侄翊昌觀於武林，廷康書。（見卷軸二）
>
> 另，吳翊昌觀款在卷軸四，為雙鉤空心字。
>
> 甲午歲（1834）陳石士宗伯科試台郡，得永安專文字十餘，中間一泉。余所藏永昌元年專，中間一泉並花紋，始接"八月"二字。是磚文曰"太平元年八月"，間以三泉，以知古人制度無方，而一種淳穆之意，溢於行間，幸不為樵夫牧子所傷損，古人之幸，亦今人之幸也。廷康。（見卷軸二）
>
> 台州二十八宿井專文曰"永寧二年八月五日章祿所作"。識似嘉興李一山先生清鑒。晉齋吳廷康。（見卷軸四）

吳廷康（1799–1873），字元生，號康甫、贊甫、贊府、晉齋、茹芝等，安徽桐城人。官浙中數十年。善書畫，精金石考據，亦工刻竹和傳拓。有甎癖，輯有《慕陶軒古甎録》。

（2）道光十五年（1835）閏月十三日，蘇惇元題記：

> 道光十五年（1835）閏月十三日，與同里左玉衡同觀於吳康甫杭州寓齋。桐城蘇惇元識。（見卷軸一）

蘇惇元，字厚子，號欽齋。安徽桐城人。道光三十年（1850）以諸生舉孝廉方正，固辭不就，詔賜六品冠服。著有《方望溪先生年譜》《張楊園先生年譜》《遜敏録》《欽齋文集》《欽齋詩稿》等。

（3）道光十五年（1835）仲冬，徐達源（山

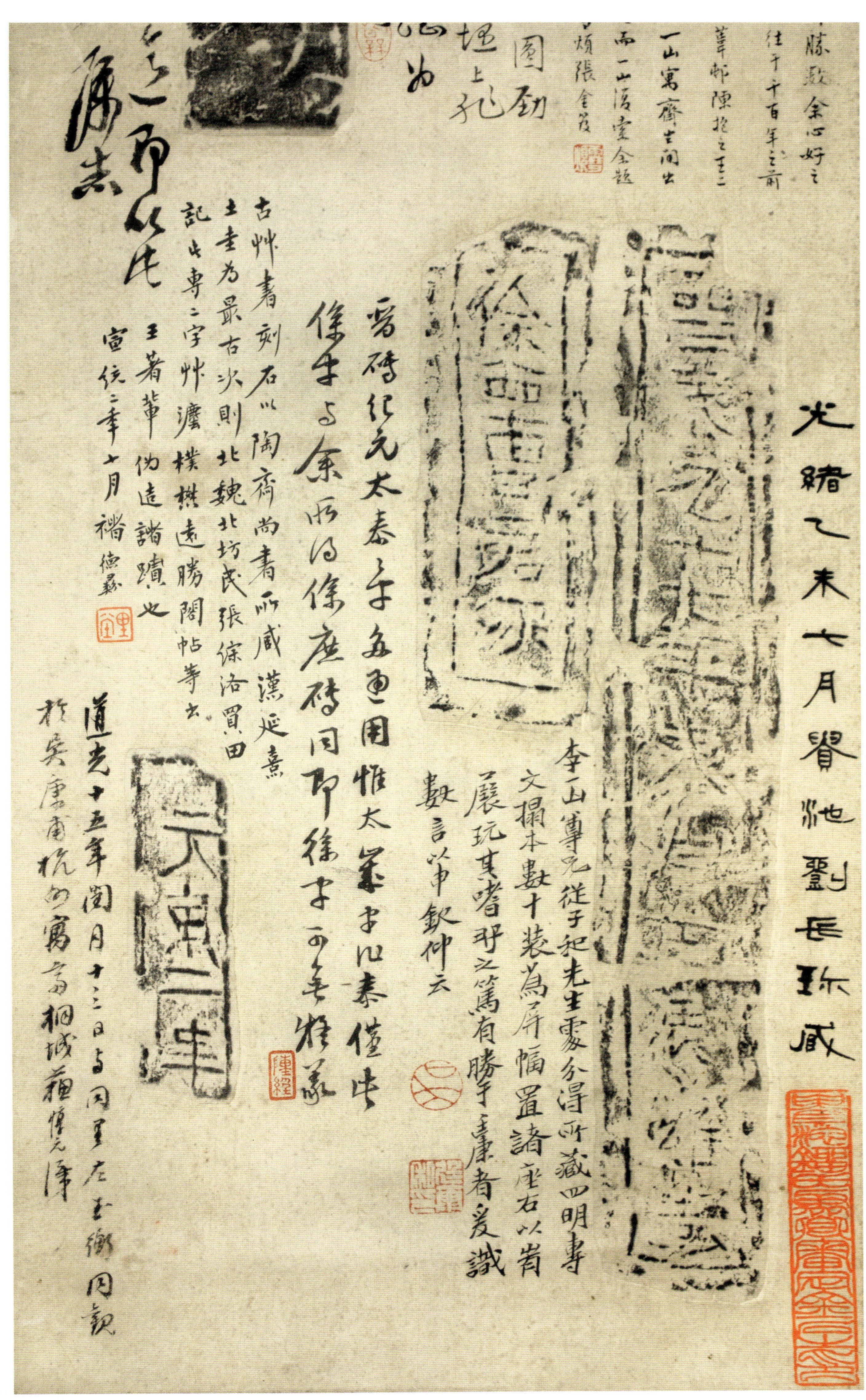

《磚拓萃聚》劉世珩藏本之局部

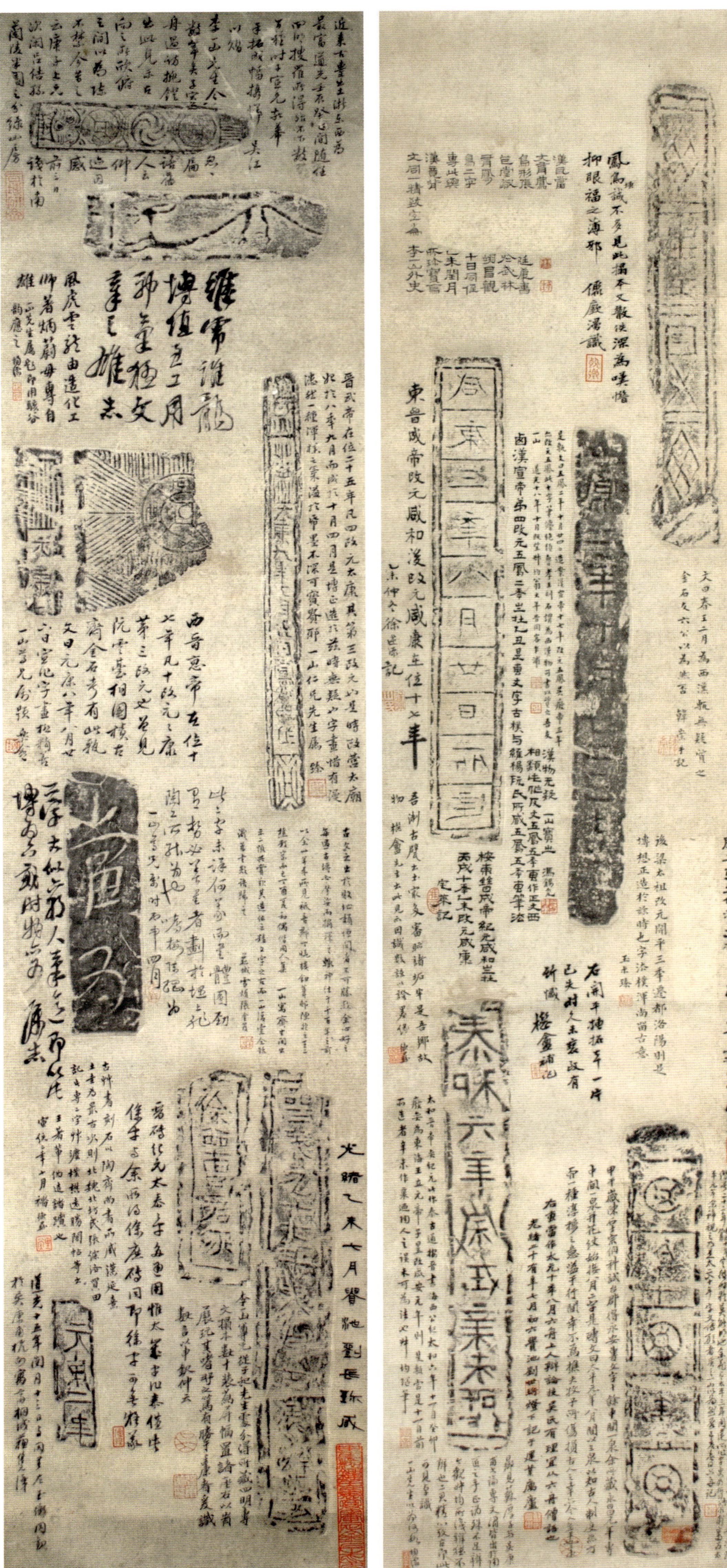

卷軸裝　畫芯縱109.5釐米　横25.3釐米

館藏號：J2648-2674

卷軸一

卷軸二

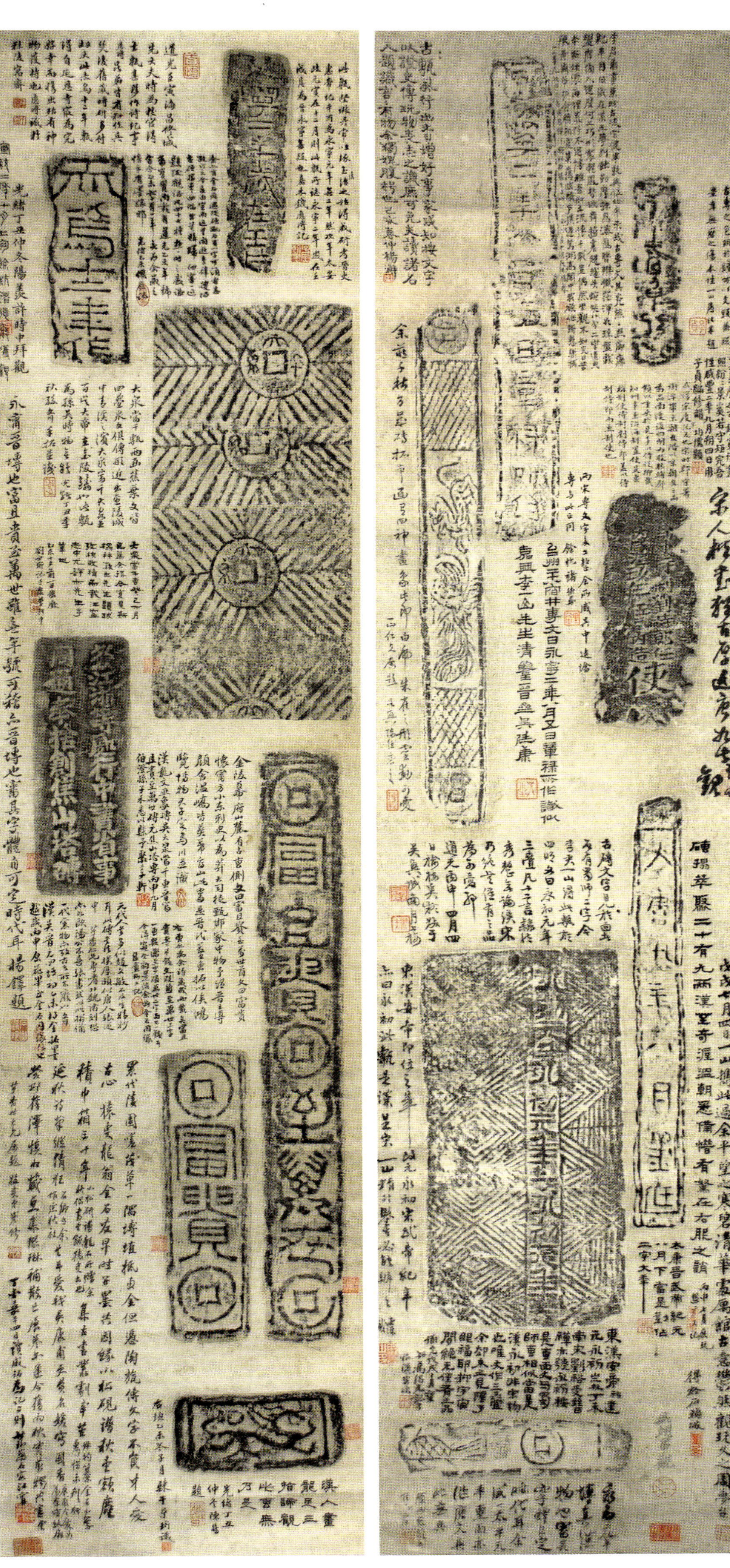

卷軸三

卷軸四

民）題記二則：

東晉成帝改元咸和，後改元咸康，在位十七年。乙未（1835）仲冬，徐達源記。（見卷軸二）

東漢安帝即位之年改元永初，宋武帝紀年亦曰永初。此甎是漢、是宋。一山精於鑒古必能辨之。達源識（見卷軸四）

徐達源（1767－1846），字岷江、無際，號山民、小峨山人。江蘇吳江人。袁枚弟子。徐達源澹泊名利，輕仕途，在翰林院任待詔一年後即返里閉門著述，與洪亮吉、法式善等成莫逆之交。工詩文、善繪畫。著有《黎里志》《國朝甫里人物志》《澗上草堂紀略》《瓶隱偶鈔》等。

（4）道光十六年（1836）四月，陳綱（嗜梅）題記：

此二字未詳何義，而書體圓勁有勢，必善書者劃於坯土，非陶工所能為也。嗜梅陳綱為一山尊兄屬，時丙申（1836）四月。（見卷軸一）

陳綱，字嗜梅，浙江湖州人。擅繪畫，花卉初學陳道復，後經劉德六指授，更造妙境。作墨梅亦饒逸趣。

（5）道光十六年（1836）四月，奚疑（樂夫）題記：

古磚文字見於面者曾有"蜀師"二字，今李君一山得此甎於四明，文曰"永初元年"三疊凡十二言，隸法秀整，無論漢宋，乃絕無僅有之品，為可愛耶。道光丙申（1836）四月四日，榆樓奚疑跋於吳興城南月上樓。（見卷軸四）

奚疑（1771－1854），字子復，一字虛白，號樂夫、方屏山樵、榆樓等。浙江歸安人。其姓名字號出典於陶淵明《歸去來兮辭》"樂夫天命復奚疑"句。博雅多聞，善詩詞，精筆札，晚年戲墨花卉，一無俗韻。著有《榆樓詩稿》。

（6）道光十七年（1837）夏初，張金笈（雪煩）題記：

古文之出於敗址頹垣間者，不可勝數。余心好之，每遇古塼必摩娑而搨釋之，輒神往於千百年之前，以余卅年來所見，祇吾郡丁曉樓、鈕葦邨、陳抱之、王二樵數家而已。丁酉（1837）夏初，偶偕同人集一山寓齋坐間出示二幀共賞，歎其造作之精，文字之古，而一山復索余題識，為書數語歸之。菰城雪煩張金笈。（見卷軸一）

張金笈，字自焦，號雪煩。浙江湖州人。喜金石，善刻印。

（7）道光十八年（1838）七月，周夢台題記：

戊戌（1838）七月四日，一山攜此過余平望之寒碧清華處寓館，古意鬱然，觀玩久之。周夢台。（見卷軸四）

周夢台（1779－1839），字叔斗，號柳初，江蘇吳江人。清諸生，善詩詞，能書法，精鑒賞。道光年間，在吳江盛澤結"紅梨詩社"，公推為社長。著有《茶瓜軒詩》。

（8）道光十八年（1838）十月，翁大年題記三則：

是甎文曰"五鳳二年十月廿四日造"，案漢宣帝十七年改元五鳳，吳廢帝三年亦改元五鳳。此十字筆灋絕類《魯孝王刻石》，謂為西漢物可，書以質之吾友一山。道光十八年（1838）十月既望叔均翁大年，旹同客乍浦。（見卷軸二）

太和晉帝奕紀元，此作"泰"，古通，按《晉書·海西公紀》太和六年十一月癸卯廢奕為東海王，立元帝子昱，改咸安元年，則是甎當是十一月前所造者，辛未作"亲"，迺陶人之誤，未可為法也。叔均隨筆。（見卷軸二）

太康，晉武帝紀元。"八月"下，當是"劉作"二字，大年。（見卷軸四）

翁大年（1760－1842），初名鴻，字叔鈞，又字叔均，號陶齋，江蘇吳江人。工書，行楷學翁方綱。篤嗜金石考據，精篆刻，善刻竹。著有《集古官印考證》《古兵符考略》《陶齋金石文字跋尾》等。

（9）道光十八年（1838）十月，馮錫光（芍闌）題記三則：

西漢宣帝第四改元五鳳，二年歲在乙丑，是專文字古樸與維揚阮氏所藏《五鳳五年磚》筆法相類，此作反文，《五鳳五年磚》作正文，西漢物無疑。一山寶之，馮錫光。（見卷軸二）

按：東晉成帝紀元咸和歲在丙戌，十年乙未改元咸康。宅茱記。（見卷軸二）

開平乃五代梁太祖（朱晃）建元三年歲在己巳，宅茱。（見卷軸二）

東漢安帝祐建元永初歲在丁未，南宋劉裕受晉禪亦號永初，按是專面文與《蜀師專》相似，當是漢永初，非宋物也。唯文作三疊，余卻未之見，限於眼福耶。抑宇宙間絕無僅有之品。道光戊戌（1838）

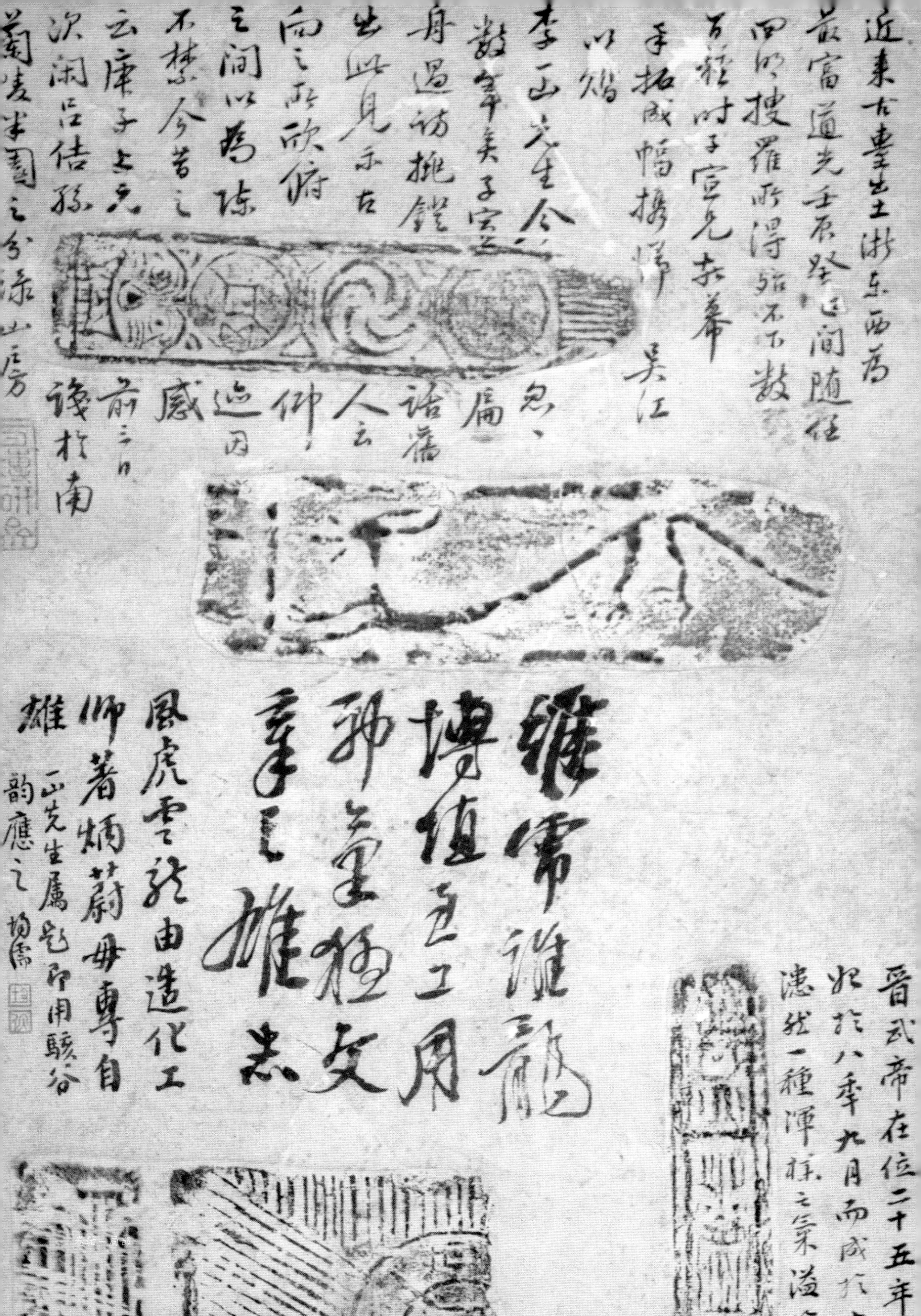

近来古塼出土浙东西為
最富道光壬辰癸巳间随任
四明搜罗所得殆不下数
晋武帝在位二十五年
風虎雲龍由造化工
一山先生屬題即用駭谷韵應之

十月望，潁上馮錫光記於□濱客次。（見卷軸四）

馮錫光，字宅萊，號芍闌，活躍在道光年間，能書畫，善刻竹。

（10）道光十九年（1839）春日，六舟達受題記：

太平元號紀元者十，為吴候官侯、晉趙廞、北燕馮跋、南燕賊王始高、柔然豆崙、梁敬帝、隋林士宏、遼聖宗、宋李婆備、宋交趾丁部領子仍稱茲太平。字文古茂，定為吴物。然吴止二年，馮跋僭號二十二年此云十年八月，定彼時疑莫能明也。余藏有太平三年周建所作，字更明晳。此康甫審為太平元年，余諦視之，乃是太元十年，字文傳形者，質之一山以為然否？己亥（1839）春日六舟記。（見卷軸二）

釋六舟（1791–1858）又名達受，字秋楫，號萬峰退叟、滄浪亭灑掃行者、小綠天庵僧等，浙江海昌人。能書善畫、擅詩文、工鐵筆，尤專精於摹拓碑帖鐘鼎。其手拓青銅彝器得嘉興馬傳岩真傳，能具各器之全形，時稱"絕技"。一時被譽為"詩僧""金石僧"。

（11）道光十九年（1839）春仲，楊瀚題記：

古甎風行，出土日增，好事家咸知按文字以證史傳，玩物喪志之譏庶可免。夫讀諸名人題識，言言有物，余獨媿腹枵也。己亥（1839）春仲，楊瀚。（見卷軸四）

楊瀚（1781–1840），字竹唐，號龍石，晚號野航，江蘇吴江人。金石家，善治印，能刻竹，精鑒藏。有《楊龍石印存》傳世。

（12）道光二十年（1840）上元前三日，呂佶孫（次閑）題記：

近來古專出土浙東西為最富。道光壬辰癸巳（1832–1833）間，隨任四明，搜羅所得殆不下數百種，時子宣兄在幕，手拓成幅，攜歸吴江，以贈李一山先生。今忽忽數年矣，子宣扁舟過訪，挑鐙話舊，出此見示。古人云：向之所欣，俯仰之間已為陳跡，因不禁今昔之感云。庚子（1840）上元前三日，次閑呂佶孫識於南蘭陵半園之分綠山房。（見卷軸一）

呂佶孫，字次閑，室名百磚硯齋，江蘇吴江人。道光舉人，官四川、浙江等地知縣。

（13）道光二十二年（1842）六月，楊鐸題記三則：

李君善畫兼好古，淩雲健筆孰與伍。
北來示我古專文，其光熊熊照廊廡。
紀年月日歲在某，土花剝蝕勤摩撫。
為漢為晉辨微茫，渾如珠盤載盟府。
陶人運甓何工巧，形製龍鳳勢欲舞。
籀書趯趞失蜿蜒，八分二字遺典午。
斷煙零雨埋荒阡，不遇博雅棄盱土。
流傳千載豈偶然，坐觀不知宴日苦。
硬黄繭帋拓愈精，朝霞莫靄臨牖户。
攜過鴛湖高閣中，我欲作詞慙琹補。

一山尊兄相遇於袁浦，為揮汗題此，即請正句，時在□寅（1842）六月中浣，石卿楊鐸。（見卷軸四）

永初元年磚真漢物也，審其字體自定時代耳。余藏一太平元年專，面亦作磨文，與此無異。碩卿題於且住山房。（見卷軸四）

永甯晉磚也，富且貴至萬世，雖無年號可稽，亦晉塼也。審其字體，自可定時代耳。楊鐸題。（見卷軸三）

楊奕鐸，又名楊鐸，字石卿，號石道人。河南商城人。嗜金石之學，擅花卉，官江蘇震澤知縣。著有《中州金石目録》《函青閣金石記》《三十樹梅花書屋詩草》等。

（14）咸豐二年（1852）九月高均儒題記：

風虎雲龍，由造化工。師著炳蔚，毋專自雄。

一山先生屬題，即用駭谷韻應之。均儒。（見卷軸一）

曏見蘇厚子與吴康甫書，論專文謂皆出於陶匠之手，正僞殊不足辨，今觀叔均（翁大年）所識，辨猶不辨也。二君精心攷古即此可見卓識。一山先生以為何如。均儒。（見卷軸二）

莫羡磨之可鏡，窮形盡照紛紛景，奚若守矩完吾性。咸豐二年（1852）九月朔四日，用子貞編修韻。均儒題。（見卷軸四）

高均儒，字伯平，秀水人。廩貢生。性狷介，嚴取與之節。治三禮主鄭氏，尤服膺宋儒，見文士蕩行檢者則絕之如仇，人苦其難近。著《續東軒遺集》。

（15）玉朩臻（百庭）題記：

晉武帝在位二十五年，凡四改元，太康其第三改元也。是時改營太廟，始於八年九月，而成於十月（年）四月。是塼正造於茲時無疑也。字畫惜有漫漶，然一種渾樸之氣溢於帋墨，不深可寶貴耶。一山仁兄先生屬。臻。（見卷軸一）

後梁太祖改元開平三年遷都洛陽，則是磚想正造於兹時也。字法樸渾，尚留古意。玉朩臻。（見卷軸二）

玉朩臻生平不詳。

（16）沈學善（字遵生，號樂庵）題記：

西晋惠帝在位十七年，凡十改元，元康第三改元也。曾見阮雲臺相國《積古齋金石考》有此甎，文曰“元康八年八月廿六日宣作”，字畫極精善。一山尊兄屬題。樂庵。（見卷軸一）

沈學善，字遵生，號樂庵，浙江錢塘人。據《清稗類鈔》載：“（沈學善）嘗館平湖縣署，適演劇，主人固請出觀，遵生固卻。薄暮獨立牆陰，人詢之，對曰：“靜聽蟋蟀秋吟，差勝笙歌盈耳也。”

（17）陳經題記二則：

余藏千秋萬歲磚拓本面有四神畫象，此即白虎、朱雀之形，靈動可愛，一山仁兄屬題，吴興陳經。（見卷軸四）

晉磚紀元“太”“泰”二字多通用，惟“太歲”字作“泰”，僅此。“徐”字與余所得“徐庶磚”同，即“徐”可無疑義。（見卷軸一）

陳經，自號魚先生，吳興人。曾任江蘇宜興縣知縣。

（18）韓崇題記：

文曰春王二月，為西漢磚無疑，質之金石友六公以為然否。韓崇手記。（見卷軸二）

韓崇（1783–1860），字元芝、元之，一字履卿，别稱南陽學子，室名寶鐵齋、寶鼎山房，江蘇元和人。吳大澂外祖父，性嗜金石，善書法。著有《寶鐵齋詩録》《寶鐵齋金石文跋尾》《履卿書畫録稿》。

（19）何紹基題記：

古專之色明於鏡，可以支頭兼照景，幸無磨之傷本性。一山屬，紹基題。（見卷軸四）

何紹基（1799–1873），字子貞，號東洲居士，晚號蝯叟，湖南道州人。道光十六年（1836）進士。曾任四川學政，後主講濟南、長沙等地書院。通經史，善書法，精小學金石碑版。著有《東洲草堂詩鈔》《東洲草堂文鈔》《東洲草堂金石跋》等。

（20）錢應溥（子密）題記二則：

此甎堅緻異常，以琢玉法治之，始得成研。考《晉史·惠帝紀》辛酉為永寧元年，無二年，然次年太安改元實在十二月，則此甎所誌永寧二年歲在壬戌，其為晉永寧無疑也。嘉禾錢應溥記。（見卷軸三）

道光壬寅（1842）海昌修城，先大夫時為校官，得古甎甚夥，作詩紀事。應溥昆弟皆有和作，兵燹後舊藏磚研多付劫灰。此赤烏十二年甎，得自延恩寺，寂爲完好，幸而攜出，殆有神物護持也。應溥識於秣陵寓齋。（見卷軸三）

錢應溥(1824–1902)，字子密，别署葆真老人、閒靜老人，浙江嘉興人。錢鏐第三十世孫，錢陳群五世孫，錢泰吉次子。光緒十六年（1890）任禮部侍郎，光緒二十一年（1895）入直軍機處，光緒二十二年（1896）兼工部尚書。著作有《葆真老人日記》。

（21）梅叟（彦修）題記一則：

累代陵園嗟茂草，一隅塼埴抵兼金。

但憑匋旐傳文字，不負才人愛古心。

猿叟龍翁金石友，早時子墨共因緣。

小松硯譜秋堂額，塵積巾箱三十年。

小松研譜龍石所贈，余秋根書堂額，猿叟書也。

集古書叢劇辛苦，叔均纂《金石小學考》，惜未刊行。延秋詩筆縱清狂。石卿與余作延秋社。

生平愛我吳康甫，更費名媛寫國香。

康甫令愛女為余寫紈扇。

營邱舊澤慎收藏，更集璆琳補散亡。

展卷如逢今舊雨，秋宵剪燭共書堂。

芋香世大兄屬題，梅叟弟彦修。（見卷軸三）

梅叟生平不詳。

（22）孫文川題記：

《大泉當千甎》兩面蕉葉文，皆四疊，泉文俱傳形，近出金陵城中青溪之濱，《大泉當千》《大泉五百》吳大帝在金陵鑄也。此甎為孫吳時物無疑。光緒丁丑年（1877）秋，孫文川手拓並識。（見卷軸三）

金陵幕府山麓有古專，側文曰“富且貴至萬世”，首文曰“富貴”，懷甯方小東刺史以為莽大司徒甄邯冢中物，予謂晉王導、顔含、溫嶠皆葬幕府山。此當是晉代墓專，拓以俟鴻覽博物君子定焉。川並識。（見卷軸三）

元代人書多似趙文敏，不及其精妙耳。此碑書法樸厚，頗似唐人張從申。芋香仁兄專嗜北魏諸刻，恐亦如歐陽公不喜張書，

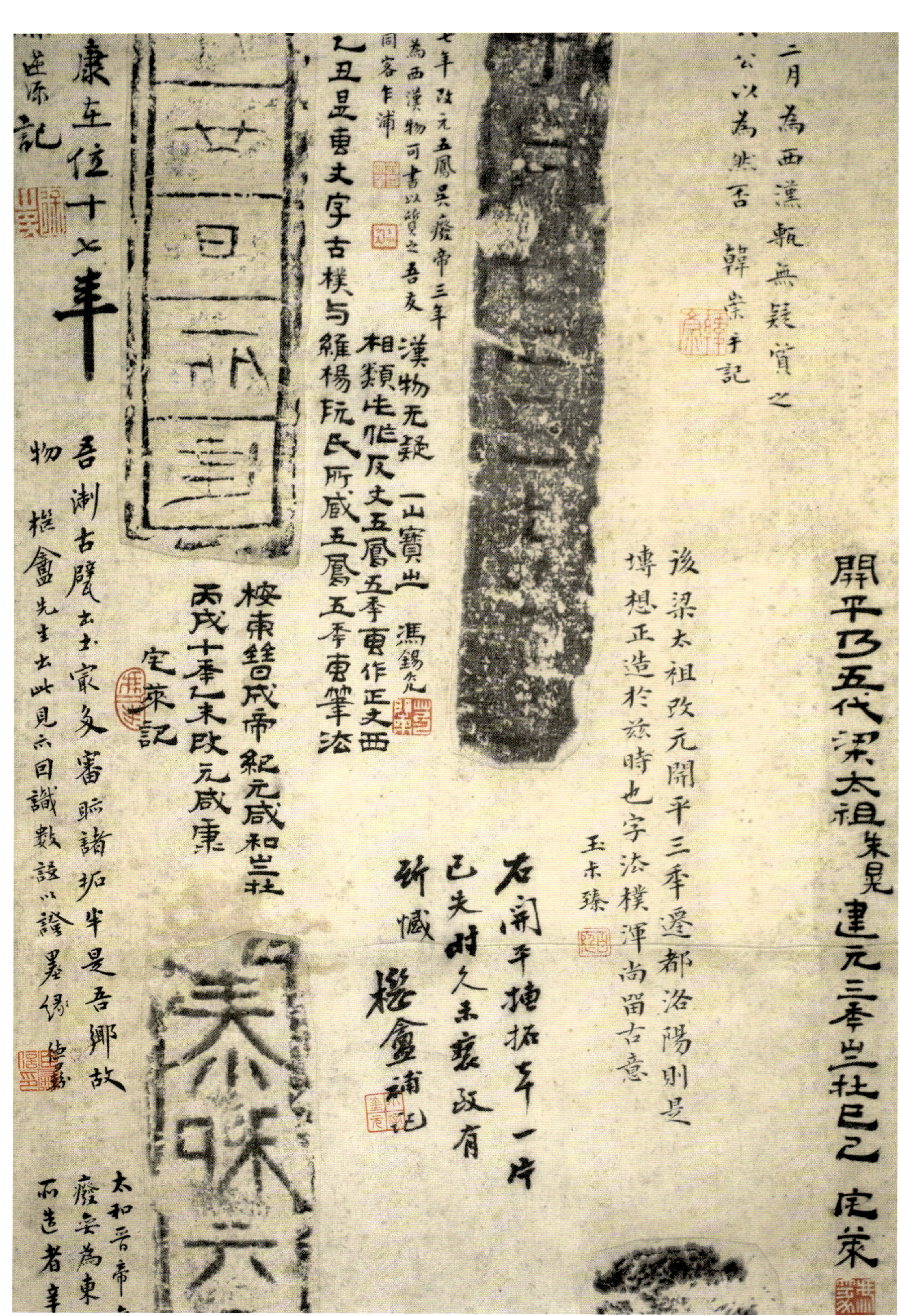

然以此搨備一代舊物亦攷古者所不廢也。文川。（見卷軸三）

孫文川，字澂之，江蘇上元人。清諸生，曾入兩江總督沈葆楨幕，擢知府。以金石書畫自娛，終年六十一歲。藏書甚富，喜金石，尤喜搜集古泉，長於考據。著有《讀雪齋詩集》《淞南隨筆》《古錢譜》等。

（23）陳廷暘題記：

漢人畫龍足三指，諦觀此專無乃是。光緒丁丑（1877）仲冬陳廷暘題。（見卷軸三）

陳廷暘生平不詳。

（24）許時中觀款：

光緒丁丑仲冬（1877）陽羡許時中拜觀。（見卷軸三）

許時中生平不詳。

（25）厲志題記：

维虎誰龍，磚埴至工。用神氣猛，文章之雄。志。

二字大似六朝人筆意，即以此塼為六朝時物亦可。厲志。（見卷軸一）

厲志（1804-1861），字駭谷，號白華山人，晚年改名厲允懷，筆名景陽氏，清諸生，擅詩書畫。

（26）劉德三題記一則：

咸淳宋度宗紀元也。宋時郡守署銜率帶京朝官階，以京朝官之品為品，南渡後四明為股肱輔郡，鎮以重兵，於是多以侍從卿貳知州事，兼治海制置使。是專稱制使待制劉侍郎，蓋以待制侍郎而兼制使也。（下鈐"劉德三"印）（見卷軸四）

劉德三，善刻竹，其生平不詳，

（27）宋人楷書猶古厚近唐如此。□□觀。（見卷軸四）

以下為光緒二十一年（1895）歸劉世珩後添入題記。

（28）劉世珩自題十一則：

光緒乙未（1895）七月貴池劉氏珎藏。（在卷軸一）

鳳鳥塼誠不多見，此搨本又散佚，深為嘆惜，抑眼福之薄邪。偒庼漫識。（在卷軸二）

右開平塼拓本一片已失，時久未裝，致有斯憾。櫳盦補記。

右專當作太元十年八月，六舟上人辯論挍吴氏有理，宜从六舟僧語也。光緒二十有年七月初六，貴池劉世珩燈下記於建業寓廬。（在卷軸二）

余亦有金石癖，遇殘碑亂石有一字可識者，悉攷訂之。今夏由宣南返里，間遊書肆，搜得古磚拓本四幅，出資購歸，細審一過，題跋觀誌，凡四十七種，極一時之盛，誠當寶貴，內載有道光乙未年號，合今乙未，六十有一年矣，為余藏之，信乎有墨緣耶。光緒乙未（1895），聚廞記。（見卷軸三）

《大泉當千專》癸巳（1893）六月已為余得，今夏見斯搨並澂之（孫文川）先生題跋，攷核故精而載《江寧志》中尤詳，亦先生手筆也。乙未七夕前一日，偒廞劉世珩記於聚學軒中。（見卷軸三）

漢龍紋畫象塼、吴大泉當千專、晉富且貴至萬世磚、元焦山塔專，丙申（1896）九月，伯澄孫子禾悉以歸予聚學軒中。（見卷軸三）

右磚亦為余得藏，成兩截矣。"富且貴至"下半錢文段（此字點去）斷，"至萬世"三字一專無萬（此字點去）"至"字，儘"萬世"兩字與下一錢耳。今得窺全豹，是結余為金石因緣。蠶庵珩又記。（見卷軸三）

漢吴晉元四塼，初乙未得全拓墨，越歲丙申原器畢至，金石因缘信也。（見卷軸三）

丁酉（1897）嘉平四日，讀藏拓為記二則，世珩蒠石客江甯。（見卷軸三）

磚拓萃聚二十有九，兩漢至奇渥温朝悉備，惜有駑在右服之誚。丙申（1896）七月展玩，櫳庵又記。（見卷軸四）

得於石頭城。（見卷軸四）

右塼乙未（1895）冬子月歸於予，珩識。（見卷軸三）

（29）宣統二年（1910）十月，褚德彝題記四則：

古草書刻石以陶齋尚書所藏漢延熹土圭為最古，次則北魏北坊民張綜洛買田記，此專二字草瀟樸懋，遠勝《閣帖》等出王著輩偽造諸蹟也。宣統二年（1910）十月褚德彝。（見卷軸一）

吾浙古甓出土最多。審視諸拓，半是吾鄉故物。櫳庵（劉世珩）先生出此見示，因識數語以證墨緣。德彝。（見卷軸二）

宣統二年（1910）十月上旬，餘杭褚德彝獲觀。（見卷軸三）

兩宋專文字多工整，余所藏吴中造墖專與此正同。餘杭褚德彝。（見卷軸四）

此甎陸繼丹常以琢玉法治之如澄泥研者晉史惠帝紀辛酉爲永寧元年無二年此次年太安改元實在十二月則此甎所誌永寧二年歲在壬戌其爲晉永寧無疑也嘉禾錢應溥記

余亦有金石癖遇殘磚亂石有一字可識者悉蒐訂之今夏由宣南返里過遊書肆搜得古磚拓本四幅出資購歸細審之迺題跋觀誌凡四十七種想見一時之盛前賢寶翰內載有道光乙未年歸距今乙未六十有一年矣而爲余藏之僥幸有墨緣耶　光緒乙未儀庭

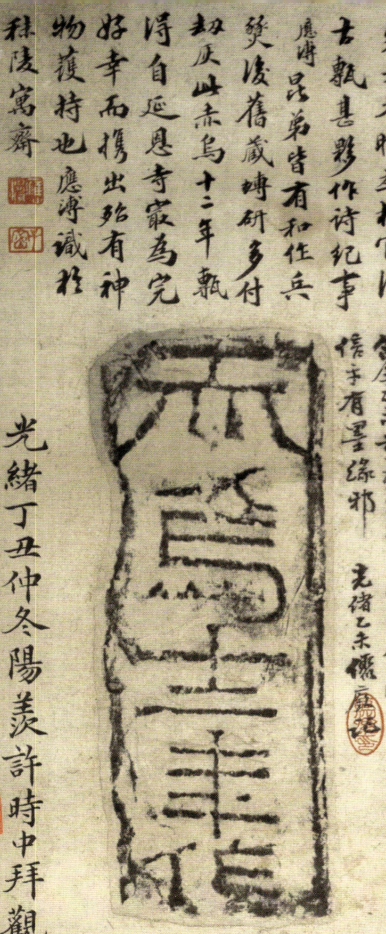

道光壬寅海昌修城先大夫時爲校官得古甎甚夥作詩紀事應溥昆弟皆有和作兵燹後舊藏塼研多付劫灰此赤烏十二年甎得自延恩寺最爲完好幸而攜出殆有神物護持也應溥識於秣陵寓齋

光緒丁丑仲冬陽羨許時中拜觀

宣統三年十一月同餘杭[illegible]觀

永寧晉塼也富且大

大泉當千甎兩面蕉葉文皆四疊泉文俱傳所近出金陵城中青溪之濱大泉當千大泉五百皆大帝在金陵鑄也此甎爲孫吳時物無疑　光緒丁丑季秋孫奇手拓並識

卷轴三局部

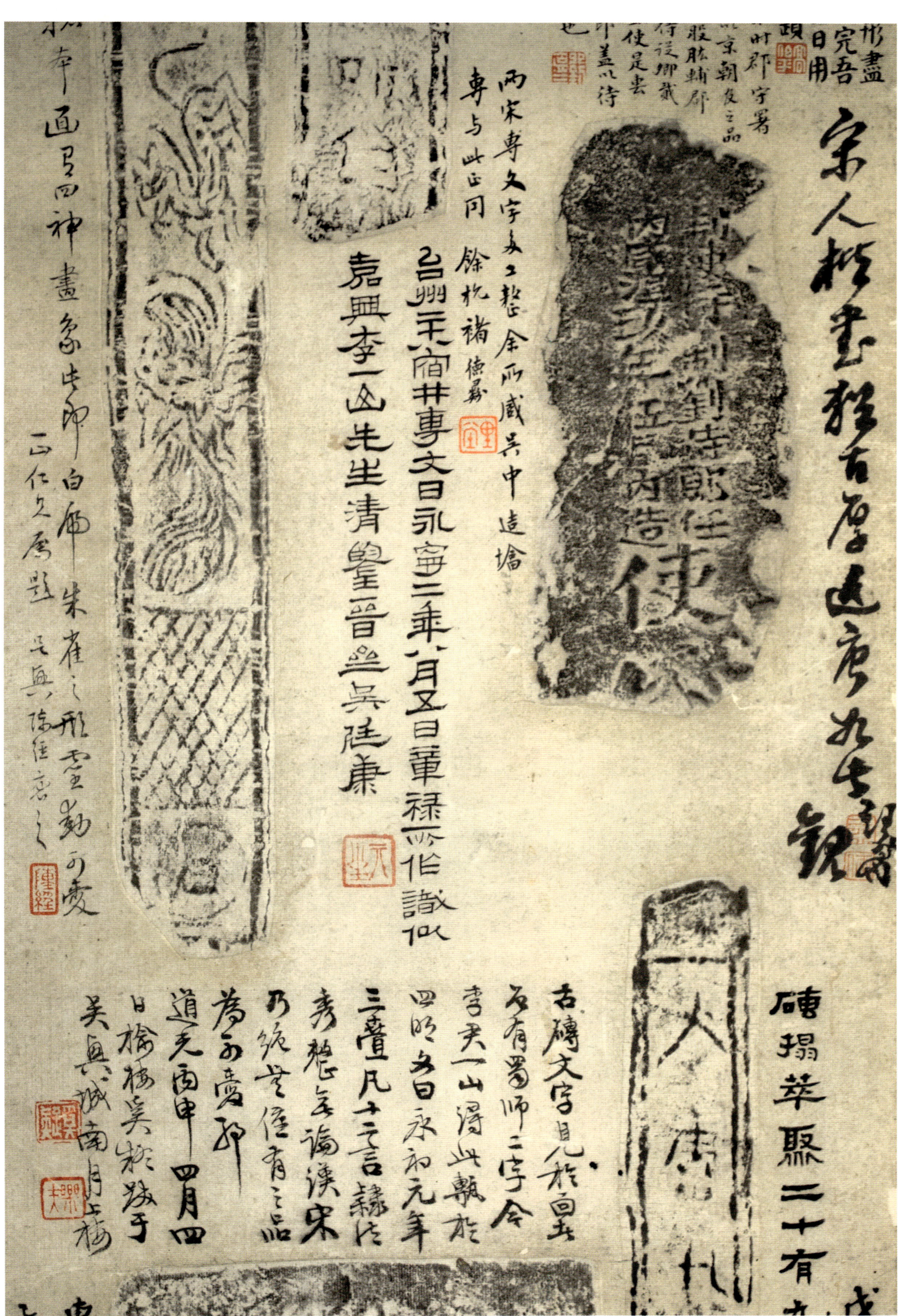
兩宋專文字多工整余所藏吳中造墻專與此正同
餘杭褚德彝
台州天甯寺專文曰永寧二年八月五日筆祿所作識似
嘉興李一山先生清鑒晉丞吳廷康
磚揭華縣二十有

2.《磚銘八軸》吳昌碩跋本

《吳昌碩磚銘題記八軸》，其外簽題曰："吳昌碩長題漢磚，姚漢。"下鈐"仙查"印章。每卷存磚銘拓片四至五枚，其旁側均有吳昌碩行書題記。

以上磚銘之原磚均為吳昌碩藏品，即大名鼎鼎"缶廬藏磚"之精品。不知何年經潘鏞（翔生）手拓這批磚銘，後於光緒二十二年（1896）又將這批拓片寄回缶廬，延請吳昌碩為之題跋，這就是我們今天看到的《吳昌碩磚銘題記八軸》。吳氏題記不論長短共計二十九段，並鈐有吳氏印章數十方之多。題記磚銘之時，吳昌碩年五十三，故本藏品也是研究吳氏盛年書法與篆刻的絕佳資料。

本卷之原藏家為潘鏞，字翔生、祥生、其鈞，號翔廬、祥廬。浙江吳興人。與吳昌碩交善，吳氏為其刻印頗多，其中光緒二十五年（1899）所刻"潘其鈞翔廬大利長壽"一印，其邊款曰："翔廬主人身羸弱善病，唯酷嗜金石書畫，見有所愛，每不惜重值收藏，朝夕瀏觀，藉以療疾。"从屢次求印章和求題跋可知，潘氏應該屬於昌碩藝術的早期知音。

此外，在第八軸的吳昌碩題記中，指明《晉永康元年磚銘》為光緒庚辰（1880）震澤老友金傑所贈。金傑，字俯將。江蘇蘇州人，吳昌碩摯友。曾贈給昌碩一件古缶，吳氏从此便自號"缶翁""老缶"，還將齋室名曰"缶廬"。由此可見，金傑這位金石友，在吳昌碩心中地位的不同尋常。為潘鏞八軸題跋時，金傑已經去世多年，當缶翁再次看到《晉永康元年磚銘》時，睹物思人，為之神傷不已。

今天，我們來欣賞這批"缶廬藏磚"拓片，觀覽古代磚瓦匠不經意間的創作（銘文書法），"蒼勁雄渾"之氣撲面而來，"浩博自然"之趣油然而生，又能感受到古代磚銘特有的"秀麗處顯蒼勁，流暢處存厚樸，奔放處含法度，精微處見氣魄"的渾然境界。讀者自可从中體會到"鬱勃樸茂"的缶翁書法篆刻風範之由來與出處，還能領教到缶翁雜揉"金石氣"的高超本領與手段。

卷軸一

《吳天紀元年（277）磚》

文曰"天紀元年太歲"，每字一格，"紀元"二字共一格，"天紀"上一字不克辨認，疑是"吳"字，如元康、太康專之上隱隱有"晉"字存耳。

下鈐"苦鐵不朽"印章。

"天紀元年"四字，各為一格，字畫不及上之遒勁

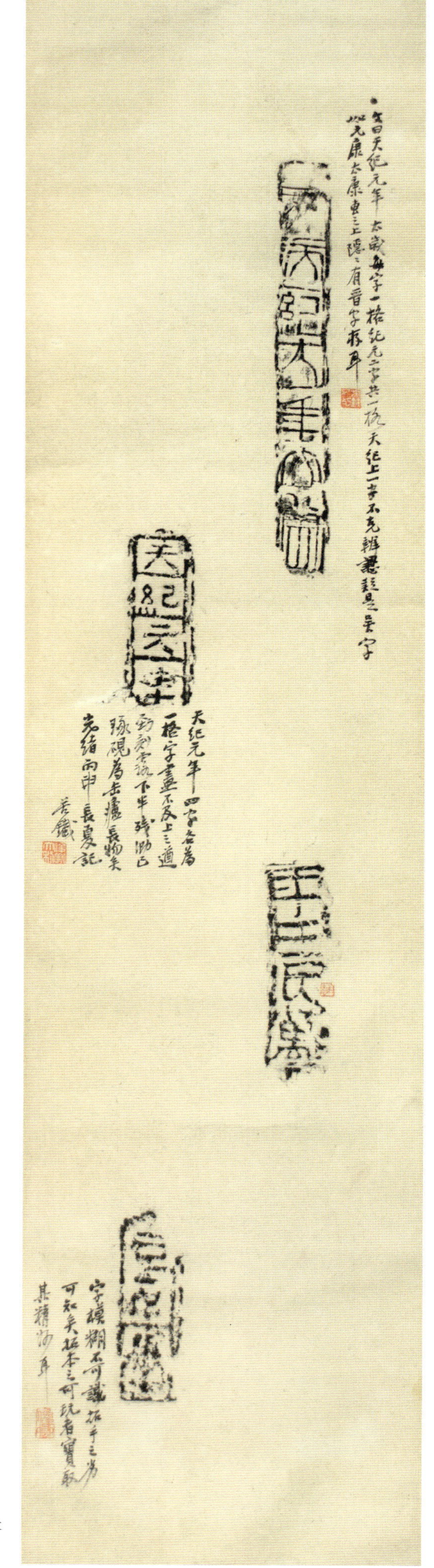

卷軸裝　畫芯縱133釐米　橫32.5釐米

館藏號：J5905-5912

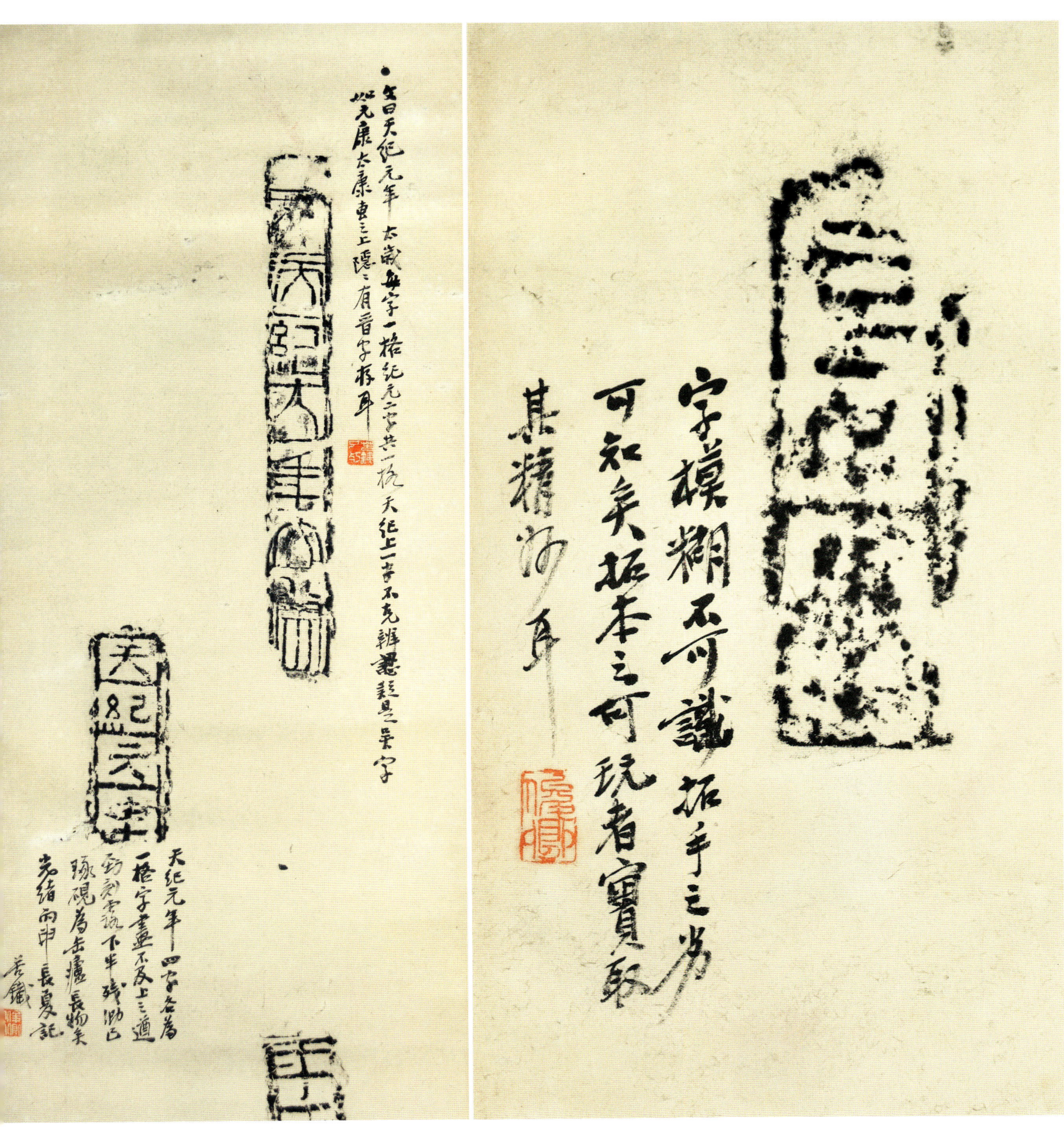

卷軸一局部

刻露，下半殘泐，已琢硯為缶廬長物矣。光緒丙申（1896）長夏記。苦鐵。

下鈐“俊卿大利”印章。

字模糊不可識，拓手之劣可知矣。拓本之可玩者，實取其精妙耳。

下鈐“俊卿”印章。

卷軸二

《晉咸和元年（326）磚》

“咸和”，晉成帝年號也。“七月廿日傜令”，“傜”故鄭施氏釋作“播”，摩其筆勢，疑是“傜”字，傜役也。下端“邦造”，“邦”乃傜役者之名。苦鐵道人。

下鈐“俊卿印信”印章。

此“萬歲”二字。

下鈐“酸寒尉印”印章。

《吳寶鼎二年（267）磚》

《寶鼎專》下半已泐，“二年”之下當是“七月”，吳歸命侯第三紀年也。其文與下端“作壁大吉祥”皆反書。缶廬。

下鈐“吳俊”印章。

“作壁”上已泐去，“壁”當作“辟”，“甓”之借假字也。“大吉祥”者言作壁時當大吉祥頌祝之謂也。

下鈐“惡詩之官”印章。

卷軸三

《晉永加元年（307）磚》

晉永加元年迺漢延熙四年，“嘉”作“加”省文。下端“朱丅”二字專紋隱約，拓手未精耳。“丅”古“丁”字，朱丅者，主朱氏發丁之意。熹誤作。

下鈐“缶”字印章。

“歲”作“𡿺”，“敗”作“𧴀”，“不”作“𥝌”，與天紀專左側“不敗”“不”字同。

下鈐“安吉”印章。

晉永加元年，即漢（前趙）元熙四年（307），延熹四年（161）在蜀後主劉禪第二紀元，此處恐吳昌碩有筆誤。

《五鳳三年（前55）磚》

有疑此為吳專者，按漢後帝延熙乙亥十八年為吳五鳳二年，丙子十九年即吳太平元年，若是則吳五鳳無三年矣。《千甓亭古專圖釋》定為吳物，恐未確。苦鐵。

下鈐“破荷”印章。

《千甓亭古磚圖釋》為清代金石學家陸心源所

卷軸二

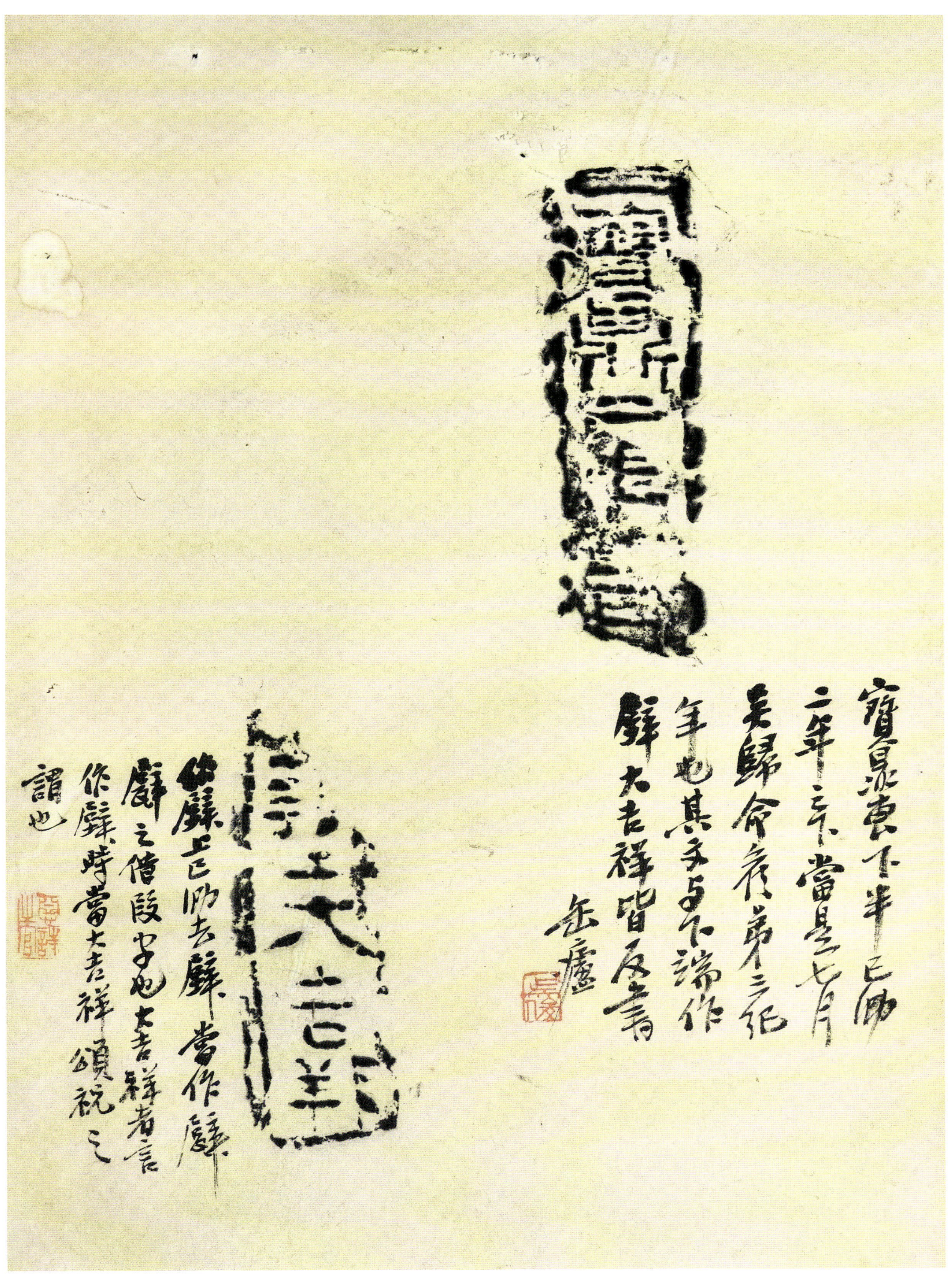

卷軸二局部

著，該書收録千餘枚古磚拓片，均有陸氏批註。

卷軸四

《晉太元十四年（389）磚》

晉太元十四年即秦太初四年，燕建興四年，後秦建初四年，魏登國四年，涼麟嘉元年。“仲秋之月易陽”易水名，《水經注》易水出涿郡故安縣閻鄉西山。後秦主萇乃有事放（此字點去）于大界安定，或此專造于易水之陽，故曰易陽。

下鈐“安吉”印章。

《晉元康七年（297）磚》

去烏程數里有菁山，菁山與茅山相連，專出是處。文隸書兩行，瘦勁似《景完碑陰》，予琢為硯，銘之曰：專出茅山，作者施傳，專再作硯。吳甓禪。

下鈐“缶”印章。

《景完碑陰》即《曹全碑陰》。

《晉永寧元年（301）磚》

永寧元年，年乃漢安帝第三紀年也。晉亦有永寧，字畫無此古拙。昌碩。

下鈐“吳俊”印章。

吳昌碩定為漢安帝永寧元年（120），非也。

《天災生磚》

天災生三字，在永寧上端，渾樸堅古，斷非漢以後人所能仿佛。安帝元初六年十二月朔，日食既地震，故改元為“永寧”，“天災生”其即日食地震之謂乎。老蒼。

下鈐“苦鐵無恙”印章。

此亦琢硯，銘之曰：“畫佛寫經天災化為永寧”。俊卿。

下鈐“安吉吳俊昌石”印章。

卷軸五

《晉元康三年（293）磚》

“元康三年六月廿七日，孝子中郎陳鍾紀作，宜子孫位至高遷累世萬年相禪”卅言書二行，中郎官名，从事中郎也。孝子中郎當陳鍾紀為父作墓專，故稱孝子。千甓亭藏《青龍白虎專》有“萬歲累世”四字。禪者，繩也，猶堯傳（此字點去）禪舜，舜禪禹，言繩其祖武也。“禪”下“𠬢”魚形，形似雙魚吉翔之意。光緒廿二年（1896）丙申。吳俊卿。

下鈐“吳昌石“印章。

翔生仁兄拓缶廬藏專郵寄索題，草率應正。丙申（1896）六月八日，吳俊卿。

下鈐“俊卿“印章。

此亦類魚形，似武梁畫像空隙處畫一鳥獸形

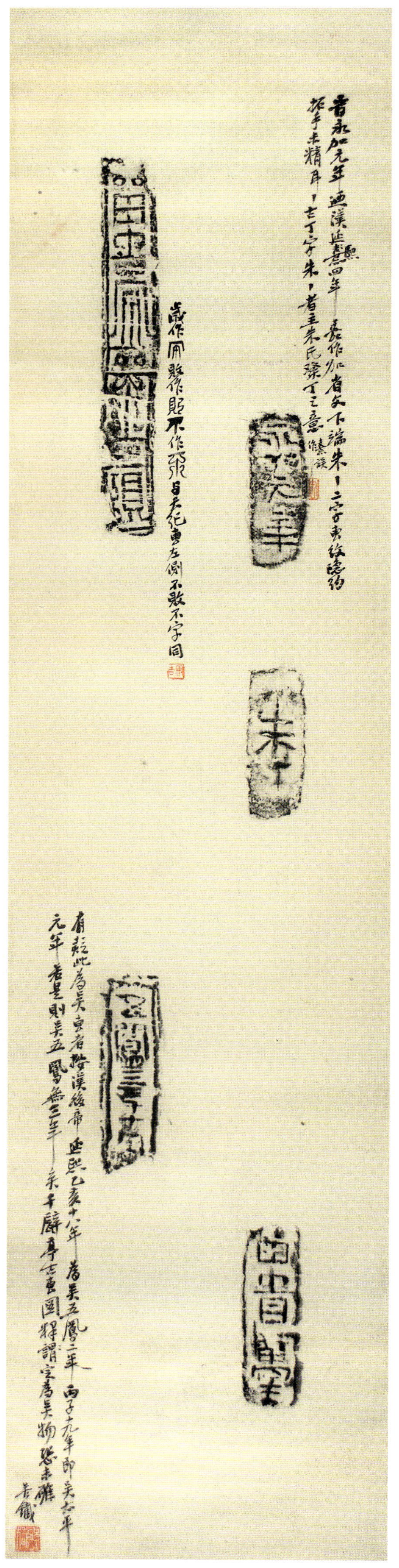

卷軸三

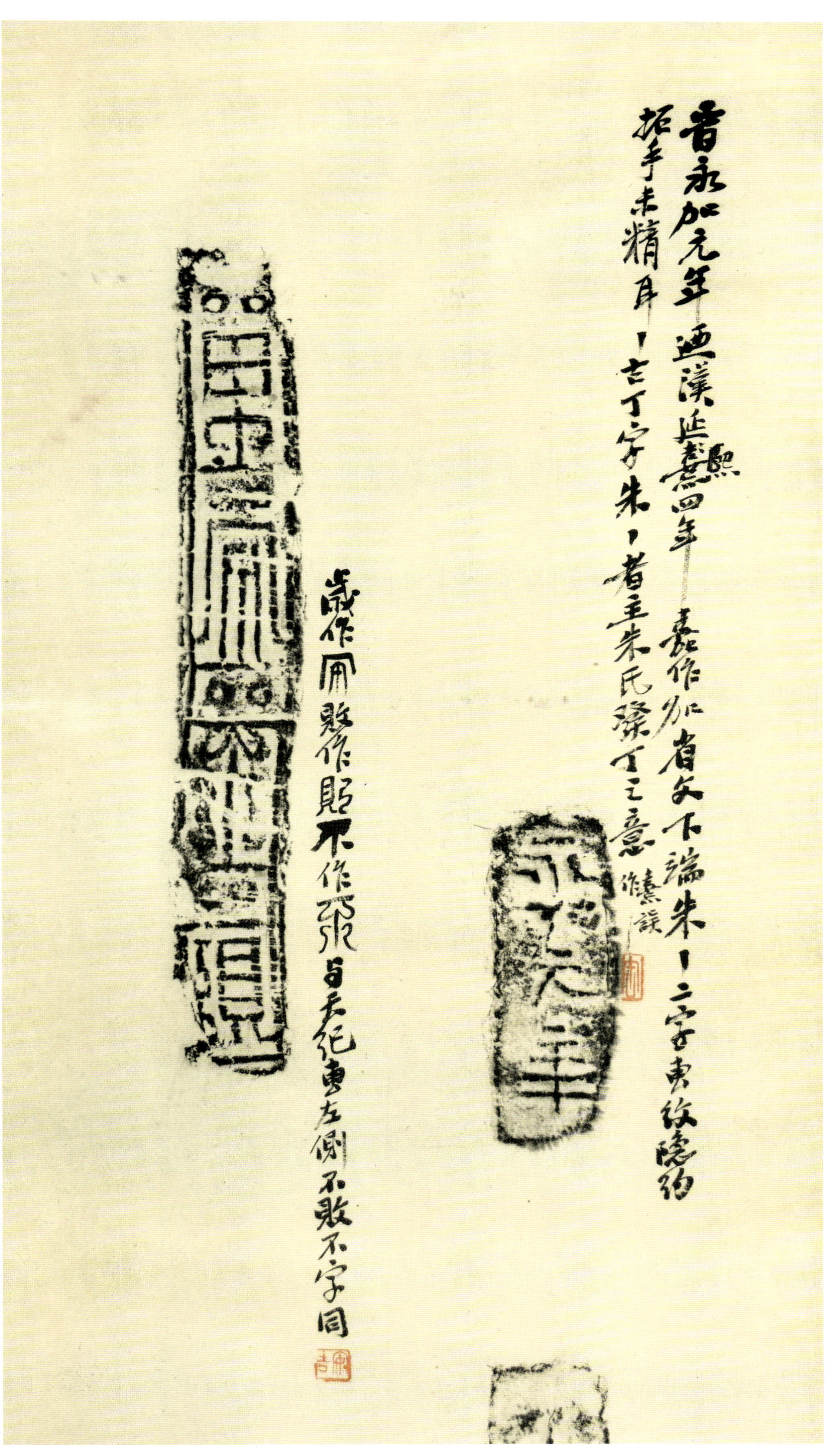
晉永加元年
西漢延熹四年 熹作加省文下端朱一二字隶纹隐约
拓手未精耳一亡丁字朱一者主朱氏琢丁之意
作熹識
歲作用 敢作貽 不作丕 紀事左側 不敢不字同

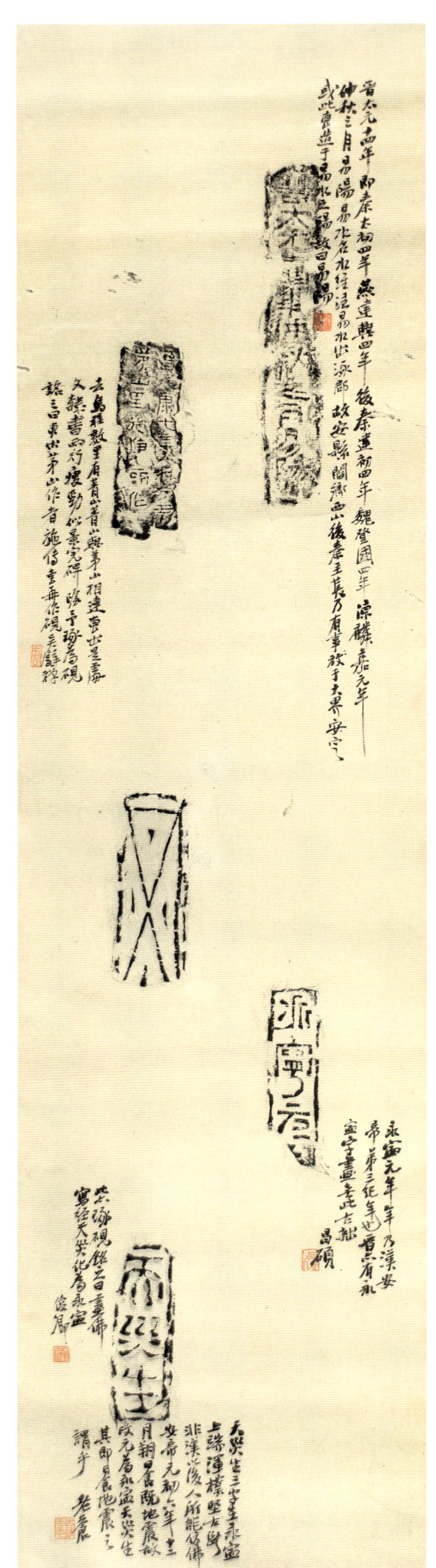

卷軸四

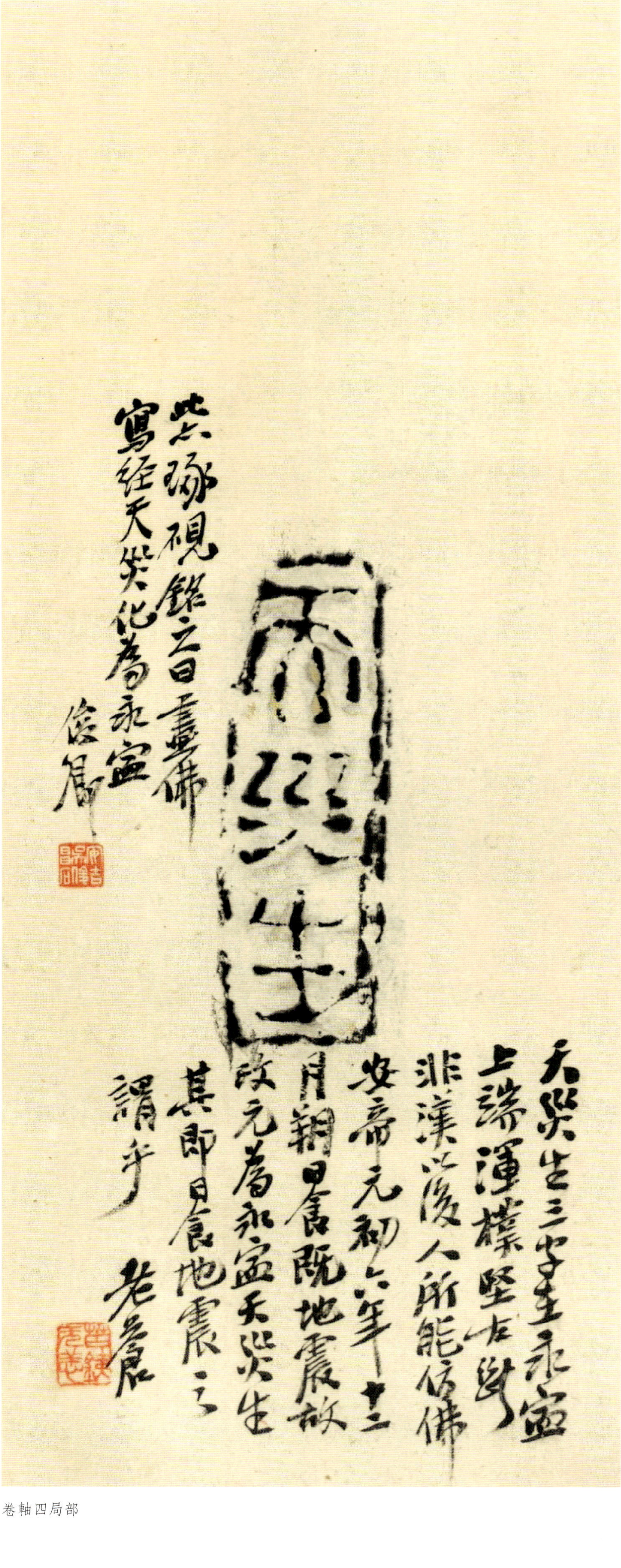

卷軸四局部

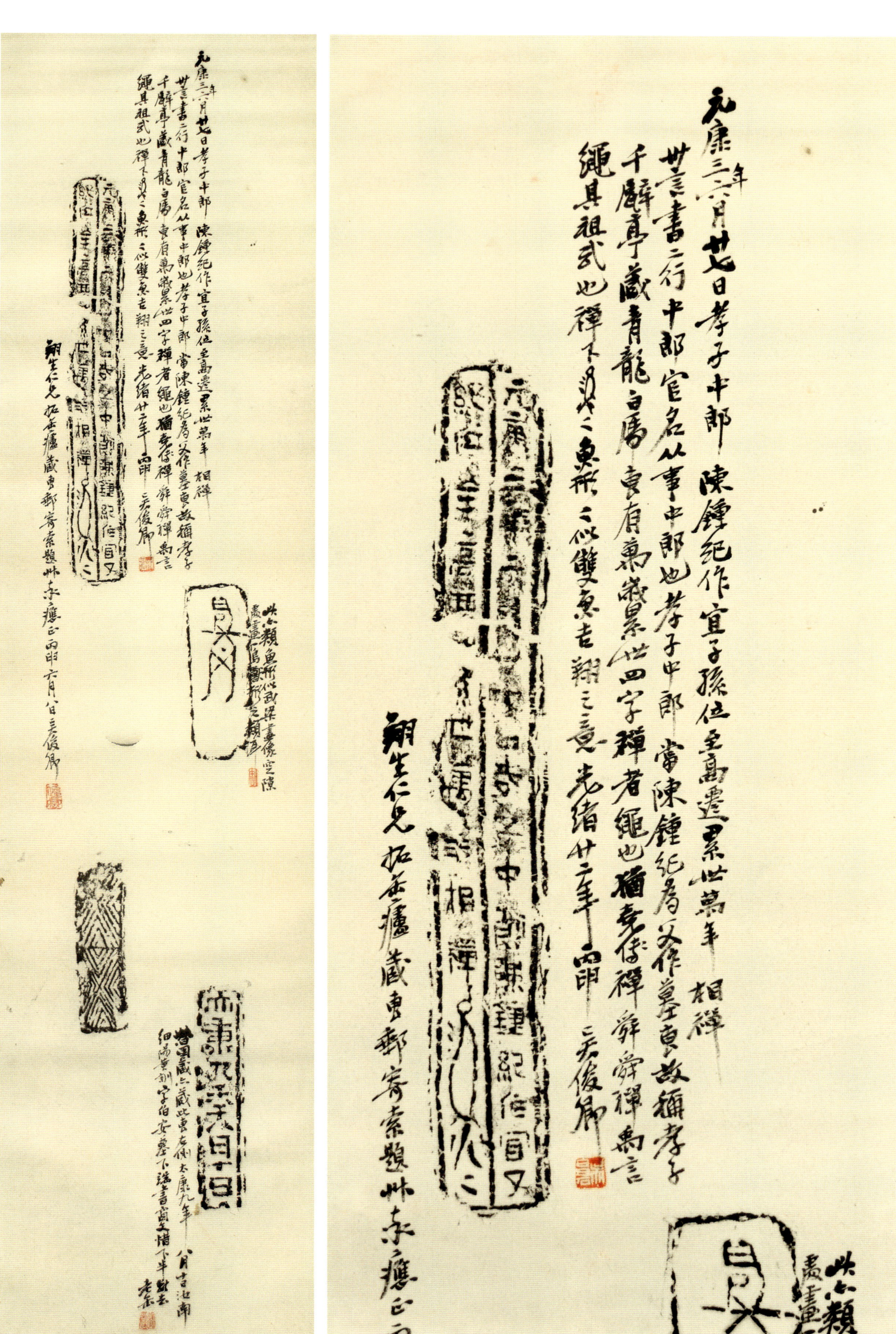

卷軸五　　卷軸五局部

之類耳。
下鈐“缶”字印章。
《晉太康九年（288）磚》
潛園藏亦藏此磚，右側“太康九年八月十日汝南細陽黃訓字伯安墓”下端書窗文，惜下半斷去。老缶。
下鈐“俊卿印信”印章。
潛園即陸心源。

卷軸六
《晉建興三年（315）磚》
晉愍帝即位在建興元年癸酉，閱二年為乙亥，孫氏造，蓋孫氏墓磚也。左側“傳世富貴”“傳”作“傳”，“富”作“冨”，左側“萬歲不敗”“歲”作“歲”，“不”作“不”，琢已變隸矣。丙申六月（1896）昌碩。
下鈐“酸寒尉印”印章。
天台張如公云漢專“萬歲不敗”往往見之，尚有“千萬歲不敗”者，甚為罕覯。
下鈐“吳俊卿印”印章。
《晉元康元年（291）磚》
“元康元年六月廿七日陳鍾紀作富貴宜子孫興”專出吳興武康山中，為晉惠帝弟三紀元也。陳鍾紀無攷，陸氏千甓亭藏元康元年七月十七日專（此字點去）陳豨為父作專，然則鍾紀或豨之名耳。“富貴宜子孫”吉羊文字而已。
下鈐“破荷亭長”印章。

卷軸七
《漢本初元年（146）磚》
本初元年歲在丙戌。本初元年漢質帝即位之次年，沖帝崩於永嘉元年正月戊戌，丙辰太后使大將軍冀迎帝入南宮，丁巳封建平侯，其日即皇帝位，帝之次年改元為本初，元年歲在丙戌。破荷。
下鈐“安吉吳俊卿之章”印章。
造作則，缶。
下鈐“石人子室”印章。
《太元十七年（392）磚》
專在晉孝武帝壬辰歲所船，“張”字下不甚明晰，“万”疑船專者之名也。上端一魚形，左側上下兩魚形，中作古泉，魚豚魚吉所以取信於人，上下魚形即信之重申也。泉，外府注云：其藏曰泉，其行曰布，取名於水泉，其流行無不徧周，魚之為物，適性於水，故中間泉形。許云：至秦廢貝行錢，新莽時有大泉貨泉之類，晉即承其遺制耳。老蒼。
下鈐“安吉”印章。

卷軸八
《晉永康元年（300）磚》
光緒庚辰（1880）震澤老友金俯將攜永康元年殘專過缶廬，余出所藏永康專相為證訂，而俯將得者，字文猶覺渾古，惜“年”字泐去耳。摩抄再四，手不忍釋，俯將割愛見贈，今俯將作古已數易寒暑矣。記此，神為之傷，丙申（1896）六月吳俊卿。
下鈐“吳昌石”印章。
故鄣農人掘地得《永康元年專》，予愛其文字古茂，出青蚨數百購歸，專長一尺，厚一寸，左右端無文字，上端麻布紋，下端“永康元年”四字，係晉惠帝由永平改元也。
下鈐“倉石”印章。
《漢五鳳元年（57）磚》
五鳳元年八月十八日造，皆反書。塼為漢為吳，未知孰是。潛園主人藏五鳳三年塼，“鳳”字反書，定為西漢物。此亦反文非吳塼可知矣。缶廬。
下鈐“吳”字印章。
通過對上述《吳昌碩磚銘題跋八軸》的觀察，从中可以窺見吳昌碩的磚銘研究思路。吳氏開展了對磚銘朝代年號的考證、古文字的釋讀、古地名的查考、古官職的研究、銘刻字體與風格的探討、相同磚銘的比較等等。這一系列吳氏題記還能為現今的磚銘收藏者、書法愛好者提供了題跋的範本與樣式，這也是筆者介紹此件藏本的另一緣由。

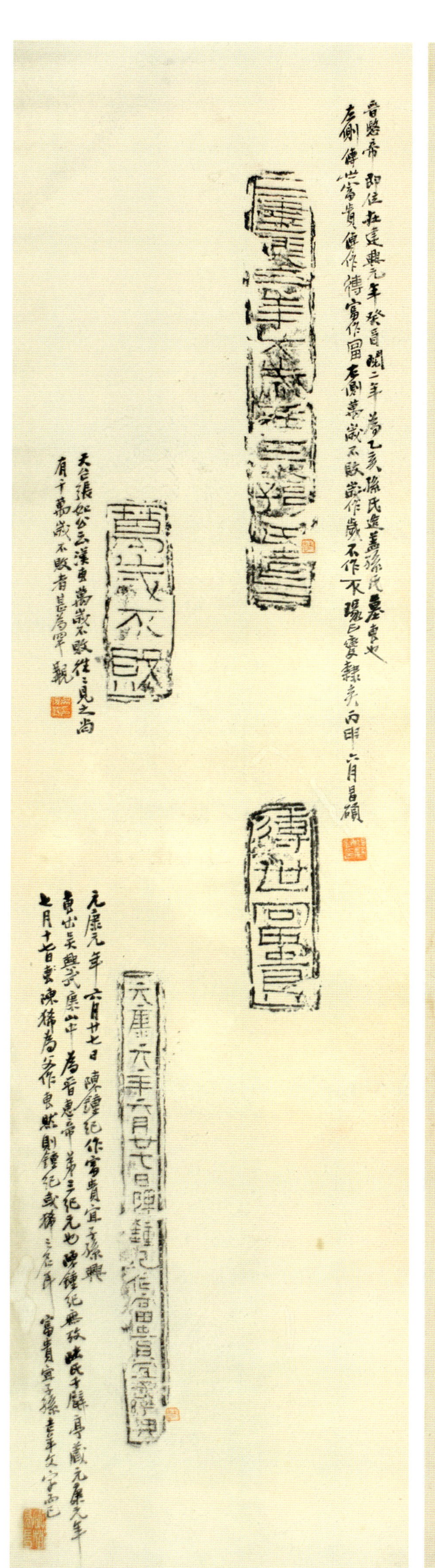

卷軸六

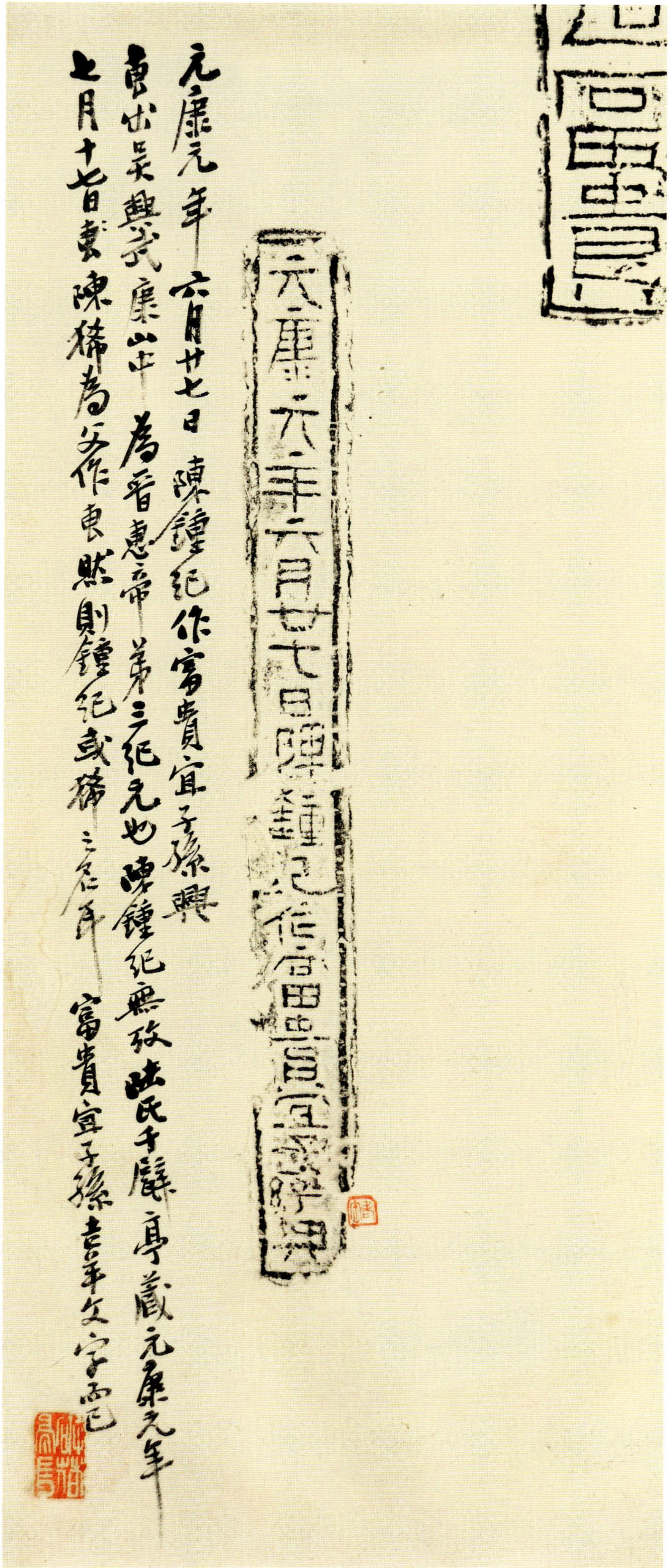

卷軸六局部

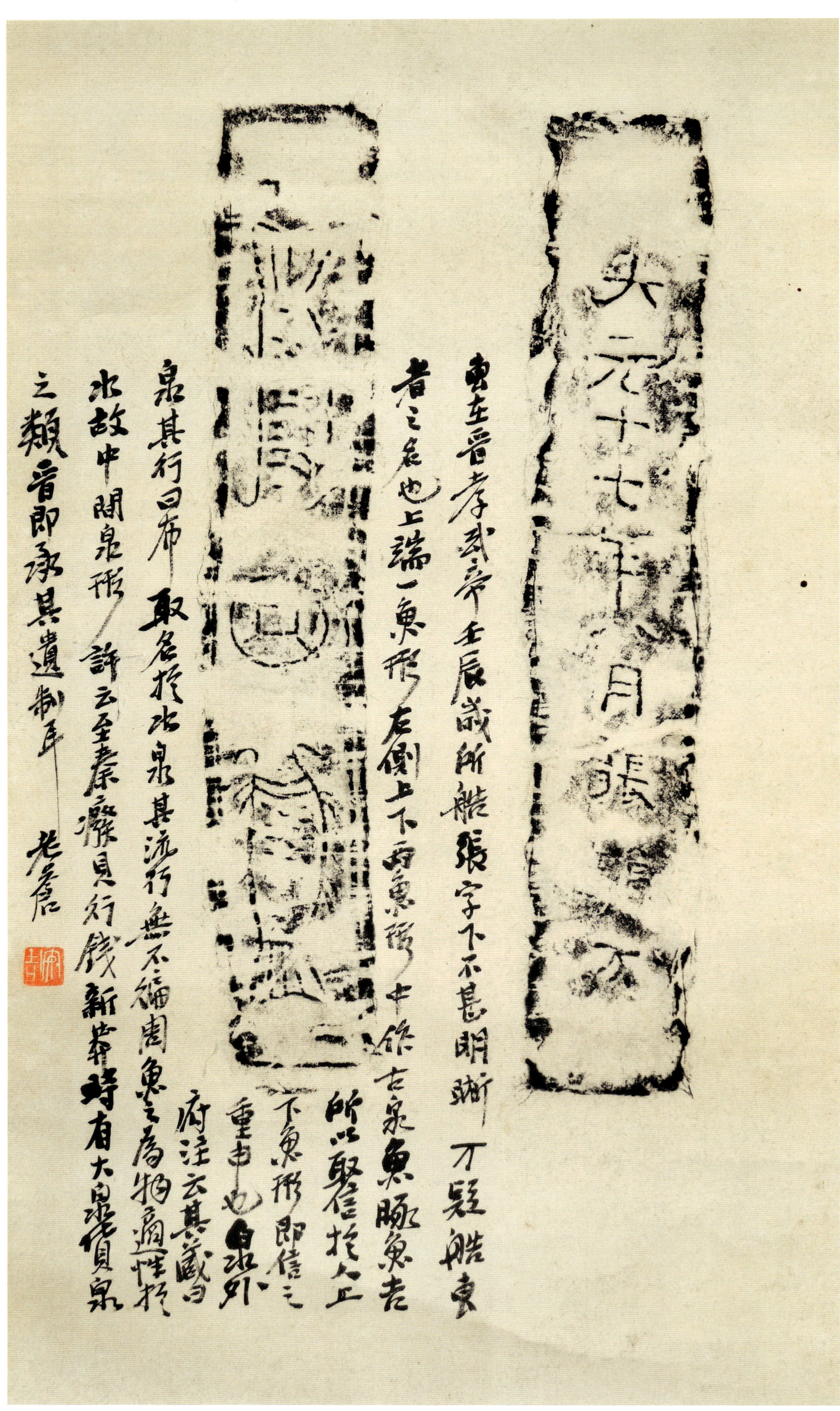

卷軸七局部

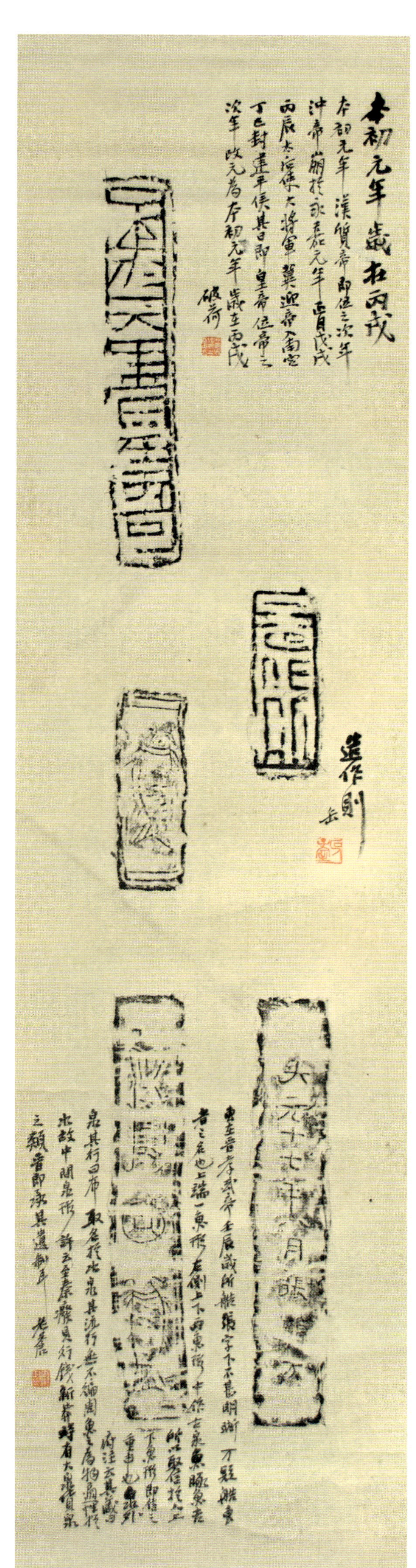

卷軸七

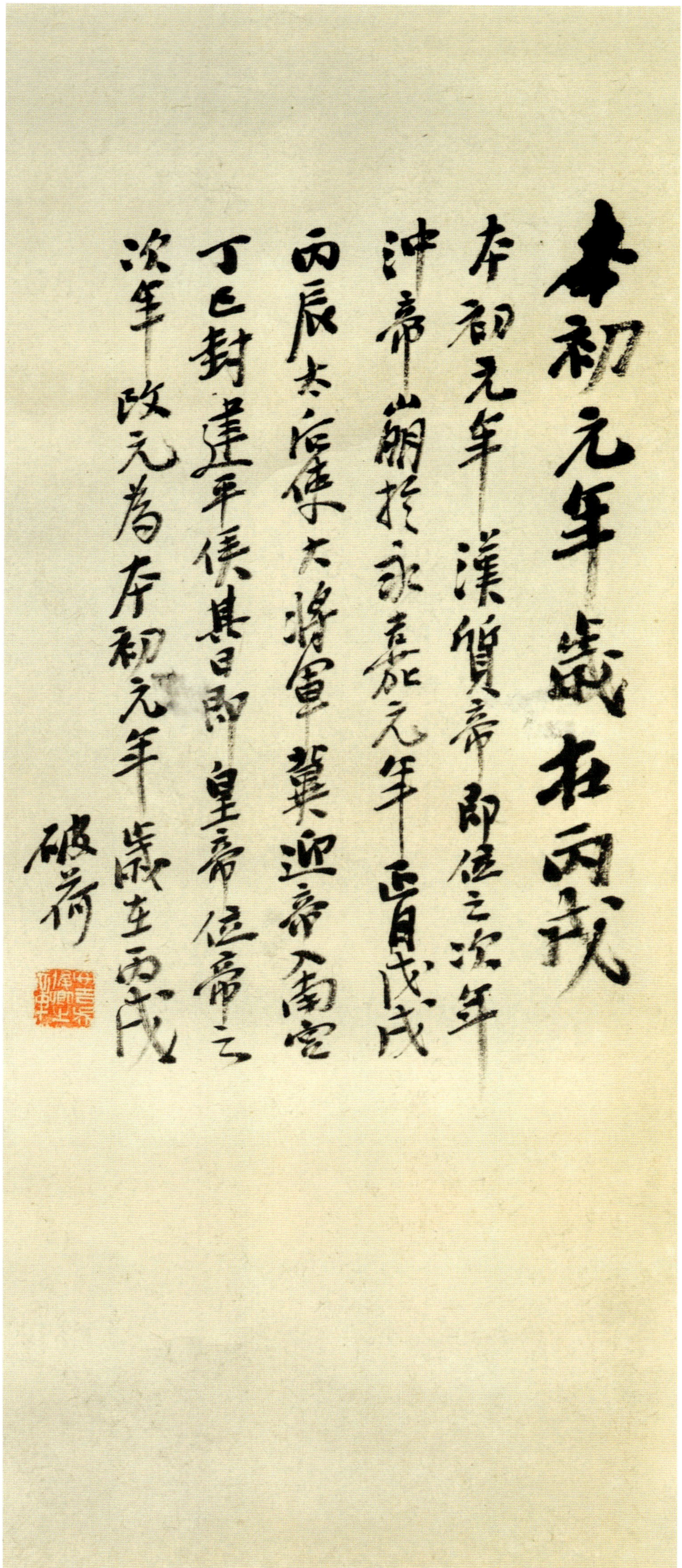

本初元年歲在丙戌

本初元年漢質帝即位之次年

沖帝崩於永嘉元年正月戊戌

丙辰太后使大將軍冀迎帝入南宮

丁巳封建平侯其日即皇帝位帝之

次年改元為本初元年歲在丙戌

破荷

卷軸七局部

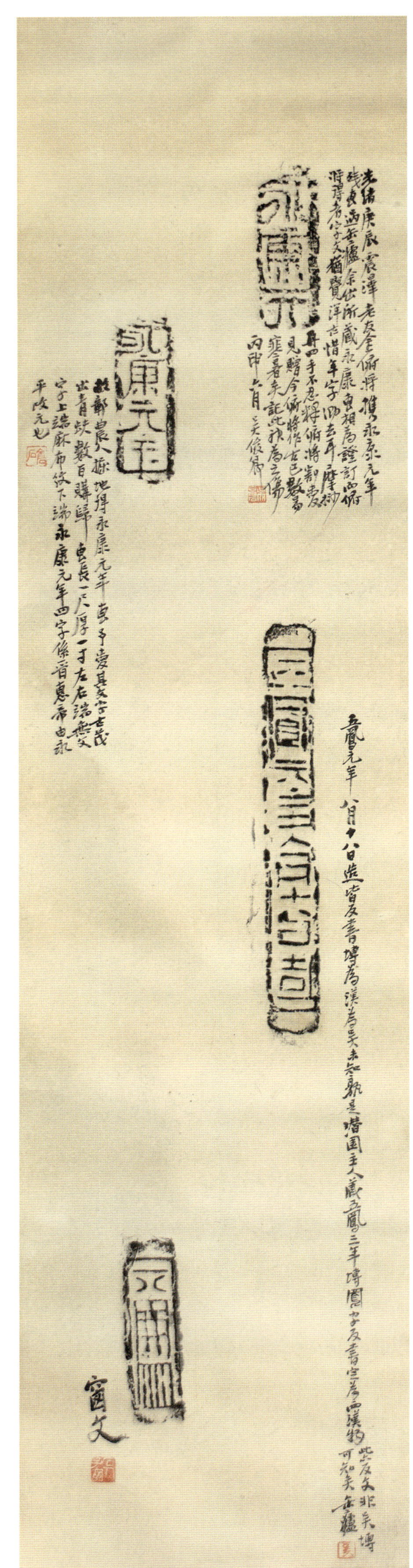

卷軸八

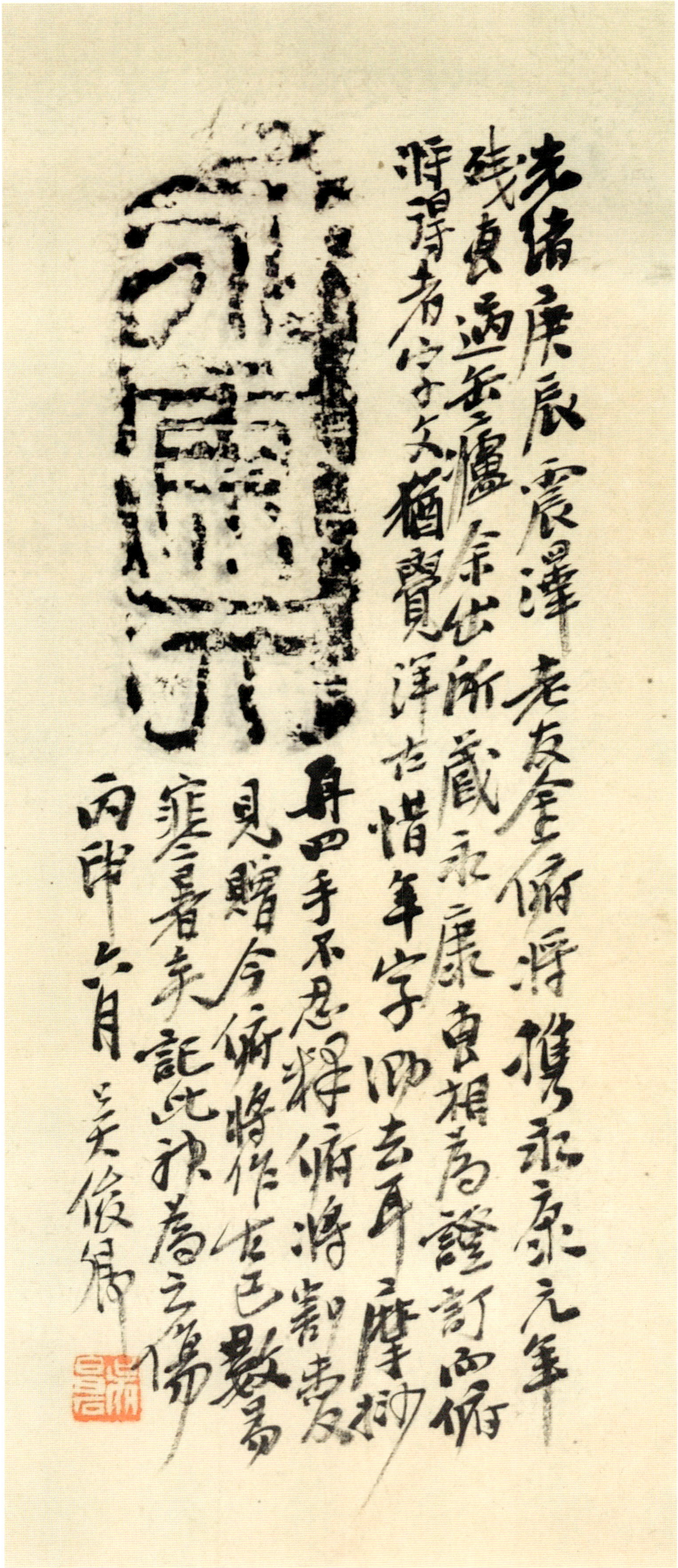

卷軸八局部

3.《河間君子館磚》苗夔題詩本

《河間君子館磚拓本》，拓本四周佈滿前賢題記詩句。細讀題記後，乃知此本竟是肅寧縣知縣何熙績拓本。存有道光八年（1828）何熙績（春民）、王洽（春嶼）、鄭汝英（墨卿）、苗學植（仙露）等人題詩，其中苗學植還是發現“君子館磚”的第一人。以拓本觀之，磚高約18釐米。

苗夔（1783-1857）初名學植，字先麓、仙露，號仙麓，河北肅寧人。道光辛卯優貢。嗜六書形聲之學，精研許氏《說文》，清代著名語言學家，著有《說文聲讀表》《毛詩吻訂》《經韻鉤沉》《說文聲訂》等。

說起這塊《河間君子館磚》，可大有來頭。清道光二年（1822年）苗學植（仙露）在河北肅寧縣城東南十餘里之詩經村，拾得“君子磚”一枚。肅寧是漢河間國地，舊為西漢毛萇講學之所，故“君子磚”就與毛萇扯上了關係。

據說孔子刪定《詩經》後，傳給弟子子夏，子夏傳曾申，一直傳到毛亨。因秦始皇焚書坑儒，毛亨逃亡至武垣縣，隱姓埋名二十餘年，直到漢惠帝撤銷“挾書律”後，才重新注釋《詩經》。大約在漢文帝時代，毛亨著成《毛詩故訓傳》，並傳授給其侄毛萇。

西漢前元二年(前155)，漢景帝劉啟封他的兒子劉德為河間王，史稱“河間獻王”。因劉德對儒學經典興趣濃厚，故對毛萇傳《毛詩》極為重視。大約在公元前155年至公元前129年間，劉德將毛萇請到河間國都講學，立為博士，建“日華宮”供其居住，設“君子館”用以講學。所以，河間君子館過去一直被視為“毛詩的發祥地”，如今卻是全國最大的二手鑽頭交易市場。

因此，當時苗學植發現的“君子磚”，旋即被認定為西漢“君子館磚”，受到學界的關注與敬仰。當年苗氏就曾傳拓分贈師友，引來名士紛紛題詠。從民國二十二年（1933）李浚之編輯出版《君子留真譜》來看，收録了晚清名士歌誦漢君子館及君子磚的大量詩文，內有楊鍾羲、苗學植、祁寯藻、何熙績、何紹基、張穆、黃爵滋、胡焯、端木國瑚、曾國藩、高繼珩、莫友芝、楊息柯等人。

自苗學植發現的“君子館磚”後，河間當地又陸續發現不少磚銘，如：“君子長生”“君子

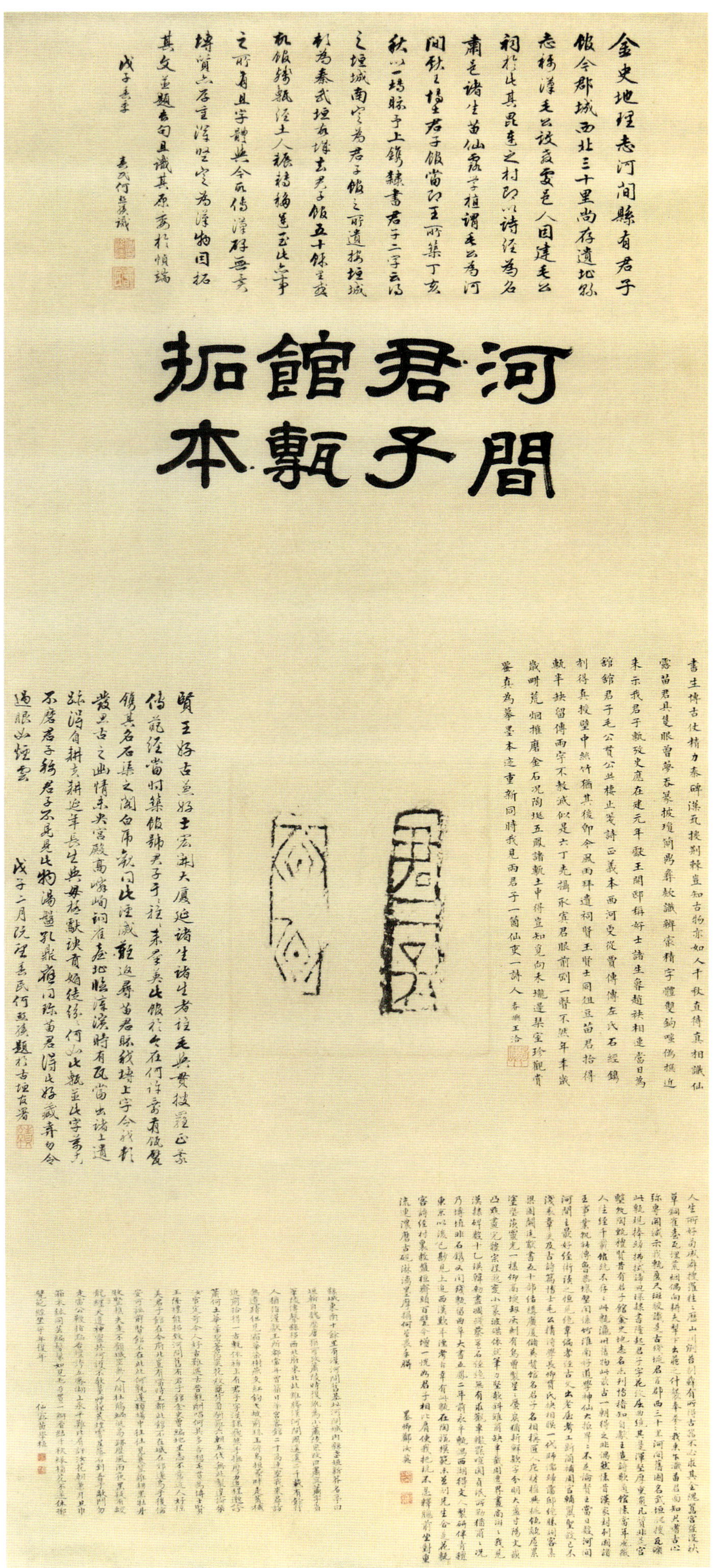

卷軸裝　畫芯縱138釐米　橫60.5釐米

館藏號：J5799

大吉”“君子館”“日華”等。魯迅先生在1924年9月日記中寫道：“齊壽山從肅寧人家覓得君子磚一塊，闊角不損字，未定值，姑持歸，於下午打數本。”（《魯迅全集》卷十四·《俟堂專文雜集》）姑且不論這些後出磚銘的真偽，即便是真品，其價值與意義亦遠不如苗學植當年發現的第一枚。因此，此次最新發現的何熙績拓、苗學植等人題詩的卷軸本就顯得彌足珍貴了。

卷軸上端，何熙績（春民）題記：

《金史·地理志》河間縣有君子館，今郡城西北三十里尚存遺址。《縣志》稱漢毛公設教處，邑人因建毛公祠於此，其毗連之村，即以“詩經”為名。肅邑諸生苗仙露學植謂毛公為河間獻王博士，君子館當即王所築。丁亥（1827）秋，以一塼眎予，上鐫隸書“君子”二字，云得之垣城南，定為君子館之所遺。按垣城郝為秦武垣故城，去君子館五十餘里，或故館殘甎，經土人輾轉移運至此，亦事之所有。且字體與今所傳漢碑無異，塼質亦厚重渾堅，定為漢物，因拓其文並題長句，且識其原委於幀端。戊子（1828）春季，春民何熙績識。

何熙績，字春民，山西靈石人。道光二年（1822）進士，曾任河北文安知縣、肅寧縣知縣。善書，行書酷似趙孟頫，能詩文，著有《月波舫遺稿》。

卷軸中段左側，道光八年（1828）何熙績（春民）題詩：

賢王好古兼好士，宏開大廈延諸生。
諸生者誰毛與貫，搜羅正義傳葩經。
當村築館號君子，于于雅雅來群英。
此館於今在何許，剩有瓴甓鐫其名。
石渠之閣白虎觀，同此湮滅難返尋。
苗君眎我塼上字，令我頓發思古之幽情。
未央宮殿高嶙峋，銅雀臺址臨漳濱。
時有瓦當出諸土，遺跡得自耕夫耕。
延年長生與毋極，獻諛貢媚徒紛紛。
何如此甎並此字，萬古不磨君子稱。
君子不見見此物，湯盤孔鼎應同珎。
苗君得此好藏弆，勿令過眼如煙雲。
戊子（1928）二月既望，春民何熙績題於古垣官署。

卷軸中段右側，王洽（春嶼）題詩：

書生博古仗精力，秦碑漢瓦搜荊棘。
豈知古物亦如人，千秋直待真相識。
仙露苗君具隻眼，曾夢吞篆披瓊簡。
鼎彝款識辨寂精，字體雙鉤嗤偽撰。
近來示我君子甎，攷史應在建元年。
獻王開邸稱好士，諸生魯趙袂相連。
當日為館館君子，毛公貫公此棲止。
箋詩正義本西河，更從貫傅傳左氏。
石經鐫刻得真授，壁中絲竹猶其後。
即令風雨拜遺祠，賢王賢士同俎豆。
苗君拾得甎半缺，留傳兩字不教滅。
似是六丁先攝取，寘君眼前剛一瞥。
不然年年歲歲畊荒煙，摧磨金石況陶埏。
五鳳諸甎土中得，豈知覓向禾壠邊。
琹室珍觀賞鑒真，為摹墨本跡重新。
同時我見兩君子，一箇仙吏一詩人。
春嶼王洽。

卷軸下端右側，鄭汝英（墨卿）題詩：

人生所好茍成癖，搜羅往往歷山川。
剜苔剔蘚有所得，古器不必求其全。
隗囂宮盌沒秋草，銅雀臺瓦埋荒煙。
偶向耕夫犁下出，藏之什襲奉拳拳。
我來乍識苗君面，知君嗜古心彌專。
開緘示我甎盈尺，斑駁識是古殘埏。
君言郡西三十里，河間舊國名武垣。
爬搜瓦礫此甎現，捧歸拂拭諦迴環。
隸書隆起君子字，花紋屈曲繞其邊。
渾堅厚重逾凡質，非是官甓孰陶甄。
禮賢昔有君子館，金史地志名未刊。
博稽知自獻王造，詩歌適館憶當年。
風微人往經千載，館既不存存此甎。
瀛洲舊物此最古，一朝得之非偶然。
憶昔漢家封列國，諸王事業孰能傳。
魯恭壞壁聞絲竹，淮南好道學神仙。
大抵卑卑不足論，賢王當日數河間。
河間王最好經術，讀之恒見絕韋編。
孝經古文出老屋，考工斷簡補周官。
輔翼聖教已不淺，表章更及古詩篇。
博士毛公精詩學，長卿貫氏袂相聯。
一代師儒歸藩邸，絕勝詞客集梁園。
闕廷獻書五十部，結構廣廈儲英賢。
館名君子名相稱，匠人庀材楹與梴。
瓴甋層累塗塈茨，靈光一樣仰高堧。
劫灰剩有烏曹製，星星蜃炭猶新鮮。
欵字分明大盈寸，陽文嵌凸點畫完。

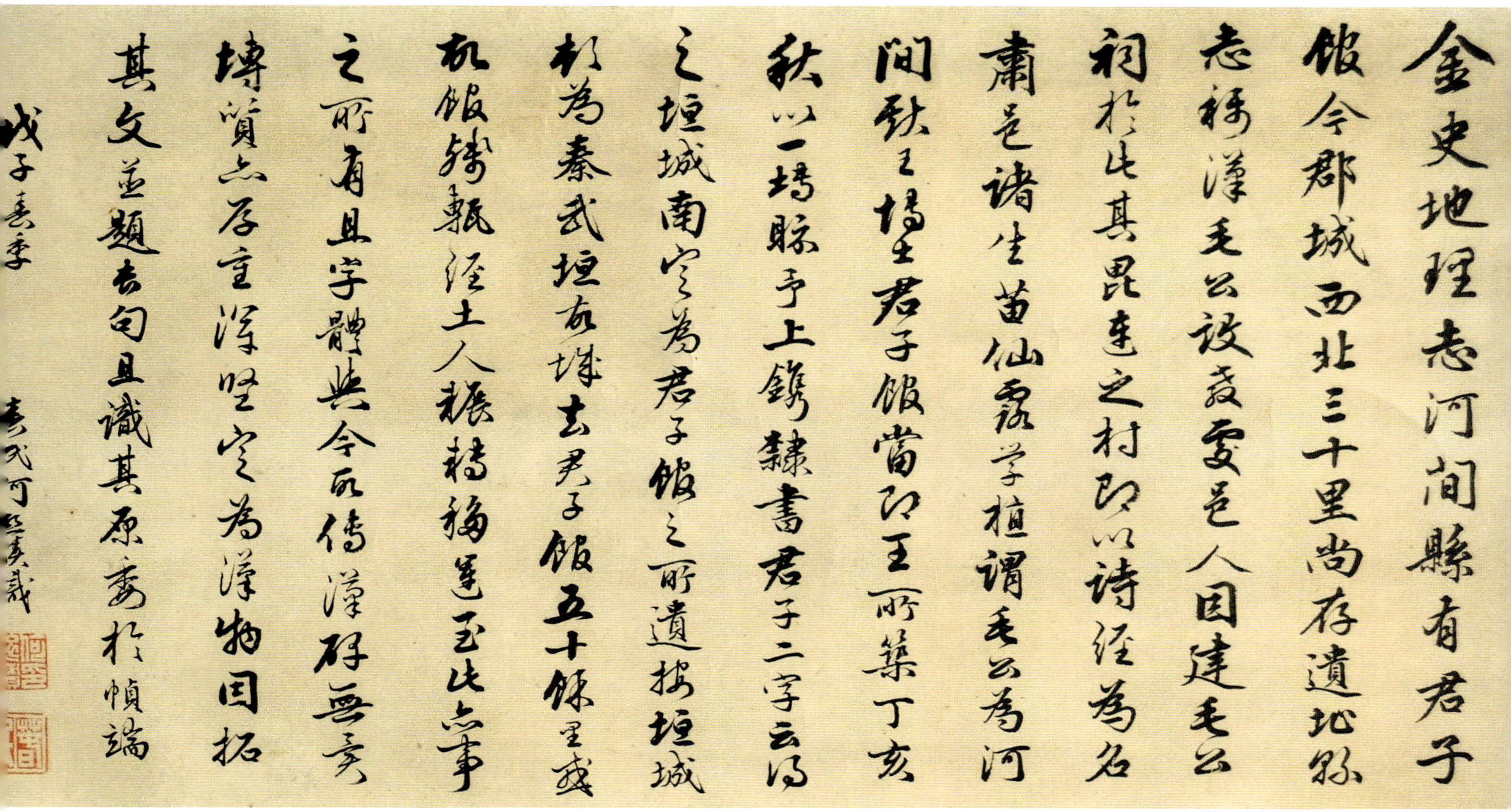

《河間君子館磚》苗夔題詩本局部

體宗程邈變小篆，波磔依然筆力堅。
欹斜雖爾缺半截，周遭界畫尚斑斑。
我見漢隸碑數十，乙瑛韓敕盡凋殘。
蔡邕石經絕無有，求觀車轍罷喧闐。
貞珉所勒猶爾爾，況乃塼埴非石鐫。
又聞殘瓴留曲阜，大書五鳳二年前。
永平瓴偶西湖得，文人製研伴青氊。
東京以後已尠見，上追西漢歎年湮。
考古幸有此瓴在，陶旊模範未曾刓。
先生合是花瓴客，詩經村裏教盤桓。
齊頭百甓今增一，恍如君子相比肩。
使我把玩不忍釋，牕前坐對重流連。
濃磨古硯淋漓墨，摩搨何曾畏手胼。
墨卿鄭汝英。

卷軸下端左側，苗學植（仙露）題詩：

縣城東南十餘里，有漢河間舊基址。
河間城內縣武垣，新莽名亭曰垣翰。
自魏歷唐猶可攷，蕭陵時復訛為小。
蕭陵宋改曰肅寧，蕭字省筆陵傳聲。
縣移西北府東北，此維賸漢河間國。
遙遙二千載有餘，行人猶指漢獻王所都。
當年曾築日華宮，客館二十高連空。
我來尋訪無遺蹟，但見霜華染樹燕支紅。
鉤弋坡前珠玉碎，烏桓壘畔走荒穢。
近前拾得一古瓴，依稀上有君子字。
漢隸巍然手撫摩，力追程邈誇蕭何。
土華暈碧蒼落窠，花紋龜背旁駢羅。
六朝五代無此製，遑論柴汝官定哥。
今人好古難遇古，晉瓴酬唱何其多。
吾想毛貫為博士，賢王隆禮能招致。
河間舊有君子館，金史曾編地里志。
不意近人好掠美，君子館在今府北。
豈有當時王都此，館不在城在郊遂。
烏乎！後儒安可誣前賢，館不在此此何瓴。
蓬顆埸中往往見，蓑笠誰耕黑牡丹。
牧豎樵夫走不顧，城空無人聞杜鵑。
蝸涎鳥跡歷風雨，夜黑疑有蛟龍纏。
天譴神靈共呵護，不教蔓艸蘿荒煙。
賈星落石到吾手，敲門匆走雷公鞭。
指點杏壇誇五鳳，湖上永平難比肩。
許汝花朝兼月旦，巾箱衣缽同芸編。
髣髴如見毛與貫，一瓣香結千秋緣。
榜花不遂休擲甓，葩經坐守年復年。
仙露苗學植。

無遺蹟但見霜華染樹燕支紅鉤弋坡前珠玉碎烏桓壘畔走荒穢
近前拾得一古甎依稀上有君子字漢隸巍然手撫摩力追程邈誇
蕭何土華暈碧蒼苔窠花紋蠅背芻騈羅六朝五代無此製遑論柴
汝官定哥今人好古難遇古晉甎酬唱何其多吾想毛貫爲博士賢
王隆禮能招致河間舊有君子館金史曾編地里志不意近人好掠
美君子館在今府北豈有當時王都此館不在城在郊遂爲予後儒
安可誣前賢館不在此此何甎蓬顆場中往往見蓑笠誰耕黑牡丹
牧竪樵夫走不顧城空無人鬧杜鵑蝸涎鳥跡歷風雨夜黑疑有蛟
龍纏天遣神靈共呵護不教蔓艸薶荒煙霣星落石到吾手敲門匆
走雷公鞭指點杏壇誇五鳳湖上永平難比肩許汝花朝兼月旦巾
箱衣鉢同芸編髣髴如見毛与貫一瓣香結千秋緣榻花不遂休擲
甓笵經坐守年復年

仙露苗學植

《河間君子館磚》苗夔題詩本局部

書生博古仗精力泰碑漢瓦搜荆棘豈知古物亦如人千秋直待真相識仙
露苗君具隻眼曾夢吞篆披瓊簡鼎彝款識辨宗精字體雙鈎嗤僞撰近
來示我君子軝攷史應在建元年獻王開邸稱好士諸生魯趙袂相連當日為
館館君子毛公貫公此棲止箋詩正義本西河更從賈傳傳左氏石經鐫
刻得真授壁中絲竹猶其後卽今風雨拜遺祠賢王賢士同俎豆苗君拾得
軝半缺留傳兩字不教滅似是六丁先攝承實君眼前劉一瞥不然年年歲
歲畊荒烟摧磨金石況陶埏五鳳諸軝土中得豈知竟向禾壠邊渠室珍觀賞
鑒真為摹墨本迹重新同時我見兩君子一箇仙吏一詩人 春興王洽

賢王好古兼好士宏開大廈延諸生諸生者誰毛與貫披羅正義
傳龐經當時築館歸君子子孫來群英此館於今在何許索有斷甓
鐫其名石渠之閣白虎觀同此湮滅難追尋苗君豚我搨上字今我趁
發思古之幽情未央宮殿高嵯峨詞在座地臨滄濱時有瓦當出諸土遺
跡得自耕夫耕延年長生與毋極獻諛賣媚徒紛紛何如此瓴並此字義尤
不磨君子務君子不見見此物湯盤孔鼎雍同珍苗君得此好藏弆勿令
過眼如煙雲
戊子二月阮望春民何丕孫題於古垣友署

縣城東南十餘里有漢河間舊基址河間城內縣垔垣新莽名亭曰
垣翰自魏歷唐猶可攷蕭陵時復訛為小蕭陵宋改曰肅寧蕭字省
筆爰專[illegible]隨移西北徙東北北隹眷莫可詳國盜盜二千歲有涂丁

4.《五鳳元年磚》鄭文焯跋本

《五鳳元年磚》，光緒戊戌（1898）夏鄭文焯購得。磚側銘文"五鳳元年"，兩端銘文原為"壽考無疆"，今殘存"考""疆"兩字。此為鄭文焯手拓，卷軸裝，有鄭氏題記多則。

磚銘周邊題記：

西漢五鳳元年塼殘字。

以慮傂銅尺漢建初六年所造度之，横闊四寸一分，厚一寸二分，長缺。此"壽考無疆"文在兩耑，亦異格也。

專側有"考""疆"兩字殘文，蓋作吉語例。

"疆"上當是"無"字。叔問記。

磚銘左側題記：

余初得是塼于沽上舊家，一友謂為阮文達八專齋故物，迨歸吴下，覓八專墨本觀之，彼文作正隸，此乃篆書，致足啬愛也。近復獲《建元五年塼研》，亦篆文極渾茂，視此彌古。

按：孔林五鳳二年之刻，乃西京隸文，此元年磚則篆文也。兩五鳳得篆隸二體，傳之千載以後，可不寶諸。

磚銘上方題記：

昔賢論書云李斯因古籀而變秦篆，體並圓長，如《瑯琊》《泰山碣》《石門諸刻石》皆無異製。漢初承之而加少變，體在篆隸間，若《趙王上壽刻石》《元狩年鳳皇畫象題字》，竝以篆作隸者。至綏和以後，漸變蝙扁而古意蕩然已。此塼純是篆之舊體，猶有《石鼓文》遺法，無以陶瓬文字而少之。

光緒戊戌（1898）夏旅沽上得此塼，時將還吴中，故結句用易林語足之。老芝。

磚銘右側題記：

五鳳二年刻曰成者，亦造作之謂，至文以吉羊語，則宫室與墓專同一例尔，據此亦足證五鳳刻石塙為塼制。此五鳳元年猶在其先，益可貴已。

葉氏《金石録補》云："周櫟園（周亮工）惠五鳳二年拓本，云某所藏，較俗本迥異，予至盾下攜以相校，信然。"或曰櫟園官山左時有人龣刻此石易原石去，據此則是刻非一，或原刻是磚，後易以石。竹垞（朱彝尊）所見是專本耳，今則傳非其真矣，未可遽以為誤也。《石經閣跋文》。

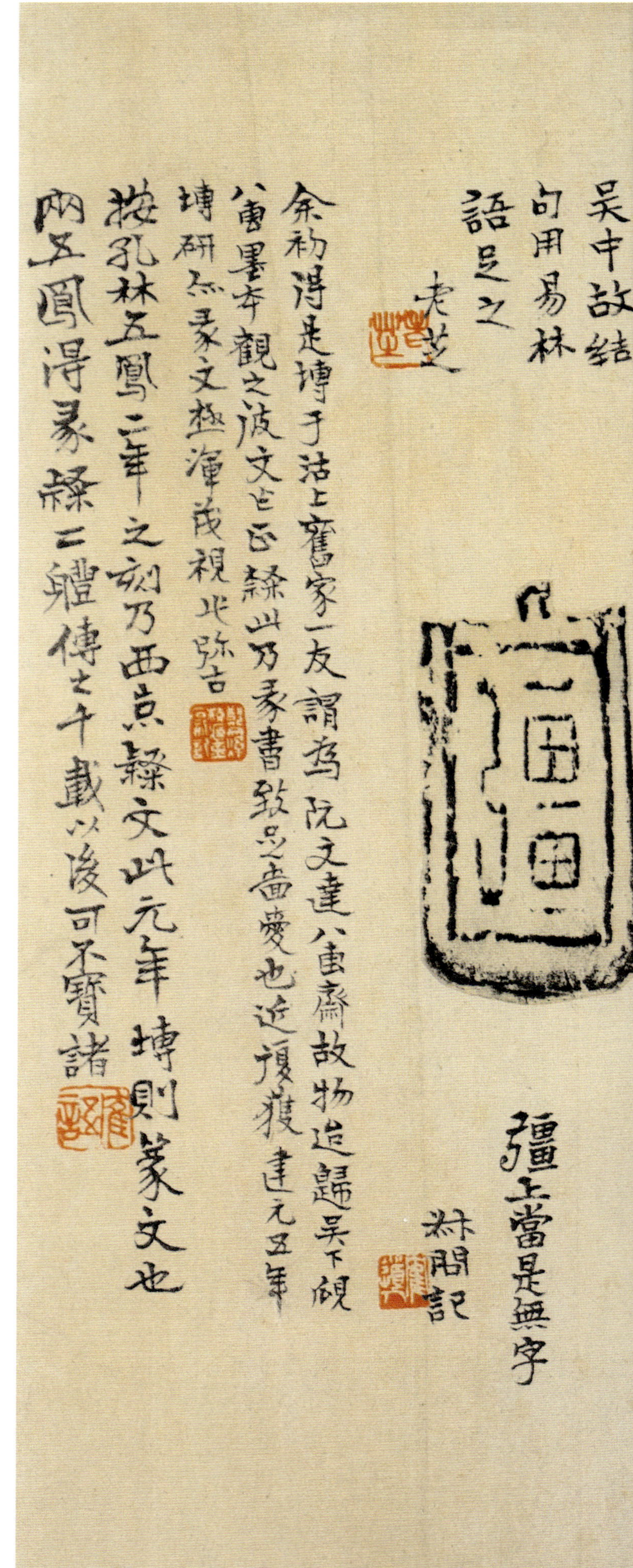

卷軸裝　畫芯縱24.5釐米　橫30.5釐米　館藏號：J4200

五鳳二年刻曰成者亦造作之謂至文以吉羊語則宮室与墓專同一例亦据此亦足證五鳳刻石塙爲塼制此五鳳元年猶在其先益可貴已

葉氏金石録補云周櫟園惠五鳳二年拓本云某所藏較俗本迥異予至廣下攜以相校信然或曰櫟園官山左時有人鑿刻此石易原石去据此則是刻非一或原刻是磚後易以石竹垞所見是重本耳今則傳非其真矣未可遽以爲誤也　石經閣跋文

西漢五鳳元年塼殘字

專側有考疆二字殘文盖作吉語例

昔賢論書云李斯曰古籀而變秦篆體並圓長如瑯琊泰山碣石門諸刻石皆無異制漢初承之而加少變體在篆隸間若趙王上壽刻石元狩年鳳皇書嘗題字茲以篆乞隸者至綏和若漸變蝸扁而古意蕩然已此塼純是篆之遺體猶有石鼓文遺法無以尚矣字而少之

光緒戊戌夏

良古上得此

以慮傂銅尺漢建初六年所造度之横闊四寸一分厚

5.《建元五年磚》鄭文焯跋本（一）

“建元”是中國歷史上的第一個年號。公元前140年，漢武帝劉徹即位，就開始制定 “建元”年號，前後歷時六年。但是，也有學者認為“建元”並不是漢武帝一開始就使用過的年號，而是在漢武帝元鼎三年（前114）才被新作並追加出來的。

如今，這件鄭文焯所藏《建元五年磚銘》拓本，就又增添一件“建元”年號實物的憑證，難怪鄭文焯呼之為“甓文之祖”。

此《建元五年磚銘》拓本，與《東魏武定四年銅造像拓本》合裝一軸，為《鄭文焯藏拓金石小品四條屏》之一。

拓片四周有鄭文焯題記，其文曰：

昔翁覃溪謂金石之學積而為陶旐文字，歐陽公以不見西漢字為可憾。而今芸臺有五鳳甎字，丁達夫亦有元鼎塼文，皆足以資多聞識者。予既獲五鳳元年之甎，今復得此元號首出者，可云“甓文之祖”，亦足誇多往烈已，舊琢為硯，乃作歌曰：

維漢紀元始孝武，歲次乙巳其年五。匪金可詔石可語，塼埴文字此鼻祖。捫之有棱篆奇古，一泓規制充文府。其光熊熊氣虎虎，君不見東長楊、西五柞、通天臺、無寸礎。殘陽茂草弔鄠杜，當時斥營盡三輔。瓦礫埸西都主，嗚呼。此是漢家一片土。老芝。

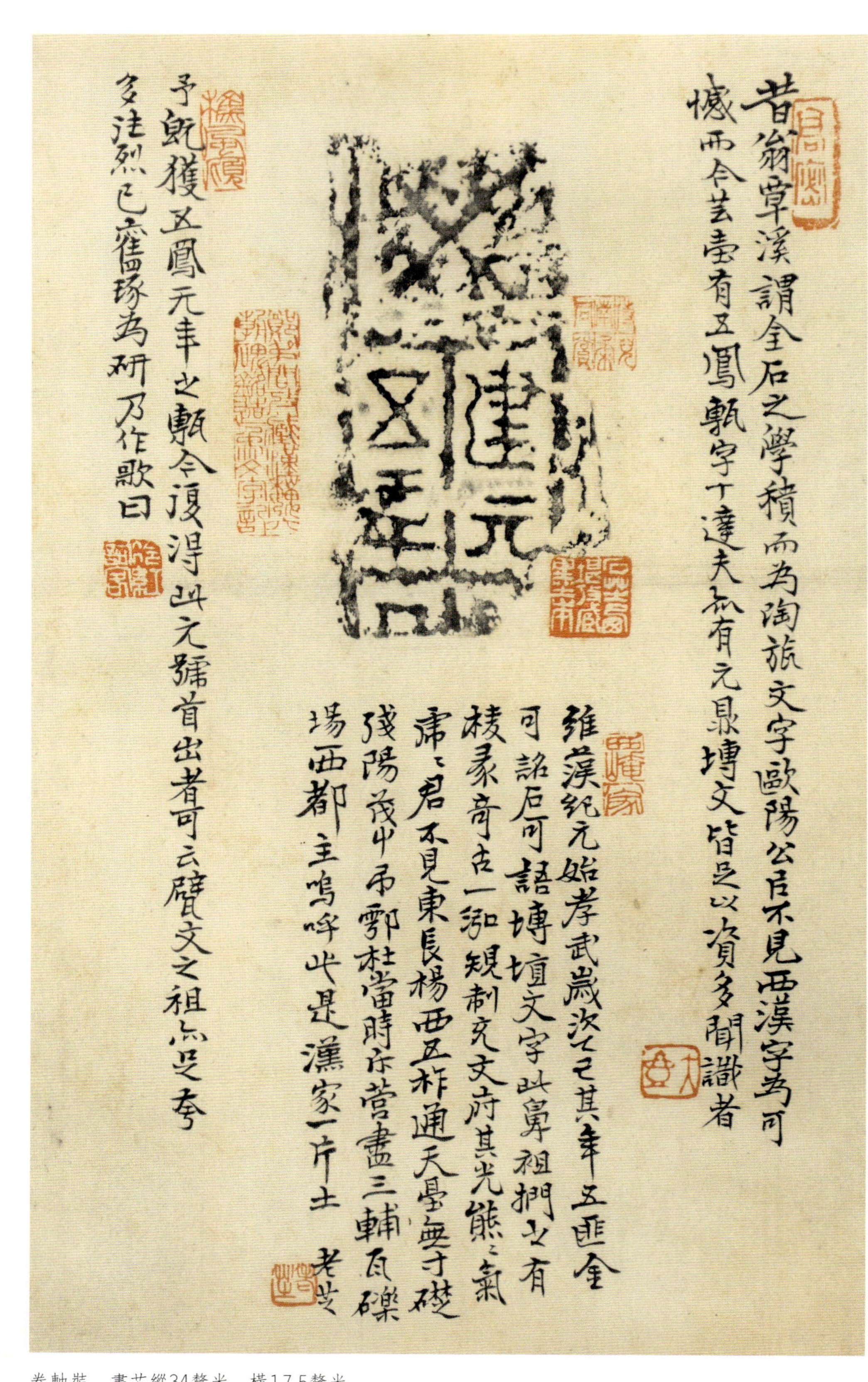

卷軸裝　畫芯縱34釐米　橫17.5釐米
館藏號：J2541

6.《建元五年磚》鄭文焯跋本（二）

《建元五年磚》係鄭文焯藏磚之一，此磚舊時已改製為磚硯。磚銘一面刻“建元五年”分兩行排列，中有界欄線，一面為獸面紋圖案。此本與上本同出一磚，唯拓本多一側獸面紋。

需要說明的是，當下的磚銘拓本或畫像磚拓本的真偽鑒定更為棘手，難度極大。因為磚銘、磚畫多為印模壓製而成，如今若能獲得真磚，便可翻製出印模，以此來偽造 “古磚”易如反掌。其次，古磚大多深埋墓穴之中，一般未經風化與腐蝕，這又給偽磚留下了生存空間。

拓片上方，鄭文焯題記：

> 攷陸氏《千甓亭專録》藏庋號極盛，獨無西漢建元紀年，蓋武帝始刱元號，堇六年而改元元光，其時值開國之初，工役未興，流傳絶少，故歐公《集古》以未見西京文字為憾。近世著録金石家唯五鳳二年一刻，因罕見珍，而全謝山、朱竹垞竝題。宣帝旹魯殿遺塼馮登府云在當時先見者，皆不謂為石，然其書體初變八分，猶存篆意，固足與靈光歸然並峙也。余舊藏五鳳元年專則篆文之最古者，今復獲此建元一甓，謂非古刻紀元之鼻祖歟。案《封禪書》曰其後三年有司言元宜以天瑞命，不宜以一二數。推所謂其後三年者，蓋盡元狩六年，汔元鼎三年也。

拓片下方，鄭文焯録舊詩《建元五年磚》，同上本，茲不贅録。

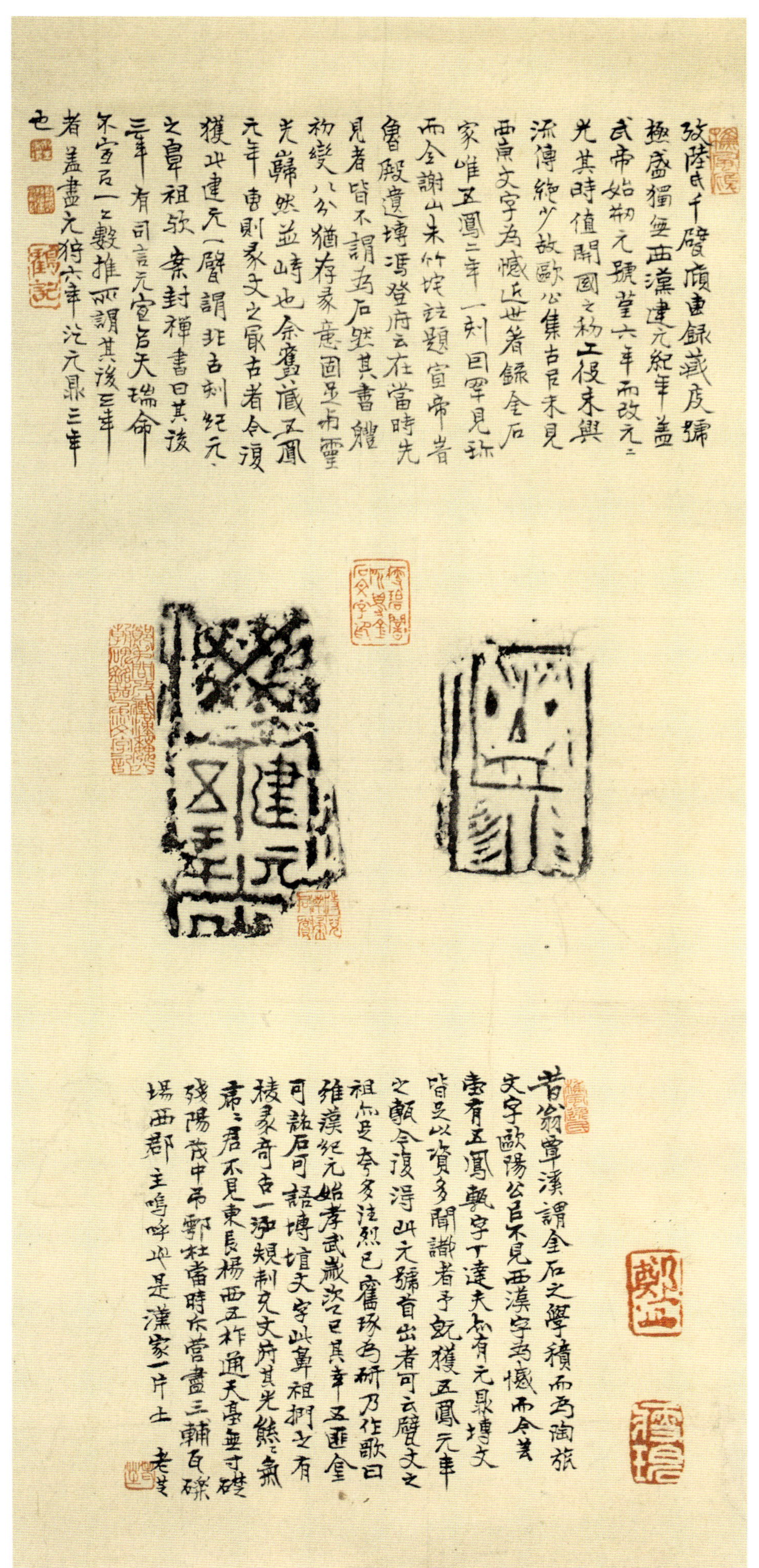

卷軸裝　畫芯縱48.5釐米　橫23釐米

館藏號：J4202

7.《永元畫像磚七品》褚德彝藏本

漢永元畫像磚，共七品，為王懿榮、劉鶚、方若遞藏。拓本為袁金鎧（侗廬）拓贈褚德彝者。畫像內容為車馬出行、漁獵、耕作等，其一刻有銘文“永元六年太歲在午”。

拓片上方有宣統三年（1911）褚德彝題端：

漢永元六年畫象專。侗盧藏專手拓墨本持贈。宣統三年（1911）四月，德彝。

拓片底部另有褚德彝篆書題詩：

簠齋畫甓數南陽簠齋藏南陽畫象專，亭長曾聞攀古藏。天壞七專更奇絶，分明人物武祠堂。

另有民國元年（1912）鄒安題記：

是甎畫在側面，舊為王文敏（王懿榮）所藏，文敏歿後，歸丹徒劉氏（劉鶚），今在定海方藥雨若處。侗盧移贈，非己物也。攷《漢永元甎》，向祇傳河南錢氏一品，載入《攈古録》亦是六年，不知即此第一甎否？余又見一墨本與此同範，上蓋“伯臧”小印，伯臧不知何人，然與此數甎決為同時、同地出土。近人知好宋元綃本，而於此數千年前之古畫漠然視之，忍使異域之士輦載而去，殊可悲也。禮堂與余有同耆，惜力不足以保存，亦與余有同患，奈何奈何。適廬弟鄒安，壬子記。

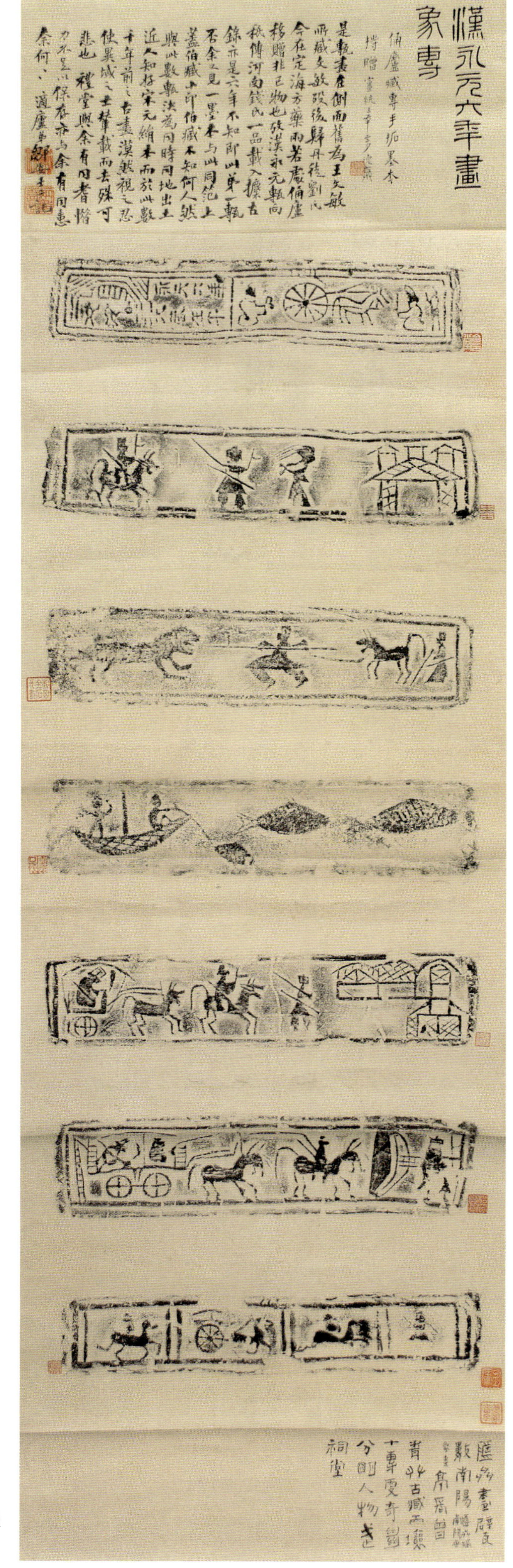

卷軸裝　畫芯縱120釐米　橫36釐米
館藏號：J2445

漢永元六年畫象專

佣廬藏專手拓墨本搨贈

宣統三年三月德彝

是甎畫在側面舊為王文敏
所藏文敏歿後歸丹徒劉氏
今在定海方藥雨若處佣廬
移贈非己物也歿漢永元甎向
秖傳河南錢氏一品載入攈古
錄亦是六年不知即此第一甎
否余又見一墨本与此同范上
蓋伯藏小印伯藏不知何人然
與此數甎決為同時同地出土
近人知好宋元縑本而於此數
千年前之古畫漠然視之忍
使異域之士輦載而去殊可
悲也 禮堂與余有同者惜
力不足以保存亦与余有同患
奈何奈何 適廬弟鄒安壬子記

歷幾畫辟瓦
數南陽 南陽畫象專歷幾藏
亭居留
者將古藏而壞
十專更奇絕
分明人物武
祠堂

《永元畫像磚七品》褚德彝藏本局部

8.《延光四年磚》郭沫若跋本

《延光四年磚拓》郭沫若跋本。磚銘："延光四年（125）七月造作牢堅謹。"

1940年4月7日，郭沫若、于立群、常任俠、衛聚賢等在重慶嘉陵江北岸培善橋一帶（牛角沱對江）散步，偶然在農家的圍牆與水渠邊發現有文字的古磚，文多為"富貴""昌利"，其中就有這枚"延光四年"漢磚。隨後展開漢墓發掘工作，得鐵劍、土偶、陶盂等多件，證明確係漢時文物。嘉陵江下游兩岸到處都是漢墓，以前為築路或建屋，不知毀滅了多少，郭沫若此次考古發現對文物起到了保護作用。但是，當時有人質疑"此次發掘與規定手續不合"，要求江北縣政府詳查事情經過，同年4月29日，郭沫若在《大公報》上撰文《關於發現漢墓的經過》，敍說原委，表白立場，以正視聽。

1940年5月，郭沫若親自拓墨，並作舊體詩《題富貴磚拓墨》《題延光磚》多首，此件卷軸或許就是此時創作，淡墨精拓，成為磚拓中的佳品。郭沫若題詩曰：

剔苔刮垢識延光，入土於今千載強。
造作牢堅良不易，難禁膏血化塵黄。

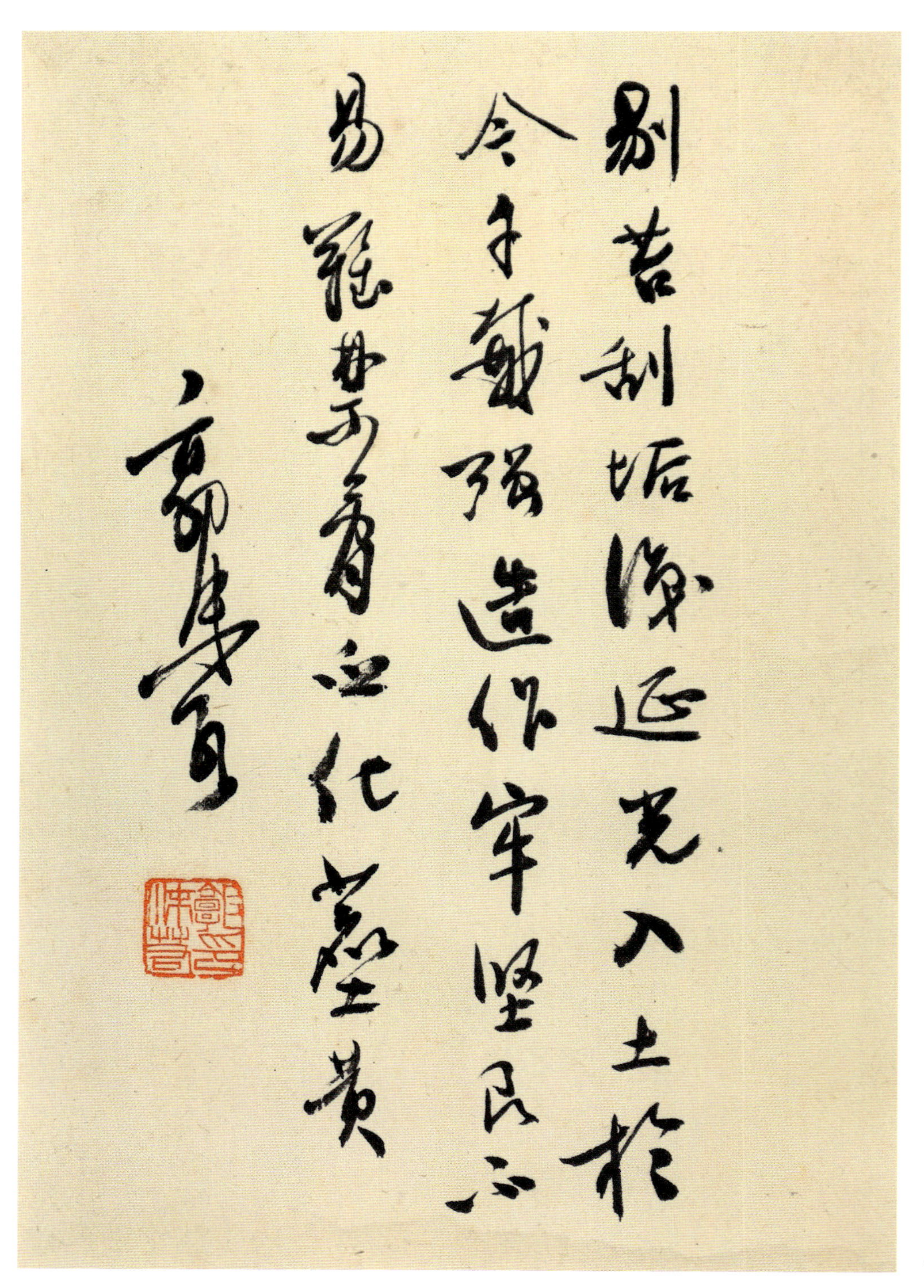

《延光四年磚》郭沫若跋本局部

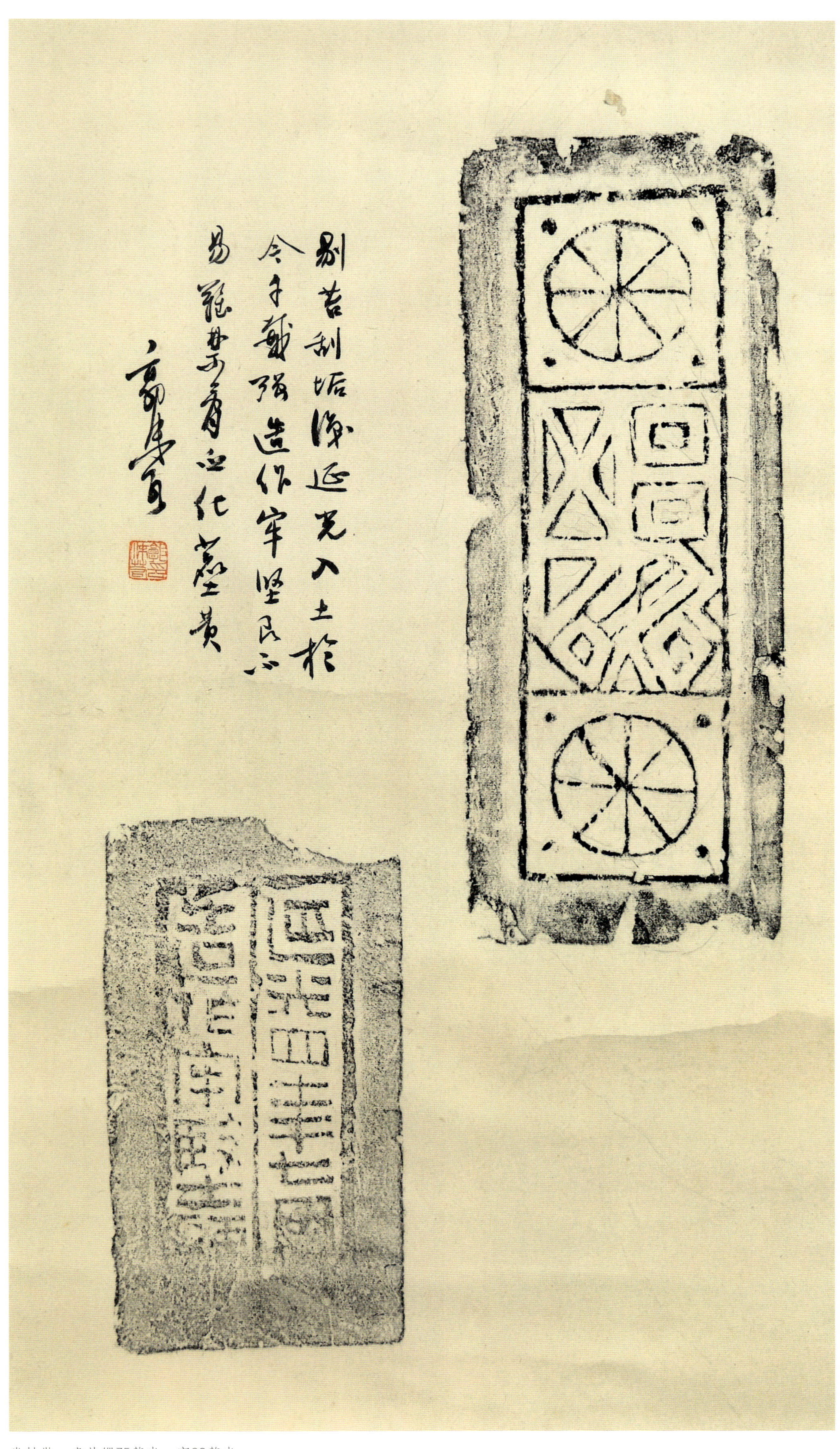

卷軸裝　畫芯縱75釐米　寬33釐米

館藏號：J5534

9.《中平五年磚》朱昌燕跋本

漢中平五年磚，三側皆有銘文，左側文曰“中平五年（188）七月”，右側文曰“萬歲富貴”，頂端銘文或曰“甲午朔”，或曰“辛卯”，然中平五年歲次為“戊辰”而非“甲午”與“辛卯”，故當再作考釋。此拓為徐蓉初寅庵所藏，鈐有“靜軒手拓”印章。留有朱昌燕、楊葆光、潘喜陶三人題跋。依拓本觀之，磚高28.5釐米。

拓片上方，朱昌燕題記：

梅里馮先生登府嘗合儀徵阮文達、武進湯貞愍、泉唐黃氏易、嘉興張氏廷濟、臨海洪氏頤煊、宋氏經畬、烏程陳氏經、王氏黻、武康徐氏熊飛、山陰杜氏宿辰、陽湖呂氏佺孫、桐城吳氏廷康、吾邑僧達受十數家所藏成《浙江塼録》一書。近太倉陸殿撰增祥、歸安陸觀察心源又著《皕甎》《千甓》兩録，於是耆古之士益知寶貴，肆力蒐訪，互出矜尚。頃寅盦眎余拓本，屬釋其文，諦宷再四，蓋漢中平塼也，文曰“中平五年七月”，右側“萬歲富貴”四字，每字一格，間以花紋，惟上端文不可辨，疑“甲午朔”三字，當竢博雅者再訂正之。辛卯（1891）六月朱昌燕。

朱昌燕(1851–1906)，字苓年，一字與九，號衍廬、衎廬，浙江海寧人。光緒甲午（1894），主講眾山書院。光緒戊戌（1898），聘修《海寧州志》。篤好藏書，庋藏甚富，泰半有關鄉邦掌故。有《朱衎廬先生遺稿》傳世。

卷軸上部，楊葆光題記：

古塼多為造墓而設，有作盤花鳥獸紋，亦有作千秋萬歲字者，《研北雜志》謂“吳江古礦中得甎有文曰‘赤烏五年七月造’”。《輟耕録》亦謂“吾郡横雲山發冢，冢塼有‘太元二年造’五字”，皆此類也。又有城塼，近徐潄珊廣文為海鹽校官時，於學舍得甎有“永安五年七月廿五日”等字，致為吳永安時築城所用，予嘗紀之以詩。老友吳康父亦在金華長興等邑得古塼甚夥，其文多吉祥，不皆作千秋萬歲語，此殆時代愈近則詞藻愈繁，於此可以覘世變矣。此甎為漢中平五年造，適當靈帝之末年，字形古拙，其曰“萬歲富貴”亦為墓塼無疑，朱君跋中所稱《浙江塼録》及《皕甎》《千甓録》等書，惜未之見，不知玫為何氏塼也。光緒壬辰（1892）冬十一月下浣，雪憁識於梅里。雲間楊葆光時年六十有三。

楊葆光（1830–1912），字古醞，號蘇庵，別號紅豆詞人。上海松江人。曾官龍遊、新昌知縣。學問淵博，著作等身，兼攻書畫。嘗繼楊逸為豫園書畫善會會長，又任上海麗則吟社社長。著有《蘇庵詩録》《蘇庵文録》。

拓本下方，潘喜陶題記：

自秦漢至六朝，瓦當磚文率皆文字吉祥，并誌年月造工，兩平面作布文，或作羽族若鵝雁鸞鳳之屬，毛族若雨工麋鹿之屬，鱗族若雙魚餘慶之屬，更有飛廉螭猊形井文錢範文不一而足，各式形象。余目擊甚夥，未及收藏，緣金石一類，非博攷精鑒不能窮其奥耳。昔在麗州值徐壽蘅少宰視學婺州，暇時語各校官云：“聞婺鄉常為人尋獲古磚者，如有收藏者，或求沽者，可屬其持來，當視直相易也。”余適得二磚，一黃龍、一赤烏，皆孫吳年號，平面一作雙魚文，一作五銖錢範文，即以持贈，亦偶得之，不恒有也。武原道咸間鄉人於海上或亦有掘得者，大略相近，皆為好古者購去。今寅初表阮得靜軒拓本見示，其兩旁文衍盧居士（朱昌燕）已釋之矣。上端釋作“甲午朔”，余諦眎旁文，每一字上皆為二横格，二直格，其上似亦作横直格，中間上字作“甲”，下一字“卯”，文似“辛卯”，緣六壬金鏡云“卯”、“酉”為二八之門，以司□閑，故《說文》“卯”從“卯”，“酉”從“丣”，義取開閉耳。中平五年不知是否辛卯，須檢年表，若果辛卯，則無疑矣。光緒二十有一年（1895）八月十三日。燕叟潘喜陶識時年七十有三。

潘喜陶（1821–1900），一作熹陶，字芝畦，號燕池、樸廬、子瑜、燕叟，浙江海寧人。為潘廷章六世孫。咸豐四年（1854）以第一名入庠。同治四年（1865）起，先後任教安吉、永康、平陽、象山等地，吳昌碩、施裕升皆出其門下。潘氏工書善畫，尤擅墨梅。據說吳缶廬畫墨梅就深受潘氏墨梅法影響。著有《梅花盦詩集》。

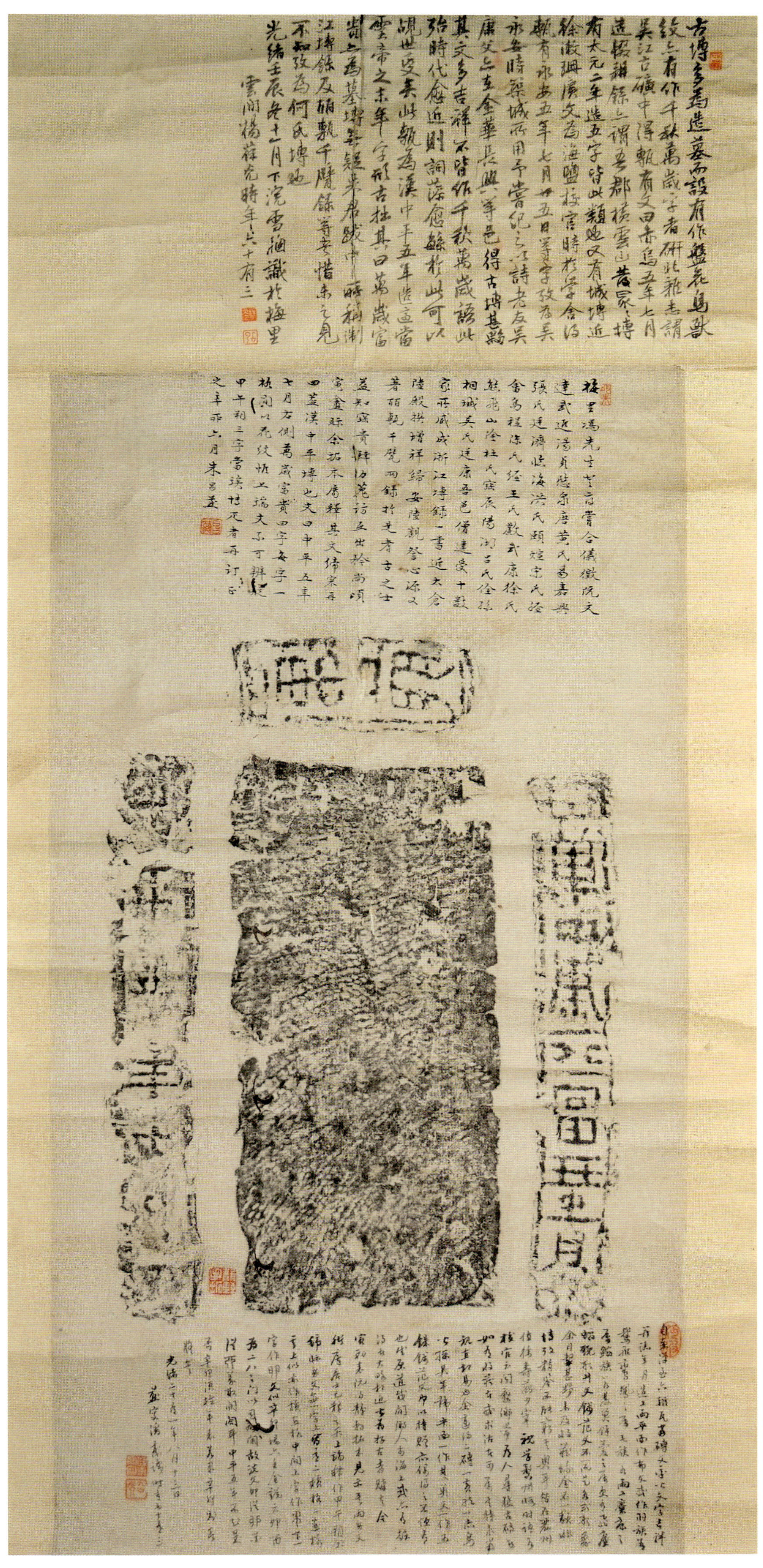

卷軸裝　拓片縱63釐米　横32.5釐米，
館藏號：J5707

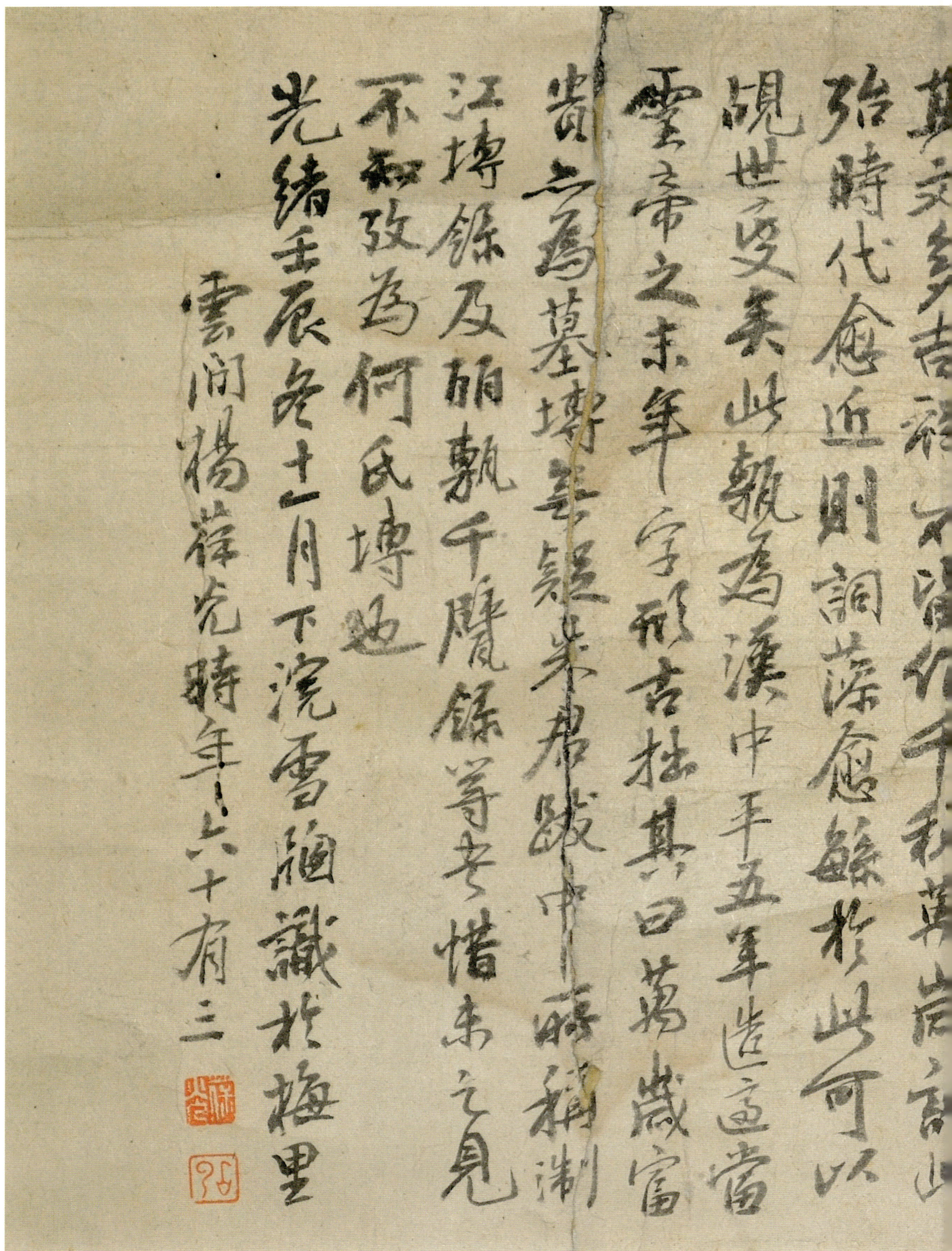

殆時代愈近則詞藻愈繁於此可以
覘世變矣此甎爲漢中平五年造適當
靈帝之末年字形古拙其曰萬歲富
貴亦爲墓塼無疑朱君跋中所稱浙
江塼錄及胡甎千甓錄等書惜未之見
不知攷爲何氏塼也
光緒壬辰冬十一月下浣雪窗識於梅里
雲間楊葆光時年六十有三

 《中平五年磚》朱昌燕跋本局部

古塼多為造墓而設有作盤花鳥獸
紋亦有作千秋萬歲字者研北雜志謂
吳江古墳中得甎有文曰赤烏五年七月
造輟耕錄亦謂吾郡橫雲山昔冢冢塼
有太元二年造五字皆此類也又有城塼近
徐澂珊廣文為海鹽校官時於學舍得
甎有永安五年七月廿五日等字攷為吳
永安時築城所用予嘗紀之以詩老友吳
康父亦在金華長山等邑得古塼甚夥

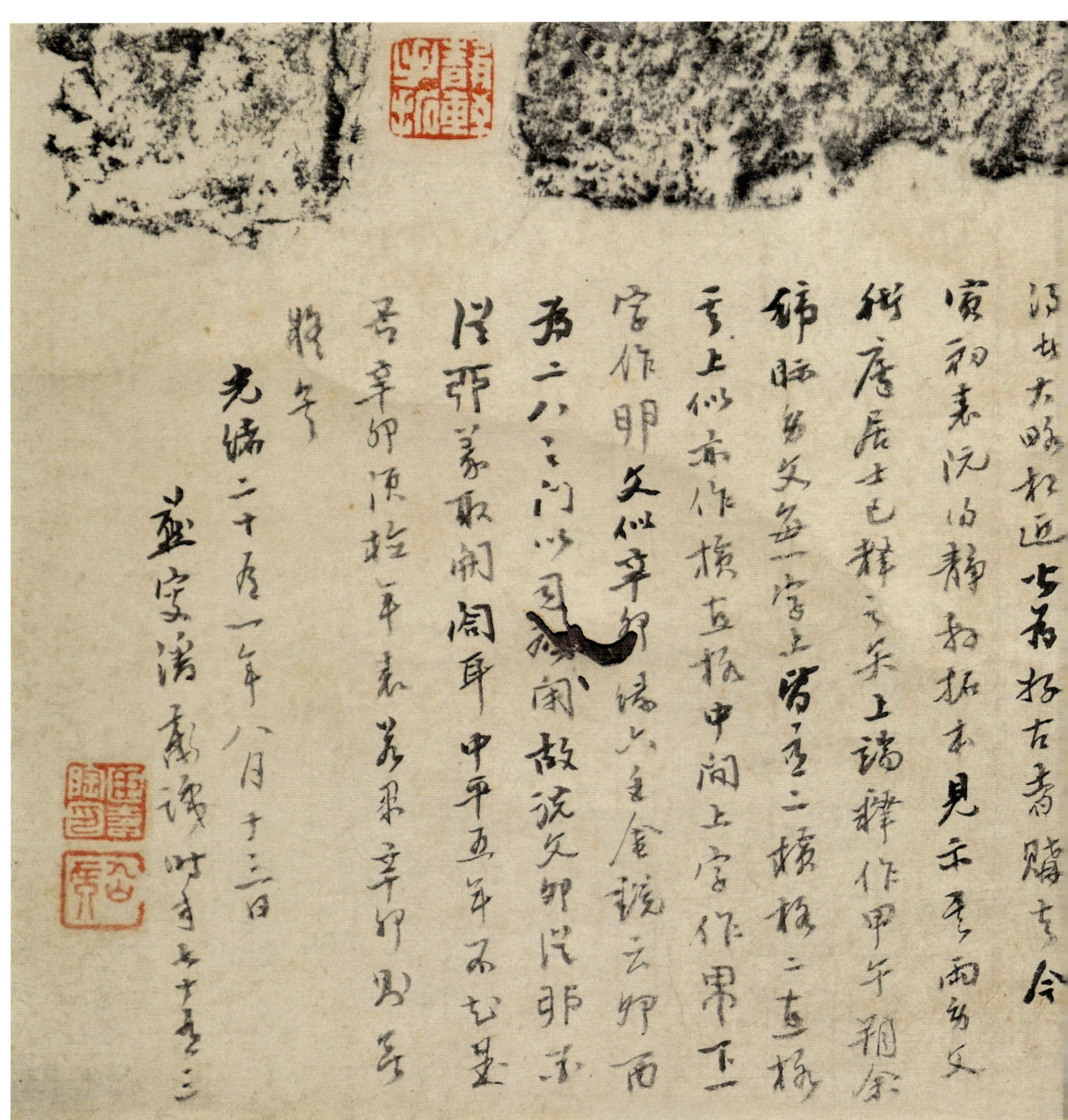

《中平五年磚》朱昌燕跋本局部

自秦漢至六朝瓦當磚文一字以至文字吉祥
并誌年月造工而平面作布文或作羽旗為
鸞雁鶯鳳之屬毛旗為雨工麋鹿之
屬銘旗為甚奧傳叢之屬文者飛廬
蝠貌取井文錢花文不一而足各式取象
余自幼喜野古及得藏端金石一類如
持以精鑒不能窮其奧耳皆在蘇州
從徐壽藏少年祝學藝州收財積多
於宦玉開藝鄉出賞於人尋獲古磚數
如在好藏古或求活古可屬其持來第
視直如易也余適得之磚一貴於一古烏
一5孫吳年號平面一作甚奧文一作五
銖錢花文印以持贈亦保得之不忸者

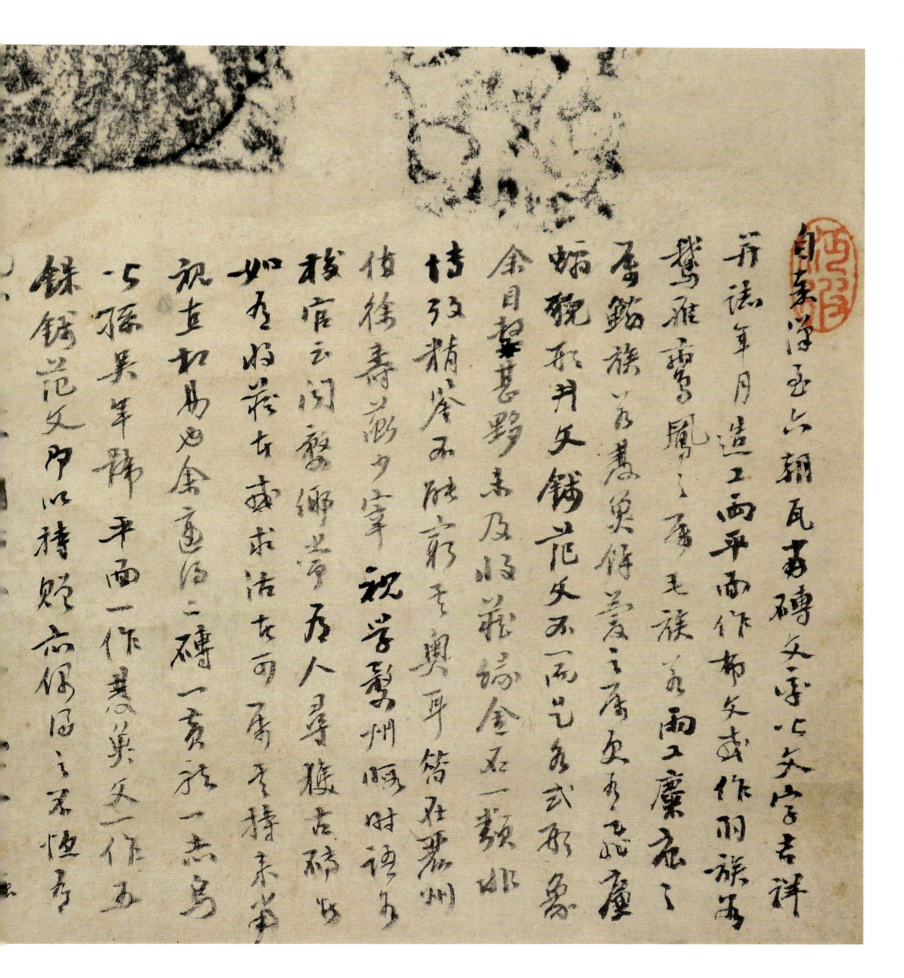

10.《天璽元年磚》鄭文焯跋本

此磚銘文曰“天璽元年”四字，已製成磚硯。民國初，古董商人曹雅伯從嘉興將此磚硯攜至滬上求售。鄭文焯欲購未果，卻得手拓磚銘一紙。天璽元年（276）是三國吳末帝孫皓的年號，歷時不足一年。故天璽磚流傳甚少，索價自然不菲。

此為民國初鄭文焯手拓本，已裝裱成卷軸，磚銘四周有鄭文焯題記四則，其文曰：

> 天璽塼研今猶在嘉興，去歲秋末，有估人曹雅伯攜至滬上，因手脫一紙。鶴記。

> 《吳志》天璽元年吳郡言臨平湖邊得石函，中有小石青白色，長四寸，廣二寸餘，刻作“皇帝”字，於是改元大赦，改元者，改“天冊”為“天璽”也。孜天冊乙未改，天璽丙申改，竝一年。故見於碑銘瓴甓文字者極罕致之，壽閎也。

“臨平湖”位於浙江臨平山東南。三國吳赤烏十二年（249），湖中得一寶鼎，故稱“鼎湖”。又因臨平湖與杭州西湖相對，又名之為“東湖”。

> 曩見吳興陸氏千甓廎藏一天璽塼，長尺九寸，文曰“天璽元年歲在丙申荀氏造”，四字一格，下耑文曰“八月興功出長興”字體樸茂無波桀。此磚研雖殘泐，度其格勢，當作一行，而書法類西漢，篆文亦奇。

千甓廎為金石家、藏書家陸心源集藏漢、晉古磚一千餘方的處所，陸氏還著有《千甓亭古磚圖釋》一書。

> 唐許嵩《建康實録》辨《吳天璽碑》云：“案吳録其文為華覈作，其字大篆，未知誰書。或傳皇象，恐非，在今縣南龍山下。”近世考古者引《丹陽記》此石在晉宋時，已析為三段，故又稱“三段碑”。然嵩譔《實録》時，固未言其殘破也。吳碑存於今者，唯《九真太守谷朗碑》及《禪國山》二石，《天發神讖碑》自嘉慶十一年燬于火，其於本亦希如星鳳。若塼甓文字，所見紀年，堇“黃龍”“赤烏”“永安”“鳳凰”數名跡尔。此天璽專，書體方拙古峻，迴殊它製，宜篁畢老人為之賞歎不置。

鄭文焯擅書畫，能篆刻，但其書名、畫名常為詞名所掩。今觀此卷鄭氏題記書法，骨氣清空，澹雅古樸，極具金石氣，與磚甓碑銘相得益彰。

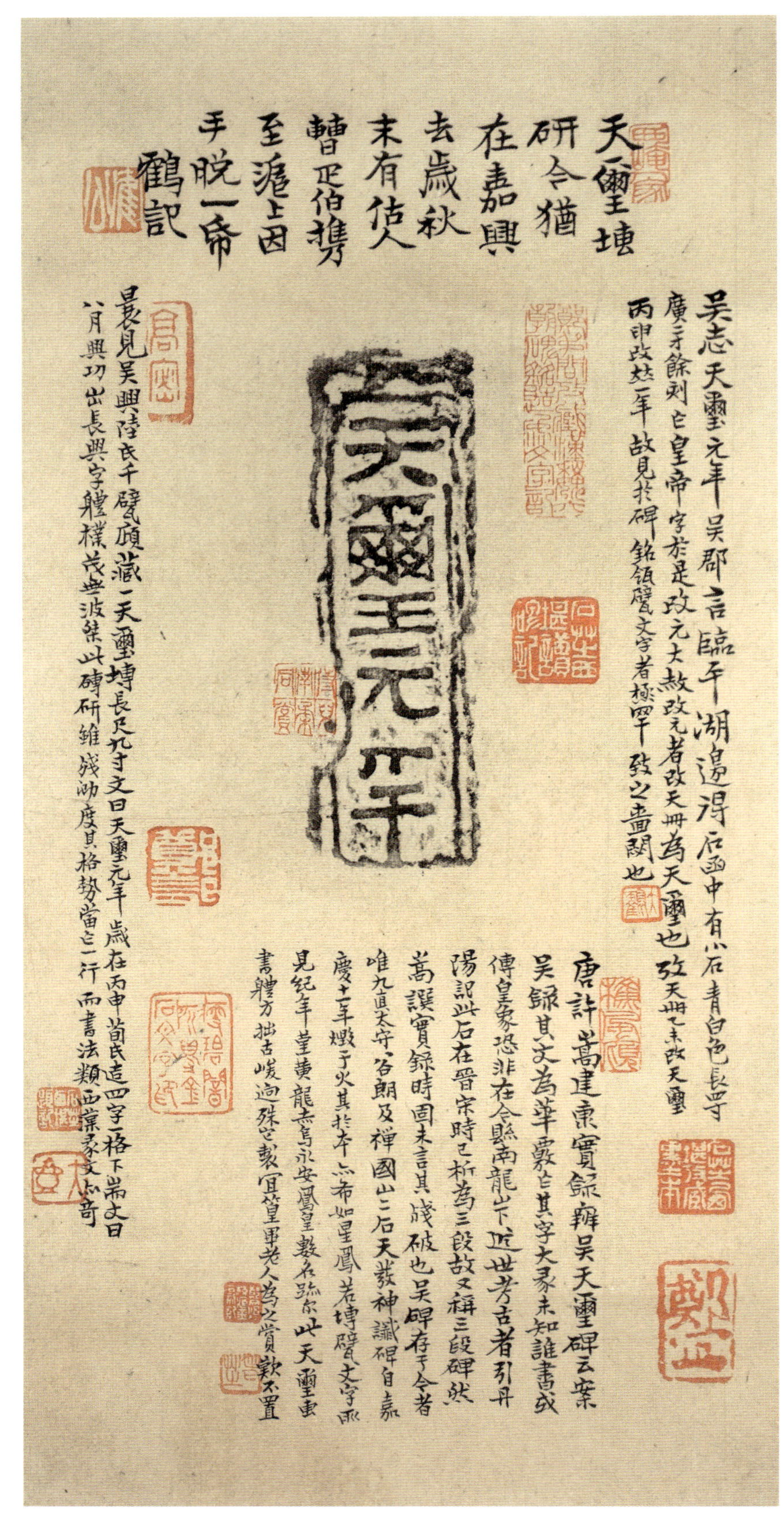

卷軸裝　畫芯縱33釐米　橫17釐米

館藏號：J2703

11.《百歲祝壽圖》六舟拓本

《百歲祝壽圖》道光十二年（1832）六舟手拓，道光十六年（1836）六舟將此圖贈賀借庵和尚八十大壽。本圖卷軸裝，存有六舟道光十六年（1836）親筆題記。

此件《百歲祝壽圖》當屬六舟傳拓之傑作，遠觀似一行草書“壽”字，近看“壽”字筆畫卻是由磚、瓦、硯、古幣、殘碑、碎石“百件”集拓而成，或因“百碎”與“百歲”諧音，故名。用傳拓金石小品的方式表現“錦灰堆”的繪畫形式，這是六舟的獨創。

此圖拓製難度極高，用一整張宣紙拓製而成，並非零紙剪裁拼貼，“百碎”要有前後疊加效果，期間避讓、穿插、構型、色塊、設計頗費周折，非數月人工不可得也。據徐康《前塵夢影録》載：“先以六尺匹巨幅，外廓草書一大壽字，再取金石百種捶拓，或一角，或上或下，皆不見全體著紙。須時乾時濕，易至五六次，始得蕆事。”

道光十六年（1836）六舟題記：

道光壬辰（1832）秋八月之望，海昌僧六舟拓于小綠天庵。

此本藏篋中有年，丙申（1836）二月，借翁鄉老和尚八十上壽，余適有黄山之遊，不及趨祝，即寄以申介並系以頌。

吉金樂石，金剛不朽。

周鼎漢鑪，與此同壽。

滄浪亭灑掃行者達受又識。

借翁鄉老和尚，即鎮江焦山寺主持借庵和尚。六舟曾數次拜訪借庵和尚，傳拓《瘞鶴銘》《焦山無惠鼎》等焦山五寶。

另，浙江博物館亦藏有一張《百歲圖》，作於道光十一年（1831），兩圖相較，“浙博本”製作時間上雖早於“上圖本”一年，然構圖巧思則不及“上圖本”。另，六舟尚有耗時五年完成的《千歲圖》，希望此圖尚存人間，期待它能早日重現。

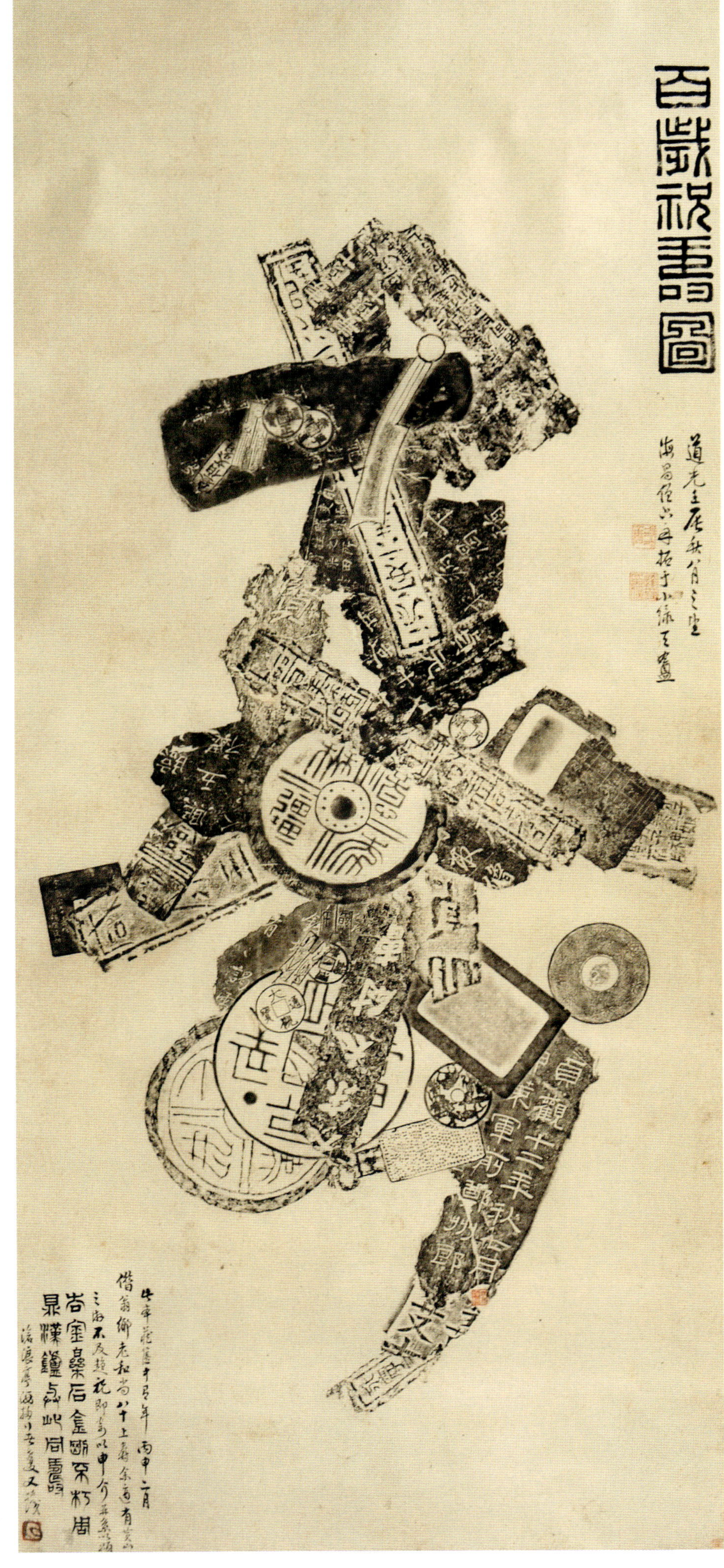

卷軸裝　畫芯縱135釐米　橫60.5釐米
館藏號：J6300

《百歲祝壽圖》六舟拓本局部

《百歲祝壽圖》六舟拓本題簽

12.《唐磚四美圖》金兆蕃藏本

《仕女圖畫像磚》四件，或為墓中明器，其畫像內容分別為煎茶、烹魚、滌器、整髻。可惜全無文字題刻，若依畫像人物之衣著與髮型等特徵，可推定為唐代墓磚。因其題材貼近生活，雕刻精細傳神，人物端莊秀美，故多呼之為“唐磚四美圖”。相傳民國八年（1919）間於河南洛陽出土，旋為日商購去，流往海外。

此拓本為金兆蕃（籛孫）舊藏，卷軸裝，共四軸。內有民國十四年（1925）奭良、章鈺、俞陛雲、丁傳靖、羅惇㬊、邵章、金兆藩、曹秉章、俞伯敭等人題詩詞，以上題記者多為金兆蕃在清史館任纂修時的同仁。

金兆蕃（1869–1951），原名義襄，字籛孫，號藥夢老人。浙江秀水人。金蓉鏡之從弟。清光緒十五年（1889）舉人，任內閣中書。曾著《各國訂約始末記》，傾心於變法維新。辛亥革命後，任北京政府財政部會計司司長、財政部賦稅司司長等。清史館設立後，任清史纂修兼總纂。著有《安樂鄉人詩》《藥夢詞》等。

一　煎茶圖

頂部題記：

1、奭良

活火新泉紫蕊，配以詩箋畫乂。遙想其人如玉，盧家赤腳應差。籛孫先生屬題唐磚拓本，既綴四什復譜一解。

明鏡交螭，深院日高風細。
內家梳髻，滿珠鈿翠珥。
玉立亭亭，彷佛軟盤新式。
捧匜剔甲，調羹去乙。
頭綱雪乳，鼓風爐銀銚濕。
煎成蟹眼，有中泠水未。
五鳳難逢，已是玲娟四美。
重摩氈蠟，須更明綺。
傳言玉女。乙丑（1925）夏日，奭良。

奭良（1851–1930），字召南，號休莫、無涯、甜庵等。鑲紅旗滿州人，裕瑚魯氏。早年頗負詩文，有“八旗才子”之稱，後歷任數省道員。辛亥革命後，應清史館總裁趙爾巽之聘，參與編修清史。熟悉清史掌故，著有《野棠軒全集》《史亭識小録》等。

2、俞陛雲

纔撥爐頭獸炭明，旋聽幽韻響瓶笙。
紅囊手淪釵頭茗，應伴修書宋子京。
斐盦。

俞陛雲（1868–1950），字階青，別號斐盦、樂靜、存影老人、娛堪老人。浙江德清人。俞陛雲是經學大師俞樾之孫，現代文學家俞平伯之父。光緒二十四年（1898）探花。民國元年（1912），任浙江省圖書館監督。1914年後入清史館，任協修。著有《小竹里館吟草》《樂靜詞》《蜀輶詩記》《詩境淺說》《唐五代兩宋詞選釋》等。

底部題記

1、邵章（伯褧）

九華沈醉夢難醒，煎苦茗，瀹餘酲。
松風謖謖石鐺鳴，吹火誤樵青，
閒竚望，誰叩玉關扃。
雲淙夢隱譜。

邵章（1872–1953），字伯烱、伯絅、伯褧，號倬盦、倬安，浙江仁和人。清光緒二十八年（1902）進士，曾畢業於日本政法大學速成科。歷任翰林院編修、杭州府學堂、湖北法政學堂及東三省法政學堂監督、奉天提學使、北京法政專門學校校長、北京政府評政院院長等。富藏書，善詩文，近現代藏書家、版本目録學家。著《雲淙琴趣》《倬盦詩稿》《倬盦文稿》等。

2、俞伯敭（安鳳）

團胯輕研雪浪融，樵青猶有玉川風。
黨家帳裏饒羔酒。那似泉清茗苦中。

下鈐“伯敭所作”印章。

俞伯敭，原名安鳳，字伯敭，後以字行。曾任兩湖文高等學堂監督，著有《中等倫理教科書》。

3、金兆蕃（籛孫）

蟹眼生初，暗風吹送松聲怒。
恀分仙露，門掩棠梨暮。
火候商量，獸炭頻添取。
嬌無語，賸灰凝箸，可有殘師芋。
曩為杜盦題此拓本，今亦於海王村市得之，敦杜盦（曹秉章）徵題詠並避不相複，因別成點絳唇四闋，浮沉人海，妄作空中語，詎止以無益遣有涯耶。乙丑（1925）閏四月，兆蕃題記。

二　烹魚圖

頂部題記：

卷軸一（煎茶圖）

卷軸二（烹魚圖）

卷軸裝　畫芯縱118釐米
横32釐米
拓片縱50釐米
横32釐米
館藏號：J2325–J2328

卷軸三（整髻）

卷軸四（滌器）

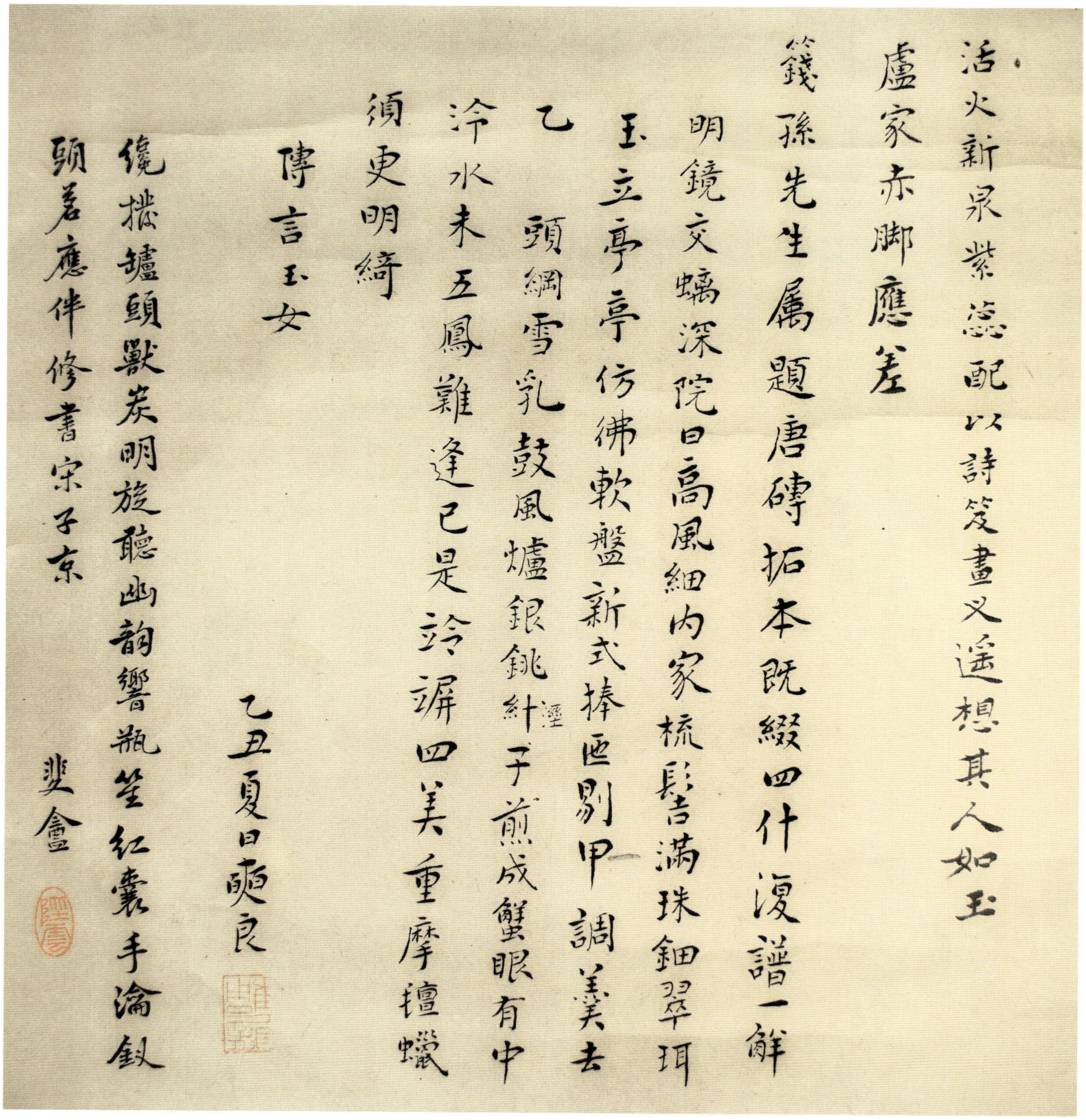

卷軸一（煎茶圖）局部

1、奭良（休莫）

豈其必河之鯉，狀如松江之鱸。

犢鼻為君上食，有酒一斗提壺。休莫。

2、俞陛雲（堦青）

出網文鱗撥剌聲，金盤珍味擬侯鯖。

相公堂饌前方丈，玉手烹來更有情。堦青。

3、曹秉章（杜庵）

河雒之交多古墓，明器之出土者，肆中往往見之。唐墫畫仕女亦墓中物。五六年前出土於雒中，友人貽予蛻本四幅，一整髻、一滌器、一烹魚、一瀹茗，雖無漢代畫象渾樸之氣，而姿致妖冶，各具體態，於古甓文字之外，別剏新製，補明器之所不備而明器陋矣。可見昔時貴（此字點去）達官貴人葬儀之侈，墓中所列雖（此字點去）應不止此四者，何以斷其為唐，度必有文字可考，惜未得見。茲籛老社長（金兆蕃）於廠肆亦得四幅，與予所有相同，或曰原墫已為海客得去，近有翻本。此則諗為原拓，秘藏驟出，動生覬覦，氈墨所餉，適吾雅尚，信足珍已。

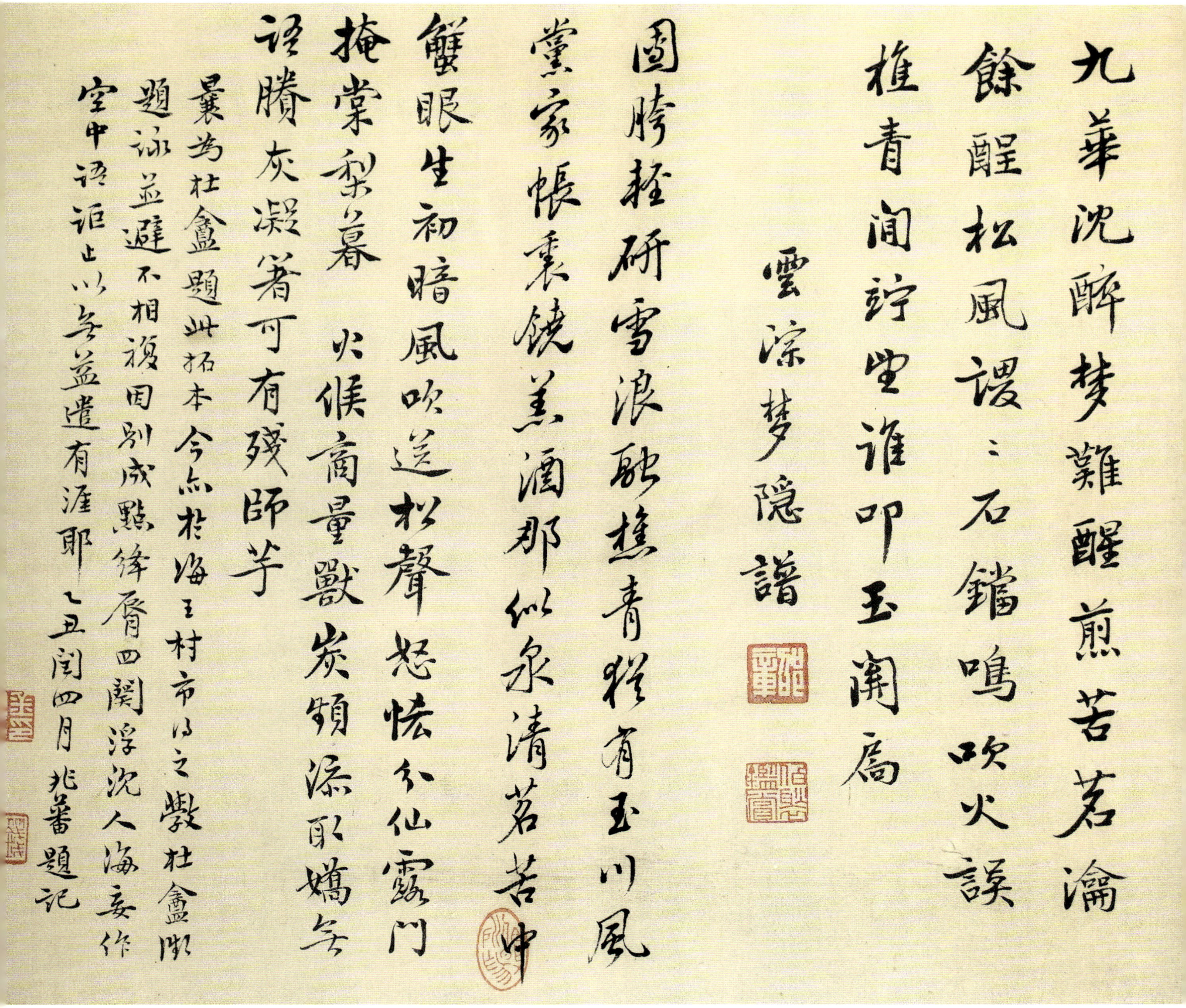

卷軸一（煎茶圖）局部

乙丑（1925）孟冬之初，杜盦識。

底部題記：

1、邵章（伯褧）

銀絲寸寸縷金盤，彈暗淚，訴宮官。

殷勤尺素共誰看，風露勸加餐。

蝸壁上，人影劍花寒。

萬松蘭亭齋。

2、俞伯敭（安鳳）

金盤策策柳穿魚，斷手銀刀卻立時。

無限相思無處寫，閨人應怨腹無書。

3、金兆蕃（安樂鄉民）

茜袖徐搴，匕光寒壓金盤小。

錦鱗騰沼，萬一將書到。

想像蓬池，片片紅絲繚。

芳薑芼，後來宋嫂，孤負羹材好。

藥夢盦學詞。

三　整髻圖

頂部題記：

1、羅惇㬋（復堪）

漢陶舊有四神竈，太息東鄰數輂金。

此亦唐塼誠具美，摩挲墨本已難任。

籛孫道長購得唐塼拓片四帋，一整髻、

二滌器、三研鑰、四煎茶。云原器已為日

人購去。屬為題詠，得二十八字。乙丑（1925）

初夏，羅惇㬊於三山簃寫記。

羅惇㬊（1872–1954），字照岩，號敷庵、復闇、復堪，老復丁、羯蒙老人等。廣東順德人。早年與堂兄羅癭公師從康有為，後肄業於京師譯學館。清末，曾任郵傳部郎中、禮制館編纂。民國初年，在財政部泉幣司供職，鑄袁世凱頭像銀圓時，“壹圓”二字，即出其手筆。民國後，歷任教育部、財政部、司法部參事，國民政府內政部秘書等。後長期在北京藝專和北京大學文學院講授書法，有“現代章草第一人”之譽。著有《三山簃詩存》《三山簃學詩淺說》《書法論略》《羯蒙老人隨筆》等。

2、丁傳靖（招隱頭陀）

洛陽何代墓，發邱出古專。
專勒美人象，意態都娟娟。
或煮缸面酒，或烹槎頭鯿。
梳鬟与滌器，妙得神理全。
四專一字無，刱艁知何年。
古者貴人死，從葬常聯翩。
清初諸親王，此制猶未蠲。
臨穴妾與婢，惴惴良可憐。
體此好生悳，改作圖畫鐫。
為想墓下人，意必古名賢。
乃亦遭發掘，呵壁難問天。
乙丑（1925）十一月，丁傳靖題。

丁傳靖(1870–1930)，字秀甫，一字岱思，號湘舲、闇公、滄桑詞客、鶴睫、鬼車子、招隱行腳僧、招隱頭陀等。江蘇丹徒人。清宣統二年(1910)，由陳寶琛薦舉為禮學館纂修。民國後，任馮國璋的幕僚，後任總統府秘書。富藏書，喜收宋明稗官野史。著《闇公文存》《闇公詩存》《滄桑豔》《秋華堂詩》《宋人軼事彙編》等。

3、奭良（無涯）

春煖繡幃早起，試學漢宮高髻。
低眉輕攏鬟雲，微露纖纖十指。无涯。

4、俞陛雲（清夢軒）

桂旗神滸映明妝，省識兒家住洛陽。
磚在洛陽出土。
莫訝畏風螺髻重，知卿高致學齊梁。
乙丑（1925）夏五，俞陛雲。

底部題記：

1、邵章（倬庵）

嬾將時樣學拋家，雲鬟殫，綰雙丫。
娉婷小立門吴娃，含恨怯菱花。
憑刻畫，簾下舊風華。

磚畫盛於六朝，至唐而極麗，然拙古之風遠矣。惜其原石已佚，摩挲佳拓，感慨係之。倬盦。

2、俞伯敭（安鳳）

鸞篦乍掠轉沈思，墮馬盤龍太入時。
莫道雲鬟高一尺，年來梳洗總隨宜。

3、金兆蕃（藥夢庵）

欹枕鬟鬆，夢迴先被籠鸚詫。
鬢雲嬌瀉，故向釵邊卸。
背鏡輕攏，眉翠羞重寫。
秋千下，倦腰弓亞，婀娜花枝姹。

四　滌器圖

頂部題記：

1、奭良（憇庵）

汲得銅溝清泚，拭徧卮當鼎趾。
惜不提去澆花，排當紅泥亭子。

2、俞陛雲（階青）

擎來紅玉拭花磁，七盌盧仝數半之。
一抹口脂香未散，品茶人去不多時。
樂靜。

3、章鈺（霜根）

好箇金甌，傷心曾被纖兒破。
料量在我，耽閣熏香坐。
剗動花飛，生愛閒功課。
嬌無那，鶯綃一裹，莫使燕支涴。

調倚點絳唇，題新鄭出土唐刻平面塼美人拓本，滌器其一也。博籛孫同年詞宗一粲。乙丑嘉平月廿七日，長洲章鈺寓析津題記。

章鈺（1864–1934），字式之，號茗簃、蟄存、負翁、北池逸老、霜根老人、全貧居士等。江蘇長洲人。光緒二十九年（1903）進士，官至一等秘書，事務司主管兼京師圖書館編修。辛亥革命後，以藏書、校書、著述為業。1914年後，任清史館纂修兼總纂。其藏書處名曰“四當齋”，取宋藏書家尤延之以書籍“饑當肉、寒當裘、孤寂當友朋、幽憂當金石琴瑟”之語。著《四當齋集》《宋史校録》《錢遵王讀書敏求記校證》《胡刻通鑒正文校宋記》，世稱校勘精審。

底部題記：

1、邵章（伯褧）

漢家玉盌出人間，零落恨，倚瓊筵。
淮南丹藥莫輕湔，鶯掖盡昇仙。
呼万遍，擎袖惜嬋娟。

豈其必河之鯉狀如松江之鱸憤鼻為君上食
有酒一斗提壺　休莫
出網文鱗撥刺聲金盤珍味撥侯鯖相公堂饌
前方丈玉手烹來更有情　堦青

德清俞氏

河雒之交多古墓所器之出土者肆中往往見之唐塼畫仕女亦
墓中物五六年前出於雒中友人貽予悅本四幅一整鬟一滌器一
烹魚一瀹茗雖無漢代畫象渾樸之氣而姿致妍冶各具體
態於古甓文字之外別開新製補明器之所不備而明器隨
矣可見昔時貴達官貴人莫儀之修墓中所列幾應不止
此四者何以獨其為唐塼必有文字可考惜未得見茲
錢老社長於廠肆亦得四幅與予所有相同或曰原塼已為

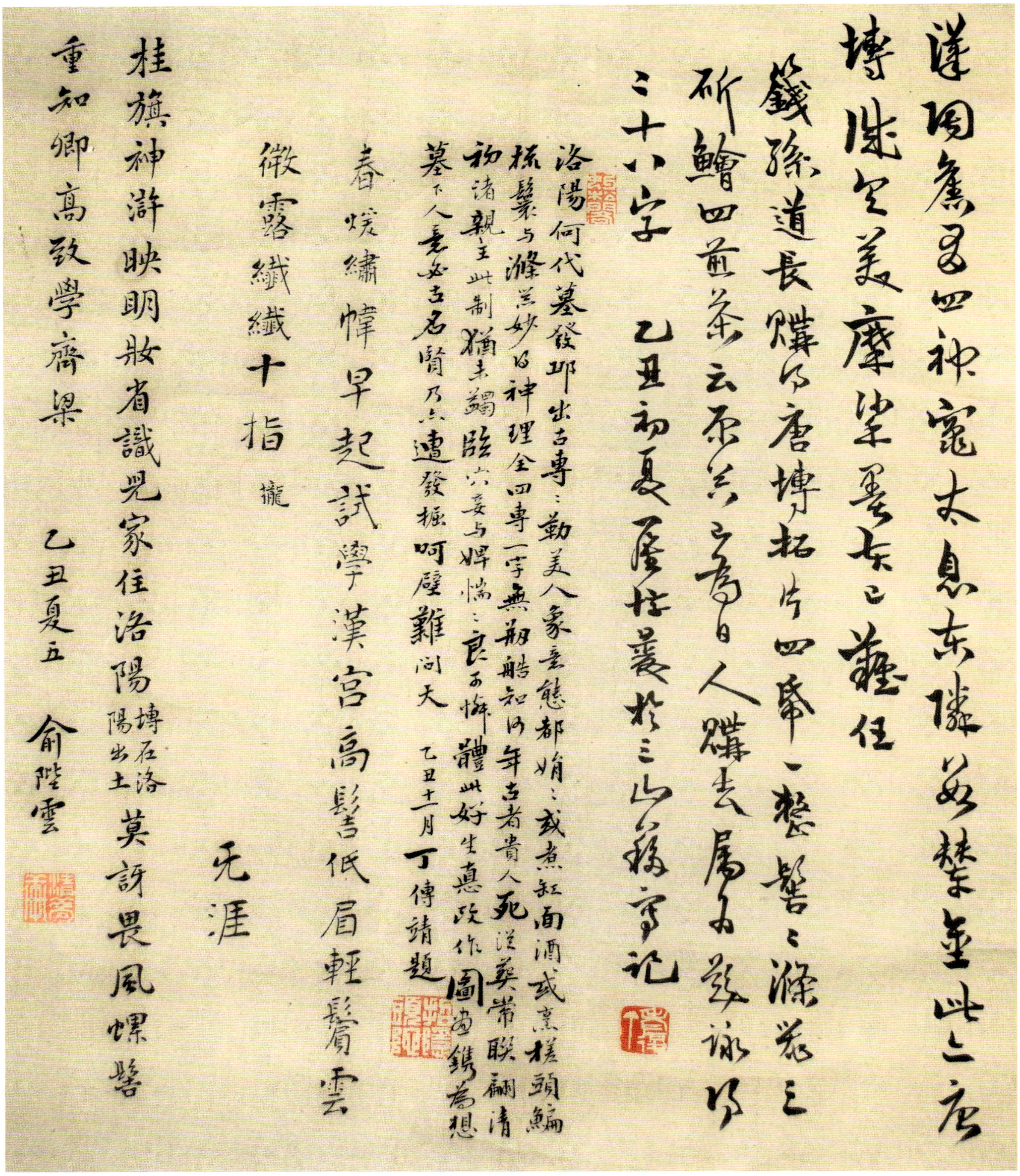

卷軸三（整髻）局部

寄甘州子，乙丑夏，應籛孫長兄詞宗屬，即希正拍。伯斁弟郘章。

2、俞伯斁（安鳳）

幹當人推絡秀才，重勞玉手整盤梳。

悔應不嫁淩雲婿，致使文君滌器來。

籛孫老兄詞長屬題，乙丑閏四月，伯斁。

3、金兆蕃（稻稿生日生）

羅列壺尊，昨宵纔罷霓裳宴。

念奴傳喚，料理中廚倦。

纖手接巾，親與端詳徧。

寒泉湔，舊家金盌，愁使人閒見。

區區四方唐代畫像磚，凝聚起金兆蕃在清史館任纂修時的諸多同仁和好友，从中可見，民國初期文人墨客的金石雅玩與心靈表白。

漢家玉盌出人間零落恨倚瓊筵
淮南丹藥莫輕湔鶴掖盡昇仙
呼万遍擎袖惜嬋娟
寄甘州子　乙丑夏庭
籛孫長兄詞宗屬即希
正拍　伯褧弟邵章

幹當人推給秀才重勞玉手整鹽
梧悔應不嫁凌雲情致使文君滌器
末　籛孫老兄詞長屬題　乙丑閏四月伯敬
羅列壺尊昨宵纔罷霓裳宴念奴傳喚
料理中廚儘　纖手換巾　親與端詳偏寒
泉瀚舊家金盌懸使人間見

卷軸四（滌器）局部

13.《雷峰塔造像磚》李健跋本

《雷峰塔造像磚拓本》，造像磚上刻“無量壽佛”四字，下刻“乙亥秋八月中供養西關磚塔，吳越國王錢俶造”六行十九字，故知此枚“西關塔磚”製於吳越開寶八年（975），下距吳越國滅亡僅僅三年。民國二十五年（1936），此件拓本曾作為李健題贈印霜女士（蔣國榜之妻）四十大壽之賀禮。

雷峰塔，舊稱“西關磚塔”。因吳越國王錢俶為黃妃得子而建，故又得名“黃妃塔”。又因塔建在西湖南岸夕照山的雷峰上，故世人多稱之為“雷峰塔”。塔心為磚木結構，塔身週邊是木制塔簷。明嘉靖三十四年（1555），倭寇入侵杭州，塔身週邊木構建被焚毀，僅存塔心，自此木塔變成一座“磚塔”。三百六十九年後，1924年9月25日（農曆八月廿七日）午後二時磚塔突然坍塌。2002年10月，杭州人民重建雷峰塔。

此件《雷峰塔造像磚拓本》的題跋者李健（1882-1956），字仲乾，號鶴然，別署鶴道人、老鶴等。江西臨川人。清道人李瑞清之高足，善書法篆刻。著有《中國書法史》《書法通論》《金石篆刻研究》等。

拓本的收藏者為蔣國榜（1893-1970），字蘇庵，齋室名蘇曼那室。江蘇南京人。工詩文書法，好金石碑帖收藏。常居杭州西湖。民國三年（1914）曾與王一亭、哈少甫等合資修葺嘉興煙雨樓。

卷軸上留存李健題記，其文曰：

造於八月，見於八月，得於八月天長節。此中有緣原佛說。壽無量，人千穐，偕老同趣百禄道。

予既考訂此塼為真磚之品，借此佳題欣然命筆，爰製此頌，以為印霜賢娌壽，兼為賢伉儷祝福云爾。丙子（1936）八月，隺然弟李健頓首。

甲子（1924）八月日丁未，湖上雷峯塔圮，塔塼藏經爭寶人間。此塼為姚氏藏，則罕見如星鳳，所志年月與經卷同，自是同時納塔內者，惟結銜小異。又“越”作“戉”，古無通省，或匠作之別字耳。蘇盦大哥與印霜阿娌於湖居拓地為烏榜新邨，得此塼拓適值天長節，為印霜嫂四十初度，今辰喜證香火因緣，壽同無量矣。丙子八月，隺然弟李健拜識。

拓本兩側的李健邊題，內容涉及到辨析“越”的古字互通問題。跋文如下：

按“越”“戉”音義同，而古文“起”作“迟”，从“辵”。《曾子簠》“趣”作“遳”，亦从“辵”。《遣城虢敦》《穿鼎》皆作“遣”。《迁居後彝》作“赶”，从“走”，是“辵”“走”古可互通。《春秋公羊傳》曰：辵階而走，走訓趨，辵訓乍行乍止。許君分別釋之，渾言之其為行之義一也。故商卜文“辵”作“䢍”，从“止”从“行”也。惟國號而擅

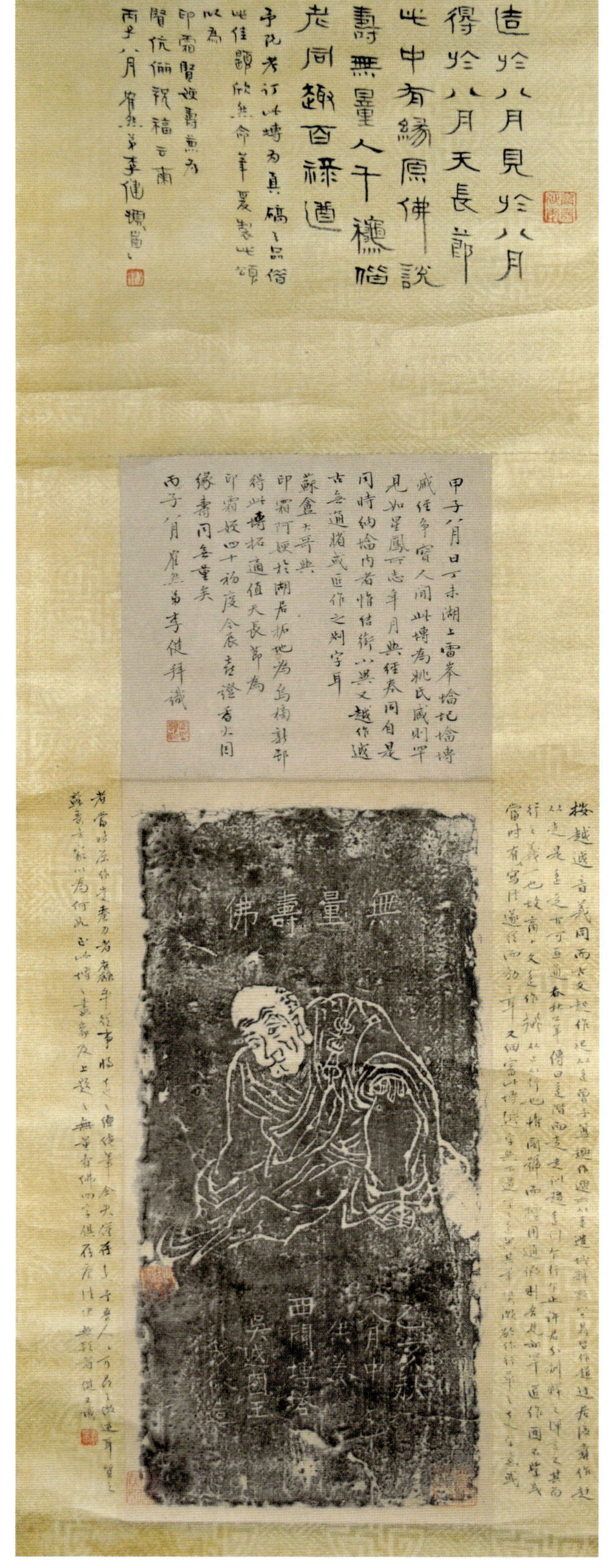

卷軸裝　拓片縱40釐米　橫19.5釐米
館藏號：J3227

無量壽佛

乙亥秋八月中十

供養

西關塼塔

吳越國王

錢俶造

按越遞音義同而古文越作迟从辵曾子簠趣作遈亦从辵遣城[illegible]敦[illegible]鼎皆作趫过君後彝作赿从走是辵走古可互通春秋公羊傳曰辵階而走走训趨辵训乍行乍止許君分別釋之渾言之其爲行之義一也故商人文辵作𧺆从止从行也惟國[illegible]而擅用通假則吾見亦罕遁作國不學或當時有寫法遂從而効之耳 又细審此塼越字無下造字之辵與其筆勢微殊作行草之辵字者或者當時原作之秦刀者庶龐乎從事將之之續絕筆全大僅存之予吾人以可尋之微迹耳質之[illegible]爲可[illegible]寺之畫象及上題之無量壽佛四字俱存唐法決無疑者健之識

用通假，則吾見亦罕，匠作固不學，或當時有此寫法，遂從而效之耳。又細審此塼“逃”字與下“造”字之“辵”異其筆勢，頗欲作行草之“走”字，意或者當時原作“走”，奏刀者麤率從事，將“走”之繚繞筆全失，僅存“乚”，予吾人以可尋之微迹耳。質之蘇哥方家以為何如？至此塼之畫象及上題之“無量壽佛”四字，俱存唐法，決無疑者。健又識。

湊巧的是，發現此件造像磚拓本的數天後，上海圖書館同仁黃昌午先生（海上刻碑聖手黃懷覺公子）攜一張磚銘拓本見贈。據云拓自朱孔陽家，打開一看，竟是一張《西湖雷峰塔藏經古磚》拓本，磚上刻有民國甲子八月三十日永康姚允中題記，題記左側繪刻有《雷峰夕照圖》。姚允中素有“收藏雷峰塔磚第一人”之稱，姚氏撰刻磚銘題記的時間是磚塔坍塌後的第三天，故此篇磚銘堪稱雷峰塔坍塌之第一手資料。

姚允中題記曰：

雷峰塔坍塌古磚記。雷峰塔在南屏山麓，亦名黃妃塔，為吳越王妃黃氏所建，居西湖十景之一。每當夕陽返照，塔影橫空，故有雷峰夕照之名，從來遊士誌勝，書不盡載。乃忽于民國第一甲子八月廿七日午後二時無端傾圮。噫！千年古蹟竟成碎土，湖山減色，感慨滄桑，余爰至其舊址，撿拾是磚，旁有一洞，即藏經處。追摹塔影，撰刻數言，以資遺識。民國第一甲子八月三十日。

此磚尺寸長35.5釐米，寬16.2釐米，厚5.2釐米，古磚一端中間有一個小孔，是用來存放經文之孔。原為姚允中舊藏，已改製成磚硯，後又轉贈朱孔陽，文革時期，藏經磚硯被抄家沒收。1974年退還朱家。當年83歲的朱孔陽老先生感慨萬千，便請黃懷覺先生在帶孔一面的短側邊刻“雷峰塔磚藏經之孔，雲間朱孔陽，年方八十三”幾個字。

朱孔陽（1892–1986），字雲裳，晚號庸丈、龍翁、聾翁。上海松江人。畫家，精鑒別，富收藏。民國時期定居杭州，曾親見雷峰塔坍塌。解放後移居上海，發起成立上海美術考古學社。著有《分韻古跡考》《分韻山川考》等。

朱孔陽藏雷峰塔磚與李健所題雷峰塔磚，二磚舊時同為姚允中所藏，二拓互證，雷峰塔磚的原始信息得以補足。2014年9月，筆者發現造像磚拓本之時，恰逢雷峰塔坍塌九十周年，連月份都絲毫不差。2014年10月，朱孔陽藏磚由朱氏後人朱德天捐給了杭州博物館，捐贈前屬黃昌午傳拓數紙以作留念，這也是筆者能獲贈此件拓本的緣起。

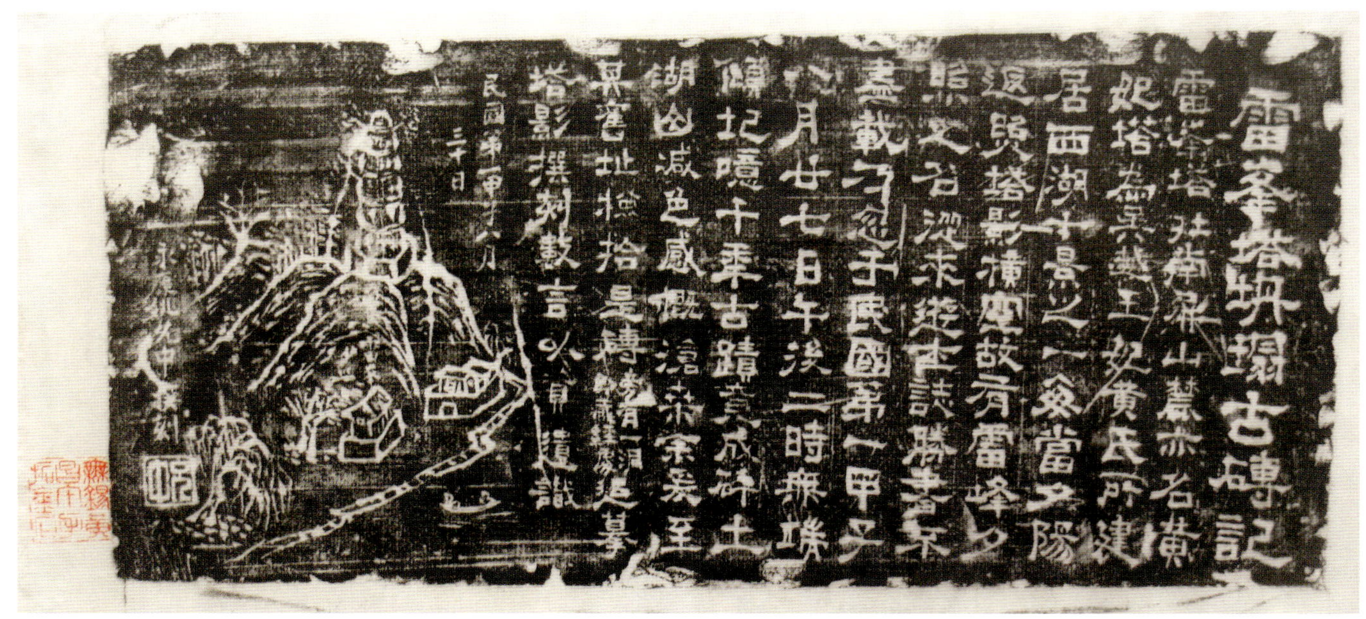

朱孔阳藏砖　藏经古砖拓片

朱孔阳藏砖　藏经古砖　侧面

二 瓦 當

1.《秦長生無極全瓦》徐榮宙跋本

《秦長生無極全瓦》乾隆年間關中秦漢宮闕故址出土，初為畢秋帆所獲，後散出。道光庚子（1840）十月，秀水葛子齋將其轉贈王福田（王逢辰之父）。咸豐七年（1857）王逢辰書刻題記十行，以記原委。

拓本卷軸裝，當面為硃拓，當筒為墨拓。附咸豐七年（1857）王逢辰隸書題刻之初拓本，卷中存咸豐年間徐榮宙題記一則。另，鈐有"陶山珍藏""雁湖世家"印章。外簽："秦長生無極瓦拓本，民國三十七年(1948)夏得於海上。陶山。"此卷與陶山所藏《萬歲磚硯》同為一套，原為二屏裝，皆為徐榮宙拓贈遜亭先生者。

王逢辰隸書題刻：

> 秦長生無極全瓦。按程勉之《秦漢瓦當文字》斷為阿房宮瓦，今以宋蔡氏元定《律呂新書》周尺度之，瓦長二尺三寸強，寬一尺二寸弱，厚五分強，當徑八寸弱，圍二尺四寸強，厚一寸弱。篆體渾成，土華繡蝕，誠可寶玩。道光庚子（1840）十月二十八日秀水葛子齋茂才攜以見贈先君，云是畢秋帆制軍開府關中搜訪秦漢宮闕故址時所出土。越二千餘年，非有所以保全之者，安能與《泰山二十九字》《瑯琊臺石刻》竝留天地間耶。咸豐丁巳（1857）八月十五日。嘉興芑亭王逢辰識。

王逢辰（1802–1870），字玉蔭，號芑亭，浙江嘉興人。王福田之子。工詩文，善畫蘭，嗜金石，家藏鼎彝古器甚多。著有《槐花吟館集》《檇李譜》《竹里詩輯》《竹里秦漢瓦當文存》等。

徐榮宙題記：

> 秦長（生）無極全瓦，為同里王芑亭廣文所藏，搨奉遜亭仁兄大人清賞。竹田里弟徐榮宙志。

徐榮宙，字近淦，又字光甫，號近泉、芹泉，浙江嘉興人。咸豐同治間書畫家，喜吟詠，工篆隸，善畫花卉。

卷軸裝　畫芯縱131釐米　橫31釐米
館藏號：J2449

秦長生無極全瓦按程勉之秦漢瓦當文字斷為阿房宮瓦今以宋蔡氏元定律呂新書周尺度之瓦長二尺三寸強寬一尺二寸弱厚五分強當徑八寸弱圍二尺四寸強厚一寸弱篆體渾成土華繡蝕誠可寶玩道光庚子十月二十八日亭水葛子齋茂才攜以見贈先君云是畢秋帆制軍開府關中搜訪秦漢宮闕故址時所出土歟二千餘年非有所以保全之者安能與泰山二十九字瑯琊臺石刻並留天地間耶咸豐丁巳八月十五日

嘉興芑亭王逢辰識

秦長無極全瓦為同里王芑亭廣文所藏搨奉

凇亭仁兄大人清賞

竹田里第徐榮宙志

《秦長生無極全瓦》徐榮宙跋本局部

2.《長生無極全瓦》吳雲跋本

《長生無極全瓦》，當面、當筒皆全，瓦當中之精品，經張廷濟、吳雲遞藏。此為全形拓，張瑛（玉斧）手拓，横批樣式裝裱，卷端題有："秦長生無極全瓦，海如仁兄有道教正，玉父弟張瑛拓贈。"

張瑛，字玉斧。歸安人。清諸生。通金石之學，工篆籀鐵筆，善傳拓，時為吳雲門客。

另有同治十二年（1873），兩罍軒吳雲題記：

> 世傳秦漢瓦當多吉羊文字，好古者往往於咸陽濱渭之間廢堡陒垣搜求訪覓，得文字完善者，寶藏珍弆，登諸著録，形於歌詠，彰彰可攷也。然欲求全瓦皆具，歷二千年無纖微損缺者，實匪易覯。此瓦文曰"長生無極"，舊為嘉興張氏所藏。余於亂後購得之，篆法遒瘦挺逸，洵為瓦文中至精之品。秀水王秋塍大令敦初（王復）著有長歌一篇，以此瓦形狀如枕，故名曰"瓦枕"，中有句云"中央四字籀篆古，誰其作者丞相斯"。又云"竟體量成尺有六，形如滿月無纖虧。夜深香爐肱免曲，日長吟苦頤還支。"此詩阮文達公極為嘉賞，采入《兩浙輶軒録》，篇長不備載云。同治十又二年，歲在癸酉秋八月，退樓吳雲記。

吳雲（1811–1883），字少甫，號平齋、退樓、愉庭。浙江歸安人。歷任寶山知縣、蘇州知府。好古精鑒，富藏金石彝鼎、碑帖字畫。著《兩罍軒彝器圖釋》《二百蘭亭齋金石記》《古官印考》《古銅印存》等。

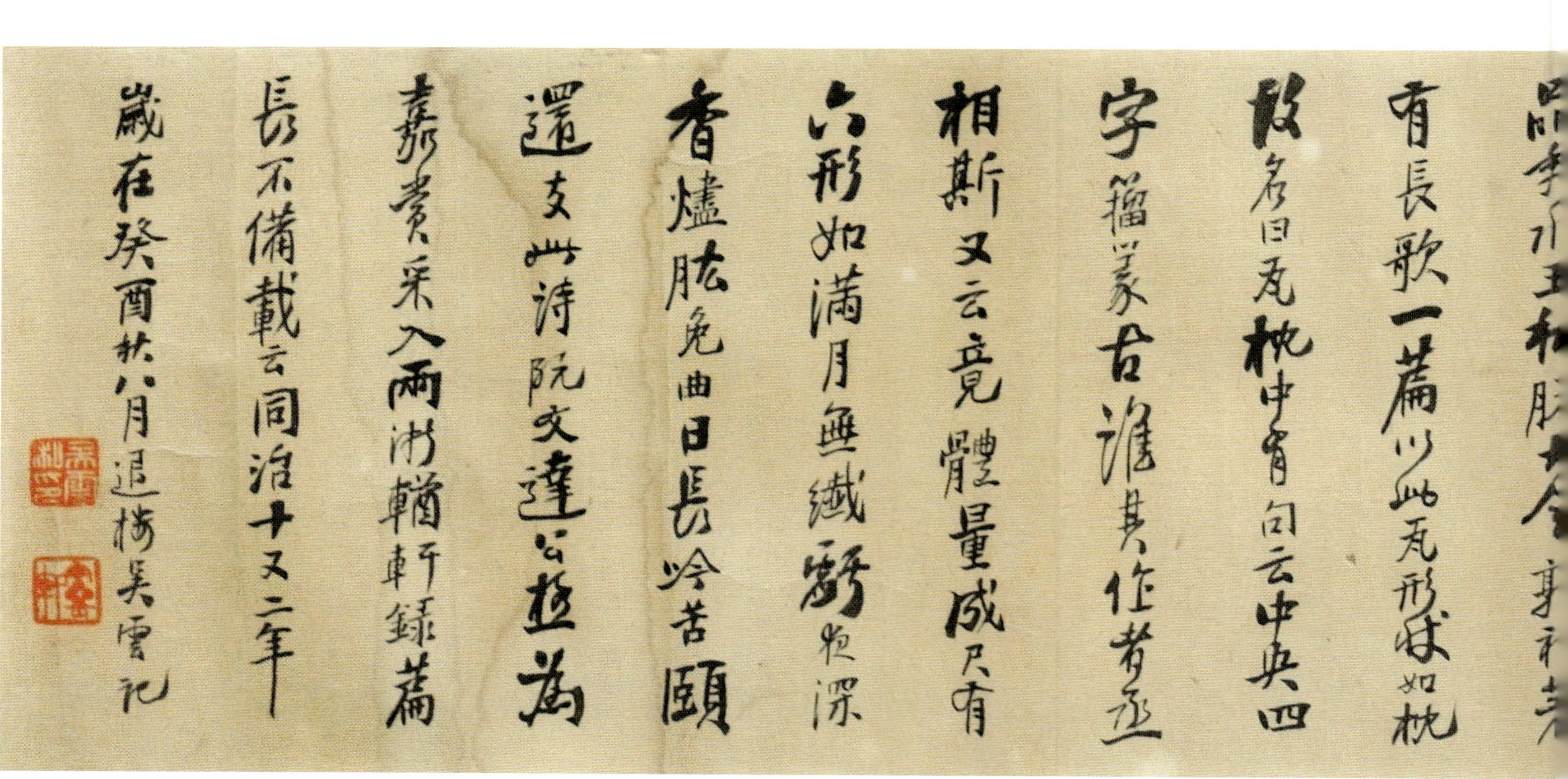

《長生無極全瓦》吳雲跋本局部

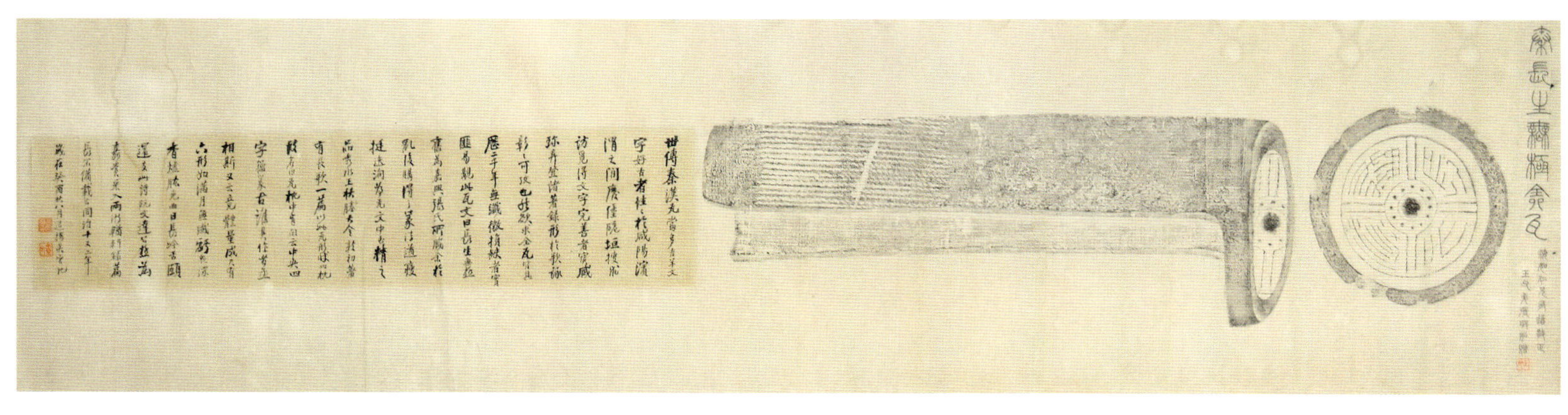

橫幅　畫芯縱32釐米　橫130釐米
館藏號：J5717

世傳秦漢瓦當多吉羊文
字好古者往往於咸陽濱
渭之間廢堡頹垣搜求
訪覓得文字完善者寶藏
珍弃登諸著録形於歌詠
彰彰可攷也然欲求全瓦皆具
歷二千年無纖微損缺者實
匪易覯此瓦文曰長生無極
舊為嘉興張氏所藏余於
亂後購得之篆法遒瘦
挺逸洵為瓦文中之精之

3.《秦漢瓦當四軸》吳大澂跋本

《秦漢瓦當》硃拓本，共四軸，拓本出自吳大澂百二長生館所藏瓦當，或為吳大澂親拓，或為吳氏督工監拓，究其何人所拓？今已無从知曉，但件件是傳世瓦當的銘心絕品。

吳大澂（1835-1902），字清卿，號恒軒，晚號愙齋。江蘇吳縣人。官居陝甘學政、山東河道總督、廣東巡撫、湖南巡撫等，在教育、治河、保疆、學術方面均有建樹。中日甲午戰爭起，率湘軍出關收復海城，因兵敗革職，鬱鬱而終。嗜金石，富收藏，精研古文字，尤好鐘鼎彝器古璽磚瓦研究，著有《說文古籀補》《愙齋集古録》《愙齋磚瓦録》等。

光緒十六年（1886）十一月，吳大澂將《秦漢瓦當四軸》轉贈仁和朱澄，並在卷軸上留下吳氏題記十六則。當年六月，吳大澂出任"中俄岩杵河勘界會議"中國首席代表，中俄雙方前後共會談八次，代表親至現場勘察，直到十月十五日會談結束。中方收回了被沙俄非法霸佔的黑頂子百餘里的領土，糾正了"土"字界牌，又爭得了中國船隻在圖門江口的航行權。吳大澂外交才幹得以顯露，聲名大振，此時吳氏年方五十一，正值盛年，又逢仕途通暢，功名顯赫，故卷軸題記行書流暢、篆書端雅，點畫精到而生動，一派春風得意景象。吳大澂行書學曾國藩，兼有黃庭堅的趣味，篆書學李陽冰，又含楊沂孫的氣韻，此中可見一斑。

此件《秦漢瓦當四軸》還可窺見吳大澂對瓦當銘文的研究方法與題記形式。吳氏題記內容涉及瓦當銘文的釋讀、瓦當年代的推定、宮殿建築故址的考證、古文字的異同、出土時地的記録、瓦當相關文獻的引證、銘文書法的品評等諸多方面。它既是珍貴文物，又是瓦當研究的鮮活教材，更是吳氏書法的經典代表作。

拓本每軸存拓四瓦，卷軸邊側有仁和朱澄、諸城尹鼐（伯園）鈐印。

卷軸的最初收藏者是朱澄，字子涵。浙江仁和人，結一廬藏書家朱學勤之次子。二十世紀五、六十年代，卷軸入藏上海圖書館，此後束在高閣，塵封數十載，無人過問。2013年7月，筆者在故紙堆中偶然檢得，同年，筆者還在上海圖書館先後整理發現《吳大澂題鐘鼎全形拓八軸》《吳大澂題玉璧四軸》《吳大澂嶽麓書院告諸生手帖》等一批珍貴吳氏文物，據此看來，筆者與愙齋金石緣分不淺，他日當寫一篇《上海圖書館愙齋金石拓本奇遇記》以作紀念。

卷軸一：

1、衛字瓦

衛字瓦。漢衛尉寺瓦，見程敦《秦漢瓦當文字攷》。

程敦輯《秦漢瓦當文字考》，見有清乾隆五十二年(1787) 横渠書院刻本。

2、鼎湖延壽宮瓦

"胡"即"湖"之省文,"延壽"當即宮名，此近年關中所出，從前著録未之見也。

鼎湖延壽宮，是漢武帝時修建在上林苑最東部的一處離宮，位於西安城東南藍田縣焦岱鎮。

3、甘泉宮瓦

甘泉宮瓦，出淳化縣山中，即漢甘泉宮故址。

余所得長生未央瓦二十餘種，無一同範者，可想當時製作之精。

甘泉宮舊為秦代離宮，漢武帝擴建後名"甘泉宮"，位於陝西淳化縣北約25公里處之甘泉山南。

4、千秋萬歲瓦

千秋萬歲。此秦瓦也，與齊魯所出"千秋萬歲"不同。

卷軸二：

1、與天毋極瓦

關中所出與天毋極瓦，文多變化，此瓦字體飛動，非俗工所作。

丙戌（1886）冬十一月，子涵二兄大人屬題，吳大澂。

2、長陵西神瓦

漢高后陵園之瓦。濰縣陳氏、海豐吳氏皆有此瓦，余在關中三年瀕行得此，足壯行色矣。次年又獲"長陵東寓"，作《長陵二瓦歌》紀其事。愙齋。

長陵是漢高祖劉邦與漢高后呂雉的陵墓，位於陝西省咸陽市東約20公里的窯店鎮三義村北，陵塚位於陵園的南部，高祖陵在西，呂后陵在東，相距約250米左右。長陵附近曾出土"長陵西神""長陵東當""長陵西當"瓦當。

3、千秋萬世長樂未央昌瓦

九字瓦。"萬"字从"口"，"長"字作

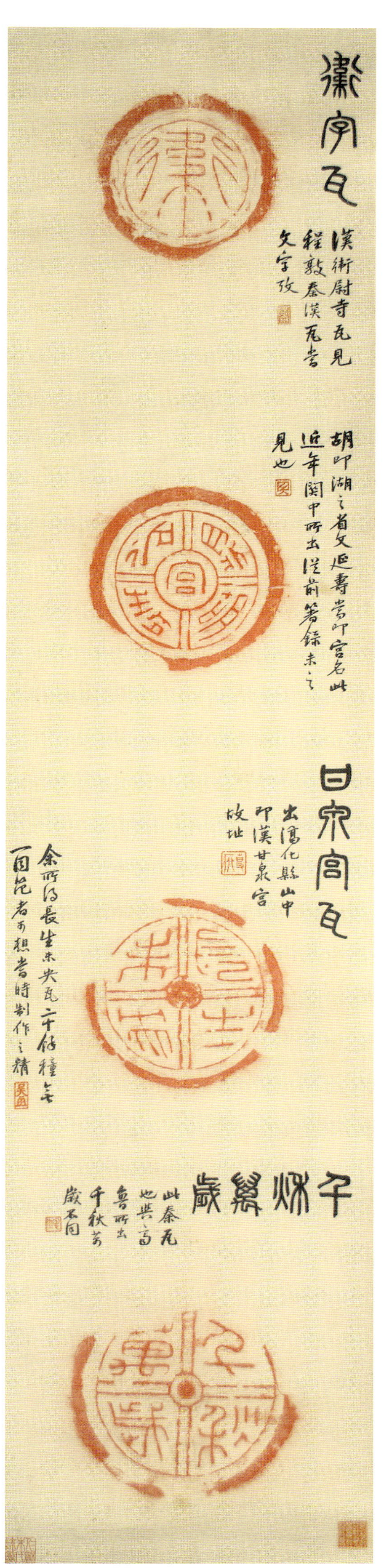

卷軸裝　畫芯縱134釐米　橫31釐米

館藏號為：J5953

卷軸一

卷軸二

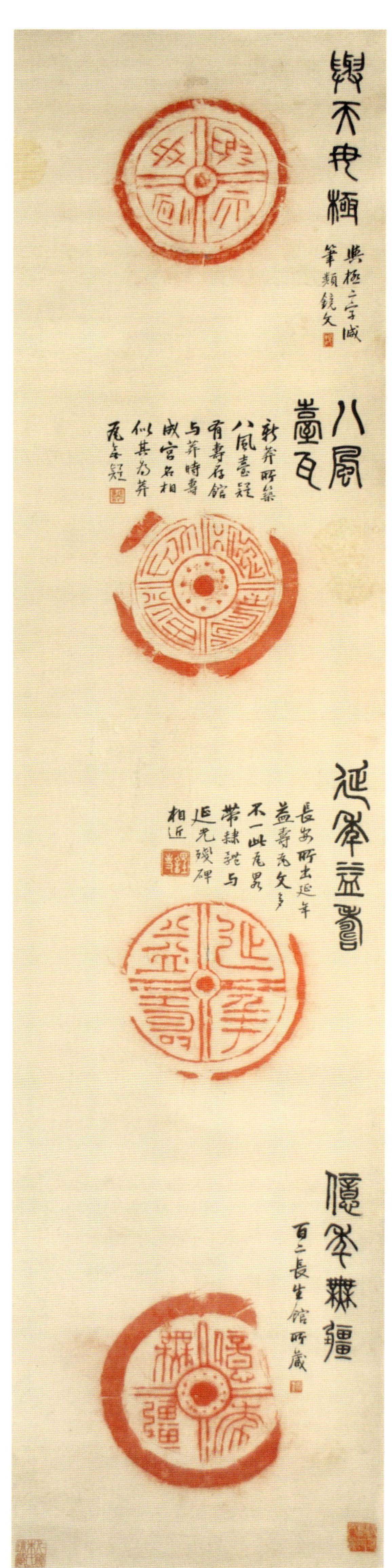

卷軸三

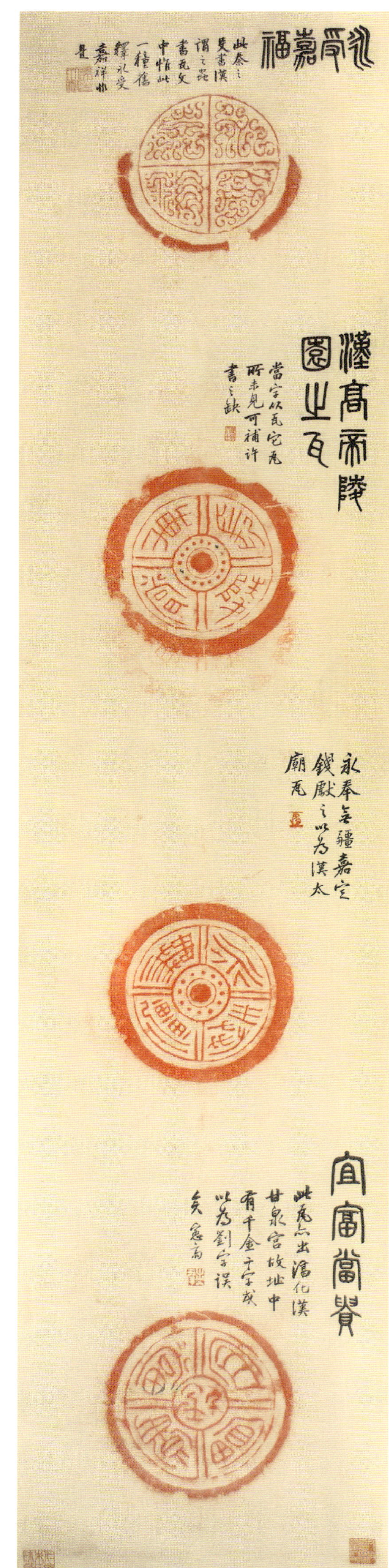

卷軸四

“[illegible]”，它瓦所未見。

4、永奉無疆瓦

永奉無疆。此《永奉無疆瓦》之最小最精者，孫氏青芙蓉館舊藏瓦，余於長安得之。

“孫氏青芙蓉館”主人即孫三錫（1762-1806），字桂山，號懷叔，別署碧壺生。浙江平湖人。清代篆刻家、金石鑒藏家。輯有《青芙蓉室藏碑目》《漢晉古磚文目》《秦漢瓦當文目》《孫氏青芙蓉鄰藏專藏瓦》等。

卷軸三：

1、與天毋極瓦

與天毋極。“與”“極”二字減筆類鏡文。

2、八風壽存當

八風臺瓦。新莽所築八風臺，疑有壽存館，與莽時壽成宮名相似，其為莽瓦無疑。

據《漢書·郊祀志下》：“莽篡位二年，興神仙事，以方士蘇樂言，起八風臺於宮中。”

3、延年益壽瓦

延年益壽。長安所出延年益壽瓦，文多不一，此瓦略帶隸體，与延光殘碑相近。

4、億年無疆瓦

億年無疆。百二長生館所藏。

“百二長生館”即吳大澂齋室名。同治十二年（1873），吳大澂出任陝甘學政，其間訪甘泉之遺址，吊未央之故墟，得古瓦當百件，其中二種“長生瓦”尤多，其瓦文曰“長生未央”“長生無極”，因將齋室名曰“百二長生館”。

卷軸四：

1、永受嘉福瓦

永受嘉福。此秦之殳書，漢謂之蟲書，瓦文中惟此一種，舊釋“永受嘉祥”，非是。

許慎的《說文解字·敘》云：“秦書有八體，一曰大篆，二曰小篆，三曰刻符，四曰蟲書，五曰摹印，六曰署書，七曰殳書，八曰隸書。”朱駿的《說文通訓定聲》中道：“蟲者，蛇之總名。”後人把以鳥、蟲、魚為修飾圖案的美術字體統稱為“鳥蟲書”。

2、長陵東當

漢高帝陵園之瓦。“當”字从“瓦”，它瓦所未見，可補許書之缺。

3、永奉無疆瓦

永奉無疆，嘉定錢獻之以為漢太廟瓦。

錢坫（1744-1806）字獻之，號十蘭、篆秋。江蘇嘉定人。錢大昕之侄，精訓詁，明輿地。尤工小篆，嘗刻一石章曰：“斯、冰之後，直至小生。”。

4、宜富當貴千金瓦

宜富當貴。此瓦亦出淳化，漢甘泉宮故址中有“千金”二字，或以為“劉”字，誤矣。愙齋。

4.《琅琊臺瓦當》廉泉跋本

清同治十三年（1874）宫子行奉檄修理琅琊臺，於砂礫中獲《琅琊臺瓦當》，此瓦後歸廉泉小萬柳堂收藏。瓦當銘文“千秋萬歲”，背面題刻“秦李斯篆琅邪臺瓦，同治甲戌得於東海上，宫子行記。”

此本為廉泉手拓，並留有民國二十年（1931）四月廉泉題詩四首，同年十月廉泉去世，此件藏品題記堪稱廉氏晚年絕筆。拓本右側，廉泉題端：

秦李斯篆琅邪臺瓦。小萬柳堂藏品，南湖手拓。

拓本左側，廉泉題詩四首：

頗輪高駕何軒昂，佛言四十八願度衆生也，逸格風流輸子房。

直下分明擔荷得，爭教火宅頓清涼。謂張副司令對於黨國大事能一肩擔荷也。

漫勞相向話從心，落落圓音聞現今。

借問庵中誰是主，大家齊著頂門鍼。演詞注重西北邊防。

蓮蕊書名勝祖燈，萬峰羅拜最高層。謂先總理。

雕弓永挂狼煙息，已是人間無事僧。

飯香菜熟已多時，早向花池占一枝。

諸上善人俱會處，腳根一句好提持。主賓百餘人皆總理忠實信徒。

中華民國二十年（1931）四月二十一日，北平地方長官公讌張副司令（張學良）於外交大廈，溥泉先生（張繼）演詞沉痛。集夢東詩紀之，并呈坐上諸公四首。南湖居士廉泉。

廉泉（1868－1931），字惠卿，號南湖，又號岫雲、小萬柳居士。江蘇無錫人。光緒十三年（1887）與安徽桐城吳芝瑛結婚，光緒二十年(1894)中舉人，翌年參與康有為的“公車上書”。戊戌變法失敗後，資助創辦無錫竢實學堂、三等學堂和競志女學，以啟迪民智。光緒三十一年（1905）移居滬上，在曹家渡購地築園，營造別墅，名曰“小萬柳堂”。光緒三十二年（1906），在上海集資創辦文明書局，最早採用珂羅版、銅版、鋅版印刷技術，編印新式學堂教科書，出版文學藝術譯著等。光緒三十三年（1907），秋瑾遇害，與吳芝瑛將其遺骨葬於杭州西泠橋畔。廉泉精詩文，善書法，嗜書畫、金石。民國二十年（1931），在北平潭柘寺出家為僧，同年十月病逝。著有《南湖集》《潭柘紀游诗》《夢還集》等。

卷軸下端，李作賓題記：

秦始皇二十八年，作琅邪臺，立石刻，頌秦功德。又二世元年東行郡縣，刻始皇所立刻石，石旁著大臣從者名，又李斯等請具刻詔書，遂至遼東而還，并見《史記》。按：琅邪臺在山東諸城縣東南百六十里，臺三成，成高二丈許，三面環海，碑在西南陽，迄清咸同間猶存十二行，八十六字，近年忽失去，或云雷擊，或云實傾墮海中，同治甲戌（1874）宫子行大令奉檄修理琅邪臺，於砂礫中獲殘瓦一，字猶完好，珍若球刀，後歸南湖廉居士，居士又得《周簠鼎》，亦宫氏故物，踴躍歡喜，至以“破鼎殘瓦”名其室，《楞嚴》曰“獲二殊勝”，物聚所好，良非偶然，因並記之。蘧廬李作賓。

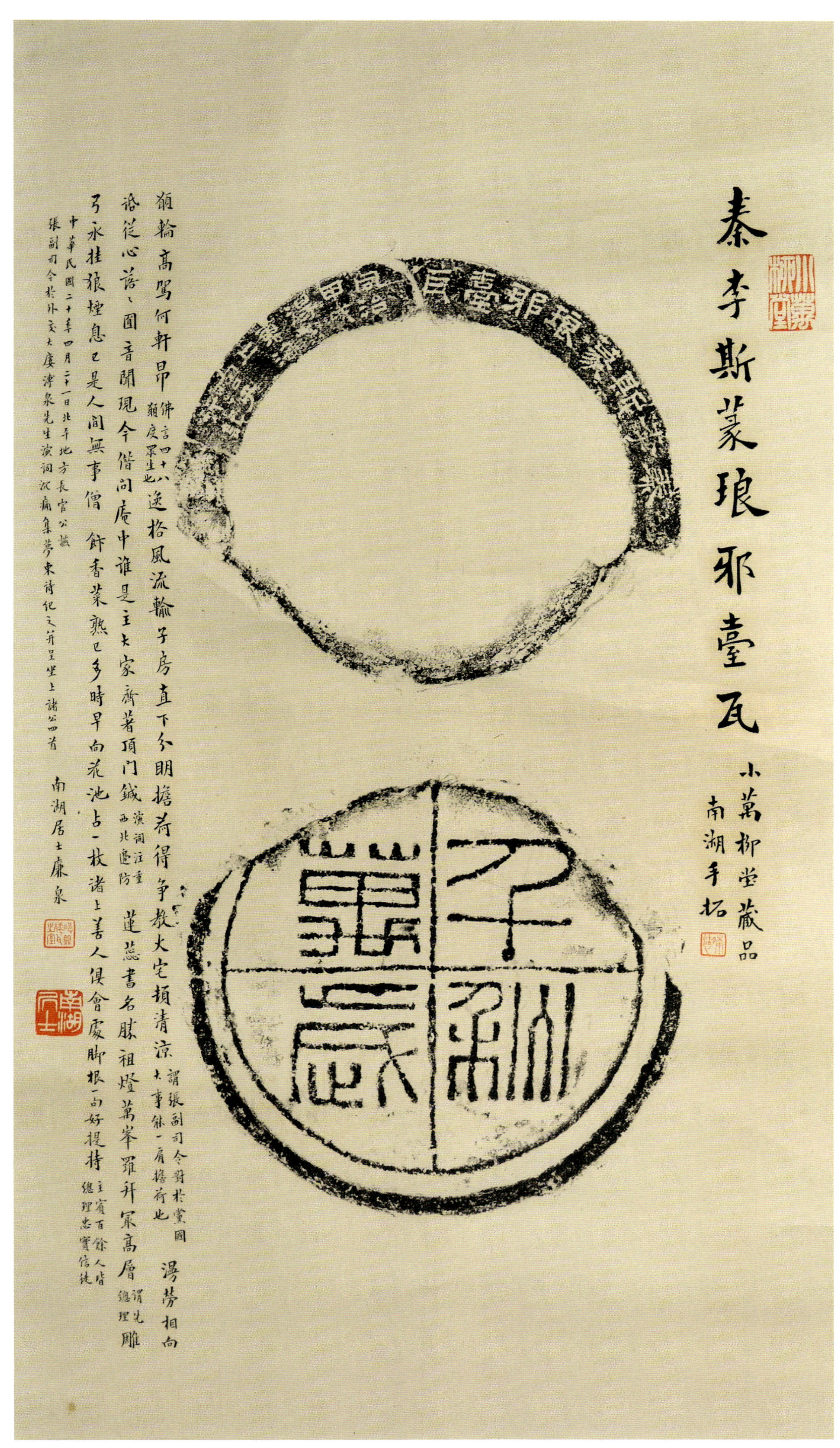

卷軸裝　畫芯縱67.5釐米　横32.5釐米

館藏號：J5557

存十二行八十六字近年忽失去或云靁擊或云實傾墮海中同治甲戌宮于行大令奉檄修理瑯邪臺於沙礫中獲殘瓦一字猶完好珎若球刀後昧南湖廉居士居士又得周簠鼎為宮氏故物踊躍歡喜至以破鼎殘瓦名其室楞嚴曰獲二珠勝物聚所好良非偶然因并記之

蓬廬李作賓

《琅琊臺瓦當》廉泉跋本局部

秦始皇二十八年作琅邪臺立石
刻頌秦功德又二世元年東行郡
縣刻始皇所立刻石〻旁著大
臣從者名又李斯等請具刻詔
書遂至遼東而還并見史記按
琅邪臺在今山東諸城縣東南
百六十里臺三成成高二丈許三面
環海碑在西南陽近清咸同間猶

三　壺　銘

1.《曼生壺拓本》吴昌碩跋本

《曼生壺拓本》外簽題為“吳秋農集曼生壺拓本”，卷軸中央是兩把曼生壺的拓本，上方為胡義贊（石查）蟬翼拓本，僅拓銘文部分，未將壺形拓出。下方則為李墨香全形拓本，壺身、壺底、壺蓋、壺嘴、壺把一應俱全，壺底直徑為13釐米。

“曼生壺”拓本左側，有吳昌碩題記：

曼生壺傳世無幾，以橅刻井闌文者為最佳。曾見袁浦萬氏收藏有梅榦式一具，銘十四字云：“梅梢春雪活火煎，山中人兮仙乎仙”，亦楊彭年摶土，同可寶貴。辛丑（1901）十月，秋圃老農以脱本屬題字，病腕應教。吳俊卿老缶。

吳昌碩“以橅刻井欄文者為最佳”一句，再回看此把曼生壺的的銘文刻辭，其文曰：

維唐元和六年（811）歲次辛卯五月甲午朔十五日戊申，沙門澄觀為零陵寺造常住石井闌并石盆，永充供養。大匠儲卿郭通以偈讚曰：此是南山石，將來作井闌。留傳千萬代，各結佛家緣。盡意脩功德，應無朽壞年。同霑勝福者，超於彌勒前。曼生橅零陵寺唐井文字為寄漚清賞。

此件曼生壺的壺身造型果然是“井欄形”的茶壺樣式，讀罷壺身銘刻文字，頓時令我倍感興奮和親切，因為此把“曼生壺”所師法的井欄至今尚存，而且還是我國現存唯一的唐代井欄。三年前，筆者還曾親赴江蘇溧陽，在這口唐井欄邊端坐多時，細讀井銘數遍，至今還對其外形、石質、文字、書法等方面記憶猶新。

唐元和六年（811）沙門澄觀所造井欄的材質為蘑菇石質（可能是火山巖的一種），石面粗糙，深灰褐色，井口内徑86釐米，口沿寬11釐米，圈圍408釐米，欄高54釐米。井欄外壁刻有銘文21行91字，雖歷經日曬雨淋、風化土埋、

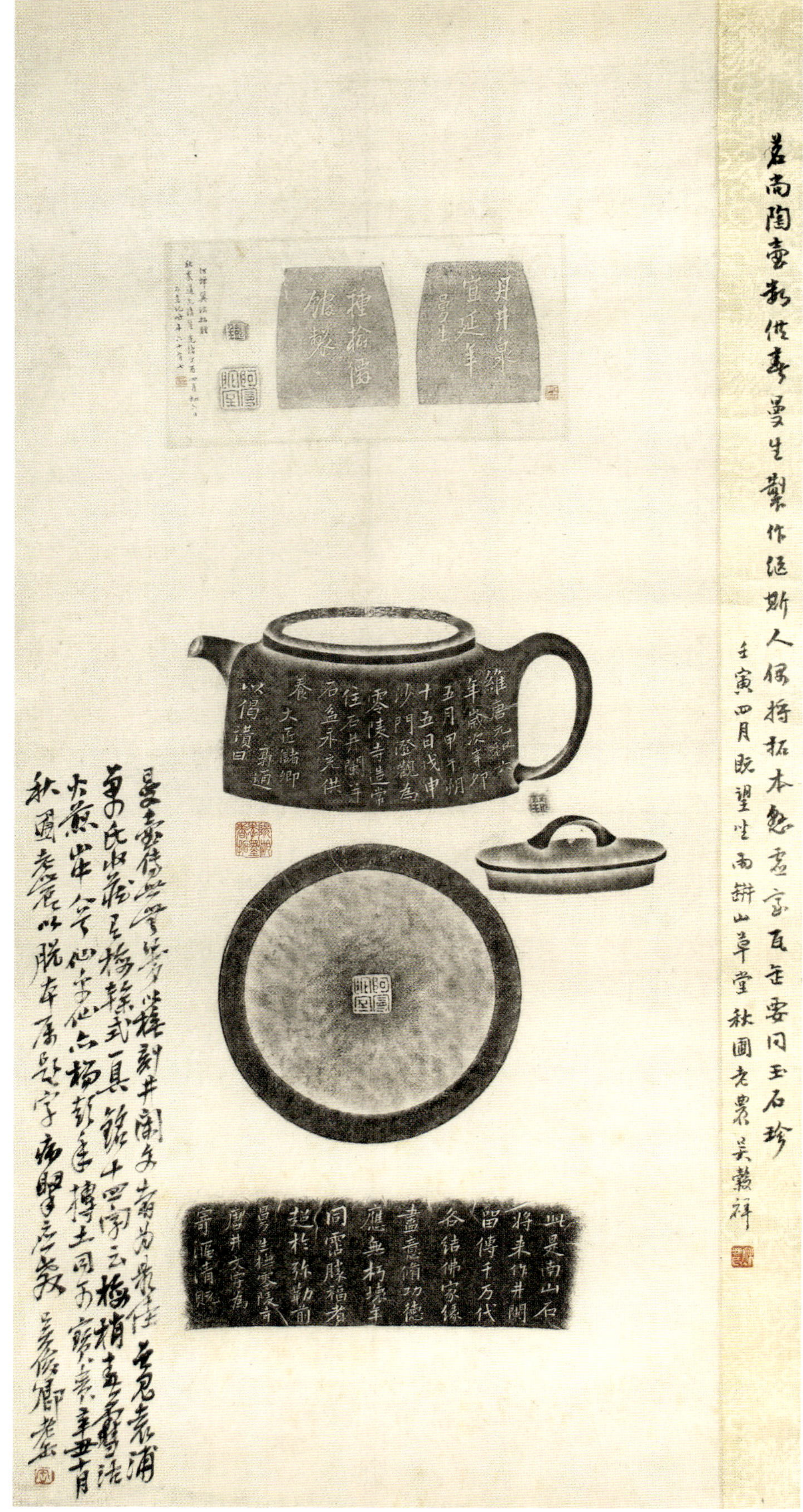

卷軸裝　畫芯縱67釐米　橫30.5釐米
館藏號：J3187

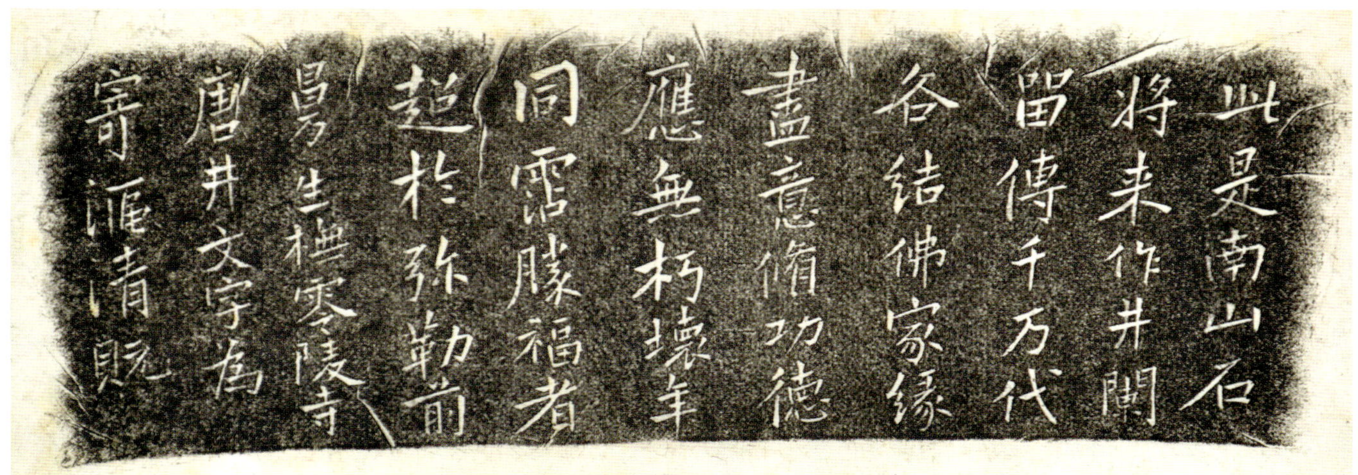

《曼生壺拓本》吳昌碩跋本局部

兵燹人災，千百年後的今天，其石刻銘文卻依然清晰可辨，豈不是正好應驗了井欄銘文“留傳千萬代”“應無朽壞年”的偈語。

此件紫砂壺的銘文，確實是陳曼生所書，亦有“曼生”的款字。但壺底還鈐有“阿曼陀室”四字印，壺把底部亦鈐有“彭年”二字印，後兩印章確實不是陳曼生的，而是其合作者——製壺名家楊彭年的。

清嘉慶、道光年間，溧陽知縣陳曼生經常和宜興紫砂藝人楊彭年合作，這對紫砂壺搭檔身上，體現出文人的超俗意趣與工匠的高超手藝的“珠聯璧合”。現在我們所見的“曼生壺”，絕大多數壺把、壺底皆鈐有“彭年”或“阿曼陀室”印章，它們都是由陳鴻壽設計（或創製式樣或題寫書畫），再交由楊彭年來摶土製作的。

後世卻將此類陳曼生業餘客串的紫砂壺稱為“曼生壺”而非“彭年壺”，如此以非專業陶藝創作家命名一個紫砂壺品種，在歷史上亦屬罕見的，這或許是緣於陳曼生有著淵博的文化知識和高雅的藝術修養，當然亦或多或少與其地方官員的權力和地位所帶來的無形優勢相關。

看到壺銘拓片，必然會讓人牽掛原壺的下落，因傳世曼生壺數量稀少，井欄壺又與曼生官溧陽知縣密不可分，故格外聞名遐邇。目前在上海博

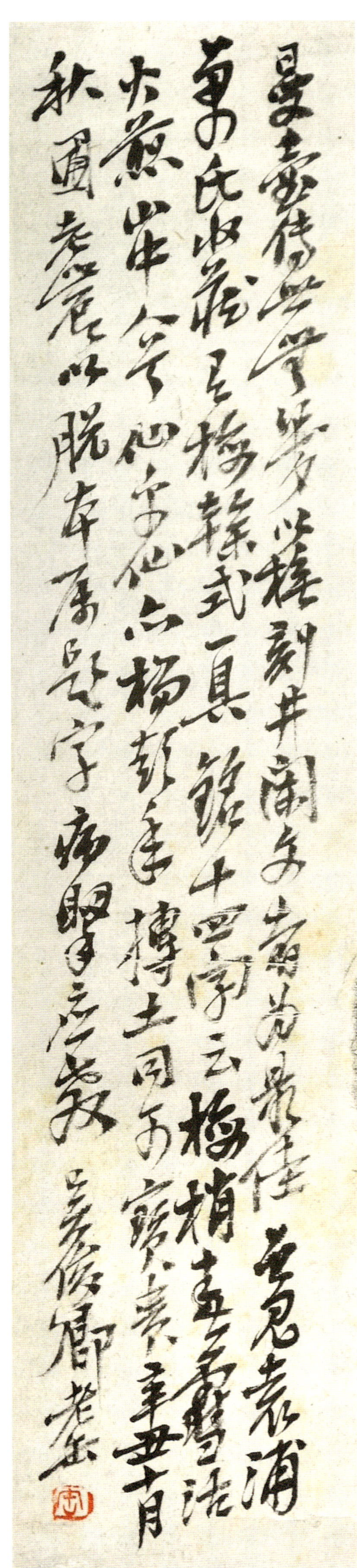

物館和南京博物院就各藏有一把“唐井欄壺”，上博所藏壺形較高，屬“高井欄”樣式，但壺銘文字與唐井欄銘文一字不差；南博所藏壺形與唐井欄基本一致，但壺銘文字將唐井欄“此是南山石，將來造井欄”之“造”字改為“作”字。反觀卷軸拓片，壺銘作“將來作井欄”，因此可知，本卷曼生壺拓片的真身原件應該就是南京博物館的那把“井欄壺”。

說完李墨香全形拓的唐井欄壺，再來看卷軸頂部蟬翼拓的曼生壺，其壺銘曰：“丹井泉，宜延年，種榆仙館製”。壺底、壺把亦鈐有“楊彭年”印章，拓片右側鈐有“石查手拓”印章，左側有石查蠅頭小字題記“蟬翼法拓贈秋農道兄清鑒，光緒丁酉（1897）四月初六日，石查記，時年六十有七。”

題記者石查就是胡義贊（1831–1902），字叔襄，號石查、石槎、石室道民等。河南光山人，官海寧知州。善書畫篆刻，書畫皆學董其昌，形貌兼備，清潤淹雅。喜金石，富收藏，精研金石考證之學，兼善金石椎拓之法。

雖然胡義贊沒有拓出此壺之全形，但从陳曼生壺銘可知，此壺亦應該也是“井欄壺”，壺形師法江蘇句容南朝天監年間所製“許長史修道煉丹井欄”。為何陳曼生對井欄壺如此情有獨鍾呢？這可能緣於陳曼生官溧陽時，嘉慶十九年（1814）的那場江南大旱，江湖枯竭斷流，給上任三年的縣令陳曼生出了難題，曼生壺中多有“井欄”之具，應與“求水”有關，表現出一種地方官對民生的焦慮和關注。

卷軸右側絹邊上，留有此件曼生壺拓本主人——吳穀祥的題詩，其詩曰：

> 茗尚陶壺數供春，曼生製作繼斯人。偶將拓本懸虛室，瓦缶要同玉石珍。壬寅（1902）四月既望坐雨缾山草堂，秋圃老農吳穀祥。

吳穀祥（1848–1903），字秋農，別號瓶山畫隱，晚號秋圃老農。浙江嘉興人。擅山水，亦兼善花卉、仕女，早年曾在北京作畫，所作山水蒼渾厚重，翠黛可挹，俞樾、翁同龢、王懿榮等對其畫藝讚賞不已。光緒二十六年（1900）南歸，客居蘇州，與顧文彬、吳大澂等結畫社，時稱“怡園七子”，晚年移居上海賣畫，與吳昌碩等人頗有交誼。

吳穀祥題詩時，時年五十五歲，書法滋潤飽滿，一手趙孟頫的福態字，絲毫感覺不到任何異樣，但題詩後的第二年吳穀祥即歸道山。

一卷壺銘拓本，將地方官員、紫砂壺藝人、椎拓高手、書畫家、金石家緊密聯繫在一起，从中展現出一幅生動的晚清文人間書畫、金石、雅玩的精神生活場景。小小一壺中，竟也能窺見博大的傳統文化之一斑，怎能不令人慨歎“壺小天地寬”呢？

《曼生壺拓本》吳昌碩跋本局部

"曼生壺"，是清嘉道時期由陳曼生主創或親製的宜興紫砂壺，其真品傳世數量甚稀，推為壺中的極品，堪稱"國寶"。

陳鴻壽（1768–1822），字子恭，號曼生、曼公、恭壽、胥溪漁隱、種榆仙客等。浙江錢塘人。嘉慶六年（1801）拔貢，其官運仕途並不"亨通"，終其一生只做到知縣和海防河務同知等級別的小官，但在藝術上卻盡顯"神通"，簡直就是一個奇才，篆刻古拙恣肆，蒼茫渾厚，列為西泠八家之一。繪畫精於山水、花卉、蘭竹。書法則篆、隸、行、草皆能，尤以隸書和行書最為著名。

更為人稱道的是，嘉慶十六年（1811）至二十一年（1816）出任溧陽知縣期間，因其官邸與紫砂壺故鄉（宜興丁蜀鎮）距離較近，故能經常客串紫砂壺的設計和製造，並將詩文書畫與紫砂壺陶藝融合起來，人稱其壺為"曼生壺"。陳鴻壽還著有《種榆仙館摹印》《種榆仙館印譜》《種榆仙館詩鈔》《桑連理館集》等著作傳世。

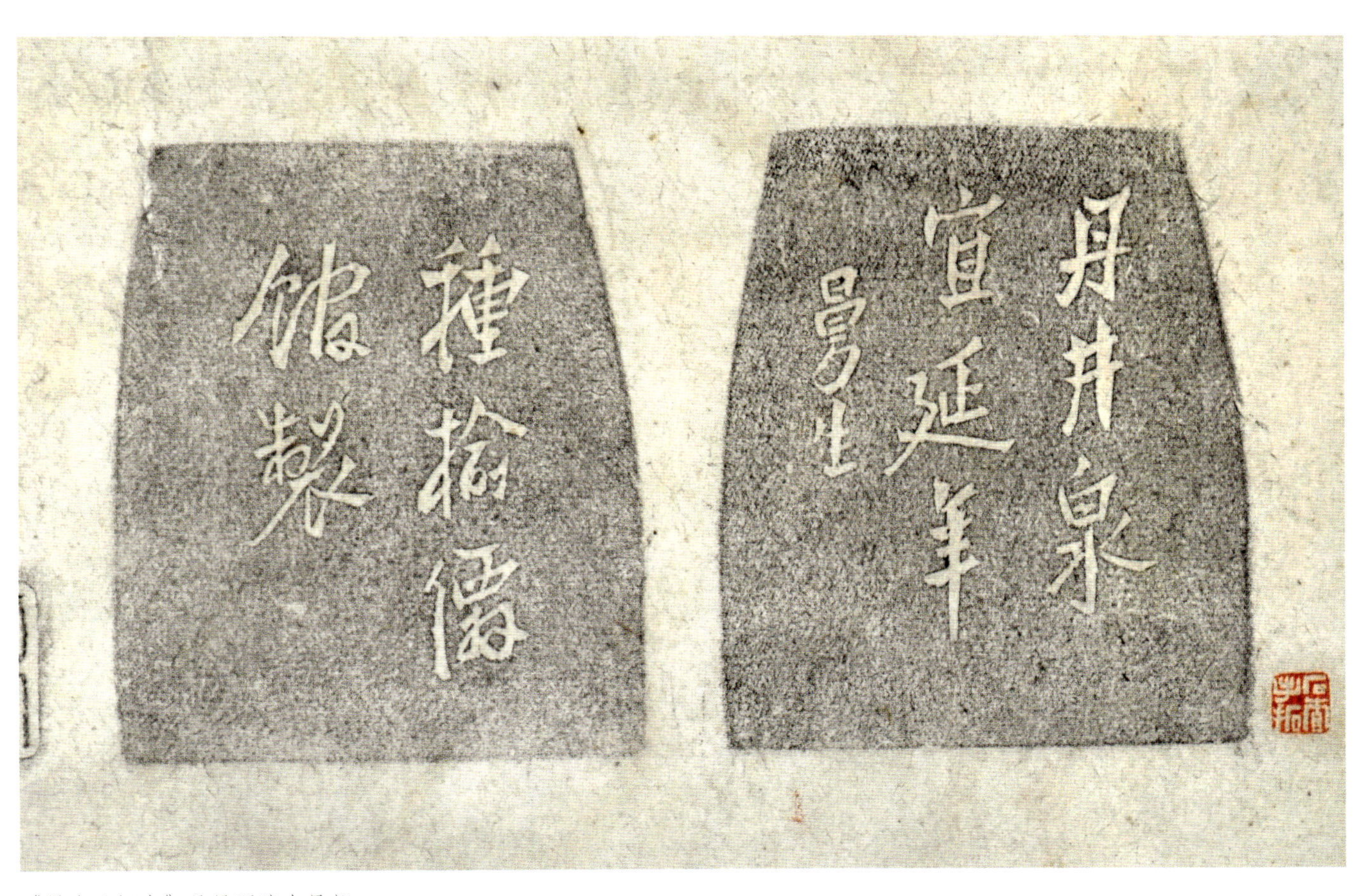

《曼生壺拓本》吳昌碩跋本局部

2.《曼生壺花卉圖》顧均繪本

此為晚清李錦鴻《曼生壺》全形拓，光緒十八年（1892）顧均補繪花卉圖，存兩軸。

其一為“延年壺”，將《秦漢半瓦》移植到紫砂壺上，正面“延年”篆字清勁瀟灑，古雅中見新意；背面銘文曰：“合之則全，偕壺公以延年，曼生銘。”其行書有法度，頗具《集王聖教序》筆意。

其二“提梁紗帽壺”，銘文曰：“汲清湘，燃楚竹，紗帽籠頭自不俗。曼生銘，子冶作。”真茶禪一味，耐人賞玩。

子冶就是陳鴻壽的好友——瞿應紹(1780-1849)，一字陛春，號月壺、瞿甫、老冶、壺公、冶父等，上海松江人。善畫竹，又擅篆刻，尤善製砂胎錫壺。嘉道間常與陳鴻壽、楊彭年、申錫等人合作。

兩把壺銘拓本的邊側鈐有“錦鴻手拓金石”、“李錦鴻”（肖形印）兩枚印章。李錦鴻，江蘇陽湖人。善椎拓金石，尤擅全形拓，是六舟達受之後又一位傳拓高手。其作品曾被吳式芬、劉喜海、吳雲、吳榮光等金石大家賞識。李錦鴻傳世金石拓本較多，但生平資料極少，或曰李錦鴻即李墨香，為常州女拓工；或曰李墨香為李錦鴻之女。但从傳世拓本之藏印來看，从未見有拓本上同時既有“李錦鴻”又有“李墨香”藏印者，據此推斷李錦鴻、李墨香應該是兩個人，李墨香是李錦鴻之女的可能性更大。

李錦鴻全形拓後，再由顧均補繪花卉兩品，一為荷包牡丹與金盞菊，二為山茶與天

卷軸裝　畫芯縱51釐米　橫27.5釐米
館藏號：J2973
卷軸一

竺。顧氏純用惲南田繪法，設色古雅，佈局合理，紅綠花卉與黑色壺拓形成強烈的對比與映襯，誠為博古花卉圖之佳品。其下另有光緒十八年（1892）顧均一段題記，文曰：

> 甌中插花，須位置得宜。茲倣南田翁設色法，補此四幀，未免續貂之誚耳。壬辰冬十一月上浣，吳中研耕外史培之呼凍寫，並誌於怡綠軒中。

顧均，字培之，號受笙、研耕外史，齋號怡綠軒，杭州諸生。擅花鳥，與弟顧振壿稱譽一時。此段顧氏題記可知，此套《紫砂壺花卉軸》原本應該是四條屏，可惜如今只發現其中的兩件。

卷轴二

四　錢範

1.《齊化石範拓本》羅振玉跋本

齊化石範清末山東出土，石範共兩塊，一合，可鑄刀幣三枚。雖曰“石範”，實為石膏製成。因索價過昂而未售，羅振玉僅手拓一紙存念，光緒二十八年（1902）羅氏題記並裝裱成卷軸。以拓本度之，錢範寬12.5釐米，高26.5釐米。卷軸後歸顧樹炘圜鐵庵收藏。

顧樹炘（1895-1970），字景炎，後以字行，別署圜鐵，室名圜鐵庵。上海人。善詩文，熟諳上海地方歷史掌故與民情風俗，富藏錢幣書畫。著有《圜鐵盦詩稿》《圜鐵盦泉譜》《圜鐵盦鄉賢文物過眼録》等。

外簽林鈞（亞傑）題曰：

> 羅振玉題齊刀範拓本。圜鐵盦藏，亞傑題。

羅振玉題記：

> 齊化範。光緒壬寅（1902）上虞羅振玉付裝池並篆首。
>
> 齊化石範，近年山東出土頗（多），一時為陳壽卿、潘伯寅諸老分取殆盡。此範于滬市見之，以索直昂，故拓一本還之。案：近來諸家所謂石範，皆石膏所作。盖鑄幣先以陽文銅範製陰文之石膏範，而後就範鼓鑄。至漢以后，始有陰文銅範，遠不如石膏之簡易，然玉藏有漢高帝榆莢錢石範，知漢之初紀尚用石膏範也。署之以諗世之考工者。叔蘊又記。第一行頗字下落多字。

榆莢錢，錢體輕薄的小錢，因錢之方孔偏大，周邊象四片榆莢合成，故稱之為“榆莢錢”，或“莢錢”。

羅振玉（1866-1940），字叔蘊、叔耘、叔言，號雪堂、永豐鄉人、貞松老人、松翁。原籍浙江上虞，祖輩遷居江蘇淮安。在甲骨文和敦煌文獻研究上貢獻卓越，與郭沫若（鼎堂）、董作賓（彥堂）、王國維（觀堂）合稱“甲骨四堂”。著有《殷墟書契》《三代吉金文存》《雪堂類稿》等。

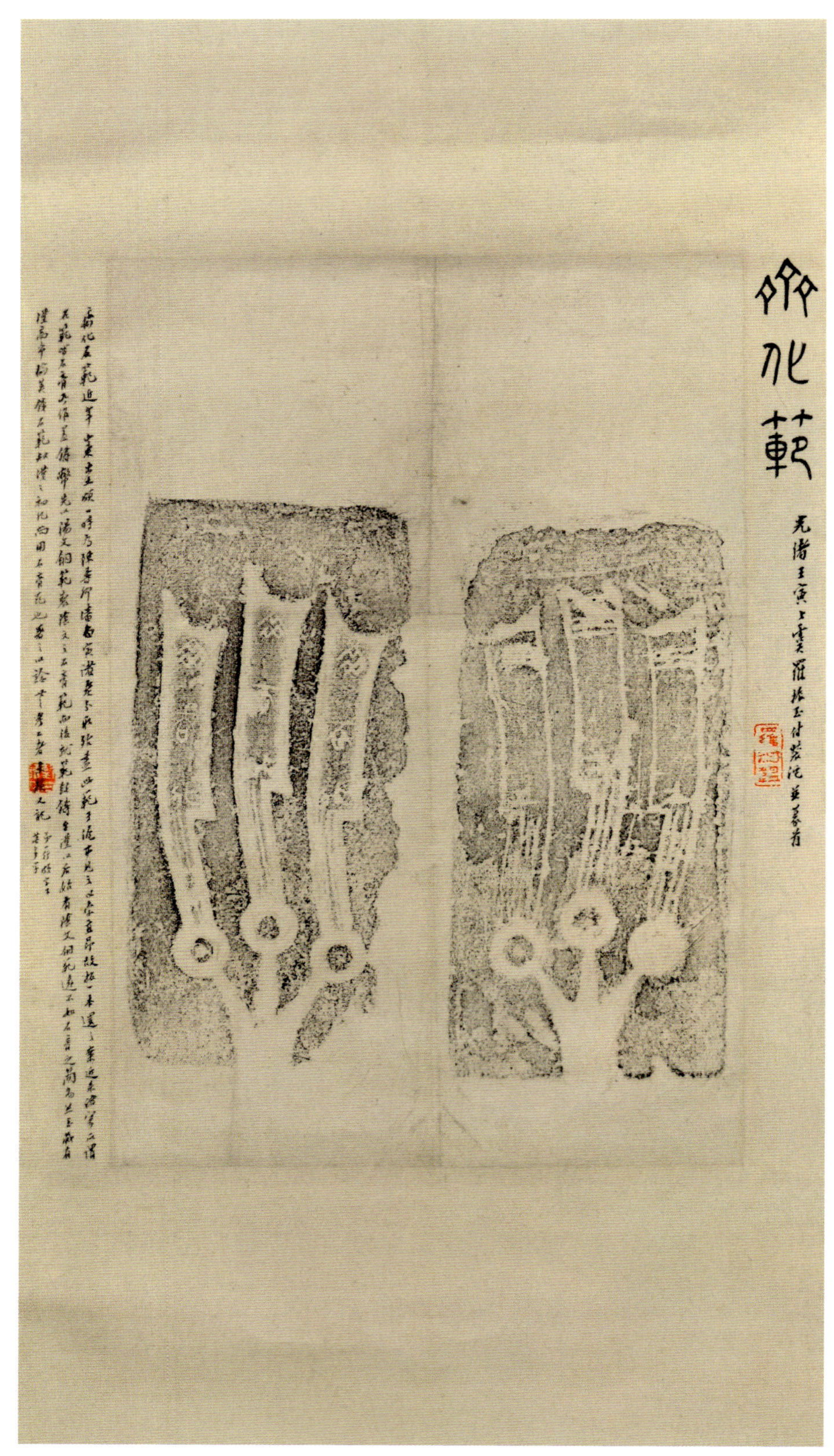

卷軸裝　拓片縱42釐米　橫29釐米
館藏號：J4199

齊化石範　上海博物館藏

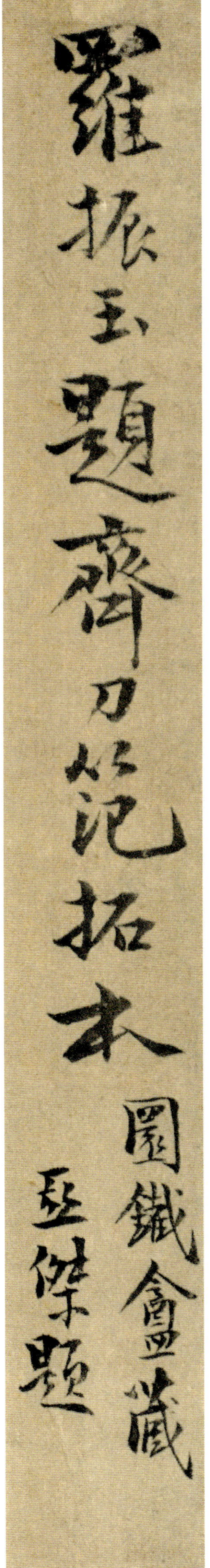

《齊化石範拓本》羅振玉跋本外签和題記

2.《漢宣帝五銖泉範磚》吳大澂跋本

《漢宣帝五銖泉範磚拓本》横批裝裱，依次為《本始元年五銖錢殘範》《未央宮漢井磚》《五銖錢範殘磚二件》拓片三紙，光緒六年（1880），吳大澂隨吉林將軍銘安辦理寧古塔、三姓、琿春等東陲邊務，臨行前，將錢範磚拓裝裱並轉贈汪啟（葆田），卷軸留有吳大澂題記四則。吳大澂題記：

1、《本始元年五銖錢殘範》

漢宣帝五銖泉範專。關中出土。

余所見泉範拓本有地節、五鳳、甘露年號，又得本始元年殘范，皆宣帝紀元也。

2、《未央宮漢井磚》

光緒二年（1876）丙子之秋，余在關中聞鄉民於未央宮故址掘得漢井，周圍有塼二百餘，皆誌官匠名，不著年號，余訪之，獲四十餘種，此其一也。

3《五銖錢範殘磚二件》

此範堇存四泉又半，文最精，質亦至堅。

庚辰（1880）二月，大澂奉使吉林襄理防務，瓜代有日，點檢行裝，叢殘拓墨等於覆瓿。葆田先生見而愛之，輒付裝池，屬書數語以紀歲月。愙齋吳大澂識于河朔使署。

汪啟，字葆田，吳大澂幕僚。

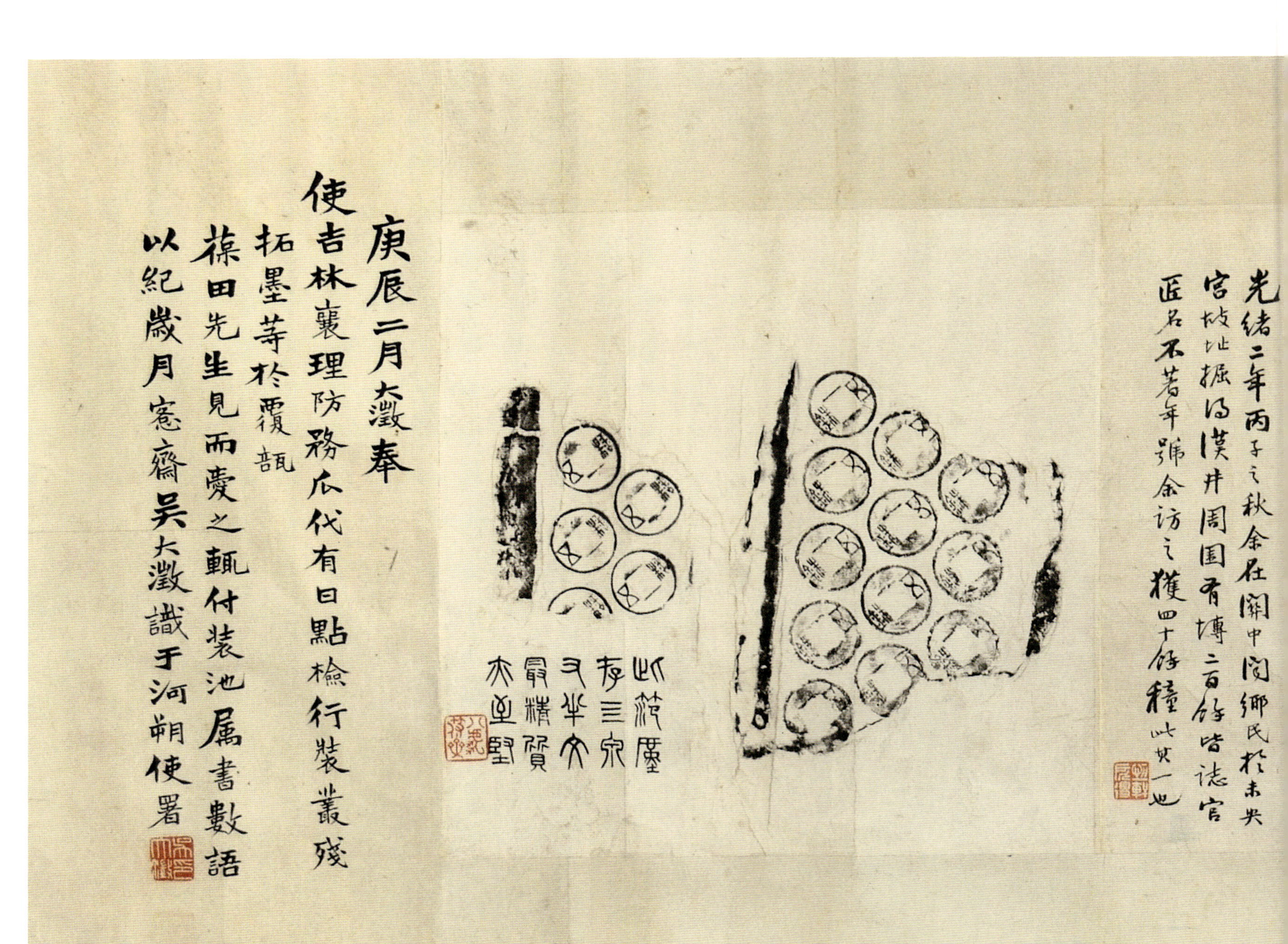

橫批裝　畫芯縱34.5釐米　橫90釐米
館藏號：J5562

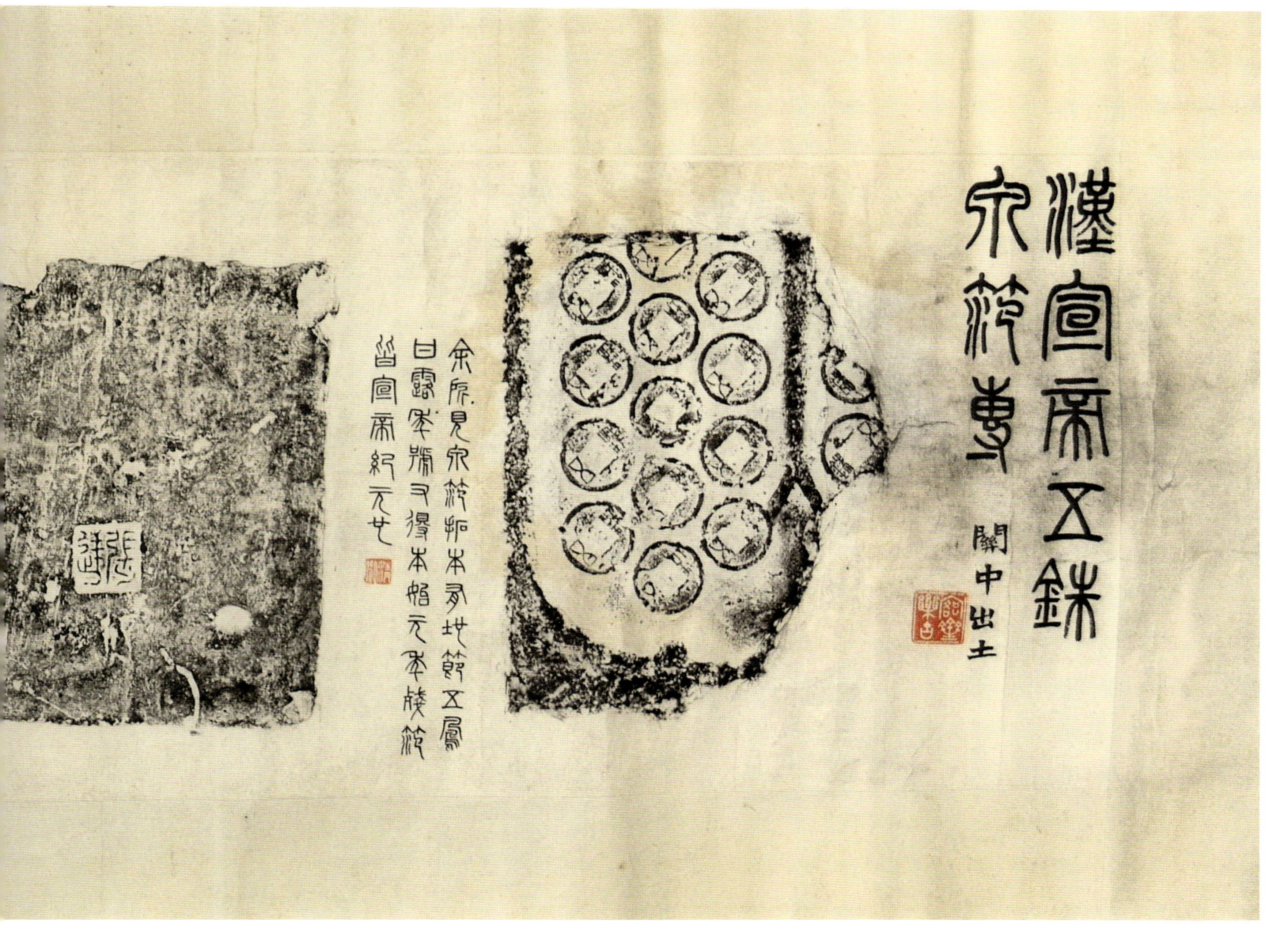

五　陶　量

1.《秦陶量》鄒安跋本

秦陶量殘版，上刻陽文十三行，四十字。傳世陽文陶詔版極為罕見，相傳山東琅琊臺出土，舊為陳介祺次子陳厚滋（九蘭）收藏，民國庚申（1920）歸鄒安（壽祺）適廬珍藏，後放入衣篋內，不慎被壓碎，一斷為二。

陶量腹部外壁有篆書秦詔書：

> 廿六年，皇帝盡並兼天下諸侯，黔首大安，立號為皇帝，乃詔丞相狀、綰，灋度量，則不壹，歉疑者，皆明壹之。

詔書中“廿六年”即秦始皇統一全國的當年（公元前221年），它結束了長期以來封建割劇的局面，為我國統一多民族國家的形成奠定了基礎。秦始皇為加強中央集權統治，採取了統一文字、貨幣、度量衡等重大改革措施。朝廷將詔書銘刻於銅版，頒行全國，這就是著名的“秦詔版”。

與此同時，朝廷還製作了一批各種器形的標準器，其材質有銅器、鐵器、陶器、玉器。上刻詔書文字，分發到各郡縣，成為“秦詔權”“秦詔量”。

這件秦詔書陶量，一般簡稱為“秦陶量”，就是統一度量衡制度的一個見證。

秦陶量，詔書一般四字一組，類同印章，鈐蓋在尚未乾硬的陶胎上，然後燒製而成，詔書多呈陰文。刻製整塊陶模者，則極稀見，銘文為陽文者更罕見。

此件秦陶量卷軸，上為詔書銘文拓本，下為全形摹本，另附袁克文詔書臨本。若不細看拓片，定不知陶量已斷裂，裂紋線斜貫第八行至第九行，故袁克文篆書題端曰：“秦始皇帝詔陶量殘版”。民國庚申（1920）鄒安裝裱。

卷中有鄒安題跋：

> 此始皇詔量版，自濰縣陳氏出，陽文，與簠齋所集陰文各版同出琅玡臺左近。陰文至公子九蘭始四十字完全，陽文疑亦九蘭所得，故簠齋尺牘未一及之。己未（1919）次友得陳氏各爵及效卣等器，以此版為媵，余聞而力索得之，惜裝入衣篋壓裂為二，大美忌完，定不信歟。庚申（1920）十二月杭州鄒安。

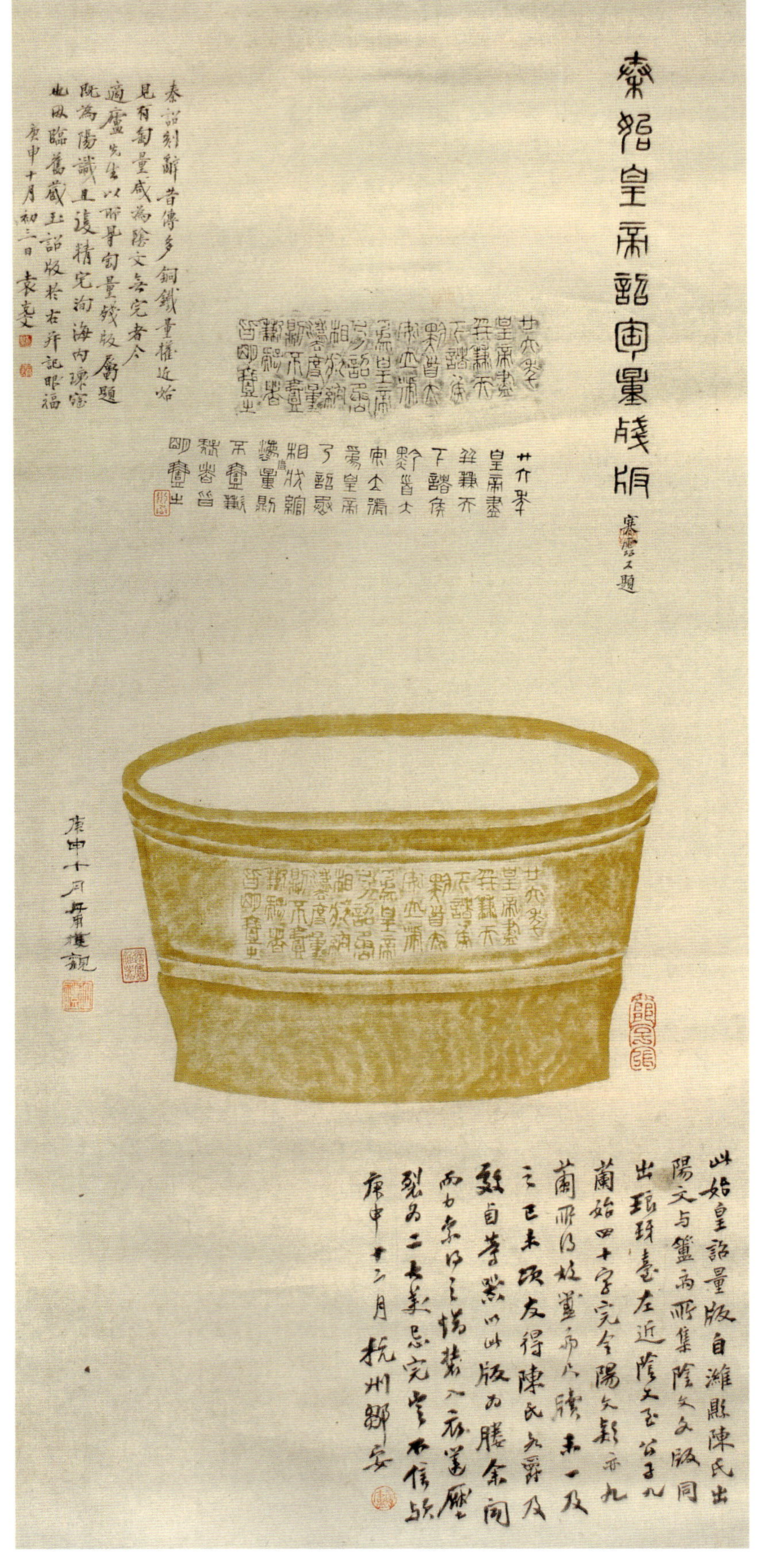

卷軸裝　畫芯縱93釐米　橫44.5釐米

館藏號：Z2401

原來，傳世秦陶量陰文者，亦多為殘片，能湊齊詔書四十字者，絕非易事。陽文者，就連見多識廣的陳介祺也未曾得見。看來，陳家古物實在豐饒，有客來買青銅彝器，竟然還能附贈此件詔書完整的陽文陶量。筆者據此忽起一閃念，抑或是陳厚滋“重金輕陶”，看重青銅器而忽視陶器，抑或是拿捏不住這件陽文秦陶量的真偽。

鄒安（1864-1940），字壽祺，一字景叔，號適廬。浙江杭縣人。曾任江蘇知縣，蘇州高等學堂監督，上海倉聖明智大學教授。工書法，喜金石，精鑒藏。民國時期重要的金石家。上海圖書館藏有鄒安題記的大量金石碑帖拓本。

卷中另有袁克文題跋：

> 秦詔刻辭昔傳多銅鐵量權。近始見有匋量，咸為陰文，無完者。今適廬先生以所得匋量殘版屬題，既為陽識，且復精完，洵海內瓌寶也。因臨舊藏玉詔版於右，並記眼福。庚申（1920）十月初三日。袁克文。

袁克文（1889-1931），字豹岑，號寒雲。河南項城人。民國總統袁世凱的次子，與張學良、張伯駒、溥侗合稱“民國四大公子”。詩詞歌賦無一不精、琴棋書畫俱是行家。雅好昆曲，曾與歐陽予倩、梅蘭芳、馬連良、俞振飛等人同臺演出，論者評為字正腔圓，不讓名伶。富收藏，精通版本之學。

卷軸中尚有觀款一則：

> 庚申十月，丹甫獲觀。

丹甫即張延禮（1870—1937），原名㡯，字丹斧，號丹甫、丹翁、無為、後樂笑翁。江蘇儀徵人。早年為《神州日報》成員，後負責《晶報》內務，活躍於民國時期上海報界。南社社友。好金石古物，善書法篆刻，書法則別具一格，有創意，見性情。

《秦陶量》鄒安跋本局部

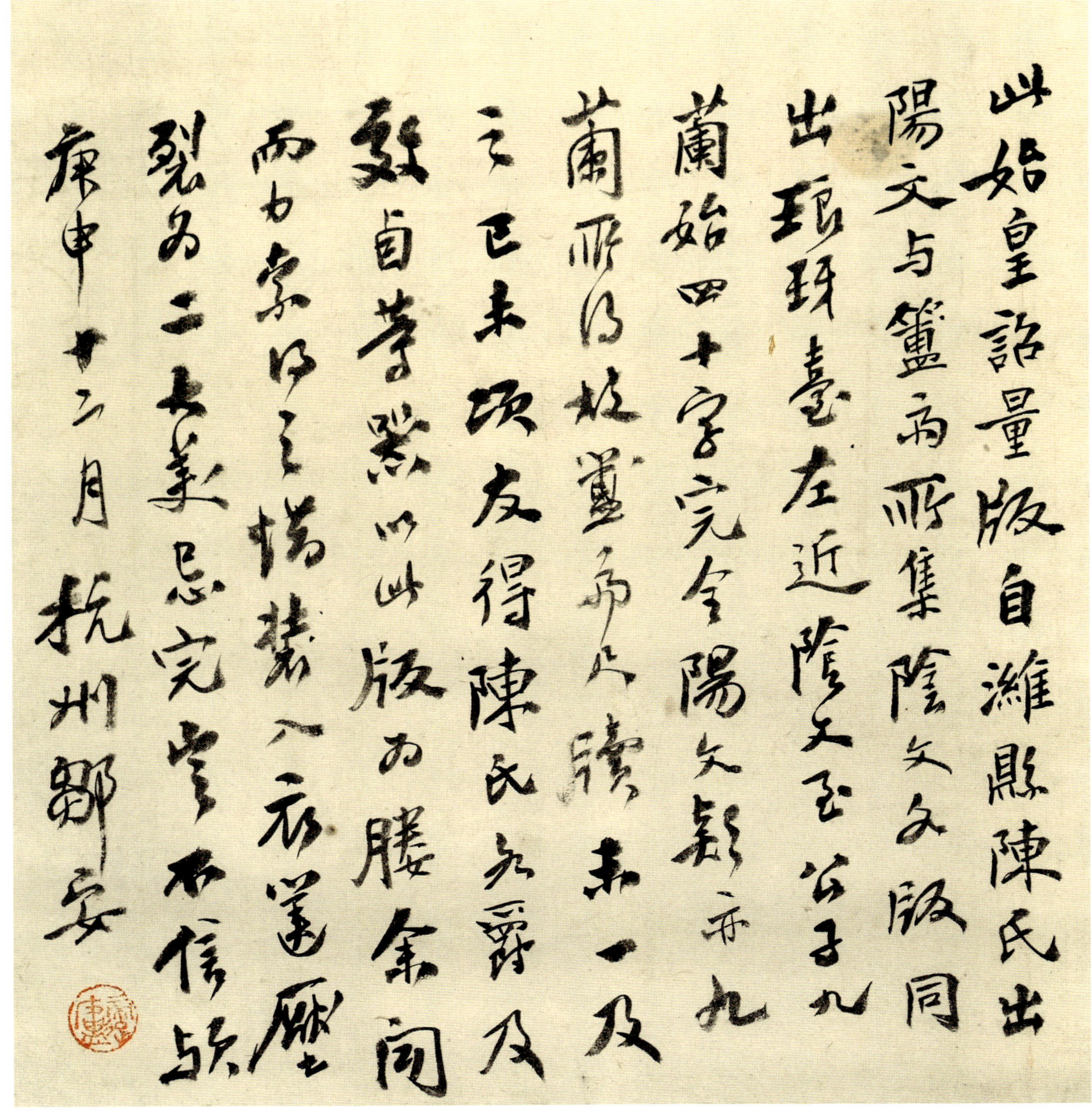

秦始皇帝詔陶量殘版

寒雲又題

廿六年皇帝盡并兼天下諸侯黔首大安立號為皇帝乃詔丞相狀綰法度量則不壹歉疑者皆明壹之

秦詔刻辭昔傳多銅鐵量權近始見有匋量〻咸為陰文無完者今適廬先生以所畀匋量殘版屬題既為陽識且復精完洵海內瓌寶也因臨舊藏玉詔版於右并記眼福

庚申十月初三日 袁克文

《秦陶量》鄒安跋本局部

2.《秦陶量殘片》鄭文焯跋本

此《秦陶量殘片》拓本，與上文所述《江干荒刹鐵像》合裝一軸，為《鄭文焯藏拓金石小品四條屏》之一。

拓本四周有民國丙辰（1916）鄭文焯題記：

> 秦權始見於齊顏黃門《家訓》云開皇二年（582）五月長安民掘得秦鐵稱權，旁有銅塗鐫銘二則，其一為始皇廿六年詔，一為二世元年。因據以辨《史記》諸本丞相"隗林"當作"隗狀"，且稱其書兼古隸，此士夫好古者攷見秦權詔版之最先者。顧鐵石外，又有瓦制，亦大奇。
>
> 權可以平物，而不可以平天下彼暴者，秦道在瓦。游兆執徐（丙辰）之年夏始。大鶴銘。

鄭文焯雖誤將陶量作秦權，但其"權可以平物而不可以平天下"一語，卻擲地有聲，振聾發聵。

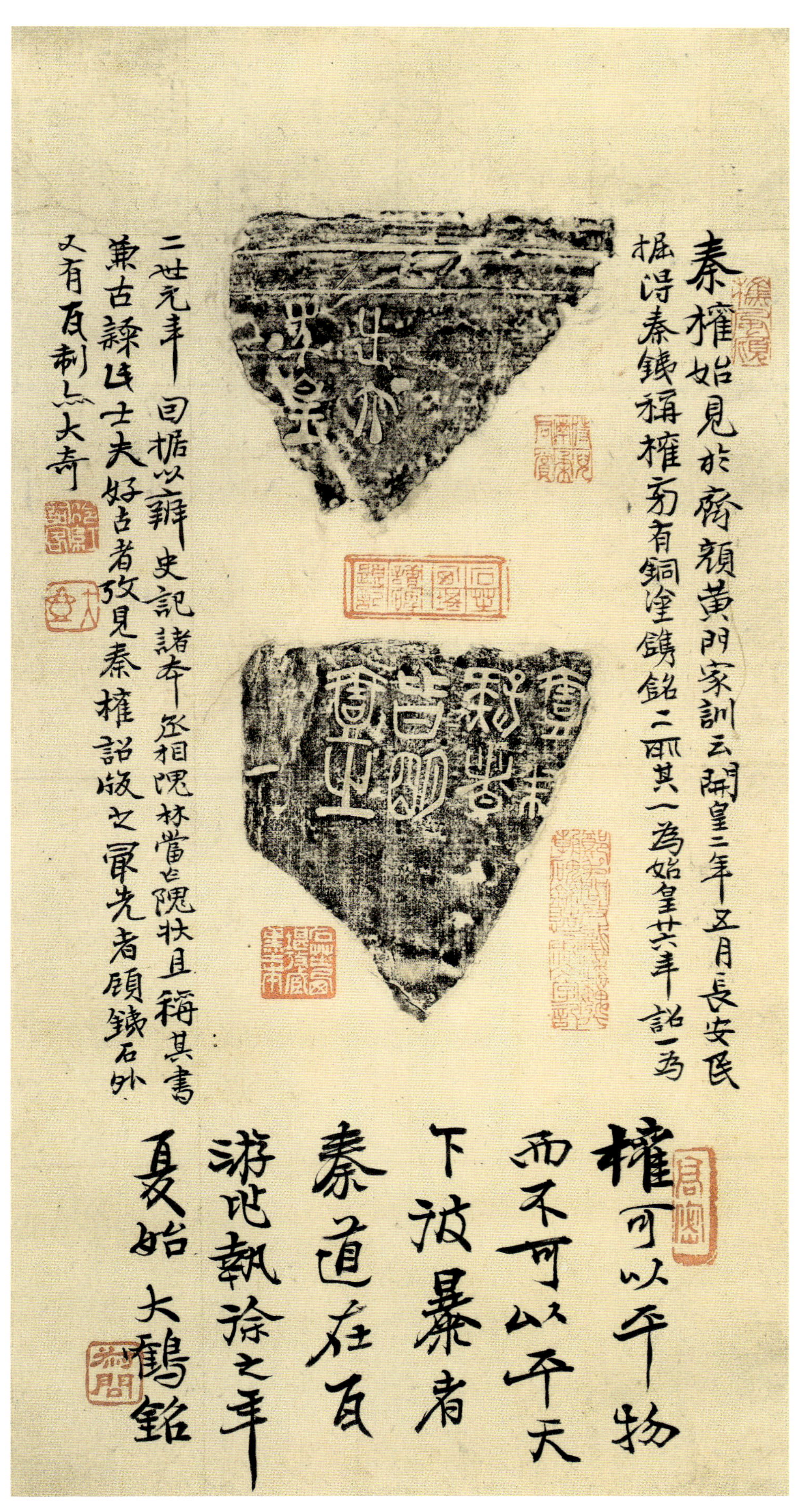

卷軸裝　拓片縱34釐米　橫17.5釐米
館藏號：J2542

3.《古瓦鐙、古瓦量》陳介祺跋本

《古瓦鐙、古瓦量合軸》陳介祺藏本，全形拓之拓工精湛，紙墨澹雅。並存有陳介祺題識，更顯難得，可寶也。

一、古瓦鐙

陳介祺題曰：

> 古瓦登，齊出。奇于鐘鼎非許書所可彷彿，末一字“圀”。

鈐有“齊魯三代陶器文字”“三代古陶軒”“文字之福”印章。

二、古瓦量

陳介祺題曰：

> 古瓦量。“丘齊”，營邱之齊。“辛里”，“新”省。“㝬”或即“量鼓”，奇不可識。

鈐有“平生有三代文字之好”、“古瓦量齋”印章。

陳介祺（1813-1884），字壽卿，號簠齋、海濱病史、齊東陶父。山東濰縣人。道光二十五年(1845)進士，官至翰林院編修。清代著名金石家，嗜好收藏文物，凡鼎彝、璽印、銅鏡、權量、石刻、陶器、磚瓦、造像等無不搜集。因藏有三代及秦漢印近萬枚，故名其齋曰“萬印樓”，又因藏有商周古鐘十餘件，又稱“十鐘山房”。著有《簠齋金石文考釋》《簠齋吉金録》《簠齋藏古目》《簠齋藏鏡》《簠齋藏玉印》《封泥考略》《十鐘山房印舉》等。

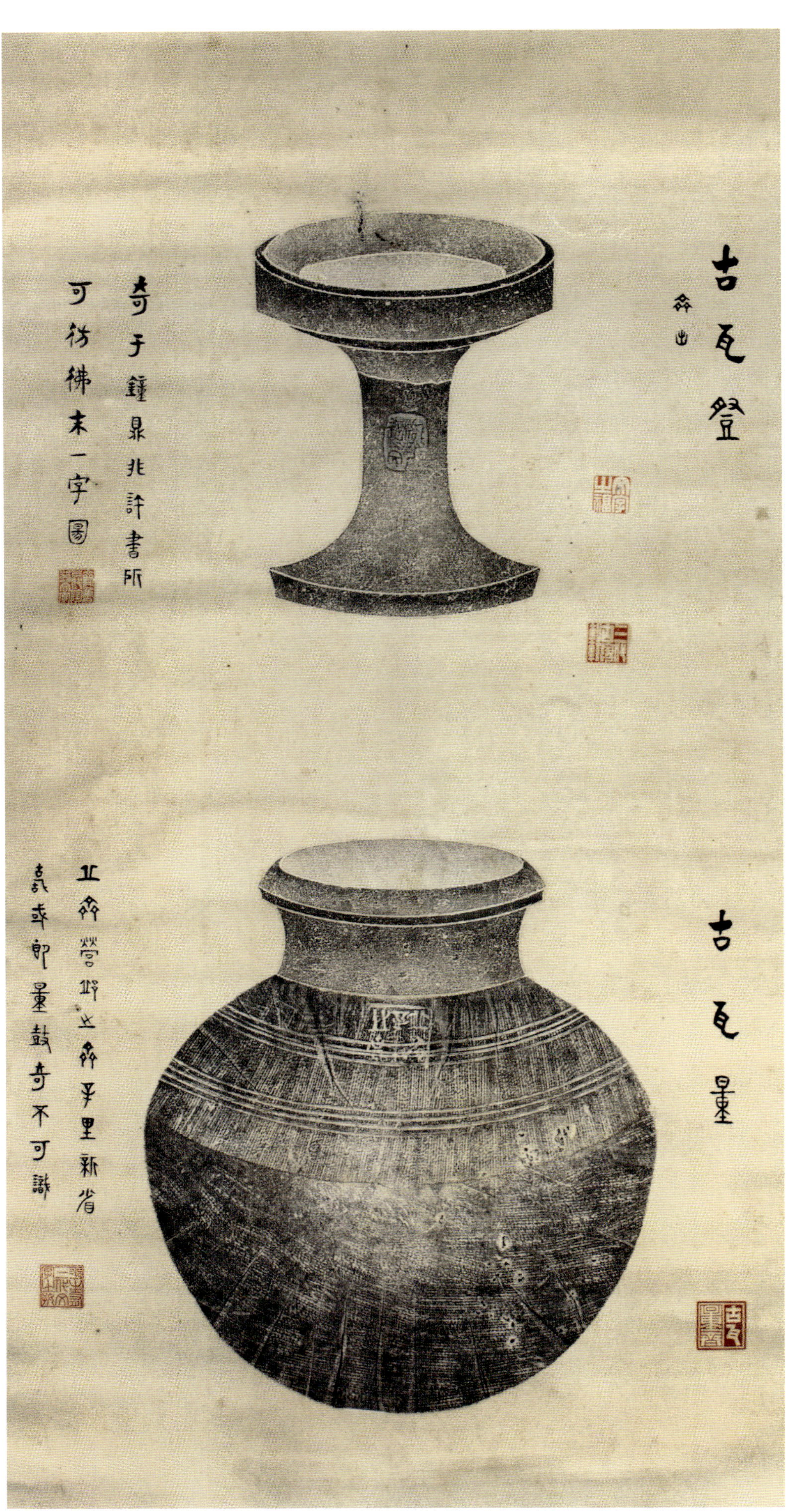

卷軸裝　畫芯縱82釐米　橫42釐米

館藏號：Z2268-2269

4.《瓷祖陶尊》莫繩孫跋本

《陶尊》劉宋元嘉十四年（437）製器，器身尚有釉彩，距今一千五百余年，號為“瓷祖”，光緒二十一年（1895）南京雨花臺出土，歸獨山莫繩孫收藏。此全形拓為莫繩孫拓贈劉世珩（聚卿）者，留有光緒二十六年（1900）莫繩孫題記。

莫繩孫（1844－1919）字仲武，號省教，貴州獨山人。莫友芝次子，清末藏書家。輯有《金石文字集拓》，還編輯出版莫友芝舊作《宋元舊本書經眼録》《郘亭知見傳本書目》等。

莫繩孫題跋：

> 光緒乙未仲冬，江甯土人掘獲此器于雨花臺右畔，形制古樸，予審為古之匋尊，因亟購歸。剔土辦濯，骨質堅緻，厚及五分，十耳惜闕其四，腹端有扳，亦因掘損墒，具于器身無傷。底刻方圍中鐫“大宋丁丑”四字，匋人之為，拙劣不成體，蓋劉宋元嘉十四年制器，距今千四百五十有九年矣。沉埋淹遠，光采悉為土氣蒸蝕，以之映日滌觀釉厚一錢許，色瑩澈，內含青白光，隱隱有冰文，其溢注處，凝若堆脂。按晉潘安仁《笙賦》：“傾縹瓷以酌酃”，為稱瓷之始。《說文》：“縹訓帛青白色”。元嘉去晉僅十數年，是尊釉色間白青，確為縹瓷無可疑議，實瓷祖也。海鹽朱桐川氏《陶說》謂：“潘賦舉縹瓷，知當時即以淺青相尚，已開後來峰翠、天青之先。”高氏淡人謂：“近人得柴窑碎片，皆以裝飾玩具，為其難得而可貴也。”寶茲瓷祖世所矜言之，唐越州吳越秘色矜尚之，周柴宗定汝官哥均諸窑皆耳孫矣。曩獲是器時聚卿五兄觀察曾共審視，閱五年，索寄拓本，因書舊攷，希是正之。庚子仲春世小弟獨山莫繩孫識。

劉世珩（1874－1926），字聚卿，又字蔥石，號檵庵、聚卿、楚園等。安徽貴池人。清末藏書家、文學家。著有《貴池縣沿革表》《聚學軒詞集》《楚園藏鏡》《南朝寺考》等。

“縹瓷”就是晉代浙江溫州一帶甌窯所產的青瓷。其胎體細膩，呈色白灰，釉色淡青。縹，原是晉代一種淡青色的絲帛，甌窯青瓷的顏色很像這種縹，故借縹以名瓷，稱為“縹瓷”。

卷軸裝　畫芯縱69釐米　橫25釐米

館藏號：Z1559

肆

玉　類

一 璽印

1.《匈奴相邦玉印》王國維跋本

此《玁狁四器》之一，民國十二年（1923）八月，王國維將《匈奴相邦玉印》《梁伯戈》（亦稱“鬼方戈”）《不嬰敦》《兮甲盤》合裝成四條屏，逐一考證並題記。

印文曰“匈奴相邦”，“相邦”即“相國”之謂，漢代因避高祖劉邦諱，而將“邦”字改為“國”字。王國維以此枚玉印不避漢高祖諱，而將其推定為六國迄秦漢間匈奴自製官印。又因玉印的形制類先秦古璽，文字亦全用古文，王國維又推測出秦漢之間匈奴應該尚無自己的文字。

王國維題跋：

匈奴相邦玉印，今藏揚州某氏，觀其形制文字，猶是六國訖秦漢間之物。六國執政皆稱“相邦”，戈文有“相邦呂不韋”,劍文有“相邦建信君”,史家改稱“相國”或單稱“相”,蓋避漢高帝諱。此印云“匈奴相邦”，知匈奴亦用此名矣。《史記·衛霍列傳》屢云“獲匈奴相國都尉”等，而《匈奴傳》記匈奴官制有左右賢王，以下二十四長不著其目，又云二十四長亦各自置千長、百長、裨小王，相封當户、且渠之屬《漢書》承用此文,“相”下無“封”字，“相封”即“相邦”，邦、封二字形聲並近，古多通用，蓋亦避高帝諱，易“邦”為“封”耳。《匈奴傳》之“相封”，謂左右賢王等所置，相匈奴諸王，皆有分地，如漢之諸侯王，其相亦如漢之諸侯王相。此印之匈奴相邦乃單于自置之相，如漢之丞相矣。匈奴遺物，世不多見，曩惟見“漢匈奴惡適姑夕且渠”一印，乃宣帝後漢所賜匈奴官印。此印不諱（此字點去）避漢諱乃匈奴所自製,而形制類先秦故（此字點去）古璽，文字亦全用古文，可見秦漢之間匈奴尚無自製之文字矣。癸亥（1923）八月，以此與鬼方戈、不嬰敦、兮甲盤合裝四幅,並記。此印之關於史事者如右。觀翁。

《匈奴相邦玉印》原件現藏上海博物館。

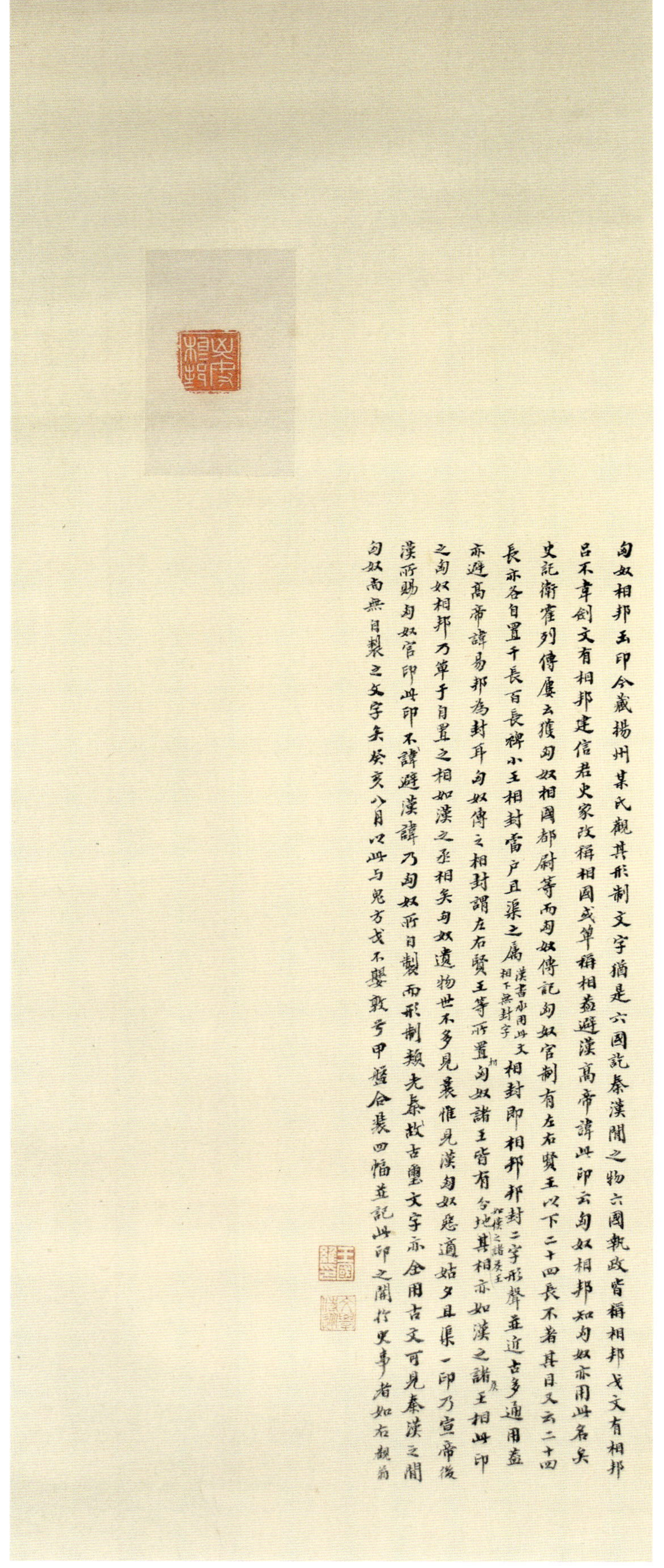

卷軸裝　畫芯縱116釐米　橫33釐米
印蛻紙縱8.5釐米　橫5.5釐米
印章（鈐印）縱橫各2.35釐米
館藏號：J2705

匈奴相邦玉印　現藏上海博物馆

匈奴相邦玉印今藏揚州某氏觀其形制文字猶是六國訖秦漢間之物六國執政皆稱相邦戈文有相邦呂不韋劍文有相邦建信君史家改稱相國或單稱相蓋避漢高帝諱此印云匈奴相邦知匈奴亦用此名矣史記衛霍列傳屢云獲匈奴相國都尉等而匈奴傳記匈奴官制有左右賢王以下二十四長不著其目又云二十四長亦各自置千長百長裨小王相封當户且渠之屬（漢書亦用此文相下無封字）相封即相邦邦封二字形聲並近古多通用蓋亦避高帝諱易邦為封耳匈奴傳之相封謂左右賢王等所置相匈奴諸王皆有分地（如漢之諸侯王）其相亦如漢之諸侯王相此印之匈奴相邦乃單于自置之相如漢之丞相矣匈奴遺物世不多見曩惟見漢匈奴惡適姑夕且渠一印乃宣帝後漢所賜匈奴官印此印不諱避漢諱乃匈奴所自製而形制類先秦故古璽文字亦全用古文可見秦漢之間匈奴尚無自製之文字矣癸亥八月以此与鬼方戈不嬰敦兮甲盤合裝四幅並記此印之關於史事者如右觀翁

《匈奴相邦玉印》王國維跋本局部

2.《六國燕將渠鉨》端方跋本

戰國古玉璽，印文為："郾將渠惠鉨"，指為燕國名將"將渠"之官印。道光年間易州出土，先歸南潯絲綢富商顧氏收藏，後吳大澂以三代彝器易之，著録於《古玉圖》，最終歸端方所有。此為全形拓本，配以鈐印本、拓印本，拓製精工，為端方拓贈沈銘昌者，存光緒三十三年（1907）端方題識。

沈銘昌(1870–1919)，字冕士，浙江紹興人。清光緒十九年(1893)舉人，曾任四川宜州知州、天津海關道、長蘆鹽運使等。民國以後，歷任直隸都督府總文案、山西省省長、北京政府內務部次長、財政部次長、山東省省長等職。嗜好金石碑帖文物收藏。

端方題記：

六國燕將將渠鉢，道光間出易州，歸南潯顧氏，復歸吳愙齋。冕士仁弟鑒。丁未秋，兄端方。

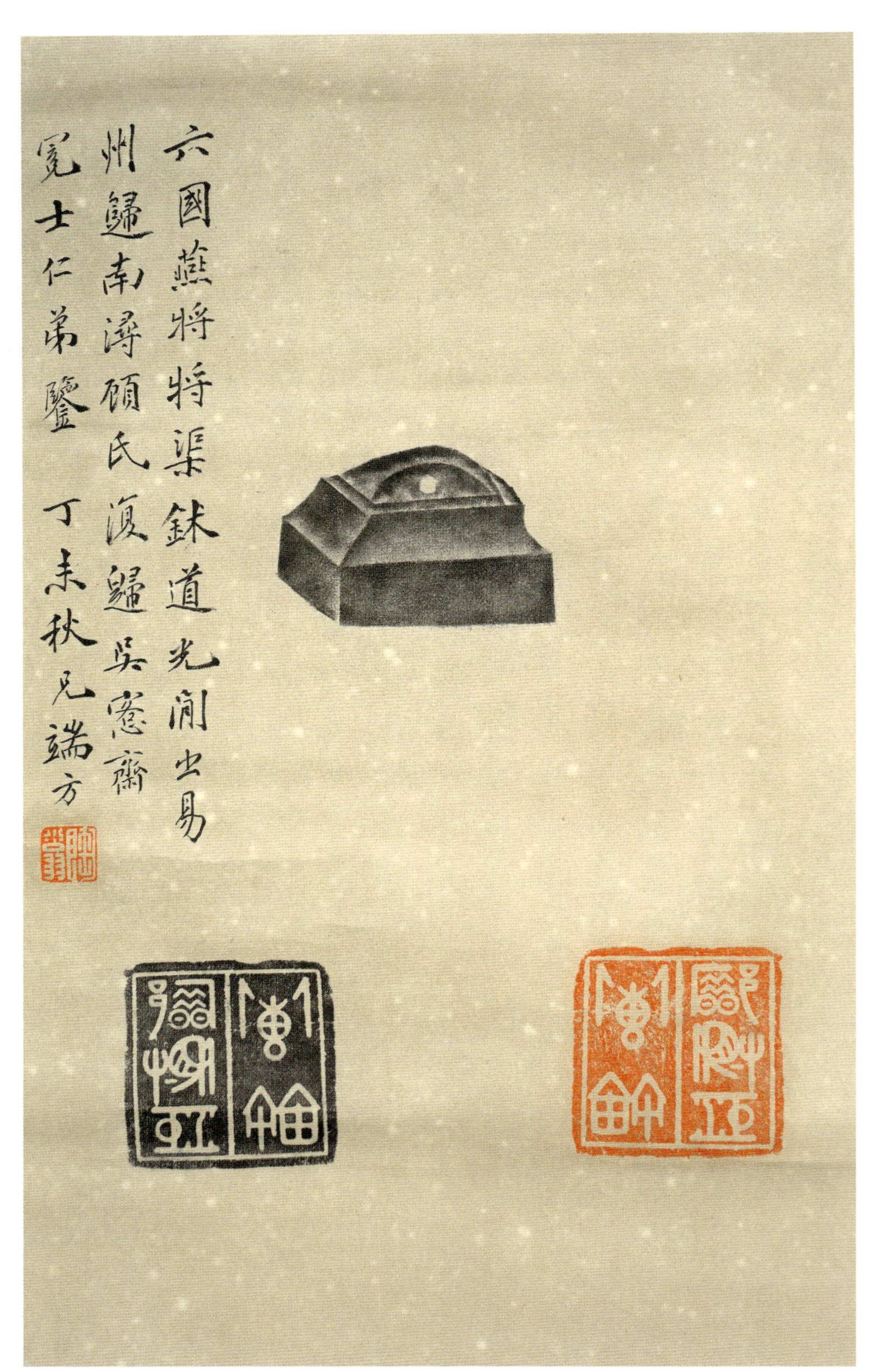

卷軸裝　畫芯縱45釐米　橫22釐米

璽印縱橫各5.7釐米

館藏號：Z2005

3.《趙飛燕玉印》鄭文焯跋本

《趙飛燕玉印》，畫芯中央鈐有一枚鳥蟲篆的玉印。印蛻的正上方有鄭文焯題注曰："漢婕伃趙玉印"六字，印蛻四周另有鄭文焯題記三則。

鄭氏題記之一：

攷《漢書》永始元年四月封婕妤趙氏父臨為成昜侯，六月丙寅立皇后趙氏。漢制后璽金螭虎紐，是印則未為后時物也。"婕"作"婕"，足訂班書。老芝。

"婕妤"是漢代皇宮中的女官名，位似上卿。鄭文焯在此不僅提出此枚玉印的主人"趙婕妤"就是大名鼎鼎的漢成帝妃子——掌上美人趙飛燕，還指明此時她尚未封為皇后，故印文仍為"婕妤"。又因印文"婕妤"刻作"婕伃"，眼明心細的鄭文焯還特意指出"婕"字的不同寫法。

鄭氏題記之二：

印為估客何伯瑜以五百金售於濰縣陳簠齋先生，此本即從其曾孫理臣見貽，兼獲摩挲累日。玉如截肪，溫潤澤手，想見七珏屏間九華扇底，玉顏玉質，同一色也。鶴道人記於滬瀆。

原來此漢代玉印為金石大家陳介祺（簠齋）舊藏。鄭文焯在陳氏曾孫處，不僅親見此印，還曾上手把玩多時，同時又獲得鈐印（印蛻）一枚。鄭文焯題記時，雖未注明具體時間，但其"記於滬瀆"四字，還是透露出大致時間段，應該在民國初期。因為辛亥革命後，鄭氏移居上海，以行醫為生，兼鬻書畫以自給，民國七年（1918）去世。此處，筆者還得再加一個注腳，那就是，相傳舊時欲得陳介祺所藏"趙飛燕"鈐印，非白銀十兩莫辦。這恐怕就是鄭文焯將此枚印蛻一題再題的原因吧。

鄭氏題記之三：

印逕漢慮俿尺一寸三分，凫紐純白，紐旁有朱斑半黍，繆篆四字曰"婕伃妾趙"。《漢書》飛燕、合德皆為婕伃，是印未定誰所佩者。自道光初，為仁和龔定盦所得，乃考定為飛燕物，謂末一字為鳥篆，故知隱寓其號，為說載文集中，名所居為"寶燕樓"。

史載趙飛燕、趙合德姐妹一同入宮，都曾被封為"婕伃"。因此，鄭文焯此處故作嚴謹，指出"婕伃妾趙"印章，姐妹兩人都可適用，並最終將考訂此印屬於趙飛燕遺物的功勞，讓給了龔自珍（定盦）。鄭文焯還追加補充說明"婕妤妾趙"之"趙"字為鳥篆書，暗寓"燕"字。此外，龔自珍曾在昆山築樓三層，最上層即藏趙飛燕玉印，並起名曰"寶燕樓"，足見其對此枚玉印的珍視。

交代完畫芯中鄭文焯題記後，細心的讀者或認識篆書的朋友，或許就會看出此枚印蛻的印文並非"婕妤妾趙"，而是"婕伃妾娋"，雖然"婕妤"與"婕伃"互通，應該沒有任何問題，但是四字印文中暗寓"燕"字的關鍵一字——"趙"字，卻變成了"娋"字。一字之差，此玉印的主人就可能要易人，其價值當然也就要天差地別了。

先不論印文究竟是"趙"字還是"娋"字，此處，還是讓我們先來梳理一下這枚玉印的流傳收藏過程，以便接下來的討論。

相傳，此枚玉印最初為宋代駙馬爺兼畫家的王詵珍藏，彼時就被斷定為趙飛燕的遺物。元代，曾入藏顧阿瑛金粟山房。明代，轉歸嚴嵩、嚴

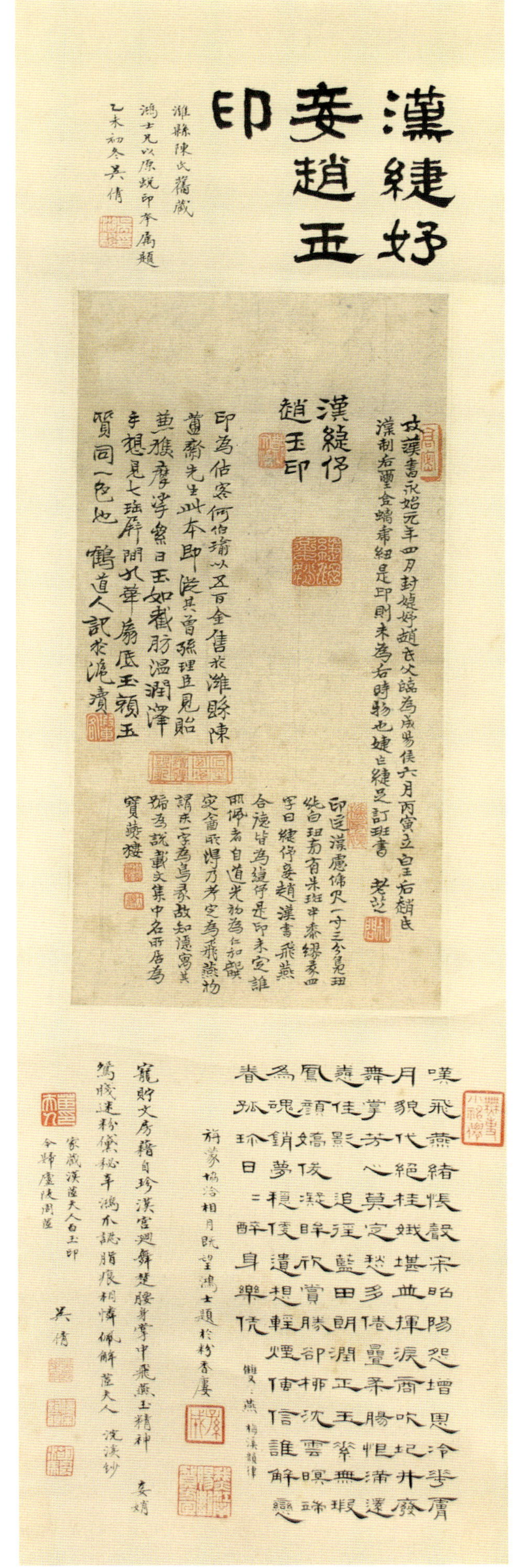

卷軸裝　畫芯縱32.5釐米 橫16.5釐米
印章（鈐印）縱橫各2.2釐米
館藏號：J2008

古漢書永始元年四月封婕妤趙氏父臨為成陽侯六月丙寅立皇后趙氏漢制右璽金螭虎紐是印則未為右時物也婕妤緹足訂班書 老芝

漢緹伃趙玉印

印為估客何伯瑜以五百金售於濰縣陳簠齋先生此本即從其曾孫理臣見貽兼擭摩挲槃日玉如截肪溫潤澤手想見七弦扉閒九華扇底玉顏玉質同一色也 鶴道人記於滬瀆

印在漢處佛尺一寸三分見方紐白玉有朱斑半黍綠篆四字曰緹伃妾趙漢書飛燕合德皆為婕伃是印未定誰所佩者自道光初為仁和龔定盦所得乃考定為飛燕物謂末一字為鳥篆故知之寫其號為說載文集中名所居為寶燕樓

《趙飛燕玉印》鄭文焯跋本局部

世蕃父子，嚴氏籍沒後，此印重新流出，又經項子京天籟閣、華氏真賞齋、李日華六研齋等珍藏。清代，再經錢塘何夢華、秀水文鼎、仁和龔自珍、道州何紹基、南海潘仕成、高要何伯瑜、濰縣陳介祺等人遞藏。

歷經宋、元、明、清的無數鑒藏家的傳承後，這枚“趙飛燕玉印”就以其稀見、印美、流傳有緒而成為堪比傳國玉璽的國寶級文物了。

入民國後，張學良將軍曾經要送趙四小姐一份特殊的禮物，指明要向陳家後人購買這枚趙飛燕玉印。因為趙四與趙飛燕均姓趙，又都是美女。其次，趙四當時還是張學良的秘書，也算是有官職的人，因此，這枚“婕妤”女官印就成為最適合趙四小姐的禮物了。但是，九一八事件隨即爆發，日寇侵佔東北，面對國破家亡，少帥深感愧對家鄉父老，如果再耗費重金來購買趙飛燕玉印，就要背負“不愛江山愛美人”的罵名，因此購印之事就此作罷。此印也就最終落入徐世昌大總統之弟徐世襄手中。1949年解放後，徐夫人將此枚玉印售予故宮博物院。

入藏故宮後，玉印的漫長而離奇的流傳過程得以宣告終結。同時，此枚玉印主人係“趙飛燕”的神話也就此打破。因為經故宮博物院的研究人員釋讀印文後，最終確定為“婕妤妾娋”而非“婕妤妾趙”。

但是，經手“趙飛燕玉印”的眾多藏家們，在數百年間，从來就沒有人看出是“娋”字，而一再誤讀為“趙”字嗎？難道他們都漠視“娋”與“趙”的區別嗎？

其實，婕妤，《漢書》又寫作“倢伃”，从“女”从“人”，皆可。所以“緁伃”之“伃”完全正確，“緁”字顯然是通假字，“緁伃”就是“倢伃”。

“娋”，見於《說文》《廣韻》，有平去聲兩讀，讀去聲者，意為侵犯，讀平聲者，意為偷，都不是好字，不可能作為人名。惟《方言》云：“娋，孟姊也。”意為大姐，也讀平聲。據以上分析，“娋”作為人名的可能性不大。“娋”應該是個假借字，其本字是什麼字呢？其實就是“趙”字。此外，在先秦璽印（姓名印）和銅器銘文中，“趙”字都寫成“肖”。因爲趙倢伃（婕妤）是女性，所以在“肖”旁加了個“女”，作為類化的偏旁符號。

因此，印中“娋”和《說文》等字書中的“娋”不是同一個字，而是文字學中常見的所謂“同形字”，即形狀一樣，但不是同義的字。此印的“娋”當即“趙”字的異體。“緁伃妾娋”，釋作“倢伃（或婕妤）妾趙”是不錯的。

先秦秦漢人喜歡用通假字，現在覺得很奇怪，當時卻十分普遍。這方印明明可以寫“倢伃”或“婕妤”，卻寫成“緁伃”，就是明證。古璽印中姓氏用字很怪，比如“張”姓寫作“長”，“趙”姓寫作“肖”。陳介祺有《十鐘山房印舉》，他見識的古璽很多，所以一看就明白了。

說完印文，再看卷軸天頭書堂，留有1955年初冬吳湖帆的題端：

> 漢緁妤妾趙玉印。濰縣陳氏舊藏，鴻士兄以原蛻印本屬題，乙未（1955）初冬，吳倩。

畫芯下截另有吳湖帆的浣溪沙題詞：

> 寵貯文房籍自珍，漢宮迴舞楚腰身，掌中飛燕玉精神。
>
> 妾娋鴛牋迷粉黛，秘辛鴻爪認脂痕，相憐佩解莨夫人。

吳湖帆題完浣溪沙後，顯然還意猶未盡，又在其後補注一行：

> 家藏漢莨夫人白玉印，今歸廬陵周莨。吳倩。

吳湖帆藏有一枚漢“莨夫人”印章，居然也將其鈐蓋在本卷之上，看得出他當時十分心滿意足。“廬陵周莨”又是誰呢？她就是周煉霞，吳湖帆的紅顏知己。看來此時的吳湖帆已經陶醉在美人與印章之中。

此印的真正價值，除卻它確為存世僅見的漢趙婕妤之印外，其印文圓轉流動，柔美無比，為漢代鳥蟲篆印之神品。再者，其玉質珍貴，晶瑩剔透，雁鈕雕飾，圓渾無跡。達到了文字、纽式、材質之美並呈的至高境界。

4.《永曆帝遺璽》金松岑藏本

明永曆帝玉璽，清光緒三十三年（1907）雲南昆明五華山出土，印文為“敕命之寶”四字，後與雲南雞足山寂光寺留存的《永曆敕書》之璽印進行校勘，得知此印確為明永曆皇帝玉璽，該印現藏雲南省博物館。

永曆帝即朱由榔（1623−1662），明神宗的孫子，崇禎皇帝的堂弟，崇禎年間受封永明王。

隆武二年（1646）明紹宗朱聿鍵被俘死，桂王朱由榔自稱監國。不久，紹宗弟唐王朱聿𨮁在廣州繼位，史稱明文宗，更年號為“紹武”。數日後，朱由榔在廣東肇慶亦登極稱帝，定年號為“永曆”。紹武、永曆二帝為爭正統，隨即開戰，永曆軍大敗。紹武元年（1647），清軍攻陷廣州，朱聿𨮁兵敗殉國，永曆帝自此成為南明第四任君主，成為反清的精神領袖和天下共主。

永曆十三年（1659），朱由榔為避清軍而流亡緬甸，永曆十五年（1661）緬甸突發政變，緬甸王莽達之弟莽白篡政後，將朱由榔獻給吳三桂。康熙元年（1662）四月，在昆明遭縊死，終年四十歲，死後廟號昭宗，謚號匡皇帝，明朝皇統徹底滅亡。此後，鄭成功在臺灣的政權仍沿用永曆年號。

此本為璽印鈐印本，舊為雲南代省長周鍾嶽所有，後轉贈金松岑。此本存周鍾嶽、費樹蔚、鄧邦述、吳梅等人題詩題記，金、費、鄧、吳諸公皆民國時期蘇州籍的社會名流。

金松岑（1873−1947），又名天翮，號壯遊、鶴望，天放樓主人等。江蘇吳江人。清末民初國學大師。曾任吳江縣教育局局長，與陳衍等組織中國國學會。桃李滿天下，柳亞子、潘光旦、費孝通、范煙橋等即是其中佼佼者。著有《天放樓詩集》《天放樓文言》等。

鈐印上端，周鍾嶽過録其師趙藩舊作《明永曆帝遺璽印題記》：

此明永曆帝遺璽，碧玉質，雙龍蟠紐，文曰“敕命之寶”，清光緒丁未（1907）雲貴總督錫良於五華山建學堂掘土得之。已中裂，邊亦微損，庋存圖書館。攷五華山之有宮殿也，始自孫可望，帝來居之，故不能遽定璽之為殘明，為偽周（注：吳三桂稱帝，國號大周）也。宣統辛亥（1911）改革後，余游雞足山見帝寂光寺敕書，借攜入省，對校此璽，文與式無不吻合，始定為帝璽無疑議。嗟乎！明運終滇，帝且慘罹灰骨，遺此破璽，滄桑之感痛系焉。余曩與同人啟當事建帝廟疏，殉國故臣遺老坿祀，曾撰楹句云：“立廟非私為厓山而來，黃帝子孫失國大紀念。求野有獲在彩雲之下，朱明臣主記事小陽秋。”有讀之感涕者，而拓璽亦歲無虛日，亦足見愛宗國哀黍離，斯義固亘古而不泯矣。

右為趙介庵先生舊題《明永曆帝遺璽印》文也。頃游吳門，以此拓本贈松岑先生，因並录之。劍川周鍾嶽。

周鍾嶽（1876−1955），字生甫，號惺庵，雲南劍川人，白族。光緒二十九年(1903)癸卯科中解元， 1905年入日本早稻田大學學習法政。民國二年(1913)，蔡鍔聘周鍾嶽為“光復史局”總纂，民國八年（1919），鍾嶽代理雲南省長，主持滇政。民國二十年（1931），任雲南通志館館長。民國二十八年(1939)，任國民政府内政部長。曾主編《新纂雲南通志》。

卷軸中部，又添周鍾嶽題詩：

五華山頭闢講堂，鳩工劚地三尺強。
舉鍤成雲土花紫，忽覩玉璽騰光芒。
朱文綠質盤蟠紐，觀者摩肩如堵墻。
投井埋庭知誰是，紛紛塗說殊難詳。
憶昔烈皇殉社稷，福唐監國旋踵亡。
八旗長驅下閩粵，永曆播越天南疆。
當時昆明是行在，署官封爵頒符章。
璽書下賜逮蘭若，雞山一敕今猶藏。
偏安半壁那可得，二十萬衆奔蠻荒。
緬酋要盟脅飲咒，從臣索食誰贏糧。
分鏨國寶且縱飲，叩頭空泣典璽郎。
天府圖球散已盡，此璽幸瘞華山旁。
沉霾瓦礫三百載，不与浩劫罹紅羊。
吁嗟乎。
金蟬寺裏燈無光，玉碎誰復憐天潢。
一身不保何况璽，坐使遺黎空斷腸。

舊題明永曆帝遺璽一首録呈松岑先生諟正。周鍾嶽未定稿。

卷軸底部，存民國十八年（1929）三月費樹蔚題詩：

己巳三月即共和十八年五月，松岑道兄出此索題，漫成長句求正。

空敕百道賜堵公，平遼陰易景國封。

孫賊睢盱意中變，秦王一敕來何從。

秦頭壓日晉可倚，密敕夜深鈐寶璽。

事洩孱王詭辭免，十八先生同日死。

嗚呼一敕關廢興，運盡力挽人豈勝。

堵公假敕先樹敵，堵欲除李元胤事在李可望前，啟釁由璽璽不承。

何時埋藏華山下，幸不隨龍移阿瓦。

九疊篆印安在哉，可望僭號時改印篆九疊，此有嵇侍中血也。

舊城草屋迎鑾初，冊寶取證黔國於。

後來擲地擊之碎，數星不飽從官呿。

東皋先亡西府遠，瞿文忠李獻武，要盟縛獻嗟蠻蜑。

佛鐙照影風雨雷，苴蘭灰骨埋難辨。

獨有破璽穿汙泥，先時逆臣那得齎，吴三桂躬行弒逆後乃追崇。

二老題詞傳拓衆，懷古豈獨滇人悽。

朱文爛爛中邊損，今日清宮亦萬本，清璽自移宮後拓本傳布至多。

帝王末路殷鑑垂，何若英雄愛華衮。

費樹蔚。

費樹蔚（1883—1935），字仲深，號韋齋、迂瑣等。江蘇吴江人。柳亞子表舅。費樹蔚與袁世凱長子袁克定是“姻連”，二人均娶吴大澂之女，因入袁世凱幕府。曾任信孚銀行董事長，吴江紅十字會會長。1951年在柳亞子倡議下，編印出版《費韋齋集》，收集費氏詩詞三千餘首。

鈐印本兩側，存有民國十八年（1929）五月鄧邦述題詩：

滇南山中玉光碧，琢作環瑱美無匹。

忽然天府徵璽材，廊廟延登應第一。

可憐六詔小朝廷，差等厓山緜宋室。

金甌已痛缺方州，玉斧猶思畫疊埸。

文臣武將怙且驕，有命誰能恭奉勅。

國寶曾教庫監捐，稗史稱：馬吉翔奏

卷軸裝　縱105釐米　橫35釐米

館藏號：善860354

滇南山中玉光碧琢作環瑱美無匹忽登天府徵璽材廊廟近登庭第一可憐六詔小朝廷差等匡山錦宗室金甌已痛缺方州玉斧猶思畫疊場文臣武將恬且驕有命誰試荼奉勅國寶曾教庫藍掯稗史稱馬吉翔奏從亡大臣三日不舉火帝取皇帝之寶命庫藍李國用碎之以給諸臣此居緬事分金豈饜之人食獨留此璽在人間慘綠深蘚同蝕玉質雖離娘瓦金篆文尚許窺完璧吳棠森森八桂林空喜真龍起陂澤賊臣蒲伏汗沾袍舊晚坡前黯無日倉皇出緬復居滇歸死山陵終不得悠悠閏位十五年不似南都纔旦夕延來

此明永曆帝遺璽碧玉質雙龍蟠紐文曰敕命之寶清光緒丁未雲貴總督錫良於五華山建學堂掘土得之已中裂邊亦微損今存圖書館攷五華山之有宮殿也始自孫可望帝未居之攷不能遽定璽之為殘明為偽周也宣統辛亥改革後余游雞足山見帝寂光寺勅書借攜入省討校此璽文與式無不吻合始定為帝璽無疑議嗟乎明運終滇帝且慘罹灰骨遺此破璽滄桑之感痛系焉余曩與同人倡言事建帝廟既詢國故臣遺老樹祀曾撰楹句云立廟非私為匡山而來黃帝子孫失國大紀念求野有獲在彩雲之下朱明臣主祀事小陽秋有讀之感榮者而拓璽亦感無窮日亦迄見愛宗國者秉彝好義固亙古而不泯矣

右為趙介庵先生舊題明永曆帝遺璽文也頃游吳門以此拓本贈松岑先生因託錄之 劍川周鍾嶽

東海又裁桑肯為前人重太息我除好古百無事斷紐殘珉皆所癖身行萬里半天下劫灰莫認昆明石爲君覓句三摩挲想見晶瑩好顏色

松岑先生屬題即希郢政 己巳五月十三日江寧鄧邦述錄藁

盤龍綠質落花凝對之如見小朝廷南寧邀封劫冊寶銅椎竟殺嚴起恒滇鍾不守更入緬此印幾歷滄桑變誰知蘚照五華山三百年來赫然見偽周早破清亦已符命一論殊荒南遊倘讀雞山勅流涕應思李晉王 唐

短詩寫呈 松岑先生教正 己巳中秋吳梅

《永曆帝遺璽》金松岑藏本局部

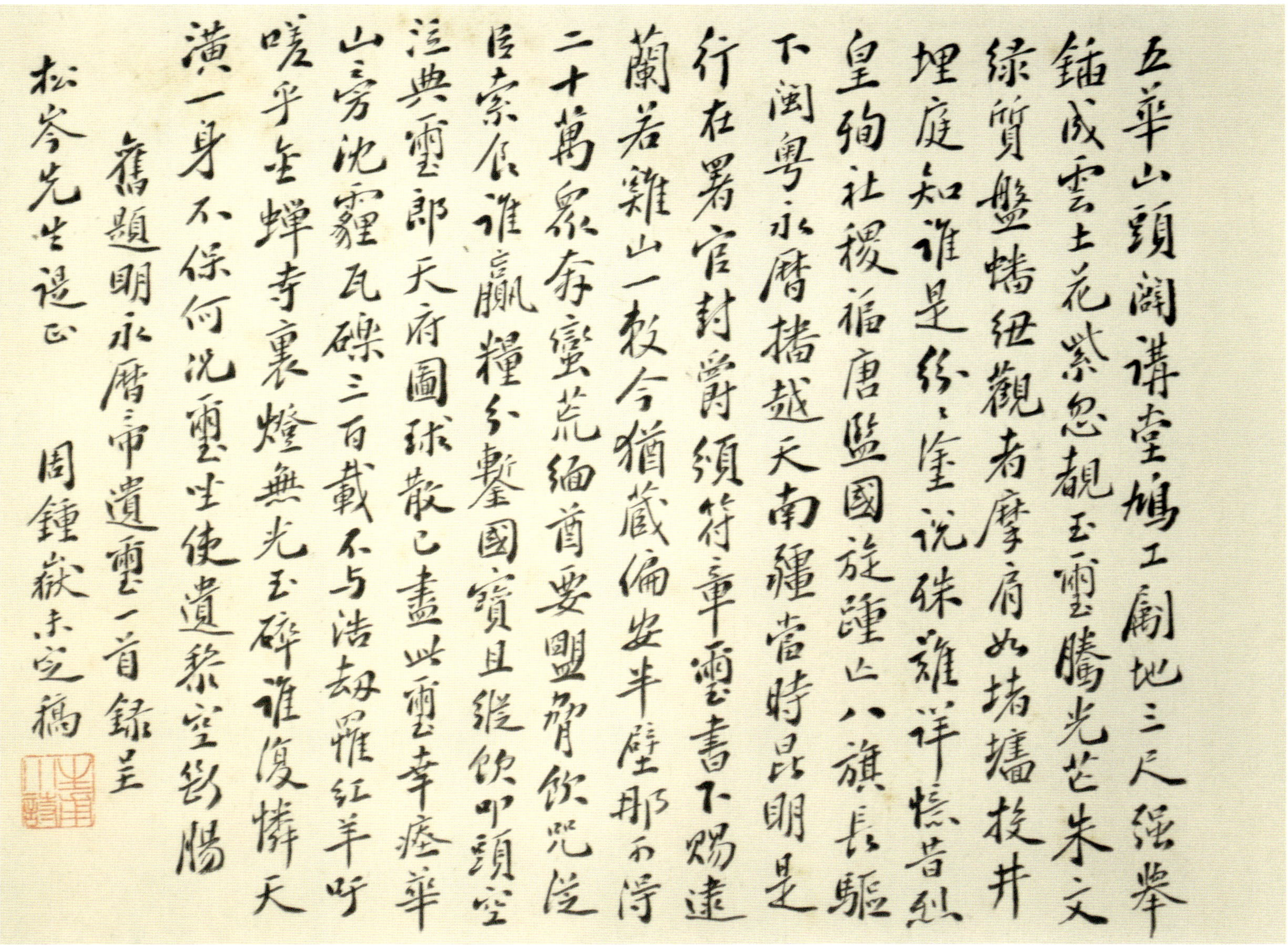

《永曆帝遺璽》金松岑藏本局部

從亡大臣三日不舉火，帝取皇帝之寶命庫監李國用碎之以給諸臣，此居緬事，分金豈饜亡人食。

獨留此璽在人間，慘綠深蘚同蘚蝕。
玉質雖難媲瓦全，篆文尚許窺完璧。
奕葉森森八桂林，空喜真龍起陂澤。
賊臣蒲伏汗沾袍，舊晚坡前黯無日。
倉皇出緬復居滇，歸死山陵終不得。
悠悠閏位十五年，不似南都纔旦夕。
迩來東海又栽桑，肯為前人重太息。
我除好古百無事，斷紐殘珉皆所癖。
身行萬里半天下，劫灰莫認昆明石。
為君覓句三摩挲，想見晶瑩好顏色。
松岑先生屬題，即希郢政。己巳(1929)五月十三日江寧鄧邦述録稿。

鄧邦述（1868–1939），字正闇，號孝先、漚夢老人、群碧翁等。江蘇蘇州人。光緒二十五年(1899)進士，1901年為端方幕僚，1905年奉派出國考察，1907年任吉林民政使，辛亥革命後退隱蘇州。喜藏書，因獲黄丕烈舊藏宋本《群玉詩集》《碧雲集》，故號“群碧翁”。著有《群碧樓詩鈔》《群碧樓書目》《群碧樓善本書録》《漚夢詞》等。

鈐印本下端，另有民國十八年（1929）中秋吳梅題詩：

盤龍綠質落花凝，對之如見小朝廷。
南寧邀封劫冊寶，銅椎竟殺嚴起恒。
滇疆不守更入緬，此印幾歷滄桑變。
誰知薶照五華山，三百年來赫然見。
偽周早破清亦亡，符命一論殊荒唐。
南遊倘讀雞山勅，流涕應思李晉王。
短謌寫呈松岑先生教正，己巳中秋吳梅。

吳梅（1884–1939），字瞿安，號霜厓，江蘇蘇州人。民國間，在北京大學、東南大學、中央大學、中山大學、光華大學、金陵大學任教授。精於詩文詞曲，被譽為“近代曲學大師”。著有《霜厓詩録》《霜厓曲録》《霜厓詞録》《顧曲麈談》《曲學通論》《中國戲曲概論》《元劇研究》《南北詞譜》等。

5.《瞿式耜行軍章》丁仁藏本

《瞿式耜行軍章》，正中掌心大小的舊紙上鈐有“少師臨桂□侯行軍章”九字，據印蛻留紅面積推測，該印章當為5.5釐米見方，鈐印兩側留有前人題識，右側題為：“少師臨桂郡侯行軍章”，左側題曰：“明大司馬瞿公式耜效力殘疆，與城同殉，此其行軍章也，康熙丙午（1666）灕江漁人網得之，中蝕乃‘郡’字耳，澤國遺民記”共計四十四字。讀罷此篇題識，頓時肅然起敬，原來該枚印章的主人，就是明代民族英雄瞿式耜。

瞿式耜（1590－1651）字起田，號稼軒，常熟人。明萬曆四十四年（1616）進士，授江西永豐知縣，頗有惠政。崇禎元年（1628），擢戶科給事中，抨擊魏忠賢餘黨，平反昭雪，扶持正氣，舉薦能臣，搏擊豪權，不遺餘力。但是，其行動不可避免地觸犯了當權者的利益，因而遭來無情打擊，最終被奪官革職。

崇禎十七年（1644）三月，李自成率領的農民起義軍攻下北京，崇禎帝在煤山自殺。五月，多爾袞率清軍擊退農民軍進關入京，至此，北京已是清王朝的京城。與此同時，明福王朱由崧在南京建立弘光政權，八月，重新起用瞿式耜為應天府丞，後又出任廣西巡撫，開啟了其抗清殉明的序幕。

清兵攻陷南京後，隆武二年（1646年），瞿式耜等人擁立桂王朱由榔為“永曆皇帝”，式耜出任吏部右侍郎、文淵閣大學士，兼兵部尚書，永曆元年（1647）留守桂林，練兵籌餉，撫緝流亡，延攬人士，抗清復明。時清兵三次襲桂林，式耜與士卒共甘苦，誓死拒守，屢退清兵。

無奈明王朝氣數已盡，無力回天。永曆四年（1650年）清兵最終攻陷桂林，時城中已無一兵，家人亦離散，部將勸式耜上馬速走，式耜叱退之，端坐府中，與總督張同敞（張居正曾孫）一同被俘，堅貞不屈，誓死不降。囚禁四十餘日，與同敞唱和自若，得詩百餘首。二人於閏十一月十七日被害於疊彩山仙鶴岩。瞿式耜曾有《絕命詩》留下，其詩曰：

> 从容待死與城亡，千古忠臣自主張。
> 三百年來恩澤久，頭絲猶帶滿天香。

夫節義必窮而後見，如二人之竭力致死，靡有二心，所謂百折不回者，明代二百七十餘年養士之報，其在斯乎！其在斯矣！

瞿式耜殉國後，永曆五年（1651）追贈為“粵國公”，謚“文忠”。清乾隆四十一年（1776），追謚“忠宣”，道光二十年（1840）建有瞿、張專祠“仰止堂”，二公俠骨錚錚，義風烈烈，將與八桂名山共垂不朽。

另據《明史》列傳第一百六十八《瞿式耜》中記載了瞿、張二人被捕前的動人片段，其文曰：

> 總督張同敞至，誓偕死，乃相對飲酒，一老兵侍，召中軍徐高付以敕印，屬馳送王。是夕，兩人秉燭危坐，黎明數騎至，式耜曰“吾兩人待死久矣”。

莫非此次發現的“少師臨桂郡侯行軍章”，正是三百六十年前瞿式耜命中軍徐高馳還永曆皇帝的“敕印”之一，又莫非在送還途中，遭遇清兵追擊，使者與“敕印”俱沒於灕江，才有十一年後，康熙丙午（1666）印章被灕江漁人網得之後續，以上諸事令人遐想不已。

再回看从今日發現的鈐印本，可知“少師臨桂郡侯行軍章”於康熙五年（1666）桂林灕江出水後，歸戴賓（澤國遺民）所有，戴氏鈐印於掌心大小的舊紙上，並留下一段四十四字的題識。一百餘年後，此印章雖然不知所蹤，但這枚印蛻卻傳到了戴賓的七世侄孫戴望（子高）手中，同治九年（1870）戴望將其裝裱成卷軸，並親筆篆書題端：“瞿文忠公行軍章拓本”一行九字。

戴望(1837－1873)，字子高,浙江德清人。幼年喪父，九歲師程大可，始好詞章。十四歲讀顏元書，崇顏氏之學，遂廣求顏氏遺書。二十歲謁長洲陳奐，遂精聲韻訓詁之學，又从宋翔鳳授《公羊春秋》，復通公羊之學，後又與孫詒讓結為學侶，考訂金文，故生平尤擅篆書。著有《論語注》《管子校正》《顏氏學記》《謫麟堂遺集》等。

此件瞿式耜印蛻卷軸上，僅留有戴望篆書題端九字，未有題跋片語，从中僅見其小篆功底，卻不能得見其學問和見解，實是憾事。題端後不及三年，戴望即告辭世，年僅三十七。但是，此件卷軸上卻留下了同治九年（1870）戴望摯友魏耆所作《瞿文忠公行軍章長歌》一篇，其詩曰：

> 灕江老漁夜不眠，三更光恠如火然。
> 非神非鬼亦非仙，蛟龍驚走虬蟠蜷。
> 霍然一擲如投萬，奇芒異采印當前。

泥埋水汩未全漫，備鐫爵秩九字完。
桂王窮蹙寄海壖，君臣跛踖喘苟延。
瞿公顛越志不愆，精衛微忱海欲填。
意憑獨力正坤乾，挈還舊物三百年。
興之者人廢者天，喪元濺血空勞賢。
此印不知何時捐，倉皇日月惜不傳。
不留人世淪九淵，忽駈之出誰司權。
造化神閟胡可詮，夸父駕馭秦皇鞭。
篆文數字石一卷，嶙峋正氣崧華連。
澤國遺民古之直，避世逃名人不識。
拓以丹砂裝以帙，四十四言誌其側。
意哀言愴悲無極，宛轉低徊苦太息。
同事君事食君食，一死一生一胸臆。
片楮掌大天倫則，劫火洞燒不容蝕。
忠精毅魄無嬴仄，灼古烜今同降陟。
兩全桂林文忠績，守貞肥遯遺民節。
氣求聲應非毆逼，子高忠孝天所植。
遺民手跡君宜惜，合采璵璠深鐫勒。
五嶽為椎瀆為墨，毡摩蠟拓百千億。
永垂奕祺臣民式。

魏耆詩後續跋曰：

明瞿文忠公行軍章印本為子高道友所藏，索作長歌，忸怩塞責，幸教之。澤國遺民諱賓字觀國，子高之七世伯祖也，崇禎中以貢生官湖南湘陰知縣，鼎革棄祿隱居，完節以終，野史所云傳聞失實耳。同治九年（1870）二月丁酉朔越二十又二日戊午小弟魏耆並記。

此篇長歌的作者魏耆，就是近代中國“睜眼看世界”的先行者魏源之長子，學問辭章幼承家學，還兼善篆刻，《廣印人傳》見載。擅刻印，通印學，可能就是戴望延請魏耆題詩、題跋的直接原因，但是魏耆對“瞿式耜印蛻”之篆法、刀法卻隻字未提，著筆重點仍在瞿氏的忠精毅魄上。通過魏耆長歌跋語，筆者得知“澤國遺民”就是戴賓，字觀國，戴望之七世伯祖，康熙五年（1666）“瞿文忠公行軍章”从桂林灕江出水後，戴賓鈐印並留題四十四字識語。

五十年後，民國十年（1921）此件“瞿文忠公行軍章”印蛻卷軸从戴氏後人轉歸丁仁家，丁仁在印蛻的左下角鈐上“曾藏丁輔之處”朱文印章，並先後

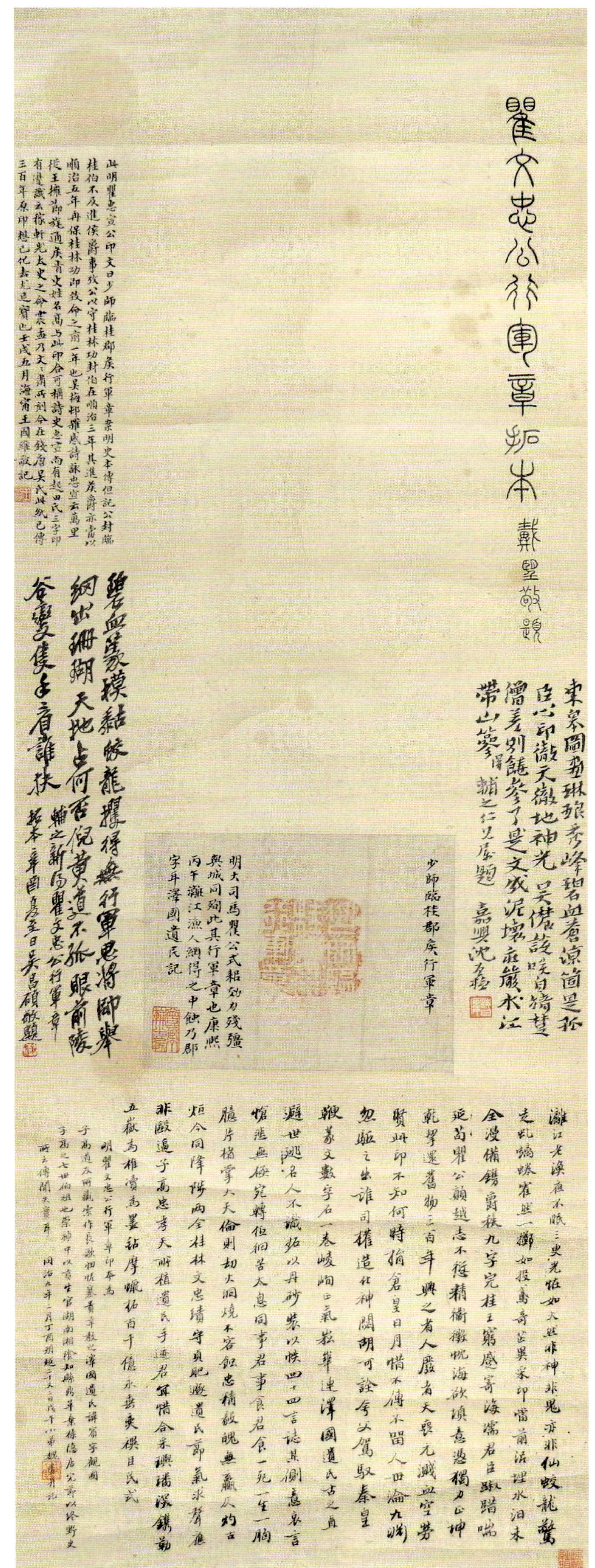

卷軸裝　畫芯縱86釐米　橫31釐米
館藏號：J6527

此明瞿忠宣公印文曰少師臨桂郡侯行軍章案明史本傳但記公封臨桂伯不及進侯爵事攷公以守桂林功封伯在順治三年其進侯爵亦當以順治五年再保桂林功即致命之前一年也吳梅邨雜感詩詠忠宣云萬里從王擁節旄通侯青史姓名高与此印合可稱詩史忠宣尚有起田氏三字印有邊識云稼軒先太史之命震孟乃文文肅所刻今在錢唐吳氏此紙已傳三百年原印想已化去尤足寶也壬戌五月海甯王國維敬記

碧血篆模糊蛟龍攫得無行軍思漁郎舉網出珊瑚天地亡何否倪黃道不孤眼前陵谷變隻手看誰扶 輔之新得瞿文忠公行軍章拓本辛酉夏至日吳昌碩敬題

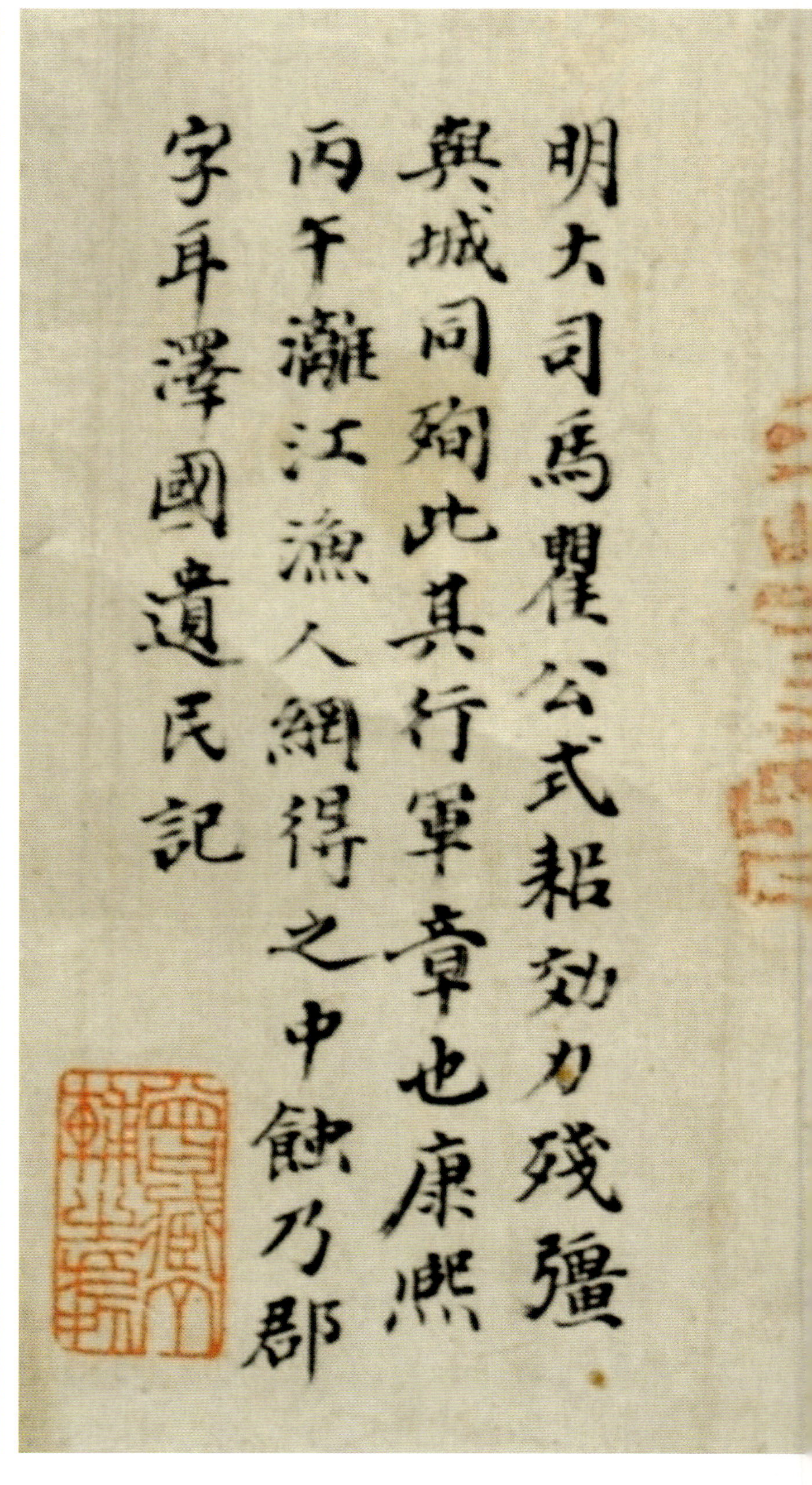

明大司馬瞿公式耜効力殘疆與城同殉此其行軍章也康熙丙午灘江漁人網得之中蝕乃郡字耳澤國遺民記

《瞿式耜行軍章》丁仁藏本局部

延請沈曾植、吳昌碩、羅振玉、王國維等人題跋,此四人皆為一代宗師，足以代表近代中國學術和藝術的高度。

丁仁(1879-1949)，原名仁友，字輔之，號鶴廬，浙江杭縣人。為八千卷樓主丁丙（松生）从孫，家以藏書聞名海内，所藏西泠八家印尤夥。光緒三十年 （1904）與王禔、葉銘、吳隱等人在杭州創辦西泠印社。1921年受聘中華書局聚珍仿宋部主任，出任《四部備要》等書監造。還輯有《西泠八家印選》《杭郡印輯》《秦漢丁氏印緒》《悲庵印賸》等。

民國十年（1921），正值丁輔之在中華書局聚珍仿宋部刊印《四部備要》等古籍圖書之時，此時結識了一大批知名學者大儒，故有機緣延請沈曾植、吳昌碩、羅振玉、王國維等人為“瞿式耜印蛻”卷軸題跋。

此外，又因瞿式耜係明朝殉難孤臣，與沈曾植、羅振玉、王國維等清廷遺老有著某種心靈深處的契合，此時三人剛剛經受“張勳復辟”失敗的身心打擊，由這批大儒為瞿式耜印蛻題跋，自然是最佳人選，丁輔之的此番安排，又為“瞿式耜印蛻”平添了無窮的人文價值。

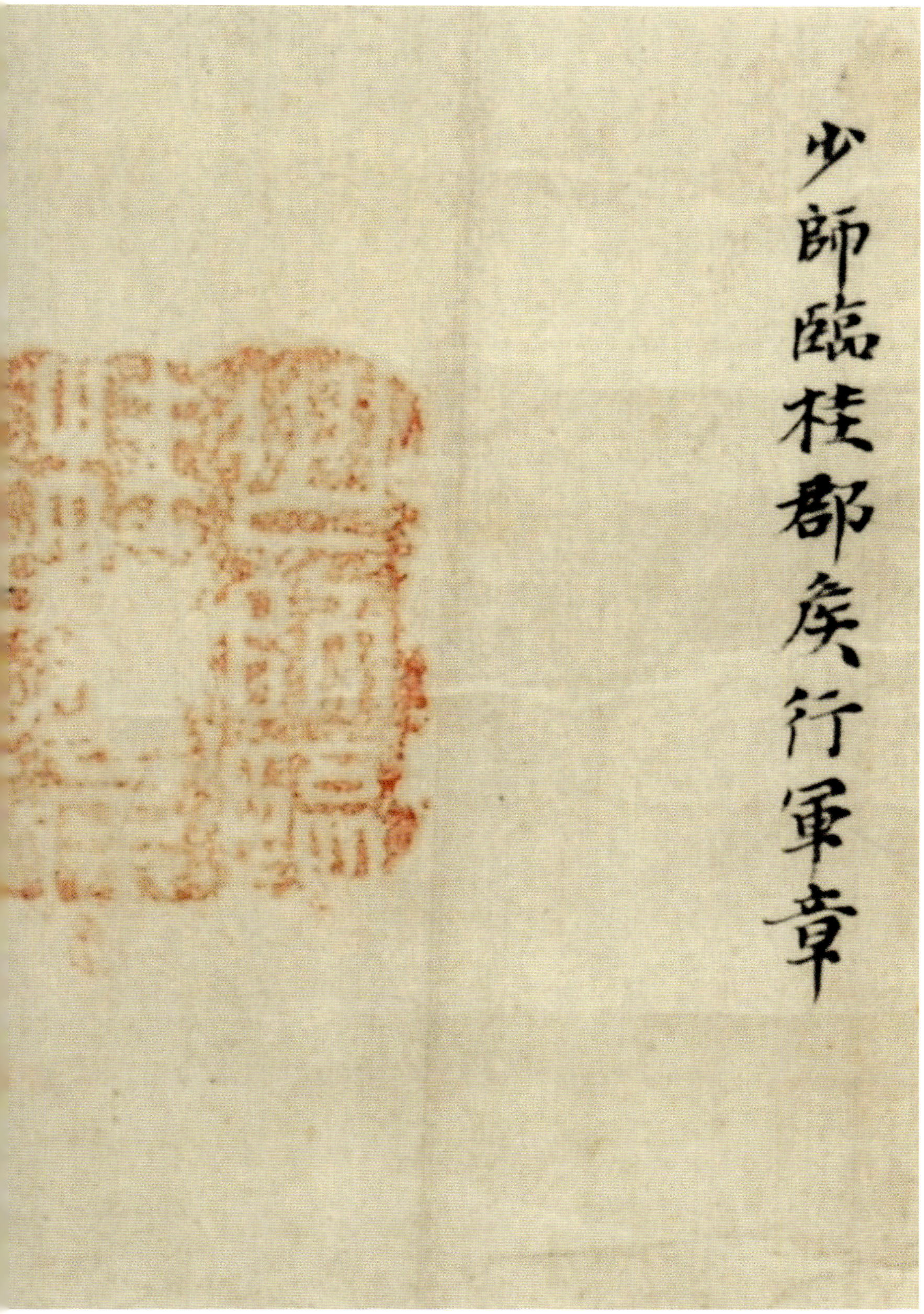

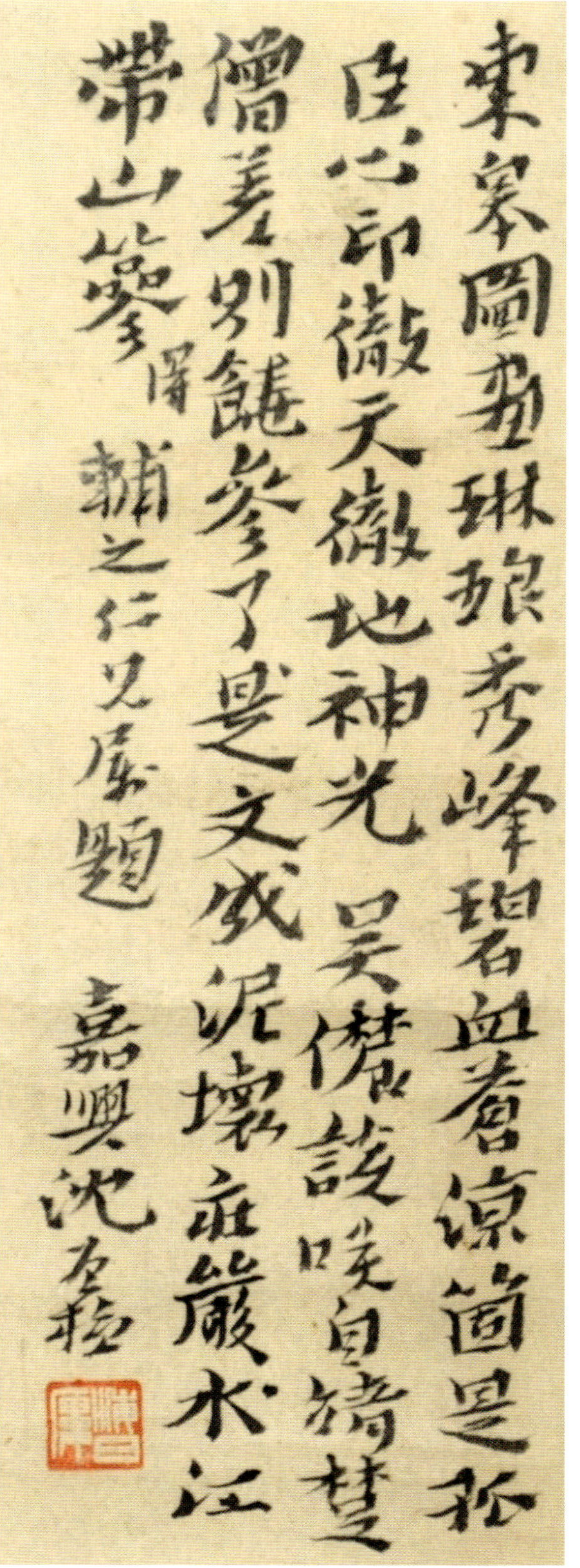

沈曾植題曰：

> 東皋圖畫琳琅，秀峰碧血蒼涼。
> 箇是孤臣心印，徹天徹地神光。
> 吳儂談笑自靖，楚僧差別饒參。
> 了得文成泥壞，莊嚴江帶山篸。
> 輔之仁兄屬題，嘉興沈曾植。

沈曾植（1850-1922），字子培，號巽齋、乙庵、寐叟等。浙江嘉興人。光緒六年（1880）進士，歷任刑部主事、安徽提學使、布政使、協理巡撫。1917年，張勳復辟時，官居學部尚書。寐叟學識淵博，以"碩學通儒"蜚振中外，譽稱"中國大儒"。王國維曾撰《沈乙庵先生七十壽序》，其文曰：

> 趣博而旨約，識高而議平，其憂世之深，有過於龔、魏，而擇術之慎，不後於戴、錢，學者得其片言，具其一體，猶足以名一家，立一說。

傳言沈曾植的學術地位是被王國維吹捧起來的，或因王國維極少讚譽他人，唯獨給予沈曾植以高度評價而引起猜測。其實早在1914年，沈曾植任《浙江通志》總纂時，就曾聘王國維等人為分纂，沈、王二人即屬師徒門生，又屬忘年知交，沈曾植給予王國維學術研究上提供了莫大的啟發和引領，故對沈曾植的贊詞是發自王國維心底而非虛譽。1922年，沈曾植病逝於上海，王國維又撰《挽沈乙老聯》：

是大詩人，是大學人，是更大哲人，
四照炯心光，豈謂微言絕今日；
為家孝子，為國純臣，為世界先覺，
一哀感知己，要為天下哭先生。

雖然傳聞王國維對沈曾植亦有些許私人看法，但感恩、敬仰之情還是躍然紙上。

今日，能在“瞿式耜印蛻”卷軸中同時看到沈曾植、羅振玉、王國維三位大儒的題跋，實屬幸事。沈曾植此跋雖未署年款，但从卷軸的諸人題跋位置來看，當是丁輔之延請題跋的第一位大師，時間或在民國十年（1921）初，距張勳復辟事敗後不久，時年七十一歲的沈曾植看到瞿式耜印蛻，百感交集，應該深深觸動到了孤臣晚年蒼涼的心靈。

其後，民國十年（1921）夏至日，七十七歲的吳昌碩留下一段詩跋，詩曰：

碧血篆模黏，蛟龍攫得無。
行軍思將帥，舉網出珊瑚。
天地占何否，倪黄道不孤。
眼前陵谷變，隻手看誰扶。
輔之新得瞿文忠公行軍章拓本，辛酉（1921）夏至日吳昌碩敬題。

吳昌碩（1844–1927），原名俊，字昌碩，别號缶廬、苦鐵等，浙江安吉人。晚清民國時期著名畫家、書法家、篆刻家，與任伯年、趙之謙、虛谷齊名為“清末海派四大家”，曾被丁輔之、王褆等人推為西泠印社首任社長，堪當詩、書、畫、印四絕的一代宗師。

丁輔之延請吳昌碩來題跋，當屬“近水樓臺”人情，同為西泠印社中人，吳昌碩既是前輩知己，又是篆刻大家，為瞿式耜印蛻題跋，自然疊加了些許印學內涵和印社情懷。

在印蛻卷軸的左下側綾邊上，還又留下了民國十年（1921）羅振玉詩跋：

少師當日殉危疆，回首蒼梧夕照黄。
八桂于今又烽火，摩抄遺迹感滄桑。輔之先生屬題，辛酉六月後學上虞羅振玉敬書于津門寓舍。

羅振玉（1866–1940），字叔蘊、叔言，號雪堂、貞松老人。浙江上虞人。近代著名金石學家，古文字學家、文物鑒藏家，為甲骨四堂（即羅振玉、王國維、董作賓、郭沫若）之一。曾於光緒二十二年（1896）在上海創辦農學社和《農學報》，次年創辦“東文學社”，光緒三十年（1904）創辦江蘇師範學堂，光緒三十二年（1906）任學部參事兼京師大學堂農科督監。辛亥革命後，東渡日本圖謀復辟清王朝，1919年回國，寓居天津。1924年後奉清廢帝溥儀召，入值南書房，後任偽滿洲國監察院院長等職。

羅振玉作印蛻題跋時，年近花甲，此時正值其从日本歸來定居天津，與沈曾植、鄭孝胥、王國維等人過往密切，或商討政治或探討學術。可以想見，當接過瞿式耜印蛻，這位鐵杆保皇派，心中激蕩起“殉危疆”的悲壯，“感滄桑”的無奈，回看時下政局，當年四月孫中山就任中華民國大總統，六月陳炯明率領粵軍西征討桂，羅振玉詩跋中故有“八桂於今又烽火”句，無奈何，時代洪流已將這位清廷舊臣拍打出政局之外，此時過眼的瞿式耜印蛻，雖稱不上一道文化盛宴，亦不失為一碟慰藉靈魂的精神小菜。

一年後，民國十一年（1922）丁輔之又請王國維題跋，其跋曰：

此明瞿忠宣公印，文曰‘少師臨桂郡侯行軍章’，案《明史本傳》但記公封臨桂伯，不及進侯爵事，攷公以守臨桂林功封伯在順治三年，其進侯爵亦當以順治五年再保臨桂功，即致命之前一年也。吳梅邨《雜感詩》詠忠宣公云‘萬里從王擁節旄，通侯青史姓名高’，與此印合，可稱詩史，忠宣尚有‘起田氏’三字印，有邊識云‘稼軒先（此字點去）太史之命，震孟’，乃文文肅所刻，今在錢唐吳氏。此紙已傳三百年，原印想已化去，尤足寶也。壬戌（1922）五月海甯王國維敬記。

王國維（1877–1927）字伯隅，又字靜安，號觀堂，浙江海寧人。歷史學家，文字學家，文學家，為“甲骨四堂”之一。早年就讀於羅振玉創辦的東文學社，光緒二十七年（1901）受羅振玉資助下赴日本留學，歸國後又在羅振玉推薦下執教於南通、蘇州師範學堂，光緒三十二年（1906）隨羅振玉入京，任清政府學部總務司行走、圖書館編譯、名詞館協韻等，其間，著有《人間詞話》等名著。1923年應召任清遜帝溥儀“南書房行走”，食五品祿。1925年受聘為清華國學研究院教授，與梁啟超、陳寅恪和趙元任並稱清華國學研究院的“四大導師”。1927年6月2日投頤和園昆明湖而死。王國維是中國新學術的開拓者，在文學、美學、史學、哲學、古文字、考古學等領域成就卓著，被譽為“中國近三百年來學術的結束人，最近八十年來學術的開創者”。

1927年，王國維昆明湖魚藻軒自沉，廢帝溥儀賜王國維謚號為“忠慤”。根據溥儀《我的前半生》一書中之說法，王國維早年清苦受到羅振玉接濟，後又與羅氏結成兒女親家，又因羅振玉推薦得以充當“南書房行走”，總之，是羅振玉的一手扶持，才从窮書記變成碩儒。王自覺虧欠之情，羅自持施恩之意，後因羅振玉常苛索債務，甚至以退婚作要脅，令王國維走投無路而自殺，事後羅振玉為擺脫干係，才炮製出“殉清說”。此種說法當然是學界所不願承認的，亦未得到社會的廣泛認可，但今天，當我們能在瞿式耜印蛻卷軸中同時看到羅、王二人題跋，此時此刻我們敬仰他們的學術成就，感傷他們的人生遭遇，已然跨越了他們的恩怨糾葛。

此處筆者本不想討論王國維的死因，但看到瞿式耜印蛻，必然會聯想到瞿式耜在鼎革之時的慷慨就義，同時，無法不去類比王國維的投湖自盡。王國維在此篇印蛻題跋中，亦流露出對清廷的依歸情感，跋中稱呼瞿式耜為“瞿忠宣公”，而不稱“瞿文忠公”，因前者是清廷所賜謚號，後者為南明朝廷的謚號。

筆者合上卷軸，獨坐冥想，忽然憶起陳寅恪《王觀堂先生挽詞》之序言，其文曰：

> 凡一種文化，值其衰落之時，為此文化所化之人，必感苦痛，其表現此文化之程量愈宏，則其所受之苦痛亦愈甚；迨既達極深之度，殆非出於自殺，無以求一己之心安而義盡也。

而今距陳寅恪所謂“文化衰落之時”已歷將近百年，傳統文化與當下文化隔閡愈加深遠，隨著前朝孤臣的遠離，不能不讓人思考當代的“文化孤臣”還能拿什麼來祭奠逝去的文化。

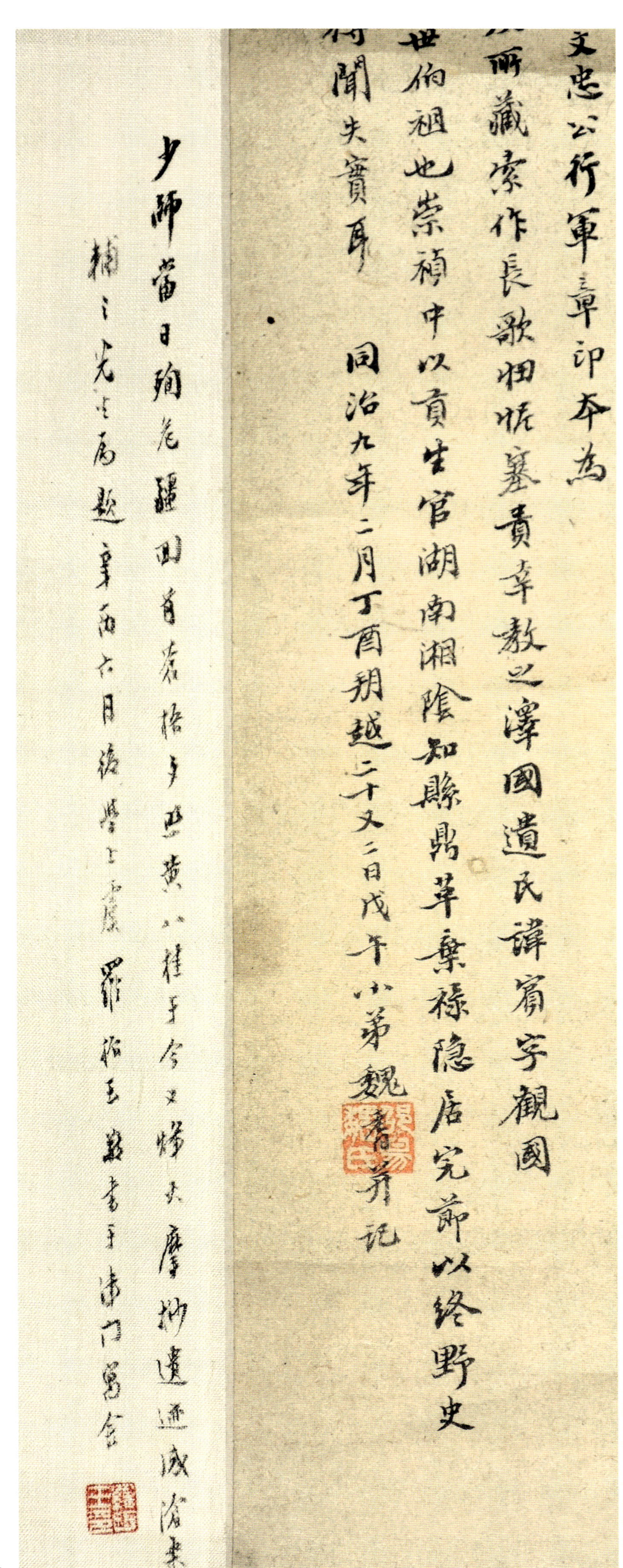

《瞿式耜行軍章》丁仁藏本局部

二　玉　璧

1.《玉璧四軸》吳大澂跋本

《玉璧》共十六件，吳大澂舊藏。拓本為光緒十五年（1889）吳大澂拓贈倪文蔚（豹岑）者，留有吳氏親筆題記，另鈐有："五十八璧六十四琮七十二圭精舍"印章。

倪文蔚（1823－1890），字茂甫，號豹岑。安徽望江人。咸豐二年（1852）進士，欽點翰林院庶吉士。曾任刑部主事、荊州知府、廣西、廣東、河南巡撫、河道總督等職。倪氏為官有政聲，學識淵博，工於詩畫。著有《禹貢說》《兩彊勉齋詩存》《荊州萬城堤志》等。

卷軸一：

1、璿璣。

《書》："在璿璣玉衡，以齊七政。"《正義》曰："璣衡者，璣為轉運，衡為橫簫，運璣使動於下，以衡望之。是王者正天文之器。漢世以來謂之渾天儀者是也。"是玉外有機括，中有缺口，當与他輪相鈐制，一機動則衆機俱轉，其即古之璿璣與？

2、九寸璧

《周禮·攷工記·玉人》："璧羨度尺，好三寸，以為度。"《尔雅》："肉倍好，謂之璧。"是璧以鎮圭尺相度，好徑三寸，上下肉各三寸，絲豪不爽，即可以此定"璧羨度尺"。所謂羨者，璧衹九寸，加一寸乃足一尺，故曰羨度也。

3、璿璣。

是玉外郭有機牙三節，每節有小機括六，若可鈐物使之轉動者，當亦渾天儀中所用之機，內邊有直文一道刻甚深，未知何所設施。

4、穀璧

徑合鎮圭尺五寸，與《周禮·攷工記》合。

卷軸二

光緒十有五年（1889）己丑嘉平月拓奉豹岑老前輩大人鑒賞。侍生吳大澂并題。

1、蒲璧

丁少山待詔云："蒲璧迺象織蒲文，非以蒲草刻璧也。"其說近理，余撰《古玉圖攷》即採其說。

2、瑗

《尔雅》："好倍肉，謂之瑗。"《說文》："瑗，大孔璧，人君上除陛以相引。"此許君解瑗字，从爰之義，不知其說何所本。

3、蒲璧

余所得蒲璧大小七種，刻文皆相似，自係同時制作。

4、蒼璧

徑合搢圭尺七寸稍弱。

卷軸三

1、蒼璧

玉質古樸，合搢圭尺九寸，其即《攷工記》所云禮天之蒼璧與？

2、璧

白玉質，満身璊斑，一面刻虎文，一面雲龍文。

3、瓏

《說文》："瓏，禱旱玉，龍文。"是玉溫潤而澤，制作古雅，當即禱旱所用之玉。

4、蒲璧

蒼玉甚薄，土色斑斕，望而知為三代遺制。

卷軸四

1、穀璧

中璧適合搢圭尺五寸，外有蟠螭文，想係春秋時踵事增華之作，尚不敢違五寸之制，王章猶在，列國風氣稍變矣。

2、璧

青玉徑合鎮圭尺九寸，當亦禮天所用之璧。

3、白璧

玉質甚佳，制作疑宋人所仿，漢唐以後不知蒲璧之古制，竟刻蒲草為文，猶圭之刻雲龍星斗也。

4、瓏

蒼玉黑文亦古之禱旱玉也。瑑刻与鐘鼎彝器文相類，非後人所能仿作。

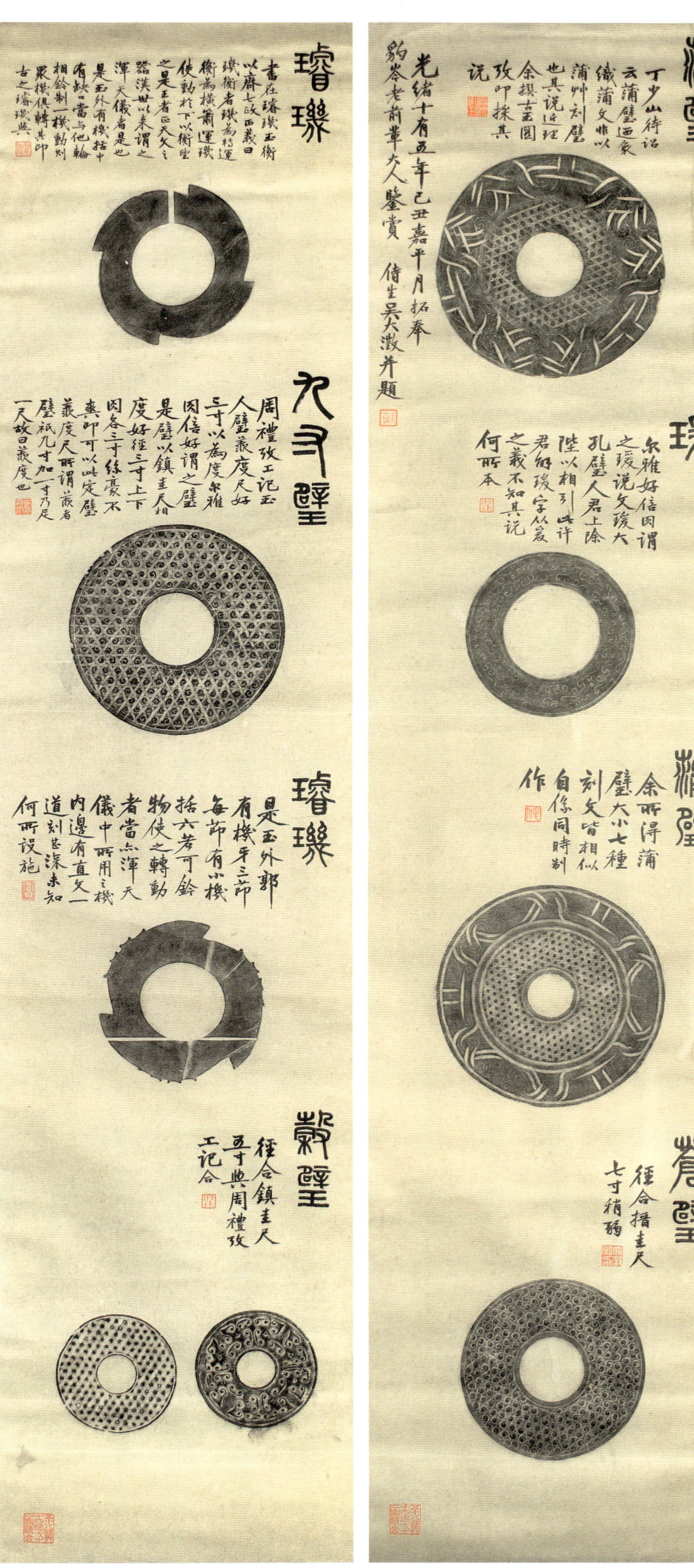

卷軸裝　畫芯縱131釐米　橫30釐米
館藏號：Z1337-1352

卷軸一　卷軸二

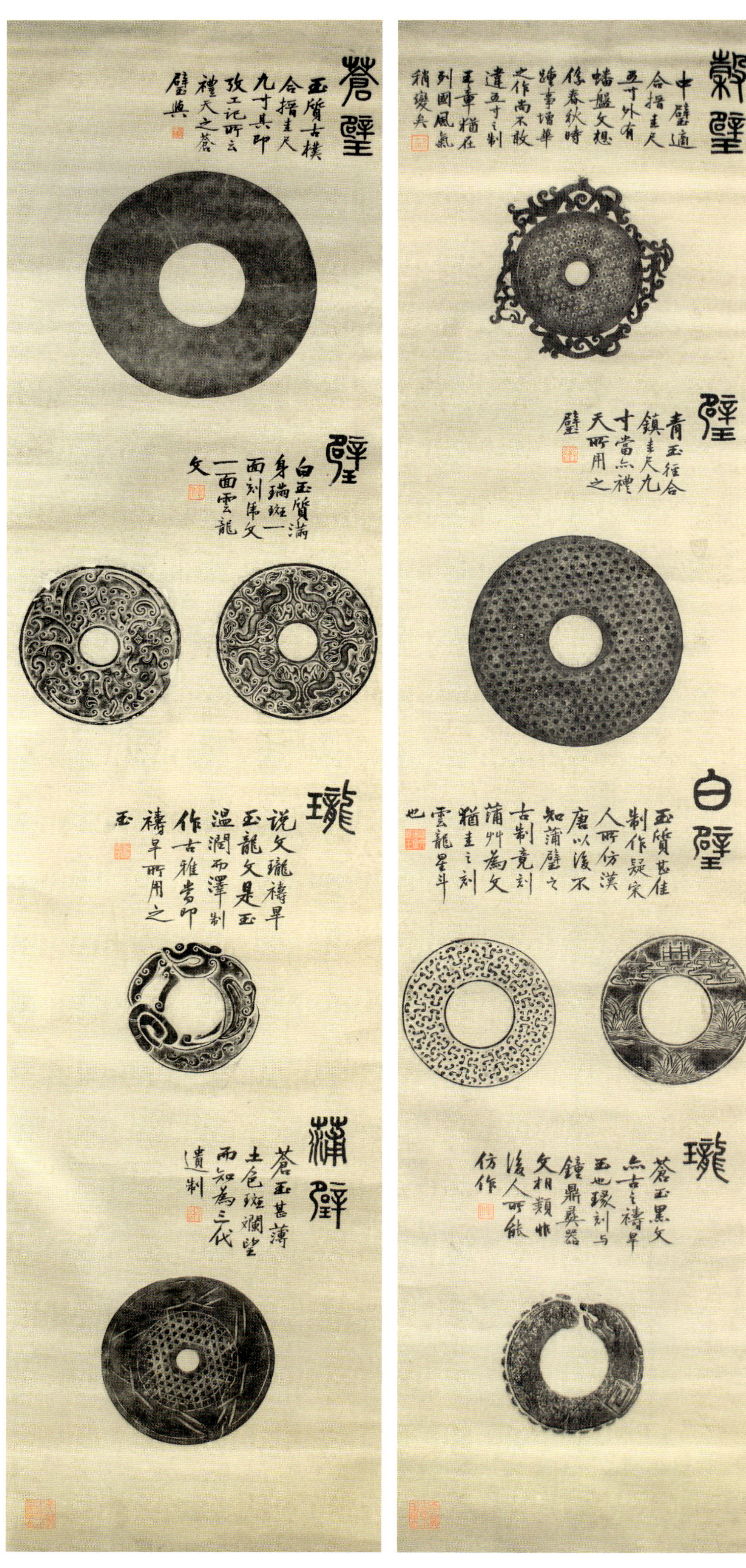
蒼璧
玉質古樸合摺圭尺九寸其即攷工記所云禮天之蒼璧與
璧
白玉質滿身瑞斑一面刻蒲文一面雲龍文
瓏
說文瓏禱旱玉龍文是玉溫潤而澤制作古雅當即禱旱所用之玉
蒲璧
蒼玉甚薄土色斑斕望而知為三代遺制
穀璧
中璧適合摺圭尺五寸外有蟠螭文想係春秋時踵事增華之作尚不敢違五寸之制王章猶在列國風氣稍變矣
璧
青玉徑合鎮圭尺九寸當亦禮天所用之璧
白璧
玉質甚佳制作疑宋人所仿漢唐以後不知蒲璧之古制竟刻蒲草為文猶圭之刻雲龍星斗也
瓏
蒼玉黑文亦古之禱旱玉也琢刻與鐘鼎彝器文相類非後人所能仿作

卷軸三　　卷軸四

玉璧中央圓孔稱為“好”，外環稱為“肉”。“好”三寸，“肉”倍之，為六寸，璧直徑為九寸，故曰“九寸璧”。玉璧中空，其中空部分，古人稱為“好”，外邊玉環部分，則稱為“肉”。肉即邊，好即孔，邊的寬度為孔半徑的兩倍，便稱為“璧”，邊的寬度與孔半徑相等，則稱為“環”。

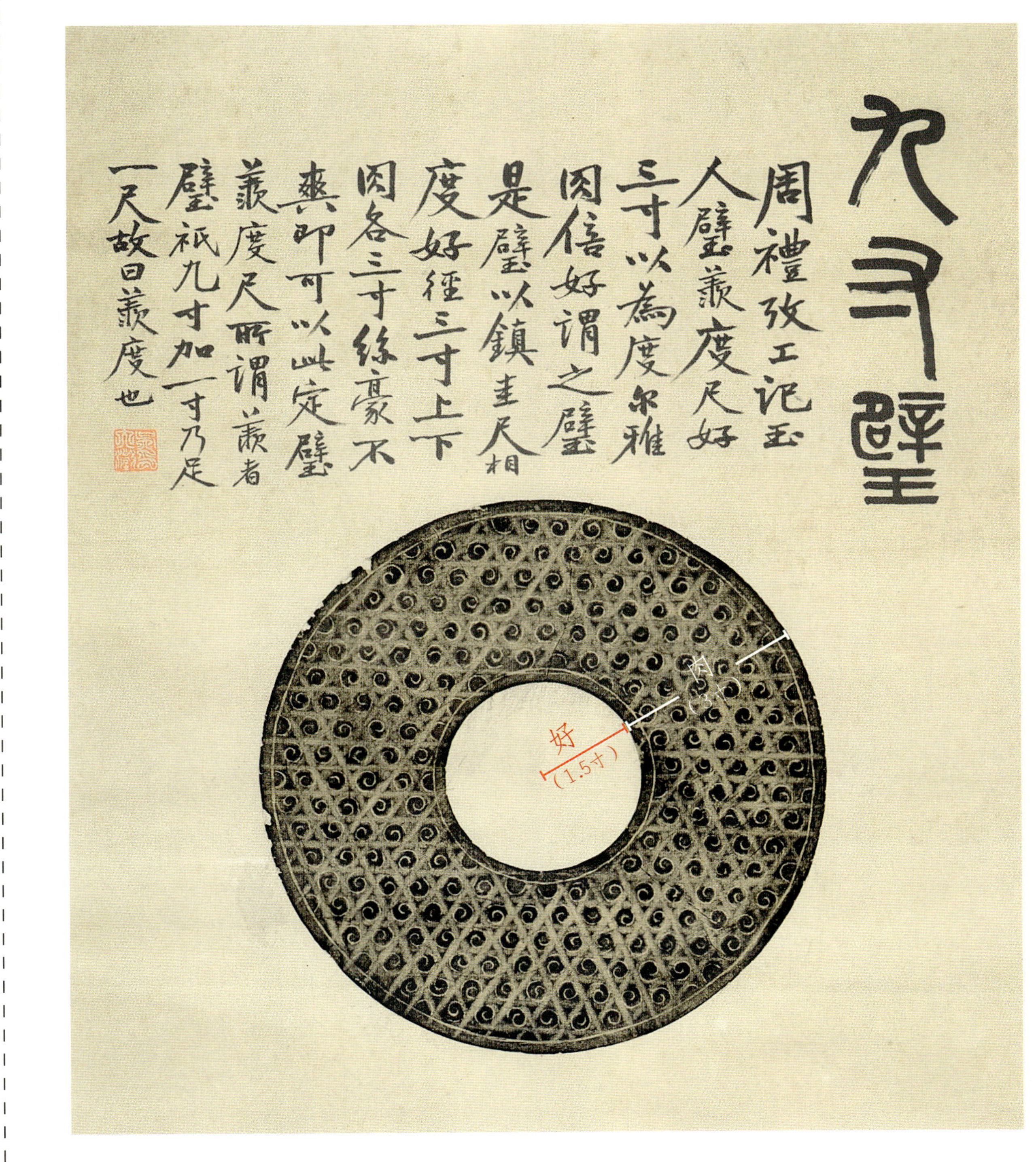

三　詔　版

1.《新詔版》潘飛聲跋本

此新（王莽）詔版，玉質，兩面刻小篆書，共八十字。潘飛聲考訂為秦併六國前之詔版，誤也。實為始建國元年（公元9年）頒行之物。清末出土，山陰吳氏收藏。此本為王秀仁手拓，吳昌碩舊藏，留有民國丙辰（1916）潘飛聲題跋。以拓本觀之，詔版下寬22釐米，高21釐米。

玉版詔書釋文：

黃帝初祖，德布于虞。虞帝始祖，德布于新。歲在大梁，龍集戊辰。戊辰直定，天命有民，據土德受，正號即真。改正建丑，長壽隆崇。同律度量衡，稽當前人。龍在己巳，歲次實沈。初班天下，萬國永遵。子子孫孫，享傳億年。

潘飛聲題記：

秦代石刻如嶧山、成山，皆久佚，世不可見。泰山、琅邪臺字多漫漶，求一善拓，亦不易得。此詔兩面，凡八十字，篆法謹嚴，斷出斯相手筆，且刻于玉版，當時鄭重可想，又出土未久，字畫如新，前人未經目睹，為山陰吳氏收弆，因屬仁和王秀仁拓之。吾輩生數千年後，重見李斯真面目，實為厚幸耳。丙辰中秋前一夕小顧蕅淞閣因題，水晶庵道士潘飛聲。

翫此詔辭意，是未并六國時所刻。按《史記·始皇本紀》廿六年兼并天下，稱始皇帝，命丞相李斯制詔頒天下。故每見秦詔版、秦權文多有始皇帝等字樣，或言兼并天下者。此詔用韵略類《毛詩》，尤見當日之慎重，不但篆法之精妙也。質之吳倉叟，亦以為然。聲又記。

潘飛聲（1858–1934），字蘭史，號劍士、心蘭、老蘭、老劍、水晶道士等，祖籍福建省人。清光緒十三年（1887）應德國柏林大學聘請，執教漢文學，旅居海外四年，遊歷西歐諸國。1894年甲午海戰後，赴香港任《華字日報》《實報》主筆。1907年定居上海，加入南社。在實業家周慶雲的集結下，與吳昌碩、況惠風、喻長霖、趙叔孺、夏劍丞、沈醉愚等在上海成立淞社。善詩詞書畫，與羅癭公、曾剛甫、黃晦聞、黃公度、胡展堂並稱為“近代嶺南六大家”。著有《説劍堂詩集》《在山泉詩話》《西海紀行卷》《飲瓊漿館詞》等。

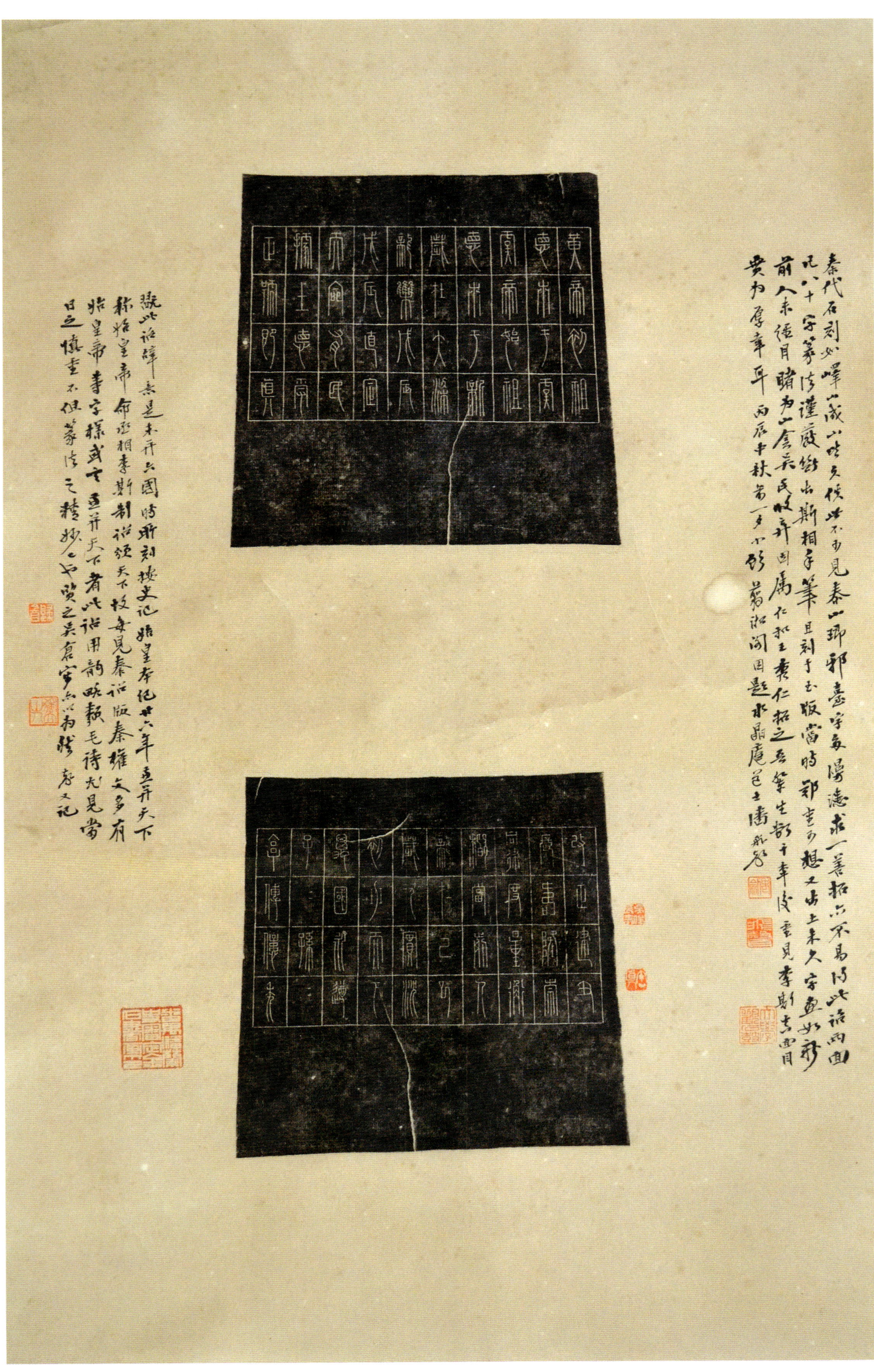

卷軸裝　畫芯縱140釐米　橫53.5釐米
館藏號：Z2127

伍

金石集拓類

1.《徐乃昌藏青銅器拓本四軸》王國維跋本

《青銅器全形拓》四件，係徐乃昌舊藏，分別是《刺鼎》《飛燕爵》《魚父乙卣》《為作卣》四器。存有民國十一年（1922）十二月至民國十二年（1923）春月王國維題記四則。

徐乃昌（1869-1943），字積餘，號隨庵、懋齋、冰絲、隨庵老人。安徽南陵人。曾官淮安知府、特授江南鹽巡道。光緒二十八年（1902）受命考察日本學務。回國後總辦江南高等學堂，督辦三江師範學堂（南京大學前身）。民國三年（1914）主編《南陵縣志》。晚年寓居上海，以藏書刻書、收藏青銅甲骨著稱。民國二十一年（1932）主編《安徽叢書》。

另，在《王國維年譜》中有兩處內容提及徐乃昌，均涉及金石古器拓本之事。其一為1918年11月30日，致信徐乃昌商討為其《隨庵吉金圖》作序事。其二即1923年2月，為南陵徐氏所藏古器拓本作跋數則，如《刺鼎跋》《魚父乙卣跋》等。《王國維年譜》中提及的古器拓本，正是筆者此次發現的徐乃昌藏器四軸。

卷軸一　《刺鼎》

此鼎言“王啻用牡于太室啻邵王”，語不可解，疑“啻”即“禘”之借字。邵王，即“昭王”也。頌鼎，周康昭宮作邵宮。宗周鍾，“昭格”作“邵格”。啻邵王者，猶《春秋》言：吉禘于莊公；《左氏傳》言：禘于僖公耳。壬戌（1922）小除夕，國維。

卷軸二　《飛燕角》

此角蓋作獸形，其獸有鼻甚長，蓋象也。古酒器多作鳥獸形，如觥作兕形，尊作犧象形，卣作饕餮形皆是。溧陽端氏有飛燕角，作燕張翅之狀。阮文達公所藏子燮兕觥，其器今在濰縣陳氏，不可得見。然文達謂其物如爵而高大，又謂其制無雙柱，無流，同於角；有三足，同於爵。故以《毛傳》釋“角爵”之兕觥當之，不知兕觥即估人所謂虎頭匜。阮氏之器，則宋以後所謂角也。阮氏角蓋作犧形，此角蓋作象形，蓋古酒器多狀犧象，不獨尊制然矣。壬戌（1922）歲不盡四日，海甯王國維。

審諦拓本，蓋上獸首之突出者，不類鼻形，疑即牛角之一，拓本無全拓兩角之理，則此亦犧首角，与阮氏所謂兕觥正同，此器不知藏誰氏。隨庵先生能就原器審諦辨其為犧為象，著之此跋之後，則於考古學上不為無補也。次日國維又書。

此即端氏所藏飛燕角也。曩在丹徒劉氏抱殘守缺齋見之，其器（此字點去）蓋作燕，張兩翅，形甚似，器則前低後昂，驟觀之，乃不覺有軒輊之狀，古人制作之工乃至於此。前題此拓乃誤以燕首之飾為象牙，為牛角，視之不明，是為不悊，惶媿惶媿。癸亥（1923）仲春八日，國維又記。

卷軸三　《魚父乙卣》

酒器中罍最大，尊則有大有小，卣常在大小之間，故《尔雅》云：卣，中尊也。“卣”字《盂鼎》作“[illegible]”，他器或作“[illegible]”，或作“[illegible]”，《說文》卣逌分為二，其逌字注云从卣，乃聲。然殷墟卜辭“卣”作“[illegible]”，其辭云鬯五[illegible]，則知“逌”从“∪”，作者乃从“[illegible]”之省，“[illegible]”即古文“皿”字。《說文》以為从“乃”，失之矣。據卜辭“[illegible]”字觀之，其字蓋从“皿”，卣聲，或竟是象形字，“[illegible]”象器形“[illegible]”或“∪”，其承槃耳。

隨庵先生屬題此卣拓本，因書以質之。壬戌（1922）冬十二月歲除，海甯王國維。

卷軸四（《為作卣》）

銘中首一字，从“攴”从“象”，不可識。古文“為”字，亦从“爪”“象”，其誼均不易曉。古者中國產象，殷墟所出象骨頗多。曩頗疑其來自南方，然卜辭中有獲象之文，田狩所獲決非豢養物矣。《孟子》謂：周公驅虎豹犀象而遠之。《呂氏春秋》云：殷人服象，為虐於東夷。則象中國固有之，春秋以後乃不復見。故楚語云：巴浦之犀犛兕象，蓋中原已無此物矣。“爲”从“爪”“象”，或以服象為誼。“毅”字，或亦以豢為誼與。國維。

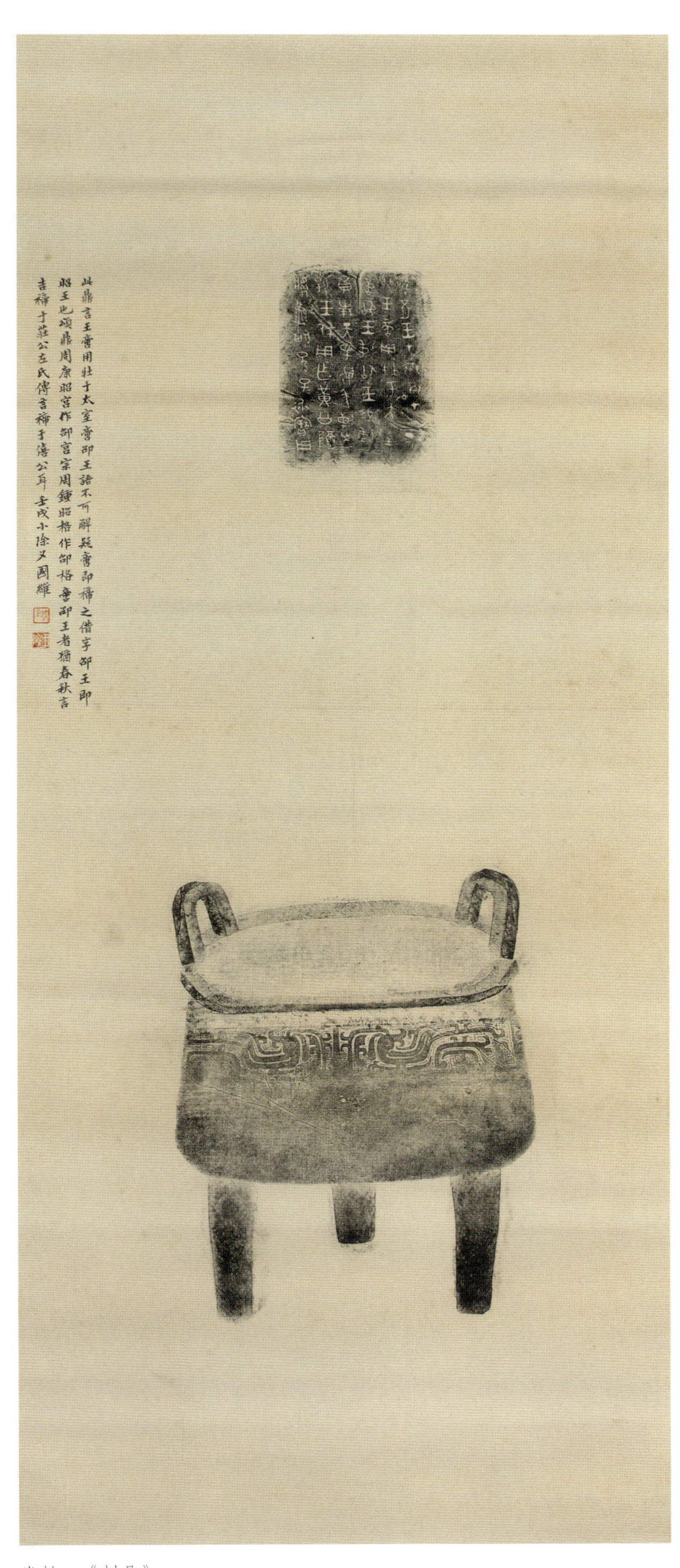

卷軸一《剌鼎》

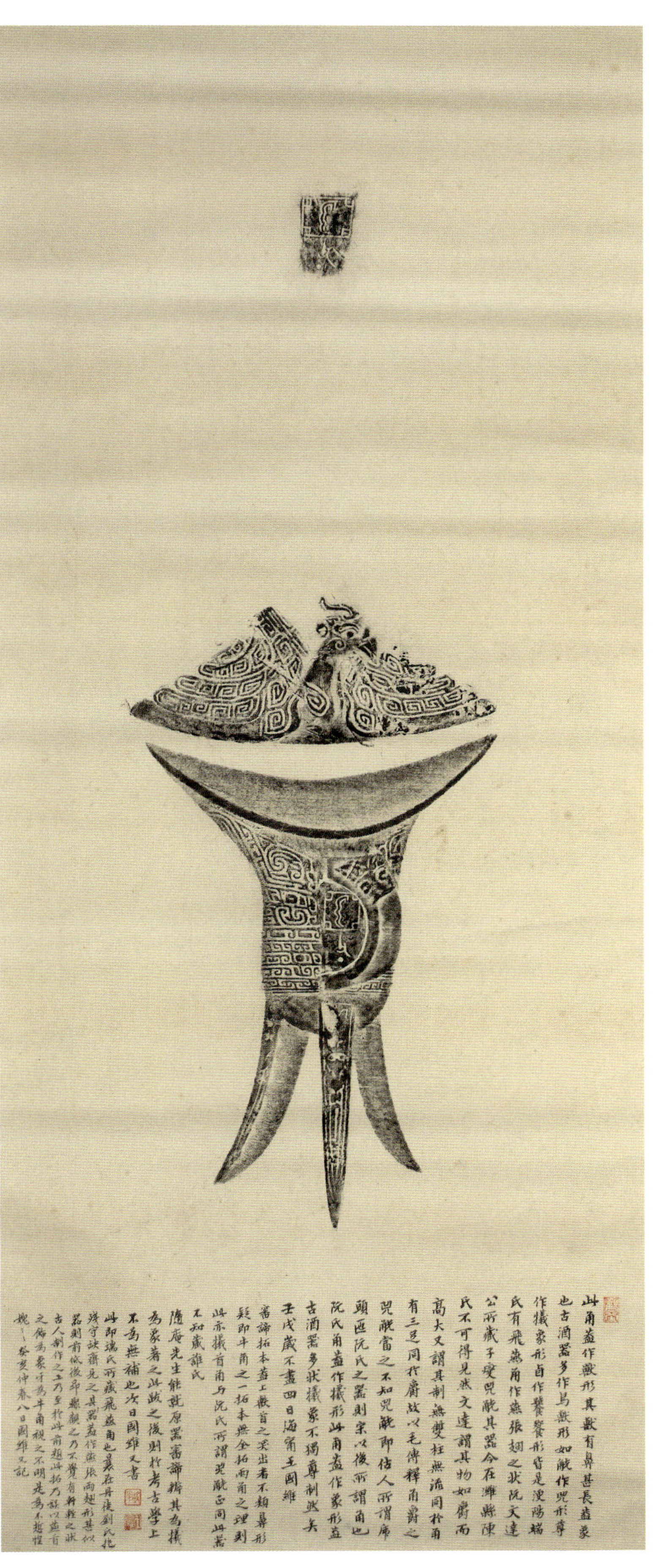

卷軸二《飛燕角》

卷軸裝　畫芯縱92釐米　横33釐米

館藏號：Z1068-1071

壬戌歲不盡四日海甯王國維

審諦拓本蓋上獸首之突出者不類鼻形疑即牛角之一拓本無全拓兩角之理則此亦犧首角与阮氏所謂兕觥正同此器不知藏誰氏

隨庵先生能就原器審諦辨其為犧為象著之此跋之後則於考古學上不為無補也次日國維又書

此即端氏所藏飛燕角也曩在丹徒劉氏抱殘守缺齋見之其器蓋作燕張兩翅形甚似器則前低後昂驟觀之乃不覺有軒輊之狀古人制作之工乃至於此前題此拓乃誤以燕首之飾為象牙為牛角視之不明是為不悲惶媿〻 癸亥仲春八日國維又記

卷軸二《飛燕角》局部

此角盞作獸形其獸有鼻甚長蓋象也古酒器多作鳥獸形如觥作兕形尊作犧象形卣作饕餮形皆是漢陽端氏有飛燕角作燕張翅之狀阮文達公所藏子燮兕觥其器今在濰縣陳氏不可得見然文達謂其物如爵而高大又謂其制無雙柱無流同於角有三足同於爵故以毛傳釋角爵之兕觥當之不知兕觥即估人所謂虎頭匜阮氏之器則宋以後所謂角也阮氏角盞作犧形此角盞作象形益

卷軸三《魚父乙卣》

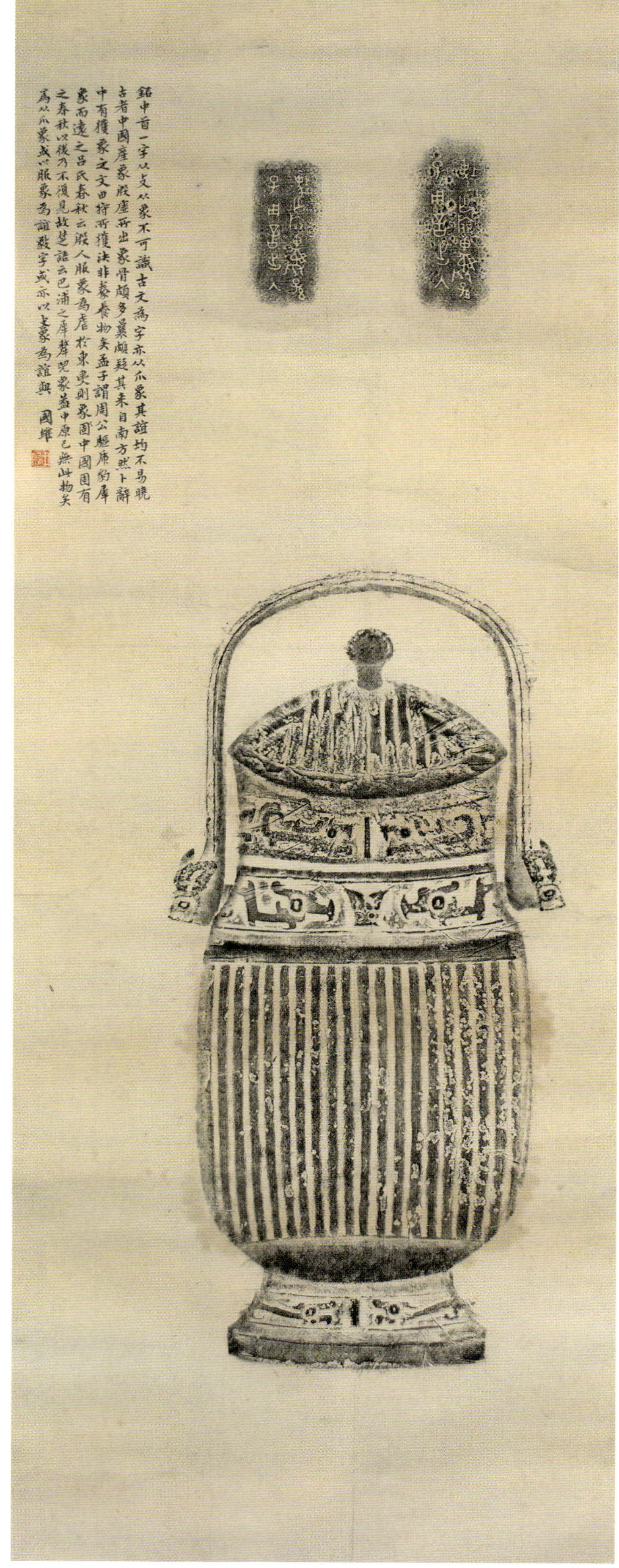

卷軸四《為作卣》

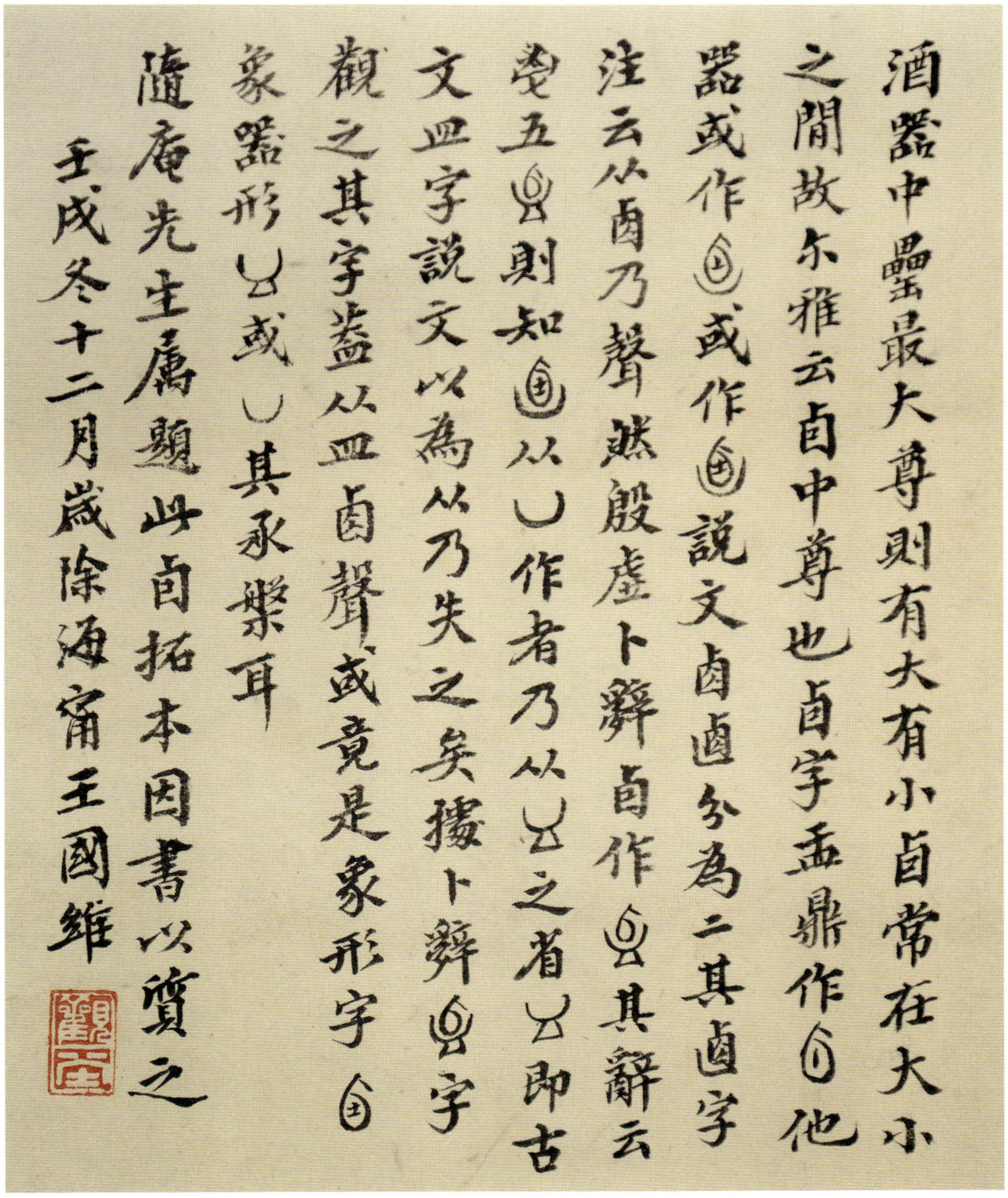

酒器中罍最大尊則有大有小卣常在大小之間故尒雅云卣中尊也卣字盂鼎作□他器或作□或作□說文𠧪逌分為二其逌字注云从乃聲然殷虛卜辭卣作□其辭云鬯五□則知□从□作者乃从□之省□即古文皿字說文以為从乃失之矣據卜辭□字觀之其字蓋从皿卣聲或竟是象形字□象器形□或□其承槃耳

隨庵先生屬題此卣拓本因書以貿之

壬戌冬十二月歲除海甯王國維

卷軸三《魚父乙卣》局部

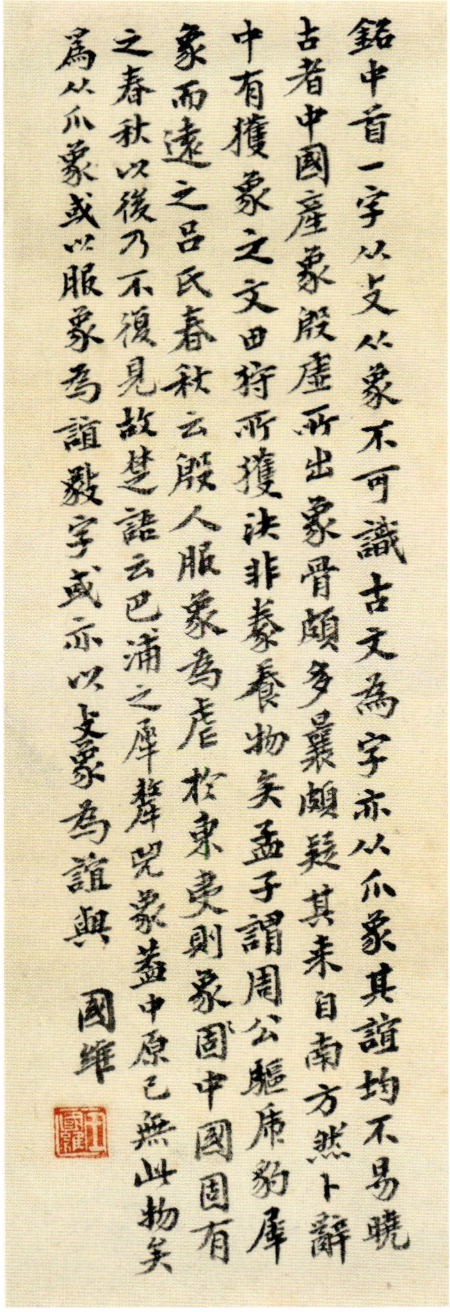

銘中首一字从戈从象不可識古文為字亦从爪象其誼均不易曉古者中國產象殷虛所出象骨頗多曩頗疑其來自南方然卜辭中有獲象之文田狩所獲決非豢養物矣孟子謂周公驅虎豹犀象而遠之呂氏春秋云殷人服象為虐於東夷則象固中國固有之春秋以後乃不復見故楚語云巴浦之犀犛兕象蓋中原已無此物矣為从爪象或以服象為誼數字或亦以戈象為誼與

國維

卷軸四《為作卣》局部

2.《金石十二屏》陸增祥藏本

陸增祥藏“金石屏”系列，共計十二卷軸 。所存金石多為陸增祥藏器或手拓本，亦有陸氏師友朋輩如：劉喜海、郭嵩燾、袁裕友、勞湘舲、沈樹鏞、何瑗玉、吕尚之等人藏品，還有部分為琉璃廠肆所購拓片。“金石十二屏”題記時間，約在同治八年（1869）至同治十二年（1873）間，裝裱成卷軸在同治十二年（1873）春分。

其中在“宗正官當”（瓦當）拓本上陸增祥寫道：“道光丙申（1836）得於鹿城，生平所獲金石自此始。”是年陸增祥剛滿二十，此件瓦當是其第一件金石藏品，頗具紀念意義。（見卷軸十）

陸增祥（1816-1882），字魁仲，號星農、莘農、若侯，江蘇太倉人。道光三十年（1850）一甲一名進士（狀元）。咸豐十年（1860），任慶遠府（今屬廣西）知府，途經湖南時，被巡撫挽留，在湖南作了十幾年道員，因經理厘捐加布政使銜。光緒五年（1879）省墓返鄉，三年後卒，享年六十七。晚清著名金石家，所著《八瓊室金石補正》一百三十卷，足與《金石萃編》相抗衡。

卷軸一（富貴磚之一）

磚銘：“富且貴至萬世”。（陸增祥藏磚）

鈐有“曾羊手拓”“曾羊所得金石”。

此富貴塼之完好者。壬申（1872）夏，袁裕友復以此來湘求售，沈詠蓀以廿金得之。余固不必有二也。嘗拓此以貽松坪，松坪亦審為漢物。癸酉（1873）二月春分，八瓊室侍史陸增祥付裝題記。

卷軸二（富貴磚之二）

1、磚銘一：“富且貴至萬世”。（袁裕友藏磚）

此富貴磚之完好者，從袁裕友索得之，余既以所得三磚製為屏，並將此拓本別裝一幀，以見全璧。增祥。

袁裕友拓本與陸增祥藏磚拓本，兩者氣息迴異，一妖異，一古樸。

2、磚銘二：“富貴”。（陸增祥藏磚）

鈐有“八瓊室侍史陸增祥所得金石文字之記”。

此富貴磚之小者與余所得者無二，惟文字有剝蝕耳。

卷軸三　漢董崇洗、漢傳子洗

1、漢董崇洗。鈐有 “曾羊所得金石”。

阮氏《積古齋款識》以董昌器釋之，馮氏《金索》定為董崇，良是。董作“蕫”，崇作“宻”，漢人恒用。左作羊形，與陸貿夫所藏吉羊洗同。

2、漢傳子洗。鈐有“曾羊手拓” “曾羊所得金石”。

漢傳子洗。舊藏司徒氏，今為勞湘舲大令所得，司徒氏、勞氏皆粵東人。

雙魚，一向上，一向下，漢洗所僅見，鏡鑑中往往有之。

卷軸四　黃華故城磚

磚銘：“大明七年（463）”，郭嵩燾藏磚。鈐有“曾羊手拓” “曾羊所得金石”。

文曰：“大明七年（463）”反書，其下似是“六”字，再下則剝泐不可辨矣。魚藻紋極有古致。

黃華故城磚，郭筠僊（郭嵩燾）前輩所藏。辛未（1871）冬，在湘陰之仁和垸出土，“大明”劉宋武帝建號也。《湖南通志》載：劉宋故城在今縣西北五十里。今仁和垸在縣南，恐志有誤。筠老以為黃華故城者，垸堤東北稍高如阜，土人名為黃華嶺即城之遺址也。湘陰縣廢帝元徽二年(474)始分益陽、羅、湘西置，大明間尚未立縣，仁和垸或是羅故城邪。然不敢遽定也。壬申（1872）秋，借搨數紙并識之。增祥。

卷軸五　永受嘉福瓦當、晉元康磚

1、永受嘉福瓦當，鳥蟲篆。瓦當直徑16釐米。鈐有“陸增祥印”。

俞氏以《漢書·董賢傳》更名其舍為“椒風”，釋為“椒風嘉祥”，云“椒”作“朩”反書，“風”字上加“虎”，取“風从虎”之義。程氏據漢武帝迎風宮釋為“迎風嘉祥”。馮氏云：末一字明係“福”字，當是“永受嘉福”，其文似秦璽，宜定為秦瓦，亦各自為說耳。馮氏之說近之，唯“受”字尚未的確，是瓦世不多見。乙巳（1845）夏，

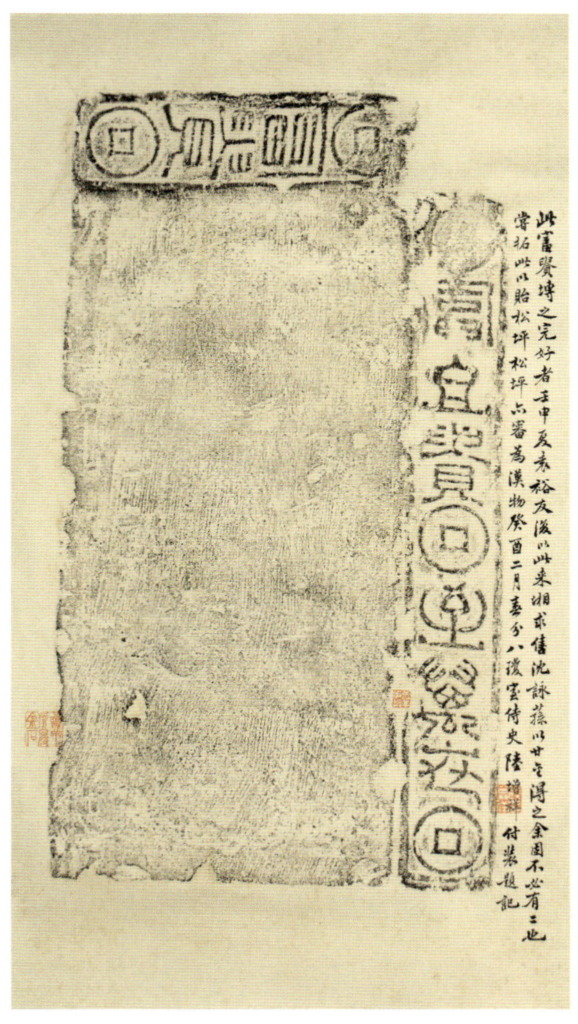

卷軸一

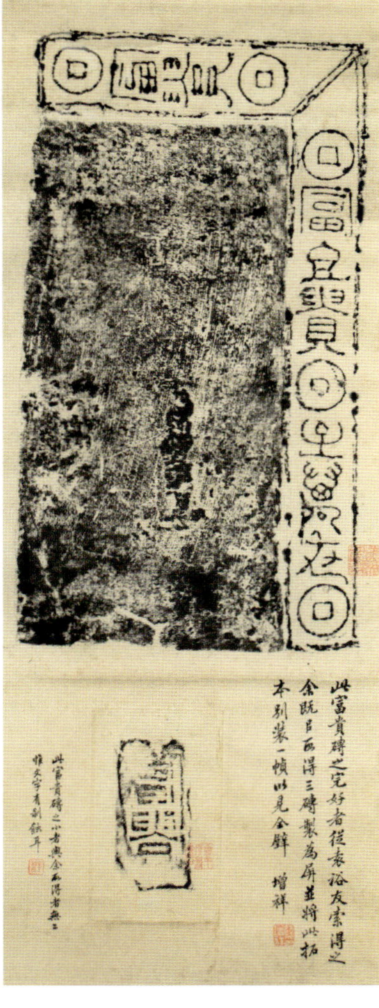

卷軸二

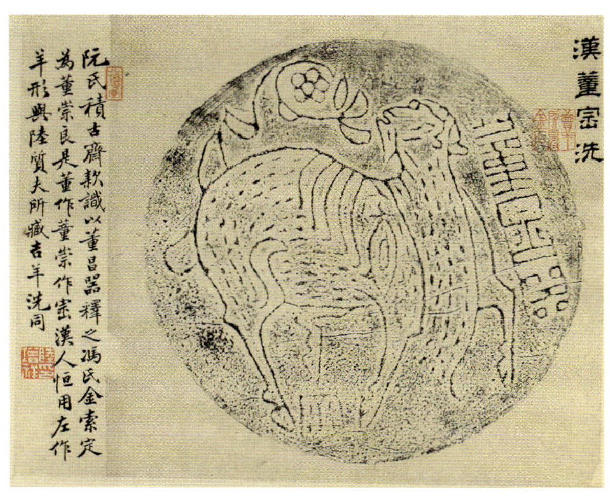

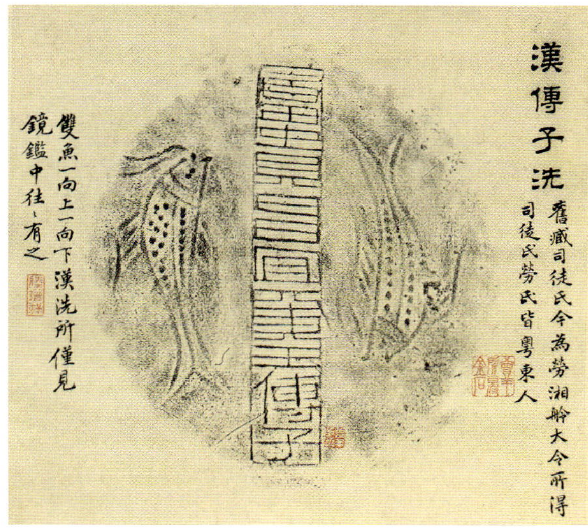

卷軸三

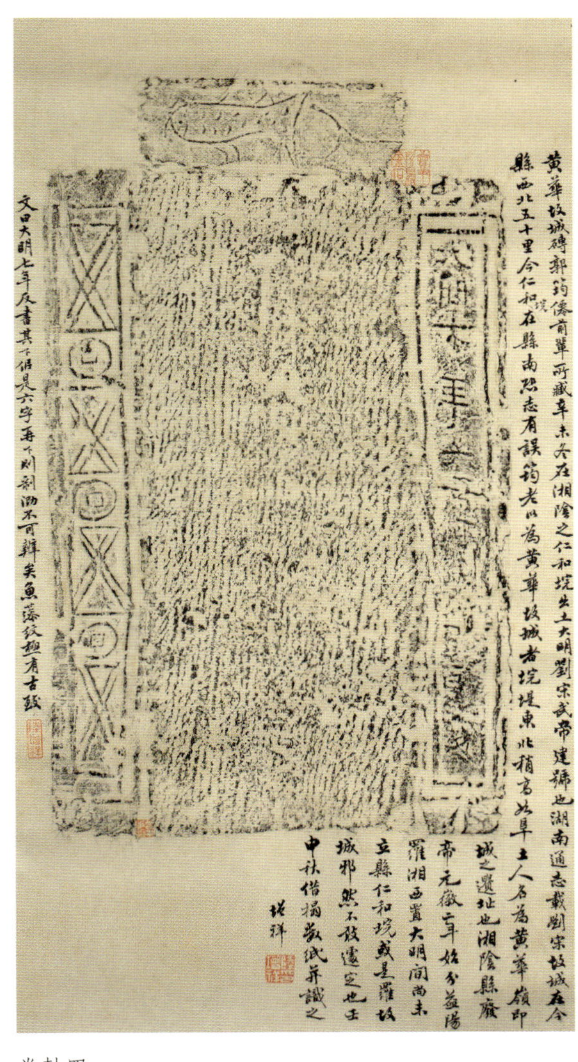

卷軸四

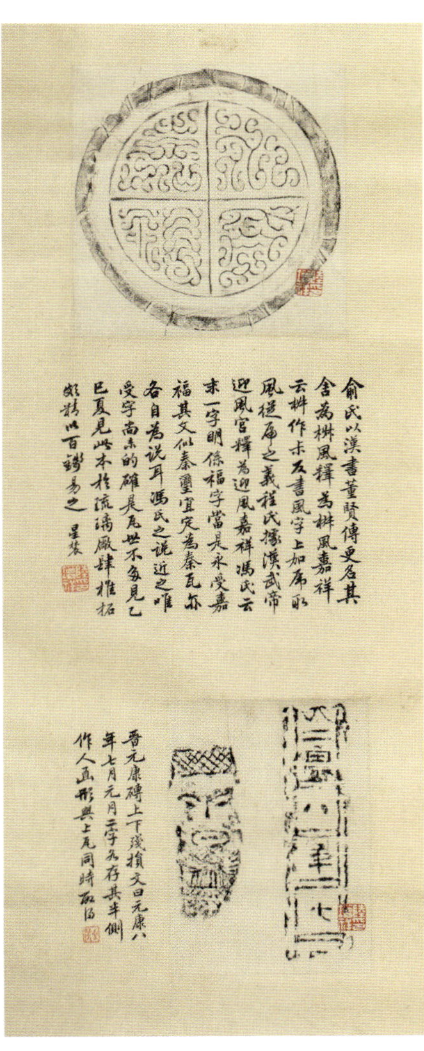

卷軸五

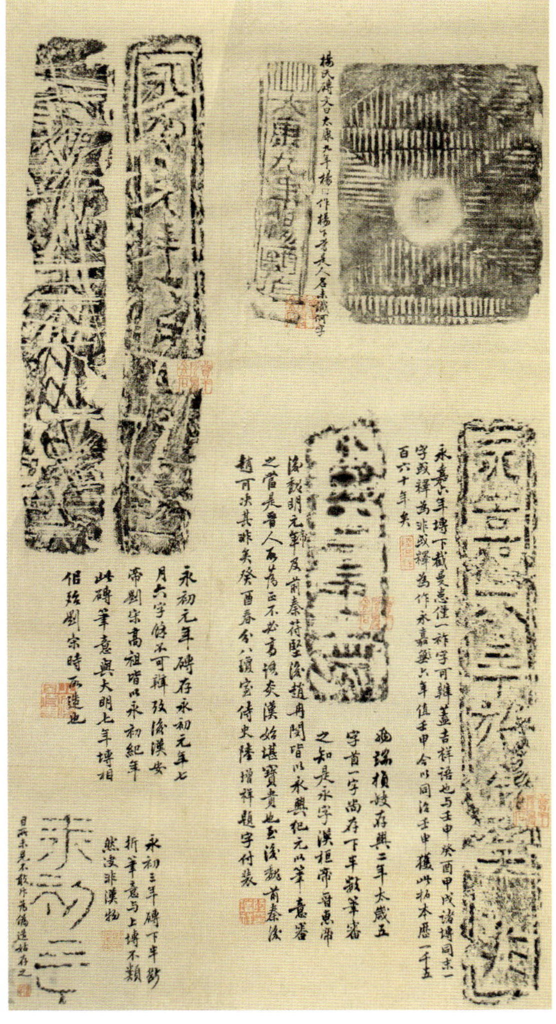

卷軸六

卷軸裝　畫芯縱橫尺寸不一，卷軸大小同一，均為37.5釐米

館藏號：J2836-2865

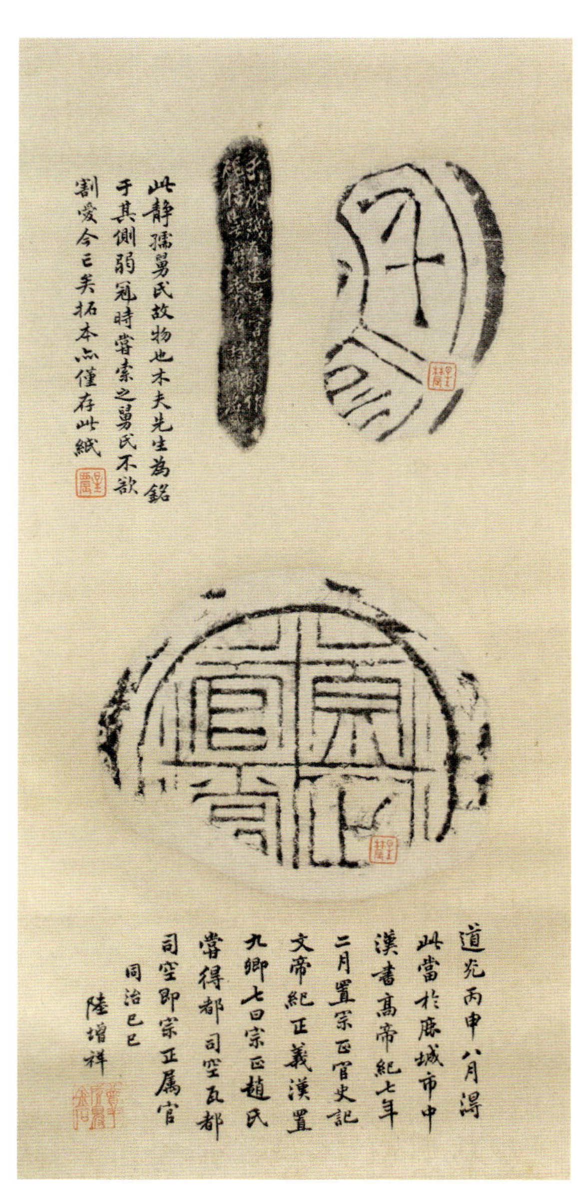

卷軸七

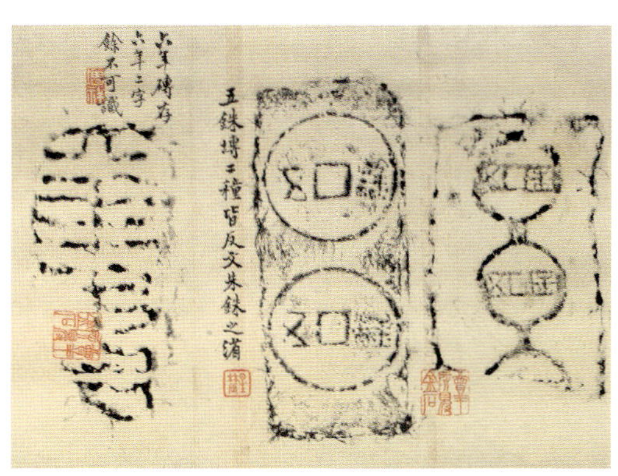

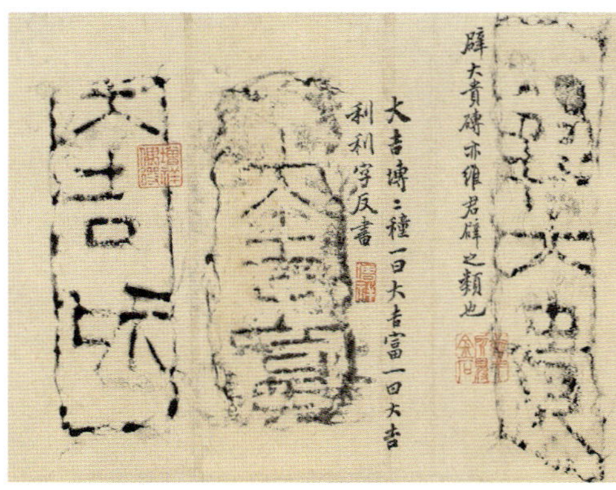

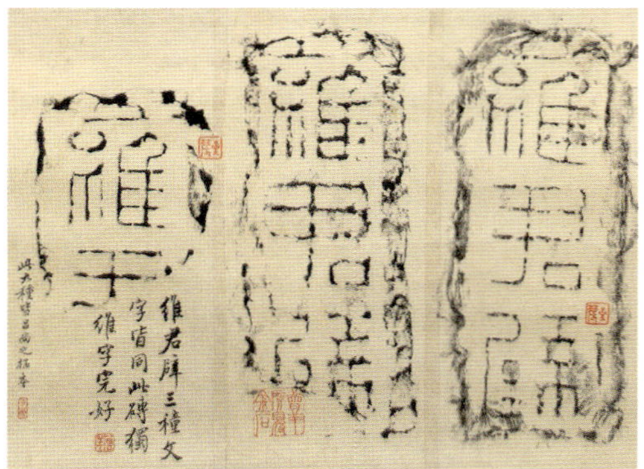

卷軸八

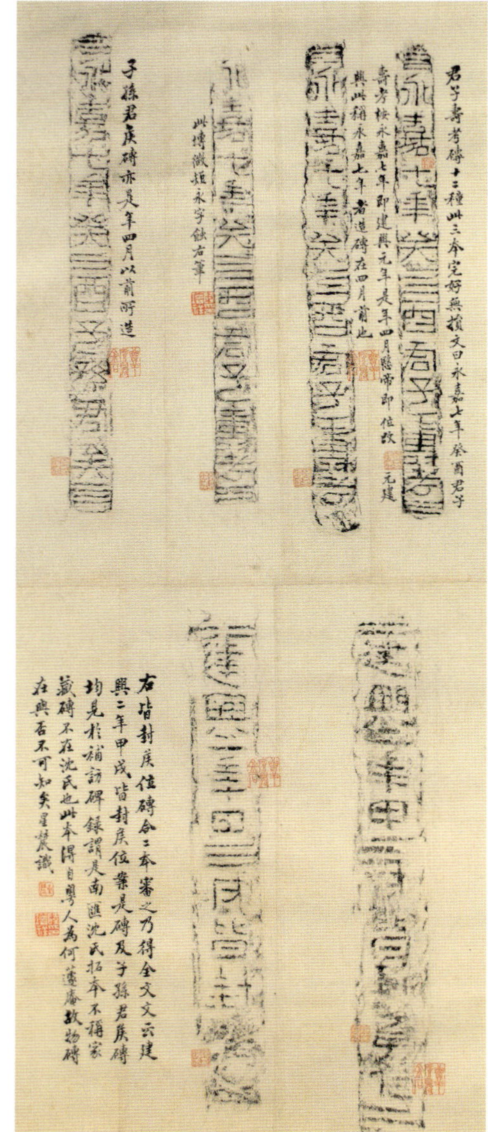

卷軸九

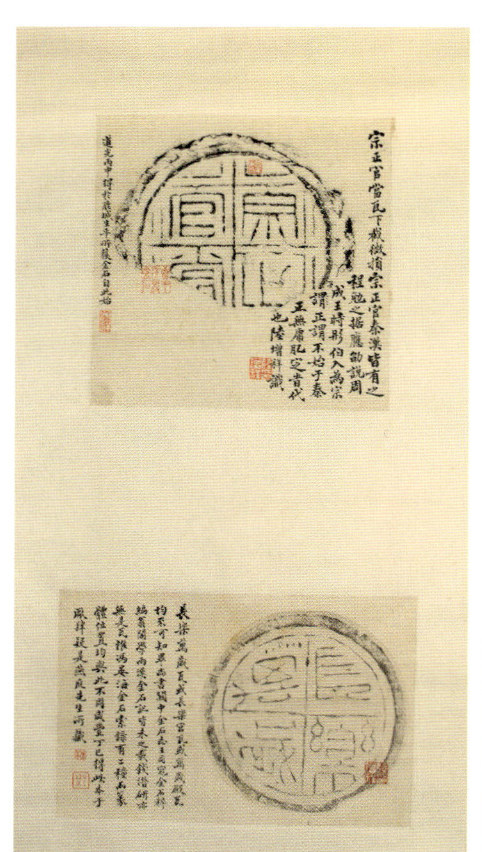

卷軸一〇

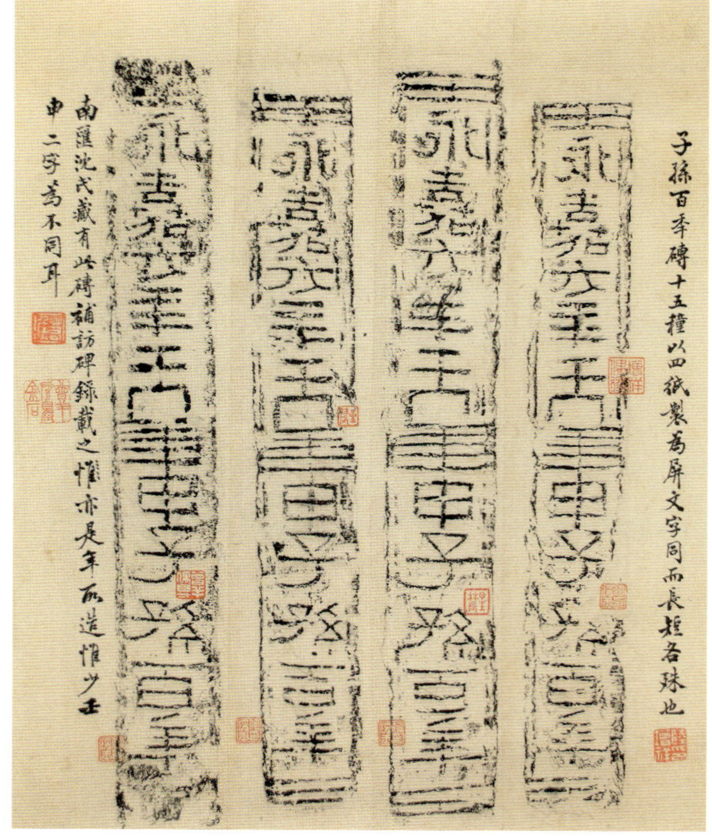

卷軸一一

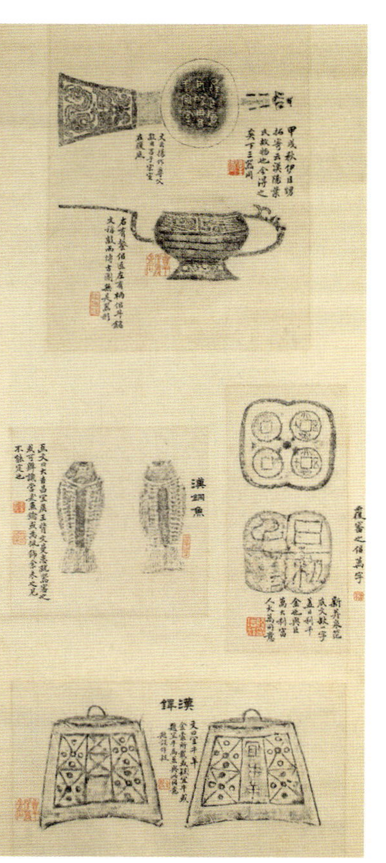

卷軸一二

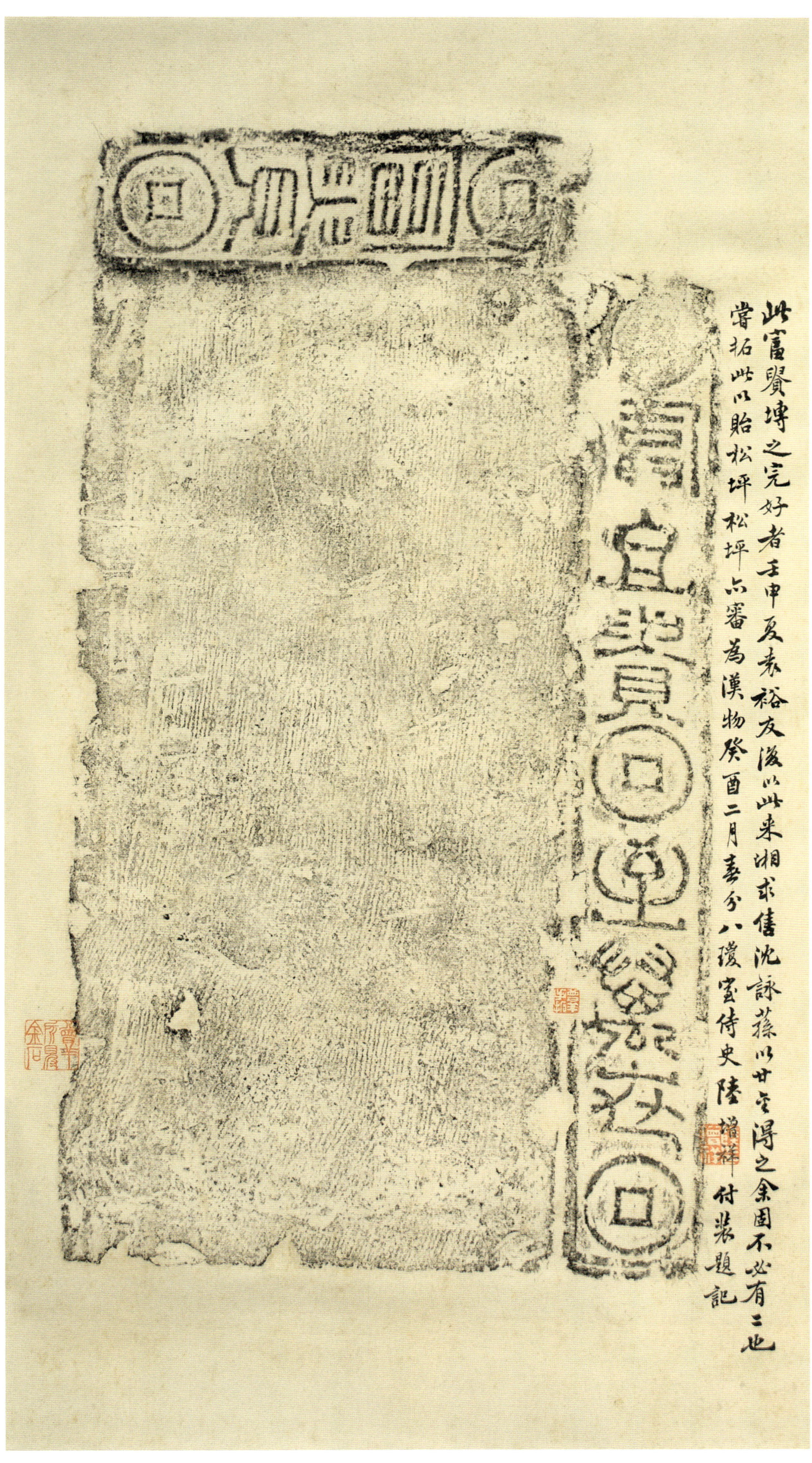
此富貴塼之完好者壬申夏袁裕友後以此來湘求售沈詠蓀以廿金得之余固不必有二也
嘗拓此以貽松坪松坪亦審爲漢物癸酉二月春分八瓊室侍史陸增祥付裝題記

卷軸一（富貴磚之一）

畫芯縱66釐米　橫32.5釐米

此富貴磚之完好者從袁裕友索得之
余既已所得三磚製為屏並將此拓
本別裝一幀以見全璧　增祥
此富貴磚之小者與余所得者無二
惟文字有剥蝕耳

卷軸二（富貴磚之二）

畫芯縱78釐米　橫29釐米

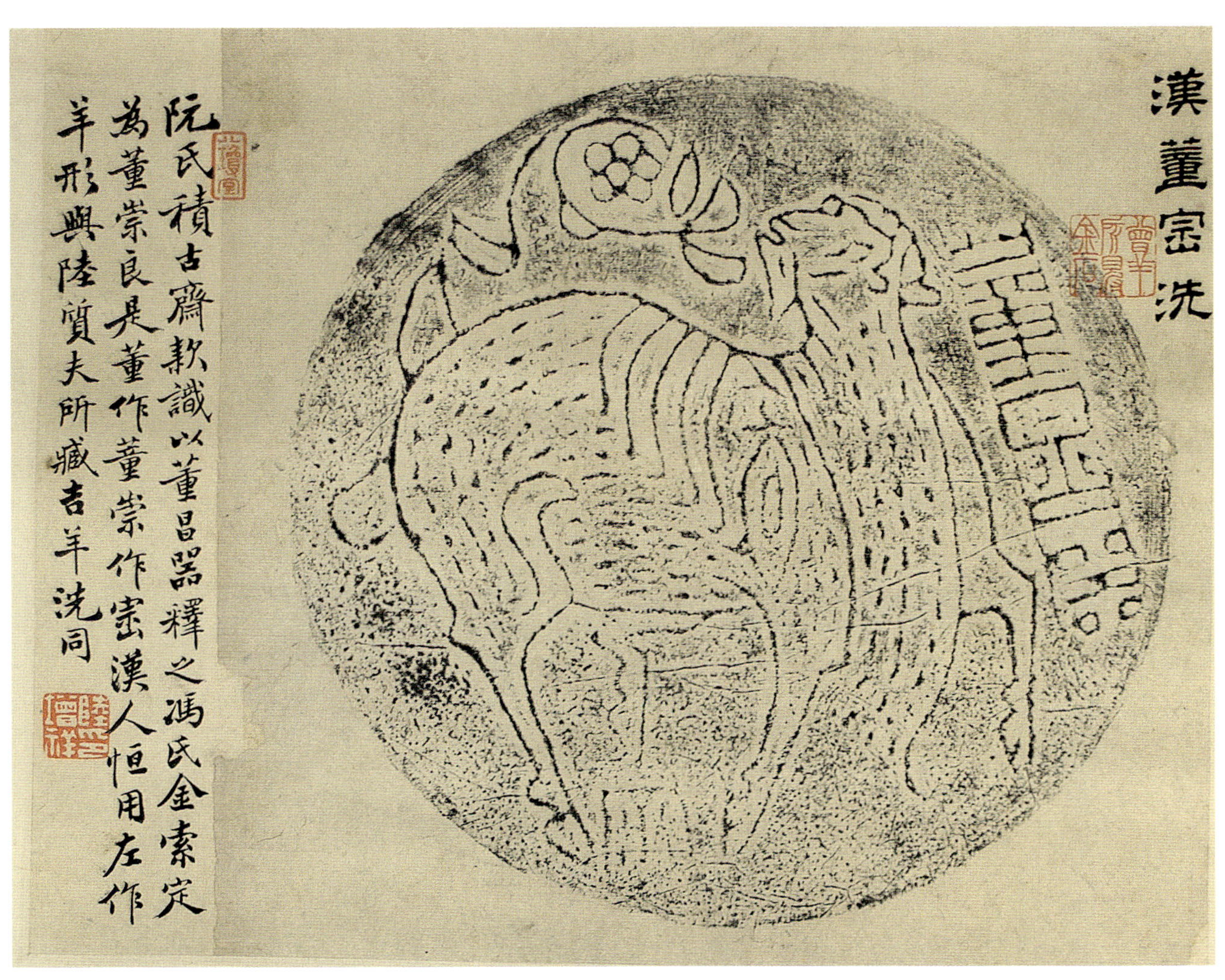

漢董宗洗
阮氏積古齋款識以董昌器釋之馮氏金索定
為董崇良是董作童崇作宗漢人恒用左作
羊形與陸質夫所藏吉羊洗同

卷軸三（漢董崇洗）
拓片縱23釐米　橫29釐米

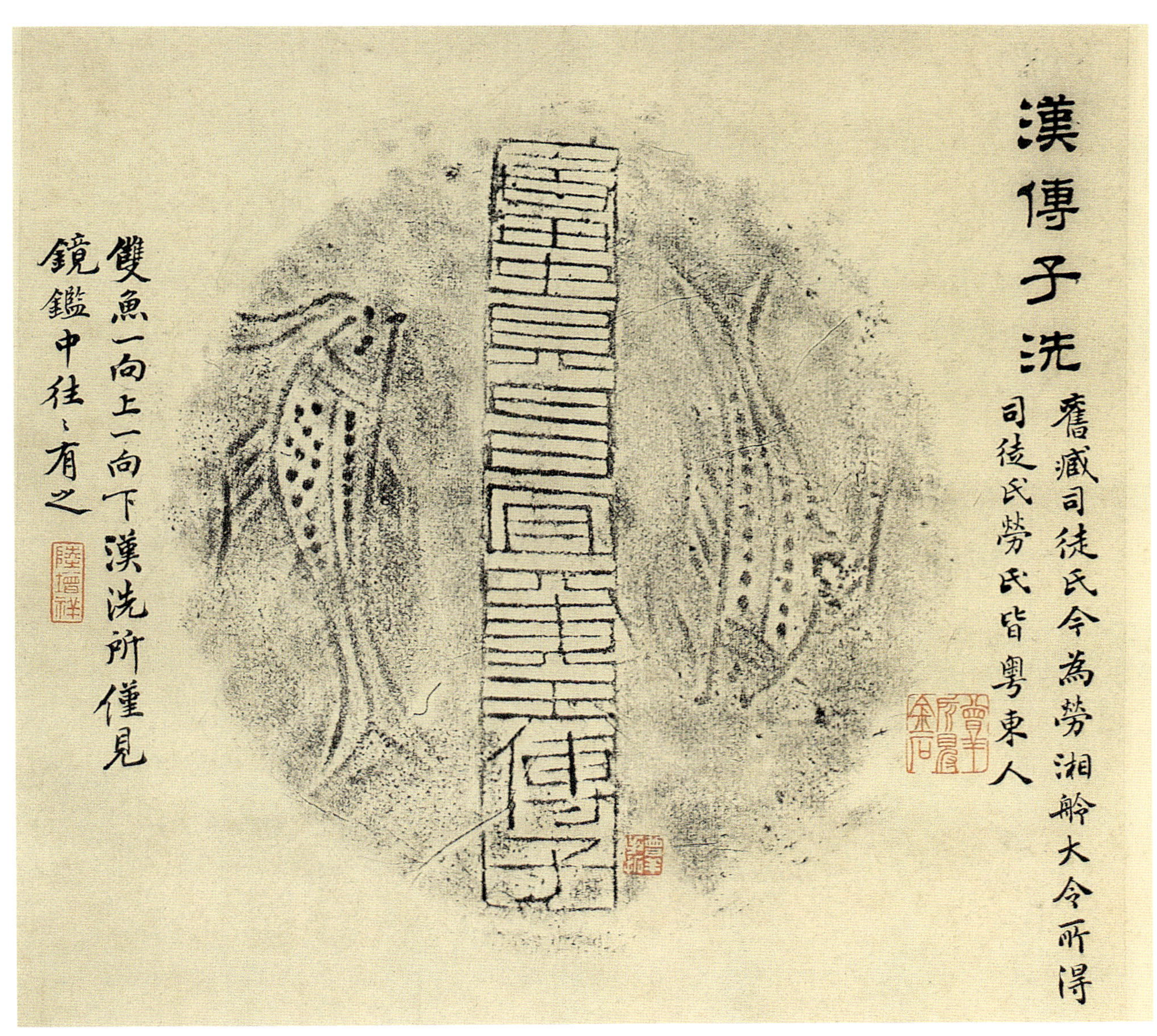

漢傳子洗
舊藏司徒氏今為勞湘舲大令所得
司徒氏勞氏皆粵東人
雙魚一向上一向下漢洗所僅見
鏡鑑中往往有之

卷軸三（漢傳子洗）
拓片寬28.5釐米　高26釐米

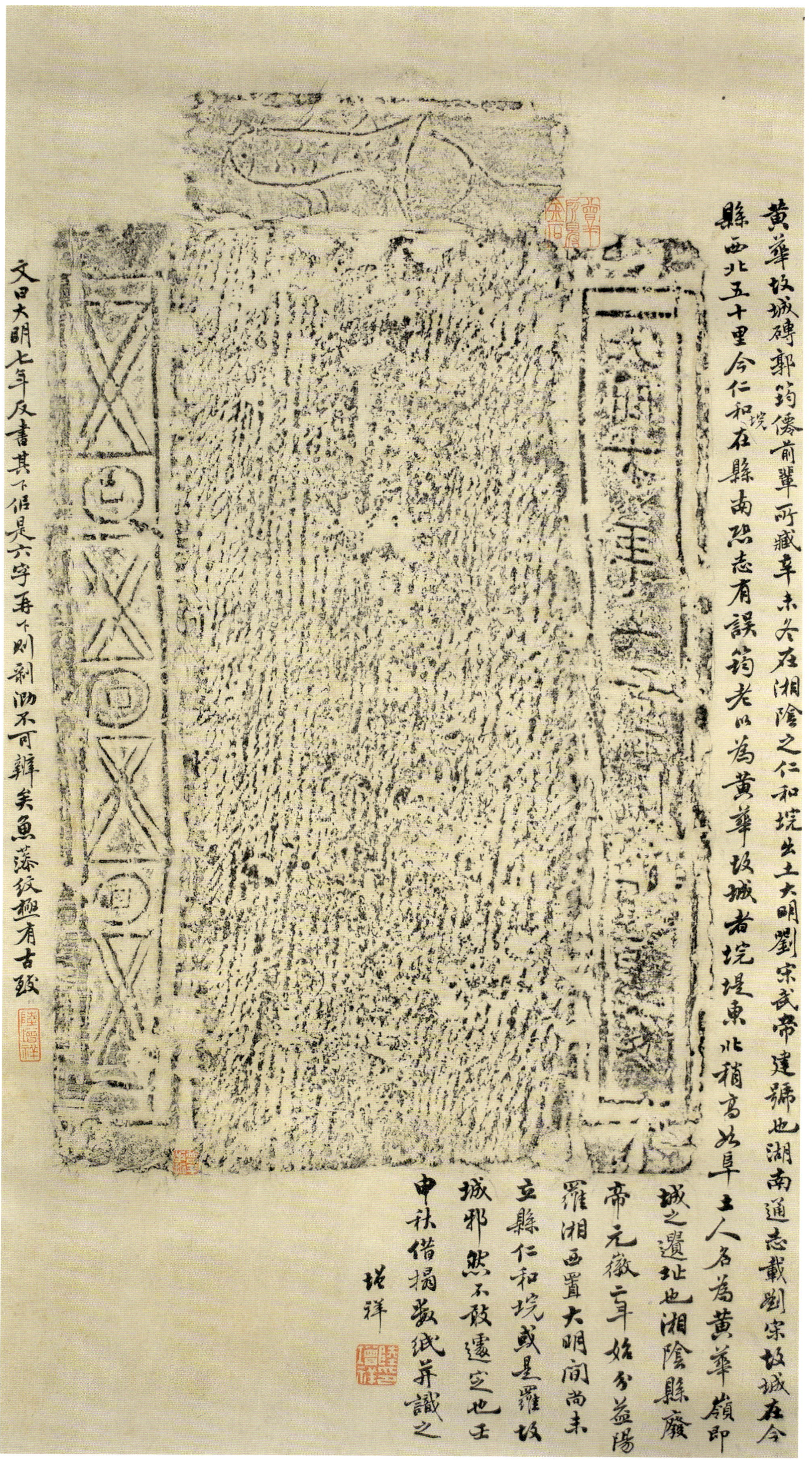

黃華故城磚郭筠僊前輩所藏辛未冬在湘陰之仁和垸出土大明劉宋武帝建號也湖南通志載劉宋故城在今縣西北五十里今仁和垸在縣南恐志有誤筠老以爲黃華故城者垸堤東北稍高如阜土人名爲黃華嶺即城之遺址也湘陰縣廢帝元徽二年始分益陽羅湘西置大明間尚未立縣仁和垸或是羅城耶然不敢遽定也壬申秋借搨數紙并識之
增祥
文曰大明七年反書其下但見六字再下則剥泐不可辨矣魚藻紋極有古致

卷軸四（黃華故城磚）
畫芯　縱67釐米　橫33釐米

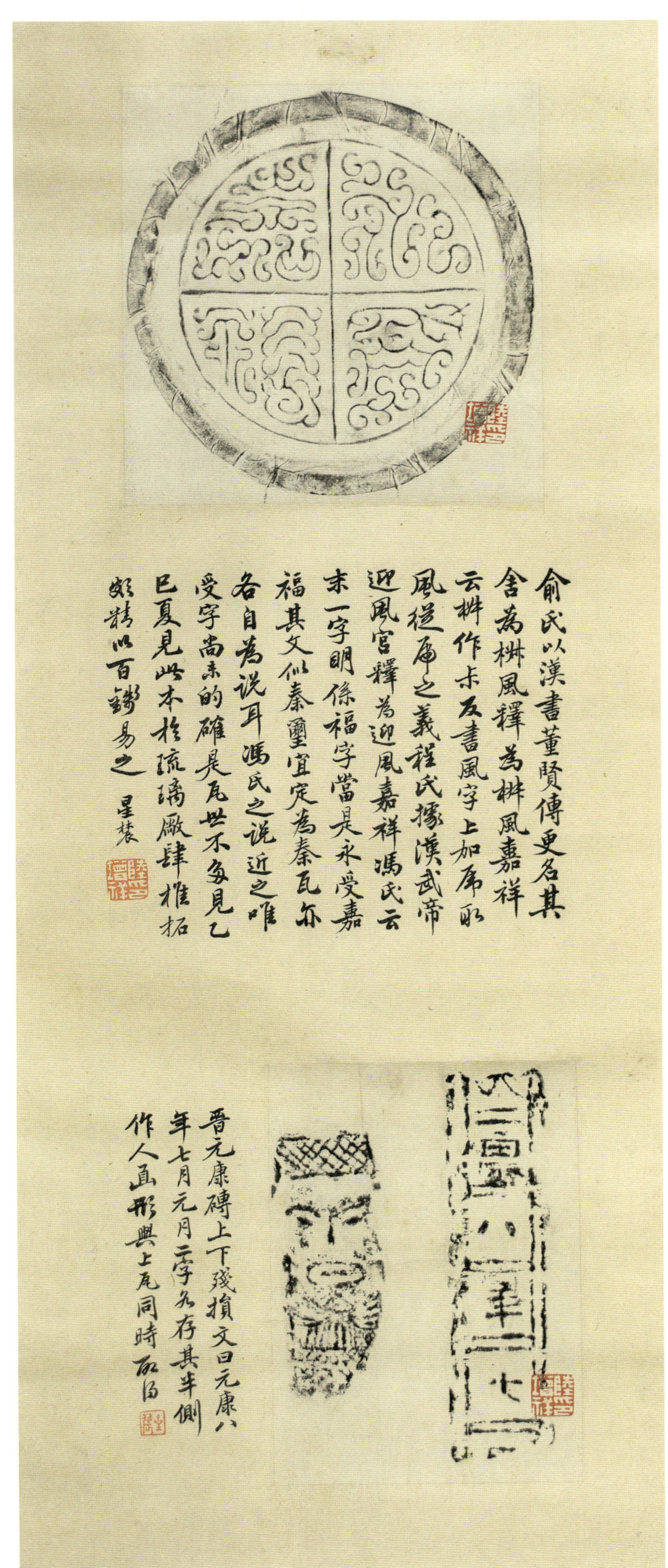

卷軸五（永受嘉福瓦當、晉元康磚）
畫芯　縱61.5釐米　橫25釐米

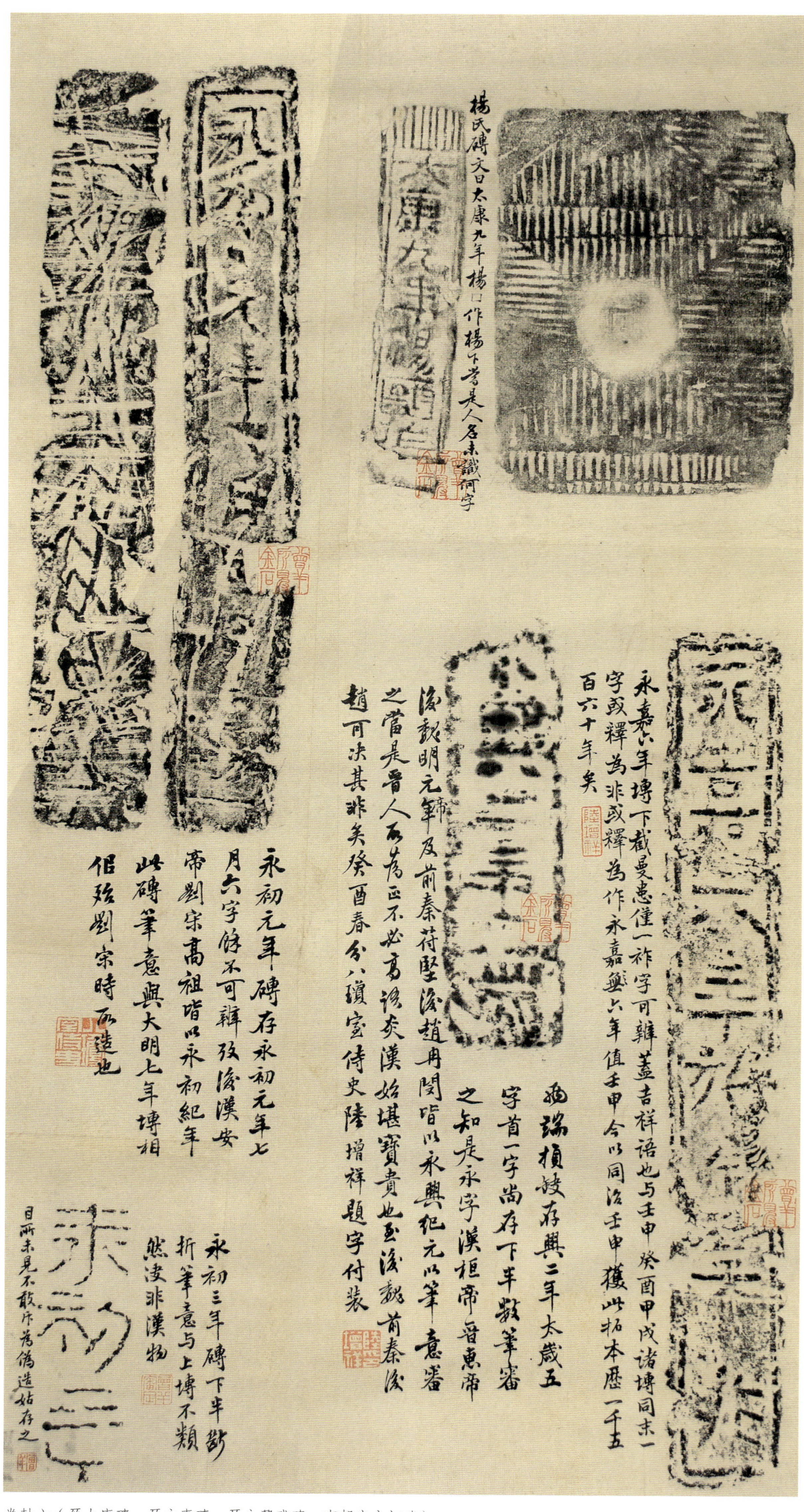

卷軸六（晉太康磚、晉永嘉磚、晉永興殘磚、南朝宋永初磚）
畫芯縱62.5釐米　橫33釐米

見此本於琉璃廠肆，椎拓頗精，以百錢易之。星農。

2、晉元康磚，鈐有“陸增祥印”。

晉元康磚，上下殘損，文曰“元康八年七月”，“元”“月”二字各存其半，側作人面形，與上瓦同時所得。

卷軸六　晉太康磚、晉永嘉磚、晉永興殘磚、南朝宋永初磚

1、晉太康磚，鈐有“曾羊所得金石”印章。

楊氏磚文曰：“太康九年楊□作”，“楊”下當是人名，未識何字。

2、晉永嘉磚，鈐有“曾羊所得金石”。

永嘉六年塼下截曼患，僅一“祚”字可辨，蓋吉祥語也。与壬申癸酉甲戌諸塼同，末一字或釋為“非”，或釋為“作”。永嘉六年值壬申，今以同治壬申（1872）獲此拓本，歷一千五百六十年矣。

3、晉永興殘磚，鈐有“曾羊所得金石”印章。

兩端損缺，存“興二年太歲”五字，首一字尚存下半數筆，審之知是“永”字，漢桓帝、晉惠帝、後魏明元帝及前秦苻堅、後趙冉閔皆以永興紀元，以筆意審之，當是晉人所為，正不必高語炎漢始堪寶貴也。至後魏、前秦、後趙可決其非矣。癸酉（1873）春分八瓊室侍史陸增祥題字付裝。

4、南朝宋永初磚，鈐有“曾羊所得金石”印章。

永初元年磚存“永初元年七月”六字，餘不可辨，攷後漢安帝、劉宋高祖皆以永初紀年，此磚筆意與大明七年塼相似，殆劉宋時所造也。

5、南朝宋永初磚

永初三年磚下半斷折，筆意与上塼不類，然決非漢物。

目所未見，不敢斥為偽造，姑存之。

卷軸七　千秋殘瓦、宗正官當

1、千秋殘瓦。鈐有“星農”印章。

磚銘：“千秋殘瓦遺漢宮，錢郎作硯傳無窮。老木為靜孺銘。”

此靜孺舅氏故物也，木夫先生為銘于其側，弱冠時嘗索之舅氏，不欲割愛，今亡矣。拓本亦僅存此紙。

瞿中溶（1769～1842），字木夫，號萇生，晚號木居士。上海嘉定人。博覽群籍，精金石考據，富藏漢燈、銅像、古泉、古鏡、漢磚瓦等，甲於婁東。著有《瞿木夫文集》《漢石經考異補正》等。

2、宗正官當。鈐有“星農”印章。

道光丙申（1836）八月得此當於鹿城市中，《漢書·高帝紀》七年二月置宗正官，《史記·文帝紀》《正義》漢置九卿，七曰宗正，趙氏嘗得都司空瓦，都司空即宗正屬官。同治己巳（1869）陸增祥。

卷軸八　五銖磚兩種、六年殘磚、辟大貴磚、維君辟三種

1、五銖磚兩種。鈐有“曾羊所得金石”印章。

五銖塼二種，皆反文。朱，銖之消。

2、六年殘磚。鈐有“曾羊所得金石”印章。

六年磚，存六年二字，餘不可識。

3、辟大貴磚。鈐有“曾羊所得金石”印章。

辟大貴磚，亦維君辟之類也。

4、大吉塼二種。鈐有“增祥偶得”印章。

大吉塼二種，一曰大吉富，一曰大吉利，利字反書。

5、維君辟三種。鈐有“星農”“曾羊所得金石”印章。

維君辟三種，文字皆同，此磚獨“維”字完好。

此九種皆呂尚之拓本。

卷軸九　永嘉七年君子壽考磚三種、永嘉七年子孫君侯磚、建興二年皆封侯位磚兩種

1、永嘉七年君子壽考磚三種。鈐有“何瑗玉印”“曾羊所得金石”印章。

君子壽考磚十二種，此三本完好無損，文曰“永嘉七年癸酉君子壽考”，按永嘉七年即建興元年，是年四月愍帝即位改元建興，此稱永嘉七年者，造磚在四月前也。

此塼微短，“永”字蝕右筆。

2、永嘉七年子孫君侯磚。鈐有“何瑗玉印”“曾羊所得金石”印章。

子孫君侯磚亦是年四月以前所造。

3、建興二年皆封侯位磚兩種。鈐有“何瑗玉印”“曾羊所得金石”印章

右皆封侯位磚，合二本審之，乃得全文，文云：“建興二年甲戌皆封侯位”，案是磚及子孫君侯磚均見於《補訪碑録》，謂是南匯沈氏拓本，不稱家藏，磚不在沈氏也。

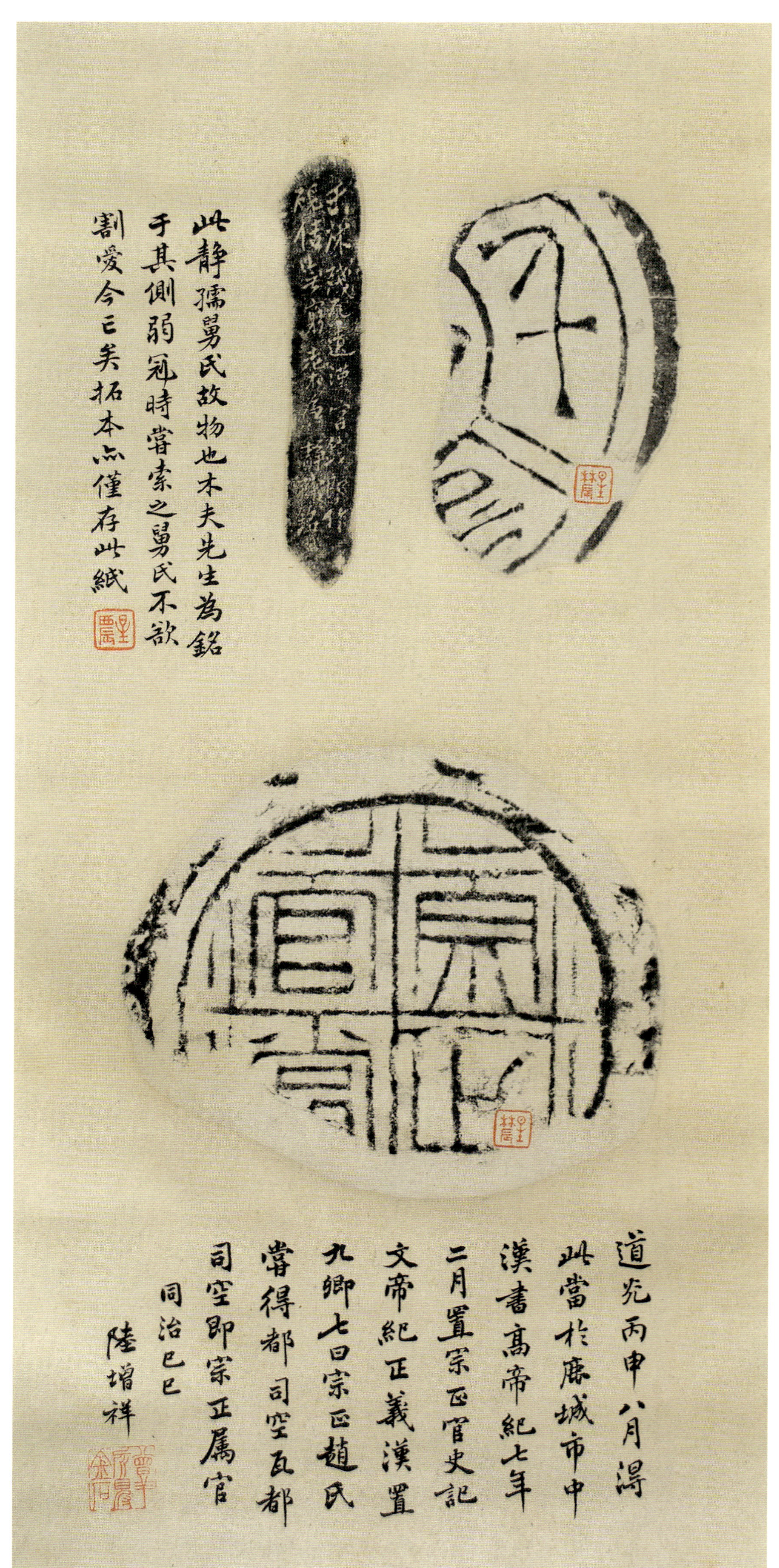
此静孺舅氏故物也木夫先生為銘
于其側弱冠時嘗索之舅氏不欲
割愛今已矣拓本亦僅存此紙
道光丙申八月得
此當於歷城市中
漢書高帝紀七年
二月置宗正官史記
文帝紀正義漢置
九卿七曰宗正趙氏
嘗得都司空瓦都
司空即宗正屬官
同治己巳
陸增祥

卷軸七（千秋殘瓦、宗正官當）
畫芯　縱51.5釐米　橫24.5釐米

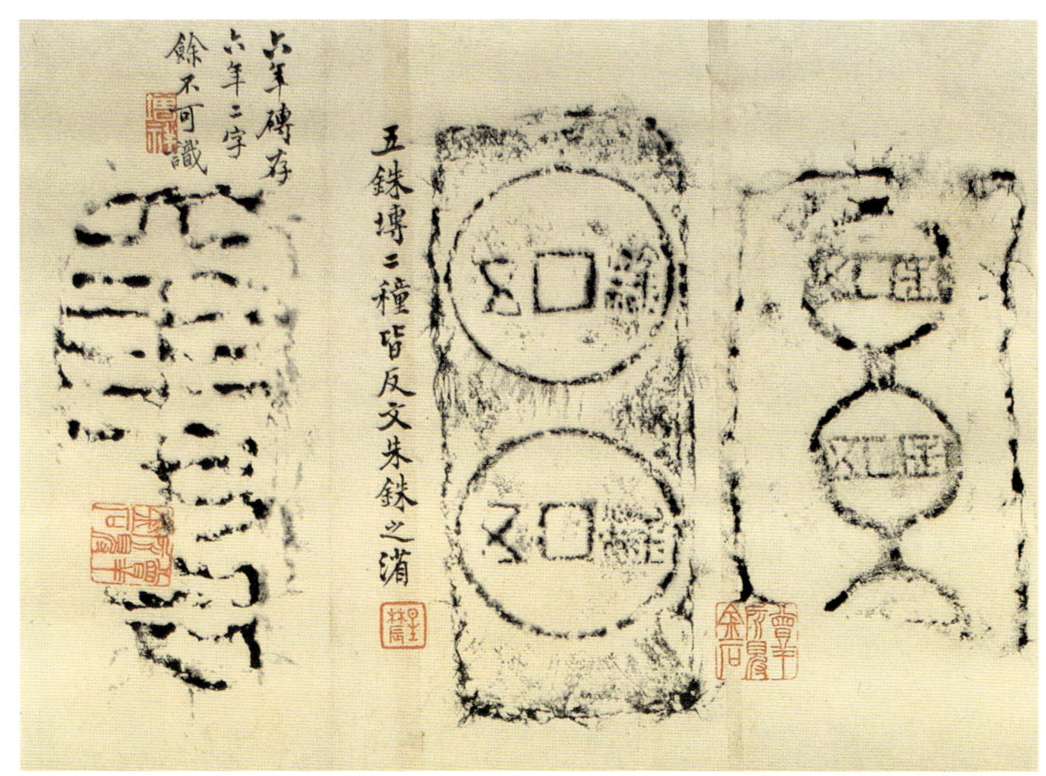

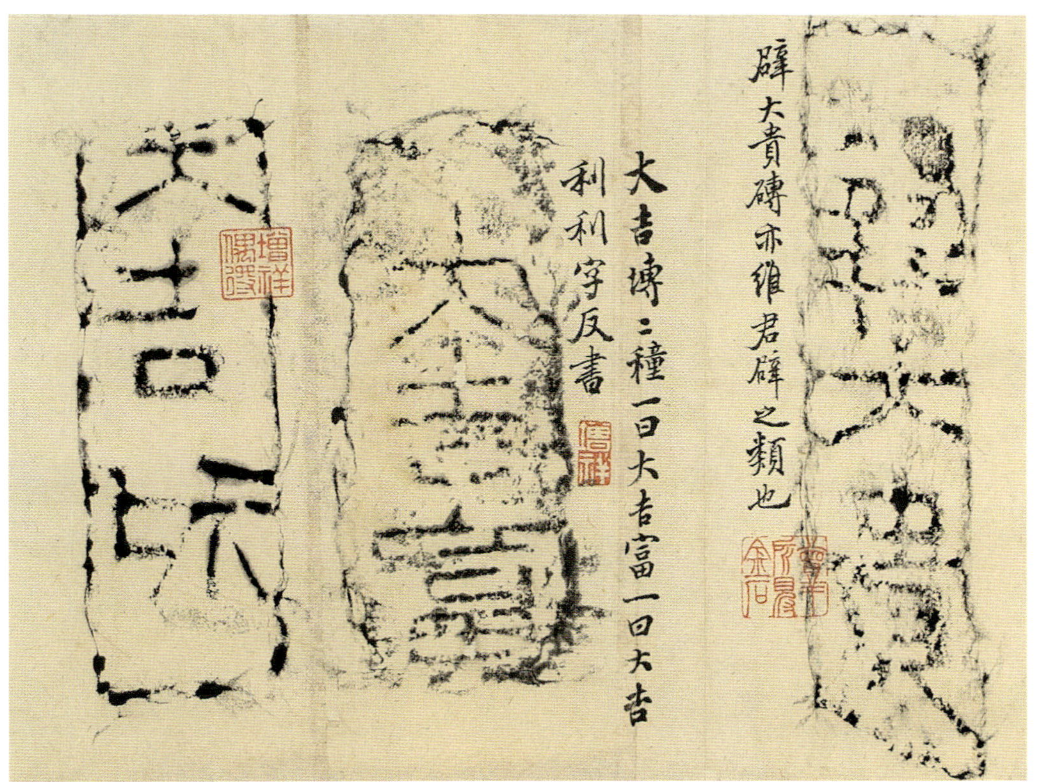

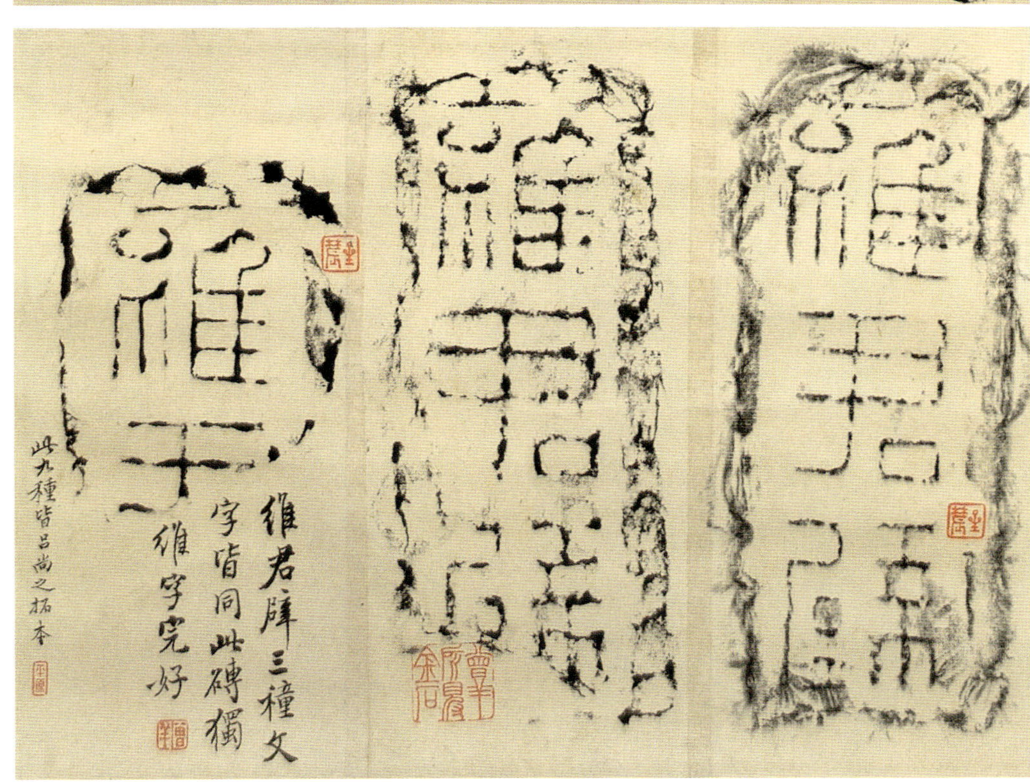

卷軸八（五銖磚兩種、六年殘磚、辟大貴磚、維君辟三種）
上中下三部分 分別縱20釐米 橫26釐米

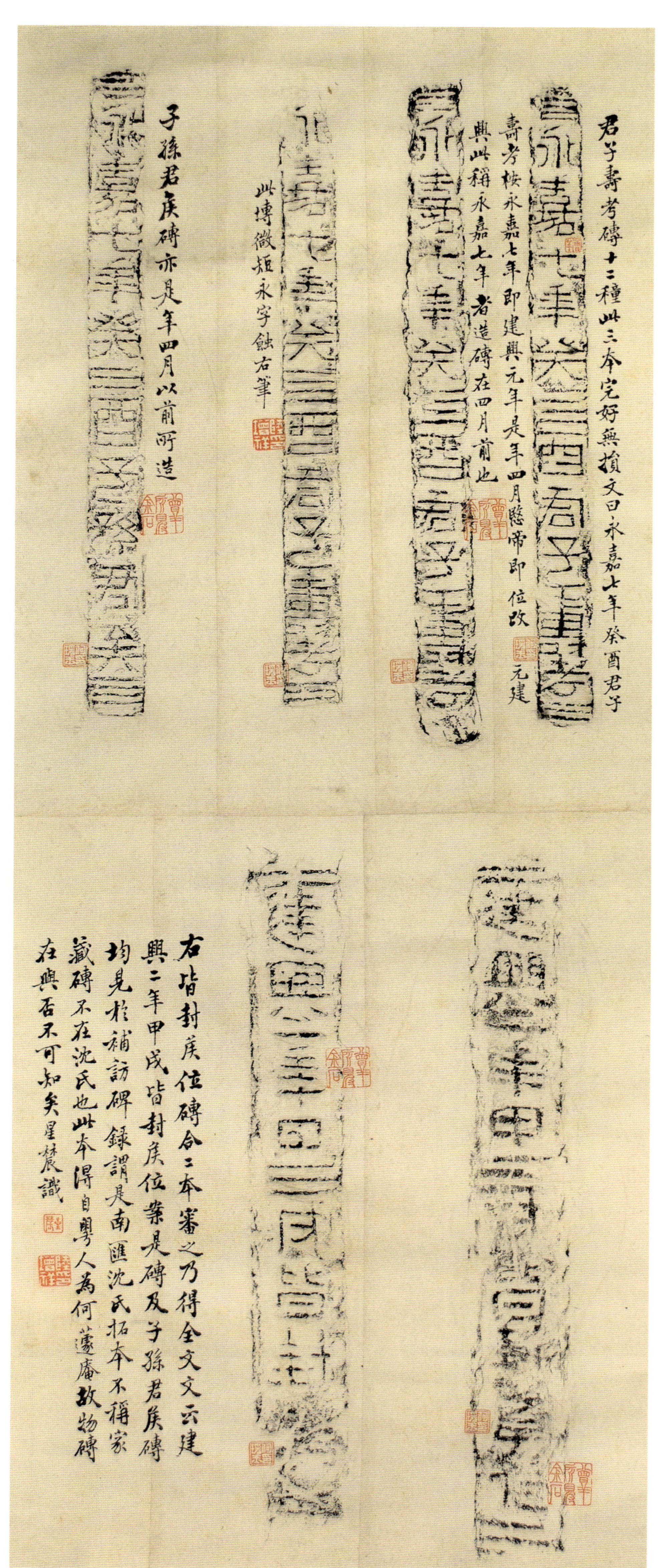

卷軸九（永嘉七年君子壽考磚三種、永嘉七年子孫君侯磚、建興二年皆封侯位磚兩種）
畫芯縱79釐米　横33釐米

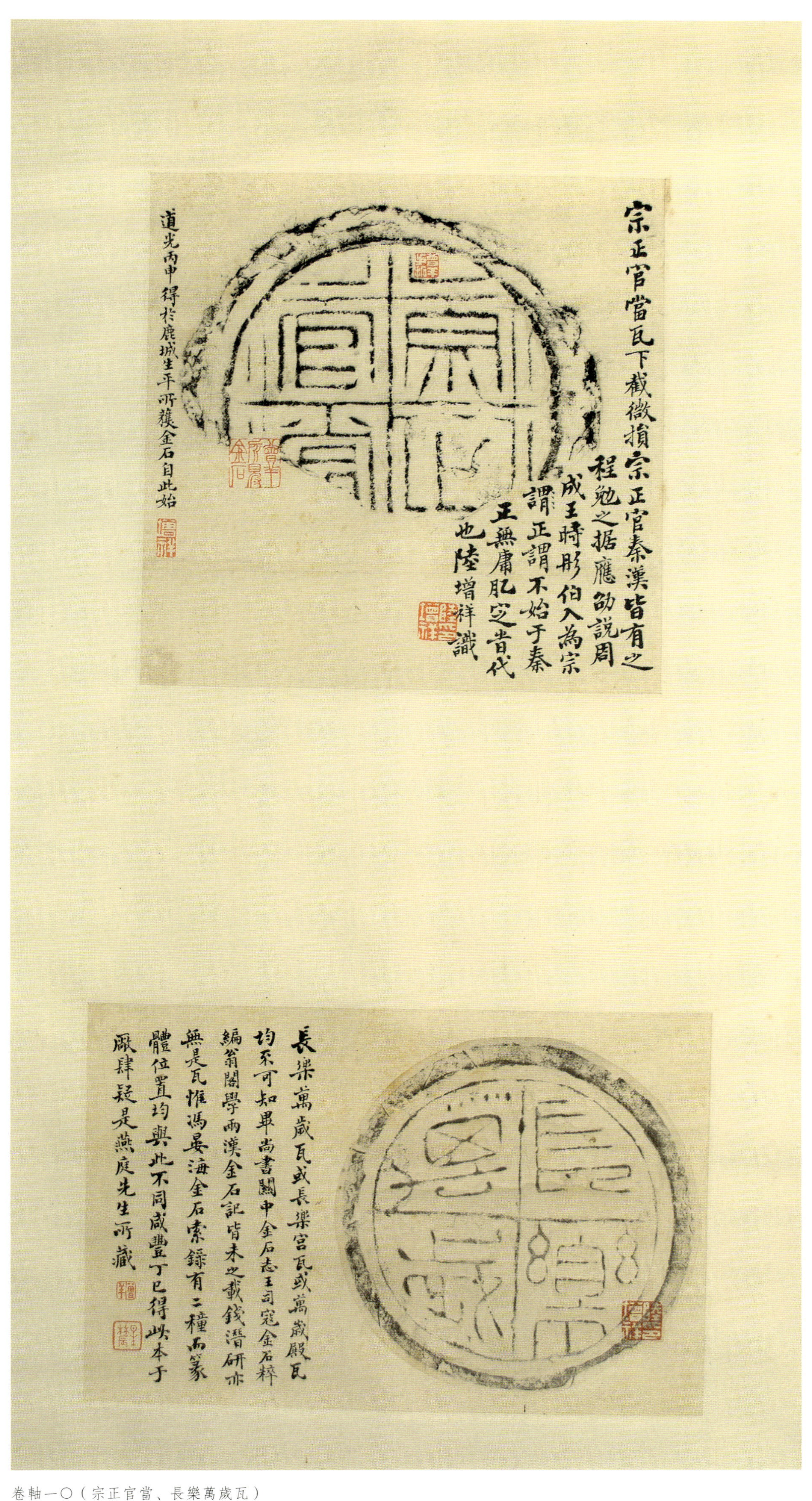

宗正官當瓦下截微損宗正官秦漢皆有之程勉之据應劭說周成王時彤伯入為宗正謂不始于秦王無庸肊定當代也陸增祥識
道光丙申得於鹿城生平所獲金石自此始
長樂萬歲瓦或長樂宮瓦或萬歲殿瓦均不可知畢尚書關中金石志王司寇金石粹編翁閣學兩漢金石記皆未之載錢潛研亦無是瓦惟馮晏海金石索錄有二種而篆體位置均與此不同咸豐丁巳得此本于厰肆疑是燕庭先生所藏

卷軸一〇（宗正官當、長樂萬歲瓦）

上：畫芯縱21.5釐米，橫21釐米；

下：畫芯縱16.5釐米，橫25.5釐米

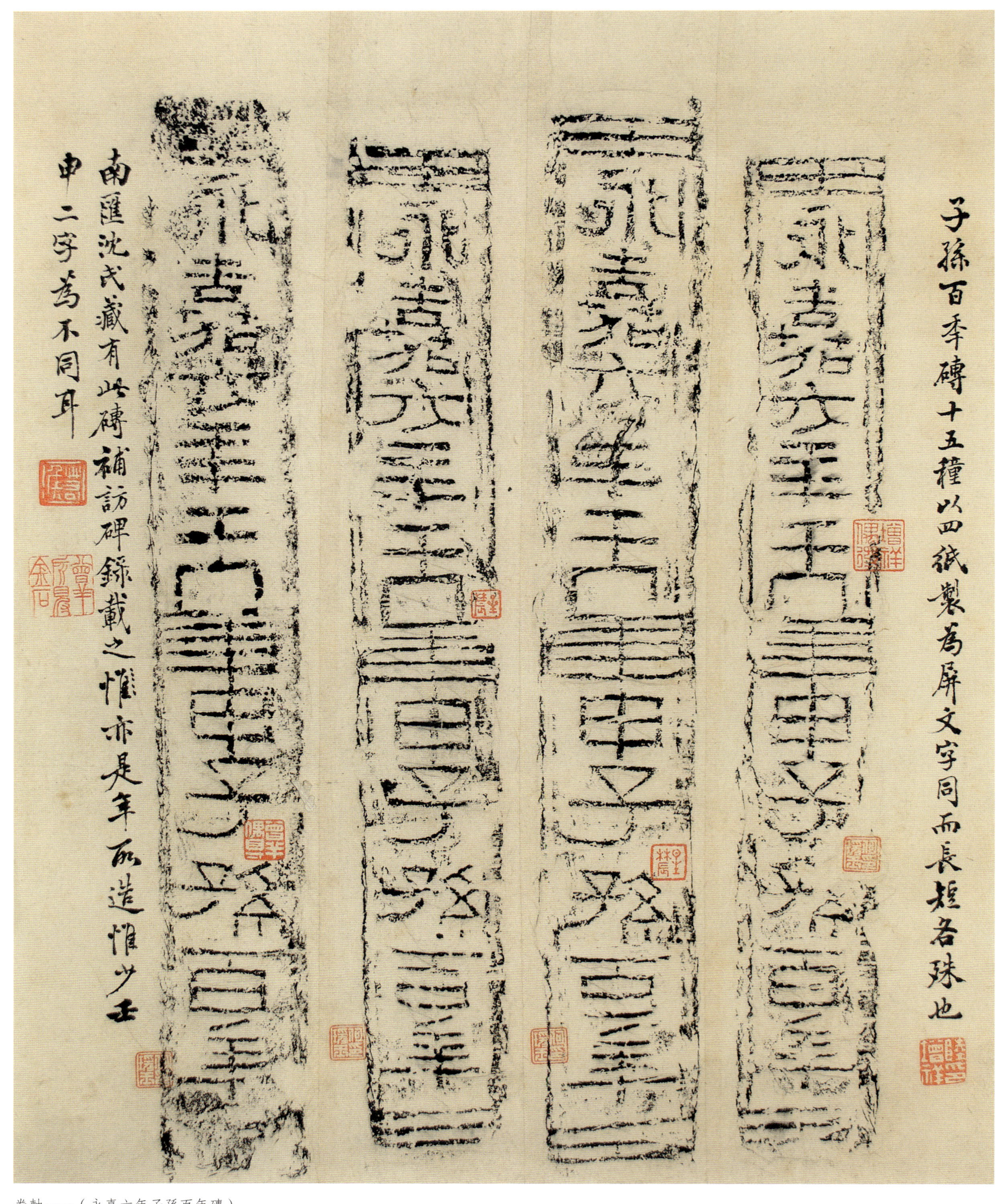

子孫百年磚十五種以四紙製爲屏文字同而長短各殊也
南匯沈氏藏有此磚補訪碑録載之惟亦是年所造惟少壬申二字爲不同耳

卷軸一一（永嘉六年子孫百年磚）

畫芯縱40.5釐米　橫33釐米

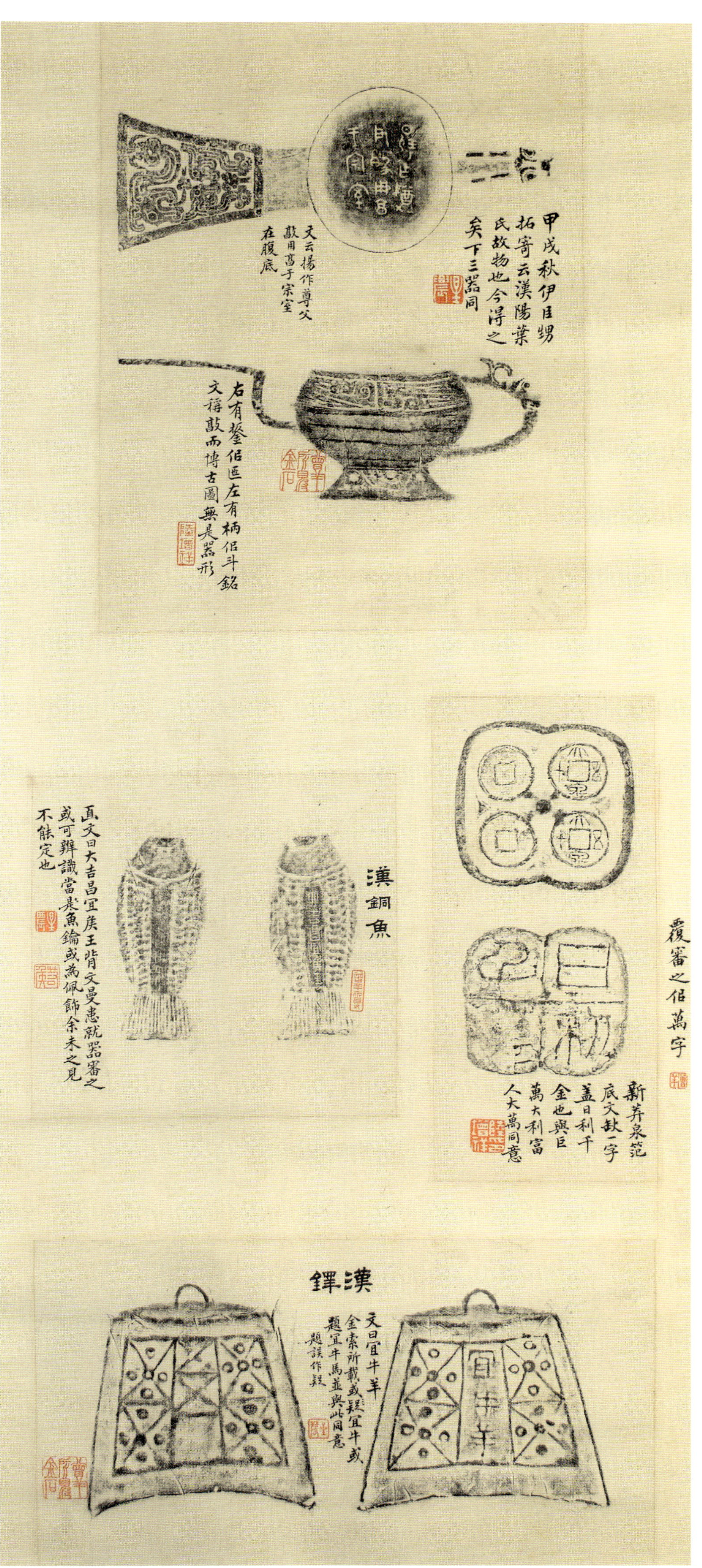

卷軸一二（揚匜、大泉五十錢範、日利千萬泉範、漢銅魚、漢鐸）
畫芯縱29.5釐米　橫22.5釐米

此本得自粤人，為何蘧庵故物，磚在與否，不可知矣。星農識。

卷軸一〇　宗正官當、長樂萬歲瓦

1、宗正官當。鈐有“曾羊手拓”　“曾羊所得金石”。

宗正官當瓦下截微損，宗正官秦漢皆有之。程勉之據應劭說周成王時彤伯入為宗謂（此字點去）正，謂不始于秦，正無庸肊定時代也。陸增祥識。

道光丙申（1836）得於鹿城，生平所獲金石自此始。

2、長樂萬歲瓦。鈐有“陸增祥印”。

長樂萬歲瓦，或長樂宮瓦，或萬歲殿瓦，均不可知。畢尚書《關中金石志》、王司寇《金石萃編》、翁閣學《兩漢金石記》皆未之載。錢潛研亦無是瓦，惟馮晏海《金石索》録有二種，而篆體位置均與此不同。咸豐丁巳（1857）得此本于廠肆，疑是燕庭先生所藏。

卷軸一一　永嘉六年子孫百年磚

永嘉六年子孫百年磚四種。鈐有“星農”“增祥偶得”“何瑗玉印”“曾羊所得金石”印章。

子孫百年磚十五種，以四紙製為屏，文字同而長短各殊也。

南匯沈氏藏有此磚，《補訪碑録》載之，惟（此字點去）亦是年所造，惟少“壬申”二字，為不同耳。

卷軸一二　揚匜、大泉五十錢範、日利千萬泉範、漢銅魚、漢鐸

1、揚匜。鈐有“星農”“曾羊所得金石”印章。

甲戌（1874）秋伊臣甥拓寄，云漢陽葉氏故物也。今得之矣，下三器同。

文云：“揚作尊父敦用享于宗室，在腹底。

右有鋬，侣匜，左有柄，侣斗。銘文稱敦，而《博古圖》無是器形。

鋬為器物側邊供手提拿的部分。

2、大泉五十錢範、日利千萬泉範。

新莽泉范底文缺一字，盖“日利千金”也，與“巨萬大利”“富人大萬”同意。

覆審之侣“萬”字。

3、漢銅魚。鈐有“曾羊所得”印章。

面文曰“大吉昌宜侯王”，背文曼患，就器審之，或可辨識。當是魚鑰，或為佩飾。余未之見，不能定也。

4、漢鐸。鈐有“曾羊所得金石”印章。

文曰“宜牛羊”，《金索》所載或疑（此字點去）“宜牛”，或題“宜牛馬”，並與此同意。“題”誤作“疑”。

3.《金石團扇兩軸》吳熙載跋本

吳熙載金石題記團扇兩件，分別為《師酉敦》《庚羆卣》。分裝兩軸，每軸上方為銘文拓片，下方為桐鄉畫家汪嵐坡全形摹本（絹本），吳熙載題記時間分別為咸豐六年和七年（1856、1857），其上款分別為醇甫、潤甫，或為祁寯藻兄弟，尚待進一步查證。

吳熙載（1799–1870），原名廷揚，字熙載，五十後以字行。號讓之、攘之、讓翁、晚學居士等，江蘇儀徵人。吳熙載善書法，篆隸取法鄧石如，行楷師从包世臣，篆刻成就著稱於世。著有《資治通鑒地理今釋》《吳讓之印譜》等。

卷軸一

1、《師酉敦》桐鄉汪嵐坡全形摹本，絹本。《師酉敦》釋文，茲不贅録。

醇甫世四兄屬書《師酉敦》釋文，丙辰（1856）八月朔讓之弟熙載。

2、《師酉敦》銘文拓片。

《師酉敦》銘文百八字，器蓋同，舊藏揚州阮氏。癸丑（1853）揚城兵火後，亡其蓋，器歸歸安吳氏。汪君嵐坡精于摹拓，流布傳觀，醇甫世兄製此扇玩不釋，嗜古之篤，紹承家學，既屬余録釋文於右方，請申美之。蓋古人制字之精，與製器尚象，相為表裏，揖讓俯仰，已備後世書家之則。此銘与石鼓尤近，望而知為三代法物，後世豈無贗鼎，無論其文不足徵，即字體亦不能茂美自得如此也。醇翁攻書，不讓阿兄，沿流討原必不舍是。弟熙載附記。

卷軸二

1、《庚羆卣》桐鄉汪嵐坡全形摹本，絹本。《庚羆卣》釋文，茲不贅録。

二百蘭亭齋釋文，余曾依《説文》引申"穖曆"之義，又引諸器銘文，皆當如此讀，承許可附刻。潤甫世兄傳家學，愛不釋手，拓本入紈素，殊有奇致。丁巳（1857）立秋後五日，獲觀新製故記之。讓之弟熙載。

2、《庚羆卣》銘文拓片（含卣蓋銘文）。

二百蘭亭齋藏器，製作之精。《庚羆卣》在《齊侯罍》上，其釋"穖曆"之隺鑿，尤前人所未發，得此見聞，幸甚。熙載。

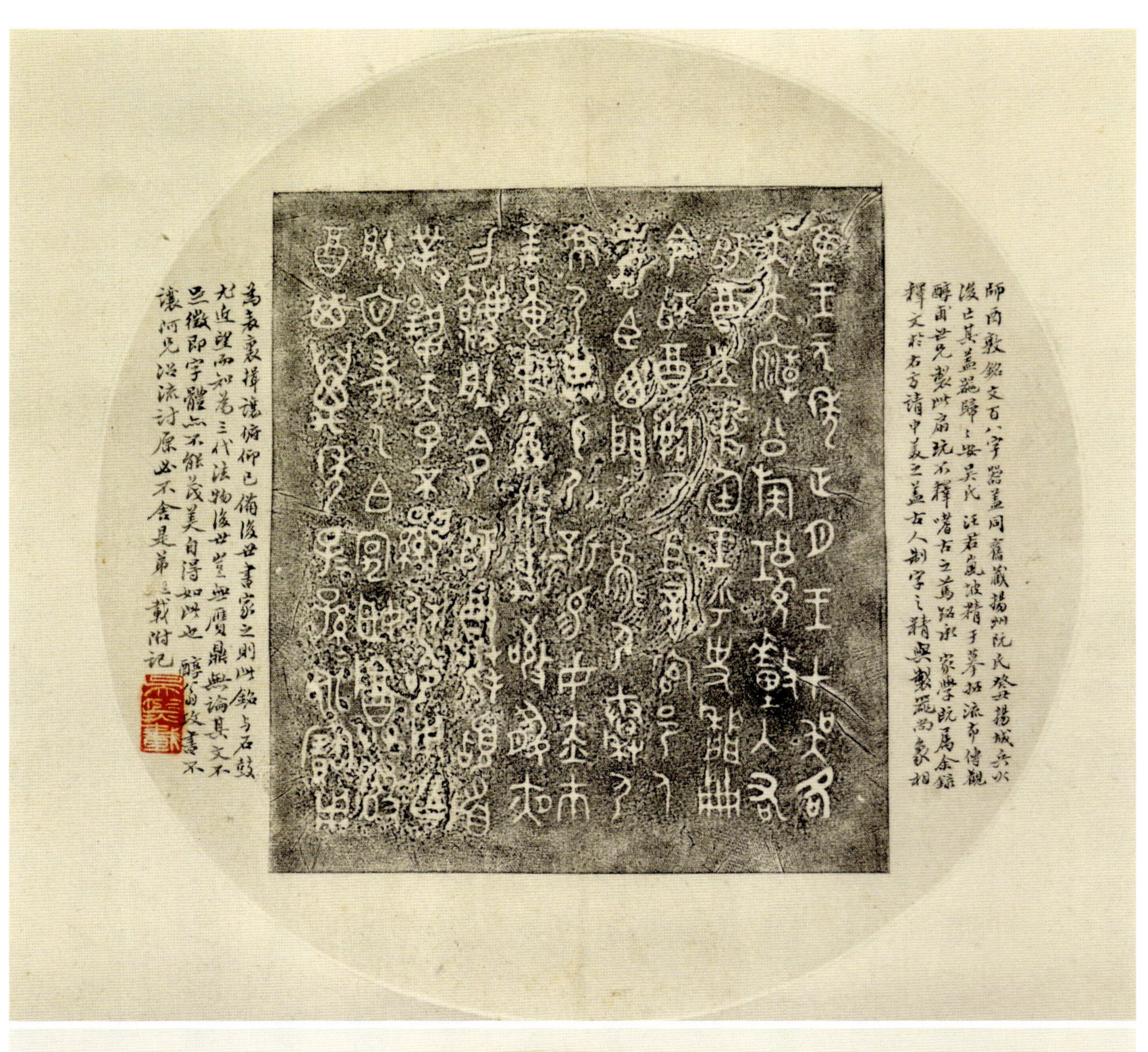

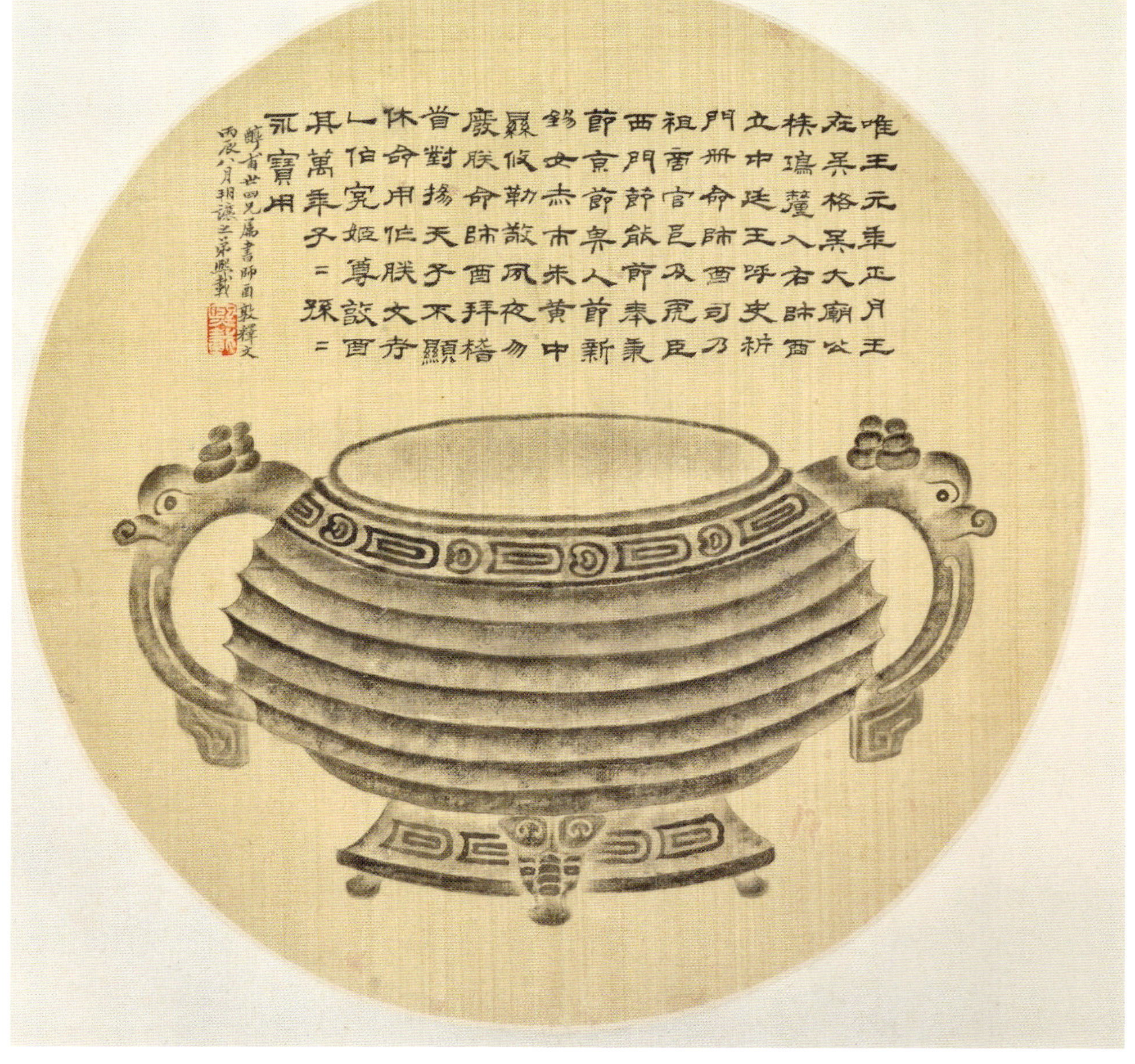

卷軸裝　團扇直徑為25.5釐米

館藏號：Z1211-1212

卷軸一　《師酉敦》

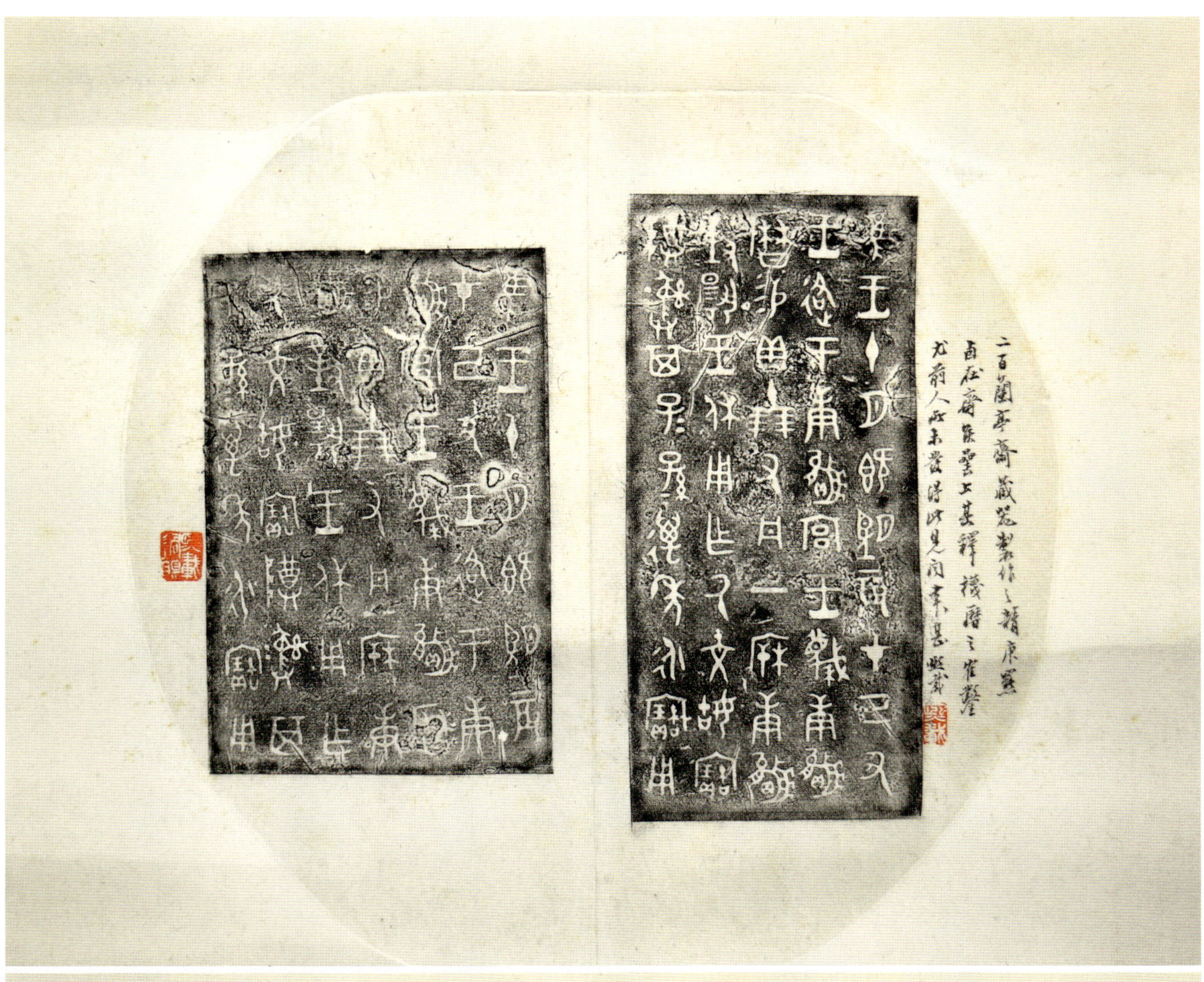

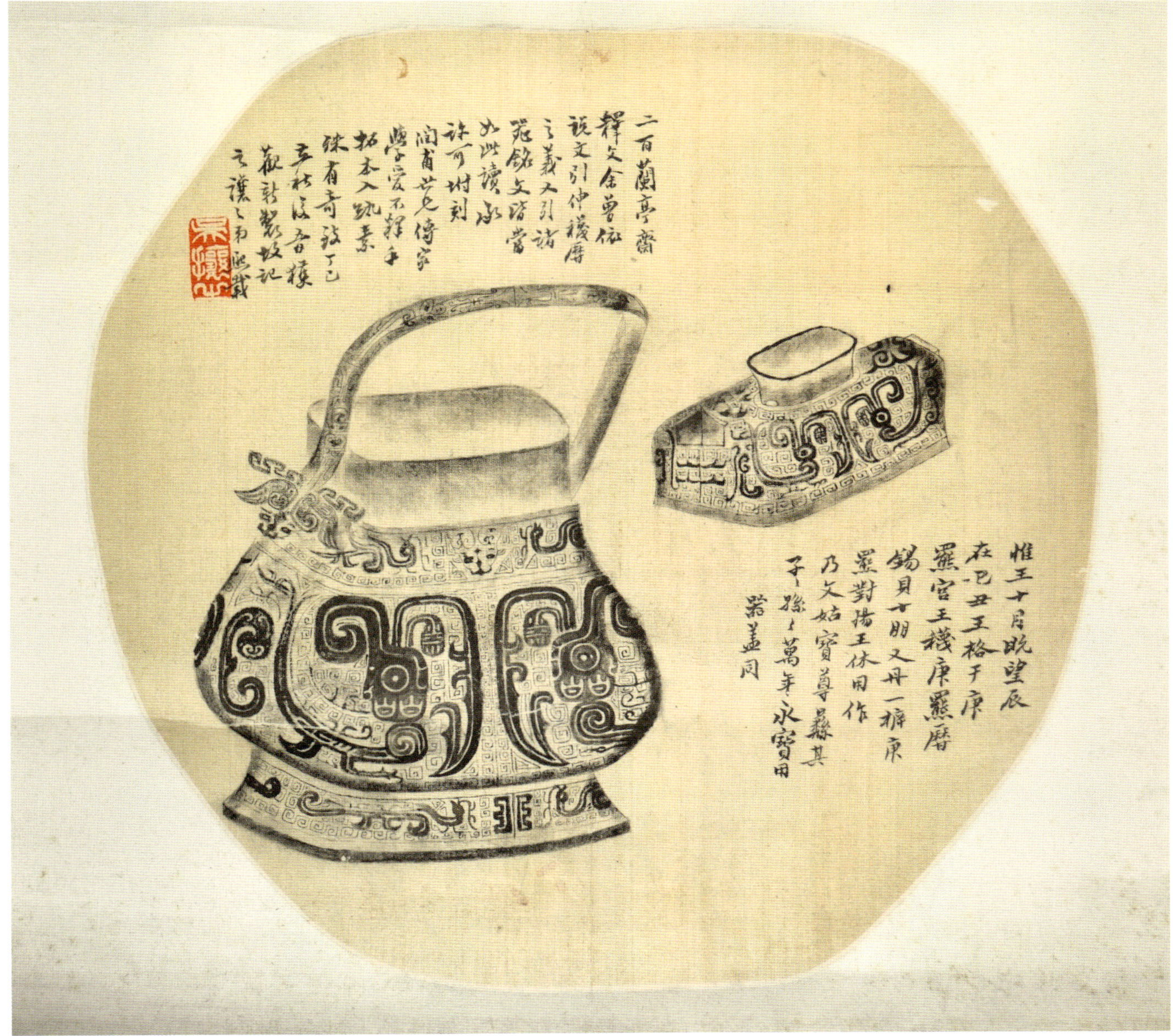

4.《鼎彝款識四軸》張廷濟跋本

《張廷濟題鼎彝款識》，拓片多為六舟、曹載奎、翁大年、尤楚翹、張質民等人手拓，內有大量張廷濟題記，其中四紙留有明確紀年，分別是：嘉慶庚申（1800）八月、嘉慶十一年（1806）十月、道光甲辰（1844）、道光丙午（1846）春二月。少數拓片存有翁大年、六舟、徐傳經等人題記觀款或釋文。另有張燕昌、翁大年、徐同柏、劉喜海、曹載奎、徐傳經、何紹基、吳雲、潘祖蔭等人鈐印。其中，張廷濟題跋還涉及到乾嘉時期金石家多人，諸如：黃易、錢泳、秦恩復、阮元、翁樹培、文鼎、吳榮光、尤楚翹、張質民等人，是研究乾隆、嘉慶、道光三朝金石學的難得資料。共存拓片三十四張，裝裱成四卷軸。

張廷濟(1768–1848)一字說舟，又字作田，號叔未、眉壽老人。浙江嘉興人。嘉慶三年（1798）鄉試第一名（解元），後會試屢試不中，遂結廬高隱，家藏鼎彝、碑拓及書畫甚多，築"清儀閣"藏之。工詩詞，精金石考據學，尤擅文物鑒賞，一碑一器皆能辨其真偽，別其源流。著作有《清儀閣雜詠》《清儀閣金石題識》《清儀閣印存》《眉壽堂集》《桂馨堂集》。

卷軸一

1、《韓侯盤》曹秋舫拓本。鈐有"吳雲私印""吳下曹氏秋舫藏器""徐籀莊"印章。

桓侯盤，九十六字，為蘇州曹秋舫載奎所藏。曹云自周齊侯罍外，推此為重器。往歲曾刻入《吉金圖》中。此是其手拓贈余，凡濃淡兩本，一有圖，較精。道光甲辰（1844）壽臧甥時集商周吉金拓文將裝冊，來余齋乞此，因書數語以補空。廷濟。

曹載奎(1782–1852)，又名曹奎，字秋舫，江蘇吳縣人。青銅器收藏大家，與阮元、吳雲齊名。著有《曹氏吉金圖》。

徐同柏（1775–1854），原名大椿，字籀莊，號壽臧。浙江嘉興貢生。承舅氏張廷濟指授，精研六書篆籀，廷濟得古器必偕與考證。工篆刻，能詩文。著有《從古堂款識學》《從古堂吟稿》。

2、《師酉敦》

鈐印"百鏡室""六舟手拓"

周師酉敦器。銘一百有八字，阮師積古齋所藏，釋詳《款識》。

3、《中姞鬲》

器銘在口上，列左右，兩行，重文，回環可讀。銘曰"中姞作羞鬲年"六字。

4、《鏟幣》

鈐印"徐籀莊""翁大年叔均信印長壽""金石壽世之居"。

5、《周尊銘》（翁大年拓本）

鈐印"翁大年印"

吳江翁叔鈞拓本。右周尊銘十一字"鳳作乃考寶尊彝用萬

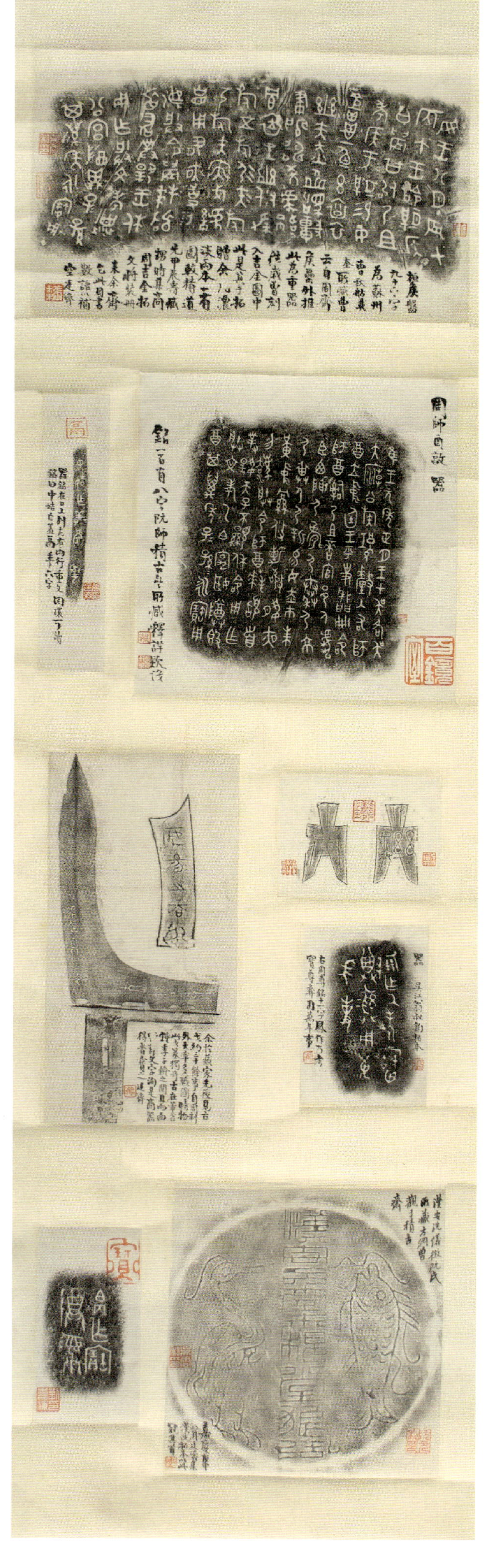

卷軸一
卷軸裝　畫芯縱107釐米　橫31釐米
館藏號：Z1670–1677　J2364–2383

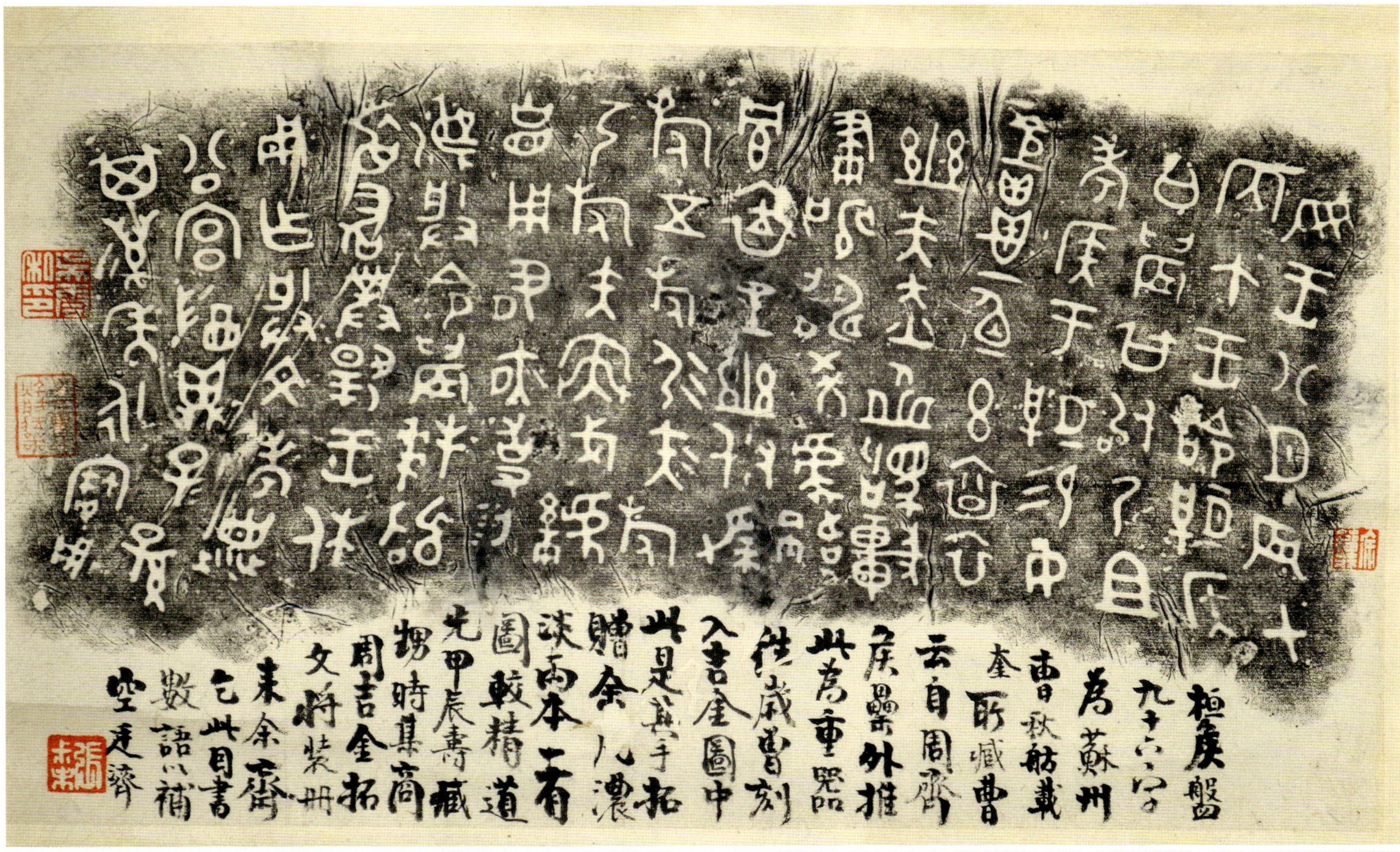
桓侯盤
九十六字
爲蘇州
曹秋舫藏
奎所藏曹
云自周齊
侯罍外推
此爲重器
往歲曾刻
入吉金圖中
此是其手拓
贈余凡濃
淡兩本不有
圖較精道
光甲辰壽臧
拥時集商
周吉金拓
文將裝冊
來余齋
乞此目書
數語以補
空 廷濟

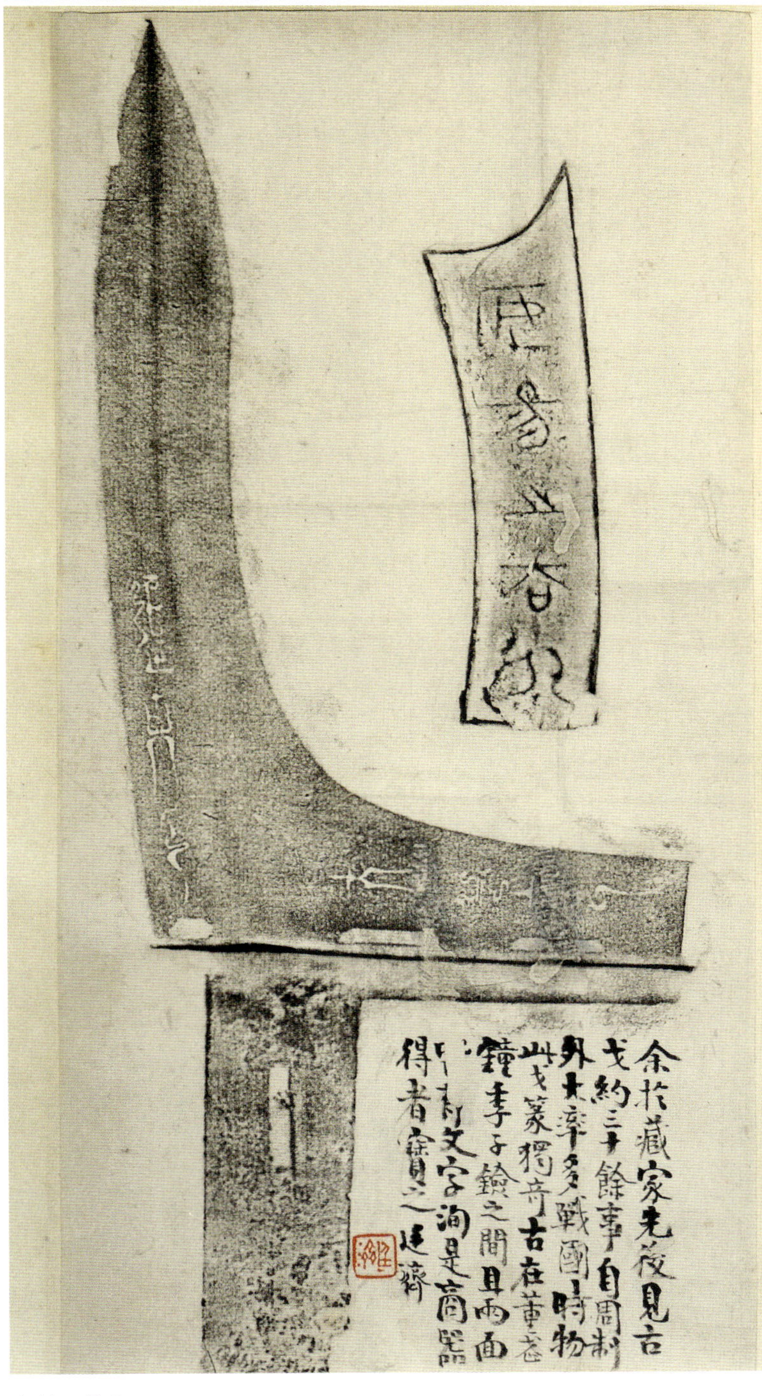
余於藏家先後見古
戈約三十餘事自周制
外大率多戰國時物
此戈篆獨奇古在董巷
鐘季子鈴之間且兩面
皆有文字洵是商器
得者寶之 廷濟

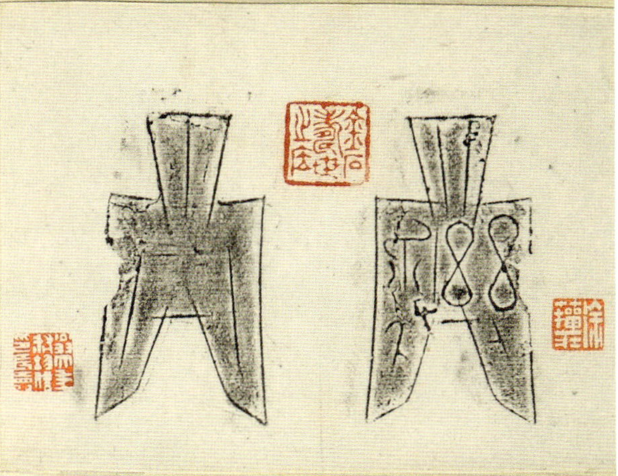

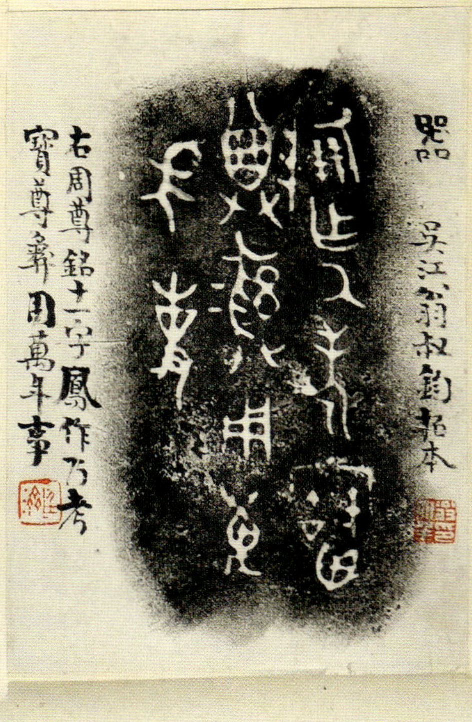
器 吳江翁叔鈞拓本
右周尊銘十一字鳳作乃考
寶尊彝周萬年享

年事”。

翁大年（1760-1842），初名鴻，字叔鈞，又字叔均，號陶齋。江蘇吳江人。清代篆刻家。

6、《古戈》

余於藏家先後見古戈約三十餘事，自周制外，大率多戰國時物。此戈篆獨奇古，在《董武鐘》《季子鈴》之間，且兩面皆有文字，洵是商器，得者寶之。廷濟。

7、《漢安洗》

鈐印“吳雲私印”“阮元私印”

漢安洗，儀徵阮氏所藏，方綱曾觀于積古齋。

嘉慶庚申（1800）八月，廷濟集漢洗拓本，以此冠其首。

卷軸二

1、《大吉壺》

鈐印“晉盧水率善佰長”“百鏡室”

2、《周史寏敦》

鈐印“翁大年印”

銘在器內，字較蓋稍縮，自具一種凝結之勢，此刻畫之能合筆法者。廷濟。

3、《商舉卣銘》

鈐有“徐籀莊”

商舉卣銘在頸內，象兩手執器形，徐同柏釋為“舉”，從古堂藏器。

4、《臨安府行用準伍佰文省》

鈐有“徐傳經印”“文鼎之印”“嘉興張廷濟字叔未行三乾隆戊子生嘉慶戊午科浙江鄉舉第一”

此品係嘉慶丁巳（1797）郡中書賈攜售於余者，越八年，從子又超又得一品于禾市，歸余。後山仁兄為余經畫，貯以二匣，將來入都，當乞翁秋部題其上。丙寅（1806）十月一日，廷濟。

後山仁兄即文鼎（1766—1852），字學匡，號後山，浙江秀水人。富收藏，精鑒別。工書畫篆刻，善刻竹。

翁秋部即翁樹培（1765—1809），翁方綱之次子。乾隆五十二年（1787）進士，官刑部郎中。博學好古，能傳家學。凡古之刀幣貨布，皆能辨識。著有《泉幣考》。

5、《五銖錢範》

鈐有“六舟手拓”“晉盧水率善佰長”“青雲直上”

余藏泉範不下十餘品，多出自銅為者，近聞山左泥范出土，有半兩五銖貨泉等，六舟從其友人處選得此種，亟以示余，忻幸！忻幸！

6、《史父尊》

鈐有“六舟手拓”印章。

此尊“𠂤”為“史父”兩字合文，言史姓為其父作器。按阮師《積古齋款識》載有《兄光敦》與此同義。

7、《秦度量詔版殘字》

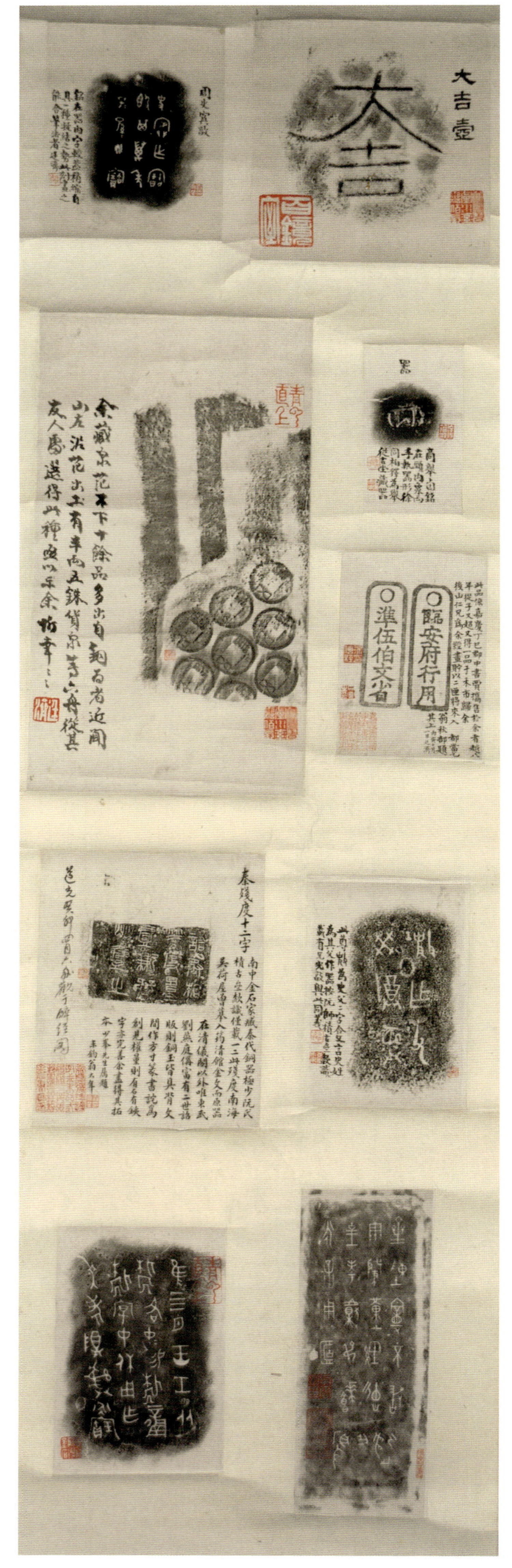

卷軸二

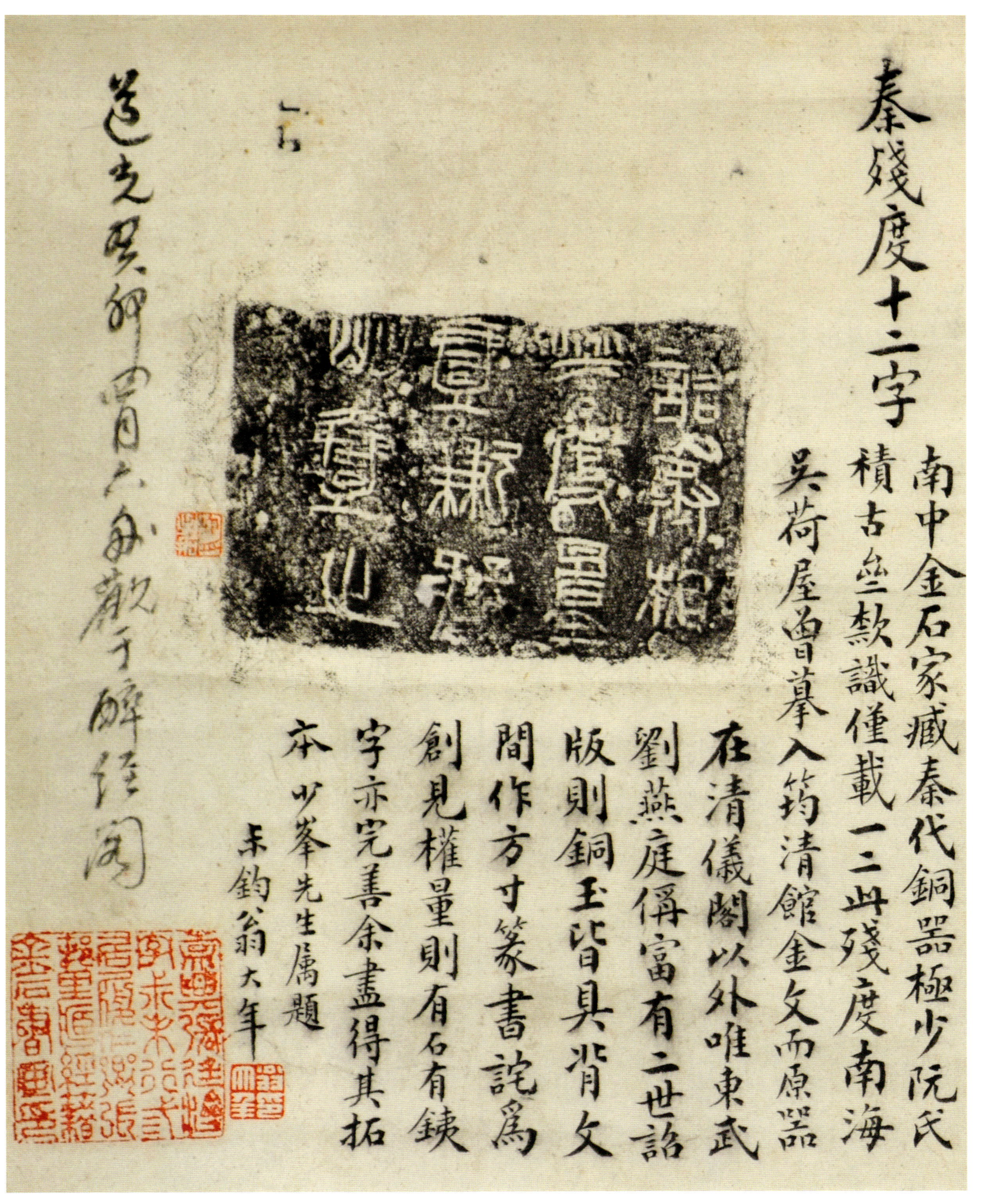

卷軸二局部

鈐印"六舟手拓""嘉興張廷濟字叔未行三居履仁鄉張邨里藏經籍金石書畫印"

秦殘度十二字。南中金石家藏秦代銅器極少，阮氏《積古齋款識》僅載一二。此殘度南海吴荷屋曾摹入《筠清館金文》，而原器在清儀閣，以外唯東武劉燕庭偁富，有二世詔版則銅玉皆具，背文間作方寸篆書，詑為創見，權量則有石有銕，字亦完善，余盡得其拓本。少峯先生屬題。尗鈞翁大年。

道光癸卯（1843）四月，六舟觀於醉經閣。

8、《彝器銘文兩張》

鈐印"吴雲私印""頌魚所藏金石文字碑碣之印""頌魚所藏金石""六舟所得金石""青雲直上"。

卷軸三

1、《五銖泉範》

鈐印“晉廬水率善佰長”“張燕昌印”。

2、《晉永昌槍》

此與晉永昌椎同出濟寧，玩其制度當是槍，楳溪所藏。

廷濟按：椎為黄小松得，載《積古齋款識》。

3、《漢鏡》

鈐印“翁大年印”。

吴江翁大年藏。（翁大年題）

右竟可辨者僅“鍊冶銅日有紀”等字，餘皆減筆省文，張廷濟記。

4、《商舉卣蓋銘》

鈐印“徐籀莊”。

商舉卣蓋，此亦古文“舉”字，爵斝觶尊中多見之，取持飲之義也。張廷濟。

5、《周奮敦蓋銘》

鈐印“翁大年印”。

廷濟按：此銘从左起，字亦反書，書“作”為“乍”，又體之小變也。

6、《商戈》

鈐有“楚翹手拓”、“吴趨潘氏十二漢磚硯齋所藏金石圖書”印章。

右商篆文戈，蘇州尤楚翹晉所藏。云自嘉慶初其先人官豫時，以十千錢得於亳州故家。器通體作瓜翠，瑩潤可愛，重今庫平七兩五錢。

7、《季保彝器銘》

鈐有“質民”印章

此彝弟二字當是“保”字，籀莊甥釋為“仔”字，或作“存”字，張質民拓本。

8、《鄂史賓釺銘》

鈐印“阮氏吉金”“金石契”“娱老書巢樂飢之品”“徐傳經保之”“夢華”“德清徐傳經頌魚父鑒藏金石文字書畫之印”。

徐傳經録《積古齋鐘鼎款識釋文》（茲不贅録）

卷軸四

1、《郡公敔》（拓片下方有翁大年釋文）

郡公敔。秦敦甫太史恩復藏器。右敔銘六行，凡四十二字。案《積古齋款識》以左僖二十五年傳“秦晉伐郡”考之，郡為秦楚界上小國，“敔人”郡君名。廷濟審定第五行末二字是“年無”二字，阮氏以為摩滅，蓋由拓本未精到耳。

秦恩復（1760-1843），字近光，號敦夫，江蘇江都人。乾隆五十二年（1787）進士，為翰林院庶吉士，散館授編修，官至

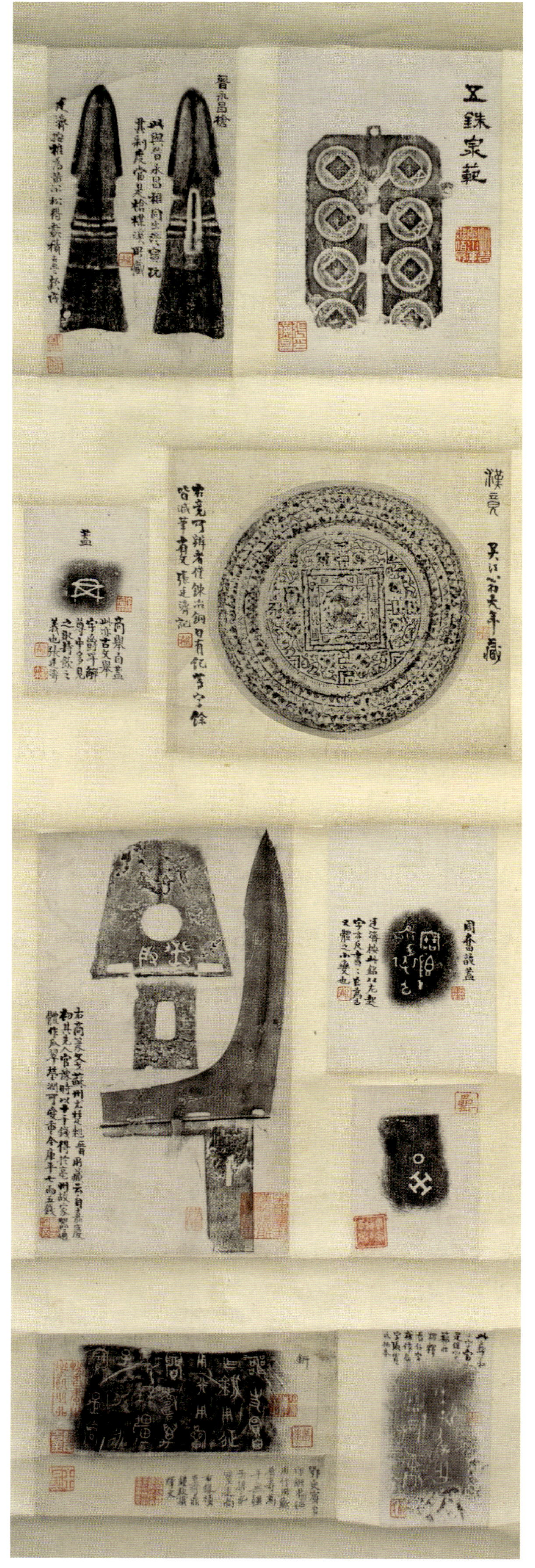

卷軸三

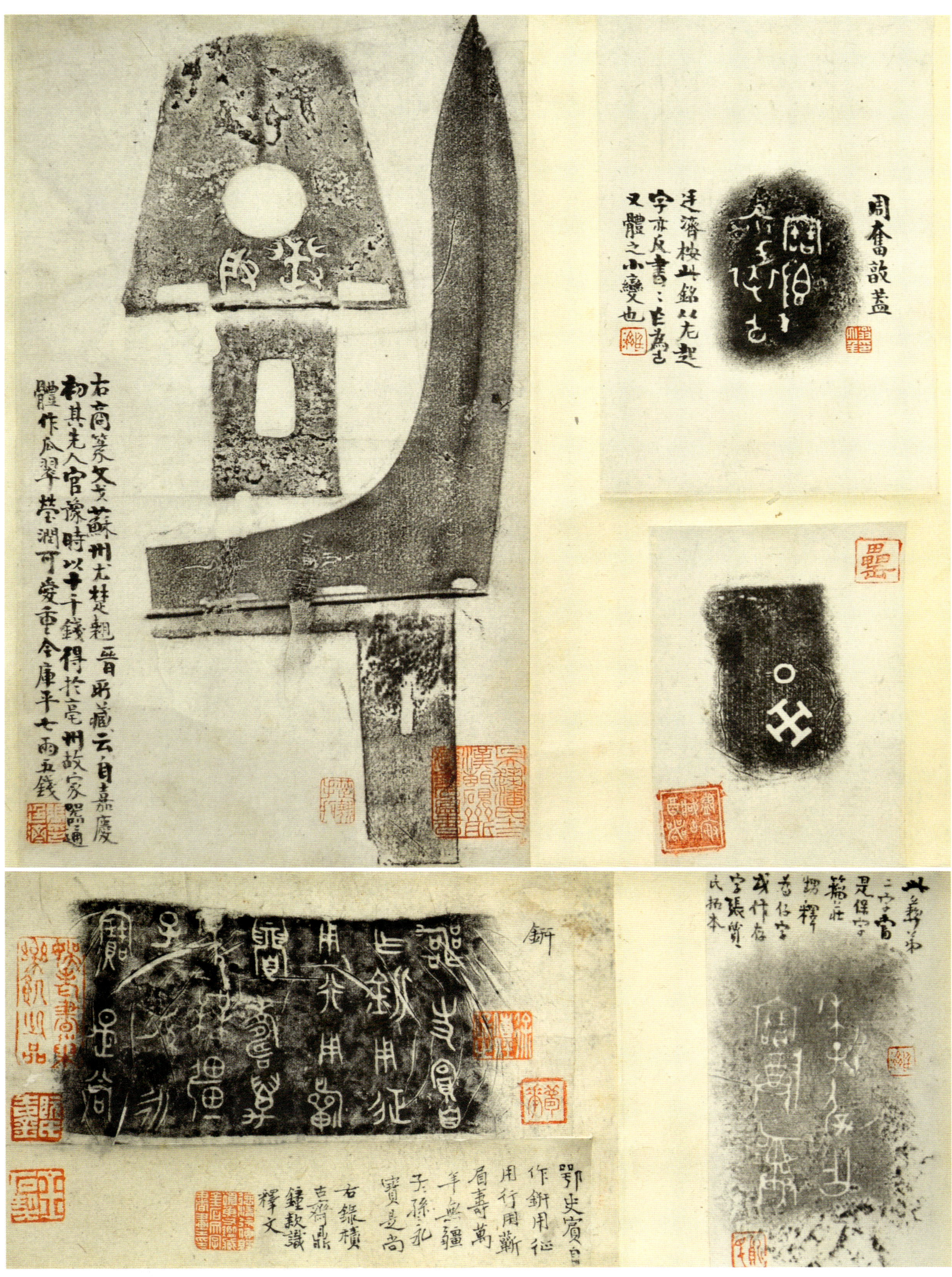

卷軸三局部

太史。好讀書，精校勘，善鑒藏，所居“玉笥仙館”，蓄書數萬卷。

2、《五銖泉範》

鈐印“六舟所得金石”“一肚皮不合時宜”。

漢五銖泥范。六舟上人所藏。道光丙午（1846）春二月，張廷濟題。

3、《彝器銘文》（拓片有硬傷）

鳳□□，蓋“年”字前一行“彝”字相齊，因“尊”字左旁筆畫稍展也。廷濟。

觀此知古人鑄文布置不苟。

4、《亞𢀛卣》

鈐印“鄭盦（潘祖蔭）藏卣”。

5、《角王銅鏡》

角王作竟辟不祥，倉龍白虎神而明，赤雁玄武主陰易，國實受福家富昌，長宜子孫樂未央。

6、《父癸彝銘》

鈐印“神品”、“子貞”。

7、《師觀敦》

鈐印“翁大年叔均信印長壽”印章。

周師觀敨，器為劉燕庭所藏。

左側為張廷濟所作釋文。

8、《五銖雁鉤》

鈐印“劉喜海印”。

此鉤全仿雁形，中作古泉文，下有一行小隸字，審為“丙午神”三字，餘不可辨，諸城劉燕庭藏。廷濟。

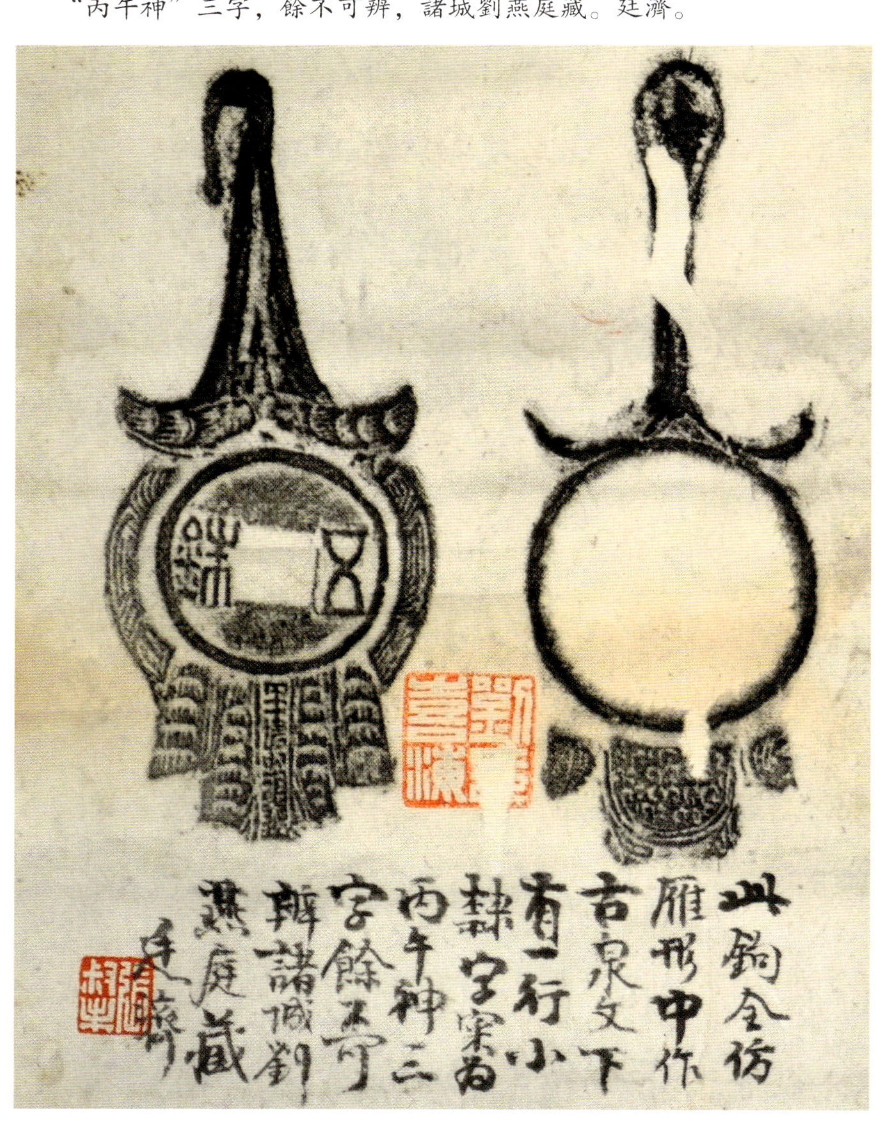

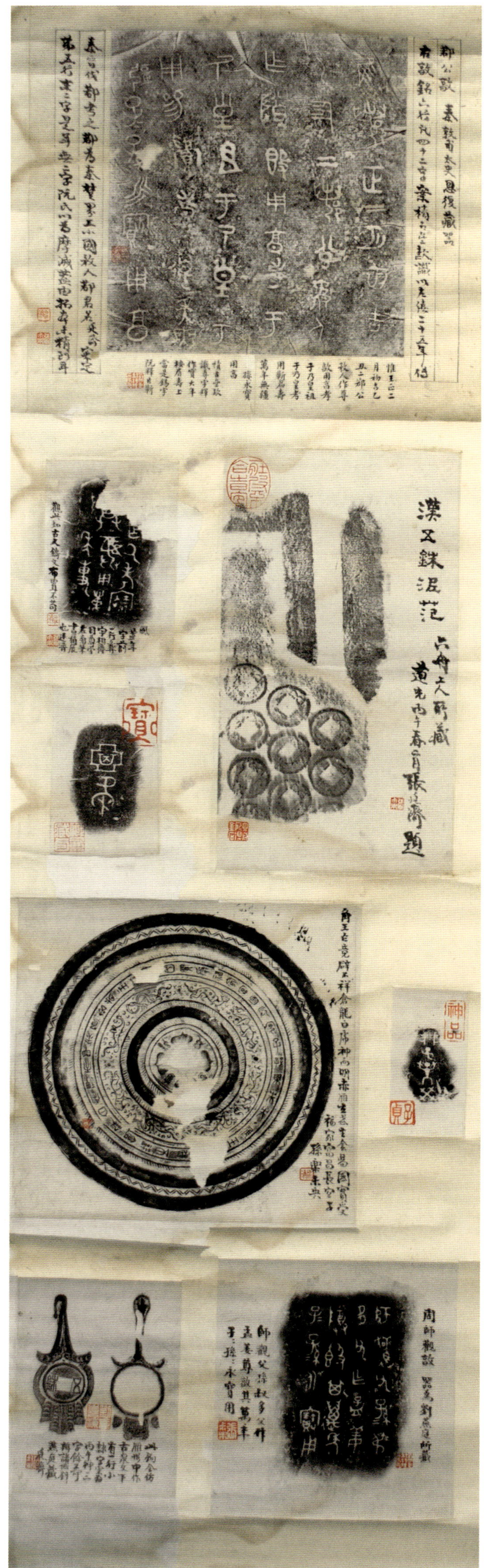

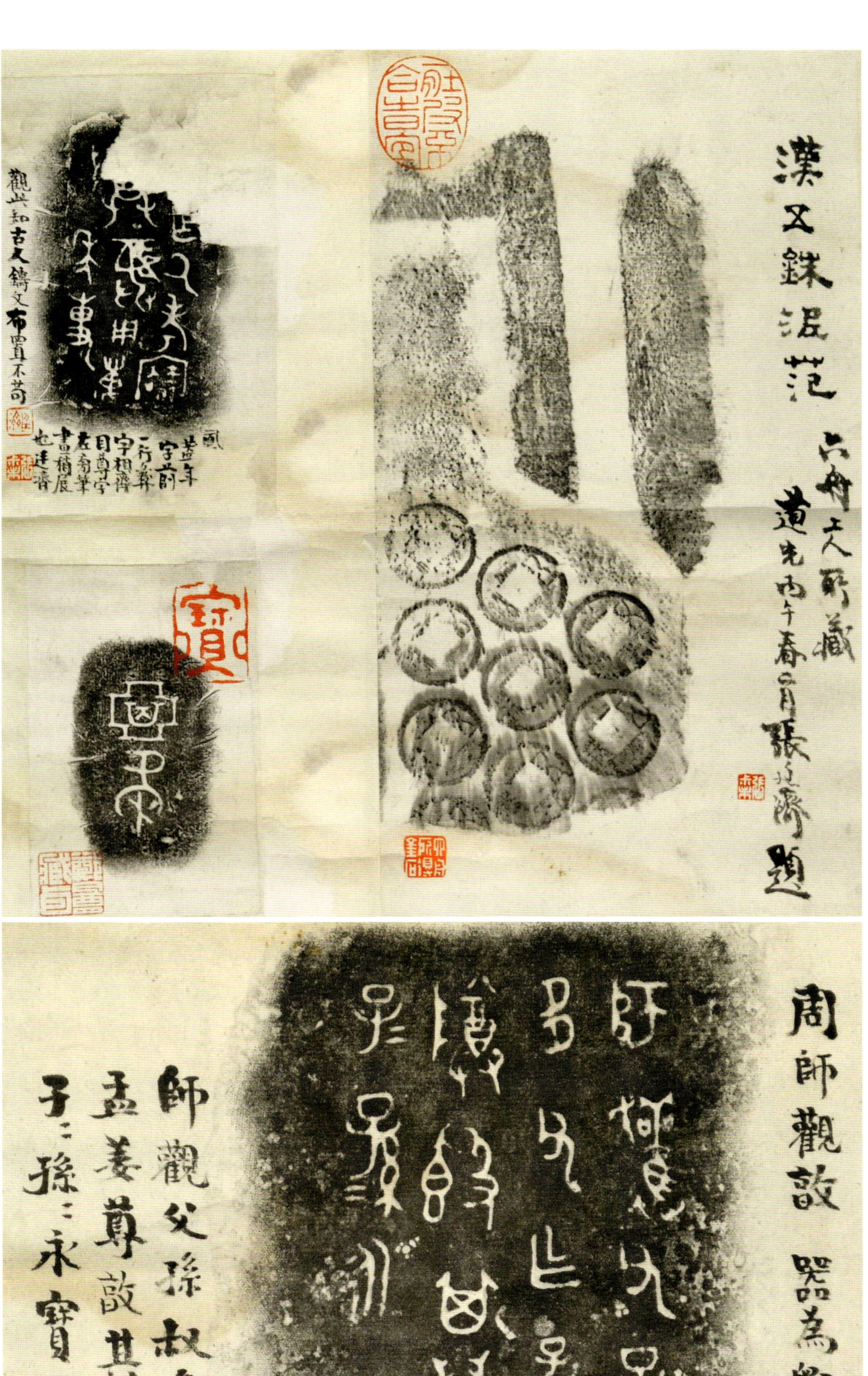
漢五銖泥范
六舟上人所藏
道光丙午春二月張廷濟題
周師觀敨 器爲劉燕庭所藏
師觀父孫叔多父作孟姜尊敨其萬年子子孫孫永寶用

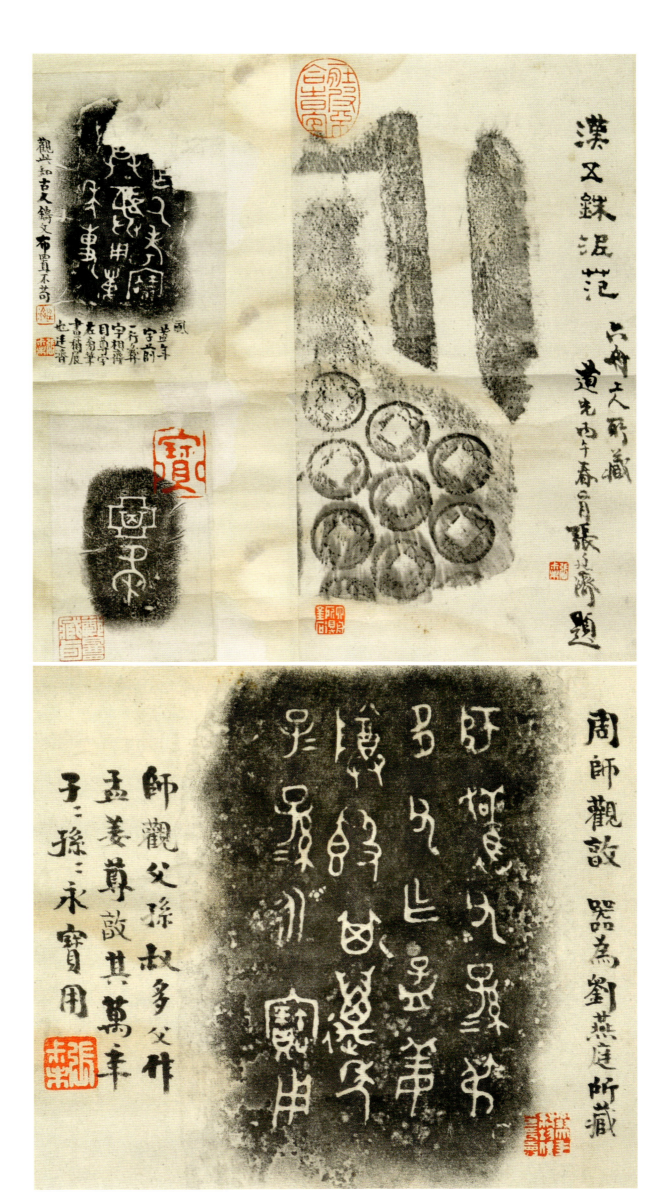

5.《吳大澂題鼎彝八軸》吳湖帆藏本

卷軸裝　八軸　畫芯縱132釐米　橫42.5釐米

館藏號：Z1012-1021 Z1257-1276

2014年元月，筆者在碑帖拓片整理中意外檢得《吳大澂題鼎彝六軸》，卷軸外皆有吳湖帆題簽。共存二十四件鐘鼎彝器全形拓並銘文拓片，多為吳大澂恒軒藏器。每件拓片邊側均有吳大澂朱筆題記，或釋銘文，或證史實，或記收藏經歷。卷軸中除吳大澂藏印外，另鈐有“吳湖帆”“吳湖帆珍藏印”“先人真跡嗣守”“吳潘靜淑”“潘靜淑珍藏印”“吳湖帆潘靜淑所藏書畫精品”“梅影書屋秘笈”等印章。此本傳拓精良，可惜未見有拓工鈐印。最初整理時僅僅發現六軸。奇巧的是，數月之後，又覓得鼎彝拓本兩軸，經確認兩者同屬一套，實乃延津劍合的一段金石奇緣，故更名為《吳大澂題鼎彝八軸》。

吳大澂（1835-1902），字清卿，號恒軒、愙齋，江蘇省吳縣人。清同治七年（1868）進士，歷官廣東巡撫、河南山東河道總督、湖南巡撫等。晚清著名金石家。著有《說文古籀補》《古玉圖考》《權衡度量實驗考》《愙齋集古録》《恒軒所見所藏吉金録》《愙齋文稿》等。

此《吳大澂題鼎彝八軸》，其彝器多為光緒十二年（1886）吳大澂出任廣東巡撫時，自京師南下途中所獲。卷軸之題記書法或篆書、或楷書、或行書，洵為愙齋金石題記之代表作。卷軸雖無具體題記時間，但筆者推斷其傳拓、裝裱、題記時間應該在光緒十七年（1891）至光緒二十年（1894）之間。

此時的吳大澂正處於仕途的巔峰。先是，在琿春同俄國進行勘界會談，據理力爭收回被沙俄非法侵佔的領土，又爭得中國船隻在圖們江口的航行權。繼而，調任廣東巡撫，處理葡萄牙強佔澳門和香山七村事件。再者，成功治理鄭州黃河決堤，實授河道總督，賞頭品頂戴，後又轉任湖南巡撫。保疆、治河、治學皆一帆風順，此時的吳大澂可謂春風得意，無上榮光。

卷軸之全形傳拓技藝亦精彩絕倫，試想當時能為巡撫大人傳拓彝器者，絕非尋常之輩，當為一朝國手。難怪吳湖帆在卷軸中鈐以“先人真跡嗣守”“梅影書屋秘笈”等印章，以示珍重，此鐘鼎彝器八條屏誠為吳氏之傳家寶。20世紀六十年代初，此件藏品轉歸上海圖書館公藏，此後塵封書庫數十年，最終竟淪落到無人問津的地步。此次經筆者重新發現，決定將其提調善本庫珍藏，日後當以國寶視之。

現在，筆者將《鼎彝八軸》基本情況及吳大澂釋文開列如下：

卷軸一：

吳湖帆外簽：“芮公鬲、宗婦方壺、黽婦爵”。

1、《芮公鬲》

《芮公鬲》全形拓以及口沿銘文拓片。

上方題記：

（前半為銘文之釋文，略），後接：“內”古“芮”字，國名，舊釋作“宋公”，非是。潘文勤公藏一鬲，與此同文。

2、《宗婦方壺》二件

《宗婦方壺》兩件全形拓以及腹底銘文拓片。

左側題識：

王子剌公宗婦器於光緒丙子年（1876）鄠縣出土，七鼎、六敦、兩壺、一盤，同文，皆為愙齋所得。

3、《黽婦爵》二件

《黽婦爵》二件全形拓以及銘文拓片。

右側題識：

余於丙戌（1886）臘月由京赴粵，道出山左，遇劉估持此爵索售，云尚有一爵不知何人購去，迨至袁浦尹伯圜自濰縣來，手持一爵，亦云同文有二器，余曰其一已得之矣，遂相与大笑。愙齋手記。

下方另有題記一段：

《石鼓文》有“[illegible]”字與《說文》“[illegible]”部“[illegible]”字相似，此爵首一字从“[illegible]”从“千”，當即从“[illegible]”之字，下从“亻”非从“千”也。《說文》“㲋”部祇三字，知古籀文之遺逸者不少矣。

卷軸二：

吳湖帆外簽：“祖丁鼎，韓仲侈壺、鄭叔上匜。”

1、《祖丁鼎》

《祖丁鼎》全形拓以及銘文拓片。

右側題識：“且丁鼎，大澂得之粵東。”

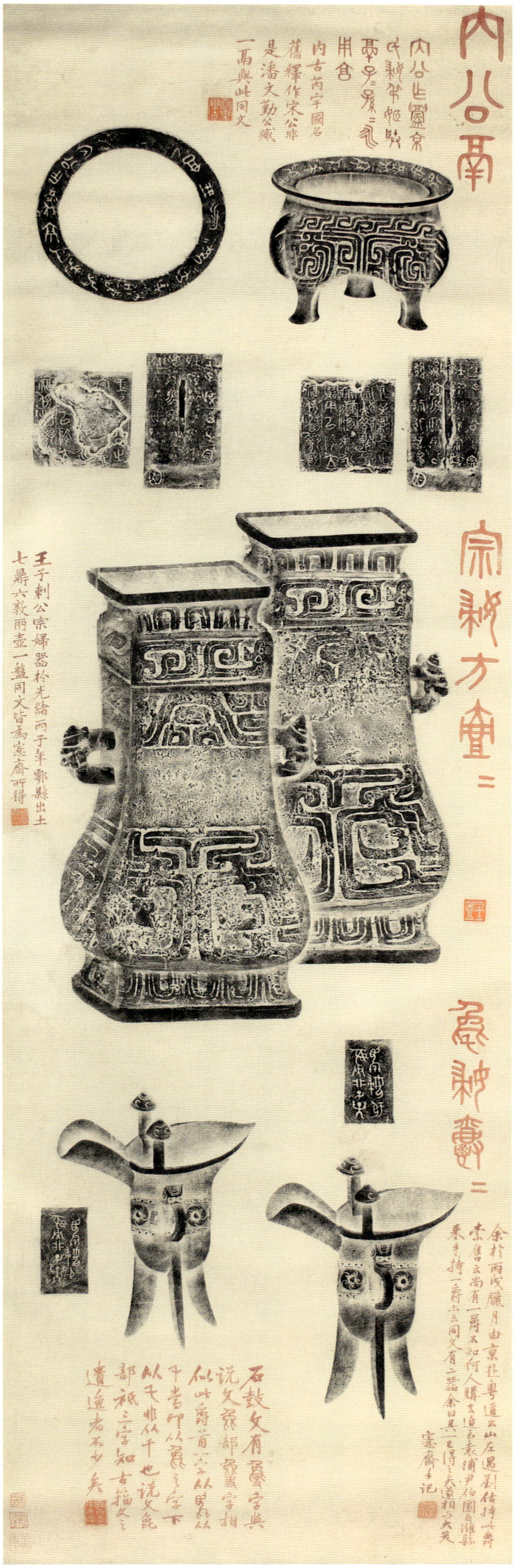

卷軸一

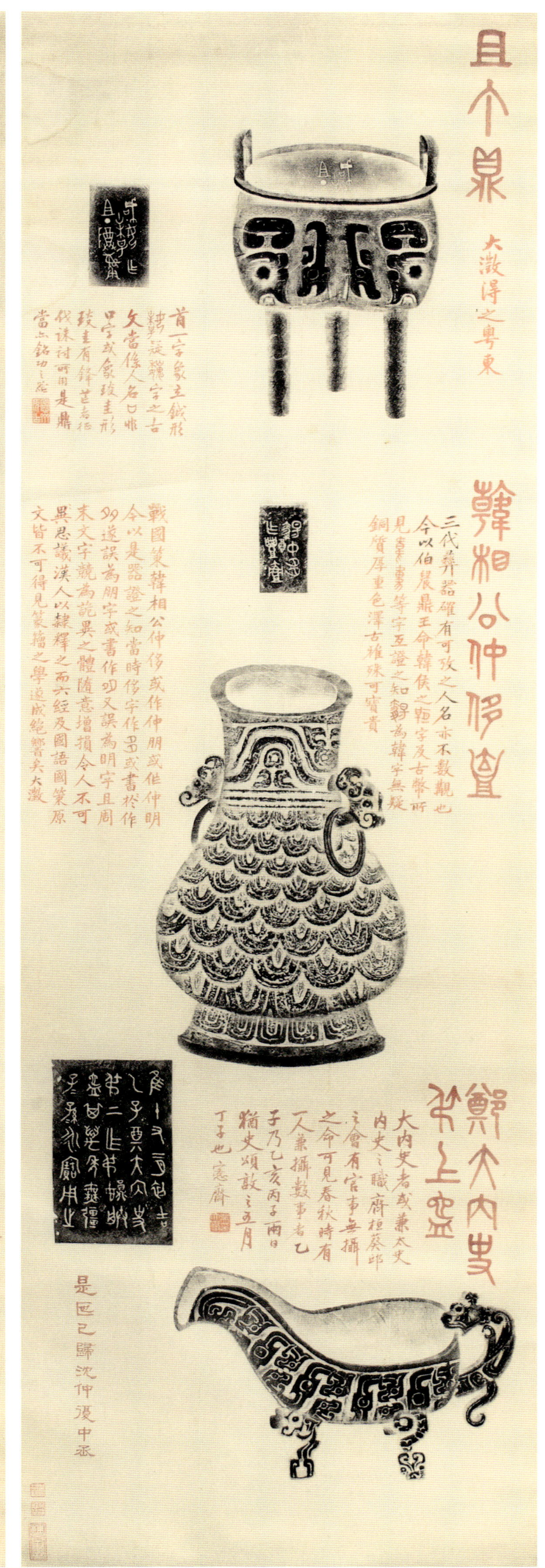

卷軸二

下方題記：

首一字象立鉞形，“䰟”疑“魏”字之古文，當係人名，“ㄩ”非“口”字，或象琰圭形，琰圭有鋒芒者，征伐誅討所用，是鼎當亦銘功之器。

2、《韓仲侈壺》

《韓仲侈壺》全形拓以及銘文拓片。

右側題記：

韓相公仲侈壺。三代彝器確有可攷之人名亦不數覯也。今以《伯晨鼎》“王命韓侯”之“𩏑”字及古幣所見“𩏑”“𩏑”等字互證之，知“𩏑”為“韓”字無疑，銅質厚重，色澤古雅，殊可寶貴。

左側題記：

《戰國策》“韓相公仲侈”或作“仲朋”或作“仲明”。今以是器證之，知當時“侈”字作“多”，或書於（此字點去）作“𡖈”，遂誤為“朋”字，或書作“𡖈”，又誤為“明”字。且周末文字競為詭異之體，隨意增損令人不可思議，漢人以隸釋之，而六經及《國語》《國策》原文皆不可得見，篆籀之學遂成絕響矣。大澂。

3、《鄭叔上匜》

《鄭叔上匜》全形拓以及銘文拓片。

上方題記：

鄭大內史叔上匜。大內史者或兼太史內史之職，齊桓葵邱之會有官事無攝之命，可見春秋時有一人兼攝數事者，“乙子”乃“乙亥丙子”兩日，猶《史頌敨》之五月丁子也。窓齋。

下方補記：

是匜已歸沈仲復中丞。

卷軸三

吳湖帆外簽：“女歸卣、師皇父鼎、魯伯愈父簠”。

1、《女歸卣》

《女歸卣》全形拓並器蓋銘文拓片兩紙。

上方題記：

此亦嫁女之媵器也。商器文簡，以女歸二字紀之，凡器有足跡形者，皆古“世”字，取世世子孫永寶之義，“𠕋”當係古禮器象形字，如今誥敕之有架也。大澂。”

2、《師奎父鼎》

《師奎父鼎》全形拓以及銘文拓片。

右側題記：

師奎父鼎。劉燕庭《長安獲古編》以是鼎為第一，余於都門得之。

左側題記：

奎字不見於字書，《筠清館金文》釋作“寶”，張孝達尚書（張之洞）釋作“皇”，《說文》皇，大也。大部“戴”、“奆”、“会”、“衣”、“夰”、“奞”、“奄”等字皆訓大。是鼎文第三行“奎”字中畫近上，是“王”非“玉”，从“大”得義，从“王”得聲，讀若“皇”，當即太師皇父之器。《竹書紀年》周宣王二年錫太師皇父司馬休父命，此其冊命之詞與。“井”古“邢”字，《師虎敨》“邢伯內右師虎”，當即此人。敨文係宣王元年錫召穆公之冊命，是鼎係二年六月，相去亦不遠也。“冋黃”當讀“絅衡”，“𠀠”古“裳”字，小篆作“常”，舊釋“束”，非是。窓齋釋文。

3、《魯伯愈父簠》

《魯伯愈父簠》全形拓以及銘文拓片。

右側題識：

魯伯愈父簠。通州馮氏舊藏，器文載《金石索》。

左側題記：

“𠄎”舊釋“年”，非是，大澂以為“承”之渻文，“𠄎”字重一筆，異文。

卷軸四

吳湖帆外簽：“亳觚、追敦、季良父盉”。

1、《亳觚》

《亳觚》全形拓以及銘文拓片。

上方題記：

亳觚。《說文》“亳”，京兆杜陵亭也。从“高”省“乇”聲。此觚“亳”字从“京”，从“止”，亳為商湯建都之地，故从“京”，邦畿千里，惟民所止，是从“止”之義，較从“乇”為長，其為商器無疑也。大澂得於粵東。

右下方補記：“此觚之有棱者。”

2、《追敦》

《追敦》全形拓及銘文拓片。

上方題記：

追敦。蓋失。曹氏《懷米山房吉金圖》有追敨蓋，文字完好，兵燹以後，不知流落何所矣。

3、《季良父盉》

《季良父盉》全形拓及銘文拓片。

上方題記：

季良父盉。《窓清館金文》有殳季良父壺，當係一人所作，"𩰫"古"盉"字。《說文》盉，調味也。器以盉名，盖盛羹之器也。大澂得於都門。

卷軸五

吳湖帆外簽："丙父已方鼎、史頌敦"。

1、《丙父已方鼎》二件。

《丙父已方鼎》全形拓以及銘文拓片，各一份。

右上方題記：

丙父已方鼎二。方鼎不易得，二鼎同文，完好無損缺，可寶也。

2《史頌敦》

《史頌敦》全形拓以及器蓋銘文拓片各一紙。

右側題記：

史頌敦。是敦得之關中，辛卯（1891）秋間攜至金陵，已歸劉省三中丞，省三藏有《虢季子白盤》，亦寶器也。

左側題記：

此史頌奉命往蘇聽獄訟，蘇人賂以金馬而作此敦也。曰灋曰理曰𥁰曰成，皆斷獄之事，潘文勤（潘祖蔭）所藏一鼎與此同文。《德鼎》文作"𢔶"，舊釋"德"，非是，當讀作"聽"。大澂以為"視聽"之"聽"，與"聽訟"之"聽"必非一字。《洪範疏》："聽者，受人言，察是非也。"《周禮·大司徒疏》："聽，待也。"此从"待"，从"目"，与訓"待"之義正合。

下方題記：

"灋"徐籀莊釋作"澤"，張孝達釋作"灋"，其義較長。廌所以觸不直，範圍之，使可守也。灋令之行如流水，故从"水""去"，其範圍則為"癈"，故古"癈"字作"𨽾"。窓齋釋文。

卷軸六

吳湖帆外簽："微子鼎、宗婦盤、鈞權"。

1、《微子鼎》

此鼎即著名的窓鼎。吳大澂初名"窓鼎齋"，後更曰"窓齋"，即以此鼎故。

《微子鼎》全形拓以及銘文拓片。

上方題記：

微子鼎。"𡨦"古"窓"字，二王之後為客，疑"𡨦""窓"皆"客"之異文。是鼎云："其用㫗于乃帝考"。以商帝之子為周王之客，非微子其孰能當之。"

左側題記：

是鼎為鳳翔周氏所藏，其友人攜至三原，余以百金購得之，又有一敦與此同文，尚存周氏，余僅得其拓本耳。大澂記。

2、《宗婦盤》

《宗婦盤》全形拓以及銘文拓片。

右上方題記：

宗婦盤。𨛜國不可攷，《說文》："𨛜，蜀地也，从"邑"，"藉"聲。"或即此字。

左上方題記：

"𡢁"从"女"，从"兄"，从"聘"省，"兄"所聘女當即"嫂"字，隸書一變而从"叟"，義不可通矣。

3、《秦鈞權》

《秦鈞權》全形拓以及銘文拓片。

上方題記：

秦鈞權。是權出陜西寶雞縣第六郜。

下方題記：

權重今庫平十三斤八兩，以余舊藏五十四斤之大權較之，適得四分之一，乃知是權為三十斤之鈞權，其大者即百二十斤之石權也。

左側題記：

是權兩刻始皇詔書，其一詔第一行字多漫漶，想因用久磨滅數字，故刻二世詔書時，又補刻始皇詔書於上，非一時所刻也。

卷軸七

1、《子執旂觚》

《子執旂觚》全形拓以及銘文拓片。

上方題記：

子執旂觚。孟子謂士以旂，大夫以旌。《說文》："旌，析羽注旄首。"此象⺊形，首有三横，疑即析羽形也。

2《子璋鐘》

《子璋鐘》兩面拓片。

上方題記：

子璋鐘。子璋鐘有三，一為新安程木父所藏，一為嘉興張叔未所藏，今皆不知流落何所。余所得編鐘器最小而文未完，曰"群孫"，似祖廟所用器。"𣂑"當讀作"臧"，《詩·十月之交》"曰予不戕"，釋文"戕"，王本作"臧"，臧善也。此云臧子，猶《沇兒鐘》稱憖淑子也。大澂得於都門。

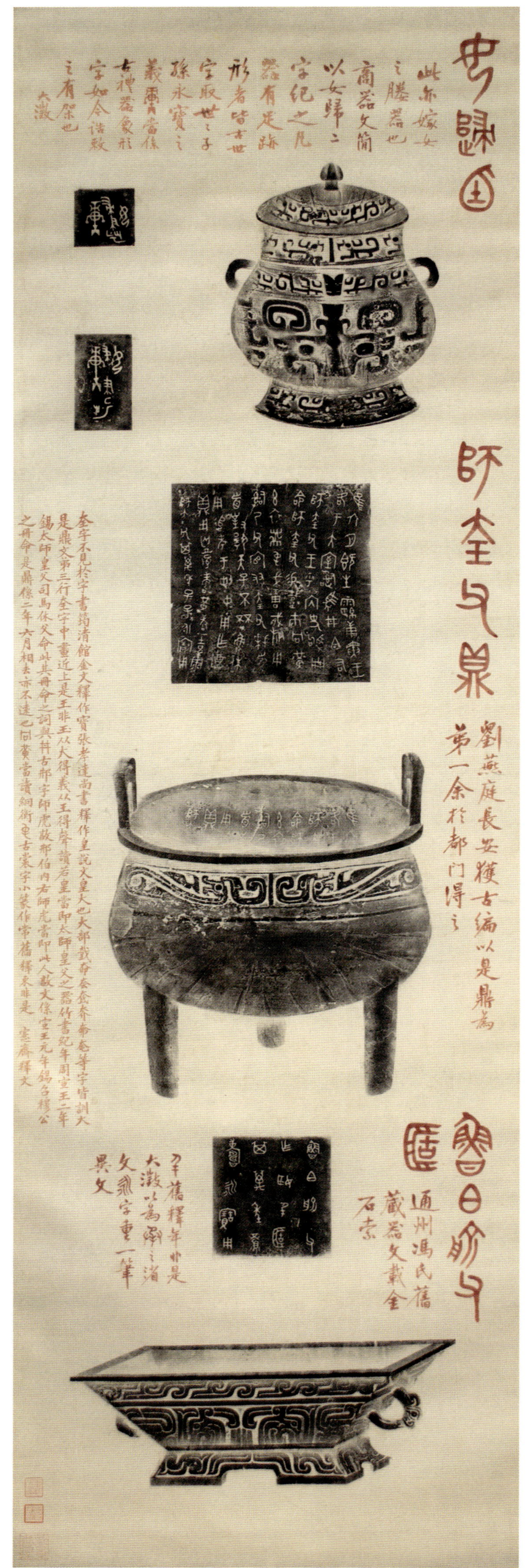

卷轴三

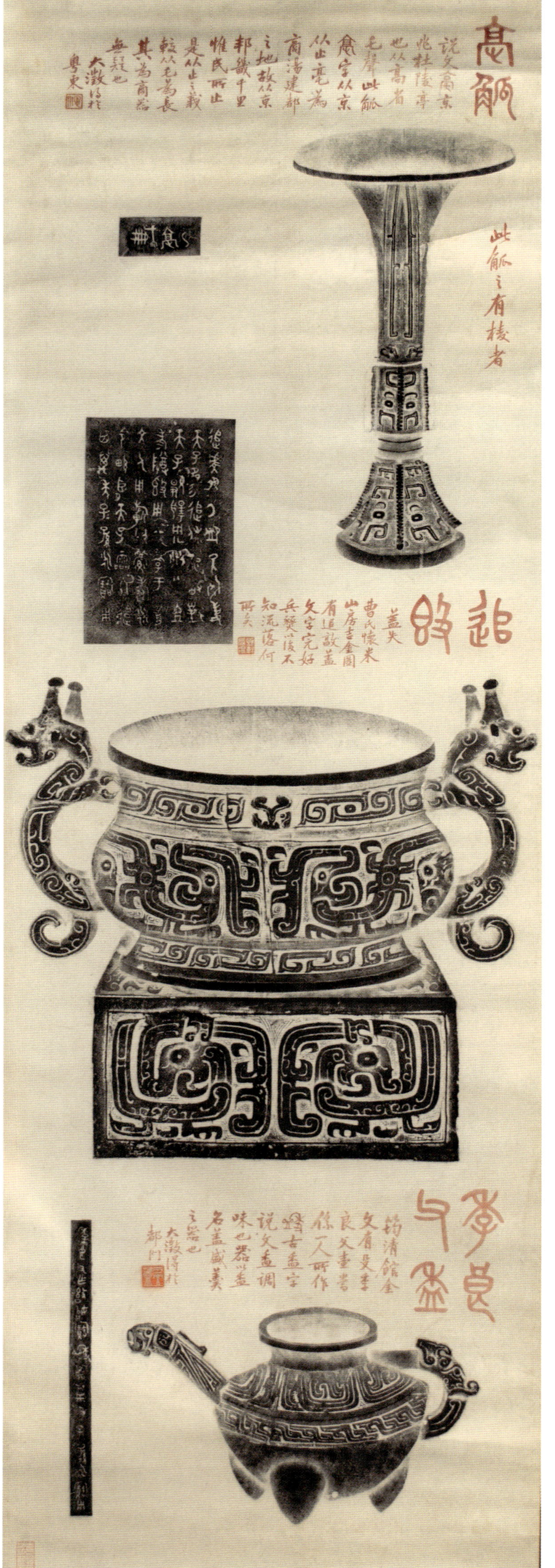

卷轴四

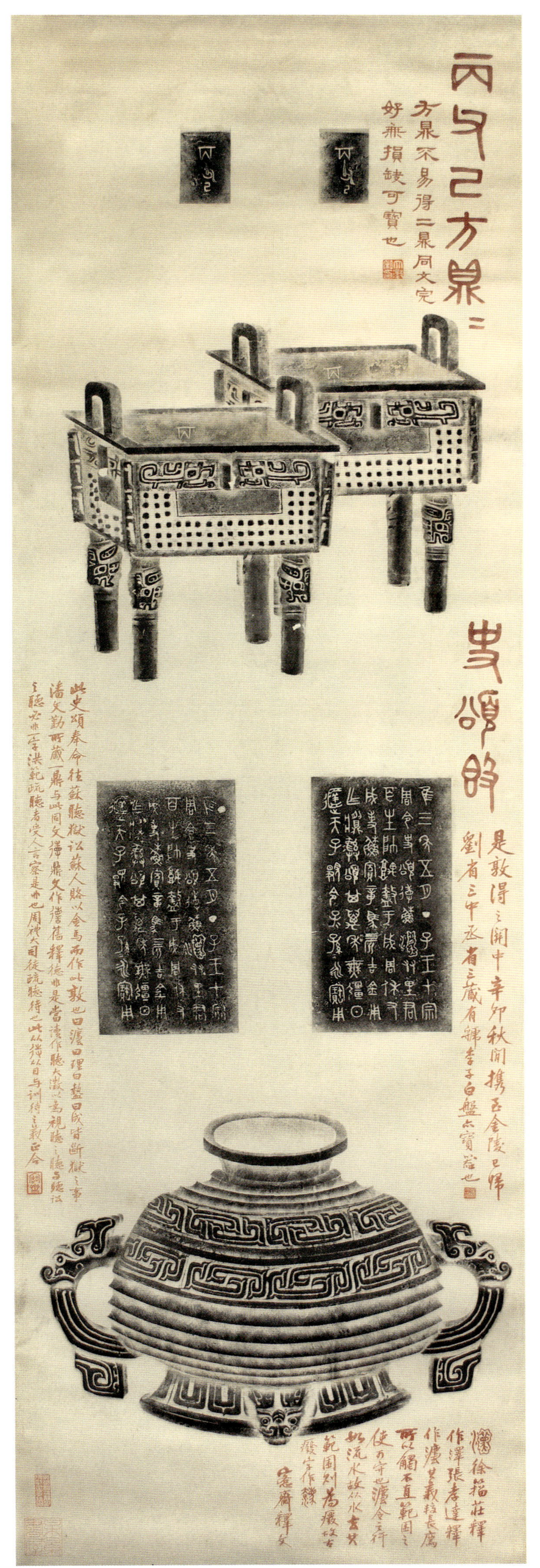

卷軸五

卷軸六

3、《福無疆鐘》

《福無疆鐘》全形拓本

上方題記："福無疆鐘，大澂得於都門。"

下方題記：

"𩠐"作器者之名，《説文》"髮"字重文，或从"首"作"𩠐"，此从"首"从"犮"，當即"髮"之古文，大澂竊疑"髮"字不當从"犬"，或象長髮下垂形，猶須之从"彡"也。

4、《癸父乙敦》

《癸父乙敦》全形拓以及銘文拓片。

上方題記：

癸父乙敦。是敦為李勤伯觀察（李慎）所藏，余在關中曾見之，不知何時流入廠肆，遂以四十金購得之。愙齋。

卷軸八

1、《趩尊》

《趩尊》全形拓以及銘文拓片。

右側題記：

趩尊。此漢陽葉氏平安館舊藏器，為文六十有八，器小而字多者，惟是尊與袁文誠所得師遽方尊耳。

左側題記：

"趩"人名，與《石鼓文》"趩"字同。"井"古"邢"字，"䢅"舊釋"更"，於文義不可通，大澂以為古"御"字"馭"之省文也，御乃且考服，即《詩》"以御於家邦"之意。《師虎敨》"命女𤔲乃且考啻官"，《師𩛥父敨》"既命女𤔲乃且考𤔲"，亦冊命中習見之文。"戠"當讀如《詩》"織文鳥章"之"織"，"識""織""幟"三字並通。"枻"古"世"字，與"枼"字同意。大澂釋文。

2、《孫父口鼎》

《孫父口鼎》全形拓以及銘文拓片。

上方題記：

孫父口鼎。子孫父癸卣，"孫"字作"𦥑"，《子孫角》作"𦥑"，皆與"𦥑"字相類，猶"子"字之古文作"𡿺"、"𡿺"，乃古文奇字也。

是鼎亦在關中所得，雖僅三字，不能僞。愙齋。

3、《乙亥敦》

《乙亥敦》全形拓以及銘文拓片。

右側題記：

乙亥敦。"𠀠𤇈"當釋"刀𤇈"，《𨟝王盉》"𨟝"字从"火"，此其省文也。"丰"象三玉相連形，二玉為"玨"，三玉為"丰"，可補説文之闕。

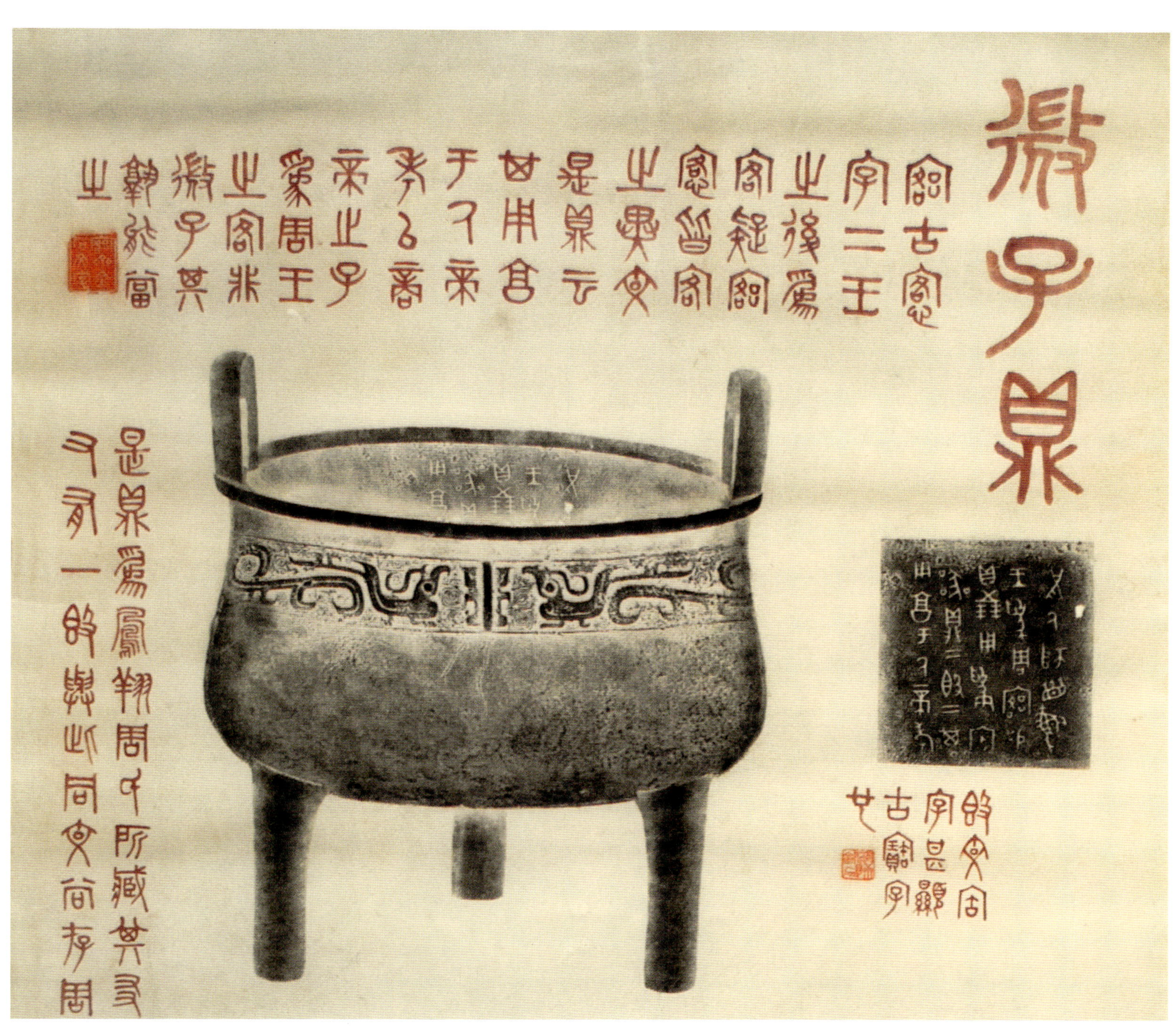

卷轴六局部

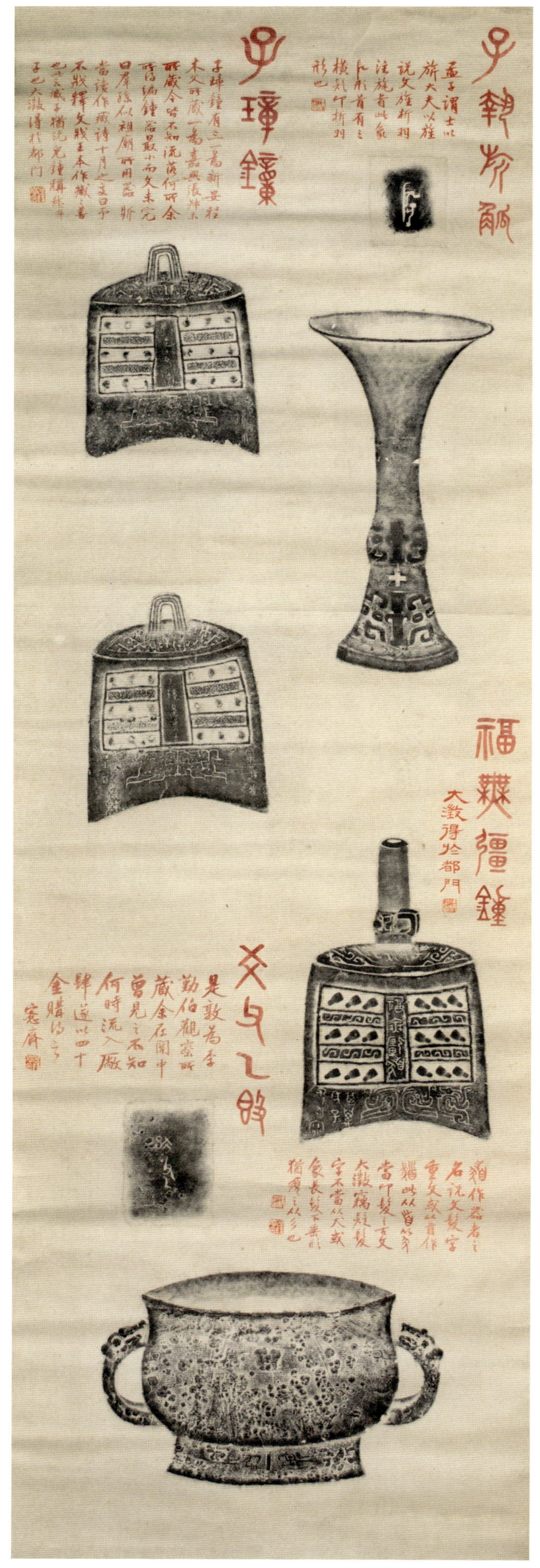

卷軸七

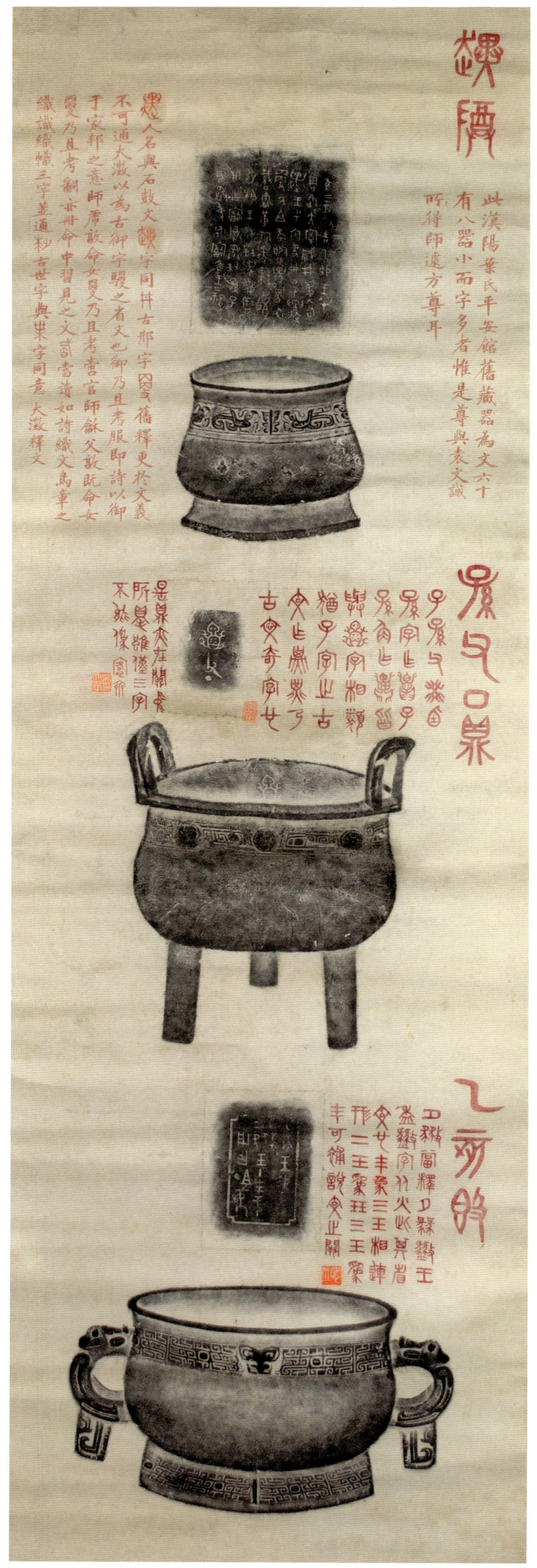

卷軸八

6.《漢代銅器四軸》王文燾跋本

《王文燾題漢代銅器四軸》，分别為《甘露四年池陽宫銅行燈》《綏和元年雁足燈》《漁陽郡孝文廟銅甗鍑》《漢陽泉使者舍熏爐》，四器均為陳介祺舊藏，全形拓本舊為王文燾之父王秉恩（息庵）舊藏，民國庚申（1920）冬，王文燾逐一題記並裝裱成卷軸。

王文燾，字君覆、赤魯、漁生、號璥廡，齋室名有雙銅鼓室、二雅堂、玉芷廎等，四川華陽人，王秉恩之子。清末民初金石學者，著有：《椿蔭宧初草》《鹽鐵論校記》《春秋左氏古經》等。

卷軸一

《甘露四年池陽宫銅行燈》全形拓並銘文拓片

其銘文曰：

池陽宫銅行鐙，重二斤六兩。甘露四年工虞德造，守屬陽、澂邑丞聖、佐博臨。

1、王文燾隸書題端：

甘露四年池陽宫銅行鐙。陳簠齋藏器。

2、卷軸上方，為王文燾過録《劉喜海池陽宫鐙歌》，其文曰：

東武劉燕庭方伯池陽宫鐙詞。右鐙文曰"池陽宫銅行鐙，重二斤六兩。甘露四年工虞德造，守屬陽澂邑丞聖佐博臨。"篆曰（此字點去）書十四行，凡二十有九言，在槃側祺案：鐙下皆別有鏊，此失。

案池陽宫見《漢書·宣帝紀》："甘露三年，上自甘泉宿池陽宫。"《地理志》："池陽隸左馮翊，徵亦隸左馮翊"。師古曰："徵"音"懲"，即今之"澄城"。此文作"澂"，知《漢書》古本當亦作"澂"，師古說可證也。"守屬"見《蓮勺宫博山鑪》工丞佐各箸其名。薛尚功云"凡漢器必謹其歲月与夫造器之官是也"。

云"重二斤六兩"，準以今之庫平得十六兩，予得漢錢二品有文曰："重四兩第一、第九者"，今皆重一兩七錢三分，因證之《建昭雁足鐙》三斤八兩，今重廿有四兩。《陶陵鼎》八斤一兩，今重五十三兩七錢二分。及予所得《藍田共鼎》八斤八兩，今重五十七兩，分皆不甚相差，大率漢權一兩今權得四錢二三分而已。

鐙三足有柄，以慮俿尺度之，通高一寸八分，柄長四寸七分，槃圍徑三寸九分，高八分弱。足高一寸三分，三足各相距三寸七分。

六一居士初集古，要將文字西京補。
林華行鐙五鳳年，橅自長安劉原父。
我亦長安一寓公，古緣今昔將毋同。
一鐙篆文廿有九，大書首勒池陽宫。
紀年甘露四年刻，巧工司馬曰虞德。
班書澂邑今澄城，亦隸黄圖左馮翊。
款同蓮勺博山鑪，祇列守屬無嗇夫。
官秩更詳丞與佐，勒名陽聖博臨俱。

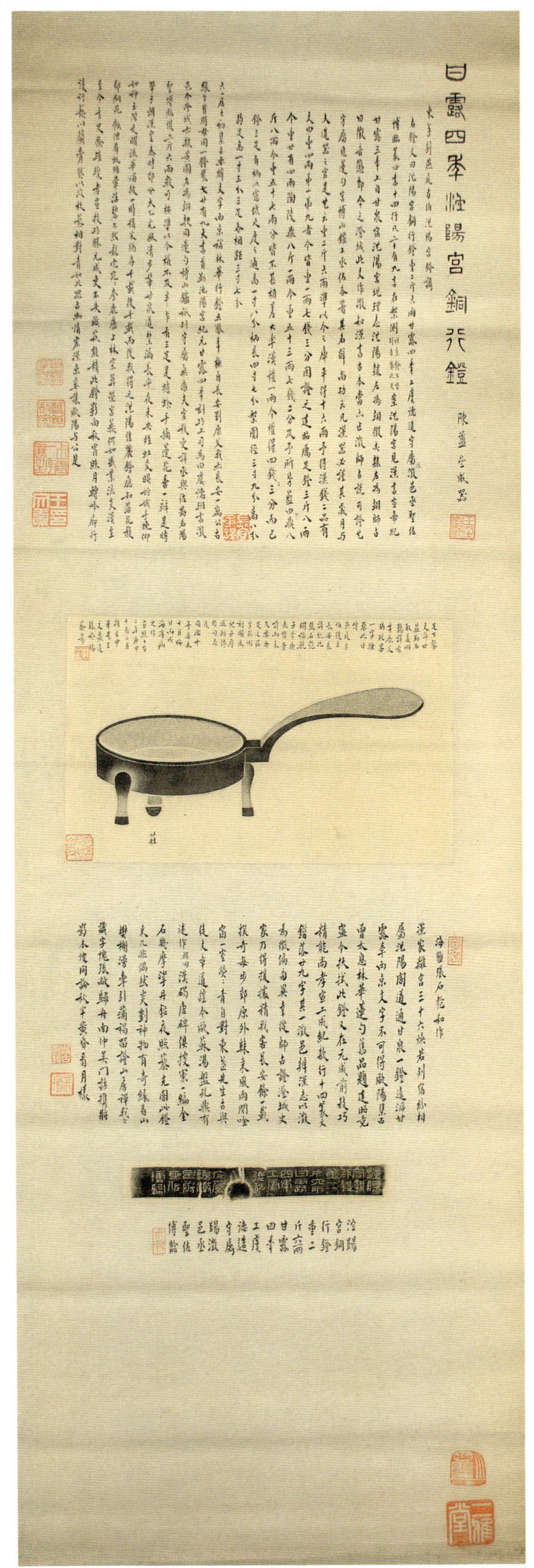

卷軸裝　畫芯縱119釐米　横39.5釐米

館藏號：Z1073-1076

卷軸一

右鐙文曰池陽宮銅行鐙重二斤六兩甘露四年工虞德造守屬（陽）徵邑丞聖佐
博臨篆曰書十四行凡二十有九字在槃側（祖案鐙下皆別有鑿此失）案池陽宮見漢書宣帝紀
甘露三年上自甘泉宿池陽宮地理志池陽隸左馮翊師古
曰徵音懲即今之澄城此文作徵知漢書古本當亦作徵師古說可證也
守屬見蓮勺宮博山鑪工丞佐各著其名薛尚功云凡漢器必謹其歲月與
夫造器之官是也云重二斤六兩準以今之庫平得十六兩予得漢錢二品有
文曰重四兩弟一弟九者今皆重一兩七錢三分因證之建昭鴈足鐙三斤八兩
今重廿有四兩陶陵鼎八斤一兩今重五十三兩七錢二分及予所見藍田鼎（廿六）八
斤八兩今重五十七兩分皆不甚相差大率漢權一兩今權得四錢二三分而已
鐙三足有柄以虞俿尺度之通高一寸八分柄長四寸七分槃圍徑三寸九分高八分
弱足高一寸三分三足各相距三寸七分

六一居士初集古要將文字西京補林華行鐙五鳳年橅自長安劉原父我亦長安一寓公古
緣今昔將毋同一鐙篆文廿有九大書首勒池陽宮紀元甘露四年刻巧工司馬曰虞德班書徵
邑今澄城亦隸黃圖左馮翊款同蓮勺博山鑪祇列守屬無嗇夫官秩更詳丞與佐勒名陽
聖博臨俱二斤六兩數可按準以今權不及半乍看三足是蟾蜍手擿蓮花香一瓣是時
寧于朝漢皇泰時郊分太乙光風清步輦甘泉道禁漏長平夜未央雖虹交映姮娥手挽仰
如神玉階走曜流華燭彼一時精采猶存千載後千載而後我得之池陽佳麗鐙應知落花韻
郁銅花蝕但有虬脂暈浩碧不然龍虎究之夸鹿盧上林宗葬榮宮蘇何如盛業流炎漢至
至今青史餘璀璨孝宣技巧勝元成吏不失職藝能精此鐙影向秋宵照月轉吟廊行
復行蘇以蘭膏然以芄枝藜相對青如此思古幽情宏業京綦襄欲易與公是

二斤六兩數可按，準以今權不及半。
乍看三足是蟾蜍，手摘蓮花香一瓣。
是時單于朝漢皇，泰畤郊分太乙光。
風清步輦甘泉道，禁漏長平夜未央。
晴虹交暎姮娥手，俛仰如神玉階走。
曜流華燭彼一時，精采猶存千載後。
千載而後我得之，池陽佳麗鐙應知。
苔花馥郁銅花蝕，但有蚖脂暈活碧。
不然龍虎宛宛夸鹿盧，上林寂寞縈宮燕。
何如盛業流炎漢，至今青史餘璀璨。
孝宣技巧勝元成，吏不失職菽能精。
此鐙影向秋宵照，月轉吟廊行復行。
爇以蘭膏燃以苡，杖藜相對青如此。
思古幽情宏漢京，奚讓歐陽与公是。

3、全形拓本之上，有王文燾過録陳介祺（海濱病史）題詩：

足下鑿文諦曰莊，勒名取義兩難詳。
當年原父猶豖畧，一字縑留此日償。

燕庭方伯獲古長安，長謌紀此，張石匏開福、鮑子年康亦皆有詩，而未及前右足之“莊”字。茲因刻圖，為兒子厚滋辨得，賦句志後。同治十年辛未十月晦日丙戌，海濱病史作。宣統十有二年庚申（1920）十有二月朔壬申，華昜王文燾迻録於椿蔭簃。

4、王文燾過録海鹽張開福（石匏）題詩：

漢家離宮三十六，煥若列宿紛相屬。
池陽閣道通甘泉，一鐙遠溯甘露年。
西京文字不可得，歐陽集古曾太息。
林華蓮勺舊品題，建昭竟寧今扶拭。
此鐙又在元成前，技巧精能尚孝宣。
工成紀款行十四，篆文錯落廿九字。
其一瀫邑辨漢志，以瀫為徵偏旁異。
幸從師古證澄城，史家乃得援據精。
我客長安餘一載，探奇每步郊原外。
歸來風雨閉唫窗，一室熒熒青自對。
湯盤孔鼎有述作韓句，漢碣唐碑俱搜索。
一編金石幾摩挲，丹鉛夜照藜光閣。
此鐙來几非偶然，炎劉神物有奇緣。
首山樊榭漫牽引，蒲褐留證山房禪。
我今識字愧張敞，歸舟南仲吳門訪。
攜將影本快同論，秋半黃昏看月樣。

卷軸二

《綏和元年雁足燈》全形拓並銘文拓片

1、王文燾隸書題端：

綏和元年雁足鐙。濰縣陳氏寶簠齋藏器，庚申（1920）冬十又一月甲子王文燾題。

2、銘文拓片下方，有王文燾釋文與題記：

綏和元年，供工工譚為內者造銅雁足鐙，護相守、嗇夫博、掾並主、右丞揚、令賀省。重六斤。

按：綏和元年為成帝即位之二十五年，癸丑是歲十月王莽為大司馬。

3、卷軸左側，有王文燾過録吳重熹題記：

長定宮中黃葉秋，大司馬用新亭侯。
淳于賂敗曲陽去，咸陽王業彫潛謀。
是年孝成祚欲盡，建元七改儀容修。
君王心不化明燭，但照宮館羅紈愁。
鴻嘉以來隆內寵，陽河痼水傾炎鐳。
是鐙綏和改元鑄，相掾丞令名雕鎪。
不及班姬照輦道，銅沓衹映金塗浮。
慵來裝點石華褻，紅搖春影椒牆留。
赤鳳謌殘燦歸路，緑熊席煖輝香篝。
漢宮奢麗那尋見，眼界輸与殘檠優。
史傳孝宣精器械，元成以降難追求。
建昭（宣帝時船）竟寧兩雁足，乾嘉老輩爭吟謳。
此鐙後出幸快睹，生晚不抱昌黎憂。

信都食官建始造信都食官行鐙，建始二年，臨虞萬歲元延鏤臨虞、萬歲宮鐙俱元延四年。

余家高鐙亦永始家藏永始三年鐙四器皆成帝時物，三朝較量俱無儔。

未隨陽朔例頒賜建昭雁足鐙，又刻“今平陽家畫一至三陽朔元年賜”十三字，蓋成帝以賜王鳳者也，棄擲得免漸臺陬。

嘗將古今論興廢，始凝須作冰霜籌。
桓靈先短漢獻祚，熙寧早翦徽欽庥。
西京元氣蹶此命，哀平薄祐將何尤。
鼃聲紫色託官禮，九錫遂欲唐虞侔。
一朝事關九廟重，美新致累揚雲羞。
閱歷殘鐙泣風雨，坐對釭粟如縣瘤。
石蓮闇主吳重熹

吳重熹（1838—1918），字仲懌，山東海豐人。吳式芬次子，陳介祺女婿，清末藏書名家。同治元年（1862）科舉人，官至江西巡撫、河南巡撫。有《石蓮闇詩文集》。

4、王文燾《西漢綏和雁足鐙考》，其文曰：

鐙文三十四曰："綏和元年（前8年），供工工譚為內者造銅雁足鐙，護相守，嗇夫博、掾並主、右丞揚、令賀省。重六斤。"漢成帝即位之二十五年癸丑改元所造也。今傳世之雁足鐙著録有一建昭三年（前36年），一竟甯元年（前33年），皆元帝時造，前此不及三十年，同為西漢物，且建昭鐙以成帝九年之陽朔元年（前24年）賜陽平侯王鳳，則與此又同為成帝時物。一永元二年(90年)，則和帝時造，後此百年，為東漢物矣。

是以供工為異，按：供即共，《漢書・百官公卿表》武帝太初元年（前104）更名"考工室"為"考工"，綏和二年（前7年）哀帝省樂府，王莽改曰"少府"曰"共工"。綏和元年十一月丙寅王莽為大司馬，莽傳特記曰："是歲綏和元年也，年三十八矣。"則此"供工"二字足為史誤"共"字，与莽初用事之年。成帝改"考工"為"供工"，非新莽始改之證。又阮氏收《永始杜陵東園壺》，誤釋"供"為"併"。余見《元延鈁》文曰："供工工長繕錮"，同為成帝時物，則又在莽為大司馬之前。諸家以建昭"考工"文疑《竟甯鐙》為僧達受剔誤，誠不免有失。嗣余得漢朱文半通印，文曰"寺工又大"，可為之解嘲。今此"供工"又為不同，又異於史，真足資攷古者之討論矣。

今（此字點去）譚，工名。守博並揚賀，官吏人名。內者，掖庭女官署名。相、嗇夫、掾、右丞令，官吏職名。主与省，其職"護"猶今之"護理"也。《漢書・外戚傳》："許廣漢女平君當為內者令歐陽氏子婦。"則"內者"是宮中女官也。"相"自是供工官，如古小相之名。余藏有《漢咸□陵園相印》當即此類嗇夫。《漢宣帝紀》："取暴室嗇夫許廣漢女"，師古曰"暴室，掖庭主織作染練之署。嗇夫者，暴室屬。"又《張釋之傳》有"虎圈嗇夫"，此亦當即其類為供工之屬官，而非縣職聽訟之嗇夫也。"掾""右丞令"亦供工官吏，"掾"，掾吏也。《後漢書・王良傳》注司徒之椽吏也。漢印有廷椽，又有陰靡集椽，田況丞少府，佽飛九丞，掖庭八丞，宦者七丞，獨闕考工丞數，此曰"右丞"，則為二矣。"主"者，《少府》注臣瓚云："冬官曰考工，主作器械也。""省"者，察也。与《記》之"物勒工名，以考其成，日省月試"。《呂氏春秋》之監工同。"漢官之非真拜者，有行有領，有護有守。"此"守"字則護相者之名，

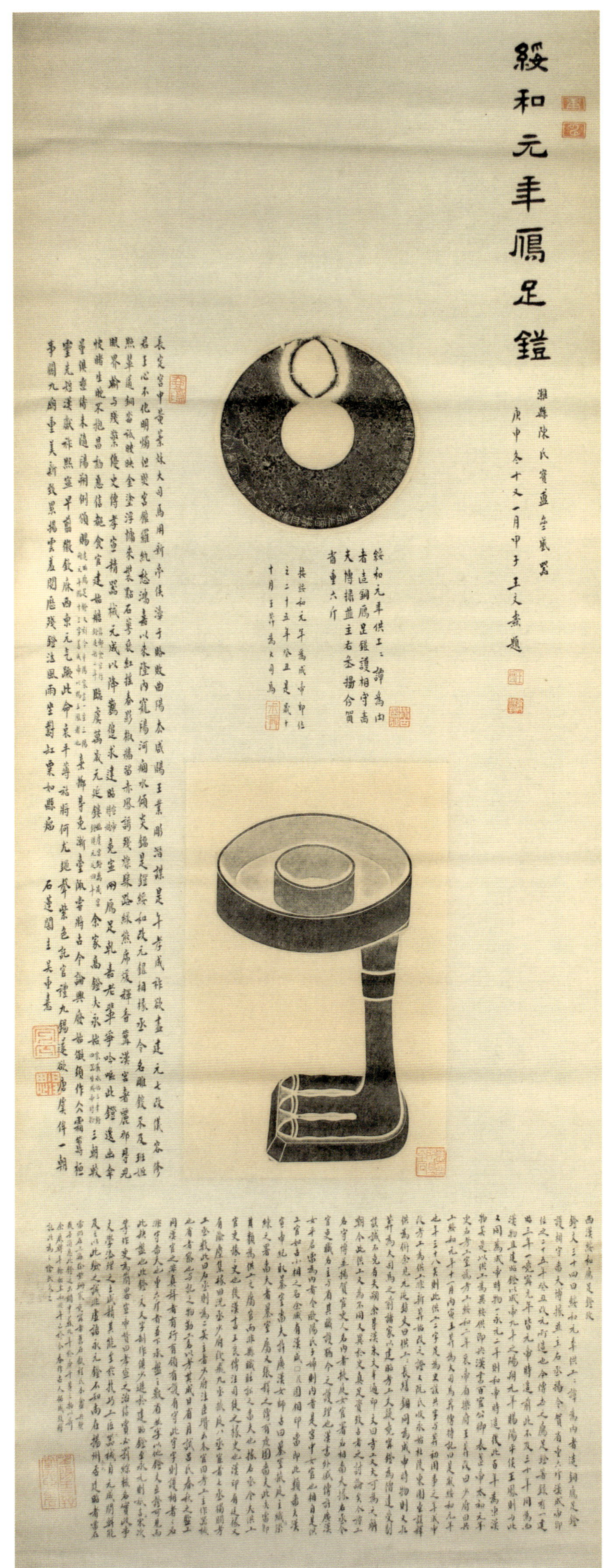

卷軸二

非守畵夫也。

重六斤者，並下承盤之數，省並字，以他鐙文互證可見，而此缺盤也。此鐙文文字制作俱少遜於《建昭鐙》，至《永元》則衹言“工宋次等作”，更為簡略。宣帝贊曰：“孝宣之治，信賞必罰，綜核名實，政事、文學、法理之士咸精其能。至於技巧、工匠、器械，自元成間鮮能及之。”以此驗之，誠非虛語。《永元鐙》不知尚在揚州秦氏否？《建昭》者當在，當仍在上海徐紫珊家，《竟甯》者舊在歙程氏木龕，兵燹後無消息。此鐙近出關中，蘇兆年於庚午得之，拓以寄余，展轉年餘始至，而兆年已於今春作古人，拓成攷釋記此，為之愴然久之。

卷軸三

《漢漁陽郡孝文廟銅甗鍑》全形拓本

1、王文燾隸書題端：

“漢漁陽郡孝文廟銅甗鍑。濰縣陳氏藏器。”

2、全形拓片下有王文燾釋文：

甗鍑（身）銘文：

“孝廟，漁陽郡孝文廟銅甗鍑，重四斤十兩。”

甗鍑（蓋）銘文：

“漁孝廟”。

3、民國庚申（1920）王文燾過録《西漢漁陽郡孝文廟銅甗鍑並甑考》（原載於《簠齋金石文考釋》），其文曰：

昔余在京師得關中所出漁陽郡孝文廟銅甗鍑，一如今之小窑，下有孔如甗隔，文曰：“孝廟”二字平列，又曰“漁陽郡一行孝文廟銅甗鍑二行，重四斤十兩三行。”又一器如今之圓合子，下似漢鼎腹，腹外出輪，腹上有口，疑甑之類，上半有文曰“漁孝廟”三字平列，共隸書十九字，名与用久詳也。

歸來得古銅無文甗鍑一，大二十倍餘，而無甑，以之植菊，其用終不能決。同治己巳得泰山前所出漢吉羊洗一，文曰：“董氏作”，及漢鼎三，一大者深腹如盂，鼎腹外出輪，以卻爨火，爨痕宛肰，高兩耳有缺，峙三足。二小者淺其腹，大者失鍑存甑，甑輪合鼎口有獸面如洗鍗，皆無文，始知

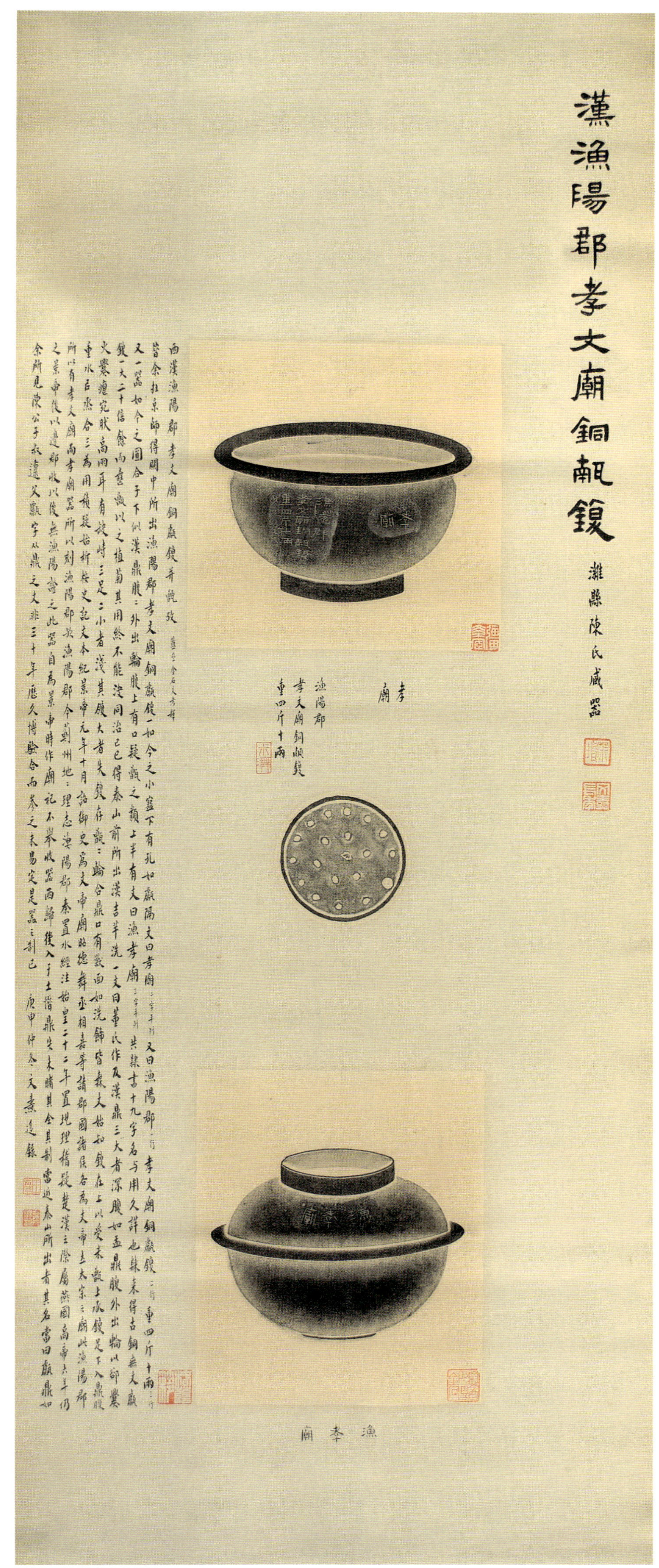

鍑在上以受米，甑上承鍑足，下入鼎腹，重水以蒸，合三為用，積疑始析。

按：《史記·孝文本紀》景帝元年十月詔御史為文帝廟昭德舞，丞相嘉等請郡國諸侯各為文帝立太宗之廟。此漁陽郡所以有孝文廟，而孝廟器所以刻“漁陽郡”欤。漁陽郡今薊州地，《地理志》：“漁陽郡，秦置。”《水經注》：“始皇帝二十二年置。”《地理稽疑》：“楚漢之際，屬燕國，高帝六年仍之，景帝後以邊郡收，以後無漁陽。”證之此器，自為景帝時作，廟祀不舉，收器西歸，後入于土。惜鼎失，未睹其全。其制當近泰山所出者，其名當曰甗鼎，如余所見陳公子叔邍父甗，字从鼎之文。非三十年歷久博驗合而參之，未易定是器之制已。

庚申仲冬文燾逡録。

卷軸四

《漢陽泉使者舍熏爐》全形拓本並銘文拓片

1、王文燾隸書題端：“漢陽泉使者舍熏爐，簠齋藏器。”

2、全形拓上方，有王文燾題記：

阮文達《積古齋鐘鼎款識》曰：“右陽泉使者舍熏鑪，銘五十三（此字點去）一字，磨滅者四字。秦太史所藏器，據搨本摹入。”江鄭堂云，顏師古《漢書·地理志注》：“魚豢：漢火行忌水。故去洛‘水’，而加‘佳’。”器文‘洛’作‘雒’，其為光武以後之器無疑。第五行剝蝕不可辨，蓋兩數及年號也。云“六安十三年”者，乃侯國紀年。如孔廟漢石，既書“五鳳二年”，又書“魯三十四年”也。考《漢書·竇融傳》有“六安侯盱”，又《楚王英傳》：“肅宗建初二年封英子楚侯种，後徙封六侯。”《續漢書·郡國志》無六縣，是光武時省入六安國，然一地無封兩侯之理，自必盱國除後，乃徙封种，則所缺年號，當在章和以後矣。“陽泉”亦侯國，不知何時國絕省入六安，改為縣。“使者”疑是四百石、三百石之長，有事于侯國，故稱“使者”耳。內史屬者，內史之屬官，後漢河南尹職与前漢左右內史同，豈內史之稱至後漢尚相沿不改耶？當時諸侯王亦置內史，或者“賢”乃六安內史屬官，亦未可知。“雒陽付守長”不知何官？其縣長之類歟？器文“鑪”通“爐”，“盤”

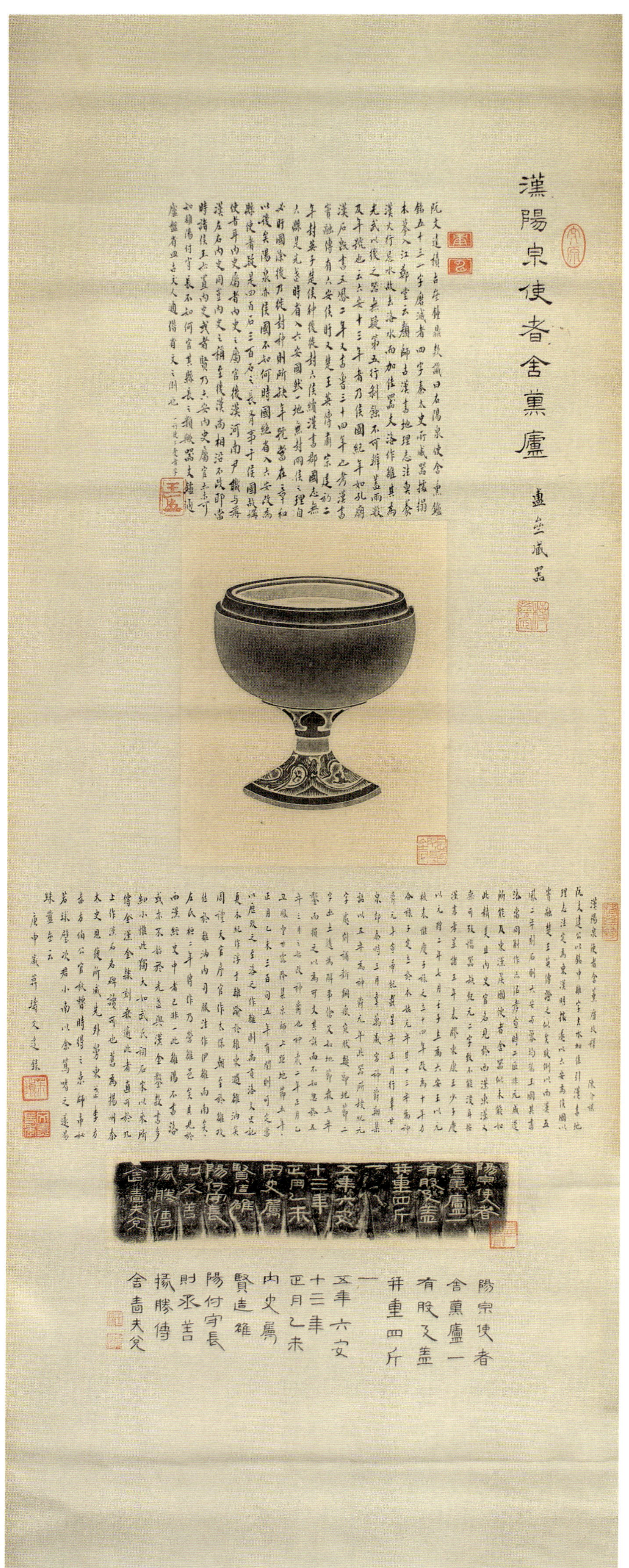

卷軸四

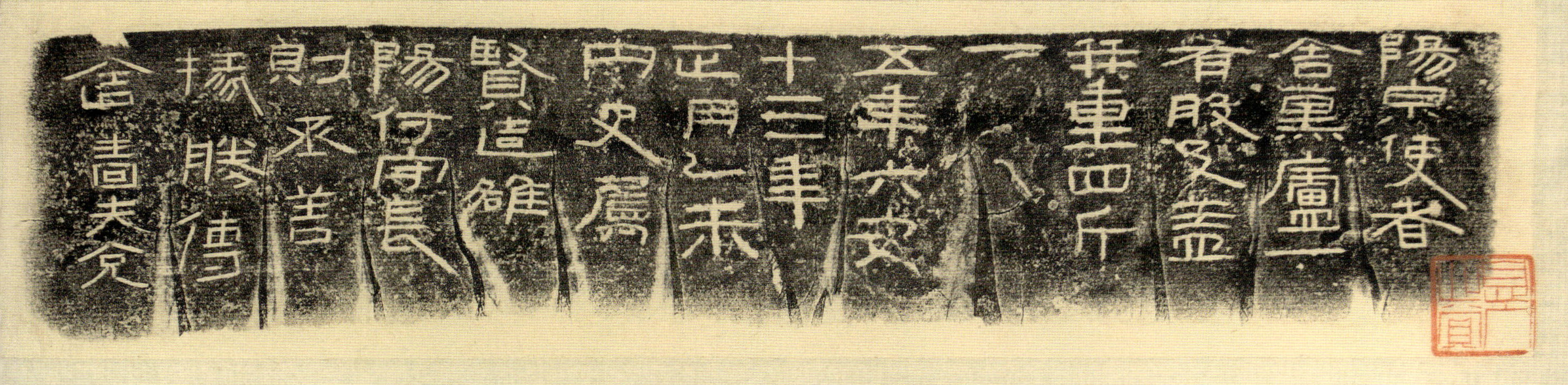

卷軸四局部

省“皿”，古人通借省文之例也。

3、全形拓下方，為王文燾過録陳介祺《漢陽泉使者舍熏爐考釋》，其文曰：

阮文達公以銘中“雒”字去“水”加“佳”，引《漢書·地理志注》定為東漢，明據。遂以六安為侯國，以《竇融》《楚王英傳》證之，似矣。然例以西漢《五鳳二年刻石》則六安與魯均為王國，其書法當同，制作亦似孝宣時工匠，非元成後所能及。東漢侯國使者舍器似未能如此精美，且內史官名見於西漢、東漢又無可攷。惜器缺紀元二字，致不能決耳。按：《漢書·孝景諸王年表》：“膠東康王少子慶以元狩二年七月壬子立為六安王，以元核表，惟慶子祿之立十四年改為十年方合，祿子定立於本始元年，其十三年為神爵元年，宣帝紀載是年正月行幸甘泉郊泰畤，三月幸萬歲宮，神爵翔集，詔以五年為神爵元年，此器所缺紀元字處剜補新銅痕宛然，疑即“地節”二字，出土後為解事傖父知地節無五年，鑿而損之，以為可文其誤，而不知忽於五年三月之始改神爵也。神爵二年正月乙丑鳳皇甘露降集京師，上距地節五年正月乙未三百旬，五年有閏則可定當以歷攷之。

至“洛”之作“雒”則《禹貢》洛文，《史記·夏本紀》作“浮于雒”“踰于雒”“東過雒汭”矣。《周禮·天官》序官作“太保朝至於雒”“攻位於雒汭”。《內司服注》作“伊雒而南”矣。左氏桓二年傳作“乃營雒邑”矣。其見於西漢經史中者已非一。此“雒陽”不書“洛”，或亦不始於光武與。漢金鑿款書多細小，惟此獨大如《武氏祠石》，宋以來所傳金（此字點去）漢金隸刻無逾此者。直可於几上作漢石名碑讀可（此字點去）也。舊為揚州秦太史恩復所藏，先外舅東武李方赤方伯公官秋曹時得之京師（此字點去）市，秘若球璧，次君小南以余篤嗜之，遂易歸簠齋云。

庚申歲暮琦父迻録。

4、銘文拓本下方，為王文燾釋文：

陽泉使者舍熏爐一有股及盖，並重四斤。□□□□五年，六安十三年正月乙未，內史屬賢造，雒陽付守長則丞善掾勝傳舍嗇夫兌。

陸

雜　類

1.《歸化日晷》端方跋本

此為歸化城出土之《日晷》，端方藏拓並題記，題記作於絹上，為團扇狀，題記團扇直徑26釐米，裝裱成一卷軸，題記在上，拓本在下。此卷軸為端方贈予其幕僚宗舜年（耿吾）者。

日晷之“日”指“太陽”，“晷”則指“日影”，“日晷”的原意就是“太陽的影子”。古人利用太陽投射的影子，來測定時刻的裝置，就叫作“日晷”，亦可稱為“日規”。

此拓晷面共分六十九個刻度線，呈發散狀排布，線端刻有數字編號“一”“二”“三”直至“六十九”。此數字編號中“七”刻作“十”字狀，橫畫長，豎畫短；編號“十”雖亦作“十”字狀，橫畫短，豎畫長。此類古文編號“七”與“十”雖近似，但區別還是顯而易見的。

端方題跋：

> 此日晷出歸化城。“七”字作“十”，“十”作“十”。攷近儒詮釋金文恒訛“十”為“十”，復轉“十”為“十”，阮氏釋《大官壺》誤“十十”為“廿”，今觀此晷，其誤昭然。因思《論語》“教民十年”即《左傳》“十年教訓”之“十年”，《孟子》大國“十年”與“五年”對文，“十”字均當作“十”，“十年之病”及“十年之病（此字點去）”亦然，“十”與“十”近，故古籍“十”與“十”互易，賴有此晷以明之，因揭扇端，以公同好。惟耿吾仁弟審定，兄端方。下病字作內。

歸化城，即呼和浩特市舊城，是一座塞外名城。它北枕陰山山脈大青山，南臨黃河水，東連蠻汗山，西連河套，為西進甘寧之門戶。它坐落於黃河、大黑河沖積而成的平原上，史稱“敕勒川豐州灘”。

本件拓本的主人宗舜年（1865–1933），字子戴，一作子岱，號耿吾，江蘇上元人。學者、藏書家宗源瀚之子。歷官湖州、嘉興、嚴州、衢州知府，後入端方幕中。民國間退居常熟，曾任常熟圖書館館長。近代藏書家，精鑒別，著有《咫園宗氏藏書目》。

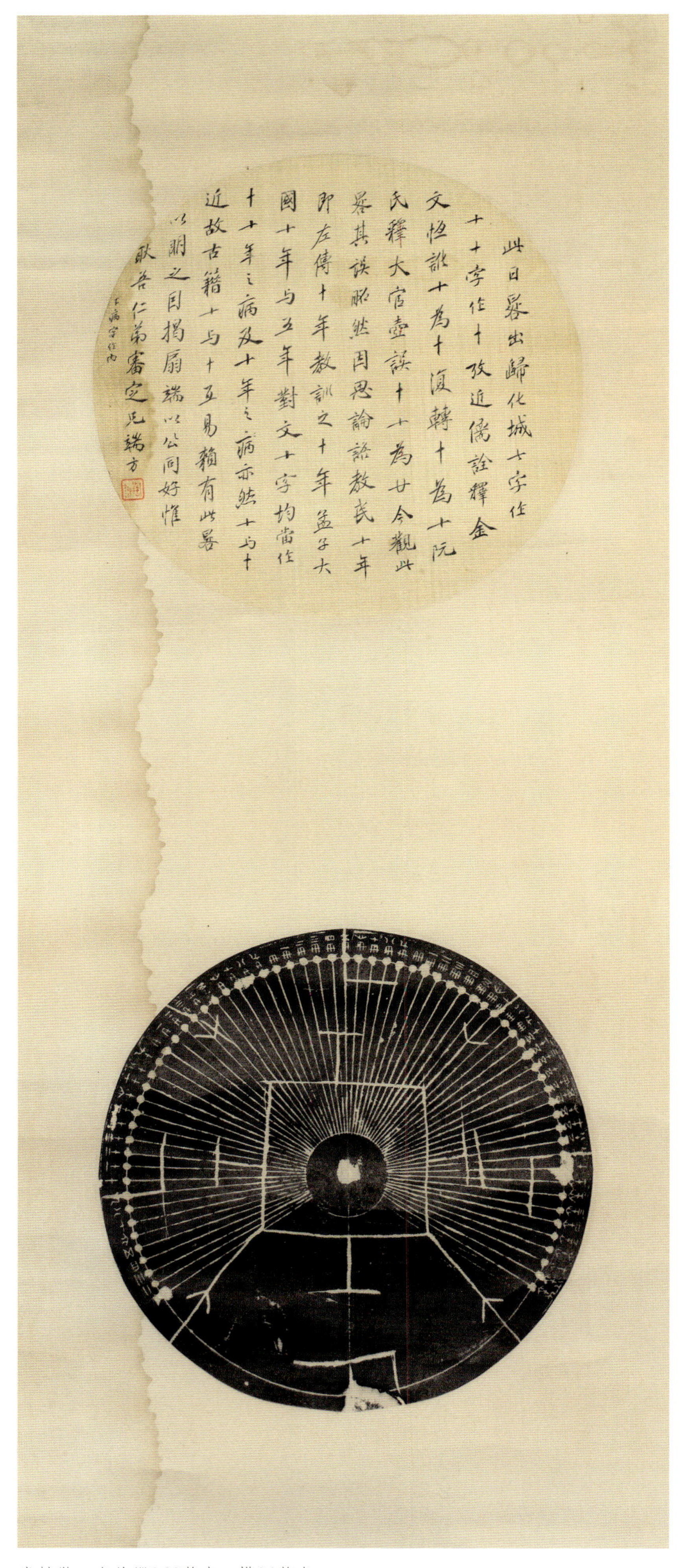

卷軸裝　畫芯縱128釐米　橫34釐米

館藏號：J2538

日晷通常由指針和石制的圓盤組成。指針垂直地插入圓盤中心，起著圭表中立竿的作用，指針通常被稱為“晷針”或“表”；石制的圓盤叫做“晷面”，安放在石台上，呈南高北低，使晷面平行於天赤道面，晷針的上端正好指向北天極，下端正好指向南天極。晷面兩面都有刻度，一般分子、丑、寅、卯、辰、巳、午、未、申、酉、戌、亥十二時辰，每個時辰又等分為“時初”“時正”，這就代表一日的二十四小時。利用日晷計時的方法是人類在天文計時領域的重大發明，這項發明被人類沿用達幾千年之久。

2.《紀曉嵐煙斗》陳漢第藏本 附：紀曉嵐硯臺

《紀曉嵐的煙斗》陳漢第收藏，煙斗全長81釐米，其中銅鍋長11釐米，牙嘴長5釐米，中段為藤木煙管（材質待考）。藤木煙管的中部和銅鍋後部各有銘文一則。相傳陳漢第當年傳拓兩件，一自留，一贈吳湖帆，此其自藏本。

銅鍋後部銘文曰：

昔為紀大斗，今屬陳大樹。一握之草化，煙雲唯汝予。隨得少佳趣。陳漢第銘，許經隸，高源鎸。

中段藤木銘文拓片周長9釐米，文曰：

牙首銅鍋，赤於常火。可以療疾，可以作戈。閱微草堂製。

鈐印有三："漢弟所得""仲恕""杭縣陳氏伏廬藏"

煙斗的主人紀曉嵐（1724–1805），名昀，字曉嵐，一字春帆，號石雲、觀弈道人等。河北滄縣人。乾隆十二年（1747）第一名舉人，十九年（1747）成進士，改翰林院庶吉士。官至協辦大學士，加太子太保。乾隆三十六年（1771）開四庫全書館，任總纂，校訂整理，每書悉作提要，冠諸簡首，世稱"大手筆"。相傳紀曉嵐一生有兩大嗜好，一是愛吃肥肉，二是愛吸煙，人稱"紀大煙袋"。

拓片的主人陳漢第（1874–1949），一作漢弟，字仲恕、仲書，號伏廬，浙江杭州人。清季翰林，曾留學日本，後入趙爾巽幕。辛亥革命後歷任國務院秘書長，參議院參政，清史館編纂。晚年寓上海。擅寫花卉竹石，藏金石印譜頗豐。存世有《伏廬藏印》《伏廬印譜》等。

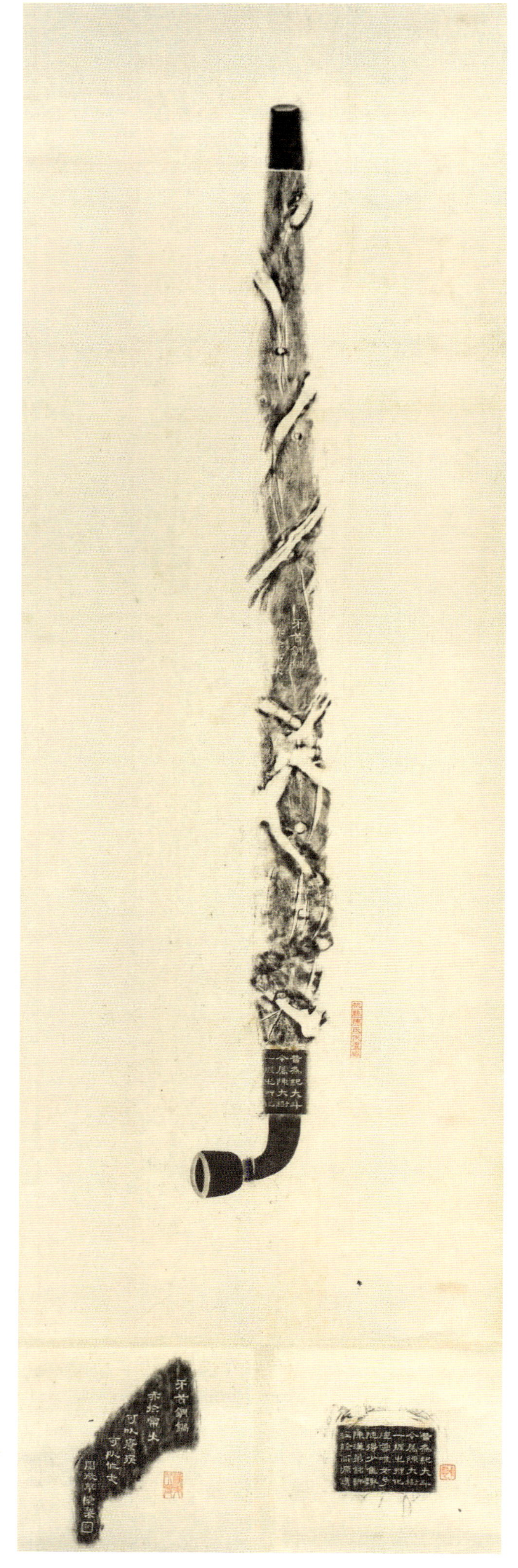

卷軸裝　縱101釐米　橫29釐米

館藏號：J6985

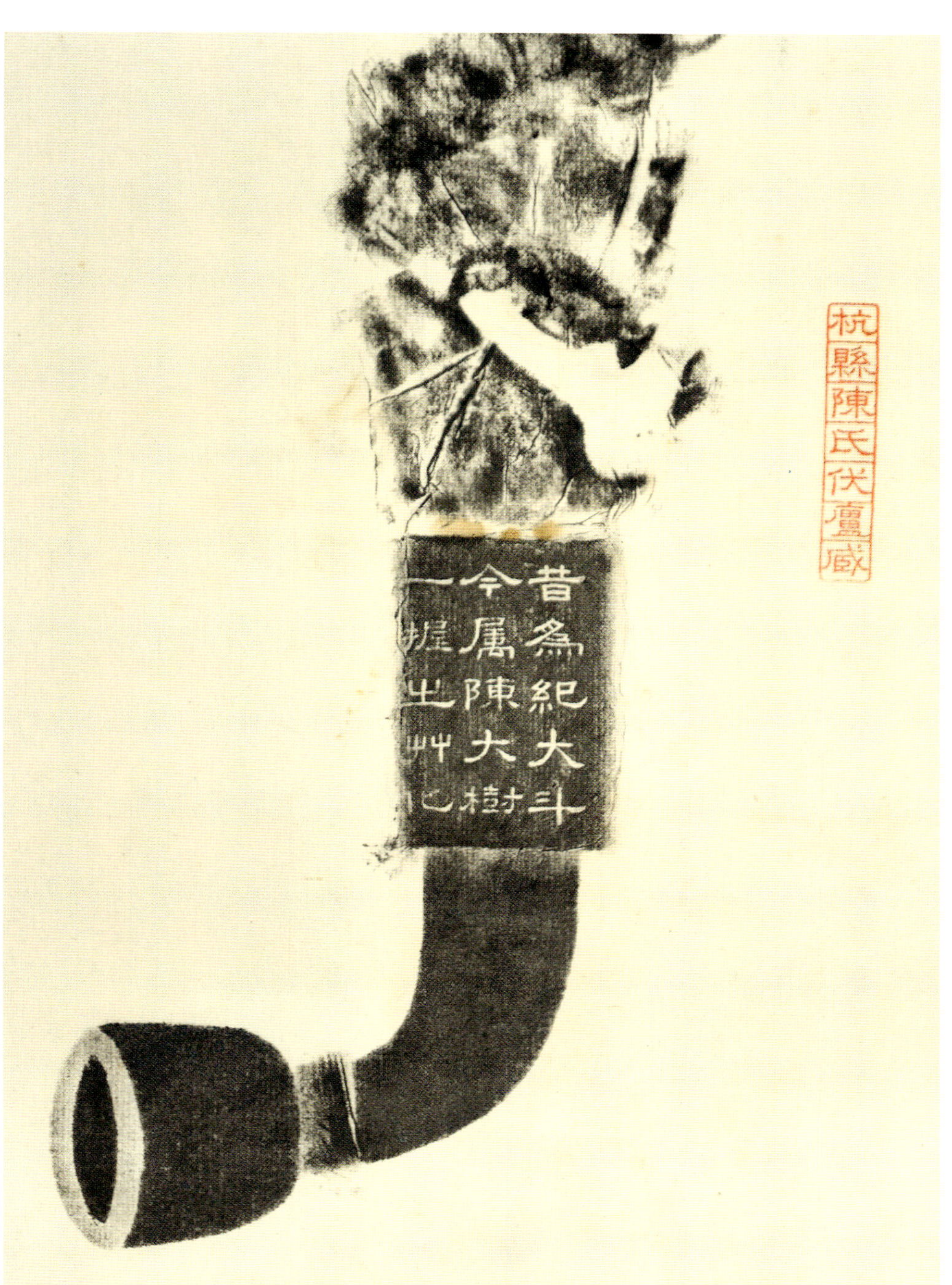

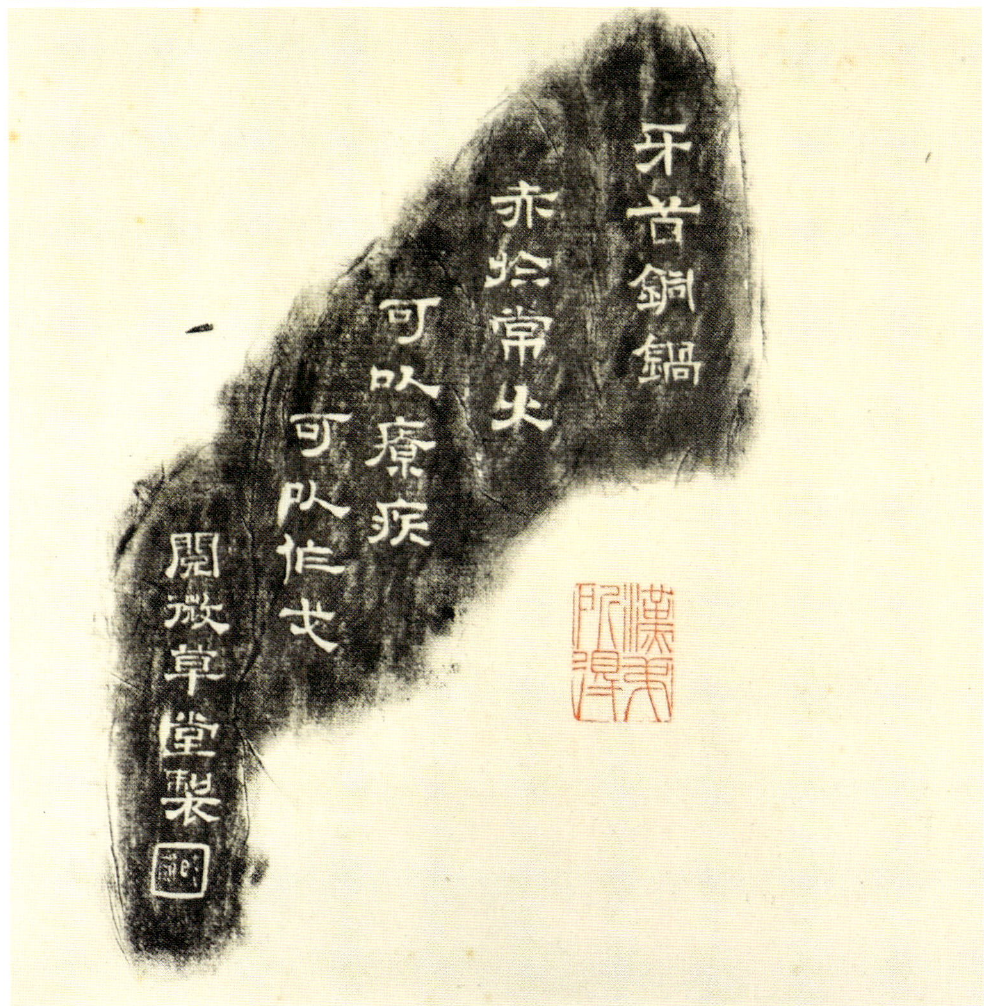

《紀曉嵐煙斗》陳漢第藏本局部

附：《紀曉嵐硯臺》

館藏號：J2305。

依拓本觀之，紀曉嵐硯臺寬11.5釐米，高18釐米，厚3釐米。

外簽："紀文達公硯銘像贊，甲子冬日，袁悟盧藏。"

此硯歷經莊培因、紀曉嵐、蔣和寧遞藏。內有題刻三則，分別為乾隆五十一年（1786）顧復祖題刻，嘉道年間李宗瀚題刻，道光二十八年（1848）丁晏題刻。

硯臺正面有李宗瀚題刻：

此硯舊為庄殿撰家傳故物，後曉嵐先生於灤陽以重貲得之。今覩此石，如見老誠笑語，亦幸也。李宗瀚記。

莊殿撰即莊培因（1723–1759），字本淳，號仲醇，江蘇陽湖人。清乾隆十九年（1754）甲戌科狀元。以詩文名世，著有《虛一齋集》。甲戌科的榜眼王鳴盛，二甲第四名紀昀，二甲第四十名錢大昕，日後皆為著名學者或一代宗師。因此，莊培因榜被稱為"名榜"。乾隆二十一年，莊培因出任福建鄉試主考官。乾隆二十三年，出任福建學政，官至翰林院侍讀學士。乾隆二十四年病死於任上，年僅三十七歲。

李宗瀚（1769–1831），字北溟，一字公博，號春湖，江西省臨川人。乾隆五十八年（1793）進士，嘉慶二年（1797）充武英殿纂修，道光八年（1828），官工部侍郎、浙江典試、浙江學政等。清代著名金石學家、藏書家。其所藏碑帖善拓甚

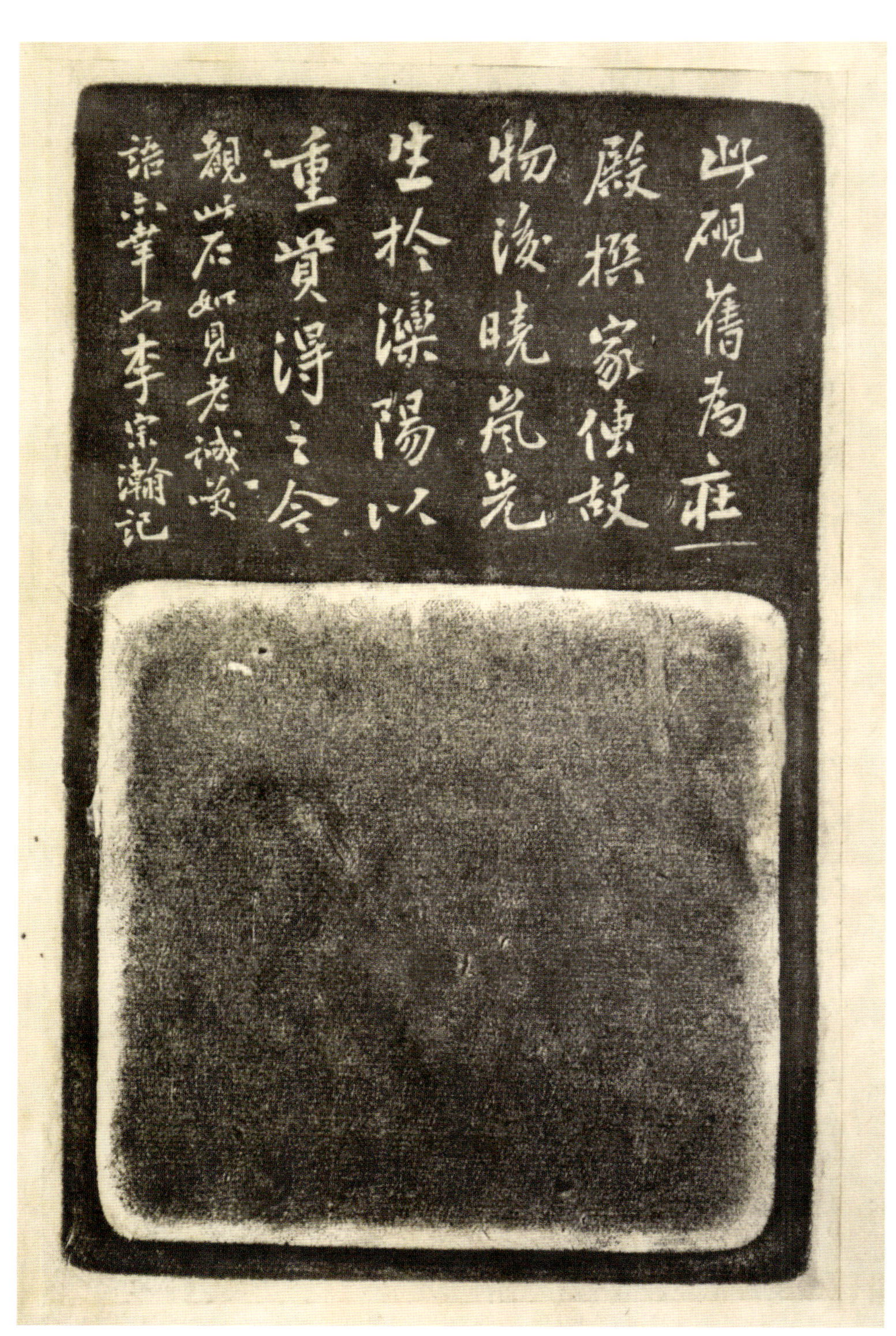

插图一

夥，其中《孟法師碑》《孔子廟堂碑》《信行禪師碑》《善才寺碑》被譽為“臨川四寶”，堪稱國寶。

硯臺背面刻有紀曉嵐遺像，為手持硯臺站立像，像上題刻曰：“河間中堂紀文達公遺像”。

硯臺右側題刻：

> 前歲於蔣用庵侍御齋中獲覯，聲韻皆妙，洵老坑之良品。丙午（1786）九秋題於小玲瓏山館。心齋顧復祖。

蔣用庵侍御即蔣和寧，字用庵(一作榕盦)，江蘇陽湖人。乾隆十七年(1752)壬申恩科二甲第六名進士。王文治曾經教授過蔣和寧二子的學業。

顧復祖，字心齋，號心齋居士。嘉慶三年(1798)舉人。丹徒、吳中一帶學人。顧復祖為王文治晚年門人之一。

硯臺左側題刻：

> 舊坑良產日尠，而求其完美，幾若廣陵散矣，河間與此石媲美，當永垂不朽。戊申（1848）立夏節先二日，丁儉卿觀于補耘山館並記。

丁晏（1794-1875），字儉卿，號柘堂，江蘇山陽人。道光元年（1821）舉人，官至內閣中書。同治十年（1871）與何紹基主持《重修山陽縣志》《淮安藝文志》修纂。晚年主講於麗正書院。清代著名經學家。著有《尚書餘論》《石亭紀事》《毛鄭詩釋》，編有《頤志齋叢書》等。

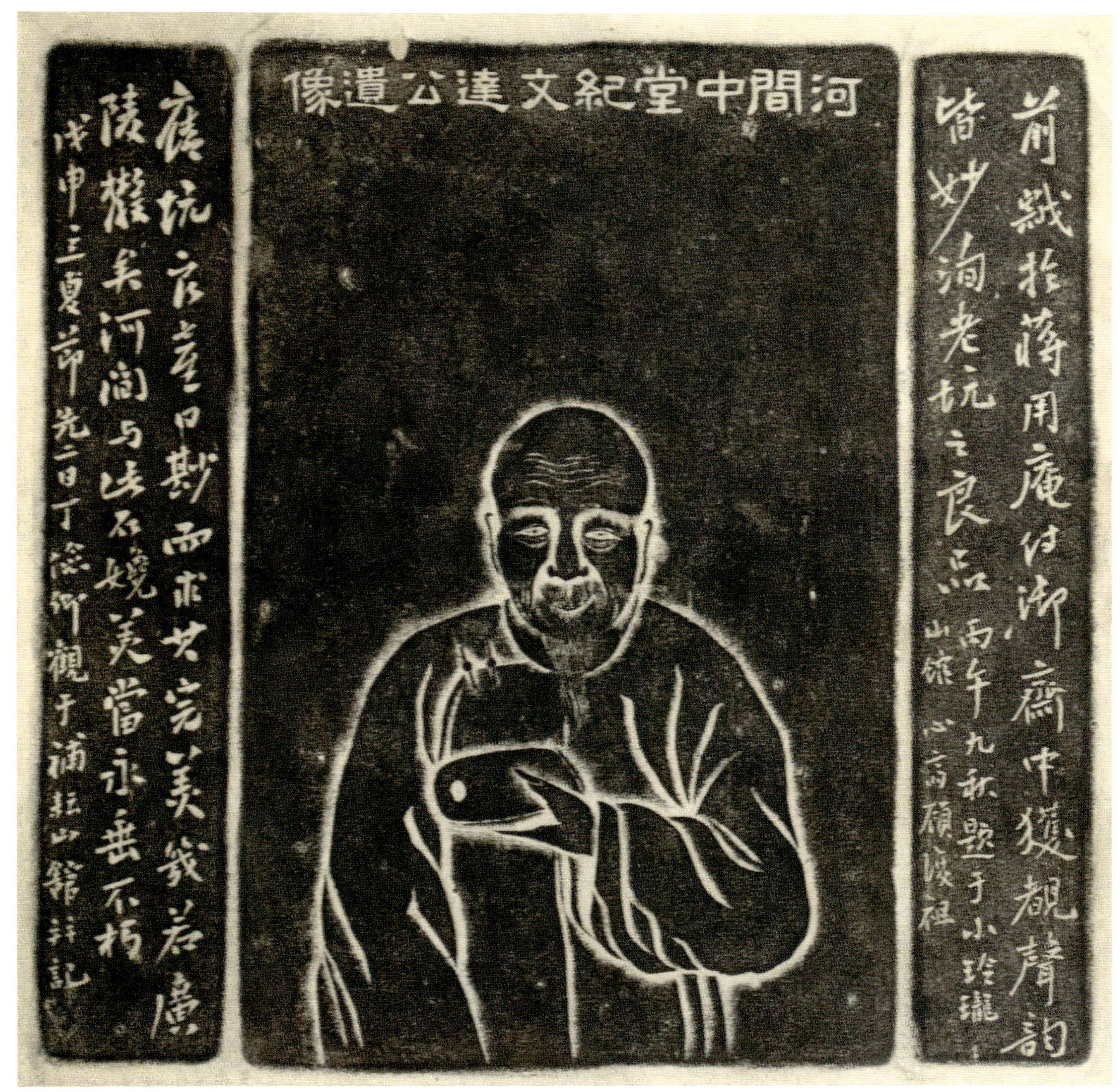

插图二

3.《宋建瓷供御茶盞》鄭文焯跋本

《宋建瓷供御茶盞》鄭文焯藏器之一，茶盞如碗，有底無足，造型雅潔，盞底刻有“供御”二字，彌足珍貴。此為全形拓，拓工精湛，如見真器。留有光緒三十一年（1905）鄭文焯題記。依拓本觀之，茶盞口徑為8.7釐米。

鄭文焯題記：

宋建瓷供御茶盞題記。

家藏供御琖有三，款字竝作逸體，古茂有致，其二類磬口，有底無足，其一蓋所謂銅葉甆也。《格古要論》云："古人喫茶多用甆，取其易乾，不留滓。"《茶經》言："越盌上口唇不卷，底卷而淺。"甆盌是已。宋窯器有文字者世所希見，得此真抵雙南金也。因更以詩紀之：

傾雲捧月歷千年，銀液曾擎近御前。

渴想金莖同飲露，香分銅葉欲浮煙。

漫吟紫盌虛堂瀉坡公同子由訪王定國清虛堂小飲，有“紫盌鋪粟槃龍茶”之句，定勝花瓷試院煎。

雙玉只今供棐几，清風一啜傲坡仙。

乙巳（1905）寒孟書帶草堂漫興又題。鶴語。

注：雙南金：即優質銅，亦指貴金屬類黃金，喻為貴重之物。

又《六研齋筆記》“宋汝窯器用瑪瑙末作釉，當時止供御，絕難得。”此宋瓷之以供御名亦一佳證也。拊識。

攷宋建窯在福建泉州府德化縣，明曹昭《格古要論》云："盌琖舊建瓷多是甆口色黑而潤，有黃兔斑，滴珠大者真，但體極厚，少見薄者。"朱琰《陶說》案："宋時茶尚甆盌，以建安兔毫琖為上品，價亦甚高。"宋程大昌《演繁露》記："《東坡後集》從駕景靈宮詩云：'病貪賜茗浮銅葉。'今御前賜茶，皆用大湯甆，色正白，不用建琖，但其制似銅葉湯甆耳。銅葉色，黃褐色也。"是知北宋時御前茶琖並尚建瓷，所謂銅葉湯甆黃褐色者，即類建安兔毫琖也。證以坡老詩句，益信。余所藏褐色甆盌，底有“供御”款者，碻為北宋建瓷御用之品，以視君謨《茶録》所稱“鬥試家用者”，逾足珎為瓌寶已。

大鶴山人記於吳小城東咸熹芝宧。

宋建瓷供御茶琖題記

家藏供御琖有三款字樣古逸禮古茂有致其二類䈰口有底無足其一盡所謂銅葉甓也格古要論云古人喫茶多用甓取其易乾不留滓茶經言越盌上口脣不卷底卷而淺甓盌是已宋窯器有文字者世所希見得此真抵雲南金也因更以詩紀之

傾雲奉月歷千年銀液曾聲近御前渴想金莖同飲露香分銅葉欲浮煙湯吟紫盌虛堂瀉坡公同子由訪王定國清虛堂小飲有紫盌鋪粟盞龍茶之句定勝花瓷試浣煎雙玉只今供棐几清風一吸繳坡仙

乙巳寒孟書帶草堂漫興又題 鶴語

又六研齋筆記宋汝窯器用瑪瑙末爲釉當昔止供御絕難得此宋瓷之以供御名亦一佳證也 昕識

攷宋建窯在福建泉州府德化縣明曹昭格古要論云盌琖舊建瓷多是甓口色黑而潤有黃兔斑滴珠大者真但體極厚少見薄者朱琰陶說案宋時茶尚甓盌以建安兔毫琖爲上品價亦甚高宋程大昌演繁露記東坡後集從駕景靈宮詩云病貪賜茗浮銅葉令御前賜茶皆用大湯甓色正白不用建琖但其制似銅葉湯甓耳銅葉色黃褐色也是知北宋時御前茶琖亦尚建瓷所謂銅葉湯甓黃褐色者即類建安兔豪琖也證以坡老詩句益信余所藏褐色甓盌底有供御款者殆爲北宋建瓷御用之品以視君謨茶錄所稱鬭試家用者逾足珍爲瓌寶已

大鶴山人記於吳小城東威喜堂

卷軸裝　畫芯縱64.5釐米　橫29.5釐米

館藏號：J5711

4.《陶陵通拓本》陸增祥跋本

《陶陵通》為道州何紹基藏器。通，為漢代樂器。《陶陵通》款識曰："盩厔供陶陵通具重四斤□兩鑄工李常"計六行，共十六字。

此拓本將《陶陵通》分而拓之，分為口沿、正面、背面、兩側四部分。拓本存同治七年（1868）陸增祥題記，其內容與陸氏所著《八瓊室金石補正》文字出入較大，蓋最初原稿也。此拓當為陸增祥借器傳拓後回贈何紹基者。

陶陵即定陶王劉康陵墓，史稱"共皇陵"。定陶王劉康是漢元帝次子，河平四年（前25年），封為定陶王，當年生子劉欣于定陶（今在山東省菏澤定陶縣）。建平元年（前6年）劉欣繼皇帝位，即追封劉康為"共皇帝"。乾隆年間，阮元曾獲一鼎，上鑄"陶陵"等字，即共皇陵園廟堂之鼎，今藏南京博物院。

陸增祥題記：

口圍一尺八分。

面廣五寸，邊右高六分，長二寸四分，左高七分，長二寸三分，自邊後角至末，斜銳長三寸五分，形內凹，脊微偏於右。前高一寸二分，長四寸，微凹。後高一寸七分強。

背廣四寸八分弱，前平長一寸六分，後斜削至銳末，長二寸五分強。

兩側前豐後殺，前長一寸六分，後長七分，自後角至末，面長詳上，背長三寸二分，左右各有一小孔。

又案朱鬱儀之言具也，曰"具"从"目"、"目"，即秬鬯之"鬯"，審若是則所謂通具者，殆瓚之類，取黃流通行之意歟。然"具"从"目"不从"目"，瓚柄以玉，不以金，姑備一說存攷。惟子貞前輩審定之。

"秬鬯"古代以黑黍和鬱金香草釀造的酒，用於祭祀降神及賞賜有功的諸侯。秬鬯則黃如金色，酒在器流動，故謂之"黃流"。

"瓚"，古代祭祀用的一種像勺子的玉器。

盩厔，漢縣，屬右扶風，此作"盩厔"，形似而譌。攷《正字通》云："山曲曰盩，水曲曰厔，因以名縣。"按："盩"，引擊也，無曲義。"盩"，下也。疑縣名本作"盩"取卑下之意，與盩江同，然諸書無作"盩厔"者，未可武斷也。陶陵有鼎，阮文達謂是定陶共王陵廟之鼎，此云陶鼎（此字點去）陵當亦同之。通，器名。此其柄末，揆厥形制，前平後軒，背半上削，用宜橫推，器當如勺或如鐎斗，然禮器秘器均無以通為名者，不可攷矣。凡物全謂之一具云。具者，猶齊安宮熏爐、上林鼎之言具蓋耳。李常名見于羊鐙款識云："黃龍元年（公元前49年）李常造"。此云鑄工李常，蓋即其人，宣帝黃龍元年至哀帝二年，封定陶共王為共皇帝，改置陵寢，相距四十餘年，李常尚在也。戊辰八月陸增祥識。

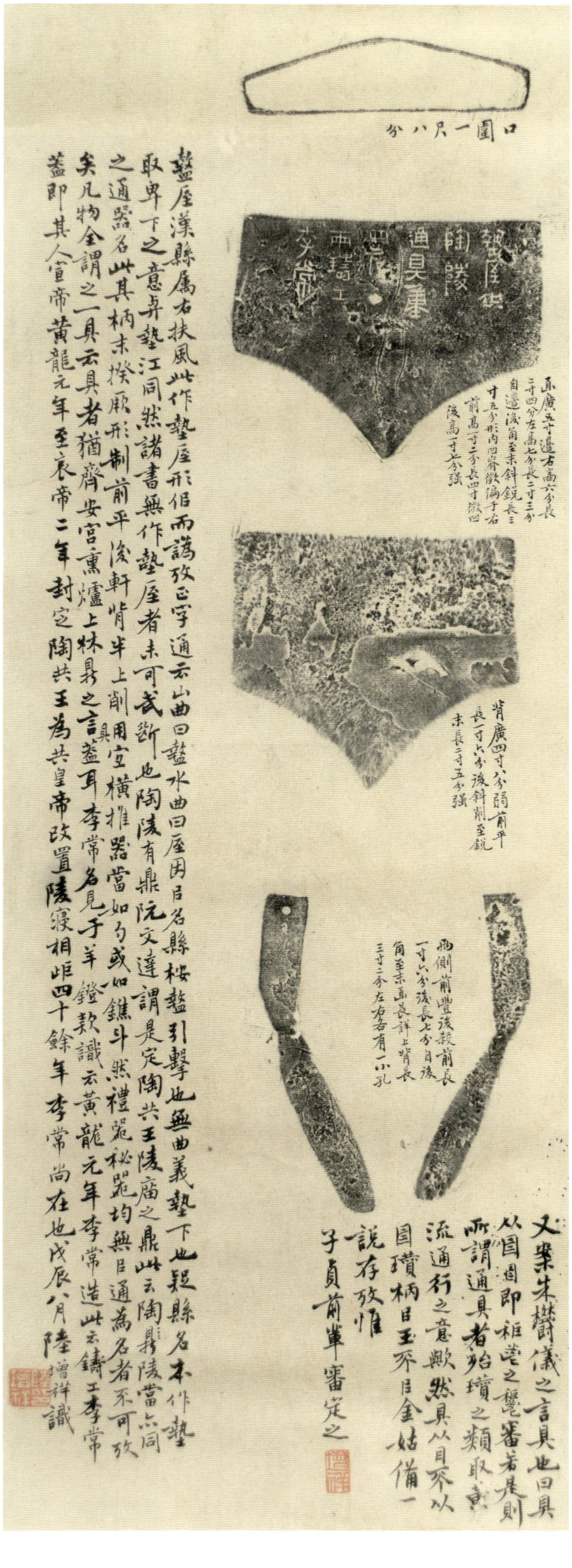

雜類

口圍一尺八分

盩厔漢縣屬右扶風此作盩厔形佀而譌攷正字通云山曲曰盩水曲曰厔因以名縣按盩引擊也無曲義盩下也疑縣名本作盩取卑下之意與盩江同然諸書無作盩厔者未可武斷也陶陵有鼎阮文達謂是定陶共王陵廟之鼎此云陶陵當亦同之通器名此其柄末撥厥形制前平後軒背半上削用安横推器當如勺或如鐎斗然禮器秘器均無以通爲名者不可攷矣凡物全謂之一具云具者猶齊安宮熏爐上林鼎之言具蓋耳李常名見于羊鐙款識云黃龍元年李常造此云鑄工李常蓋即其人宣帝黃龍元年至哀帝二年封定陶共王爲共皇帝改置陵寢相距四十餘年李常尚在也戊辰八月陸增祥識

又案朱檉儀之言具也曰具从冂冂即祖瓷之釁審者是則所謂通具者殆瓚之類取其流通行之意歟然具从目𠔁从目以圭瓚柄以玉𠔁以金姑備一說存攷惟子貞前輩審定之

卷軸裝　畫芯縱60.5釐米　橫22.5釐米

館藏號：Z2393

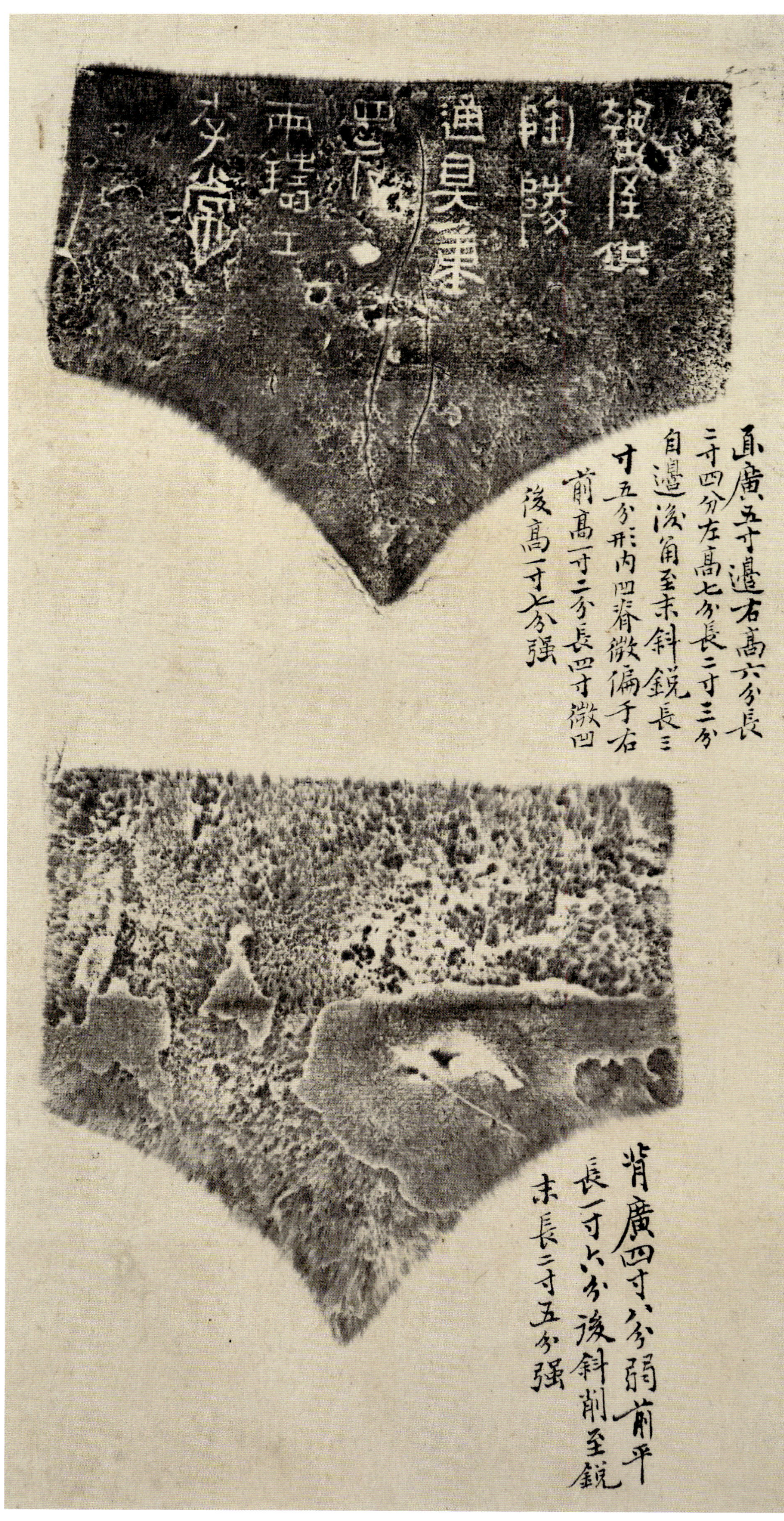

《陶陵通拓本》陸增祥跋本局部

5.《建文官員懸帶腰牌》趙時棡跋本 附：《乾隆千叟宴腰牌》拓片

腰牌又稱“牙牌”，多為象牙製成，上刻姓名官職，一人一牌，一人一號，繫於腰間，是出入宮禁或軍營的身份憑證，類同於身份證或通行證。

館藏一件方孝孺之弟方孝友懸帶的腰牌拓片。依拓本觀之，腰牌寬5.7釐米，高12釐米，厚0.8釐米。內有趙時棡（叔孺）題端題記。

卷軸外簽殘損，僅存：“壬戌（1922）夏章揚清”字樣。

腰牌側面：

建文元年，給方孝友，文字貳百拾玖號。

腰牌反面：

朝參官員懸帶此牌，無牌者，依律論罪，借者及借與者罪同，出京不用。

腰牌正面：

户部四川司主事

趙時棡隸書題端：

建文官員懸帶牙牌。

趙時棡題識兩則：

其一：

《遜志齋集外紀》引《石龍集》，方孝友字希賢，先生季弟也。舊傳文廟召先生草詔，不屈，親屬皆面縛就戮，先生目之，不覺泪下，孝友口唫一絕云：“阿兄何必泪潸潸，取義成仁在此間。華表柱頭千載後，旅魂依舊列家山。”士論壯之，以為不愧先生之弟云。壬戌（1922）春日拓贈顯庭世講。叔孺趙時棡。

其二：

《明史·方孝孺傳》弟孝友與孝孺同就僇，亦賦詩一章而死。

方孝友（1360–1402），字希賢，浙江寧海人。明代名臣方孝孺之弟。燕王朱棣起兵發動“靖難之役”，建文帝討伐檄文均出自方孝孺之手筆。燕兵攻破南京後，建文帝自焚，方孝孺被執下獄，相傳因拒絕為燕王朱棣草擬即位詔書而慷慨就死，宗族親友前後

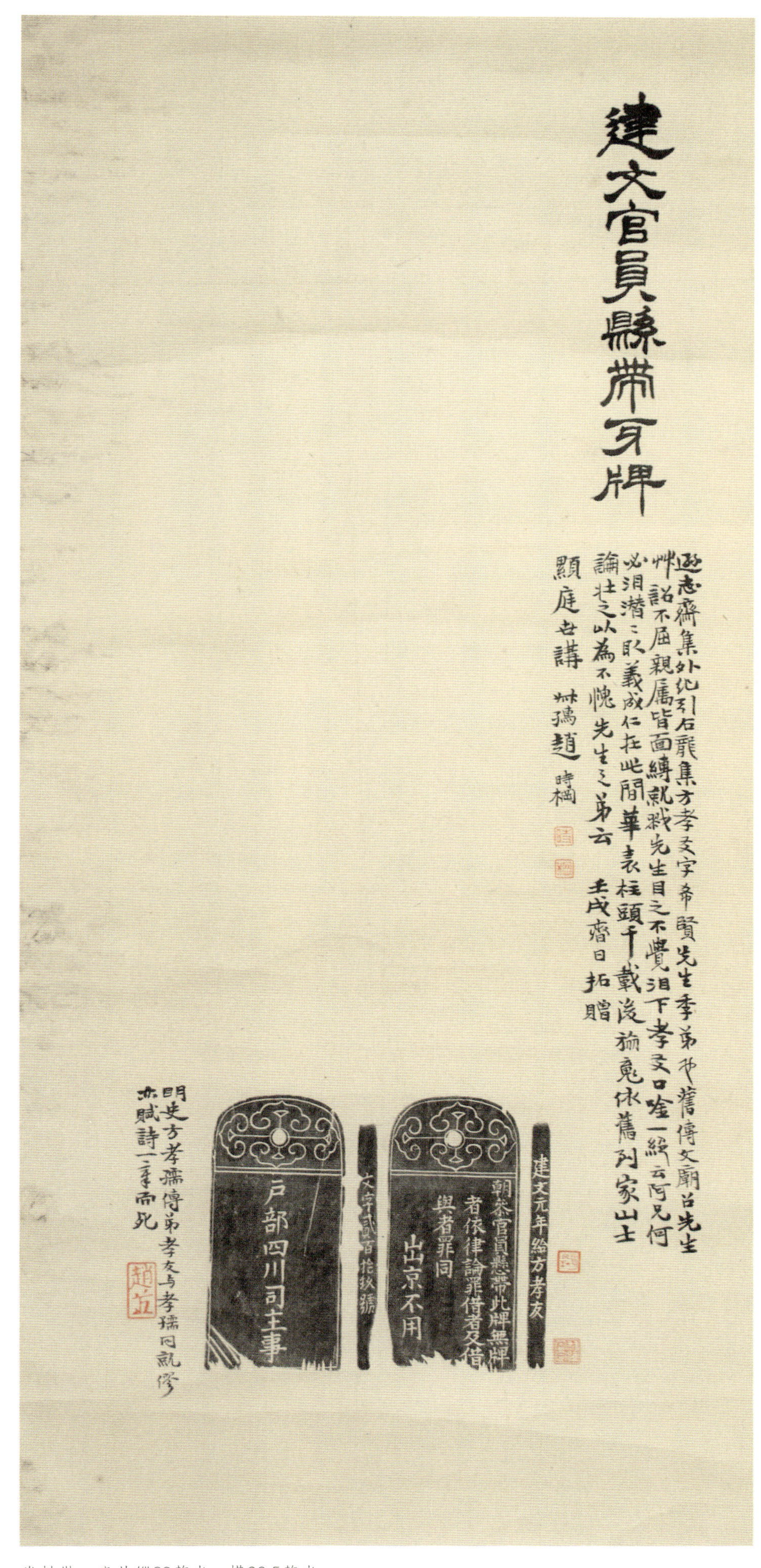

卷軸裝　畫芯縱83釐米　橫32.5釐米

館藏號：J2249

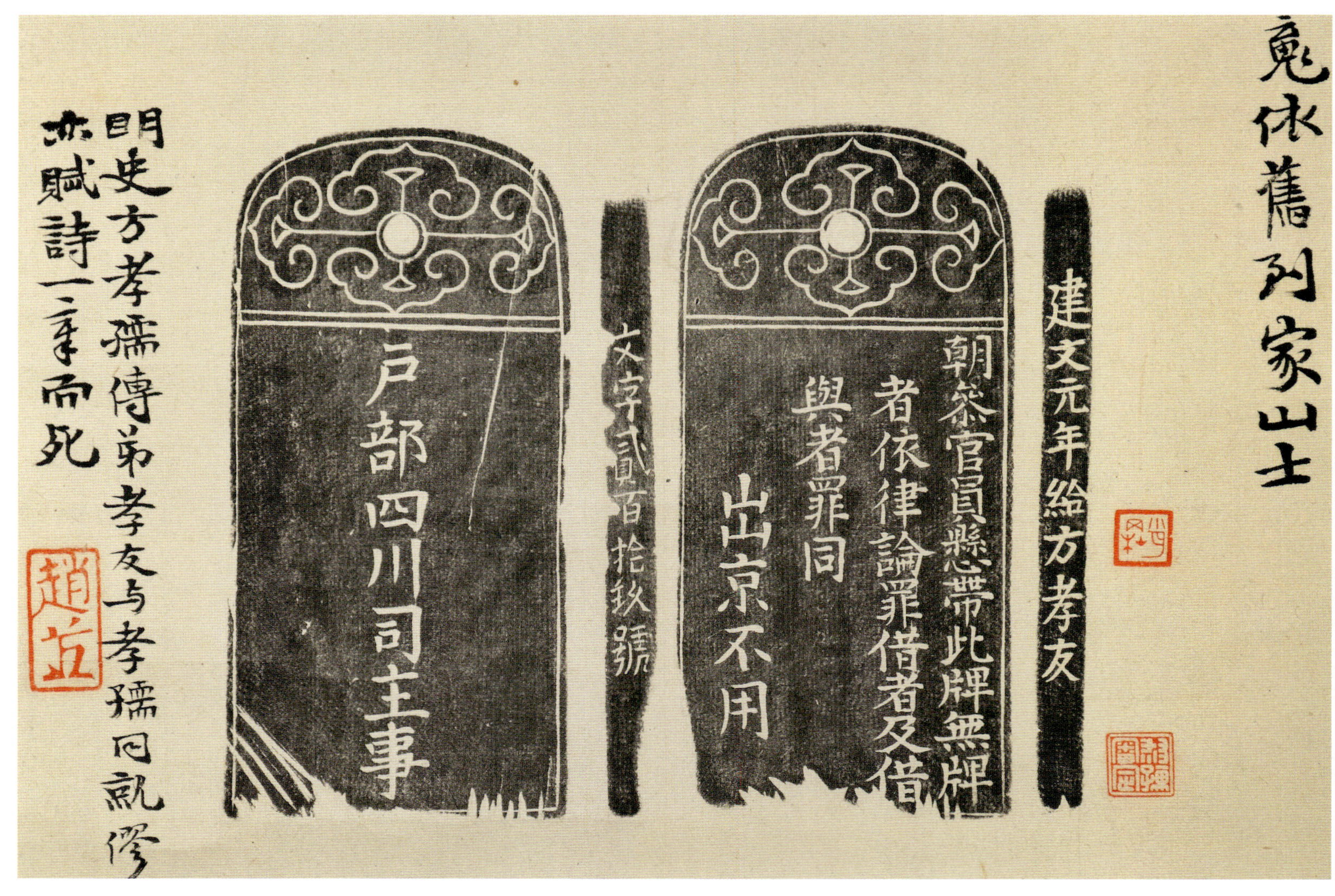

《建文官員懸掛腰牌》趙時棡跋本局部

坐誅者數百人。

方孝孺、孝友兄弟被押至聚寶門外行刑之時，孝孺曾仰天歎曰："天降亂離兮，孰知其由。奸臣得計兮，謀國用猷。忠臣發憤兮，血淚交流。以此殉君兮，抑又何求。嗚呼哀哉兮，庶不我尤。"此時，孝友對孝孺也口吟一絕云："阿兄何必淚潸潸，取義成仁在此間。華表柱頭千載後，旅魂依舊列家山。"時年四十有三。

相傳方孝孺被"誅滅十族"後，其詩文在永樂年間也列為禁書。因此，方孝友的建文腰牌能歷經五六百年而流傳下來，實屬奇跡。同時，此牌也是建文一朝、方氏一族慘烈悲壯之後，留下的難得信物。

趙時棡（1874–1945），字叔孺，晚號二弩老人，浙江鄞縣人。清末諸生，官福建同知。民國隱居上海，以鑒賞書畫、金石、篆刻自遣，門下弟子眾多，有陳巨來、葉潞淵、方介堪、沙孟海、徐邦達等。富收藏，藏三代彝器寶鼎甚夥。精篆刻，刻印宗秦、漢，參以宋、元，而自成一家。工書法，楷書學趙之謙，行書學趙孟頫，皆得其妙。善繪畫，尤好畫馬，晚工花卉、翎毛、草蟲。著有《二弩精舍印存》《漢印分韻補》《古印文字韻林》等。

附：《乾隆千叟宴腰牌》拓片

此為嘉慶元年（1796）為乾隆（太上皇）舉辦千叟宴而頒發的腰牌，即是赴宴的通行證，又是御賜的榮譽贈書，還是數目不小的一份養老補貼。其正面陽文題刻："太上皇帝御賜養老"八字，反面陰文題刻："丙辰年，皇極殿千叟宴，重十兩。"腰牌寬約8.5釐米。

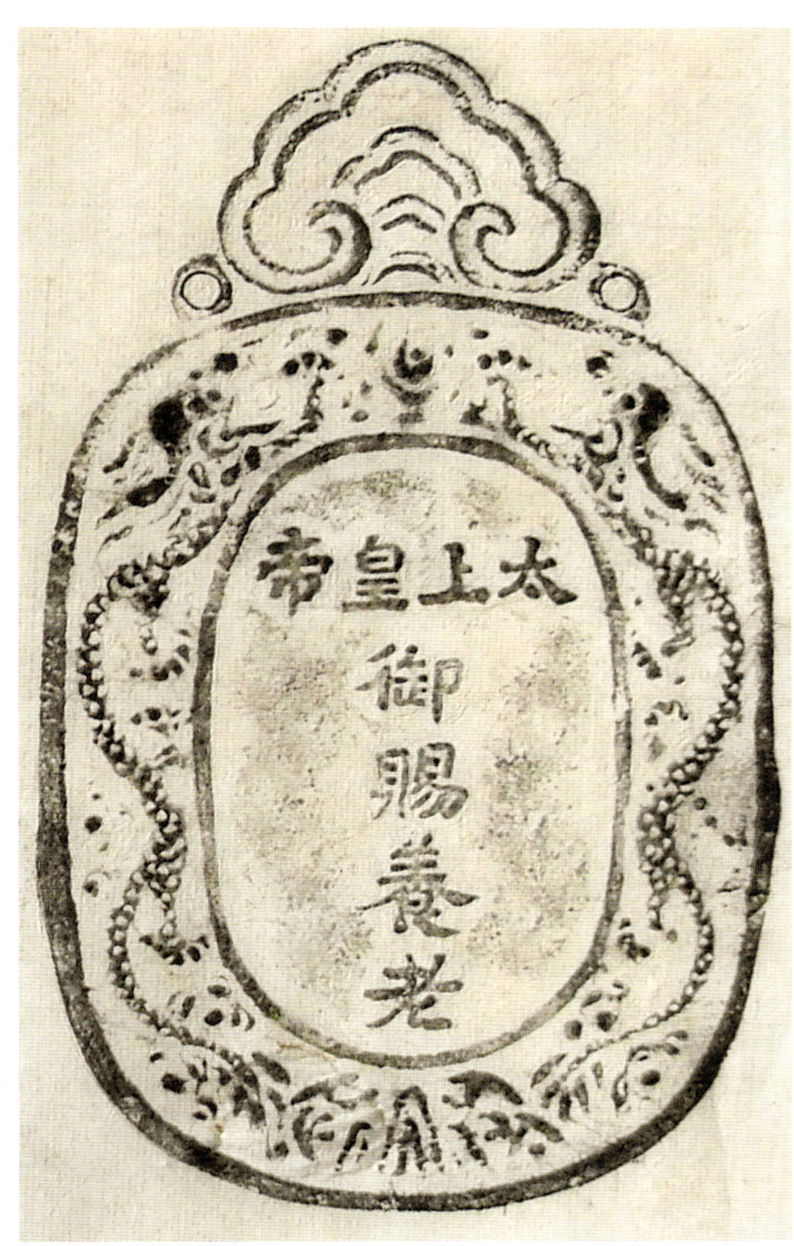

《乾隆千叟宴腰牌》拓片

6.《孫登公和鐵琴》吳士鑑藏本

鐵琴因琴底刻有“孫登”“公和”及“天籟”字樣，遂定名為“晉孫登公和鐵琴”或“天籟琴”。

孫登（220-270），字公和，河南汲郡人，魏晉時期著名隱士。博才多識，聰穎過人，好讀《易》，善撫琴，琴技高超。於蘇門山隱居，夏則編草為裳，冬則披髮自覆，至死不仕。

明代為項元汴（墨林）舊藏，墨林獲此琴後，乃顏其齋曰“天籟閣”，為項家世守寶物。清順治二年（1645）閏六月，清兵破嘉興府城時，天籟閣毀於火，而“天籟鐵琴”獨存。

清乾嘉時期，鐵琴一度歸鐵保（治亭）收藏。嘉慶七年（1802）鐵保又轉贈吳璥（菘圃），此後鐵琴一直為吳氏家族珍藏。道光二十六年（1846）歸吳璥之子吳惕勤（即吳鐵琴，字修梅，號抱仙）收藏，此時張廷濟、阮元、梁章鉅分別為鐵琴題記，吳修梅將三人題記刻於楠木琴匣之上。1952年，鐵琴入藏故宮博物院。

晉孫登公和鐵琴為仲尼式，通長119釐米，額寬16釐米，尾寬12釐米。琴背開長方池沼，池上方有寸許嵌金絲雙鉤小篆“天籟”二字，其下嵌金絲篆書款“孫登”二字及篆文“公和”小印。池下方有嵌銀小字篆書“明項元汴珍藏”六字，其下為篆文“墨”“林”方形連珠小印及“子京父”小印一方。

此《晉孫登公和鐵琴拓本》為吳士鑑藏本，係光緒壬辰（1892）吳士鑑之叔祖吳鐵琴（抱仙）拓贈，是年吳士鑑科舉高中榜眼，此拓曾經作為金榜題名之賀禮。拓本內鈐有“小天籟閣”“曾藏吳鐵琴家”“鐵琴秘玩”等印章。原裝四軸，今僅見兩軸，一為琴身（琴面），一為琴匣，未見琴背拓片，殊為憾事。

卷軸一、琴面拓本

拓本右下角，存吳士鑑民國九年（1920）題記：

> 吳鐵琴州守以所藏孫登鐵琴見示，予為上絃並誌以詩。
>
> 躍出蕤賓鐵，曾經劫火來。
>
> 千年神鬼護，萬壑雨風哀。
>
> 天籟沉高閣，琴為項氏天籟閣所藏，閣燬於火而琴獨存。秋聲落嘯臺。
>
> 廣陵今絕響，孤負此良材。
>
> 右黃韵珊贈族叔曾祖鐵琴先生詩，頃檢《倚晴樓詩稿》録於拓本之右。此琴在叔祖抱仙先生所寶藏，將近八十年，尚存汳中。余於壬辰（1892）遊汴，抱老以此拓相貺，並得摩挱琴軫。抱老下世已及廿載，而此拓尚未遺棄，彌可珍已。庚申重三，士鑑記。

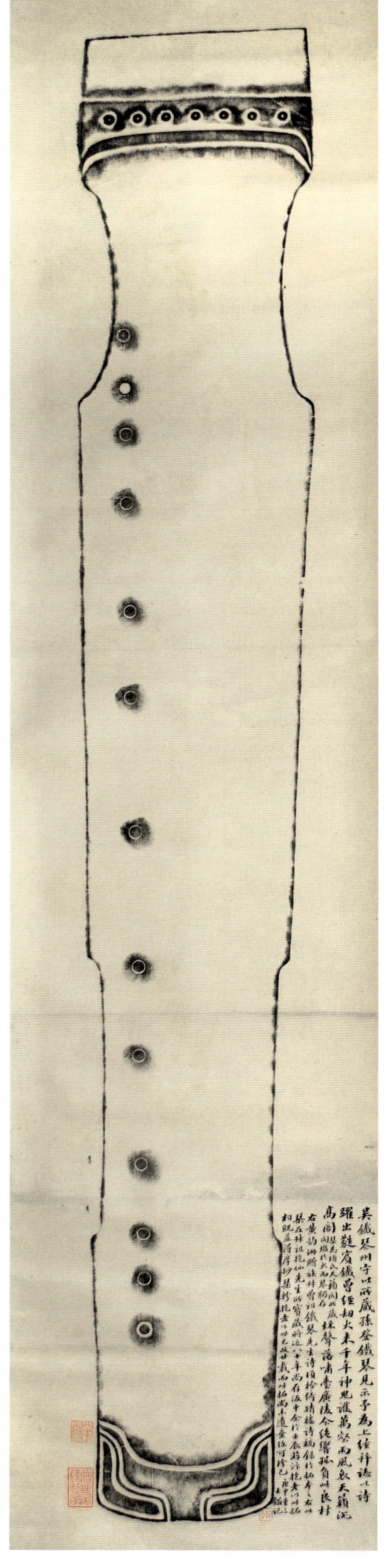

卷軸裝　畫芯縱128釐米　橫29釐米

館藏號：J6738

卷軸一、琴面拓本

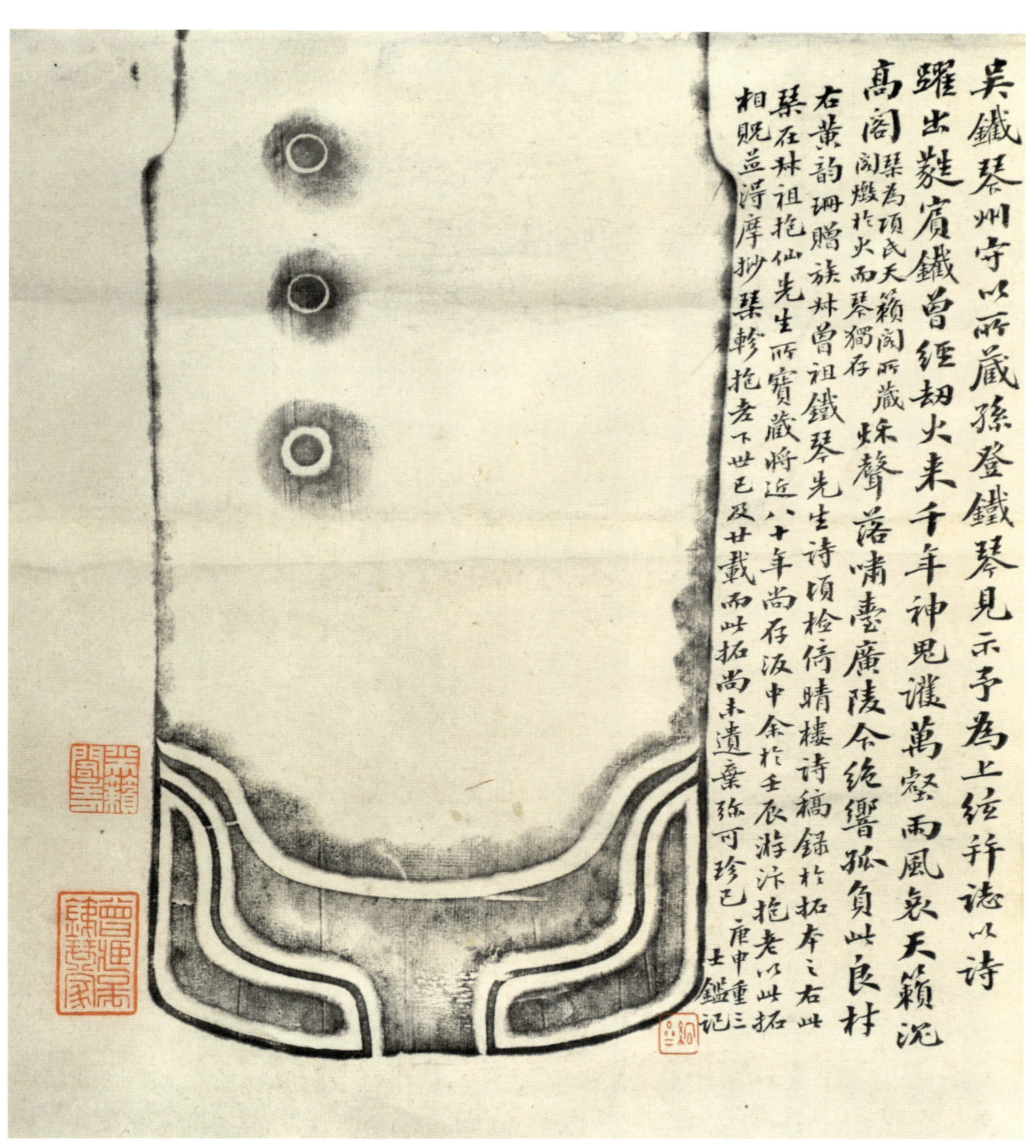
吳鐵琴州守以所藏孫登鐵琴見示予為上弦弃志以詩
躍出蕤賓鐵曾經劫火來千年神鬼護萬壑雨風哀天籟沉
高閣琴為項氏天籟閣所藏閣燬於火而琴獨存殊聲落嘯臺廣陵今絕響孤負此良材
右黃韵珊贈族姊曾祖鐵琴先生詩須檢倚晴樓詩稿錄於拓本之右此
琴在姊祖抱仙先生所寶藏將近八十年尚存汲中余於壬辰游汴抱老以此拓
相貺並得摩挲琴軫抱老下世已及廿載而此拓尚未遺棄殊可珍已 庚申重三
士鑑記

卷軸一、琴面拓本局部

吳士鑑（1868-1934），字絅齋，號公詧、含嘉、式溪居士，浙江錢塘人。光緒十八年（1892）壬辰科中進士，殿試高居第一甲第二名（榜眼），授翰林院編修。曾任江西學政、資政院議員、清史館纂修。以評定金石、精研史籍而名重一時。民國初因得商鐘九件，遂以"九鐘精舍"名其書齋。著有《晉書斠注》《九鐘精舍金石跋尾》《含嘉室詩文集》《含嘉室日記》等。

卷軸二、琴匣拓本（匣蓋刻有清人題識）

1、張廷濟題記：

鐵琴長漢建初尺五尺，闊七寸三分，高二寸，重漕平十斤六兩。池上篆文"天籟孫登"又"公和"方印，池下篆文"明項元汴珎藏"，又"墨林"印，又"子京父"印。此即墨林山人得之，以天籟名閣者。嘉慶七年（1802）菘圃吴相國官江南河督時，鐵冶亭制府所贈，公子惕勤州守世珎之。

洞庭掎寂嶧桐歌，孫郎鑄得蕤賓鐵。

項家高閣六丁收，飛出神龍天一碧。

古錦囊投老鐵君，延陵鼓理奠河汾。

搴茭揵竹功七奏，制水亦策烏金勳。

鬱林州守抱琴至，篆印分明金錯字。

鐵中錚錚人中英，千五百年無第二。

鐵綽板唱鐵笛吹，鐵如意敲玉壺摧。

不平鳴豈入琴德，天籟響出萬籟卑。

請君一彈發一歎，曲中幾見滄桑換。

廣陵散不絕人間，鍛人定屬嵇中散。

道光二十六年（1846）五月十二日，嘉興七十九歲老者張廷濟叔未甫。

2、阮元題記：

此鐵琴為項子京寶物，天籟閣所由始也。修梅能廉，到處有政聲，上官降之，曰人迂謹，夫日以攜琴載石為事，此陽城自書下考也。丙午（1846）冬初，頤性老人阮元識。

3、梁章鉅題記：

余與修梅瀨江一别，倏已五年，兹重遇於邗江，復得睹其所藏寶物，因快題之。道光丙午初冬，七十二叟梁章鉅記。

4、之珍篆題：

相其質，黝以黑；扣其中，聲硿硿。公和之物墨林得，傳之我手重拂拭。右琴銘二十六字，鐵琴囑，之珍篆。

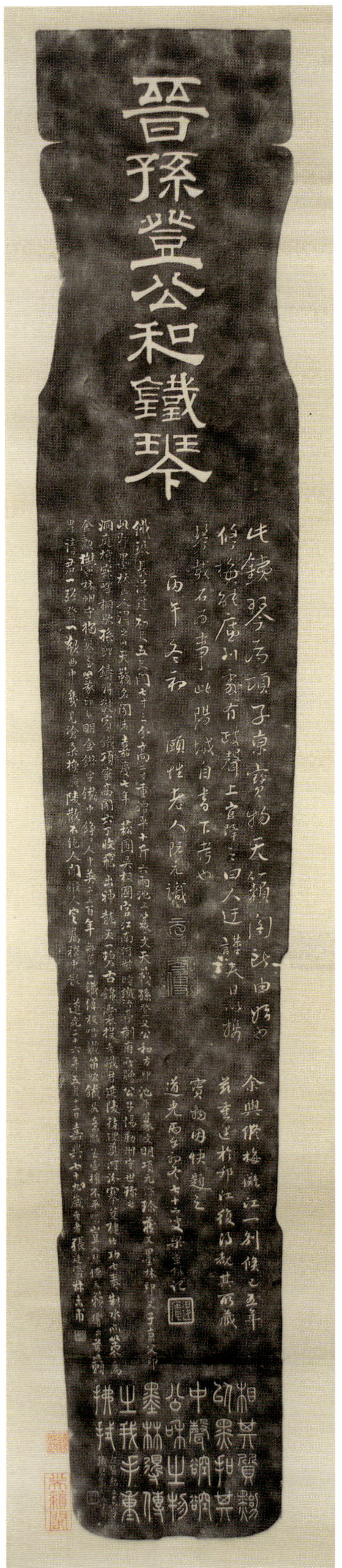

卷軸二、琴匣拓本

7.《朱紫陽銅琴》談月色拓本

朱紫陽銅琴，因琴池洞底（洞越）有雙鉤線刻“淳熙四年（1177）紫陽山人精斲”隸書十字而得名。另，琴底上方有雙鉤線刻“冰清玉潤”篆書四字，琴底左側刻“北平翁方綱珍藏”及“覃溪審定”印章。

朱熹（1130–1200），字元晦，一字仲晦，號晦庵、晦翁、紫陽先生等。徽州婺源人。南宋理學家，理學集大成者，尊稱“朱子”。

《朱紫陽銅琴拓本》為民國廿九年（1940）談月色手拓，琴拓左側附“淳熙四年紫陽山人精斲”隸書十字拓片小紙一張，其上有蔡守隸書題識“朱子是年四十有八”。琴拓右側另附拓片小紙兩張，文字莫辨，其一諦視之，隱約有雙鉤文字，其側有談月色題識“塞門積雪倪瓚，字在右琴堂上，蓋雲林子寓物也。月色。”卷軸內鈐有“蔡守審定”“月色女拓”“茶恩茶熹茶四妙亭印”等印章。

琴拓左上方，有談月色民國廿九年（1940）題跋：

> 冰清玉潤琴，原藏覃溪蘇齋，不知何旹流落江南，輾轉為碑估張君所得。有湻熙四年（1177）紫陽山人精斲字，字在洞越底，難施氈椎，因擕乞措蜕。予留兩帖，以供景玩，其時歲在庚辰（1940）荷花誕日也。叔申方家見而好之，即以奉贈，蔡談月色。

談月色題記中所謂“碑估張君”，疑為碑帖鑒賞家張彥生。

談月色（1891–1976），女，原名古溶，又名溶溶，晏殊詩有“梨花院落溶溶月”句，遂字月色，後以字行，晚號珠江老人。廣東順德人。工詩，善書畫，篆刻則有“現代第一女印人”之稱。月色弱齡出家，入廣州檀度庵為尼。民國十一年（1922），談月色毅然還俗，成為蔡哲夫副室。此後，蔡守與談月色二人，在藝術上夫唱婦隨傳為佳話。蔡哲夫（1879–1941），原名守，號寒瓊、寒翁、茶丘殘客，廣東順德人。早年加入南社，擅金石書畫，博古通今之士。

《朱紫陽銅琴拓本》製作並題記的第二年，蔡守因病去世，故此件拓本可視為夫妻二人最後的合作。

卷軸裝　畫芯縱135.5釐米　橫30.5釐米
銅琴高約120釐米
館藏號：Z2240

文清王潤琴原藏覃溪蘅齋不知何旹
流落江南莊轉為碑估張君所得有淳熙
四年紫阳山人精斵字字在洞越底鷄施甏稚
同攜乞措蜕亭留兩帖以供賞玩其時歲在庚
辰荷花誕日也
叔申方家見而好之即以奉贈　蔡談月色

紙上金石

《朱紫陽銅琴》談月色拓本局部

8.《顧文彬古琴六種》吳穀祥藏本

《古琴拓本六種》，為吳穀祥（秋農）舊藏。六把古琴分別為“抱月琴”“孤猿嘯月琴”“石上流泉琴”“松石閑意琴”“存古琴”“永兮萬齡琴”，皆為蘇州怡園主人顧文彬所藏，琴身有名家題刻，諸如：沈周、文徵明、祝允明、唐寅、文彭、張靈、王寵、金農、何紹基、殷樹柏等人皆在其列，文字刊刻精良，下真跡一等。

古琴拓本為顧文彬贈予吳穀祥者，為淡墨精拓。拓工技藝高超，墨色喜人。琴拓四周名家題記累累，題記時間从光緒九年（1883）一直持續到光緒二十年（1894），多集中在光緒九年到十二年間(1883-1886)，題記者皆為吳穀祥好友，諸如：仇炳台、范崧、楊峴、吳鴻綸、宗廷輔、蔡鐘瑋、蒲華、任頤、張鳴珂、沈銛、郭福英、沈瑾、趙烈文、夢蘅、楊伯潤、吳昌碩、魏彥、高邕、吳淦、姚福奎、金吉石、淩霞、衛儔生、王甲榮，共計二十四人。

其中“石上流泉琴”拓本，在光緒十二年（1886）吳穀祥移居上海途中遺失，吳氏又向顧文彬索要拓本一張，再請好友金吉石補書原拓名家題跋，雖說是補書，但是金吉石書法技藝高超，將張鳴珂、沈銛、郭福英、沈瑾四人的題記補抄得惟妙惟肖，若無吳穀祥題記說明，外人定會誤以為是名家題記真跡，全然不覺是他人補抄而成。

吳穀祥（1848-1903），字秋農，號瓶山畫隱、秋圃老農，浙江嘉興人。善繪畫，清末在上海、北京等地鬻畫，得俞樾、翁同龢、王懿榮等人揄揚，聲譽鵲起，名噪南北。晚年客居蘇州，與顧文彬、吳大澂等結畫社，時稱“怡園七子”。

《古琴拓本六種》既是顧文彬怡園古琴收藏的展示，又是吳穀祥與顧文彬的友誼見證，還能再現光緒年間吳穀祥朋友圈的詩詞、書法藝術。

抱月琴

琴長118.5釐米

金嘉禾（邠懷）題刻：

手揮七弦，泠然天風。素心如見，幽思滿衷。散花說偈，鹿牛相逢。抱琴無言，抱月長終。邠懷銘。

邠懷即金嘉禾。

下刻“若雪清玩”四字印章。

吳鴻綸（儒卿）題詩：

偏忘董卓是奸雄，焦尾知音屬蔡邕。
不向空山抱明月，難成大器亦凡桐。
希夷琴趣愛淵明，乞食歸來懷葛民。
名位太宗難副實，翛然物外妙無聲。
而今琴派失真傳，世事遷流日改絃。
聊寄遙情看墨本，海風吹去訪成連。
秋農吾宗臺屬題，即請大雅兩政。光緒十年（1884）十月虞山六十八翁吳鴻綸學吟草。

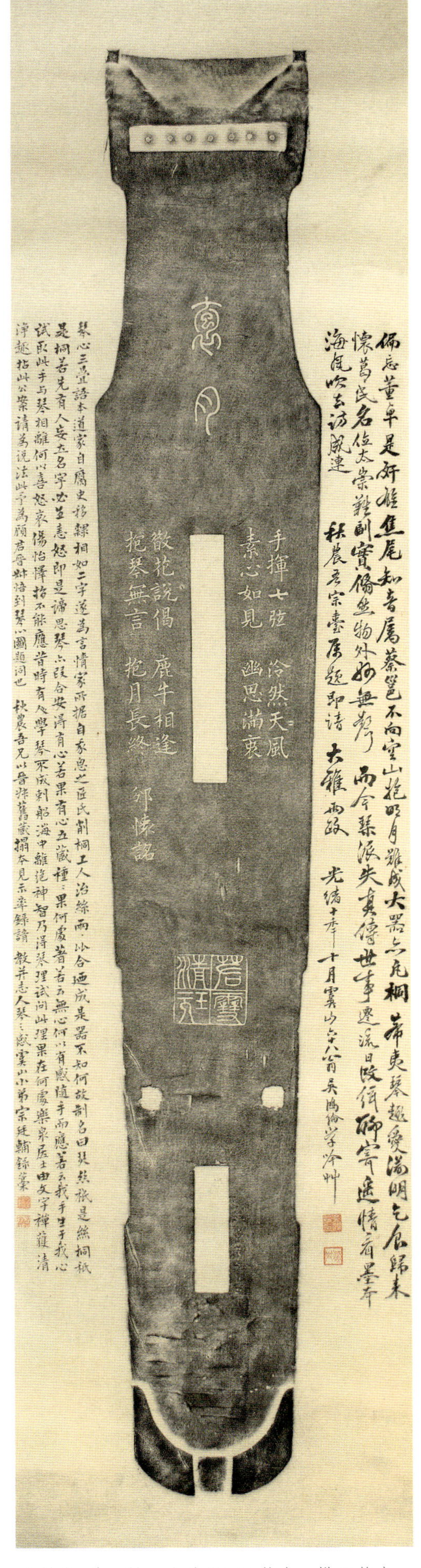

卷軸裝 共六軸　畫芯縱131釐米　橫32釐米
館藏號：J3083-3088
抱月琴

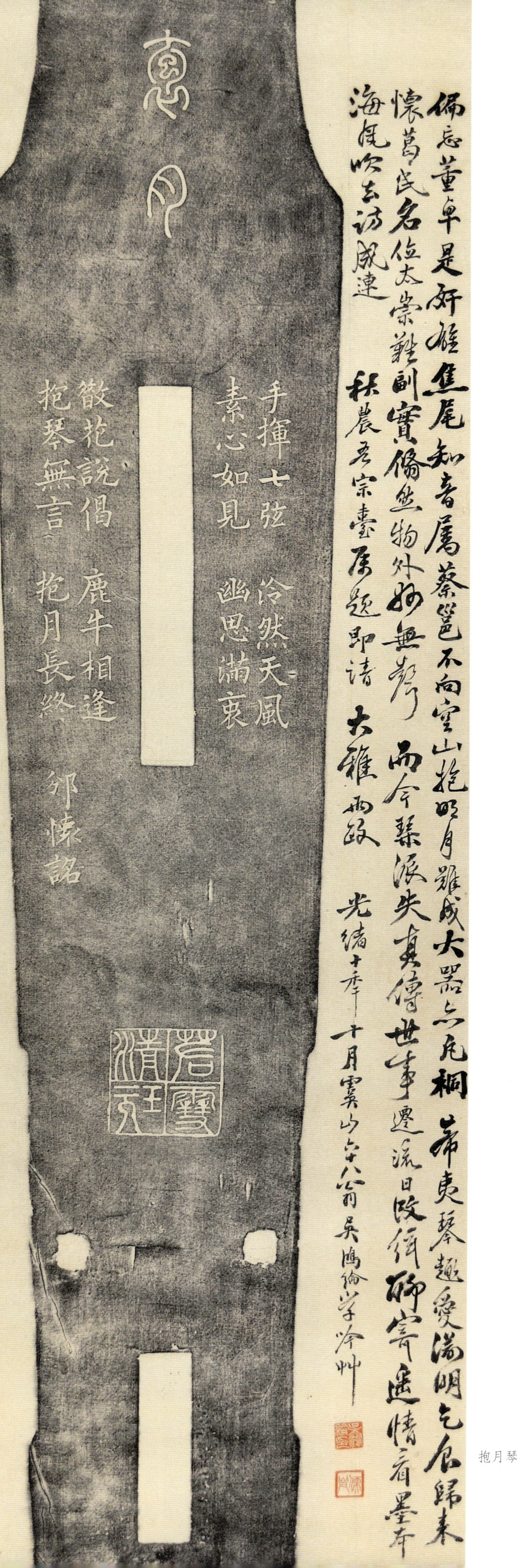

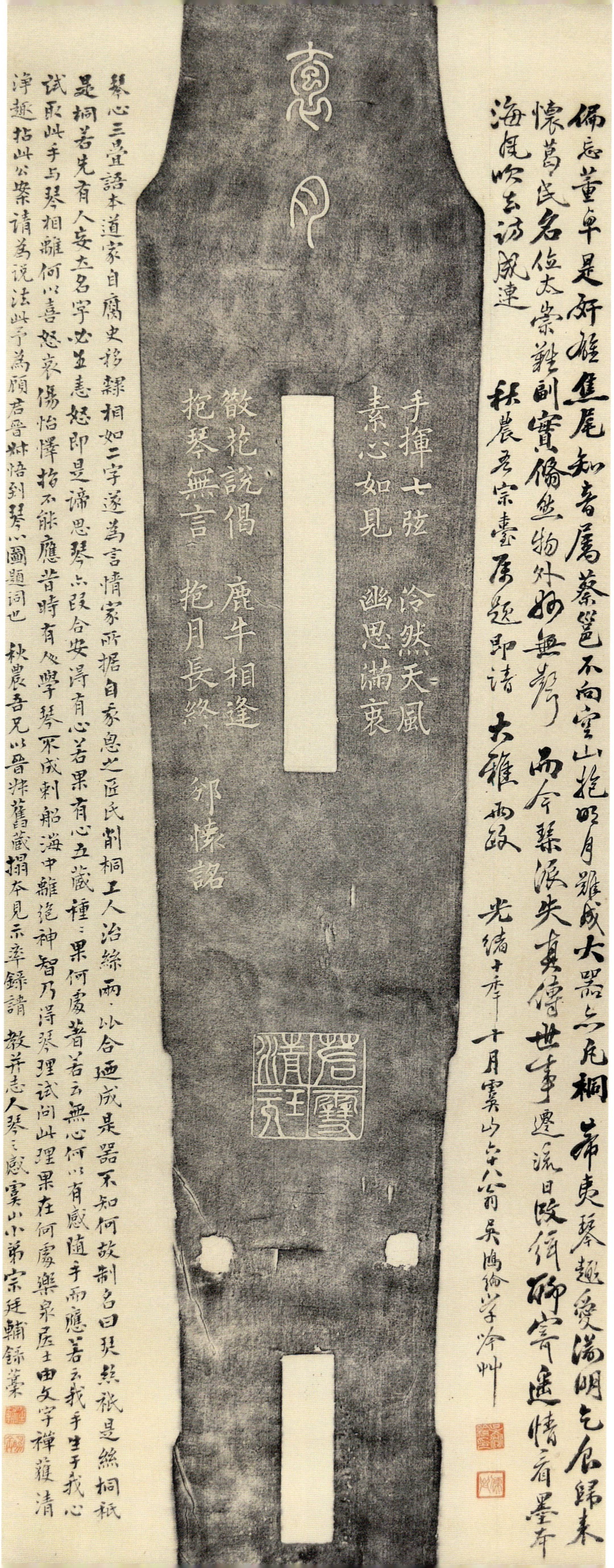

抱月琴局部

宗廷輔題記：

琴心三疊，語本道家。自腐史移隸相如，二字遂為言情家所据。自我思之，匠氏削桐，工人治絲，兩兩比和，迺成是器。不知何故制名曰琴，絲祇是絲，桐祇是桐。若先有人妄立名字，必生恚怒，即是諦思琴亦叚合，安得有心，若果有心，五藏種種，果何處著。若云無心，何以有感，隨手而應。若云我手生于我心，試取此手與琴相離，何以喜怒哀傷怡懌，指不能應。昔時有人學琴不成，刺船海中，離絕神智，乃得琴理。試問此理果在何處。樂泉居士由文字禪獲清淨趣，拈此公案，請為說法。此予為顧君晉叔《悟到琴心圖》題詞也。秋農吾兄以晉叔舊藏搨本見示，率録請教並志人琴之感。虞山小弟宗廷輔録稿。

顧晉叔為顧文彬之子。

孤猿嘯月琴

琴長120.5釐米

琴身題刻：

巴東三峽巫峽長，猿鳴三聲淚沾裳。

巴峽峻，巴水深，孤猿嘯月，風答長林。

月我外史。

下刻“春江清玩”“坡仙琴館”兩枚印章。

魏彥題詩：

蕤賓不鼓朝飛雉，叩徵不彈烏夜啼。

古木深山涼月裡，孤猿長嘯更悽悽。

秋農先生屬題，丙戌（1886）正月槃阿魏彥。

姚福奎題詩：

愔愔琴德不可測兮，體清心遠邈難極兮。

嵇叔夜賦語，書應秋農先生雅屬並正，星五姚福奎。

衛僑生題詩：

上絃謖謖松風號，下弦巫峽流滔滔。

孤猿跳宕白雲裏，長嘯一聲山月高。

秋農先生屬題，己丑（1889）花朝衛僑生。

仇炳台題詩：

獨鶴吟風天寂寂，孤猿嘯月夜沉沉。

曾經海上尋師去，又向巫山一聽琴。

癸未（1883）三月為秋農先生題，即請正句，笏東弟仇炳台。

王甲榮題記：

光緒二十年（1894）中春，公車北上，假涂滬上，過秋農仁兄寄廬出此屬題，匆匆不能成篇，謹留數字以志翰墨因緣，郜畇王甲榮。

石上流泉琴

琴長115.5釐米

琴身題刻：

石上流泉，雲樓殷樹柏書，屠退菴刻。

道光十二年（1832）壬辰閏重陽，於由拳城之集街骨董肆中購得是琴。其聲清越，其式臞仙之連珠也。延陵扶笻子識。

張鳴珂題詩：

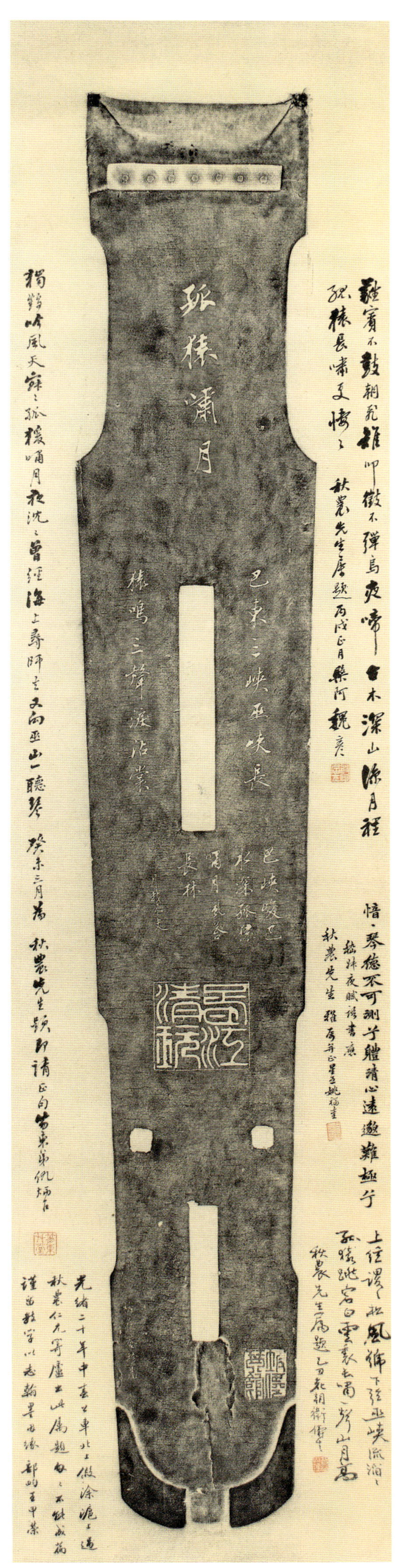

孤猿嘯月琴

海上何從覓賞音，歲寒風雪閉門深。

感君手抱瑤琴至，為寫空山太古心。

公束張鳴珂。

沈銛題詩：

春風海上抱琴來，轉瞬棋花霜信催。

天氣嚴寒客心熱，試彈一曲松風哀。

余庭前雙松，君頗激賞，今為颶風拔去，君對之徘徊慨嘆，故及之。元咸沈銛。

郭福英題：

起雲雷侶寒碧赤，疋人徂，更誰識。

友松郭福英為秋農大兄先生題。

沈瑾題詩：

平生好紙筆，不解調絲竹。

調將古樂鼓今曲，知音咲倒塵埃中。

我欲得此琴，攜往滄海東。

喚起師曠授清徵，洪濤拍天舞老龍。

歸來明月空山裏，一曲泠泠和秋水。

公周沈瑾。

吳穀祥題記：

斯琴拓本亦怡園主人所贈也。丙戌（1886）歲莫，移家海上，途中失去，迺復索一幀，默憶諸君題詠，倩吉石金君補書之，以存翰墨緣。光緒十三年（1887）丁亥正月，秋圃老農吳穀祥鐙下記。

松石間意琴

琴長119.5釐米

琴身題刻：

松石間意，吳趨唐寅。

明月入室，白雲在天。萬感皆息，琴言告歡。飛飛去鳥，涓涓流泉。臨風舒嘯，撫松盤桓。消憂寄傲，息焉遊焉。允明。

風瑟瑟，雲冥冥。鶴起舞，龍出聽。戛綠綺，登紫庭。歌且和，招仙靈。沈周。

月明千里，清風七絃。潛蛟飛舞，孤鶴蹁躚。步虛天上，遺響人間。娟娟獨絕，飄飄欲仙。徵明。

晨颯夕澍，假物喻思。無言之言，情不能已。張靈。

琴之為物，先聖所作。可以消憂，可以寄樂。如風入松，如泉奔壑。如雲在天，如鳥擇木。或撫三終，或吟一曲。淑性怡情，雲龢所獨。雁門文彭。

松濤澒洞，石壁嶙峋。蛟龍出水，鸞鶴下雲。雅宜山人（王寵）。

金吉石題詩：

誰與琴言者，蛟龍夜出聽。

山中存古調，海上訪仙靈。

松石有閒意，風泉憶舊銘。

試看三疊舞，鐘火正純青。

用范君詩韻似秋農先生屬正，金吉石。

范崧題詩：

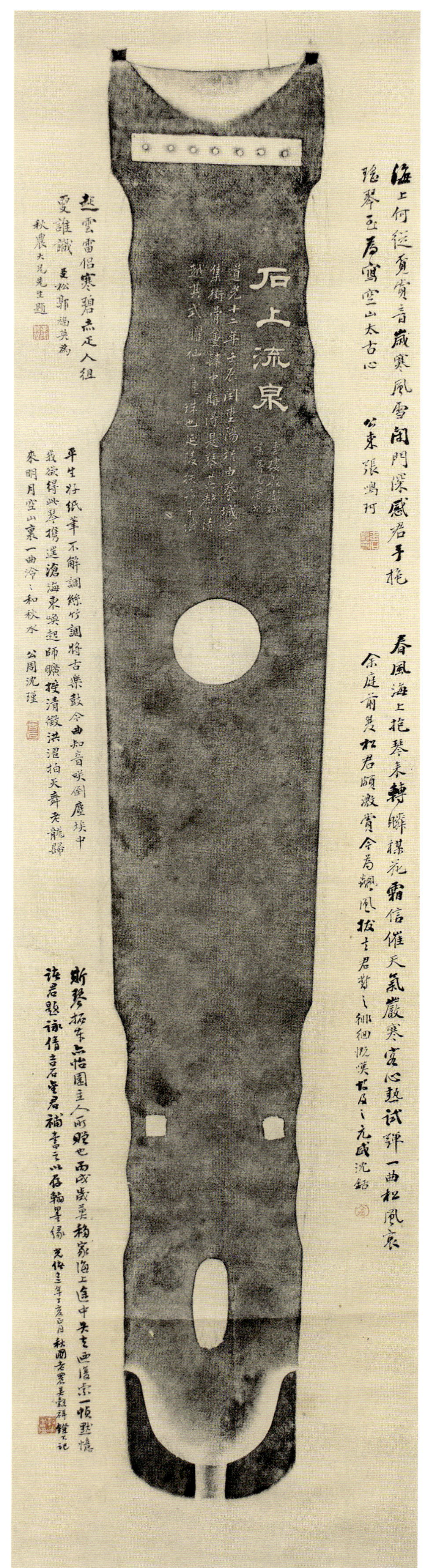

石上流泉琴

海上何從覓賞音歲寒風雪閉門深感君手抱瑤琴至為寫空山太古心

公束張鳴珂

石上流泉

道光十二年壬辰閏重陽於曲阜城之集街骨董肆中購得是琴其聲清越甚式曜仙之連珠也延陵樸神子識

雲樓段樹柏書屠退庵刻

起雲雷侶寒碧亦足人徂更誰識

友松郭福英為秋農大兄先生題

春風海上抱琴來轉瞬楳花霜

余庭前叟松君頗激賞令為欄

平生好紙筆不解調絲竹調將古樂鼓今曲知音嘆倒塵埃中我欲得此琴携進滄海東喚起師曠授清徽洪濤拍天舞老龍歸來明月空山裏一曲泠泠和秋水

公周沈瑾

石上流泉琴局部

石氣凝雲冷，松聲帶月聽。
清琴彈古調，秋水遇仙靈。
吳下多才子，山中舊勒銘。
至今遺響在，如見數峰青。
癸未（1883）九秋雲岳范崧題。

仇炳台題詩：

古調閟清響，人間不可聽。
空山正寥寂，勝國此英靈。
有畫意難寫，無言心自銘。
松風挾寒雨，坐對一鐙青。
癸未（1883）十月，秋農先生屬題，即和范君雲岳韻請正。弟仇炳台。

楊峴題詩：

一曲松風和七弦，蕭閒風趣想前賢。
而今世上知音少，大好盧堂自在眠。
癸未（1883）十一月，楊峴題

拓本中鈐有“王雲之印”“石薌”“彈琴復長嘯”印章。

王雲，生卒不詳，號石香，一作石薌。清嘉道間人韋君繡（1789—1852）曾在著作中道及石香，又據石香所刻“泛香”一印，邊款紀年為“同治癸亥仲冬石香王雲”，由此推測石香大致活動於咸同年間。

存古琴

琴長115.5釐米

金農題刻：

存古。
古人不作，古音誰傳。
抱此古桐三尺，仰見古月一丸。
宜著古衣古冠，坐對古松古泉。
鼓古調一再行，但覺古趣盎然。
金牛湖上二十六郎金農。

何紹基題詩：

彈醒古梅魂，四壁衆山響。
虛舟觸物，墮車醉後，妙理儘可想。
泉自樂其樂，吾亦全吾天。
此意問誰解，試聽條條絃。
蝯叟為顧世兄樂泉銘。

下刻“樂泉雅玩”長形印章。

夢蘅題詩：

龍門古桐三尺長，朱弦玉徽中宮商。
千年萬年聲不亡，撫琴長嘯天中央。
古人不作何所望，海山滄滄烟蒼蒼。
夢蘅。

楊伯潤題詩：

到處箏琶聒耳繁，歸來湖上掩柴門。
靜中領得焦桐趣，澗水松風古調存。

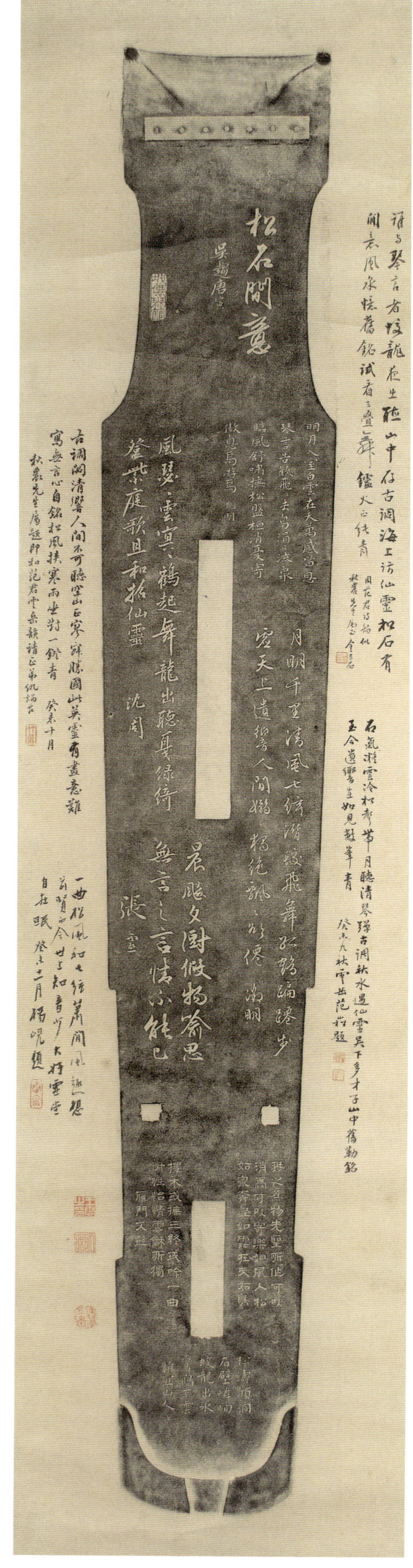

松石間意琴

琴之為物先聖所作可以
消憂可以寄樂如風入松
如泉奔壑如雲在天如鳥

擇木或撫三終或吟一曲
沭性怡情雲龢所獨
雁門文彭

松濤澒洞
石壁嶙峋
蛟龍出水
鸞鶴下雲
雅宜山人

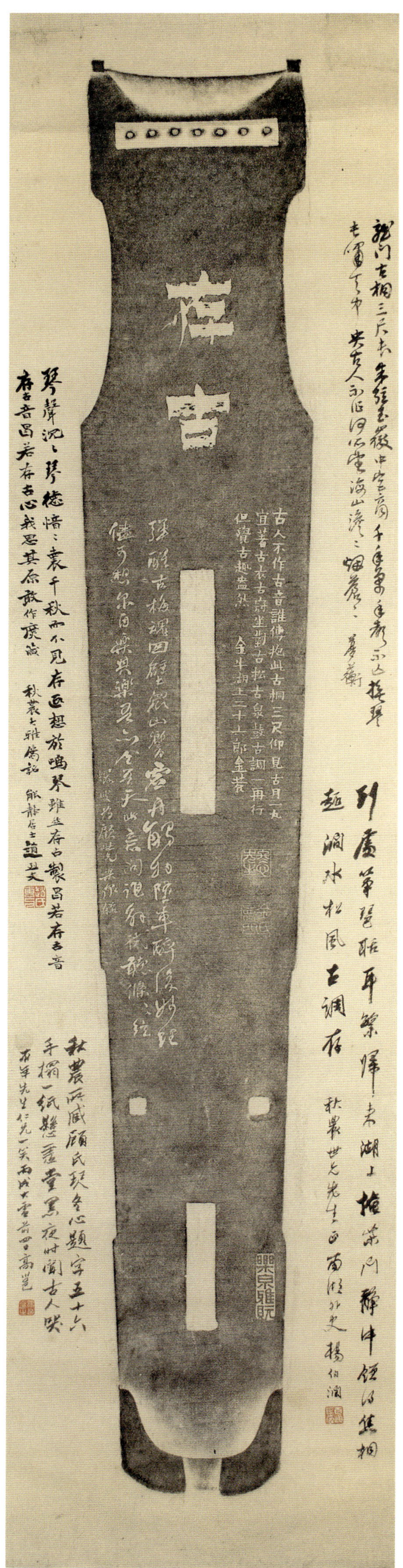

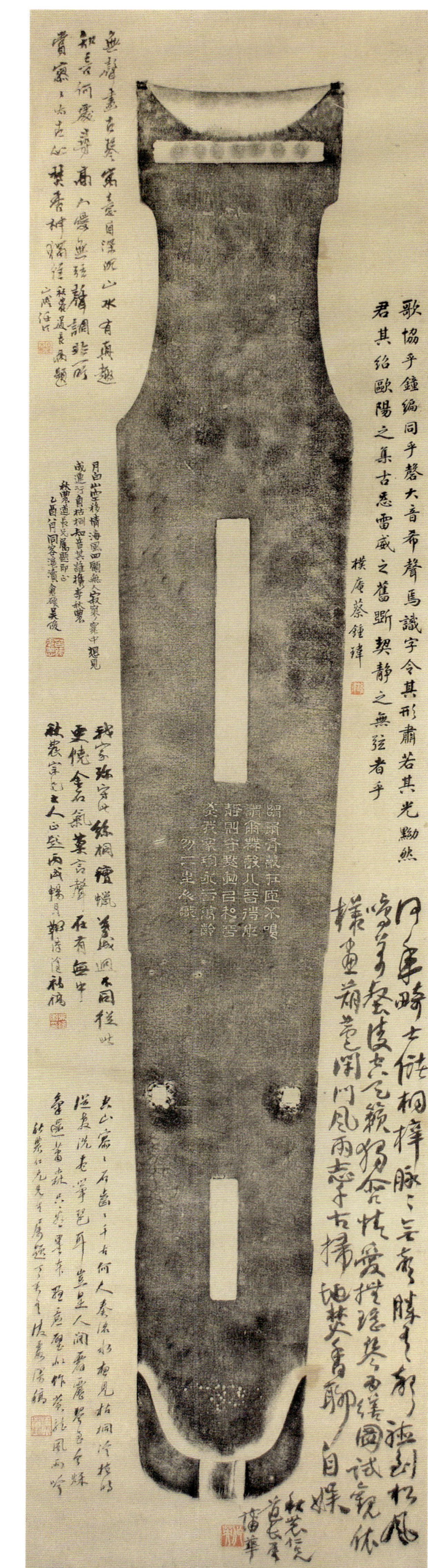

存古琴

永兮萬齡琴

秋農世兄先生正，南湖外史楊伯潤。

趙烈文題記：

琴聲沉沉，琴德愔愔。懷千秋而不見，存遐想於鳴琴。雖然存古製，曷若存古音。存古音曷若存古心，我思其原，敢做庶箴。

秋農大雅屬銘，能靜居士趙烈文。

高邕題詩：

秋農所藏顧氏琴，冬心題字五十六。

手搨一紙懸虛堂，黑夜時聞古人哭。

有年先生仁兄一笑，丙戌（1886）大雪前四日，高邕。

永兮萬齡琴

琴長117.5釐米

琴身題刻：

謂爾有聲，在匣不鳴。

謂爾無聲，八音待成。

靜則守默，動以和平。

愛我家珍，永兮萬齡。

勿二主人識。

蔡鍾瑋題記：

歌協乎鐘，編同乎磬。大音希聲，焉識宇令。其形肅若，其光黝然。君其紹歐陽之集古，愛雷威之舊斲，契靜之無弦者乎。

樸庵蔡鍾瑋。

蒲華題詩：

何年畸士儲桐梓，脉脉無聲勝有聲。

聽到松風鳴萬壑，淩空天籟獨含情。

愛撫瑤琴為繕圖，試觀依樣畫葫蘆。

閉門風雨志千古，掃地焚香聊自娱。

秋農仁兄道長屬，蒲華。

任頤題詩：

無聲畫古琴，寓意自深沉。

山水有真趣，知音何處尋。

高人愛無弦，聲調非所賞。

寥寥太古心，焚香神獨往。

秋農道長屬題，山陰任頤。

吳昌碩題詩：

月白山空，移情海風。

四顧無人，寂寥寰中。

想見成連，行負枯桐。

知音其誰，檇李秋農。

秋農道長兄屬題即正。乙酉（1885）八月同客滬瀆，倉碩吳俊。

吳淦題詩：

我家珎守此絲桐，氈蠟摹成迥不同。

從此更饒金石氣，莫言聲在有無中。

秋農宗兄大人正題。丙戌（1886）暢月鞠譚淦初稿。

淩霞題詩：

空山寥寥石齒齒，千古何人奏流水。

想見枯桐冷抱時，從教洗盡箏琶耳。

豈是人間霹靂琴，至今秋氣還蕭森。

只看墨本懸虛壁，似作黃龍風雨吟。

秋農仁兄先生屬題，丁亥（1887）冬淩霞漫稿。

柒

博古圖類

一　博古圖

1.六舟博古花卉圖四軸

磚銘拓片十六幅，多為馮登府與吴廷康之藏拓。拓片被剪裁組合成花瓶或花盆狀，僧六舟達受補繪各色花卉、花瓶、几座。拓片上有六舟達受題識五則，吴廷康題識三則，汪士進題識一則。

馮登府(1783–1841)，一作登甫，字雲伯，號勺園、柳東，齋號八磚五硯齋、石經閣等。浙江嘉興人。一生以著書立說為業，不為仕途所羈絆。中年宦福建時，應聘修撰《福建鹽法志》《福建通志》《閩中金石志》等，為閩人所推重。一生著作等身，所著《石經考異》《石經補考》對漢魏唐蜀歷朝石經詳加甄録，成為後代研究石經者參考要籍，另有《石經閣金石跋文》《金石綜例》《浙江磚録》等書傳世。

吴廷康（1799－?），字元生，號康甫、贊甫、贊府、晉齋、茹芝，室名慕陶軒，安徽桐城人。官浙中數十年。與何紹基交，精金石考據之學。从六舟達受游，擅金石傳拓之技。善書畫，能刻竹，有甎癖，輯有《慕陶軒古甎録》《桃谿雪》。

此卷軸博古圖中磚銘多為《浙江磚録》《慕陶軒古甎録》所收録。

釋達受（1791–1858），字六舟。俗姓姚，浙江海寧人，鹽官北門外白馬廟出家，後主持西湖淨慈寺。喜收藏，精鑒定，善書畫，能詩文，擅傳拓，博交遊，人稱“金石僧”。因收藏《唐代懷素小草千字文》而自號“小綠天僧”。一生傳拓鐘鼎彝器、金石碑版、磚瓦雜件無數，是清代器物全形拓之開拓者。著有《小綠天庵吟草》《金石書畫編年録》《兩浙金石志補遺》《白馬廟志》等。

此卷軸既能見到六舟傳拓的磚文，又能見識到六舟的繪畫藝術。現將六舟補繪磚銘博古圖的大致情況，介紹如下：

卷軸一：

（一）硯銘：

典午瓴，師氏蜀。出海壖，鯨波浴。琢為研，美於玉。贈康甫，供著録。廷濟銘，言不足。

道光辛卯，八月十六日。

鈐有：“八專圖書”。

此硯銘拓片剪成蛋形深盆，其上補繪曲幹紅花石榴一株。樹幹老辣，曲幹婀娜，左右出枝，靈動自然。

卷軸裝　四軸　畫芯縱134釐米　橫31釐米

館藏號：J2264-2271

卷軸一

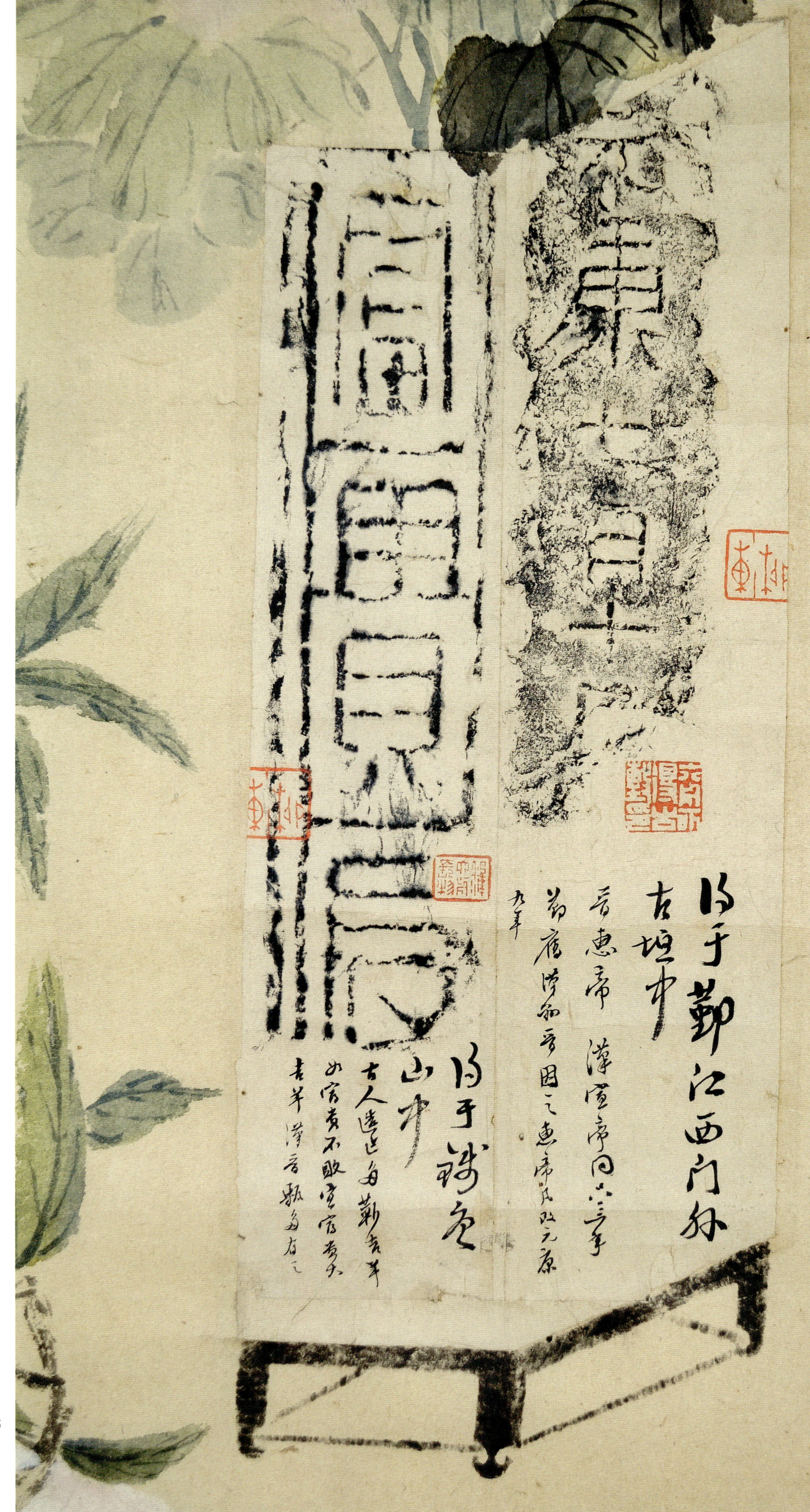

卷軸一局部

（二）磚銘：
甲：元康七月十日。
拓片上鈐有“柳東”“六舟所得古磚印”
磚銘下有六舟達受題記：

得于鄞江西門外古垣中。晉惠帝，漢宣帝同只四年、鄞舊漢縣，晉因之，惠帝凡改元康九年。

漢宣帝與晉惠帝均有“元康”年號，但以磚銘書體觀之，此磚應屬於晉磚。
乙：富貴。
鈐印“釋六舟長物”“柳東”
磚銘下有六舟達受題記：

得于錢唐山中。古人造作多勒吉羊，如“富貴不敗”“宜富貴大吉羊”。漢晉甎多有之。

此兩方磚銘拓片剪貼成豎形長花瓶的正面與側面，其上補繪芙蓉菖蒲。

（三）磚銘：
蜀師磚
拓片有吳廷康題識：

慕陶軒藏

下鈐“廷康私印”“小長廬”。
其上補繪桃花一株，上結壽桃兩枚。

卷軸二
（一）磚銘
甲：梁氏
乙：宜孫子。
拓片題曰“廷康得於吳興”。下鈐“慕陶軒藏磚印”。
此兩方磚銘拓片剪貼成方形花盆的正面與側面，其上補繪水仙花兩株。

（二）磚銘
甲：鳳凰二年七月。拓片鈐有“六舟所得”。
六舟達受題記：

是塼上端有大宜主三字，未經拓入，得于餘杭寶輪寺。吳烏程侯。

乙：竂正四年七月錢氏作。
拓片鈐有：“釋六舟長物”“柳東”。
六舟達受題記：

得于臨安武肅王故宮址，“竇正”錢王鏐年號，竂字異文。

此兩方磚銘拓片剪貼成豎形花瓶的正面與側面，其上補繪斜插杏花兩株。

（三）磚銘
永嘉三年，鈐有“八專圖書”“八甎五研齋”“堯仙手摹”。
兩張磚銘拓片剪貼成罐形花瓶的瓶口與瓶身。其上補繪靈芝一株，仙草一簇。

卷軸三
（一）磚銘
甲：萬歲磚

卷軸二

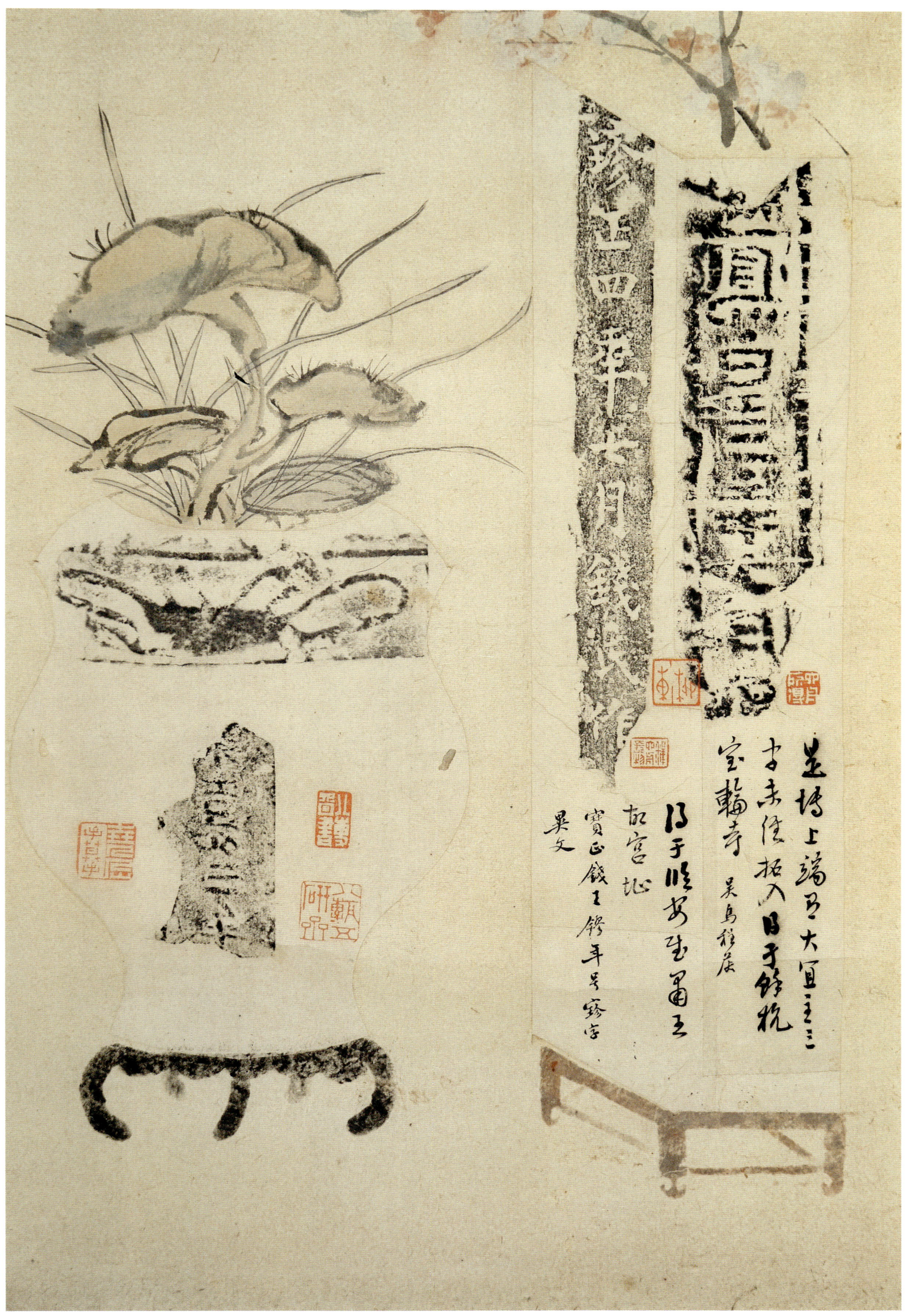

柳東舊藏。

鈐有“八專圖書”。

乙：星紋磚

汪士進題記：

> 星紋塼，太康諸専面背皆有之，此獨清明可辨。武進汪士進藏。

下鈐“堯仙手摹”。

兩張磚銘拓片剪貼成花盆之正面與側面，其上補繪迎風梅花一株。

（二）磚銘

甲、太康二年韓氏造

乙、古泉紋

兩張磚銘拓片剪貼成細口鼓腹花瓶，其上補繪紅白茶花各一枝。

卷軸四

（一）磚銘

甲、獸首古泉磚，鈐有“柳東”。

乙、磚文似有二字，未能釋讀。其側有六舟達受題識：

> 得于茗南山中。

鈐有：“釋六舟長物”。

兩張磚銘拓片剪貼成葫蘆寶瓶狀，其上補繪月季兩株。

（二）磚銘

梁氏圈紋磚

其側有吳廷康題識：

> 武康安溪出土晉專，兩面文曰“梁氏，梁氏”。廷康獲藏，時丙申七夕後二日也。

鈐有“廷康日利”連珠印、“慕陶軒藏磚印”。

拓片剪貼成方盆式樣，其上補繪牡丹兩株，花開朵朵。

（三）

卷軸最末空處，以補繪一株紫藤花來填空。

卷軸三

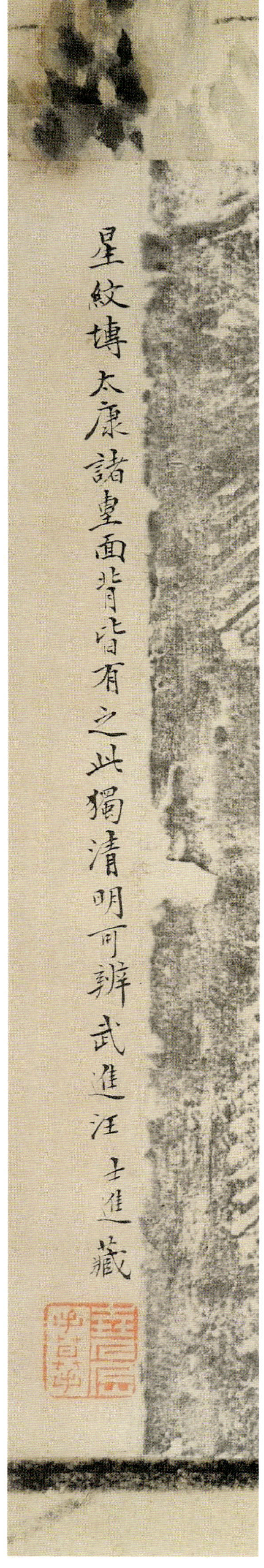

卷軸三局部

卷軸四

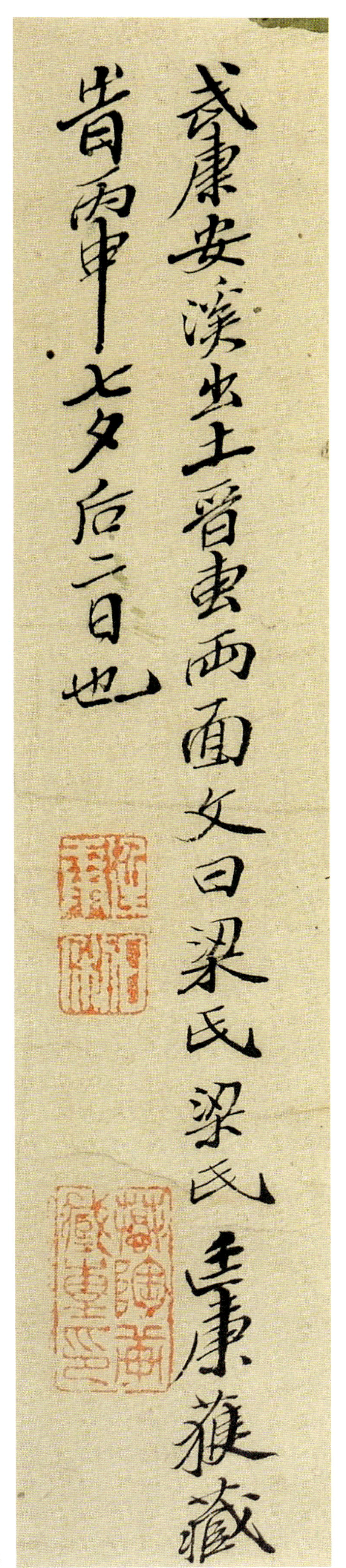

卷軸四局部

2.漢元延二年臨虞宮銅鍾補紫藤圖

漢元延二年臨虞宮銅鍾。鍾者，古之量器也。其樣式似壺，不同於樂鐘，其自身銘文曰“銅鍾容八升”。舊為瞿世瑛清吟閣收藏，後歸高存道。此全形拓為民國二十八年（1939）高存道請工精拓並督畫紫藤，贈予堯卿先生者。拓本邊側鈐有“王秀仁手拓金石文字”印章。銅鍾底座週邊鑄刻銘文：“臨虞宮銅鍾容八升，重三十二斤，元延二年（前11）供譚為內者造第卅。”銅鍾口沿內鑄刻陽文銘文“日利”二字。

高存道題記：

> 漢延光銅鍾為瞿氏清吟閣藏器，後歸于余。丁丑（1937）之劫，敝廬幸無恙，遂將此器携來海上。堯卿先生欣然鑒賞，倩工精拓，督寫藤花，藉充清齋供養。時在己卯（1939）立夏節，存道居士豐并記。“元延”誤書“延光”。

下鈐“存道六十歲後作”“高豐原名維年”印章。

高存道（1876-1960），原名維年，又名時豐，字魚占、存道，號茀亭。父高爾夔，弟高時顯、高時敬、高時衮、高時敷。父子兄弟皆飽學之士，善書畫，精鑒藏。

瞿氏清吟閣主人即瞿世瑛（1820-1890），一作世英，字良玉，號穎山。浙江錢塘人。清代藏書家，手抄罕見古書，日以為課，積數十年，得書數千冊，有藏書樓“清吟閣”。咸豐六年（1856）編《清吟閣書目》。咸豐十年（1860）藏書毀於戰火，“清吟閣”劫餘散出後，歸杭州丁丙“八千卷樓”。

卷軸裝　畫芯縱121釐米　横59.5釐米

館藏號：Z1119

漢延光銅鍾為瞿氏清吟閣藏器後歸
于余丁丑之劫敝廬幸無恙遂將此器携來海上
堯卿先生欣然鑒賞倩工精拓補寫藤花藉充
清齋供養時在己卯立夏節存道居士[illegible]并記

元延誤書延光

《漢元延二年臨虞宮銅鍾補紫藤圖》局部

3.張燕昌手繪伏鹿匜蓋圖

乾隆五十九年（1794）冬日，金石名家張燕昌在杭州獲得伏鹿匜一件，僅存其蓋，失其底，內鑄刻銘文“子孫父癸”四字。次年，張氏親手繪製《伏鹿匜蓋圖》並題記，還附黏銘文拓片一紙，製成條幅。

張燕昌(1738–1814)，字文魚，號芑堂、石鼓亭長、金粟山人等。浙江海鹽人。為浙派印人丁敬之高足。擅書畫，精篆刻，能刻竹。嗜金石，凡商周彝器、漢唐碑拓，無不潛心搜剔。曾摹繪鼎彝碑刻數百種成《金石契》一書，還曾翻刻范氏天一閣《石鼓文》。著有《金粟箋說》《三吳古磚録》《飛白書録》《石鼓文釋存》《芑堂印存》等。

乾嘉時期名家手繪金石圖原跡得以留存，為後人研究清代金石文化，體會古人金石癖的深層含義，提供了絕佳的範本。道光初，此圖為鑒藏家友白先生所有，張廷濟、徐同柏、瞿應紹等人應邀觀賞並留下題記。民國年間，此圖又轉歸許漢卿收藏。

許漢卿（1882–？），名福昞，字漢卿，號淳齋。江蘇淮安人。生於山東，民國六年（1917）任南京中國銀行行長，民國十年（1921）任大陸銀行天津分行總經理。解放後，仍為大陸銀行總經理，卒於二十世紀五十年代。篤好收藏，擅長金石考據學，其收藏涵蓋青銅、書畫、碑帖等多個門類。

本件《伏鹿匜蓋圖並記》，畫幅中央為《伏鹿匜蓋圖》及銘文拓片，兩側留有名家題記。卷軸頂部，有乾隆五十九年（1794）張燕昌題跋，其文曰：

子孫父癸。右古金器蓋，五色奪目，以周赤度之，高四寸有奇，長赤博十分之四，厚三分，闕一耳。內有識曰：“子孫父癸”，其“孫”字作拱日形，趙明誠云：“夏商淳質，皆以甲乙為號。”蓋夏商間器也。甲寅（1794）冬日得之武林，鑒者定為犧尊，然細玩其制，角有岐枝，當是鹿非犧矣。按：《漢魯相韓敕修孔廟禮器碑》有“雷洗觴觚，爵鹿柤梪”。《金石録》云：“所謂鹿者，禮圖不載，莫知何器。”又云：“後見汶易陳氏所藏古彝

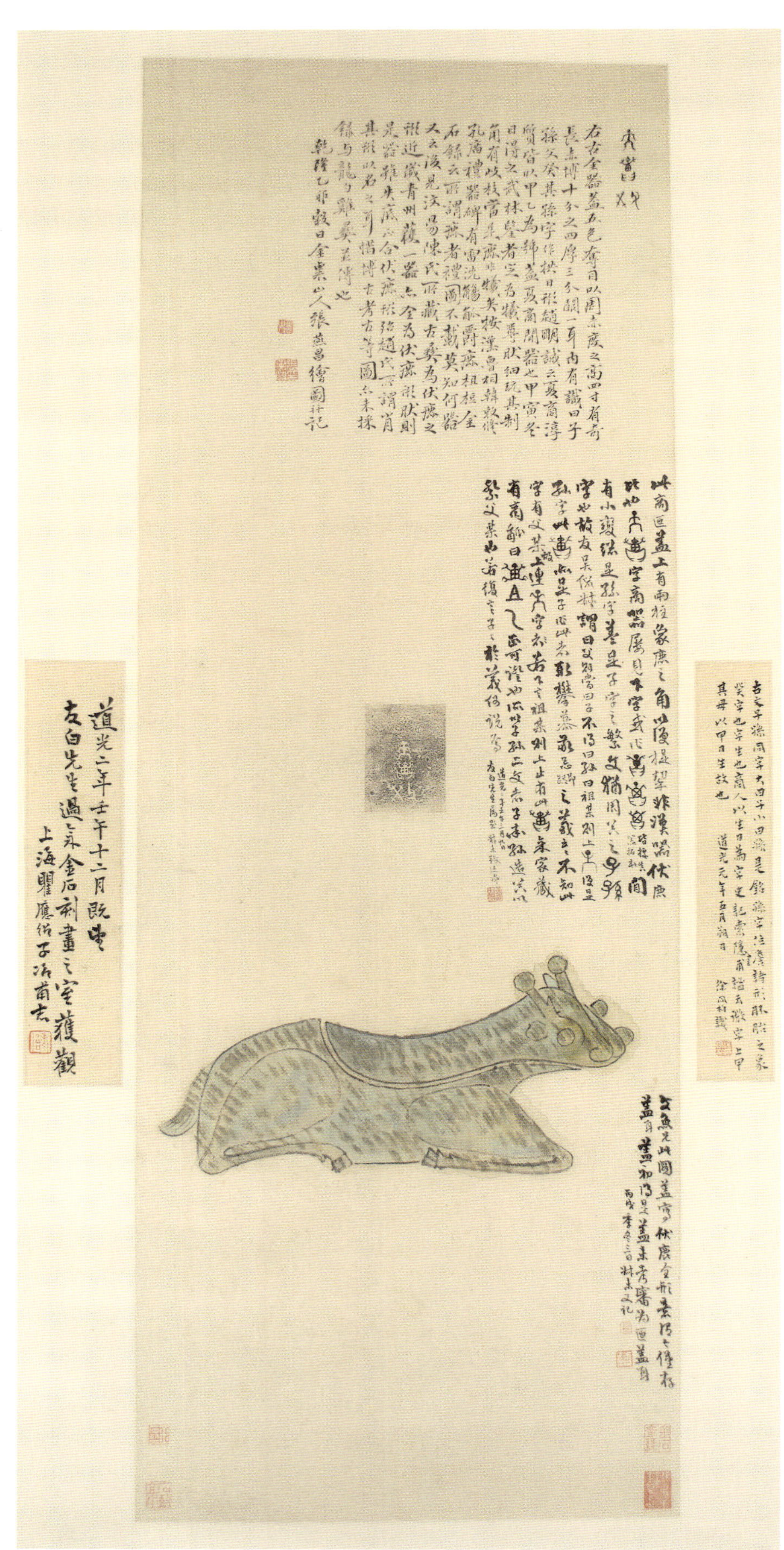

卷軸裝　畫芯縱106.5釐米　橫38.5釐米
館藏號：Z2456

伏鹿匜蓋

右古金器蓋五色奪目以周赤度之高四寸有奇長赤博十分之四厚三分闊一耳內有識曰子孫父癸其孫字作拱日形趙明誠云夏商淳質皆以甲乙為號蓋夏商間器也甲寅冬日得之武林鑒者定為犧尊然細玩其制角有岐枝當是鹿非犧矣按漢魯相韓敕修孔廟禮器碑有雷洗觴觚爵鹿柤梪金石錄云所謂鹿者禮圖不載莫知何器又云後見汶易陳氏所藏古彝為伏鹿之形近歲青州獲一器亦全為伏鹿形然則是器雖失底正合伏鹿形殆趙氏所謂肖其形以名之耳惜博古考古等圖亦未採錄與龍勺雞彝並傳也

乾隆乙卯穀日金粟山人張燕昌繪圖并記

《張燕昌手繪伏鹿匜蓋圖》局部

為伏鹿之形，近歲青州獲一器亦全為伏鹿形。”然則是器雖失底，正合伏鹿形，殆趙氏所謂肖其形，以名之耳。惜《博古》《考古》等圖亦未採録，與《龍勺》《雞彝》並傳也。乾隆乙卯（1795）穀日金粟山人張燕昌繪圖并記。

銘文拓片右側，存有道光二年（1822）張廷濟題記：

此商匜盖，上有兩柱，象鹿之角，以便提挈，非漢器伏鹿比也。“[illegible]”字商器屢見，下字或作“[illegible]”“[illegible]”“[illegible]”皆據真器拓本，間有小變，總是“孫”字，盖是“子”字之繁文，猶周器之“子孫”字也。故友吴侃叔謂：“曰‘父’，則當曰‘子’，不得曰‘孫’。曰‘祖某’，則上“[illegible]”便是“孫”字。此“[illegible]”亦是“子”，作此者取攀慕敬忌即“惎”之義云云。”不知此字有“父某”，故上連“子”字者（此字點去），若下言“祖某”，則上止有此“[illegible]”。余家藏有商觚曰“[illegible]祖乙”，正可證也。所以“子孫”二文者，子率孫造器，以祭父某也。若復言子子於義何説焉？道光二年壬午(1822)三月九日，友白先生屬題，叔未張廷濟。

《伏鹿匜蓋圖》右側，存有道光六年（1826）張廷濟補記：

文魚兄此圖，盖寫伏鹿全形，意謂今僅存盖耳。盖初得是盖，未考，審為匜盖耳。丙戌（1826）季冬三日叔未又記。

張廷濟(1768–1848)，原名汝林，字順安，號叔未，一字說舟，又字作田，又號海嶽庵門下弟子，晚號眉壽老人，浙江嘉興人。嘉慶三年（1798）解元，工詩詞，精金石考據，擅文物鑒賞，收藏鼎彝、碑版及書畫甚豐。著有《清儀閣題跋》《清儀閣藏器目》《清儀閣藏碑目》《古磚譜》《桂馨堂集》等。

卷軸右側邊紙，有道光元年（1821）徐同柏題記：

古文“子”“孫”同字，大曰“子”，小曰“孫”。是銘“孫”字作詹諸形，胚胎之象。“癸”，字也。字，生也。商人以生日為字。《史記索隱》皇甫謐云：“微字上甲，其母以甲日生故也。”道光元年（1821）五月朔日，徐同柏識。

“詹諸”即蟾蜍，蛤蟆。

徐同柏（1775–1860或1854），字壽藏，號籀莊，自號少孺，浙江海鹽人。張廷濟外甥，清代金石家、篆刻家。精研六書、篆籀，多識古文奇字。廷濟所用印，多出其手；廷濟所得古器，必偕與考證。著有《從古堂款識學》《從古堂吟稿》等。

卷軸左側邊紙，有道光二年（1822）瞿應紹觀款：

道光二年壬午（1822）十二月既望，友白先生過余金石刻畫之室，獲觀。上海瞿應紹子冶甫志。

瞿應紹（1778–1849），字子冶，號老冶、月壺，上海松江人。清嘉慶年間廩貢生，官至浙江玉環同知。清代紫砂陶藝家，善書畫篆刻，晚年創制“月壺”，人稱“瞿壺”。著有《月壺題畫詩》。

觀覽《伏鹿匜蓋圖》，一批嘉道時期的浙派金石家的雅玩、題跋、繪畫、書法、學養得以展露。同時从中可以悟出，清代金石學的諸多成果，是文人學者“玩”出來的，同時亦是“研”出來的。但更重要的是，當時有一個趣味相投、矢志不移的金石圈，這才是清代金石學从發展乃至全盛的滋養土壤。

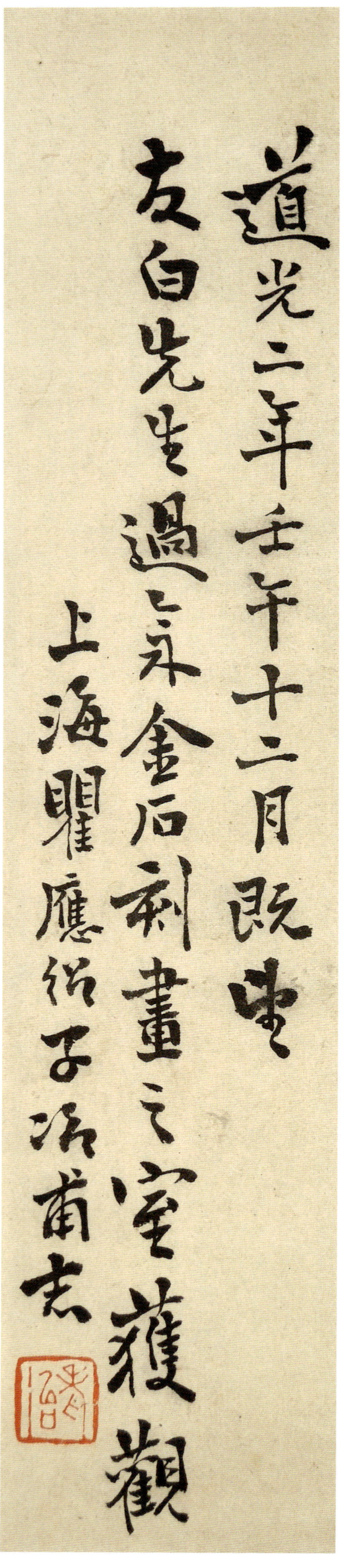
道光二年壬午十二月既望
友白先生過余金石刻畫之室獲觀
上海瞿應紹子冶甫志

《張燕昌手繪伏鹿匜蓋圖》局部

4.黄士陵博古圖八軸

黄士陵繪製鐘鼎彝器博古圖，共八卷軸。每軸一器或數器合軸，繪製精美絕倫，造型準確，富金屬質感，見圖如見原器，入登峰造極之境。每圖還配有黄士陵彝器銘文臨本、楷書釋文，另有過録《宣和博古圖》《西清古鑒》《金石索》《筠清館金文》《恒軒吉金録》《兩罍軒彝器圖釋》《洞天清録》等圖籍的相關記載。

黄士陵(1849−1908)，字牧甫（一作穆甫、穆父），號倦叟，别號黟山病叟、倦遊窠主，安徽黟縣人。清代著名書畫篆刻家，篆刻為“黟山派”開宗大師。曾為吴大澂的幕僚，與兩廣總督端方、湖廣總督張之洞過从甚密。除去篆刻成就，黄士陵還有繪製“博古圖”絕技。早年曾在江西南昌一家書店謄寫書簽，打下工楷根底，又一度以擦筆畫像謀生，後在照相館當店員，這些經歷都奠定了黄氏博古圖的高超技藝。1908年黄士陵病逝家鄉，端方親撰挽聯：“執豎椽直追秦漢而上，金石同壽，公已立德，我未立言；以布衣佐於卿相之間，富貴不移，出乃名臣，處為名士。”

《黄士陵博古圖八軸》既能欣賞到黄氏的工楷和金文書法藝術，還能領略黄氏高超的博古圖風采。

首先，將黄士陵卷軸題記中引用的鐘鼎金文圖籍略作介紹如下：

《宣和博古圖》簡稱《博古圖》，著録當時皇室在宣和殿所藏的自商至唐的銅器839件，集中了宋代所藏青銅器的精華。宋徽宗敕撰，王黼編纂。大觀初年（1107）開始編纂，成於宣和五年（1123）之後。全書共三十卷。細分為鼎、尊、罍、卣、瓶、壺、爵、斝、觶、敦、簠、簋、鬲、盤、匜、鐘磬、錞于、雜器、鏡鑒等，凡二十類。每類有總説，每器皆摹繪圖像，勾勒銘文，並記録器物的尺寸、容量、重量等，或附有考證。

《西清古鑒》四十卷，附《錢録》十六卷。該書仿宋宣和年編制的《博古圖》樣式，收録乾隆帝平日對青銅器的品題，“以内府所藏古鼎彝尊罍之屬案器為圖，因圖繫説，詳其方圓圍徑之制，高廣輕重之等，並鉤勒款識，各為釋文。摹繪精審，毫釐不失，則非往之圖譜所能及。”乾隆十四年（1749）始纂，至乾隆二十年（1755）完書，是一部著録清代宫廷所藏古代青銅器的大型譜録，收商周至唐代銅器1529件，而以商周彝器為多。其作者分别為：梁詩正、蔣溥、汪由敦等任編修；陳孝泳、楊瑞蓮摹篆；梁觀、丁觀鶴等繪圖；勵宗萬等繕書。

《金石索》馮雲鵬（晏海）、雲鵷（集軒）兄弟二人同輯，金索六卷，石索六卷。金索收商周到漢和宋元時的鐘鼎、兵器、權量雜器，以及歷代錢幣、璽印和銅鏡等。石索收歷代石刻，以及帶字的磚和瓦當。每種器物大多有器形圖和石刻銘文圖，後面有馮氏的釋文或考訂。馮氏兄弟於嘉慶二十五年（1820）開始請畫工繪圖，在道光三年（1823）全部完成。

卷軸一

《齊侯鎛》。卷軸分上下兩部分。

上部為《齊侯鎛》銘文臨本，分上下兩段，各廿七行，其下為楷書釋文。

下部為《齊侯鎛》博古圖。

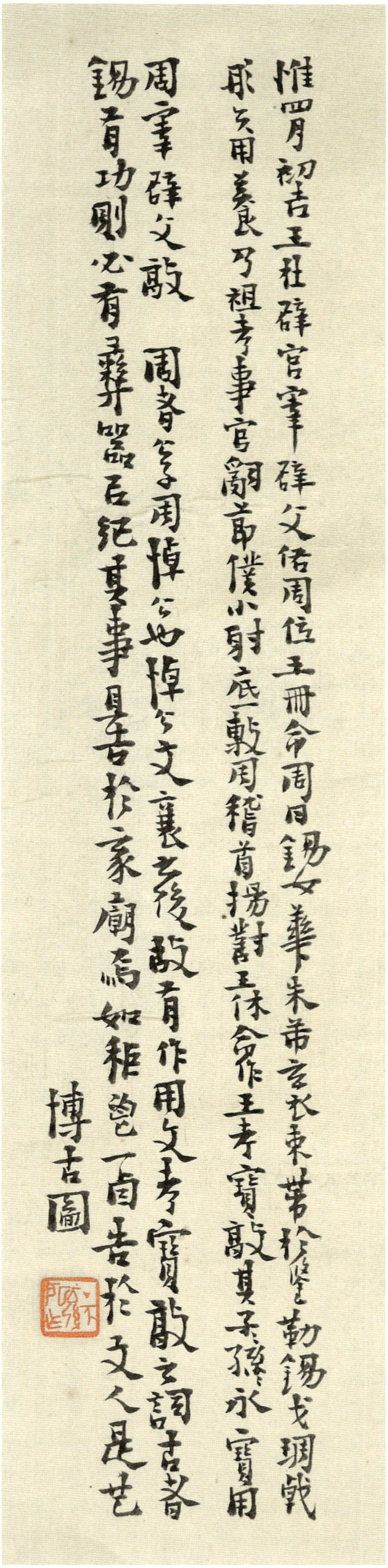

卷軸四局部

惟五月王辰杜戊寅師淄陲公曰汝及余經于
乃先祖余既敷乃心汝恐畏忌汝不墜夙夜宦
執而政事余弘猒乃心余命汝政于朕三軍肅
成朕師旟之政德諫罰朕庶民左右毋諱及不
敢弗敬戒虔卹乃死事穆和三軍徒𢓊雩乃行
師慎中乃罰公曰及汝敬共辭命汝應鬲公家
汝恐恪朕行師汝肇敏于戎攻余錫汝釐都肩
𦗔其縣三百余命汝治辭釐造國徒三千為汝敵寮
乃敢用拜稽首弗敢不對揚朕辟皇君之錫休
命公曰及汝康能乃有事率乃敵寮余用登純
厚乃命汝及毋曰余小子汝敷余于艱卹虔卹不
錫左右余一人余命汝緘差卿為大事繼命于外
內之事中敷盟刑汝以敷戒公家應卹余于盟
卹汝以卹余朕身余錫汝車馬戎兵釐僕二百又
五十家汝以戒戎作及用或敢再拜稽首應受君
公之錫光余弗敢廢乃命及典其先舊及其高
祖虩虩成唐又敢在帝所敷受天命刻伐夏司敗
乃靈師保少臣惟輔咸有九州處禹之堵不顯
穆公之孫其配襄公之妣而誠之女雩生叔及
是辟于齊侯之所是忠恭齊靈力若虎謹恪勤
政事有共于公所擇吉金鈇鎬鐈鋁用作鑄
其寶鎛用享于其皇祖皇妣皇母皇考用祈眉
壽令命難老不顯皇祖其作福元孫其萬福純
魯和協而有事俾若鍾鼓外內闓闢都俞造而
朋劓毋或承類汝考壽萬年永保其身俾
百斯男而執斯字肅肅義政齊侯左右毋疾
毋已至於枼曰武靈成子孫永寶用享
齊侯鎛鐘博古圖釋文

卷軸二

《商婦庚卣》《靜卣》《鳧尊》合軸。卷軸分上中下三部分。

上部為《商婦庚卣》《靜卣》兩器的銘文臨本，以及過録《博古圖》《西清古鑒》之相關題記。

中部為《商婦庚卣》《靜卣》《鳧尊》三器博古圖。

下部為過録《西清古鑒》關於《鳧尊圖》題記。

卷軸三

《商父戊爵》兩器、《周倒矢架形子爵》、《象尊》合軸。卷軸分上中下三部分。

上部為《商父戊爵》兩器、《周倒矢架形子爵》銘文臨本，以及過録《金石索》《恒軒吉金録》之相關記載。

中部為《商父戊爵》兩器、《周倒矢架形子爵》、《象尊》博古圖。

下部為過録《西清古鑒》關於《象尊》題記。

卷軸四

《周宰辟父敦》《周季高父盉》合軸，卷軸分左右兩部分。

左側自上而下分別為《周宰辟父敦》（蓋）銘文臨本、楷書釋文以及過録《博古圖》相關題記。中間為《周宰辟父敦》博古圖，最下為《周宰辟父敦》（器）銘文臨本。

右側為《周季高父盉》銘文臨本，以及過録《西清古鑒》《筠清館金録》《恒軒吉金録》之相關記載。

卷軸五

《周內事尊》，卷軸分上中下三部分。

上部為《周內事尊》銘文臨本、楷書釋文。

中部為過録《西清古鑒》之相關題記。

下部為《周內事尊》博古圖。

卷軸六

《周晉姜鼎》《周饕餮方彝》《周仲皇敦》合軸。卷軸分上中下三部分。

上部為《周晉姜鼎》銘文臨本、楷書釋文及過録《博古圖録》之相關題記。

中部為《周晉姜鼎》《周饕餮方彝》兩器博古圖，另有《周饕餮方彝》銘文臨本和過録《西清古鑒》之銘文釋文。

下部為《周仲皇敦》博古圖、銘文臨本以及過録《西清古鑒》之相關題記。

卷軸七

《商蕫鼎》《趩尊》《子孫父癸鬲》合軸。卷軸分上中下三部分。

上部為《商蕫鼎》一字銘文臨本以及過録《博古圖》之題記。

中部為《商蕫鼎》《趩尊》《子孫父癸鬲》三器博古圖。

下部為《趩尊》《子孫父癸鬲》銘文臨本和楷書釋文。

卷軸八

《愛壺》《漢龍首鐎斗》合軸。卷軸分上中下三部分。

上部為《愛壺》器、蓋銘文臨本及楷書釋文，另有過録《兩罍軒彝器圖釋》相關題記。

中部為《愛壺》《漢龍首鐎斗》博古圖。

下部為過録《西清古鑒》《洞天清録》之相關題記。

卷軸一

卷軸二

卷軸裝　畫芯縱176釐米　橫47釐米

館藏號：Z1621-1634

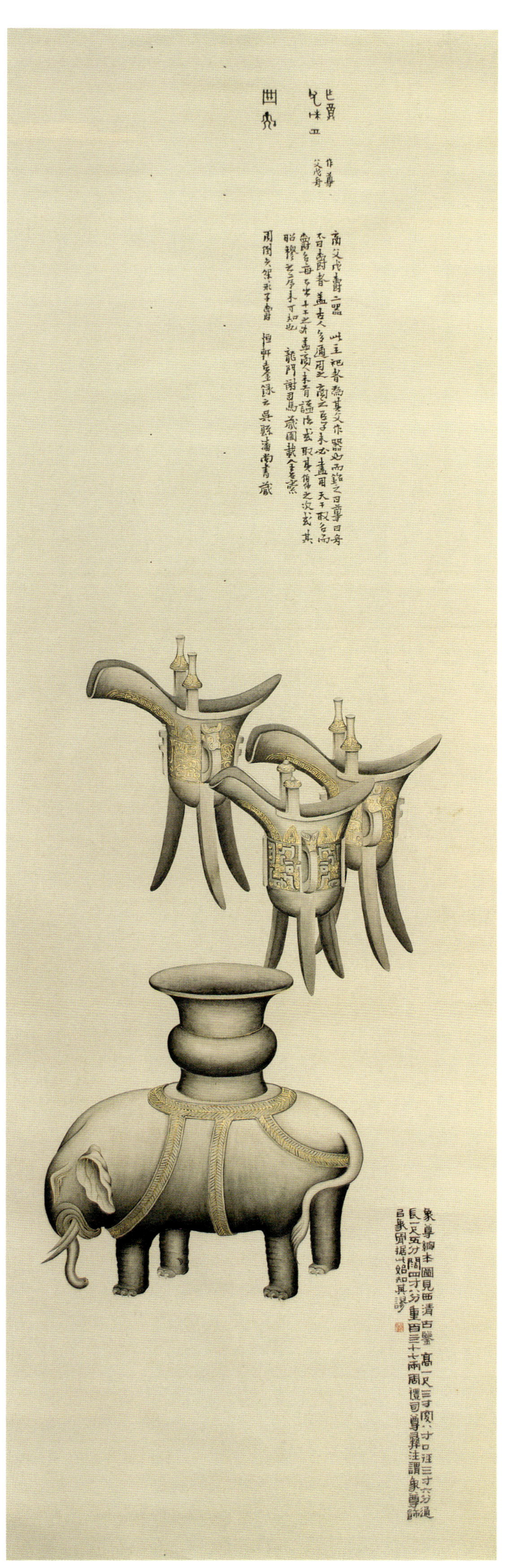
卷軸三

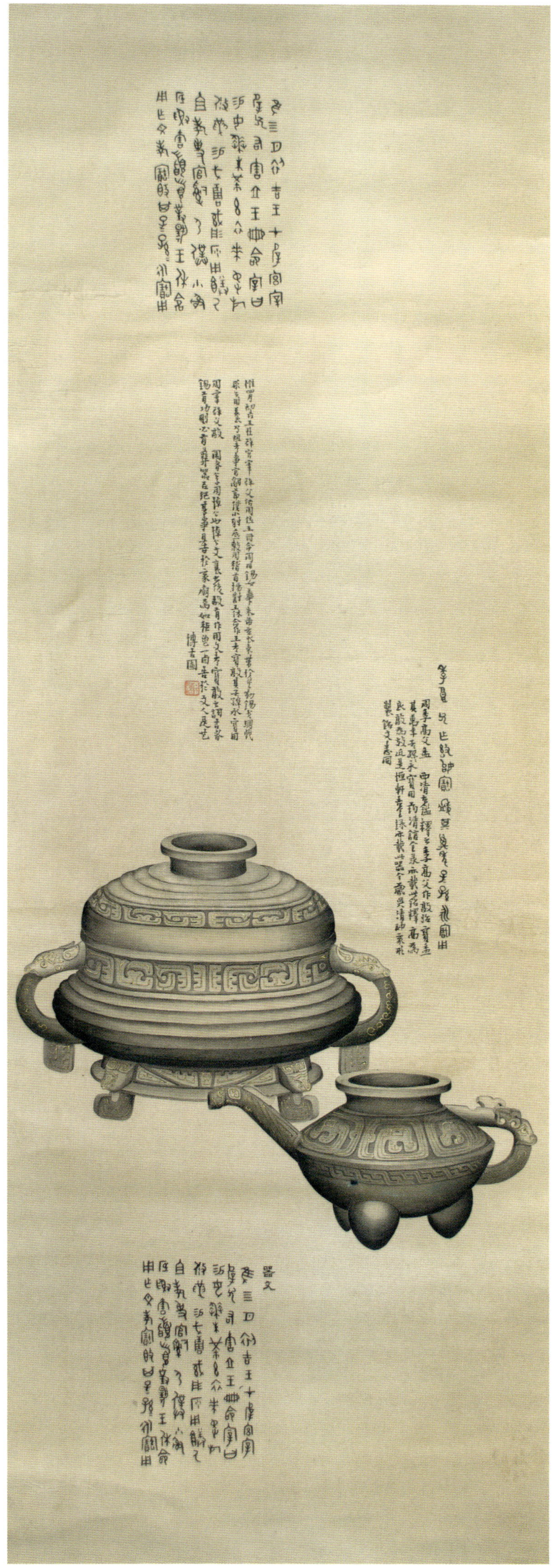
卷軸四

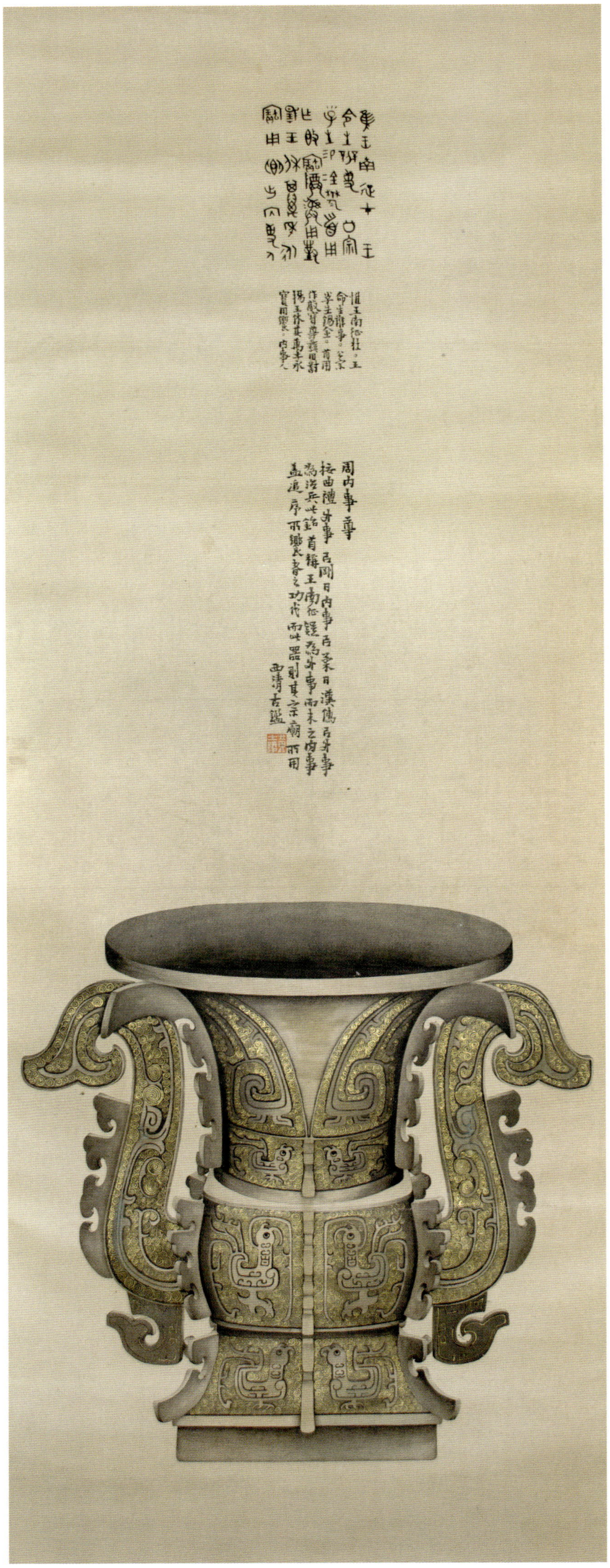

卷軸五

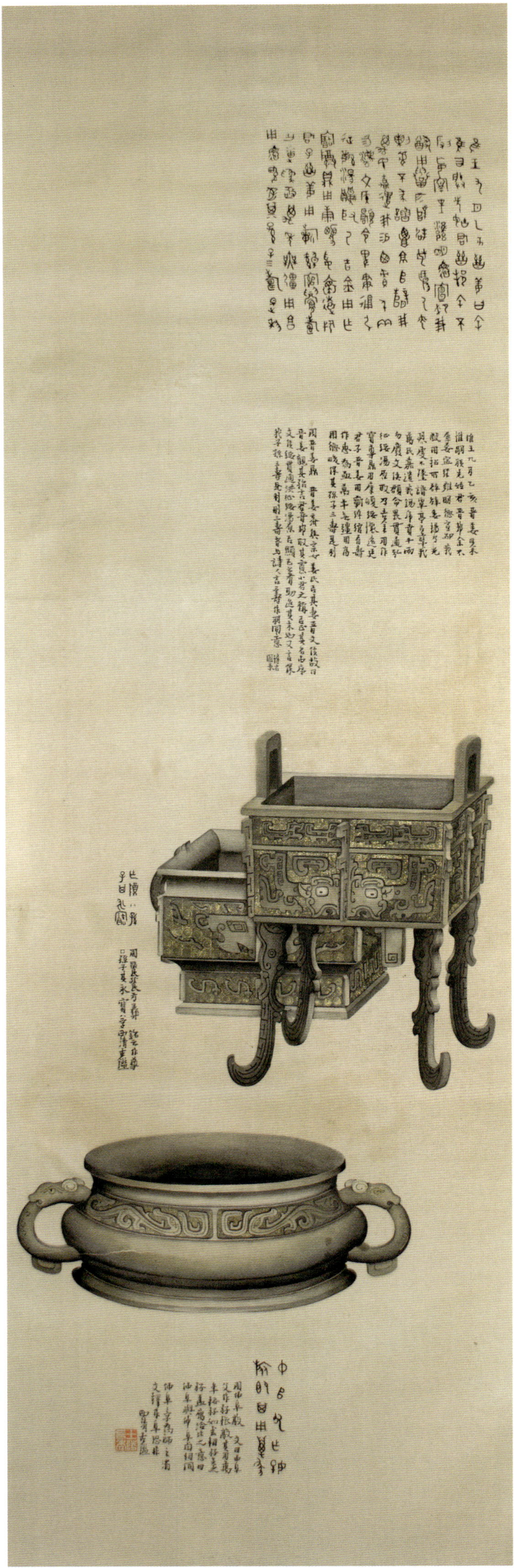

卷軸六

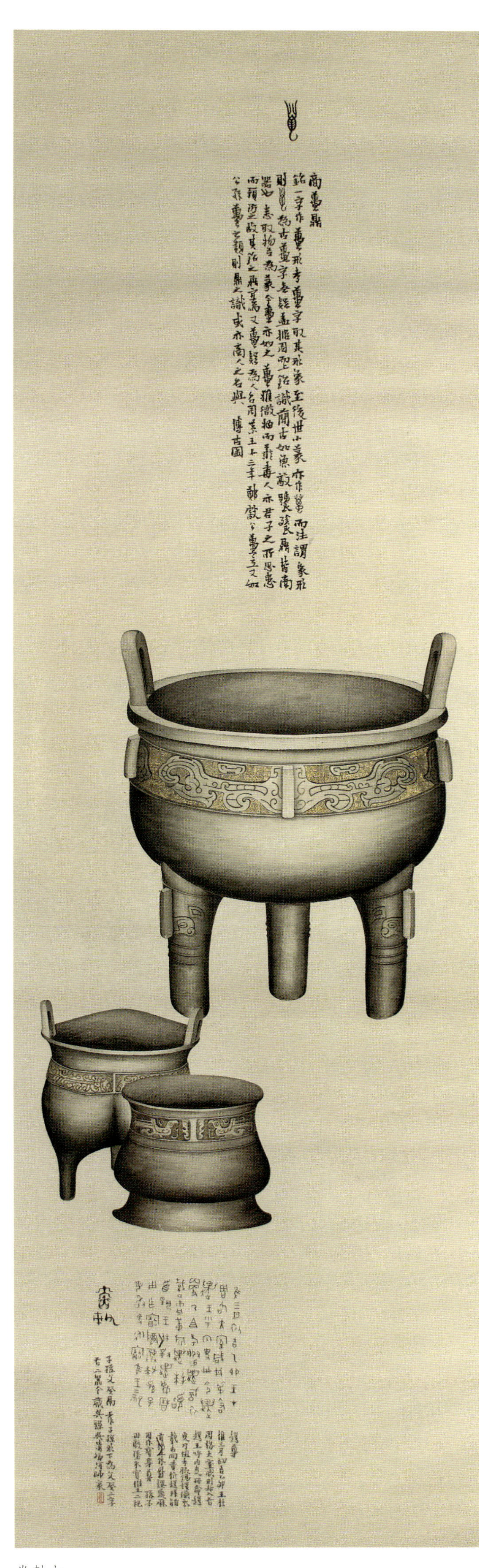

卷軸七

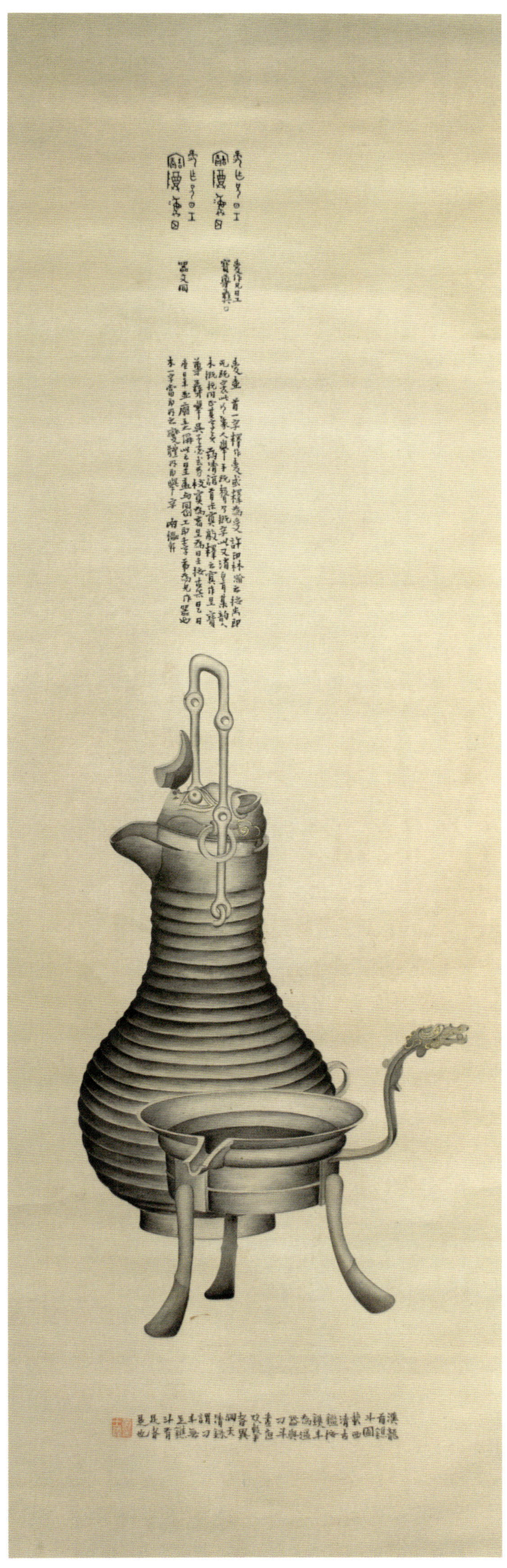

卷軸八

5.黃士陵博古圖四軸

此為黃士陵光緒二十五年（1899）客居廣州時所繪博古圖四軸，其一上款為“子均太守”，姓氏待考。

卷軸一

《商蠆鼎》《商祖辛鼎》合軸，卷軸分上下兩部分。

上部為過録《博古圖》《西清古鑒》之相關題記。

下部為《商蠆鼎》《商祖辛鼎》博古圖以及銘文臨本。

卷軸二

《周丁亥簋》，卷軸分上下兩部分。

上部為《周丁亥簋》銘文臨本以及過録《西清古鑒》之相關題記。

下部為《周丁亥簋》博古圖，下鈐“必遵修舊文而不穿鑿”印章。

卷軸三

《史頌盨》，卷軸分上下兩部分。

上部為《史頌盨》（蓋）博古圖、銘文臨本及楷書釋文，另過録《西清古鑒》之相關題記。

下部為《史頌盨》（器）博古圖及銘文臨本。下鈐“意與古會”。

卷軸四

《周姜伯匜》《漢吉羊洗》合軸，卷軸分上下兩部分。

上部為過録《西清古鑒》《恒軒吉金録》之相關題記。落款云“己亥（1899）春二月牧甫黃士陵時客廣州。”

下部為《周姜伯匜》《漢吉羊洗》兩器博古圖並銘文臨本。

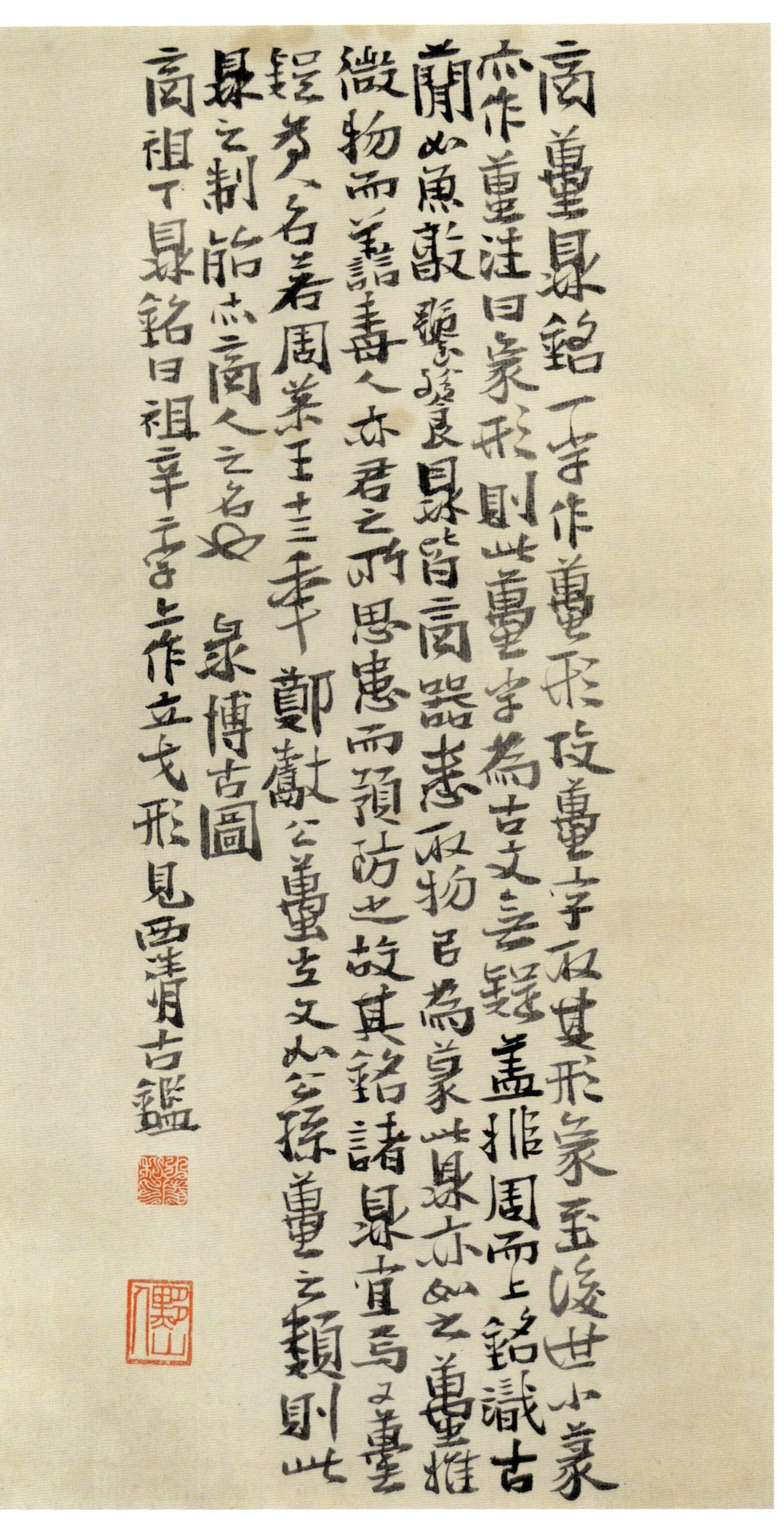

卷軸一局部

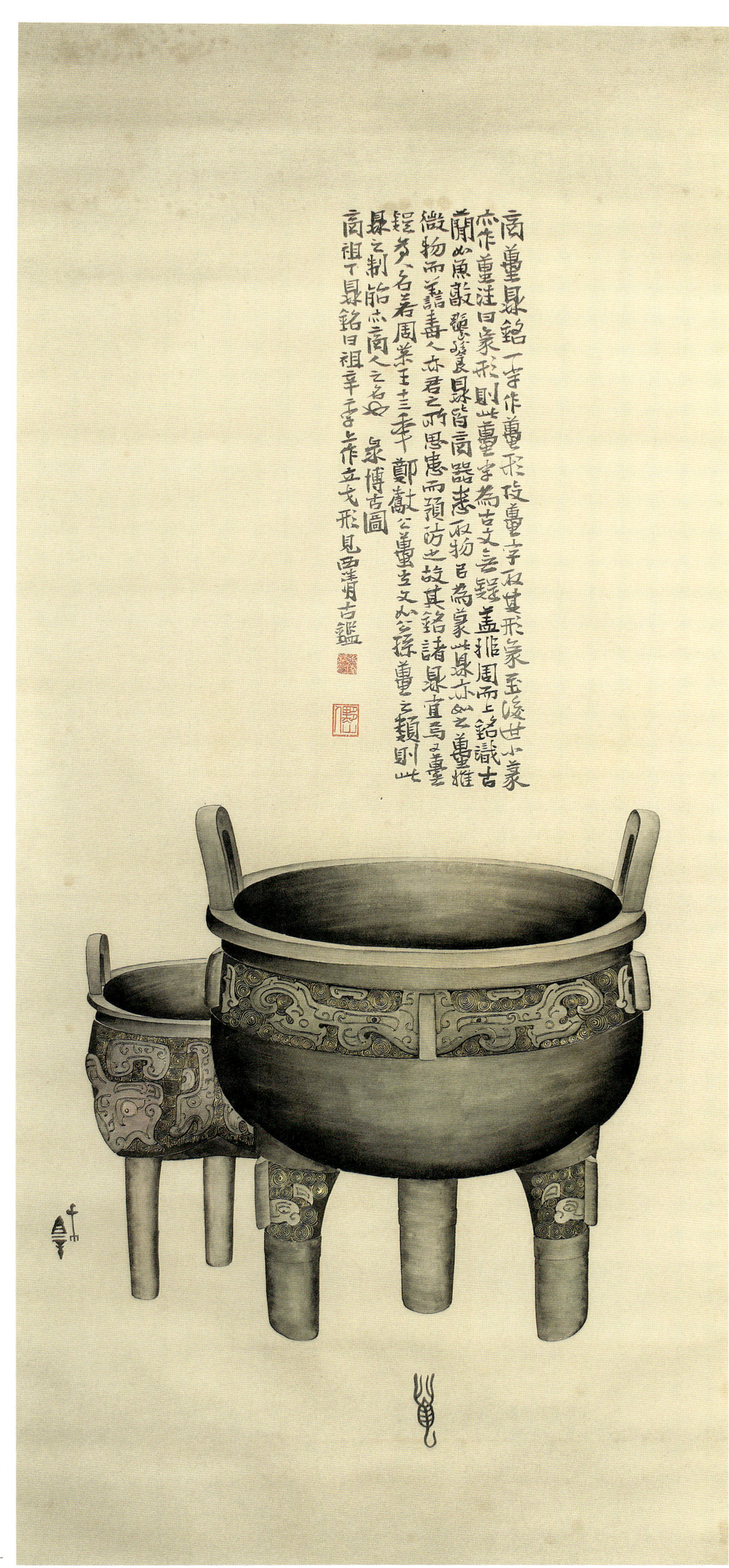

卷軸裝　畫芯縱102.5釐米　橫46釐米
館藏號：Z1550-1553

卷軸一

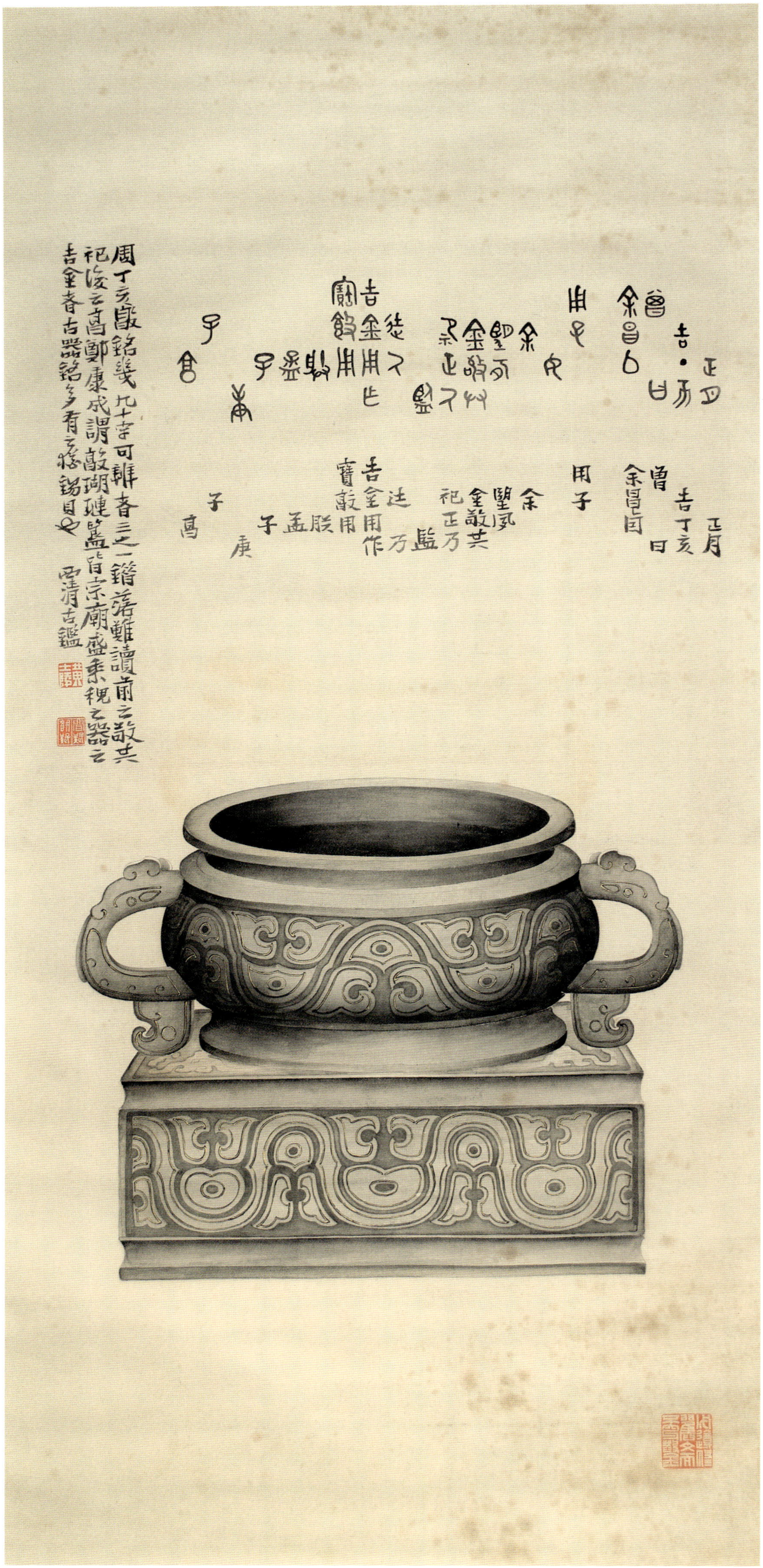
周丁亥敦銘幾九十字可辨者三之一錯落難讀前云敬共
祀後云鬲鄭康成謂敦瑚璉簠簋皆宗廟盛黍稷之器云
吉金者古器銘多有之據錫目也
霽清古鑑

史頌鼎銘曰王在宗周又曰盩于成周盩同戾盂史頌者奉王命自西都往洛陽也穌甫無音未堣說文謂即㟅字意但人名焉三行義不可曉薛氏鐘鼎款識載東盨有此文三行並作合文頌即書訓天時銘言天子顯令猶言天命耳

西清古鑑

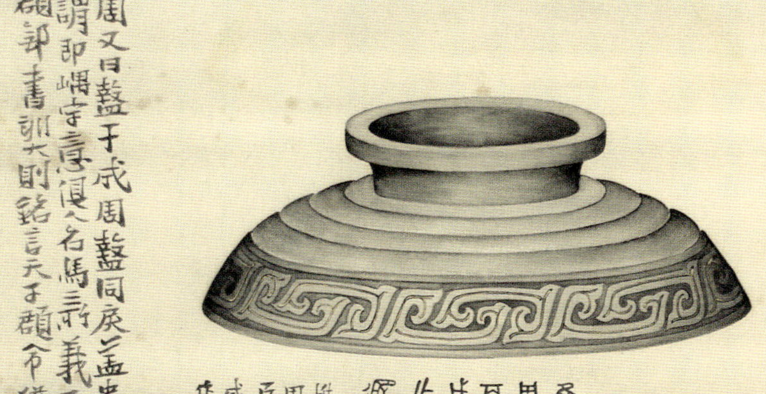

惟三年五月丁子王在宗周令史頌𢾺穌友里君百生帥堣盩于成周休又成事穌賓章馬三匹吉金用作𩰫彝頌其萬年無疆日天子顯令子子孫孫永寶用

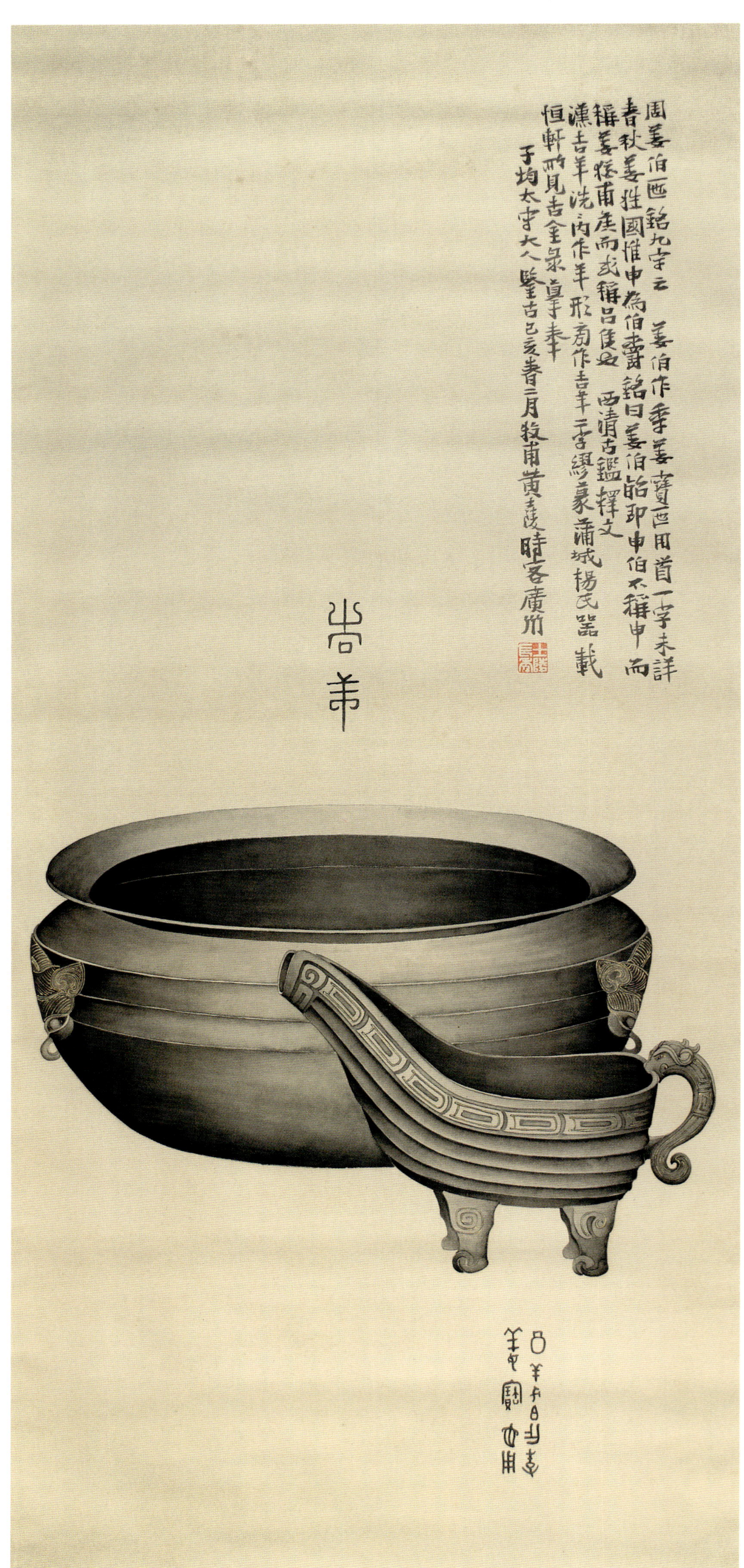
周姜伯匜銘九字云　姜伯作季姜寶匜用首一字未詳
春秋姜姓國惟申為伯爵銘曰姜伯即申伯不稱申而
稱姜猶甫侯而或稱呂侯也　西清古鑑釋文
漢吉羊洗丙作羊形旁作吉羊二字繆篆　蒲城楊氏器載
恒軒所見吉金彔草本
子均太守大人鑒古乙亥春二月牧甫黃士陵時客廣州

6.管琳皴法博古圖

《管琳皴法博古圖》，此圖為宣統辛亥（1911）夏六月，江蘇丹徒博古圖高手——管琳所繪。民國四年（1915）此圖曾經運往美國三藩市，參加“巴拿馬萬國博覽會”，並獲得優獎者。

管琳，生卒年不詳，字又坪，號澹道人。江蘇鎮江丹徒人。清末民初畫家，善穎拓，自許“作皴法博古圖古今第一人”，曾入端方幕，故見多識廣，出手不凡。其手藝後被高徒蘇澗寬傳承。“皴法博古圖”不同於“彝鼎全形拓”之在原器物上之椎拓，而是純用毛筆皴法繪製，故稱“穎拓”，即俗稱之“筆拓”。

“巴拿馬萬國博覽會”的全稱是“1915年巴拿馬——太平洋國際博覽會”。當時為了慶祝巴拿馬運河開鑿通航而舉辦的一次盛大的慶典活動。會址設在美國三藩市，博覽會从1915年2月20日開展，到12月4日閉幕，展期長達九個半月，總參觀人數超過一千八百万人，開創了世界歷史上博覽會歷時最長、參加人數最多的先河。中國作為國際博覽會的初次參展者，第一次在世界舞臺上公開露面，並取得了令世界矚目的成績。

美國政府於1913年5月2日承認北京袁世凱政府，是西方列強中最早承認的。1914年3月，美國政府派勸導員愛旦穆到中國。愛旦穆遊說中國派代表團參展。4月4日得到袁世凱召見。雖說當時國內政局動蕩，北京政府還是將此事作為中國走向國際舞臺的一件大事，旋即成立農商部全權辦理此事，並專門成立了籌備巴拿馬賽會事務局，各省相應成立籌備巴拿馬賽會出口協會，制定章程，徵集物品。物品大致分為教育、工礦、農業、食品、工藝美術、園藝等，徵集範圍从工礦企業、學校、機關直到普通農民。1916年冬，共有19個省徵集參賽品10多萬件。最終，中國展品獲得各種大獎74項，金牌、銀牌、銅牌、名譽獎章、獎狀等共一千二百余枚，在整個31個參展國中獨佔鰲頭。

管琳所繪這件博古圖卷軸，就見證了那次盛會的全過程。此圖左側綾邊貼有巴拿馬參會時三張標籤，分別是：“鎮江1498（編號）”“丹徒”“美術部審查第某號”，其上鈐有“入選”二字印章。

卷軸外簽：“中國古今第一，江蘇丹徒

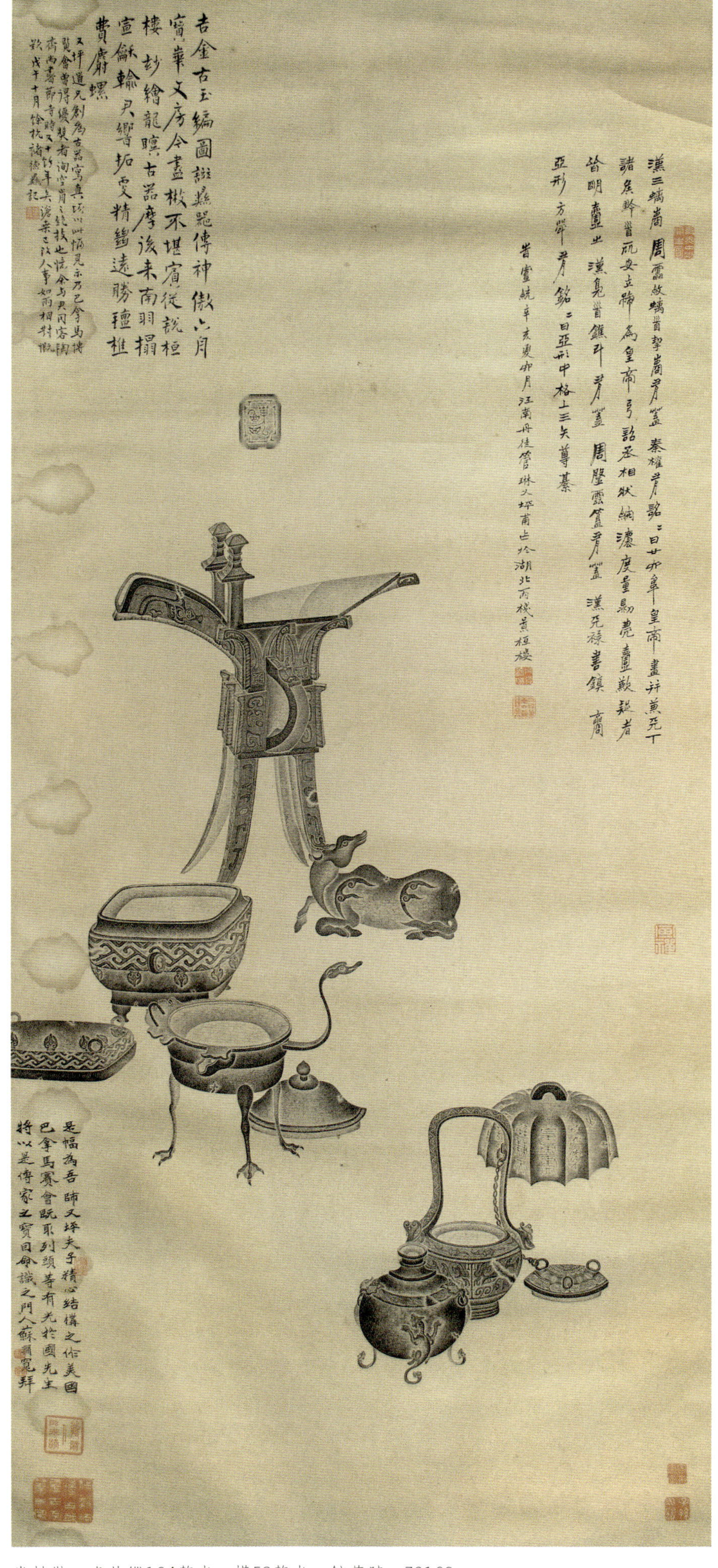

卷軸裝　畫芯縱134釐米　橫58釐米　館藏號：Z2193

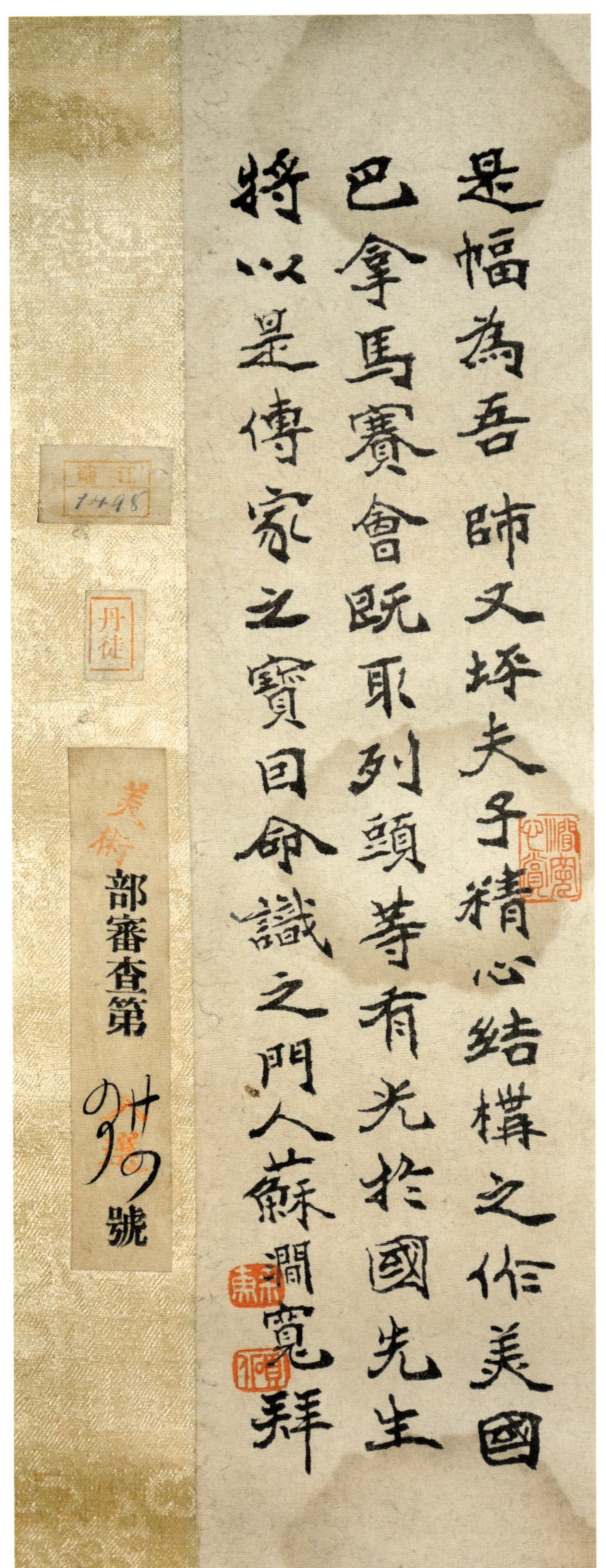

《管琳皴法博古圖》局部

縣管琳始創皴法博古圖畫，定價洋四百元。甲寅（1914）應巴拿馬賽會中外得獎之品，丙辰（1916）冬又坪記。”管琳題簽自稱“中國古今第一”，足見此人之天真與直率。

卷中存宣統辛亥（1911）管琳題記：

> 漢三螭壺、周雷紋螭首挈壺有蓋，秦權有銘，銘曰：“廿六年，皇帝盡并兼天下諸侯，黔首大安，立號為皇帝。乃詔丞相狀綰，灋度量則，不壹嫌疑者，皆明壹之。”漢凫首鐎斗有蓋，周盤雲簋有蓋，漢天禄書鎮，商亞形方斝有銘，銘曰：“亞形中格上三矢尊綦”。時宣統辛亥（1911）夏六月江南丹徒管琳又坪甫作於湖北丙棧景桓樓。

蘇潤寬題記：

> 是幅為吾師又坪夫子（管琳）精心結構之作，美國巴拿馬賽會既取列頭等，有光於國，先生將以是傳家之寶，因命識之。門人蘇潤寬拜。

民國七年（1918）褚德彝題記：

> 吉金古玉編圖譜，彝器傳神傚六舟。
> 寶華文房今盡散，不堪賓從說桓樓。
> 紗繪龍眠古器摩，後來南羽搨宣龢。
> 輸君響拓更精絶，遠勝氈椎賣麝螺。
> 又坪道兄創為古器寫真，頃以此幅見示，乃巴拿馬博覽會曾得優奬者，洵空前之絕技也。憶余与君同客陶齋尚書（端方）節寺，時又十餘年矣。滄桑已改，人事如雨，相對慨歎。戊午（1918）十月，餘杭褚德彝記。

管琳博古圖出手不凡，其人亦與尋常手藝人不同，他還具有開拓市場，走向世界的意識，這在一百年前的民國初期尤為難得。

7.蘇澗寬穎拓博古圖四軸

此為蘇澗寬穎拓博古圖精品，分別為斝、甗、卣、盉四器。民國廿八年（1939）中秋，王福庵分別為各器配以銘文臨摹本，並加注隸書釋文或按語，使之成為一件難得的書畫藝術傑作，舊為子康先生藏本。

蘇澗寬（1878-1942），字碩人，號考盤子，江蘇鎮江人，管琳弟子，有青出於藍之譽。擅書畫篆刻，尤精穎拓鐘鼎彝器全形，人稱黃牧甫之後第一人。1938年遷居上海，以字畫、刻印為生，與海派金石書畫家聯繫密切。

所謂“穎拓博古圖”，或稱“皴法博古圖畫”，即用墨筆來摹寫鐘鼎、彝器、磚瓦等古物之形狀，器形、花紋、石花、鏽斑皆能宛然逼真，毫髮無遺，一如全形拓本之效果。通俗地講，就是拿毛筆來畫素描，其不同於素描之處在於，它省略了地面投影部分。“穎拓博古圖”出現於晚清時期，它的發明基於以下三方面，一是受到西洋攝影術的啟發，二是受鐘鼎全形拓的影響，三是受西洋素描術的薰陶。博古圖的高手黃牧甫就曾有照相館學徒經歷。其中還湧現出一批能工巧匠，如：吳廷康、管琳（又坪）、白蕊午（月湖軒）、蘇炳寬（博庵）、班師古、蔡鐸、孔宣、夏炳榮等，其中尤以黃牧甫、管琳、蘇澗寬三人為傑出代表。此外需要補充的是，江蘇鎮江還是博古圖藝術傳承的一大重鎮。

王福庵（1880-1960）原名禔、壽祺，字維季，號福庵，後以號行。別號印奴、印傭、屈瓠、羅刹江民等，七十歲後稱持默老人，齋名麋研齋。浙江杭州人。十餘歲即以工書法篆刻聞於時。年二十五，與葉銘、丁仁、吳隱等創立西泠印社。後應邀赴北京出任印鑄局技正。1930年南歸，定居上海，鬻藝自給。

此件《穎拓博古圖精品》从創作時間來看，正是蘇澗寬移居上海發展的第二年，欲在上海畫壇立足，非拿出看家本事不可，這或許就是此件作品能成為蘇氏博古圖代表作的原因。此時蘇澗寬、王福庵均已歷花甲之年，正是藝術創作的成熟期，兩人書畫合作，相得益彰，共創“穎拓博古圖”的巔峰之作。

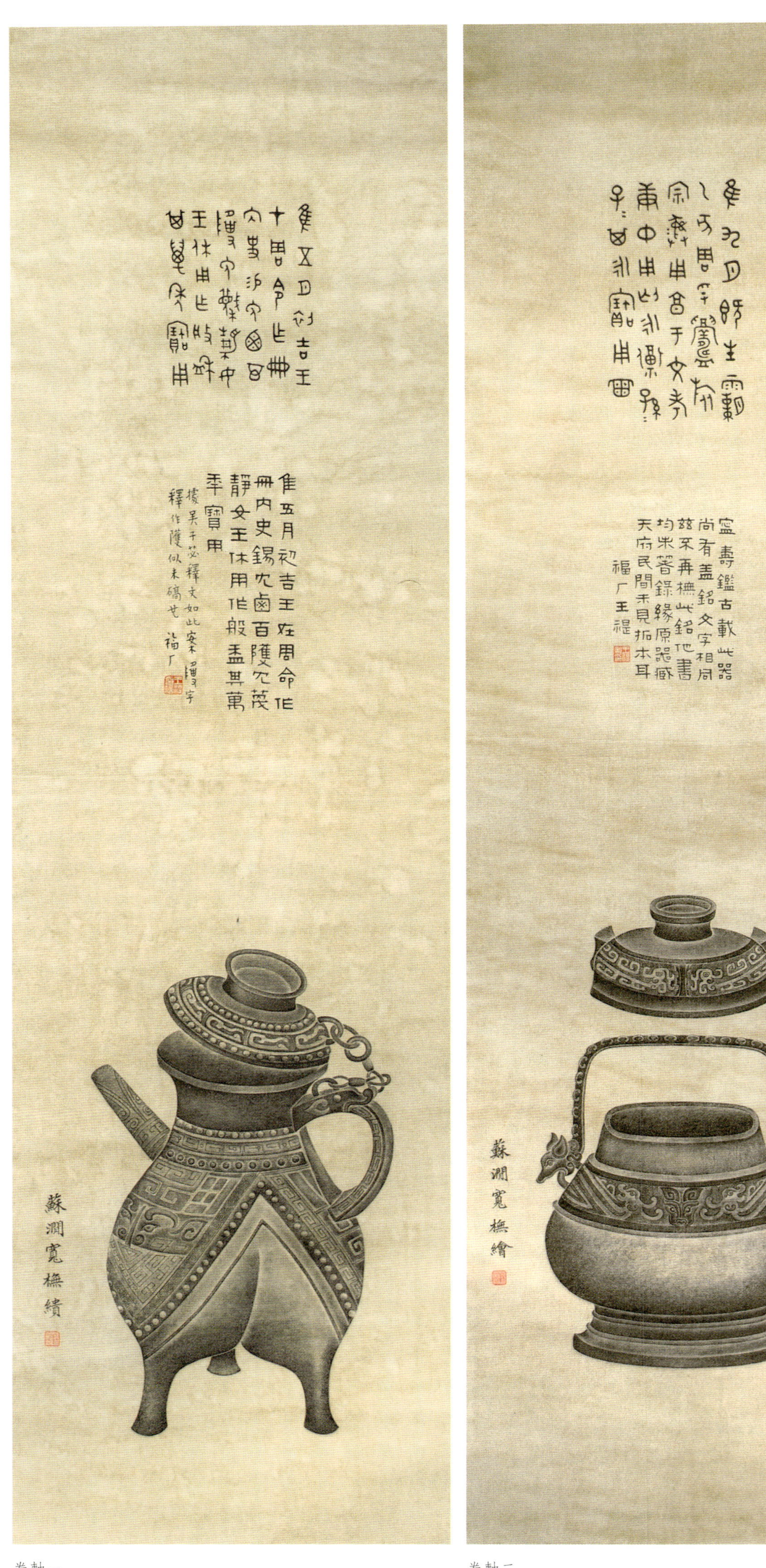

卷軸一　　卷軸二

卷軸裝　畫芯縱123釐米　橫32釐米

館藏號：Z1398-1401

隹五月初吉王在周命作冊內史錫免鹵百陵免蔑靜女王休用作般盉其萬年寶用

攈吳子苾釋文如此案[illegible]字釋作陵似未碻也 福厂

卷軸一局部

寧壽鑑古載此器尚有盉銘文字相同茲不再橅此銘他書均未著錄緣原器藏天府民間未見拓本耳 福厂王禔

卷軸二局部

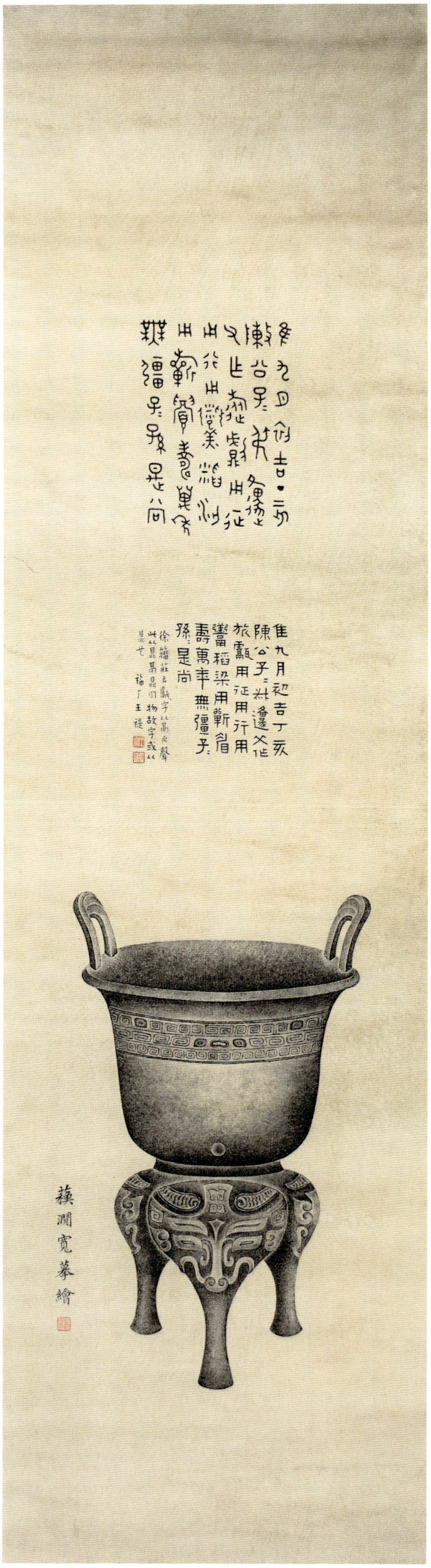
隹九月初吉丁亥
陳公子子叔遼父作
旅甗用征用行用
鬻稻粱用蘄眉
壽萬年無疆子
孫是尚
蘋澗寬摹繪

卷軸三

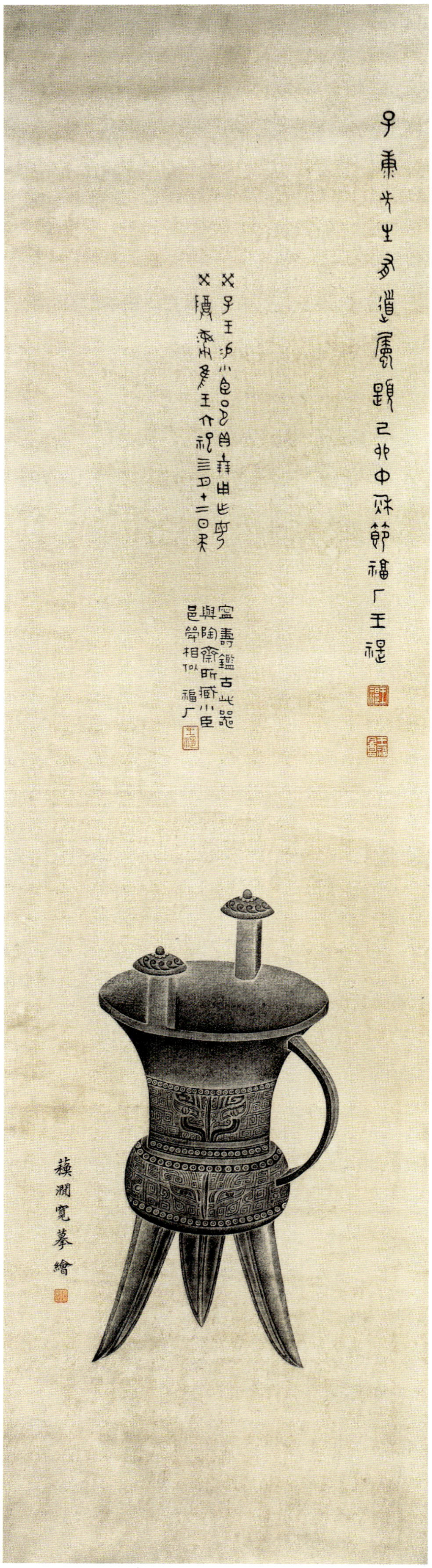
子秉先生方家屬題己卯中秋節福厂王禔
寍壽鑑古此器
與陶齋所藏小臣
邑斝相似
福厂
蘋澗寬摹繪

卷軸四

8.班師古博古圖四軸

班師古博古圖四軸，勾勒器形正確，紋飾自然，有凹凸層次感，彰顯出金石的特有質感，宛如在金石原器上作全形拓一般，作品古雅而富含金石氣。

班師古，號石癡，生平不詳。近年，筆者對以上海圖書館館藏博古圖的整理中，發現有一批班師古作品，其表現手法大多不俗，疑為道光、咸豐年間博古圖高手，待進一步考證。現録之聊備一格，以俟博雅之士教我。

卷軸一

漢鉤帶。此張伯耕所藏，銘文八字“長宜君官位至三公”，漢鏡亦有此銘。

下鈐“石癡”印章。

虎符。古時關節所用，二器相合如一，此係一面，內銘“上黨左”。

下鈐“師古金石文字”“結翰墨緣”印章。

漢龍淵宮熏爐。文曰“龍淵宮銅熏爐，重五斤二兩，元朔三年工禹造。”凡廿有七字，在其口之外。

下鈐“師古長年”“自得者樂”“身行萬里半天下”印章。

卷軸二

晉磚。石友鐵橋所藏，質似近時之磚而加以堅潤，云自西安得來者。

下鈐“師古”“從吾所好”印章。

商子孫觶。按此圖与原器無異，通體瓜皮綠色，文在底內，“子孫”二字，風雨樓藏。

下鈐“師古畫印”“佛師造物”印章。

卷軸三

古瓦。此瓦与《金石圖》不同，乃滴間檐下之瓦，惟不知何宮殿所用，其文甚古。

下鈐“石癡”“金石癖”印章。

周豹壺。原藏乾清宮，通蓋高九寸五分，深七寸八分，口徑一寸六分，腹圍一尺二寸七分，重三十八兩，有蓋。

下鈐“班師古印”“讀書養性”印章。

卷軸四

漢戟。此為黄小松司馬藏，今歸風雨樓。

下鈐“石痴”印章。

古戈。此戈初在曲阜，今歸芸臺先生，收入《山左金石志》中矣。

下鈐“師古金石”“與古為徒”印章。

周素盉。此器質素無文，有流，有鋬，通高七寸，深五寸二分，口徑二寸二分，腹圍一尺五寸，重四十二兩，係一時所製。

下鈐“師古生作”“我守我拙”印章。

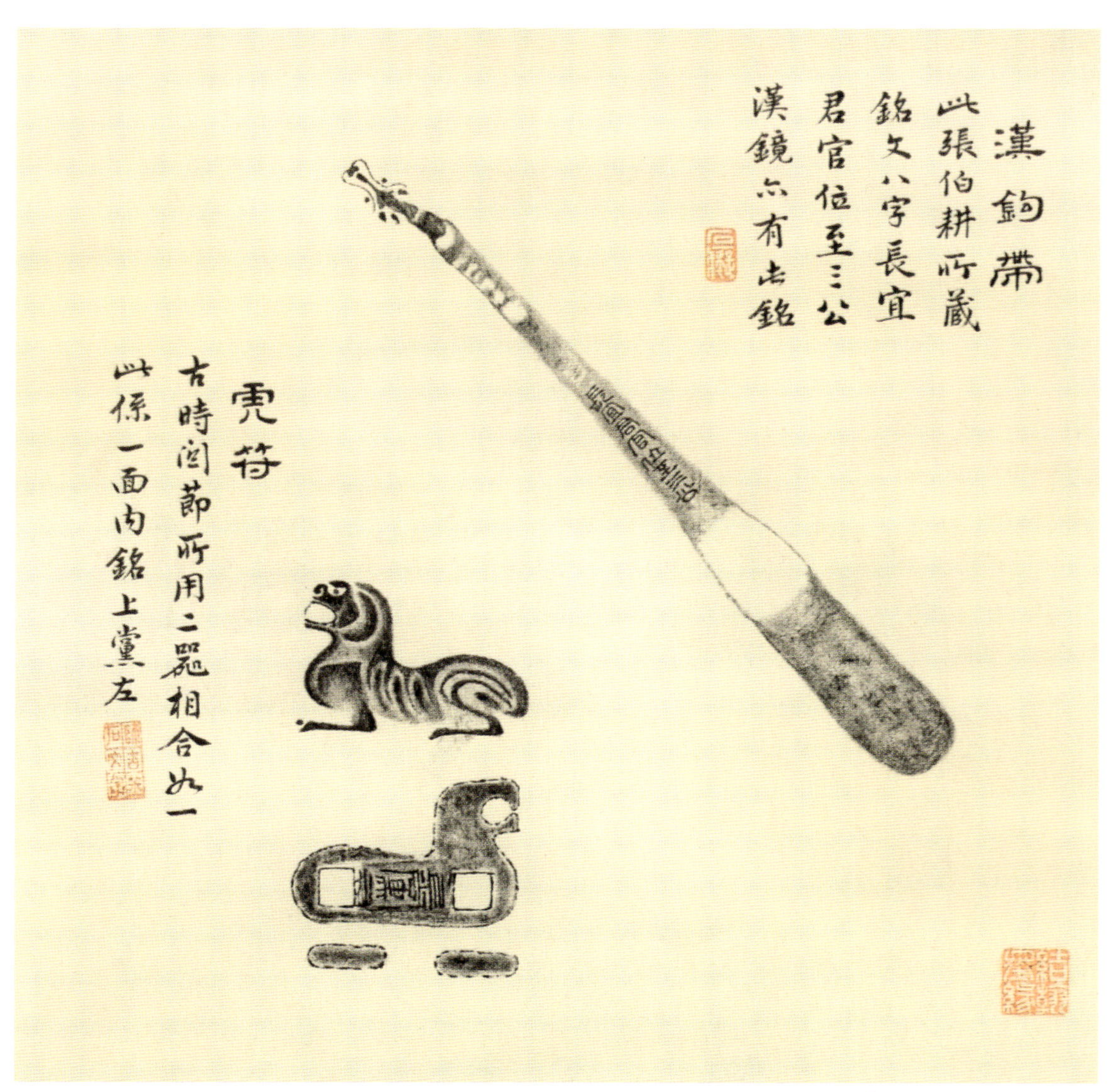
漢鉤帶
此張伯耕所藏
銘文八字長宜
君官位至三公
漢鏡亦有此銘
虎符
古時閫節所用二器相合如一
此係一面內銘上黨左

漢龍淵宮熏爐
文曰龍淵宮銅熏爐重五斤二兩
元朔三年工禹造凡廿有七字在其
口之外

卷軸裝　一軸兩圖　每圖縱33.5釐米　橫33.5釐米
館藏號：Z1245-1252
卷軸一

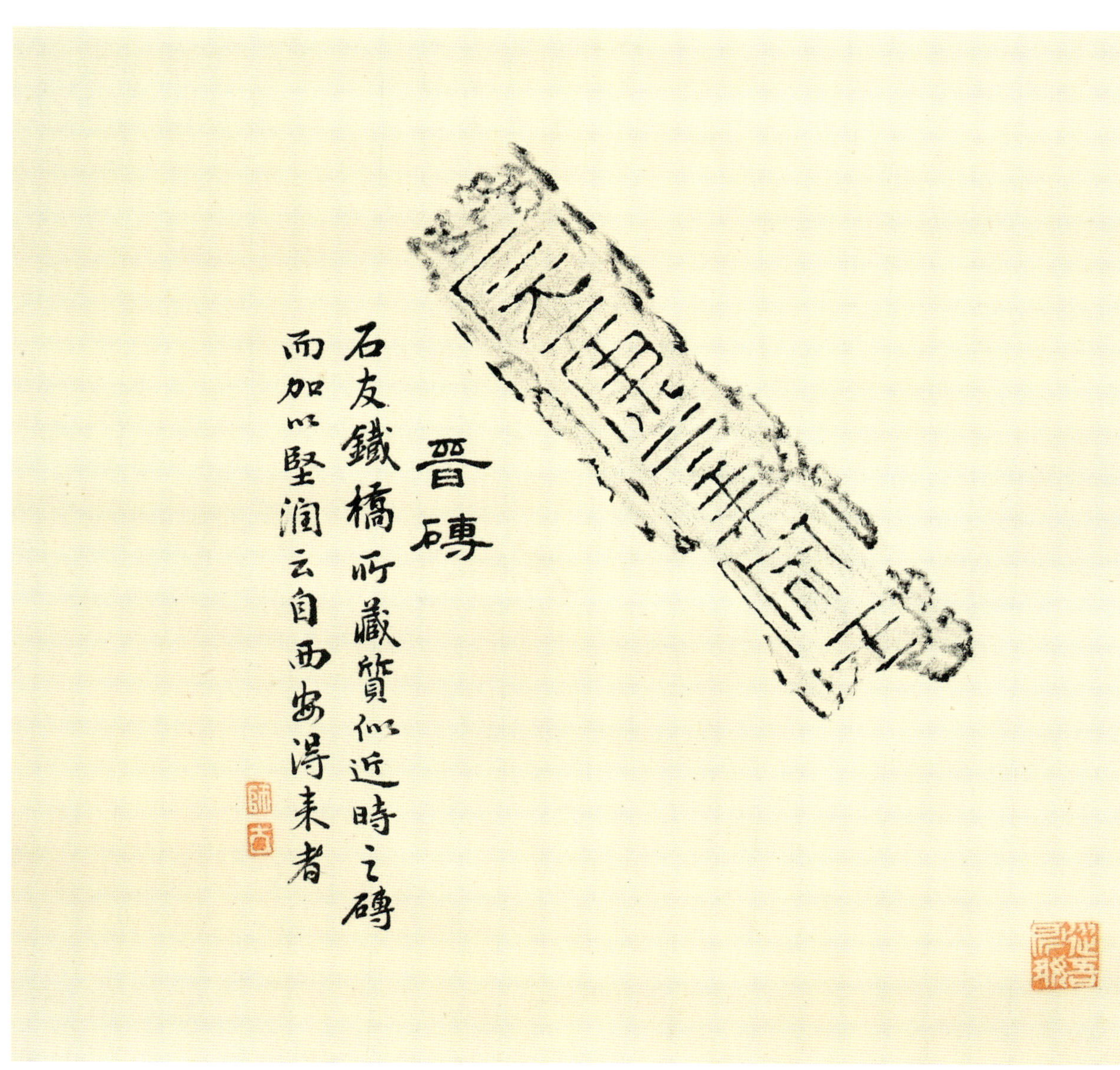
晉磚
石友鐵橋所藏質似近時之磚
而加以堅潤云自西安得來者

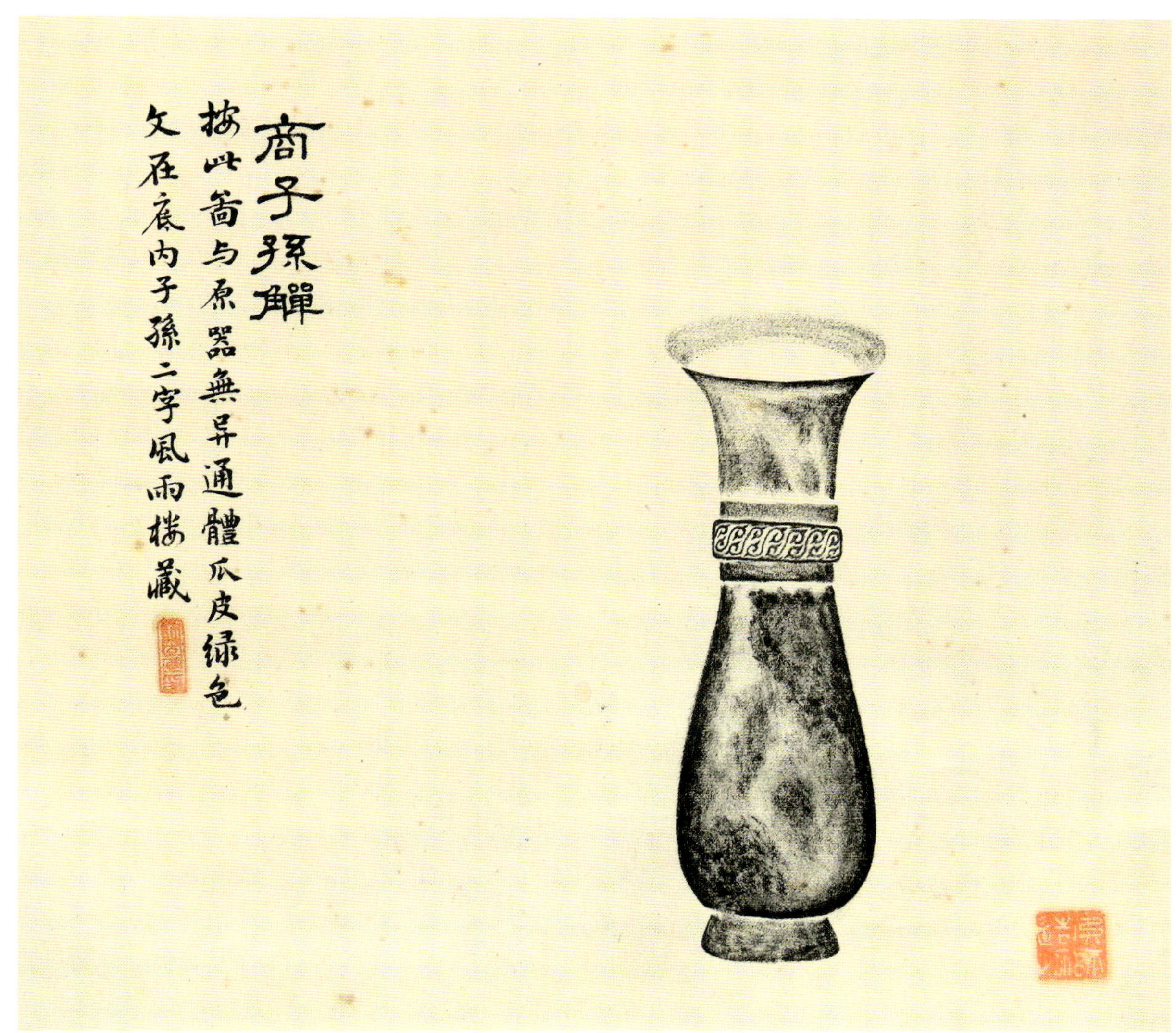
商子孫觶
按此筒与原器無异通體瓜皮绿色
文在底内子孫二字風雨樓藏

卷軸二

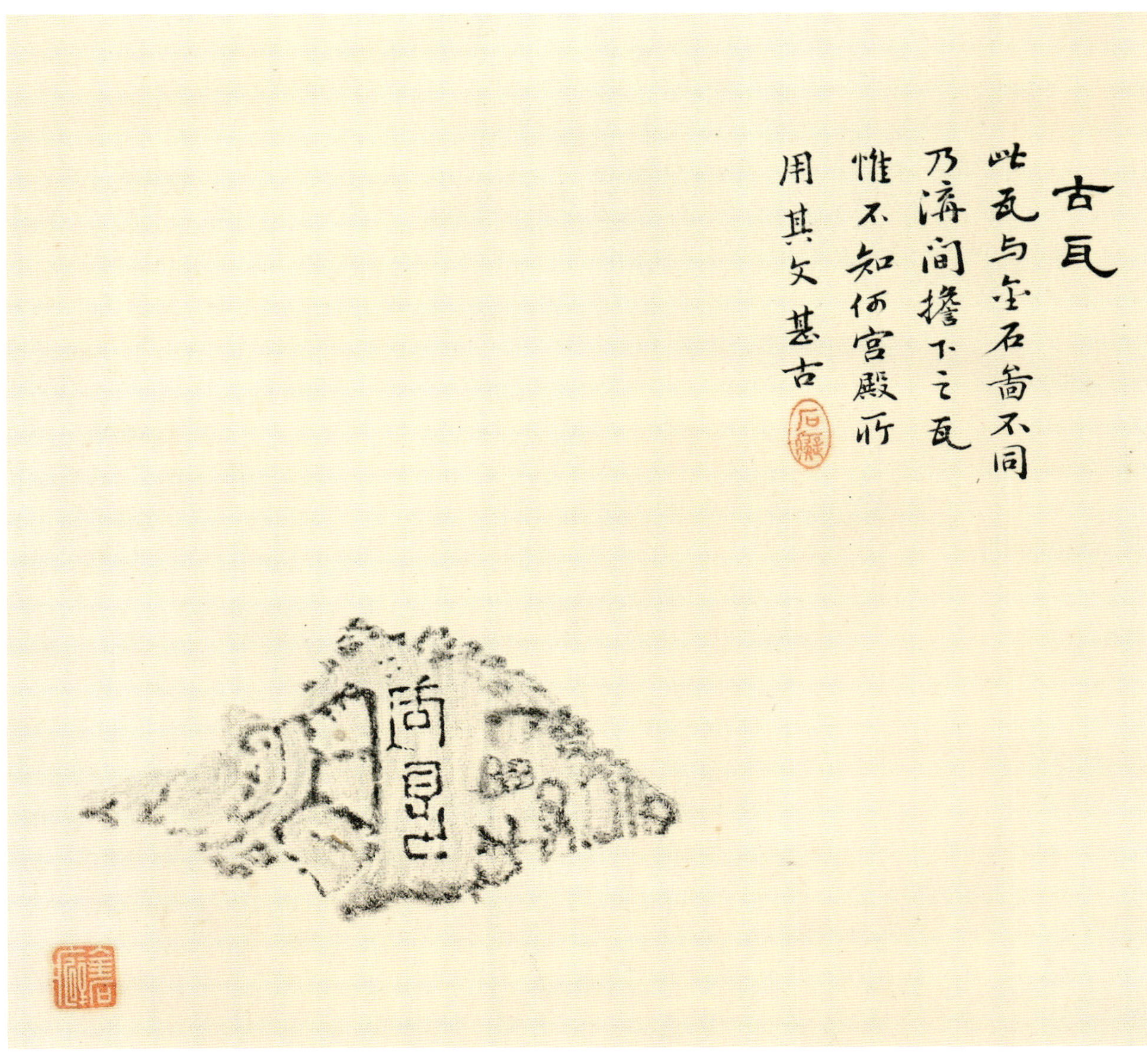
古瓦
此瓦与金石畫不同
乃濟間檐下之瓦
惟不知何宮殿所
用其文甚古

周瓠壺
原藏乾清宮通蓋高九寸五分深七寸八分口徑
一寸六分腹圍一尺二寸七分重三十八兩有鋬

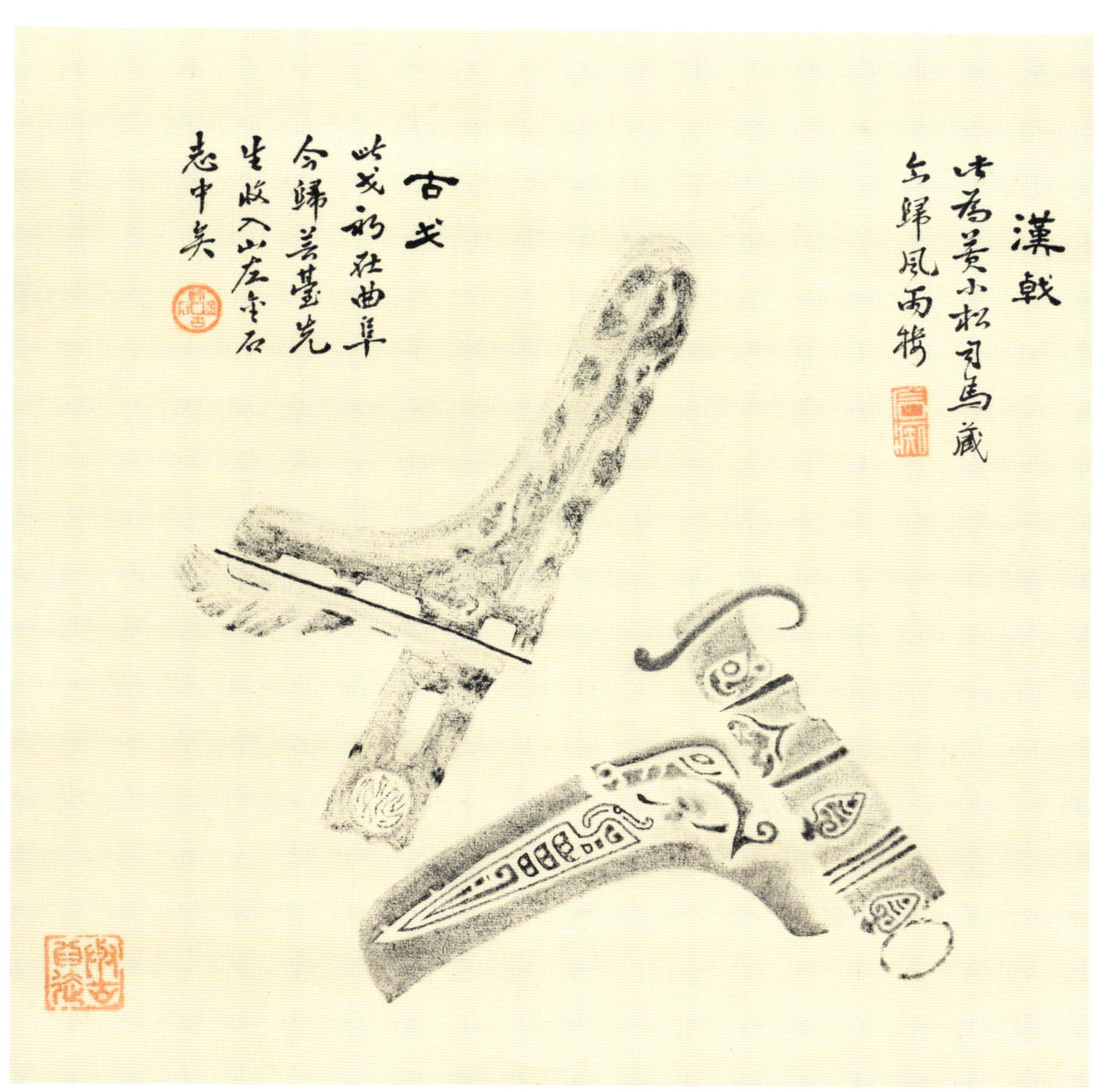
漢戟
此爲黃小松司馬藏
今歸風雨樓
古戈
此戈得在曲阜
今歸芸臺先
生收入山左金石
志中矣

周素盉
此器質素無文有流有鋬通高七寸深五寸二分
口徑二寸二分腹圍一尺五寸重四十二兩係一时所製

二　穎　拓

1.姚華穎拓四件

姚華（1876-1930），字重光，號茫父，別署弗堂、蓮花龕主，貴州貴築人。後定居北京。民國期間，以詩、書、畫、印“四全”而享譽京城。姚氏所創“穎拓”技法，介乎書與畫之間，以規摩古代金石碑刻為主，精妙絕倫，別開生面，令人歎為觀止。

“姚華穎拓”與黃士陵、蘇潤寬等人“穎拓博古圖”同中有異，各有千秋。雖然都是用毛筆皴擦描繪而成，但黃、蘇等人之作品更精工細膩，一絲不苟，類似於工筆畫，作品在手，如見器物照片之感。姚華作品，則反其道而行之，走簡率質樸之路，類似寫意畫，作品更似器物之拓本。此外，黃、蘇等人穎拓作品多為鐘鼎彝器，絕少見有碑版、造像、磚銘等，姚華穎拓的長項，卻恰恰在碑版造像之上。

此次選取姚華穎拓四件，分別為《周嘉禮尊》《商周娑壺》《北魏神龜元年造像》《北齊天保九年造像》。前兩件為鐘鼎彝器類，原作似乎應該是四條屏，現僅存兩件，後兩件為佛造像，从中可見姚華高超的穎拓技藝和非同一般的藝術效果。

《周嘉禮尊》

姚華題記：

周嘉禮尊銘与器。此器高九寸五分，口徑七寸二分，底六寸，腹有花紋。

此為秋盦黄易先生珍藏之品，銘刻於器腹內，文字未殘，今以穎拓法摹之。茫父並記。

《商周娑壺》

姚華題記：

商周娑壺文与器。此器高七寸九分，口徑二寸五分，底徑四寸，中有花紋。

此為匋齋端氏集作吉金著録品也，銘在器底未殞可識耳，茲由拓本寫之。茫父姚華。

《神龜元年陳泰康造像》

姚華題記：

魏神龜元年造廿二古佛同龕。

此造象為鞠如張士保所藏清供之佛。後歸匋齋集於著録精品，銘刻在背，文曰：“大魏神龜元年四月朔五日，陳泰康上為皇帝己身父母兄弟姊妹妻子合眷衆生同斯福。”今得端氏拓本，用穎拓法摹之。弟子姚華茫父。

《天保九年趙翼李盛造像》

姚華題記：

大齊天保九年造五十古佛同龕。

此為黄秋盦舊藏之品，後歸匋齋集作著録品，銘刻於背，文曰：“大魏天保九年十二月八日佛弟子趙翼、李盛敬造古佛五十尊，共為一龕清奉，願十方三界咸同斯福，俱臨極樂世界。”茫者姚華摹於蓮花寺中。

卷軸底端，有內光篆書題識：

與佛同壽。儀仲姻兄供養，內光持贈。

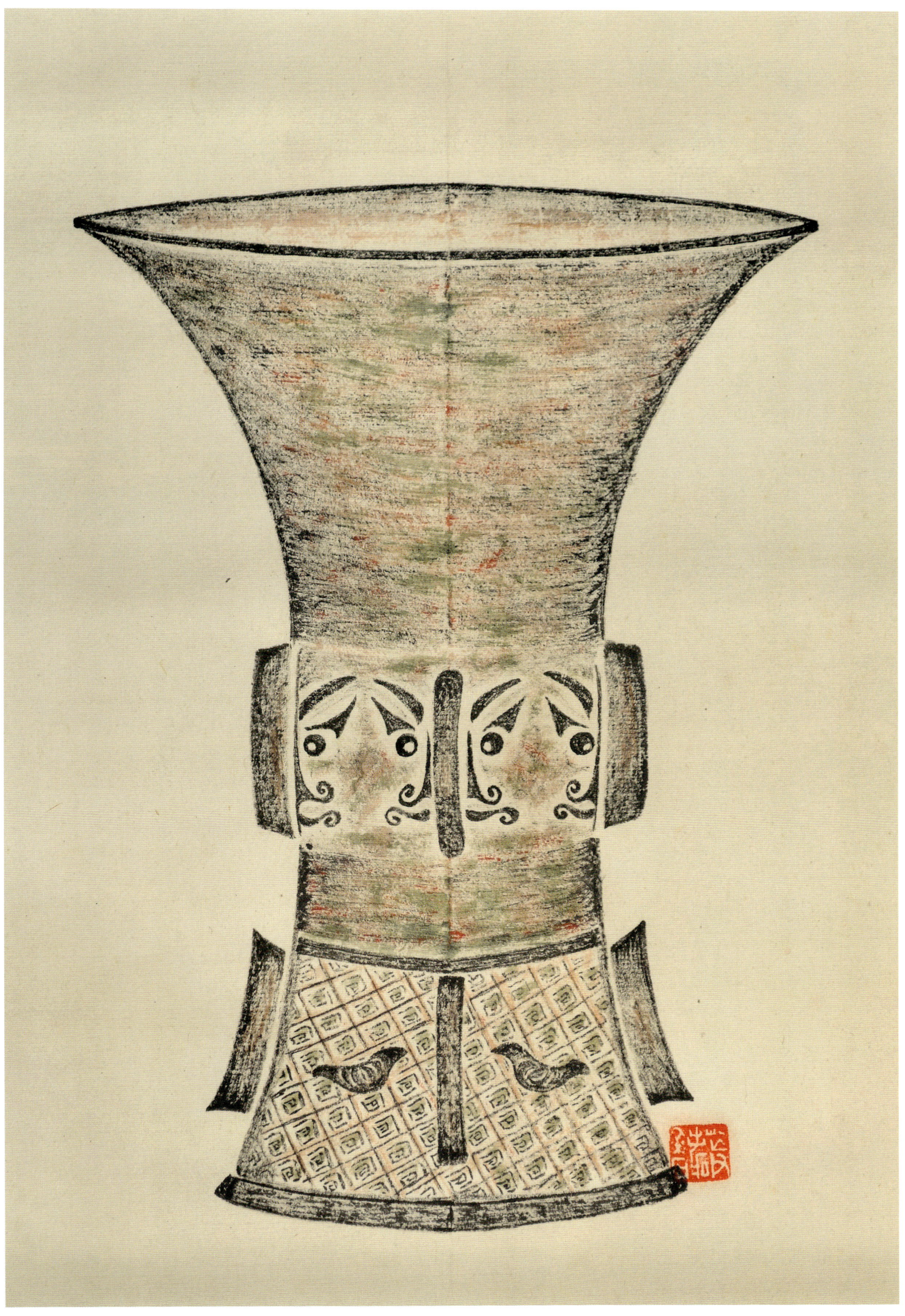

《周嘉禮尊》局部

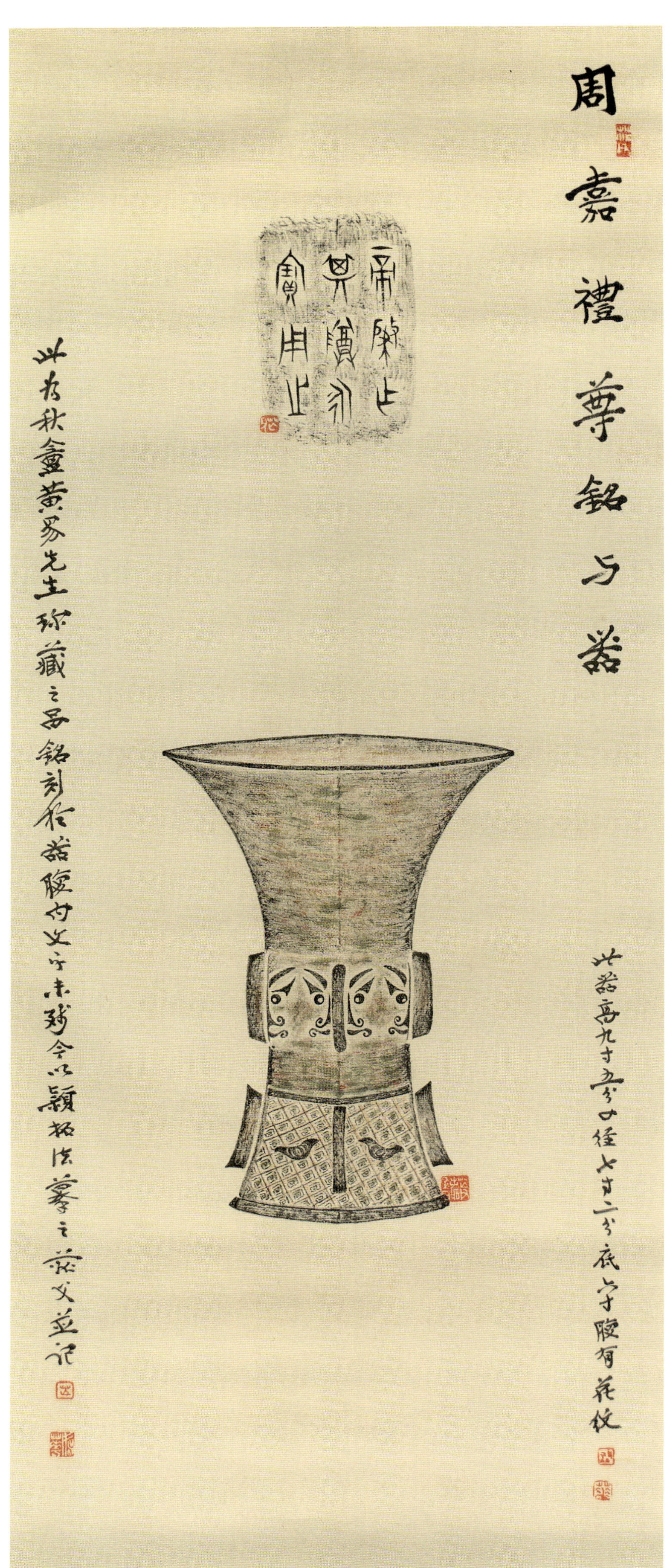

《周嘉禮尊》

卷軸裝　畫芯縱68釐米　橫27釐米
館藏號：Z1060-1061

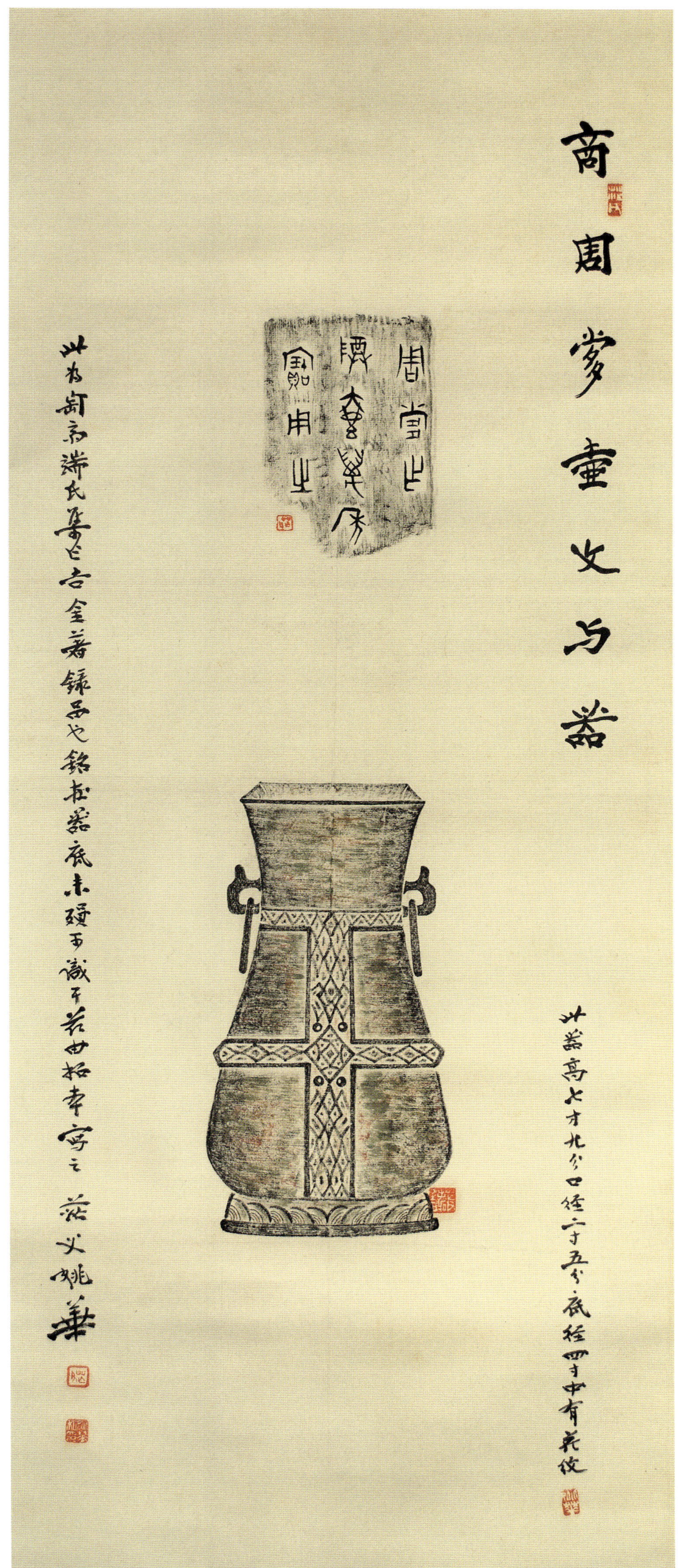

《商周㝨壺》

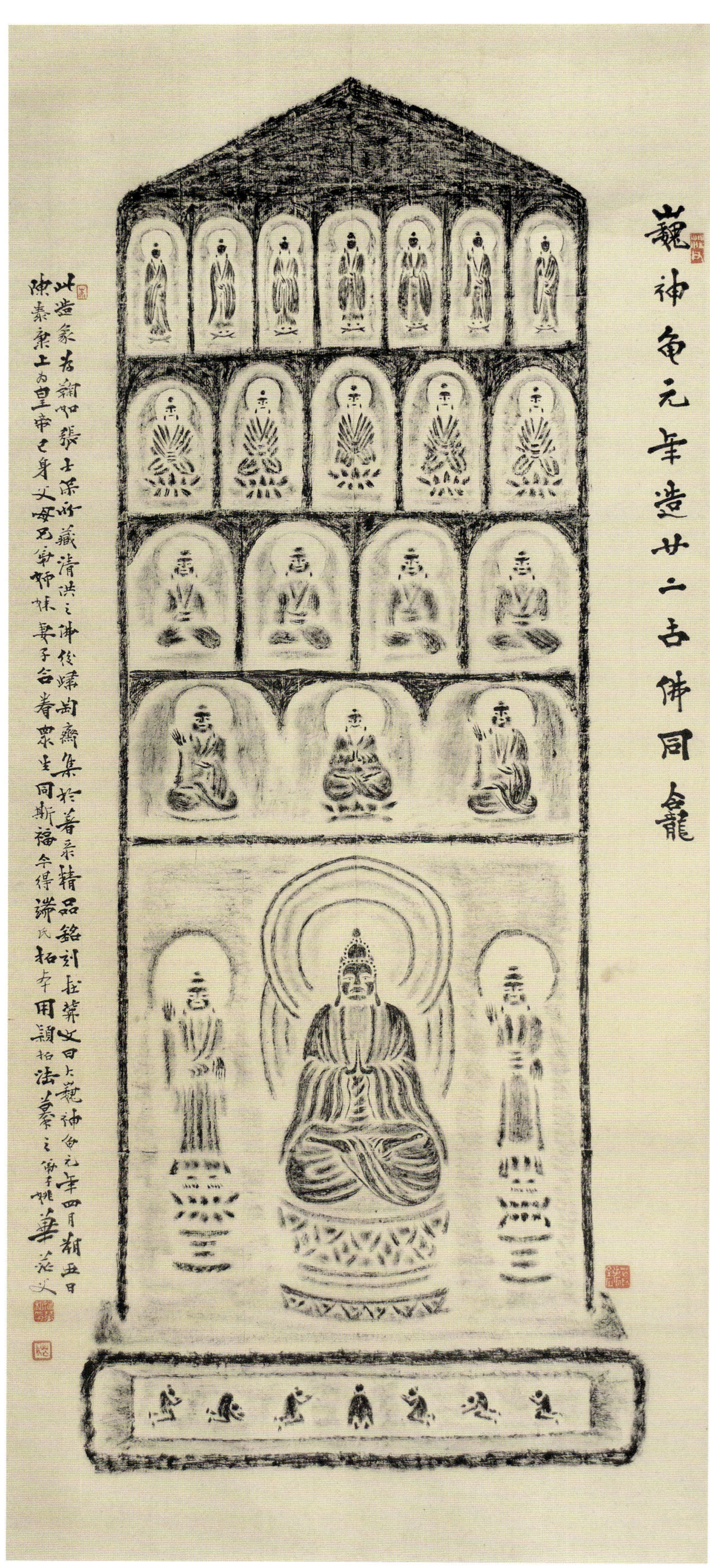

《神龜元年造像》

卷軸裝　畫芯縱79釐米　橫31.5釐米
館藏號：J4708

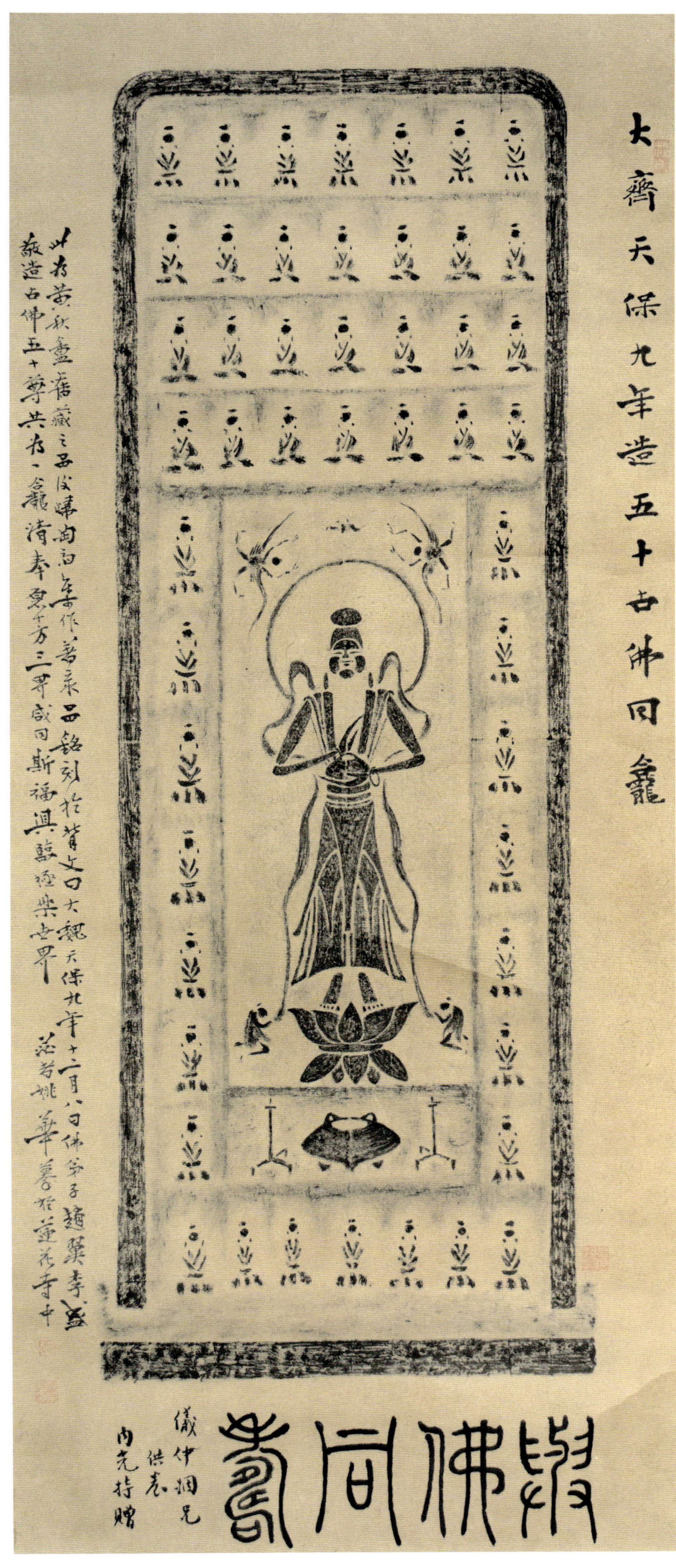

《天保九年造像》

卷軸裝　畫芯縱66釐米　橫27釐米

館藏號：J4145

捌

外國金石類

1.《埃及造像》端方題贈本

《埃及造像》一尊，兩手交叉胸前，下身題刻埃及文字十行，像高約22釐米。拓片作團扇狀，造像兩側端方有題記："埃及五千年古刻拓奉子脩老伯大人鑑。姪端方。"造像拓片下方，有民國九年（1920）吳慶坻題詩。

端方（1861—1911），托忒克氏，字午橋，號匋齋，謚號忠敏。滿洲正白旗人。光緒三十一年（1905）十二月，端方出使西方考察憲政，一行歷訪歐美十餘國，於次年八月回國。端方總結考察成果，上《請定國是以安大計折》，力主以日本明治維新為學習藍本，盡速制定憲法。端方所著《歐美政治要義》，被後世認為中國立憲運動的重要著作。

端方从政之餘，嗜好金石古玩，是晚清著名收藏家之一。此次西方考察憲政，他還收集了一批古埃及文物，成為近代中國收藏外國文物第一人。筆者所見端方題記埃及刻石拓片不下百餘件，然均不及此件《埃及造像拓片》精善絕妙。

端方題記中"子脩老伯"即為吳慶坻（1848—1924），字子脩、敬強，號補松。浙江錢塘人。光緒十二年（1886）進士，歷官功臣館纂修、四川學政、政務處總辦、湖南學政、湖南布政使等。著有《蕉廊脞録》《悔餘生詩》《補松廬文稿》《入蜀記程》等。

卷軸下方，存有吳慶坻（補松老人）題詩：

殊方石墨歷騫槎，分與寒齋護壁紗。
虹月滄江休擅美，可曾搜剔到幽遐。
東山強起答君恩，蜀道鵂鶹不忍聞。
披髮九閽羲景匿，草間如我媿偷存。
庚申（1920）初夏，董理篋藏，得陶齋尚書海外歸來所貽埃及造象，淒然有感，因綴兩截。補松老人記。子士鐈侍，因命試書。

晚年的吳慶坻，整理舊藏，發現端方題記《埃及刻石拓片》後，觸景生情，感慨萬千，並命其子吳士鐈抄録題詩兩則。其中"東山強起答君恩，蜀道鵂鶹不忍聞"，即指宣統三年（1911）端方的殉國。當年，端方被委任為川漢粵漢鐵路督辦大臣，時部議路歸國有，激起川湘鄂保路運動，四川局勢瀕於失控，清政府旋派端方率湖北新軍入川鎮壓，不久新軍嘩變，端方及其弟端錦為軍官劉怡鳳所殺。

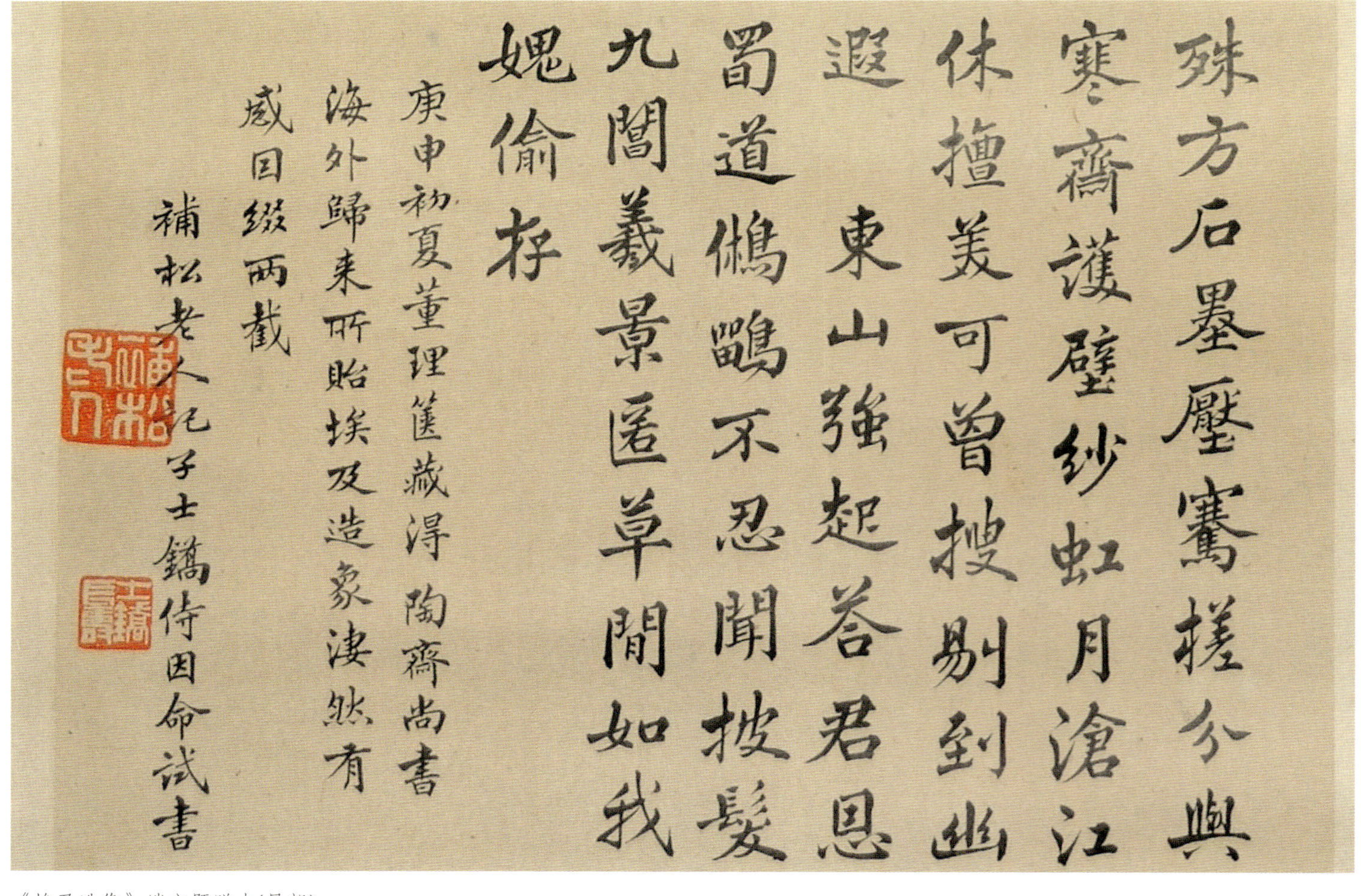

《埃及造像》端方題贈本(局部)

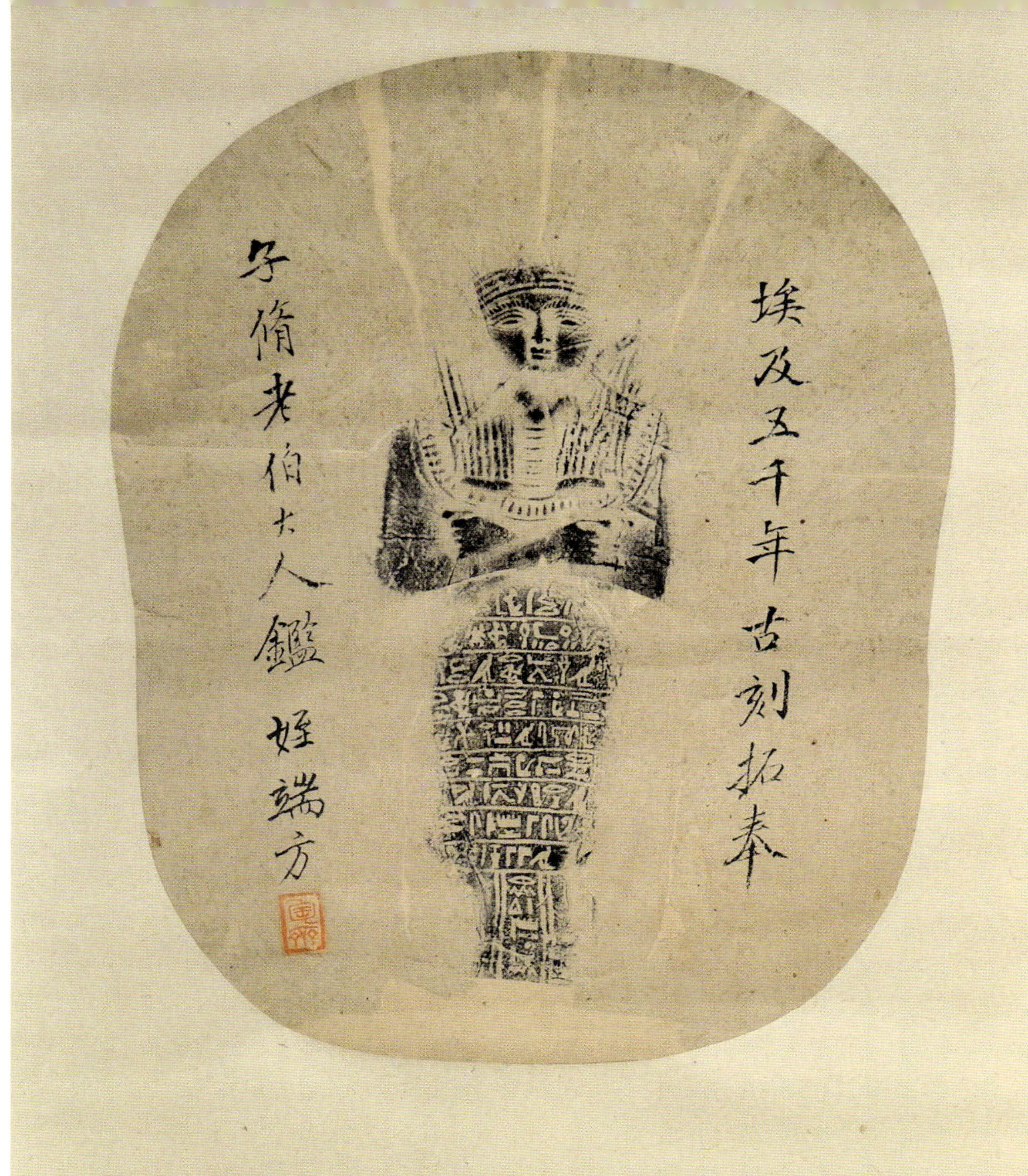

殊方石墨壓騫槎分與
寒齋護壁紗虹月滄江
休擅美可曾搜剔到幽
遐 東山強起荅君恩
蜀道鵂鶹不忍聞披髮
九閽義景匿草間如我
媿偷存

庚申初夏董理篋藏得陶齋尚書
海外歸來所貽埃及造象淒然有
感因綴兩截
補松老人紀 子士鑴侍因命試書

卷軸裝　畫心縱67.5釐米　橫32.5釐米
館藏號：J5763

2.《羅馬古印》鄭文焯跋本

此鄭文焯所藏《羅馬古印》，圓形，形狀如同一枚大紐扣。一面為盤旋環扣波紋圖案，一面為拉丁古文，文字無法釋讀，規制與功用亦皆無法知曉，僅暫名之為"羅馬古印"或"拉丁文銅盤"。鄭文焯曾將此"古印"傳觀於日本博覽會及俄國博物館，亦皆不能釋讀其銘文。

此本卷軸裝，存《羅馬古印》兩面拓，拓本四周有鄭文焯考釋題記，洋洋數百言，卒未克定其名號也。鄭文焯題記：

> 同鄉劉荔孫觀詧嘗使太西，周流七國，習見西域文物，謂此當是羅馬古印信之文。其體与世所用之西洋鐘表數目字相似，其形則類官印，但近見彼都印製，多有柄尔。記之聊資一證。鶴翁。
>
> 近廿年來，海禁大開，吾國之吉金彝石新發見者，往往為歐美人以重值載出重溟，不惜心力為之攷訂。乃於是器之文字，竟以彼都古物，大索國中博士，無一能名其器譯其文者，亦荒於自治已。又及。
>
> 吳愙齋尚書舊藏一古玉印，文字詭異，不類秦漢，比為有力者搜獲，詫為奇珤，而不辨其文體是何代物。好事且目為三代鉩篆，十五城不以易也。乃屬太西一博士攷論數千言，卒未克定其名號。或以為六國時文字異形，當為其時侯王國印，群以所知為秘妙。後訪之吳市，黠估始諗其印寔出于戴氏之倣造，絕無所規撫，時欲以居奇爾，良可怪歎。
>
> 余藏此銅槃間，嘗傳觀于海東博覽會及俄都博物院，靡不稱為臘丁古文，咢然弗識，有訂為大秦國古璽文者，以彼都人士且不能得其國文之本解，迺欲以中原文物索解于太西，可不謂之務外邪。

筆者推測此枚所謂的"羅馬古印"，可能就是古希臘陶片，是"陶片放逐法"的歷史見證。

所謂"陶片放逐法"是古希臘雅典等城邦實施的一項政治制度，由雅典政治家克里斯提尼於公元前510年左右創立。雅典公民可以在陶片上刻寫企圖威脅雅典民主制度的政治人物的名字，並通過投票表決，將其政治放逐。

《羅馬古印》鄭文焯跋本局部

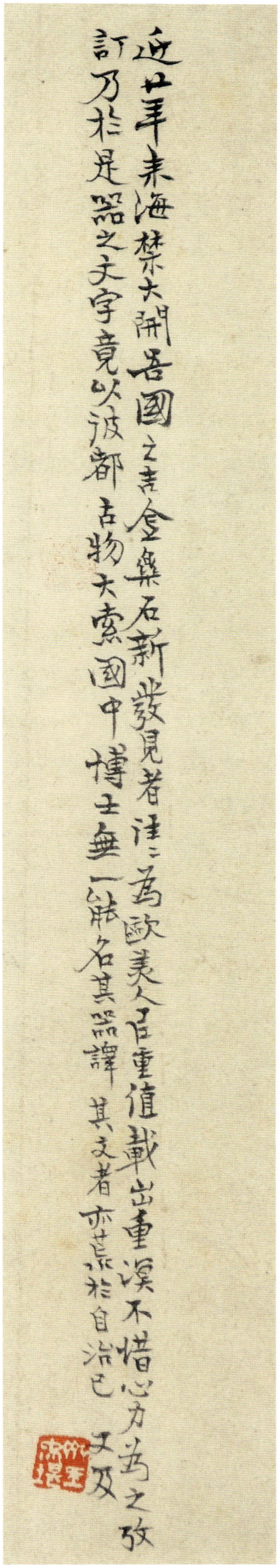

《羅馬古印》鄭文焯跋本局部

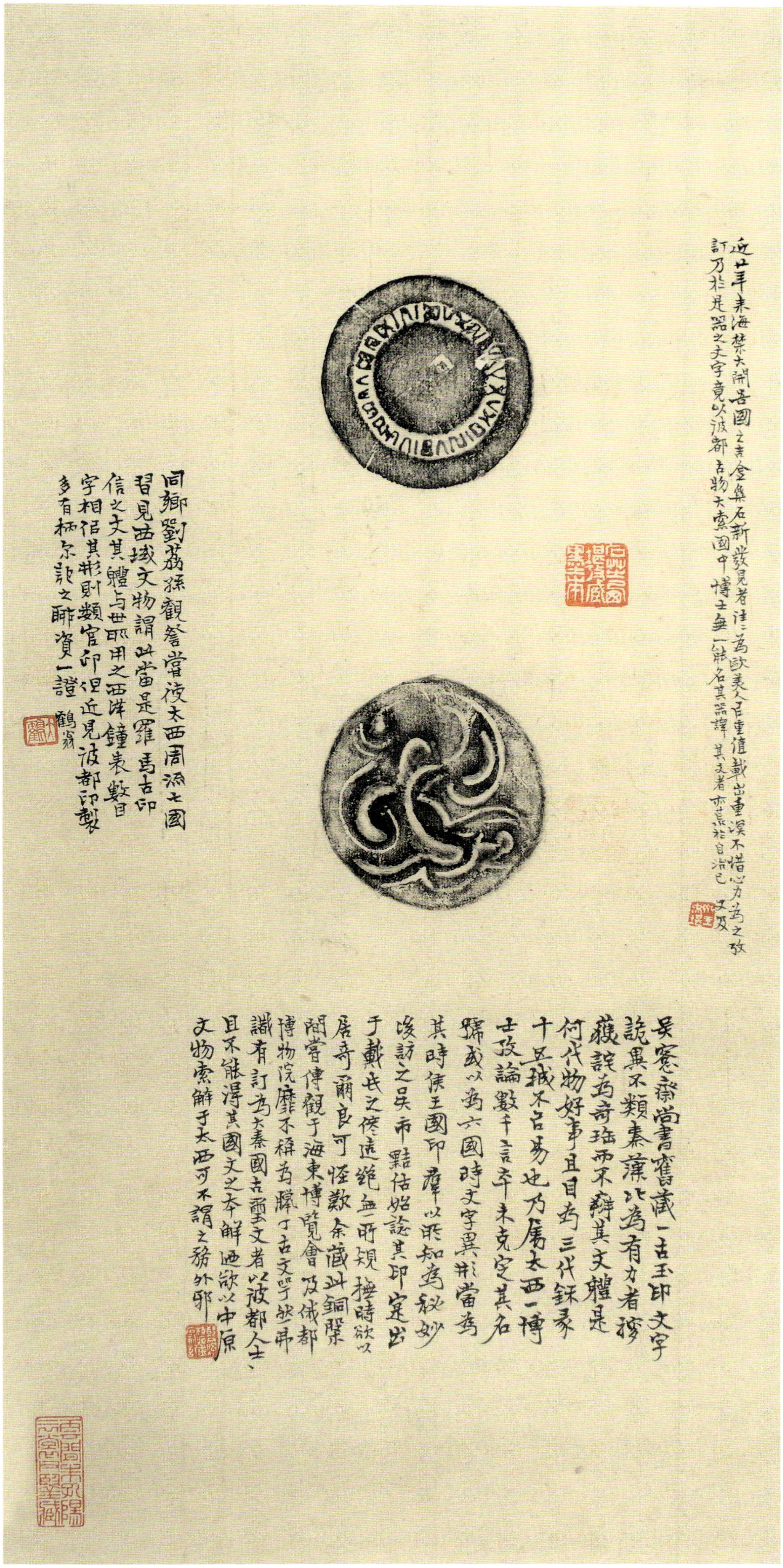

卷軸裝　畫芯縱42.5釐米　橫23釐米

館藏號：J2441

3.《拉丁文銅盤》鄭文焯跋本

又見《羅馬古印》一件，亦鄭文焯藏本。拓本卷軸裝，存《拉丁文銅盤》兩面拓，有鄭文焯題記，内容截然不同，録之聊資一證。鄭文焯題記：

光緒壬辰歲（1892）有法蘭西教士號能識埃及文字，示以此槃，則云是希臘古文，都莫能辨，類中國三代鼎彝，好奇者往往以意釋其文，究之《籀史》之書，闕焉無傳。識者輒取《鄦書》所引意為附會，曷有佳證。且汾陰寶鼎史遷當親見之，未嘗稱有款識，予生平耆古未敢竺信金文，豈無謂哉。

光緒游兆涒漢之年（丙申，1896）二月，故相國合肥李公奉使泰西，老友于兵部晦若從之，道滬上，余贈以詩四章，其三曰："八部佉樓左體分，一盤今見臘丁文。當年奪使無才思，唯解支機石贈人。"此詩流傳海外。使俄大臣楊壽鴻侍郎因書來索觀臘丁槃墨本，乃以數拓寄之，屬其就彼國方聞之士博考書體，卒無所得，是可異也。

案梁釋僧祐云造書者三人，長曰梵書右行，次曰佉樓左行，少倉頡下行。今泰西之字左行，故佉樓當為左行文字之祖構，世士罕有津逮焉。

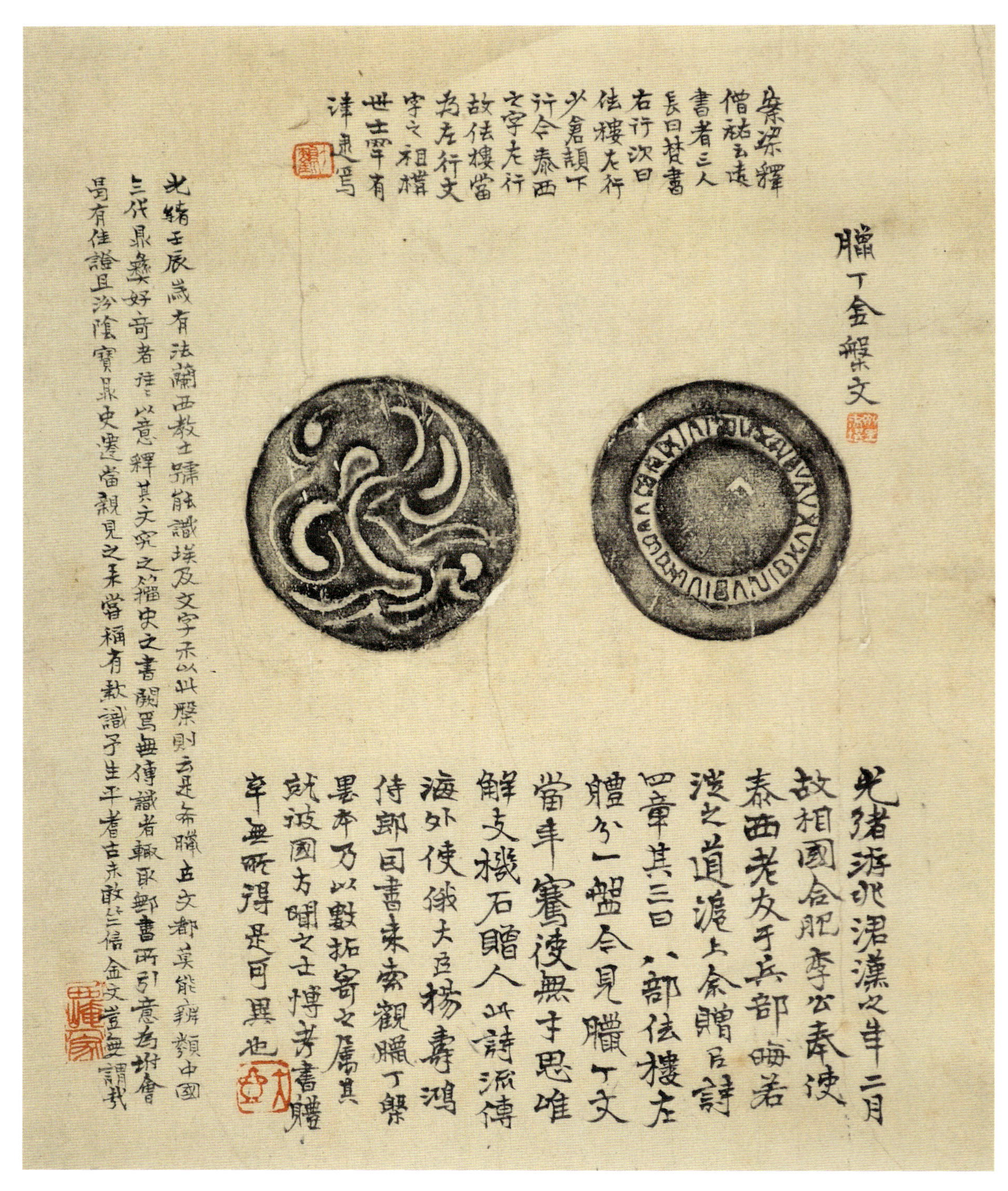

卷軸裝，畫芯縱32釐米　橫22釐米
館藏號：J5732

4.《印度佛像》鄭文焯跋本

印度佛像，泥範鑄制，梵語“擦擦”，意為“模製”、“複製”，正面為如來佛，一佛二使者，背面銘曰“印度佛像大唐蘇常侍普同等共作”。此類傳世印度泥範佛像，樣式較多，銘文行款各有不同，佛像或為坐像或為站立像。此拓內有光緒三十一年（1905）鄭文焯題記數則。

鄭文焯題記：

藏佛形式無奇不具，近於海上獲一浮圖，塗金為之，而塔槃內隱一佛象，須開其底始見之，製作甚精密，亦希覯者。鶴道人。

愙齋尚書（吳大澂）為余言，渠觀察大梁時，從一估客得佛頂泥一，版不盈寸，文字細如椒核，諦審亦類是製，乃出之古佛頭，蓋六朝及唐代佞佛之寶裝也。近世有以珠心玉膽為莊嚴者，由來舊已。

時乙巳五日宿石壁山房，竹聲碎玉對此時有俊風，老芝漫興又題。

耦園（沈秉成）舊藏一泥象，雕刻極工，背文曰“印度佛像大唐蘇常侍普同等共作”，此唐代重印度佛之證，如玄奘、達摩傳諸經論皆從印度佛國來也。今五印度夷為英屬，佛教澌焉殆盡，故識印度書者鮮矣。鶴記。

余藏印度佛凡三，有泥鑄者二，竝有文字不可識。相傳西藏佛入涅槃時，取其燼餘和香泥以範為之，像坐有穿處，四周皆文字，嚮見一壞像中有梵文書小字一弓，蓋彼國之神咒也。鶴道人并記。

余嘗攷見一碑，偶得佳證，栩獲一欣，輒為題記，或語同好，此古人晰疑賞奇之樂事也。乃今之人博古鬥勝，金多身閒，動欲逼斂寶物，悉以歸己為能事，如石埭徐氏（徐康）藏《王子晉碑》、福山王氏（王懿榮）藏東魏《劉昭達寫華岳廟碑》，皆以余題為海內孤本，竟為有力者豪奪之，可慨也已。樵風詞客附識。

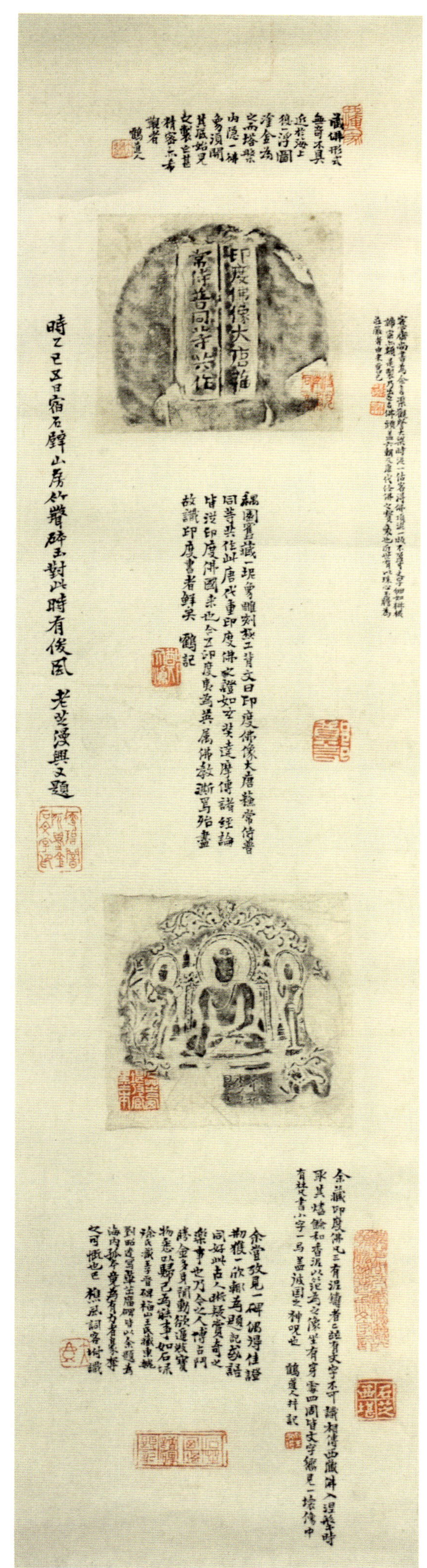

卷軸裝　畫芯縱65.5釐米　寬16釐米

館藏號：J6731

識佛形式無奇不具近於海上獲一浮圖塗金為之而塔槃內隱一佛象須開其底始見之製亦甚精密亦希覯者 鶴道人

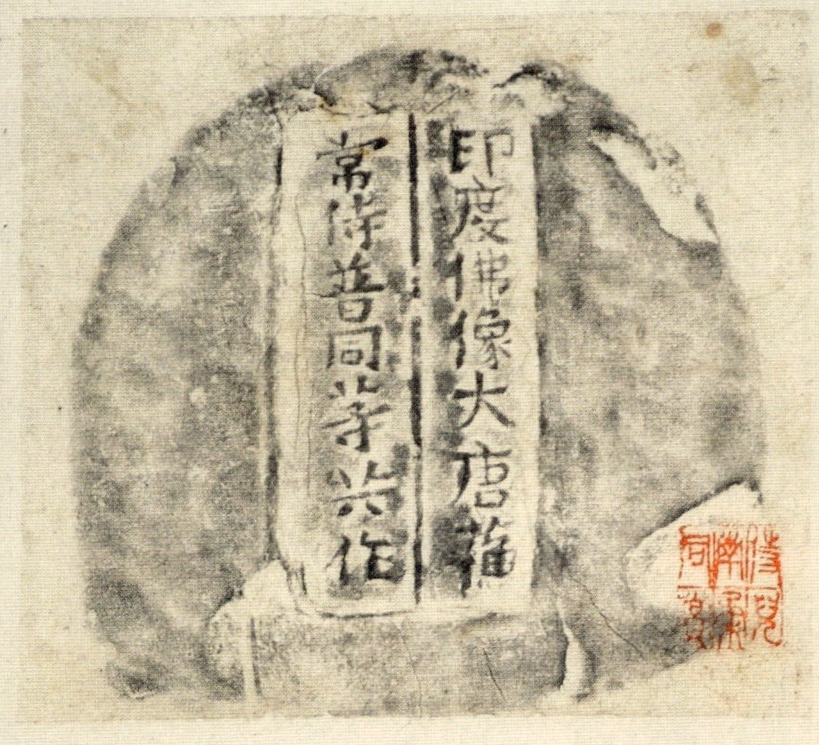

窓意齋尚書為余言渠觀登大梁時從一估客得佛頂泥一版不盈寸文字細如桃核諦審亦類是製乃出之古佛頭蓋六朝及唐代佐佛之寶藏也近世有以珠心玉膽為莊嚴者由來舊已

稱園舊藏一埏象雕刻極工背文曰印度佛像大唐蘇常侍普同等共作此唐代重印度佛之證如玄奘達摩傳諸經論皆從印度佛國來也今五印度東為英屬佛教漸罕殆盡故識印度書者鮮矣 鶴記

時乙巳五日宿石壁山房竹聲碎玉對此時有後風 老芝漫興又題

《印度佛像》鄭文焯跋本局部

余藏印度佛像三有泥鑄者二並有文字不可識相傳西藏佛入涅槃時取其燼餘和香泥以範為之像坐有字霱四周皆文字嚮見一壞像中有梵書小字一弓蓋彼国之神呪也　鶴道人并記

余嘗孜見一碑偶得佳證册獲一欣輒為題記或語同好此古人撕疑賞奇之樂事也乃今之人博古問勝金多身間動欲逼收寶物悉以歸己為能事如石埭徐氏藏王子晉碑福山王氏藏東魏劉昭達寫華芷廬碑皆以余題去海内孤本竟為有力者豪奪之可慨也已　樵風詞客附識

《印度佛像》鄭文焯跋本局部

5.《高句麗故城刻石》王瓘跋本

高句麗，是公元前一世紀至公元七世紀，在我國東北地區和朝鮮半島存在的一個民族政權，與百濟、新羅合稱朝鮮三國時代。

此件刻石出於高句麗，存七行，行三、四字。其文曰："己酉年□月廿一日，自此下向東十二里物省小兄俳須百頭□□矣"，為《海東金石苑》《三韓金石録》著録。

此拓舊為朝鮮吳慶錫舊藏，後為北京琉璃廠松竹齋老板張仰山購得，同治年間仰山又將此拓轉贈王瓘。拓本存有光緒二十九年（1903）王瓘補題一則，光緒三十二年（1906）又添入日本速水一孔、定海方若、山陰魏鍼等人觀款一條。王瓘題記：

> 高句驪故城刻石。張君仰山得自三韓吳亦梅，轉以贈余，光緒二十九年（1903）八月初四日，王瓘補記，藏之篋中已三十年矣。

王瓘此段題記寥寥數字，但卻牽涉到兩個晚清時期金石收藏領域的特殊人物。其一，"張君仰山"即松竹齋老板，因其承辦官卷、官折而成為當時京城琉璃廠里最有名氣的一家南紙店。其二，

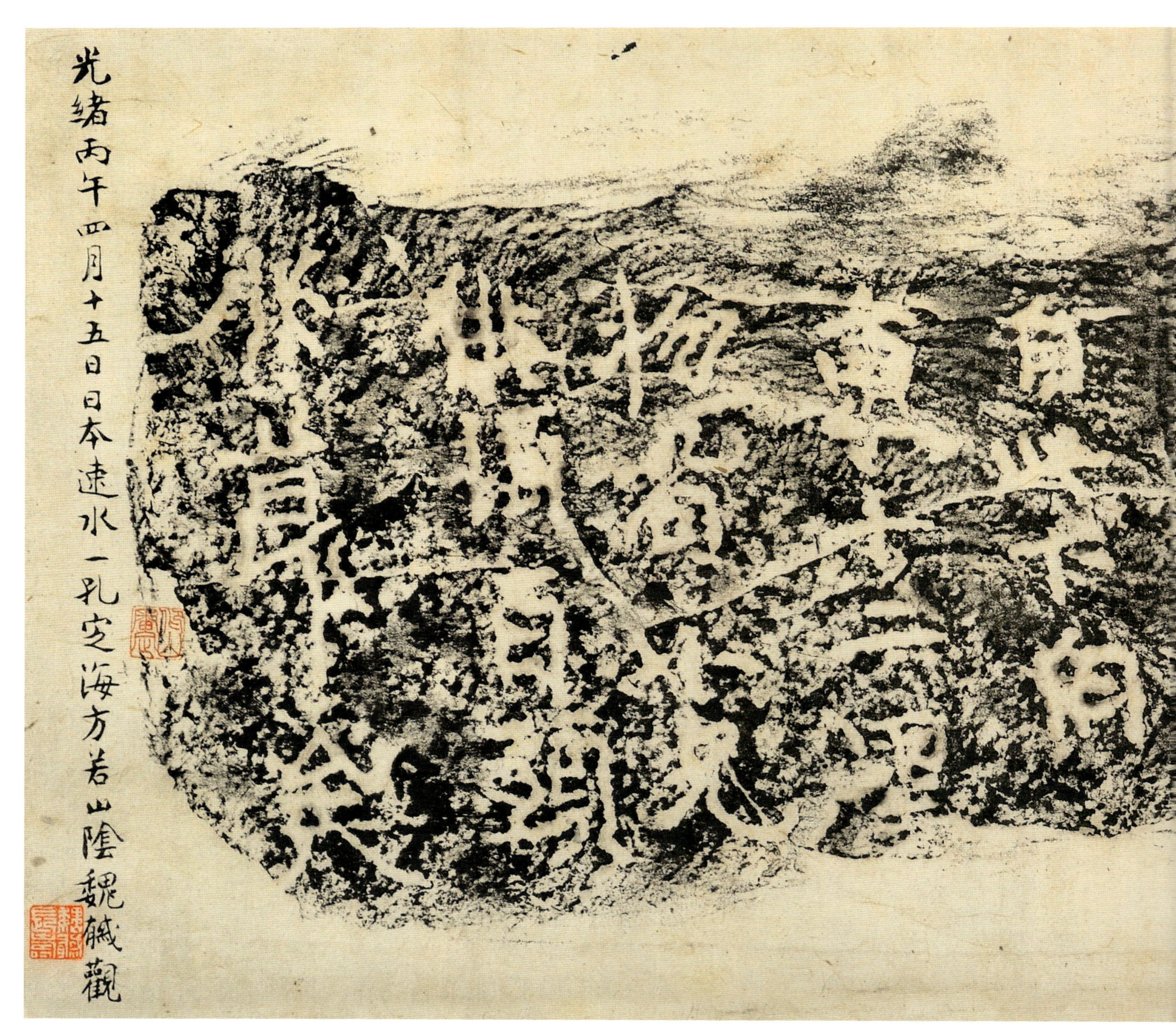

“吳亦梅”即吳慶錫（1831-1879），字元秬，號亦梅、鎮齋、天竹齋。朝鮮近代開化思想之鼻祖，也是開化黨早期代表人物之一。吳慶錫曾作為朝鮮使團的漢語翻譯官，前後十三次來到中國，他對金石書畫有較高造詣，著有《三韓金石録》。

魏械執筆題寫觀款：

光緒丙午（1906）四月十五日，日本速水一孔、定海方若、山陰魏械觀。

魏械（1860-1927），字紉芝，又字鐵珊，晚號匏公，别號龍藏居士。浙江山陰人。清光緒十一年（1885）舉人，候選知府。善書法，能以《龍藏寺碑》體作小楷。能文能武，具内功，通“易筋經”諸拳法，人稱“精武書家”。

速水一孔，清末日本駐杭州領事，精通漢學。

方若（1869-1954），字藥雨，號劬園。浙江定海人，寄居天津。精鑒藏，尤好古泉、碑拓。著有《校碑隨筆》等。

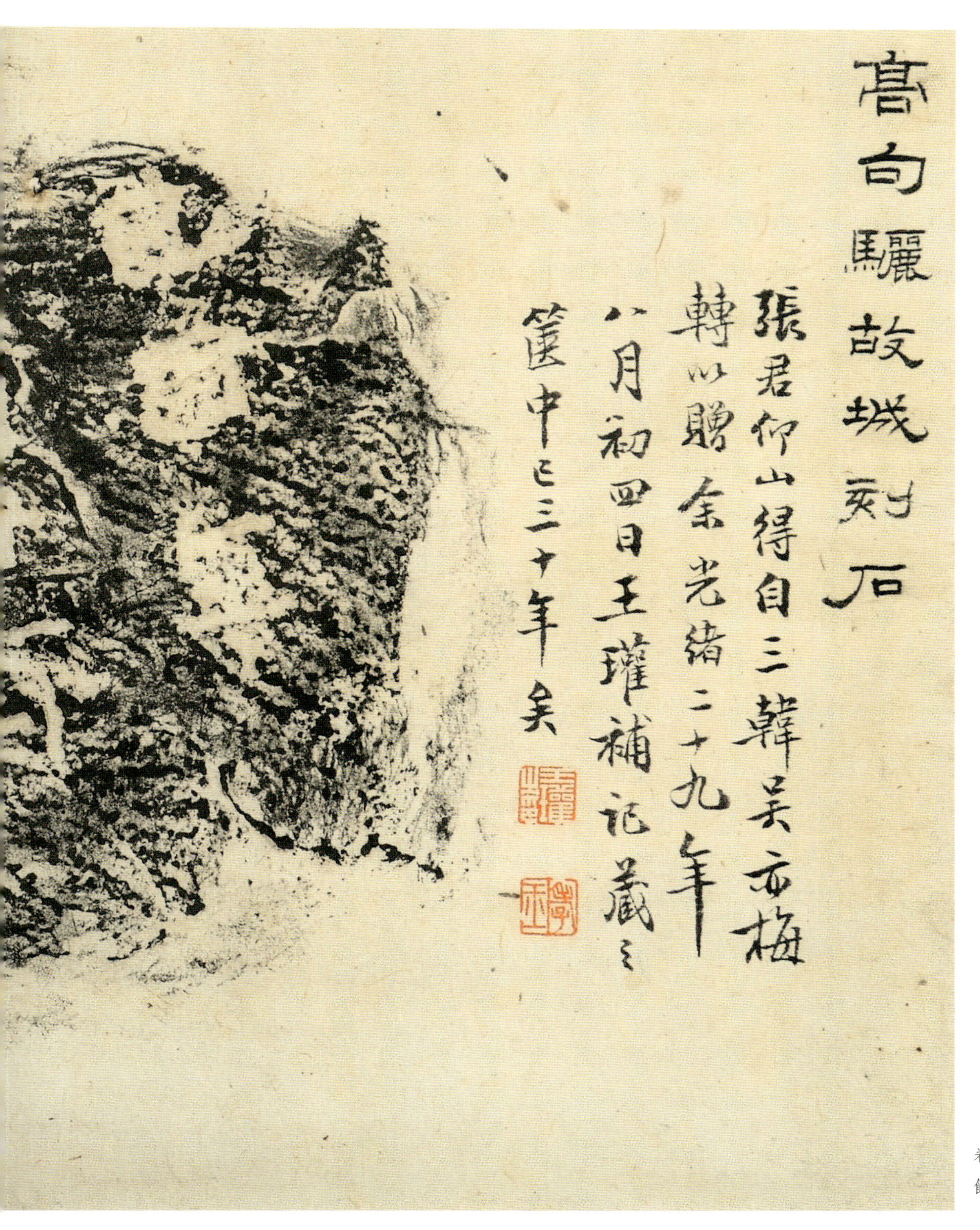

卷軸裝　拓片縱24釐米　横48.5釐米
館藏號：J5187

6.《新羅真興王定界殘碑》王瓘跋本

《新羅真興王定界殘碑》開國二十年（南朝陳光大二年， 568年）刻立，舊在高麗咸興府北五十里黃草嶺，碑文漫漶文字不清，清咸豐二年(1852)朝鮮觀察使尹定鉉移至中嶺鎮廨，碑文已遭剜刻。

此本為未經剜改之本，舊為洪洞劉青原收藏，後經楊守敬、王瓘遞藏，存有光緒二十九年（1903）王瓘題跋。碑文三行“自慎”尚未剜改成“自植”，六行“益篤”未剜改成“盡節”，王瓘審定“百餘年前舊拓”，良非虛語。

剜改後拓本，除字字清楚可辨外，殘碑下截另附有小石一片，存完字十、半字三。

拓本周邊，有光緒二十九年（1903）王瓘題端並記：

新羅真興王定界碑。光緒癸卯，王瓘孝禹題。

東武劉燕庭方伯云：“新羅王無僭稱元號之事，惟法興王於廿三年始自稱建元元年，真興王十二年改元開國，三十三年改元鴻濟而已。”

南匯沈均初云：“攷《東國通鑑》真興王為法興王第三子，名彡麥宗，立於梁大同六年（540）庚申七月，薨於大建八年（576）丙申八月，享國卅七年。”碑云：“戊子八月”，乃陳光大二年（568）也。南朝石刻傳世者本少，陳碑並無一存者，幸此海外遺文尚留片石，足補中華書史之闕，安得不鄭重寶之。

卷軸下方，另有王瓘題記：

南朝碑刻存世無多，陳碑僅此一石，又遠在異域。昔時惟朝鮮貢使來都，有攜贈中朝士大夫者，始得拓本。二十年來東方多故，已久不可得，甲午以後益不可問矣。吳縣潘文勤師曾得一本，并有使臣手跋，以贈福山王文敏公，文敏嗣得舊拓本，因以轉贈於余，惜其石已久經後人剜改，淮雨別風，非復廬山真面。今獲此本乃洪洞劉青原先生所藏，後入楊氏激素飛青閣，百餘年前舊拓也。雨窗無事，因以文敏贈本對校，其未經剜改之字，一一可辨，益知舊本之可貴。此碑原文東武劉燕庭布政著録《海東金石苑》，惜此書歙鮑子年丈僅刻其跋語，而刪其碑文，致其中剝蝕之字，有未敢臆定者，安得劉公底本一為校讎耶？時光緒二十有九年（1903）七月二十七日，銅梁王瓘孝禹記。

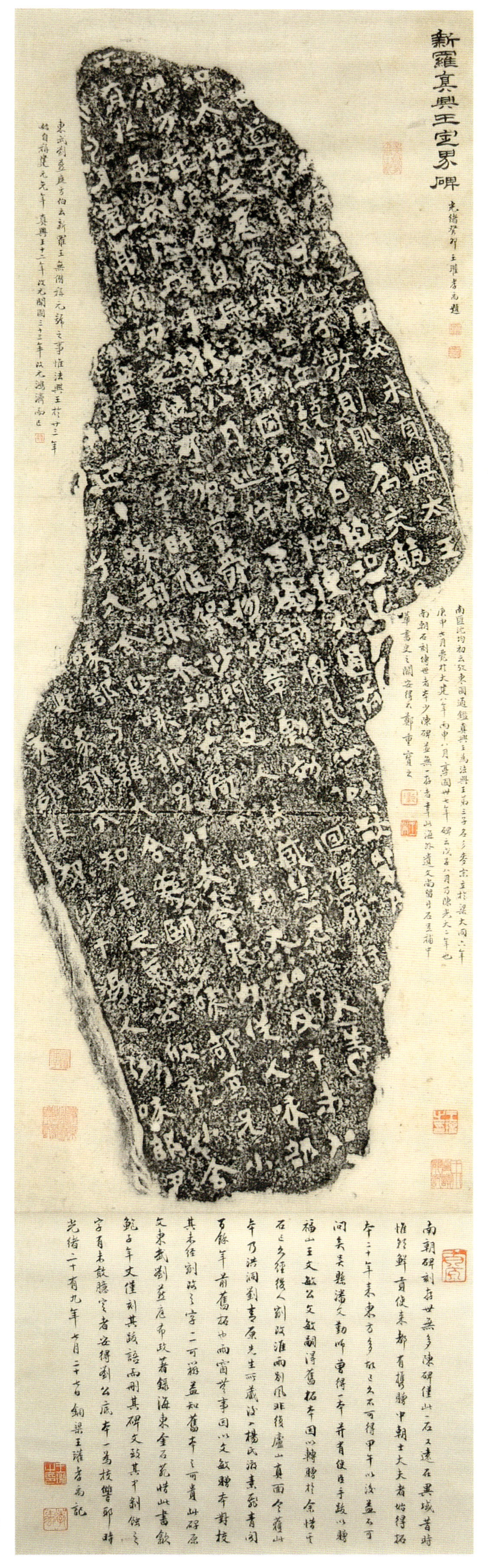

卷軸裝　拓片縱105釐米　橫39釐米
館藏號：J5168

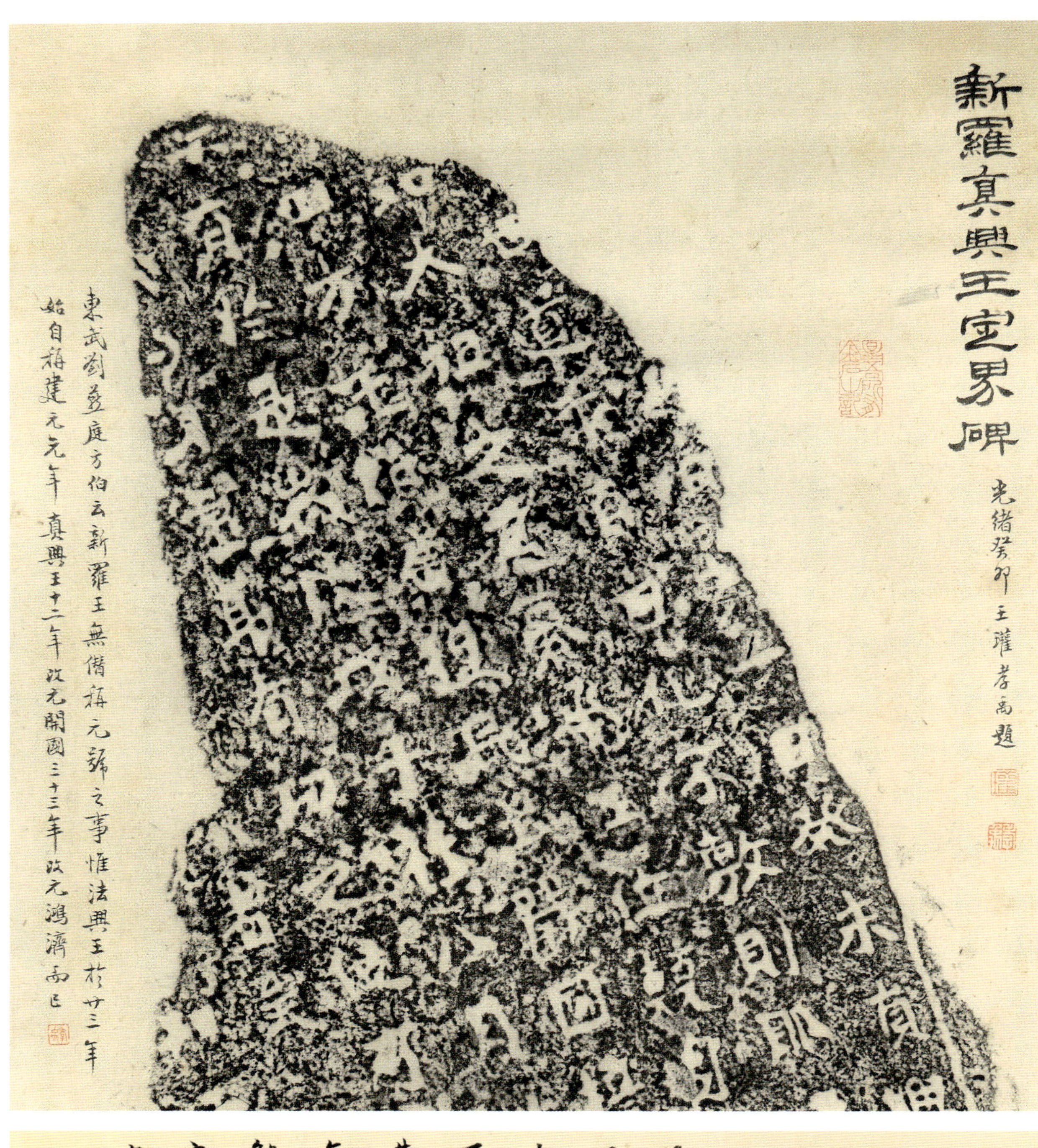

新羅真興王定界碑
光緒癸卯王瓘孝禹題
東武劉燕庭方伯云新羅王無僭稱元號之事惟法興王於廿三年
始自稱建元元年 真興王十二年改元開國三十三年改元鴻濟而已

南朝碑刻存世無多陳碑僅此一石又遠在異域昔時惟朝鮮貢使來都有携贈中朝士大夫者始得拓本二十年來東方多故久不可得甲午以後益不可問矣吳縣潘文勤師曾得一本并有使臣手跋以贈福山王文敏公文敏嗣得舊拓本因以轉贈於余惜乎石已久經後人剜改雖兩刻風非復廬山真面今獲此本乃洪洞劉書原先生所藏後入楊氏海素歸青閣百餘年前舊拓也兩宿芸事因以文敏贈本對校其未經剜改之字二可辨益知舊本之可貴此碑原文東武劉燕庭方伯收著錄海東金石苑惜此書叙毓子年丈僅刻其跋語而刪其碑文致其中剝蝕之字有未敢臆定者安得劉公底本一為校讎耶時光緒二十有九年七月二十七日 銅梁王瓘孝禹記

《新羅真興王定界殘碑》王瓘跋本局部

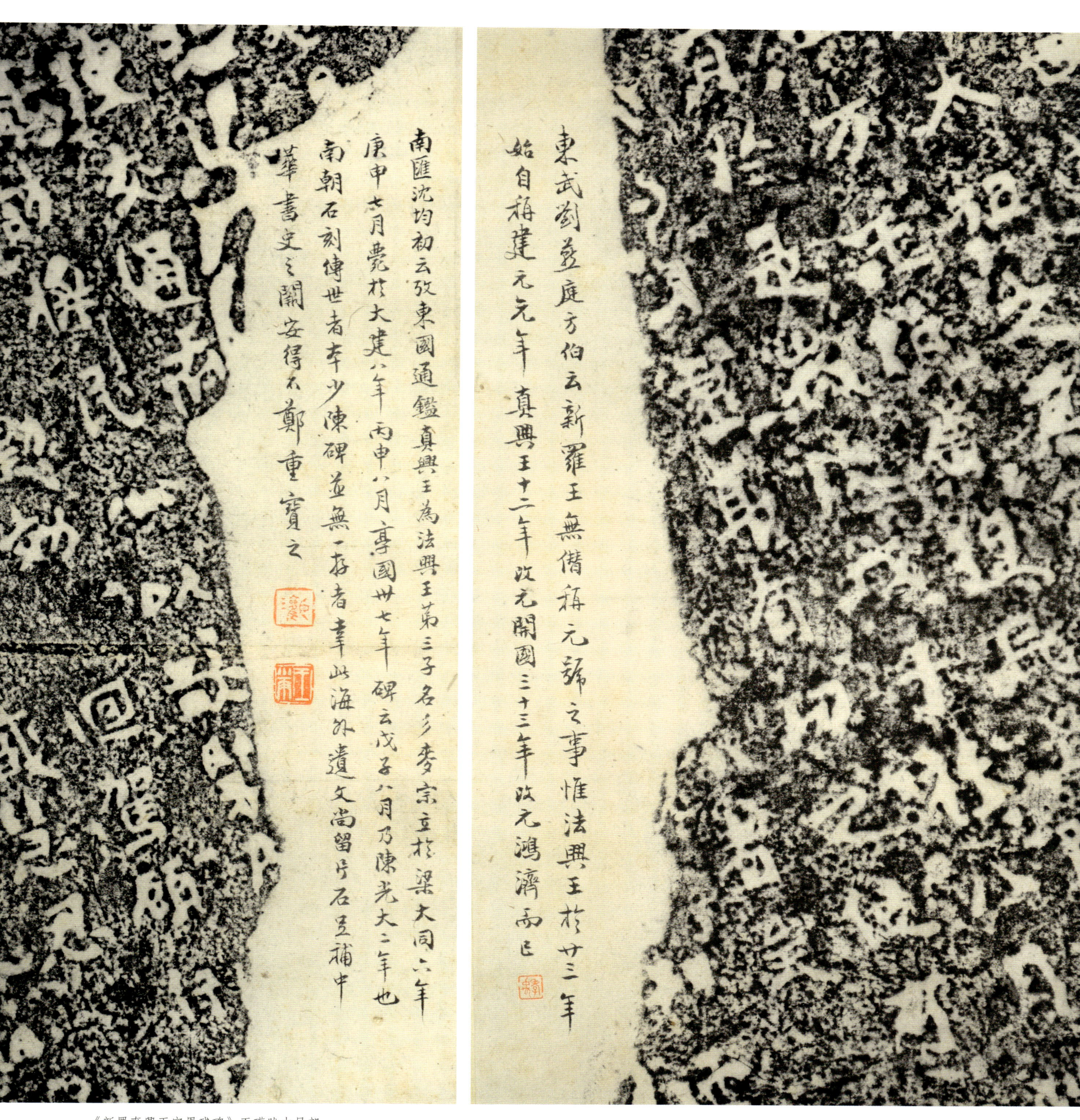

東武劉燕庭方伯云新羅王無僭稱元號之事惟法興王於廿三年
始自稱建元元年 真興王十二年改元開國三十三年改元鴻濟而已
南匯沈均初云攷東國通鑑真興王為法興王第三子名彡麥宗立於梁大同六年
庚申七月薨於大建八年丙申八月享國卅七年 碑云戊子八月乃陳光大二年也
南朝石刻傳世者本少陳碑並無一存者 幸此海外遺文尚留片石足補中
華書史之闕安得不鄭重寶之

《新羅真興王定界殘碑》王瓘跋本局部

紙上金石題跋觀款者索引

1. 收錄人物為本書圖版中出現的題跋者。
2. 題跋者先按姓氏拼音排序，再按人名筆畫排序，單名在前，雙名在後。
3. 題跋者若生卒年不詳，則開列題跋之年月。
4. 題跋者若有多篇題跋，其後開列之“頁碼”與“館藏號”均為一一對應關係。
5. 上冊頁碼前冠以“1-”，下冊頁碼前冠以“2-”

拼音	題跋者	生卒年 / 題跋時間	字號	籍貫	齋號	館藏號	頁碼
B							
ba	巴達生	道光辛丑（1841）七月題	號小石，巴慰祖之子	徽州歙縣		Z2183	1-P058
ban	班師古	1890—1942	號石癡	安徽巢縣		Z1245	2-P228
bao	寶熙	1871—1942	愛新覺羅·寶熙，字瑞臣，號沉盦，默存。清宗室，莫爾哈齊十世孫	滿洲正藍旗	獨醒庵	Z2436 J4994	1-P093 1-P232
C							
	蔡守	1879—1941	又名蔡哲夫，號寒瓊、寒翁、茶丘殘客	廣東順德	阮簃、一顧樓、蠡樓	J4446	1-P049
cai	蔡名衡	道光二十一年（1841）題	字陸士，號仿翁、詩船、絲禪、齎白庵主	浙江蕭山	齎白庵	J6346	1-P075
	蔡鍾瑋	光緒乙酉（1885）題	字鯉庭，號樸庵	江蘇常熟		J3088	2-P194
cao	曹秉章	1864—1937	字理齋，號杜庵	浙江嘉善	玉研堂	J2325	2-P050
	陳經	道光乙未（1835）題	自號魚先生	浙江吳興		J2648	2-P003
	陳介祺	1813—1884	字壽卿，號簠齋、海濱病史、齊東陶父	山東濰縣	簠齋、十鐘山房、寶簠齋、古瓦量齋、萬印樓	Z2268	2-P088
chen	陳伯陶	1854—1930	字象華，號子礪。晚年更名永燾，又號九龍真逸，別署萬年青	廣東東莞	聚德堂、瓜廬	J4571	1-P185
	陳運彰	1905—1955	字君漠，一字蒙安，號蒙庵、蒙父、華西	廣東潮陽	證常庵、華西閣	J2344	1-P206
	陳紹夔	民國丁亥（1947）題	陳元龍七世孫	浙江海寧		J2450	1-P226
cheng	程頌萬	1865—1932	字子大，一字鹿川，號石巢、十髮、養芝翁	湖南寧鄉	十髮庵、十髮寄廬、定巢、楚望閣、鹿川閣、美人長壽庵	Z1420 Z2439	1-P023 1-P143
chu	褚德彝	1871—1942	原名德儀，字守隅，號禮堂、漢威、籀遺、鄘堂、松窗、舟枕山人、松窗逸人	浙江余杭	食古堂、君子長生館、千籀窠、紅崖碑室、鄦樓、籀窟、角茶軒、竹尊宧、藥券亭	Z2282 Z1010 J4269 Z2035 J6346 J4194 J6242 S1872 J4169 J2648 J2648 J2445 Z2193	1-P014 1-P020 1-P47 1-P52 1-P75 1-P101 1-P111 1-P133 1-P211 2-P003 2-P010 2-P036 2-P221
D							
da	達受	1791—1858	字六舟，又字秋楫，號萬峰退叟、際仁、滄浪僧、小綠天僧、南摒退朽、海昌僧，俗姓姚氏	浙江海寧	小綠天庵、墨皇樓、寶素室、萬峰山房、磨磚作鏡室、妙香文室、秘山堂	Z2183 Z1062 Z1419 J2788 J6300 J2264	1-P058 1-P062 1-P064 1-P198 2-P047 2-P198
dai	戴望	1837—1873	字子高	浙江德清	謫麐堂	J6527	2-P103
deng	鄧邦述	1868—1939	字正闇，號孝先、漚夢老人、群碧翁	江蘇江寧	雙漚居、群碧樓、三李盦、百靖齋、披玉雲齋、寒瘦山房、雙硯齋、碧雲群玉之居	善 860354	2-P099
ding	丁傳靖	1870—1930	字秀甫，一字岱思，號湘舲、闇公、滄桑詞客、鶴睫、鬼車子、松隱行腳僧、松隱頭陀	江蘇丹徒	秋華堂、福慧雙修庵、雲在山房、白雪庵、蝶影樓、豹隱廬	J2325	2-P051

拼音	題跋者	生卒年 / 題跋時間	字號	籍貫	齋號	館藏號	頁碼
duan	端方	1861—1911	托忒克氏，字午橋、午樵、悟樵，號匋齋、湲陽陶父、樂道主人	滿州正白旗	匋齋、寶華庵、歸來庵	Z1331 Z2282 Z003 Z1420 Z2436 J6242 J2779 J2539 J3598 J3964 J5981 J5982 J4994 Z2005 J2538 J5763	1-P011 1-P014 1-P016 1-P023 1-P093 1-P111 1-P152 1-P170 1-P177 1-P179 1-P219 1-P220 1-P232 2-P094 2-P168 2-P241
F							
fan	范祝崧	光緒癸未（1883）題	又名范崧，字雲鄂、雲嶽，號亭佐	浙江平湖	澄清堂	J3083	2-P192
fang	方若	1869—1954	原名方城，字楚卿。後字藥雨、若雨，號劬園、古貨富翁	浙江定海	聽鸝軒、讖室、來魚堂、舊雨樓	Z2436	1-P093
feng	馮煦	1842—1927	原名馮熙，字夢華，號蒿庵，晚號蒿叟、蒿隱	江蘇金壇	蒿庵、蒙香室	Z2439	1-P143
	馮汝玠	1875—1939	字志青，號環璽齋主人	浙江桐鄉	環璽齋	Z2436	1-P093
	馮錫光	道光十八年（1838）十月題	字宅茱，號芍闌	安徽潁上		J2648	2-P010
fei	費念慈	1855—1905	字屺懷，號西蠡、君直、藝風老人、歸牧散人	江蘇武進	歸牧盦、�齋	Z1420	1-P023
	費樹蔚	1883—1935	字仲深，號韋齋、頎梨、左癖、迂瑣	江蘇吳江	韋齋	J4446 善 860354	1-P049 2-P099
fo	佛尼音布	1863—1937	原姓葉赫那拉，名佛尼音布，字赫伕，又字荷夫，號師孟、佛六。慈禧之侄	滿洲鑲藍旗	漪園、餘園	Z2436	1-P093
fu	傅栻	1850—1903	字子式，號藹翁、藹廬	北京大興	華延年室	J2005	1-P032
G							
gao	高邕	1850—1921	字邕之，號李盦，號孟悔、聾公、清人高子、中原書丐、西泠字丐	浙江仁和	泰山殘石樓、絕景窮居	J3088	2-P194
	高均儒	1811—1868	字伯平，號鄭齋、可亭	浙江秀水	續東軒	J2648	2-P004
	高時顯	1878—1952	字欣木，號野侯、可庵、四遇歲朝春老人	浙江錢塘	梅王閣、方寸鐵齋	Z1360 Z1359 Z2403 Z2402	1-P071 1-P072 1-P131 1-P132
	高時豐	1876—1960	字魚占，號存道、苐亭	浙江錢塘	明勤齋、萬秋樓、准園	Z1360 Z1359 Z2403 Z2402 Z1119	1-P071 1-P072 1-P131 1-P132 2-P204
gong	龔自珍	1792—1841	字爾玉，又字璱人，更名易簡、鞏祚，號定庵、羽琌山民	浙江仁和	羽琌山館、海西別墅	J4571	1-P185
gu	顧均	光緒十八年（1892）題	字培之，號受笙、研耕外史	江蘇蘇州	怡綠軒	J2973	2-P079
guo	郭沫若	1892—1978	幼名文豹，原名開貞，字鼎堂，號尚武、竹君主人、定甫、鼎堂	四川樂山	鼎堂	J5534	2-P038
guan	管琳	宣統辛亥（1911）題	字又坪，號澹道人	江蘇丹徒		Z2193	2-P221
H							
he	何維樸	1842 —1922	字詩孫，號盤止、盤叟、秋華居士、晚遂老人、秋華居士	湖南道縣	頤素齋、盤梓山房	Z2439	1-P143
	何熙績	道光八年（1828）題	字春民	山西靈石	月波舫	J5799	2-P027
hong	洪梧	1750—1817	字桐生，一字植恒，號東湖	安徽歙縣		Z2218	1-P106
hu	胡義贊	1831—1902	字叔襄，號石槎、石查，晚號煙視翁、海雲庵主	河南光山	元鑒齋、澹淡軒、海雲庵	J6340	1-P125
huang	黃濬	1891—1937	字秋嶽，號哲維、哲涯、壺舟	福建侯官	花隨人聖庵	J5535	1-P175
	黃士陵	1849—1909	字牧甫、穆甫、穆父，號倦叟，別號黟山病叟、倦遊窠主	安徽黟縣	蝸篆居、延清芬室	Z1621 Z1550	2-P212 2-P217

拼音	題跋者	生卒年 / 題跋時間	字號	籍貫	齋號	館藏號	頁碼
huang	黄君復	光緒辛丑（1901）題	字左臣	山東即墨		Z1420	1-P023
	黄賓虹	1865—1955	初名懋質，後改名質，字樸存，號賓虹、賓鴻，別署予向、虹叟、黄山山中人	安徽歙縣	賓虹草堂、佩訓堂、片石居、青照台、寶荀樓	Z2439	1-P143
J							
jiang	江德量	1752—1793	字量殊，號秋史，江恂之子	江蘇儀征	心太平庵、蟫藻閣	Z1096	1-P120
jin	金兆蕃	1869—1951	原名義襄，字錢孫，號藥夢老人、安樂鄉人	浙江秀水		J2325	2-P050
	金蓉鏡	1855—1929	又名金殿丞、金伯子，字學範，號殿臣、句丞、香嚴居士、闇伯	浙江嘉興	香嚴庵、潛廬	Z2439	1-P143
K							
kuang	況周頤	1859—1926	原名周儀，字夔笙，一作揆孫、葵生，號蕙風、玉梅詞人、梅癡、悔道人	廣西桂林	蘭雲蔆夢樓、西廬、眉廬、選庵、香海棠館、蕙風簃	Z2233　J5458	1-P117　1-P204
L							
li	李健	1882—1956	字仲乾，號鶴然，別署鶴道人、老鶴	江西臨川	時惕廬	J3227	2-P058
	李瑞清	1867—1920	字仲麟，號梅癡、梅庵、玉梅花盦道士、清道人、李百蟹	江西臨川	梅花庵、黄龍硯齋	J4321	1-P235
	李嘉福	1839—1904	字笙魚，號麓蘋、北溪、石佛庵主、語溪老民	浙江石門	石佛庵、延秋舫	J3908	1-P073
	李葆恂	1859—1915	原名恂，字寶卿，號文石、叔默、默公、仙李、戒堪、鄘亭、猛庵、紅螺山人、梟翁、熙怡叟、孤笑老人	河北義州	紅藏山館、無益有益齋、偶園、三邕翠墨簃、歸學庵、舊學庵	J6242	1-P111
lian	廉泉	1868—1931	字惠卿，號南湖，又號岫雲、小萬柳居士	江蘇無錫	帆影樓、小萬柳堂	J5557	2-P071
liang	梁章鉅	1775—1849	字茝中、閎林，號茝鄰、退庵	福建長樂	古瓦研齋、藤花吟館、池上草堂、懷清堂、二思堂、退庵、戲綵亭	Z2218	1-P106
	梁鼎芬	1859—1919	字星海，一字心海，又字伯烈，號節庵、不回山民、孤庵、病翁、浪遊詞客、葵霜、藏山、藏叟	廣東番禺	有恥堂、葵霜閣、棲鳳樓、抗憤堂	J3186	1-P191
lin	淩曙	1775—1829	字曉樓，一字子升	江蘇江都		Z2218	1-P106
	淩霞	1820—1890	一名瑕，字子興，號塵遺、江天病鶴、樂石野叟	浙江歸安	二金梅室、三高遺墨樓、天隱堂、癖好堂、觀自得齋	J3088	2-P194
liu	劉之泗	1900—1937	字公魯，號畏齋、寅伯。劉世珩之子	安徽貴池	畏齋、仁齋、承蔭宧、修聞福齋	Z2183　J4194　J4712	1-P058　1-P100　1-P222
	劉世珩	1874—1926	字聚卿，又字蔥石，號檵庵、聚卿，別號楚園，別署靈田耕者、枕雷道士、梅溪釣客	安徽貴池	聚學軒、暖紅室、玉海堂、賜書台、宜春堂、鳳夢樓、一印一硯廬、雙忽雷閣、十五幢亭	J2648　J2649	2-P004　2-P005
	劉喜海	1793—1852	字吉甫，號燕庭，又作燕亭、硯庭	山東諸城	嘉蔭簃、味經書屋、十七樹梅花山館、來鳳堂、清愛堂	J2300	1-P183
	劉學江	光緒乙巳 (1905) 題	字少泉	山東諸城		Z2436	1-P093
long	龍繼棟	1845—1900	字松岑，又字松琴，號槐廬	廣西臨桂	槐廬	S2148	1-P163
lu	魯一同	1805—1863	字蘭岑，一字通甫	江蘇安東		Z1353	1-P026
	陸恢	1851—1920	字廉夫，號狷叟，一字狷盦，號井南舊客、話雨樓主、醜奴盦主、破佛盦主	江蘇吴江	冷香居、破佛盦、醜奴盦、容膝軒、話雨樓	J2819	1-P201
	陸增祥	1816—1882	字魁仲，號星農、莘農	江蘇太倉	紅鱗魚室、八瓊室、百磚硯齋	J2222　J2836　Z2393	1-P138　2-P123　2-P177

拼音	題跋者	生卒年／題跋時間	字號	籍貫	齋號	館藏號	頁碼
luo	羅振玉	1866—1940	字叔蘊、叔言，號雪堂、松翁、雪翁、貞松老人、仇亭老民、永豐鄉人、東海愚民	浙江上虞	大雲書庫、貞松堂、殷禮在斯堂、宸翰堂、四時嘉至軒、赫連泉館、唐風樓、楚雨樓、魯詩堂	J6346 J6242 J6847 J2208 J4199 J6527	1-P075 1-P111 1-P114 1-P119 2-P080 2-P107
	羅惇㬊	1874—1954	字照岩，號敷庵、複闇、複堪，老複丁、羯蒙老人	廣東順德	三山簃、唐蝶樓、晚晦堂	J2325	2-P051
	羅惇曧	1872—1924	字孝遹、掞東，號癭公、賓退	廣東順德	癭庵	J5535	1-P175
lv	呂佶孫	道光二十年（1840）上元前三日題	字次閑	江蘇吳江		J2648	2-P004
M							
ma	馬家桐	光緒乙巳 (1905) 題	字景韓、井繁，別署醒凡，號耿軒主人、椒濱居士、樂思居士、廂東居士、百印廬主	天津	耿軒	Z2436	1-P93
	馬起鳳	1800—1862	原名馬宗欺，字傅岩，號山父、夢舟	浙江嘉興		J4169	1-P211
meng	孟廣慧	1868—1941	字定生、應塵，號遠公、白雲山人	天津		Z2436	1-P93
miao	繆荃孫	1844—1919	字炎之、筱珊、小山，號藝風	江蘇江陰	藝風堂、對雨樓、藕香簃、雲自在龕、聯珠樓、雲輪閣、瑯環室、飽看山簃	J3964	1-P179
	苗夔	1783—1857	初名學植，字先麓、仙露，號仙麓	河北肅寧		J5799	2-P027
mo	莫繩孫	1844—1919	字仲武，號省教，莫友芝次子	貴州獨山		Z1559	2-P089
P							
Pan	潘志萬	1849—1899	原名似谷，字子俟，號碩庭、笏庵、智荼	江蘇吳縣	笏庵、智荼	Z1412	1-P018
	潘飛聲	1858—1934	字蘭史，號劍士、心蘭、老蘭、老劍、水晶道士	廣東番禺	翦淞閣、水晶庵、崇蘭精舍、禪定室	Z2127	2-P113
	潘喜陶	1821—1900	一作熹陶，字芝畦，號燕池、樸廬、子瑜、燕叟	浙江海寧		J5707	2-P041
	潘鍾瑞	1822—1890	原名振生，字圉雲，又字麟生、麟孫，號近僧、瘦羊、香禪	江蘇長洲	七碑簃、雙鳳雙虎磚硯齋、香禪精舍、百不如人室	Z1093	1-P039
pu	蒲華	1832—1911	字作英，亦作竹英、竹雲	浙江嘉興	九琴十硯齋、九琴十研樓、芙蓉庵、夫蓉盦、劍膽琴心室	J3088	2-P194
Q							
qian	錢杜	1764—1845	初名榆，字叔枚，更名杜，字叔美，號松壺小隱、壺公	浙江錢塘		J4571	1-P185
	錢葆青	光緒辛丑（1901）題	字仲軒、仲仙，號看鏡老人	湖北襄陽		Z1420	1-P23
	錢應溥	1824—1902	字子密，別署葆慎老人、閒靜老人	浙江嘉興		J2649	2-P005
qiao	喬樹枏	1849—1917	字孟仙、茂軒、茂萱，號損庵	四川華陽	損庵	Z1376	1-P8
qin	秦更年	1885—1956	原名秦松雲，字曼青、曼卿，號東軒、嬰闇居士	江蘇揚州	東軒	Z2438	1-P54
qiu	仇繼恒	1855—1935	字淶之，號贅園、贅叟	江蘇上元		Z2439	1-P143
	仇炳台	光緒癸未（1883）三月題	字竹屏，號笏東	上海松江		J3083 J3084	2-P189 2-P192
qu	瞿中溶	1769—1842	字鏡濤、安槎，號木父、木夫、萇生、空空子、空空叟、木居士、老木	江蘇嘉定	清吟閣、銅象書屋、歸田園居、百鏡軒、綠鏡軒、奎載堂、梅花一卷樓、古泉山館、奕載堂、長物齋、周劍漢鐙之室	J2870 J2871 J2201 J4300	1-P102 1-P103 1-P108 1-P110

拼音	題跋者	生卒年 / 題跋時間	字號	籍貫	齋號	館藏號	頁碼
qu	瞿應紹	1778—1849	字子冶，號老冶、月壺	上海松江	毓秀堂	Z2456	2–P206
R							
ren	任伯年	1840—1895	初名潤，字次遠，號小樓，後改名頤，字伯年，以字行。別號山陰道上行者、壽道士	浙江山陰	頤頤草堂、碧悟軒	J3088	2–P194
ruan	阮元	1764—1849	字伯元，號芸台、雷塘庵主、頤性老人	江蘇儀征	文選樓、琅環仙館、積古齋、揅經室、唐宋舊經樓、節性齋、石墨書樓、泰華雙碑之館、南萬柳堂、澹寧精舍	J4571	1–P185
S							
shang	尚兆山	1835—1883	字仰止	江蘇句容		J5558	1–P92
shao	邵章	1872—1953	字伯炯、伯絅、伯褧，號倬盦、倬安、蒟庵、崇伯	浙江仁和		J2325	2–P050
shen	沈銛	光緒十三年（1887）題	初名際昌，字元咸，號誠齋	上海松江		J3083	2–P190
	沈塘	宣統三年（1911）五月題	一作沈唐，字蓮舫，號雪廬、樹堂、蓮舟	江蘇吳江	雪廬、陶宧	J2819	1–P201
	沈汝瑾	1858—1917	又名沈瑾，字公周，號石友、鈍公、鈍居士、聽松亭長	江蘇常熟	笛在明月樓、月玲瓏館、鳴堅白齋	S1882　J3083	1–P172　2–P190
	沈曾植	1850 ~ 1922	字子培，號巽齋、乙盦、寐翁，別署東軒居士、遜齋居士、持卿、乙僧、睡翁、東軒支離叟、守平居士、持卿	浙江嘉興	海日樓、乙盦、三攝庵、全拙庵、護德瓶齋、潛究室	J6527	2–P103
	沈維鍾	宣統三年（1911）五月題	沈塘之侄			J2819	1–P201
shi	奭良	1851—1930	姓裕瑚嚕氏，字召南，號休莫、無涯、慭庵等	鑲紅旗滿州	野棠軒	J2325	2–P050
su	蘇惇元	道光十五年（1835）閏月題	字厚子，號欽齋、復庵、澄園	安徽桐城	儀宋堂	J2648	2–P003
	蘇澗寬	1878—1942	字碩人，號考槃子	江蘇鎮江		Z2193　Z1398	2–P221　2–P224
sun	孫文川	光緒丁丑（1877）秋題	字澄之	江蘇上元		J2649	2–P005
	孫詒讓	1848—1908	字仲頌、中容，號籀廎、瞻園	浙江里安	玉海樓、百晉精廬、五鳳磚硯齋、經微室	Z1374	1–P2
	孫祿增	同治十一年（1872）題	字叔弟，號鏡江	浙江桐鄉	寶漢齋	J2559　S2148	1–P159　1–P163
	孫鴻士	1955 年題	名成，字鴻士	浙江海寧		J2008	2–P095
T							
tan	談月色	1891—1976	原名古溶，又名溶溶，字月色，後以字行，晚號珠江老人	廣東順德	舊時月色樓、漢玉鴛鴦池館、茶四妙亭、梨花院落	Z2240	2–P185
tang	湯滌	1878—1948	原名湯向，改名滌，字定之，號夢曾、樂孫、太平湖客、琴隱後人、雙于道人、覺遲居士	江蘇武進	百讀齋、茗閑堂	Z2438	1–P054
	唐源鄴	1886—1969	一名宗鄴，字李侯、蒲傭，號醉農、醉龍、韭園、醉石、醉翁	湖南善化	韭園	J2141	1–P241
tao	陶樑	1772—1857	字寧求，號鳧薌，一作鳧香	江蘇長洲	紅豆樹館	Z1353	1–P026
tong	童大年	1874—1955	原名嵩，字醒盦，又字心安、心龕，號性涵、松君五子、金鼇十二峰松下第五童子	上海崇明	安居、依古廬	Z2046	1–P051

拼音	題跋者	生卒年 / 題跋時間	字號	籍貫	齋號	館藏號	頁碼
W							
wan	完顏崇實	1820—1876	完顏氏，字子華、惕盦，又字樸山，號適齋	滿洲鑲黃旗	半畝園、小琅軒館	Z1353	1–P026
wang	王禔	1880—1960	原名壽祺，更名禔，字維季，號福庵、屈瓠、持默老人、印奴、印傭、鋤石農、羅刹江民	浙江仁和	糜硯齋、春住樓	J6782 Z1398	1–P154 2–P224
	王瓘	1847—?	字孝禹、孝玉，號遯庵	四川銅梁	賞古齋、四鐘山房、遯庵	Z2436 J2779 J3598 J5187 J5168	1–P093 1–P152 1–P177 2–P249 2–P251
	王文燾	生卒年不詳，活躍在民國初期。	字君覆，號竟庵、瑟庵	四川華陽	寫古經室、福迎齋、時晴堂、雙銅鼓室、椿蔭宧、靜庵、靜龕、瑟庵	Z2265 Z1410 Z2159 Z1073	1–P068 1–P135 1–P137 2–P159
	王甲榮	1850—1930	原名厚培，字步雲，一作部畇、步瀛、步雲，號次逸，晚號冰鏡老人	浙江嘉興	斜橋老屋、二欣室	J3083	2–P189
	王成瑞	1828—1899	字雲卿	浙江平湖		J4169	1–P211
	王宗炎	1865—1936	字雷夏	河北正定		Z2438	1–P054
	王秉恩	1845—1928	字雪澂、雪塵、雪岑、雪丞、息存、息塵等，號茶龕、東西南北之人	四川成都	元尚居、明恥堂、強學簃、養雲館	Z1299	1–P006
	王國維	1877—1927	字靜安、伯隅，號觀禮、觀堂、永觀、禮堂	浙江海寧	觀堂、靜庵、禮堂、永觀堂	Z2398 J2705 J6527 Z1068	1–P035 2–P092 2–P103 2–P117
	王逢辰	1802—1870	字玉蔭，號艺亭	浙江嘉興	槐花吟馆、秦瓦晋砖之室	J4169	1–P211
	王儀鄭	1857—1921	原名錫瓚，字伯恭、伯弓，號公潛、公之僑、都梁詞客	安徽盱眙	蜷廬	J2819	1–P201
	王鵬運	1849—1904	字佑遐，一字幼霞，號半塘僧鶩、半塘老人、鶩翁	廣西臨桂	四印齋、校夢龕、鶩遐軒	J2559 S2148	1–P159 1–P163
	王懿榮	1845—1900	字正儒，號廉生、蓮生、濂生	山東福山	天壤閣、海上精舍、天繪閣、小蓮花室、湛華閣、翠墨園、正讀亭、明監齋、求闕文齋、	J6340 J4201	1–P125 1–P127
	汪士進	無年月	字逸雲	江蘇武進		J2264	2–P202
	汪思敬	道光三年（1823）題	字式欽，號儼齋	浙江海鹽		S1872	1–P133
wei	魏彥	1834—1893	字槃仲，號槃阿，魏源侄子	湖南邵陽		J3083	2–P189
	魏耆	同治九年（1870）題	字伯孺、英甫，號剛己，一號綱紀。魏源之長子	湖南邵陽		J6527	2–P103
	魏稼	1860—1927	字紉芝，又字鐵三、鐵珊，晚號匏公，別號龍藏居士	浙江山陰		J5187	2–P248
	衛倚生	光緒己丑（1889）題	號吾穀山樵	江蘇常熟		J3083	2–P189
weng	翁方綱	1733—1818	字正三，一字忠敘，號覃溪、蘇齋	直隸大興	寶蘇齋、蘇米齋、詩境軒、石畫軒、蘇齋、彝齋、石墨書樓、複初齋、通志堂、晉觀堂、小蓬萊閣、三漢畫齋、三萬卷齋、蘭盟書屋、兩香谷園、小知大年之齋、松竹雙清書屋、培下山房、綠硯齋、小石帆亭	Z1096	1–P120
	翁同龢	1830—1904	字叔平、聲甫，號松禪、訒夫、瓶笙、瓶廬居士、井眉居士、天放閒人	江蘇常熟	瓶廬、均齋、瓶庵、韻齋、紫芝白龜之室、玉圃	J2204	1–P230
	翁斌孫	1860—1922	字韜夫、弢夫，號笴齋、笏庵、廉訪、冰楞、笏居士	江蘇常熟		J3964	1–P179
wu	吳淦	1839—1887	字鞠譚	浙江錢塘		J3088	2–P194

拼音	題跋者	生卒年 / 題跋時間	字號	籍貫	齋號	館藏號	頁碼
	吳梅	1884—1939	字瞿安，號霜厓、癯庵、東籬詞客	江蘇長洲	奢摩他室、百嘉室	善 860354	2-P099
	吳雲	1811—1883	字少甫，號平齋、抱罍子、退樓、愉庭	浙江歸安	二百蘭亭齋、兩罍軒、二儀池館、井李館、退樓、愉庭、抱罍室、盤亭	J5717	2-P064
	吳士鑑	1868—1934	字進思，號絅齋、公詧、含英、含嘉、、九鐘老人	浙江錢塘	絅齋、九鐘精舍、含嘉室、飛虹戴鼇之間寓盧	J6738	2-P183
	吳士鐈	1902—1982	號諫齋，吳慶坻之子	浙江錢塘		J5763	2-P241
	吳大澂	1835—1902	字清卿，號恒軒、愙齋、、二田居士、白雲山樵	江蘇吳縣	愙齋、師籀堂、瑞芝堂、攀古樓、止敬堂、十二金符齋、三百古鉢齋、二十八將軍印齋、龍節虎符館、梅竹雙清館、十銅鼓齋、瑤琴仙館、漢石經室、兩秦鼎室、百宋陶齋	J5953 J5562 Z1337 Z1012	2-P067 2-P082 2-P109 2-P151
	吳廷康	1799—?	字元生，號康甫、贊甫、贊府、晉齋、茹芝	安徽桐城	慕陶軒、問禮盦、晉齋、	J2648 J2649 J2264	2-P003 2-P013 2-P203
wu	吳昌碩	1844—1924	初名俊，又名俊卿，字昌碩，號倉石、蒼石、倉碩、老蒼、老缶、苦鐵、大聾、石尊者、無須老人、破荷亭長	浙江安吉	缶盧、削觚盧、蕪園、破荷亭、石人子室、去駐隨緣室、禪甓軒、鐵函山館	Z1484 Z1093 J6340 Z2439 J6782 S2148 S1882 J6907 J5905 J3187 J6527 J3088	1-P029 1-P039 1-P125 1-P143 1-P154 1-P163 1-P172 1-P238 2-P014 2-P074 2-P103 2-P194
	吳重光	道光廿三年（1843）題	壺山	浙江平湖		J5458	1-P204
	吳湖帆	1894—1968	本名萬、邁，又名翼燕、適駿、倩，字東莊，號醜簃，倩庵、嵩山居士	江蘇吳縣	梅景書屋、四歐堂、雙修閣、嵩山草堂、塔影庵、心秋閣、景梅庵、寶閣齋、醜簃	J2008	2-P095
	吳穀祥	1848—1903	字秋農，號秋圃	浙江秀水		J6340 J3187 J3083	1-P125 2-P074 2-P190
	吳熙載	1799—1870	原名廷揚，字熙載，後以字行。號讓之、攘之、讓翁、晚學居士、方竹丈人	江蘇儀征	師慎軒、匏瓜室、晉銅鼓齋	Z1211	2-P140
	吳鴻綸	1817—1902	字儒卿、儒欽，號知稼、無竟、昭文	江蘇常熟		J3083	2-P187
	吾進	生卒年不詳，活躍于乾嘉时期	字以方，號竹素居士	山东曲阜		J2870 J2871 J2201 J4299 J4300	1-P102 1-P103 1-P108 1-P110 1-P110
X							
xi	奚疑	1771—1854	字子複，一字虛白，號樂夫、方屏山樵、榆樓	浙江歸安	榆樓	J2649	2-P013
xiao	蕭蛻	1876—1958	原名麟，字中孚，一作盅孚，號蛻盦、蛻安、蛻闇、退庵、蛻公、聽松庵行者、皐松老人、本無居士、南園老人	江蘇常熟	旋聞室、勁草盧、鑠伽羅心室	Z1484	1-P029
	徐楙	？—1839	字仲繇，號問蘧、問渠、問年道人	浙江錢塘	問蘧盧	J4571	1-P185
	徐乃昌	1869—1943	字積餘，號隨庵、懋齋、冰絲、隨庵老人	安徽南陵	積餘齋、隨庵、小檀欒室、鄦齋、積學齋、鏡景樓	Z2183	1-P058
	徐方增	1822—1877	字曉雲、曉耘	浙江平湖		J4169	1-P211
xu	徐同柏	1775—1860	字壽藏，號籀莊，自號少孺	浙江海鹽	從古堂	Z2456	2-P206
	徐渭仁	？—1855	字文台，號紫珊、子山、不寐居士	上海	隋軒、春暉堂、寶晉硯齋、千聲室、萬竹山房、寒木春華館、西漢金鐙之室、實事求是齋、竹隐盦	Z1210	1-P042
	徐榮宙	活躍在咸豐同治間	字近淦，又字光甫，號近泉、芹泉	浙江嘉興		J5798 J2449	1-P209 2-P062

拼音	題跋者	生卒年 / 題跋時間	字號	籍貫	齋號	館藏號	頁碼
Y							
yang	楊峴	1819—1896	字季仇，一字見山，號庸齋、藐叟、藐翁、遲鴻殘叟	浙江歸安	庸齋、遲鴻軒、將閑送老之堂	J3083	2-P192
	楊兆鋆	1854—?	字誠之，號須圃	浙江吳興		Z1533	1-P030
	楊守敬	1839—1915	字惺吾，號鄰蘇、激素、鄰蘇老人	湖北宜都	鄰蘇園、觀海堂、望古堂、晦明軒、飛青閣、三不惑齋	J4571	1-P185
	楊伯潤	1837—1911	字佩夫，一作佩甫，號茶禪，別號茶禪居士、南湖外史	浙江嘉興	南湖草堂、語石齋	J3088	2-P194
	楊葆光	1830—1912	字古醞，號蘇庵，別號紅豆詞人	上海松江		J5707	2-P041
	楊鍾義	1865—1940	姓尼堪氏，原名鍾慶。戊戌政變後改為鍾義，冠姓楊，字子勤，聖遺、芷晴，號留垞、子琴、梓勵，又號雪橋、雪樵	漢軍正黃旗	儼山室、研左庵	J3964	1-P179
yao	姚華	1876—1930	字重光，號茫父，別署蓮花龕主、碑墨館主	貴州貴築	菉猗室、何陋軒、蓮花庵、弗堂	Z1051 Z1060 J4708 J4145	1-P129 2-P234 2-P236 2-P237
	姚福奎	光緒己丑（1889）題	字湘漁，號星五	江蘇常熟		J3083	2-P189
yi	伊立勳	1857—1940	字熙績，號峻齋、石琴，別署石琴老人、石琴館主	福建寧化	石琴館	Z2439	1-P143
	易培基	1880—1937	字寅村，號鹿山	湖南善化		Z2293	1-P044
	易均室	1886—1969	名忠籙，字均室、靈均、籙伯、仙侶，號穭園、病因生、綰秋詞人、滄浪散人	湖北潛江	柏風草堂、靜偶軒	Z1555	1-P128
yin	殷壽彭	道光三十年（1850）題	字雉斟，號述齋	江蘇吳江	春雨樓	Z1353	1-P026
yu	俞伯敭	民國十四年（1925）題	原名安鳳，字伯敭，後以字行	廣東順德		J2325	2-P050
	俞宗海	1847—1930	字粟廬，號韜翁	松江婁縣	韜盦、粟廬	J2819	1-P201
	俞陛雲	1868—1950	字階青，別號斐盦、樂靜、存影老人、娱堪老人	浙江德清	樂靜室、絢華室	J2325	2-P050
	俞鍾鑾	1852—1926	字金門，荊門，又字次輅，號養詰	江蘇常熟		S1882	1-P172
yuan	袁克文	1889—1931	字豹岑，號寒雲	河南項城	八經室、虎豹窟、雲合樓、孤本書室、三琴趣齋、後百宋一廛	Z2401	2-P084
yun	惲毓鼎	1862—1917	字薇孫，號澄齋、湖濱舊史	江蘇陽湖	澄齋	J3964	1-P179
Z							
zeng	曾熙	1861—1930	字季子，又字嗣元，更字子緝，號俟園、瓶齋、農髯、髯翁	湖南衡陽	海上太平庵、戲海樓	Z2439	1-P143
zhang	章鈺	1864—1934	字式之、堅孟，號茗理、長孺，別號蟄存、負翁、北池逸老、霜根老人、全貧居士	江蘇長洲	四當齋、茗理簃	J2539 J2325	1-P171 2-P051
	張度	1830—1904	字吉人，號叔憲，又號辟非，晚號抱蜀老人、松隱先生、無意識界老衲	浙江長興	傳壁經堂	J2559 S2148	1-P015 1-P163
	張元濟	1867—1959	字筱齋，號菊生、鞠生、涉園主人	浙江海鹽	涉園	J4994	1-P232
	張廷濟	1768—1848	字卡未、叔未，號順安、竹田、眉壽老人、亭橋墓祠守者、海岳庵門下弟子	浙江嘉興	清儀閣、學壽齋、三硯齋、眉壽堂、桂馨堂、稻香樓、八磚精舍、學老學齋、蘭心閣、竹田深處	J2870 J2871 J2201 J4299 J4300 Z1147 J4571 Z1670 Z2456	1-P102 1-P103 1-P108 1-P110 1-P110 1-P140 1-P185 2-P142 2-P206
	張祖翼	1849—1917	字狄先，號磊盦、坐觀老人	安徽桐城	磊庵、濠廬、頡頏樓、那羅延室、遯廬	J6346	1-P075

拼音	題跋者	生卒年 / 題跋時間	字號	籍貫	齋號	館藏號	頁碼
zhang	張開福	道光庚子（1840）題	號石匏，張燕昌之子	浙江海鹽		J4571	1–P185
	張鳴珂	1829—1908	原名國檢，字公束，號玉珊、玉山、寒松老人、窳翁	浙江嘉興	寒松閣、秋風紅豆樓、課吏館、常華堂、常和草堂	J3083	2–P190
	張燕昌	1738—1814	字文魚，號芑堂、石鼓亭長、金粟山人	浙江海鹽	芑堂	Z2456	2–P206
zhao	趙寬	民國二年（1913）題	字君閎，號止非、傳侯。趙烈文之子。	江蘇常熟		J2819	1–P201
	趙時棡	1874—1945	字叔孺，號紉萇，晚號二弩老人	浙江鄞縣	二弩精舍、寒碧齋、娛予室僕累廬	Z1375　J3186 J2249	1–P009　1–P191 2–P179
	趙烈文	1832—1894	字惠父、惠甫，號能靜居士	江蘇陽湖	天放樓、能靜居、見微書屋、香風有鄰室、鷗邊吟榭、落花春雨巢、黛語樓	J1088　J3088	1–P066　2–P194
	趙濱彦	清光绪七年（1881）題	字丑仲，號槐庐，趙景賢之次子	浙江歸安		S2148	1–P163
zhen	鄭文焯	1856—1918	字俊臣，號小坡、叔問、瘦碧、大鶴山人、鶴道人、冷紅詞客、石芝崦主、江南退士	奉天鐵嶺	石芝西堪、大鶴山房、半雨樓、補梅書屋、瘦碧庵、樵風園	Z1093　J6346 J4298　J4252 J2540　J2541 J2542　J5723 J2303　J2540 J4506　J2777 J4204　J5710 J4200　J2541 J4202　J2703 J2542　J2008 J5711　J2441 J5732　J6731	1–P039　1–P075 1–P082　1–P083 1–P085　1–P086 1–P087　1–P088 1–P091　1–P097 1–P166　1–P167 1–P168　1–P214 2–P033　2–P034 2–P035　2–P046 2–P087　2–P095 2–P175　2–P243 2–P244　2–P245
zhu	朱昌燕	1851—1906	字苓年，一字與九，號衎廬、衎廬	浙江海寧		J5707	2–P041
	朱祖謀	1857—1931	字藿生，又字古微，號漚尹，晚號彊村、上彊村人	浙江歸安	無著庵、思悲閣	Z2439	1–P143
	朱善旂	1800—1855	字大章，号建卿	浙江平湖	敬吾心室	Z1353　J4571	1–P026　1–P185
zhou	周鍾嶽	1876—1955	字生甫，號惺庵	雲南劍川		善 860354	2–P099
	周慶雲	1866—1934	字景星，號湘舲，別號夢坡	浙江南潯	息園、夢坡室	J2184	1–P216
zong	宗廷輔	光緒十年（1884）題	字舅金	江蘇常熟		J3083	2–P187
zou	鄒安	1864—1940	字壽祺，一字景叔，號適廬	浙江杭縣	雙玉鉨齋	Z1486　Z1487 Z2239　J2445 Z2401	1–P031　1–P115 1–P148　2–P036 2–P084

紙上金石

小品善拓過眼録（上）

仲　威　編著

文物出版社

图书在版编目（CIP）数据

紙上金石：小品善拓過眼録 / 仲威編著. -- 北京：文物出版社, 2021.8
ISBN 978-7-5010-7160-9

Ⅰ. ①紙… Ⅱ. ①仲… Ⅲ. ①金石 – 拓本 – 中國 – 古代 – 圖録 Ⅳ. ①K877.22

中國版本圖書館CIP數據核字(2021)第136570號

紙上金石——小品善拓過眼録

編 著 者：仲　威

責任編輯：張　瑋
責任校對：安艷嬌
責任印製：張道奇
出版發行：文物出版社
社　　址：北京市東城區東直門内北小街2號樓
網　　址：http://www.wenwu.com
經　　銷：新華書店
製版印刷：天津圖文方嘉印刷有限公司
開　　本：787mm × 1092mm　1/8
印　　張：66
版　　次：2021年8月第1版
印　　次：2021年8月第1次印刷
書　　號：ISBN 978-7-5010-7160-9
定價（全二册）：1580.00圓

凡　例

1. 本書收録“金石小品拓本”160餘件，皆為筆者近年在上海圖書館碑帖整理中之最新發現。
2. 入選標準有四：拓本珍貴稀見，題跋精彩豐富，品種齊全多樣，彰顯金石文化。
3. 本書分為八大類：金類、石類、磚陶類、玉類、金石集拓類、雜類、博古圖類、外國類。
4. “金類”有：度量衡器、詔版、兵器、燈錠、浮圖、金屬造像、錢幣、地券、璽印、熏爐、符節、鏡鑒、金屬雜器等吉金小品。“石類”有：造像、題名、殘石、地券、硯銘等石刻小品。“磚陶類”有：磚銘、瓦當、壺銘、錢範、陶量等。“玉類”有：玉璽、玉璧、玉詔版等。“金石集拓類”為多種金石小品的集結，多為二條屏、四條屏、八條屏等樣式。凡無法收入金類、石類、磚陶類、玉類者，歸入“雜類”。凡金石與繪畫結合者，如博古彩繪圖、皴法金石圖、穎拓金石圖等，一概併入“博古圖類”。非我國金石小品者，入“外國類”。
5. 凡遇鐘鼎禮器、樂器等大件名品，本書概不收録。凡名碑、名帖等善本，均收録於《善本碑帖過眼録》。
6. 本書文字部分，除藏品概況、收藏情況、拓本描述之外，還附録相關鑒藏家的生平信息，過録名家題跋、題簽等第一手文獻資料。異體字一般從舊照録。

序　一

仲威君在上海圖書館長期從事金石拓本整理研究，將館藏二十餘萬件碑刻、法帖拓本進行逐一編目與鑒定，從中發現大量善本，又將其碑帖研究心得進行了歸納與總結，先後著成《中國碑拓鑒別圖典》《善本碑帖過眼録》《碑帖鑒定概論》《碑帖鑒定要解》等，碑帖研究成績斐然可觀。

近年來，仲威君的研究對象，轉向館藏鐘鼎彝器卷軸。這批卷軸拓本，數量眾多，幾乎涵蓋了清代至民國時期傳拓的鐘鼎彝器名品，高手傳拓，器形逼真，銘文清晰，極具藝術觀賞性。更為珍貴的是，拓本中名家題跋累累，富含文獻史料研究價值。這批寶藏簡直就是一部鐘鼎彝器圖像集成和金文研究資料彙編，而且還是原拓、一手、未發表的資料，其文物價值更是無法估量。

在整理鐘鼎彝器拓本的同時，時常會遇見金石小品拓本，諸如：度量衡器、詔版、兵器、燈錠、浮圖、造像、錢幣、地券、璽印、熏爐、符節、鏡鑒、地券、硯銘、磚銘、瓦當、壺銘、錢范、陶量、玉璧、雜器、博古彩繪圖、皴法金石圖、穎拓金石圖等等。最初，仲威君只是將其作為工作之餘的欣賞與消遣，把玩在手，既可欣賞傳拓技藝，又可抄録前賢題記與拓工印記。日積月累，逐漸被前人題記感染，發覺古人並未以其物件微小而輕視之，相反卻投入極大的熱情，予以研究和題記，“小品”雖小，卻與“金石文化”聯繫緊密。因此，就將金石小品作為一個專門的課題優先開展，經過數年的不懈努力，積攢了不少珍貴資料。今從中選取160篇，集成《紙上金石——小品善拓過眼録》一書，細緻入微地展現金石文化的博大精深。

這批金石小品善拓卷軸，都是仲威君近年來在碑帖故紙堆裏一一搜檢出來的，否則，不知還要塵封多少年。他對金石拓本的發現、整理、研究、傳播，不遺餘力，貢獻卓著。

近年來，各種拍賣專場頻現金石小品，動輒數十上百萬，金石拓片確實值錢了，但金石文化依然衰微。這就需要金石鑒藏者、專家學者的共同努力，讓這一傳統文化得以繼承、弘揚、發展。

相信《紙上金石》的出版，既能為曾經輝煌的“金石時代”留下不可磨滅的金石記憶；同時，又能為當下的金石傳拓、題跋、鑒藏、研究提供豐富的借鉴與指導。

二〇一六年元月童衍方記於寶甓齋

序　二

上海圖書館研究員仲威先生，多年從事金石拓片研究，近輯館藏金石小品拓本160餘種，著録、考證、闡述、發揮，成《紙上金石》一書。所選雖非商周重器、秦漢名碑，卻也琳琅滿目，別具一格。

早在唐代以前，中國人就已經利用傳拓進行碑帖的複製，但拓片獲得重要的學術地位則在宋代。仲威先生的書名，敏鋭地點出了金石學的一個重要物質屬性：興起於北宋的金石學之"金石"，主要依靠紙墨來傳拓金石的銘文和器形。在宋代，"石"之收藏者，主要收藏石刻之拓片而非原物。孫覺（莘老）任湖州太守，建墨妙亭於府第之北，將僵仆斷缺於荒陂野草之間的古代碑刻聚於此亭，蘇軾曾為其作《墨妙亭記》和《墨妙亭詩》。孫覺所為乃文物保護，而非收藏。孫覺曾請人拓碑，並將拓本分贈友人。宋代文人收藏拓本，主要通過購買、贈送，將散於各處的石刻拓本收入囊中。正是依靠紙墨，荒郊野外的碑刻銘文在傳拓之後，進入了文人的書齋。文人們研究之後，繫以題跋，追加了拓片的學術和藝術價值，金石學由是而建立。

金石學興起初期，拓片裝裱的主要形式為卷冊，特別是卷（存世宋拓也有整張裝成掛軸者，為數不多）。現存臺北故宫博物院北宋金石學前驅歐陽修的《集古録跋尾》殘卷，跋文起始之字為"右"。趙明誠《金石録》收録所作題跋，起始一字也總是"右"，如《漢金鄉守長侯君碑》題跋的第一句為"右《漢金鄉守長侯君碑》，載其上世云......"也就是說，題跋的右側是裱成卷冊的拓片。因此，金石題跋常稱為跋尾。歐陽修的《集古録》，又名《集古録跋尾》。上述兩部北宋金石學的開山之作，都是以跋尾的形式出現的，它們奠定了後世金石學著述和拓片賞玩的基本模式。

今天我們也能見到文人在一些古碑或古器原物上直接刻上題跋，但古器的空間畢竟有限，刀刻不如筆寫。而裝裱後的拓片成為不同於金石原物的新物體，紙張可以連接加長，拓片可以一題再題。後來者和先賢的對話，讓書於不同時期的題跋形成了自己的歷史。而這歷史，便是發生在拓片的載體紙張上的。可以說，沒有文人在紙上的題跋，金石的意義不但不能得到闡發，珍貴的拓片也將失色許多。

《紙上金石》所收拓片，主要作於清代中期以後，更準確地說，道光至民國初年。從金石學的歷史來看，這是其發展的最後時期，因為二十世紀以後，現代考古學引進中國，走出書齋，實地挖掘，成為研究出土文物的主流。但是，這個金石學的"最後時期"卻成就斐然：金石收藏的範圍遠遠超出了歐陽修和趙明誠的時代，比翁方綱和黃易等生活的乾嘉時期也有所拓展，重要的學術著作層出不窮。收藏的文物種類多了，拓本的形式也更加豐富多彩。碑刻的傳拓，施墨於二維平面，要求墨色勻稱。但傳拓三維物體，要墨色勻稱，難度既大，也無必要。奇形異態的金石小品，更可發揮濃淡相間、虛實互映的墨趣。卷冊在晚清雖依然是拓片裝裱的主要形式之一，但讀《紙上金石》不難看出，掛軸的數量明顯增多。當原器體型較大時，如秦權或秦量，可以一器一軸。當原器較小時，可以將一組器物拓成條屏；如是一器一軸，周圍留下較大的空間，書寫長篇題跋或多個題跋。由於是立軸，題跋不再限於卷尾，可以題在器物上下左右的任何一方，甚至在器中（見本書的秦量全形拓）。這和裱成中堂的宋拓《華山碑》整張拓片也不同，《華山碑》的題跋只能寫在碑拓周邊狹窄的空間和裱綾上。晚清人拓器時，多在器物周邊留下足夠的空間以供題詠。拓片的鑒賞從把卷展玩走向懸掛觀覽，說明拓片在晚清的視覺文化中扮演了更為重要的角色。

"傳拓"之"傳"說明製作拓片要盡量忠實地保留原器物體和銘文的信息，但是，每一次精心的拓製，都是一種再創造。"紙壽千年，墨潤萬變"。讀晚清金石學家（如陳介祺和吳大澂）的文字，可以看到他們對傳拓用紙用墨的挑剔。因為只有針對不同物件選擇特定的紙張，或撲或拭，紙墨之間的互動才能產生出最微妙的韻致。敏感的紙張能夠留下歲月變化的細微痕跡。當文人們用動物毛髮製成的筆書寫題跋時，具有個人特性的筆觸記録了當下的思緒和心境。通過對歷史文物的傳拓和題跋，中國文人和拓工將歷史、文化、書法以及最簡潔的"水墨藝術"——墨拓，彙聚紙上。對它的鑒賞，既是視覺的，也是智識的，它引領著你和你的想像，在時光的隧道中吟嘯且徐行。

在近年的收藏熱中，拓片備受青睞，反映出人們的審美水準向着縱深發展。仲威先生此書的出版，向學術界公佈了一批珍貴藏品，也向廣大藝術愛好者展現了金石世界的豐富多彩，為他們的鑒賞和收藏活動提供了可以信賴的學術指南。

二〇一六年一月七日白謙慎拜撰於雲廬

目　録

壹 金　類

一　秦權

1.《秦權銘》孫詒讓跋本 002
2.《秦權全形拓》王秉恩臨跋本 005
3.《秦權全形拓》喬樹枏跋本 008
4.《秦權全形拓》趙時棡跋本 009
5.《秦權銘》端方跋本 011
6.《秦權全形拓》李翰芬藏本 014
7.《秦權全形拓》趙鳳昌藏本 016
8.《秦權銘》潘志萬跋本 018
9.《秦權漢量》褚德彝跋本 020
10.《秦鐵權全形拓》李葆恂藏本 022
11.《秦平陽斤全形拓》王憲成藏本 025

二　秦量

1.《秦量》吳昌碩跋本 028
2.《秦量》楊兆鋆跋本 030
3.《秦一升量全形拓》鄒安藏本 031

三　詔版

1.《秦詔版》傅栻跋本 032

四　兵器

1.《梁伯戈》王國維跋本 034
2.《周嘉勳劍》鄭文焯藏本 038
3.《吳季子之子逞劍》徐渭仁跋本 041
4.《吳季子之子逞劍》易培基跋本 044
5.《毚邑奚昌劍》奚萼銘藏本 046
6.《古劍拓本合軸》徐子為藏本 048
7.《商象形匕首》孫師匡藏本 051
8.《商忌日刀》褚德彝跋本 052
9.《漢書言府弩機》吳仲坰藏本 053
10.《建安廿二年弩機》全形拓 055

五　鐙錠

1.《六舟剔鐙圖》六舟拓本 058
2.《竟寧雁足鐙》六舟拓本 062
3.《建昭雁足鐙》六舟題端本 064
4.《建昭雁足鐙》趙烈文跋本 066
5.《建昭雁足鐙》魏錫曾拓本 067
6.《永元雁足鐙》王文燾藏本 068
7.《宜昌平勝第三鐙》高氏兄弟跋本 070
8.《陽陵侯家銅行鐙》高氏兄弟跋本 072

六　浮圖

1.《吳越王金塗塔》李嘉福跋本 073
2.《夏承厚金塗塔》與《崇化寺西塔基記》奚萼銘藏本 075
3.《夏承厚金塗塔》與《崇化寺西塔基記》陶濬宣藏本 080

七　造像

1.《丁柱造像記》鄭文焯跋本（一） 082
2.《丁柱造像記》鄭文焯跋本（二） 083
3.《天保二年塗金釋迦像》鄭文焯跋本 085
4.《武定四年銅造像》鄭文焯藏本 086
5.《江干荒刹鐵像》鄭文焯跋本（一） 087

6.《江干荒刹鐵像》鄭文焯跋本（二）......088
7.《張平造塗金銀像》鄭文焯跋本......090
8.《金陵靈應觀鐵像銘》尚兆山跋本......092

八　錢幣（附寶鈔）

1.《盧氏涅金幣》孟廣慧藏本......093
2.《郢爰》徐士愷藏本......097
3.《金交鈔、元寶銀、明銀錠合軸》褚德彝藏本......100
4.《金元寶鈔拓本兩件》吾進藏本......102
5.《金貞祐寶券》淩曙藏本......106
6.《明崇禎改鑄寶鈔》吾進摹本......108
7.《明清寶鈔兩件》吾進藏本......109

九　地券

1.《孫成買地券》褚德彝藏本......111
2.《房桃枝買地券》羅振玉拓本......114

十　熏鑪

1.《漢熏鑪》鄒安跋本......115
2.《馬湘蘭熏香鑪》褚德彝拓本......116

十一　符節

1.《虎符龍節》翁方綱跋本......118

十二　璽印

1.《日庚都萃車馬璽》吳穀祥藏本......124
2.《日庚都萃車馬璽》王懿榮跋本......127

十三　鏡鑒

1.《漢永康元年銅鏡》易均室跋本......128
2.《漢銅鏡三種》姚華跋本......129
3.《漢永平元年鏡》樂只室藏本......131
4.《漢永光元年鏡》樂只室藏本......132
5.《唐臨裝鏡》汪思敬跋本......133

十四　雜類

1.《秦王陵馬枊全形拓》王文燾跋本......134
2.《漢五鳳冰鑒銘》王文燾藏本......136
3.《龍飛一統銅信圭》陸增祥手拓本......138
4.《宋景定銅漏壺》張廷濟跋本......139
5.《坡公鐵如意全形拓》哈少甫藏本......142
6.《商龍骨》鄒安跋本......147

貳　石　類

一　造像

1.《陽三老石堂畫像題字》端方跋本......152
2.《葉媛真造像記》葉舟藏本......154
3.《孫永安造像》孫祿增藏本......158
4.《僧淵造像記》孫祿增藏本......162
5.《桑買妻陽造像》鄭文焯跋本......165
6.《沙門明判造像記》鄭文焯跋本......167
7.《大鶴山房藏造像三種》鄭文焯跋本......168
8.《揚州三賢祠宋刻蘇軾遺像》章鈺跋本......170
9.《建文三年造像》吳昌碩跋本......172

10.《程硯秋畫像題刻》羅癭公跋本 174

二　題名

1.《昌陽嚴題刻》端方跋本 176
2.《延年石室題字》王瓘藏本 178
3.《朱君長刻石》劉喜海跋本 182
4.《浯溪題名殘石》龔自珍跋本 184
5.《柳宗元龍城題刻》孫詒讓跋本 188
6.《徐鉉題字》梁鼎芬跋本 190

三　殘石

1.《熹平石經殘字》羅振玉跋本 192
2.《劉梁碑殘石》六舟跋本 198
3.《瘞鶴銘殘字》沈塘藏本 200

四　地券

1.《楊量買山券》吳重光跋本....................................... 204
2.《馬二十四娘買地券》陳運彰跋本 206

五　硯銘

1.《萬歲磚硯》徐榮宙跋本 208
2.《永安磚琴硯》馬起鳳拓本 210
3.《趙忠毅鐵硯》鄭文焯跋本 214
4.《東坡像蕉白硯》周慶雲跋本 216
5.《怡府東坡硯》端方跋本 219
6.《翁題黃硯》端方跋本 220
7.《岳飛端硯拓本》劉之泗跋本 222
8.《陳元龍松花硯臺》陳紹夔跋本 226
9.《黃任瓜瓞硯》吳大澂跋本 228
10.《清代金石家硯石小像》翁同龢跋本 230
11.《葉志詵縮刻華山碑硯》端方跋本 232
12.《蘭亭硯兩方》李瑞清跋本 235
13.《缶廬磚硯三件》吳昌碩跋本 238
14.《張澍聲藏硯兩件》冒廣生跋本 240

金　類

一　秦　權

1.《秦權銘》孫詒讓跋本

權者，秤錘也。猶今日之天平法碼，其創制始於秦朝，多為半球形，一般分為權身與權柄兩部分。權柄又稱“鼻鈕”，即鐵環拉手，權身底部凹陷，權體環刻銘文，其銘文大多類同，皆始皇之詔書。

秦統一度量衡後，頒佈衡制為五權法，即“銖”“兩”“斤”“鈞”“石”，非十進位制，如：一石為四鈞、一鈞為三十斤、一斤為十六兩、一兩為廿四銖，從而確立了秦國重量單位的本始。漢承秦制，度量衡得以延續下來，直至隋代還相承不變。唐代衡制略有改進與細化，重量單位設定為“累”“銖”“錢”“兩”“斤”“鈞”“石”，但亦非十進位。宋代以校驗樂尺積累法中之“分”“厘”“毫”“絲”“忽”五個名位，開始採用十進位制，用來命名重量單位以下的小數名稱。清末重定度量衡時，重量小權單位止於“毫”，“斤”以上不命名。民國十八年（1929）的《度量衡法》市用制又止於“絲”，“斤”以上加“石”，一百斤為石。

此件《秦權》為端方收藏眾多銅權之最大者，為四鈞之石（dàn）權，銅權重清庫平五十三斤，合秦權百二十斤。光緒初，陝西臨潼縣新豐鎮出土，初歸吳大澂收藏。光緒二十七年（1901），辭官後的吳大澂將此權並《漢朱大弟買地玉券》一同售與端方，價一千二百金。

此《秦權銘文拓本》，為光緒二十七年（1901）端方通過黃紹箕（仲弢）之手寄贈孫詒讓者，鈐有“陶齋所藏金石刻辭記”印章，堪稱此件《秦權》之陶齋最初拓本，其後一、二年才有端方監拓之《秦權全形拓本》的流傳。光緒二十八年（1902）正月，孫詒讓援引古籍文獻所載周秦漢權制之起源與流變，並留下長篇題跋。民國年間，此拓本又轉歸王秉恩、王文燾父子二人收藏，成為王氏藏秦權系列拓本之一。

光緒二十八年（1902）孫詒讓題記，其文曰：

度、量、權三者為世程品，其用至重，而古今流變乖異甚多。余曩據《漢志

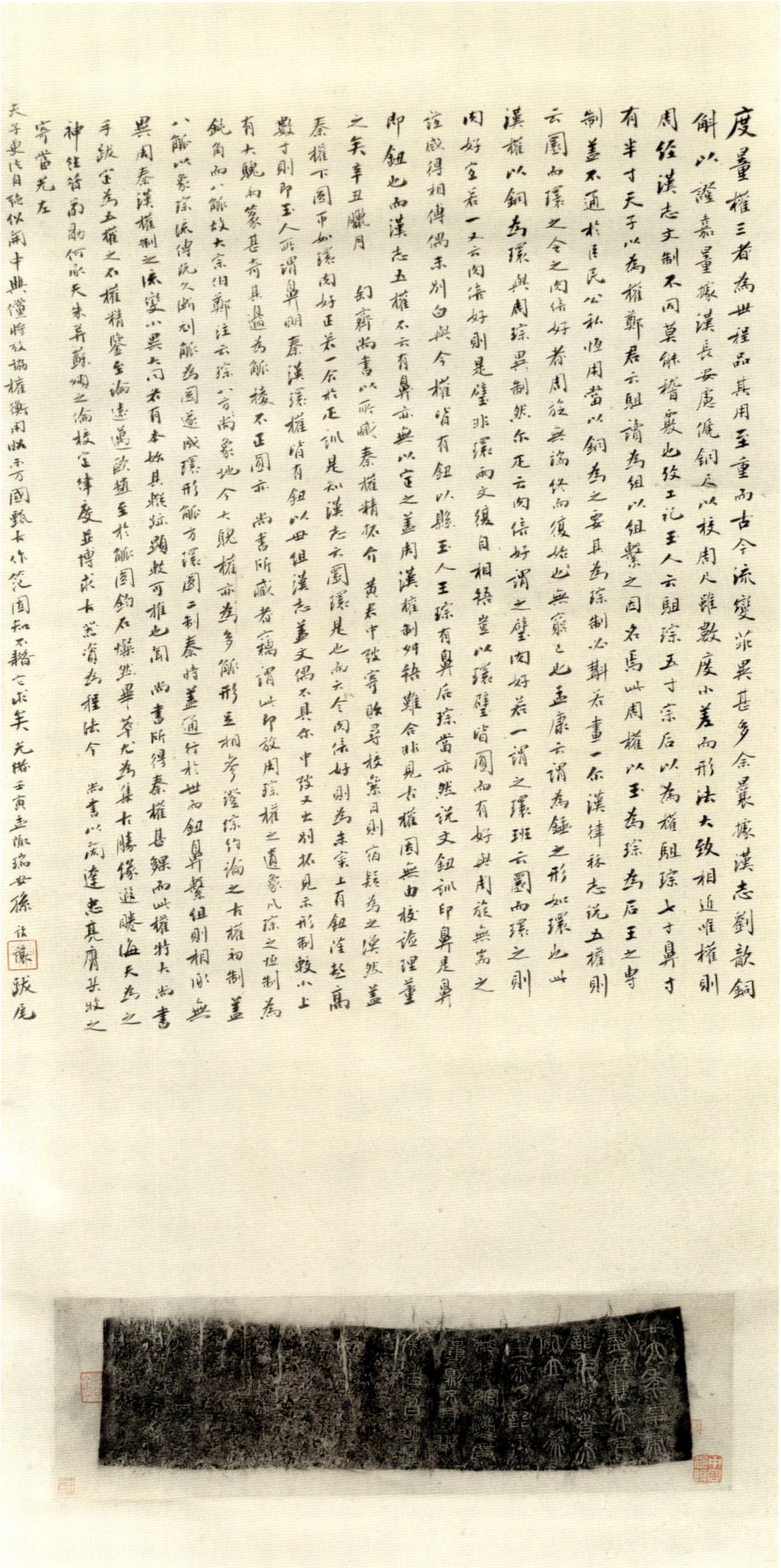

卷軸裝　畫芯縱110釐米　橫50釐米　館藏號：Z1374

度量權三者為世程品其用至重而古今流變並異甚多余彙據漢志劉歆銅
斛以證嘉量據漢長安廣儀銅尺以校周尺雖數度小差而形法大致相近唯權則
周經漢志文制不同莫能稽覈也攷工記玉人云駔琮五寸宗后以為權駔琮七寸鼻寸
有半寸天子以為權鄭君云駔讀為組以組繫之因名焉此周權以玉為琮為后王之專
制蓋不通於臣民公私恆用當以銅為之要其為琮制必斠若畫一爾漢律秝志說五權則
云圜而環之令之肉倍好者周旋無端終而復始無窮已也孟康云謂為錘之形如環也此
漢權以銅為環與周琮異制然爾疋云肉倍好謂之璧肉好若一謂之環班云圜而環之則
肉好宜若一又云肉倍好則是璧非環而文復自相牾豈以環璧皆圜而有好與周旋無耑之
誼咸得相傳偶未別白與今權皆有鈕以縣玉人王琮有鼻后琮當亦然說文鈕訓印鼻是鼻
即鈕也而漢志五權不云有鼻亦無以定之蓋周漢權制殊絕難合非見古權固無由校論理董
之矣辛丑臘月　紉齋尚書以所藏秦權精拓介　黃君中弢寄貽尋校案目則宿疑為之渙然蓋
秦權下圜而如環肉好正若一合於疋訓是知漢志云圜環是也而云令肉倍好則為未審上有鈕注起高
數寸則即玉人所謂鼻明秦漢環權皆有鈕以毌組漢志蓋文偶不具爾中弢又出別拓見示形制較小上
有大鼻而篆甚奇其邊為觚稜不正圜亦　尚書所藏者竊謂此即放周琮權之遺象凡琮之恆制為
鈍角而八觚故大宗伯鄭注云琮八方尚象地今大鼻權亦為多觚形正相參證綜約論之古權初制蓋
八觚以象琮流傳既久斷刓觚為圜遂成環形觚方環圜二制秦時蓋通行於世而鈕鼻繫組則相承無
異周秦漢權制之流變小異大同不有本始其蹤跡顯較可推也聞　尚書所得秦權甚夥而此權特大　尚書
手跋定為五權之石權精鑒至論遠邁歐趙至於觚圜鈞石爍然畢萃尤為集古勝緣遐睠海天為之
神往昔荀勖何承天朱并蘇炯之倫校定律度並博求古器資為程法今　尚書以淵達忠亮膺其收之
寄當先左

《秦權銘》孫詒讓跋本

劉歆銅斛》以證嘉量，據《漢長安慮傂銅尺》以校周尺，雖數度小差而形法大致相近。唯權則《周經》《漢志》文制不同，莫能稽覈也。《攷工記・玉人》云“駔琮五寸，宗后以為權，駔琮七寸，鼻寸有半寸，天子以為權。”鄭君云：駔讀為組，以組繫之，因名焉。此周權以玉為琮，為后王之專制，蓋不通於臣民，公私恒用當以銅為之，要其為琮制必斠若畫一爾。《漢律曆志》說五權則云：“圜而環之，令之肉倍好者，周旋無端，終而復始，無窮已也。”孟康云謂為錘之形，如環也。此漢權以銅為環，與周琮異制。然《爾疋》云：“肉倍好謂之璧，肉好若一謂之環。”班云：“圜而環之則肉好宜若一。”又云：“肉倍好則是璧，非環。”兩文復自相牾。豈以環璧皆圓而有好與？周旋無耑之誼，咸得相傳，偶未別白與？今權皆有鈕，以縣玉人，王琮有鼻，后琮當亦然。《說文》鈕訓印鼻，是鼻即鈕也。而《漢志》五權不云有鼻，亦無以定之。蓋周漢權制舛牾難合，非見古權，固無由校諭理董之矣。辛丑（1901）臘月，匋齋尚書以所藏秦權精拓介黃君中弢寄貽，尋校纍日，則宿疑為之渙然。蓋秦權下圓匝如環，肉好正若一，合於疋訓，是知《漢志》云圜環是也。而云令肉倍好，則為未審。上有鈕隆起高數寸，則即玉人所謂鼻，明秦漢環權皆有鈕以貫組。《漢志》蓋文偶不具爾，中弢又出別拓見示，形制較小，上有大騩，兩篆甚奇，其邊為觚棱不正圓，亦尚書所藏者，竊謂此即放周琮權之遺象，凡琮之恒制為鈍角而八觚，故《大宗伯》鄭注云：琮八方尚（此字點去）象地。今大騩權亦為多觚形，足相參證。綜約論之，古權初制蓋八觚以象琮，流傳既久，漸刓觚為圓，遂成環形，觚方環圓二制，秦時蓋通行於世，而鈕鼻繫組，則相承無異，周秦漢權制之流變，小異大同，各有本始，其輾跡顯較可推也。聞尚書所得秦權甚夥，而此權特大，尚書手跋定為五權之石權，精鑒至論，遠邁歐趙。至於觚圓鈞石燦然畢萃，尤為集古勝緣，遐睠海天為之神往。昔荀勖、何承天、朱異、蘇頌之倫校定律度並博求古器，資為程法。今尚書以閎達忠亮膺岳牧之寄，當光左天子，更法自強，紹開中興，儻將攷協權衡用昭示萬國，甄古作範，固知不籍它求矣。光緒壬寅（1902）孟陬瑞安孫詒讓跋尾。

孫詒讓（1848–1908），字仲頌、中容，號籀廎。浙江瑞安人。清末經學家，被譽為有清三百年樸學之殿。同治六年（1867）舉人，其後會試屢不中，旋退而專攻學術。精研古學垂四十年，在經學、史學、諸子學、文字學、考據學、目録學、校勘學等研究方面，均做出卓越貢獻。著有《周禮正義》《墨子閒詁》《契文舉例》《古籀餘論》《古籀拾遺》等，皆傳為學術經典。

從此段有關秦權題跋中，可見孫詒讓的治學方法與思路。孫氏善於運用金石文物與經籍文獻互相參證，崇尚從實證中尋求結論，為後人研究金石之學作了垂範。

孫詒讓題跋中“黃君仲弢”者，即其瑞安同鄉——黃紹箕（1854–1908），字仲弢，一字穆琴，號鮮庵。浙江瑞安人，黃體芳之子。歷任四川鄉試考官、武英殿纂修、翰林侍講學士，竭力主張維新強國。戊戌政變後，任京師大學堂總辦、編書局譯學館監督、湖北提學使等職，光緒三十二年（1906）率領各省提學使考察日本教育，被日本學界尊為“仲尼後一人”。著有《蔘綏閣集》《鮮庵遺文》《二黃先生詩萶》《中國教育史》等。

黃紹箕（仲弢）與孫詒讓（仲容）交厚，世稱“二仲先生”，二人志同道合，在家鄉興辦教育、普及科學、推廣農業科技等方面不遺餘力。光緒廿二年（1896）創辦瑞安學計館，創設數學、物理、化學等新學課程。

光緒二十六年（1900），八國聯軍佔領北京，慈禧和光緒帝出逃陝西，端方因接駕有功，調任河南布政使，旋升任湖北巡撫，是時，黃紹箕適任湖北提學使，有此同在湖北為官的一段經歷，才有孫詒讓所云“匋齋尚書以所藏秦權精拓介黃君仲弢寄貽”之語。

2.《秦權全形拓》王秉恩臨跋本

此件《秦權全形拓》係端方所藏秦權之最大者，拓本中鈐有“陶齋所藏金石刻辭記”印章。民國期間，此本歸王秉恩、王文燾父子收藏。民國十五年（1926），王秉恩（雪岑）在全形拓下方，補臨《孫詒讓秦權題跋》（孫氏原跋作於光緒二十八年，亦為王氏所藏，參見上文介紹），又將其重新裝潢成卷軸，並題外簽曰：“秦權拓本，托活洛忠敏公藏器。附臨孫籀廎題跋，宣統景寅（避諱，即丙寅）重裝竝署。耆德堂藏。”

王秉恩（1845–1928），字息存、息塵，一作雪岑、雪澄、雪丞、雪城，號茶龕。四川華陽人。同治十二年（1873）舉人，光緒初，官廣東提法史、廣東按察使。後又出任廣雅書局提調，刊刻《廣雅叢書》，佳紹一時。入民國後，寓居上海，以藏書聞名滬上，家藏古書字畫、金石碑帖甚夥。王氏能詩工書，精於校勘、目録之學。著《養雲館詩存》《石經彙函》等。

王文燾，字君覆，號叔庶、瑟公。王秉恩之子。清末民初學者，子承父業，亦喜金石，富藏書。著有：《椿蔭宧初草》《鹽鐵論校記》《春秋左氏古經》等。父子二人的藏書齋室名甚多，諸如：三好堂、耆德堂、椿蔭簃、福迎齋、寫古經樓、時晴堂、磊磊軒、雙銅鼓室、佳想亭、強學宧等。

王氏父子所藏碑帖，今多為上海圖書館收藏。王文燾善書法，小楷精整古雅，所藏碑帖善本多有王氏小字長篇題記，藏印繁多，琳琅滿目。

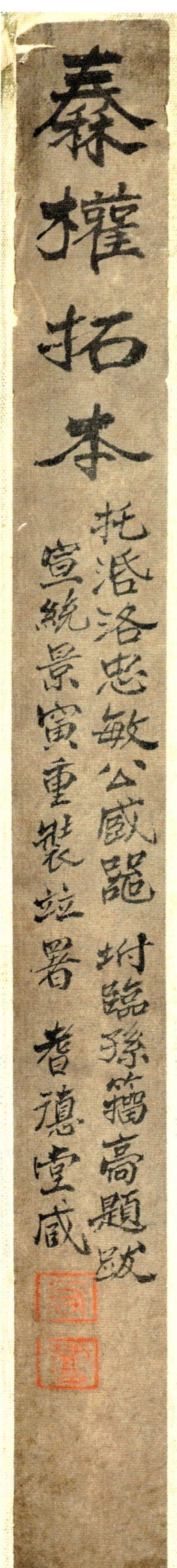

《秦權全形拓》王秉恩臨跋本外簽

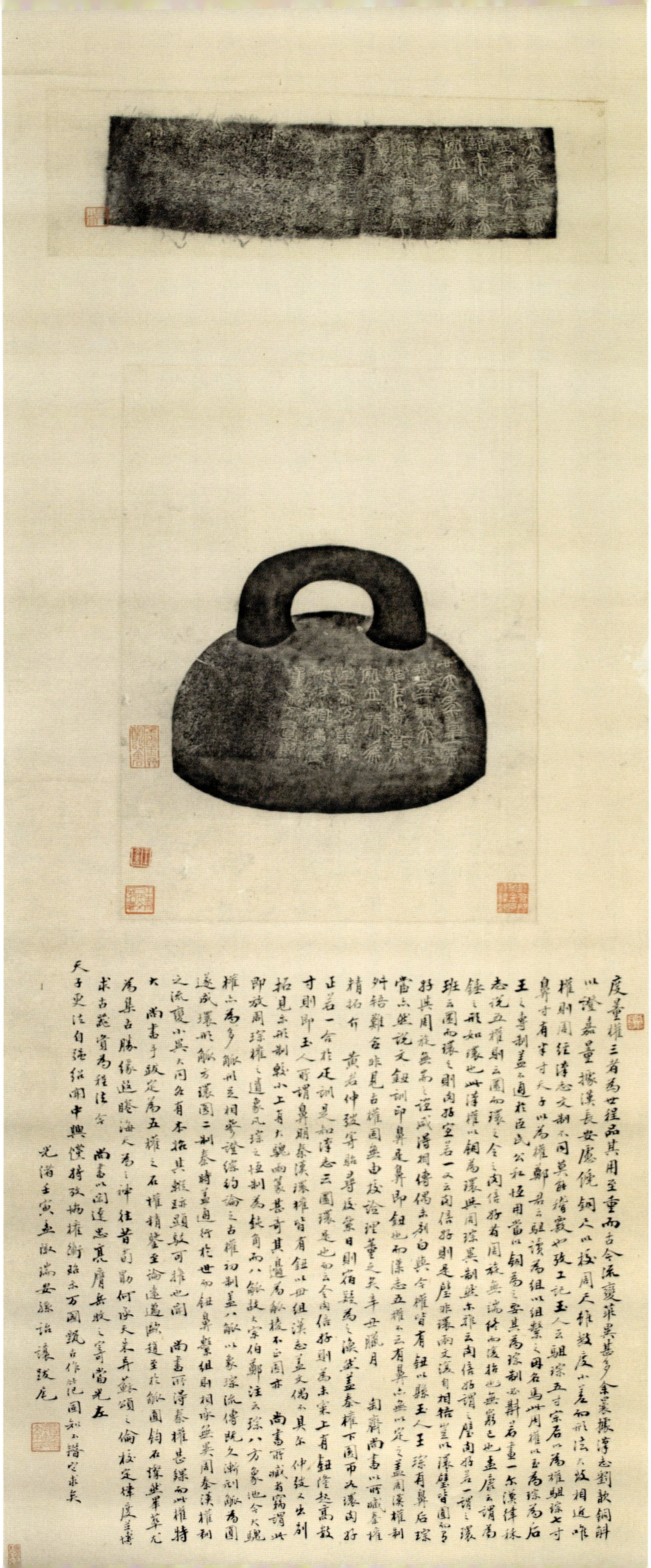

卷軸裝　畫芯縱134釐米　橫52釐米
館藏號：Z1299

度量權三者為世程品其用至重而古今流變乖異甚多余嘗據漢志劉歆銅斛以證嘉量據漢長安慮俿銅丈以校周尺雖數度小差而形法大致相近唯權則周經漢志文制不同莫能稽覈也攷工記玉人云駔琮五寸宗后以為權駔琮七寸鼻寸有半寸天子以為權鄭君云駔讀為組以組繫之因名焉此用權以玉為琮為后王之專制蓋不通於臣民公私恆用當以銅為之要其為琮制必斛若畫一不漢律秝志說五權則云圜而環之令之肉倍好者周旋無端終而復始無窮已也孟康云謂為錘之形如環也此漢權以銅為環與周琮異制然亦兼云肉倍好謂之璧肉好若一謂之環班云圜而環之則肉好宜若一又云肉倍好則是璧非環而又復自相牾豈以環璧皆圜而多好與周旋無端之詮咸得相傳偶未別白與今權皆有鈕以縣玉人王琮有鼻后琮當亦然說文鈕訓印鼻是鼻即鈕也而漢志五權不云有鼻亦無以定之蓋周漢權制舛牾難合非見古權固無由校諗理董之矣辛丑臘月 匋齋尚書以所藏秦權精拓本 黃君仲弢寄貽尋校索日則宿疑為之渙然蓋秦權下圜而上環肉好正若一合於廷訓是知漢志云圜環是也而云令肉倍好則為未審上有鈕隆起高數寸則即玉人所謂鼻明秦漢環權皆有鈕以毋組漢志蓋文偶不具耳 仲弢又出別拓見示形制較小上有大鼻而篆甚奇其邊為觚棱不正圜亦即放周琮權之遺象凡琮之恆制為鈍角而八觚故大宗伯鄭注云琮八方象地今大鼻權亦為多觚形足相參證綜約論之古權初制蓋八觚以象琮流傳既久漸刓觚為圜遂成環形觚方環圜二制秦時蓋通行於世而鈕鼻繫組則相承無異周秦漢權制之流變小異大同各有本始其蹤跡顯然可推也閒 尚書所得秦權甚夥而此權特大 尚書手跋定為五權之石權精鑒至論遠邁歐趙至於觚圜鈞石資此畢萃尤為集古勝緣近瞻海內為之神往昔司勳何承天來弄蘇頌之倫校定律度並博求古器資為程法今 尚書以闳達忠亮膺兵政之寄當光左天子更法自強紹開中興儻將攷協權衡綜示萬國甄古作範固知不搢它求矣

光緒壬寅孟冬瑞安孫詒讓跋尾

《秦權全形拓》王秉恩臨跋本（局部）

3.《秦權全形拓》喬樹枏跋本

此件《秦權全形拓》係端方所藏秦權之最大者，拓本中鈐有“孫中容審定金石文字之記”印章，亦為端方拓贈孫詒讓者之一，存有光緒二十八年（1902）五月喬樹枏題跋。此本全形拓，採用低位仰視拓法，可見秦權腹部中空形狀。後歸王秉恩、王文燾父子收藏，為華陽王氏秦權拓本之一。

喬樹枏題跋：

> 此為陶齋尚書所藏秦權拓本，定為五權之石權，瑞安孫君（孫詒讓）稱其精鑒，且言尚書佐天子更法自強，當考協權衡昭示萬國，孫君之論篤矣。余惟《虞書》言同律度量衡，《論語》俩謹權量。今泰西諸國所用實得三代遺意，惜乎！吾中國自忘其本始，而來外人之詢，則吾輩號稽古者之責也。方尚書撫關中時，黄巾赤眉扇亂京邑，議論紛糾，尚書獨堅定不撓，與東南諸名帥併志一心，卒平大難。聖明嘉之，公論韙之。孫君所期於尚書者，將以茲拓為左劵。若其考訂精審，則亦公餘游藝之一端云。光緒二十有八年（1902）五月，華陽喬樹枏志。

喬樹枏此篇題跋對端方（匋齋）大加讚美，是基於光緒二十八年（1902）正月《孫詒讓秦權題跋》有感而發的，讀者自可參見前文孫氏原跋。光緒二十八年（1902年）前後短短數年間，端方從代理陝西巡撫升任湖北巡撫、代理湖廣總督，連升數級，被政壇視為中興之臣，學界譽為開明之士。

喬樹枏（1849–1917），字茂軒，又字損庵。四川華陽人。早負文譽，與仁壽毛澂（叔雲）並稱“蜀兩生”。歷任刑部主事、學部左丞等。宣統元年（1909）八月，喬樹枏得知敦煌文獻外流後，奏請封存莫高窟藏經洞，阻止了敦煌文獻的繼續散失。

以上數件秦權拓本收藏可知，王秉恩父子對秦權拓本的收藏，可謂不遺餘力，此件喬樹枏跋本，後歸華陽同鄉王氏父子收藏，自然是得最佳歸宿。

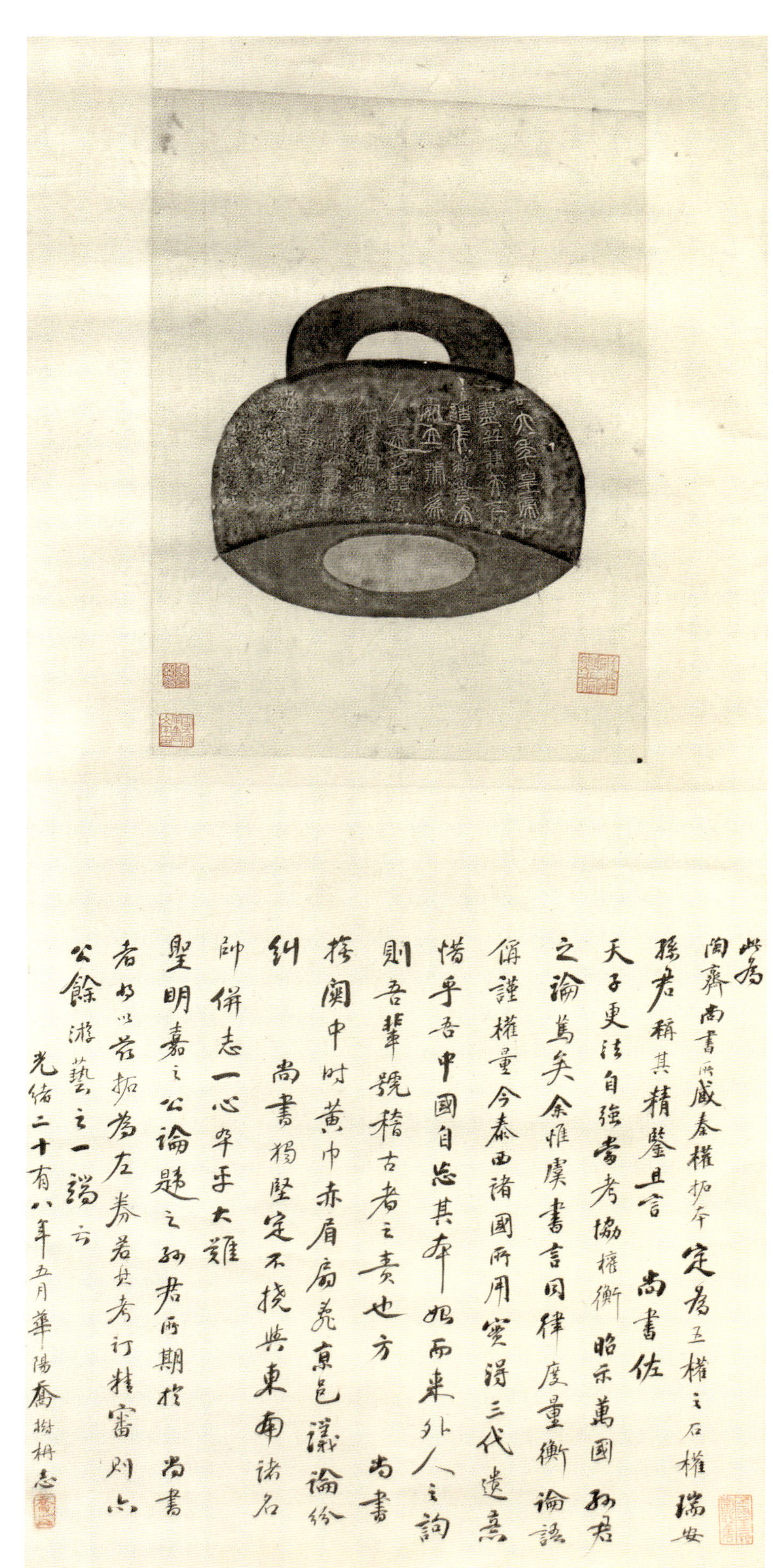

卷軸裝　畫芯縱110釐米　橫50釐米
館藏號：Z1376

4.《秦權全形拓》趙時棡跋本

此件《秦權全形拓》係端方所藏秦權之最大者，亦為王秉恩、王文燾父子二人收藏秦權拓本之一。存有趙時棡題端並秦權銘文釋文。

趙時棡題端：

秦權，刻始皇詔。丁卯（1927）秋日，赤鄞趙叔孺題首并釋文。

全形拓下方有趙時棡釋文：

廿六年（前221年），皇帝盡并兼天下諸侯，黔首大安，立號為皇帝。乃詔丞相狀綰，灋度量劃，不壹、歉疑者，皆明壹之。

此段銘文最後一句，過去句讀一直不統一，曾經出現誤讀為："法度量，則不壹，歉疑者，皆明壹之。"此類誤讀的關鍵就在於不明銘文中"則"字的字義，"則"者， 稱量輕重之器具也，猶如我們現在所用的砝碼。二十年前出土的北宋稱權，就自名為"銅則"。秦始皇廿六年詔書中最後一句應讀為"法度量則，不壹、歉疑者，皆明壹之"。即法度量衡制度，不壹者壹之，歉疑者明之。

趙時棡（1874–1945），字叔孺，號紉萇，後以字行。浙江鄞縣人。寄居上海，家中藏有東漢延熹、蜀漢景耀二個弩機，故顏所居曰"二弩精舍"，晚年自號"二弩老人"。擅書畫，行楷得趙孟頫、趙之謙之神韻，所畫八駿，有一馬黃金十笏之稱。篆刻追慕秦漢，自成一家。著《二弩精舍文存》《漢印分韻補》《古印文字韻林》等。

卷軸裝　畫芯縱110釐米　橫5C釐米
館藏號：Z1375

廿六秊皇帝
盡并兼天下
諸矦黔首大
安立號為
皇帝乃詔丞
相狀綰灋度
量則不壹歉
疑者皆明壹
之

《秦權全形拓》趙時棡跋本（局部）

5.《秦權銘》端方跋本

晚清金石收藏大家端方藏有秦權四十八件，此件是陶齋藏權之最大者，銅質，權重湘平五十四斤，合秦權百二十斤。光緒初，陝西臨潼縣新豐鎮出土，初歸吳大澂所藏，光緒二十七年（1901）吳大澂將此權並《漢朱大弟買地玉券》售與端方，價千二百金。

光緒二十八年（1902），端方將此件《秦權銘文拓本》贈送王秉恩（雪岑），並留下長篇題記。端方題記：

> 《漢書·律歷志》云："權者，銖、兩、斤、鈞、石也。二十四銖為兩，十六兩為斤，三十斤為鈞，四鈞為石。"東武劉燕庭所藏重四兩之權錢，得今湘平一兩八錢。秦一斤應合今七兩二錢。此權重湘平五十四斤，適合四鈞權之重，審為百二十斤之石權。遠徵顏、薛之書，近考阮、吳所録，皆數斤之權，則是權為最大矣。往在關中得新出權量多品，去年復從吳門得此，綜計所藏當以此為甲觀。拓奉雪岑尊兄觀察，即求審定。壬寅（1902）二月既望，浭易端方題記。

此件《秦權銘文拓本》亦為王秉恩父子衆多《秦權》藏本之一，雖然僅存銘文拓本，缺少全形拓本，但它卻是端方獲得銅權後之最早期拓本之一，又有端方親筆長篇題記，故彌足珍貴。此後一、二年間，端方開始監拓了一批《秦權全形拓本》分贈金石好友。

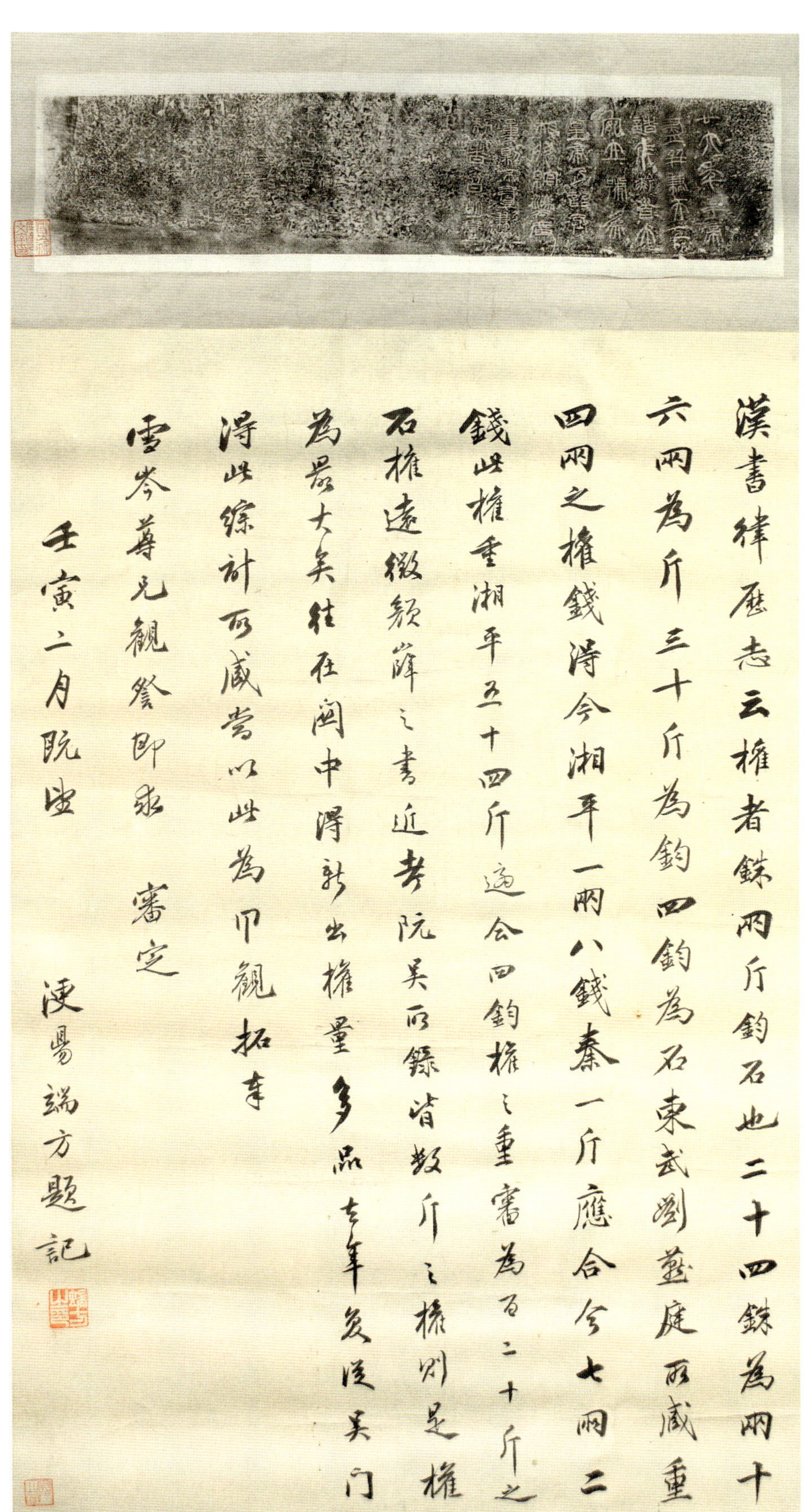

卷軸裝　拓片縱13釐米　橫47釐米
　　　　題跋縱77釐米　橫50釐米
館藏號：Z1331

《秦權銘》端方跋本（局部）

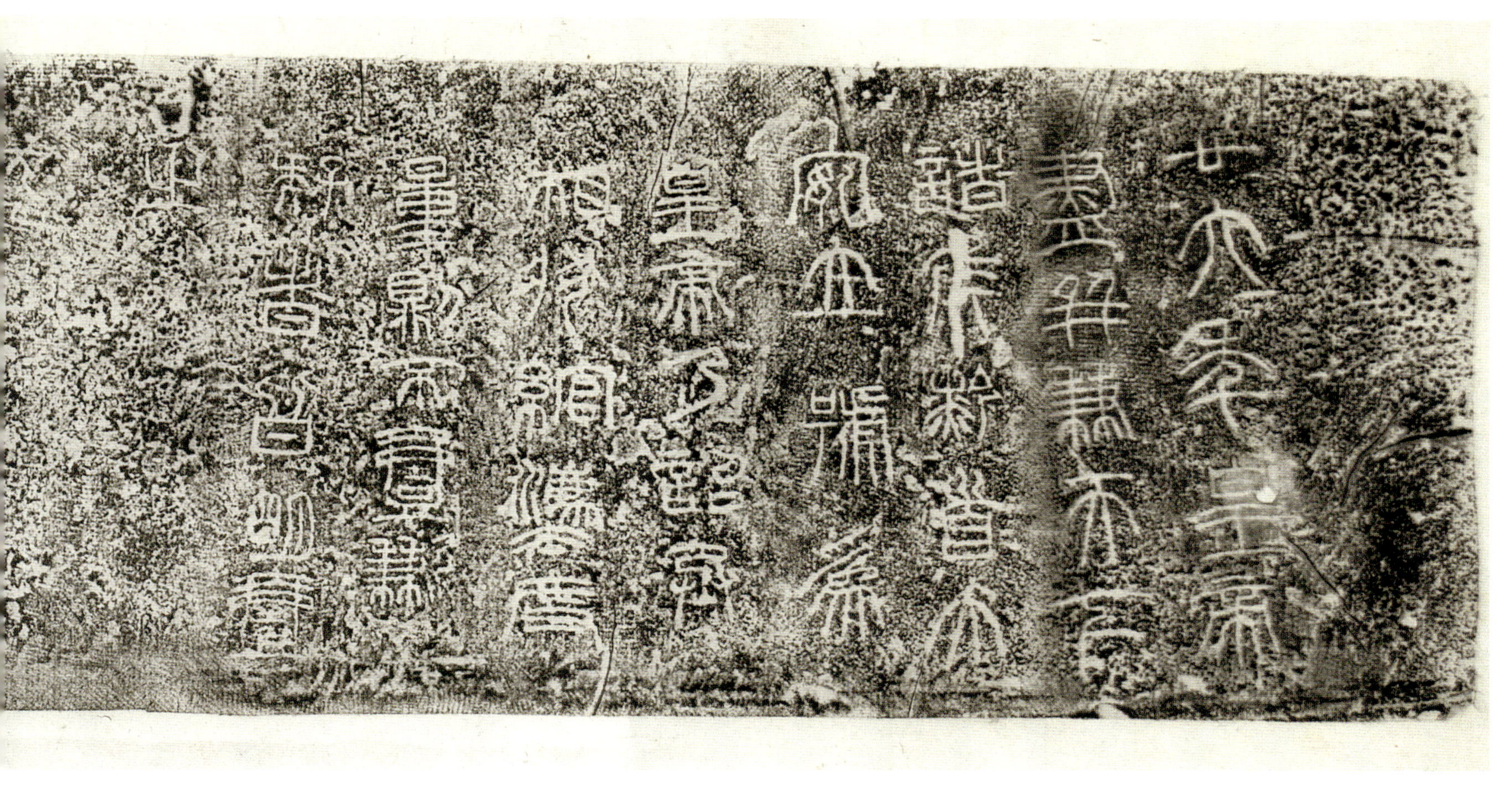

6.《秦權全形拓》李翰芬藏本

《秦權全形拓》，光緒二十九年（1903）九月，端方拓贈李翰芬者，有端方題跋，另有民國二十七年（1938）褚德彝題記。此件銅秦權歸藏端方時，褚德彝恰逢在陶齋幕中，作為見證者褚德彝的此段題記顯得尤為珍貴。

端方題跋：

> 銅權重今庫平五十三斤，合秦權百二十斤，是為石權。光緒初出陝西臨潼縣新豐鎮，彝藏秦權二十只，此為第一。拓奉守一仁兄星使同部鑒。癸卯（1903）九月端方記。

李翰芬，字守一。廣東香山人。光緒二十一年（1895）進士，歷任翰林院編修、國史館協修、湖北鄉試正考官、廣西提學使等。入民國後，曾任廣東省教育司長。著有《鄂軺載筆》。

褚德彝題記：

> 此秦銅權之最大者，吳愙齋中丞得之，罷官歸貧甚，以此權並漢朱大弟買地玉券，以千二百金售與陶齋，時余正在幕中也。陶齋所藏四十八銅權，當以此為最大。陶齋歿後，古物星散，此權不知在何許矣。戊寅（1938）四月褚德彝。

光緒癸卯（1903）前後，端方自題《秦權拓本》，皆言藏秦權二十餘，褚德彝此段題記有“陶齋所藏四十八銅權”一語，可見短短數年後，陶齋秦權的數量即以驚人的速度倍增。

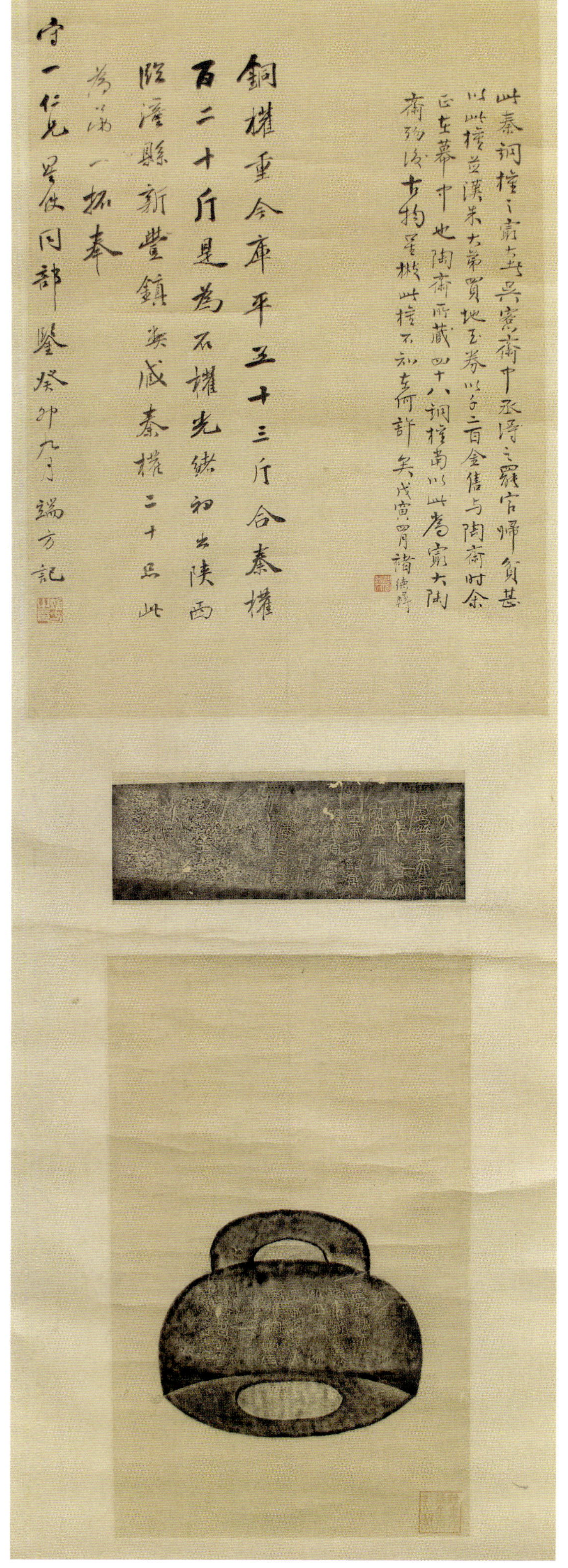

卷軸裝　全形拓片縱57釐米　橫34釐米
銘文拓片縱12.5釐米　橫33釐米
題跋縱77釐米　橫48.5釐米
館藏號：Z2282

《秦權全形拓》李翰芬藏本（局部）

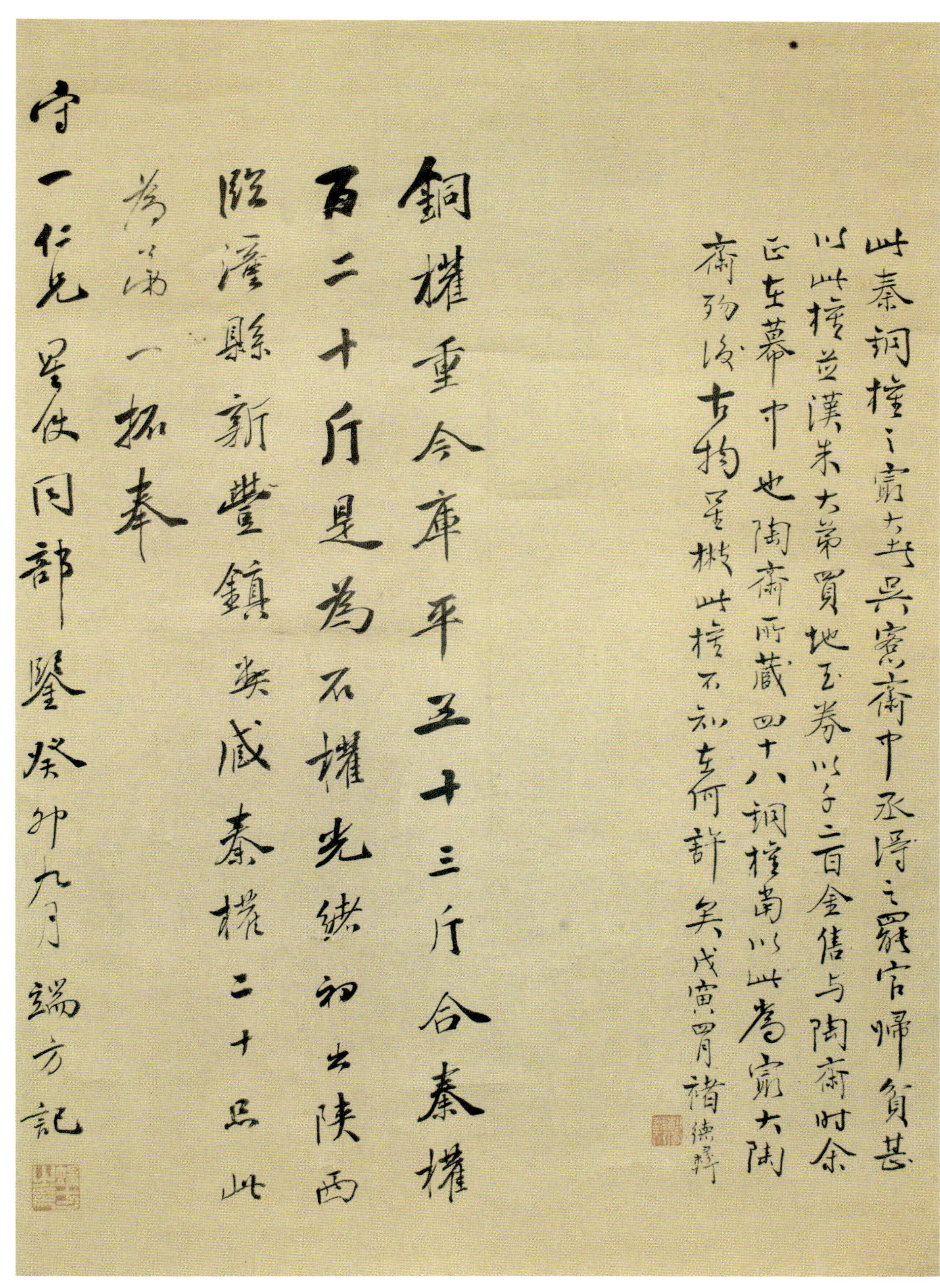

《秦權全形拓》李翰芬藏本（局部）

7.《秦權全形拓》趙鳳昌藏本

此為端方所藏秦權最大者。全形拓本為光緒二十九年（1903）三月，端方拓寄趙鳳昌（竹君）者，鈐有“陶齋藏秦權百二十斤之石權”“陶齋藏秦權量二十品之一”印章，另有端方題記一則。端方題跋：

> 此秦百二十斤之石權，出陝西咸陽北原。銅質蒼潤，篆法道美，當為所藏諸權之冠。按：《史記·李斯傳》斯上書以刻畫斗斛度量之文章自以為功，則知為斯自書自刻無疑，以視尋常彝器出匠作之手者不懸絕邪。拓寄竹君尊兄大人，用公同好。癸卯（1903）三月端方記。

趙鳳昌（1856-1938），字竹君，晚號惜陰老人。江蘇武進人。光緒十年（1884），入湖廣總督張之洞幕，後充總督衙門總文案。在戊戌變法、東南互保、《蘇報》案、辛亥革命等一系列歷史事件中，皆參與關鍵性的決策活動，人稱“民國產婆”“民國諸葛”。有《趙鳳昌藏札》傳世。

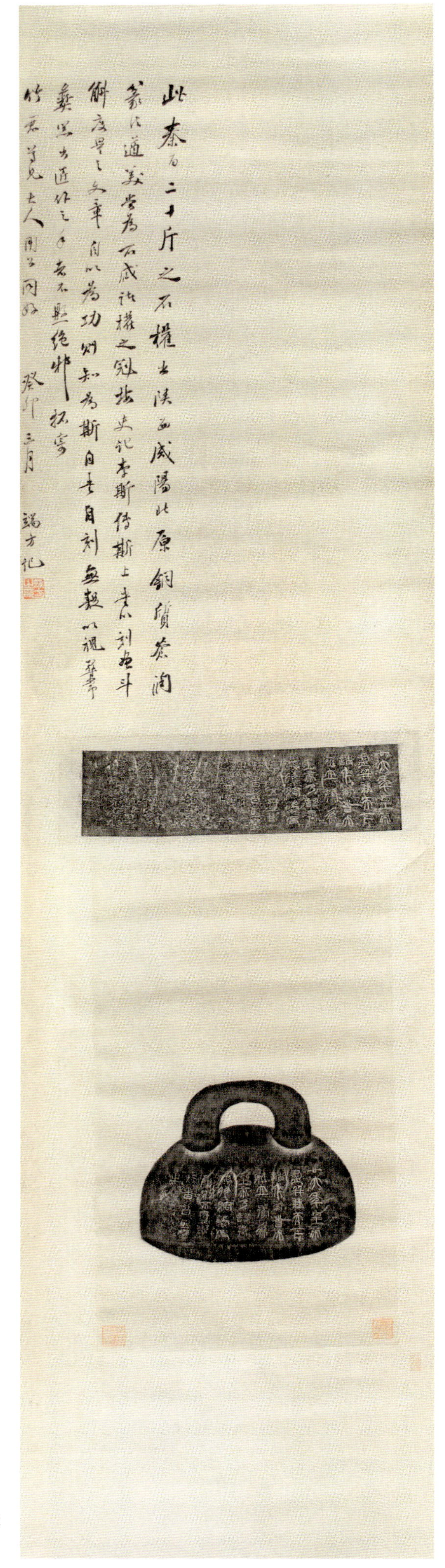

卷軸裝　畫芯縱210釐米　橫51釐米
　　　　銘文拓片縱16釐米　橫42釐米
館藏號：Z003

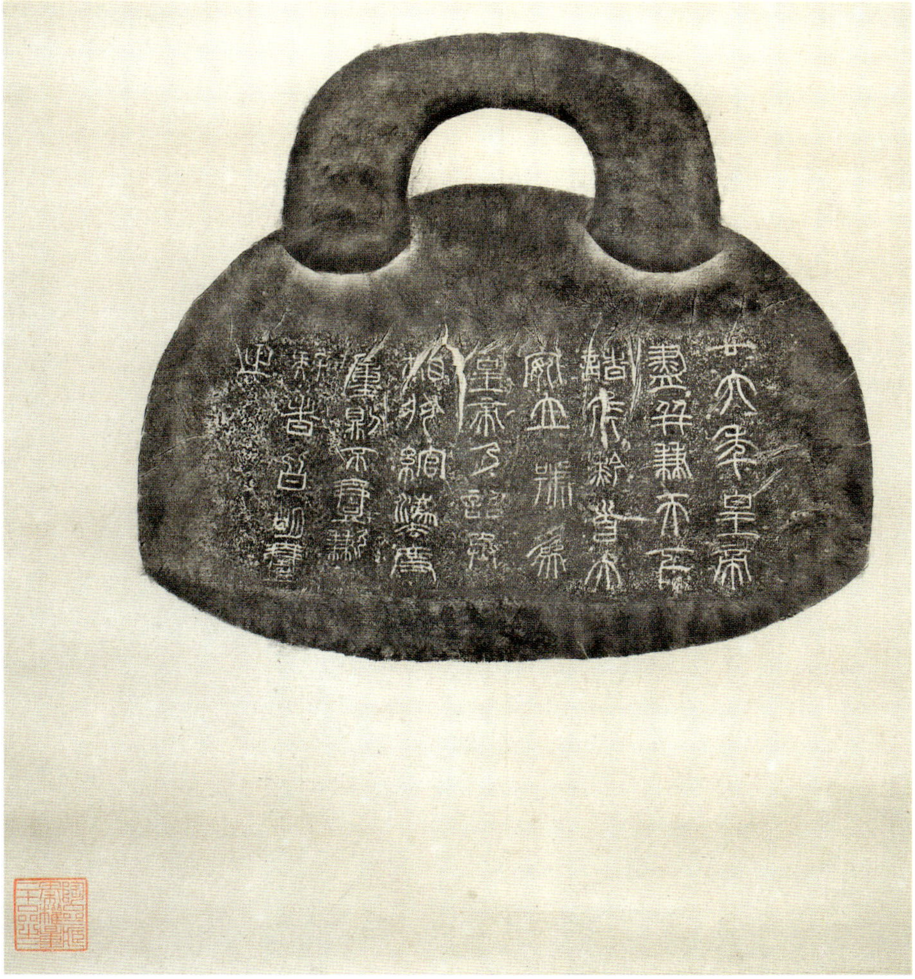

《秦權全形拓》趙鳳昌藏本（局部）

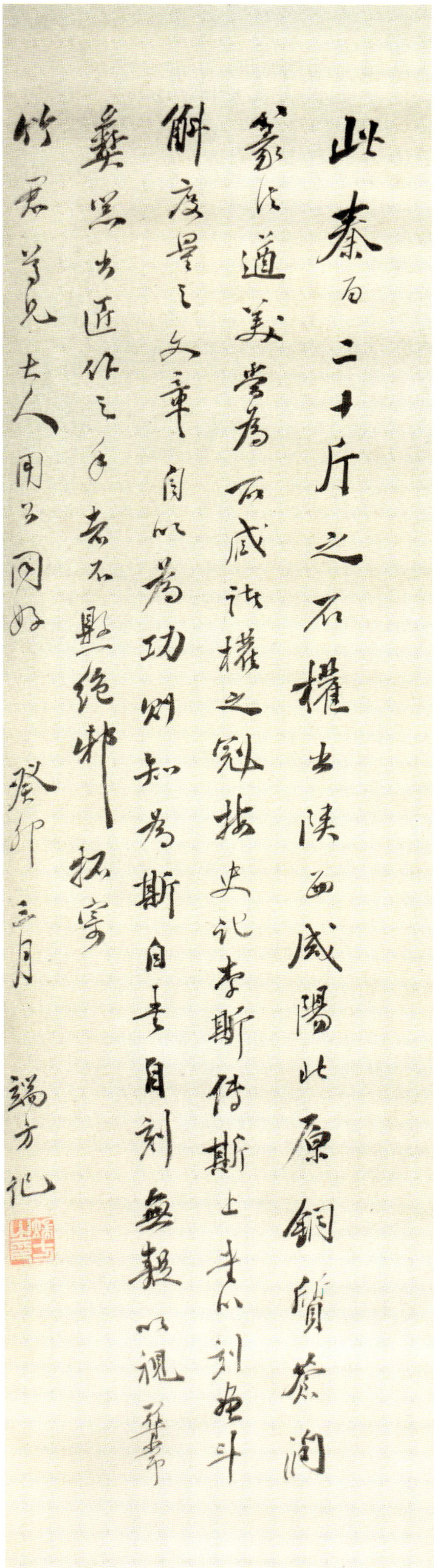

《秦權全形拓》趙鳳昌藏本（局部）

8.《秦權銘》潘志萬跋本

此為秦權之最大者，舊為吳大澂愙齋收藏。光緒十一年（1885）潘志萬（笏庵）從愙齋獲得銘文拓片，裝成卷軸，分上、下兩幅。上幅為秦始皇詔文及二世詔文，其中二世詔文較清晰，另存光緒十一年（1885）康瓠題記。下幅為潘志萬題跋。

此時秦權尚未轉歸端方陶齋，拓本流傳罕見，故暫名之為“愙齋本”，較之日後流傳漸廣的“陶齋本”更顯珍貴。目前所見《秦權拓本》未有再早於此拓者。

二世詔文曰：

元年制詔丞相斯、去疾，法度量，盡始皇帝為之，皆有刻辭焉。今襲號而刻辭不稱始皇帝，其於久遠毆，如後嗣為之者，不稱成功盛德。刻此詔，故刻左，使毋疑。

潘志萬題端：

秦度量，吳氏藏器。乙酉（1885）二月拓得。

潘志萬題跋：

嶧山之石，橅刻失真，泰山所存惟餘十字。今人得琅邪臺數行，已珍同共璧矣。然石刻寥寥，求之吉金得見一斑。余所得趙氏舊山樓始皇小權、吳氏兩櫑軒十二字詔版即清儀閣物及美陽斤、平陽斤、大騩權。今又獲此，可稱鉅製。細審二世詔文“其於久遠毆”與平陽斤文同。“毆”始見石鼓文，薛氏釋為“也”。《積古齋》引江鄭堂說“毆，繄之省文”。《左傳》隱元年，公曰“爾有母遺繄我獨無”，杜注：“繄，語助，當屬上讀。”得此益發明古義，又“刻左使毋疑”薛氏云：《史記》載二世詔文云云，始言金石刻，卒止言刻石。證以權文，則《史記》“刻石”乃“刻左”之誤也。計歷次所得，雖止影本而已有其八，先秦文字可云大備，豈非厚幸。乙酉（1885）二月望日，笏盦潘志萬識於還研堂。

潘志萬（1849-1899），字碩庭，號笏庵，習莽，室名還研堂。祖籍安徽歙縣，定居江蘇吳縣。晚清金石收藏家、藏書家。著有《金石補編》《笏盦詞》《笏庵詩輯》等。

康瓠題記：

愙齋副憲省親歸里，因得見其所得金石，有絕大秦權，重六十斤，生平所未覩。關中吉金搜羅不少，地不愛寶，信然。光緒乙酉年（1885）立冬日。笏盦仁弟品藻，康瓠。

康瓠生平不詳，或疑為江亢虎，非也。

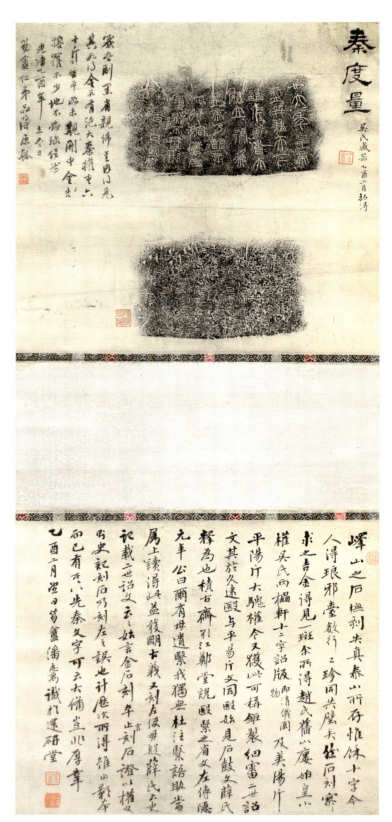

卷軸裝　上幅縱35釐米　橫38釐米
　　　　下幅縱31釐米　橫37釐米
館藏號：Z1412

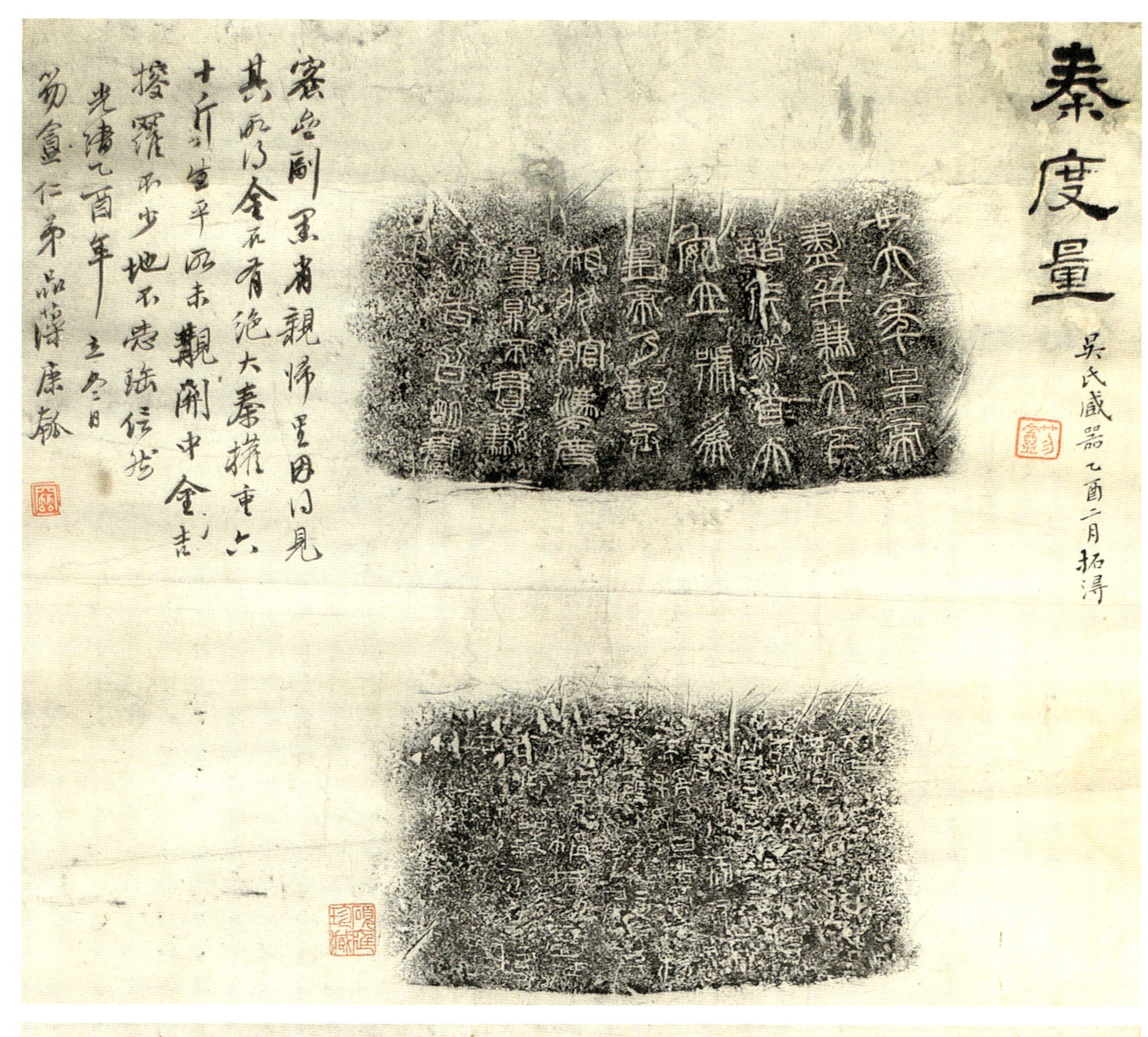

嶧山之石極刻失真泰山所存惟餘十字今人得琅邪臺數行已珍同共璧矣然石刻寥寥求之吉金得見一斑余所得趙氏舊山樓始皇小權吳氏兩罍軒十二字詔版即清儀閣物及美陽斤平陽斤大騩權今又獲此可稱鉅製細審二世詔文其於久遠殹與平昜斤文同殹始見石鼓文薛氏釋為也積古齋引江鄭堂說殹繄之省文左傳隱元年公曰爾有母遺繄我獨無杜注繄語助當屬上讀得此益發明古義又刻左使毋疑薛氏史記載二世詔文云云始言金石刻本止言刻石證以權文史記刻石乃刻左之誤也計歷次所得雖止數本而已有之先秦文字可云大備豈非厚幸

乙酉二月望日笏盦潘志萬識於還研堂

《秦權銘》潘志萬跋本（局部）

9.《秦權漢量》褚德彝跋本

《秦權漢量》朱積誠藏本，存拓本兩件，上方為秦權銘文拓本，下方為漢量詔版拓本，均有褚德彝題跋，外簽："秦權漢量拓本，褚禮堂題，朱誠齋藏。"

朱積誠（1892–1982）名聲樹，字誠齋，號聽笙、聽竹居士。上海奉賢人。擅書畫篆刻，畫從程璋，書師李瑞清，刻印則取法秦漢，旁及鄧石如、趙之謙。

褚德彝題端：

> 秦漢權量。聽笙道兄屬，德彝題。

褚德彝秦權題記：

> 秦權始見《顏氏家訓》，宋人亦著録之。陶齋藏秦權共二十餘品，足傲劉燕庭、陳簠齋所未見。此權刻始皇二世二詔，復多刻"皇帝乃詔丞相"四行，真先秦之奇品也。松窗記。

褚德彝提及的"復多刻四行"位於拓片的最右側。

褚德彝漢量題記：

> 此量光緒末山西絳州出土，惜已殘，僅存其半，書體瘦勁與莽布文正相同。案《高僧·道安傳》云："有人持一銅斛於市賣之，其形正圓，下向為斗，橫梁昂者為升，低者為合，有篆文，堅以問安，（安）云：此王莽自言出自舜，皇（龍集）戊辰，改正之即真，以同律量，布之四方，（欲小大器）鈞，令天下取平焉"云云。雖文未全載，其形制正可攷也。禮堂記。

道安大師（312–385），河北常山人。精通三藏經論，博覽經史子集，知識淵博。秦王苻堅尊之為國師。他經歷的時代，正是西晉末年的混亂和此後相繼興替的"五胡亂華"時期。

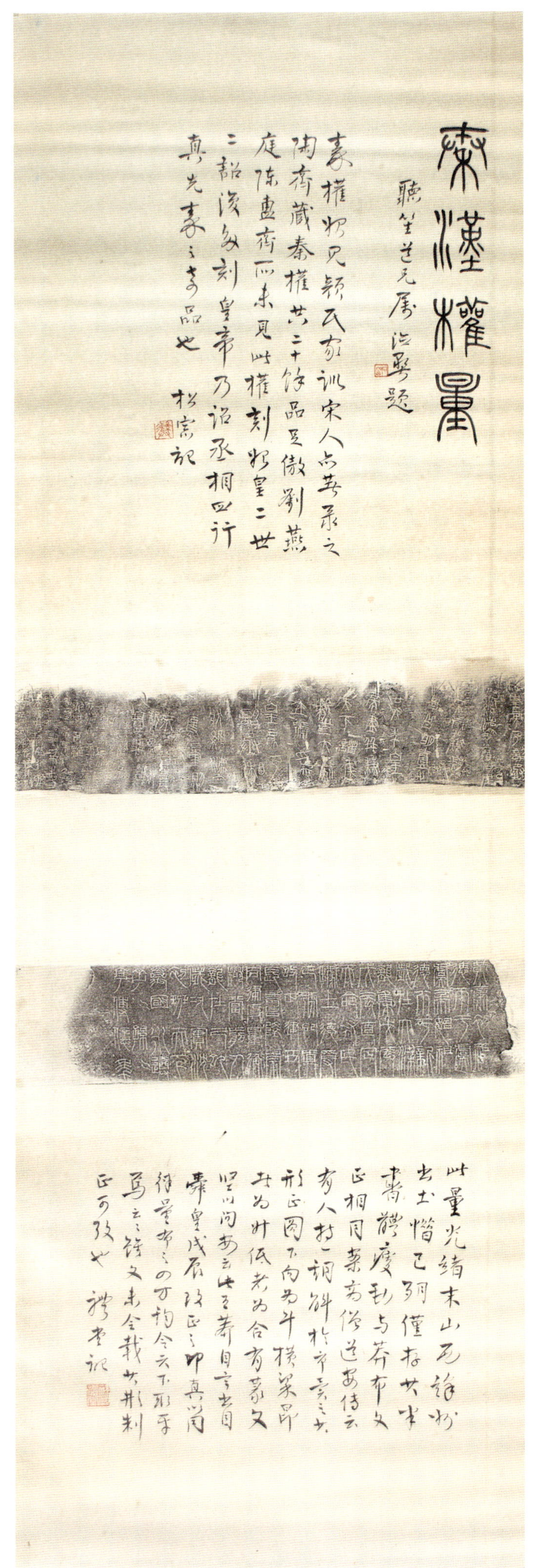

卷軸裝　畫芯縱133釐米　橫38釐米
館藏號：Z1010

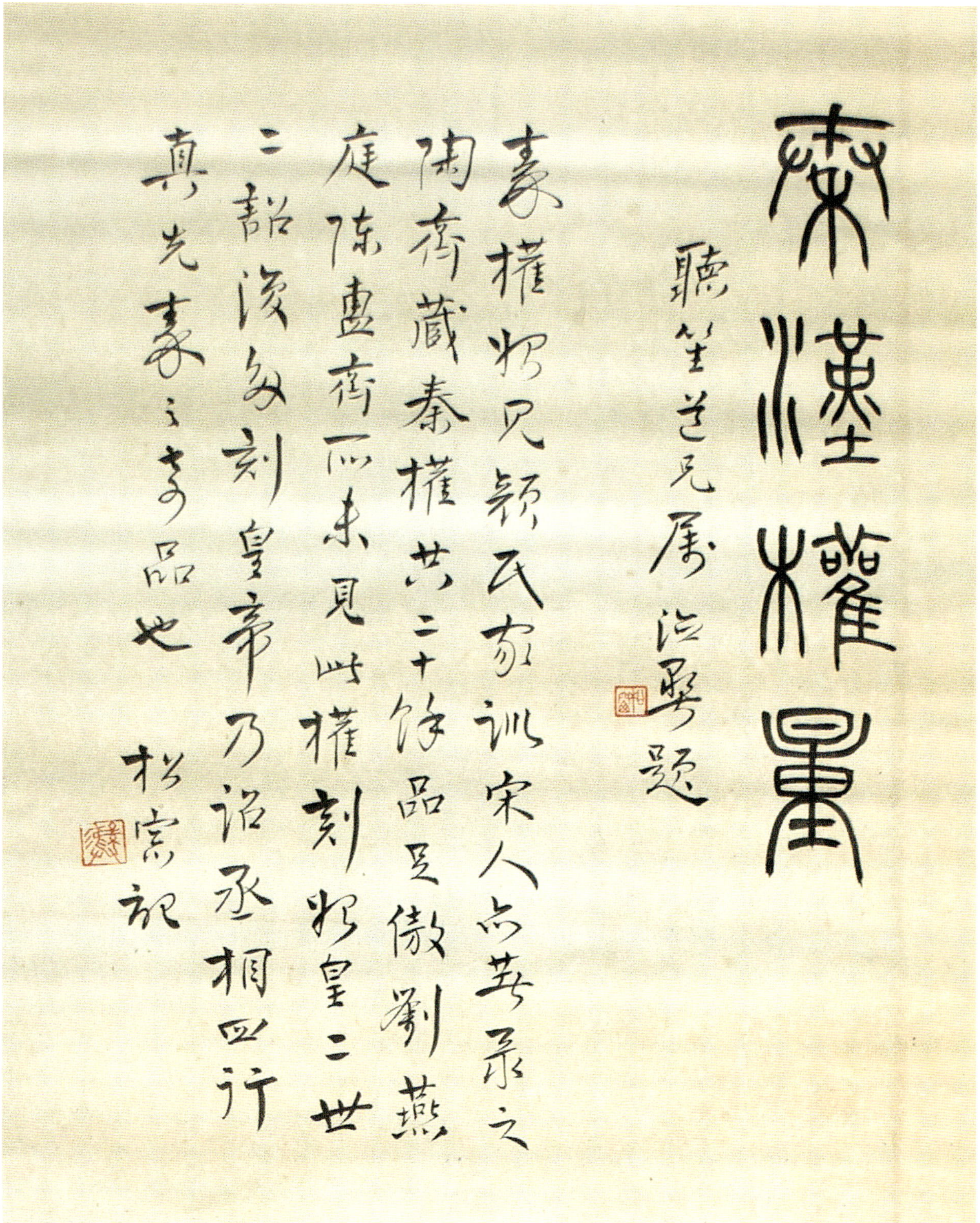

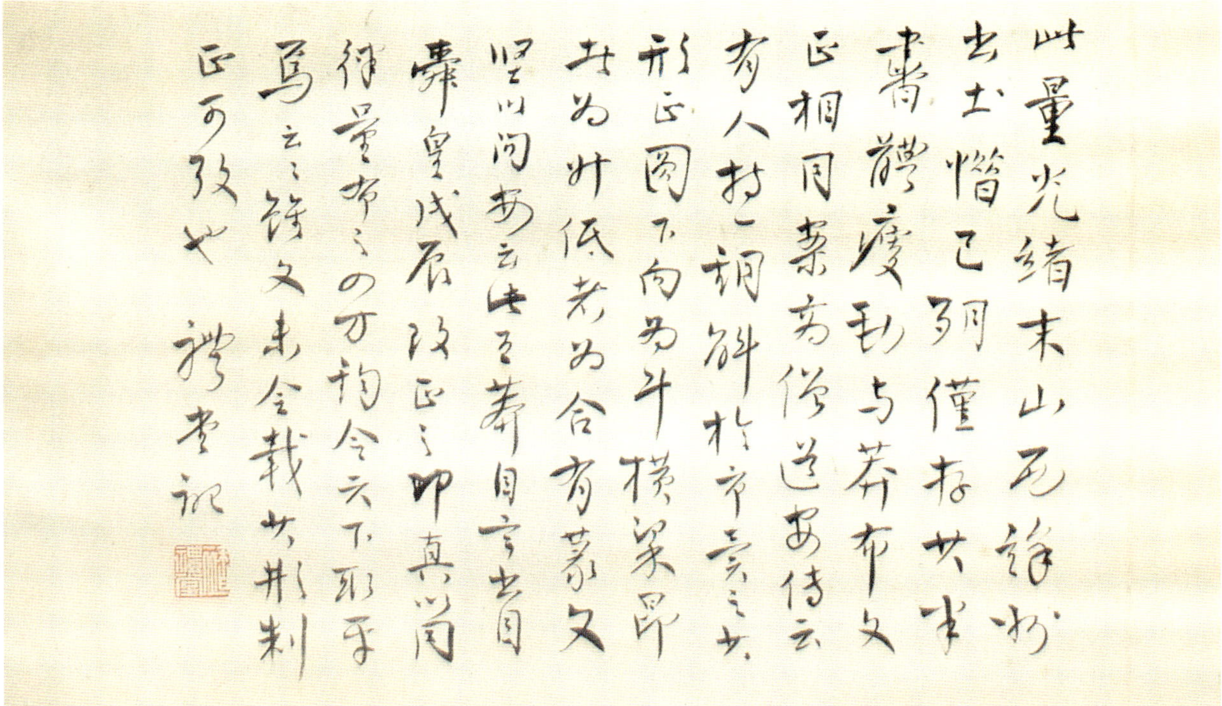

《秦權漢量》褚德彝跋本（局部）

10.《秦鐵權全形拓》李葆恂藏本

此枚《秦權》重五十二斤，鐵質，銘文在鼻鈕下，與上文所述銅權不同，亦為端方收藏，同為陶齋藏權之最大者。舊在陝西咸陽民家，用以繫犬，後歸吴大澂收藏，光緒辛丑（1901）七月轉歸端方。

此全形拓為光緒辛丑（1901）九月端方拓贈李葆恂者。存有端方、黄君復、費念慈、程頌萬、錢葆青、楊鍾羲等人題記觀款。又見老照片《陶齋評權圖》一張，攝於清光緒二十七年（1901）十月六日，地點在湖北巡撫端方的武昌官邸。畫面為端方端坐太師椅，好友李葆恂、錫春臣、黄左臣、程伯臧等人自右向左依次站立，蔭木桌上放置大、小秦權數枚，其中最靠近端方者，就有此件鐵權。照片四周另有端方、費念慈、王仁俊題記。

其中端方題記：

> 此評權圖也。戊戌（1898）之冬陳臬秦中，先後得秦大權二，皆重五十三斤，約即秦之百斤也。復得十餘斤至數斤權五，方量橢量二，銅詔板一，大小輕重凡十器，亦足以徵地不愛寶而物聚所好矣。衙齋相與共忻賞者，獨黄君左臣，而文石先生（李葆恂）適因析津拳變（義和團運動）奉母南來，與方相遇於離亂之後，相與欷歔話舊，摩撫殘詔，追維故里匱藏都歸灰燼，未嘗不歎子遺之可貴，而又私幸賞音之不孤也。圖中人自左而右第一文石觀察，次錫春臣太守，次黄左臣別駕，次程伯臧太守，又次則方也。光緒二十有七年歲次辛丑十月六日，湮陽陶父端方題記。

足見此枚秦權在端方心中的分量。

端方題記所云“先後得秦大權二”，即鐵權與銅權者。

照片下方有費念慈題詩:

> 話舊論文淚滿衣，前塵如夢事全非。
>
> 重編漢上題襟集，送我秋江放棹歸。
>
> 辛丑十月訪陶齋仁兄於武昌，樂數晨夕，將歸題此。費念慈。

此卷《秦權拓本》是光緒辛丑（1901）九月端方拓贈李葆恂者，此張照片攝於光緒二十七年（1901）十月，李葆恂就是照片中執扇者，趴靠桌面者正是黄君復（左臣）。與照片相關者——端方、黄君復、費念慈等人，又同時在此件鐵權拓本上留有題記，如今拓本與照片兩相應合，實屬難得的文物史料。另，大銅權在照片之最右側，即李葆恂手握者，大鐵權在最左邊，即靠近端方者。

此卷《秦權拓本》有黄君復題端：

> 鐵權。文石先生屬，黄君復題。

黄君復，生卒年不詳，字左臣。湖南人。能詩文，善篆刻，曾為端方幕僚。

程頌萬題詞：

> 祖龍去久，人識遺權否？繫犬人家存篆繆，不是東門黄狗。
>
> 愙齋圖史清娱，陶齋風雅相如。金石河山竝壽，一時南北尚書。
>
> 清平樂。辛丑（1901）十一月題奉文石先生教。值右手疾以左腕書之。長沙程頌萬并記。

程頌萬（1865-1932），字子大，一字鹿川，號石巢、十髮、養芝翁等。湖南寧鄉人，文學家程千帆叔祖父。光緒二十三年（1897），創辦私立湖北中西通藝學堂。曾任湖北自強學堂（武漢大學前身）提調、湖北高等學堂監督、嶽麓高等學堂監督。著有《十髮居士集》《石巢詩集》《鹿川文集》等。

端方題記：

> 此權出咸陽一民家，用以繫犬，後歸吴愙齋。辛丑七月，施閏齋大令為鄙人致之。權重五十二斤，中鐫秦皇詔版，其文猶可讀，獨闕“疑者皆明壹之”六字耳。文石先生釋二世詔辭說最新确，見方所跋大銅權幅中，茲不具録。方謂“法度量”下“則”字當屬上讀，《說文》“則”畫物也，从“刀”从“貝”，“貝”古之物貨也。謂法度量則四者，其不壹者，壹之，其歉疑者，明之。其文顯然可讀，頗足與文石說向發明。是年九月端方題記。

費念慈題詩：

> 摩挲三度見，太息小滄桑。
>
> 黄繫村前狗，紅銷劫後羊。
>
> 六州悲鑄错，一字待平章。
>
> 玉版完無闕，猶留惠麓藏。
>
> 秦蒼玉詔版今在無錫一友人家，嘗借

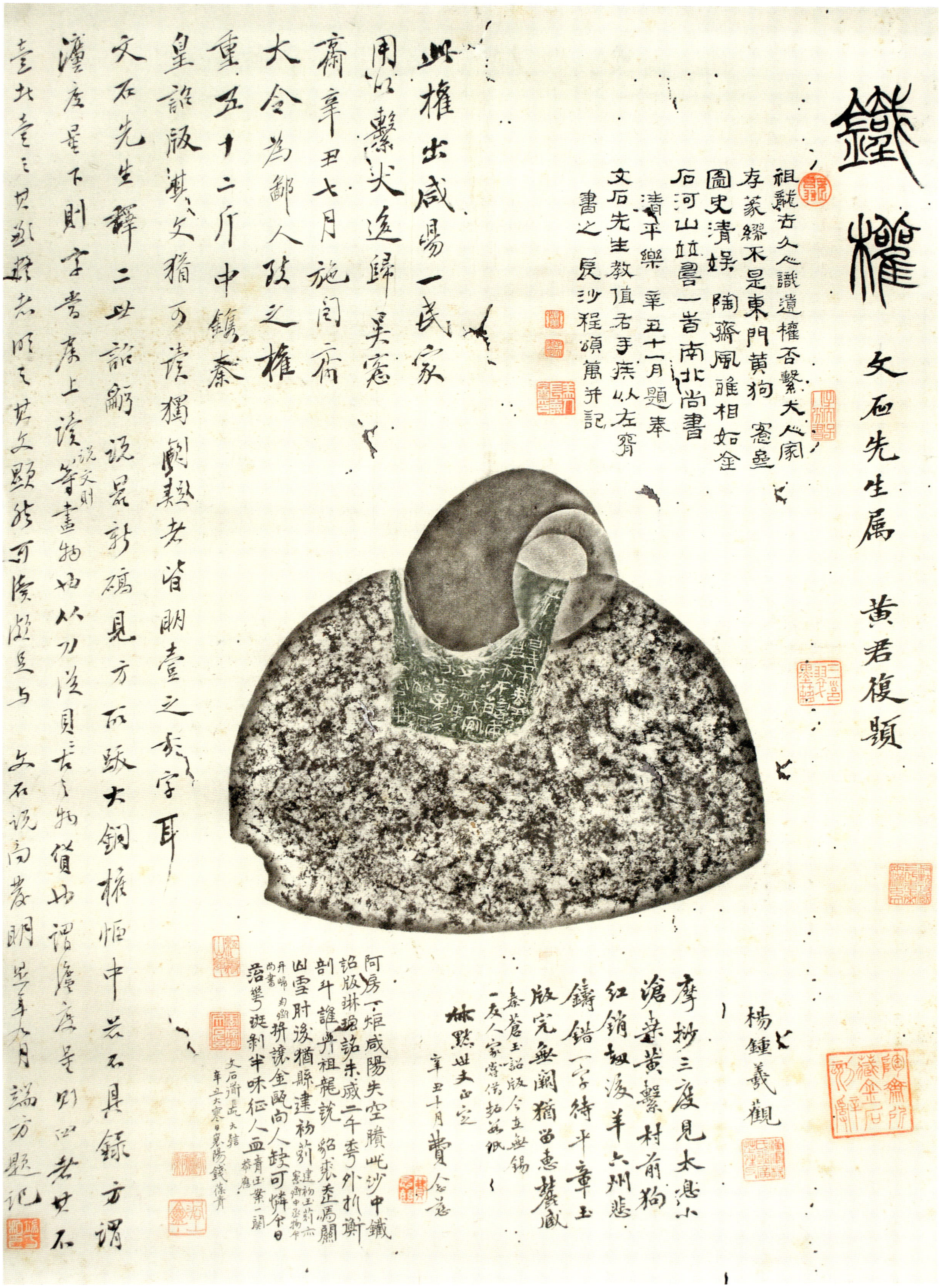

卷軸裝　畫芯縱64釐米　橫46釐米

館藏號：Z1420

評權圖老照片（從左至右依次爲：端方、程伯臧、黄左臣、錫春臣、李葆恂）

拓數紙。叔默世丈正定。辛丑十月費念慈。

費念慈（1855-1905），字屺懷，號西蠡，晚號藝風老人。江蘇武進人。光緒十五年（1889）進士，授翰林院編修。清書法家、藏書家，因收藏到宋人左建《江林歸牧圖》，遂將藏書樓名曰“歸牧堂”。精金石目録之學，冠絕一時。著有《歸牧集》。

錢葆青題詞：

阿房一炬咸陽失，空賸此，沙中鐵，詔版琳琅銘未滅。二千季外，折衡剖斗，誰與祖龍說。貂裘走馬關山雪，肘後猶縣建初莂。建初玉莂亦窸齋中丞物，今並歸匋齋尚書。拼讓金甌向人缺，可憐今日，落花斑剝，半和征人血。

青玉案一闋恭應文石道長大教。辛丑大寒日襄陽錢葆青。

錢葆青，生卒年不詳，字仲軒、仲仙。湖北省襄陽人。光緒三十四年（1908）曾任湖南省平江縣知縣。民國七年（1918），當選中華民國第二屆國會參議員。著有《看鏡樓初稿》《戊辰銷夏百一詩》《己巳銷夏懷人詩》。

常見秦權銘文為：“廿六年，皇帝盡並兼天下諸侯，黔首大安，立號為皇帝。乃詔丞相狀綰，法度量則，不壹歉疑者，皆明壹之。”此段銘文最後一句，過去句讀一直不統一，曾經出現誤讀為：“法度量，則不壹，歉疑者，皆明壹之。”此類誤讀的關鍵就在於不明銘文中“則”字的字義。“則”字，當作“稱量輕重的器具”來解，猶如我們現在所用的砝碼。二十年前出土的一枚“北宋稱權”，就自名為“銅則”。秦始皇廿六年詔書中最後一句應讀為“法度量則，不壹、歉疑者，皆明壹之”。即法度量衡制度，不壹者壹之，歉疑者明之。

11.《秦平陽斤全形拓》王憲成藏本

此枚秦權相傳為高士奇舊藏，後歸王憲成（蓉洲）所有。因其詔文結尾處有“平陽斤”三字，故名為“秦平陽斤”。平陽屬秦河東郡。斤者，權也。此為道光三十年（1850）王憲成所製全形拓，內存朱善旂所作《平陽斤》釋文，另有王憲成題跋以及陶樑、魯一同、完顔崇實、朱善旂題詩。其中王憲成題跋由朱善旂書録，朱善旂題詩則由殷壽彭書録。《平陽斤》詔文曰：

廿六年，皇帝盡（并）兼天下諸（侯，黔首大）安，立號為皇帝。乃詔丞相狀(綰)，（灋）度量則，不壹（歉）疑者，皆明壹之。

元年，制詔丞相斯、去疾：灋度量，盡（始）皇帝為之，皆有刻辭焉。今襲號而（刻）辭不稱始皇帝，其於久遠殹，如後嗣為之者，不稱成功盛德。刻此（詔），故刻左，使（毋疑）。平陽（斤）。

括弧内為漫漶滅失之字。

銘文拓片下方，為朱善旂釋文，其下存道光三十年（1850）十二月王憲成題跋（由朱善旂抄録），其文曰：

秦平陽斤銘一百三字。宋呂大臨《考古圖》、薛尚功《鐘鼎款識》《積古齋款識》皆載全文。自宋迄今，歷年久遠，剥蝕十餘字，無足怪也。《漢志》云：“權者，銖、兩、斤、鈞、石。”又云：“斤者，明也。三百八十四銖。易二篇之爻，陰陽變動之象，十六兩成斤者，四時乘四方之象也。”今以市平衡之，適得十六兩，足徵古今之權其輕重不相遠矣。《考古圖》稱六兩，或傳寫脱誤耶。秦并天下始分郡縣，以明壹度量為亟，意必製自上方，頒行天下。平陽屬河東郡，此其一焉。小篆李斯所作，有《蒼頡》七章，當時金石篆刻皆斯所書。兹刻十六行，字畫古穆雄健，間有土花繡蝕，如娟娟缺月之隱雲霧，非斯不能作也。阮本云舊藏平湖高文恪士奇家，今不知所在。神物隱見無常，幸而得之，宜如何珍重耶。

道光庚戌（1850）嘉平月，常熟王憲成識，富湖朱善旂書。

王憲成，字仲文，號蓉洲。江蘇常熟人。道光二十五年（1845）進士，擢河南京畿道御史，轉戶科給事中，為官有政聲。著有《桐華仙館詞》等。

朱善旂（1800－1855），字大章，號建卿。浙江平湖人。道光辛卯（1831）舉人，官國子監助教，並署博士監丞，武英殿校理等。喜金石，好藏硯，尤以“石鼓硯”著稱於時。著有《敬吾心室彝器款識》《石鼓文縮本釋文》。

後接陶樑題詩：

蓉洲示我平陽斤，屈蟠小篆鐫嬴秦。
咸京故物已希覯，此獨未遭楚炬焚。
祖龍令比牛毛密，黔首聞之皆慴慄。
已銷鋒鏑造鐘鐻，更析毫釐均度律。
古斤鑄就形渾樸，款識猶標年廿六。
偶符石鼓岐陽書，如勒豐碑繹山麓。
想當列郡初頒行，虎冠法吏雙眸瞠。
東周舊制蕩然盡，四海無人議重輕。
精鏐出土苔花黝，衡石錙銖費分剖。
摹書合用蒙恬筆，作篆應煩相斯手。
呂圖薛識拓本傳，儀徵考訂存新編。
兼并遺蹟今無恙，壓倒宜泉十五權。

翁宜泉比部藏元權十五枚，嘗見拓本。

長洲陶樑題，時年八十。

陶樑（1772—1857），字寧求，號鳬薌，一作鳬香。江蘇長洲人。嘉慶十三年（1808）進士，選庶吉士，授編修，累遷至內閣學士、兼禮部侍郎。有文名，精鑒賞，曾從王昶助其纂述。著有《紅豆樹館詩稿》。

全形拓右側，存魯一同（通甫）朱筆題詩：

周鼎浩淪沒，六國紛西馳。
秦皇張利吻，一一強食之。
盡收天下兵，金人鑄中馗。
餘者斤鈞石，輕重手中為。
緐緐三季法，掃蕩無孑遺。
河東股肱郡，頒灋先及兹。
吏治雖刻深，畫一故無疑。
豈惟黔首愚，鬼物猶訶撝。
土華何斑斑，鐵鏉何纍纍。
尋文辨其端，作者丞相斯。
尚賴文章雄，間位參尊彝。
奈何作法涼，而欲追軒羲。
鐘簴忽不守，一火金鐵飛。
持此媿龜鑑，永為來者規。

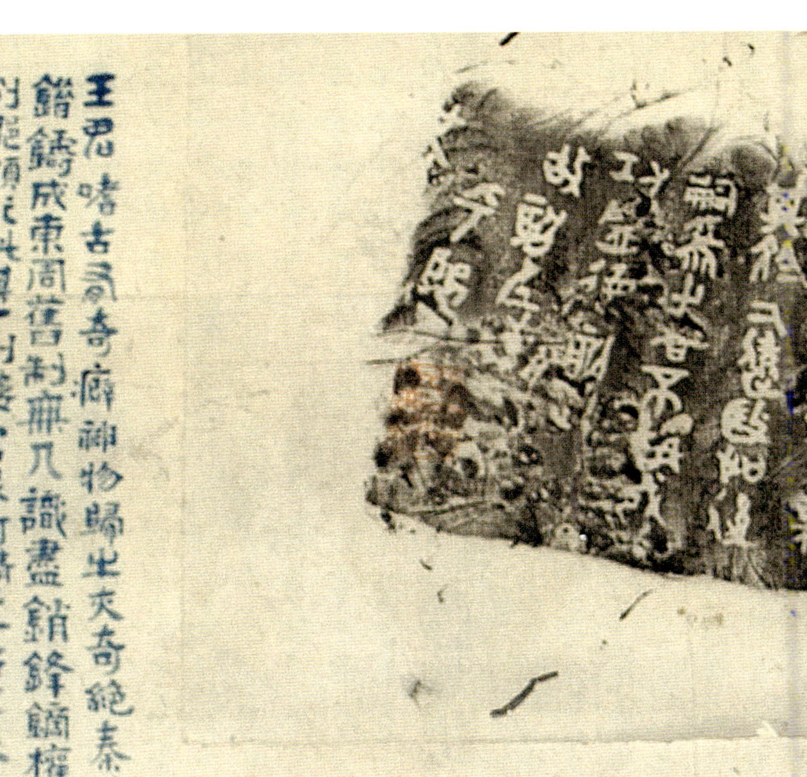

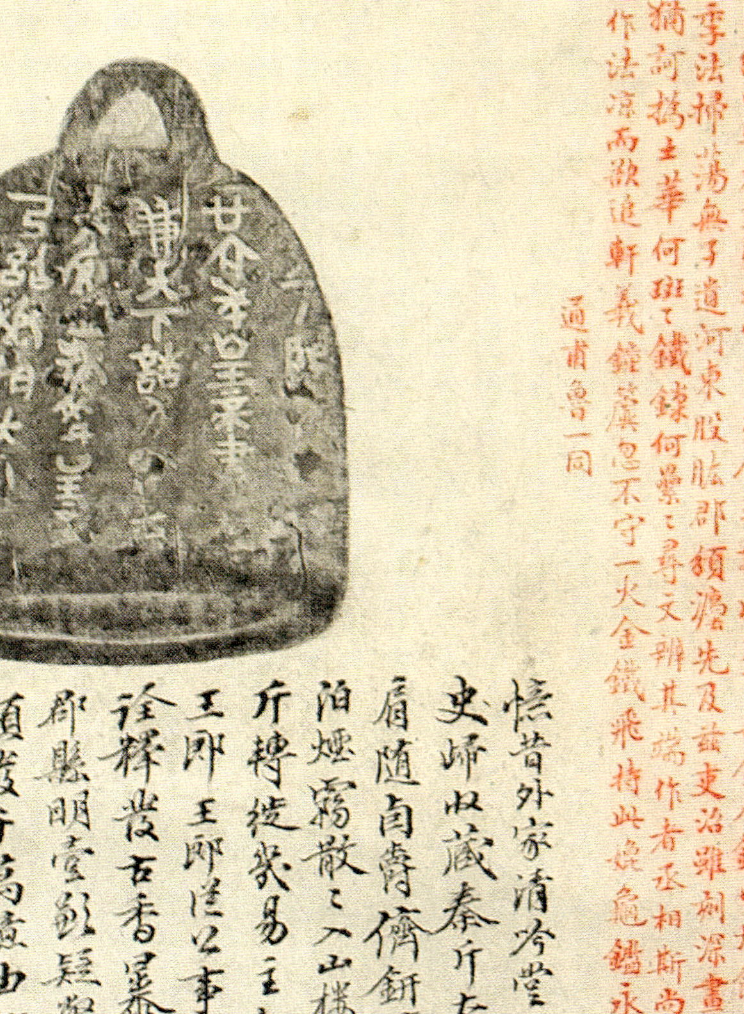

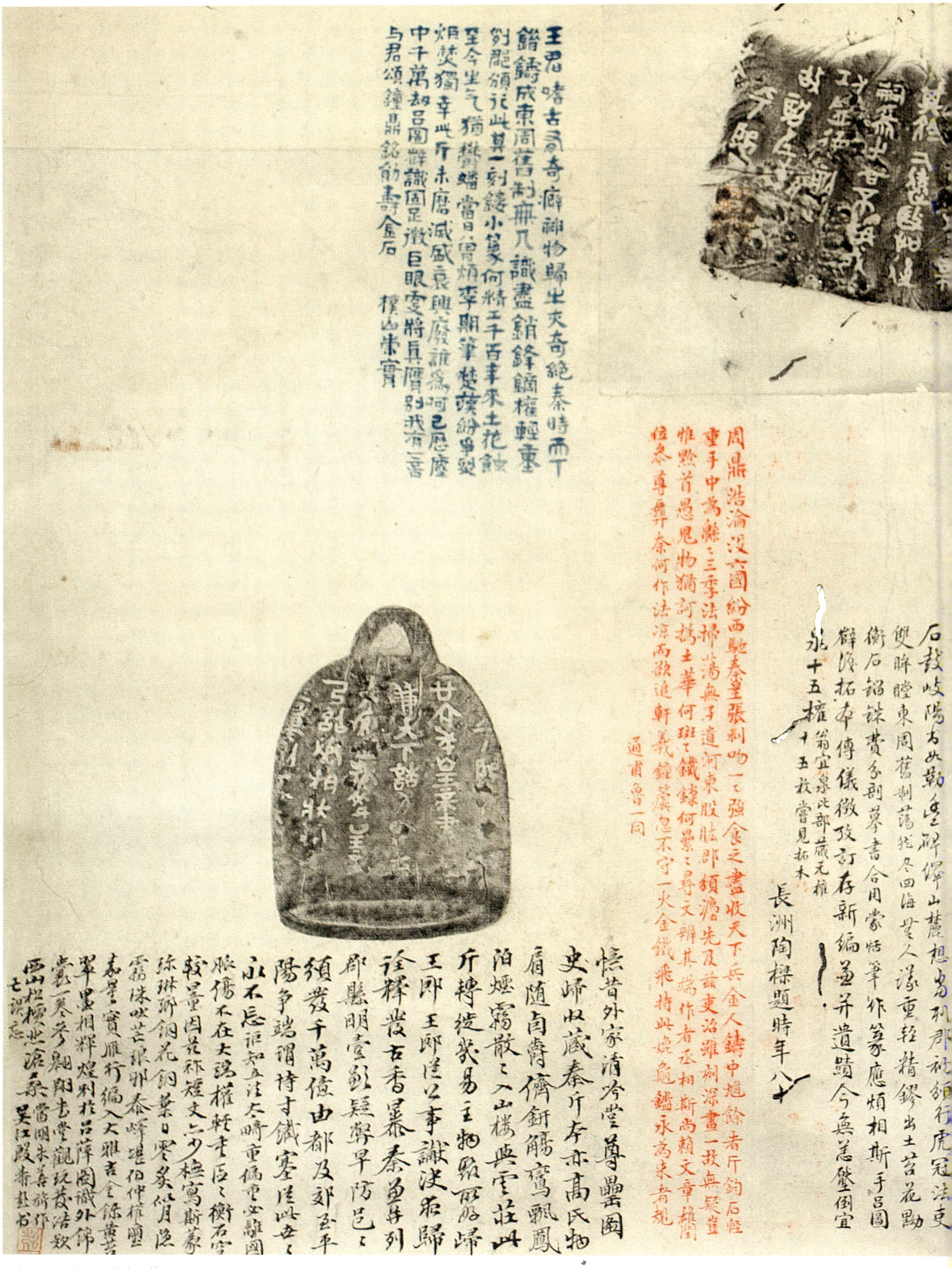

卷軸裝　畫芯縱34釐米　橫39.5釐米　館藏號：Z1353

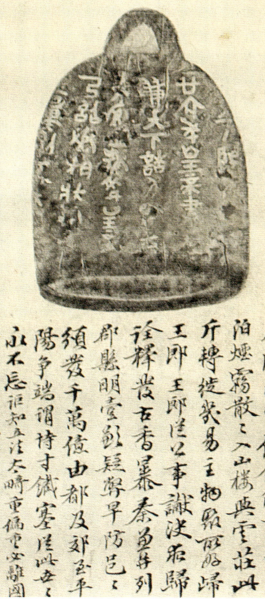

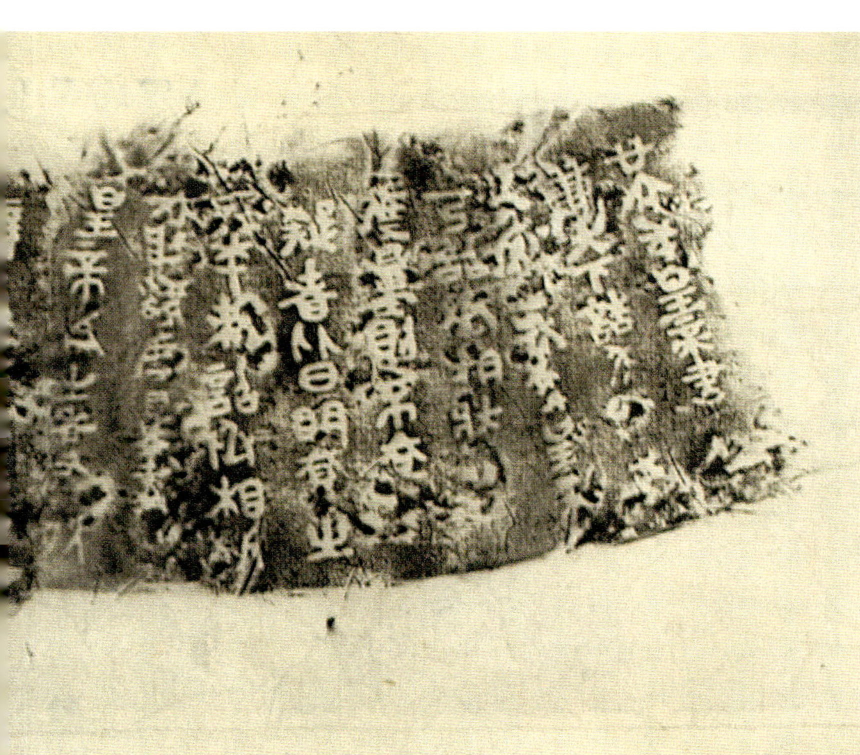

通甫魯一同。

魯一同（1805—1863），字蘭岑，一字通甫。江蘇安東人。道光十五年（1835）中舉，然會試屢次不第，遂致力於詩文。其詩氣象雄闊，其文外閎中實。兼善繪事，尤工梅花，然畫名終被詩文所掩。著有《通甫類稿》《通父詩存》《右軍年譜》等。

全形拓上方，存完顏崇實藍筆題詩：

王君嗜古有奇癖，神物歸之亦奇絕。
秦時天下錯鑄成，東周舊制無人識。
盡銷鋒鏑權輕重，列郡頒行此其一。
刻鏤小篆何精工，千百年來土花蝕。
至今生氣猶鬱蟠，當日曾煩李斯筆。
楚漢紛爭烈炬焚，獨幸此斤未磨滅。
盛衰興廢誰為呵，已歷塵中千萬劫。
呂圖薛識固足徵，巨眼更將真贋別。
我有一言與君頌，鐘鼎銘勛壽金石。
樸山崇實。

完顏崇實（1820—1876），字子華、惕盦，又字樸山，號適齋。室名半畝園、小琅軒館。滿洲鑲黃旗人。道光三十年（1850）進士，歷任刑部尚書、文淵閣學士、鑲白旗蒙古都統、兵部尚書、盛京將軍。文武兼備，能詩文，工書法。著有《白雲仙表》。

全形拓下方，存朱善旂題詩（殷壽彭書録）。其詩曰：

憶昔外家清吟堂，尊罍圖史歸收藏。
秦斤本亦高氏物，肩隨卣爵儕鈃觴。
驚飆鳳泊煙霧散，散入山樓與雲莊。
此斤轉徙幾易主，物聚所好歸王郎。
王郎從公事讞決，夜歸詮釋發古香。
綦秦兼并列郡縣，明壹歉疑弊早防。
邑邑頒發千萬億，由都及郊至平陽。
爭端謂恃寸鐵塞，從此世世永不忘。
詎知立法太畸重，偏重必離國脈傷。
不在大端權輕重，區區衡石空較量。
因茲祚短文亦少，槧寫斯篆珍琳瑯。
銅花銅葉日零炱，似月隱霧珠吐芒。
琅邪泰嶧堪伯仲，權壐嘉量實雁行。
編入大雅吉金録，黄苔翠墨相輝煌。
別於呂薛圖識外，錦囊一卷參翱翔。
書堂觀玩發浩歎，西山松檟悲滄桑。亡誤忘。
當湖朱善旂作，吴江殷壽彭書。

殷壽彭，字雉尌，號述齋、春雨樓。江蘇吳江人。道光二十年（1840）進士二甲第一名，任翰林院編修。歷官山東學政、廣東學政，詹事府詹事。著有《春雨樓集》。

二　秦　量

1.《秦量》吳昌碩跋本

量，斗斛也。古代測量容積之器具。傳世之量器，亦始于秦，依外形可分橢量、方量兩種，其銘文與秦權同。

此件《秦量》屬於秦橢量，兩側與底部均有銘文，右側面刻秦始皇詔書，左側面刻秦二世詔書，底面續刻二世詔書。此為陳介祺拓本，後歸楊兆鋆（須曼）、楊兆釜（譜笙）兄弟收藏。存有吳昌碩、蕭蛻庵題記。外簽題曰："須曼拓鐘鼎拓屏"，當為楊兆鋆所藏鐘鼎彝器卷軸系列之一。

秦量銘文秦始皇詔書：

廿六年，皇帝盡並兼天下諸侯，黔首大安，立號為皇帝，乃詔丞相狀、綰，灋度量則，不壹、歉疑者，皆明壹之。

秦二世詔書：

元年，制詔丞相斯、去疾灋度量，盡始皇帝為之，皆有刻辭焉。今襲號而刻辭不稱始皇帝，其於久遠也，如後嗣為之者，不稱成功盛德。刻此詔，故刻左，使毋疑。

楊兆鋆（1854-？）字誠之，號須圃。浙江吳興人。同治十年（1871）入京師同文館、英文館學習，畢業後任蘇松太道公署翻譯。光緒十年（1884）隨許景澂公使出洋。歸國後，任金陵同文館教習、江南儲材學堂督辦，後又出使比利時，任欽差大臣。撰有《楊須圃出使奏議》《須曼精廬算學》《魯史榷》等。

秦量拓本中，有吳昌碩題記：

秦紀始皇銷天下之兵，以愚黔首，詔版權量文字小異，當時飭匠鑄鑿，故字裏行間多差錯也。漢之鑿印，實胎於此。是數拓刻露可愛，客臘為須曼親家（楊兆鋆）購得，與漢弩機諸拓潢治成屏，周懸素壁，古趣為之盎然。丁巳（1917）四月維夏，七十四叟弟吳昌碩。

拓本左下角，存蕭蛻庵題記：

上蔡真蹟僅存權量，簠齋氈蠟妙絕一時。譜公（楊兆釜）得此，洵為世寶矣。用識眼福。庚午（1930）孟秋，蕭衲闇。

蕭蛻庵（1863-1958），亦名蕭蛻，字蛊孚、中孚，別署蛻庵、退庵、退闇，號寒蟬、南園老人。江蘇常熟人，晚居蘇州。早年加入同盟會，後加入南社。工書法，民國時有"江南第一書家"之譽。著有《勁草廬文抄》《蛻庵詩抄》《醫肩》等。

蕭蛻庵跋中所言之"譜公"即楊譜笙，名兆釜，楊兆鋆之弟。

卷軸裝　畫芯縱29.5釐米　橫32釐米　館藏號：Z1484

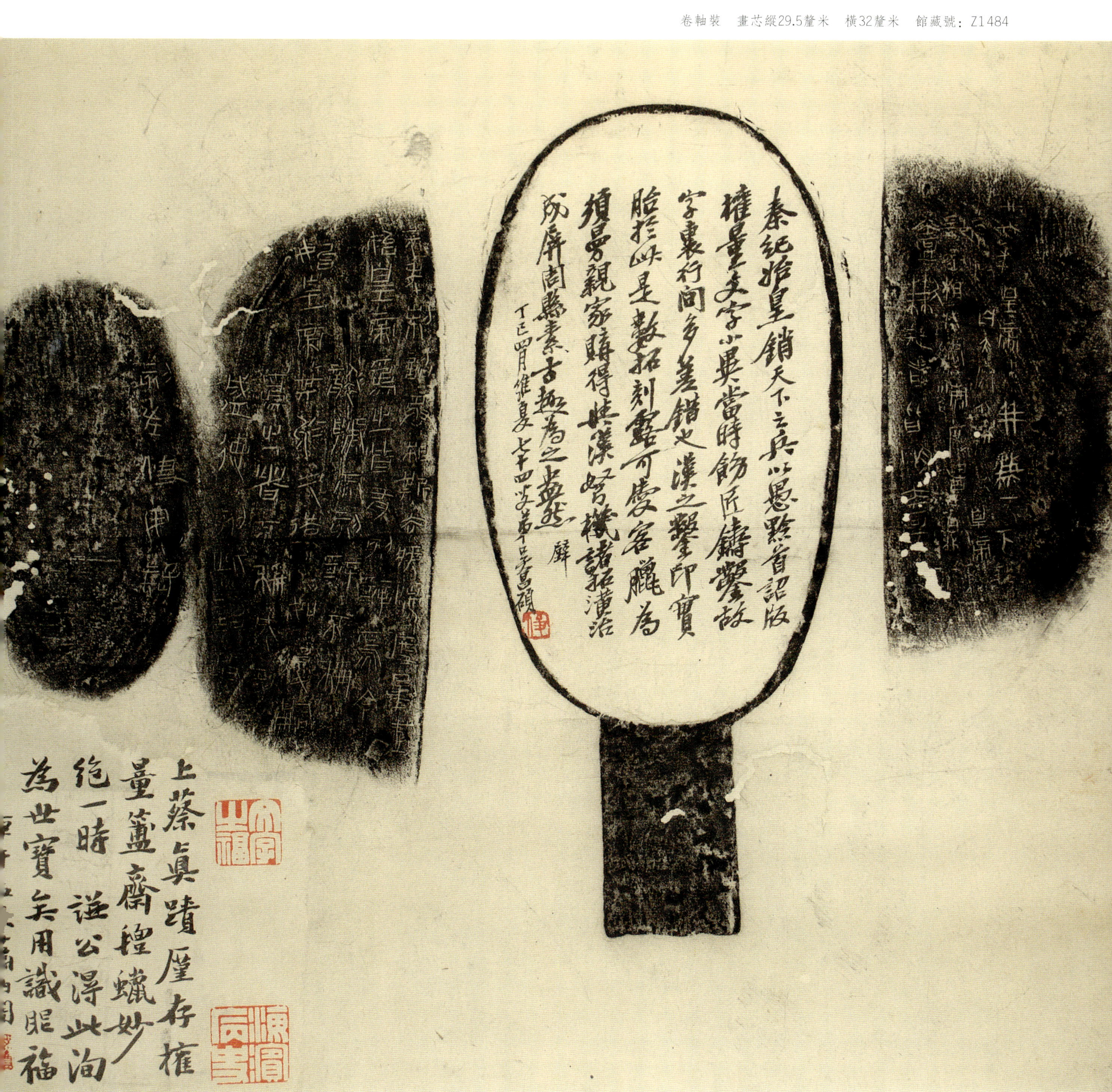

2.《秦量》楊兆釜跋本

此為陳介祺拓本，鈐有陳介祺（簠齋）藏印，外簽有“須曼拓鐘鼎拓屏四幅”字樣，係楊兆鋆（須曼）舊藏鐘鼎彝器卷軸系列之一。存有楊兆釜（譜笙）題記。

此件《秦量拓本》初看與上文吳昌碩跋本相似，諦視之，竟然出於兩個完全不同的秦量。此件秦量，秦始皇與秦二世的詔書銘文均刻於左側面，始皇詔書在前，字體較大，二世文字在後，字體較小，書刻呆板，顯非一時所刻。秦量的量體亦較前者為深。

民國十三年（1924）楊兆釜題記：

> 須曼四哥（楊兆鋆）耆古金石翫好，偶得斯拓，為屬晬老缶而索題焉。□既歸，哥已作古。生平所搜藏封識待沽，幾後無有辯識之者。人琴云亡，感慨係之矣。此幀向遝余收存，故竝未入封識。今以收拾行篋，來吳後偶焉得之，志以寄懷。譜笙。民國甲子（1924）夏，時寓古吳。

楊兆釜（1879-1949），號譜笙、溪香。浙江吳興人。楊兆鼇（三哥）、楊兆鋆（四哥）之弟。早年在楊兆鼇開辦的康泰絲棧中工作，日後楊氏兄弟成為絲業界的領袖。楊兆釜曾積極資助陳英士革命活動，還是同盟會中部總會的創始人，光復上海的領導人之一，辛亥時期傑出的政治活動家。1931年至1932年，楊兆釜出任南京國民政府監察院秘書長，協助于右任院長創建監察制度。後任中國國民黨黨史史料編纂委員會委員等職。

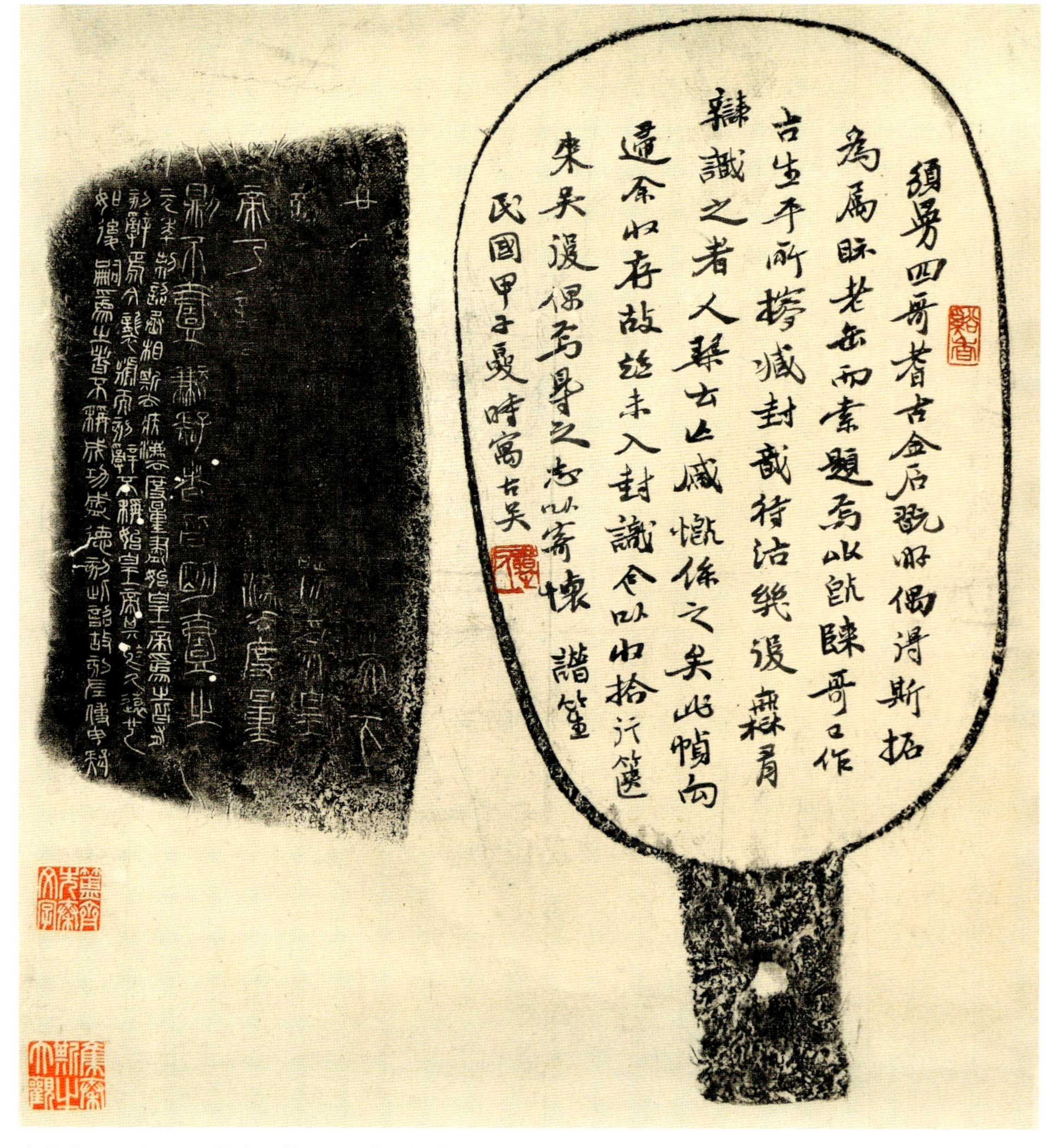

卷軸裝　畫芯縱46.5釐米　橫32.5釐米　館藏號：Z1533

3.《秦一升量全形拓》鄒安藏本

《秦一升量》，似鐵鏟又似簸箕，民國六年（1917）鄒安購得。此件全形拓本，鈐有“詠霓手拓”印章，為李漢青手拓。上為銘文拓片，下為全形拓，右側附秦量背後“犛”字拓本。為鄒安藏鐘鼎彝器四條屏之一。

民國九年（1920）鄒安題記：

> 秦一升量，形與海豐吴氏《秦寀》一器同。“犛”字在後，音郃，地名也。傳世秦量殆無小於此者。丁巳（1917）得，庚申（1920）補題。杭州鄒安。

鄒安（1864–1940），字壽祺，一字景叔，號適廬。浙江杭縣人。嗜金石，精鑒藏。傳世鄒安金石碑帖題跋頗多。有《雙玉鉥齋金石圖録》《廣倉磚録》傳世。

李慶霄（1870–1944），字漢青，號詠霓。浙江山陰人。精篆刻繪畫，善鼓琴，能傳拓與裝裱。曾任上海哈同花園畫師。

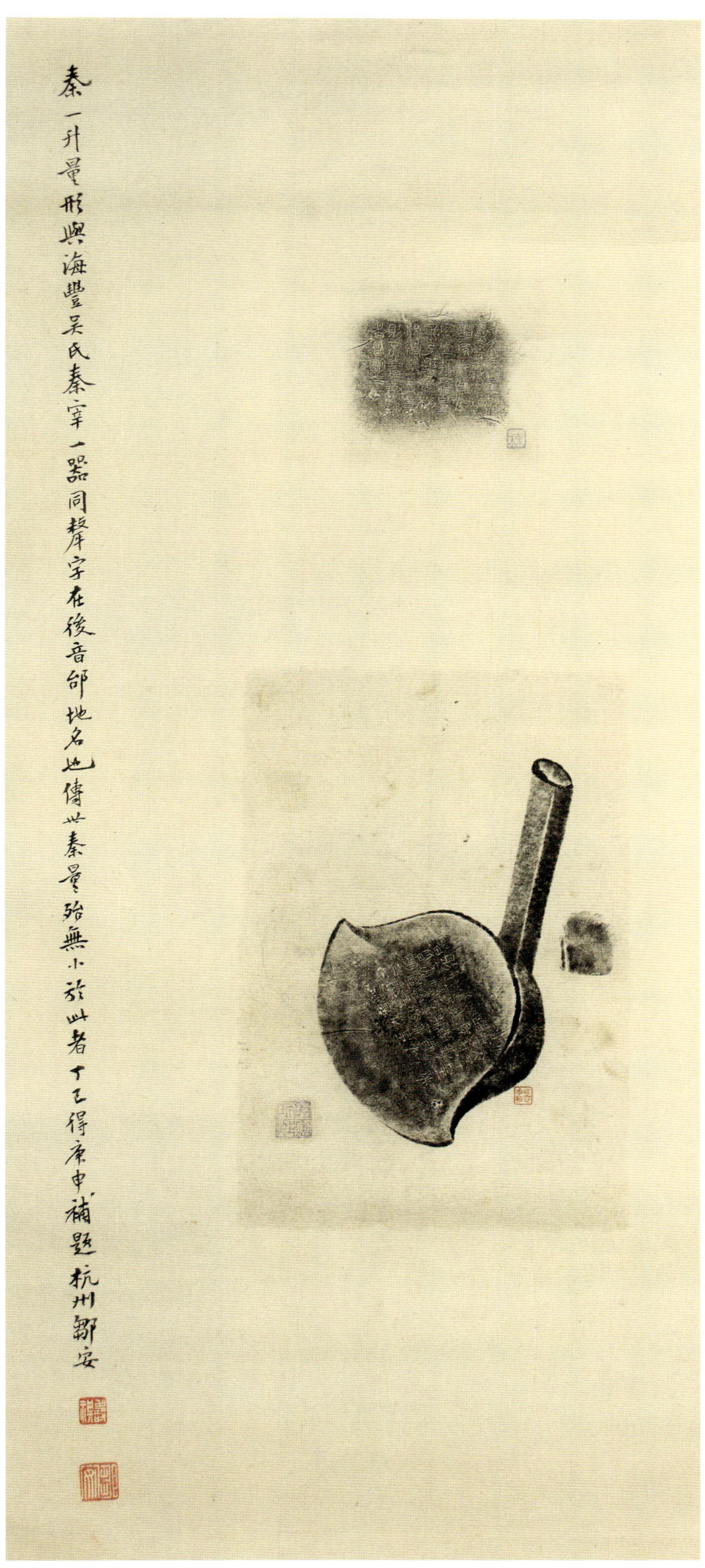

卷軸裝　畫芯縱95釐米　横44釐米　館藏號：Z1486

三　詔　版

1.《秦詔版》傳栻跋本

秦詔版亦稱“秦量詔版”，刻有秦始皇或秦二世統一度量衡詔書的青銅版，其四角或邊緣帶穿孔，用以鑲嵌在銅量、鐵權上，或釘扣在木量上。

此件《秦詔版》為趙時棡藏品，上有始皇、二世詔文合刻，共計15行。光緒二十六年（1900）夏，傳栻與趙時棡同在福州為官，故得以借拓詔版銘文。此拓鈐有“傳栻手拓”印章，存傳栻題記。詔版釋文：

廿六年，皇帝盡并兼天下諸侯，黔首大安，立號為皇帝，乃詔丞相狀、綰，灋度量劓，不壹、歉疑者，皆明壹之。（秦始皇詔書）

元年，制詔丞相斯、去疾，灋度量，盡始皇帝為之，皆有刻辭焉。今襲號，而刻辭不稱始皇帝，其於久遠也。如後嗣為之者，不稱成功盛德。刻此詔，故刻左，使毋疑。（秦二世詔書）

光緒二十六年（1900）傳栻題記：

此秦詔版也。濰縣陳壽卿太史（陳介祺）所獲冣夥，此為四明趙叔孺太守 時棡 所藏。篆體精妙，朱碧爛然，洵足寶貴。庚子夏日，同官三山，借以手拓因記。邁翁。

傳栻（1850–1903），字子式，號邁翁、邁廬。北京大興人。金石家傳以禮（戊臣）之子，父子二人均好藏印，亦能治印，故其家藏印章為浙中一流。輯有《趙撝叔印譜》《西泠六家印譜》《七家印款輯存》等。另，傳栻之叔父傳以綏，字艾臣，號萊子，亦善刻印藏印。

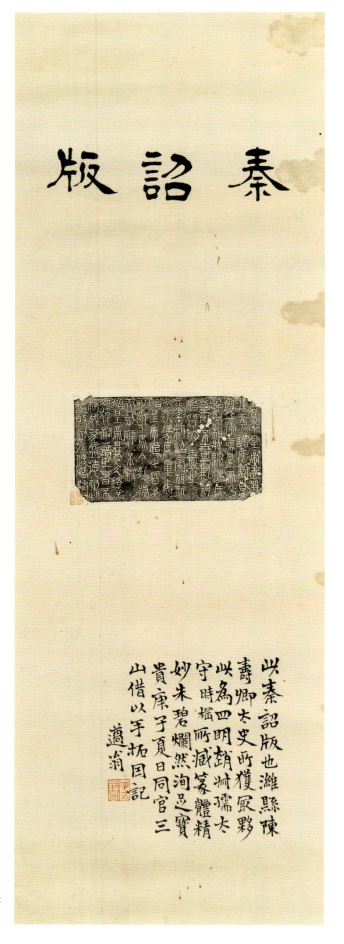

卷軸裝　畫芯縱69.5釐米　橫22釐米
館藏號：J2005

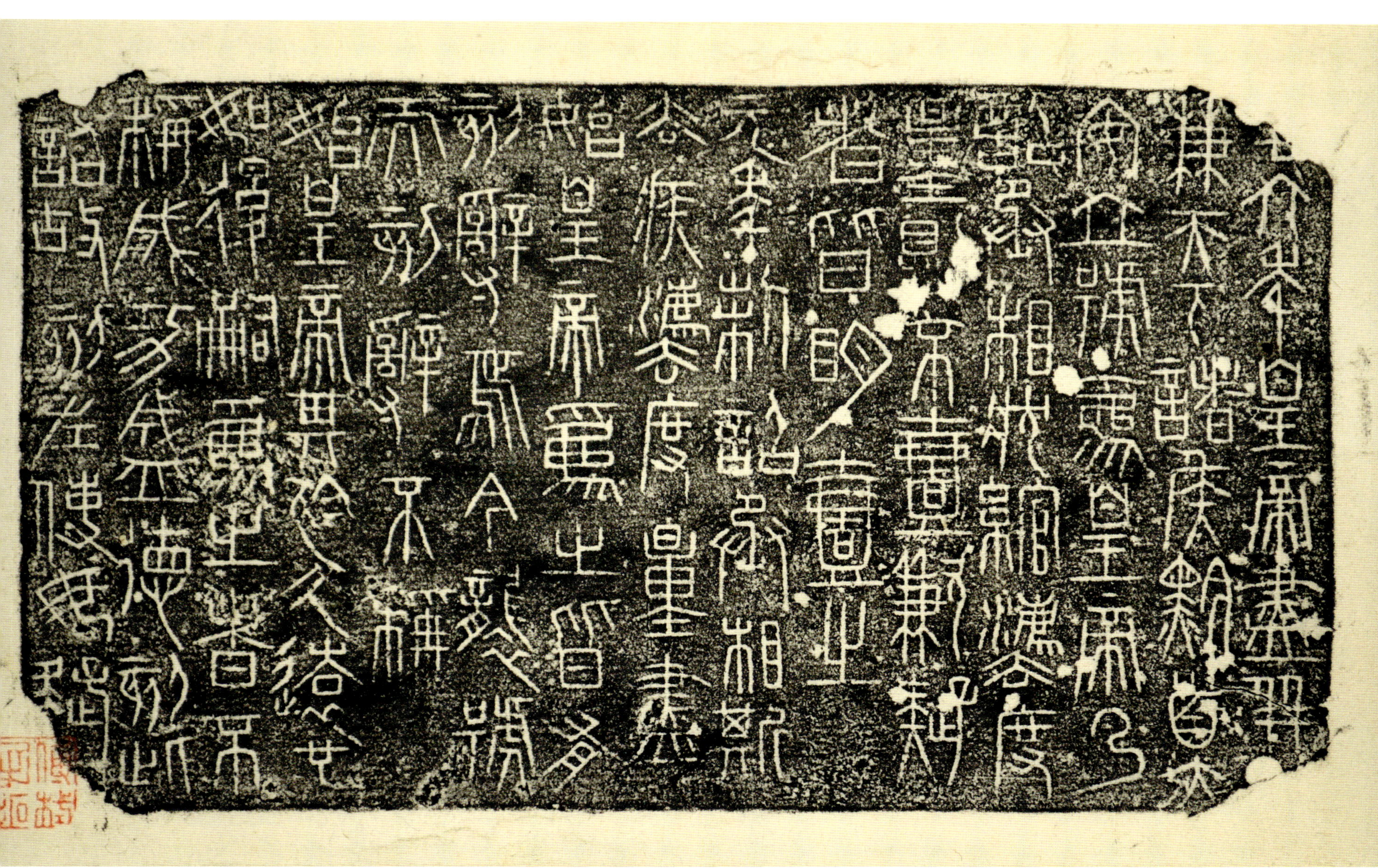

《秦詔版》傅栻跋本局部

四　兵　器

1.《梁伯戈》王國維跋本

“戈”是青銅時代最常用的兵器，可分“戈頭”“戈柲”（即手持之長柄，多為竹、木質）。戈頭有三部分組成，前端尖刃部稱作“援”，援下橫折處稱作“胡”，後端直柄稱為“內”，“內”上有孔，用以纏縛於長柄。戈是古代一種長柄冷兵器，適用於車兵攻戰，能勾能啄、可推可掠，極具殺傷性。

此《玁狁四器》之一。民國十二年（1923）六月，王國維將《虢季子白盤》《梁伯戈》（亦稱“鬼方戈”）《不嬰敦》《兮甲盤》合裝成四條屏，名之曰“玁狁四器”，逐一考證並題記。同年八月，因新獲《匈奴相邦玉印》後，又將其替換原有的《虢季子白盤》。

《梁伯戈》的鑄造年代當定於春秋早期，上有小字銘文，一面曰“梁伯作宮行元用”，一面曰“抑鬼方蠻□般□”共十四字，故將此戈稱為“梁伯戈”或“鬼方戈”。舊為陳介祺藏器，後歸羅振玉收藏。此為羅振玉監拓之《梁伯戈》精拓本，銘文字字清晰，王國維譽之為“第一精拓本”。

卷軸有王國維題外簽：

> 梁伯戈拓本。濰縣陳氏舊藏，今歸上虞羅氏。舊拓皆模糊，此第一精拓本也。觀翁。

卷軸下方為民國十二年（1923）六月十九日王國維題跋，跋文大意有四點：

1.此為梁伯伐鬼方時所作之戈。

2.從鐘鼎款識中例舉了“鬼方”之“鬼”字的多種寫法，“鬼”字就是古文“畏”字。

3.論證了古文凡从“卜”、从“攴”、从“戈”之古字，皆有擊打之意。

4.“畏方”之名見於書器者為最早，其後音轉為“葷粥”“獯鬻”“玁狁”“休渾”等，最後演變“匈奴”，急言為“胡”。後世經典文獻則將“畏方”寫作“鬼方”，屬蔑稱。

王國維題跋：

> 此戈濰縣陳氏舊藏，今歸上虞羅氏。其銘一面曰“沕伯作宮行元用”，一面曰“抑鬼方蠻□般□”共十四字，語不盡可解。蓋梁伯伐鬼方時所作戈也。
>
> 案：鬼方經傳皆無異文，《盂鼎》作“戜”从“鬼”从“戈”，此戈从“鬼”从“攴”，實皆古文“畏”字也。《大盂鼎》“畏”作“𤰈”，《毛公鼎》作“𤰈”，皆从“鬼”从“卜”，此作“鬾”則从“鬼”从“攴”，《諸尚盤》作“叟”，則从“甶”鬼頭从“攴”，實皆一字，“卜”者，“攴”之省也。其或从“戈”者，古从“攴”从“戈”之字，義多相近。如《毛詩》“鋪敦淮濆”，《韓詩》作“敷”，“敦”从“攴”。《不嬰敦》“女及戎大臺戟”，“臺戟”即“敷敦”之倒，其字又从“戈”。蓋無論从“卜”、从“攴”、从“戈”皆有擊意，故“𤰈”“鬾”“戜”三字，實一字也。至《王孫遣諸鍾》之“畏忌趩趩”字又作“𢽥”，既从“卜”又从“攴”，則稍贅矣。
>
> 自漢以後，鬼頭虎爪訛別之字行，人乃不識古文“鬾”字。張衡《西京賦》“況鬾䰟与畢方”，此本《詩小雅》“為鬼為蜮”，乃以“鬾”為“鬼”，《莊子·天地篇》之“門無畏”司馬彪本，郭象本作“門無鬼”，然則《雜篇》之“徐無鬼”，古本亦當作“徐無畏”。然則（此二字點去）自漢以後，人多誤讀古“畏”字為“鬼”字，故經“畏方”字皆作“鬼方”。案《毛詩·蕩傳》云“鬼遠也”，“畏遠”雙聲，又於陰陽對轉最近，故以之相訓。然則，毛公之時，經文或尚未訛矣。
>
> 又案古者牙喉二音不甚分晰，故“畏”“鬼”二字，讀亦略同。“畏方”之名見於書器者為最早，其音對轉而為“混”，又為“昆”，為“畎”工卷反，亦讀若衮又轉而為“葷粥”，為“獯鬻”，又轉而為“厥允”，為“休渾”《史記·趙世家》奄有河宗至於休溷諸貉又轉而為“匈奴”，又急言之為“胡”，然其最初之名，則為“畏方”，經典作“鬼

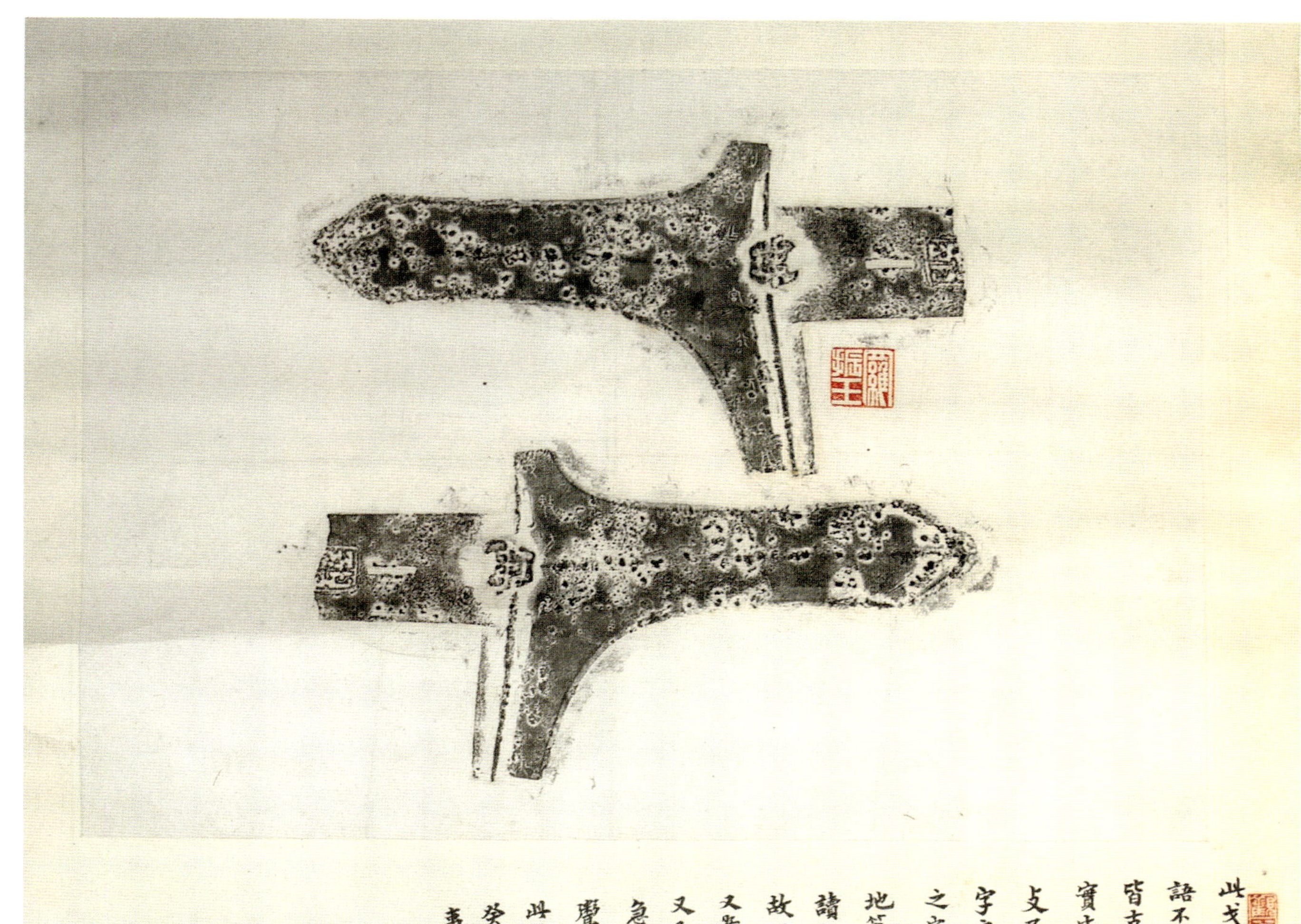

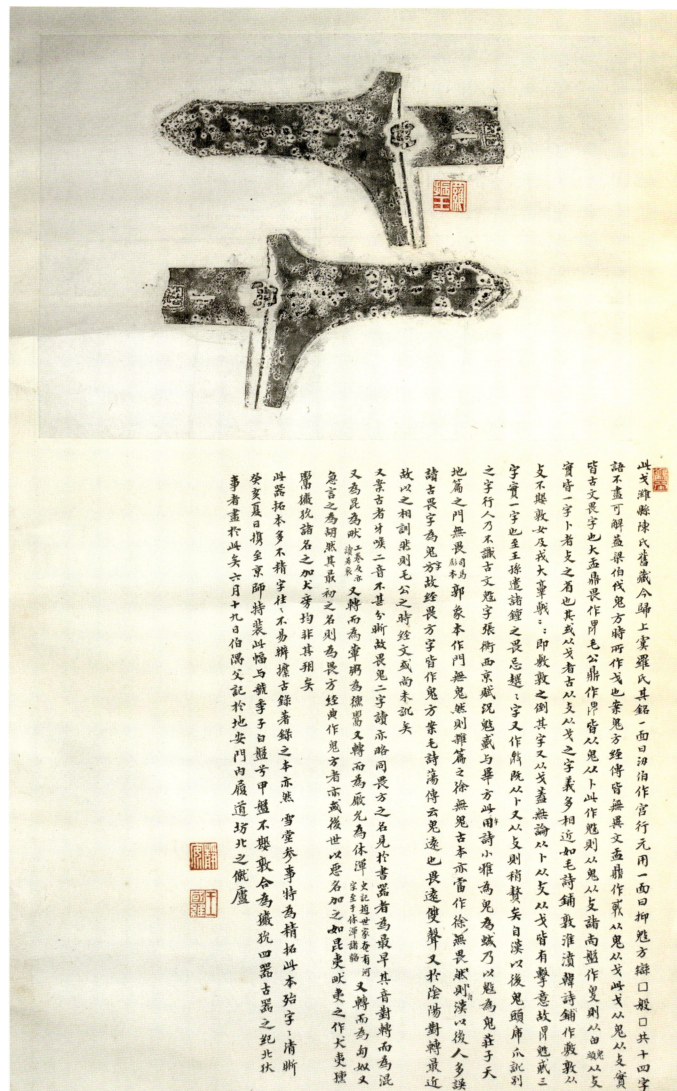

此戈潍縣陳氏舊藏今歸上虞羅氏其銘一面曰㳄伯作宮行元用一面曰抑鬼方蠻□般□共十四字語不盡可解蓋梁伯伐鬼方時所作戈也案鬼方經傳皆無異文盂鼎作𢦏从鬼从戈此戈从鬼从攴實皆古文畏字也大盂鼎畏作𤰈毛公鼎作𤰈皆从鬼从卜此作魌則从鬼从攴諸𠪚盤作㥜則从甶（鬼頭）从攴實皆一字卜者攴之省也其或从戈者古从攴从戈之字義多相近如毛詩鋪敦淮濆韓詩鋪作敷敦从攴不㝔敦女及戎大𦎫戟𦎫戟即敦敦之倒其字又从戈蓋無論从卜从攴从戈皆有擊意故𤰈魌𢦏三字實一字也至王孫遣諸鐘之畏忌趩趩字又作𢿱既从卜又从攴則稍贅矣自漢以後鬼頭廂爪訛列之字行人乃不識古文魌字張衡西京賦況魌𢦏與畢方此用詩小雅為鬼為蜮乃以魌為鬼莊子天地篇之門無畏（司馬彪本）郭象本作門無鬼然則雜篇之徐無鬼古本亦當作徐無畏然則自漢以後人多誤讀古畏字為鬼方（字）故經畏方字皆作鬼方案毛詩蕩傳云鬼遠也畏遠雙聲又於陰陽對轉最近故以之相訓然則毛公之時經文或尚未訛矣

又案古者牙喉二音不甚分晰故畏鬼二字讀亦略同畏方之名見於書器者為最早其音對轉而為混又為昆為畎（工巷反亦讀若袞）又轉而為葷粥為獯鬻又轉而為㺑允為休渾（史記趙世家奄有河宗至于休溷諸貉）又轉而為匈奴又急言之為胡然其最初之名則為畏方經典作鬼方者亦或後世以惡名加之如昆夷畎夷之作犬夷獯鬻玁狁諸名之加犬旁均非其朔矣

此器拓本多不精字往往不易辨據古錄著錄之本亦然　雪堂參事特為精拓此本殆字字清晰癸亥夏日携至京師特裝此幅與虢季子白盤兮甲盤不㝔敦合為玁狁四器古器之紀北狄事者盡於此矣　六月十九日伯隅父記於地安門內履道坊北之僦廬

卷軸裝　拓片縱21.5釐米　橫30釐米　館藏號：Z2398

梁伯戈拓本
濰縣陳氏舊藏今歸上虞羅氏舊拓

讀古畏字為鬼方字故經畏方字皆作鬼方案毛詩蕩傳云鬼遠也畏遠雙聲又於陰陽對轉最近故以之相訓然則毛公之時經文或尚未訛矣

又案古者牙喉二音不甚分晰故畏鬼二字讀亦略同畏方之名見於書器者為最早其音對轉而為混又為昆為畎（工義反亦讀若袞）又轉而為葷粥為獯鬻又轉而為厥允為休渾（史記趙世家奄有河宗至于休溷諸貉）又轉而為匈奴又急言之為胡然其最初之名則為畏方經典作鬼方者亦或後世以惡名加之如昆夷畎夷之作犬夷獯鬻玁狁諸名之加犬旁均非其朔矣

此器拓本多不精字往往不易辨攈古錄著錄之本亦然　雪堂參事特為精拓此本殆字字清晰

癸亥夏日攜至京師特裝此幅與虢季子白盤兮甲盤不嬰敦合為玁狁四器古器之紀北狄事者盡於此矣　六月十九日伯隅父記於地安門內履道坊北之僦廬

《梁伯戈》王國維跋本題簽

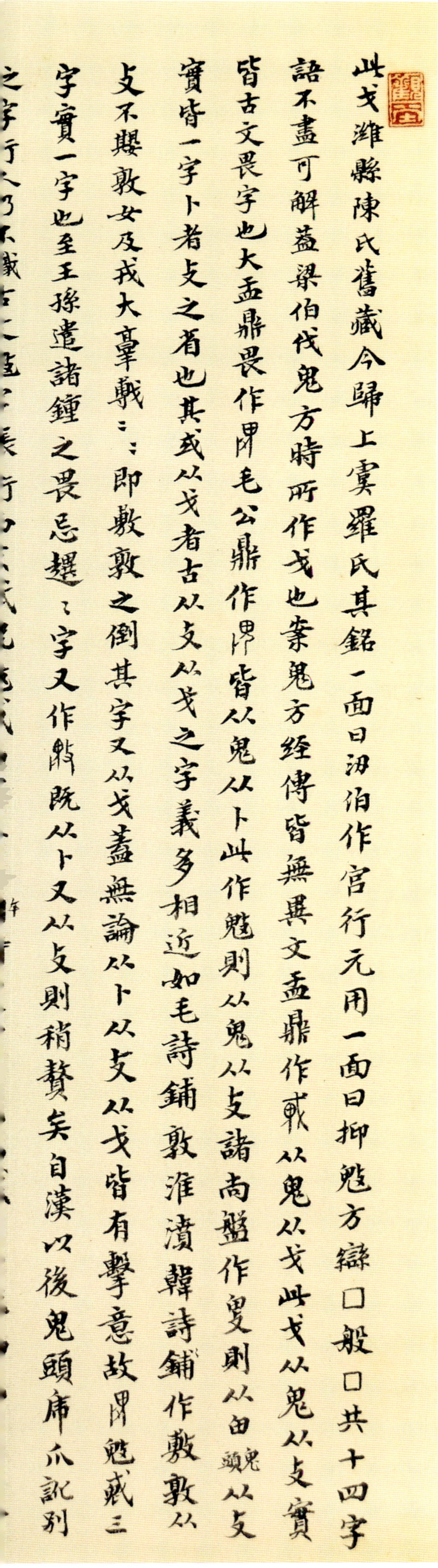

此戈潍縣陳氏舊藏今歸上虞羅氏其銘一面曰沏伯作宫行元用一面曰抑䰠方蠻□般□共十四字語不盡可解蓋梁伯伐鬼方時所作戈也案鬼方經傳皆無異文盂鼎作𢦏从鬼从戈此戈从鬼从攴實皆古文畏字也大盂鼎畏作𤰈毛公鼎作𤰈皆从鬼从卜此作䰠則从鬼从攴諸尚盤作𢼣則从甶（鬼頭）从攴實皆一字卜者攴之省也其或从戈者古从攴从戈之字義多相近如毛詩鋪敦淮濆韓詩鋪作敷敦从攴不𡚱敦女及戎大𦎫戟=即敦敦之倒其字又从戈蓋無論从卜从攴从戈皆有擊意故𤰈䰠𢦏三字實一字也至王孫遣諸鐘之畏忌趩=字又作𢼣既从卜又从攴則稍贅矣自漢以後鬼頭甶爪訛列

觀堂

方”者，亦或後世以惡名加之，如“昆夷”“畎夷”之作“犬夷”，“獯鬻”“玁狁”諸名之加“犬”旁，均非其朔矣。

此器拓本多不精，字往往不易辨，《攈古録》著録之本亦然。雪堂参事特為精拓，此本殆字字清晰，癸亥（1923）夏日，攜至京師，特裝此幅與《虢季子白盤》《兮甲盤》《不嬰敦》合為“玁狁”四器，古器之紀北狄事者盡於此矣。六月十九日，伯隅父記於地安門内履道坊北之僦廬。

王國維（1877–1927），字伯隅、靜安，號觀堂、永觀。浙江海寧人。1901年，在羅振玉資助下赴日本留學。1906年，任清政府學部總務司行走、圖書館編譯、名詞館協韻等。1925年，王國維受聘為清華研究院導師，與梁啟超、陳寅恪、趙元任、李濟合稱為“五星聚奎”的清華五大導師。1927年6月，王國維留下“經此世變，義無再辱”的遺書，在頤和園昆明湖自沉。王國維被譽為“中國近三百年來學術的結束人，最近八十年來學術的開創者”，與郭沫若（鼎堂）、董作賓（彥堂）、羅振玉（雪堂）合稱“甲骨四堂”。

梁伯戈　現藏故宫博物院

《梁伯戈》王國維跋本局部

2.《周嘉勳劍》鄭文焯藏本

青銅劍，是佩帶的手持短兵器。早在商代中晚期，古人就已經開始以銅鑄劍。佩劍不但可以防身，而且還是等級身份的象徵。

《周嘉勳劍》為伐戎克捷以賜有功之劍，係沈秉成舊藏。銅劍銘文曰：“戎無道，陷虐我，豐公左徂伐，國以安寧，余嘉乃勳，錫乃寶彝。子子孫孫永寶用享休令。”

沈秉成（1823–1895），字仲復，自號耦園、鰈硯廬主人。浙江歸安人。清咸豐六年（1856）進士，官至廣西、安徽巡撫，署兩江總督。同治間出任蘇松太兵備道時，曾為上海豫園“點春堂”書寫堂匾。光緒十六年（1890）創辦有南京水師學堂、經古書院等教育機構。工詩文書法，精鑒賞，收藏金石鼎彝、法書名畫美富一時。著有《蠶桑輯要》《夏小正傳箋》。吳昌碩《石交集》內有《沈秉成傳略》，其中提及曾為沈氏刻印十餘枚。長孫沈邁士（1891–1986）亦以善鑒賞聞名當代藝苑。

此為光緒十一年（1885）沈秉成拓贈鄭文焯之本，內有吳昌碩、鄭文焯、潘鍾瑞等人題跋。以拓本觀之，劍長62.5釐米。

劍拓之左右，存有光緒十一年（1885）八月四日，吳昌碩題記並劍銘釋文（時年四十一歲），其記曰：

> 劍向不知誰氏所藏，今歸耦園（沈秉成），名之曰“嘉勳劍”。文字整飭，具見周時渾樸質厚氣象，且銘文多至卅餘字。彼積古齋（阮元）所收之《吳季子之子劍》、兩罍軒（吳雲）所收之《齊良劍》均不及此，可寶也。瘦碧主人（鄭文焯）屬題，即請正謌。乙酉（1885）八月四日，削觚盧曉霽吳俊。

吳昌碩題記之左側，另有鄭文焯作《詠劍》一篇（時年二十九），其詩曰：

> 生銅雷吼天聲辟，惟周神武戎乃格。用張大列文厥脊，千年血花不敢赤。捫之有稜光奕奕，方今颶怪沼人國。島嘯波叱天地駭，安得怒呹快一斫。歘吸百川走鯨鱷。
>
> 右周劍打本迺耦園道兄見貽者，篆跡瘦勁有史籀遺意，足稱劇跡，爰詩以聲之。瘦碧漫識。

鄭文焯（1856–1918），字俊臣，號小坡、叔問、大鶴、瘦碧、鶴道人，別署冷紅詞客、石芝崦主。奉天鐵嶺（今遼寧鐵嶺）人，自稱山東高密人，旅居蘇州。工詩詞，通音律，能書畫，懂醫道，擅金石鑒定，尤以詩詞著稱於世，與樊增祥、朱祖謀、況周頤合稱清季“四大詞宗”。著有《樵風樂府》《大鶴山房全集》《醫故》等。

筆者所見鄭文焯金石題記均為小楷書，行書、草書則罕見，此篇題記當視為大鶴早年行書之代表作。

卷軸頂端，有光緒十一年（1885）中秋潘鍾瑞長篇題記。其內容可分三段，一是介紹銅劍的部件名稱以及形制尺寸，二是援引周王伐戎史實，三是銘文篆體與《石鼓文》比較。其文曰：

> 此劔自來金石著録家所未及，今藏沈氏耦園。以漢建初尺度之，莖長五寸。鐔廣二寸有半，上有隔曰“首”，首之廣與鐔等，其上身，身上脊，脊隆居中，旁微凹曰“臘”，臘廣二寸弱，且漸以殺。銘在臘間，外出刃曰“鍔”，鍔上至末曰“鋒”，自身及鋒長二尺一寸有奇，通長二尺七寸弱，較謝楪園所藏者，又長三（分）之一，銘凡三十三字，皆世間傳劍所罕見。
>
> 審其辭，蓋伐戎克捷以賜有功者。攷西周王都逼近于戎，昭王之後，世有戎患，孝王時命申侯伐西戎，西戎來獻馬，牧諸汧渭，始封非子於秦，以和諸戎，夷王命虢公伐太原之戎，亦獲馬千匹，迨宣王中興，伐西戎，伐北戎，伐條戎、姜戎以及玁狁，太原之事所在有功，其時申伯、召公、方叔、仲山甫諸臣竝受錫命，余謂此器，殆以賜秦仲者。史載封秦之辭曰：“戎無道，侵奪我岐、豐，秦攻逐戎”云云。正與此文吻合。書曰汝徂征，又曰承王命徂征，又曰于征伐商，于徂皆訓往。其云“錫乃寶彝”，案《周何伯槍銘》“䍃”作“彝”，槍可偁彝，則劒亦彝矣。彝訓灋，嘉勳之錫，固灋器也。黃司馬小松所藏劍，有“自作其寶用”語，其他《琱戈》有“永用”字，《吉戈》有“寶用”字，故此亦云“子子孫孫永寶用享休命”也。
>
> 《吳季子之子劒銘》作鳥篆，此篆體細而長，與之近似。《岐陽石鼓》世傳為史籀

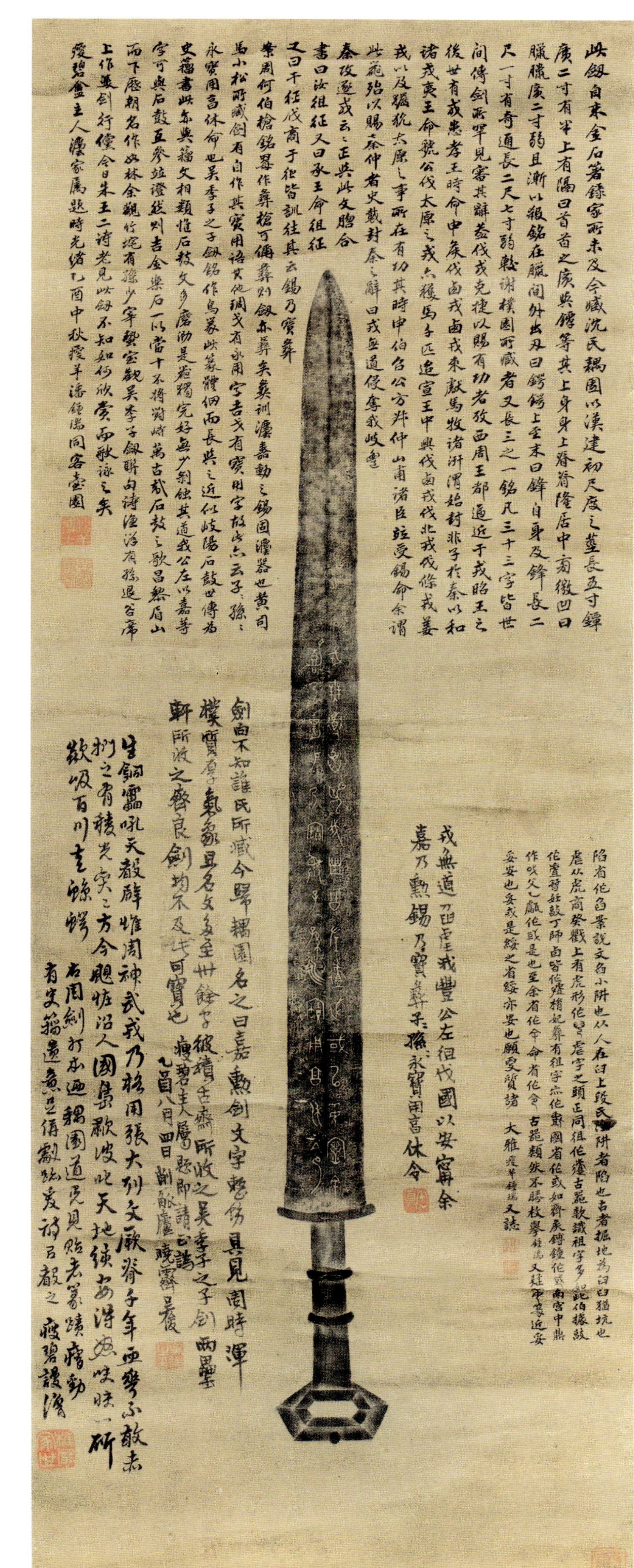

卷軸裝　畫芯縱85釐米　橫31.5釐米　館藏號：Z1093

書，此亦與籀文相類。惟《石鼓》文多磨泐，是器獨完好無少剝蝕，其"道我公左以嘉"等字可與《石鼓》互参竝證。然則，吉金樂石一以當十，不將對峙萬古哉。《石鼓之歌》昌黎、眉山而下，歷朝名作如林，余觀竹垞有《孫少宰蟄室觀吴季子劒聯句詩》，漁洋有《孫退谷席上作雙劍行》，儻今日朱王二詩老見此劒，不知如何欣賞而歌詠之矣。

瘦碧盦主人瀫家屬題，時光緒乙酉中秋，瘦羊潘鍾瑞同客壺園。

潘鍾瑞（1822–1890），原名振先，字麟生，號瘦羊、香禪居士。江蘇長洲人。工書，擅詩詞，長於金石考證。著有《香禪精舍集》。潘鍾瑞三十喪偶不再娶，卻熱衷考訂金石、悠游山水，曾與吳昌碩、鄭文焯等人定為金石之交。吳昌碩作《懷人詩》云："黃山白嶽幾回看，經過嚴陵七里灘。聽水聽風隨處見，香禪居士著蒲團。" 讚歎潘鍾瑞的清雅高古之人品。又畫《香禪精舍圖》相贈，稱潘鍾瑞無室家之累，翛然一身，如空山老衲，而沒有打鐘供佛之煩，真世外高人也。

長篇題記完畢後，潘鍾瑞似乎仍意猶未盡，又在銅劍拓本右側再添一段補記，用來注釋劍銘古文篆字。

"陷"省作"臽"。案《說文》臽，小阱也，从"人"在"臼"上。段氏注：阱者，陷也。古者掘地為臼，臼猶坑也。"虐"从"虎"，《商癸戳》上有虎形作"𧆞"，"虐"字之頭正同。"徂"作"䢐"，古器款識"祖"字多如此。《伯㯱敦》作"𠭯"，《眘妊敦》《丁師卣》皆作"𠭯"。《梢妃彝》有"徂"字亦作"𠭯"。"國"省作"或"，如《齊侯鎛鐘》作"𢦏"，《南宫中鼎》作"𢦏"，《父乙甗》作"或"是也。至"余"省作"令"，"命"省作"令"，古器類然，不勝枚舉。鍾瑞又疑"𡚱"篆近"妥"，"妥"，安也。"妥"或是"綏"之省，"綏"亦安也。願更質諸大雅。瘦羊鍾瑞又誌。

如此一件小小銅劍拓本，竟能折射出一段光緒年間沈秉成、吳昌碩、鄭文焯、潘鍾瑞等人的金石情緣，足以令後人感懷。

青銅劍主要由"劍身"與"劍把"兩部分組成，各部位均有專用名稱。劍身前端稱"鋒"，劍身凸起的中軸線稱"脊"，脊兩側的坡狀斜面稱"從"，"從"外的劍刃稱"鍔"。合"脊"與兩"從"，稱之為"臘"。劍把名為"莖"，"莖"和"臘"的相連處有護手相隔，護手稱作"格"。"莖"的末端名曰"首"亦稱為"鐔"。"莖"上常以繩纏繞，繩稱為"緱"。劍鞘謂之"室"。

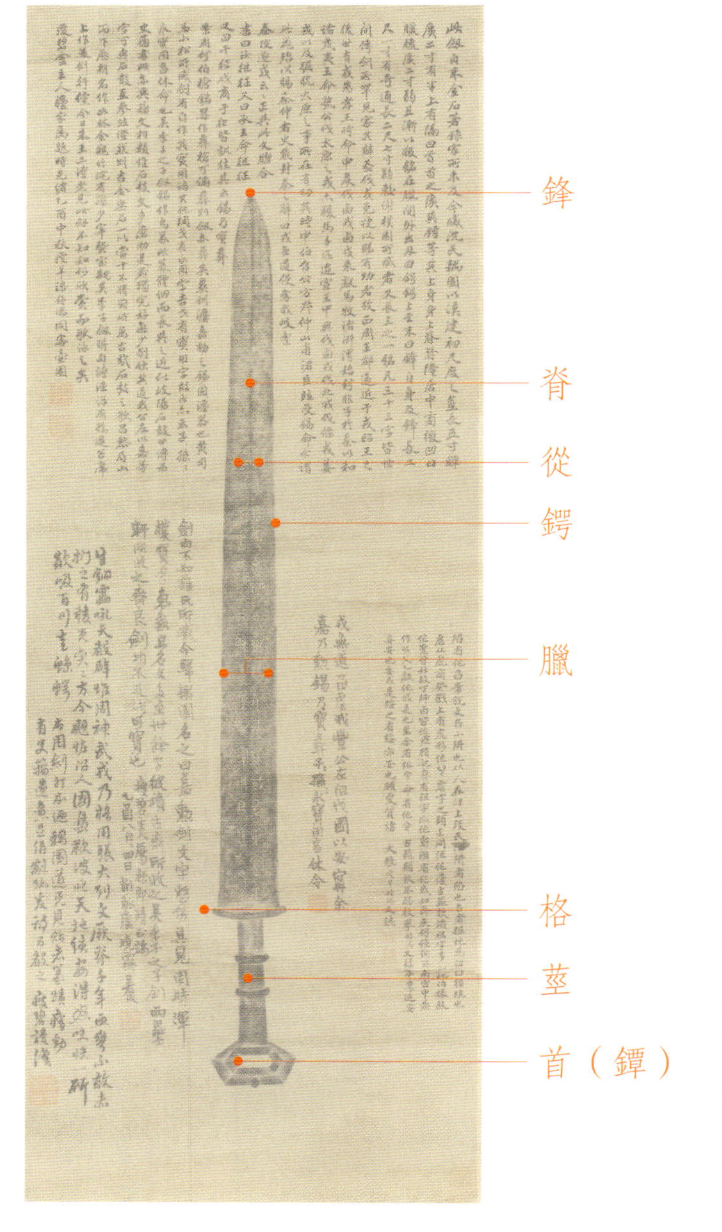

3.《吳季子之子逞劍》徐渭仁跋本

吳季子即季札，吳王壽夢最小的兒子。姬姓，名札，又稱公子札，因封於延陵（今鎮江丹陽一帶），故又稱“延陵季子”。

說起吳季子，“季札讓國”故事最為著名。相傳季子賢德，吳王壽夢欲立之，辭讓。其兄諸樊欲讓之，又辭。後為避繼承王位，竟以歸隱退耕來表其志節。因此，季子成為孔子最仰慕的聖人，被世人譽為“南方第一聖人”。相傳吳季子的墓碑“嗚呼有吳延陵君子之墓”十個古篆，就是孔子親筆所書。

提及吳季子寶劍，人們一定會聯想到“吳季子掛劍墓樹”那段膾炙人口的歷史故事。據《史記·吳太伯世家》載：“昔季札之初使，北過徐。徐君好季札劍，口弗敢言。季札心知之，為使上國，未獻。還至徐，徐君已死，於是乃解其寶劍，繫之徐君塚上樹而去。從者曰：‘徐君已死，何再予之？’季子曰：‘不然。始吾心已許之，豈以死而背吾心哉’。”基於此，吳季子寶劍也就隨之大名鼎鼎了。

此為《吳季子之子逞劍》，古人曾誤以為是吳季子劍。劍上刻有銘文“吳季子之子逞之元用劍”十字，其實並非季子之劍，而是其子逞之劍。舊經孫承澤、陳介祺遞藏。清末民初期間，此劍又經呂曼叔、莊思緘、呂稼農遞藏，後聞一度流入日本，再經吳佩孚將軍重新索回，今藏故宮博物院。

此件拓本為徐渭仁舊藏，四周有徐氏抄録前人題跋若干，另鈐有“上海徐渭仁收藏印”“上海徐氏寒木春華館道光壬午後所藏”“紫珊藏器”等印章。後歸嚴載如淵雷室收藏。

徐渭仁（？-1855），字文台，號紫珊、子山、不寐居士。上海人。精古籍碑帖鑒藏，時人譽為“巨眼”。得隋開皇《董美人墓誌》刻石，顔其齋曰“隋軒”，得西漢建昭《雁足燈》，名其齋曰“西漢金鐙之室”。著有《隨軒金石文字》《建昭雁足鐙考》。

嚴載如（1897-1992），名昌堉，號二民居士，齋名淵雷室、三佩簃。上海人。善詩詞書畫，精鑒賞收藏。著有《寫憂賸稿》《海藻》《宣南遊草》等。

卷軸頂端，徐渭仁過録朱彝尊《曝書亭集》之《吳季子劍銘跋》及《蟄室觀劍聯句》，其文曰：

> 朱竹垞《曝書亭集》康熙九年冬十有二月偕嘉興李良年、吳江潘耒、上海蔡湘過退谷孫先生蟄室，出延陵季子佩劍相示。以周尺度之，長三尺，臘廣二寸有半，重九鋝，上士之制。臘有銘，篆文不可辨，合之韋續《五十六體書》無一似。其曰季子劍者，先生審定之辭云爾。先生命四人聯句詠之，詩成摹銘文于前，俾書聯句於後，裝界為冊，藏之硯山書屋。渭仁按：冊今藏徽州程氏……（其後為徐渭仁過録朱彝尊、李良年、潘耒、蔡湘等人之《蟄室觀劍聯句》，茲不贅録）

卷軸左側，徐渭仁過録《孫承澤題跋》，其文曰：

> 退谷跋：右劍銘，吳季子之子保之永用劍。昔季子有劍，為徐君所愛，其劍之佳可知。此則其子之劍，或有二劍，一自佩，一以與其子乎？觀其制厚重，鋒鍔韜斂，雖世代久遠，然其德尚可想而見也。劍上字非籀非篆，別為一種古逸之致，吾見三代諸器款識多矣，鮮有及此者，殊可珍也。舊在睢陽袁氏家，曾向余言，收買時，一字酬以十金，尚存乎見少，深余寶物出非其時之慨。退道人記。

卷軸右側，徐渭仁過録王士禛（阮亭）《雙劍行》，茲不贅録。

卷軸底部，徐渭仁過録阮元《積古齋鐘鼎彝器款識》，其文曰：

> ……據此則退谷初得是劍時，尚未能盡識其銘文，見有季子字，故以為季子劍，厥後，十字盡識，乃知為季子之子劍也。……又按《精華録》有《雙劍行孫退谷侍郎席上作》，是詩作於康熙八年，在《曝書亭集》作《劍銘跋》之先一年，詩中但敘季子事，無一字及其子，可見是時王氏亦不知其為季子之子劍也。……按吳侃叔釋“逞”字，蓋季子之子名，舊釋“造”非也。

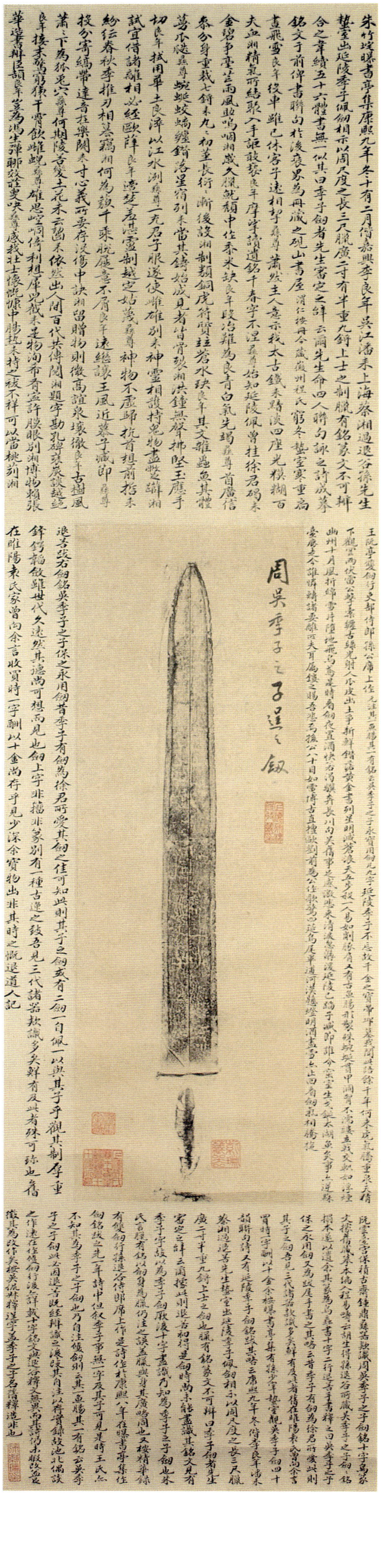

卷軸裝　畫芯縱124釐米　橫30釐米
館藏號：Z1210

朱竹垞曝書亭集康熙九年冬十有二月偕嘉興李良年吳江潘耒上海蔡湘過退谷孫先生

蟄室出延陵季子佩劒相示以周尺度之長三尺臘廣二寸有半重九鋝上士之制臘有銘篆文不可辨

合之韋續五十六體書無一似其曰季子劒者先生審定之銘云爾先生命四人聯句詠之詩成摹

銘文于前俾書聯句於後裝界為冊藏之硯山書屋 渭仁按冊今藏徽州程氏 窮冬蟄室寒重扃

晝飛雪良年役車雖已休客子遠相挈彝尊蕭然主人意示我太古鐵耒黯淡四座光糢糊百

夫血湘精氣所結聚入手詎敢褻良年摩挲讀遺銘千春字不涅彝尊始知延陵佩曾挂徐君碣耒

金碧爭毫芒雨風助嗚咽湘歲久臘鈍頹中作黍米缺良年跂治難為良青白氣先竭彝尊首廣信

黍分身重裁七鋝耒九九初莖長衍衍漸後設湘制類銅虎符質鉉蒼水玦良年其文雜蟲魚其體

蔓爪膸彝尊蜿蜒蛟螭纏錯落星宿列耒當其鑄始成見者皆胃裂湘洪鐘無聲沸堅玉應手

切良年拭用華土良澤以江水洌彝尊一充君子服遂使雌雄別耒神靈相護持鬼物盡斂蹤湘

試宜借諸離相必經歐薛良年適楚差甚靈制越定姑蔑彝尊神物不虛歸抗首想前哲耒

紛紜春秋季推刃相甚竊湘何為巔千乘脫屣意不屑良年遠戀讓王風近慕子臧節彝尊

投分寄縞帶達音在樂闋耒寸心義所要存沒傷中訣湘留贈物則微高誼泉壤徹良年古樹風

蕭蕭下為狐兔穴彝尊何期陵谷變土花未云蝕耒依然出人間百代共傳閱湘題字勘孔碑瑑炭談越絕

良年接未聲焉窮猿干霄飲雌蜺彝尊雄思崆峒倚利想犀兕截耒是物洵希有豈許膜眼別湘博物賴張

華造書辨臣頡良年莫為馮生彈聊效莊叟吷彝尊感我壯士懷慨慷中腸熱耒持之祓不祥可以當桃茢湘

《吳季子之子逞劍》徐渭仁跋本（局部）

4.《吳季子之子逞劍》易培基跋本

此本鈐有“說劍樓藏器”印章，拓本底部有易培基題跋。依拓本觀之，劍長50釐米。

雖同為《吳季子之子逞劍》，但仔細對照拓本，發現“易培基跋本”劍身明顯中斷，銘文已經完全剔出。再對照兩劍銘文書刻，亦迥然不同。此件“易培基跋本”類同翻刻一般，古氣蕩然無存。難道吳佩孚從日本索回的寶劍是贗鼎不成？這個問題恐怕只有故宮的青銅專家才有發言權，筆者只能暫且存疑，並將拓片附録於此，以供校對參考。

易培基題跋：

> 文曰“吳季子之子逞之永用劍”，曾藏孫退谷處，阮元《積古齋款識》、宋犖《筠廊隨筆》、王士禎《池北偶譚》均載記。此劍後歸簠齋，陳氏中落迺為日人購去。拓本極罕見，此猶當時舊拓。曜明威於異域，返故劍於中華，捨我子玉將軍，其孰任此哉。甲申（1944）中春易培基。

子玉將軍，即吳佩孚（1874-1939），字子玉，山東蓬萊人。1938年日本帝國主義為擺脫侵華困境，策動在中國成立漢奸政府，數次企圖拉攏吳佩孚，都被拒絕。1939年吳佩孚患牙病，最終死於受命於土肥原賢二的日本牙醫之手，時年六十五歲。

易培基（1880-1937），湖南善化人，畢業於湖南方言學堂，曾留學日本。早年加入同盟會，參加武昌起義，曾任中華民國副總統黎元洪的秘書。後任湖南高等師範學堂、長沙師範以及湖南省立第一師範教員，曾是毛澤東的老師。民國十四年（1925）任故宮博物院首任院長。民國二十二年（1933）因故宮盜寶案蒙遭冤屈，被迫辭去院長之職，晚境淒苦。

此外，館藏徐子為（恒廬）舊藏《古劍拓本合軸》中有《吳季子之子逞劍》拓本，與易培基藏本相同。內有民國十九年（1930）費樹蔚題跋，談及此劍清末民初期間又經呂曼叔、莊思緘、呂穉農遞藏云云。

再回看易培基題跋之落款年月“甲申仲春”，此時易氏早已過世七年，題跋是否真跡，還是作偽者處心積慮的“陰謀”，已不言而喻。

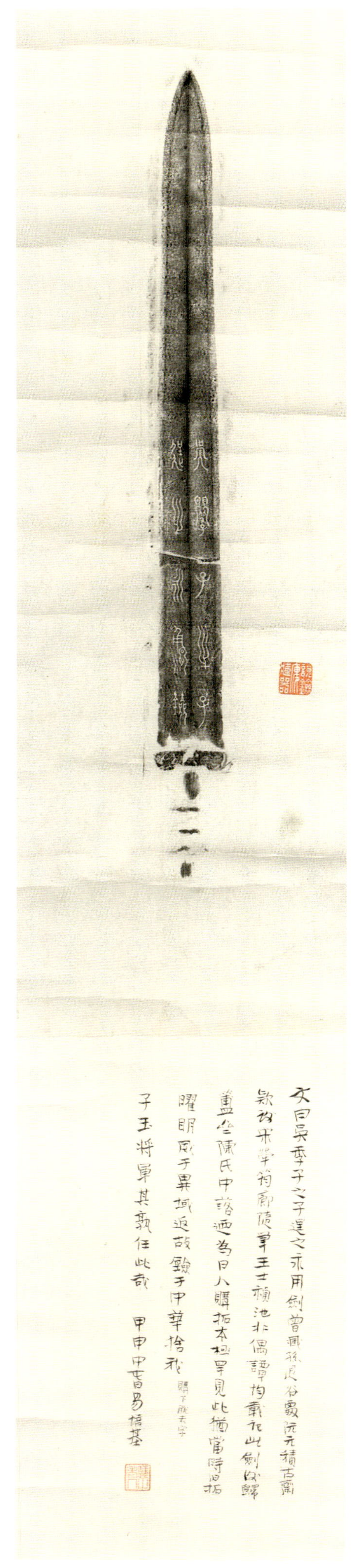

卷軸裝　畫芯縱100釐米　橫22釐米

館藏號：Z2293

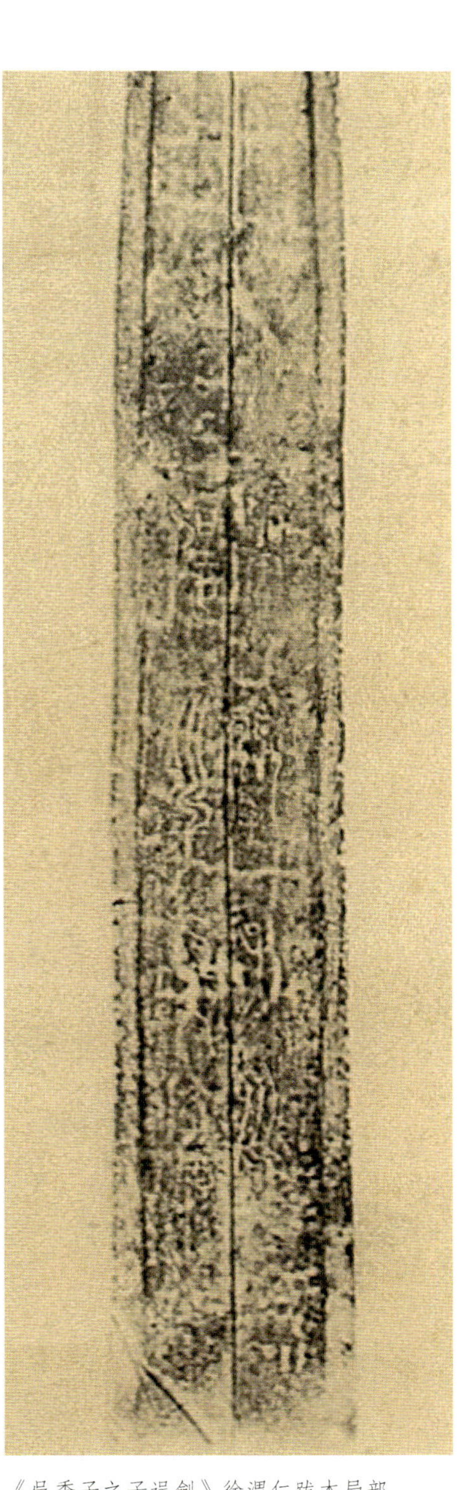

《吳季子之子逞劍》徐渭仁跋本局部

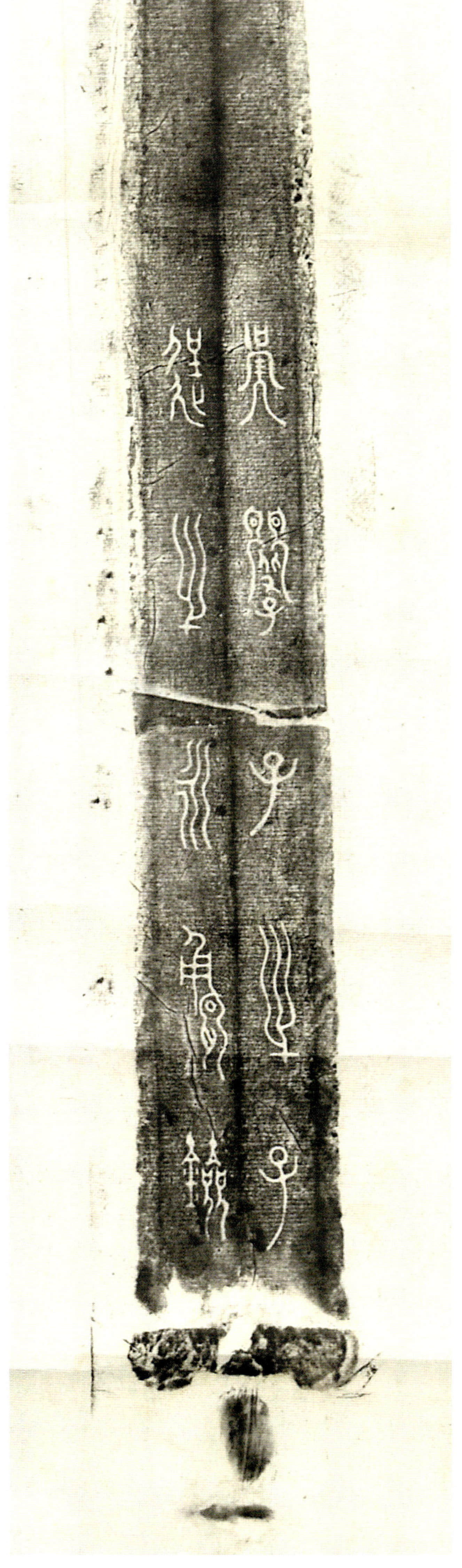

《吳季子之子逞劍》易培基跋本局部

5.《堯邑奚昌劍》奚萼銘藏本

《堯邑奚昌劍》奚萼銘鄂廬藏器，劍身鑄刻銘文“堯邑奚昌”四字（陽文）。堯邑，古地名，今在山西霍縣東北。周初封叔處為霍國，亦稱“霍伯國”，後為“堯邑”。周厲王無道，被逐，出居於堯。西漢置“堯縣”，屬河東郡。王莽改名“黃城”，東漢仍為“堯縣”，陽嘉三年（134）改名“永安縣”。“奚昌”人名，或為劍主，或為鑄劍人。

此為奚氏自藏拓本，存古劍正反兩面拓，鈐有奚氏藏印兩方，另有民國七年（1918）褚德彝題跋兩則。

奚萼銘（1880–1918），原名光旭，字萼銘，後以字行，號鄂廬，室名文彝軒、小冬花庵等。江蘇江陰人。清末民初上海顏料鉅賈，為富而仁，鍾情社會公益事業，1914年捐資修建連接無錫與江陰的義成橋。後又捐資修建中國最早的開放式公園之一的蘇州公園以及吳縣圖書館，一時傳為美談。

奚氏與滬上諸名家如蒲華、吳昌碩、張祖翼、褚德彝、趙叔孺等人友善，尤與褚德彝最為莫逆，故所購藏書畫及金石碑版，多有褚德彝考訂題記。此卷就是奚萼銘與褚德彝友誼的最佳見證物。

褚德彝題跋：

此劍通身作水銀裹，乃晚周时物也。文曰：“[illegible]”，當釋為“堯邑奚昌”。六國幣有“堯邑”一種，文作“[illegible]”與此劍文正同。周厲王居於堯，《國語》韋注：堯，晉邑。“奚昌”造劍人名。此劍文字皆趨簡易，与籀篆之繁者不同，尤足為晚周之證也。松窗記。

劍文多陰款，此陽識，而字畫精湛，尤足寶也。鄂廬藏古彝器甚富，去年曾得潘氏所藏《奚氏洗》，今又得此《奚昌劍》，真古緣不淺也。戊午（1918）八月，籀遺記。

褚德彝為鄂廬所藏《堯邑奚昌劍》題跋後不數月，奚萼銘英年早逝，時年三十九。此把《堯邑奚昌劍》，或許是奚萼銘最後一件藏品。

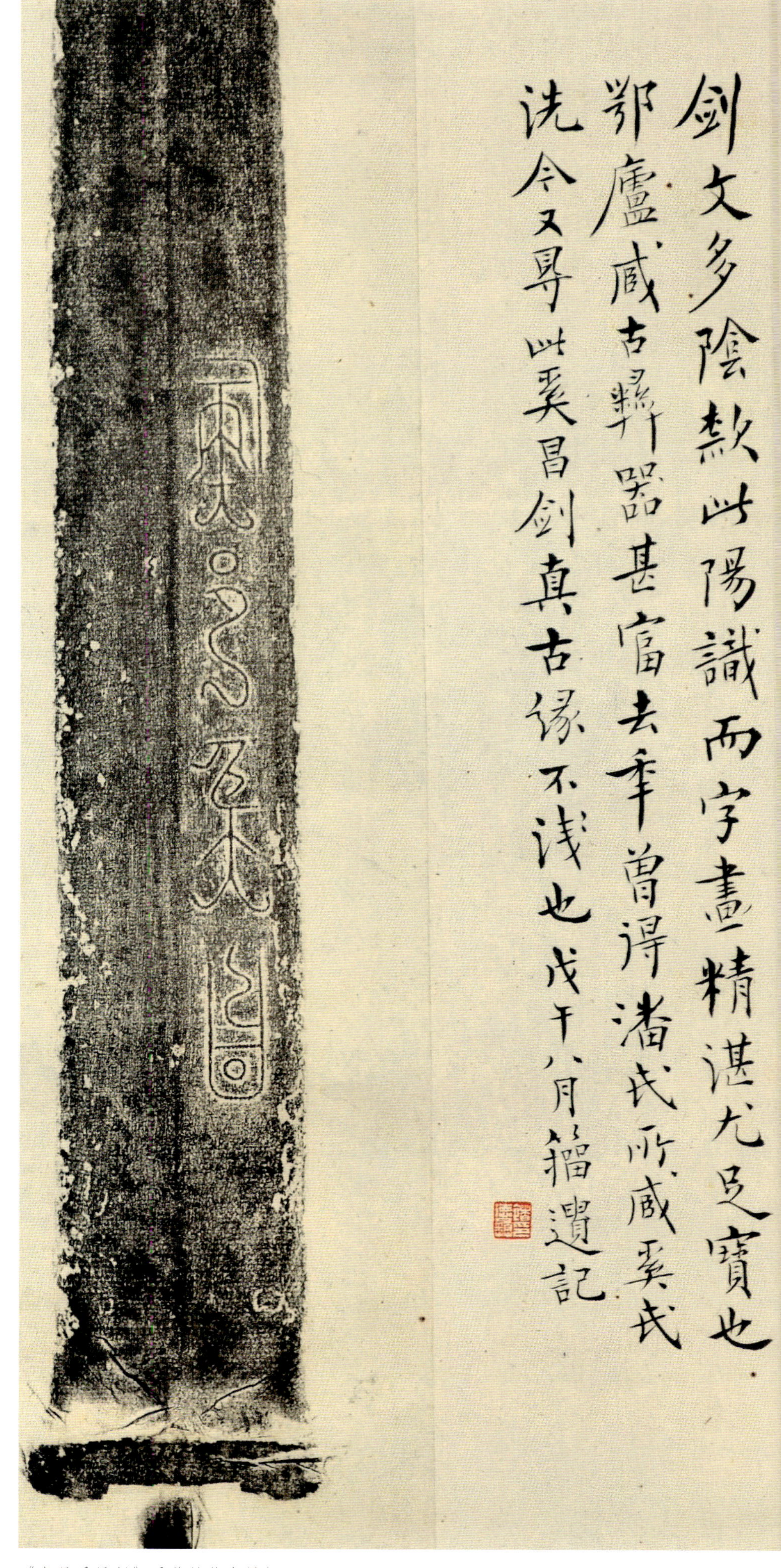

《堯邑奚昌劍》奚萼銘藏本局部

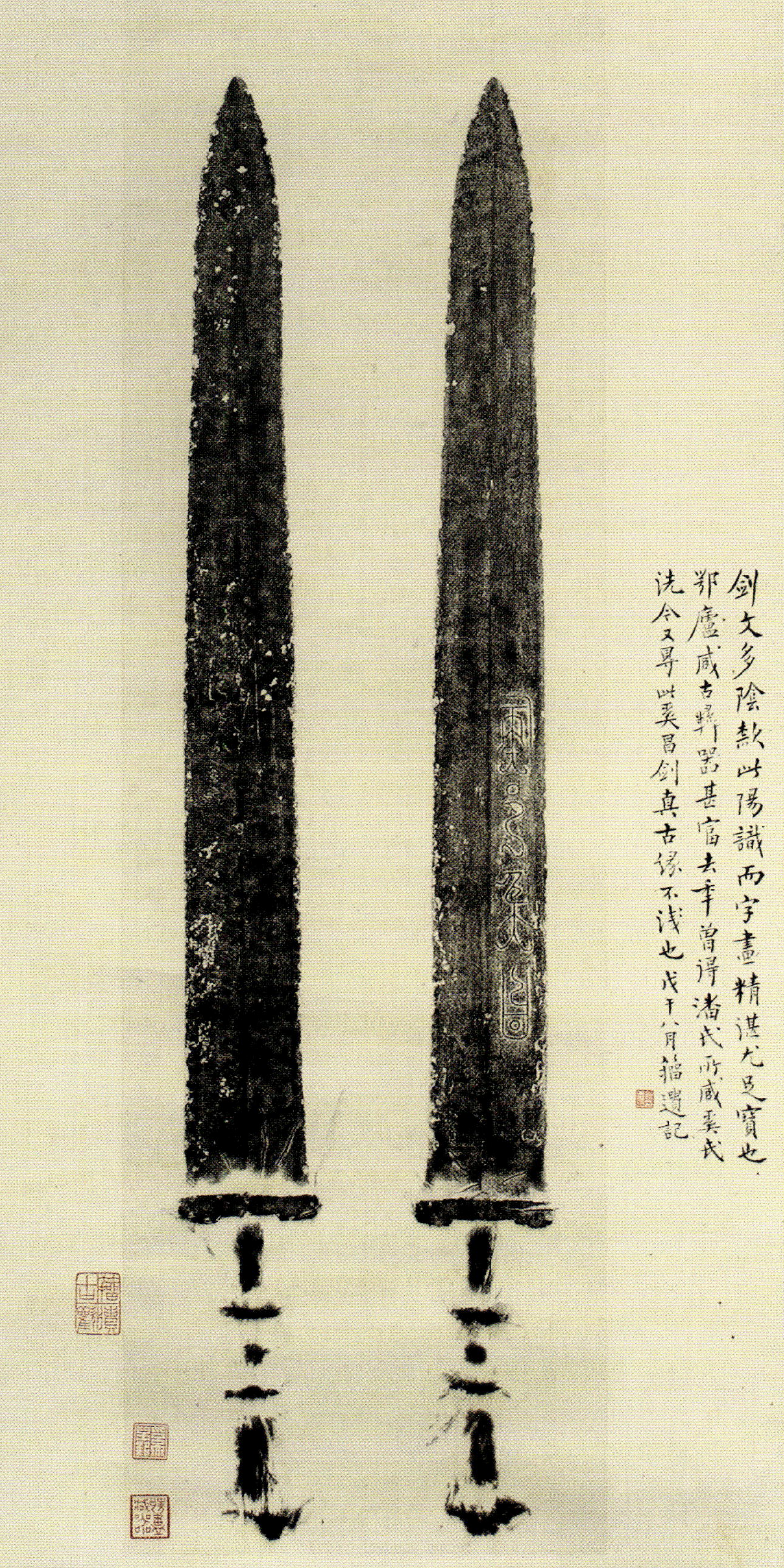

卷軸裝　畫芯縱54釐米　横15.5釐米
館藏號：J4269

6.《古劍拓本合軸》徐子為藏本

《古劍拓本合軸》，徐子為（恒廬）藏品，左側為《寒宬雙劍》，右側為《吳季子之子逞劍》。

一、《寒宬雙劍》

《寒宬雙劍》系廣州東山南越王胡塚出土兩把古劍拓本，為蔡守、談月色夫婦合作之品，由談月色手拓而成，並鈐有“月色傳古” “寒月吟窗”印章，存有民國十九年（1930）蔡守題識。

蔡守題識：

寒宬雙劍，恒廬補壁，蔡守寄似，庚午（1930）元夕。

兩劍均廣州東山南越王胡塚出土。此劍琫珌尚連，罕得之品也。

琫珌，古代刀鞘上下兩端的玉飾。

談月色（1891-1976），原名古溶，又名溶溶。因晏殊詩“梨花院落溶溶月”句，遂字月色，後以字行，晚號珠江老人。廣東順德人。工詩，善書畫，其瘦金書與畫梅馳譽海內外，篆刻則有“現代第一女印人”之稱。月色弱齡出家，入廣州檀度庵為尼，法名悟定，為畫尼文信弟子，除課佛典外，還授以書畫。後毅然還俗，與蔡哲夫結為夫妻，哲夫又授以全形墨拓和篆刻之技。

蔡哲夫（1879-1941），原名守，號寒瓊、寒翁、茶丘殘客。廣東順德人。早年加入南社，擅書畫篆刻，於金石碑版、骨董圖籍無不精諳。暇時常與趙藩、李根源等輩作庵寺之遊，月色見而慕其學，頻以文藝請益，因所嗜者同，故感情日洽。久之，有結鴛盟想。然哲夫固有妻，夫人張傾城亦能印，名載《廣印人傳》。民國十一年（1922），月色為覓得風雅同調之夫婿，毅然還俗，且甘願屈居副室。時哲夫年四十三，月色三十一歲。

二十世紀三十年代初，廣州市立博物院及廣州黃花考古學院分別聘談月色為發掘專員及研究員，夫婦二人共同主持東郊貓兒崗漢墓發掘工作。此外，二人還對嶺南城磚進行了專題研究，編著《廣東城磚録》。1936年，哲夫應聘北上任南京博物院書畫鑒定研究員及國史館編修，其間曾舉辦夫婦書畫篆刻展覽，馳譽一時，有以宋趙明誠、李清照伉儷故實喻之者。

《寒宬雙劍》就是蔡哲夫、談月色夫婦二人在廣東漢墓考古發掘所獲，從此拓本中，既可欣賞談月色的傳拓技藝，又可遐想蔡、談夫婦當年合作的風采與場景。

二、《吳季子之子逞劍拓本》

卷軸的右側為《吳季子之子逞劍拓本》，系呂稼農藏拓。後贈予費樹蔚，費氏再轉贈徐子為。有費樹蔚、吳葭二人題記。此劍拓本與館藏易培基藏本相同，劍銘文字清晰，劍身亦有明顯斷裂痕。

民國十九年（1930）費樹蔚題詩：

逞之名不見傳記，劍銘流誦因季子。

季子掛劍徐君墳，以君所好心許君。

是時劍氣盛吳國，豈惟干鏌精能極。

事變紛紜劍亦羞 王僚之刺、伍胥之死皆以劍，湛盧飛去知所投 見《吳越春秋》。

嬴博歸來奉朝請，不見夫差海上到。

暨陽墓碣十字傳，孔子或嘉子象賢。

鑄劒繫名不忘父，懷仁慕義良有取。

且欲論世知其人，千年始出光如新。

使君舊是延陵裔，兩翁展轉為結契 呂曼叔先生得之西安市上，亂後散出，莊思翁復得之，以貽稼農。呂，稼農外王父，莊，稼農之舅。

卻思墊室聚觀時，英流妙辭嗣者誰 舊為孫退谷藏，阮亭賦詩，竹垞、稼堂聯句。

阮公摹本微有誤，何如翠墨目所遇。

他日來登說劍樓 稼農藏劍之所，斷蛟橫點斗與牛 劒已斷為三段。

庚午七月既為稼農賦此詩。恒廬主人見而許之，以稼農所貽拓本屬綴此詩於上。費樹蔚。

第五句“器”誤“氣”。

費樹蔚（1883-1935），字仲深，號韋齋、願梨、左癖、迂瑣等，江蘇吳江人。費樹蔚與袁世凱長子袁克定，同為吳大澂女婿，故早年曾召入袁世凱幕府，甚得袁氏寵信。宣統元年（1909）任郵傳部員外郎，兼理京漢鐵路事。民國四年（1915），任北洋政府政事堂肅政使。民國期間，又出任信孚銀行董事長，吳江紅十字會會長等職。費樹蔚還是柳亞子的表舅，1951年在柳亞子倡議下編印的《費韋齋集》，收集費氏詩詞三千餘首。

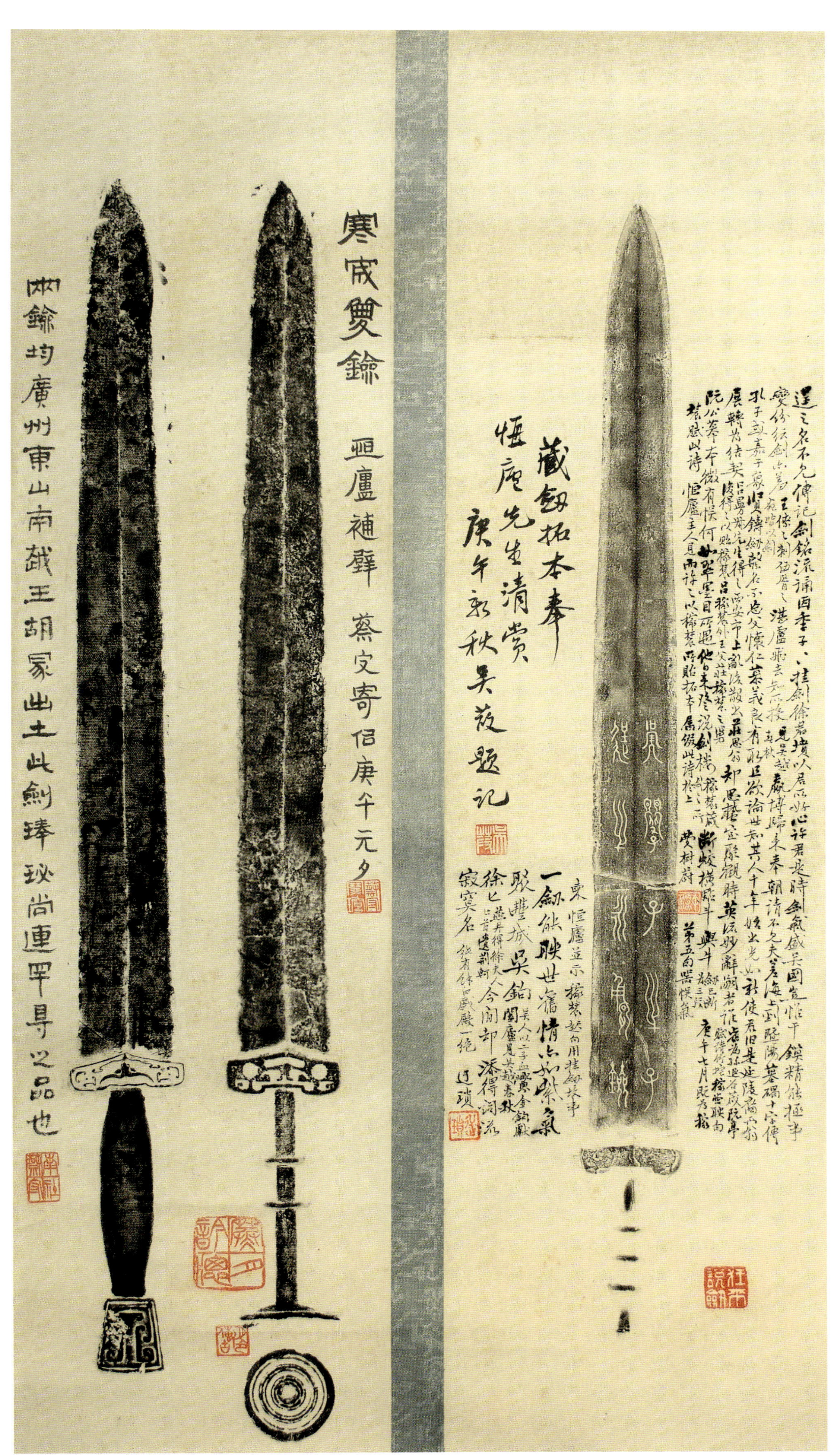

卷軸裝　兩卷合軸　每幅畫芯縱64.5釐米　横17釐米

館藏號：J4446

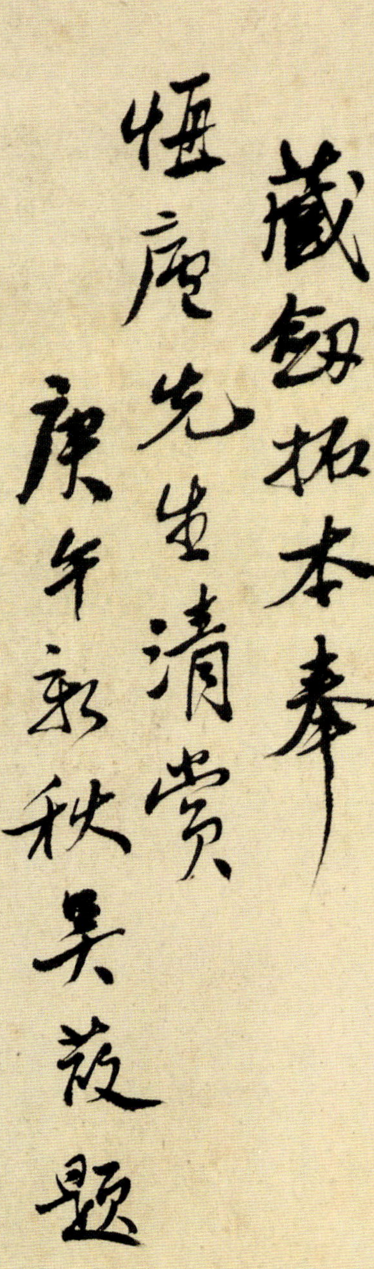

《古劍拓本合軸》徐子為藏本局部

7.《商象形匕首》孫師匡藏本

《商象形匕首》孫師白藏器，匕首上鑄刻人臉圖案，實屬罕見，柄部有三穿孔，供繫於木柄。

拓本亦為孫氏藏本，鈐有“孫師匡收藏金石書畫”“梁鼎山房”印章。另留有童大年民國三十三年（1944）題記。童大年題記：

> 師匡先生近得此器，為各金石考釋家著録所無，洵屬古兵中空前未有之奇品，亦商金象形文創格也。甲申九月童大年年七十二記於海上。

童大年（1874–1955），原名嵩，字醒盦，又字心安、心龕，號性涵、松君五子、金鼇十二峰松下第五童子。上海崇明人。西泠印社元老，精研六書，尤善篆隸。著有《依古廬篆痕》《童子雕瑑》等。

孫鼎（1908–1977），號師匡。安徽桐城人。三歲喪母，十一歲亡父，由舅父周叔弢（解放後任天津市副市長）撫養成人。受舅父影響，亦喜收藏金石與古籍。民國時期，孫鼎先後投資創辦玲奮電機廠、中國電機廠、新業電化廠和天昌電化廠、新安電機廠等企業，任廠長和總工程師。1960年，他捐獻數十件歷史文物給國家，受到文化部褒獎。

其兄孫瀞（1907–1998），字師白。硫酸工業技術專家，上海硫酸廠的創始人，對發展我國硫酸工業貢獻卓著。孫師白之子孫啟治（1943–2014）為上海圖書館古文獻專家，曾任顧廷龍助手，編纂《尚書文字合編》，啟治先生還是筆者從事碑帖研究的啟蒙老師。

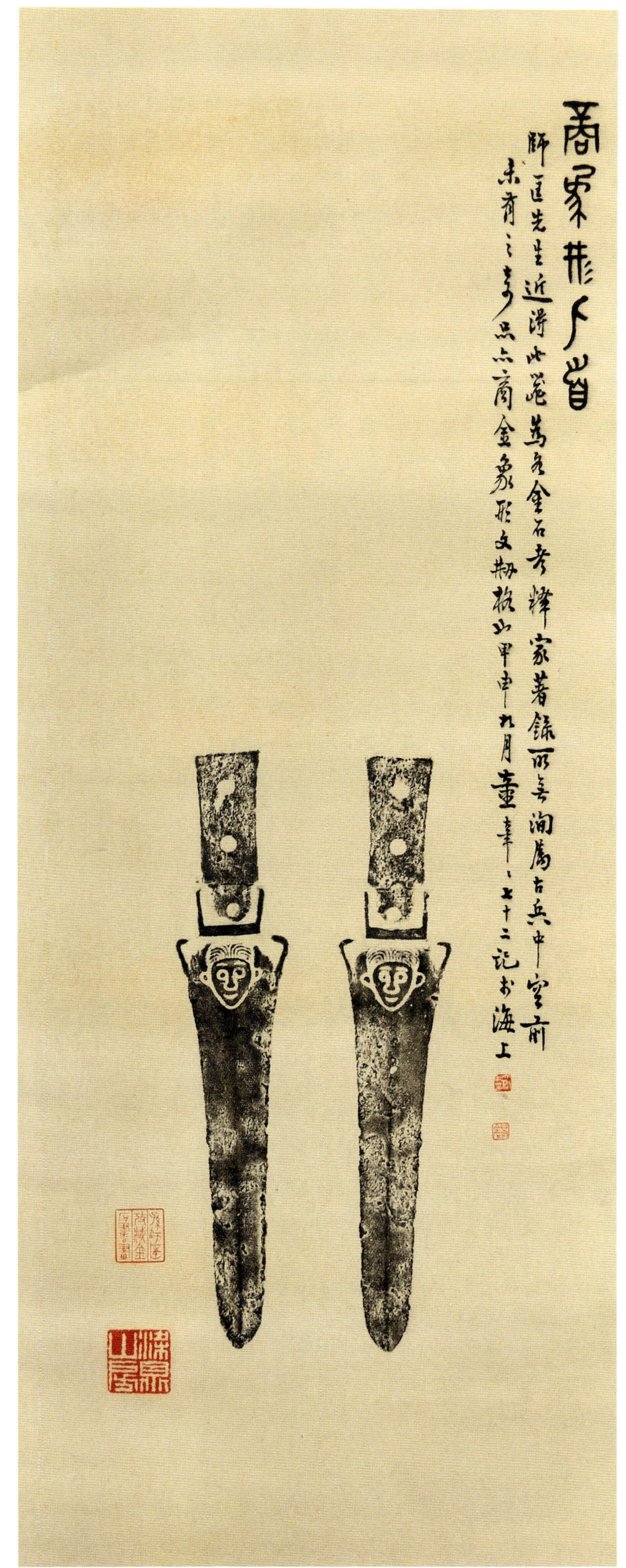

卷軸裝　畫芯縱66.5釐米　橫25釐米
館藏號：Z2046

8.《商忌日刀》褚德彝跋本

民國六年（1917）五月，《商忌日刀》在保定城外四里韓家莊出土，後歸趙鶴舫所有。當時共有三把商代刀匕，刀身分別鑄刻“祖”“父”“兄”忌日。此為三刀之一的“祖”忌日刀。此拓本為文卿先生收藏，存有民國七年（1918）褚德彝題跋並臨摹“父”“兄”忌日刀之銘文。另鈐有“古吳錢昌彝章”“寒遠堂藏”印章。

褚德彝題記：

商忌日刀，戊午十月，褚德彝署。

羅叔言得此刀，定名為“商句兵”，余謂非也。《說文》：“句，曲也。”凡戈戟之屬，可訓為“句兵”，以其形曲也。凡古兵之柎，可施於木榦，而後可以擊刺，今此刀之柎刻作夔龍文，其不必加柄可知。余謂當是刀匕之刀，三代時祭祀，鼎俎之外，必陳刀匕，此刀長僅周尺尺餘，其用于鼎俎之間，又可知也。其刻“祖”“父”“兄”,“日乙”“日己”者，用於三代之廟也。“日乙”“日己”乃指祭祀之日而言，古人重祭祀，祭日必卜，卜得吉日則刻契于刀，以示不忘，殷人尚鬼，是刀文字古質與周金迥殊，定為商物無疑。文卿尊兄以為然否？

此三刀先為趙隺舫所得，據隺舫言：去年五月，保定城外四里韓家莊，金姓土人因廟會築茶棚，剜地得之。以拓本寄贈，因摹“父”“兄”二刀文，補于此本之上。松窗又記。

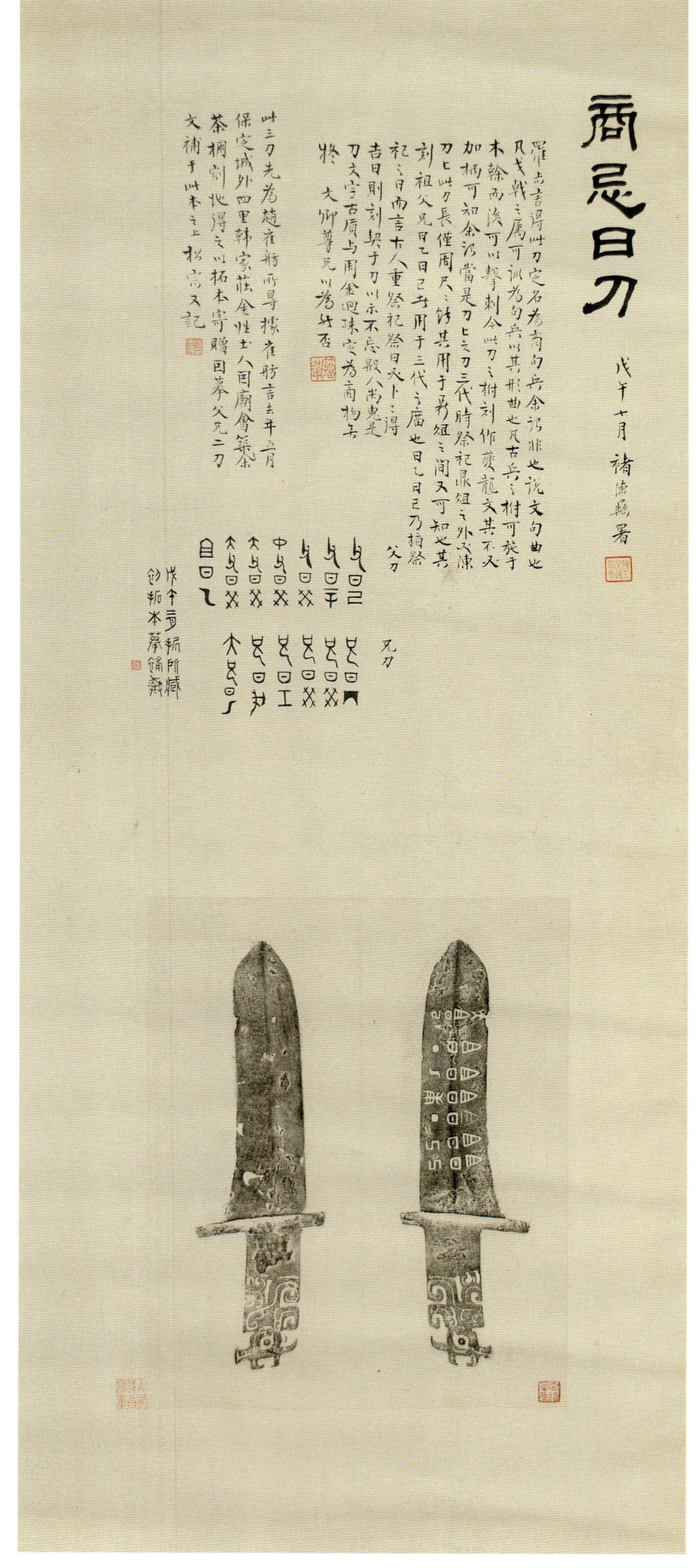

卷軸裝　拓片縱32.5釐米　橫26.5釐米

館藏號：Z2035

9.《漢書言府弩機》吳仲坰藏本

《漢書言府弩機》舊為劉喜海收藏，民國十年（1921）以後，弩機散落到揚州，為包夢華、吳秋穀二人遞藏。此拓為民國二十四年（1935）吳秋穀拓贈吳仲坰者。拓本上留有湯滌、秦更年、王宗炎等人題記。

上方為弩機拓本，下方為存放弩機的黃楊木匣拓本。木匣一側刻："道光壬辰（1832）春日朱伯璇贈，燕庭藏並志。"一側刻："燕庭鑒賞"印章，匣蓋隸書題刻："漢書言府弩鐖"，下刻弩機廿八字銘文之楷書釋文："建安元年八月六日書言府作六石鐖郭工令穆守丞木求掾壽史廣主"。

吳仲坰（1897－1971），字載和、在和，別署仲珺。江蘇揚州人。因治印受李尹桑啟蒙，故顏其室曰"師李齋"。善篆刻，富藏書畫與古印。曾輯自刻印為《餐霞閣印稿》一書，秦更年為之作序。

拓本右側有湯滌題端：

漢書言府弩鐖。仲珺屬，雙于道人題。

湯滌（1878－1948）字定之，號樂孫、太平湖客、琴隱後人。又取《左傳》"于思于思，棄甲復來"之句，號雙于道人。江蘇武進人。為清代名畫家湯貽汾之曾孫。中年以後移居北京，是民國年間北京畫壇的重要畫家。

拓本下方，民國二十四年（1935）秦更年題記：

嘉道間，海內收藏彝器之富，以燕亭劉氏稱最，其裝潢尤極精好。如此器以黃楊為櫝，面刻釋文，兩側刻題名印記，見者轉因外櫝益加珍惜。前十數年，出於吾揚市上，亡友包夢華購得之，今歸吳秋穀，兩君並精鑒之士，不得不為此物慶所遭矣。宋薛尚功及近代阮文達公，兩家書中皆載有《書言府弩鐖》，皆與此文異。檢燕亭所著《清愛堂鐘鼎款識》《長安獲古編》兩書均無此器，似前者僅限於三代器，後者非完書，致使此器不見著録，顯晦殆有時耶。乙亥九月秋穀拓贈仲珺仁兄，爰為題識以志歲月，更年。

秦更年（1885－1956），原名秦松雲，字曼青、曼卿，號東軒、嬰闇居士。江蘇揚州人。精於詩詞，篤於收藏古籍、碑帖、字畫。著有《嬰闇雜著》《嬰闇詩存》等。

拓本左側，民國二十五年（1936）王宗炎題記：

漢末政治日窳而製作逾巧，建安中所造鈞鑪、鐎斗、雁足鐙咸極工，而書言府弩機尤惈爾而微。至諸葛公因其法作連弩，一發十矢，巧工馬鈞以諸葛連弩未盡善也，謂復作之，可加吾倍，豈非機事既發，雖造物者不能終閟其巧乎。吾輩欲抱甕出入息機漢陰，諒哉！其難之歟！吾作五。仲珺仁兄出兹拓本屬為題記，乃率臆而書之。丙子（1936）六月王宗炎年七十又二。

王宗炎（1865－1936）字雷夏。河北正定人，晚年寓居泰州。民國學者，善書畫，與丁二仲、許杏農、陳冕甫、戴安禮等書畫家交善。著有《晚聞居士遺集》。此段《漢書言府弩機題跋》後不久，王宗炎即去世，時年七十又二，故此跋更顯珍貴。

弩是由弓發展而來的一種射殺傷性的冷兵器，早在西漢時期，弩就已經發明並在戰爭中使用。弩由弓、弩臂和弩機三個部分構成。弓橫裝於弩臂前端，弩臂用以承弓、撐弦、托持，一般為木製。弩機又稱"弩牙"，安裝於弩臂後部，用以扣弦、發射，一般為銅製。

弩的最重要部件就是"機"，裝在"弩郭"（匣狀）內。弩機銅郭內的機件有"牙"（掛鈎）、望山（瞄準器）、懸刀（扳機）、鈎心和兩個將各部件組合成為整體的鍵。

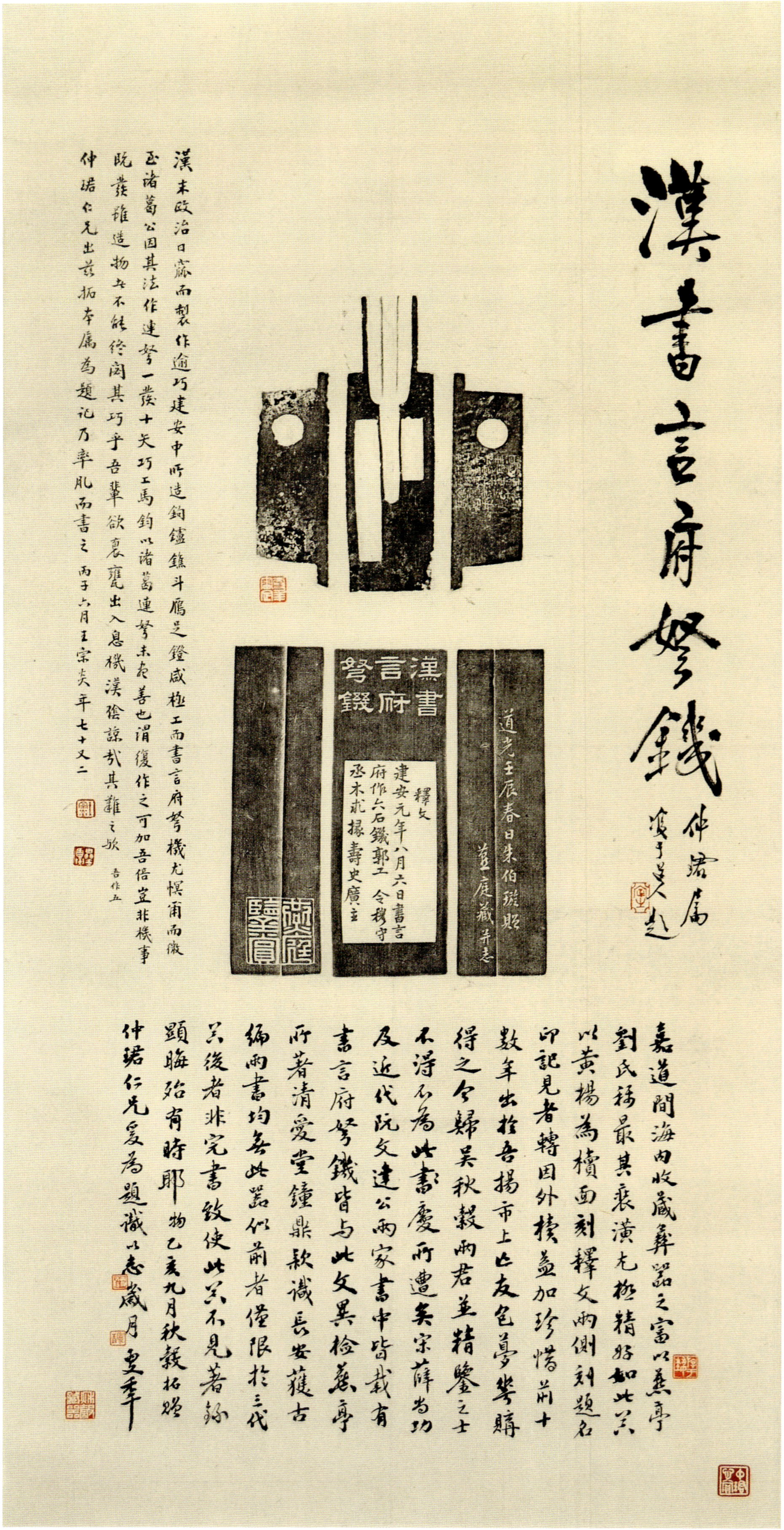

漢書言府弩鐖

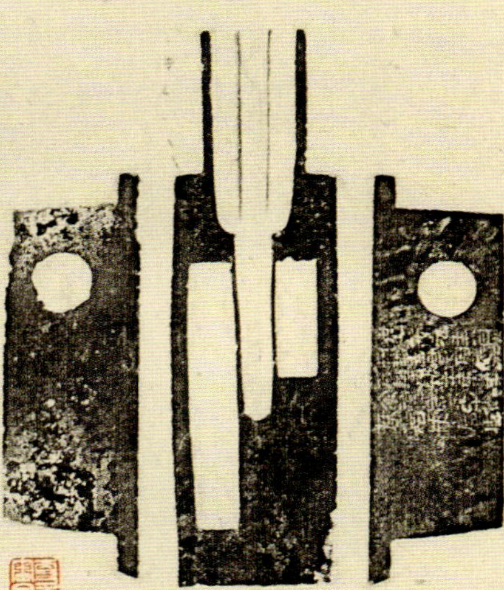

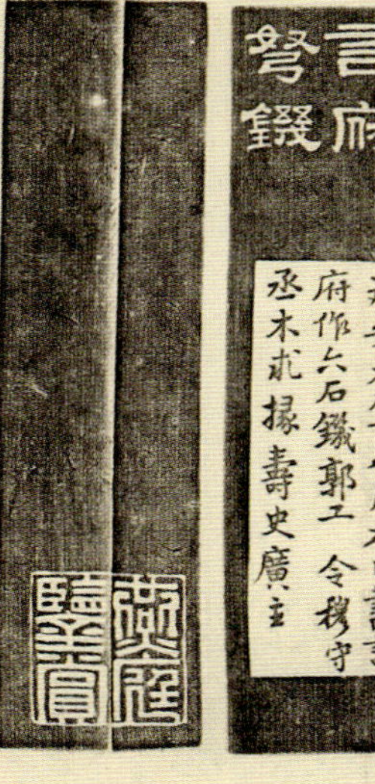

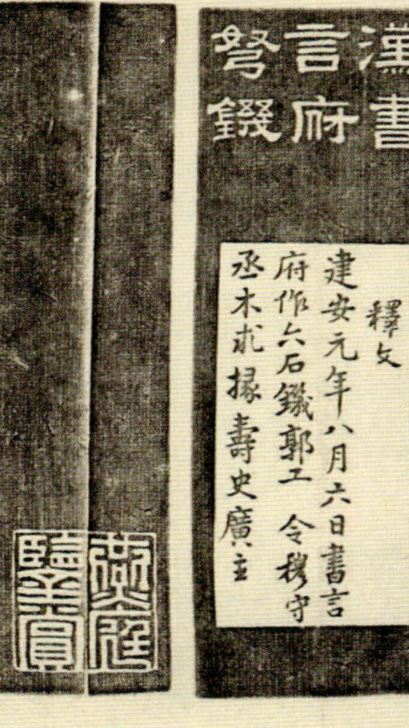

卷軸裝　畫芯縱68.5釐米　橫34釐米

館藏號：Z2438

10.《建安廿二年弩機》全形拓

此為錢塘徐氏藏器，全形拓，拓工精湛，見拓本有如見實物之感，可惜沒有拓工印章及收藏印。

弩機上刻有隸書銘文小字兩行，其文曰：

建安廿二年（217）四月十三日所市八千五百師稽福。

弩郭正面上有翁方綱題刻：

此弩機，愚嘗以建初尺度之，此銘在中層之陽面，面洞寸七分。

建安廿二年四月十三日所市八千五百師稽福。

翁方綱（1733～1818），字正三，號覃溪、蘇齋。北京人。歷任廣東、江西、山東三省學政，官至內閣學士。清代著名學者、金石專家。著有《復初齋全集》《粵東金石略》《漢石經殘字考》《蘭亭考》等。

弩郭側面上有吳東發題刻：

建安弩機。建安廿二年四月十三日所市八千五百師稽福。吳東發。

吳東發（1747～1803），字侃叔，號芸父、耘廬。浙江海鹽人。善書畫篆刻，博古能文，精金石考據學，受錢大昕、翁方綱等賞識，曾參與阮元《經籍纂詁》編纂工作。吳氏著作等身，有《石鼓文讀》《鐘鼎款識文》《六書述》《尚書後案質疑》《商周文拾遺》等。

上述兩件建安年間弩機拓本，一為分部拓本，一為全形拓本，極好地展現了漢代弩機的機械結構。一千八百餘年前，如此巧妙的機關設計，在跨越時空來到當下的核武器時代，我們除了驚歎人類科技發展的今非昔比，還能作何感想呢？

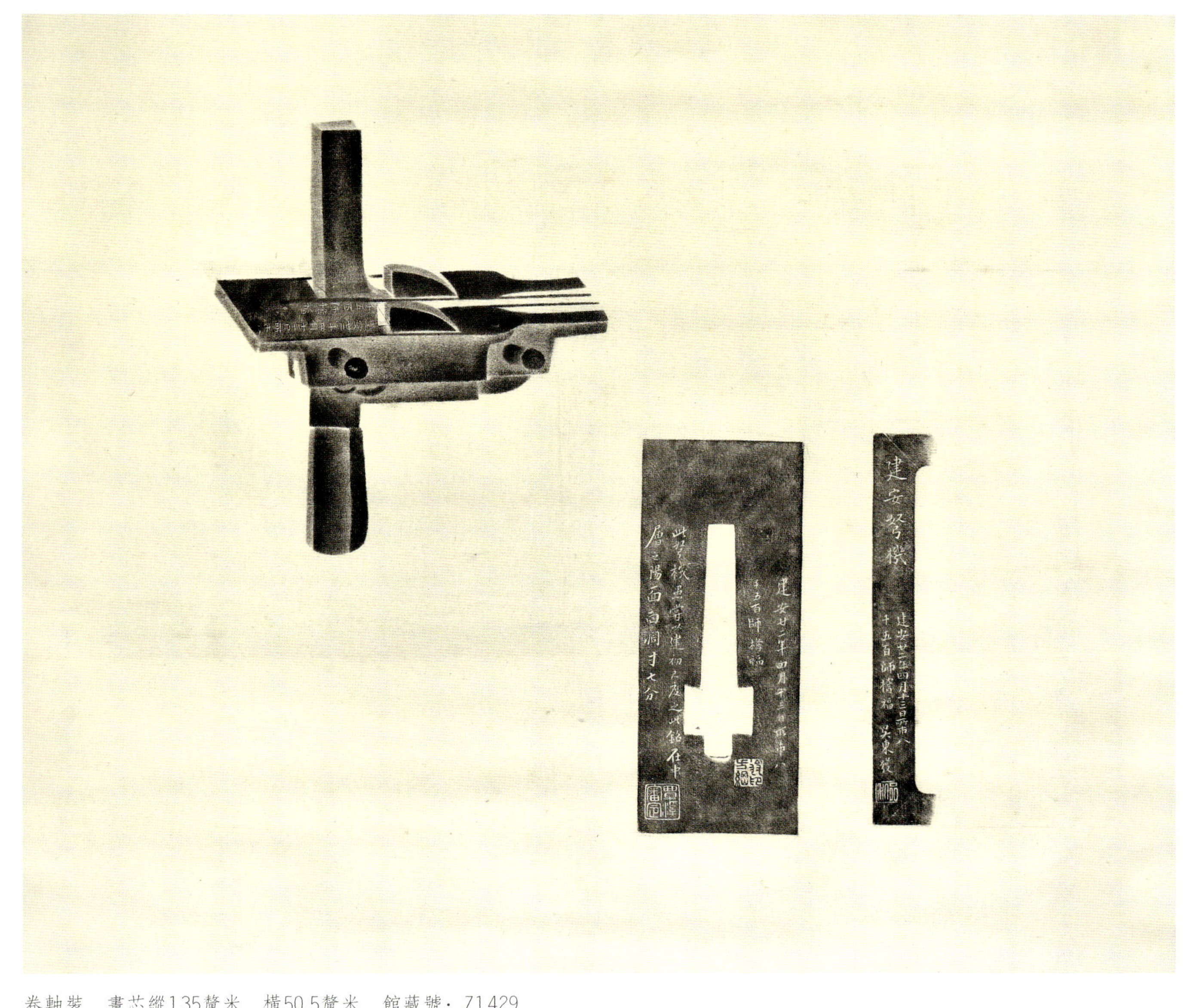

卷軸裝　畫芯縱135釐米　橫50.5釐米　館藏號：Z1429

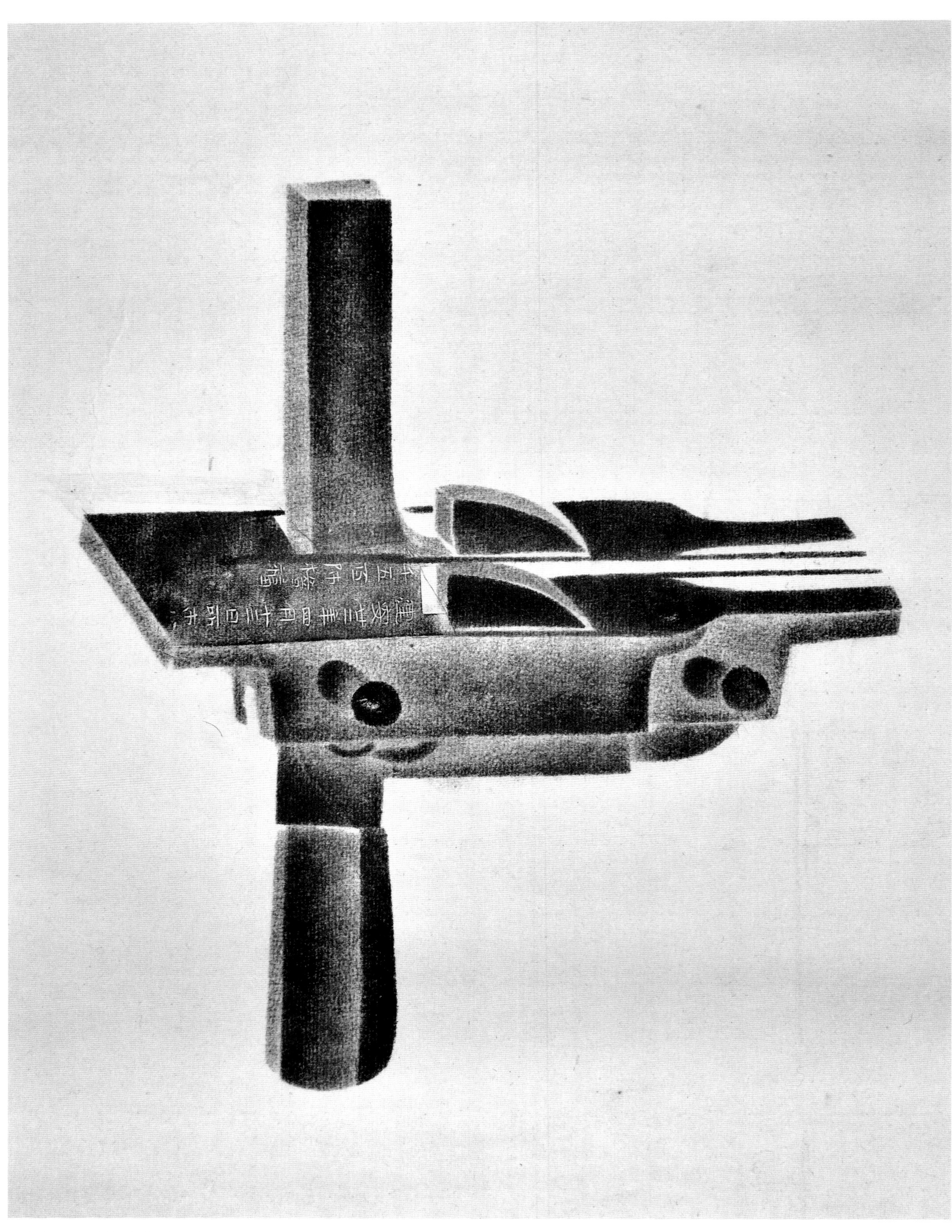

《建安廿二年弩機全形拓》局部

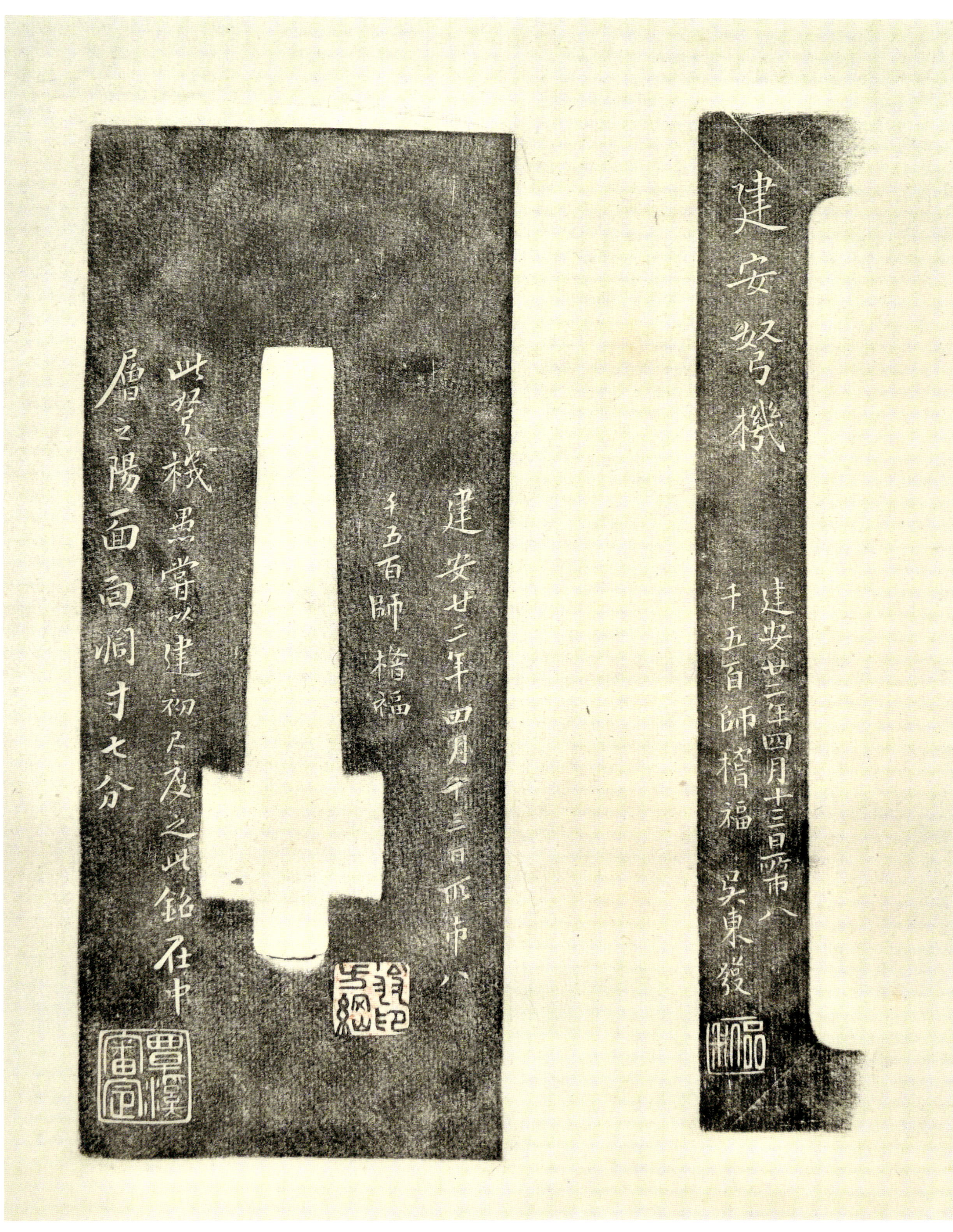

《建安廿二年弩機全形拓》局部

五　鐙錠

1.《六舟剔鐙圖》六舟拓本

《六舟剔鐙圖》卷軸外有民國篆刻家汪大鐵（趙古泥弟子）題簽。其簽曰：”六舟金石僧手拓雁足鐙並自畫小像。《剔鐙圖》為當時名物，題者甚眾，惜今失去。”

釋六舟（1791–1858）又名達受，字秋楫，號寒泉、萬峰退叟、南屏退叟、滄浪亭灑掃行者、小綠天庵僧等。浙江海昌人。削髮於海昌白馬廟，曾主持西湖淨慧寺、蘇州滄浪亭大雲庵。六舟能書善畫、擅詩文、工鐵筆，尤專精於摹拓碑帖鐘鼎。其手拓青銅彝器得嘉興馬傅岩真傳，能具各器之全形，時稱“絕技”。擅金石考證之學，每作題跋，輒能出卓識。嗜金石碑版書畫，收藏之精甲於一時，稀世名跡《懷素小字千字文》，亦曾為六舟小綠天庵所珍藏。金石知交遍海內，一時被譽為“詩僧”“金石僧”。著有《小綠天庵吟草》《寶素室金石書畫編年録》《山野紀事詩》《南屏行篋録》等。

在六舟金石生涯中，清道光十六年（1836）至道光二十三年（1843）最為重要和關鍵，他的一系列成名作和代表作均誕生於那段歲月裏。當時，徽州著名收藏家程洪溥（木庵）曾多次相邀六舟前往新安述古堂，傳拓商周青銅彝器千餘件以及宋元明三朝古墨二千多品，名副其實地成為海內傳拓第一高手。

在千餘件青銅彝器中，《雁足鐙》即是其中最為著名、最具代表意義的一件。此鐙以雁足為造型，取“雁使”（傳書信之使）之意，能把孤鐙獨影與思念遊子遠人聯繫到一起。其銘文刻於鐙盤背面，文字被銅銹覆蓋而漫漶不清。清道光十六年（1836）經六舟剔洗處理後銘文得以重新顯露。此鐙銘文曰：

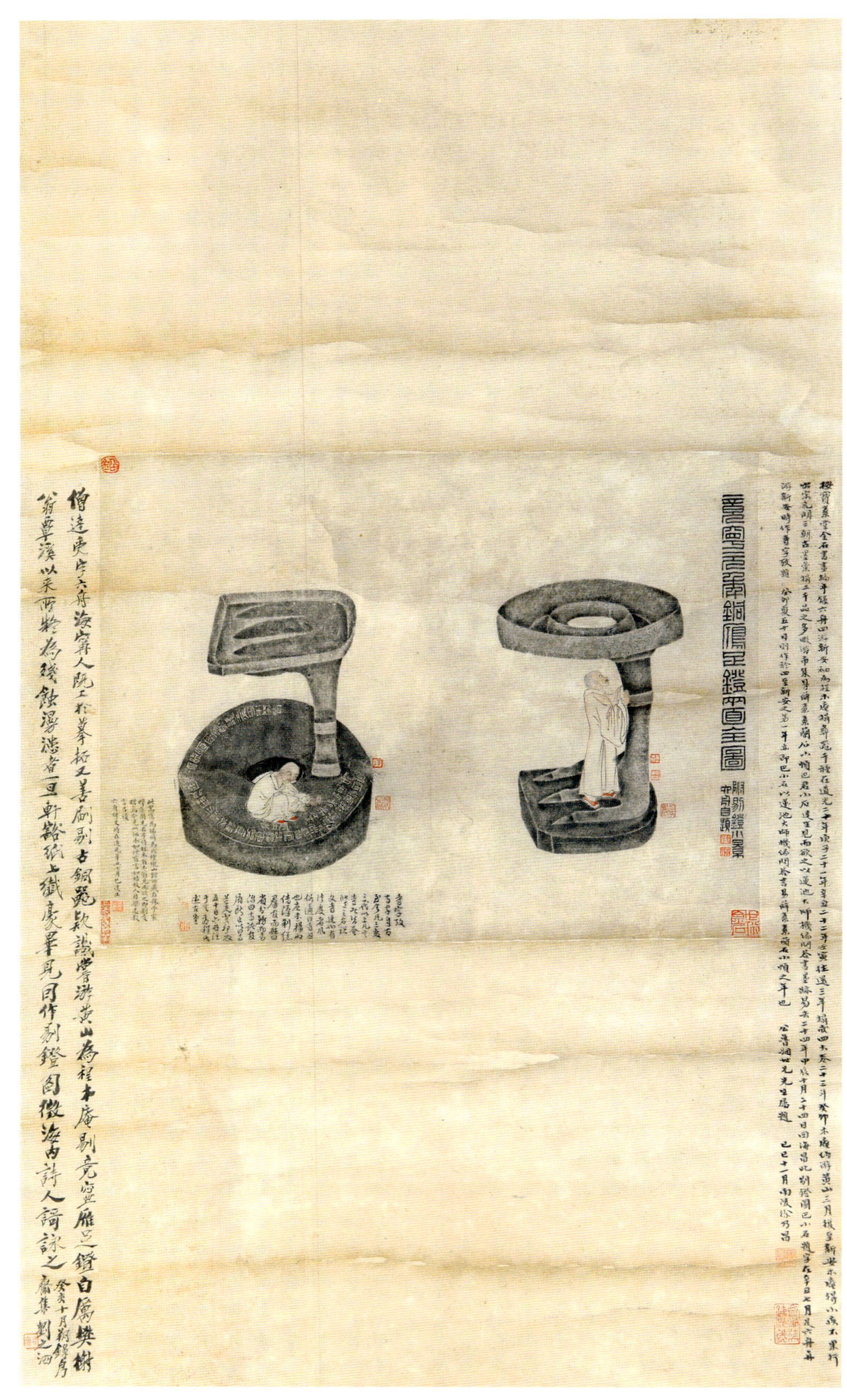

卷軸裝　畫芯縱87釐米　橫51.5釐米

雁足燈拓片寬縱31.5釐米　橫41.2釐米。

館藏號：Z2183

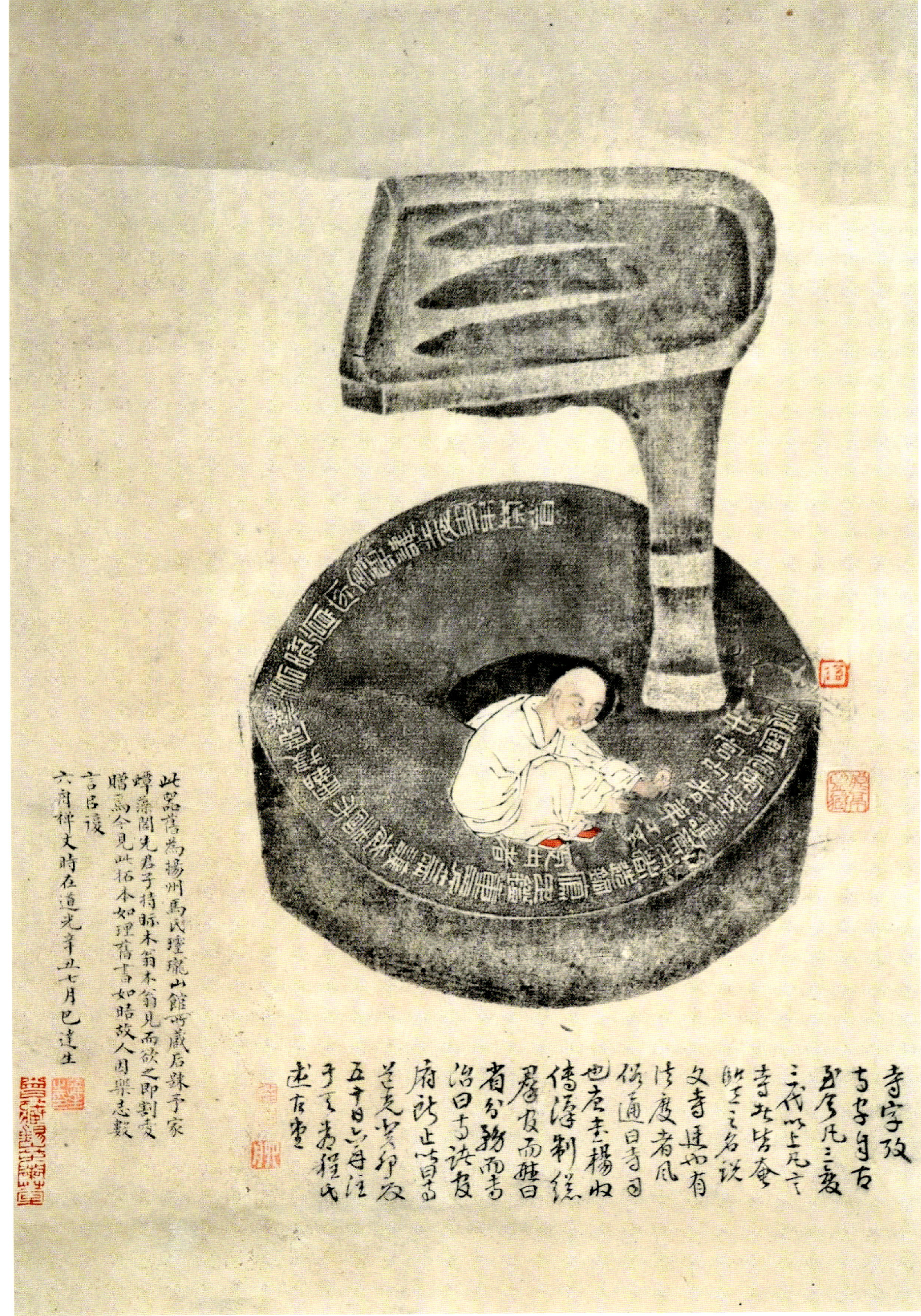

《六舟剔鐙圖》六舟拓本局部

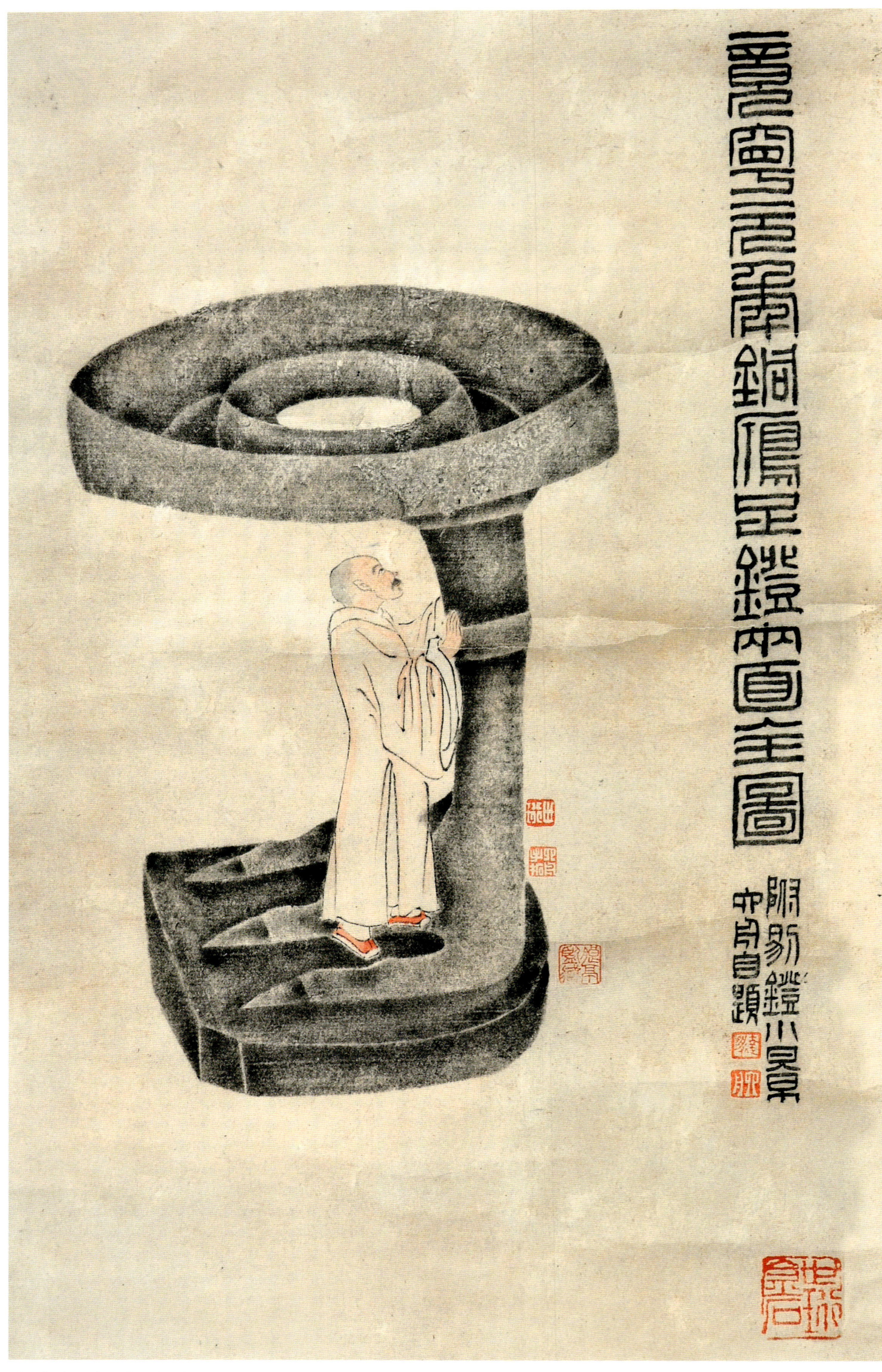

 《六舟剔鐙圖》六舟拓本局部

竟寧元年（公元前33年），寺工工護為內者造銅雁足鐙，重三斤十二兩，護武嗇夫霸掾廣漢主，右丞賞守令尊護工卒史不禁省。中宮內者第廿五，受內者。

此次剔洗雁足鐙銘文，工藝難度極高，最終銘文清晰顯露。剔洗效果令六舟十分滿意，所以在新安述古堂傳拓鐘鼎的數年間，六舟還曾手拓一批《雁足鐙》拓片分贈好友。其中極少數拓片上還偶有補繪《六舟剔鐙小像》，創造性地將其摩挲、剔洗雁足鐙的工作場景繪入拓片之中，同時也將其平生志趣一併繪入其中，使得原本普通的《雁足鐙拓片》變身為令人愛不釋手的《六舟剔鐙圖》。但遺憾的是，現在絕大多數《六舟剔鐙圖》已經亡佚，真品難得一見。相反，翻刻作偽者卻時有出現。

此件卷軸畫芯中央為《竟寧雁足鐙》全形拓片，一為正立圖，一為倒立圖。拓片上已補繪為《六舟和尚剔鐙圖》，其一人像作直立摩挲狀，另一作俯身剔洗狀，綫條洗練，人物生動，足見六舟的人物畫功底之深。

《剔鐙圖》的右端有六舟篆書題端，其書體仿西漢篆書銘文風格，文曰：

竟寧元年（公元前33年）銅雁足鐙兩面全圖。附《剔鐙小景》，六舟自題。

此題端文字雖未署年款，但從其拓製手法與前人題跋中，可以推測此張《剔鐙圖》的拓製和繪製時間當在道光二十一年（1841）前後。

在《剔鐙圖》的左側一幅的正下方，又有道光二十三年（1843）六舟一段“寺”字考題跋，其文曰：

寺字攷。“寺”字自古至今凡三變，三代以上凡言“寺”者，皆奄豎之名。《說文》“寺”，廷也，有法度者。《風俗通》曰“寺”，司也。《唐書·楊收傳》漢制總群官而聽曰“省”，分務而專治曰“寺”，諸官府所止皆曰“寺”。道光癸卯（1843）夏五十日，六舟注于天都程氏述古堂。

《剔鐙圖》左側，另有道光辛丑（1841）七月巴達生題跋：

此器舊為揚州馬氏瓏瓏山館所藏，後歸予家蟬藻閣，先君子持貽木翁，木翁見而欲之，即割愛贈焉。今見此拓本如理舊書，如晤故人，因樂志數言，以復六舟禪丈。時在道光辛丑（1841）七月巴達生。

《竟寧雁足鐙》清乾隆年間經揚州馬曰璐（半槎）瓏瓏山館、徽州巴慰祖（蓮舫）蟬藻閣遞藏，嘉道間轉歸程洪溥（木庵）述古堂收藏。巴達生即巴慰祖之子，六舟延請達生來題跋，使本圖平添一段鑒藏佳話。

巴達生題跋後，六舟就將《剔鐙圖》轉贈好友沈兆霖（朗亭）。清末民初此圖又轉歸著名藏書家劉世珩，民國癸亥（1923）世珩之子劉之泗將其裝裱成卷軸，同年十月在卷軸的左側留下一段劉之泗題記，內容為抄録嘉道時期安徽方志專家——張穆所著的《㞦齋集》，其文曰：

僧達受字六舟，海甯人。既工於摹拓，又善剔剔古銅器款識，嘗遊黃山為程木庵剔竟寧雁足鐙，自厲樊榭、翁覃溪以來所疑為殘蝕漫漶者，一旦軒豁紙上纖豪畢見，因作《剔燈圖》徵海內詩人謌詠之。癸亥（1923）十月朔録《㞦齋集》，劉之泗。

六年後，民國己巳（1929）劉之泗又延請徐乃昌為本卷題跋，題於卷軸右側。其文曰：

按《寶素堂金石書畫編年録》六舟四游新安，初為程木庵搨彝器千種，在道光二十年庚子（1840），二十一年辛丑（1841），二十二年壬寅（1842），往還三年搨成四大卷。二十三年癸卯（1843）木庵約遊黃山，三月復至新安，木庵得小疾不果行，出宋元明三朝古墨彙搨二千品之多。暇游市集得《薛素素蘭石小幀》，巴君小石達生見而欲之，以《蓮池大師機緣問答書》墨蹟易去，二十四年甲辰（1844）十月二十四日回海昌。此《剔燈圖》巴小石題字在辛丑（1841）七月，是六舟再遊新安時作。《寺字攷》題癸卯（1843）夏五十日，則作於四至新安之第一年，亦即巴小石以《蓮池大師機緣問答書》易《薛素素蘭石小幀》之年也。公魯姻世兄先生屬題，己巳（1929）十一月南陵徐乃昌。

徐乃昌此段題跋存有些許筆誤。其實，六舟第一次前往新安程洪溥述古堂的時間，應該是道光十六年（1836）四月，而非徐氏所言道光二十年（1840）。據《寶素堂金石書畫編年録》記載，道光十六年（1836）初，時年四十六歲的六舟經吳康甫介紹結識程洪溥，遂訂約前往新安述古堂傳拓鐘鼎彝器。也就在這一年的二月，在為前往新安準備行裝之時，六舟偶遇《懷素小草千字文真跡》，並以五百金購得這件重要藏品。筆者私下揣摩或許正是緣於新安之行，與程洪溥訂約傳拓彝器，所獲潤筆不菲，才使得六舟得以如願購藏懷素真跡法書。同年四月抵達新安，六舟在其《編年録》中有詳細記載：

四月二十日，抵新安境，木庵（程洪溥）寓杭已閱二載餘，旋里，親友咸在十五里外普口築亭遠迎，沿途應接者不絕，犒賞甚豐，其平日之惠及親朋豪於揮霍，即此一端可見矣。至其家卸裝於木庵別墅之銅鼓齋。

筆者之所以要引用六舟這段日記，是要為新安程洪溥之為人做一注腳，如此人物方能集聚數千鐘鼎彝器，如此人物才能在六七年間數次請動六舟出山，來新安長住銅鼓齋拓摹器形。同時，程洪溥的出資傳拓家藏青銅彝器之舉，也間接成就了六舟的藝術才華。

此件《六舟剔燈圖》民國年間曾經刊印在《神州大觀》第七號上（神州國光出版社）。另見浙江博物館藏道光十七年（1837）《六舟剔鐙圖》，六舟題跋言明“吳江陳子月波為余寫剔燈圖”，浙博所藏《六舟禮佛圖》亦為陳賡（月波）所繪，其上還有道光丙申陳賡親筆題記。由此可見，《六舟剔鐙圖》中人物描畫均出自陳賡之手筆。

2.《竟寧雁足鐙》六舟拓本

《竟寧雁足鐙》六舟拓本，道光十八年（1838）六舟拓贈徐同柏（壽臧）者。上下兩幅合裝一軸，上幅為《竟寧鐙銘文》拓片，下幅為六舟題跋。拓片上鈐有“海昌釋達受六舟金石文字”“六舟拓贈”印章。

內有道光十八年（1838）六舟題跋，跋曰：

> 器為天都程木庵孔目洪溥所藏，其文向為青綠所掩。道光丙申（1836）歲，余自吳還武林，邂逅程君于汪氏，即偕往新安，館余于別墅銅鼓齋中，盡出所藏囑拓全形，此其一也。按《厲太鴻集》中所載有數字不符，恐別一器也。越三年，戊戌（1838）春重過新篁里，篋中檢贈壽臧先生法家審定，海昌方外六舟達受并識。

此件六舟拓本從題跋上可知，其拓製時間為道光丙申（1836），也就是六舟剛剔洗出《雁足鐙》銘文之時，屬第一批《竟寧鐙》拓本。此本不是全形拓本，僅為銘文拓本，亦符合初拓的情理。因為《剔鐙圖》是六舟在此後幾年間才創製出的，《剔鐙圖》的拓製方法亦不同于一般的全形拓，在全形拓的基礎上是無法再補繪人物小像的。繪製《剔鐙圖》首先要在全形拓之初，就為人物小像預留出空間，即人物畫部分是不能用撲包施以墨色的。

徐同柏（1775–1854），字壽藏，號籀莊。浙江海鹽人，張廷濟外甥。精研六書、篆籀，嗜金石，工篆刻。著有《從古堂款識學》《從古堂吟稿》等。

卷軸裝　畫芯縱26.5釐米　橫22釐米
館藏號：Z1062

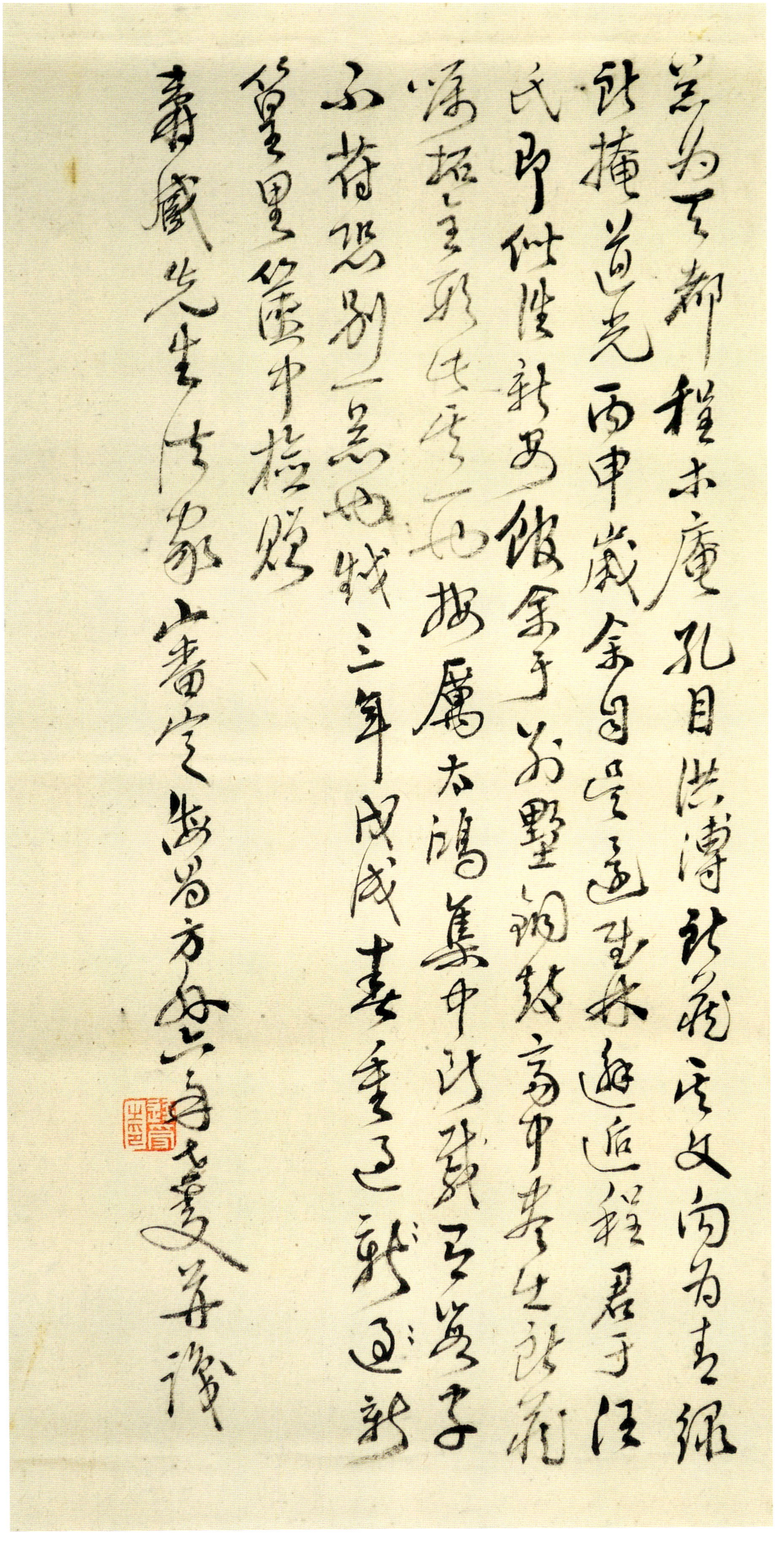

《竟寧雁足鐙》六舟拓本局部

3.《建昭雁足鐙》六舟題端本

《建昭雁足鐙》亦為西漢故物，乾隆年間為王昶訪得，後作為其女之嫁妝，入孫星衍家。道光丙申（1836）徐渭仁以二百銀元從孫氏處購得，因辟“西漢金鐙之室”藏之，並著《建昭雁足鐙考》二卷。《竟寧》與《建昭》兩鐙傳至清末皆不明下落，或已失傳。

徐渭仁（1788-1855），字文台，號紫珊、子山、不寐居士。上海人。精古籍碑帖鑒藏，時人譽為“巨眼”。得隋開皇《董美人墓誌》刻石，顏其齋曰“隋軒”，得《建昭雁足鐙》，復名齋號曰“西漢金鐙之室”。清咸豐三年（1853）小刀會佔領上海縣城，富豪皆外逃，徐渭仁因難舍家藏文物，獨留城內，因暗中資助小刀會得以保全。咸豐五年（1855），清兵收復城池，以“從賊”之罪加之，旋死於獄中，文物最終散盡。著有《建昭雁足鐙考》《隋軒金石文字》等。

《建昭鐙》銘文曰：

> 建昭三年（公元前36年），考工工輔為內者造銅雁足鐙，重三斤八兩，護建佐博嗇夫福掾光主，右丞宮令相省。中宮內者第五，故家。

《竟寧鐙》與《建昭鐙》，銘文最大的差異便是“考”與“寺”字。當年六舟曾將《竟寧鐙》拓片贈給好友楊澥（龍石），楊氏就認為“寺”字為六舟誤剔銘文。難怪六舟要在上文所述的《剔鐙圖》上題寫“寺”字考，以作辯白。

此件六舟題識《建昭鐙》卷軸，貝墉千墨庵舊藏。外簽題曰：“漢建昭雁足鐙。徐紫珊藏器，六舟題。”卷軸內鈐有：“貝墉既勤經眼”“貝氏金石”“千墨庵”“上海徐氏春暉堂收藏印”“徐渭仁印”“慤齋收藏”“松窗審定”。

另有六舟題端：“漢建昭銅雁足鐙款識。道光庚子（1840）春二月應研農先生屬題。六舟達受。”

此件拓本為徐渭仁（紫珊）拓本，並非六舟手拓。從六舟簡短的識語中還是流露出對《建昭鐙》的不以為然，似乎仍糾集在“考”與“寺”字的異同上。對《竟寧鐙》六舟投入了極大的感情，剔洗、摩挲、傳拓、繪像，把玩有年，厚此薄彼亦在情理之中。

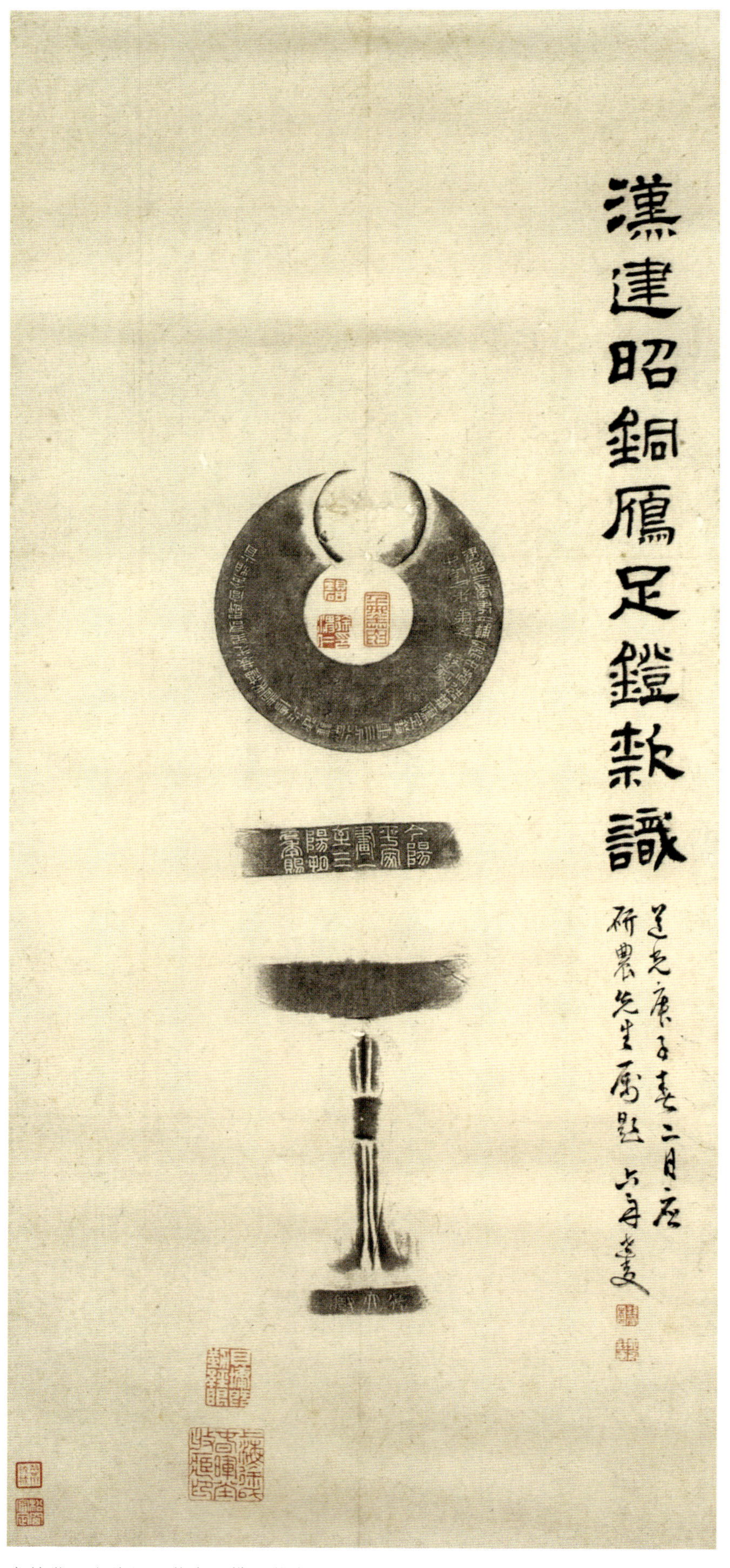

卷軸裝　畫芯縱63釐米　橫29釐米
館藏號：Z1419

《建昭雁足鐙》六舟題端本局部

4.《建昭雁足鐙》趙烈文跋本

此件《建昭雁足鐙》亦為徐渭仁所拓，鈐有“上海徐氏春暉堂收藏印”，舊為龔橙（龔自珍之子）所藏，光緒五年（1879）歸趙烈文收藏，光緒七年（1881）裝裱成卷軸。清末民初又轉歸王文燾。

《建昭鐙》銘文曰：

> 建昭三年（公元前36年），考工工輔為內者造銅雁足鐙，重三斤八兩，護建佐博嗇夫福掾光主，右丞宮令相省。中宮內者第五，故家。

此段銘文，除鑄造的時間以及鐙的重量外，其余均是人名與官名，文字較難理解，前人釋讀又多有偏失。因此，趙烈文作了進一步的校讀，並留下了一篇令人信服的考證題記。

光緒八年（1882）趙烈文（能靜居士）題記：

> 鐙之題名，趙晉齋（趙魏）以“護建佐”“嗇夫”“椽”“右丞宮令”為官名，“輔”“博”“福”“光”“相”為人名，而不言主字何解。阮文達（阮元）同之，第云“主”亦人名。近龔叟孝拱（龔橙）以“護”“佐”“嗇夫”“椽”“主右丞”“令”為官名，“建”“博”“福”“光”“宮”“相”為人名。按：“護”為佐史之稱。《竟寧鐙》《元康鐎斗》皆有之，及見它漢器甚多，不得以“護建佐”連讀。“右丞宮令”屬衛尉，《百官志表》無此文，第云“長樂建章甘泉衛尉皆掌其宮”而已，不知晉齋（趙魏）何據？即有之，衛尉屬官，安得越俎以省考工之器乎？主者，主其事，亦時見漢人刻辭，以“主右丞”為官說，尤難通。蓋作器者，考工室之工名輔也。主之者，護建佐博嗇夫福椽光也。省之者，右丞宮令相也。文從字順，不知諸賢何以艱讀至此，詳其官序，先卑後尊，秩然不紊，乃知唐宋誥敕官書結銜先後之制，已見於漢世矣。斯揭精，舊即龔所藏。光緒己卯（1879）歸余，辛巳（1881）重裝，壬午（1882）三月，因閱龔斠阮録鐘鼎發篋書此，能静居士并記。

趙烈文（1832-1894），字惠甫，號能靜居士，室名天放樓。江蘇陽湖人。曾任曾國藩機要幕僚。精碑帖鑒藏，工詩文，通佛學。著有《天放樓集》《能靜居士日記》。同治六年（1867）六月二十日，曾國藩與趙烈文長談國事，趙氏就曾預言“異日之禍，必先根本顛仆，而後方州無主，人自為政，殆不出五十年矣。”果然，五十年後滿清覆滅，中華大地軍閥割據。

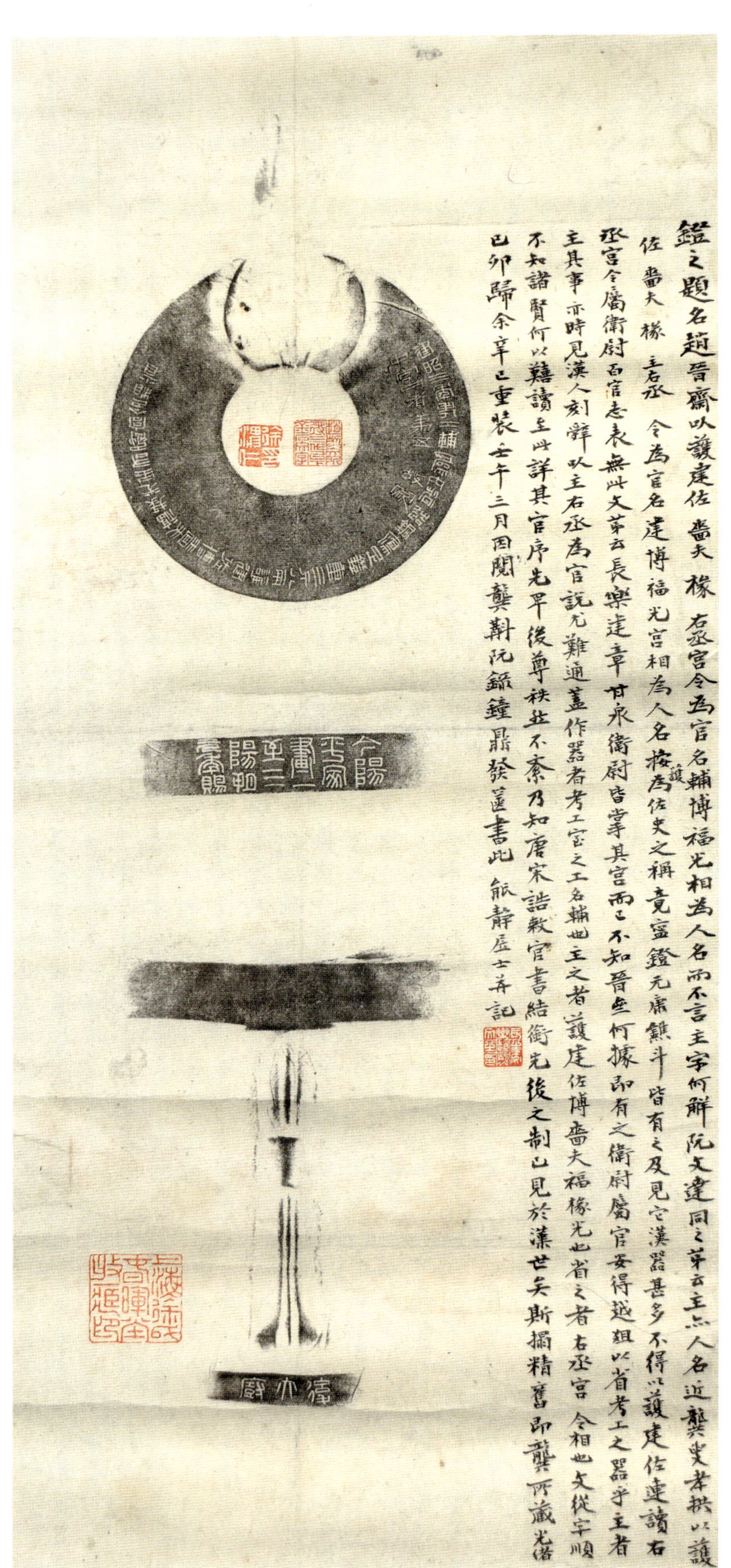

卷軸裝　畫芯縱52釐米　橫28釐米

館藏號：J1088

5.《建昭雁足鐙》魏錫曾拓本

此本《建昭雁足鐙》，係魏錫曾拓本，分拓七紙。拓法新奇，每一拓片似乎將雁足鐙拆分成若干零件。拓本鈐有“魏”“稼孫所拓”“魏錫曾收集模拓之記”“仁和魏錫曾稼孫之印”“魏錫曾印”“稼孫所見金石”“稼孫所貽”七方藏印。

魏錫曾（?–1882），字稼孫，號鶴廬、印奴。浙江杭州人。晚清金石大家，係西泠印社創始人丁仁之外祖父。咸豐貢生，曾官福建鹽大使。為官樸拙，日事筆硯，於金石拓本、名人印蛻匯輯甚富。著有《開成石經圖考》《魏稼孫全集》等。

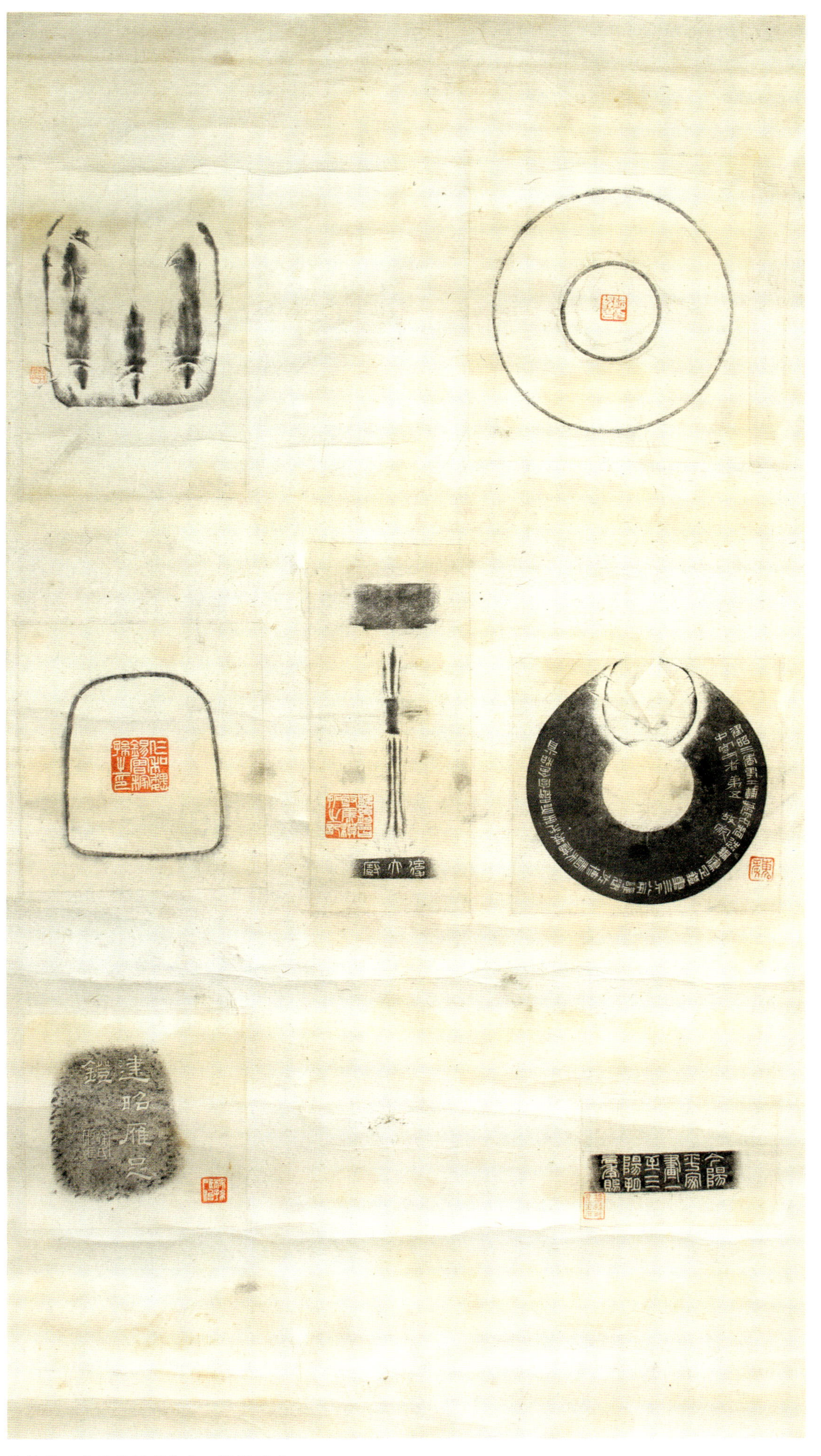

卷軸裝　畫芯縱81.5釐米　橫38釐米

館藏號：Z2134

6.《永元雁足鐙》王文燾藏本

東漢永元二年（公元90年）雁足鐙，較之西漢《建昭》《竟寧》兩雁足鐙，時間上晚一百餘年，體型亦略有變化，似乎更纖細精巧，雁足下又添一托盤。今不知原器之下落，其拓本亦少見，故聲名遠遜於前兩者。此全形拓為王文燾藏本，有王氏題記一則（過録古籍文獻資料）。依拓本觀之，雁足鐙高約27釐米。

雁足鐙銘文曰：

> 永元二年中尚方造銅雁足鐙，重九斤，工宋次等作。

民國九年（1920）王文燾題記：

> 永元二年銅雁足鐙。
>
> 阮文達公《積古齋款識》云："永元雁足鐙銘二十字，秦太史所藏器，據摹本編入。"江鄭堂云："是器後漢和帝永元二年造，文云'重九斤'，以今權分之，則永元時權一斤，重今權七兩有奇耳。"《續漢書·百官志》："少府卿屬尚方令一人，六百石。"本注曰："掌上手工作御刀劍諸好器物。"《晉書·職方（官）志》："少府，統材官校尉，中左右三尚方。"晉襲漢制，有中左右三尚方，證以器之中尚方，可知漢時有三尚方矣。是可補司馬彪之闕，太史云："銘之對面尚有一'山'字。"此失摹。五行官誤書方。宣統庚申冬十有二月甲戌朔王文燾迻録。

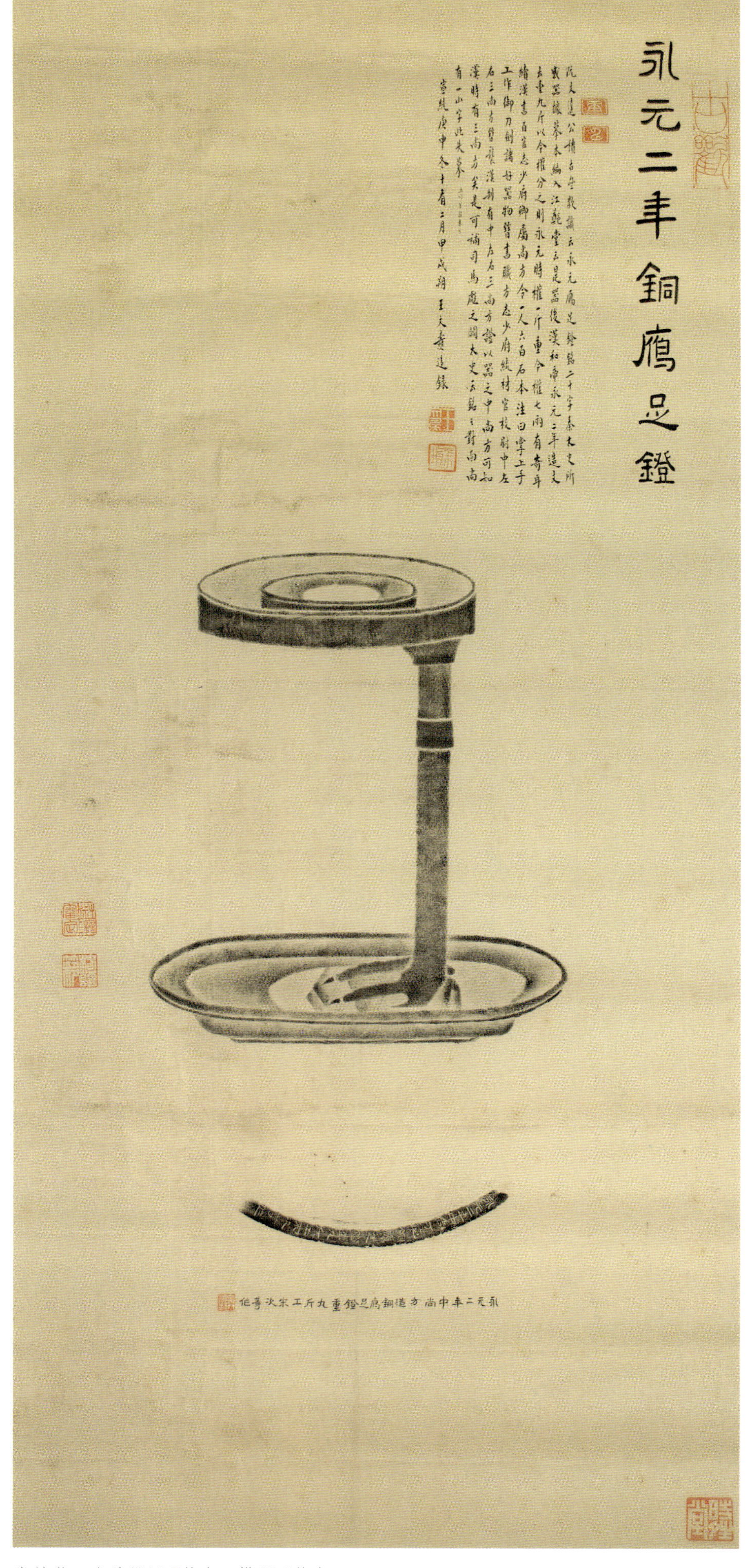

卷軸裝　畫芯縱93.5釐米　橫43.5釐米
館藏號：Z2265

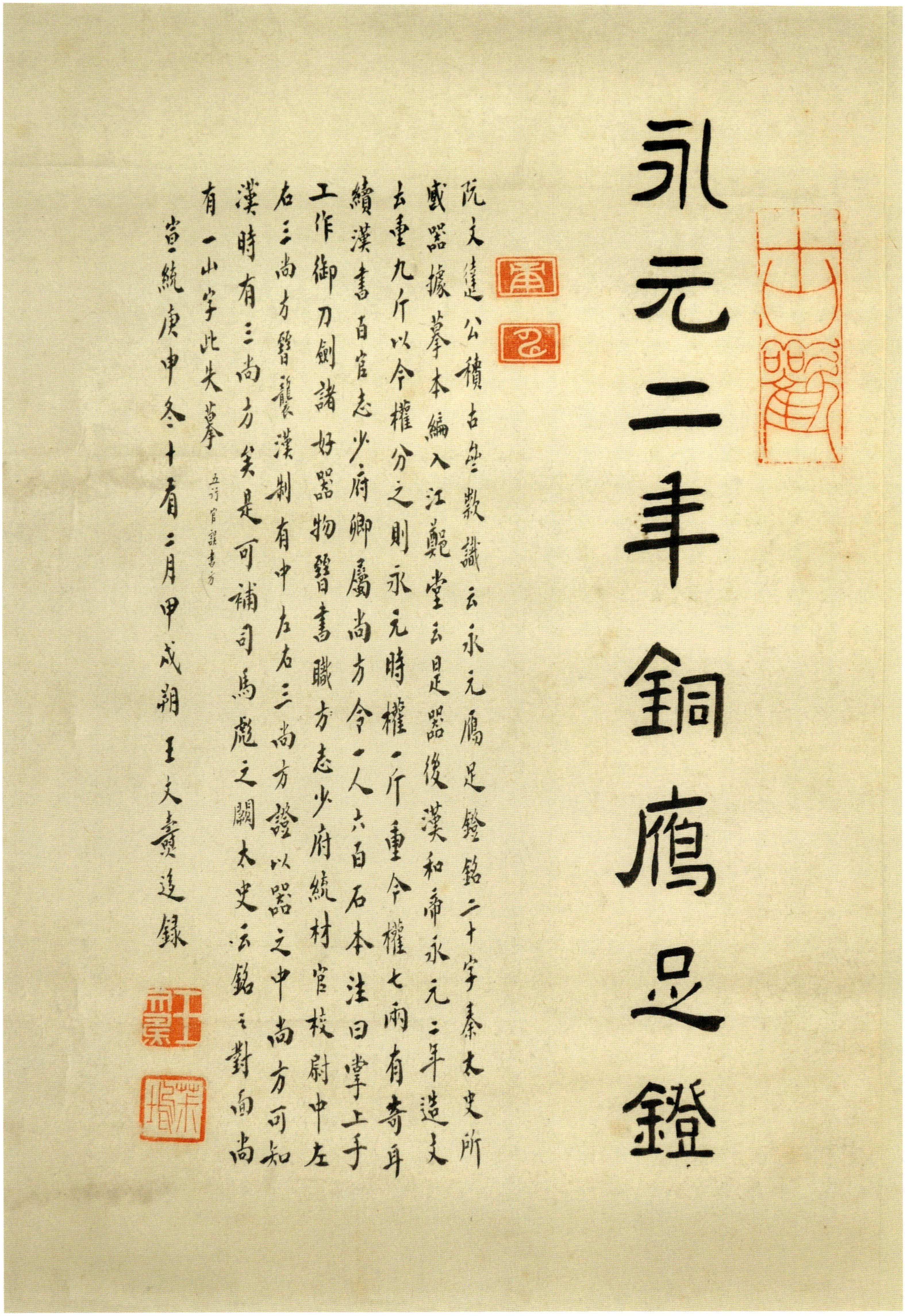
永元二年銅鴈足鐙
阮文達公積古齋款識云永元鴈足鐙銘二十字秦太史所
藏器據摹本編入江甗堂云是器後漢和帝永元二年造文
云重九斤以今權分之則永元時權一斤重今權七兩有奇耳
續漢書百官志少府卿屬尚方令一人六百石本注曰掌上手
工作御刀劍諸好器物晉書職方志少府統材官校尉中左
右三尚方晉襲漢制有中左右三尚方證以器之中尚方可知
漢時有三尚方矣是可補司馬彪之闕太史云銘之對面尚
有一山字此失摹
五行官誤書方
宣統庚申冬十有二月甲戌朔王文燾追錄

《永元雁足鐙》王文燾藏本局部

7.《宜昌平勝第三鐙》高氏兄弟跋本

民國三十二年（1943）冬，高時敷（絡園）在冷攤上購得《漢宜昌平勝第三鐙》《甘露四年陽陵侯家行鐙》，前者銘文："宜昌平勝第三。"後者銘文："陽陵侯家行鐙重一斤三兩，甘露四年工鄒商造第九。"遂顏其居曰"二鐙精廬"，並全形傳拓之，拓本上留有民國甲申冬月至乙酉正月（1944–1945）間高時豐（存道）、高時顯（野侯）兩位高氏兄長題記。

一張全形拓本可同時聯接起高氏兄弟三人，在七十年後的今天看來，已屬珍貴難得。至於原器物之真偽，早已無關緊要，大可置於議題之外。

高時敷（1886–1976），字繹求，又字弋虬，號絡園。與高時豐、高時顯兄弟三人，並稱"高氏三傑"。工書畫篆刻，精鑒別，輯有《樂只室古璽印存》《樂只室印譜》等。

高時豐題記：

動静光明藏，書帷夜氣滕。寸心同皎皎，照代此傳鐙。乙酉（1945）正月，存道。

去冬，絡園（高時敷）以事還杭州，偶遊冷攤，獲《甘露四年陽陵侯家行鐙》，又得此器，渾古可愛。余既各題小詩，爰為志所居曰"二鐙精舍"，並擬製圖，卒卒未暇，先成短句，絡園即屬篆書上端因識。

《漢龍虎鹿盧鐙》諸家均有著録，器形橢圓，作鹿盧形，後半著於器，前半仰以承炷，中有錐，前後有鋬並環，与此鐙制相同。惟此鐙蓋底及兩翼無龍虎紋而器下有足，中檠頗長，兩環已脱失，其同為漢器則無可疑也。爰賦五言六韻如左：

橢圓徵漢制，猶是鹿盧形。
蓋仰承玄炷，般深發古馨。
檠高知炤遠，軸轉愛機靈。
太樸良工造，宜昌吉語聆。
平安應願慰，勝利總心銘。
比事將辭屬，兒時味尚青。

甲申（1944）寒冬，存道居士呵凍題記。

高時豐（1876–1960），字魚占，號存道、茀亭。父高爾夔，弟高時顯、高時敬、高時衮、高時敷。世居杭州雙陳巷。兄弟數人，並以書畫名重一時，一門風雅。

高時顯題識：

東漢宜昌平勝第三鐙。樂只室藏器。野侯。

高時顯（1878–1952），字欣木，號野侯、可庵。為高時豐弟，時敬、時衮、時敷之兄。善畫梅花，工篆刻。收藏古今《梅花圖》尤夥，有"五百本畫梅精舍"之稱，鎮宅之寶有王冕《梅花圖》卷，因名其齋曰"梅王閣"。

勤埩光明藏書惟友乞勝又也同皎皎昭成此傳鐙

乙酉正月 韋道

東漢宜昌平勝第三鐙

樂石室藏器 景賡

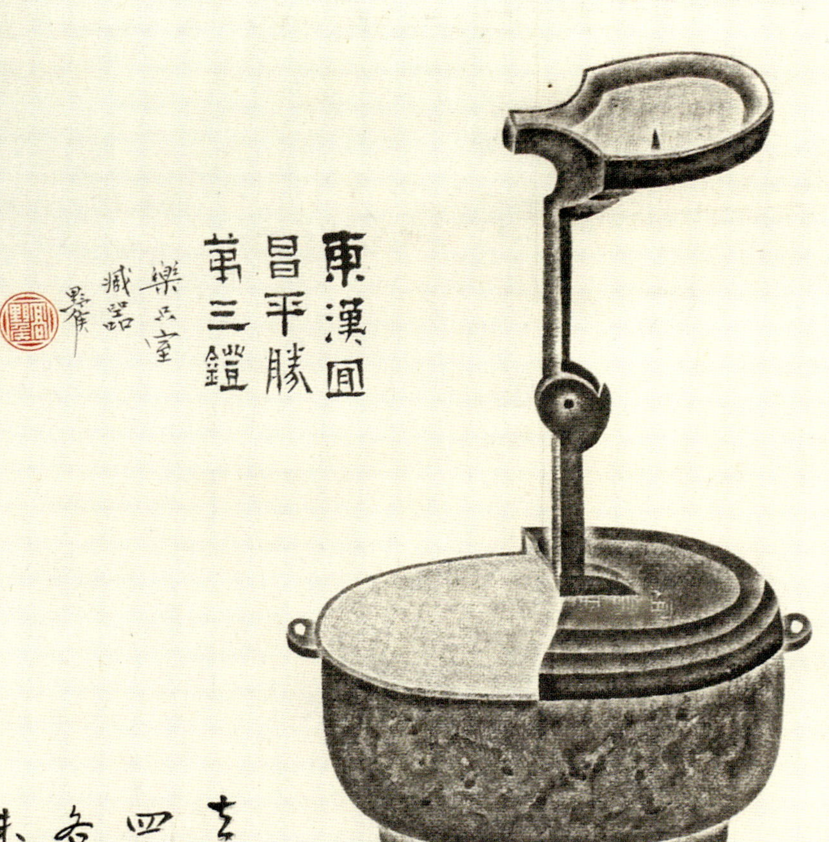

漢龍虎鹿盧鐙諸家均有著録器形橢圓作鹿盧形後半著於器前半仰以承炷中有錐前後有並鋬環与此鐙制相同惟此鐙蓋底及兩翼無龍虎紋而器下有足中槃頗長兩環已脫失其同為漢器則無可疑也爰賦五言六韵如左

橢圓徵漢制猶是鹿盧形蓋仰承玄炷般深拱古馨槃高知焰遠軸轉爰機靈太樸良工造宜昌吉語聆平安應頗慰勝利總心銘比事將辭屬兒時味尚青

甲申寒冬韋道居士呵凍題記

去冬路園以事返杭州偶遊冷攤獲甘露四年陽遠侯家行鐙又得去器渾古可喜余乃各題小詩爰由志所居曰二鐙精舍並擬製圖卒卒未暇先生短句給園即屬篆之上端回海

卷軸裝 畫芯縱67釐米 橫34.5釐米 館藏號：Z1360

8.《陽陵侯家銅行鐙》高氏兄弟跋本

此鐙銘文："陽陵侯家銅行鐙重一斤三兩，甘露四年工鄒商造第九。"分別鑄刻於鐙盤與盤柄之上。高氏兄弟將其定為西漢宣帝甘露四年銅行鐙，即公元前50年所造。此鐙為高時敷（絡園）"二鐙精廬"藏品之一，係民國三十二年（1943）冬購得於冷攤者。此本全形拓與《宜昌平勝第三燈》同為一套，同時裝裱，同時題記。

高時顯（野侯）題記：

西漢陵陽家侯行鐙。樂只室藏器。野侯題。

甘露，漢宣帝第六建元，四年，歲在辛未。野侯。

高時豐（存道）題記題詩：

畫像開麟閣，祥符集鳳皇。

侯封徵傳氏《漢書·列傳》傅寬封陽陵侯，工造識鄒商。

鐎斗同賢友漢元康鐎斗見《金石契》器形同此鐙，亦三足而有長柄，甘泉共尚方漢有甘泉、上林宮行鐙。

行鐙傳第九，照耀出椒房。

甲申冬月，存道偶題。

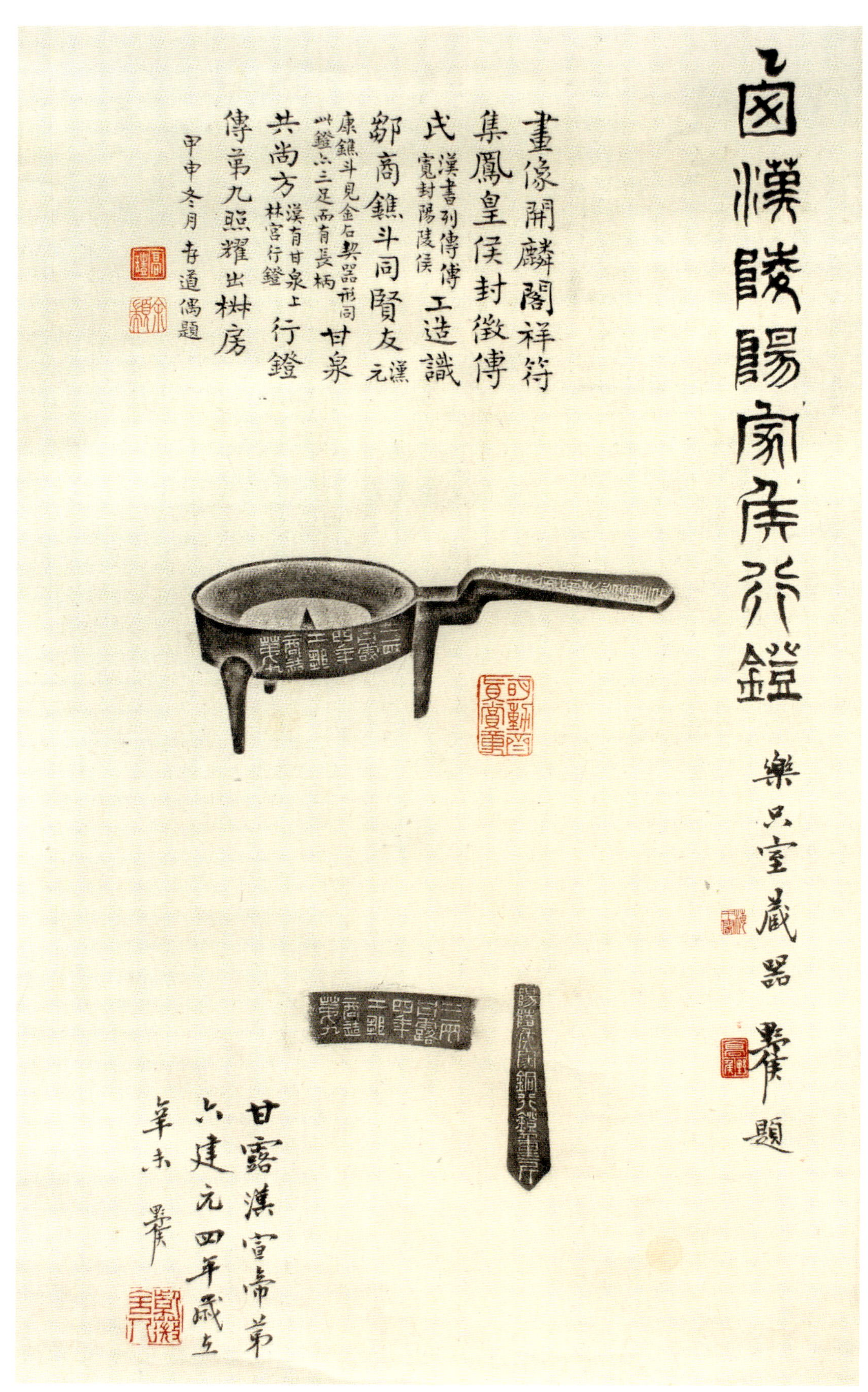

卷軸裝　畫芯縱67釐米　橫34.5釐米

館藏號：Z1359

六　浮　圖

1.《吳越王金塗塔》李嘉福跋本

“阿育王塔”又名“寶篋印塔”，據《佛祖統記》載：“吳越王錢俶天生敬佛，慕阿育王造塔之事，用金鋼精鑄造八萬四千塔，中藏《寶篋印心咒經》，佈散部內，凡十年而訖功。”因其金屬澆鑄，採用塗金和鎏金的工藝，故又名“金塗塔”。

金塗塔的造型為方形，分為塔座、塔身、塔頂三個部分。塔座都為須彌座。塔身四周雕刻佛本生的佈施度故事，諸如“捨身飼虎”“割肉飼鷹”“月光王捨頭”“快目王捨目”等。塔頂四角多為山花蕉葉，最高處是塔刹。塔座、塔身、山花蕉葉、塔刹是可以拆卸的，組裝時不用焊changing辦法，而是採用榫卯結構。

金塗塔依金屬材質，可分銅塔與鐵塔兩種，銅質的金塗塔銘文為：“吳越國王錢弘叔敬造八萬四千寶塔，乙卯歲記。”鐵質的金塗塔上的銘文為：“吳越國王俶敬造寶塔八萬四千所，永充供養，時乙丑歲記。”“乙卯”是後周顯德二年（955），“乙丑歲”是北宋乾德三年（965），這說明吳越國王錢弘叔所造的金塗塔大致在這十年間。

除正式銘文外，塔身內部還有其他單獨的刻字，如：“保”“人”“大”“上”“下”“安”“全”“金”“化”“六”“三”等等，或為造塔的編號系列。

此本為李墨香全形拓，另附銘文拓及塔身四面拓，銘文為“吳越國王錢弘叔敬造八萬四千寶塔，乙卯歲記。”下刻“安”字。拓本鈐有“李墨香女史手拓金石”印章。拓片上方存有光緒二十六年（1900）李嘉福題跋。李墨香，晚清著名女拓工，江蘇陽湖人。生平資料甚少，然拓本流傳卻頗多。另據鄒安題跋可知，李墨香即李錦鴻，好鐘鼎文字，善椎拓金石，盡得達受之傳，東南藏家法物，多延其手拓，見重於吳平齋、劉燕庭、吳大澂諸公。然除此鄒安孤證外，別無其他證明資料。

筆者一直懷疑李墨香與李錦鴻同為一人。傳

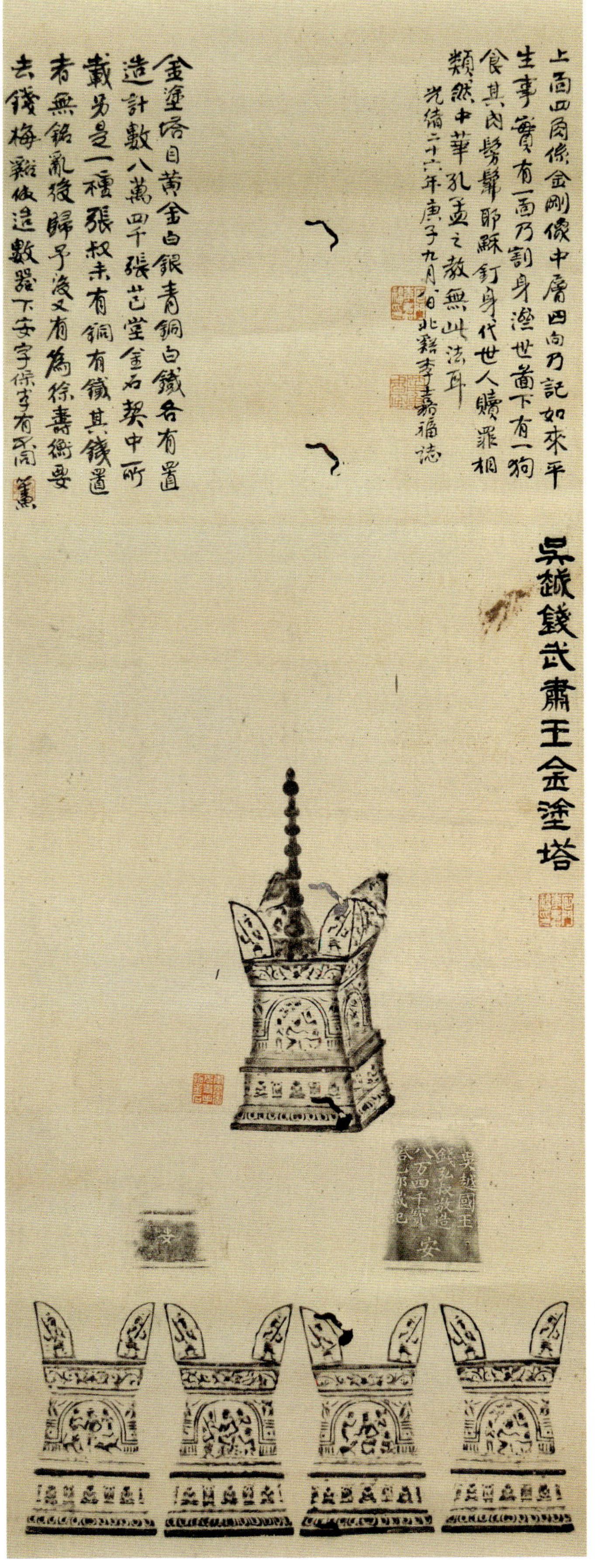

卷軸裝　畫芯縱98釐米　橫33釐米　館藏號：J3908

世李墨香拓本、李錦鴻拓本，筆者所見不下數十件之多，然拓本上絕不見同時有“李墨香”與“李錦鴻”印章，有墨香印章，則無錦鴻印章，反之亦然。若是同一人，李錦鴻號墨香，應該名字與別號的印章同時出現。亦有人懷疑李錦鴻與李墨香或為父女關係，此說尚待日後進一步的考證。

拓本右上方，存有李嘉福隸書題端：

吳越錢武肅王金塗塔。

卷軸上部，留有李嘉福題記二則，其文曰：

上面四角係金剛像，中層四向，乃記如來平生事實，有一面乃割身濟世，圖下有一狗食其肉，髣髴耶穌釘身代世人贖罪相類，然中華孔孟之教無此法耳。光緒二十六年庚子九月八日，北谿李嘉福誌。

金塗塔自黃金、白銀、青銅、白鐵各有置造，計數八萬四千。張芑堂（燕昌）《金石契》中所載另是一種，張叔未（張廷濟）有銅有鐵，其鐵置者無銘，亂後歸予，後又有為徐壽衡（樹銘）要去。錢梅谿（泳）做造數器，下“安”字、“保”字有不同。笙魚。

李嘉福（1839-1904），字麓蘋，號笙魚、北溪、石佛庵主、語溪老民等。浙江石門人。移居吳縣，善書畫，精鑒賞，富收藏，曾為戴熙弟子。

吳越王金塗塔
現藏故宮博物院

2.《夏承厚金塗塔》與《崇化寺西塔基記》奚萼銘藏本

此《金塗塔》與《崇化寺西塔磚銘》兩件合軸，即《夏承厚造金塗塔》和《吳延福造崇化寺塔基銘》。此二件皆為蕭山祇園寺鎮寺之寶，故而合裝一軸。

浙江蕭山祇園寺大殿前，原有東西兩座方形磚塔，乾隆丙申（1776）大水，海塘圮，西塔崩，金塗塔與磚銘出焉，為寺僧撿拾，寶藏寺中。祇園寺始建於晉咸和三年，原名崇化寺，宋治平三年，改為祇園寺。

崇化寺之金塗塔，為夏承厚所造，其銘文曰：

> 弟子夏承厚並妻林一娘，闔家眷屬，捨淨財鑄真身舍利塔兩所，恐有多生罪障業障並願消除，承茲靈善，願往西方淨土。戊午顯德五年(958)十一月三日記。

《夏承厚造金塗塔》與《吳越國王錢弘叔造金塗塔》，兩者形制極為相似，唯銘文內容與銘刻位置不同，從中可知，當時吳國民間私下亦在廣泛鑄造此類金塗塔。據《蕭山縣志稿》等文獻可知，道光十六年（1836）年間，祇園寺重修西塔，修畢後復將"西塔金塗塔"與"西塔塔基磚銘"還藏（砌回塔中）。咸豐十一年（1861），西塔又"隨寺毀"，西塔基記、西塔金塗塔第二次出土。此後"塔基磚銘"曾一度散失，後又在西門外湯氏西山草堂發現，但已斷為三。光緒十四年（1888），西塔再次重修，"西塔金塗塔"與"西塔塔基磚銘"又第二次還藏。1966年，東、西方塔被人為拆毀，"西塔金塗塔"第三次出土，"西塔塔基磚銘"則佚失，現金塗塔藏蕭山博物館。

此拓本為道光十六年（1836）第一次還藏以前所拓，卷軸裝，初為蔡名衡所有，後歸奚萼銘收藏。存有道光二十一年（1841）蔡名衡題記，從題記可知，當時同觀者尚有山陰詩僧萬香、海昌畫禪六舟。另有清末民初鄭文焯、張祖翼、褚德彝、羅振玉等人題記。

另據蔡名衡題跋可知，道光十六年（1836）年間，方丈澹參重修西塔，修畢後仍復將金塗塔砌入塔中。此本乃砌前所拓，為金石家吳廷康命武林張肯堂手拓本。

金塗塔拓本下，存道光二十一年（1841）蔡名

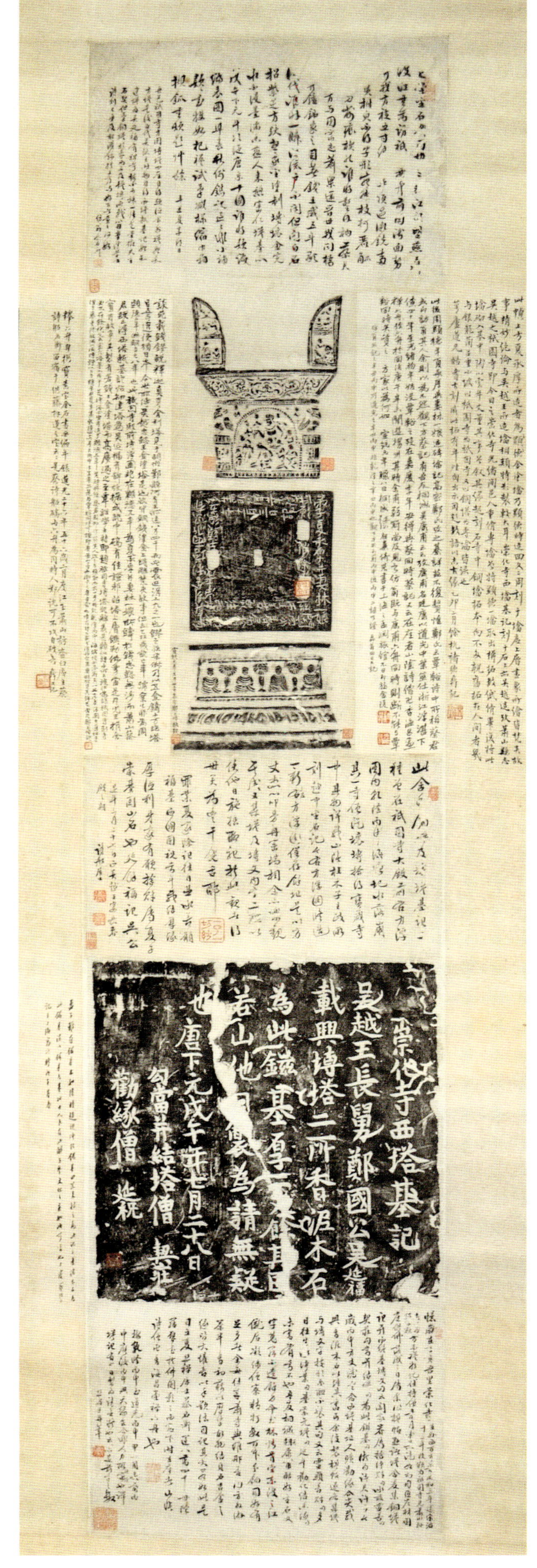

卷軸裝　畫芯縱136.5釐米　橫45.5釐米　館藏號：J6346

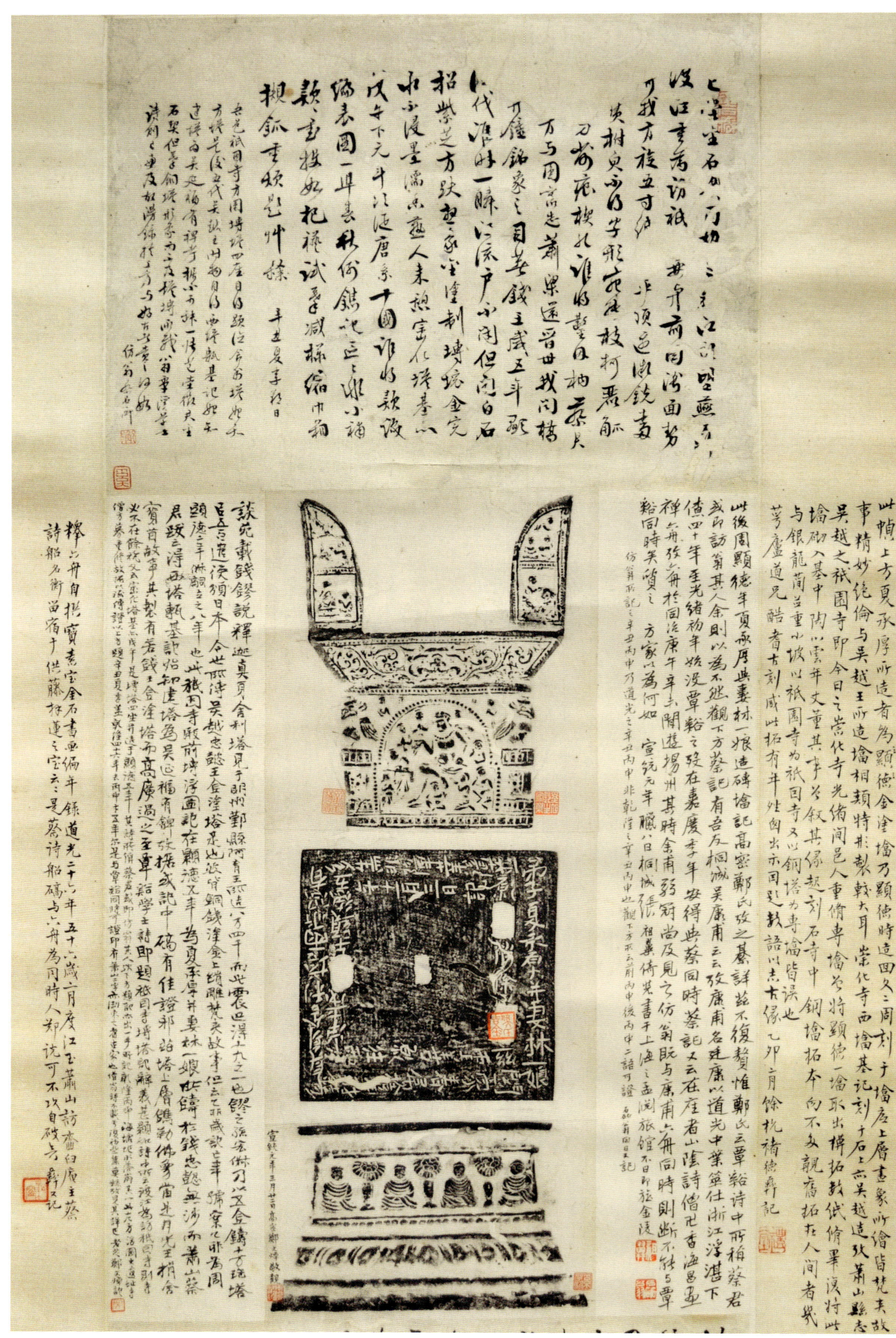

《夏承厚金塗塔》與《崇化寺西塔基記》奚萼銘藏本（局部）

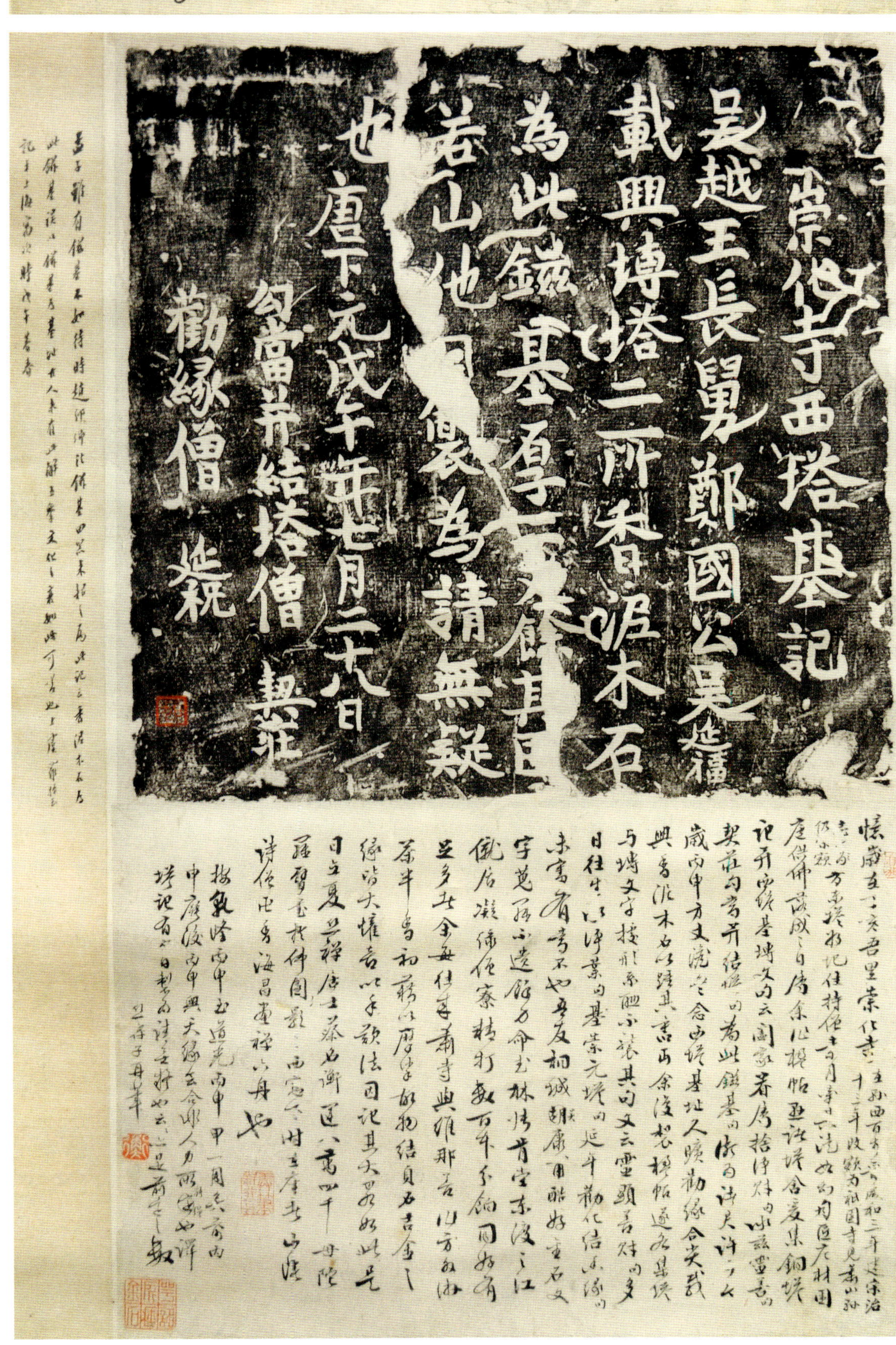

《夏承厚金塗塔》與《崇化寺西塔基記》
奚萼銘藏本（局部）

衡（詩船）題記：

此舍利銅塔及塼塔基記二種，曾在祇園寺大殿前右方浮圖內。乾隆丙申（1776）海塘圮，水落崩其一，寺僧從壞塼拾得，寶藏寺中。其物詳載山陰杜禾子主政所刻《越中金石記》，今右方浮圖修造一新，右（此字點去）左方浮圖僅存餘址，是以方丈發心叩蔓，再崇瑞相，余亦樂觀其成，又集塔及塼文內字二聯，以俟他日施捨。聊記於此，觀者得毋笑為豐干饒舌耶。

罪業夏家除記往日並承善願，福基西國固祝當年載結厚緣。

厚德利身家有願捨財屬夏子，崇基固山石也延餘福記吴公。

是年三月二十七日，正吴越王宴長春殿之期。詩船居士。

《崇化寺西塔磚銘》拓本下，存蔡名衡（詩船）題記：

憶歲在丁亥（1827）吾里崇化寺在縣西百步，晉咸和三年建，宋治平三年，改額為祇園寺，見《蕭山縣志》一為（此字點去）仍宋額。方東塔將圮，住持僧素月率其徒如幻匈匠庀材圍廬供佛，落成之日，屬余作楹帖懸諸塔舍，爰集銅塔記並西塔基塼文句云："闔家眷屬捨淨財，承茲靈善。契莊匀當並結塔，為此鎡基。"頗為諸君許可。

今歲丙申（1836）方丈澹參念西塔基址久曠，勸緣合尖載興香泥木石，以踵其舊，丐余復製楹帖，遂各集塔與塼文字，據形系聯，不襲其句，文云："靈顯善財，多日往生承淨業，基崇元塔，延年勸化結香緣。"未審有當不也。

吾友桐城吴康甫酷好金石文字，蒐羅不遺餘力，命武林張肯堂東渡之江僦居凝緣僧寮，精打數百本，分餉同好，有足多者。余每往來蕭寺，與維那善作方外遊，茶半香初，藉以摩挲故物，結貞石吉金之緣，皆大懽喜，以手歎法，因記其大略如此。是日立夏，絲禪居士蔡名衡運八萬四千母陀羅臂，書於佛影園之西窓下，時在座者山陰詩僧卍香、海昌畫禪六舟也。

按乾隆丙申（1776）至道光丙申（1836），甲一周矣。前丙申廢，後丙申興，天緣會和，非人力所能強也。澤塔記有□日製為請無疑也云云，亦是前定之數。絲禪子再筆。

卷軸頂端，為道光辛丑（1841）蔡名衡過録翁方綱題詩，文字殘破，茲不贅録。

吾邑祇園寺方圓塼塔四座，自得顯德舍利塔始知方塔是後五代吴越王時物，自得西塔甎基始知建塔為吴延福，有裨考據，不可缺一。張芑堂徵君《金石契》但摹銅塔形象而不及塔塼，所載翁覃溪學士詩則已兼及，故漫録於上方，與好古者賞之何如。仿翁蔡名衡。

蔡名衡，字陸士，號仿翁、詩船、絲禪、齏臼庵主，浙江蕭

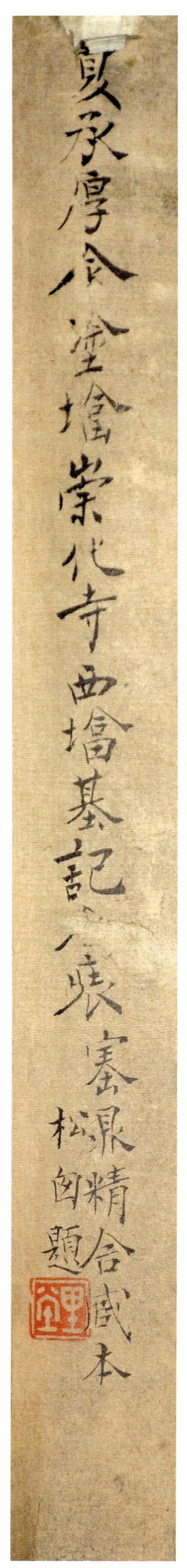

《夏承厚金塗塔》與《崇化寺西塔基記》奚萼銘藏本題簽

山人。嘗得舊竹印刻“詩船”二字，即以為號。清道光諸生，工楷隸書，善鑒別，金石書畫所蓄甚夥。

金塗塔拓本左側，存鄭文焯題記：

《談苑》載錢鏐說釋迦真身舍利塔，見於明州鄞縣，阿育王所造八萬四千，而此震旦得十九之一也。鏐之孫宏俶乃以五金鑄十萬珐塔，以五百遣使頒日本，今世所傳吳越忠懿王金塗塔是也。然皆銅鐵塗金，上績雕梵夾故事，但云乙卯歲記，亡年號，案乙卯為周顯德二年（955），俶嗣立之八年也。此祇因寺殿前塼浮圖記，在顯德五年為夏承厚並妻林一娘所鑄，於錢忠懿無涉，而蕭山蔡君跋云得《西塔甎基記》，始知建塔為吳延福，有裨攷據，或記中碻有佳證耶。茲塔上層鐫勒佛象，當是月光王捐舍寶首故事，其製有若錢王金塗塔，而高廣過之。至覃谿學士詩即題祇因寺塼塔記辭義甚顯，如詩中所云渡江為訪祇因寺，則寺必不在餘杭，又云崇化塔基亦戊午，是塼塔四坐並造於顯德五年，其詩所偁蔡君或即仿翁其人歟？下方題記亦出一手，所記“乾隆丙申（1776）海塘圮，水落崩其一”，此左方浮圖之遺址，寺僧方募重修，故拓以流傳，證以上方題辛丑夏季，蓋乾隆四十六年（1781），去丙申才五年爾，是與覃谿同時可證，印有“蕭山”二字亦浙東之嗜古家也。惜翁詩不載于《復初齋集》，莫繇攷見其詳已。老芝鄭文焯記。

金塗塔拓本右側，存宣統元年（1909）張祖翼題記：

此後周顯德年夏承厚與妻林一娘造磚墖記，高密鄭氏攷之綦詳，茲不復贅。惟鄭氏云覃溪詩中所稱蔡君或即訪翁其人，余則以為不然，觀下方蔡記有“吾友桐城吳康甫”云云，攷康甫名廷康，以道光中葉筮仕浙江，浮湛下僚四十年，至光緒初年始沒。覃谿之歿在嘉慶季年，安得與蔡同時，蔡記又云“在座者山陰詩僧卍香、海昌畫禪六舟”，攷六舟於同治庚午辛未間（1870–1871）遊揚州，其時余甫弱冠，尚及見之，仿翁既與康甫六舟同時，則斷不能與覃谿同時矣。質之方家以為何如。宣統元年（1909）臘八日桐城張祖翼倚裝書于上海之孟淵旅館，不日即旋金陵。

仿翁所記之辛丑丙申乃道光之辛丑丙申，非乾隆之辛丑丙申也。觀下方所云前丙申、後丙申二語可證。磊翁同日又記。

鄭文焯與張祖翼題記的外側，另有民國四年（1915）褚德彝題記：

此幀上方夏承厚所造者為顯德（此二字點去）金塗墖，乃顯德時造，回文，文周刻于塔底，上層畫象所繪皆梵夾故事，精妙絕倫，與吳越王所造墖相類，特形製較大耳。崇化寺西墖基記刻于石上，亦吳越造。攷《蕭山縣志》，吳越之祇園寺即今日之崇化寺。光緒間邑人重脩專墖，曾將顯德一墖取出，模拓數紙，脩畢復將此墖砌入基中。陶心雲年丈董其事，曾敘其緣起，刻石寺中，銅墖拓本向不多覯，舊拓在人間者，幾與銀龍簡並重，小坡以祇園寺為祇因寺，又以銅墖為專墖，皆誤也。萼盧道兄酷嗜古刻，藏此拓有年，晴窗出示，因題數語，以志古緣。乙卯（1915）二月餘杭褚德彝記。

釋六舟自撰《寶素室金石書畫編年録》道光二十六年，五十六歲，二月度江至蕭山訪齋白庵主蔡詩船名衡，留宿於供藤拜蓮之室云云。是蔡詩船碻與六舟為同時人，鄭說可不攻自破矣。彝又記。

褚德彝跋中所稱“萼廬道兄”者即奚光旭（1880–1919），字萼銘、鄂銘，號埜鶴，齋名萼廬、文彝軒、小冬花庵、寶鼎精舍等。江蘇江陰人。清末民國初上海顏料鉅賈，收藏家。奚氏與滬上諸名家如蒲華、吳昌碩、張祖翼、褚德彝、趙叔孺等相友善。

另有褚德彝題卷軸外簽：“夏承厚金塗塔、崇化寺西塔基記合裝。寶鼎精舍藏本，松窗題。”

《崇化寺西塔磚銘》拓本左側，有民國七年（1918）羅振玉題記：

孟子“雖有鎡基，不如待時”，趙邠卿註：“鎡基，田器耒耜之屬”。此記云：“香泥木石為此鎡基”，誤以“鎡基”為基址，古人未有此解，五季文化之衰如此，可嗟也。上虞羅振玉。記於上海寓次，時戊午暮春。

近日，又見浙江博物館藏《夏承厚金塗塔》與《崇化寺西塔基記》合軸一件，僅拓金塗塔之塔身，未拓塔座，據光緒二十九年（1903）褚德彝題記，為六舟所拓。查六舟編年録：道光六年（1826）夏遊山陰蘭亭、禹陵後，“借榻祇園寺，拓後周顯德間夏承厚所造金塗塔”。故知，“浙博本”亦為道光十六年（1836）第一次還藏以前所拓。

3.《夏承厚金塗塔》與《崇化寺西塔基記》陶濬宣藏本

奚萼銘藏本卷軸發現後的半年，筆者在上海圖書館又發現一件《夏承厚金塗塔》與《崇化寺西塔基記》合軸。

此件卷軸為陶濬宣舊藏，正是上文褚德彝題跋中所云“陶心雲年丈董其事，曾敍緣起，刻石寺中”者，附有光緒庚寅（1890）陶濬宣題刻。

但是，此本《夏承厚金塗塔》與上文褚德彝跋本迥然不同，並非出自同一物件，當拓自翻刻版上。而《崇化寺西塔基記》則為原物，然又增斷痕，磚已斷為三塊，云是光緒庚寅（1890）得於崇化寺數里外之湯氏廢園中。

以上兩件拓本的出現，將崇化寺西塔數次修復，金塗塔與磚銘幾進幾出，幾度傳拓的經歷，以圖文並茂的形式記載定格下來，彌足珍貴。

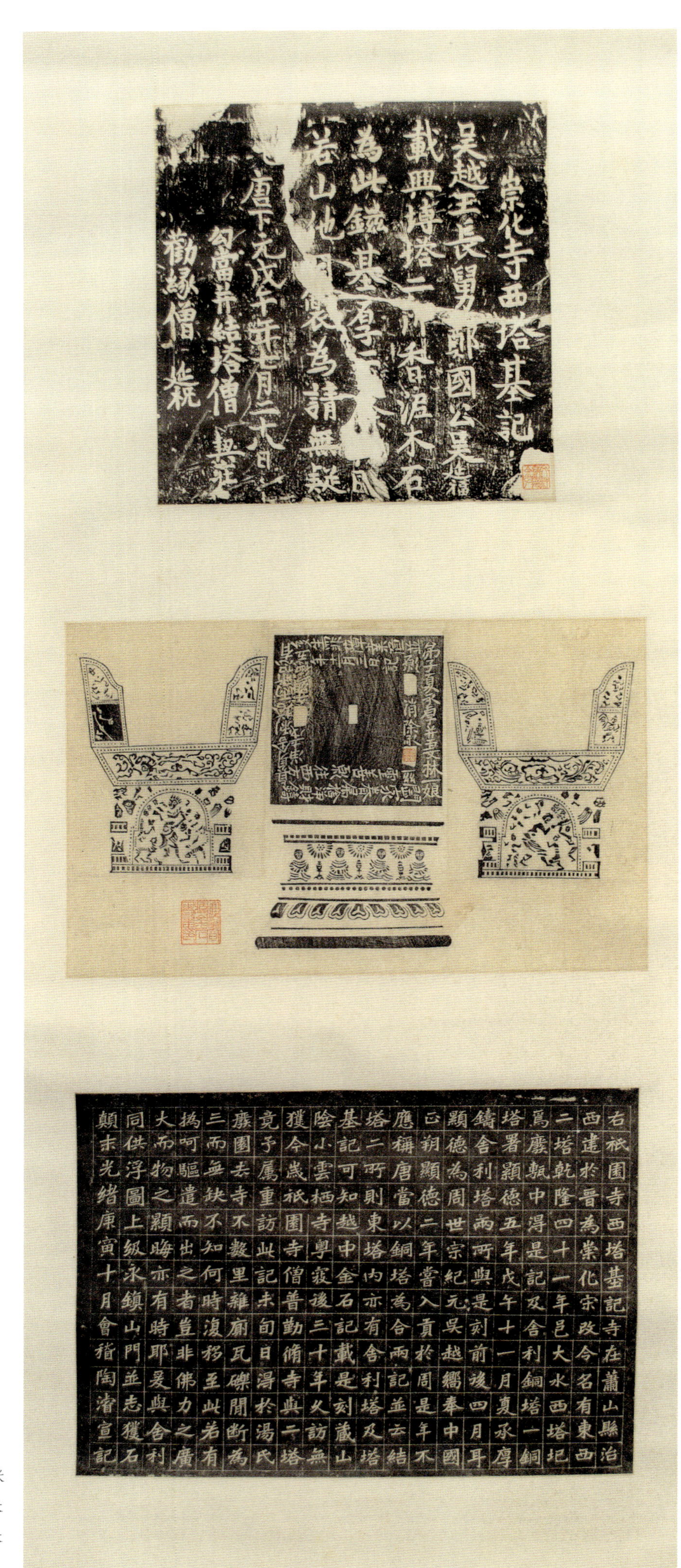
崇化寺西塔基記
吳越王長男鄭國公吳[illegible]
載興塼塔二所[illegible]木石
為此銘基[illegible]
[illegible]山也[illegible]為請無疑
[illegible]元戊午年七月二十八日
[illegible]當井結塔僧[illegible]
勸緣僧[illegible]

右祇園寺西塔基記寺在蕭山縣治
西建於晉為崇化宋改今名有東西
二塔乾隆四十一年邑大水西塔圮
爲慶甎中得是記及舍利銅塔一銅
塔署顯德五年戊午十一月夏承厚
鑄舍利塔兩所與是刻前後四月耳
顯德為周世宗紀元吳越嚮奉中國
正朔顯德二年嘗入貢於周是年不
應稱唐當以銅塔為合兩記並云結
塔二所則東塔內亦有舍利塔及塔
基記可知越中金石記載是刻藏山
陰小雲栖寺學寑後三十年久訪無
獲今歲祇園寺僧普勤脩寺與二塔
竟予屬重訪此記未旬日淂於湯氏
靡園去寺不數里雜廟瓦礫間斷為
三而無鉄不知何時復移至此若有
攜呵驅遺而出之者豈非佛力之廣
大而物之顯晦亦有時耶爰與舍利
同供浮圖上級永鎮山門並志獲石
顛末光緒庚寅十月會稽陶濬宣記

卷軸裝　上幅縱31釐米　橫29.5釐米
中幅縱26.5釐米　橫43釐米
下幅縱29.5釐米　橫42釐米
館藏號：J2868–2869

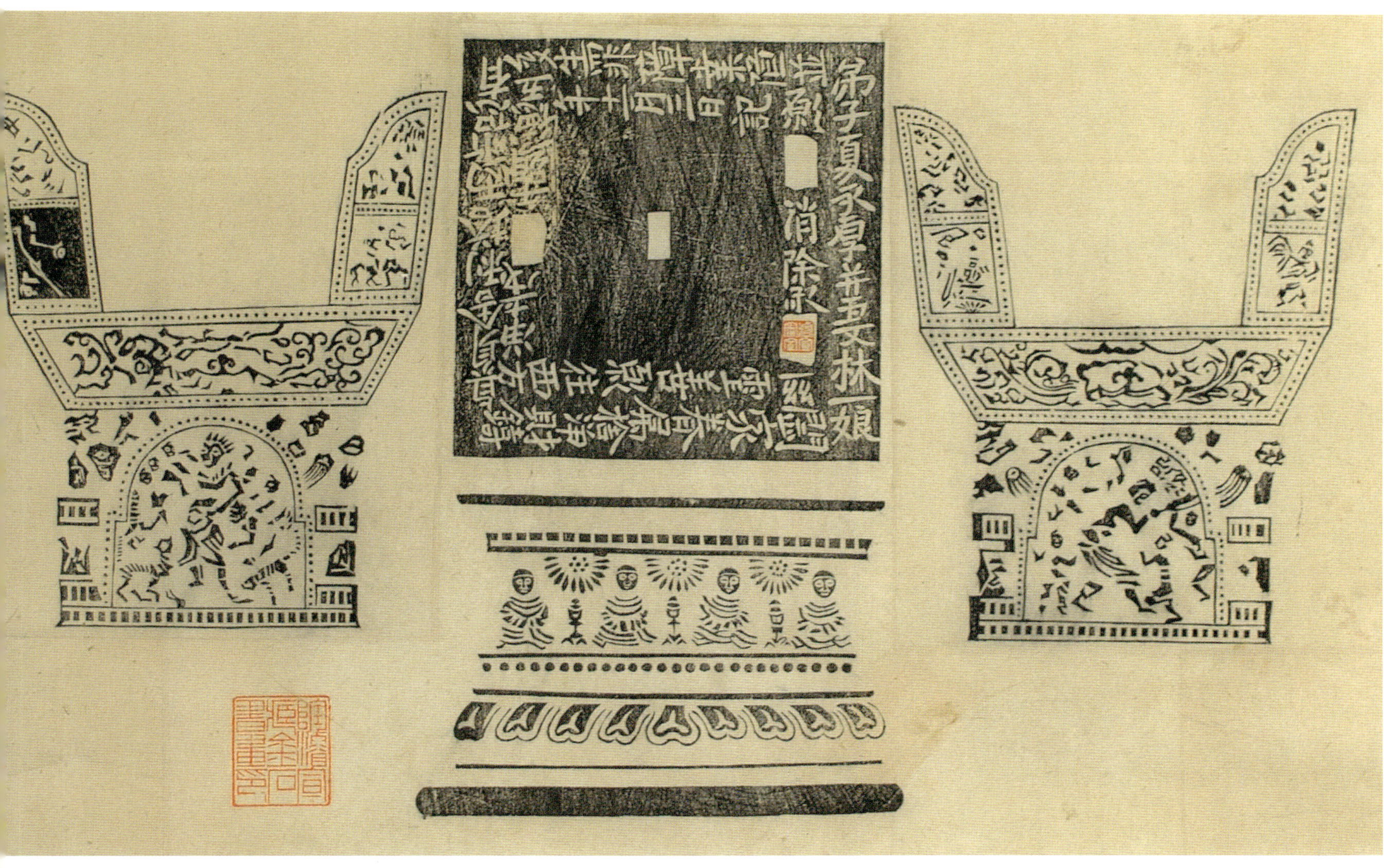

右祇園寺西塔基記寺在蕭山縣治
西逺於晉為崇化宋改今名有東西
二塔乾隆四十一年邑大水西塔圮
爲廢瓶中得是記及舍利銅塔一銅
塔署顯德五年戊午十一月夏承厚
鑄舍利塔兩所與是刻前後四月耳
顯德為周世宗紀元吳越鄉奉中國
正朔顯德二年嘗入貢於周是年不
應稱唐當以銅塔為合兩記並云結
塔二所則東塔内亦有舍利塔及塔
基記可知越中金石記載是刻藏山
陰小雲栖寺學竂後三十年久訪無
獲今歲祇園寺僧普勤脩寺與二塔
竟予屬重訪此記未旬日得於湯氏
廢園去寺不數里雜廟瓦礫間斷為
三而無缺不知何時復移至此若有
撝呵驅遣而出之者豈非佛力之廣
大而物之顯晦亦有時耶爰與舍利
同供浮圖上級永鎮山門並志獲石
顛末光緒庚寅十月會稽陶濬宣記

《夏承厚金塗塔》與《崇化寺西塔基記》陶濬宣藏本局部

七　造　像

1.《丁柱造像記》鄭文焯跋本（一）

《丁柱造像記》拓片為吳昌碩贈送鄭文焯者，僅存造像及佛座背面銘文部分，其銘文曰："□□□□兄弟六人，君家大小一十六口，願仁心常與佛會""九月十九日樂陵郡丁柱太上父"。造像紀年或在佛座側面，然此本失拓，故不明造像之確切年份。從鄭文焯題記可知，鄭氏最初考訂為北朝，其後又推定為北魏神龜、正光（518–524）之間，最後又將其與北魏皇興三年（469）造像並提。拓片右側，鄭文焯題記：

此丁柱造像記，惜失拓佛坐之側，致亡年號，然審是書體其為北朝造象無疑。缶廬主人（吳昌碩）以之見貽，因記之。鶴道人。

拓片左側，鄭文焯題記：

攷《魏志》樂陵縣屬滄州樂陵郡，今山東武定府樂陵縣治。此造像為北魏可證。字體勢渾渾，有草篆氣息，蓋在神龜、正光之間，別有此一格耳。

拓片頂部，鄭文焯題記：

今浙江妙相寺南齊永明二年石佛背銘有維衛尊佛，實非通玄寺之象，時人嗜古者，每以此坿會之，蓋以佛背維衛佛同，然此書明言梁簡文所制碑云云，不得混于南齊也。

拓片底部，鄭文焯題記：

此造象記字體草隸兼篆，超逸處大似魏皇興三年（469）趙琱造像，視恒品碩異。

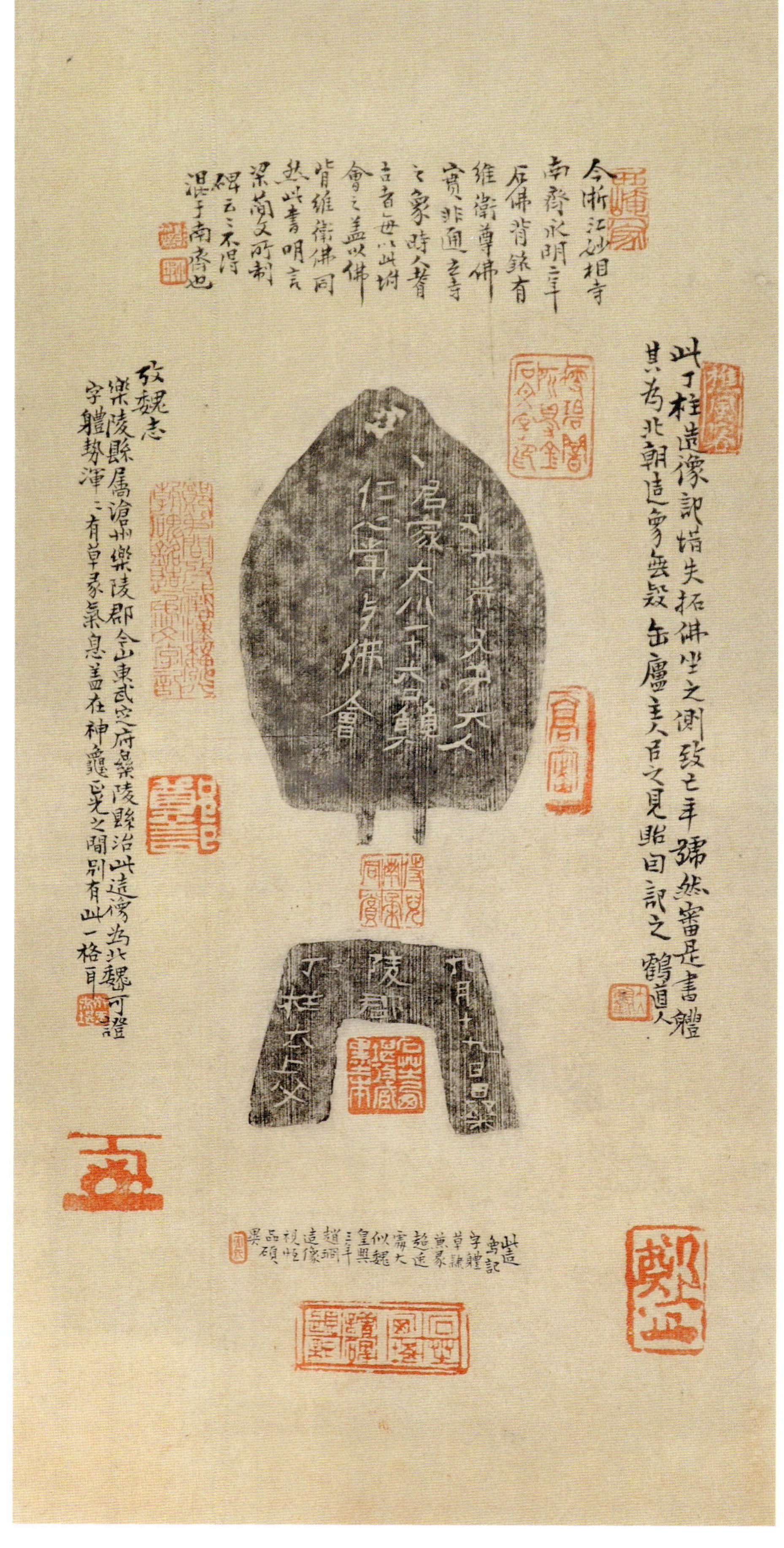

卷軸裝　畫芯縱33.5釐米　橫16.5釐米
館藏號：J4298

2.《丁柱造像記》鄭文焯跋本（二）

又見一件《丁柱造像記》拓本，亦有鄭文焯題跋，兩者相較，此本唯缺造像頂部鄭氏題跋一則，其餘三則題跋內容如出一轍，故將其暫名之曰“三面跋本”，上文所述之本則名之曰“四面跋本”。

然諦視之，“三面跋本”鄭跋字跡較為率意，“四面跋本”則較為端莊。兩本最大的不同，還在於拓本的面目迥異，造像題刻字跡差異明顯，顯然出自兩個不同的底本。若以造像題刻的優劣觀之，“三面跋本”較“四面跋本”更勝一籌，更具金石氣。由於未見原器物，僅見拓本，故孰真孰偽，一時還較難定奪。其次，由於兩本鄭文焯題跋均未題寫年月時日，亦無法知曉鄭氏當年遇見兩本的先後。

更為離奇的是，兩本皆云是缶廬主人贈送，那就應該是同一版本，為何面目迥異？難道其中一本是偽本。此類金石小件舊時並不那麼受人珍視，出現“雙胞胎”的情況可能性應該極小。或曰當時製作多件《丁柱造像》，兩件均為真品，然細觀之，兩件造像記的頂部同一部位均有剝蝕殘損痕跡，據此可知，兩件造像存在模仿與被模仿關係，其中一件必偽無疑。

“三面跋本”其上另有小衡手拓《劉達夫造玉像題記》合裝一軸，《劉達夫造像》原石舊為秦振宗（子衡）、吳大澂遞藏。

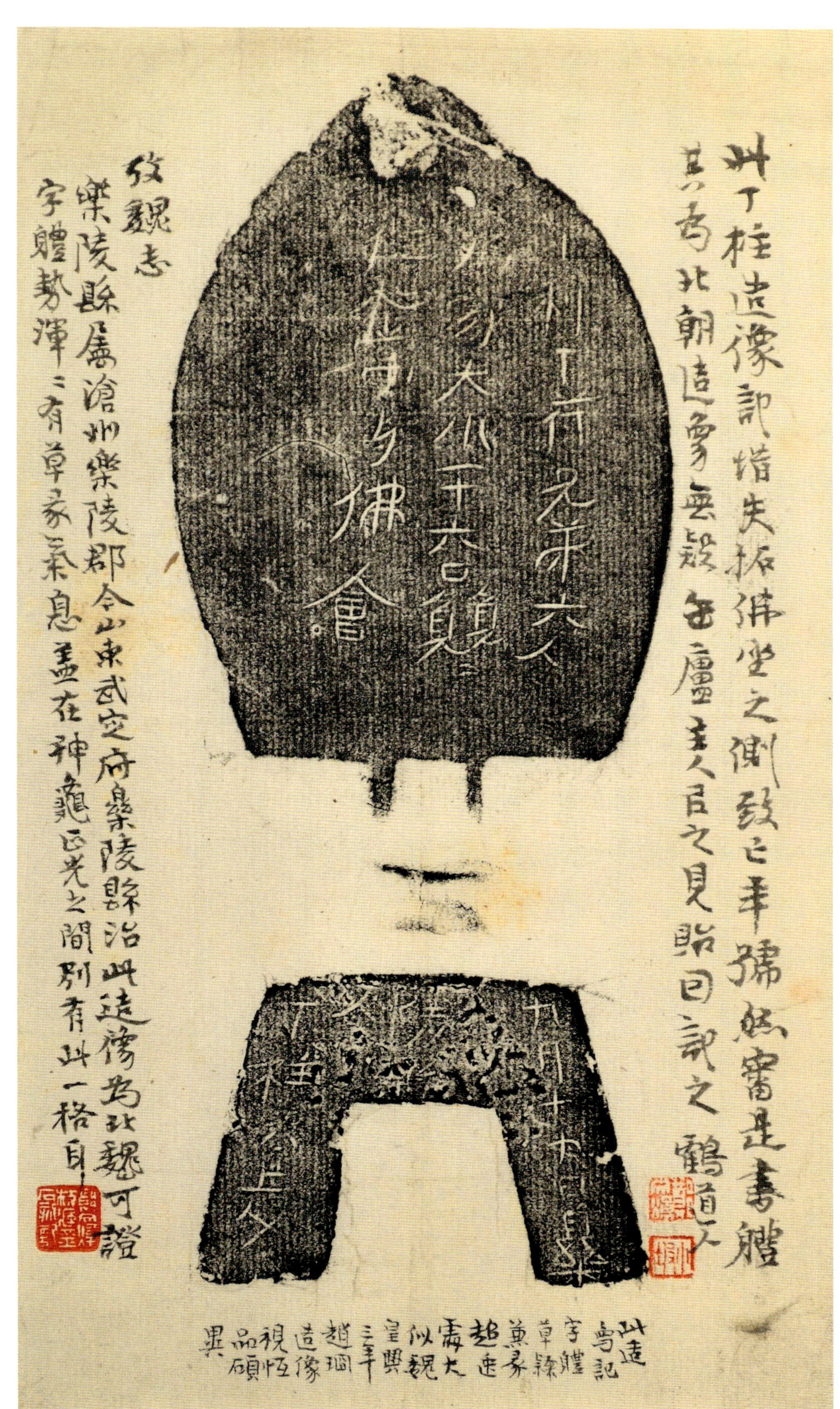

卷軸裝　畫芯縱18釐米　橫10.5釐米

館藏號：J4252

州丁柱造像記惜失拓佛座之側致亡年號然審是書體真為北朝造象無疑 缶廬主人以之見貽因識之 鶴道人

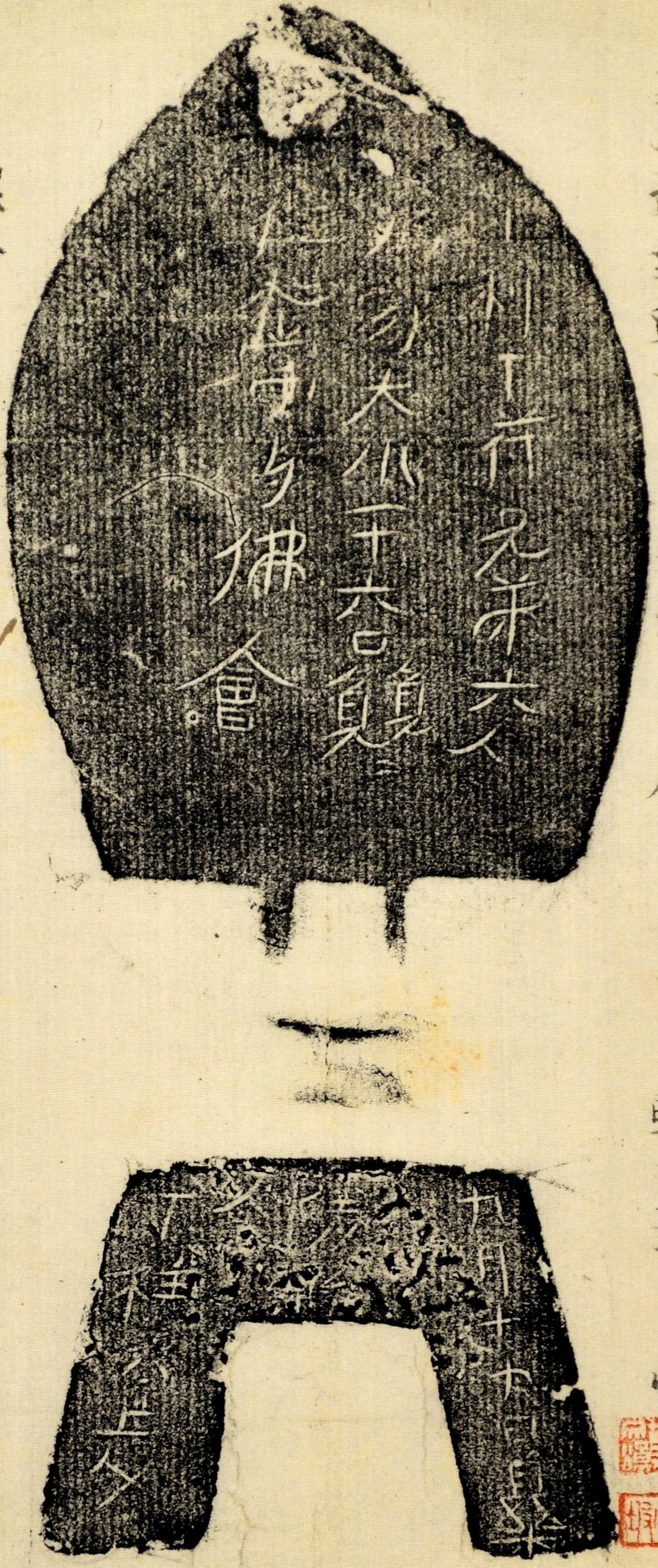

攷魏志
樂陵縣屬滄州樂陵郡今山東武定府樂陵縣治此造像為北魏可證
字體勢渾渾有草篆氣息蓋在神龜正光之間別有此一格耳

此造象記字體草隸兼篆超逸壽大似魏皇興三年趙珂造像視恒品頗異

3.《天保二年塗金釋迦像》鄭文焯跋本

天保二年（551）二月造塗金釋迦銅像拓本，存佛像正面、背面及刻字年款。拓片四周有光緒三十四年（1908）七月鄭文焯題記三則。與《郢爰拓本》合裝一軸，為《鄭文焯藏拓金石小品四條屏》之一。

拓本左右兩側，鄭文焯題記：

姚元之《竹葉亭雜記》："庚辰九月徐笙伯出示小銅佛，言烏魯木齊所屬之濟木薩保惠城為唐北庭都護地，城北五里有舊城基，土人名曰破城，其地往往得古泉，而銅佛尤夥，大小不一。有一尊高約二寸，厚二分，為韋陀狀。下有坐，似蓮花形，坐有四孔，皆穿，下有圓柱，似冠上頂柱，蓋用以安插者也。佛腦後有銅鼻一，直孔穿，蓋用以葥綰繫也。"此所述製正與此天保造象合，特彼無文字，當時詫為珎異，以今視昔，所見廣已。光緒三十四年（1908）七月，老芝記於樵風庼。

拓本頂端，鄭文焯題記：

踰年又於蘇城卧龍街匧董肆見一銅佛象，與此形範無少異，但無紀年，是知金石刻必貴有文字，尤重在元號，所謂無文不遠也。

題跋底部，鄭文焯題記：

塗金釋迦坐象，下為鏤空雲文，有機牙可插佛背，上出歧枝有穿可繫，文為鑿款一行，曰"天保二年二月造"，字細勁淳古，即在雲頭佛坐之背面。大鶴山人記在紫薇玉尺仙館之南寮，時紅藥初花。

卷軸裝　畫芯縱34釐米　橫17.5釐米

館藏號：J2540

4.《武定四年銅造像》鄭文焯藏本

此東魏銅造像拓本，鄭文焯藏本，像座銘文曰“武定四年（546）七月廿七日造”。拓片四周有鄭文焯題記二則，與《建元五年磚銘》合裝一軸，為《鄭文焯藏拓金石小品四條屏》之一。

拓片下方，鄭文焯題記：

> 此造像為居家延福，與余舊藏“天保五年桑買妻陽造玉象願三息長成”同為造像中別搆一格，宜有吉羊雲護之。老芝。

拓片左右兩側，鄭文焯題記：

> 葉氏《語石》十卷記：海州一古刹中有小銅造像七十餘尊，皆六朝唐時刻。山左碑估攜以北來，售於潘文勤（潘祖蔭），得七百金以去，文勤嘗舉以出示，嵌金為字，光焰灼然，雕鏤精工，令人熹見。以東海之濱一小邑而莊嚴功德如斯其盛，豈地接青徐玄風染被，亦海壖幽僻，訪古罕逮，蕭寺荒龕轉多遺跡。惜攀古樓舊藏名物，十數年來扃鐍匧衍、脫墨無傳，當時如鞠常（葉昌熾）之博古賞奇，日与玫論，亦未嘗脅其《金石録目》編以傳世。曩余聞文勤師言，吾所藏碑版終還之破銅爛鐵攤中，其言雖達，良可哀已。𡎺記。

讀到潘祖蔭所言“吾所藏碑版終還之破銅爛鐵攤中”，感慨良多。而今，雖然潘祖蔭所藏碑拓仍在文物拍賣市場上能求得善價，沒有被預期地“還之破銅爛鐵攤”，但傳統金石學恐怕早晚要“還之破銅爛鐵攤”，漸漸地化為烏有。

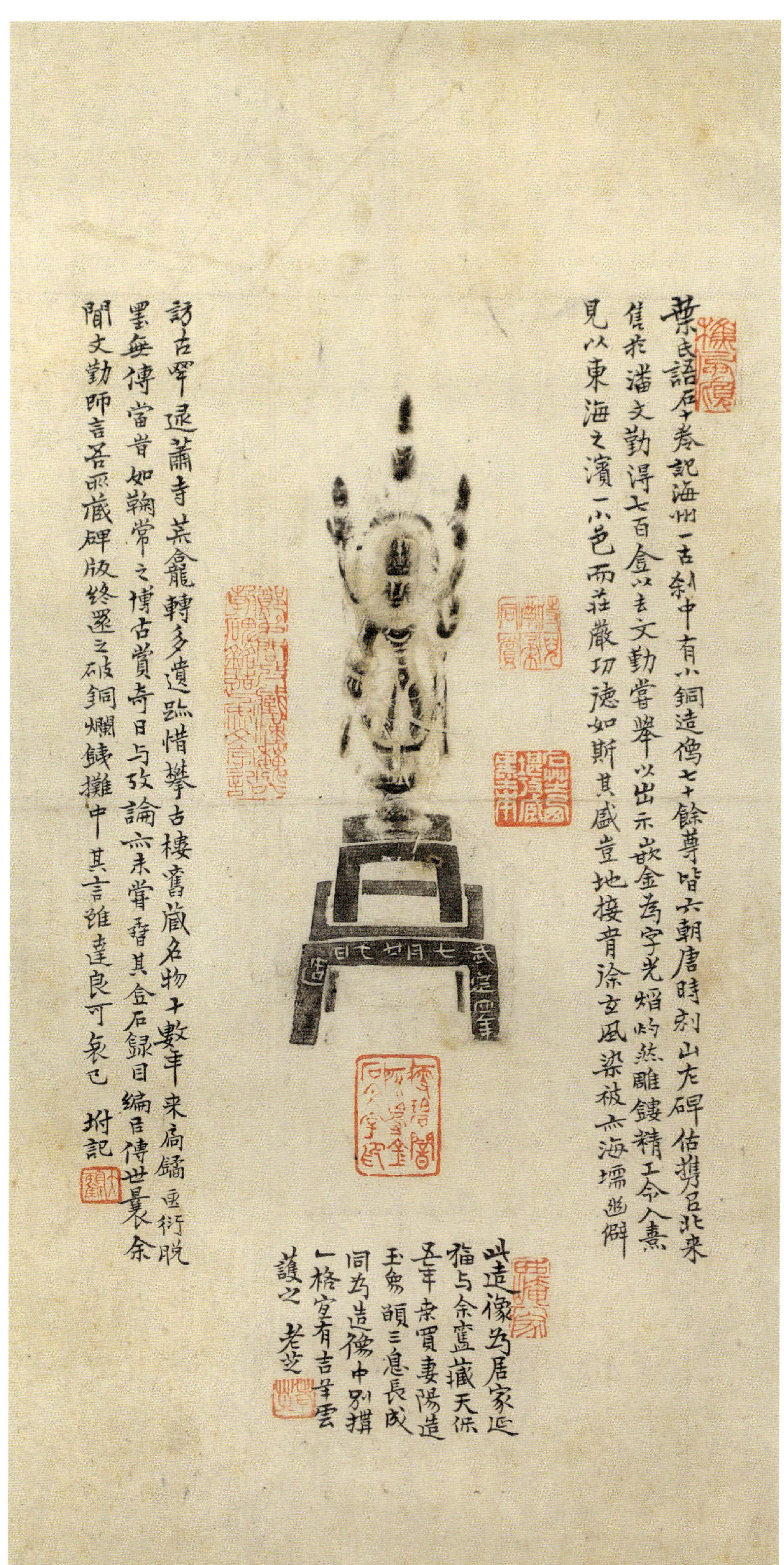

卷軸裝　畫芯縱34釐米　橫17.5釐米
館藏號：J2541

5.《江干荒刹鐵像》鄭文焯跋本（一）

此鐵像舊在江干荒刹一鐵浮圖之上，為曾紀澤贈予鄭文焯者。鐵像高二寸許，像背銘刻“□氏造”三字，字體似隸似楷。鄭文焯推斷為“曹魏前書”。

此《江干荒刹鐵像》拓本，與《秦陶量殘片》合裝一軸，為《鄭文焯藏拓金石小品四條屏》之一。

拓片四周有鄭文焯題記：

韓氏（韓崇）《寶鐵齋跋》《蘇州元妙觀東嶽廟元泰定元年鐵鑪銘》云：古金中，惟鐵器最易銷鎔，如大安寺鐵香鑪、光孝寺鐵塔、晉祠鐵人外，不數見。余謂履卿所睹者，皆唐以後之鐵，其精完而古樸莫若隋開皇時造鐵鑊，銘文多且未泐，今猶在湖北之當易也。鶴語。

隋大業十一年（615）當陽縣玉泉寺《李慧達造鐵鑊銘》，陽文四十四字，此鐵文最精完者。

江西省城大安寺吳赤烏二年（239）造鐵香鑪殘識，舊志竝釋為元年。光緒壬寅（1902）之夏，張公束、吳絅齋同訪得于鑪之上，曾八分書。此鐵文在三國時，益可寶已。老芝記於滬上。

此鐵像乃湘鄉曾通侯使公所貽，謂得之江干荒刹一鐵浮圖上，其文則隸古，類曹魏時書。并及。

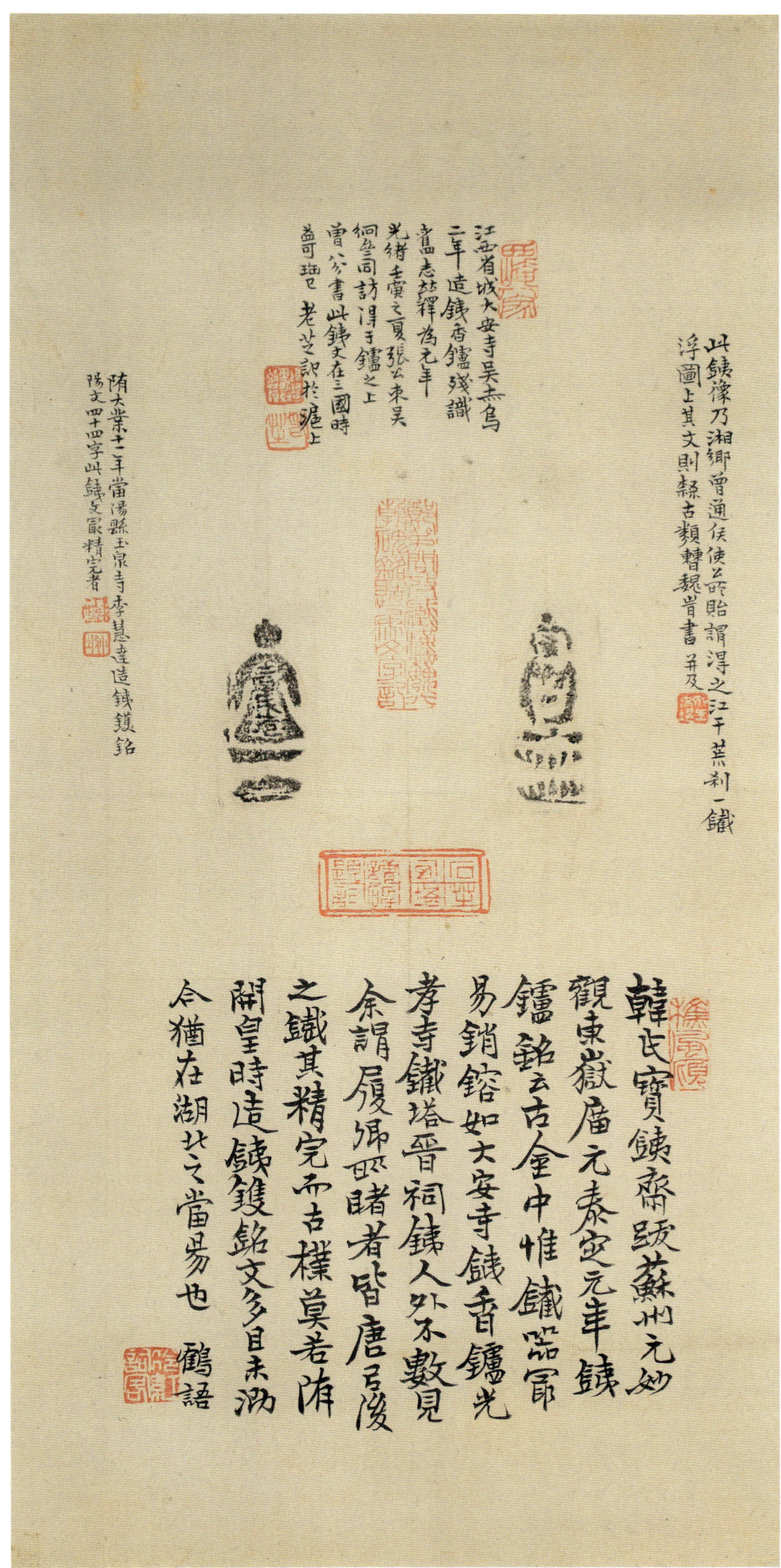

卷軸裝　畫芯縱34釐米　橫17.5釐米
館藏號：J2542

6.《江干荒刹鐵像》鄭文焯跋本（二）

《江干荒刹鐵像》鄭文焯藏本，有光緒乙巳（1905）鄭氏題記，兩件鐵像拓本雖同，然鄭氏題記內容不盡相同，從中可見鄭文焯題記藝術，故收録於此，以供參考。

光緒三十一年（1905）鄭文焯題記：

余論碑斷自隋，所以示存古意，並以見漢分體變之觀止也。造像記文製固無足觀，而書體亦考見時代，故觸目能辨以六朝文字。三十年來，靡日不心追手摹，習其體即陳其細趣，不待求諸故迹而後知也。嘗集漢魏以來止于隋代，凡石刻書人姓氏，搜校品目，宏致流别，廣庾肩吾《書品》之大例，復為略論，口陳標榜，眾家可識，庶使俊賞之士導厥淵原。昔梁武與宏景論書，以能變書體，為之舊也，能善書工，學之積也。既舊且積，方可以肆其談，旨哉是言。今學者宜辨體以求工，始可與言學書也夫。時乙巳（1905）五日，宿石壁山房，竹聲碎玉，對此時有俊風。鶴記。

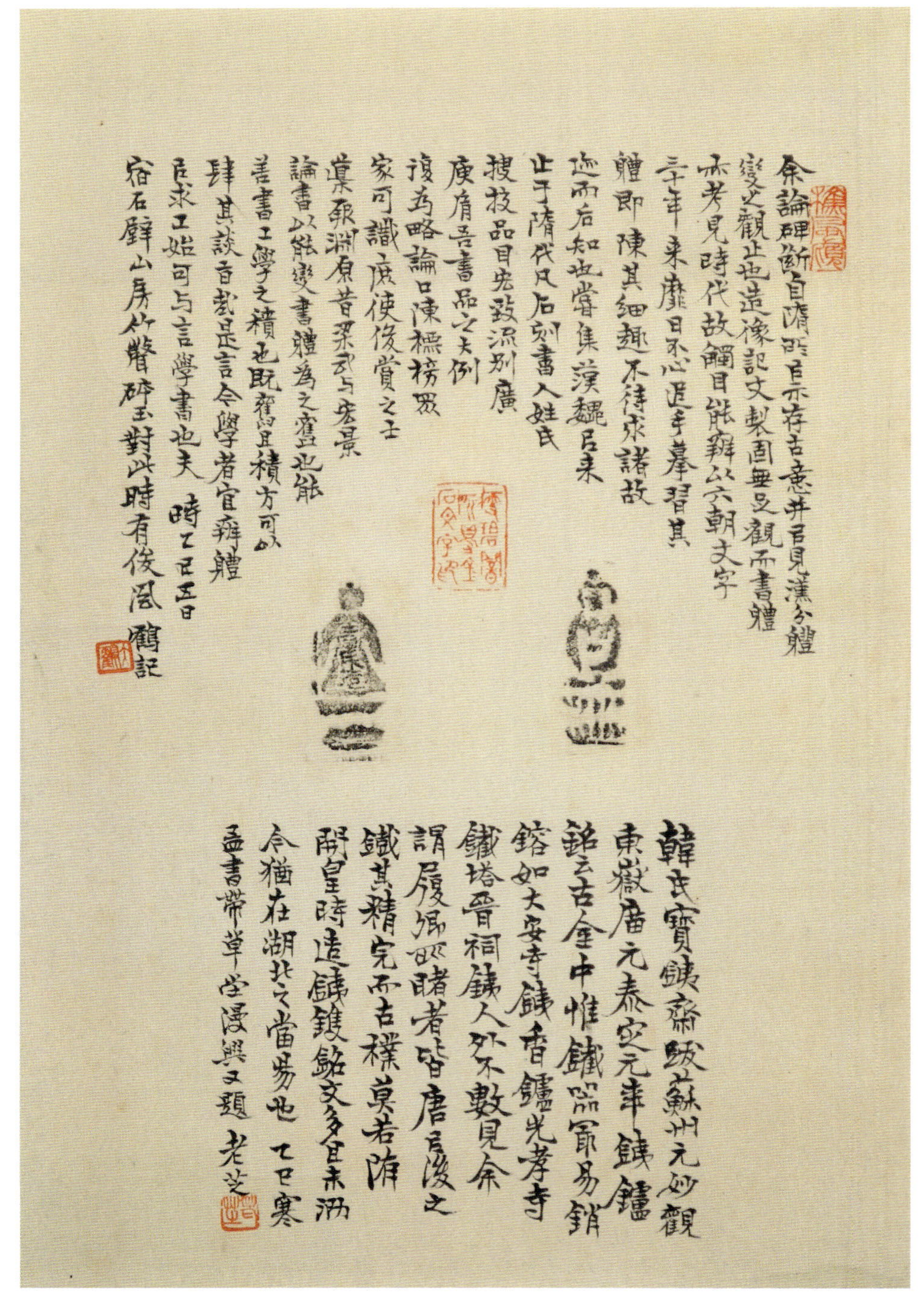

卷軸裝　畫芯縱32釐米　橫22釐米

館藏號：J5723

余論碑斷自隋以上亦存古意並以見漢分體變之觀止也造像記文製固無足觀而書體亦考見時代故觸目能辨以六朝文字三十年來靡日不心追手摹習其體即陳其細趣不待求諸故迹而后知也嘗集漢魏以來止于隋代凡石刻書人姓氏搜拔品目究致流別廣庾肩吾書品之大例復為略論以陳標榜眾家可識庶使後賞之士冀探淵源昔梁武與宏景論書以能變書體為之奮也能善書工學之積也既奮且積方可以肆其談旨哉是言今學者宜辨體以求工始可與言學書也夫 時乙巳正日宿石壁山房竹聲碎玉對此時有俊風 鶴記

韓氏寶鐵齋跋蘇州元妙觀東嶽廟元泰定元年鐵鑪銘云古金中惟鐵器最易銷鎔如大安寺鐵香鑪光孝寺鐵塔晉祠鐵人外不數見余謂履所睹者皆唐以後之鐵其精完而古樸莫若隋開皇時造鑄鏤銘文多且未泐今猶在湖北之當陽也 乙巳寒孟書帶草堂漫興又題 老芝

《[illegible]》鄭文焯跋本（二）局部

7.《張平造塗金銀像》鄭文焯跋本

《張平造塗金銀像》拓本，存佛像正面及背面，其背存銘文兩行，文曰“張平為父造像一區”，但未署年款。鄭文焯推測其為西魏或北齊之物。拓本四周有鄭文焯題跋，其內容既有考證佛教、佛像傳入中國的歷史，又有分析南碑稀少的原因，對僅存的幾件江南造像記更是如數家珍。跋文還提及趙之謙《補寰宇訪碑録》一書對誌銘造像原石出土地的著録多有舛駁與錯漏等等。從中可以窺見，前輩金石家對金石珍玩類拓本的題跋思路和手法，以及金石題跋藝術的章法佈局和鈐印位置等等。

鄭文焯題跋原文：

塗金造象文曰“張平為父造像一區”，字跡細如秋豪，而刀法廑利，書格古秀，為北朝之真品無疑。鶴記。

按：記中區字上一横乃借作“一”字，故下二“口”均多二小横畫，字作“區”，并及。

攷西魏《張道顯造須彌像臺》，題名有邑子張平者，其即此造像人歟？崑山葉氏（葉奕苞）《金石録補》有北齊造銀佛象，文曰“佛弟子李買造銀象一區”云云。《魏·釋老志》金銀寶像大得秘藏。近世銅玉象恒見，而銀像罕有著録者，因坿記之。

考佛象之入中國，世傳始於漢明帝永平七年，非也。秦時沙門室利房等至，始皇以為異，囚之，夜有金人破户以出。漢武帝時霍去病過焉支山，得休屠祭天金人以歸，帝置之甘泉宮。金人者浮屠所祠，今佛象即其遺法也。又哀帝時，博士弟子秦景使伊存口授浮屠經，中（土聞）之，未之信。迨明帝夜夢金人飛行殿庭，以傅毅之對，乃遣中郎蔡愔及秦景使天竺求之，得佛經廿四章、釋迦立像併与沙門攝騰竺法蘭東還。據是，在秦與西漢知有佛久矣，非明帝始也。是佛法始入中國，即為金像，併號亦以釋迦為最古。爰博徵法籍，以為竺朝本事云。鶴道人坿誌，時光緒耑蒙大芒駱之年（乙巳 1905 年）月中夾鍾篝鐙寫。

自來碑銘之厄，大氐誤於好事者，以有力而聚，終以無力而散。其南北遷流歲久淪缺，不必盡亡於兵火也。惟磨厓大書深刻，若有金寶氣覆護其上，乃能屹然，千古造物，人力莫得而菑害之。是故誌銘造像元石所出地，讀碑者亟宜加意攷定，不得徒以某藏石，或藏脫本為媢例，趙之謙補孫録（孫星衍《寰宇訪碑録》）於此例最踳駁錯漏，嘗糾正十之七八，方擬坿刊以告同志，而朱槐廬（朱記榮）刻《金石叢編》本已有沈均初（沈樹鏞）校訂，但未盡審勘耳。

南碑希如威鳳，片羽皆逾常珎，其原蓋以晉武咸寧四年（278）詔毀天下墓石。《宋書》載：裴松之以世立私碑，表請禁斷，其事寔在東晉義熙中，故自永嘉南渡以後，幾有碑亡之歎。宋齊短祚，文製無聞，唯蕭梁一朝，佛法屬興，盛有鐫勒，而江南兵火燔蕩之餘，其豐碑堇存諸王石闕殘刻，及《始興忠武王志》《蕭秀東西碑陰》尚犖犖可讀耳。若造象記則天監四年（506）蘇州南宮鄉《顧廷謙》合大同十年（544）《陳寶齊》為一石，今久歸劉燕庭，亡於北已。又中大同元年（535）《慧影造象》，同治初發見于吳寺，為石門李（氏）所獲，今幸歸吳縣顧氏。又太清元年（547）《朱异造象》世為金陵甘氏所藏，此二石均未為有力者負之而走，然亦僅已。

從傳世“鄭文焯金石小品題記系列”來看，既表现了鄭氏個人收藏與研究的風格。同時，也反映了清末民初的金石文化特色，彼時金石小品開始“登臺主演”，它既滿足了普通文人的金石文化需求，填補了無力購藏善本碑帖的缺憾，又為遺老遺少的才情與孤傲找到了一個絕佳的寄托對象，更重要的是，它還為金石家開闢了一條生財之道。

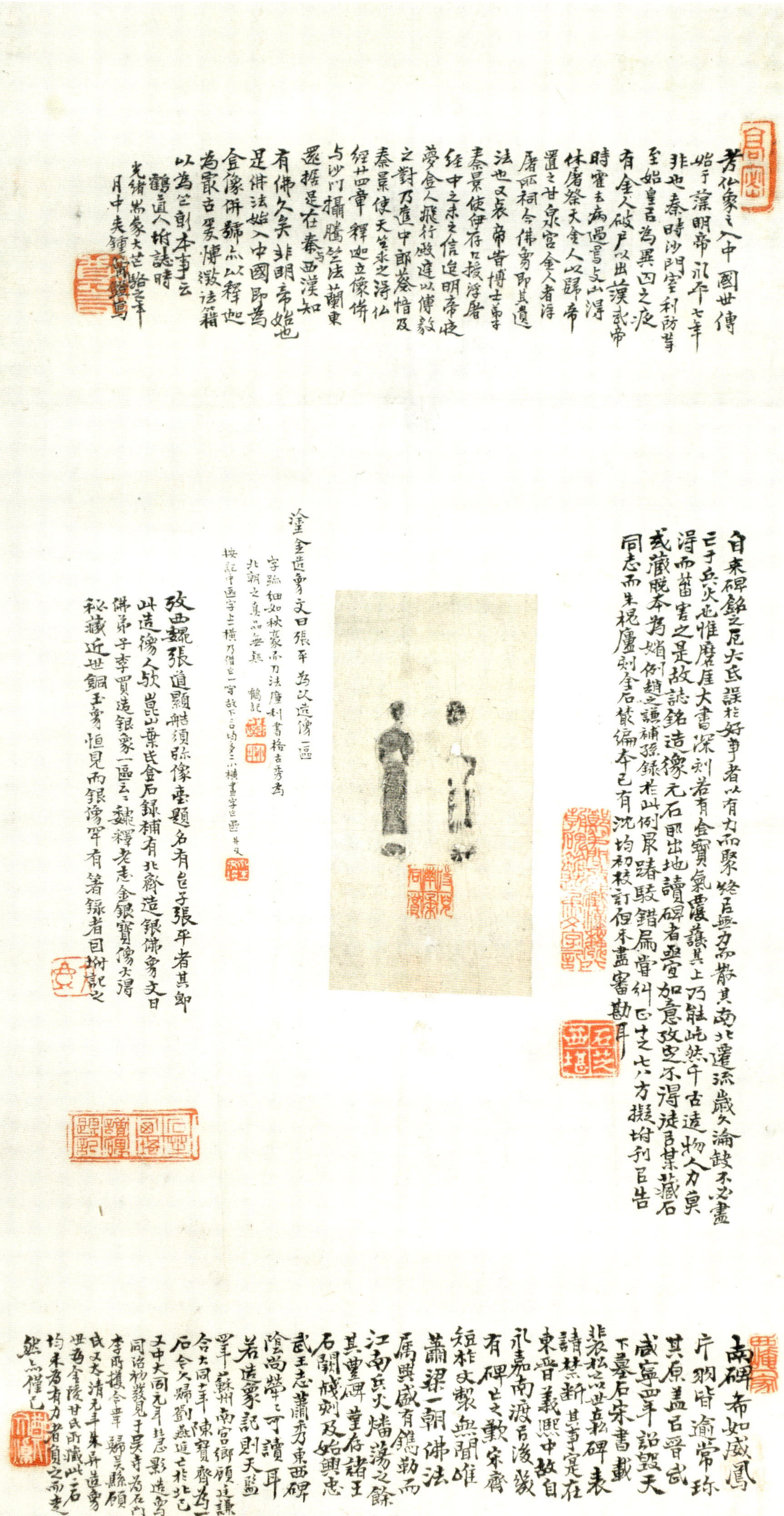

卷軸裝　畫芯縱47釐米　橫22.5釐米　館藏號：J2303

8.《金陵靈應觀鐵像銘》尚兆山跋本

《金陵靈應觀鐵像銘》文曰“元狩甲子春造”六字，即漢武帝元狩六年（公元前117年）造像。今觀鐵像銘文，雖為隸體，但乏古韻，恐非漢人所書，故難以斷定鐵像之真偽。

相傳清同治年間，此尊鐵像於金陵烏龍潭上靈應觀舊址出土，鐵像高三尺，袖口鑄刻有陽文“元狩甲子春造”六字，當時造像銘文最初拓本甚少。晚清時，銘文銹蝕，經僧人重新書寫鑄刻，雖依樣畫葫蘆，但文字與原書迥異。此為土人最初拓本，存有光緒六年（1880）句容方志專家尚兆山題記。

尚兆山題記：

> 觀在旱西門內龍蟠里烏龍潭山上，趙宋時名隆恩祠，明正統三年敕今名，近觀宇甚陋。明羅洪先《金陵冬遊紀畧》云：觀後有臺，想其時必壯麗，今無可考矣。《府志》止載宋事，未言有像。同治間土人初掘得，莫知所從來，但袖上字如此。近人以其鏽蝕，屬某僧重書某治重飾，直為楷書。唯“狩”之“犭”上猶存一横，“守”作“守”，尚是舊跡，若“春”徑作“年”，與昔迥異矣。此乃山下民家初出土拓本，雖存者無多，然愛者甚罕，故亦不甚葆貴。象高約三尺，重約千觔。光緒六年(1880)庚辰二月上旬，句容仰止尚兆山書。

尚兆山（1835−1883），字仰止，江蘇句容人。喜金石，能書畫。道光年間曾與句容文人句曲山農合作《金魚圖譜》一書，是我國古代介紹金魚習性、品種及飼養方法最為全面的書籍，其中各種金魚圖畫出自尚氏手筆。尚兆山還為江寧府、揚州府、江都縣等地作《城區圖》，是研究晚清城區變遷很重要的資料。另著有《赤山湖志》，是研究句容方志的重要文獻。

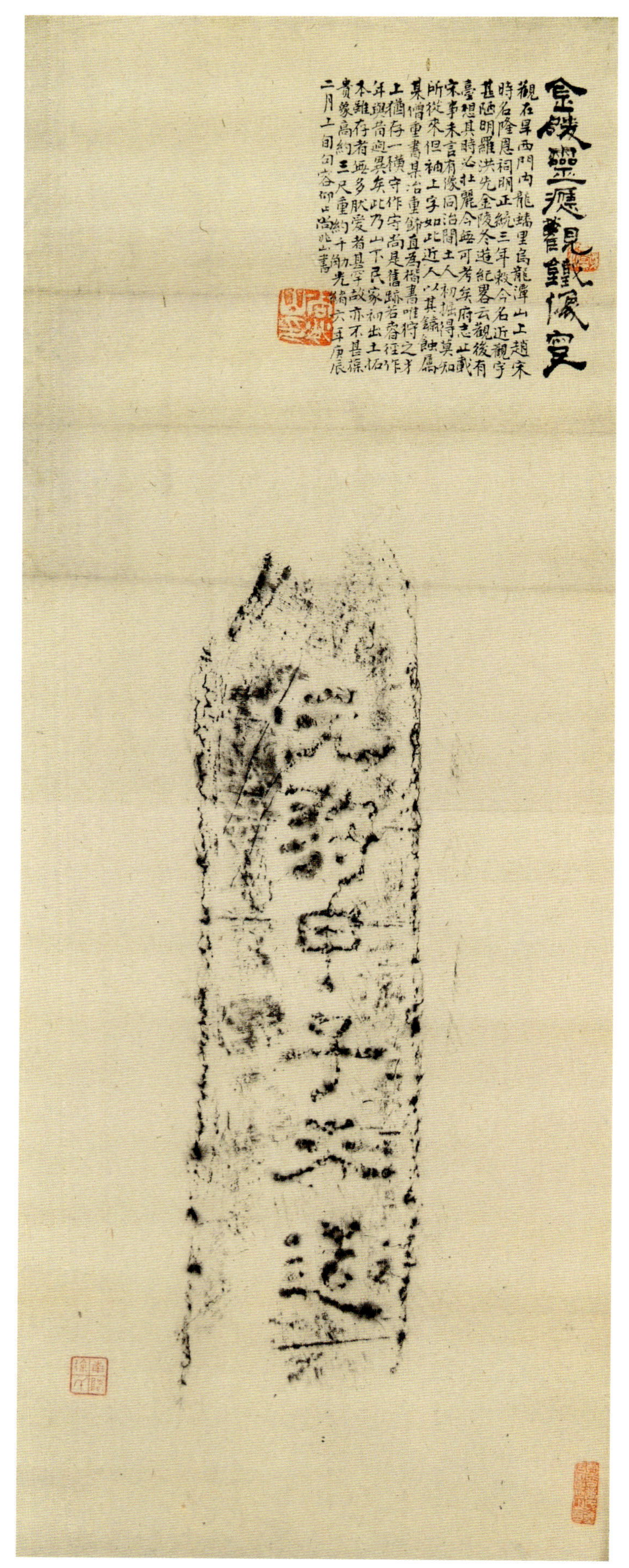

卷軸裝　畫芯縱68釐米　橫27釐米

館藏號：J5558

八　錢幣（附寶鈔）

1.《盧氏涅金幣》孟廣慧藏本

古錢幣，主要有貝幣、刀幣、布幣、銅錢等品種。"鏟幣"屬於春秋戰國時期的青銅鑄幣，其形狀如農具，一種如鏟土的農具，叫作"錢"；另一種如鋤草的農具，稱為"鎛"。"鏟幣"主要鑄行於黃河中游農業發達地區，有重農的象徵意義。

早期鏟幣之外形，完全效仿農具銅鏟，分為鏟身和銎（穿木柄的插槽）兩部分。因為"銎"部中空，故將此類鏟幣稱為"空首布"。此後，"空首布"逐漸被一種叫"平首布"的鏟幣所取代。"平首布"外形仍舊如鏟，但不帶有中空的"銎"，"銎"部被簡化為平面實體，因而更具抽象"錢"的含義。

此件鏟幣拓本，卷軸中央是一枚鏟形古錢幣的拓片，其四周密佈光緒末民國初孟廣慧、劉學江、馬家桐、陳寅生、弼良、王誠、張頤、王瓘、俞明謙、婁須、寶熙、端方、姚華、佛尼音布、崇烈、丁麟年、馮汝玠、田潛等多人觀款題記，琳琅滿目，煞是熱鬧。從此張拓片來看，這枚鏟幣，體大無比，有常見鏟幣的三、四倍之大。若論大小，當屬最原始的鏟幣，但此時的鏟幣大多沒有文字，然而此枚鏟幣正面卻鑄刻"盧氏涅金"四字。若論外形，它屬於空首布，有中空的"銎"部，平肩、弧足。其正面另有一條豎綫，將"盧氏涅金"四字兩兩分開。這條豎綫，在鑄造上還有加強澆鑄的流液功能，鏟幣背面應該亦有數條此類豎綫，可惜拓片僅存鏟幣的正面，未及其背面。

"盧氏"作為一個古地名，早在春秋末期或戰國初期就已經存在。"盧氏"在夏商時為莘川地，西周時屬於虢國，晉假虞滅虢後屬於晉國，韓趙魏三家分晉後屬於韓國。秦統一後，在洛陽設置"三川郡"（流經洛陽的洛河、伊河和東澗河），"盧氏"歸三川郡管轄。漢武帝元鼎四年（前113年），始設"盧氏縣"，屬於弘農郡管轄。"盧氏縣"雖曾先後受轄於嵩州（今洛陽嵩縣）、虢州（今三門峽靈寶）、河南府（今洛陽）和陝州（今三門峽），但作為縣名，卻是兩千年基本未變的。

現在，最令人關心的問題是，此枚鏟幣為何人所藏，拓片又為何人所有？答案全在卷軸中央的拓片上，鏟幣上端題記曰：

> 綠莊嚴館所遺古布之冠。仲愷弟自鄂省搨寄，分贈少泉仁兄雅鑑。弟廣慧。

原來此枚巨無霸鏟幣是天津收藏家孟繼勳（志青）綠莊嚴館藏品。此張拓片為孟繼勳之子孟仲愷拓贈給堂兄孟廣慧的，後由孟廣慧再轉贈給劉學江（少泉）收藏。

孟廣慧（1868—1941），字定生，號遠公、白雲山人。祖籍安徽壽縣，世居天津。其父孟繼塤（篴藩），叔父孟繼勳（志青）皆津門飽學之士。孟廣慧擅書法，時與華世奎、嚴修、趙元禮並稱"天津四大

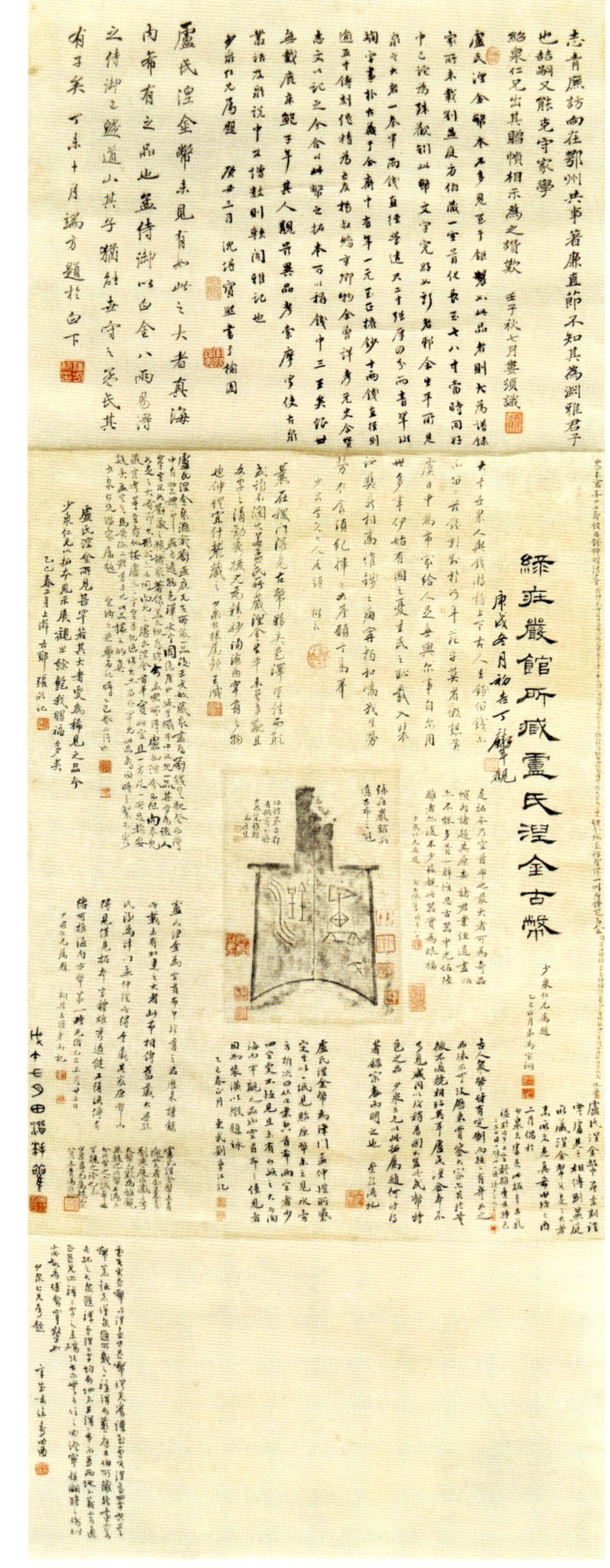

卷軸裝　中央畫芯縱66釐米　橫47釐米
上書堂縱39釐米　橫47釐米
底端題跋縱27.5釐米　橫47釐米
錢幣拓片縱21.5釐米　橫14.3釐米
館藏號：Z2436

緣莊嚴館所藏盧氏涅金古幣

少泉仁兄屬題 乙巳正月弟馬家桐

庚戌冬月初吉丁麟年觀

大千世界人與錢，禪上下古人去鈔留錢，亦留留茲錢。彰彰於何年，菲乎莫省，懷想虞日中爲市，家給人足，無與爾事，自爾用世多事，伊始有國之憂，生民之恥，載入紫泥。槧鼎相高，惟鏟之痛。窮搰和嶠，我生勞勞，衣食須紀，揮之如崖，願言高舉。

少泉尊兄大人屬題 鄦良

是拓本乃空首布之最大者，可爲奇品。幀內諸題其原委，諸君業經道盡，炳亦不能多贊一辭，惟思古器中光怪陸離者亦復不少，茲觀此器，實爲眼福。

少泉仁兄屬題 寅生陳簪 時年八十

緣莊嚴館所遺古布之冠

仲愷弟自鄂有捐寄分贈 少泉仁兄雅鑒 弟盧慧

曩在稷門得見古幣彩矣，色澤皆佳，而於武翰不潤。大吳盧氏所藏涅金，生平未見，多觀且文字之清勁秀拔，尤爲精妙，洵海內罕有之物也。仲愷宜什襲藏之。

少泉仁棣屬題 王威

盧氏涅金泉，濰載劉燕庭先生所藏一品，後歸王文敏，藏泉畫爲劉錢之冠，癸卯學中有幣，謂即燕庭遺物，色澤文字因絕佳也，近于燭本中又見一品，其首爲後人穿空不如劉藏之精，諸家著錄蓋亦視爲珍，未盧君所得盧氏涅金，首平實，此空且一方。亦不但向未見，如是之大者，即其形式亦不同，向見之盧氏之字皆首化，此按盧氏之字皆首化，此恐出土爲非罕見，此品爲同時之製，不宜籍矣。孟富先馬景涵二君曾目見此品，據云的真。少泉仁兄鑒家屬題 皇海之共藝多祀，時乙巳春二月也

盧氏涅金所見甚罕，若其大者，更爲稀見之品。今少泉仁兄以拓本見示，展觀之餘，飽我眼福多矣。乙巳春二月上澣 古鄭張氏記

盧氏涅金爲空首布中珍貴之品，歷來譜錄所載未有如是之大者，此布相傳舊藏大谷孫氏，後爲津門孟仲愷所得，今藏其家，原幣亦得見，僅見拓本字體雄秀遒健，不復流傳，有緒可稚，海內古幣第一時。光緒乙巳正月廿三日

少泉仁兄屬題 銅梁王瓘孝禹記

盧氏涅金幣未有逾此大者，余最嘗劉燕庭所藏上字大幣已歎爲鉅觀，然較之此幣不過三分之二，誠布世罕觀之珍也。己巳八月 少泉尊兄屬題 志青馮汝玠

世本七刀田猶耕犁

盧氏涅金幣爲津門孟仲愷所藏，定生以一紙見貽。原幣未之見，水旁方折，次曰从口，業只首布兩字者少，四字更不恆見，且未有如此之大，洵海內罕觀之品，此空首布之僅見者，因而裝潢以徵題詠。乙巳春正月 東武劉學江記

古人泉幣皆有定制，而往往有奇出之品，殊不可攷。歷來賞鑒大家亦若於蒐徵不過，競相珍異耳。盧氏涅金本不多見，咸同以後稍爲聞之，益此氏幣特色之品。少泉三兄以此拓屬題，何時得著錄，家表而明之也。 紫廷湯沁

所藏涅金幣，大是之大者，京所未見，真布世珍，己酉二月偶於少泉兄處見此拓本，古氣溢於紙上，字跡雄秀，爲特色之品。出因以題此以誌佛人言句

志青廉訪向在鄂州共事著廉直節不知其為淵雅君子
也喆嗣又能克守家學
紹泉仁兄出其贈幀相示為之讚歎 壬子秋七月婁須識
盧氏涅金幣本不多見至于鉅製如此品者則大為譜錄
家所未載劉燕庭方伯藏一空首化長至七八寸當時同好
中已詫為殊觀況此幣文字完好如新者耶余生平所見
泉之大者一秦半兩錢直徑凡二寸強厚四分而青翠斑
斕字畫朴古藏于余齋中者有一元至正權鈔十兩錢直徑則
逾五寸鑄刻絕精為亡友楊叔嶠京卿物余曾詳考元史食貨
志文以記之今合以此幣之拓本可以稱錢中三王矣惜世
無戴鹿床鮑子年其人觀此異品考索摩挲使古泉
叢話及泉說中又增數則軼聞雅記也
少泉仁兄屬題 癸丑三月 沈盦寶熙書于榆園
盧氏涅金幣未見有如此之大者真海
內希有之品也孟侍御以白金八兩易得
之侍御之蹤迹如其子猶能世守之盧氏其
有子矣 丁未十月端方題於白下

《盧氏涅金幣》孟廣慧藏本局部

家”，近代天津各大商號牌匾多出其手筆。又善鑒藏，精研甲骨、金石、古泉，著有《兩漢殘石編》《定生藏泉》等。孟廣慧還是殷墟甲骨的早期發現者之一，曾藏甲骨四百餘片。

孟廣慧此段題記，雖未署年款，但從拓片的接受者劉學江（少泉）的題記中，可以推知，拓贈“盧氏涅金”的時間應該在光緒乙巳（1905）正月。拓片正下方留有一段劉學江題記，其文曰：

盧氏涅金幣為津門孟仲愷所藏，定生（孟廣慧）以一紙見貽，原幣未之見。水旁方折次曰从口。案空首布兩字者少，四字更不恒見，且未有如此之大者，洵海內罕覯之品也。空首布之僅見者，因而裝潢以徵題詠。乙巳（1905）春正月，東武劉學江記。

劉學江，字少泉，山東諸城人。為北京琉璃廠茹古齋掌櫃孫虞臣（1846–1919）的徒弟。善鑒藏，有學養，在清末民初古玩收藏界小有名氣。曾與王懿榮、潘祖蔭、端方等清廷重臣往來密切。此張“盧氏涅金”拓片，就是經劉學江之手裝裱成卷軸，並遍邀名家留下累累題跋的。

卷軸裝裱後，可能由馬家桐第一個開題。在卷軸中部右側，留有一行隸書題端，其文曰：

綠莊嚴館所藏盧氏涅金古幣。少泉仁兄屬題，乙巳（1905）正月，弟馬家桐。

馬家桐，字景韓。晚清畫家。他曾師從天津著名畫家孟毓梓（繡村），與張兆祥等是同門師兄弟，被譽為清同治、光緒年間“津門畫家四子”之一。其書畫享譽京津。除了繪畫外，他還工詩書、擅篆刻、精鑒賞，是一位全才藝術家。

這位津沽畫壇耆宿的馬家桐還善於臨摹仿古，據《增廣歷代畫史匯傳補編》載“仿古亂真，其筆法之妙，獨步一時”。馬氏的仿古畫，一般請書法家孟廣慧來臨寫古人題款並摹刻印章，時人常戲稱他倆為“津門二甲”或“二甲傳臚”，“甲”與“假”諧音，即雙關二“假”之意。此類作品在當時頗負盛名，現在也同樣被收藏界珍視。

筆者對錢幣素無研究，面對此形狀如此巨大的盧氏涅金幣，亦不知其真偽，加之此本又出於“津門二甲”之手，因而倍感不安，抑或這是一件舊時文人的遊戲之作。正愁無人問津時，忽然看到錢幣拓本左上角存有錢幣專家方若的題跋，頓時如夜行人看到了一絲微光。

方若（1869-1954），字藥雨，號劬園，別號古貨富翁。浙江定海人，寄居天津。能詩善畫，富收藏，精鑒別，尤好古泉、碑帖，嗜古成癖。曾創辦天津報館，經營天津房地產項目，而成為一時巨富。一生著有《校碑隨筆》《言錢別録》《言錢補録》《古貨今說》《古化雜詠》等，其中《校碑隨筆》一書，被海內外碑拓鑒賞家推崇備至。

方若收集錢幣之初，約在光緒二十六年（1900），當時正值前輩名家藏錢散出，錢幣無人問津之際，方若遂大肆收羅傳世名品、珍罕古錢，對古錢大小、質地、色澤、版別、紋飾、輕重、文字、偽劣等，無不悉心研究，終成一代錢幣鑒藏大家，名噪泉壇，蜚聲海內外。並與湖州張叔馴，重慶羅伯昭兩位錢幣大收藏家鼎峙而立，時人有“北方、南張、西蜀羅”之譽。

因此，方若的古錢鑒定意見具有極高的參考佐證價值。方若題記：

> 盧氏涅金，《泉匯》載劉燕庭先生（劉喜海）所藏一品後，王文敏（王懿榮）藏泉盡為劉鐵雲觀察（劉鶚）所得，中有此品，謂即燕老遺物，色澤文字固絕佳也。近于搨本中又見一品，其首為後人穿空，不如劉藏之精，諸家著録蓋久視為珍。
>
> 今孟君所得盧氏涅金，不但向未見如是之大者，即其形式亦不同。向見之盧氏涅金首平實，此空，且一方足，一尖足，類安藏官考等空首化。按“盧氏”二字空首化，近始出土，尚非罕見。此品為同時之製，不容疑矣。
>
> 孟定生（孟廣慧）、馬景涵（馬家桐）二君曾目見此品，據云的真。少泉仁兄鑒家屬題。定海方若藥雨記，時乙巳（1905）春二月也。

此跋只是交代了傳世盧氏涅金幣的大致收藏情況，據跋文可知，方若並沒有親見過此枚巨無霸的涅金幣實物，這也是方氏前所未聞的。沒有看到實物，談何鑒定。所以，方若話鋒一轉，將此枚涅金幣的真偽鑒定責任推給了“津門二甲”——孟廣慧、馬家桐，以“據云的真”來收場。

一枚連錢幣專家都沒有見過的古幣，或許已經透露出一些信息。據云，舊時文物鑒定專家幫人鑒定文物時，若遇見真的文物，就說是“真”。好的文物，當然就說“好”。但是，若遇偽劣的文物，一般也不會直接當面點破，免得自找沒趣，就會說這物件“好是好，就是從來也沒見過。”試想就連見多識廣的專家也沒見過的文物，那會是什麼文物呢？答案也就可想而知。這世上恐怕只有“津門二甲”見過這枚巨無霸涅金幣實物了。

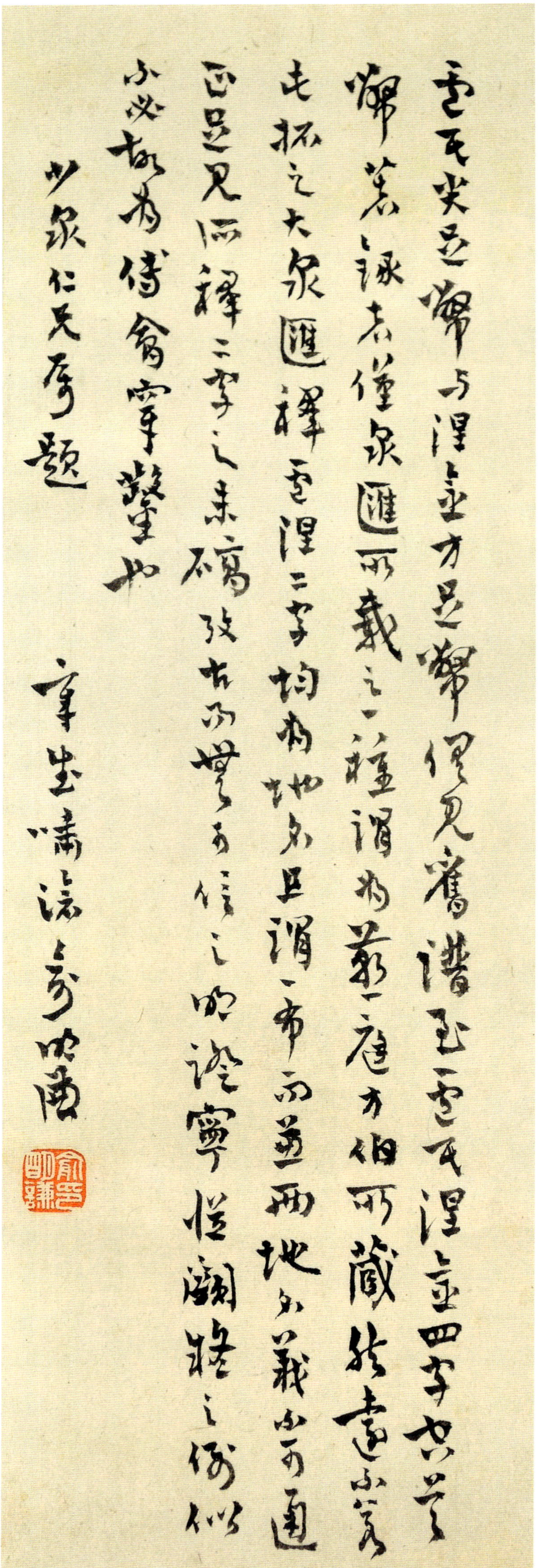

《盧氏涅金幣》孟廣慧藏本局部

2.《郢爰》徐士愷藏本

春秋戰國時期，隨著商品經濟的持續發展，促使各諸侯國紛紛鑄造金屬錢幣，當時有金、銀、銅三種金屬貨幣。常見流通的有銅質的蟻鼻錢、銀質的鏟狀布幣、金質的郢爰等金屬錢幣。

“郢爰”就是楚國的金幣。楚金幣可分印子金、金鈑、金餅等等。“印子金”是因金鈑上鑄有方形的印戳（銘文）而得名。金鈑（版）大多呈方形，上面由印戳分為若干個整齊的小方塊，整塊金鈑形似龜殼，重約楚制一斤，即今天的250至260克。

楚金幣在湖北、安徽、陝西、河南、江蘇、山東等地均有發現，印戳銘文為“郢爰”“陳爰”“融爰”“盧金”等，其中“郢爰”是楚金幣中出現時代最早，也是當今出土最多的一種。“郢”是先秦時期楚國都城的名稱，其地歷經數次遷移，先在湖北江陵，次於安徽淮安，後在安徽壽縣。“爰”是貨幣重量單位。因此，通常以“郢爰”代指“爰金”，也就是楚金幣。它是目前中國發現的最早黃金貨幣。

楚金幣是一種稱量貨幣，使用時需要將整塊金鈑或金餅切割成零星小塊來進行交易。因此，出土的楚金幣，大都是零星碎塊，大小輕重相差懸殊，而且明顯有切割痕跡。

此《郢爰拓本》為鄭文焯藏本，為“郢爰”一枚而非整塊金鈑。金幣原件為安徽徐士愷（子靜）觀自得齋舊藏，重約一兩許。此與《天保二年塗金釋迦像》合裝一軸，拓本上除鄭文焯常規藏印外，尚有鄭文焯侍兒南柔同賞印章。為《鄭文焯藏拓金石小品四條屏》之一。

拓片四周有清末鄭文焯題記四則：

攷《漢書·蕭望之傳》:《甫刑》之罰，小過赦，薄罪贖，有金選之品。應劭曰:選音刷,金銖兩名也。師古曰:鍰重十一銖二十五分銖之三,一曰重六兩。《呂刑》云:墨辟疑赦,其罰百鍰,劓辟疑赦，其罰唯倍，剕辟疑赦，其罰倍差，宮辟疑赦，其罰六百鍰，大辟疑赦，其罰千鍰，是其品也。

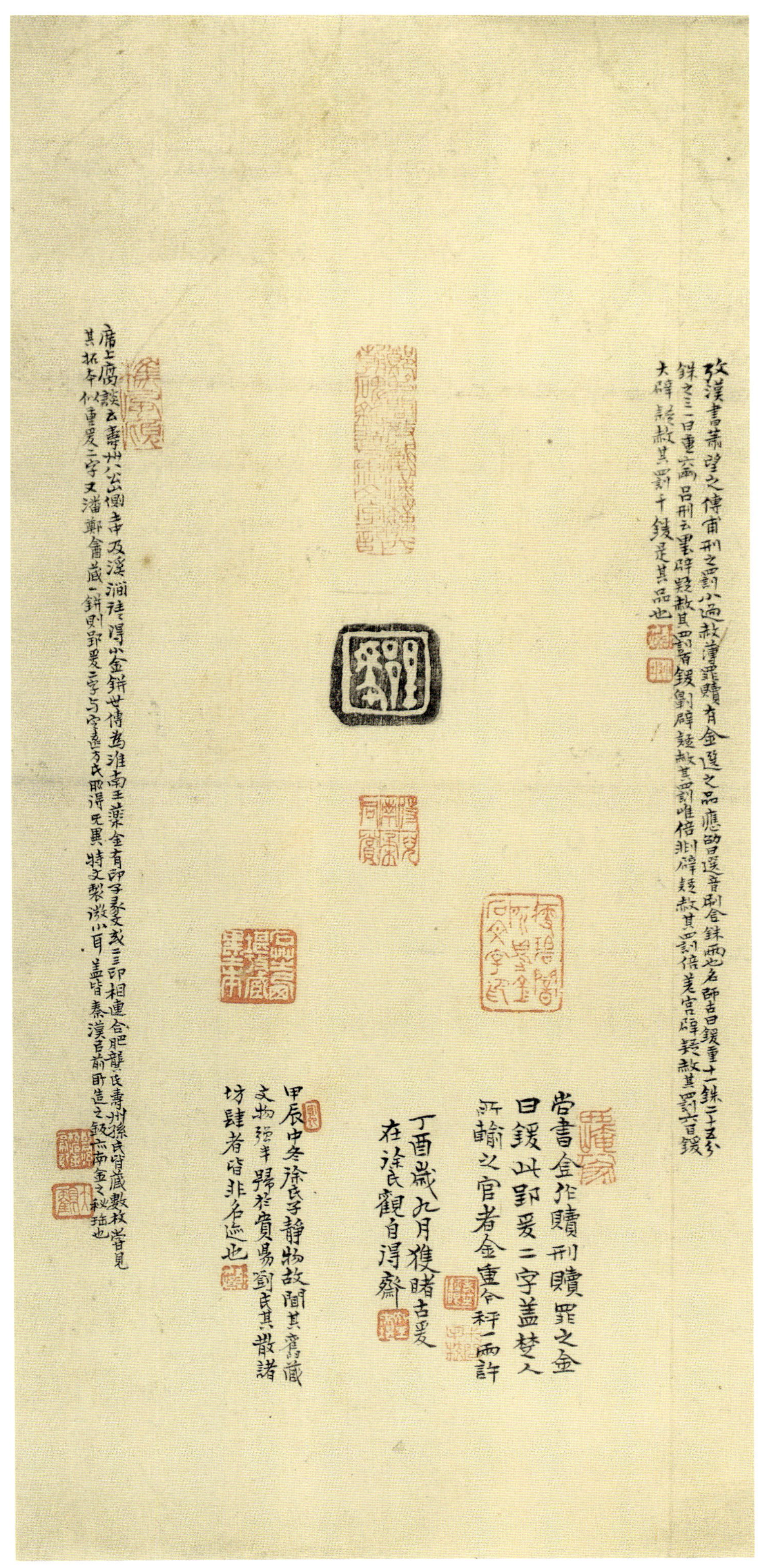

卷軸裝　畫芯縱34釐米　橫17.5釐米

館藏號：J2540

攷漢書蕭望之傳甫刑之罰小過赦薄罪贖有金選之品應劭曰選音刷金銖兩也名師古曰鍰重十一銖二十五分
銖之三一曰重六兩呂刑云墨辟疑赦其罰百鍰劓辟疑赦其罰惟倍剕辟疑赦其罰倍差宮辟疑赦其罰六百鍰
大辟疑赦其罰千鍰是其品也

嘗書金作贖刑贖罪之金
曰鍰此郢爰二字蓋楚
所輸之官者金重今秤二兩

丁酉歲九月獲睹古爰
在徐氏觀自得齋

甲辰中冬徐氏子靜物故聞其舊
文物強半歸於賈𠿎劉氏其散
坊肆者皆非名迹也

席上腐談云壽州八公山側土中及溪澗往往得小金餅世傳為淮南王藥金有印子篆文或三印相連合肥龔氏壽州孫氏皆藏數枚嘗見
其拓本似重爰二字又潘鄭盦藏一餅則郢爰二字與宝遂方氏所得無異特文製微小耳蓋皆秦漢以前所造之鈑亦南金之秘玩也

《郢爰》徐士愷藏本局部

《席上腐談》云：壽州八公山側，土中及溪澗往往得小金鉼，世傳為淮南王藥金，有印子篆文，或二三印相連。合肥龔氏、壽州孫氏皆藏數枚，嘗見其拓本，似“重爰”二字。又潘鄭庵藏一鉼，則“郢爰”二字，与定遠方氏所得無異，特文製微小耳。蓋皆秦漢以前所造之鈑，亦南金之秘珤也。

藥金的主要成份是銅鋅合金，俗稱黃銅。

《尚書》金作贖刑、贖罪之金，曰鍰。此“郢爰”二字，蓋楚人所輸之官者。金重今秤一兩許。丁酉歲（1897）九月，獲睹古爰在徐氏觀自得齋。

甲辰（1904）中冬，徐氏子静物故，聞其舊藏文物強半歸於貴易劉氏，其散諸坊肆者，皆非名跡也。

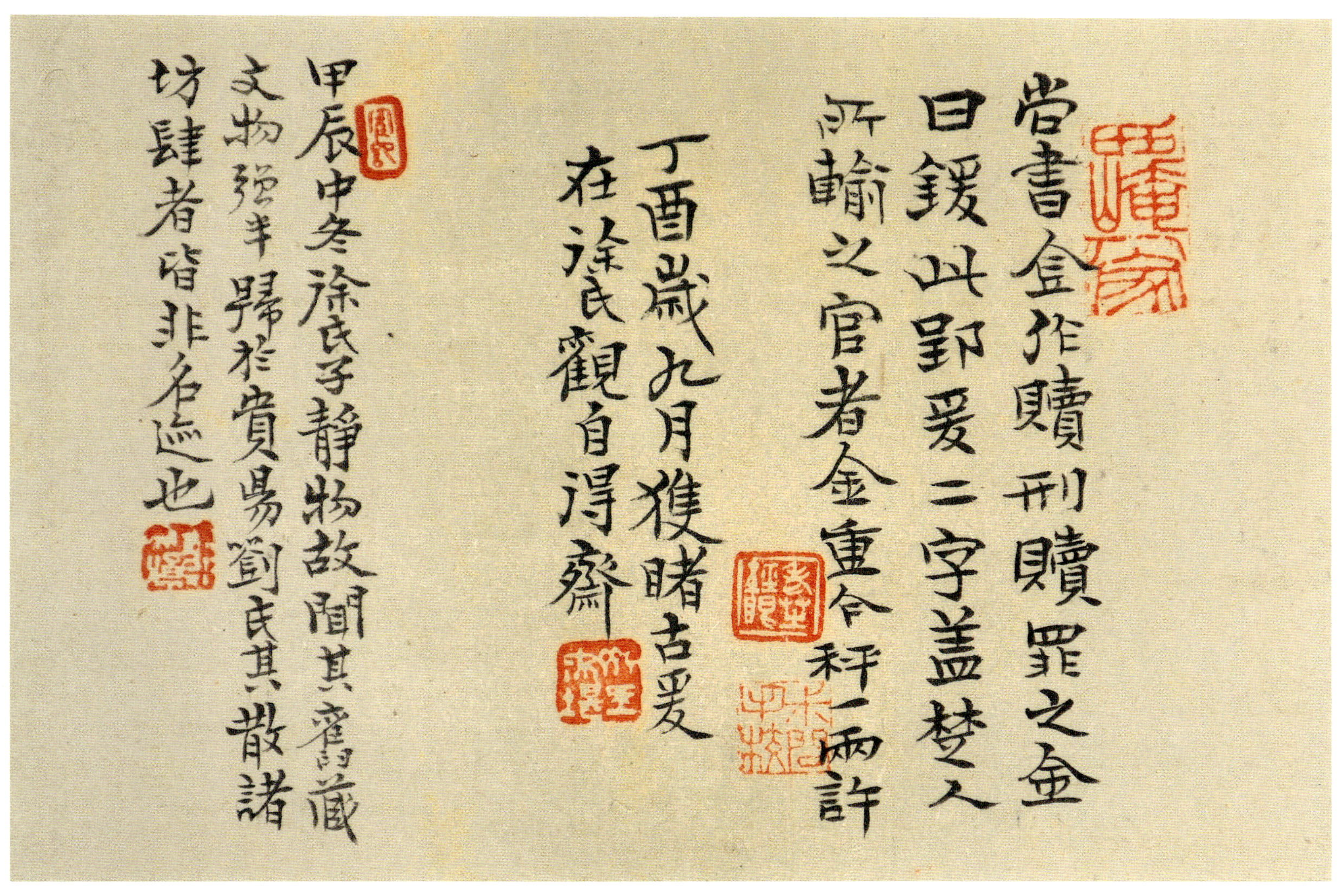
尚書金作贖刑贖罪之金曰鍰此郢爰二字蓋楚人所輸之官者金重今秤一兩許
丁酉歲九月獲睹古爰在徐氏觀自得齋
甲辰中冬徐氏子静物故聞其舊藏文物強半歸於貴易劉氏其散諸坊肆者皆非名迹也

《郢爰》徐士愷藏本局部

郢爰　現藏上海博物館

3.《金交鈔、元寶銀、明銀錠合軸》褚德彝藏本

《金交鈔、元寶銀、明銀錠合軸》内含金交鈔十貫鈔版之拓片一枚、五十兩元寶銀拓片一枚、明嘉靖五錢銀錠拓片一枚、明嘉靖一兩銀錠拓片一枚。交鈔拓本和元寶銀拓片或為褚德彝自藏之物，明代銀錠拓片係民國十五年（1926）劉之泗拓贈。民國二十五年（1936）褚德彝將其合併裝裱成一軸。

卷軸上方，有民國二十五年（1936）四月褚德彝題端：

金交鈔、元寳銀、明銀定搨本合痳。歲次游桃（丙）困頓（子）夏四月，松窗題。

民國十五年（1926）六月六日，劉之泗釋文：

大明銀定，大明嘉靖甲辰銀作局銀五錢。

大明銀定，大明嘉靖甲辰銀作局銀一兩。

丙寅天貺節拓奉松窗世大人鑒定。之泗識。

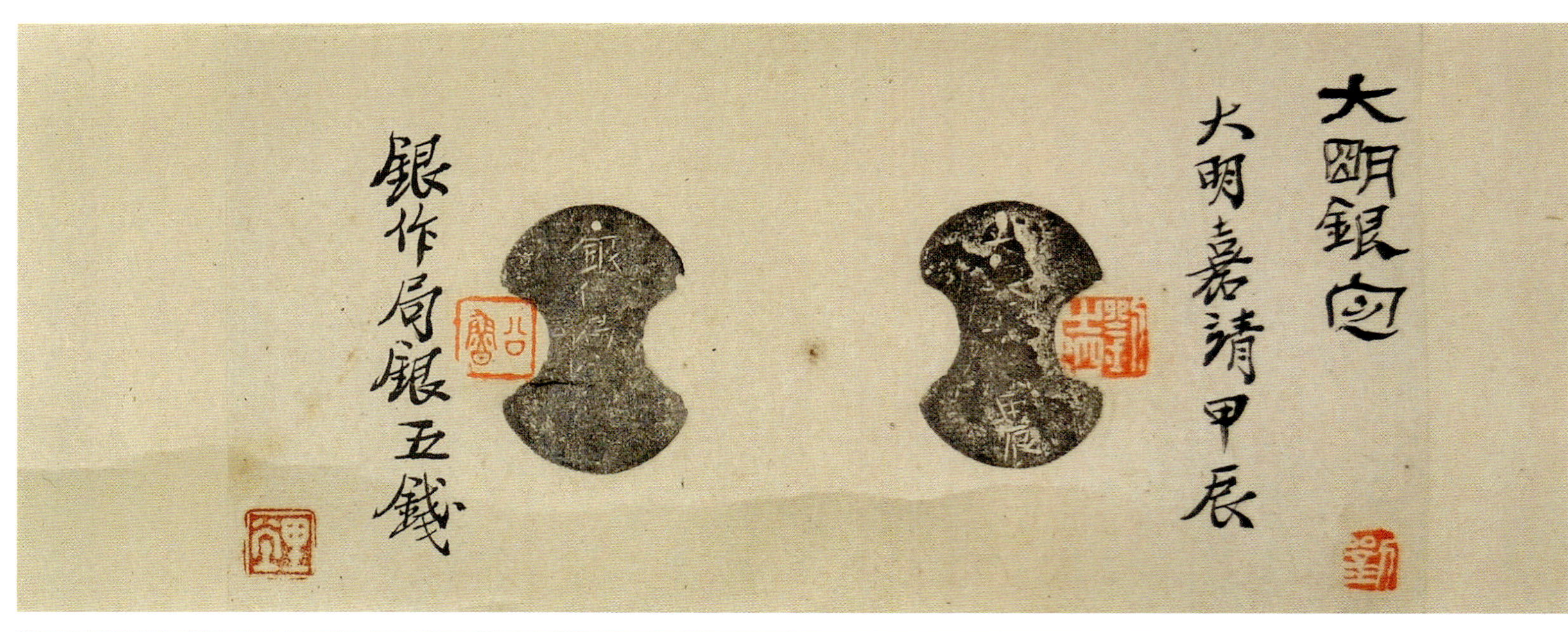

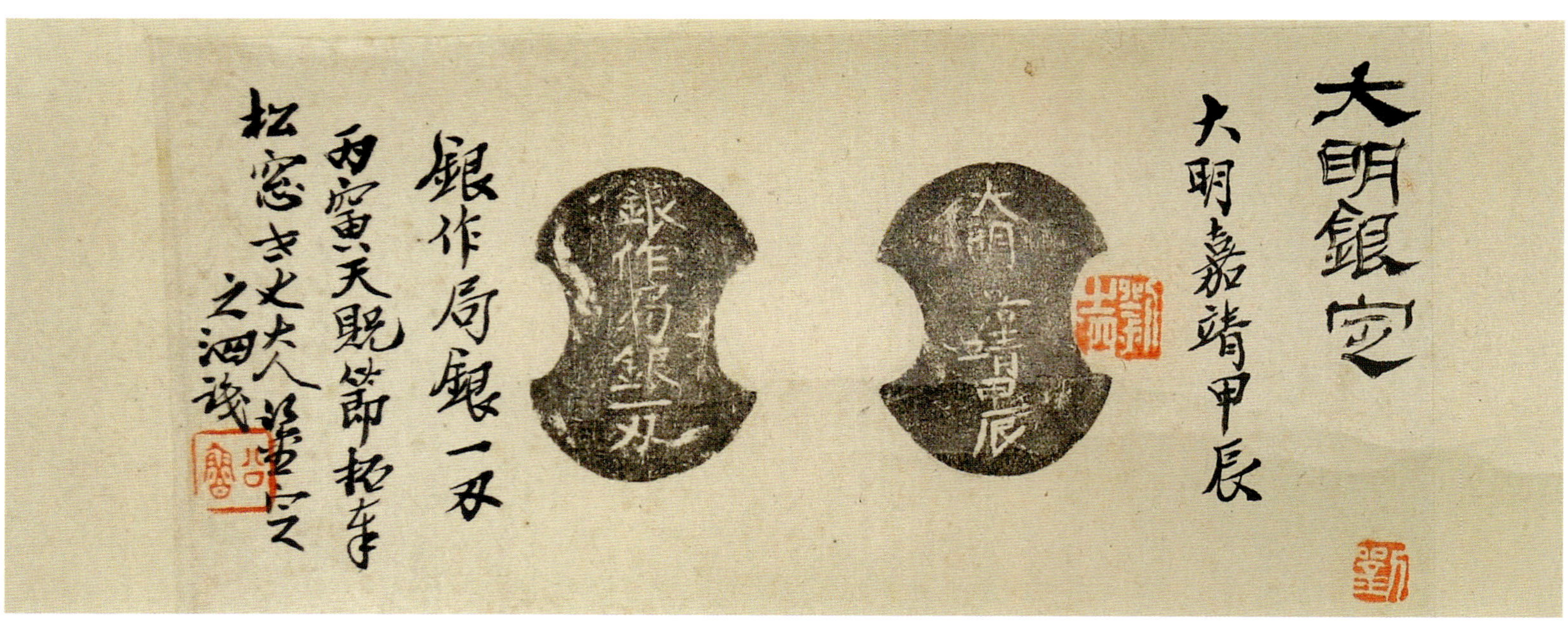

《金交鈔、元寶銀、明銀錠合軸》褚德彝藏本局部

宋太宗初年，隨著商業的繁榮和交易的擴大，當時使用的鐵錢已經不能適應交易的需要，於是在四川成都富商聯合發行了一種紙幣，當時被稱作“交子”。

與此同時，金代海陵王貞元年間（1154）也開始模仿北宋四川的交子，發行了紙幣交鈔。起初交鈔就是匯票，用於送錢到異地。商人遠行時不必攜帶較重的銅錢，他們用銅錢買鈔，日後交手續費（工墨錢）和交鈔給兌換機構，就可以支取銅錢。交鈔分為大鈔和小鈔兩種，大鈔有一貫、兩貫、三貫、五貫、十貫五種；小鈔有一百、兩百、三百、五百、七百五種。金章宗時期又在京師和各大城市設置官庫、省庫，讓人民兌換銅錢，交鈔取代銅錢成為主要貨幣。此外，還專門設立了“印造鈔引庫”和“交鈔庫”來監督紙幣的發行與交割。交鈔成為金代主要的貨幣流通券，發行時間約有八十餘年。

元寶的正式流通始於元代。但元寶稱呼的起源，或許與唐代“開元通寶”銅錢有關，民間常將其讀作“開通元寶”。元代開始直呼金銀錢為“元寶”，或帶有“元朝之寶”的含義。

卷軸裝　交鈔拓片縱25釐米　橫14釐米

大明銀錠拓片縱6.5釐米　橫13.5釐米

元寶長14.5釐米

館藏號：J4194

4.《金元寶鈔拓本兩件》吾進藏本

《貞祐寶鈔》係金貞祐年間（1213-1217）銅版寶鈔，錢坫得於關中，後歸阮元。拓本為吾進（以方）舊藏，附有嘉道間吾進、瞿中溶、張廷濟三人題記。此本與《元世祖至元寶鈔》合裝一卷軸，上下分裝，畫芯寬度相同，民國年間歸錢鏡塘（菊隱）收藏。

吾進題記：

趙孟頫云：鈔乃宋時所創，施于邊郡，金人襲而用之，皆出於不得已也。此金宣宗時鈔，文曰："貞祐寶券，伍貫八十足陌，某字號，偽造者下缺。寶券叁伯貫，仍給犯人家產，旁有京兆府（此字點去）平涼府官押，尚書户部勾當官押，貞祐某年月日上有印一，左有印一，咸磨滅不可識。

吾進，字以方，號竹素居士。生卒年不詳，主要活動在乾嘉時期，山東曲阜人，移居浙江海鹽。善琢硯，嗜古泉寶鈔。

瞿中溶題記：

此係錢篆秋在關中所獲銅版之拓本，並非鈔之原紙，安得上左皆有印。其上闌外尚有"伍貫"二大字，左側有斜出京兆平涼二府合用各一，此皆遺去。木居士記。

瞿中溶（1769～1842），字木夫，號萇生，晚號木居士。上海嘉定人。為錢大昕女婿。博覽群籍，尤精金石考據，富藏漢燈、銅像、古泉、古鏡、漢磚瓦等，號稱甲於婁東。著有《古泉山館題跋》《瞿木夫文集》《奕載堂古玉圖録》《漢石經考異補正》等。

張廷濟題記：

嘉定錢獻之別駕坫所得之鈔版，後歸吾師阮芸臺制府，師曾貽余拓本，具如瞿木夫中溶之言，海鹽吾以方進之跋果謬。

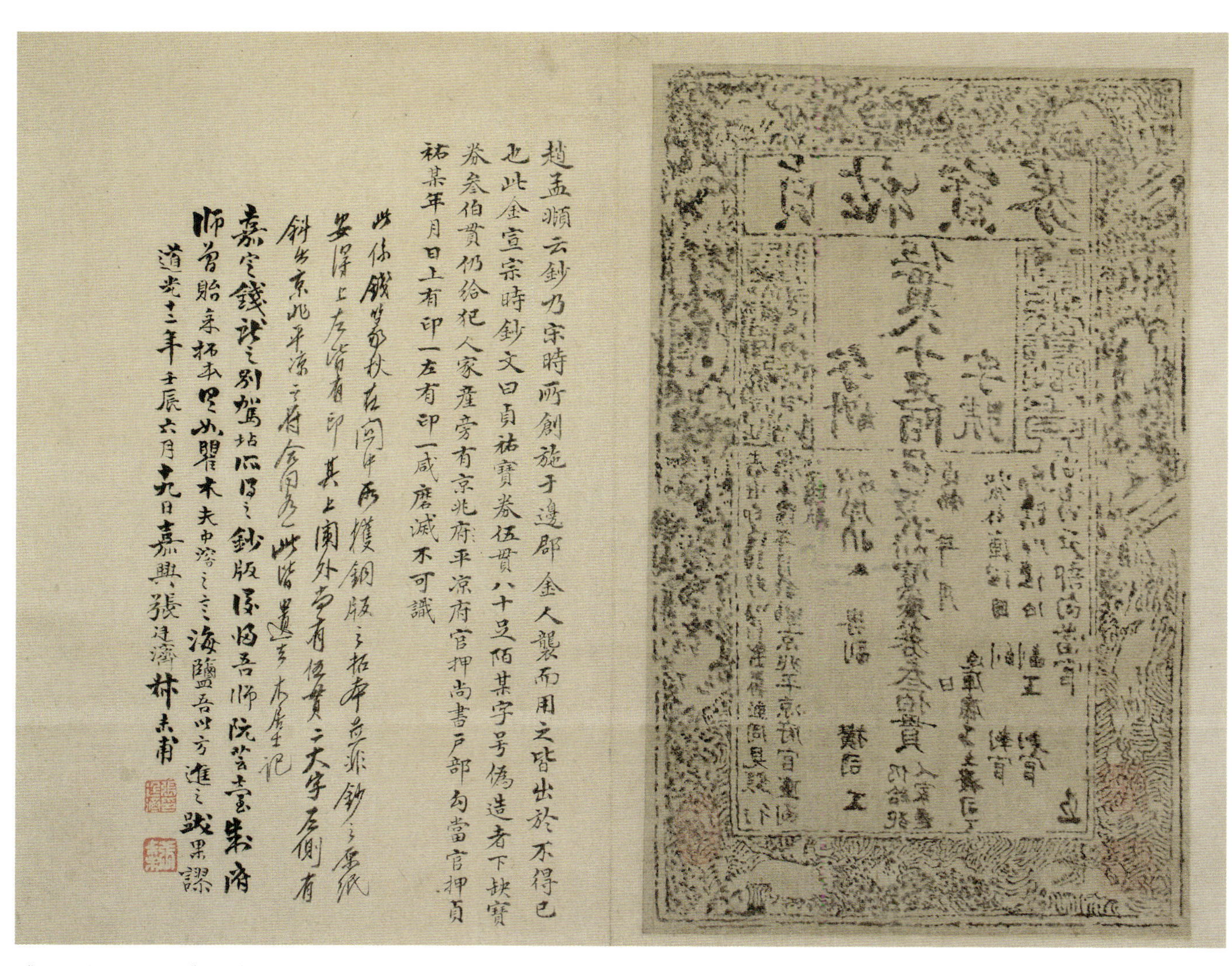

《金宣宗貞祐寶鈔》拓本
卷軸裝　縱33釐米　橫43.5釐米
館藏號：J2870

道光十二年壬辰（1832）六月十九日，嘉興張廷濟叔未甫。

張廷濟（1768–1848）一字說舟，又字作田，號叔未、眉壽老人。浙江嘉興人。嘉慶三年（1798）鄉試第一名（解元），後會試屢試不中，遂結廬高隱，家藏鼎彝、碑拓及書畫甚多，築"清儀閣"藏之。工詩詞，精金石考據學，尤擅文物鑒賞，一碑一器皆能辨其真偽，別其源流。著有《清儀閣雜詠》《清儀閣金石題識》《清儀閣印存》《眉壽堂集》《桂馨堂集》。

《至元寶鈔》係元世祖至元年間（1271–1294）山東民間私造之瓦版寶鈔，乾嘉年間歸曲阜顔崇槼（心齋）收藏。此拓本為吾進舊藏，當年就已被做舊染黑。此本與《金宣宗貞祐寶鈔》拓本合裝一卷軸，民國年間又歸錢鏡塘（菊隱）收藏。

吾進題記：

《元史》世祖十七年，中書省議流通鈔法，凡賞賜宜多給幣帛，課程宜多收鈔。今其文曰：至元通行寶鈔，壹貫，兩旁有蒙古文字，下截及印文皆不可辨。至元世祖年號也。

瞿中溶題記：

據翁宜泉云：山左人於土中掘得此瓦鈔，藏曲阜顔心齋教授家，蓋用土燒成之鈔版也。此亦從鈔版拓出，亦安得有印。

張廷濟題記：

此至元時土人私造之鈔版，吾齋亦另有拓本，海鹽吾以方進意在混入舊鈔，故用墨汁染黑，宜嘉定瞿木夫正之也。叔未張廷濟。

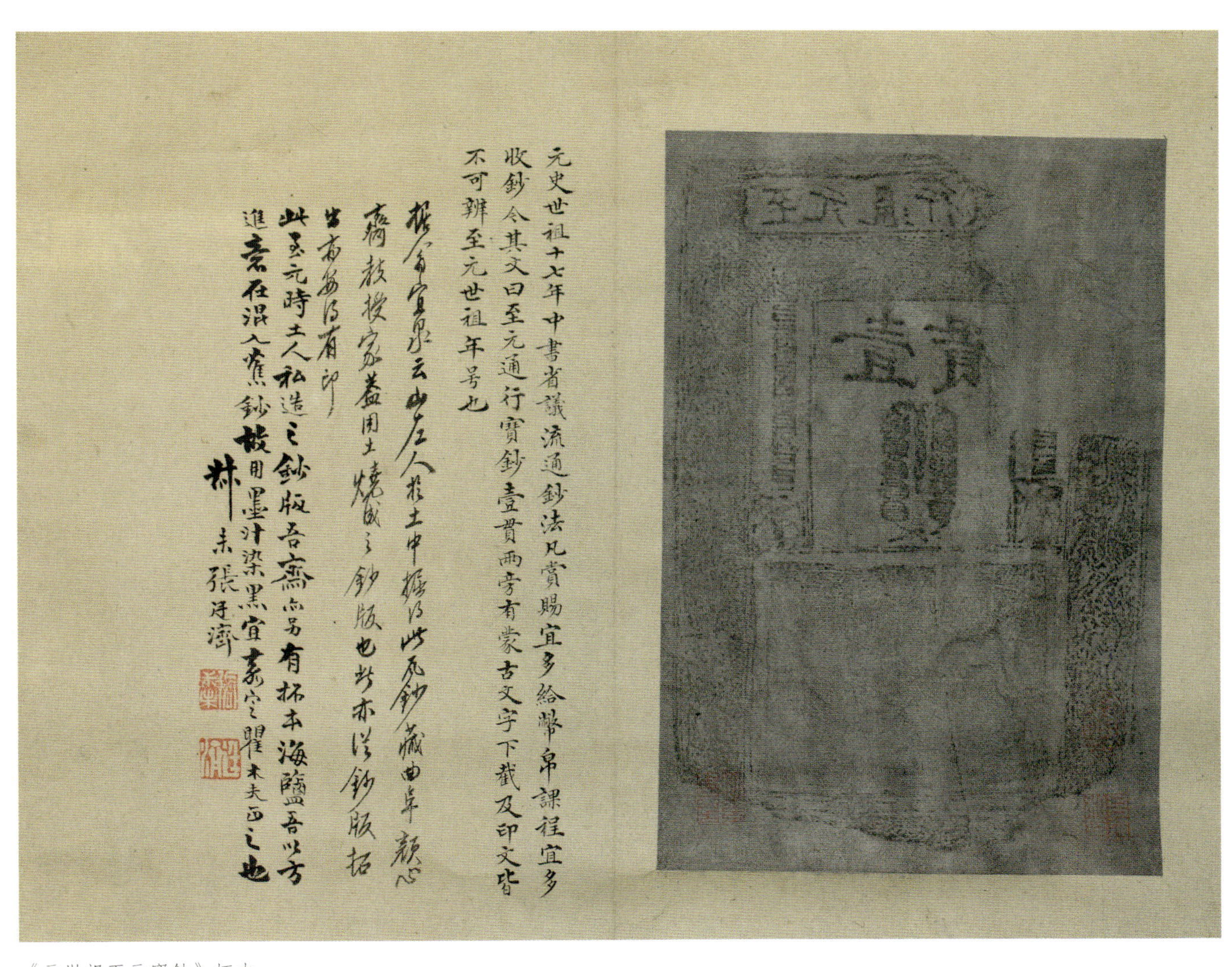

《元世祖至元寶鈔》拓本

卷軸裝　縱33釐米　橫43.5釐米

館藏號：J2871

趙孟頫云鈔乃宋時所創施于邊郡金人襲而用之皆出於不得已
也此金宣宗時鈔文曰貞祐寶券伍貫八十足陌某字号僞造者下缺寶
券叁伯貫仍給犯人家產旁有京兆府平凉府官押尚書戶部勾當官押貞
祐某年月日上有印一左有印一咸磨滅不可識

此係錢辛楣秋在關中所獲銅版之拓本並非鈔之原紙
安得上左皆有印其上闌外右有伍貫二大字左側有
斜出京兆平凉二府合同也此皆遺去木居士記

嘉定錢獻之別駕坫所得之鈔版後歸吾師阮芸臺朱府
師曾貽余拓本四以瞿木夫中溶〃〃海鹽吾以方進之跋果謬
道光十二年壬辰六月十九日嘉興張廷濟叔未甫

 《金宣宗貞祐寶鈔》拓本局部

元史世祖十七年中書省議流通鈔法凡賞賜宜多給幣帛課程宜多收鈔令其文曰至元通行寶鈔壹貫兩旁有蒙古文字下載及印文皆不可辨至元世祖年号也

據俞宜泉云山左人於土中掘得此元鈔藏曲阜顏心齋教授家蓋用土燒成之鈔版也此亦從鈔版拓出者每得有印

此至元時土人私造之鈔版吾齋亦另有拓本海鹽吾以方進言在混入舊鈔故用墨汁染黑宜豪定之瞿木夫西之也

叔未張廷濟

《元世祖至元寶鈔》拓本局部

5.《金貞祐寶券》淩曙藏本

《貞祐寶券》係金貞祐年間（1213-1217）銅版寶鈔，錢坫得於關中，後歸阮元。刷印本為淩曙、包松溪等人遞藏，存有洪梧、淩曙、梁章鉅等人題記，另鈐有董士錫印章。

洪梧題記：

昔人錢幣不足，因有直百當千之制，流及末造，以楮為幣。唐憲宗之飛錢，宋天聖之交子，紹興之會子，大抵皆兵興用耗，權宜一時，久之其弊浸滋，未有不如周必大、劉宣、趙孟頫之所言者也。金宣宗三年改交鈔名貞祐寶券，其時西夏邊防甚亟，至徵弓矢於品官，借民租減俸給，其非得已，可知矣。史稱户部勾當，宋以來晋察與鈔文相合，至其闌作花紋，一貫至五十貫為大鈔，《稗史類編》載之甚詳，洪梧識。

洪梧（1750-1817），字桐生，一字植恒，號東湖，安徽歙縣人。乾隆五十五年（1790）進士，入值任軍機章京，歷官至山東沂洲知府。洪梧弟兄三人先後被授内閣中書，時有“同胞三中書”之譽。博古通今，工詞翰，擅訓經學，嘉慶七年（1802）任揚州梅花書院山長。

淩曙題記：

鈔瀔以楮代錢，其法始於金，盛行於元，廢於明之中葉，蓋本於《周官》質劑之意。金以錢少用不給造，交鈔與錢並用，以七年為限，納官以舊易新，諸路官置庫受之，貫取工墨錢十五文，貞祐為金宣宗年號，此從銅板拓本。江都淩曙記。

淩曙（1775-1829），字曉樓，一字子升，江蘇江都人。問學於包世臣、阮元、劉逢禄等人，曾為阮元校輯《經郛》。博學通經，著有《四書典故覈》《春秋公羊禮疏》《春秋公羊問答》《儀禮禮服通釋》《禮論略鈔》《春秋繁露注》等書。

梁章鉅題記：

前人言鈔法有十便：一曰造之本省，二曰行之途廣，三曰齎之也輕，四曰藏之也簡，五曰無成色之好醜，六曰無稱兑之輕重，七曰無工匠之奸偷，八曰無

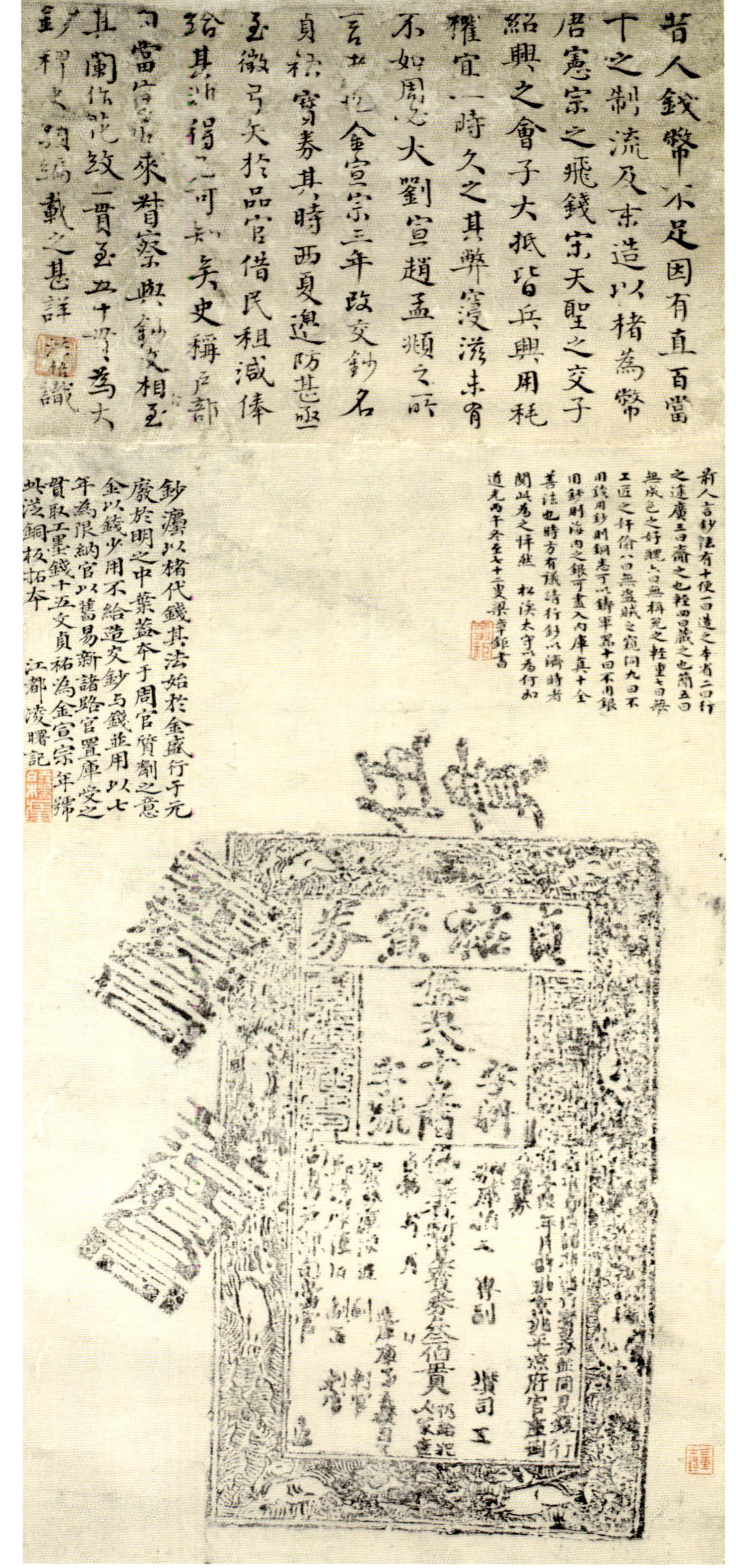

卷軸裝　畫芯縱49.5釐米　横30.5釐米　館藏號：Z2218

盜賊之窺伺，九曰不用錢用鈔則銅悉可以鑄軍器，十曰不用銀用鈔，海內之銀可盡入內庫，真十全善法也。時方有議請行鈔以濟時者，閱此為之怦然。松溪太守以為何如？道光丙午（1846）冬至七十二叟梁章鉅書。

梁章鉅（1775–1849），字閎中，又字茝林，號茝鄰、退庵。福建福州人。曾任江蘇布政使、甘肅布政使、廣西巡撫、江蘇巡撫等職。既是清代抗英禁煙派重要人物，又是卓有成就的學者。著有《退庵詩存》《楹聯叢話》《稱謂録》《退庵隨筆》《浪跡叢談》等。

此件《金貞祐寶券》為"印刷"而非"拓印"，它類似於古籍線裝書的"雕版印刷"，即油墨直接塗在雕版上，覆紙刷印而成。上文介紹的《金元寶鈔拓本兩件》之《貞祐寶券》為"拓印"，即雕版上不塗油墨，直接覆紙，取墨包椎拓而成。讀者可兩相對照，刷印者為"正文"，拓印者為"反文"。

金貞祐寶券　現藏上海博物館

6.《明崇禎改鑄寶鈔》吾進摹本

《明崇禎寶鈔》為銅版寶鈔，據洪武寶鈔改鑄而成，係顏崇槼舊藏，後轉贈翁方綱之次子——翁樹培（宜泉）。此本為吾進據拓本所摹之本。除照摹寶鈔的正面外，還將背面印章亦一同摹出，分別是“大明寶鈔之印”“寶鈔提舉司印”“鑄造寶鈔局印”三枚印章。寶鈔邊框縱15.8釐米，橫9.3釐米，已裝成卷軸，留有吾進、瞿中溶、張廷濟題記。民國年間歸錢鏡塘（菊隱）收藏。

吾進題記：

至天啟崇禎間復行鈔法，始於惠世揚，蔣臣復申其說，而倪元璐掌户部必欲行之。今摸其文有壹伯者，有崇禎己卯改鑄等字，餘則同洪武時鈔也。

瞿中溶題記：

此亦銅鈔版而顏教授崇槼所藏者，老木識。

張廷濟題識：

余所見翁宜泉秋部樹培所藏此版，即顏教授所贈与翁者。翁曾拓贈余一紙。吾以方進此本係從墨拓摹取。老木即嘉定瞿木夫中溶。叔未張廷濟又記。

張廷濟案：是鈔係以黄銅為版，厚衣尺一分又半，兩面印，大興翁宜泉秋部藏有一版，余曾目驗者。

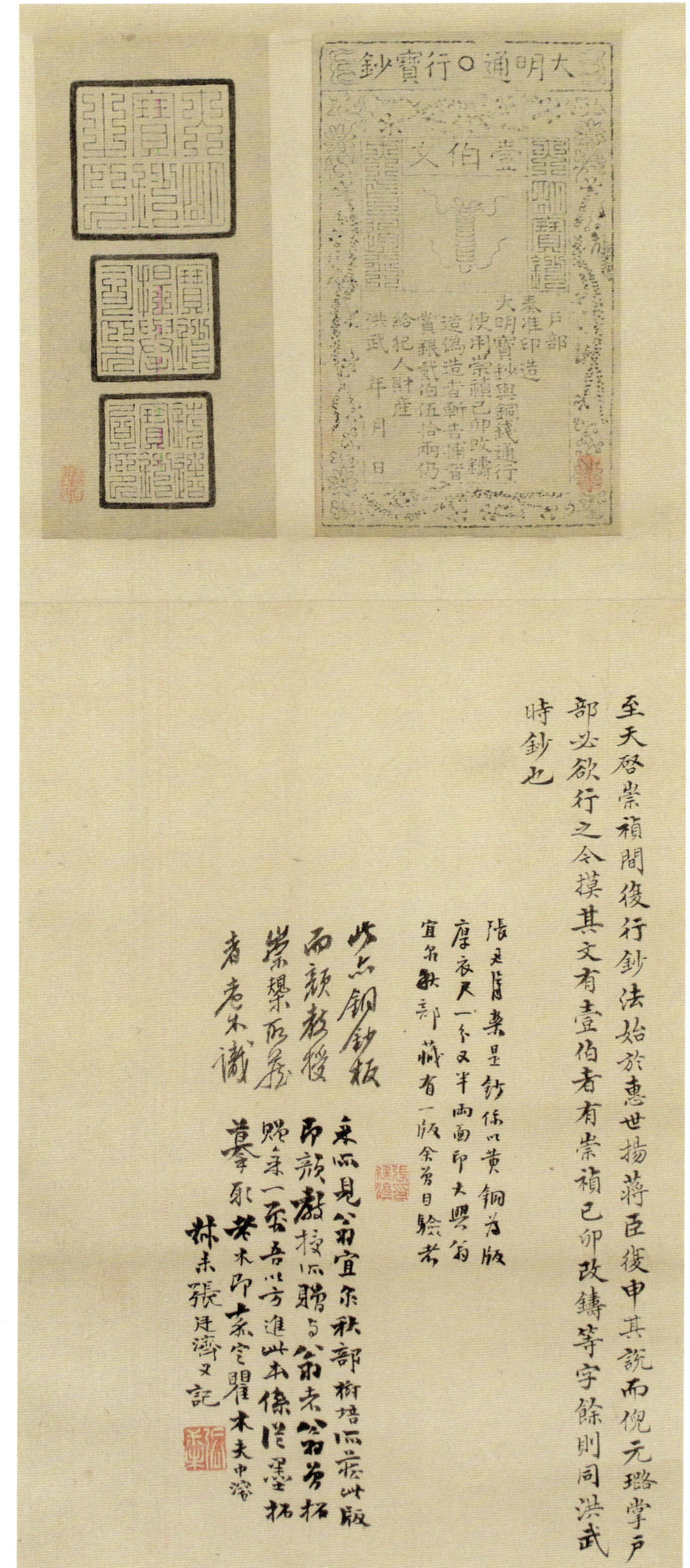

卷軸裝　畫芯縱60釐米　橫22釐米
館藏號：J2201

7.《明清寶鈔兩件》吾進藏本

《洪武寶鈔》為明洪武年間（1368–1398）戶部印造壹貫寶鈔，寶鈔兩面印製，此本僅現正面，為吾進（以方）舊藏，民國間歸錢鏡塘（菊隱）收藏。存有嘉道年間吾進、張廷濟題跋。此本與《大清寶鈔》合裝一卷軸。

吾進題記：

鈔法之重，莫甚於明。其文曰："大明通行寶鈔。壹貫。户部奏准印造，大明寶鈔與銅錢通行使用，偽造者斬，告捕者賞銀貳伯伍拾兩，仍給犯人財產，洪武某年月日。"上有大明寶鈔之印，下有寶鈔提舉司印，背有鑄造寶鈔局印。按：《實録》太祖洪武初，欲行鈔法，二十七年，令軍民商賈所有銅錢有司收歸官，依數換鈔，不許行使，犯者以姦惡論。三十年，禁用金銀。三十五年，命俸米俱折支寶鈔。是時即有以百六十錢折鈔一貫者。至正統間壹貫僅直一二錢。然則造鈔之後，不過數年，其法已壞不行，雖有姦惡之條、克賞之格、阻滯之罪，而愈不可行矣。

道光十二年（1832）張廷濟題記：

右明鈔真本，原係兩面用印，裝時須用兩紙，使兩面印文俱顯。吾氏此裝，僅見其半。吾齋藏本尚多，他時可再裝一本也。道光壬辰六月十九日，叔未廷濟，時六十五歲。

《大清寶鈔》為清初民間依照明代寶鈔樣式私刻而成，並非清代實際使用之寶鈔。此類清代寶鈔一般印刷在紅紙之上，再摺疊成類似今天"紅包"的發禄袋，用於婚娶喜事之上。此拓本為吾進舊藏，民國間歸錢鏡塘（菊隱）收藏。存有嘉道年間吾進、張廷濟題跋。此本與《洪武寶鈔真本》合裝一卷軸。

嘉慶四年（1799）吾進題記：

國朝定鼎之初亦造寶鈔。文云："大清通行寶鈔壹貫，户部奏准印造。大清寶鈔與銅錢通行使用，違造者罰銀拾兩，使用者賞通行寶鈔是貫，某年月日。"上下紫泥印文二，不可識。今承平日久，休養生息，百有餘年，上下通行，皆是銀錢，不復知有鈔矣。故裝池成帙，使後志食貨者有考焉。嘉慶四年中秋日，魯郡吾進書于竹素山房。

瞿中溶題記：

此乃市肆戲效前明刻板印於紅紙上，遇婚娶喜事，摺作發禄袋用者。今吳俗尚如此，並非國初有此制也。吾君之言不可信。

道光十二年（1832）張廷濟題記：

右確係吳俗私行之物，吾以方進何竟説四朝寶鈔耶。然留視後世，亦是一種故事，瞿鏡濤中溶此跋甚是。道光壬辰六月十九日。嘉興張廷濟。

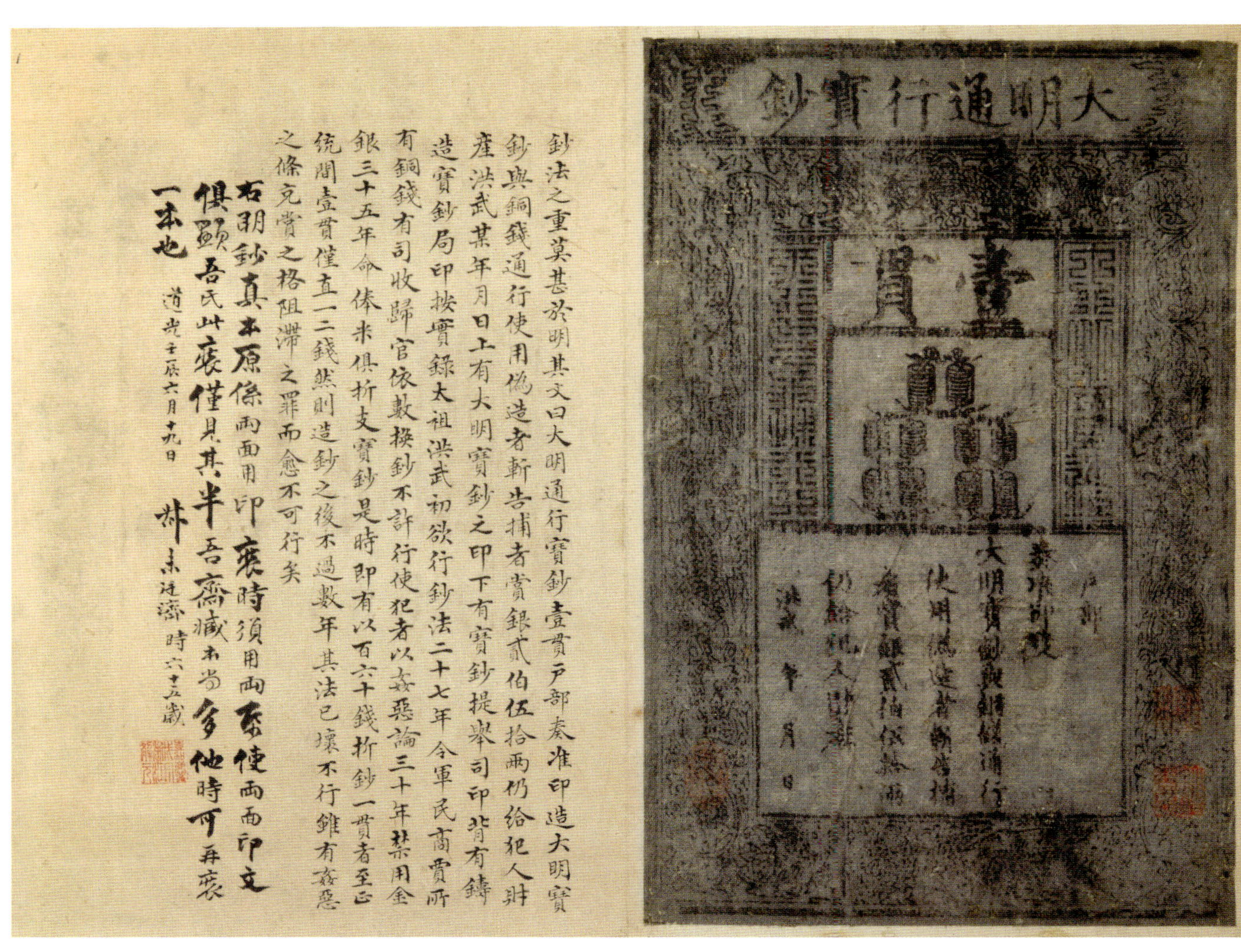
大明通行寶鈔
壹貫
戶部
奏准印造
大明寶鈔與銅錢通行使用偽造者斬告捕者賞銀貳伯伍拾兩仍給犯人財產
洪武 年 月 日
鈔法之重莫甚於明其文曰大明通行寶鈔壹貫戶部奏准印造大明寶
鈔與銅錢通行使用偽造者斬告捕者賞銀貳伯伍拾兩仍給犯人財
產洪武某年月日上有大明寶鈔之印下有寶鈔提舉司印背有鑄
造寶鈔局印按實錄太祖洪武初欲行鈔法二十七年令軍民商賈所
有銅錢有司收歸官依數換鈔不許行使犯者以姦惡論三十年禁用金
銀三十五年命併米俱折支寶鈔是時即有以百六十錢折鈔一貫者至正
統閒壹貫僅直一二錢然則造鈔之後不過數年其法已壞不行雖有姦惡
之條充賞之格阻滯之罪而愈不可行矣

甲、《明太祖洪武寶鈔》拓本

卷軸裝　畫芯縱33.5釐米　橫44.5釐米

館藏號：J4299

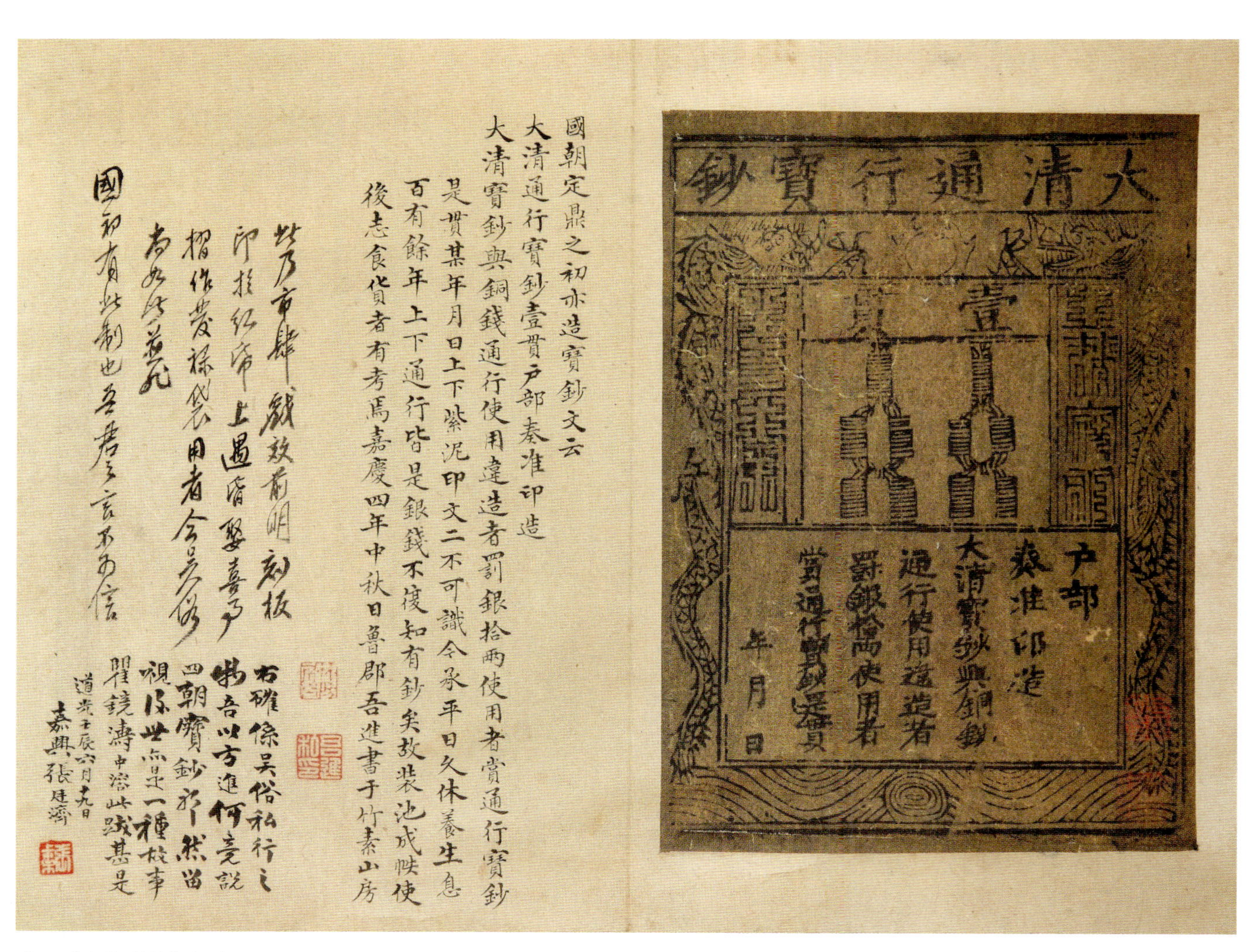
大清通行寶鈔
壹貫
戶部
奏准印造
大清寶鈔與銅錢通行使用違造者罰銀拾兩使用者賞通行寶鈔壹貫
年 月 日
國朝定鼎之初亦造寶鈔文云
大清通行寶鈔壹貫戶部奏准印造
大清寶鈔與銅錢通行使用違造者罰銀拾兩使用者賞通行寶鈔
是貫某年月日上下紫泥印文二不可識余承平日久休養生息
百有餘年上下通行皆是銀錢不復知有鈔矣故裝池成帙使
後志食貨者有考焉嘉慶四年中秋日魯郡吾進書于竹素山房

乙、《大清寶鈔》拓本

卷軸裝　畫芯縱33.5釐米　橫44.5釐米

館藏號：J4300

九　地　券

1.《孫成買地券》褚德彝藏本

《漢建寧四年孫成買地券》拓本，褚德彝舊藏，內有端方、李葆恂、羅振玉、黃士陵等人題記。買地券原件為山東陳介祺舊藏，鉛質，上有琢刻文字，其傳拓較少見。

依拓本觀之，該買地券高約39釐米，寬約4釐米，如一把戒尺狀，券上鐫刻三行銘文，共百餘字。銘文曰：

> 建寧四年（171）九月戊午朔廿八日乙酉，左駿廄官大奴孫成，從雒陽男子張伯始賣所名有廣德寧部塚佰田一町，賈錢萬五千，錢即日畢。田東比張長卿，南比許仲異，西盡大道，北比張伯始。根生土著毛物，皆屬孫成。田中若有尸死，男即當為奴，女即當為婢，皆當為孫成趍走給使。田東西南北以大石為界。時旁人樊永、張義、孫龍、異姓、樊元祖皆知券約，沽酒各半。

目前所知，傳世確實可信的漢代“買地券”約有五、六件，其銘文大多相近。內容無外乎有以下幾部分組成：土地買賣年月、買主和賣主姓名、土地面積與地價、購買土地的範圍、旁證人姓名等等。

《孫成買地券》銘文，看似現實生活中的一份土地買賣文書，但事實並非如此。“買地券”是一種向地下鬼神購買陰間土地的憑據，屬於隨葬明器之一。將“買地券”埋入墳墓，象徵著由亡人隨身攜帶並執守契約，地下鬼神才能予以接納，亡人與地下鬼神間的土地買賣契約才可能生效。它不同於世間一式兩份的買賣雙方互相持有的契約，亦無須子孫後代珍重保存，只需直接將其隨葬埋入墳墓即可。

銘文中的買地人“孫成”不是活人，而是亡者，即墳墓主人。其賣地人“張伯始”以及旁證人“樊永”“張義”“孫龍”“異姓”“樊元祖”等也是早已亡故之人，都不是活人，均是鬼魂，還可能就是與孫成墓葬相鄰的墓主。其中賣地人“張伯始”的墓地，不是距離“孫成”墓地最近者，就是附近墓地最大者。歿亡人之所以要向地下鬼魂來購買墓地，其目的就是求得冥間的承認與保護。

至於券文所記孫成墓地的四界，所謂“田東比張長卿，南比許仲異，西盡大道，北比張伯始”云云，這些四界相鄰的人，也都是亡人。所列四界並非指孫成墓地與“張長卿”“許仲異”“張伯始”等人的田產相鄰，而是與他們的墓地相鄰。

買地券規定的所出賣內容，除土地及土地上的所有“根生土著毛物”外，還有田中“男女屍死”。約定田中“男女屍死”將被作為奴婢，一同賣給買地人孫成，供其“趨走給使”。這就是買地券是“冥契”而非人世間契約的最直接證據，同時，亦佐證了其買賣雙方、旁證者均為亡人的事實。

光緒末年，褚德彝（禮堂）購得《孫成買地券》拓本後，以為奇貨可居，愛不釋手，即裝裱成卷軸並先後延請多位名家題跋。

拓本左側，留有端方題跋，文曰：

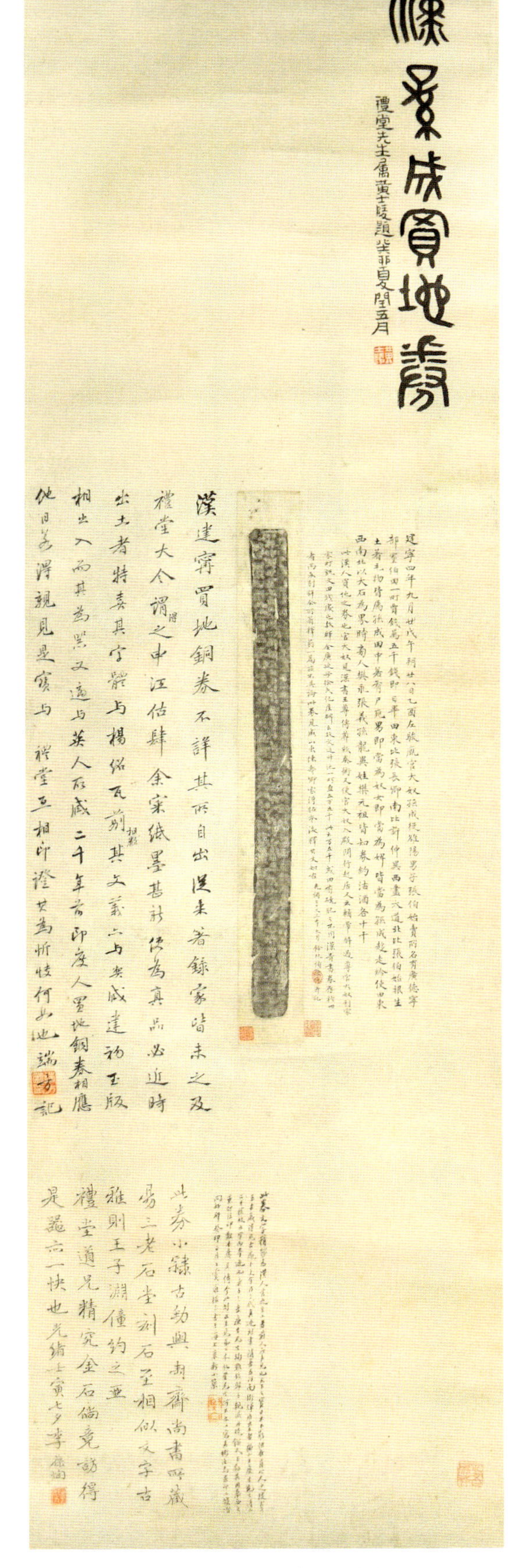

卷軸裝　畫芯縱140釐米　橫37.5釐米

館藏號：J6242

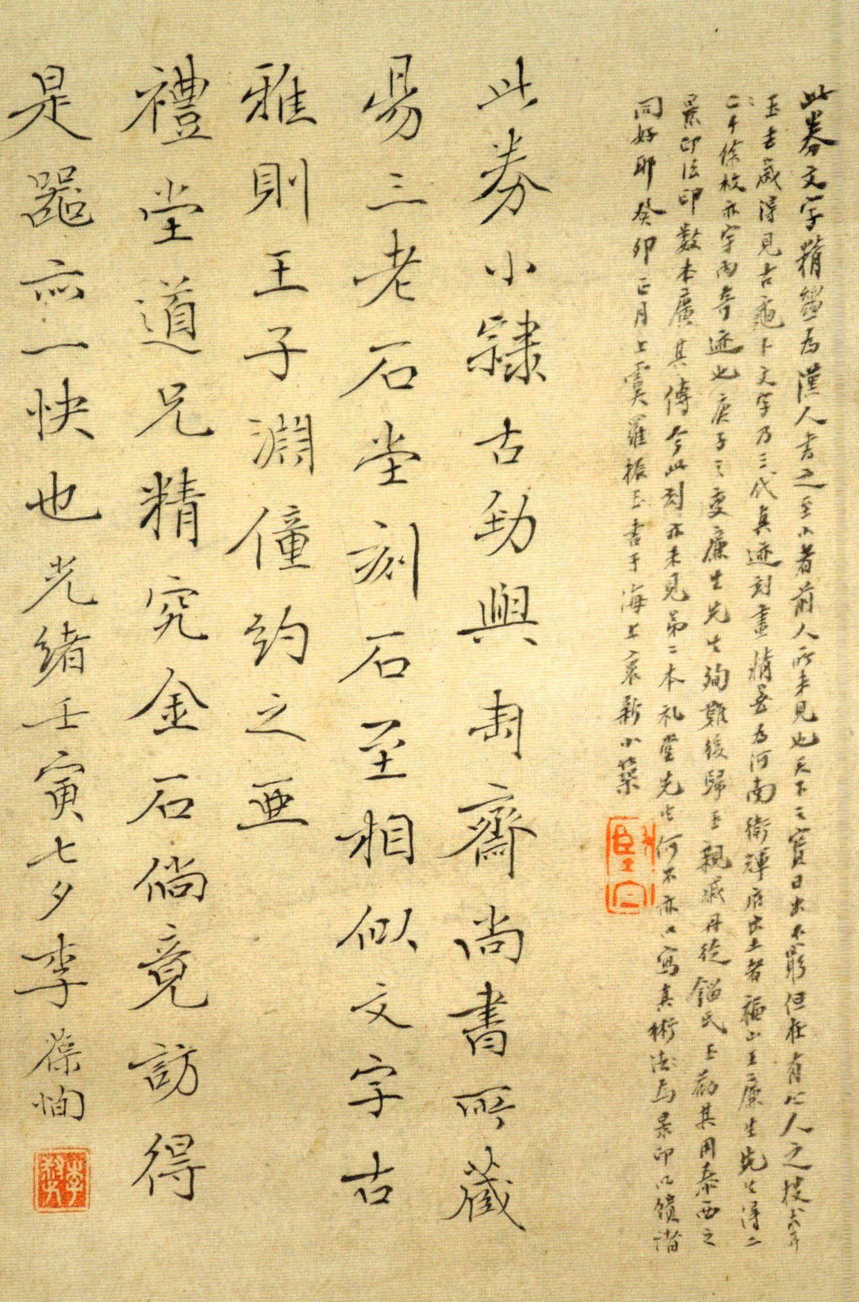
此券小隸古勁與寓齋尚書所藏
昜三老石堂刻石至相似文字古
雅則王子淵僮約之亞
禮堂道兄精究金石倘竟訪得
是器亦一快也 光緒壬寅七夕李葆恂

《孫成買地券》褚德彝藏本局部

《漢建甯買地銅券》不詳其所自出，從來著録家皆未之及。禮堂大令（褚德彝）謂得之申江估肆，余案紙墨甚新，使為真品，必近時出土者。特喜其字體与《楊紹瓦莂》相類，其文義亦与弊藏《建初玉版》相出入，而其為器又適与英人所藏二千年前《印度人買地銅券》相應。他日若得親見是寶，与禮堂互相印證，其為忻快何如也。端方記。

此器物出土較晚，拓本又新出，過去鮮有著録研究者，故端方題跋的態度十分謹慎。對此器是否屬於漢代真品，一時尚無把握，只提出自己經眼的幾件同類器物略作比較而已。當年端方應該算是金石界最見多識廣之人，此跋亦可見一斑。其中，端方提及一件《楊紹瓦莂》，為晉太康五年（284）刻製，晚於《孫成買地券》一百一十餘年，其外形如磚瓦狀，類同剖竹，且有竹節裝飾紋，兩者的銘文、器形、材質均不盡相同，唯字體略有相似處，皆屬民間“窮鄉兒女體”。因此，這兩件器物可比性不大。

反之，端方家藏的《建初玉版》倒是與《孫成買地券》極為相類，此玉版買地券刻製於東漢建初六年（81）十一月，又名《武孟子買地玉券》，是目前所見最早的買地券。玉券銘文曰：

建初六年十一月十六日乙酉，武孟子男靡嬰買馬熙宜、朱大弟少卿塚田。南廣九十四步，西長六十八步，北廣六十五，東長七十九步，為田廿三畝奇百六十四步。直錢十萬二千。東陳田比介，北、西、南朱少比介。時知券約趙滿、何非，沽酒各半。

《建初玉券》與《孫成買地券》銘文極為相

類，只是前者看不到絲毫迷信成分，與現世土地買賣契約無異，相信《玉券》最初出土時，一定會被誤認為漢代活人間的土地交易憑證。但是，現在若結合《孫成買地券》來類比，其為冥器的性質還是一目了然的。

在卷軸的左下角，另有光緒二十八年（1902）李葆恂題記，即在端方題跋的正下方，筆者本以為李跋晚於端跋，現在看來本卷題跋當以李跋為最先，李氏謙讓故題寫於卷軸最下方。其文曰：

> 此券小隸古勁，與匋齋尚書（端方）所藏《昜三老石堂刻石》至相似，文字古雅，則《王子淵僮約》之亞。禮堂道兄（褚德彝）精究金石，倘竟訪得是器，亦一快也。光緒壬寅（1902）七夕，李葆恂。

李葆恂所言隸書古勁相類的《昜三老石食堂刻石》，此石為東漢延平元年（106）十二月刻立，光緒十四年（1888）山東曲阜出土，石歸端方。其刻石銘文亦三行小字，共七十六字，為漢碑文字最小者。其實，兩者性質功用與隸書風格均差異較大，故此後的端方題跋中亦未提及這塊自藏刻石。

大約半年後，光緒二十九年（1903）正月，此卷迎來了羅振玉的題跋，題于李葆恂跋之右側，其文曰：

> 此券文字精絕，為漢人書之至小者，前人所未見也。天下之寶日出不窮，但在有心人之搜求耳。玉去歲得見古龜卜文字，乃三代真跡，刻畫精善，為河南衛輝府出土者，福山王廉生先生（王懿榮）得二千餘枚，亦宇內奇跡也。庚子（1900）之變，廉生先生殉難，後歸玉親戚丹徒鎦氏（劉鶚），玉勸其用泰西之景印法印數本，廣其傳。今此刻亦未見第二本，禮堂先生（褚德彝）何不亦以寫真術法（此字點去）為景印，以饋諸同好耶。癸卯（1903）正月，上虞羅振玉書於海上懷新小築。

羅振玉此篇題記，因買地券而聯繫到甲骨文，談及王懿榮、劉鶚對甲骨文的發現與收藏的貢獻，還提及了影印《鐵雲藏龜》（於光緒癸卯（1903）九月印成）的緣起。這段文字記錄了羅氏與買地券的第一次邂逅的經過，算是對買地券研究的一個起點的備註。

羅氏題跋的四年後，光緒三十三年（1907）九月，褚德彝在拓片的右側，留下了《孫成買地券》的釋文和題記，其文曰：

> 此漢人買地之券也。“官大奴”見《漢書·王尊傳》“尊劾奏衡又使官大奴入殿問行起居，又云輔常醉過尊官大奴利家”。“町”《說文》“田踐處也”。《隸釋·金廣延母徐氏記產碑》云：“故文進升地一町，直五万五千”，此云：“万五千”，或田有磽肥之不同。漢晉書券存於世者尚多，別詳余所著《釋莂》一篇，茲不具論，此券見藏山東陳壽卿家，得拓本後釋其文如右。光緒三十又三年九月餘杭褚德彝并記。

褚德彝對《孫成買地券》銘文中“官大奴”“町”和“地價”作了考釋，顯然褚氏亦將其誤認作陽間地契。銘文中“左駿廄”為太僕屬官，主乘輿御馬，“孫成”為其家之“大奴”，即一個普通平常百姓，焉能出資“萬五千”購買“塚百田一町”。據考證，漢代一個中等之家的總財產大約在二萬錢左右，當時全國人均耕地一直在十四畝上下浮動，洛陽郊區人稠地狹，單人墓地占地“百田一町”，這些顯然不符合當時的實際生活狀況，進而證明《孫成買地券》為陰間契約無疑。

買地券起源於西漢時期的民間巫術，書寫者主要是巫覡。漢代買地券一般刻於鉛板或玉版之上，利於在墓中久存。其銘文所涉及的土地買賣內容與現世實際的土地面積、土地價格無關，不具有現世的法律意義，僅具冥世的象徵意義。東漢以後的買地券融入了更多的迷信成分，多用方術家言，皆用“天帝”及“如律令”字樣，與世間土地買賣合同差距越來越大，其買地性質亦越來越淡，鎮墓性質就越來越重。此類鎮墓文字亦被鐫刻或書寫到瓶、罐或瓦缶之上。

2.《房桃枝買地券》羅振玉拓本

就在《孫成買地券》卷軸發現的不久之後，筆者又發現一件羅振玉舊藏買地券拓本，其大小、形制、文字、行款，均與此前發現的《孫成買地券》極為相似。故初上手時，還誤以為又得一件《孫成買地券》拓本。但細觀銘文後，發現此券為《漢中平五年房桃枝買地券》，其原器為民國三年（1914）羅振玉以重金購得，此拓本係羅振玉親手拓製并在兩側題跋，買地券高36.5釐米。

《房桃枝買地券》銘文曰：

> 中平五年（188）三月壬午朔七日戊午，雒陽大女房桃枝，從同縣大女趙敬買廣德亭部羅西□步兵道東塚下餘地一畝，直錢三千，錢即畢。田中有伏尸，男為奴，女為婢。田東、西、南比舊□，北比樊漢昌。時旁人樊漢昌、王阿順皆知卷約，沽各半。錢千五十。

《房桃枝買地券》與《孫成買地券》同埋入洛陽廣德亭部，若按照房桃枝墓地價格為一畝三千錢的話，孫成買地金為“萬五千”，只能購買五畝，然而孫成墓地卻是“百田一町”。雖然《孫成券》早於《房桃枝券》十七年，顯然漢代建寧到中平十七年間土地價格斷然不會如此飛漲，同時，再次證明漢代買地券均為陰間契約，屬迷信之物，與實際生活關聯不大。

拓本左側，民國四年（1915）四月羅振玉的題跋：

> 此券近出雒下，宣統甲寅（1914）冬，婦弟連平范津君游北京，為予以重值得之廠肆。自黃縣丁氏得《建甯四年孫成鉛地券》後，屢作日出。此券距彼券出土後十餘年，書跡尤縱逸，吾齋中至寶也。乙卯（1915）四月二十六日雨窗仇亭老民羅振玉手拓題記並釋文。

民國四年（1915）羅振玉題跋中，再次提及了八年前所見褚德彝《孫成買地券》拓本。此後僅過三年，民國七年（1918）羅振玉就已經收集到十九種地券，並彙編成《地券徵存》一書。正如羅振玉在褚德彝藏本中題跋所言“天下之寶日出不窮，但在有心人之搜求耳”。一百年後的今天，我們再次得見前輩的拓本與題跋，當屬“有緣人”遇見“有心人”。

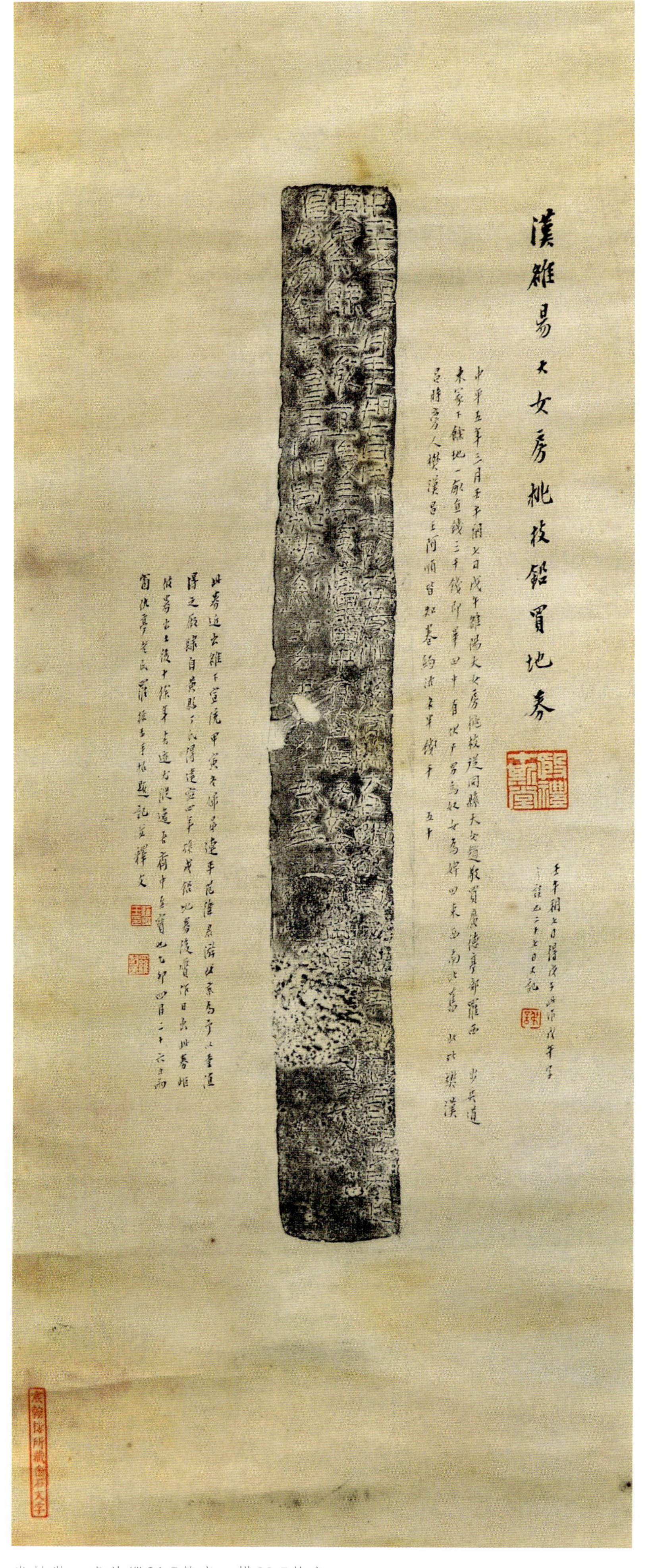

卷軸裝　畫芯縱64.5釐米　橫22.5釐米
館藏號：J6847

十　熏　鑪

1.《漢熏鑪》鄒安跋本

鑪，本用來貯炭取暖的。進入漢代，隨著南海沉檀等香料的引進中原，熏香開始流行，就有了熏鑪的使用。

此件《漢熏鑪》，鄒安藏器，熏鑪下有託盤，用來貯湯，可使香氣更加蒸潤。全形拓本，為李漢青手拓，上為銘文“上林”兩字拓，下為熏鑪全形拓。此為鄒安藏鐘鼎彝器四條屏之一。

民國九年（1920）鄒安題記：

> 山陰李漢青君善丹青，為余拓秦小量及此，頗得六舟法。
>
> 此與秦聲量先後得。漢熏鑪不多見，完美尤難。庚申（1920）二月適廬補記。

秦聲量即《秦一升量》（參見本書秦量篇），民國六年（1917）鄒安購得。此件熏鑪或為民國九年（1920）購得。

李慶霄（1870–1944），字漢青，號詠霓。浙江山陰人。精篆刻繪畫，善鼓琴，能傳拓與裝裱。曾任上海哈同花園畫師。

鄒安（1864–1940），字壽祺，一字景叔，號適廬，浙江杭縣人。博覽古器，考訂精詳。編有《廣倉硯録》《雜器拓本》等。

《漢熏鑪》鄒安跋本局部

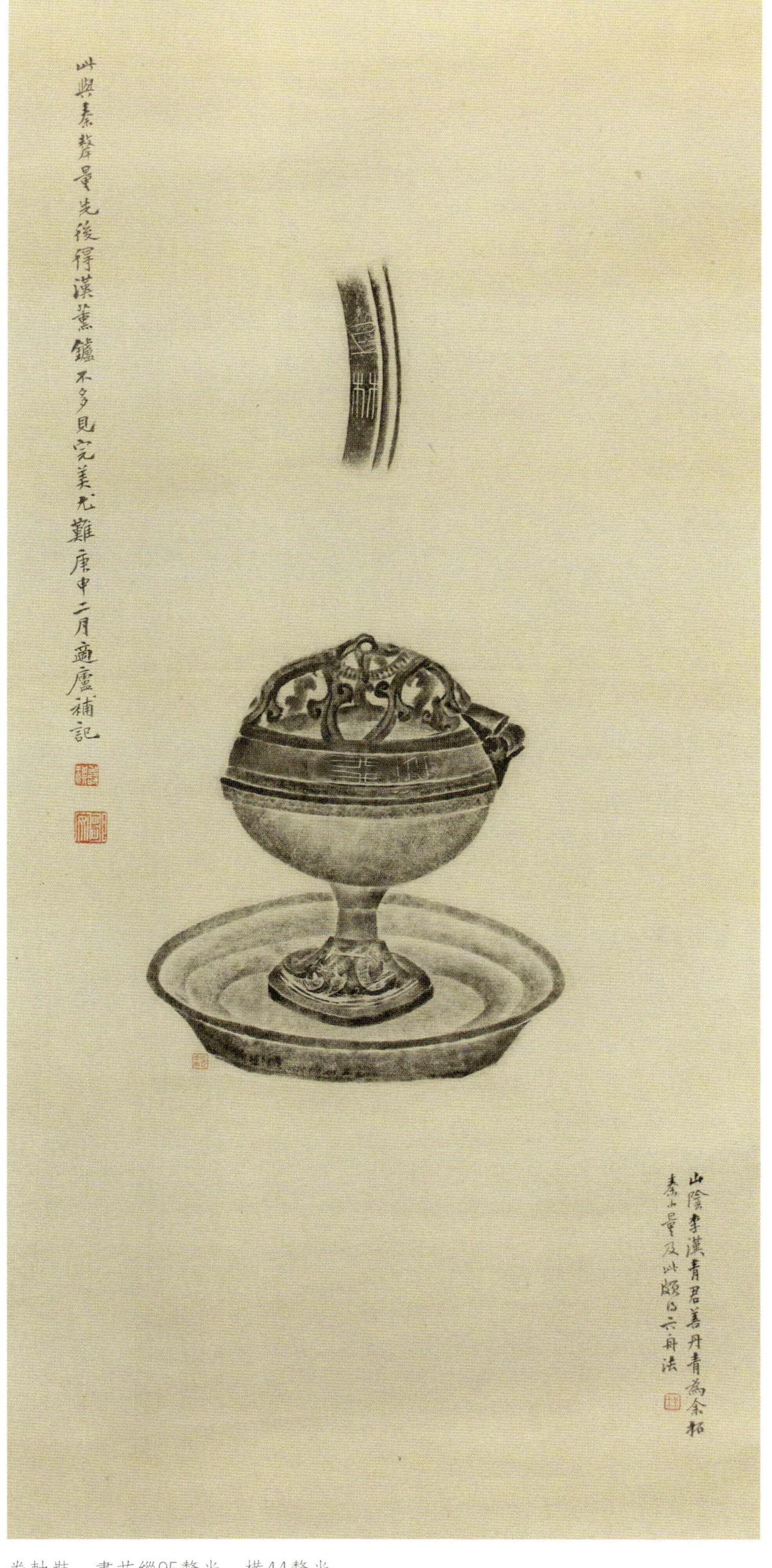

卷軸裝　畫芯縱95釐米　横44釐米

館藏號：Z1487

2.《馬湘蘭熏香鑪》褚德彝拓本

馬湘蘭熏香爐，依其形制來看，應是手爐，或稱“袖爐”“手熏”“火籠”等，是古人掌中取暖工具。造型小巧端莊，體腹渾圓，爐蓋為人字形花格紋飾，簡潔而大方，誠為爐中至珍也。

在爐蓋口沿處，有篆書銘文十八字環繞，其文曰：“熏透鴛衾，香忝龍餅，一點春犀，管領馬湘蘭製。”爐底有“鳳江”篆書銘文兩字。鳳江，明代制爐名匠，浙江嘉興人，所制銅爐多通鏤花卉，花卉紋飾各不相同，纖巧可愛，變化多端，技精至絕。

馬湘蘭（1548−1604），明末秦淮河畔的名妓，與陳圓圓、李香君、董小宛、寇白門、顧橫波等人並稱“秦淮八豔”。其人秉性靈秀，能詩善畫。在萬紫千紅中她獨鍾情於蘭，畫蘭功夫曠古爍今，堪稱一絕。馬湘蘭的一生，就像一株空谷幽蘭，吐芳於世，卻又遺世獨立。身後留有詩集兩卷，命名為《湘蘭集》。

此全形拓本為褚德彝手拓，有況周頤題記。

況周頤題詞：

芸黏麝裛，恰翠隄淺草，猶帶殘雪，碎玉聲中，白練帬邊，灰到相思熽撥，夊紈濸寫湘花影，問幾度，玉蔥偎熱。儘勝伊，簫局金虬，往事丽華休說。

誰識春犀可可，箇儂舊，管領珠字旋斡，鳳餅濃香，鴛被奇溫，何處峭寒催徹。紅牙小印星星砚，只一例，玉臺芳物。話劫塵，孔雀無庵，賸有秣陵煙月。

綠意題奉積餘先生教拍，況周頤。

況周頤（1859−1926），原名周儀，字夔笙，一作揆孫，號蕙風、玉梅詞人等。廣西桂林人。光緒五年（1879）舉人，曾官內閣中書。後入張之洞、端方幕府。工詩詞書法，與王鵬運、朱祖謀、鄭文焯合稱“四大家”。況周頤尤精詞論，所著《蕙風詞話》在近代詞壇上頗具影響力。長子況維琦，字又韓，畫家。長女況維琚（綿初），嫁篆刻名家陳巨來。

2010年西泠秋拍，曾見有一件《馬湘蘭熏香爐》，亦為褚德彝拓本，內有沈樹鏞、況周頤題詞，兩件況氏題詞內容完全相同。

芸黏麝裛恰翠隄淺草猶帶殘雪碎玉
聲中白練冪邊灰到相思爐撥久紈澹
寫湘花影問幾度玉蔥偎熱儘勝伊簫
局金虬往事兩華休說　誰識春犀可
可箇儂舊管領珠字旋斡鳳餅濃香鴛
被奇溫何處峭寒慳徹紅牙小印星星
硯只一例玉臺芳物話劫塵孔雀無庵
賸有秣陵煙月　綠意題奉
積餘先生教拍　況周頤

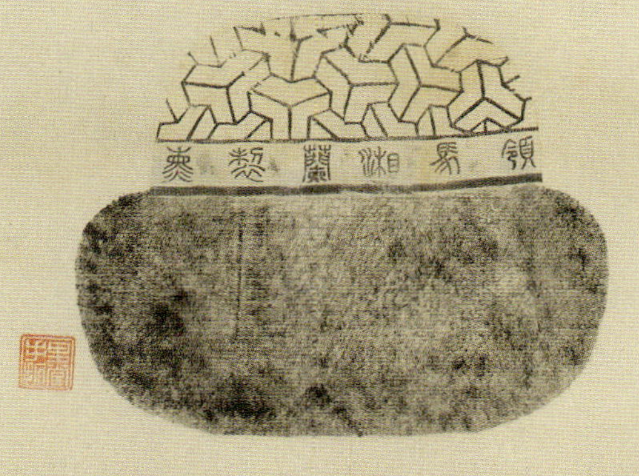

卷軸裝　畫芯縱69釐米　橫42.5釐米　爐橫約10.5釐米

館藏號：Z2233

十一　符　節

1.《虎符龍節》翁方綱跋本

《虎符龍節拓本》卷軸，畫芯中央為“龍節”與“虎符”拓片，拓片四周有翁方綱、江德量的題記。

卷軸中的虎符為陳介祺舊藏，僅為右半件，屬於君王掌管的那個半片，因而更顯珍貴。拓本由四張小紙拼貼而成，即虎符的右外側面、內部面、背脊銘文（右半）、肚肋銘文四部分，從中可見本件虎符的內外造型與結構。肚肋篆書銘文為“騶男右五”四字，背脊篆書銘文為“晉與騶男為虎符第五”之右半部。

王國維在《晉王臺太守虎符跋》一文中曾提到三符：“翁氏《兩漢金石記》所載一符，則脊文云‘與五原太守為虎符第一’，肋文云‘五原左一’。嘉善謝氏藏晉丞邑男虎符，脊文云‘晉與丞邑男為銅虎符第一’，肋文云‘丞邑男左一’。濰縣陳氏藏晉騶男虎符，脊文云‘與騶男為虎符第五’，肋文則云‘騶男右五’。”

本件卷軸中的龍節，其造型龍首竹節形，酷似今天的一枚煙嘴。拓片共分兩紙，為龍節正反兩面的戰國時楚國文字，正面銘文：“王命=（命）傳賃”，反面：“一檐（同擔）飤（同食）之”。前一句意思是，以楚王之命，任命雇傭從事驛傳的人。後一句指，楚國境內各地的傳舍，按照“一擔”的標準來供應“傳賃”的伙食。“傳賃”好比現在的快遞員，“一擔”糧食就是他們的工資或伙食費。

卷軸底部，有江德量關於虎符的長篇題跋，前半為過録翁方綱《兩漢金石記》內容，後半為自書按語。其文曰：

> 右銅虎符一，以建初尺度之，長三寸，頭身共高二寸，身高一寸，重今等四兩七錢。虎形背文云：“□□與騶男為銅虎符第五”，肚肋云：“騶男右五”，皆篆書陷銀為之。与《續考古圖》所載，濟陰太守銅虎符制正同。騶屬魯國，本邾國，莽曰騶亭，《前後漢志》皆屬豫州。然漢爵唯王侯二等，不及子男，至魏晉始有五等之爵，而晉則伯子男以下不置軍，此當是魏物也。魏咸熙中（264–265）始建五等之封，其見於史者如傅元封鶉觚男是也。則此“騶男右五”

“虎符”是古代帝王授予將帥兵權和調動軍隊的一種憑證，所以又稱之為“兵符”。傳說是西周姜子牙發明的，它盛行于戰國秦漢時期，因其外形如伏虎，故名。虎符多為銅質，上刻銘文，分成左右兩半，內有子母口，用以相合，左半交由帶兵將帥，右半則為國君獨自保存。也就是說，只有當國君的右半與將帥左半虎符相互扣合，“符合”後方可調兵。

因為虎符是發兵之信物，屬於軍事機密，為便於藏匿與攜帶，故其造型小巧，一般可握於掌心之中。至於說到虎符的銘文，歷代各有不同。秦代銘文，刻於虎符之左右兩側，且兩側文字內容相同，因此不用合符，亦可通讀。漢代銘文，則刻於虎脊之上，騎於中縫線，只有合符後，方能通讀。魏晉南北朝虎符沿用漢制而不衰。

之符，其魏時器欤？翁覃溪夫子《兩漢金石記》一則。

德量按：上一字似“晉”，亦止一字。“為”字下即“虎”字，中無“銅”字。子男之封，雖始於魏，而新莽封其同姓，小功為子，緦麻為男，此時漢印中猶有多睦子條睦子家丞印，是此虎符，猶不敢遽定為何代器耳。德量又藏舊玉虎符一，背文曰“將軍虎符”,“將”从“爿”,虎从“⺈”,“符”从“艸”，文在背之左，曰將軍而不著其號，遂亦無以證之。乾隆庚戌（1790）十一月廿五日書。

虎符拓片左側，另有江德量的一則補記：

德量又按：晉文帝為晉王，命裴秀等建立五等之制，大國子邑八百户，次國子六百户，男邑四百户。武帝泰始元年（265）封諸王以郡為國，五千户為小國，外此則不聞置軍，此騶男虎符若果晉物，或泰始以前制歟？

卷軸頂端，另有江德量關於龍節的一則題記：

龍節首長四寸，用建初尺，作龍形，廣寸，身長七寸，近首廣寸一分，綱而趨末，廣九分。兩面皆有文，曰：“王命＝節借命字“卩”為重文，鐘鼎款識中子子孫孫,《嶧山碑》大夫之例也。道汗簡“道”字，李陽冰《謙卦》用之,僨古文“保”从“㒒”,此从“貝”,“寶”通。曰:“一棓”疑借作“倍”“蓰”字，飤古“飼”字。”之其王命之，一面近首處起一棱，若刀劍之留手，使不盡入於室者也。……

江德量（1752–1793），字量殊，號秋史，江蘇儀徵人。乾隆四十五年（1780）榜眼及第，授翰林院編修，官至江西道監察御史。精小學，好金石，工刻印，擅繪畫，能詩詞，尤其在古錢幣釋文方面頗有建樹，著成《錢譜》《古泉志》等。是一位身兼金石家、名泉家的多才榜眼。

江德量此段題跋，考釋了虎符龍節的銘文並推測了它們的功用與製作年代，從中可見江氏古文字與金石研究的功底。就在虎符龍節題跋的同一年，乾隆五十五（1790）年秋，江德量還做了一件事，那就是出示家藏《功甫帖》，請來翁方綱鑒評和題跋，也就是引發近日廣泛關注的那件大名鼎鼎的東坡《功甫帖》。

目前爭議的焦點之一，就是翁方綱的題跋之真偽。奇巧的是，這件《虎符龍節》卷軸之上還留有乾隆五十六年（1791）秋翁方綱的親筆題記，《功甫帖》與《虎符龍節》留存翁方綱題跋的寫作時間極為相近，又是為同一藏家的藏品而題寫，具有極高的可比性，相信能為本輪真偽爭論平添一有效參考件。

下面，就來看看虎符拓片右側的翁方綱題記：

予曩見此虎符，附載其文於《兩漢金石記》，今見秋史識語，迺更取拓文驗之，中間實無“銅”字，當補正於《續卷》中也。但秋史謂“與”上是“晉”

龍節，一種龍形符節，古時奉王命出使所持之節，亦是一種信物憑證。關於先秦符節的種類和用途，古代文獻中也有不少記載，如《周禮·掌節》載：“掌守邦節，而辨其用，以輔王命，守邦國者用玉節，守都鄙者用角節，凡邦國之使節，山國用虎節，土國用人節，澤國用龍節，皆金也。以英蕩輔之，門關用符節，貨賄用璽節，道路用旌節，皆有期以反節，凡通達於天下者，必有節，以傳輔之，無節者，有幾則不達。”由此可見，符節是一種外交憑證，它可以用於身份證明，亦可作為出入國境、關卡、軍營、要塞的通行證明。關於符節的經典故事如蘇武出使匈奴，持漢節十九年而不棄，作為駐外使臣，以其威武不屈而名垂青史。

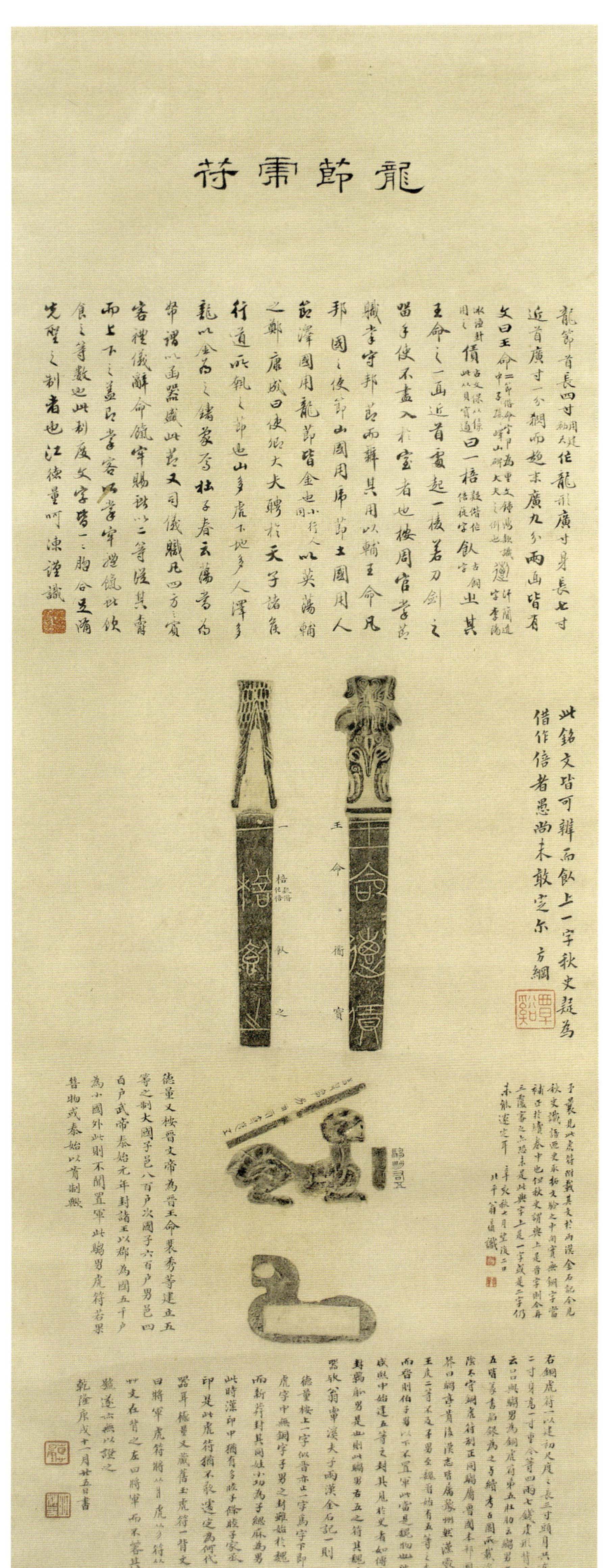

字，則今再三覆審之，亦恐未是。此“與”字上是一字或是二字，仍未能遽定耳。辛亥（1791）秋七月望後二日，北平翁方綱識。

龍節拓片右側，還有一段翁方綱題識：

此銘文皆可辨，而“飤”上一字，秋史疑為借作“倍”者，愚尚未敢定尔。方綱。

因為此件《虎符龍節》拓本屬於金石雜件，而非名碑古拓，符合古泉家江德量酷愛銘文研究的身份，因此絕無造假作偽之動機，它是一件足以信賴的見證翁方綱與江德量世交友誼的藏本，其中翁方綱題跋當然也就真實無疑，相信善鑒者自可從中探尋出各自所需信息了。

卷軸裝　畫芯縱86釐米　橫32釐米

館藏號：Z1096

龍節首長四寸（用建初大尺）作龍形，廣寸，身長七寸，近首廣寸一分，稠而殺，末廣九分，兩面皆有文，曰：王命＝（二節皆命字下有重文，鍾鼎款識中子＝孫＝、嶧山碑大夫＝之例也）遵（字，汗簡、近李陽冰通用之）債（古文保，以保此，从貝，實通）曰：一棓（疑借作倍字）飤（古飼字）之。其王命之一面近首處起一稜，若刀劍之脊，當手使不盡入於室者也。按周官掌節：掌守邦節而辨其用，以輔王命。凡邦國之使節，山國用虎節，土國用人節，澤國用龍節，皆金也（小行人同），以英蕩輔之。鄭康成曰：使節，大夫聘於天子諸侯，行道所執之節也。山多虎，平地多人，澤多龍，以金為之，鑄象焉。杜子春云：蕩當為帑，謂以函器盛此節。又司儀職：凡四方之賓客禮儀辭命餼牢賜獻，以二等從其爵而上下之。蓋即掌客以掌牢禮餼獻飲食之等數也。此則度文字皆一一脗合，足補先聖之制者也。江德量呵凍謹識

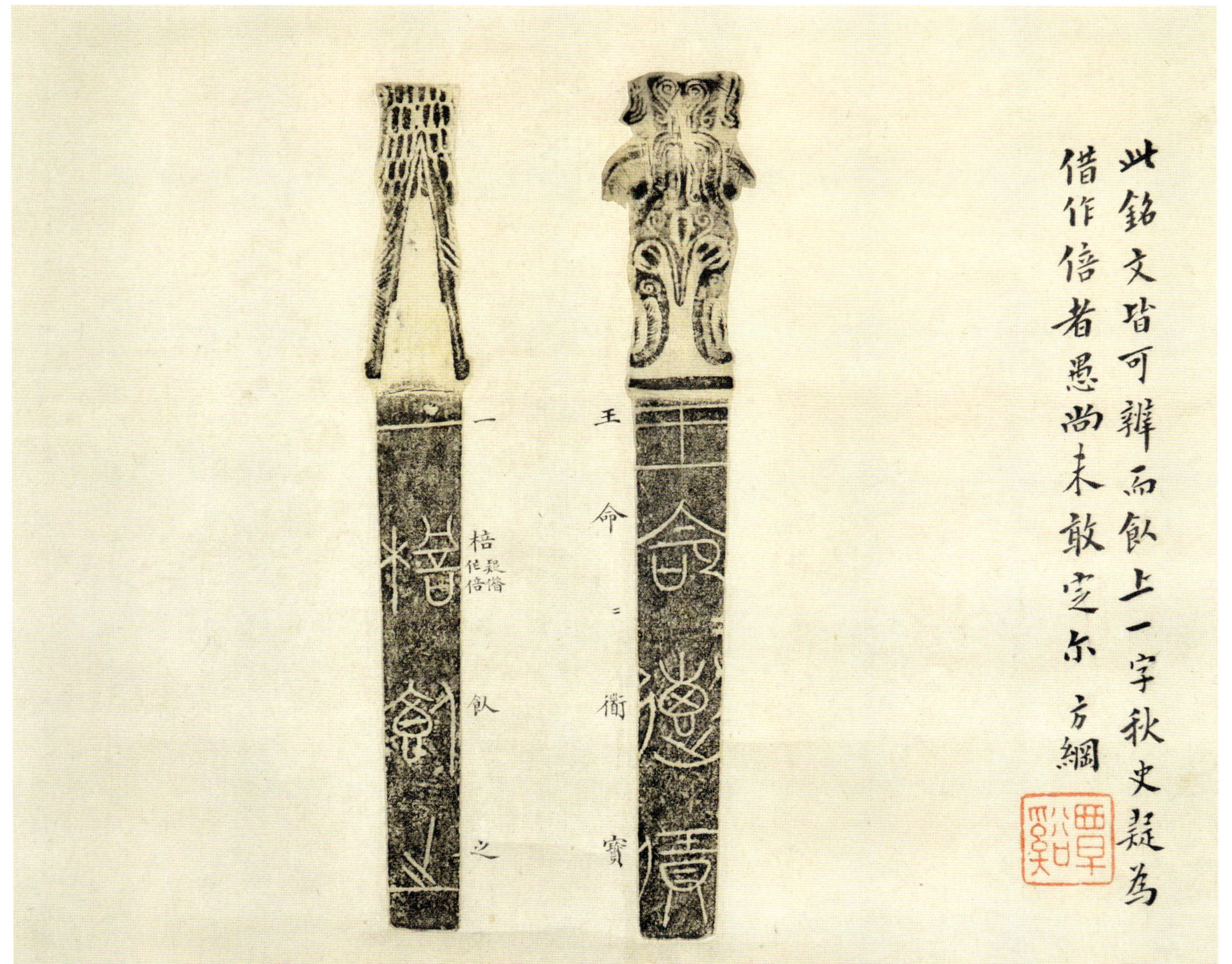

此銘文皆可辨，而飤上一字秋史疑為借作倍者，愚尚未敢定爾。方綱

《虎符龍節》翁方綱跋本局部

器款翁覃溪夫子兩漢金石記一則

德量樓上一字似晉亦止一字爲字下即虎字中無銅字子男之封雖始於魏而新莽封其同姓小功爲子緦麻爲男此時漢印中猶有多睦子條睦子家丞印是此虎符猶不敢遽定爲何代器耳德量又藏舊玉虎符一背文曰將軍虎符將从爿虎从勿符从艸文在背之左曰將軍而不箸其號遂亦無以證之

乾隆庚戌十一月廿五日書

《虎符龍節》翁方綱跋本局部

右銅虎符一以建初尺度之長三寸頭身共高
二寸身高一寸重今等四兩七錢虎形背文
云口口與騶男為銅虎符弟五肚肋云騶男右
五皆篆書陷銀為之与續考古圖所載漸
陰太守銅虎符制正同騶屬魯國本邾國
莽曰騶亭前後漢志皆屬豫州然漢爵唯
王侯二等不及子男至魏晉始有五等之爵
而晉則伯子男以下不置軍此當是魏物也魏
咸熙中始建五等之封其見於史者如傅元
封鶉觚男是也則此騶男亦五等之符其魏時

予曩見此虎符附載其文於兩漢金石記今見
秋史識語迺更取拓文驗之中間實無銅字當
補正於續卷中也但秋史謂與上是晉字則今再
三覆審之亦恐未是此與字上是一字或是二字仍
未能遽定耳 辛亥秋七月望後二日
北平翁方綱識

十二　璽印

1.《日庚都萃車馬璽》吳穀祥藏本

《日庚都萃車馬璽》卷軸，上為璽印之全形拓，中為鈐印本，下為印面拓本。若從鈐印本觀之，璽印大小當為6.9釐米見方。此枚璽印以其字形靈動，綫條流暢，佈局開張，節奏豪放，韻律浪漫，在書法篆刻史上獨樹一幟，在我國藝術史上亦是一朵耀眼的奇葩。

璽印於光緒十二年（1886）河北易州出土，印面鑄刻有"日庚都萃車馬"六字，印章鐵質，印紐中空。十年後的光緒二十二年（1896），王懿榮以白銀六百兩購歸，真可謂"一字千金"。王氏遂依據印章之形制與文字，定其為"烙馬之印"。令人遺憾的是，民國以後此枚印章流入日本，現藏京都有鄰館。

筆者此次新發現的《日庚都萃車馬璽》拓本，是王懿榮贈送友人吳穀祥的，為"烙馬印"初歸王懿榮收藏後的早期拓本。其全形摹拓與鈐印皆出自王氏之季弟信卿之手，卷軸上還留存有王懿榮、胡義贊、吳昌碩、吳穀祥等人題記，彌足珍貴，洵為此印之最初、最善全形拓本。

在烙馬印全形拓本的左側，留有一則王懿榮題跋，其文曰：

> 此出易州，世所謂烙印也，文在周末，季弟信卿為秋農尊兄摹搨并存具形製。懿榮記。

王懿榮題跋中提及的"秋農尊兄"正是吳穀祥。吳穀祥（1848–1903），字秋農，號秋圃。浙江嘉興人。精鑒藏，擅書畫，畫作有"神品"之譽。吳氏繪畫的成就與地位離不開王懿榮的提攜與推介，相傳吳氏初來北京作畫時，默默無聞，後經王懿榮與翁同龢等人推許，遂聲名鵲起，享譽大江南北。此件拓本就是當年王、吳二人友誼的見證。

王懿榮此條題記雖未署年款，但從拓本留存的其他題跋文字可以推測，王氏題記之時間，當在新獲《日庚都萃車馬璽》不久。

吳穀祥獲得王懿榮贈送拓本後，便延請好友胡義贊在拓本右側留下一段帶有文字考釋性質的題跋，此段題記當為烙馬印的早期研究文字之一，其文曰：

> 第一字似"日"。第二字似"康"、似"庸"、似"奉"未敢肊定。第三字是"都"，見汗簡周鉩多有之，如某某都司馬，某某都司徒之類，第四五六字是"萃車馬"。
>
> 案《周禮·春官》車僕掌戎路之萃、廣車之萃、闕車之萃、軿車之萃、輕車之萃。鄭注：萃，猶副也。是萃車，猶副車也。又案《穆天子傳》賜七萃之士戰，郭注：萃，集也，聚也。聚集有智力者為王之爪牙也，似未得傳誼。案《國語·晉語》子帥七輿大夫以待我，是七萃即七輿。郭注不知萃是副車，故有集聚之訓，未免望文生義。此器萃字是三代古訓之僅存於今者，足證郭注之誤，可寶可寶。光緒丁酉（1897）四月十七日石查贊記，時年六十有七。

胡義贊（1831–1902），字叔襄，號石槎、石查，晚號煙視翁。河南光山人。官海寧知州。善於書畫篆刻，長於考證之學，精於金石書畫鑒藏。胡氏與吳穀祥二人為至交，今天留存下來的胡義贊繪畫作品，不少是由吳穀祥代筆而成。此外，吳穀祥能夠結識王懿榮等京城名公巨卿，亦得益於胡義贊的引薦。

光緒二十五年（1899）四月，卷軸又添加一則吳昌碩題跋，其文曰：

> 予得《奉車都尉》鑿印，"奉"字作"𡴀"。己亥（1899）四月薄游津門見此奇特。吳俊卿昌碩。

吳昌碩與吳穀祥兩人當時同為蘇州怡園畫社社員，彼此常有金石書畫的切磋，此跋亦印證了兩位畫壇大師在印拓鑒藏方面的某種契合。

今天我們多將此印釋文為"日庚都萃車馬"，"日庚都"或為戰國燕國地名。烙上此印的馬匹，即成為"日庚都"官署之副車所用的馬匹。此印初歸王懿榮之時，當時的研究者如胡義贊將"日庚都"之"庚"字釋讀為"康""庸""奉"三種可能情況。吳昌碩此段題識雖過於簡略，未知其究此鐵印光緒丙戌直隸易州出土字文類周鉩胡石查太守所釋文甚確此印直柄中空可容木殆烙印耶王廉生祭酒以白金六百兩贖於裴姓或謂廉生太侈予曰古人所謂一字千金不爲侈也若夫西子王嬙之美麗有目共賞更無容讚一辭矣盍梅卜放鑪芬未敢辨識奇字亦一樂也光緒己亥小除夕吳轂祥記

第一字似日第二字似虎似膚似𡗗未敢肊定第三字是都見汗簡周鉩多有之如某某都司馬某某都司徒之類第四五六字是革車馬案周禮春官車僕掌戎路之萃廣車之萃闕車之萃軿車之萃輕車之萃鄭注萃猶副也是革車猶副車也又案穆天子傳賜七萃之士戰鄭注萃集也聚也聚集有智力者爲王之爪牙也似未得傳注案國語晉語子師七輿大夫以待戎是七萃即七輿鄭注不知萃是副車故有集聚之訓未免望文生義此器萃字足三代古訓之僅存於今者足證鄭注之誤可寶也光緒丁酉四月十七日石查贊記時年六十有七

予得奉車都尉鑒印奉字作𡗗己亥三月薄游津門見此奇特吳俊卿昌碩

此出易州世所謂烙印也文在周末李帝信卿爲秋農尊兄摹搨并存次形製 懿榮記

曩客京邸時嘗聞王廉生先生自言所藏吳季子劍潘文勤公欲以古書相易先生曰若公他日殉難當以此劍奉贈文勤默然光緒庚子各國聯軍入京先生投井以殉今已襃謚文敏公吳季子劍不知流落何處荅文勤語雖一時戲言於此益見先生之大節凜然此幀宜寶藏不僅字文奇古拓手之佳也 辛丑十月秀水吳轂祥謹識

卷軸裝　畫芯縱58.5釐米　橫38釐米　館藏號：J6340

竟贊同哪種釋讀，但此段缶翁題記顯然是為釋讀“奉”字而提供的一個旁證資料。

光緒二十五年（1899）小除夕，吳穀祥在卷軸的右邊側添上一段自跋，其文曰：

此鐵印光緒丙戌（1886）直隸易州出土，字文類周鉨，胡石查太守（胡義贊）所釋文甚確。此印直柄中空，可容木，殆烙印耶。王廉生祭酒（王懿榮）以白金六百兩贖於裴姓，或謂廉生太侈，予曰古人所謂一字千金，不為侈也。若夫西子王嬙之美麗有目共賞，更無容讚一辭矣。盆梅乍放，鑪芬未歇，辨識奇字亦一樂也。光緒己亥（1899）小除夕吳穀祥記。

正是借助於此段吳穀祥題跋，我們才得知此印的出土時地，以及當初王懿榮購買烙馬印的確切金額。但不知此印最終轉手到日本有鄰館時，買價又為幾何？

光緒二十七年（1901）十月，此本卷軸再添一則吳穀祥的補記，位於卷軸左側，其文曰：

曩客京邸時，嘗聞王廉生先生（王懿榮）自言所藏吳季子劍，潘文勤公（潘祖蔭）欲以古書相易。先生曰：“若公他日殉難，當以此劍奉贈”，文勤默然。光緒庚子（1900）各國聯軍入京，先生投井以殉。今已褒謚“文敏公”，吳季子劒不知流落何處，答文勤語雖一時戲言，於此益見先生之大節凜然。此幀宜寶藏，不僅字文奇古、拓手之佳也。辛丑（1901）十月，秀水吳穀祥謹識。

此段題跋距離吳穀祥第一次題跋已經時隔兩年。兩年間，家國發生了劇烈的變動。光緒二十六年（1900）八國聯軍入侵北京，當時王懿榮受命出任京師團練大臣，負責保衛京城。雖奮勇抵抗，但終因力量懸殊，京城失守。不願為亡國奴的王懿榮偕家眷從容投井殉國，時年五十五歲。其可歌可泣的民族氣節一定會被後世文人永遠奉為楷模。

當年的吳穀祥怎能料想到作為“甲骨文之父”的王懿榮會以如此方式訣別於人世。如今，人亡琴在，面對王懿榮所贈送的烙馬印拓本，吳穀祥感慨萬千，由英烈而聯想到寶劍，補記的話題亦由烙馬印轉換到吳季子劍，並引出一段王懿榮與潘祖蔭的金石佳話。

2.《日庚都萃車馬璽》王懿榮跋本

《日庚都萃車馬璽》拓本和鈐印本，係王懿榮贈送給德軒先生者，亦十分精彩。卷軸內有王懿榮題跋，其跋曰：

> 此鉩形製極奇，以柄為紐，而四面皆空，中有枝柱。光緒辛卯（1891）出於畿輔。与瞂王諸兵器文俱有"萃"字，"萃車"副車也，見《穆天子傳》。余以重直購之，從來譜録中未見如此大鉩也。上柄中空疑為貫火之用，臆度之當是烙馬所用物也。德軒以為如何？懿榮記。

此烙馬印，據吴穀祥跋文記載為光緒十二年（1886）出土，但王懿榮自題則指為光緒十七年（1891）。如今不知究竟孰是孰非了。

卷軸中央，另附山西出土銀印、陶器之作記、輔國將軍章。

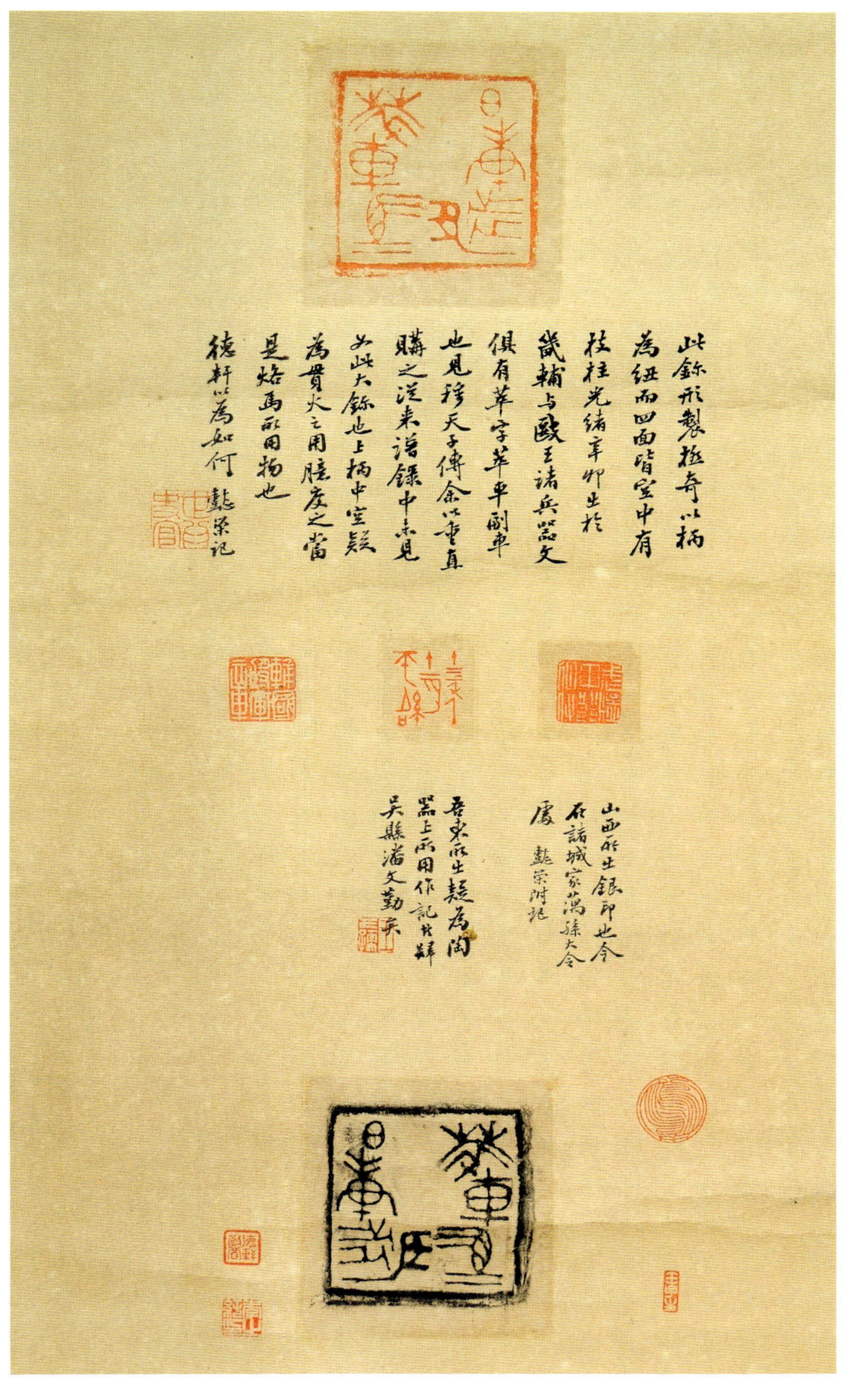

卷軸裝　畫芯縱97釐米　橫29釐米
館藏號：J4201

十三　鏡　鑒

1.《漢永康元年銅鏡》易均室跋本

《漢永康元年銅鏡》易均室靜耦軒舊藏。拓本有民國二十五年（1936）十月易均室題記，並鈐有“靈蕤館內史拓墨”，靈蕤館內史即易氏德配萬夫人，故此本為易均室 “夫題婦拓”合作之物。易均室釋文並題記：

> 漢永康元年竟。永康元年（167）三月丙午日作尚方明鏡，買者長宜子孫，買者延壽萬年，上有東王父、西王母，生如山石大吉。長宜高官。四字內層。
>
> 按東漢桓帝、西晉惠帝均有永康紀元，与《通鑑目録》對勘，漢元康元年三月二十三日為丙午，而晉元康元年之丙午當在二月四日，与此鏡文不合，且以花紋言，此鏡与熹平鏡同，固當屬之東漢矣。丙子應鐘之月，均室易忠籙釋文并記。

易均室（1886–1969），名忠籙，字均室、靈均、籙伯、仙侶，號穭園、病因生、綰秋詞人、滄浪散人等。1905年官費派往日本早稻田大學留學，留日期間加入同盟會。1911年回國參加辛亥革命，後歷任湖北靖國軍參議、護國軍湘西防務督辦公署顧問、湖北省議會議員等職。討袁事息後，不問政事，轉向考古藝術與古籍文獻的研究。1928年出任湖北省立圖書館館長。抗戰爆發後，歷任國立西北大學、西北師範學院、湖北師範學院、四川大學等校教授，1952年被聘為四川省文史研究館館員。

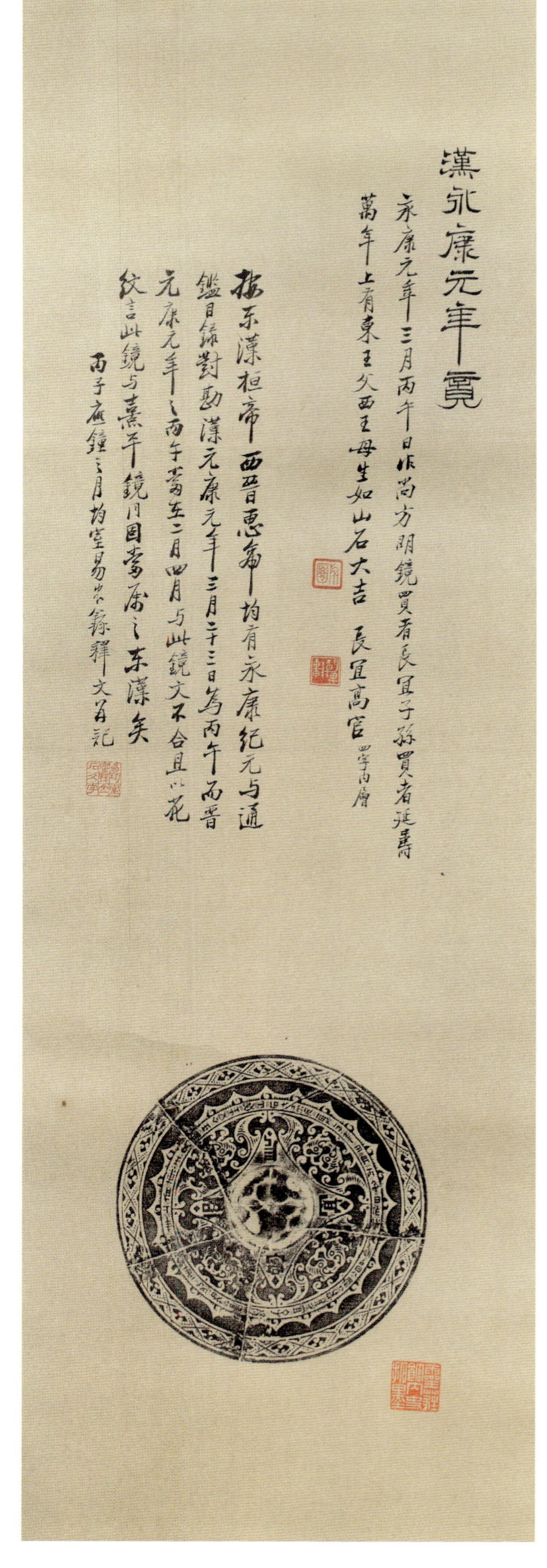

卷軸裝　畫芯縱66釐米　横21釐米
館藏號：Z1555

2.《漢銅鏡三種》姚華跋本

《漢銅鏡三種》分別是：《王氏鏡》《二神龍鳳鏡》《杜氏鏡》。拓本為民國五年（1916）、民國七年（1918）姚華手拓而成，已合裝成一卷軸，皆有姚華所作鏡銘釋文並題記。

姚華（1876-1930），字重光，號茫父，別署蓮花龕主。貴州貴築人。光緒三十年（1904）進士，任工部虞衡司主事。次年，獲清政府保送遊學日本，入東京法政大學速成科。1913年，任北京女子師範學校校長。1925年出任京華美術專科學校校長。善書畫篆刻，能詩文詞曲，喜金石碑版，精傳摹穎拓。著有《弗堂類稿》《蓮華庵印譜》等。

姚氏所創之"穎拓"，介乎書與畫之間，以規摹古代金石碑刻為主，精妙絕倫，别開生面，令人歎為觀止。此外，姚華還善於雕刻銅墨水匣，刀法清晰，氣韻古雅。與陳寅生、張樾臣並稱"刻銅三大家"。

此漢鏡三種，均附有姚華題跋，題跋内容涉及漢鏡銘文釋文、文字考釋、部分銘詞還附有注解等，從中可以瞭解前人對銅鏡研究的方法，以及銅鏡題跋的款式與套路。

一、《王氏鏡》

姚華釋文並題記：

漢王氏鑑，戊午（1918）十月八日拓，菉猗室記。

王氏作竟真大好，上有仙人不知老。渴飲玉泉飢食棗，浮游天下敖海，壽如金石而國保。

右竟銘三十四字，"敖海"間當誤奪"四"字，當三十五言，為七言者五句也。花紋八鳳甚精緻。

二、《二神龍鳳鏡》（右側附陶文拓片一）

姚華釋文並題記：

二神龍鳳鑑

吾作明鏡幽□□□□像萬疆增年益壽富貴蕃昌□命長。

右銘二十三言，泐蝕四字，"增"作"曾"，"蕃"作"番"，"命"上一字"寅"不可讀，疑是"真"字之變，真，仙也。戊午（1918）八月二十四日，茫父釋。

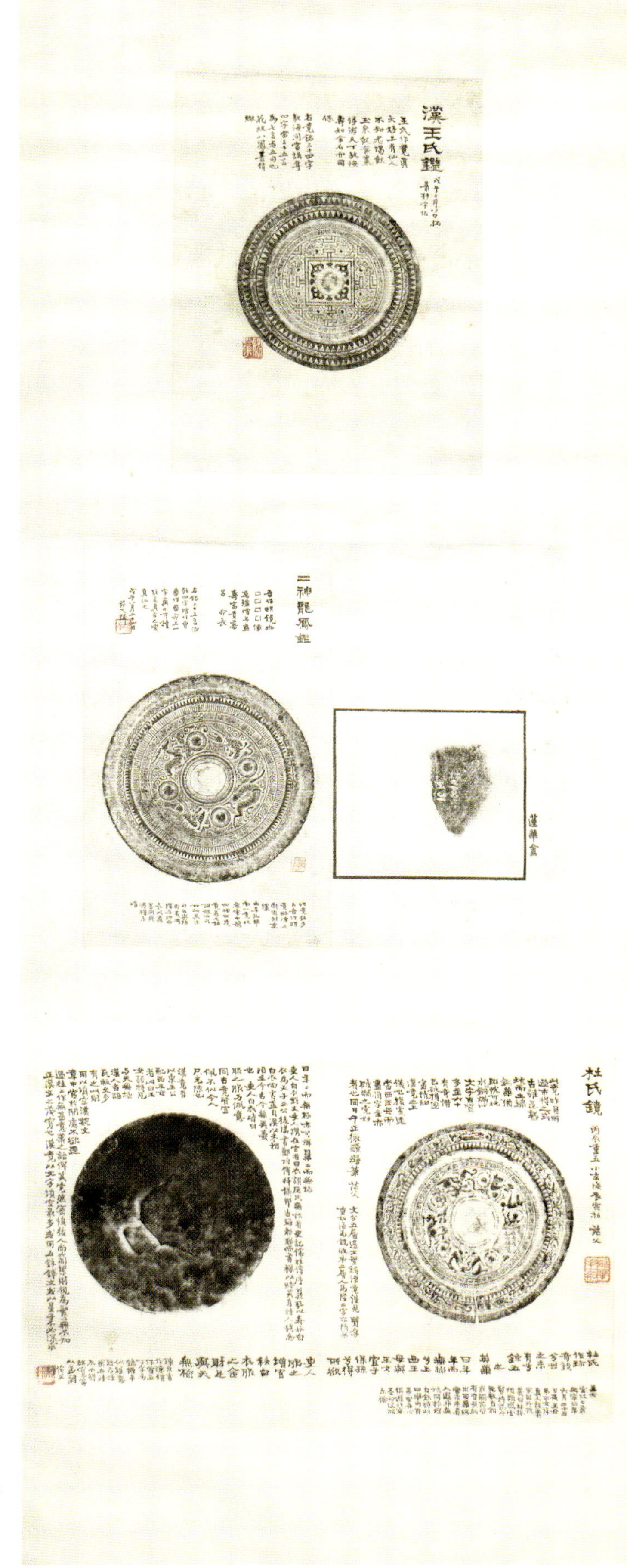

卷軸裝　整幅畫芯縱155釐米　横47釐米
《王氏鏡》畫芯縱31釐米　横23釐米
《二神龍鳳鏡》畫芯縱31釐米　横36釐米
《杜氏鏡》畫芯縱 31釐米　横43.5釐米
館藏號：Z1051-1053

他竟銘多云：吾作明竟，幽涷三商，周刻萬疆。曲阜孔琴南一竟收《金索》中題《四神四虎竟》是也。銘詞起四句如此，其末句云"㒷師命長"，馮釋"与師命長"，此"㒷"略同，疑馮釋未確。

三、《杜氏鏡》

姚華釋文並題記：

杜氏鏡。丙辰（1916）重五小玄海辰窗拓，茫父。

此竟昨冒雨過市得之，式古，雖是熟坑，而土鏽銅華猶斑然可玩，水銀滿沁，文字古質多至六十有奇，惜已破損，圖畫精細，漢竟之上儀也。損處適當西王母，而畫損字全，亦破爛之完好者也。同日午正微醺漫筆，茫父。

文分五層，邊文繁縟，漢竟僅見，質厚重如海馬鏡，故弟二層人馬隆隆字亦精采。

杜氏作珎奇鏡兮，世之未有兮，錬五□之英華，曰年年而無極兮，上西王母與王女，宜子保孫兮，得所欲，吏人服之，增官秩，白衣服之，金財足，與天無極。

"錬"原書作"涷"，"增"作"曾"，"五"下字為鏽蝕，半似"姓"，意疑為"姓"，然"五姓"亦不得故實，寧从蓋闕。茫父釋。

"曰年年而無極"亦可釋"曅曅而無極"，"吏人""白衣"對文，"吏人"謂在官者，"白衣"謂庶民無秩者。《史記·儒林傳序》公孫弘以春秋白衣為天子三公。《後漢書·鄭均傳》拜議郎告歸，敕賜尚書祿以終其身，時人號為白衣尚書。蓋自漢以來相沿至今，古今無異義也。吏人、白衣皆曰服之，"服"与"佩"意同，古竟皆宜佩，不似今人只充陳也。

漢竟有以東王公配西王母者，此曰"王女"，語特見。"与天無極"漢人吉語，瓦甎文多有之，此則用以填空。漢魏文章中常於閒處不欲遲過，往往作無甚意義之語，俾其完然密縝。後人尚簡絜，則視為繁蕪，不知正漢文之茂實也。漢竟以文字填空最多，或用五銖錢文，或以星子，不必深求。

拓片底部存姚華過録《南極王夫人授楊羲詩》：

王女《雲笈七籤》興寧三年六月二十三日夜，王母第四女降真人楊羲家，因吟授羲曰：林振須類感，雲鬱待龍吟。元數自相求，觸節皆有音。飛轡出西華，總轡忽來尋。入遐非無娛，同詠理自欽。悼此四維內，百憂常在心。俱遊北寒臺，神風開尔襟。

西王母有許多女兒，其中第四女名為華林，字容真，號紫元夫人，南極元君，或稱"南極王夫人"。

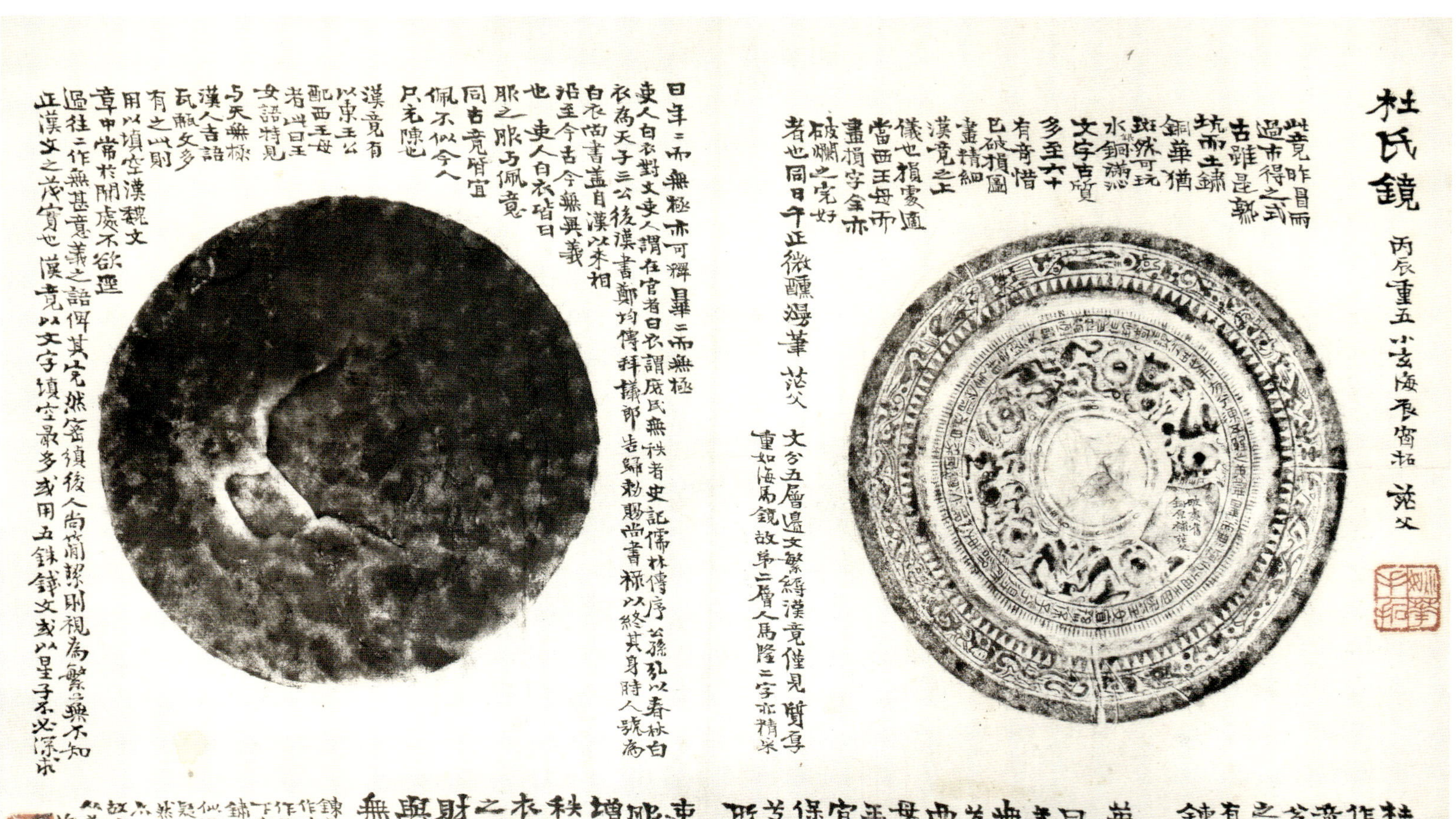

 《漢銅鏡三種》姚華跋本局部

3.《漢永平元年鏡》樂只室藏本

《東漢永平元年鏡》其形極小，類似古錢，堪稱銅鏡“迷你版”。外圈銘文三十三字，內圈鑄刻青龍、白虎、朱雀、玄武。抗戰期間，高時敷（絡園）購於滬上。拓本有民國三十三年（1944）高時豐（存道）、高時顯（野侯）兄弟二人題記。外簽：“樂只室藏東漢永平鏡拓本，伯兄、仲兄題字。”

拓本上方，高野侯題記：

東漢竟景。樂弟藏竟頗多，以此品為冣小，至精可寶。野侯題。

拓本下方，高野侯隸書釋文：

吾作明竟，研金三商，萬世不敗，朱鳥、玄武、白虎、青龍，長樂未央，君宜侯王。永平元年造。甲申（1944）辜月野侯釋於月郵龕邸。

拓本左側，高存道題詩：

兩漢竟齋此其一，小似古泉珎似璧。
銘字深鐫三十三，永平初元紀漢曆。
青龍白虎左右分，朱鳥元武前後列。
長樂未央宜侯王，紛駢吉語君應識。
萬世不敗日月明，研金待把三商釋。
日入三商謂之昏，儀禮注疏吾能說。
參考曲阜四神竟，三商幽湅準周刻。
要以精金出陶冶，良工雕鏨那堪匹。
絡園得之喜欲狂，儷以永光前漢物。
晶瑩歷劫寶氣騰，並几同觀勤拂拭。
燭奸辨偽靡遁形，常留古道照顏色。
平生治事家之肥，孜孜好古有餘力。
清齋坐對影雙雙，玄之又玄樂無極。

拓本右側，高存道題記：

樂只室藏竟頗夥，漢竟有年號者，僅得其二，因顏其別居曰“兩漢竟齋”，丁丑（1937）之劫，藏竟盡燬，西漢永光一竟尚存，避地海上，獲覯此竟於江南故家，愛不釋手，野侯為作緣，以善值致之，製作精良，似勝舊物，爰為長歌，以志欣賞，存道題記。

卷軸裝　畫芯縱67釐米　橫33釐米
館藏號：Z2403

4.《漢永光元年鏡》樂只室藏本

《西漢永光元年鏡》高時敷（絡園）樂只室藏，絡園藏漢鏡有年號者有二，故齋號曰"兩漢鏡齋"，此即其一也。此拓與《東漢永平元年鏡》同為一套，有民國三十三年（1944）高時豐（存道）、高時顯（野侯）兄弟二人題記。外簽："樂只室藏西漢永光鏡拓本，伯兄題詩，仲兄題字。"

拓本上方，高野侯題記：

西漢永光元年戊寅養和造竟。漢元帝第二紀元曰永光。樂只室藏竟之一。野侯題。

拓本下方，高存道題詩：

泰畤春郊溯永光，
延年宜用頌君王。
堪邪豐正楔糊甚，
對鏡安能測肺腸。
有文喜見養和名，
不染奚燭帚掃塵。
米字摩挲增古媚，
倘為清秘閣中珎。
存道題。

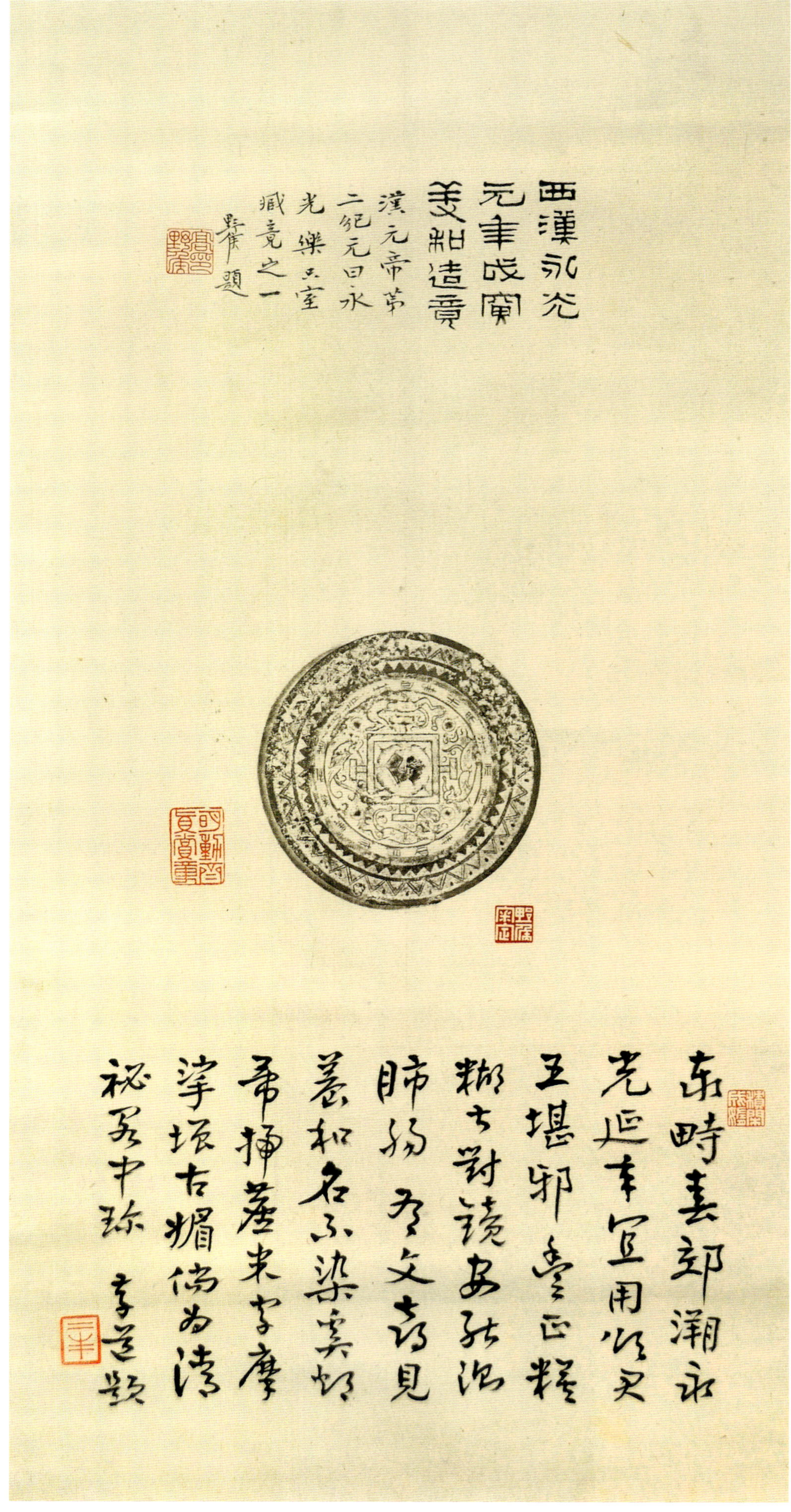

卷軸裝　畫芯縱67釐米　橫33釐米
館藏號：Z2402

5.《唐臨裝鏡》汪思敬跋本

《唐臨裝鏡》，鏡中鑄刻八獸，其外環刻銘文四十八字，最外層再以十二生肖環繞。此為汪思敬舊藏，存道光三年（1823）汪氏題記，後歸樸墅先生，再添褚德彝題端。

褚德彝題記：

> 唐臨裝鏡。海鹽汪氏汲古齋拓本，樸墅先生屬。褚德彝題。

汪思敬題記：

> 此鏡徑九寸一分，重五斤八兩，鼻鈕內作八獸，外圍十二肖生，銘曰："規逾壁水，綵豔蘭缸。銷兵漢殿，照膽秦宮。龍生匣裏，鳳起臺中。桂舒全白，蓮開半紅。臨莊竝笑，對月分空。式固貞吉，君子攸同。"凡四十八言，正書。銘詞形製與《博古圖》所載唐瑩質鏡及《山左金石志》唐臨池鏡、前蜀寫眉鏡相類，文辭豔麗，製作精妙，洵可寶也。道光三年三月中澣，儼齋汪思敬識於汲古齋。

汪思敬，字式欽，號儼齋。浙江海鹽人。精鑒藏，其齋室名有汲古齋、擷芳館、冰霞閣、積古齋等。

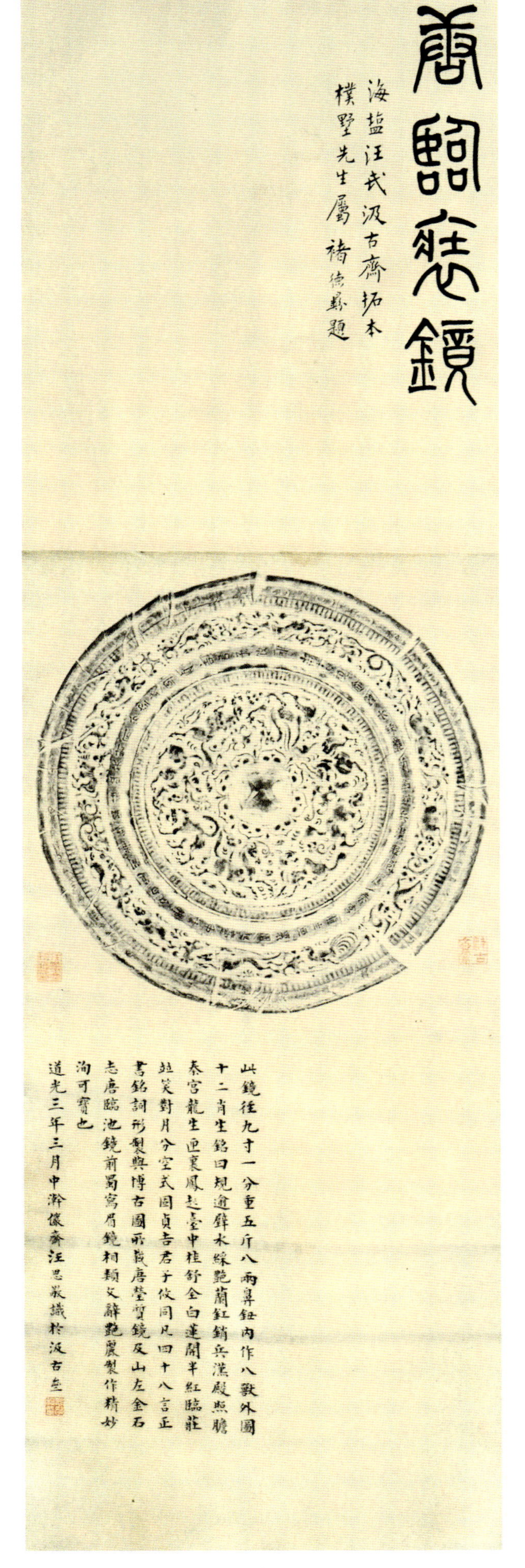

卷軸裝　畫芯縱65.5釐米　橫30.5釐米

館藏號：S1872

十四　雜　類

1.《秦王陵馬柳全形拓》王文燾跋本

秦王陵馬柳，陝西咸陽出土，後為南潯富商周慶雲（湘舲）購得。其形如圓柱體，四周刻有銘辭，頂部有弧形凸起，時人以為是秦王陵的車馬零部件或裝飾物。褚德彝（松窗）則考訂為"馬柳"（栓馬柱的蓋頂）。

此馬柳全形拓，為王文燾福迎齋藏本，拓片鈐有"南潯周氏夢坡室藏器""籀廡審釋金石文字""平生有三代文字之好"。有民國十七年（1928）王文燾題記和銘辭釋文。

王文燾題簽：

秦王陵柳柱蓋銘。南潯周夢坡藏，褚松窗孜釋定為七國時器，戊辰（1928）春日付裝竝署，君覆。

王文燾題記：

秦王陵馬柳。器出陝西西安府咸陽縣城東十餘里，土人掘地營墓得之。展轉至滬，為烏程周湘舲廣文所得，藏之夢坡室中。世莫能名，或曰車升，或云車鈴，皆非確論。褚松窗孝廉孜為馬柳，近之。今為宩釋如下。戊辰（1928）三月二十九日，華陽王君覆識於海上賃廡之福迎齋。

銘文拓片之下附王文燾釋文。茲不贅録。

王文燾，字君覆，四川華陽人。清末藏書家王秉恩之子。民國學者，家藏金石拓片與古籍善本甚豐，著有《椿蔭簃初草》《鹽鐵論校注》《春秋左氏古經》等。

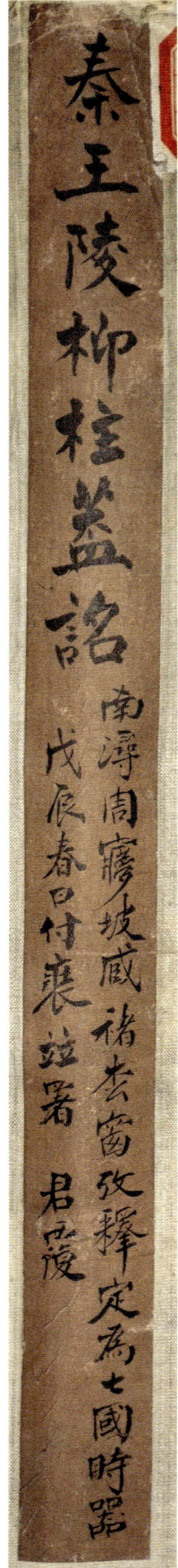

《秦王陵馬柳全形拓》王文燾跋本題簽

秦王陵馬柎

器出陝西西安府咸陽縣城東十餘里土人掘地營墓得之展轉至滬爲烏程周湘舲廉文所得咸謂陵坡室中無人能名或曰車弁或云車鈴皆非確論褚松窓孝廉攷爲馬柎近之今爲釋如下

戊辰三月十九日華陽王君霞識於海上貨廡之福廸室

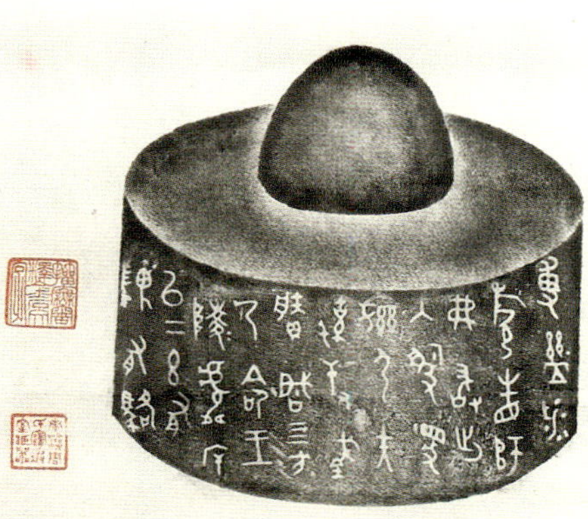

釋文

叀幾涉
旂肖師
弗般出
入般宎
緘弓矢
斡秋钱
䏌啓三方
乃命王
陵處斥
吕二立有
驍育路
馹馬䭾大
助弓矢既
賁曰安
宦用吉
從庶師
西弗舍
揚瞥才
良才中才
畢从一舍
一旅尚臧
儀也大
覝育殷
敎敎甬母
來逆鳥
孚惟畏
乃德王
陵其肩
壽萬年
子孫永
亯甬止

卷軸裝　畫芯縱96釐米　橫66.5釐米　館藏號：Z1410

2.《漢五鳳冰鑒銘》王文燾藏本

冰鑒，是古代盛冰的容器，可散發冷氣，使室內涼爽。

《漢五鳳二年冰鑒》光緒年間四川成都出土，旋歸岐陽武氏敬亭。其形如銅盤，盤之口沿處環刻銘文四十七字。此為王文燾藏硃拓本，有民國九年（1920）王氏長跋。拓本鈐有“楊守敬印”“粵西梁烈亞藏”印章。以拓本觀之，冰鑒口沿直徑44.5釐米。

此冰鑒形制花哨，文字欠古，款識體例亦屬異制，令人真偽莫辨。王文燾題記博采文獻，旁敲側擊，深入淺出，煞是精彩，故收録於此，聊備一格。

王文燾外簽：“漢五鳳二年洗，器出蜀中，宣統十有二年重付裝，息塵庵藏。”

王文燾題記：

漢五鳳冰鑑銘

漢五鳳二年九月金工周永壽弢舷，銘曰：象超彝鼎，𨑉用以圜，交竝金石，厤久以堅，滿者招損，虛者受咸，人於冰鑒，直在當前。

右西漢宣帝五鳳二年冰鑑銘文，四十七字分書易識在唇。以建初尺度之，口徑一尺九寸二分，光緒戊子（1888）見于成都市，後歸岐陽武氏敬亭，或以為槃，攷之銘文，殆冰鑑歟。按《周官·凌人》“春始治鑑”，又“祭祀共冰鑑”。鄭注：“鑑如甄，大口，以盛冰，置食物于中，以禦溫氣。”《說文·金部》：“鑑，大盆也。”缶部：“𦈡，小口罌也。”“𦈡”即“甀”。據此則鑑為大口罌。又《急就篇》顏注：“盆斂底而寬上”，“寬上”即“大口”。鄭注“如甀”與《說文》“大盆”亦合。《周官正義》引釋文云：“鑑本作監”，葉鈔釋文：“監作濫”，又《左襄九年》：“備水器”，杜注：“盆鑒之屬”。正義引《周官》鄭注亦作“鑋”或作“甇”，《玉篇》：“甇，大盆。”《廣韻》：“甇，大瓮，佀盆。”近日出土彝器有“攻吳監”文作“監”，是古本作“監”，與釋文合，金鑄故从“金”，言其用，故从“水”，後為匋器，故从“缶”、从“瓦”，是“監”“鑑”“濫”“鑋”“甇”，字體雖異，而其形如大盆，用以貯冰水則一。因知字體變遷，器質沿革。《博古圖》有唐冰鑑，《欽定西清古鑑》有周冰鑑，方圓不一，未詳其制，漢器銘識多鑿款細小，詳載年月、鑄工官爵姓氏、器之容量輕重。此獨字大，鑄款且易識，惟記年月、金工姓名，而繫以銘辭，亦異制也。至小戴湯槃、大戴盥槃二銘皆寓澣滌之意。今此銘有冰水之鑑，無盥濯之詞，與《呂氏春秋·慎勢篇》云：“功名著乎槃盂，銘篆著乎壺鑑”之言合。故名曰“冰鑑”而不从槃之說。宣統庚申嘉平月，王文燾識于椿蔭簃。

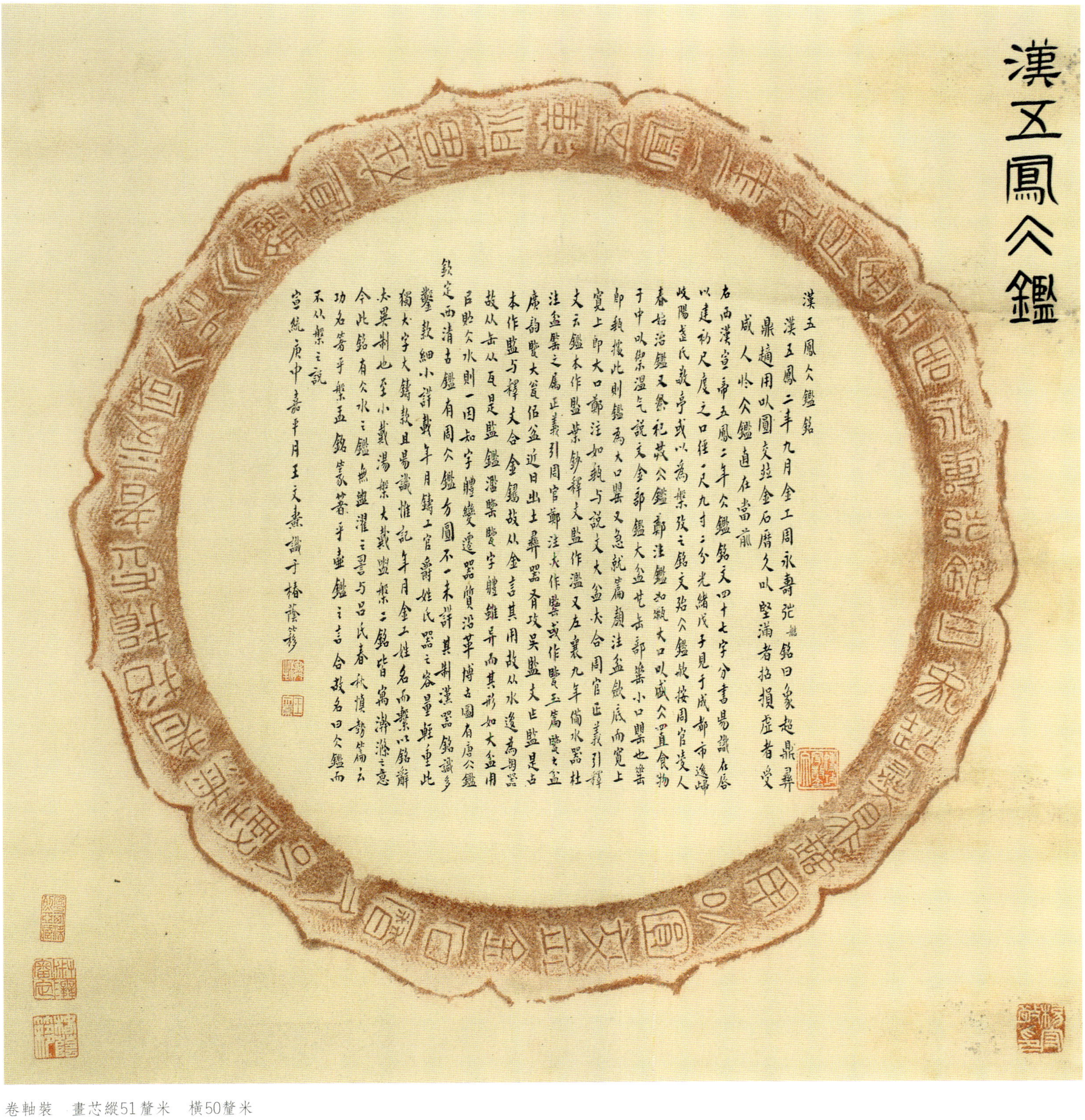

漢五鳳公鑑

漢五鳳公鑑銘

漢五鳳二年九月金工周永壽弢銘曰象起鼎彝
鼎適用以圖交莅金石曆久以堅滿者招損虛者受
咸人於公鑑直在當前

右西漢宣帝五鳳二年公鑑銘文四十七字分書易識在昚
以建初尺度之口徑一尺九寸二分光緒戊子見于成都市逸歸
岐陽查氏亭或以為槃攷之銘文稱公鑑按周官凌人
春始治鑑又祭祀共公鑑鄭注鑑如甀大口以盛冰置食物
于中以禦溫氣說文金部鑑大盆也缶部罋小口罌也罌
即甀按此則鑑為大口罌又急就篇顏注盆斂底而寬上
寬上即大口鄭注如甀與說文大盆合周官正義引釋
文云鑑本作監葉鈔釋文監作濫又左襄九年備水器杜
注盆罋之屬正義引周官鄭注大作罋或作甕玉篇甕大盆
廣韻甕大甕佀盆近日出土彝器香攷吳監文止監是古
本作監與釋文合金鑑故从金言其用故从水邊為甀器
故从缶从瓦是監鑑濫罋甕字體雖異而其形如大盆用
呂貽公水則一因知字體變遷器質沿革博古圖有唐公鑑
欽定西清古鑑有周公鑑方圓不一未詳其制漢器銘識多
鑿款細小詳載年月鑄工官爵姓氏器之容量輕重此
獨大字大鑄款且易識惟記年月金工姓名而槩以銘辭
亦異制也至小戴湯槃大戴盥槃二銘皆寓滌濯之意
今此銘有公水之鑑無盥濯之言與呂氏春秋慎勢篇云
功名著乎槃盂銘篆著乎壺鑑之言合故名曰公鑑而
不从槃之說
宣統庚申嘉平月王文燾識于椿蔭簃

卷軸裝　畫芯縱51釐米　橫50釐米

館藏號：Z2159

3.《龍飛一統銅信圭》陸增祥手拓本

《龍飛一統銅信圭》，相傳為北周兵大夫鑄刻，具體時間或曰保定甲申年（564），或曰建德甲午年（574），然終不能確指。銅質，其形圭狀，上尖，下方。原共一對，兩塊，現僅存其一。銅信圭兩面刻，一面鑄刻篆書“龍飛一統”四字，一面鑄刻楷書銘文共61字，皆為陽文。信圭係祈福延壽之物，亦能鎮水火。同治三年（1864）葆芝岑得於貴州，同治八年十月（1869）陸增祥借觀三日，並親手椎拓，還留下題跋。

圭高24釐米，上寬8釐米，下寬6釐米。拓片旁鈐有“星農手拓金石”印章。畫芯上方為《龍飛一統銅信圭》拓本，下方為陸增祥題跋：

> 右銅信圭款識易文，文云：“西洋映天湖四圍千餘里，深數十丈，甲年，月映湖心，即浮寶銅一片，光□五夜，此銅祥瑞之物，即造乾坤信圭一合，可止水火，亦延壽回年，可為至寶，兵大夫記。”上鎸一“周”字，一面刻四篆文，曰“龍飛一統”，上有雲日形。攷歷代官制，惟北周大司馬屬有兵部中大夫，小兵部下大夫之稱。此言兵大夫蓋即兵部中大夫也。回年猶言返童，映天湖未詳所在，“五夜”上似是“彩”字，姑從蓋闕。北周保定四年，建德三年太歲皆在甲，此云甲年，莫定為甲申、甲午矣。己巳十月從芝岑方伯假觀三日，手搨此本，並書數語以質之。陸增祥。
>
> 文云“乾坤信圭一合，則尚有一圭也。但不審留存天地間否？

陸增祥（1816–1882），字魁仲，號星農、莘農。江蘇太倉人。道光三十年（1850）一甲一名進士，官翰林院修撰，歷官湖南辰永沅靖道。精金石學，著有《八瓊室金石補正》《篆墨集詁》《錡清館金石記目》《金石偶存》等。其中《八瓊室金石補正》是陸增祥的代表作，該書130卷，是繼《金石萃編》之後集金石學大成的巨著。

此件《龍飛一統銅信圭》就載於《八瓊室金石補正》第二十三卷中。文字與本卷墨跡題跋稍有不同，可能是成書時略有增補和修訂。其增補內容如下：

> 右銅信圭，甲子（1864）春，葆芝岑（亨）得於黔中，己巳（1869）秋，借拓録之，款識凡六十一字。……《說文》洋水出齊臨朐高山。小徐本作石膏山，東北入鉅定。又《穆天子傳注》洋水出崑崙山西北隅。《淮南子》洋水出其西北陬。此所謂西洋者，或即齊之洋水。

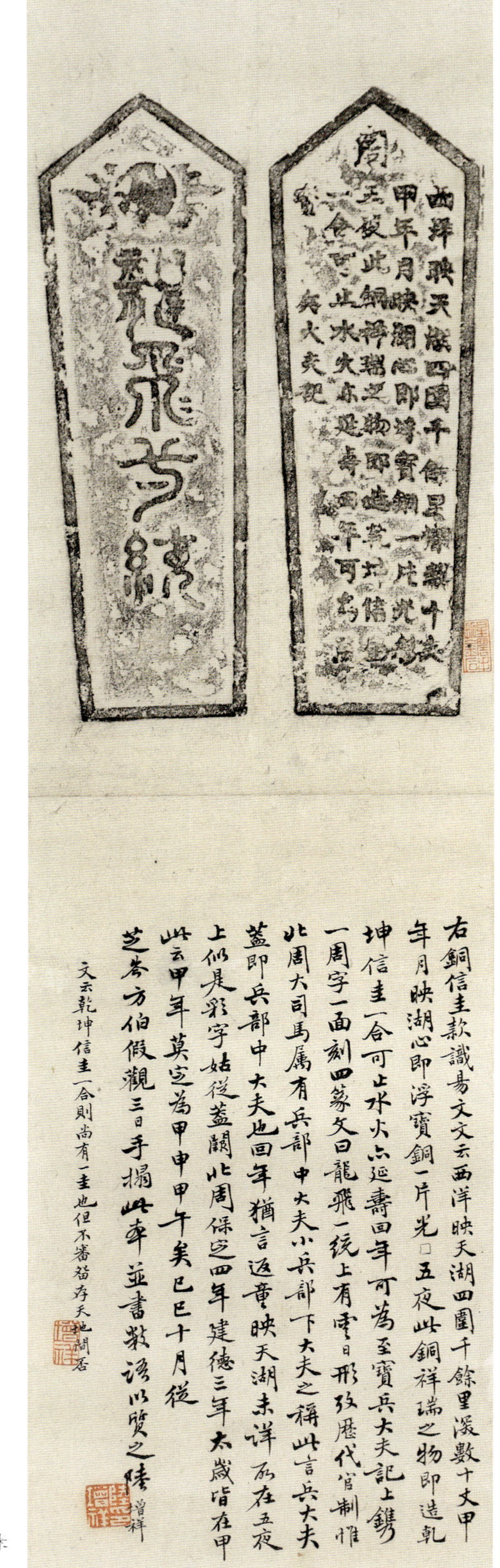

卷軸裝　畫芯縱60.5釐米　橫17.5釐米
館藏號：J2222

4.《宋景定銅漏壺》張廷濟跋本

漏壺是中國古代的計時器之一，又稱“刻漏”。壺中貯水，從底部孔中慢慢滴出，壺中水位下降，觀測刻箭上的水位來確定時間。

《宋景定銅漏壺》嘉興府庫舊藏漏壺五件之一，今不知下落。此拓本為道光戊戌（1838）張廷濟之侄張辛手拓，歸張廷濟外甥徐同柏收藏。存有張廷濟題記，另有海鹽朱錦（春甫）過録嘉興郡守瑞元（少梅）題記。褚德彝外簽：宋景定漏壺，一角樓藏，張叔未題字，辛酉（1921）二月松窗題。

“一角樓”，初不知為誰人齋室名，後見吳昌碩所繪《達摩面壁圖》絹本，其上有民國辛酉（1921）吳昌碩一段落款：“面壁九年石留影，要知妄動不如靜，參書畫禪眠此境。辛酉秋九月，寫於海上去駐隨緣室之一角樓，吳昌碩時年七十八。”又見吳昌碩民國辛酉繪《四季花卉》四條屏，亦題“畫於一角樓”。遂知“一角樓”是吳昌碩晚年常用之齋室名。因此，《宋景定銅漏壺拓本》的遞藏鏈中可以再添一位重要藏家——吳昌碩。

銅漏壺銘文：

嘉興府新鑄銅漏壺，大小三件，又舊百分壺一件。

余以景定癸亥（1263）孟秋十有三日領郡事，首見麗譙不整，更鼓不明，非所以示觀聽，亟命工葺理樓宇，鑄造銅壺，越歲甲子季春，壺成，為之銘曰：

晝夜往來，是之謂道。昔有挈壺，罔差忽眇。彼何人斯，竊取莫考。號令興居，不莫則蚤。是究是圖，載用有造。天一所生，中涵妙杳。匪徒正時，亦我儀表。是能蓄之，勿使澤槁。是能疏之，勿使瀾倒。如箭斯循，如刻斯曉。上下同流，補豈曰小。凡我後人，必戒必保。敬勒諸銘，萬古浩浩。嘉禾郡太守，天台陳訔書。

卷軸右側，張廷濟題記：

宋景定漏壺。壺貯嘉興府庫，向不知有是器，長白瑞少梅世叔始以此發題課士，比擢觀察，時海鹽受之姪拓是文，茲為籀莊甥裝藏之本，索為題之。道光戊戌（1838）冬仲二十日，叔未張廷濟。

張廷濟此篇題記中所涉及的“瑞少梅”即瑞元，字容堂，又字少梅，號春山。滿洲正黃旗人，鐵保之子。曾官嘉興郡守、湖北按察使署布政使。咸豐二年（1852）城陷，闔門殉難。著有《少梅詩鈔》。

張辛（1811–1848）字受之，浙江海鹽人。張廷濟之侄，喜金石之學，精摹勒刻帖，擅傳拓。傳世張氏清儀閣摹刻法書碑刻，多出自張辛之手。

徐同柏（1775– 1854）字壽藏，號籀莊，自號少孺。浙江海鹽人。張廷濟外甥。喜金石之學，精研六書，善篆刻。張廷濟用印，多出其手。著有《從古堂款識學》《徐籀莊遺稿》等。

《宋景定銅漏壺》張廷濟跋本（局部）

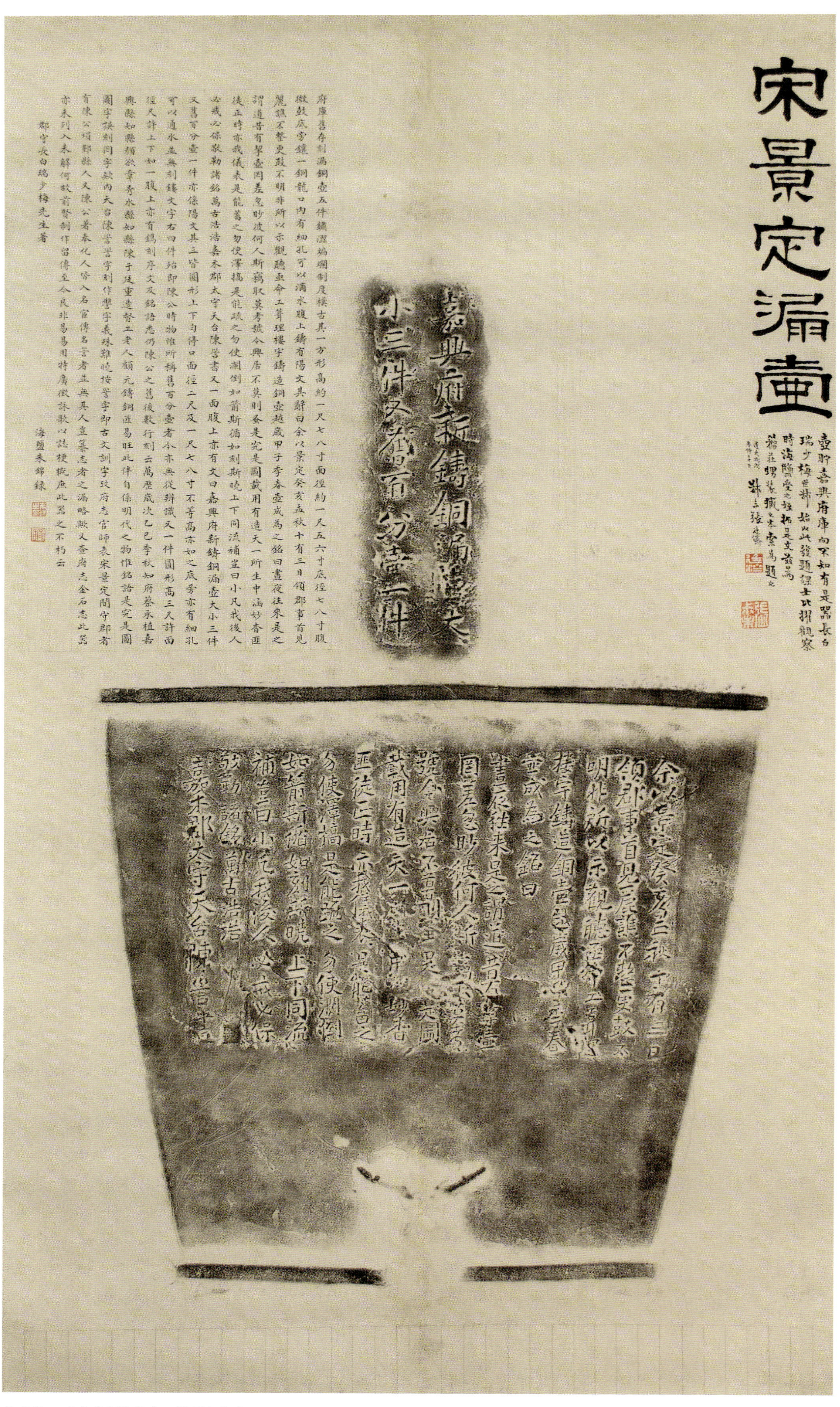

卷軸裝　畫芯縱100釐米　橫62.5釐米

館藏號：Z1147

卷軸左側，海鹽朱錦（春甫）過録《瑞少梅題記》，其文曰：

> 府庫舊存刻漏銅壺五件，鏽澀煸爛，制度樸古。其一方形，高約一尺七八寸，面徑約一尺五六寸，底徑七八寸，腹微鼓，底旁鑲一銅龍，口内有細孔，可以滴水。腹上鑄有陽文……（以下漏壺銘文，兹不贅録）其三皆圓形，上下勻停，口面徑二尺及一尺七八寸不等，高亦如之。底旁亦有細孔，可以通水，並無刻鏤文字。右四件殆即陳公時物，惟所稱舊百分壺者，今亦無從辨識。又一件圓形，高三尺許，面徑尺許，上下如一，腹上亦有鐫刻序文及銘語，悉仍陳公之舊，後數行刻云：‘萬歷歲次乙巳季秋，知府蔡承植、嘉興縣知縣顔欲章、秀水縣知縣陳于廷重造，督工老人顧元，鑄銅匠易旺。’此伴自係明代之物，惟銘語“是究是圖”,“圖”字誤刻“罔”字，欵内“天台陳訔”，“訔”字刻作“讋”字，義殊難曉。按“訔”字即古文“訓”字，攷《府志·官師表》宋景定間守郡者有陳公塤鄞縣人，又陳公著奉化人，皆入《名宦傳》。名“訔”者，並無其人，豈纂志者之漏略歟？又查《府志·金石志》此器亦未列入，未解何故。前賢製作，流傳至今，良非易易，用特廣徵詠歌，以誌梗概，庶此器之不朽云。

另據《宋嘉禾郡守表》載：“景定三年壬戌（1262），陳訔以府丞督催秀水嘉興公田。四年癸亥（1263）孟秋十月初三日，遂知嘉興府領郡事到任。在郡監製《景定漏壺》並銘。甲子春，越歲壺成。”此外，光緒許氏《嘉興府志》金石部，記其甚詳。

此《宋景定銅漏壺拓本》留存了張廷濟、瑞少梅、張辛、徐同柏等人對漏壺的收藏與研究信息，從中透露出嘉道時期金石學興盛場景的“冰山一角”，當時金石傳拓與研究的觸角，幾乎遍及一切存有文字的器物雜件，盛哉！興哉！

此拓本躲進了“一角樓”去駐隨緣，此後歷經百年，得以保全，實屬難得之幸事。

5.《坡公鐵如意全形拓》哈少甫藏本

《坡公鐵如意拓本》哈少甫舊藏，屬於名家收藏之珍器，其全形拓本技藝精湛，有見拓本如見原器之感，卷軸中前賢題跋詩句滿布，洵為珍稀善本。民國十二年（1923）秋，哈少甫還曾拿出影印出版。但是，解放後此件藏品卻一直下落不明，不料它卻靜臥上海圖書館書庫數十年，鎖在深閨無人識。今日之重新發現，距離此件藏品第一則吳昌碩題刻的時間，已歷百年之久。

從本卷鐵如意的全形拓本觀之，其長約51釐米，手柄中段原刻陽文題記兩行，約二十字，但上部文字已漫漶，僅見下截“惟金玉”“東坡製”楷書六字，因號為“東坡鐵如意”。鐵如意全形拓上方的吳昌碩詩刻拓片，或出自於存放鐵如意木匣之題刻。

哈少甫（1856–1934），名哈麟，字少甫，一作少夫，少孚、紹甫，號觀叟、寶鐵硯齋主、鐵盧，晚號觀津老人。祖上源出西域，回族，生於江蘇南京。早年家貧而棄學經商，後發跡成為20世紀初上海工商界鉅子，又從事古玩業，精通金石書畫鑒別。因藏有宋趙忠毅鐵硯、蘇東坡鐵如意，故以“鐵廬”顏其齋。1910年上海書畫研究會成立，李平書為總理，哈少甫、毛子堅為協理。1912年在杭州西湖孤山集資建題襟館。1915 年海上題襟館書畫會會長汪洵去世後，吳昌碩繼任會長，哈少甫為副會長。1915年以古玩精品參加美國在巴拿馬舉辦的萬國博覽會展出，獲美國和中國工商部獎章。著有《寶鐵硯齋書畫》《丙寅東山遊記録》。

《坡公鐵如意全形拓本》卷軸，外有吳昌碩題簽：“鐵如意拓本，觀津藏，老缶書。”內有民國元年（1911）吳昌碩詩刻拓片以及民國十年（1921）至民國十二年（1923）何維樸、馮煦、曾熙、朱祖謀題詩題字。當年哈少甫就曾將卷軸整幅影印出版，並在印刷品的下端注明“器重庫平二十八兩，長工部營造尺一尺六寸，上端二寸三分，下端九分，厚二分。” 影印出版以後，卷軸中還在不斷地添加名家題詩題記，如：民國十二年（1923）十一月、十二月，在卷軸的上方又先後添加仇繼恒題跋和伊立勳題詩，民國十六年（1927）至民國十七年（1928）年間，在卷軸的下方又添入程頌萬、金蓉鏡、黃賓虹題詩句。一卷在手，民國初年寓居滬上的晚清遺老、詩詞領袖、藝壇宗匠盡在其中。現將本件藏品的大致內容介紹如下：

一、卷軸中段

1、鐵如意全形拓片

2、吳昌碩（缶翁）詩刻拓片

東坡鐵琴瑑蝌蚪 曾藏缶盧，東坡如意落君手。

銘辭鐵鑄辨八九，小印銀嵌礲不朽。

既不褫姦魄掃群醜，又不爾珊瑚七尺輕一掊。

如意如意爾何有?

或者詩囊笠屐勞長負，瓊臺儋耳先生偶。

或者朝雲拂拭離塵垢，禪意眉間偈在口。

請君壽我酒一斗，我試舞之不落公孫劍器後。

喪心病狂碌碌數誰某，擊殺一例如擊狗。

君作旁觀毋掣肘，然後如意鐵琴永保守。

東坡鐵如意歌為少孚先生作，辛亥（1911）歲寒吳俊卿。

3、何維樸（詩孫）題字

宋蘇文忠公鐵如意，寶鐵硯齋珎藏。辛酉（1921）小春之初為少孚先生題。維樸。

何維樸（1842–1922），字詩孫，號盤止、盤叟、秋華居士、晚遂老人。何紹基之孫，湖南道縣人。同治六年（1867）鄉試副貢，歷官內閣中書、協辦侍讀、江蘇候補知府等。善書畫，其畫宗婁東派，其書摹其祖何紹基。辛亥革命後，寓上海盤梓山房。有《何詩孫手書詩稿》印行。

4、馮煦（蒿叟）題詩

古鐵斑駁若蝌蚪，昔年曾握東坡手。

不如意者且八九，獨此錚錚能不朽。

荊公變法肆狂醜，曷不持此奮一掊。

而乃烏臺一獄莫須有。

萬里投荒呼負負，嗟爾如意亦與劉鍤杜鐽偶。

甘以堅白蒙衣垢，擊節高歌挂人口。

續有詩名齊岱斗，西臺謝東林趙亦有如意視此瞠乎後。

君不見臺省袞袞哀誰某，供人蹴蹋等芻狗。

猶戀黃金印懸肘，輸君如意長相守。

人下脫口。

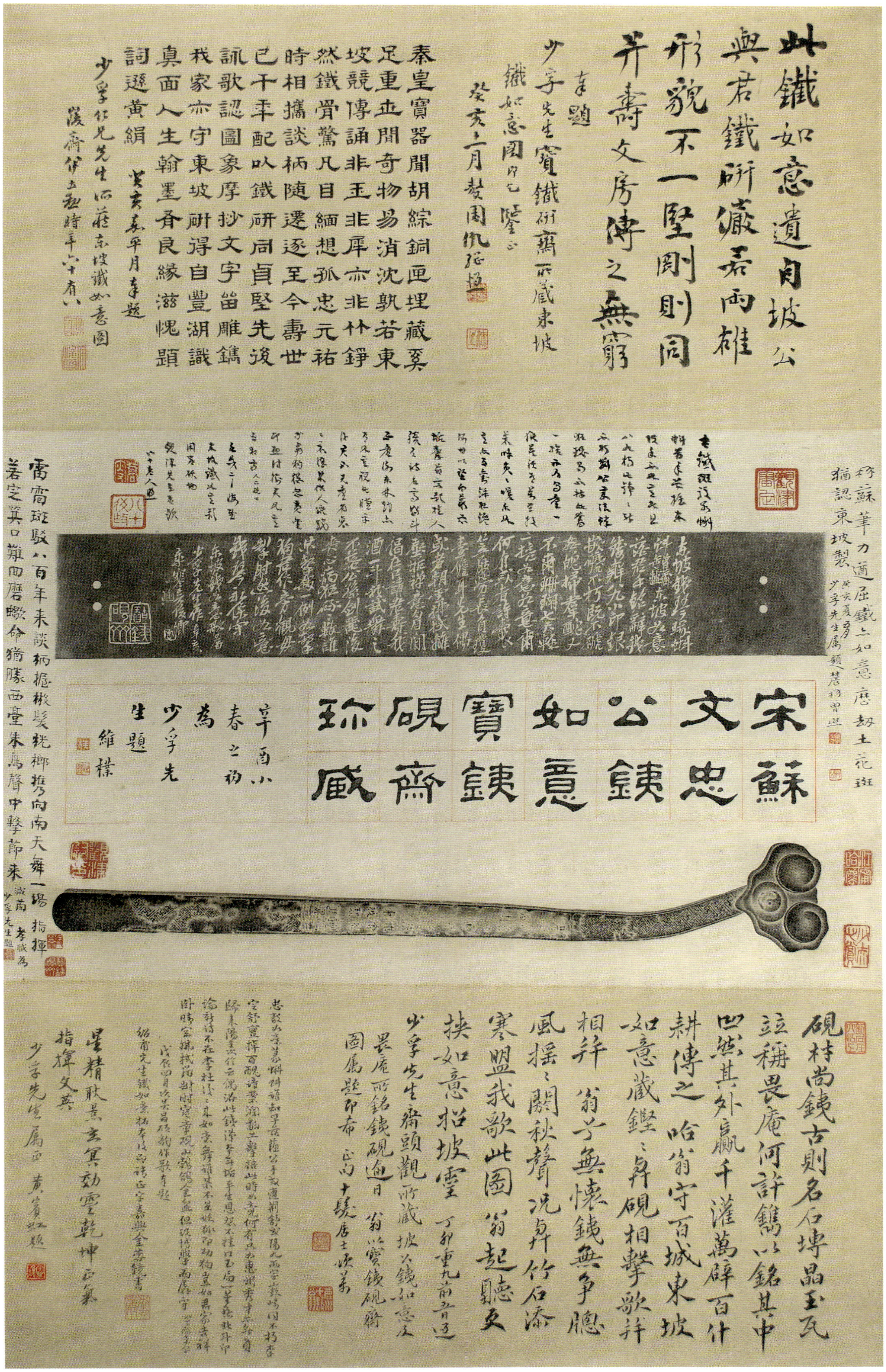

卷軸裝　三段式　上段縱28.5釐米　橫56釐米
中段縱36釐米　橫56釐米
下段縱25.5釐米　橫56釐米

館藏號：Z2439

壬戌（1922）二月晦，賦東坡鐵如意歌用昌碩韻，觀津先生屬題。八十老人煦。

馮煦（1842–1927），字夢華，號蒿庵、蒿叟、蒿隱。江蘇金壇人。光緒十二年（1886）進士，授翰林院編修，歷官安徽鳳陽府知府、四川按察使和安徽巡撫。辛亥革命後，寓居上海以遺老自居。馮煦工詩、詞、駢文，尤以詞名世。著有《蒿盦類稿》《蒿叟隨筆》等。

5、曾熙（農髯）題記

髯蘇筆力遒，屈鐵亦如意。

歷劫土花斑，猶認東坡製。

癸亥（1923）夏五月，少孚先生屬題，農髯曾熙。

曾熙（1861–1930），字子緝，號俟園，晚號農髯。湖南衡陽人。清光緒二十九年（1903）進士，官兵部主事、提學使、弼德院顧問，先後主講衡陽石鼓書院、漢壽

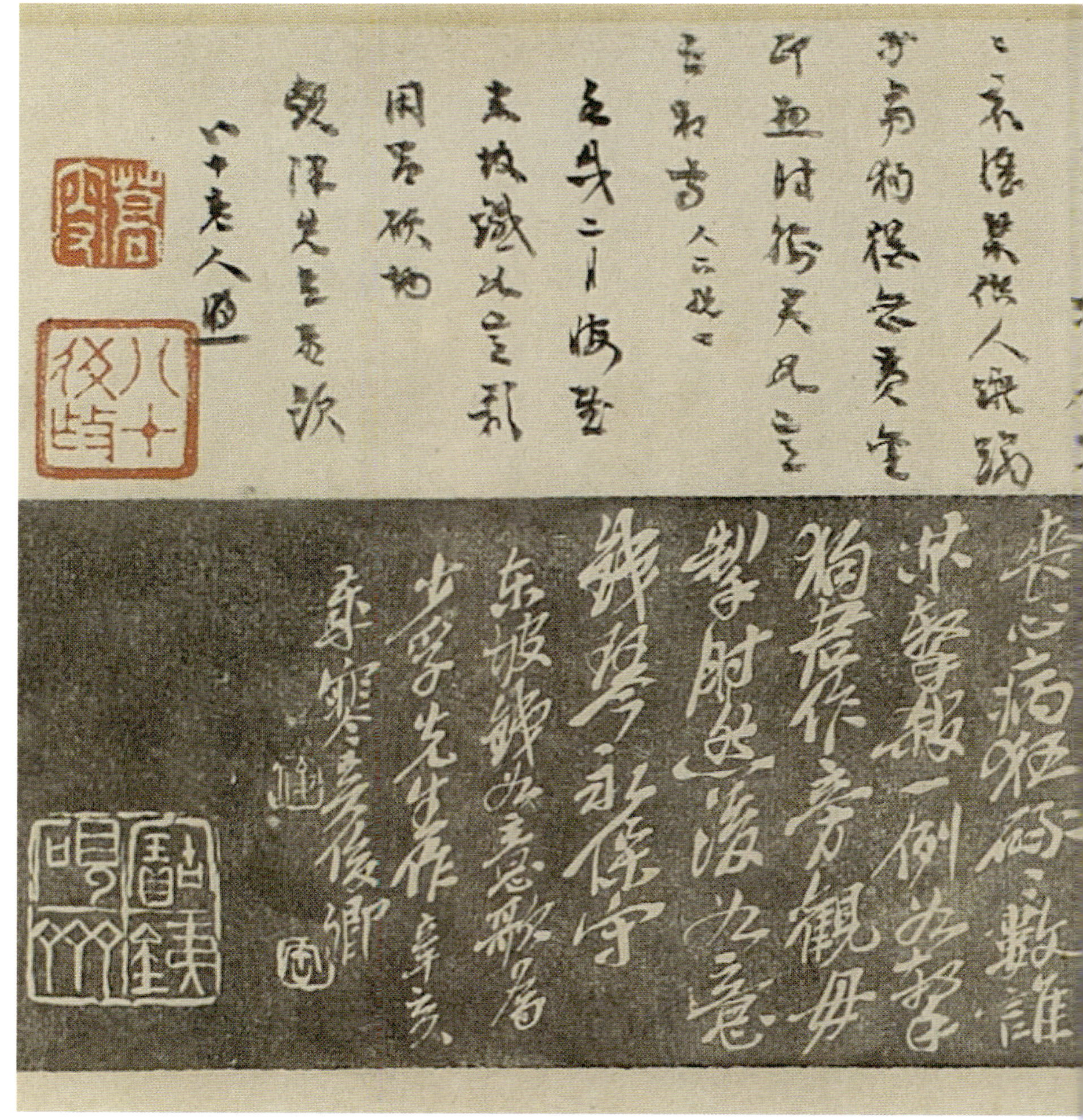

龍池書院，後任湖南教育會長。工詩文，擅書畫。書法自稱南宗，與李瑞清的北宗相頡頏，世有"北李南曾"之說。1915年後移居上海，成為海派書畫領軍人物。

6、朱祖謀（孝臧）題記

雷雷斑駁，八百年來談柄握，散髮枕榔，携向南天舞一場。

指揮若定，箕口難回磨蝎命，猶勝西臺，朱鳥聲中擊節來。

減蘭。孝臧為少孚先生題。

朱祖謀原名朱孝臧（1857—1931），字藿生，又字古微，號漚尹，晚號彊村。浙江歸安人。光緒九年（1883）進士，歷官禮部侍郎、廣東學政。辛亥革命後，隱居上海。與鄭文焯、樊增祥、況周頤同為晚清四大詞家。時人尊之為"詞壇宗匠"，譽為唐宋到近代數百年來萬千詞家之殿軍。著有《彊村詞》《彊村語叢》等。

二、卷軸上段

1、仇繼恒（涞之）題跋

此鐵如意，遺自坡公，與君鐵硯，儼若兩雄，形貌不一，堅剛則同，并壽文房，傳之無窮。奉題少孚先生寶鐵硯齋所藏《東坡鐵如意圖》，即乞鑒正。癸亥（1923）十一月，賁園仇繼恒。

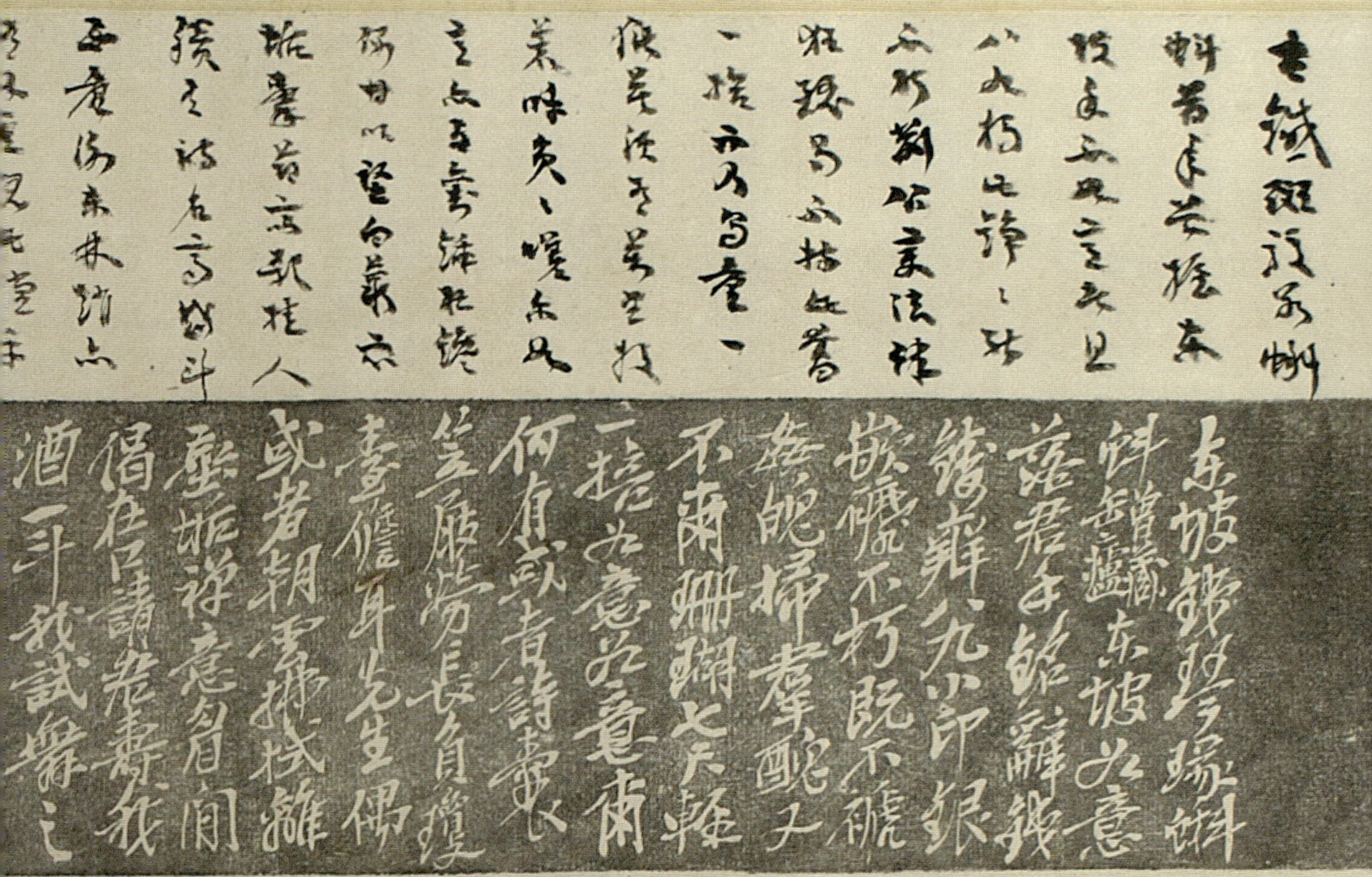

《坡公鐵如意全形拓》哈少甫藏本局部

仇繼恒（1855－1935），字淶之，號贅園、贅叟。江蘇上元人。光緒十二年（1886）進士，曾任陝西城固縣知縣。光緒三十年（1904）創辦陝西省第一所高等學堂（現西北師院前身）任監督。善書法，書似翁同龢。著有《陝境漢江流域貿易稽核表》。

2、伊立勳（峻齋）題詩

秦皇寶器聞胡綜，銅匣埋藏奚足重。
世間奇物易消沉，孰若東坡競傳誦。
非玉非犀亦非竹，錚然鐵骨驚凡目。
緬想孤忠元祐時，相攜談柄隨遷逐。
至今壽世已千年，配以鐵研同貞堅。
先後詠歌認圖象，摩挲文字留雕鐫。
我家亦守東坡研，得自豐湖識真面。
人生翰墨有良緣，滋愧題詞遜黃絹。

癸亥（1923）嘉平月奉題少孚仁兄先生所藏《東坡鐵如意圖》，峻齋伊立勳時年六十有八。

伊立勳（1857－1940），字熙績，號峻齋、石琴，別署石琴老人、石琴館主。 福建寧化人，伊秉綬後人。清光緒年間任無錫知縣，辛亥革命後，移居上海鬻書，民國時期著名書法家。著有《石琴吟館題跋》。

三、卷軸下段

1、程頌萬（十髮）題詩

硯材尚鐵古則名，石埒晶玉瓦竝稱。
畏庵何許鐫以銘，其中凹然其外嬴。
千灌萬辟百什耕，傳之哈翁守百城。
東坡如意藏鏗鏗，與硯相擊歌并（此字點去）相并。
翁兮無懷鐵無爭，颸風搖搖鬧秋聲。
況與竹石添寒盟，我歌此圖翁起聽，更挾如意招坡靈。

丁卯（1927）重九前五日，過少孚先生齋頭觀所藏坡公鐵如意及畏庵所銘鐵硯，逾日，翁以寶鐵硯齋圖屬題，即希正句，十髮居士頌萬。

程頌萬（1865－1932），字子大，一字鹿川，號十髮居士。湖南寧鄉人。因屢試未第而反感科舉制度，遂熱心新學。曾任湖北自彊學堂（武漢大學前身）提調，後任湖北高等工藝學堂監督，兼管湖北工藝局，創辦廣藝興公司、造紙廠等，還曾發明寬窄兩用鐵木綫布機，提高織機工效。工詩詞，善書法，晚年寓居上海。著有《鹿川詩集》《石巢詩集》《楚望閣詩集》等。

2、金蓉鏡（香岩）題詩

忠毅如意篆蝌蚪，誰知早落蘇公手。
或遭荆舒或陽九，兩家嶔崎同不朽。
李定舒亶掉百醜，詩案瀾翻工擊掊。
此時如（意）竟何有？
只如惠州秀才亦無負，歸來陽羨信云偶。
浴此鐵漢本無垢，平生恩怨不掛口。
玉局一星懸北斗，即論新詩不在李杜後。
後來如意舞誰某，不是妖狐即功狗。
豈如君家吉祥臥，晴窓拂拭辨跗肘。
寶章硯山鴝鵒金盆，但說博學而孱守。
如下脫意字。

戊辰（1928）四月次吴昌碩韻作歌，奉題紹甫先生鐵如意拓本後，即請正字。嘉興金蓉鏡書。

金蓉鏡（1855－1929），又名金殿丞，字學範，號殿臣、甸丞、潛廬、香嚴居士。光緒十五年（1889）進士。歷官湖南郴州、靖州直隸州知州、永州府知縣等。詩文書畫皆淵雅，與陳曾壽、夏敬觀、宣古愚同譽為“近代文人畫四大家”。 著有《潛廬全集》《香嚴庵筆記》等。

3、黃賓虹（賓鴻）題句

星精耿景，玄冥效靈，乾坤正氣，指揮文英。

少孚先生屬正。黃賓虹題。

黃賓虹（1865－1955），初名懋質，後改名質，字樸存，號賓虹、賓鴻，別署予向、虹叟、黃山山中人。安徽歙縣人。擅畫山水，為山水畫一代宗師。著有《黃山畫家源流考》《虹廬畫談》《畫法要旨》等。

6.《商龍骨》鄒安跋本

《商龍骨拓片》鄒安跋本，畫芯中央黑壓壓一片，初視之，竟是一塊巨大的獸骨拓片，好似頸椎骨，共有六節。龍骨拓片一角鈐有“錦泉手拓”，具有如此碩大的頸椎骨，此獸之體長應當巨大無比。

又諦視之，骨頭上有細刻文字，其文字刻畫與常見甲骨文並無區別，文字主要集中在椎骨的第一、第二、第六節上，約有七、八十字之多。除文字外，骨頭上竟然還有綫刻圖畫，綫條細如髮絲，極易被人忽視。其中第三節上刻有《車馬出行圖》，畫有八匹駿馬拖拽著君車前行，車前另有五人，三人騎馬，二人持械步行，圖畫鐫刻精細，人物馬匹皆栩栩如生。第四節骨頭上刻有《家畜圖》，畫中有家豬大小兩頭、馬兩匹。

拓片右側，留有民國廿六年（1937）鄒安（適廬）題記一則，其文曰：

> 商龍骨。殷墟初出土時之骨，皆名龍骨。其實有龜版、有獸骨，真龍骨至少。即近時所出成整方者，亦數十塊合併，非原大如此也。此骨大而以銅飾之，并刻細花，外釘綠松石三道，皆為商製之確證。至有字有花，尤為餘事耳。丁丑（1937）暮春，七四老人鄒適廬見於滬上題記。

從此段題記可知，當年鄒安是親見此塊“龍骨”實物原件的。依據鄒安的描述，筆者最初判斷是頸椎骨的分節，其實是外釘綠松石的銅飾物，因此，此塊龍骨或許並非是頸椎骨。此外，甲骨文最初發現時，曾經被呼為“龍骨”，一度被作為一味中藥材，可能就是用來特指此類巨型獸骨。其後，隨著龜甲、牛肩胛骨的大量出土發現，數量遠超獸骨（龍骨），乃最終更名為“甲骨文”。

說到龍骨，它不是6500萬年前的恐龍骨的化石，而是籠統地指三、四千年前的商周時期契刻有占卜文字的獸骨。至於鄒安所見的龍骨，究竟是何種野獸的遺骨呢？筆者忽然想到館藏《徐乃昌藏青銅器全形拓四件》卷軸上有一段民國十二年（1923）王國維題記，其中提及殷墟出土獸骨之事，其文曰：

> 古文“爲”字，亦从“爪”“象”，其誼均不易曉。古者中國產象，殷墟所出象骨頗多。曩頗疑其來自南方，然卜辭中有獲象之文，田狩所獲決非豢養物矣。《孟子》謂：周公驅虎豹犀象而遠之。《呂氏春秋》云：殷人服象，為虐於東夷。則象中國固有之，春秋以後乃不復見。

據此可見，此件鄒安所見的《商龍骨》，應該就是王國維所言的殷墟出土象骨。其體量之巨大，極具視覺衝擊力，令人歎為觀止。至於其古文字與繪畫的研判，正如鄒安所言“尤為餘事耳”。

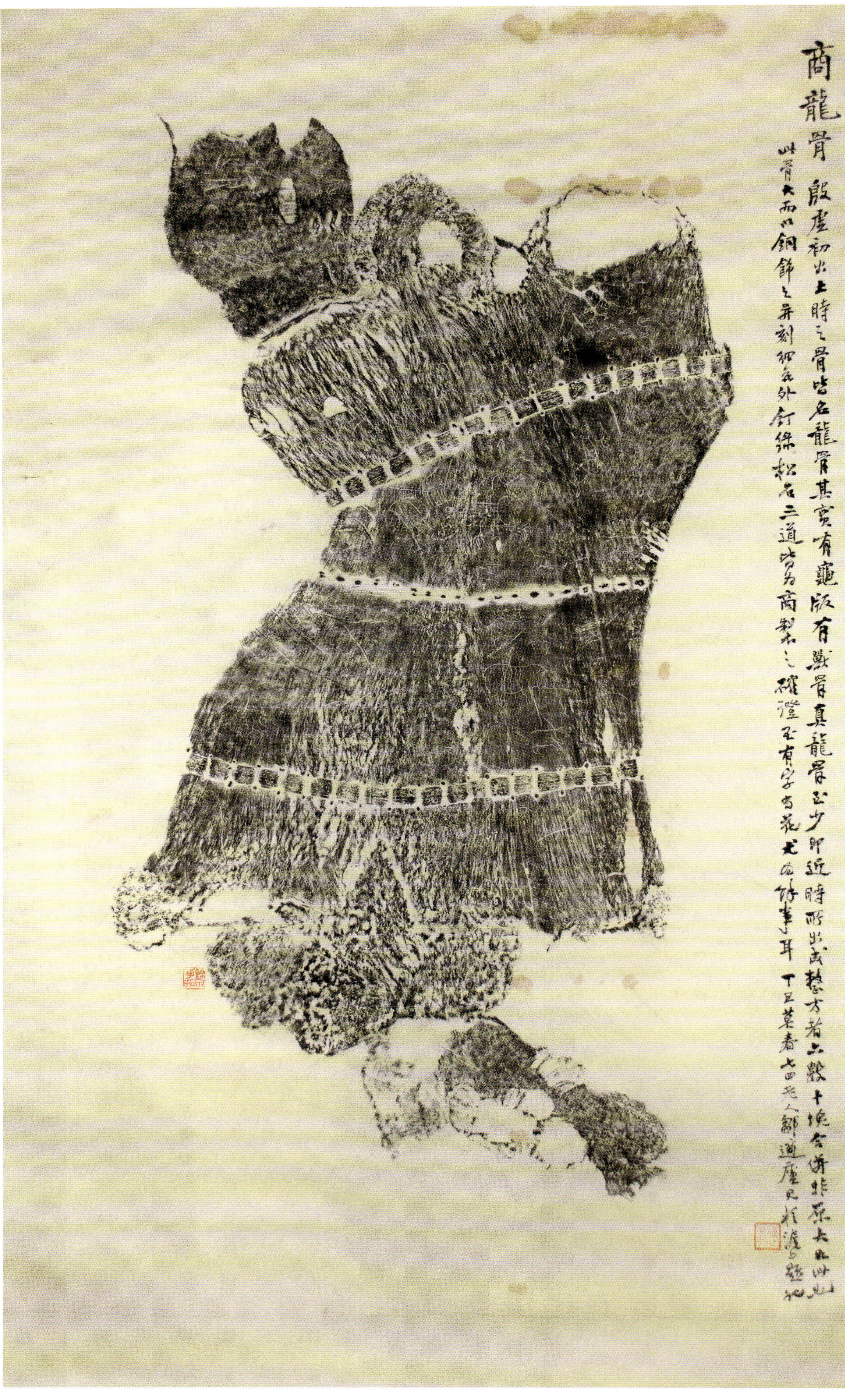

卷軸裝　拓片畫芯縱117釐米　橫66.5釐米　館藏號：Z2239

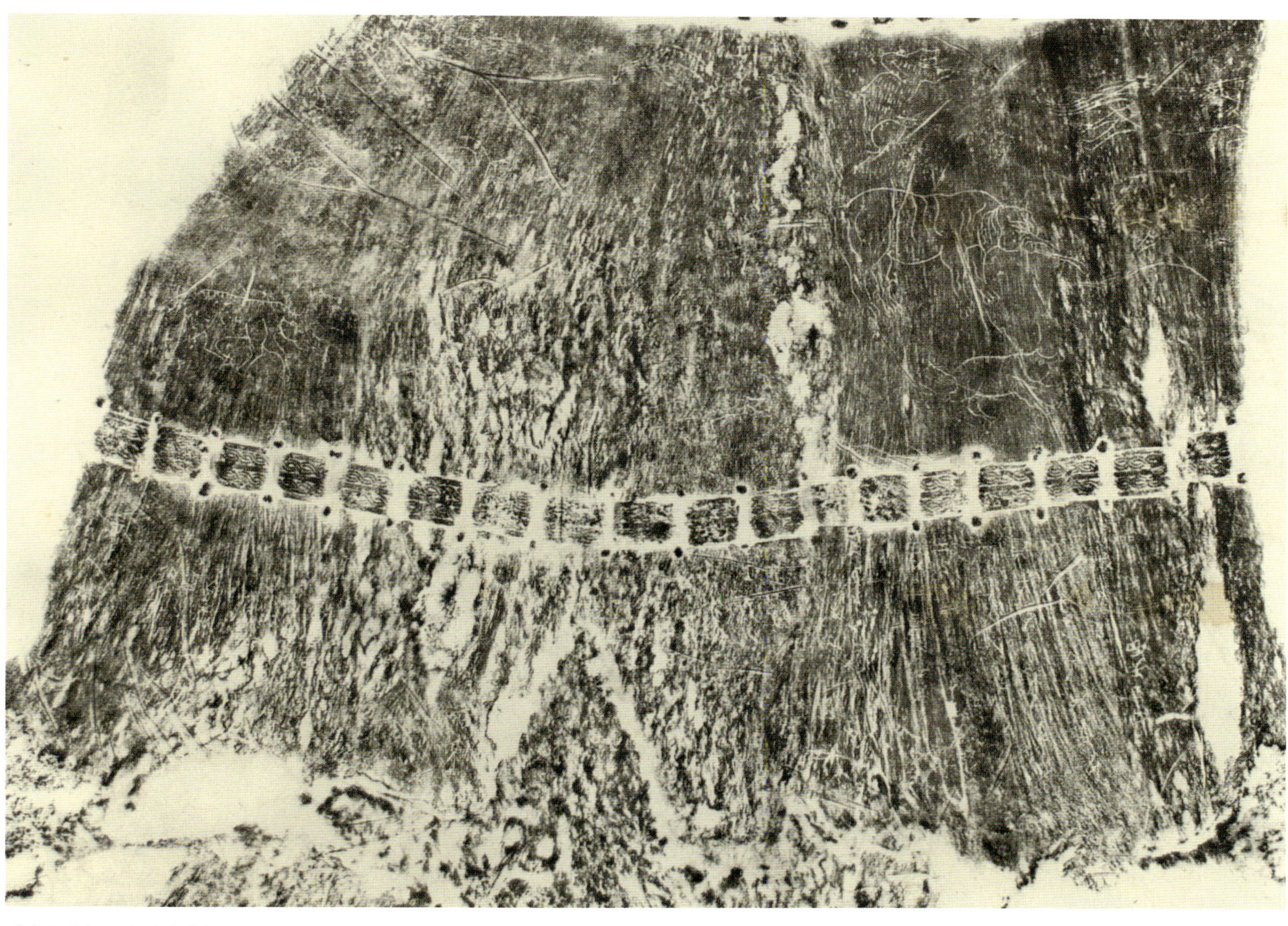

《商龍骨》鄒安跋本局部

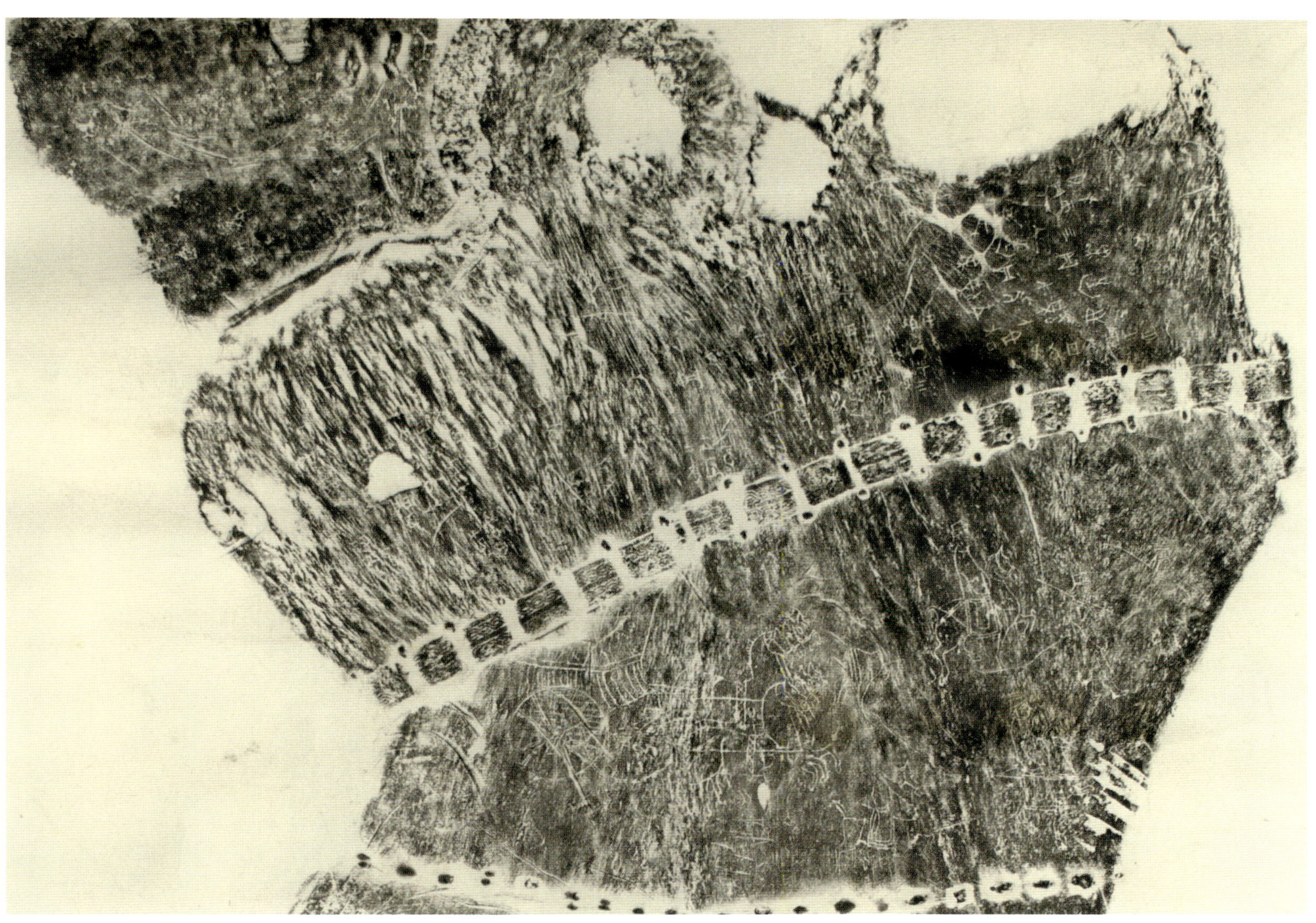

《商龍骨》鄒安跋本局部

石　類

一　造　像

1.《陽三老石堂畫像題字》端方跋本

《陽三老石堂畫像題字》，漢延平元年（106）十二月刻立。隸書，三行，首行廿八字，次行廿四字，末行廿三字。清光緒十四、五年（1888–1889）間山東曲阜出土。碑石先歸孔氏，再歸端方。

此拓本末行“進食”下可見“年如”二字形狀，且鈐有“孔氏金石”印章，當為孔氏藏石時之最初拓本。筆者推測，端方購藏此塊碑石之前，就已獲贈孔氏初拓本若干，此為其一也。光緒十六年（1890）十月，端方將此拓轉贈王瓘，再後又歸周大烈所有。内存在端方、王瓘二人題識。拓片左下，端方題識：

> 楊三老碑出於曲阜之野，孔氏十府收之，孝禹書雅類此，因以檢贈。端方記。

端方此處將“陽三老”誤寫為“楊三老”。此石出土時，可能最初就誤稱為“楊三老碑”。

拓片左上，王瓘題端：

> 漢陽三老碑，光緒十六年（1890）十月廿日，匋齋贈。銅梁王瓘孝玉。

拓片右下角，光緒十七年（1891）王瓘題跋：

> 近中伯權觀察寄贈拓本三紙，較此有稍清朗處，識出末行“進□”下是“年”字，“年”字下又一字仍未識出。光緒十七年三月王瓘記。

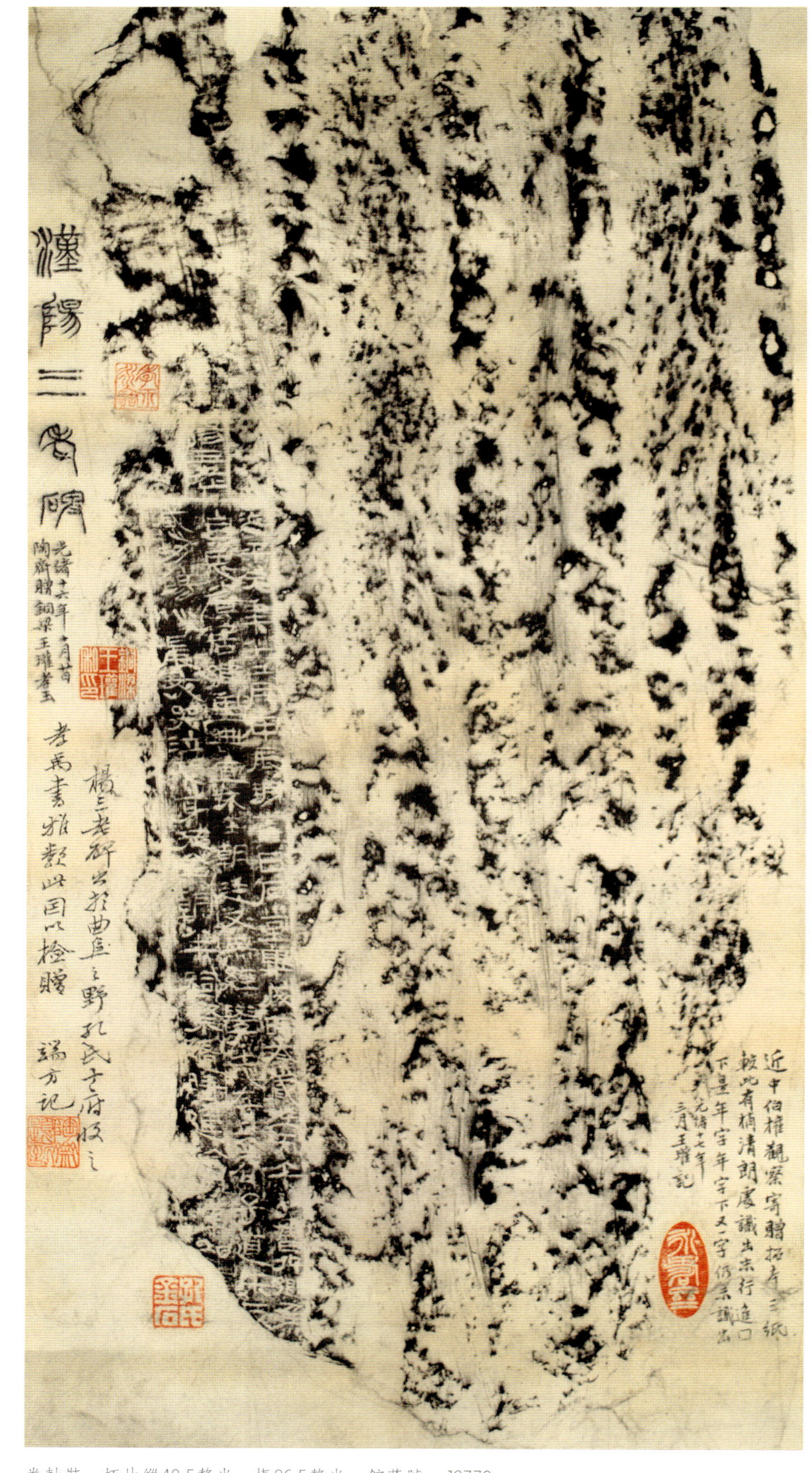

卷軸裝　拓片縱49.5釐米　横26.5釐米　館藏號：J2779

孔子嫡系長支居住在孔府，其他各代衍聖公的胞弟則離府分居，各自建宅。最初並沒有明確的府第稱號，直到清康熙末年，六十七代衍聖公孔毓圻以下，支系漸多，為了便於區分他們的府第，就按排行的第次，定出了府第的名稱，雖有“十府”“十二府”的稱號，但實際上孔氏府第只有九個。“十府”，分為三個府第。“西十府”位於東門大街路北西首，始於孔繼濩的四胞弟孔繼汾。“東十府”（即歲賢堂）位於東門大街路北東首，始於清乾隆初年衍聖公孔廣棨的六堂弟孔廣槼。“北十府”，位於北門大街路西，後為五府近支孔憲均的後代房住，又稱“小五府”。

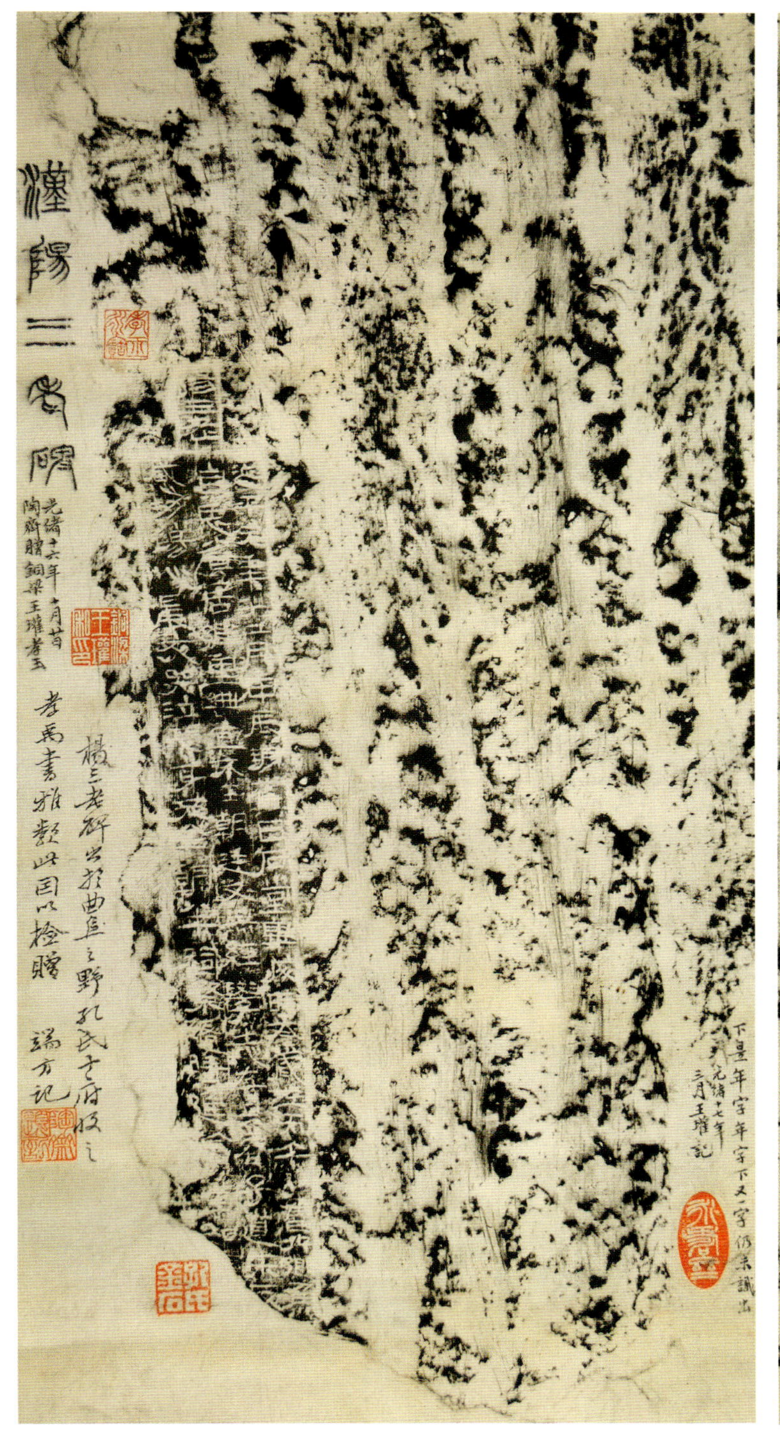

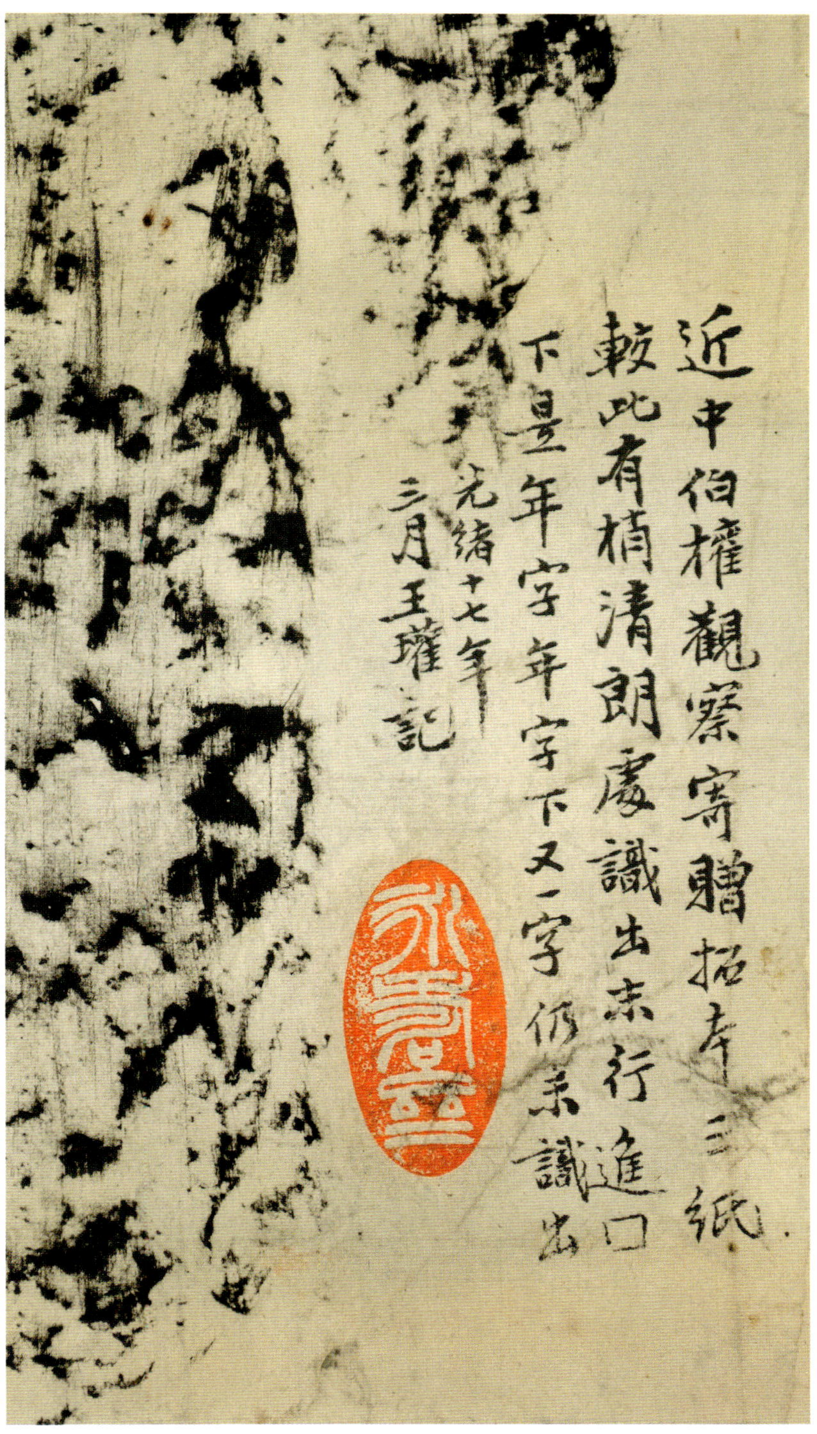

2.《葉媛真造像記》葉舟藏本

《葉媛真造像記》，其造像雕刻精彩而凸顯，造像題記卻緊縮於刻石底端，文字極易被忽略。丈量拓本可知，造像石約寬33釐米，高35釐米。

拓片左上方，吳昌碩題跋：

> 牿像奇特，文字斑駁，謂是石門吳氏伯滔物。因憶壬午癸未間（1882–1883）老友沈伯雲二尹，持一印石示予，旁寫“古如來像”，據云伯滔手筆，蓋仿其舊藏牿像者，或即仿此像耶？伯雲、伯滔相繼作古，兹讀此拓，不禁人琴之感慨已。像趺下鑿字甚古，中有“葉氏牿供佛壽”字，而葉舟亦葉姓，其以古金石供養可也。癸卯（1903）二月，吳俊卿昌碩題記。

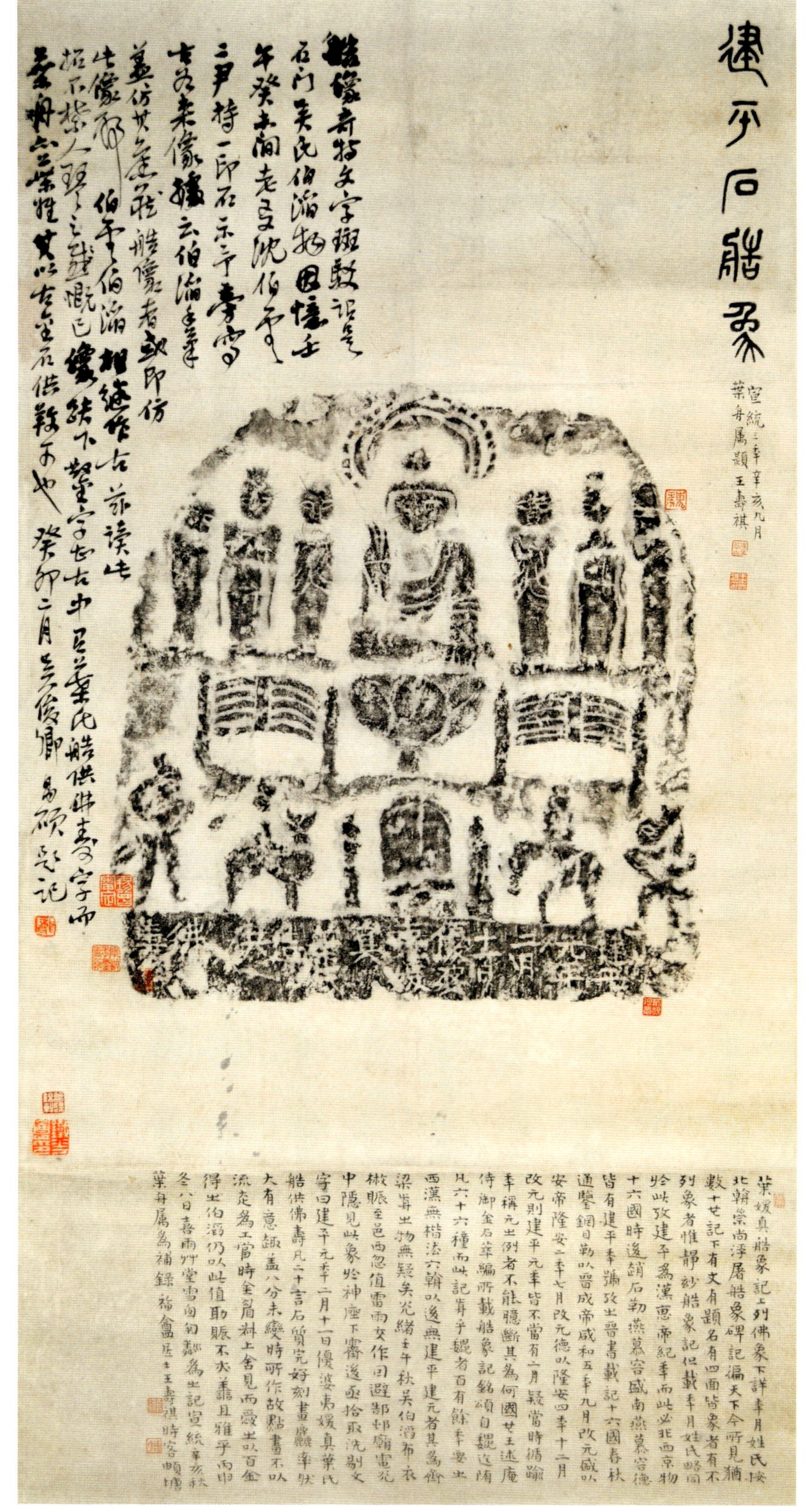

卷軸裝　畫心縱65釐米　橫47釐米

館藏號：J6782

原來此件拓本的主人為葉舟，就是大名鼎鼎的西泠印社創始人之一。葉銘（1866–1948），字盤新，又字品三，號葉舟，徽州新安人。吳昌碩寫完此段題跋的第二年——光緒三十年（1904），葉銘就與丁仁、王禔、吳隱共同創建了以“保存金石”“研究印學”為宗旨的西泠印社。葉氏擅金石書畫，精金石考據，一生著述甚豐，輯有《廣印人傳》《葉氏存古叢書》等。

昌碩題跋中提及相繼作古的伯雲、伯滔，皆為吳昌碩的好友——吳伯滔、沈伯雲。吳伯滔（1840–1895），名滔，字伯滔，以字行，號鐵夫、疏林，室名來鷺草堂。浙江崇德縣石門人。能詩工書，善畫山水，與吳昌碩、吳秋農合稱“三吳”。伯滔性耿介，品高潔，常將達官貴人拒之門外，卻與吳昌碩、蒲華、胡钁、沈伯雲等人友善。其子吳衡（澗秋）、吳徵（待秋），幼承家學，皆丹青高手。

沈伯雲字書卿，號松隱。浙江崇德縣石門人。與同鄉吳伯滔友善，相傳沈伯雲赴任靖江縣丞前，吳伯滔以故鄉崇

造[illegible]石龍[illegible]

葉舟屬題 王壽祺

皓像奇特，文字斑駁，誤是石門吳氏伯滔物，因憶壬午癸未間，老友沈伯雲二尹持一印石示予，索寫古另來像，據云伯滔手摹真，仿其筆意，[illegible]皓像者，即仿此像耳。伯雲伯滔相繼作古，並讀此拓，不禁人琴之感，既已像，然下[illegible]字，恐古中已呂氏皓供佛之字而

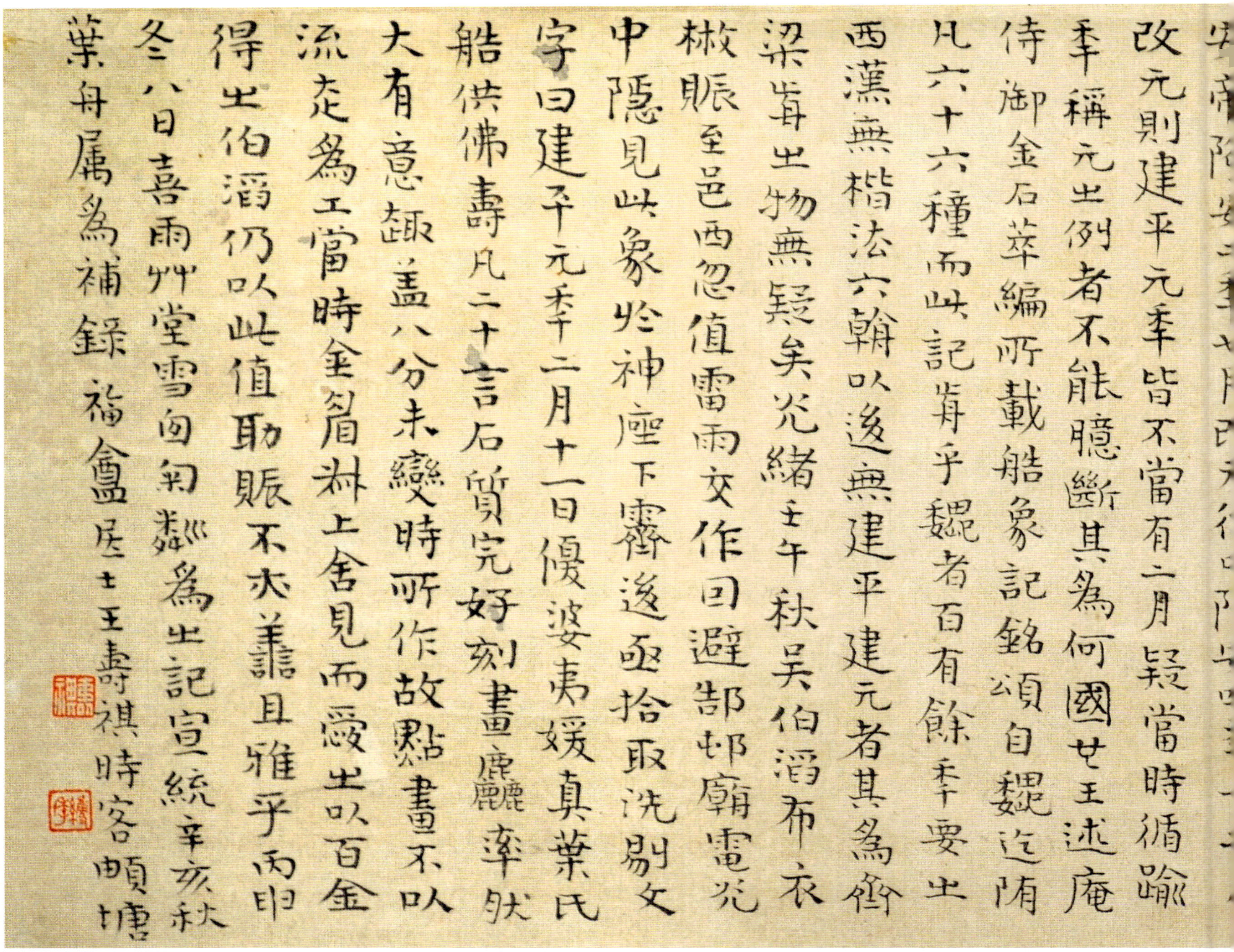
改元則建平元年皆不當有二月疑當時循踰
年稱元之例者不能臆斷其為何國也王述庵
侍御金石萃編所載造象記銘頌自魏迄隋
凡六十六種而此記遠乎魏者百有餘年要之
西漢無楷法六朝以後無建平建元者其為僞
梁皆出物無疑矣光緒壬午秋吳伯滔布衣
檄賑至邑西忽值雷雨交作因避部邨廟雷光
中隱見此象於神座下露遂亟拾取洗剔文
字曰建平元年二月十一日優婆夷媛真葉氏
造供佛壽凡二十言石質完好刻畫麤率肰
大有意趣蓋八分未變時所作故點畫不以
流走為工當時金眉叔上舍見而愛之以百金
得之伯滔仍以此值助賑不大善且雅乎丙申
冬八日喜雨艸堂雪窗翦燭為之記宣統辛亥秋
葉舟屬為補録 福盦居士王壽祺時客甌塘

《葉媛真造像記》葉舟藏本局部

德古鎮四塊名石——牡丹石、梅花石、耐寒石和縐雲石（崇德四石）為藍本，作《鄉關四友圖》相贈，吳昌碩還為之題句。不料伯雲在赴任途中遺失此圖，吳伯滔聽聞後，特為之重作《四石圖》，沈伯雲在題記中歷敘失補之緣由，以見伯滔之情深意重，一時傳為藝林佳話。光緒十二年（1886）九月，吳昌碩還曾為沈伯雲刻“松隱庵”印章，其印側就有吳伯滔手繪佛像，另一側刻有胡钁觀款。一圖卷、一印章中足見吳昌碩與沈伯雲、吳伯滔諸人間的交誼。

光緒癸卯（1903）二月，當吳昌碩拿到葉銘所藏《葉媛真造像記》時，因造像碑石為吳伯滔舊藏，而聯想到伯滔所繪“古如來像”印石，又因印石而憶想到沈伯雲，此時二友皆已作古，昌碩乃生人琴之慨。相反，對《葉媛真造像記》的評價卻只留下“鑿字甚古”區區四字。

《葉媛真造像記》石刻分三層，上層刻佛像，一佛六侍者，中層刻力士與瑞獸，下層刻造像題記，楷書十二行，每行一至二字不等，原石一尺見方。此石於光緒八年（1882）秋被吳伯滔在江蘇徐州豐縣部村廟內發現，旋歸金眉叔，今不明下落。

此件葉銘藏拓上除了吳昌碩題跋外，尚有王禔題端：

建平石船象。宣統三年辛亥九月，葉舟屬題，王壽祺。

卷軸下端另有光緒二十二年（1896）胡钁題跋，其文字由王禔於宣統三年（1911）秋補録，其文曰：

《葉媛真船象記》上列佛象，下詳年月、姓氏。按北朝崇尚浮屠，船象、碑記徧天下，今所見猶數十也。記下有文、有題名、有四面皆象者，有不列象者，惟《静妙船象記》，但載年月姓氏，略同於此。攷建平為漢哀帝紀年，而此必非西京物。十六國時後趙石勒、燕慕容盛、南燕慕容德皆有建平年號。攷之《晉書·載記》《十六國春秋》《通鑒綱目》，勒（石勒）以晉成帝咸和五年（330）九月改元，盛（慕容盛）以安帝隆安二年（398）七月改元，德（慕容德）以隆安四年（400）十二月改元，則建平元年皆不當有二月，疑當時循踰年稱元之例者，不能臆斷其為

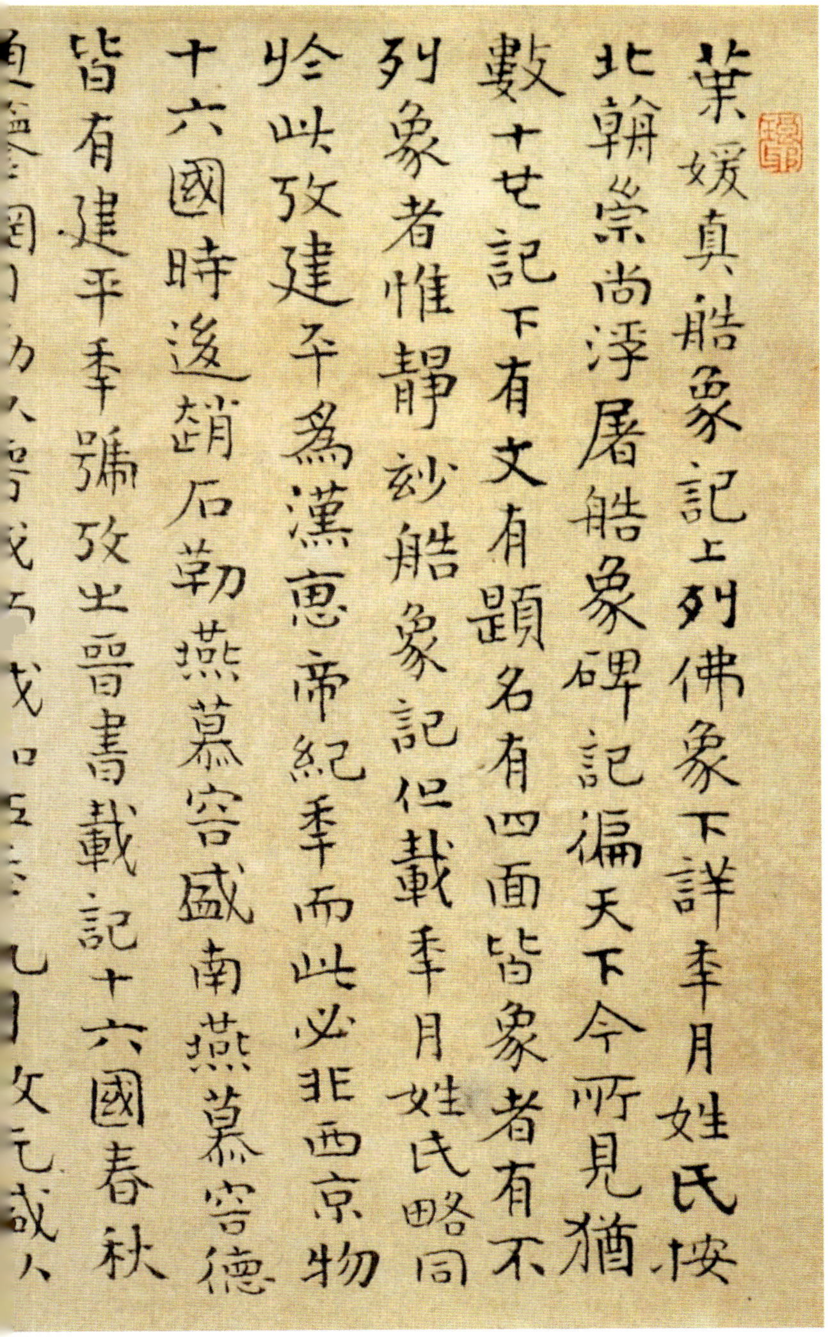

何國也。王述庵侍御（王昶）《金石萃編》所載船象記銘頌，自魏迄隋凡六十六種，而此記前乎魏者百有餘年，要之西漢無楷法，六朝以後無建平建元者，其為齊梁前之物無疑矣。

光緒壬午（1882）秋，吴伯滔布衣散賑至邑西，忽值雷雨交作，因避郜邨廟。電光中隱見此象於神座下，霽後亟拾取洗剔文字，曰："建平元年二月十一日，優婆夷媛真葉氏船供佛壽"凡二十言。石質完好，刻畫麤率，然大有意趣，蓋八分未變時所作，故點畫不以流走為工。當時金眉叔上舍見而愛之，以百金得之。伯滔仍以此值助賑，不亦善且雅乎。丙申（1896）冬八日喜雨草堂雪窗菊鄰為之記。宣統辛亥（1911）秋葉舟屬為補録，福盦居士王壽祺時客峴塘。

胡钁（1840–1910），字菊鄰。號老鞠、晚翠亭長、南湖寄漁，葆光亭主人等。浙江崇德縣石門人。工詩詞，擅書畫篆刻。篆刻與吴昌碩相媲美，雖蒼老不及而秀雅過之。刻竹與蔡照（浙江蕭山人，晚清刻竹高手）齊名，奇巧工細，令人歎為觀止。

胡钁與吴伯滔既是同鄉又是姻親，吴伯滔之子吴徵（待秋）娶胡钁之女為妻，故吴伯滔藏石由胡钁來考釋並題跋，就在常理之中。胡钁對《葉媛真造像記》銘文之"建平"紀年展開考釋，認為此石既非西漢之物，亦非六朝以後之物，並將其最終定為齊梁前之物。

此段光緒二十二年（1896）胡钁所著《葉媛真造像記》跋文，在十五年後的宣統三年（1911）由王禔抄録進葉銘藏本中，使得本件拓本再添入一位浙派金石大家手跡。

王禔（1880–1960）原名壽祺，字維季，號印傭、福庵、持默老人等，齋名麋研齋。浙江杭州人。精篆刻，工書法。光緒三十年（1904），時年二十五的王禔與葉銘、丁仁、吴隱等人共同創建西泠印社。

宣統三年（1911）王禔抄録此段題記時，剛過而立之年。出於為好友葉銘藏品題記，卷中又有前輩吴昌碩題記在先，故王禔抄録前輩胡钁舊作時格外謹慎而認真，字字一絲不苟，堪稱福庵之早年代表作。當時王禔的小楷，明顯帶有黃易、吴昌碩等金石家的意趣——追蹤魏晉風度。

讀罷吴昌碩、王禔題記後，拓本的左下角鈐有一方印章引起了筆者的關注，印文為"陽湖李墨香拓"。李墨香女士，晚清碑拓高手，江蘇常州陽湖人，不事女紅，喜金石，所拓鐘鼎彝器、碑版法帖、硯銘壺銘，皆能得其神而傳其形，為晚清金石家所推許。

此件拓本上另鈐有"魏""錫曾審定"兩方印章。魏錫曾，字稼孫，號印奴。浙江杭州人，晚清金石大家，係西泠印社創始人丁仁之外祖父。魏稼孫去世之年恰好在光緒八年（1882），也就是《葉媛真造像記》被吴伯滔發現之時，若此兩方印章不是後加，此拓便成為名副其實的初拓本。

3.《孫永安造像》孫禄增藏本

《孫永安為亡母造像》，北魏熙平元年（516）十月十五日刻立。造像題記楷書9行，行8字。

此為孫禄增寶漢樓藏拓。造像題記上方佛龕處，有清同治十一年（1872）孫禄增補繪紅衣無量壽佛像。

拓片上有孫禄增（叔弟）題記三則：

按此龕內當有象，其為拓工遺去，抑是石象殘缺，俱未可知。同治十一年（1872）中憲大夫孫禄增以意私淑金壽門先生也。

此拓跋魏孝明帝時造象刻石，象主無名，僅曰"息於永安寺造象訖表記靈緣云爾"。禄增記。

觀臨桂王氏一跋，吾跋過矣。王郎真匡謬之益友也。禄又識。

孫禄增字叔弟，號鏡江。浙江桐鄉人。同治十年（1871）進士，曾任宜春知縣，擅書畫，嗜金石，尤喜收藏漢魏六朝碑拓。

孫氏生平資料亦甚少，其藝術才華幾近埋沒。不過，作為同鄉後生的錢君匋晚年卻常常提及孫氏對他的藝術影響。筆者近年在上海圖書館館藏碑拓整理中也發現不少孫氏"寶漢樓"舊藏碑刻拓片，其藏品數量雖多，但品質平平，這一特點不知能否從一個側面證明其為官之清廉。

拓片上方左側，有光緒紀元（1875）王鵬運（小鳳）題跋：

此魏孫永安造象，文曰"息孫某奉為某"云云。叔弟考功同年誤釋"孫"作"於"，"奉"作"寺"。四印齋（王鵬運齋號）精拓本，可印證也。補象古雅有法，世傳壽佛真身在吾鄉湘源山中，它日當索叔弟作尋丈巨圖，為衆生壽，鑱之岩間，叔弟具此無量功德，亦自与金石同壽矣。光緒紀元（1875）孟冬朔日，臨桂王鵬運。

王鵬運（1849–1904）字佑遐，一字幼霞，號半塘僧鶩、半塘老人等。廣西臨桂人。同治九年（1870）舉人，光緒十九年（1893）授江西道監察御史，後為禮科掌印給事中，彈劾諫諍有直聲，曾參與康有為的改良主義運動，屢次抗疏言事，幾罹殺身之禍。王鵬運工詞，與況周頤、朱孝臧、鄭文焯合稱"清末四大家"，著有《半塘定稿》《半塘詞稿》《味梨集》《袖墨詞》《梁苑集》。

拓片上方右側，有光緒七年（1881）張度（叔憲）題跋：

此石別本龕內有墨蹟，非無象者。今叔弟吏部補以無量壽佛象，雅人遊戲，亦是創格。粥飯僧以畫佛著名，未思及此，不足与叔弟較量功德矣。叔憲。

張度（1830–1904）字吉人，號叔憲，又號辟非，晚號抱蜀老人、松隱先生、無意識界老衲等。浙江長興人。曾官至兵部主事、湖南候補知府、刑部郎中等職。家富收藏，擅長金石考據，與潘祖蔭、陳介祺有金石之交。年逾五旬，始從事繪畫，所作山水人物皆有古意。黃賓虹將其視為道咸畫學中興的代表畫家。張度以金石入書法，又以書法入畫法，這可能就是黃賓虹推崇張度之處。

張度除擅長金石書畫外，還以"雅懷高蹈"而著稱。他曾在一封家書中寫道："天下事不難辦者，有錢也。有官即有錢，弟本有官而不赴，何也？志不同也。生平不慕榮利……若肯苟且圖就，機不勝數"。當時朝中權貴如張之洞等人有意提攜他，張度卻秉持"當此之際，欲鎩羽於樊籠，仰鼻息於俗吏，其勢實有所不能"的不阿態度，奉行"科第爵禄乃身外物，俗人趨之若鶩，君子不談也"的處世原則。

看完卷軸，筆者馬上聯想到孫禄增所藏另一件《僧淵造像記》，其上亦有同治十年（1871）補繪黃衣佛像，同時亦有王鵬運、張度兩人題跋，故知兩件造像當為同時題跋。本件張度題跋未署年款，《僧淵造像記》則有"光緒七年（1881）八月"年款，此外，《僧淵造像記》王鵬運題跋亦未署年款，本件則有"光緒紀元（1875）孟冬"年款。因此，兩相對照，題款年月得以補充完備。

卷軸裝　拓片縱49釐米　橫26釐米
　　　　畫芯縱75.5釐米　橫26.5釐米
館藏號：J2559

《孫永安造像》孫禄增藏本局部

此魏孫永安造象文曰息孫山奉為亡云云 材弟考功同年誤釋孫為延於奉作奇四印齋精拓本可證也補為古定有諸世傳壽佛真身在零陵湘源山中宅日南岳 材弟任吾文目圖為鶴生壽諸之岩間材弟具此世量功德亦自與此石同壽矣 光緒紀元孟冬朔日臨桂王鵬

此石別本龕內有墨蹟非元象者今 叔弟吏部補吾無量壽佛象雅人遊戲亦是創格粥飯僧吾畫佛著名未思及此不足與 叔弟較量功德矣 叔憲

《孫永安造像》孫禄增藏本局部

4.《僧淵造像記》孫祿增藏本

《僧淵造像記》又名《傳洪達造像記》，北周天和三年（568）十二月十四日造。造像主為比丘僧僧淵，施像石塔主為傳洪達。此石上半截為像龕，下半截為造像題記，楷書共21行，行9字。此造像拓本為孫祿增舊藏。

在眾多孫祿增碑拓藏品中，此件《僧淵造像記》引起了筆者的關注。據孫祿增題跋可知，清同治七年（1868）四月，身為秀才的孫氏去郡城參加諸生歲考時，在考院附近的書肆中購得此張《僧淵造像記》拓片，當時如獲至寶，用孫氏的原話講，那就是"買歸，節省考費，以償其值"。

三年後的同治十年（1871），已考中進士的孫祿增在京寓中重新翻檢出此張《僧淵造像記》，還在拓片上截像龕中央補繪了黃衣畫像，並在兩側留下題跋兩段，其跋曰：

> 此宇文周武帝時造像，象主傳洪達，象屋主王□仁。按屋主名上一字左半已泐，或釋為"叔"，非。度其結構必有偏旁，決非"叔"字，疑是"淑"字。同治十年（1871）七月祿增識于京寓。

> 六朝造像嘉道以前無人顧問，故世間絕無舊本可覓。此本尚舊，實屬僅見。惜紙薄而破爛，拓工又復草率，其畫像未曾稍施氈蠟，惟左手約畧可辨。余愛其墨本之舊，而又恨其像之失拓，乃以意補之，兒則假以工筆，傳以柘石，其裳服模範，則就岙之皺裂處、凹凸處用淡墨乾擦，聊存形似而已。同治七年（1868）四月，孫祿增為歲試詣郡城，閒步右文館左右，於書肆遇此，買歸，節省考費以償其值。

孫祿增跋中提及："六朝造像嘉道以前無人顧問，故世間絕無舊本可覓。此本尚舊，實屬僅見。"言下之意就是此本當為嘉道以前少有的舊拓本。正如其所言，嘉道以前，六朝造像的確乏人問津。嘉道以後，傳拓六朝造像卻如雨後春筍般地快速發展，成為碑帖收藏的新寵。但彼時的拓片卻大多傳拓造像題記（即文字部分），鮮有傳拓畫像（畫像或圖案部分），此本能將像龕的邊框拓出，亦屬難得，但觀其紙墨與拓法，當為嘉道間拓本無疑，絕非清初舊拓。

又過了整整十年，清光緒七年（1881），孫祿增在其好友趙濱彥（槐廬）的提議下，將此本裝裱成卷軸，即我們今天看到的藏本樣式。同年，又在卷軸的頂端書堂處，孫祿增又先後延請了張度、王鵬運、趙濱彥、龍繼棟等四人為《僧淵造像記》題跋。

張度跋曰：

> 凡拓本勝國國初紙多黝黑，至嘉道間，始尚濕墨迅掃北宋拓法也。覃溪先生（翁方綱）持論如此，故彼時拓工多遵用之。此北周傳洪達造象，拓用濕墨，自係嘉道時物，校新拓者神韵迥別，是為可貴。叔茀吏部（孫祿增）補以佛象，頗得粥飯僧（金農）筆趣，更足為此拓增重矣。光緒七年（1881）仲冬（秋）八月，无意識界老衲張度。

現從張度所作《僧淵造像記》題跋的隻字片語中，亦能體現了其為人之清峻。好友孫祿增請他題跋，自然是希望他來讚美自己藏本的，但張度卻不顧及孫祿增的"嘉道前少有的舊拓本"的既定評語，仍提出"嘉道間拓本"的反方觀點，還鮮明地指出國初拓本與嘉道拓本的區別所在。

客觀地講，光緒年間的張度看到數十年前的嘉道拓本，確實是乏善可陳，無話好說，張度只得拿黃衣人像有金農筆趣來恭維一番，也算給好友孫祿增一個臺階下。

緊接張度題跋之後的是王鵬運（佑遐）題跋，其文曰：

> 此《周僧淵造象》也，人每誤為傳洪達，不知傳為施石主，亦猶王厶為象屋主耳，審文自悉。造象古尠著録，率無定名，如《張法壽造像》稱為《洪寶銘》，即此類也。吾曹不訂正之，誰更察其非者。叔茀吏部同年出此，屬製小詞補白，中有所疑，未便均語，質言就正，以為然否？佑遐鵬運識。

孫祿增本想請王鵬運題寫詩詞在拓本之上，但作為詞人的王鵬運卻不知何故以"中有所疑，未便均語"為由，來了個推脫，拿手的詩詞不作，卻留下一段標準的金石題跋。看來名家自有名家的脾氣。

王鵬運跋後，就該輪到趙濱彥和龍繼棟二人出場了，其中趙跋曰：

> 槐廬（龍繼棟）侈陳周刻幾種，碑賈間有售者，孫吏部（孫祿增）亦有之，余曾見，束置高閣而未經裝表。叔茀与槐廬同寓半截胡同，所記《寶漢樓藏碑目草》槐廬亦曾寓目，此本畫象極有趣而破爛太甚，已蠹其鼻矣，促叔茀速速去表，余之力也。丑仲趙濱彥塗鴉。

趙濱彥為趙景賢之次子。趙景賢（1822–1862）字竹生。浙江歸安人。道光二十四年舉人，後任湖州道員，團練總辦。太平軍忠王李秀成在咸豐十年（1860）以重兵圍湖州城，趙景賢組織抵抗和固守，至同治元年（1862）正月湖州城陷而英勇就義。清廷下詔稱其"勁節孤忠，可嘉可憫"，並在湖州專立祠堂。次子趙濱彥，因父殉職而被封官，並深得湖廣總督張之洞的信任，主管廣東製造局，後任上海製造局督辦、兩淮鹽運使和廣東按察使等職。

今天我們看到《僧淵造像記》卷軸樣式和眾多題跋，多是緣於趙濱彥的提議和慫恿，如若沒有他的提議，此拓或許

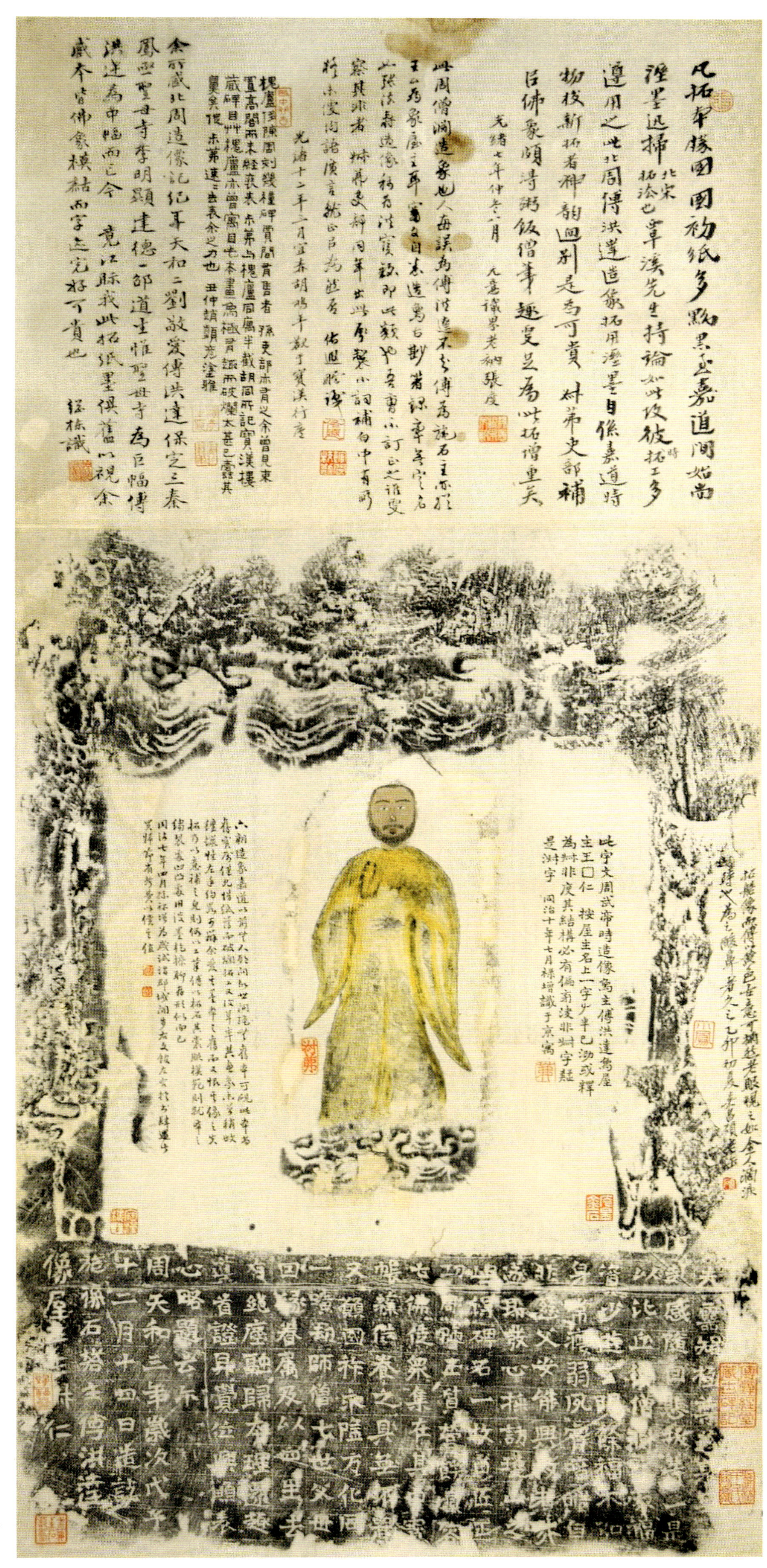

卷軸裝　畫芯縱95.5釐米　橫44.5釐米
館藏號：S2148

早已為蠹蟲所食，即便倖免於蟲口，也不會有琳琅滿目題跋的疊加，其價值還停留在區區一張嘉道拓本之上，斷然不會引起後人綿長的金石文化嚮往。

孫增禄邀請的第四位題跋者是龍繼棟（槐廬），其跋曰：

> 余所藏北周造像記，紀年天和二：劉敬愛、傅洪達。保定三：秦鳳丞、聖母寺、李明顯。建德一：邵道生。惟聖母寺為巨幅，傅洪達為中幅而已。今竟江眎我此拓，紙墨俱舊，以視余藏本，皆佛象模糊而字跡完好，可貴也。繼棟識。

龍繼棟（1845—1900），字松岑，又字松琴，號槐廬。廣西臨桂人，文學家龍啟瑞長子。同治元年（1862）舉人，官至戶部候補主事。光緒十年（1884）張之洞將其薦為“粵雅書院”講席，後曾國荃又聘其為“曾氏家塾”西席。光緒十六年（1890），清廷編印《古今圖書集成》，龍繼棟出任校讎官，著有《古今圖書集成考證》。晚年任江寧“尊經書院”山長。龍繼棟與王鵬運都是“臨桂詞派”之中堅，其詞作秉承家學又有所變化，善於用典，語言琢煉工致，著有《槐廬詞學》《槐廬詩學》。

光緒七年（1881），《僧淵造像記》經張度、王鵬運、趙濱彥、龍繼棟等四人題跋後，又歷經三十四年後，進入了民國四年（1915），《僧淵造像記》又留下了金石書畫大家吳昌碩的題跋，此時的卷軸本能夠題跋的餘地已經很小，所以吳跋極短，僅四十字，穿插在像龕的右側空隙處。其文曰：

> 拓髻像而傅以黃色，古意可掬，然老眼視之，如金人滴淚時也，為之酸鼻者久之，乙卯（1915）初夏吳昌碩老缶。

吳昌碩對碑拓本身好像視而不見，卻將老眼之目光停留在孫禄增所繪之黃衣畫像上，看著看著，竟然為之酸鼻起來。缶翁從黃衣畫像上仿佛看到“金人滴淚”之場景。“金人滴淚”的典故出於李賀《金銅仙人辭漢歌序》：“仙人臨載，乃潸然淚下。”詩中的金銅仙人臨去時“潸然淚下”表達了亡國之慟。民國四年（1915）的吳昌碩恰好深陷於易代後家國衰敗的悲傷中，金人滴淚的苦楚可能就是當時的真實心態，若不是這四十字的短跋，今天的我們幾乎無法想像當時缶翁惆悵之深。如此看來，同治十年（1871）孫禄增所繪的這幅黃衣人像豈不成了四十年後辛亥年清廷覆滅的一幅“讖畫”？

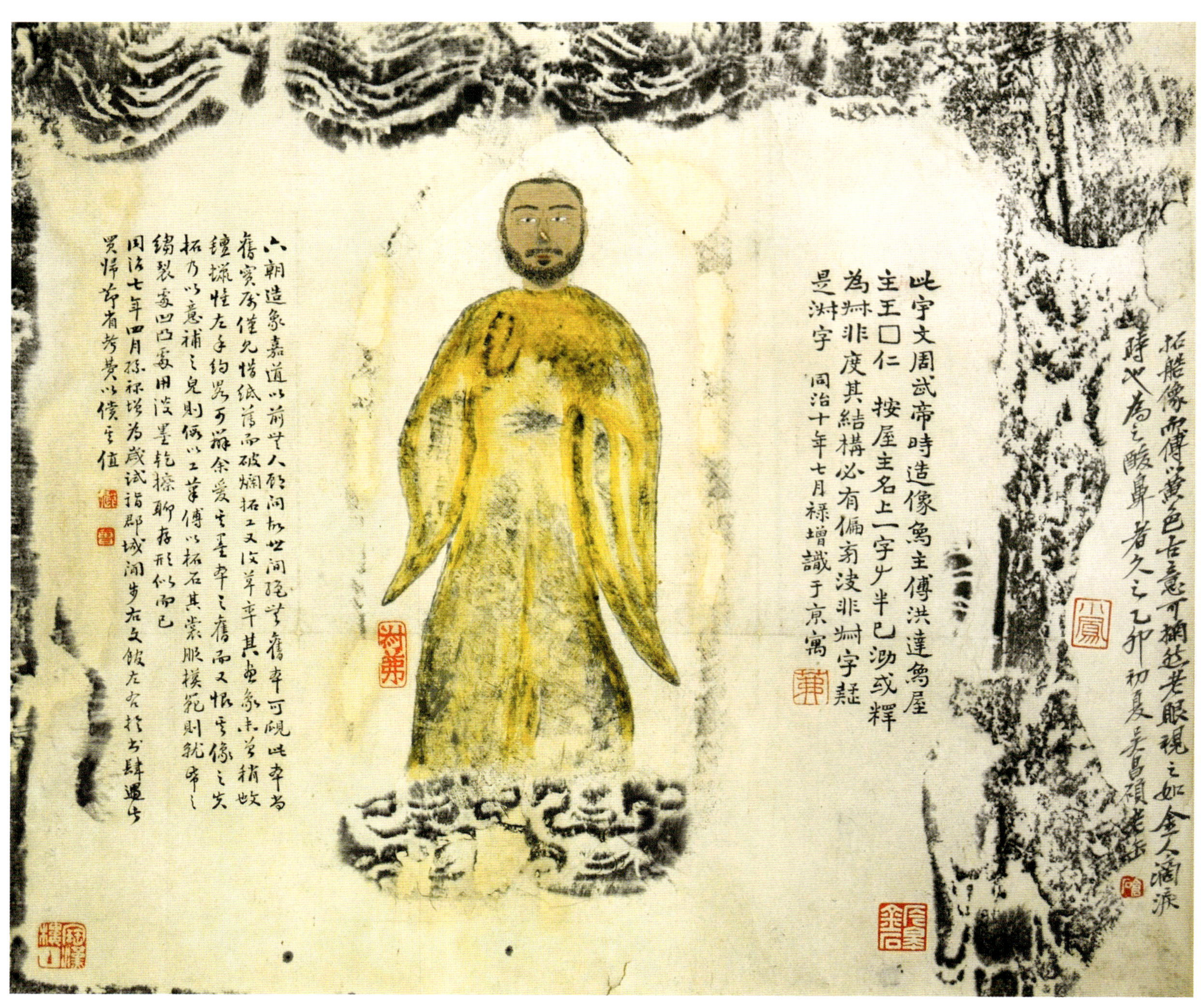

《僧淵造像記》孫禄增藏本局部

5.《桑買妻陽造像》鄭文焯跋本

《桑買妻陽造像》，北齊天保五年（554）正月十五日造玉石像，正面刻佛龕造像，龕側綫刻二使者，龕下刻二獅護持；背面刻造像題記，銘文六行，行七至九字不等。揚州馬曰綰、馬曰璐兄弟小玲瓏山館舊藏，後經沈秉成、趙之謙遞藏。此拓為沈秉成舊拓，存有光緒二十二年（1896）至宣統元年（1909）鄭文焯題記數則。依拓片觀之，玉像寬13釐米，高23釐米。

沈秉成（1823–1895），字仲復，自號耦園主人。浙江歸安人。光緒十六年（1890）創辦南京水師學堂、經古書院等。著有《蠶桑輯要》。

一、玉像正面

1、玉像拓片右側，鄭文焯題記：

齊天保五年正月十五日，故佛弟子平西將軍金門太守桑買妻陽造玉象一區。此稱某妻之例，如司馬景和妻孟、張通妻陶之類。

漢晉以來太守任重者竝持使節兼知軍事，此稱平西將軍金門太守，按北魏陽州有金門郡，太守領郡，故稱金門太守，此造象記“守”字文泐，猶於“寸”旁直畫隱隱可辨,趙氏《補訪碑録》亦（此字點去）譌作“太子”,失考已甚。丙申（1896）夏小暑日，叔問又題。

2、玉像拓片左側，鄭文焯題記：

邗江馬氏小玲瓏山館舊藏名蹟，俱雍乾時所得，過江名士相与攷論精審，名噪東南。此玉像自咸豐庚申亂後，始散失江干，當在馬秋玉秘笈中，極為珎啬，不輕以示人，故拓墨流傳絕少，曾於國光集社見一打本，乃碑估覆刻，字體頓失古致，且將記中“慈恩”二字移刻於上方，贋蹟顯然，是知當時之蔽所希見矣。此本猶是耦園舊拓，當出自勝官之手，亦足多也。宣統紀元（1909）大梁月上番，鶴道人再識。

3、玉像拓片底部，鄭文焯題記：

玉質蒼潤，約厚今工部尺三寸，合漢慮俿銅尺則三寸五分強也。

二、玉像背面

1、銘文拓片右側，鄭文焯題記：

趙撝叔《補寰宇訪碑録》載此造玉佛記，謂舊歸馬氏，今余得之歸安沈耦園中丞。佛象以水蒼玉為之，雕文古茂，千餘年名物也。光緒涒歎之歲（丙申）孟陬（正月）既望，石芝崦主題記。

2、銘文拓片左側，鄭文焯題記：

六朝造象以洛陽龍門號為大觀，其造玉象唯此名品而已，記稱平西將軍金門太守桑買妻陽，姓氏、官秩《北齊書》及《北史》竝無可攷。魏始置平西將軍，史稱後齊，制官多循後魏。又宋隋官志有太子門大夫，漢晉以來，竝以太守刺史領大將軍，北齊有四平將軍,此平西其一也。此云金門太守未詳何職。

攷魏金門郡，今屬河南府永寧縣南。并記。

福山王廉生祭酒纂《南北朝石存》亦依趙録記作“金門太子”，曾親為正誤，若非目擊此石，聞疑載疑，終莫能考辨，甚非謂也。

3、銘文拓片底部，鄭文焯題記：

按“桑”字从“卉”乃當時或體,《南齊書》“世祖夢著桒屐行度太極殿堦”，庾溫云：“桒”字為四十而二點，可徵南北朝書體相承之例。

漢隸竝作“桒”，南北朝書無不從漢魏隸書變體，非自為結構也。

東漢章帝時奚景於冷道縣舜廟下得玉律度，於是天下以為正度，各郡縣摹仿製造。慮俿縣於章帝建初六年（81）造一銅尺，長23.54釐米，人稱“慮俿銅尺”。

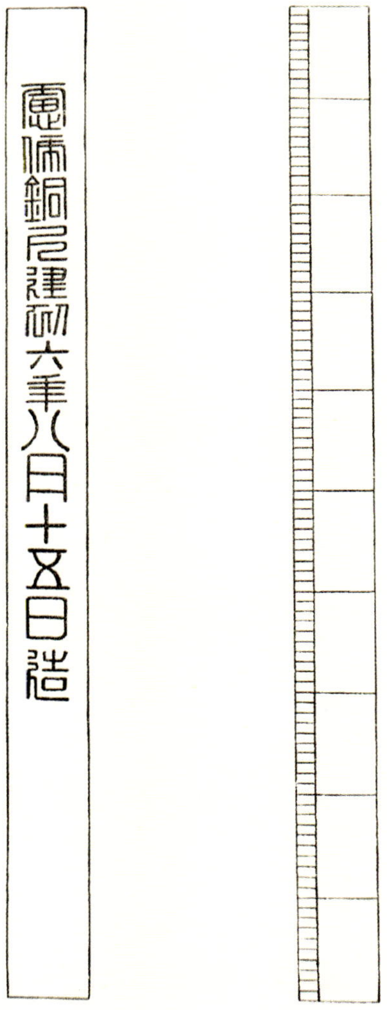

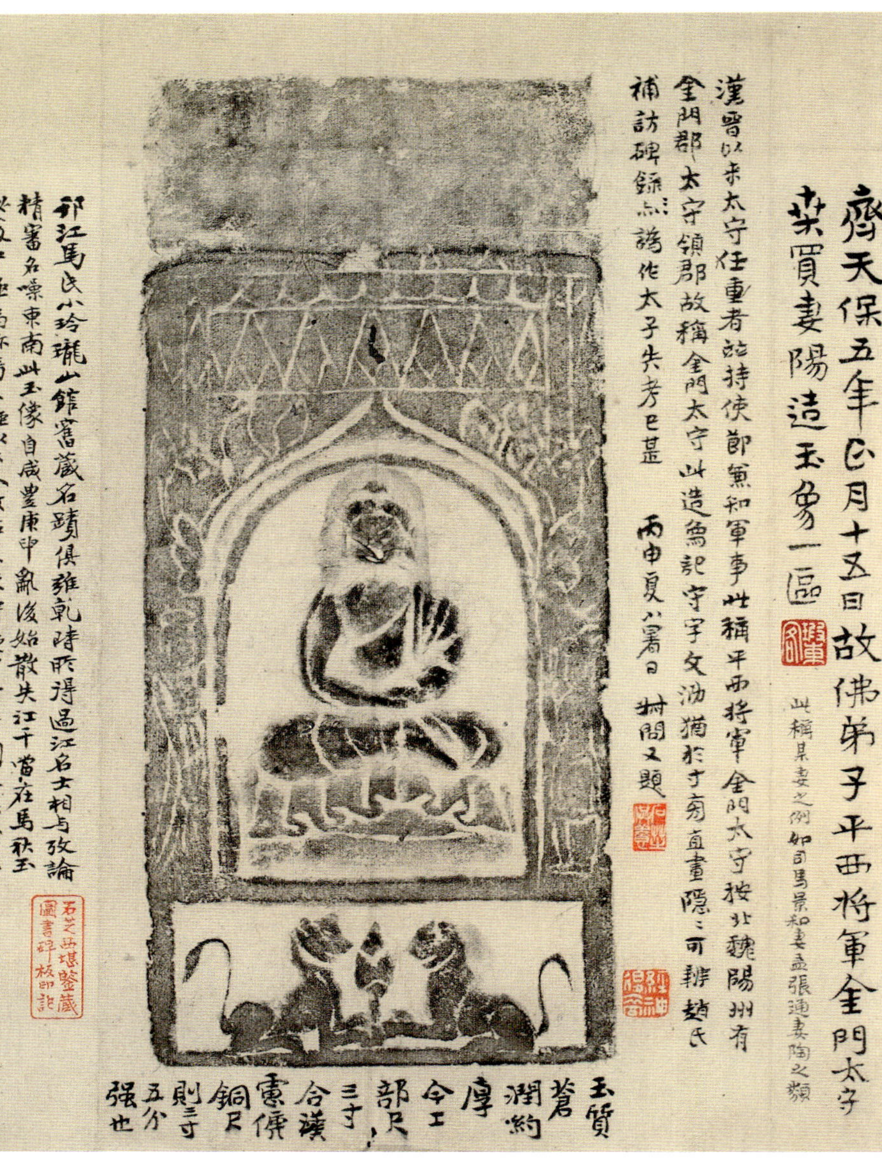
齊天保五年正月十五日故佛弟子平西將軍金門太守
樂買妻陽造玉象一區

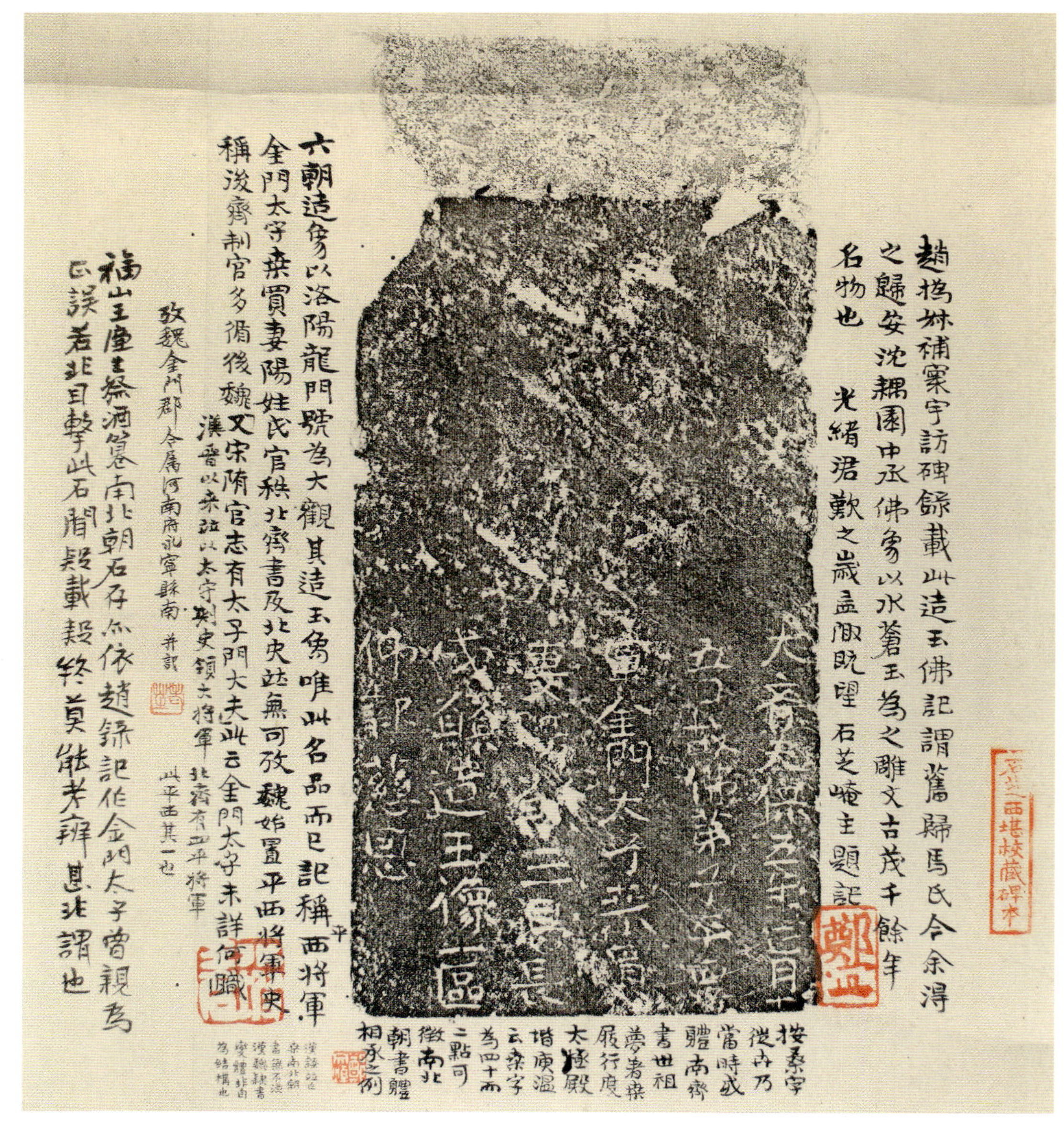

卷軸裝　畫芯縱99釐米　橫31釐米，
館藏號：J4506

6.《沙門明判造像記》鄭文焯跋本

《沙門明判造像記》，隋開皇十八年（598）四月十五日刻，楷書，五行。造像為碑式，有碑額、龜趺。拓本四周有鄭文焯題記。

鄭文焯題記：

隋開皇十八年戊午四月十五日沙門明判造象記。樵風逸民記於滬瀆僦舍。

近見順德鄧氏風雨樓藏開皇十四年《毛列造老君象》，盤髻長髯，手搖羽扇，製作精奇，亦為造像中別開生面者，因坿誌之。老芝記於樵風廎。

風雨樓主人為鄧實（1877–1951）字秋枚。廣東順德人。曾與黃節、章太炎、馬敘倫、劉師培等創立國學保存會、神州國光社，出版《風雨樓叢書》和《古學會刊》，主編《國粹學報》等。

世傳造像精品類豐碑式者，唯貞觀、開元兩銅碑，至為烜赫。若隋代物，此堇見者。今藏漢陽萬氏，頗珎閟，不輕以翠墨贈人。余曾於徐氏觀自得齋見一坐与此相埒，特亦初唐所造耳。鶴語。

觀自得齋主人為徐士愷（1844–1903），字子靜。安徽石埭人。官浙江候補道。嗜金石，精鑒別，富收藏。刻有《觀自得齋叢書》，並輯《二金蝶堂印譜》。

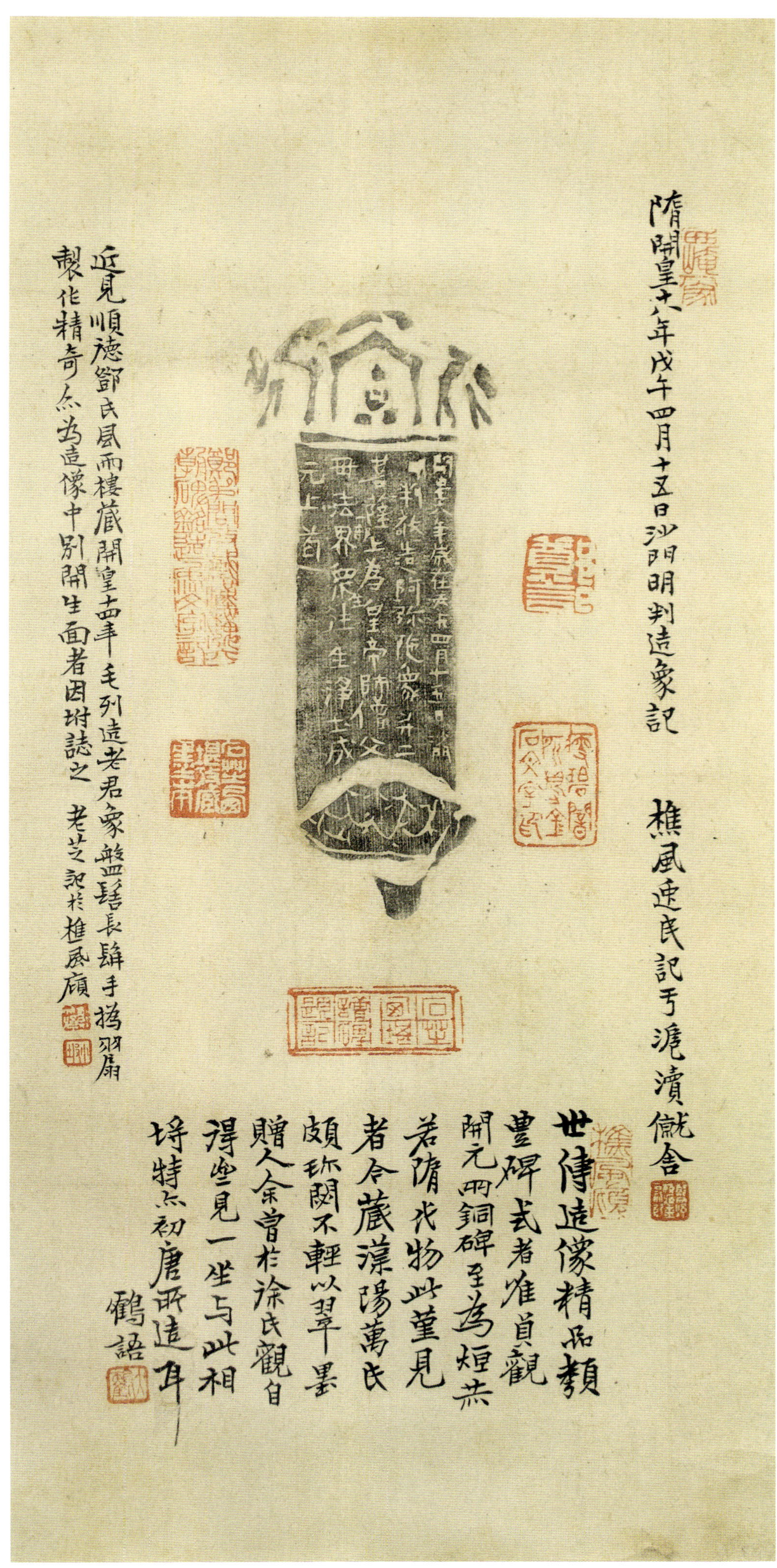

卷軸裝　畫芯縱34釐米　橫18釐米

館藏號：J2777

7.《大鶴山房藏造像三種》鄭文焯跋本

此件藏品為卷軸裝，橫批樣式，存有《比丘尼法光造像》《比丘法暈造像》《薛仁貴造像》三種，皆為鄭文焯親手所拓，前兩件造像記之原石為鄭文焯收藏，後一件《薛仁貴造像》則在龍門石窟岩壁。另，卷軸起首處有一鄒安（適廬）題簽，簽上標注為舊藏造像四種，然檢視卷軸整幅，唯見三件，所缺者即《桑買妻造像》。三件造像邊側均有鄭文焯題記，現過録如下：

1、《北魏比丘法光造像》

魏普泰二年（532）比丘尼法光為弟劉桃扶造像記，攷劉桃扶見之《北史》《魏書》有傳，即劉桃符，證以記言北征，其時事正合，"扶""符"古同聲通叚字。《後漢章帝紀》"扶拔"，《班超傳注》作"符拔"，此"符""扶"同用之證。史家紀輿地姓名之通例也。《桃符傳》：中山盧奴人，生不識父，九歲喪母，性恭謹，好學，舉孝廉，射策甲科，歷碎職。正始中，除征虜將軍中書舍人，以勤明見知。延昌中，世宗詔与後將軍李世哲領衆討東豫州刺史田益宗，因代其任居邊，善恤蠻，尤為吏民所懷，久之始徵還，是其北征久為邊使，記所謂願平安還，此其佳證也。法光以愛弟之道，割簪珥之餘，刊崇靈象，祈嚮歸人，其造記以四月八日者，則俗傳為灌佛之辰，見《宋書·劉敬宣傳》《魏釋老志》亦稱是日世祖引高德沙門與諸佛象行於廣衢，故造象多取此令辰爾。《魏書》記是月高歡幽廢帝於崇訓寺，菩薩亡靈，國難猝及。法光造記於危亂之際，豈亦憂患使然。自來六朝造象攷見於史者絕尠，因捃拾足徵之文，雜連識之。孫氏《寰宇訪碑録》始著其目，在洛陽龍門。今石藏石芝西堪。鶴道人鄭文焯跋于吳小城東。

2、《北齊比丘法暈造像》

此北齊天統二年（566）法暈造像記，

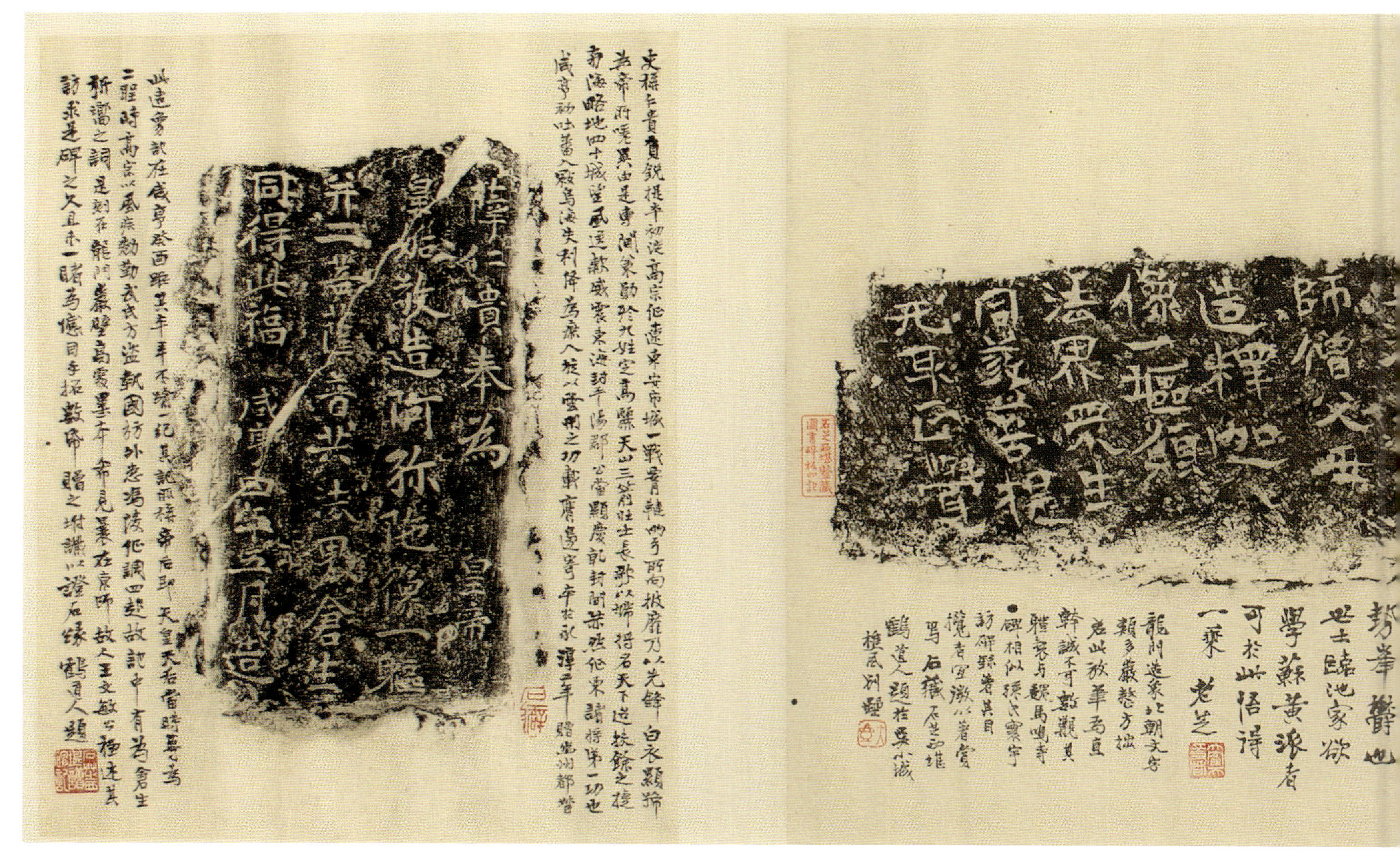

書體遒峭峻茂，不經意處，正《梁武与陶隱居論書》所謂隨筆廉斷，觸勢峯鬱也。世士臨池家欲學蘇黃派者，可於此悟得一乘。老芝。

龍門造象北朝文字類多嚴整方拙，若此放筆為直幹，誠不可數覯，其體製與《魏馬鳴寺碑》相似，孫氏《寰宇訪碑録》著其目，攬者宜微以著賞焉。石藏石芝西堪。鶴道人題於吴小城樵風別墅。

3、《唐薛仁貴造像》

史稱仁貴負鋭提卒，初從高宗征遼東，安市城一戰，腰鞬兩弓，所向披靡，乃以先鋒白衣顯號，為帝所嗟異。由是專閫策勛，殄九姓，定高麗，天山三箭，壯士長歌，以虓將名天下，追扶餘之捷，旁海略地四十城，望風送款，威震東海，封平陽郡公。當顯慶乾封間，赫然征東諸將第一功也。咸亨初，吐蕃入寇，烏海失利，降為庶人，旋以雲州之功，載膺邊寄，卒於永淳二年，贈幽州都督。

此造象記在咸亨癸酉，距其卒年，不踰一紀。其記所稱帝后即天皇天后，當時尊為二聖，時高宗以風疾勸勤，武氏方盜執國柄，外患馮陵，征調四起。故記中有為倉生祈嚮之詞。是刻在龍門巖壁高處，墨本希見。曩在京師，故人王文敏公極述其訪求是碑之久，且未一睹為憾，因手拓數帋贈之。坿識以證石緣。鶴道人題。

卷軸裝　第一拓片縱35釐米　橫34釐米
第二拓片縱35釐米　橫40.5釐米
第三拓片縱35釐米　橫27.8釐米
館藏號：J4204-4206

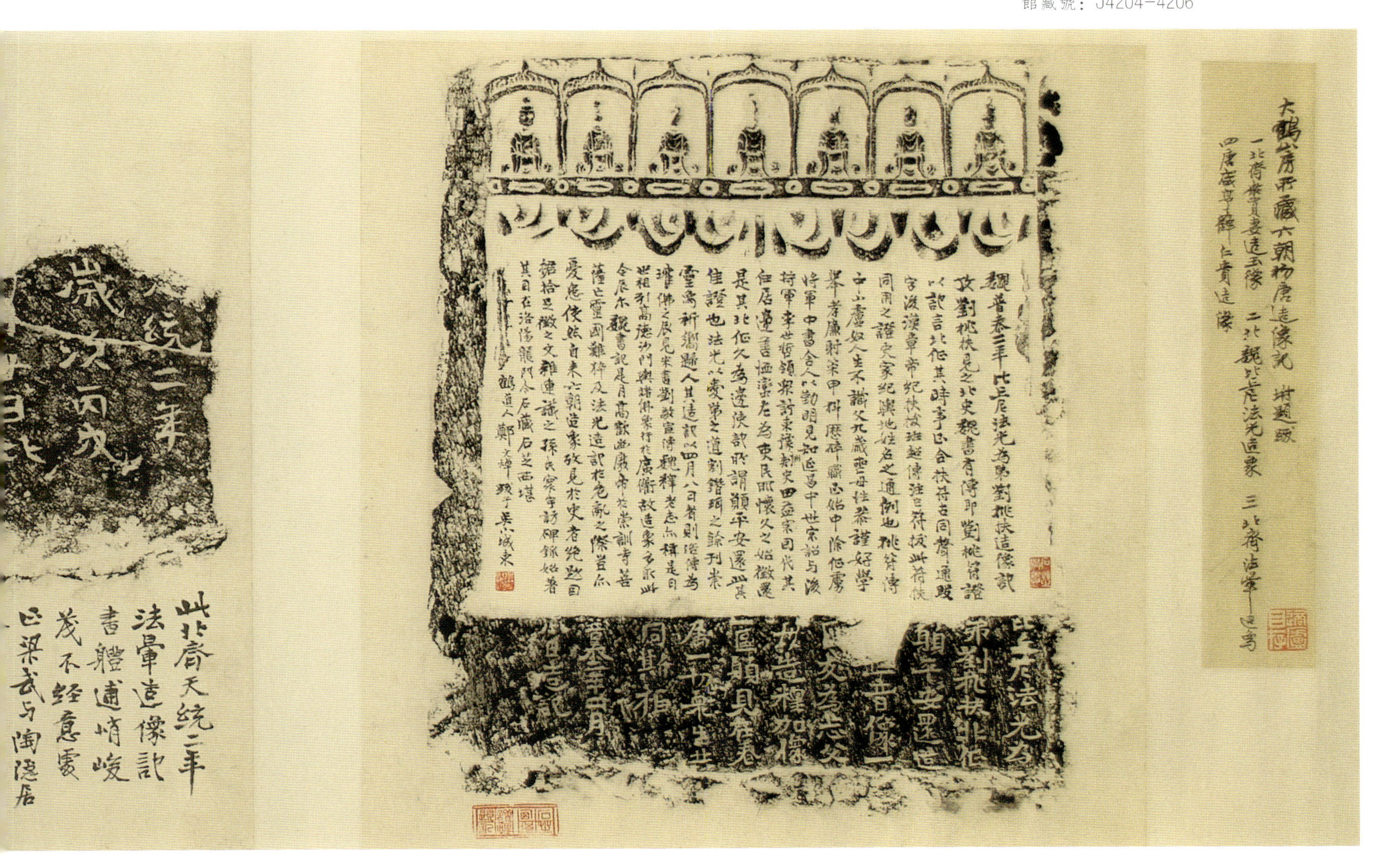

8.《揚州三賢祠宋刻蘇軾遺像》章鈺跋本

此本上為宣統元年（1909）章鈺抄録《翁方綱題坡公五贊》，下為《蘇軾遺像拓本》。皆作團扇狀，畫像、題記直徑皆為24釐米。《蘇軾畫像》刻石，舊在揚州三賢祠内，後歸端方收藏。本件卷軸之主人是端方的幕僚宗舜年（耿吾）。從藏家、題跋者以及裝裱樣式、尺寸來看，本件《蘇軾遺像》當與《端方題日晷》同屬一套，抑或當時還是四條屏，亦不得而知。

《蘇軾遺像拓本》上有端方題識：

揚州三賢祠宋刻蘇文忠遺像，耿吾仁弟雅鑒，浭陽端方題。

揚州三賢祠，清乾隆年間建，因供奉曾經主政揚州的三位傑出人才——宋歐陽修、蘇東坡，清王士禛而得名。

章鈺抄録《翁方綱坡公五贊》，其文曰：

此像繢於粵東，時甫得《嵩陽帖》（即《天際烏雲詩》），載一葦之煙篷。後廿七年，供於蘇齋之中，乃得《偃松屏贊》與《施顧集注》。共香篆而交玉虹，浩乎襟袖，大海長風。

焉得好手散髮而騎鯨，惟此金山之蹟，龍眠所營，蔡詩公書，宋槧公集，天風海濤，坐客起立，寄之公像，篆煙一縷，一笠一屐，橫萬萬古。昔聞陳氏之“蘇庵”與蔣氏之“蘇齋”，今我也則“寶蘇”名室，真見公來。蔣有麓臺之畫，陳則不知，我但日誦《漢書》以配公書與詩。

翩然乘風，為誰而來。草堂月下，人

卷軸裝　畫芯縱128釐米　横34釐米

館藏號：J2539

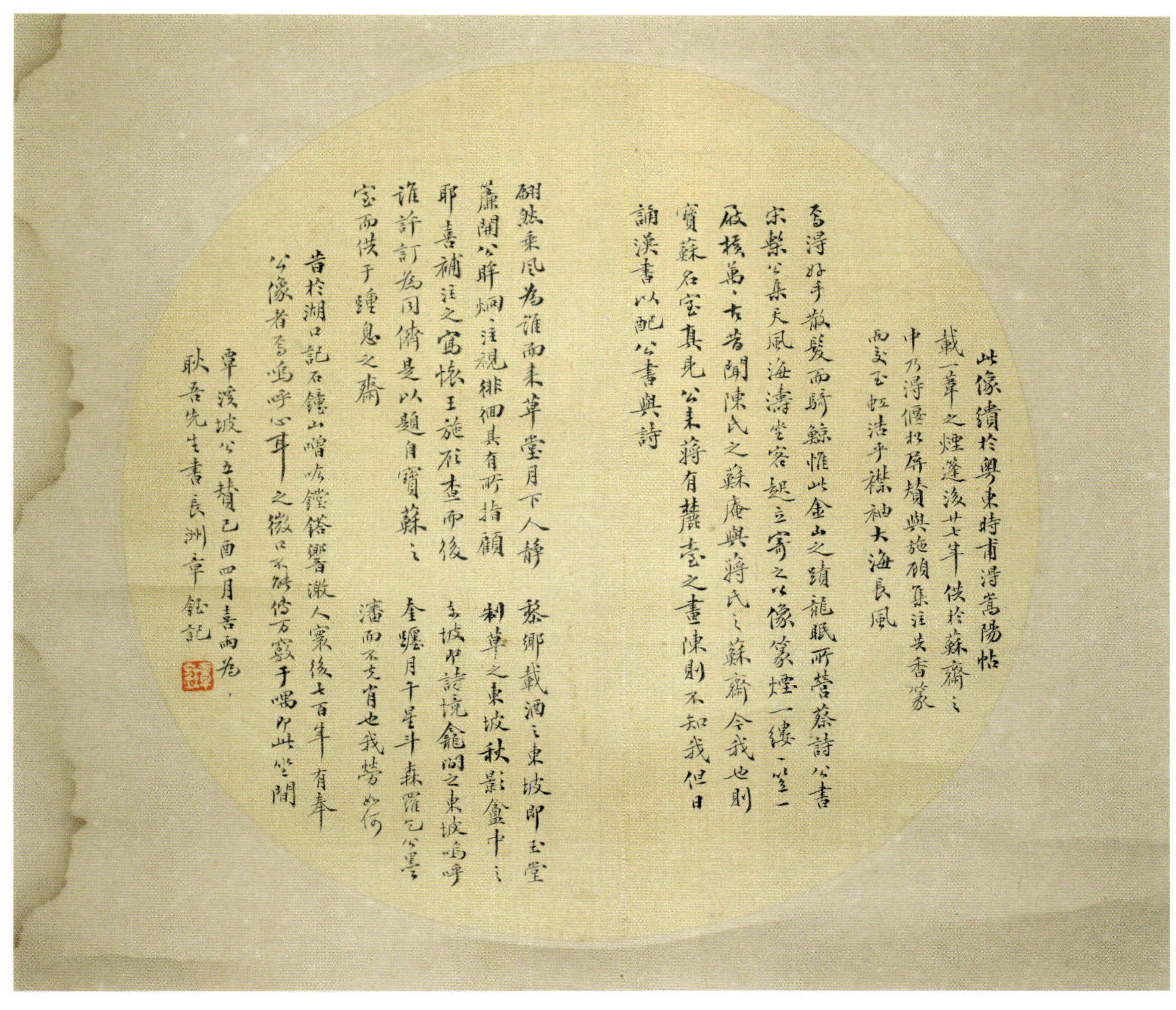

卷軸裝　畫芯縱128釐米　橫34釐米
館藏號：J2539

静簾開。公眸炯炯，注視徘徊。其有所指顧耶，喜補注之寫懷，王施顧查而後，誰許訂為同儕。是以題自寶蘇之室，而供于踵息之齋。

黎鄉載酒之東坡，即玉堂制草之東坡。秋影盦中之東坡，即詩境龕間之東坡。嗚呼，奎躔月午，星斗森羅，乞公墨瀋而不克肖也。我勞如何。

昔於湖口記石鐘山，噌吰鏜鎝響激人寰，後七百年有奉公像者焉。嗚呼，心耳之微，口不能傳，萬竅于喁，即此坐間。

覃溪坡公五贊，己酉（1909）四月喜雨為耿吾先生書，長洲章鈺記。

章鈺（1864—1934），字式之、堅孟，號茗簃、汝玉。别號蟄存、負翁、北池逸老、霜根老人等，江蘇長洲人。光緒二十九年（1903）進士，曾任事務司主管兼京師圖書館編修。辛亥革命後，寓天津，以收藏、校書、著述為業。其藏書樓名曰“四當齋”，取宋藏書家尤延之名言“飢當肉、寒當裘、孤寂當友朋、幽憂當金石琴瑟”。1914年任清史館纂修。著《四當齋集》《宋史校録》《胡刻通鑒正文校宋記》。

附：翁方綱《寶蘇室研銘記》：

予年十九，日誦《漢書》一千字，明海鹽陳文學輯本也，文學號“蘇庵”，則頗以“蘇齋”名書室，竊附私淑前賢之意。戊子冬，得蘇書《嵩陽帖》，癸巳冬，得《蘇詩施顧注》宋槧殘本，益發奮自勖於蘇學，始以“寶蘇”名室。……昔陳眉公（陳繼儒）裒輯蘇書成《晚香堂帖》二十八卷，可謂勤且專矣。顧眉公堂曰“寶顔”，而未以“蘇”名。宋牧仲（宋犖）摹蘇像而侍其旁，然未嘗名齋也。蔣樹存（蔣深）亦得蘇像，俾王麓台（王原祁）圖之，始有“蘇齋”之目。

9.《建文三年造像》吳昌碩跋本

《建文三年造像》，清光緒年間在江蘇常熟梅李鎮出土。正面刻有佛像，在佛像背座刻有若干文字，最上一行文字漫漶，僅見"山一""作墓"等字，其下左右分刻"風調雨順""國泰民安"兩行，最左側刻"建文三年某月十五日"字樣。拓本留有常熟籍文人沈石友、俞次輅題詩二首。

此件佛像及其書法均十分平常，幾乎不值一提，但難得的是，有"建文紀年"。"建文"為明朝第二個皇帝朱允炆的年號，前後共四年（1399－1402）。朱允炆是懿文太子朱標的第二子，洪武二十五年（1392）因皇太子朱標病死，朱允炆旋被冊封為皇太孫，洪武三十一年（1398）五月正式即位。

建文帝即位後不久就採取削藩政策，先後廢黜周王、湘王、齊王、代王、岷王等數位親王，導致勢力最強大的燕王朱棣於建文元年（1399）七月起兵"靖難"，建文四年（1402）朱棣攻入京師應天府，朱允炆與皇后及太子舉火自焚，歷時四年的"靖難之役"以燕王朱棣的勝利而告終。

燕王朱棣進入京城後，被群臣擁立皇帝位，是為明成祖，年號曰"永樂"。當時有"讀書種子"之稱的方孝孺，因拒絕為朱棣起草即位詔書，惹惱朱棣，遭十族全誅（九族之外再加朋友門生一族，共誅八百餘人），永樂初年的反攻清算極為殘酷，共有數萬人慘死於朱棣的屠刀之下，朱棣又下令廢除"建文"年號，故建文年間石刻文物傳世較少。

此件拓本右上角，有民國六年（1917）吳昌碩篆書題端：

> 建文三年豬像。豬像渾樸，建文字徵沕，金石流傳世所罕見。石友得之，以備一朝著作，殊可寶貴，然革除事可歎也，丁巳春吳昌碩。

拓本左側，有沈汝瑾（石友）題跋：

> 光緒中，福山出土《建文年銀豬象》一區，今藏言子巷陸氏，吾邑金石建文紀元者，已有數種，革除適見成祖之暴，肆虐一時，遺恨千古也。石友再記。

沈汝瑾（1858－1917），字公周，號石友、鈍公、鈍居士、聽松亭長等。江蘇常熟人。清末民初鑒藏家和詩人。藏硯頗多，亦精刻硯，工詩詞，著有《鳴堅石齋詩鈔》《石友藏硯》。

沈石友與吳昌碩之間的交誼長達三十餘年，吳昌碩《缶廬詩存》中有許多內容均涉及沈氏，沈石友《鳴堅白齋詩鈔》中則有更多的詩詞是題贈給吳昌碩的。此外，據說1924年吳昌碩去世後，弟子趙雲壑整理缶翁遺物時，曾尋得昌碩往來書札數十通，其內容幾乎都是缶翁請石友代為創作題畫詩的，看來"吳畫沈詩"還曾是一個鮮為人知的藝術組合。

此件拓本亦可視爲"吳沈組合"，吳昌碩題端，沈石友題詩，拓片下截留有沈石友題詩兩則，沈詩流露出對建文革除史實的感歎，讀者自可從中領略沈詩的魅力。

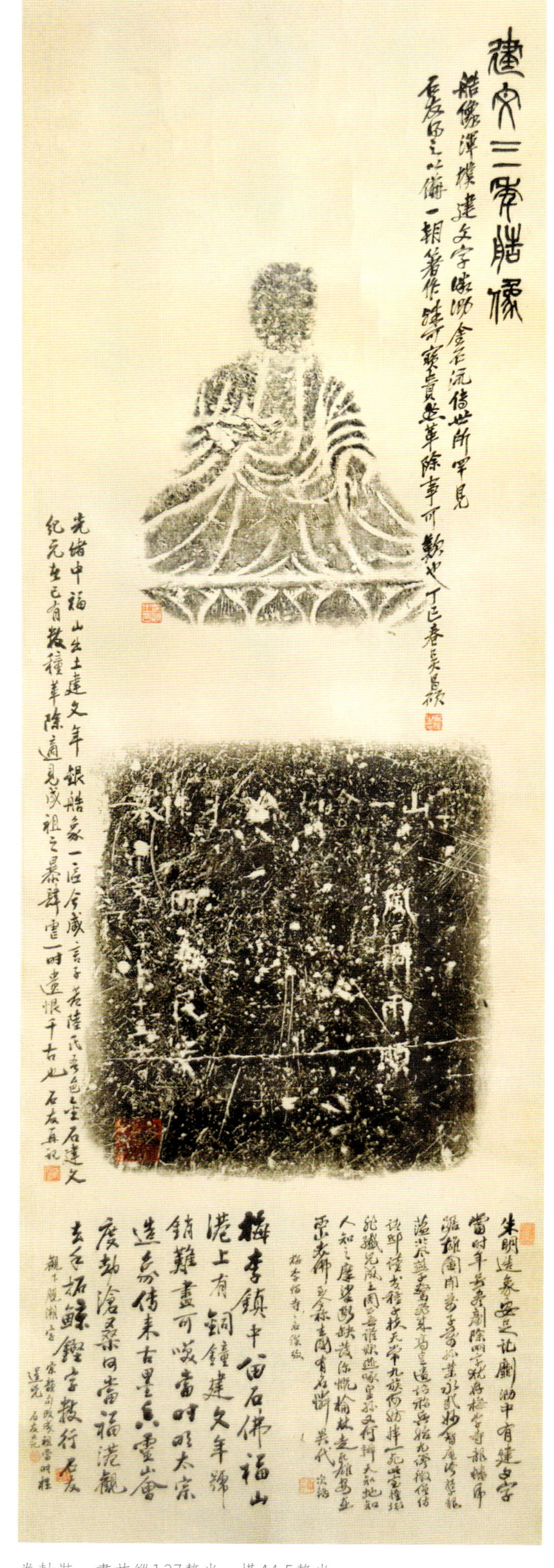

卷軸裝　畫芯縱137釐米　橫44.5釐米
館藏號：S1882

沈石友詩曰：

梅李鎮中留石佛，福山港上有銅鐘。
建文年號銷難盡，可唉當時明太宗。
造象傳來古墨香，靈山會度劫滄桑。
何當福港觀（潮）去，手拓鯨鏗字數行。
石友。觀下脫潮字。
宗韻句改成祖當時枉逞兇。石友又記。

以上題詩亦當寫於民國丁巳（1917），此年正是沈石友的卒年，以上沈氏題跋、題詩當以絕筆視之。

沈石友題詩之右側，另有沈氏老友兼同鄉俞鍾鑾題詩一則，其詩曰：

朱明造象安足記，剷泐中有建文字。
當時年號盡剷除，兩字猶存梅李寺。
龍蟠虎踞雄圖開，萬子萬孫業永哉。
妙智庵洿孽龍蘊，北風燕子驚飛來。
高皇遺詔稱兵始，尤謬徵僧侍諸邸。
讀書種子扶天常，九族何妨拌一死。
此室撞壞非纖兒，成王周公吾誰欺。
燕啄皇孫又何辯，天知地知人知之。
摩挲斷缺發深慨，榆林走死雄安在。
西山老佛至今稱，去國有名憐異代。
次輅。

俞鍾鑾（1852—1926），字金門，荆門，又字次輅，號養誥。江蘇常熟人。俞大文次子，翁同龢外甥。光緒二十三年（1897）舉人，好詩文，通醫術。清末詩人、書畫家、慈善家。

拓本中尚有沈曾植之子沈穎（慈護）藏印並題簽。外簽題曰："建文三年造像記，吳昌碩、沈石友、次輅跋，丁亥初冬（1947）慈護收藏於靜儉齋中。"

此件藏品，二十世紀五六十年代，上海圖書館購自榮寶齋，當年售價僅為五元。

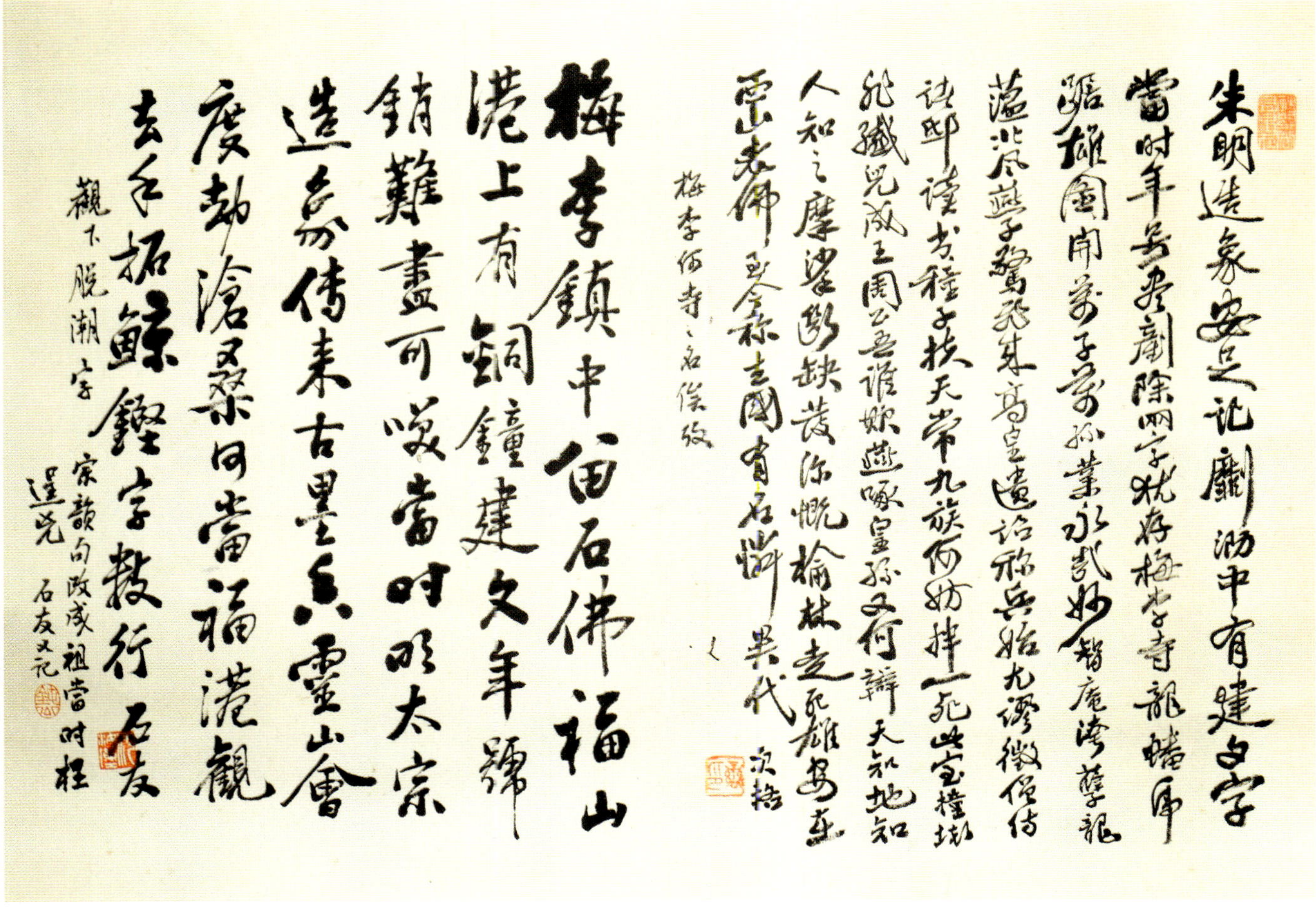

《建文三年造像》吳昌碩跋本局部

10.《程硯秋畫像題刻》羅癭公跋本

《程硯秋畫像題刻拓片》兩側存名家墨蹟題跋，它承載了一段民國初期文藝界的交際史，涉及到羅癭公、徐悲鴻、程硯秋、梅蘭芳、曾習經、黃濬、許伯明等人，涵蓋當時詩壇、畫苑、梨園和商界大腕。卷軸中央，是民國七年（1918）羅癭公撰文並楷書的《程硯秋畫像題記拓片》，其文曰：

> 程豔秋，正黃旗人，世官，父隸內務府籍，頗沃饒。國變冠漢姓。父歿漸困，券伶人家為弟子，習青衣旦，歌聲遏雲，麗絕一世。吾始見驚歎，為詩張之，傾動都下，名輩歌詠，籍滿全國。顧其師暴恒扑楚之，吾乃力脫其籍，令師事梅蘭芳，更別聘名師數輩，授學文武崑亂，益精能矣。蘭芳負天下名，輒慮無繼者，匪豔秋莫屬。江南徐悲鴻為成是像，傾城之姿未能盡也，然畫中人，世已無此佳麗矣。戊午(1918)十二月，癭公。

羅癭公（1872－1924），名惇曧，字孝遹，號癭公，廣東順德人。康有為弟子，晚清官至郵傳部郎中、唐山路礦學堂坐辦等職。民國後，任總統府秘書、國務院參議、禮制館編纂等職。又曾為袁克定塾師，袁世凱稱帝以後，拒不受祿。羅氏學識淵博，詩詞書法、歷史掌故無所不通。著有《癭庵詩集》，為後世所推崇，其詩與陳散原、樊樊山等齊名，又與梁鼎芬、黃節、曾習經合稱“嶺南近代四家”。

羅氏精通京劇，善於編劇度曲，著有《鞠部叢談》，介紹京劇變遷和藝人掌故，對京劇研究具有較高的史料價值。民國五年（1916），羅癭公見到了年僅十二歲的程硯秋登臺表演，歎為難得的京劇人才。此後程硯秋進入青春期，出現變聲“倒嗓”，但苦於仍要為師父榮蝶仙出場演戲，眼看其藝術生命就要毀於一旦，羅癭公遂籌款將其贖出師門，並助其拜入梅蘭芳門下，還親自教程硯秋識字、讀詩、練習書法。

兩年後，民國七年（1918）十二月，癭公還特意安排徐悲鴻為梅蘭芳、程硯秋師徒二人畫像，以示其對京劇藝人的敬重。當年，悲鴻為梅蘭芳作《天女散花圖》，羅癭公畫上題記曰：“後人欲識梅郎面，無術靈方可駐顏。不有徐生傳妙筆，焉知天女在人間。”為程硯秋所繪的則是《武家坡戲裝畫像》，羅癭公亦留下題記，即上文所述之題刻拓片內容。

當年退隱北平的羅癭公提攜程硯秋可謂不遺余力，除為其贖身、拜師、捧場外，從1921年至1924年羅氏病逝前的三年中，還專門為程硯秋編寫《青霜劍》《金鎖記》等十二個膾炙人口的劇本。

拓片題記中羅癭公當時題云“程豔秋”，這可能就是日後大名鼎鼎青衣程派創始人——“程硯秋”名字的最初來源。程硯秋（1904－1958），滿洲正黃旗人，程佳氏，最早官名是承麟。民國七年（1918）羅癭公把“承”改為漢姓“程”，並將其原先的藝名“菊儂”改為“豔秋”，取意於“豔於秋者厥為菊”。十四年後，民國二十一年（1932），程硯秋赴歐洲考察戲曲音樂時，登報啟事，改“豔秋”為“硯秋”，取意“硯田勤耕秋為收”，易字“玉露”為“禦霜”。

民國初，當時定居北平的癭公已是天下無人不知的名士，文藝界的新秀多願投其門下，得其推介，時人有“名士經紀”之譽。民國七年（1918）徐悲鴻為了取得赴法留學的資格，持康有為的介紹信去拜會癭公，求請門路，就在這期間繪製了梅蘭芳與程硯秋的畫像。在羅氏的引薦下，徐悲鴻受到當時的教育總長傅增湘和北平大學校長蔡元培先生等人接見，最終，傅增湘先生為徐悲鴻爭取到了官費赴法留學名額，次年三月，悲鴻開始了八年的法國留學生涯，日後居然不負眾望成為享譽世界的大畫家。

拓片卷軸的右側，留有民國辛酉（1921）羅癭公墨跋，其文曰：

> 曾剛甫贈玉霜簃主人詩云：“不用清謳佐酒罇，偶逢餔啜亦承恩。從今到處逢人說，一飯真成廢語言”。剛甫詞華蓋代，節概標異，而其傾倒玉霜（程硯秋）固如此，聽香玩世微歌，審音辨律，放浪京華，既十載矣。五侯之門無其履跡，而日躞躞於梅、程師弟之庭，調護誨摯，如父兄之愛其子弟，其視梅程賢於五侯遠矣。畹華（梅蘭芳）既藝精無上，譽聞海國，玉霜（程硯秋）精進亦一日千里，法乳所傳綿延光大，吾知聽香之樂，必有逾於五花封誥者矣。辛酉重五後一日。癭公題。

民國十年（1921），或許是程硯秋將《武家坡戲裝畫像》的癭公題記刊刻入石，並將初拓本奉贈癭公，羅氏就此作了這段珍貴的墨跋。跋中援引了《曾剛甫贈玉霜簃主人詩》，高度地讚揚了程硯秋演藝的精進。曾剛甫即曾習經，玉霜簃主人即程硯秋。看來，晚清遺老酷愛京戲，癡迷程硯秋者，絕非羅癭公一人，還有大名鼎鼎的曾剛甫。

拓片卷軸的左側，又有民國十七年（1928）黃濬題詩：

曾見迦音護玉人，良師愛友一時親。
如今清似霜天菊，安得重迴婉婉春。
聽香廍畔意如雲，尺幅還同玉蕊熏。
世上但珍羅癭字，誰從曹穆策元勳。
戊辰（1928）七月既望為伯明先生題。秋岳黃濬記於聆風簃。

黃濬（1891–1937），字秋岳，福建侯官人。自幼隨外祖父讀書，有"神童"之譽，並深受陳寶琛、嚴復、林紓等福建同鄉父執的賞識。光緒二十八年（1902），就讀京師譯學館。民國初年，留學日本早稻田大學。回國後在北京政府中任職，被時任財長的梁啟超聘為秘書。此時的黃濬，以其才華橫溢而受知於當時詩壇領袖樊增祥、傅增湘、羅癭公等人。1935年，又得福建侯官同鄉、時任國民政府主席林森的推薦，在南京政府任行政院高級機要秘書，頗得行政院長汪精衛信任。

當時，日本駐南京總領事須磨就是黃濬的早稻田大學同學，他是個資深間諜，利用同學關係成功地策反了黃濬，一代才子就此淪為間諜與漢奸。1937年，在封鎖長江江陰段航道計劃等一系列重大情報洩密事件發生後，蔣介石怒不可遏，嚴令盡快剷除隱藏在內部的漢奸團夥。1937年8月，黃濬以叛國罪被處以死刑，同死者的還有其長子黃晟及同黨十餘人。

黃濬學識淵博，早年曾悉心搜集的名人書札、大臣奏稿、宮廷邸報、佚文詩帖等第一手資料，對前清的一些政壇文壇掌故趣聞尤為熟悉，著有《花隨人聖庵摭憶》，其內容皆為鴉片戰爭以來的晚清歷史事件。陳寅恪嘗評曰："秋岳坐漢奸罪死，世人皆曰可殺。然今日取其書觀之，則援引廣博，論斷精確，近來談清代掌故諸著作中，實稱上品，未可以人廢言也。"

卷軸中黃濬題跋的上款為"伯明先生"，即許伯明（1877–1957），別名葆英，浙江海寧人。出身書香門第，早年亦留學日本。回國後歷任江南武備學堂教官、江南陸軍小學總辦、上海都督府軍械局局長、總統府諮議、保定中國銀行行長、江蘇省財政廳長、江蘇省銀行總經理、南京中央銀行副經理等。許伯明對於本文所述之梨園往事，可不是局外人，當年羅癭公為程豔秋贖身，許伯明就是重要參與者，還是銀行借款的擔保人。日後，許伯明又將趙榮琛、李世濟兩人介紹給程硯秋，竟成為程派藝術的重要傳人。

從黃濬題跋可知，羅癭公最終將《程硯秋畫像銘文拓本》轉贈給了許伯明，一段民國文藝界的人情交往就此畫上圓滿的句號。

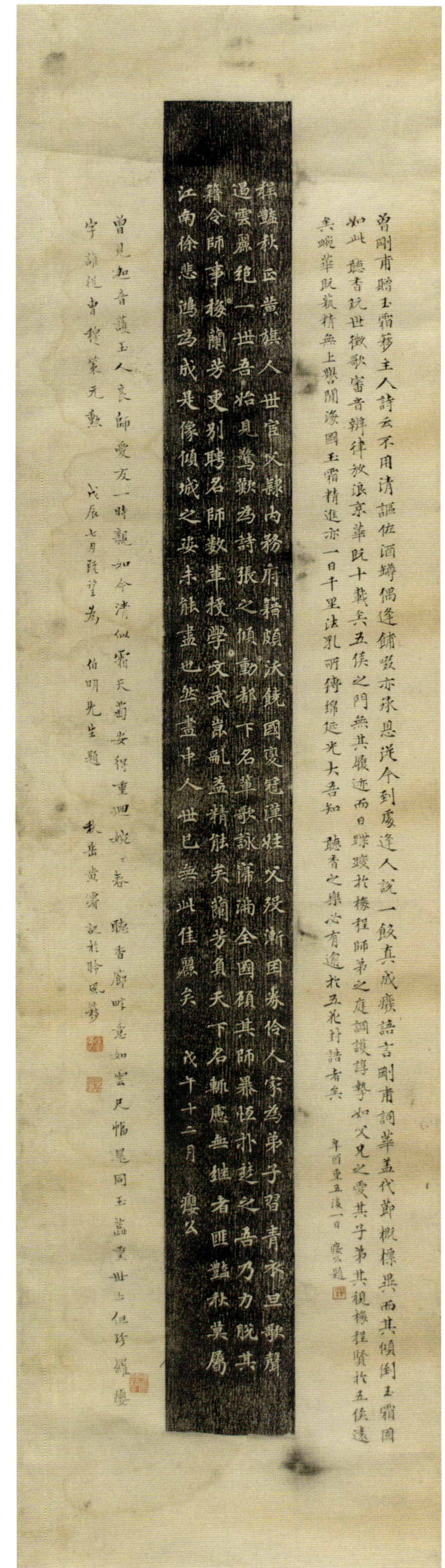

卷軸裝　畫芯縱108釐米　橫24釐米
拓片縱78釐米　橫7.4釐米
館藏號：J5535

二　題　名

1.《昌陽嚴題刻》端方跋本

《昌陽嚴題刻》西漢古塚題刻，在山東文登三塚村。正面銘文曰“昌陽嚴”，背面銘文為“嚴掾高”，共六字。此拓為光緒十七年（1891）端方命榮城姚茂才夜潛三塚村傳拓而來，殊為難得，拓工精湛，墨色濃厚。光緒十九年（1893）正月，端方將其轉贈王瓘，留有端方、王瓘題記。民國年間，此拓歸周大烈收藏。端方題記：

光緒辛卯（1891）榮城姚茂才歸里，彼知石在文登三冢村，三冢者，巍然有三古冢存焉。因屬親往拓得數紙，以贈孝禹先生，備漢刻之一種。湮易端方記。

王廉生編脩藏匡鶴老所贈《昌易》一拓，以此證之，始知其偽。蓋村人自此石出土後，譌傳每以椎拓致灾害，故偵守綦嚴，姚生拓此特以夜往，村人覺之幾釀訟端，故得此不易耳。癸巳（1893）春正，匋父又記。

王瓘題記：

此石雖無年月時代可攷，以文義書勢斷之，確是西漢文字無疑。第一行“昌陽”下一字是“嚴”字之省文，第二行“嚴掾”下一字是“高”字之異文。光緒十九年（1883）正月廿日銅梁王瓘記。

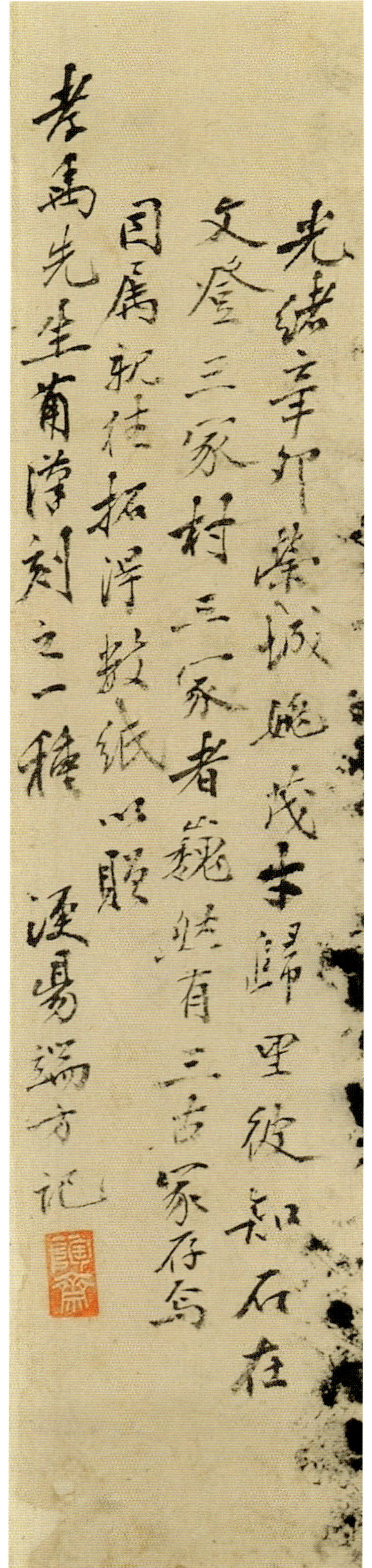
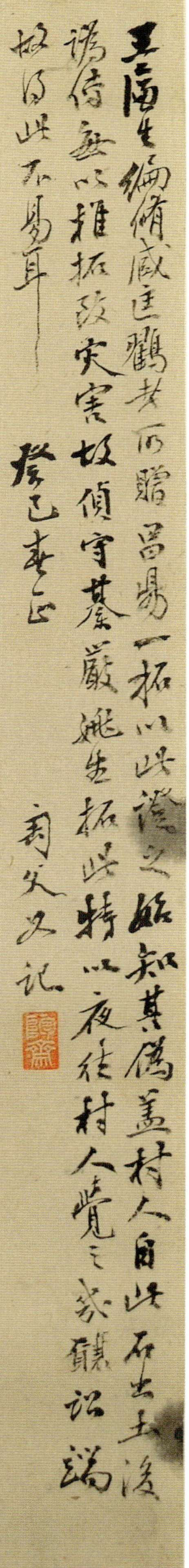

《昌陽嚴題刻》端方跋本局部

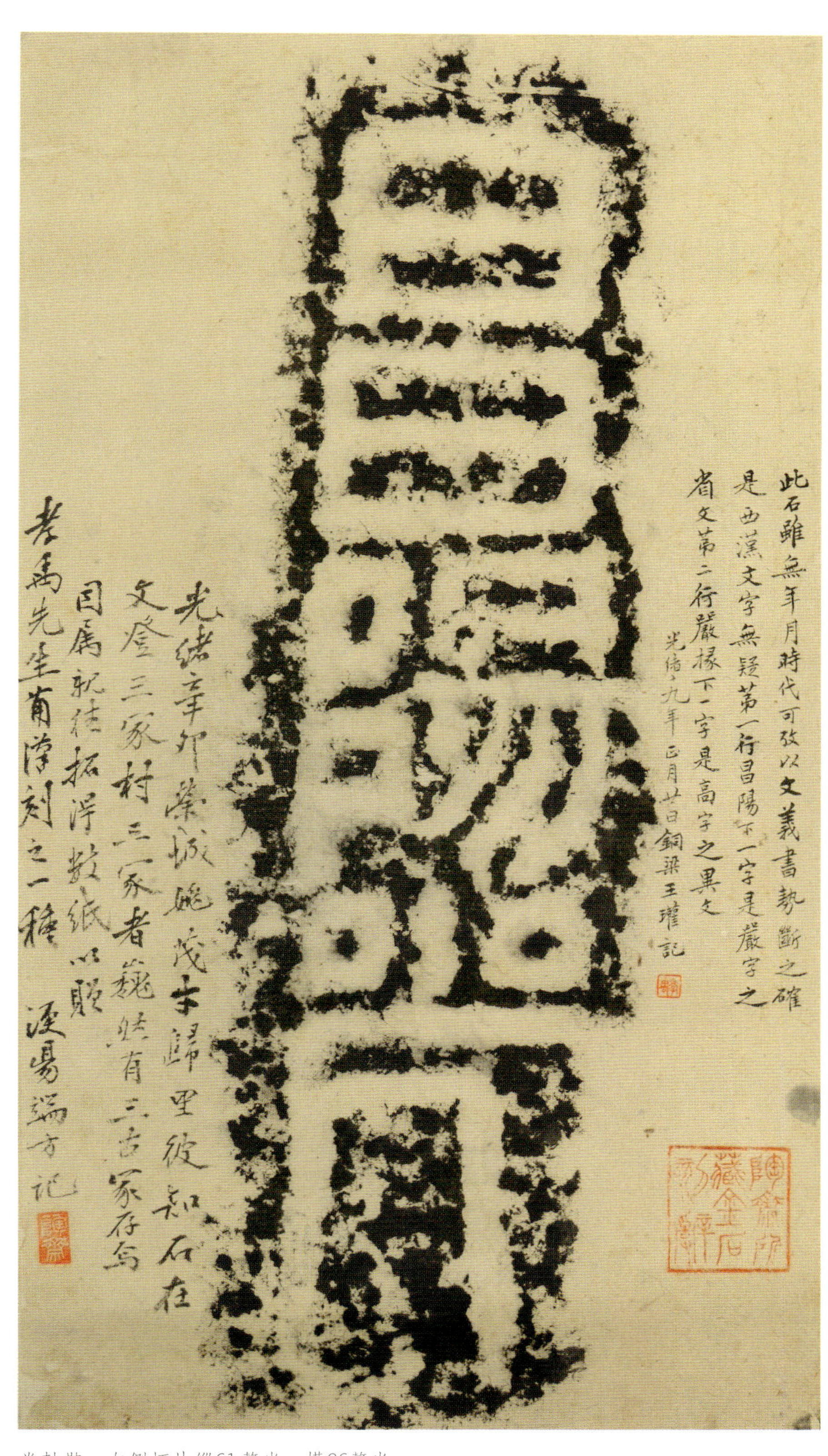
此石雖無年月時代可攷以文義書勢斷之確是西漢文字無疑第一行昌陽下一字是巖字之省文第二行巖椽下一字是高字之異文
光緒九年正月廿日銅梁王瓘記

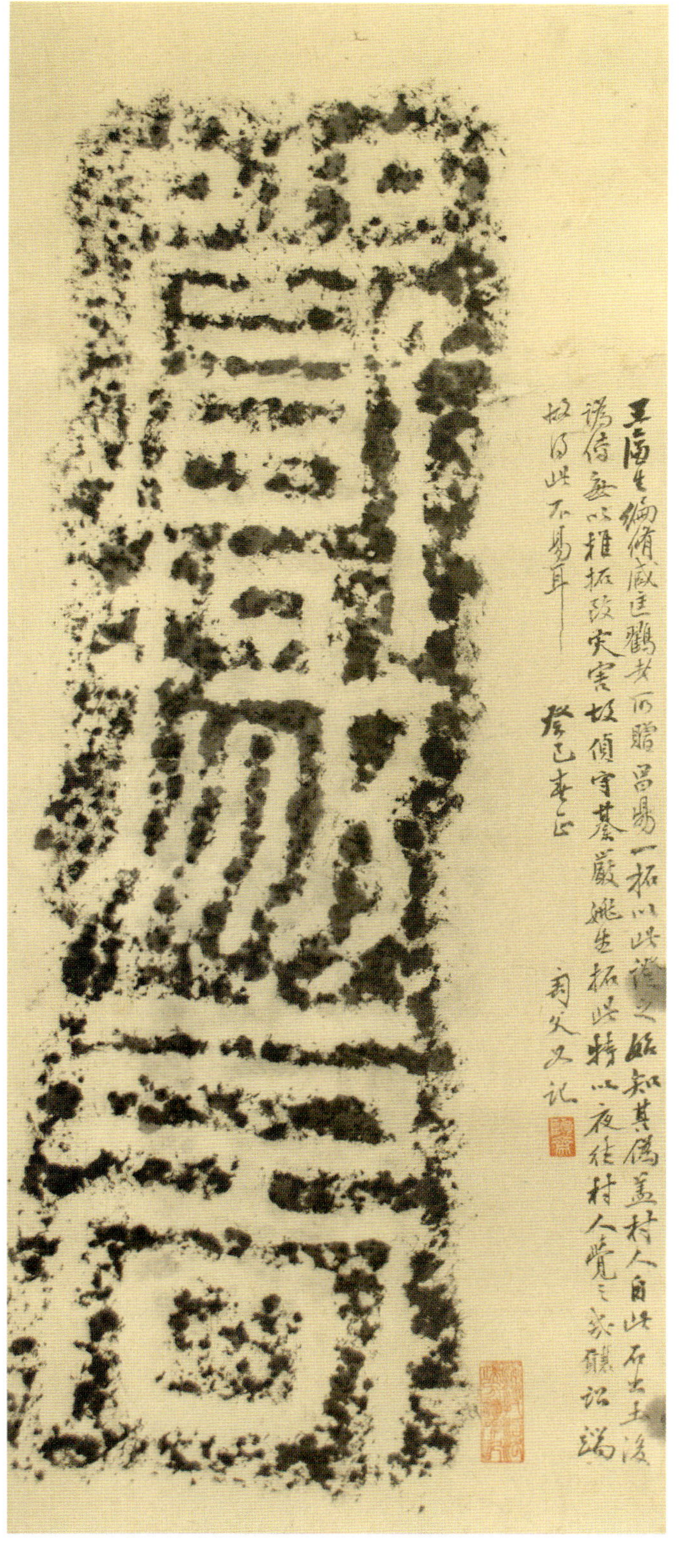

卷軸裝　左側拓片縱61釐米　橫26釐米
　　　　右側拓片縱47釐米　橫26.5釐米

館藏號：J3598

2.《延年石室題字》王瓘藏本

《延年石室題字》，漢陽嘉四年（135）刻於四川巴縣石壁間，光緒末年訪得，旋即從崖壁上鑿下，歸溥倫（延鴻閣）收藏。此為王瓘（孝禹）藏初拓，後歸周大烈收藏。內存光緒三十二年（1906）至光緒三十三年（1907）題記五篇，題記觀款者有羅振玉、方若、劉鶚、惲毓鼎、端方、翁斌孫、繆荃孫、楊鍾羲等人。

拓本左上方，端方題記：

延年石室在四川巴縣石壁間，為廷笠齊司馬命工鑿取，今歸延鴻閣主人（溥倫）。劉燕庭《三巴舂古志》搜採宏富，獨不及此，名碑巨刻其霾沒於荒巖邃谷者多矣。端方記。

拓本右上方，光緒丙午（1906）八月，惲毓鼎題記：

西漢石以《五鳳》為最古，此石稍後而自來未見著録，出土未久旋即剝落，此初搨未損本。雖出自後漢，可與《五鳳殘石》相頡頏。孝玉三兄得之因題其上。丙午八月惲毓鼎記。

惲毓鼎（1862–1917），字薇孫，一字澄齋。江蘇常州人。光緒十五年（1889）進士，歷任日講起居注官、翰林院侍講、文淵閣校理、國史館總纂、憲政研究所總辦等職。晚清史學家、藏書家。著有《澄齋日記》《澄齋詩鈔》《崇陵傳信録》等。

拓本右下方，繆荃孫題記：

《延年石室題字》在四川巴縣摩崖，近始訪得。陽嘉漢順帝弟二改元，字跡結體與逍遥山《會仙友》同，蜀石易泐，椎拓多則稜角刓敝，初拓尤可珍已。燕庭《三巴舂古志》，自漢至宋有三百餘種，荃孫續訪得者加倍不止，惟漢刻僅得《上庸長》及《楊君銘》耳。向疑《尊楗閣》《范功平》諸摩崖不應散佚，閣道危險近多改路，有好事者尋古道訪求，或能再出人間乎？不勝妄想。繆荃孫識。

拓本左下方，光緒三十二年（1906）九月，翁斌孫題記：

《延年石室刻字》金石家向未著録，打本流傳亦希。孝禹觀察博雅好古，得此初拓本見示，審其字結體與《五鳳刻石》差類，延年為吉羊語，殆亦瓦當延年益壽，孝堂山石室安吉之意，惜未知此石室亦有畫象否？丙午九月朔日，翁斌孫題。

翁斌孫（1860–1922）字弢夫，號笏齋、笏庵、冰楞、笏居士等，江蘇常熟人。翁同書之孫，光緒三年（1877）進士及第，歷任功臣館、國史館、方略館、會典館協修、纂修、總纂、武英殿纂修、直隸提法使等。嗜讀書、金石考證，長於掌故。著有《笏齋詩集》《津門所見録》等。

拓本正下方，光緒三十三年（1907）二月，楊鍾羲題記：

孝禹觀察金石專家，福山文敏師嘗亟稱之。比來同客陶齋，盡出其所藏相賞析。此拓鋒勢飛動，廬陵天水以來未之見也。觀察行將為黃山白嶽之游，屐齒所經，前賢銘刻固當搜剔及之。他日羹蔬啜茗，共相躭玩，必有出於竹君稚存諸家著録之外者。丁未二月既望，楊鍾羲寫記。

楊鍾羲（1865–1940），先隸滿洲正黃旗，乾隆間改為漢軍正黃旗，世居遼陽。姓尼堪氏，原名鍾慶。戊戌政變後改為鍾羲，冠姓楊，字子勤，聖遺、芷晴，號留垞、梓勵，又號雪橋、雪樵等。光緒十五年（1899）進士，歷任國史館協修，襄陽、淮安、江寧知府等。辛亥革命後，留寓上海，以清遺老自居，寄情文史，不問世事，為劉翰怡編校圖書數年。著《雪橋詩話》《聖遺詩集》《意園文略》。

另有觀款：

光緒丙午（1906）七月上虞羅振玉觀於抱殘守缺齋，定海方若、丹徒劉鐵雲同觀。

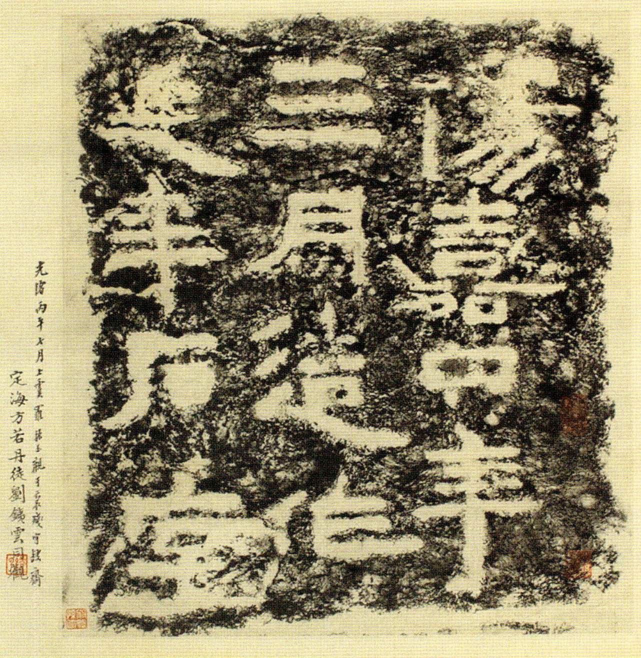

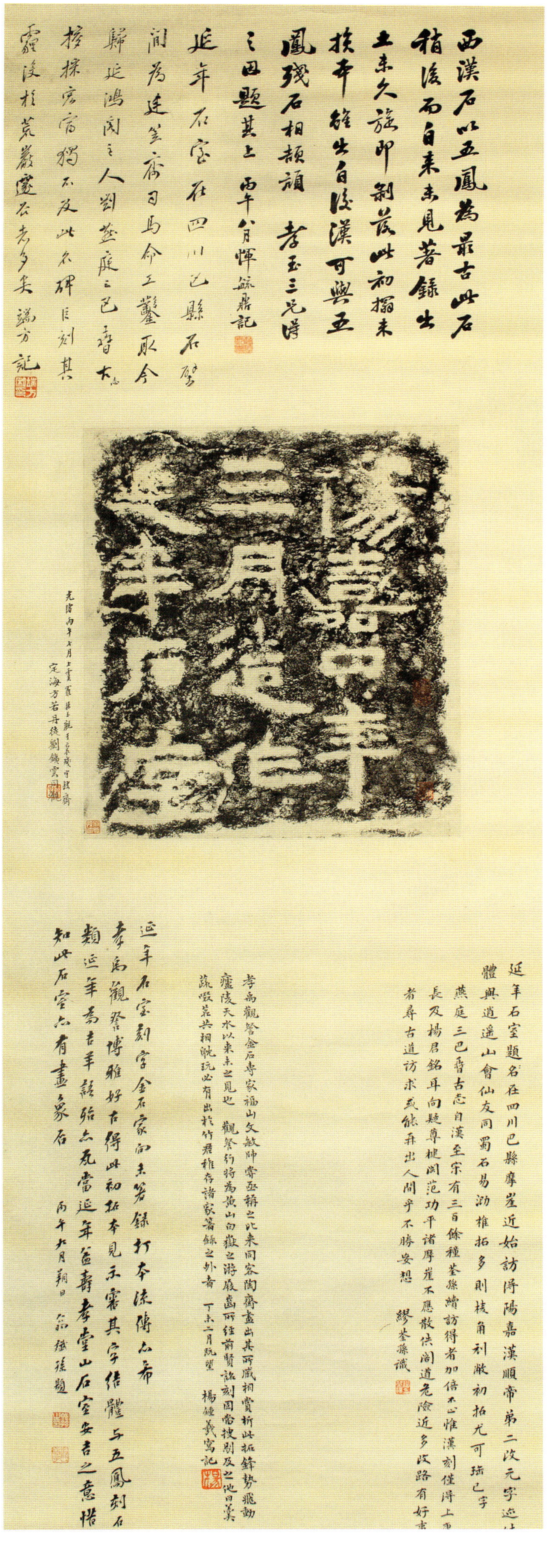

卷軸裝　拓片縱34釐米　橫30.5釐米
畫芯縱136釐米　橫40釐米
館藏號：J3964

西漢石以五鳳為最古此石稍後而自來未見著錄出土未久旋即剝蝕此初搨未損本雖出自後漢可與五鳳殘石相頡頏 孝玉三兄得之因題其上 丙午八月惲毓鼎記

延年石室在四川巴縣石壁間為建昌高司馬命工鑿取今歸延鴻閣主人劉燕庭已著大志搜採宏富獨不及此石碑目刻其霾沒於荒巖邃谷者多矣 端方記

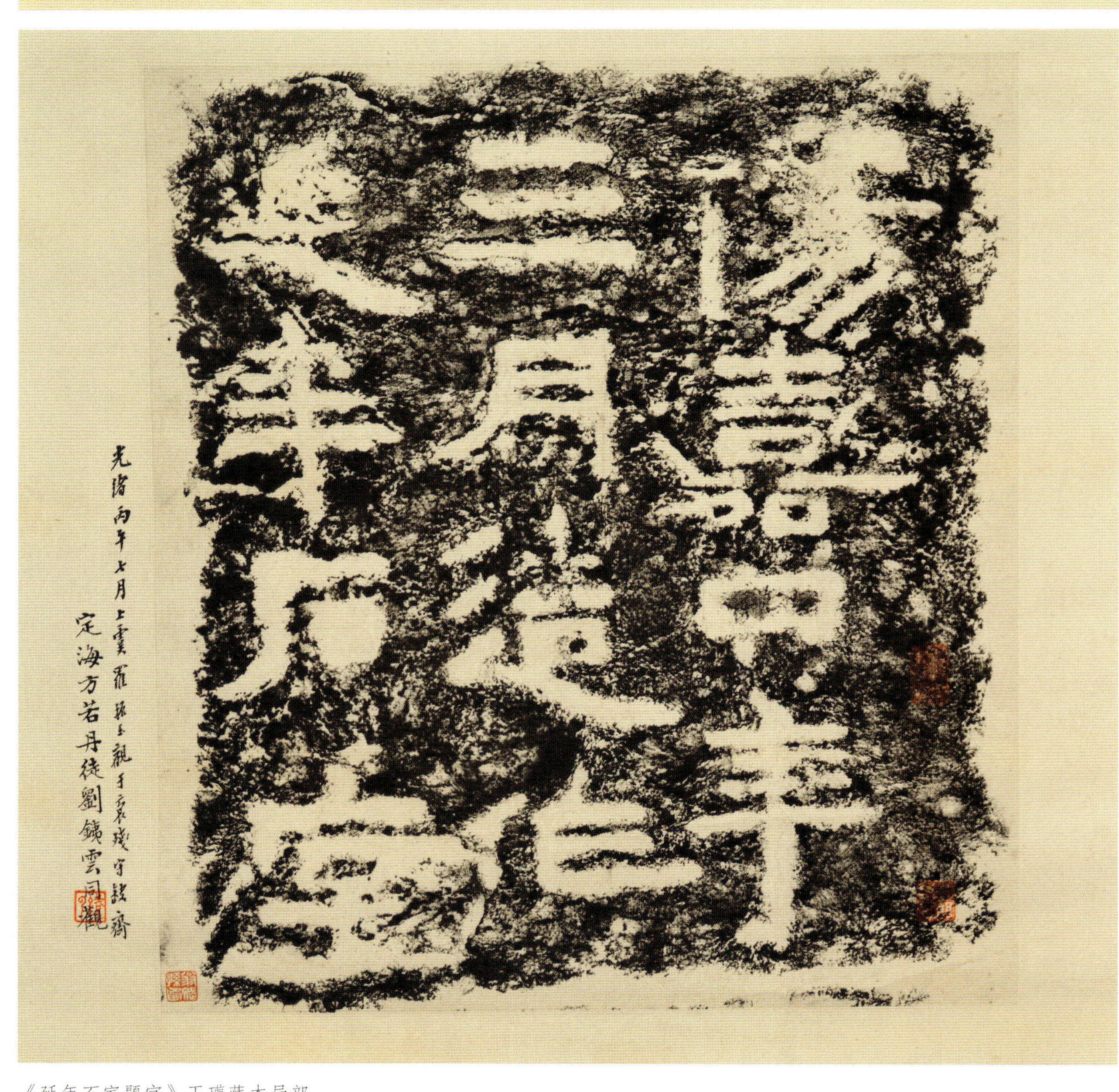

《延年石室題字》王瓘藏本局部

延年石室題名在四川巴縣摩崖近始訪得陽嘉漢順帝第二次元字延結
體與逍遥山會仙友同蜀石易泐椎拓多則棱角刓敝初拓尤可珍已字
燕庭三巴孴古志自漢至宋有三百餘種荃孫續訪得者加倍不止惟漢刻僅得上庸
長及楊君銘耳向疑尊楗閣范功平諸摩崖不應散佚閣道危險近多改路有好事
者尋古道訪求或能再出人間乎不勝妄想

繆荃孫識

孝禹觀詧金石專家福山文敏師嘗亟稱之比来同客陶齋盡出其所臧相賞析此拓鋒勢飛動
瘞陵天水以来未之見也　觀詧行將為黄山白嶽之游屐齒所經前賢詺刻固當搜剔及之他日蒐
疏暇若共相眺玩必有出於竹君稚存諸家箸録之外者

丁未二月既望　楊鍾羲寫記

延年石室刻字金石家向未箸録打本流傳亦希
孝禹觀詧博雅好古得此初拓本見示審其字結體與五鳳刻石差
類延年蓋吉羊語殆亦兆當延年益壽孝堂山石室安吉之意惜未
知此石室亦有畫象否

丙午九月朔日　太翁鐵孫題

《延年石室題字》王瓘藏本局部

3.《朱君長刻石》劉喜海跋本

《朱君長刻石》漢代刻石，在山東濟寧兩城山。刻石左下方有黄易隸書題刻三行，其文曰“乾隆五十七年（1792）四月，錢塘黄易得於兩城山下，審為漢刻，移立濟寧州學。”左上方有翁方綱行書題刻兩行，文曰：“此三字不著時代，然真漢隸也，以書勢自定時代耳。翁方綱。”此外小字題刻兩則，其一曰：“壬子（1792）六月，金匱錢泳立觀。”其二曰：“光緒丁酉（1897）夏四月畿南崔鴻圖兩次來觀。”

此拓僅存漢刻“朱君長”三字。兩側有道光三十年（1850）劉喜海題記，另鈐有周麟勳、劉之泗印章。劉喜海題記：

> 此石向在兩城山下，乾隆壬子（1792）四月，黄司馬易審為漢刻，移置州學，乙卯（1795）春，元按試過此，玩面痕近樵斧，始知此石已歷兩千餘年矣。其製頗類曲阜墳壇二刻，上有鑿齒一棱，似從他處脱笱而出者，想亦是墓間殘石耳。碑高三尺三寸，上廣二尺一寸，下廣二尺七寸，一行三字刻於碑下右方，體勢樸拙，其為古筆無疑矣。道光庚戌（1850）荷月望後一日，燕庭劉喜海記於昧經書屋。

劉喜海（1793–1852），字吉甫，號燕庭，又作燕亭、硯庭。山東諸城人。室名嘉蔭簃、昧經書屋、清愛堂等。劉喜海祖上乃世代名宦，其叔祖即乾隆朝名臣、著名學者、書法家劉墉。劉喜海嘉慶二十一年（1816）舉人，道光二十五年（1845）官至四川按察使、浙江布政使，署巡撫職。為官二十餘年，不慕榮利，唯嗜金石、古書，有“博古君子”之稱，然終因“嗜古”而丟官。

劉喜海是清道光、咸豐年間著名金石家、藏書家。一生富收藏，精鑒賞，勤著述。曾手輯金石文字五千通，家藏古書善本達1400余種，刊刻宋元明古籍達170種，近萬卷。葉昌熾在《藏書紀事詩》中稱“卅載搜奇書滿家，藏來寶刻遍天涯。斜陽古市無人跡，為讀殘碑剔蘚花”。編著有《長安獲古編》《海東金石苑》《嘉蔭簃集》《三巴䂬古志目》等。

或許是劉喜海不善書，或許是其太過珍惜金石拓片之故。因此，傳世劉氏收藏碑帖，極少見有劉喜海題記者，一般僅見其藏印，這一現象在清代金石名家中是較少見的。基於此，本卷《朱君長刻石》的劉喜海題記，就凸顯其珍貴。此段題記後，不二年，劉喜海即告離世，故本段題記又屬劉氏晚年老筆。

曲阜墳壇二刻，即《上谷府卿墳壇刻字》《祝其卿墳壇刻石》，西漢居攝二年（公元7年）二月刻石，相傳原在孔子墓前，清雍正十年（1732）移至孔廟，現存孔府西倉。

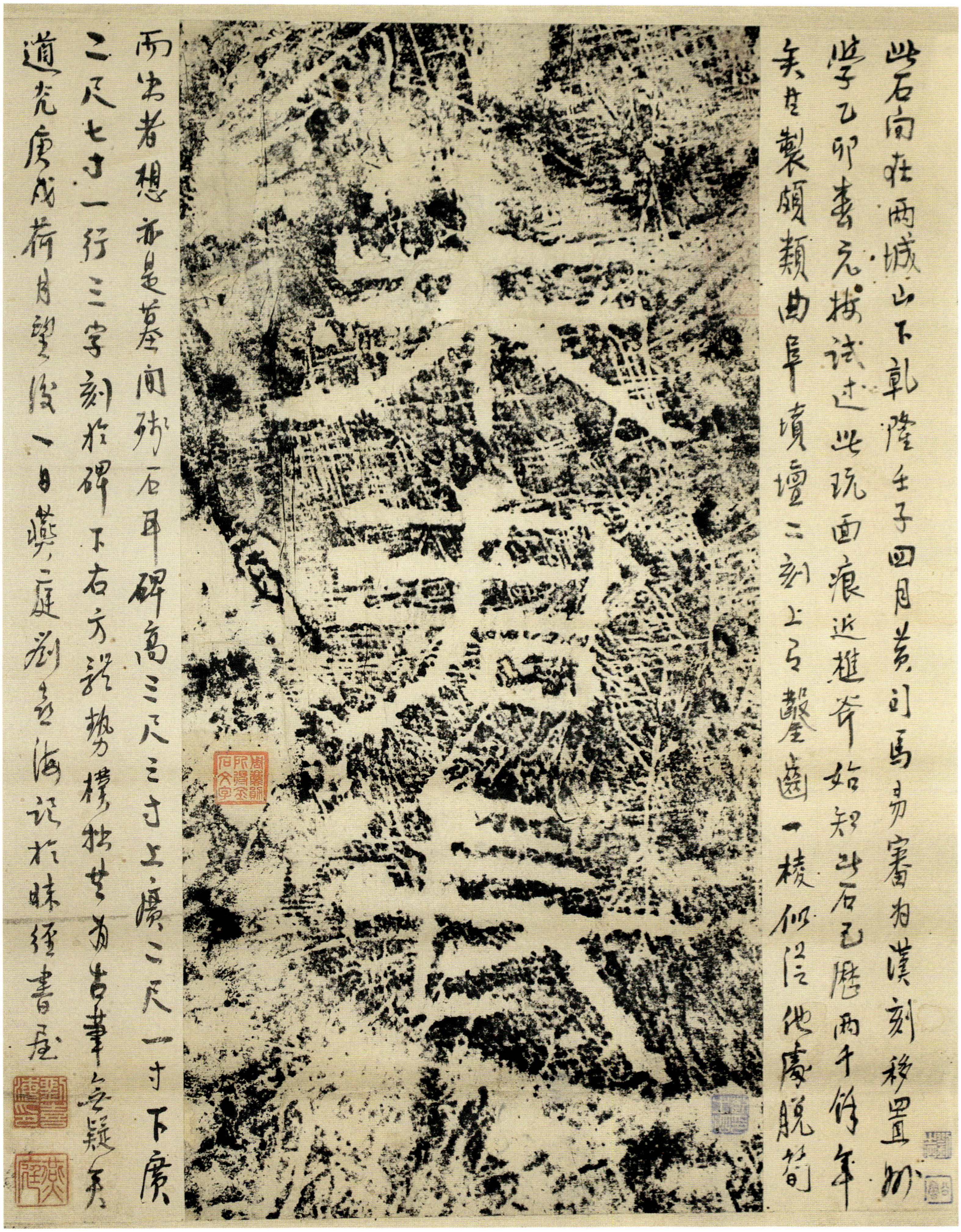

卷軸裝　拓片縱39.5釐米　橫19釐米

館藏號：J2300

4.《浯溪題名殘石》龔自珍跋本

浯溪摩崖石刻群，位於湖南省永州市祁陽縣浯溪鎮，距離永州市區五十多公里，此地三峰崛起，怪石嶙峋，竹樹濃陰，清幽秀俊。唐大曆二年（767）詩人元結在此先後修建了峿臺、㾏廎，與浯溪合稱"三浯"，並分別撰寫三篇銘文模勒於浯溪崖壁上。大曆六年（771），元結再次撰文並由顔真卿楷書《大唐中興頌》，亦刊刻於浯溪崖壁之上。自此以後的千餘年來，歷代文人墨客，遊躅接踵，吟詩、作賦、題名、刻崖不輟，使浯溪滿山皆字，無石不刻，摩崖題刻臨江矗立，如斧削成，石奇、文奇、字奇，蔚為壯觀。

此件《浯溪題名殘石》楷書九行，係乾隆年間，梁敦書（梁同書之弟）在湖南為官時所拓之本，鈐有翁方綱"覃溪"、梁同書"頻羅庵"印章。此拓後歸春塍先生收藏，並裝裱成卷軸，道光年間，留有阮元、張廷濟、朱善旂、徐楙、嚴傑、張開福、錢杜、龔自珍題記觀款。光緒戊申（1908）除夕，此拓又為甘翰臣以重金購得，據說是喜其碑文中有"吾欲求退"四字。宣統年間，又添楊守敬、陳伯陶題跋。

拓片右上角，阮元（1764–1849）題識：

余兩過溪下，惜未摩及此石。

拓片右下角，道光十九年（1839）八月張廷濟題記：

浯溪題名殘刻，太年伯沖泉先生官楚南時所拓之本。道光十九年（1839）己亥八月七日，春塍年四兄攜示教題，嘉興小弟張廷濟。

太年伯沖泉先生即梁敦書（1725–1786），梁詩正之子，梁同書之弟。

拓片正下方，道光十九年己亥（1839）冬嚴傑題記：

祁陽縣之浯溪，元次山愛其山水，曾卜居焉。唐杜傑、王軒、盧鈞、韋瓘皆有題名，是刻僅存七十餘字，尤足珍玩也。己亥小冬日，禹航嚴傑識，時年七十有七，冬來氣暖如春，窗外黄梅素蘭競放，香到几研，並一時樂事。

戊戌（1838）八月二十四日，當湖朱善旂拜觀。

道光十九年己亥（1839）秋徐楙題記：

嘉慶時修《湖南通志》，嘉定瞿木夫丈（瞿中溶）蒐輯金石一門最詳，此拓尚在其前。己亥秋，問蘧廬漫士徐楙。

卷軸右側紙邊，道光二十年（1840）十一月錢杜題識：

錢杜觀於西湖小褢回樓，力疾摩挲，不覺竟日，病魔退避三舍矣。道光庚子（1840）十一月望後書。

卷軸左側紙邊，道光二十年（1840）十一月望張開福題跋：

浯溪摩崖《中興頌》外，次山尚有《峿臺》《浯溪》《㾏廎》諸銘，而黄涪翁扶藜所讀只及魯公《中興碑》，它若未聞焉。至唐人題名，往年晉齋趙丈（趙魏）嘗言蕭山汪氏藏本稍備，惜未之見也。頃自關中歸，訪舊武林，春塍先生出示家藏，此幀吉光片羽，留敝舟一宿，不啻虹月滄江矣。道光庚子（1840）十一月望海鹽張開福。

卷軸底部，道光二十年（1840）小除夕龔自珍題跋：

每欲剔浯溪君山諸石刻，以斠《唐文粹》之誤，而無好拓本。安得精好悉如此拓本邪。又平生未見《浯廎銘》，不知与《峿臺》篆書結體同異何似也，牽連記。庚子（1840）小除夕龔自珍記。

次山文格在初唐為別調，平生游蹟在君山浯水間，如鄭道昭父子之於雲峰山石刻中，可補集部（此字點去）庫者也。自珍再記。

卷軸頂端，宣統元年（1909）三月楊守敬題跋：

余收得浯溪唐宋人題名甚多，此其一鱗半甲耳。而自阮文達以下諸名人皆珍重題之，固由秋塍（或為"春塍"之誤）好事，今甘君翰臣復以重值購之，所謂千金市駿骨耶。

張君開福怪山谷只及《中興頌》而不及《峿臺》《浯溪》《㾏廎》諸銘，不知次山又有《寒亭記》《陽華巖銘》《陽華》篆刻尤工。

此拓不過土人學撲墨者所為，尚多浸濇，而龔定盦嘆為精好，又欲搜浯溪、君山石刻以斠《唐文粹》之誤，不知君山今片石無存，定盦為此囈語何耶。宣統元年三月，宜都楊守敬題于滬上虹口，時年七十有一。

宣統二年（1910）四月陳伯陶題跋：

甘君翰臣嘗有幽栖羅浮之志，戊申（1908）除夕得此，喜其有"吾欲求退"四字，遂重值購之，因書此以志墨緣。庚戌（1910）四月陳伯陶記於滬上，時將歸粵東。

以上諸家題跋中，最值得一提的就屬龔自珍題記了。龔氏傳世題跋真跡實在稀見，今觀此跋書法，既有"不求上進"之超邁，又有"自甘落後"之膽識，雖自成一體，但別無風味。

相傳自嘉慶二十四年（1819）龔自珍會試落選後，又參加五次會試，但屢試不售。直到道光九年（1829）第六次會試，才好不容易得中貢士，時年已三十八歲。據說他的殿試成績雖然優異，但主持殿試的大學士曹振鏞"以楷法不中程，不列優等"為由，將其置於三甲第十九名，因而不得入翰林。此事讓龔自珍深受刺激，旋即回家令丫環、侍女、下人均習書法，不多時日，丫環們多能寫得一手標準館閣體，這讓龔氏欣喜萬分。此後若再遇指責其書法不佳者，龔自珍必以"家中丫環亦善館閣體"來回擊之。如此有故事的人，其善不善書，又算得上什麽呢！

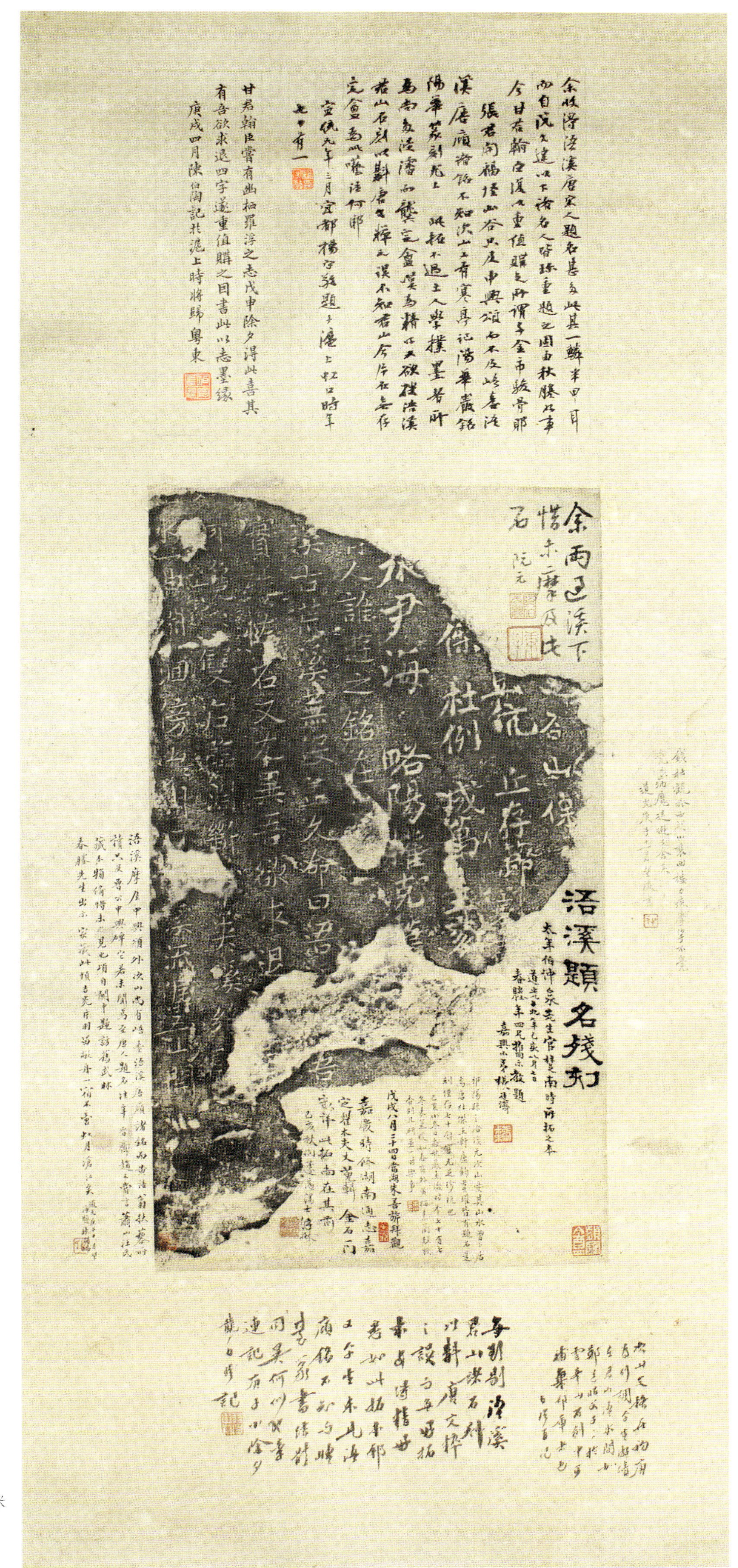

卷軸裝　畫芯縱102.5釐米　横45.8釐米
拓片縱51釐米　横29釐米
館藏號：J4571

紙上金石

余收浯溪唐宋人題名甚多，此其一鱗半甲耳。而自阮文達以下諸名人皆珍重題之，固由秋滕好事。今甘君翰臣復以重值購之，所謂千金市駿骨耶。張君開福摩山谷只及中興頌，而不及峿臺、浯漢、唐廎諸銘，不知次山之有寒亭記、陽華巖銘，陽華篆刻尤上。此拓不過土人學撲墨者所爲，而多漫漶，而龔定盦僕爲精好，又欲據浯溪君山石刻以斠唐文粹之誤，不知君山今片石無存，定盦爲此囈語何耶。

宣統元年三月宜都楊守敬題于滬上，時年七十有一

甘君翰臣嘗有幽栖羅浮之志，戊申除夕得此，喜其有吾欲求退四字，遂重值購之，因書此以志墨緣。

庚戌四月陳伯陶記於滬上，時將歸粤東

《浯溪題名殘石》龔自珍跋本局部

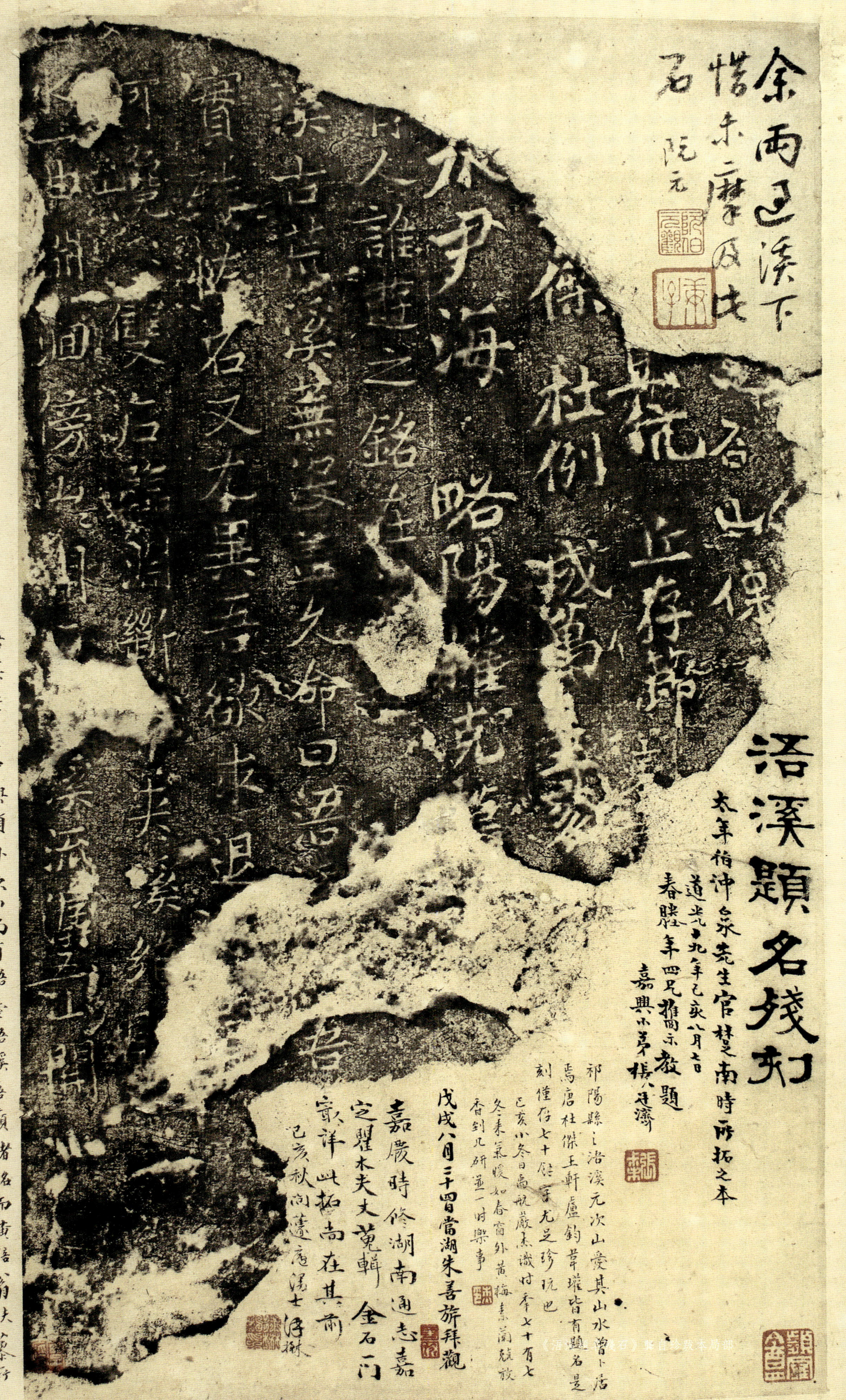

《浯溪题名残石》龚自珍跋本局部

5.《柳宗元龍城題刻》孫詒讓跋本

《龍城石刻》，碑文曰“龍城柳，神所守。驅厲鬼，出匕首。福四民，制九醜”共五行十八字。相傳是據唐元和十二年柳宗元手跡上石。因碑文中央有“出匕首”一詞，故當地人俗稱“匕首銘”。碑刻尾部刻有：“明代天啟三年（1623）龔重始得此於柳公井中”字樣，據說舊時與碑刻一同出土的，還有一把古劍，故此碑又稱為“劍銘碑”。清初碑刻又一度失傳，直至清雍正六年（1728年），在柳州桔子園舊地重新出土。乾隆二十八年（1763年）重修柳侯祠時，砌嵌入祠壁。民國十七年（1928）柳州大火，石刻損毀。民國二十二年（1933），經邑人周耀文重刻，現存柳州柳侯祠。

因碑文有“驅厲鬼，福四民”等字樣，故柳州土人一直認為此碑有鎮宅驅邪功用，所以清代赴京趕考的士子和出門在外的商賈，多會隨身攜帶《龍城石刻》拓片，以求逢凶化吉，幾與“太上老君急急如律令”相等。

其實，從十八字的碑文來看，原意當指柳樹，柳樹葉外形如匕首，碑銘的文句與書法皆稀鬆平常，應該不會出自柳宗元之手，故名之曰《龍城柳碣》較為妥貼。

雖不是柳宗元所作，但還是與柳宗元種柳的傳說有因果關係的，《柳宗元種柳戲題》詩曰：“柳州柳刺史，種柳柳江邊。談笑為故事，推移成昔年。垂陰當覆地，聳榦會參天。好作思人樹，慚無惠化傳。”此後柳江邊綠樹成蔭，成為遊憩之地。人們對此碑的附會，亦間接反映了柳州人民對柳宗元的崇敬之情。

此拓鈐有柳州府馬平縣印三枚及張道官驅祟法印一枚，留有孫詒讓題跋。據孫詒讓題記可知，此本為朱之榛（竹石）寄贈孫詒讓者，孫氏還審定此本為明天啟出土之初拓官本。

卷軸留有光緒十八年（1892）孫詒讓題記：

> 唐柳宗元龍城題字石刻，八行四字，元和十二年所書。原石在廣西馬平縣。明天啟三年出土，此拓為最初監本。太尊邑宰以及廿二世孫玄教張道官加蓋驅祟法印，確定官拓無疑。原石遠在邊垂，往椎非易，碑沽常以優孟欺世，近因漫漶裂而為四。天啟三年小字清晰可讀，更所難得。竹石觀察寄贈二紙，嘉惠後學，以誌墨緣。光緒十八年壬辰仲秋吉日，後學瑞安仲容孫貽讓識。

孫詒讓（1848-1908），字仲容，別號籀庼，浙江瑞安人。與俞樾、黄以周合稱“清末三先生”，又有“晚清經學後殿”“樸學大師”之譽，章太炎稱他“三百年來絕等雙”。著有《周禮正義》《墨子閒詁》等。

本卷題記之年，光緒十八年壬辰（1892），孫詒讓時年四十五，此時正在撰寫《墨子閒詁》。孫氏題記中所題“竹石觀察”或為朱之榛（1840—1909），號竹石，浙江平湖人，官江蘇凡四十年，歷署按察使十二次。

諦視此拓，除拓工稍佳外，未見其特別之處，與尋常所見拓本相仿，不知“最初監本”的論斷從何而來？再反觀題跋墨蹟，孫詒讓的落款竟作“孫貽讓”亦前所未見，鈐印亦不倫不類，且有違於鈐印常理。其書法與常見的孫詒讓風格亦不同，筆者所見孫氏書法真蹟，皆帶有黃庭堅“腔調”，結字右傾明顯，此篇題跋則為典型的館閣體，結字四平八穩，完全缺少可比性。本應棄而不用，但思考再三，權作反面教材收録之。

讀者或許會問，為何要將此件“孫貽讓”藏品小題大做。這或許就是有感於柳州人民對柳宗元的崇敬，既然能將《龍城題刻》附會到柳宗元名下，筆者為何不能借此也表達一下對孫詒讓的敬仰呢?

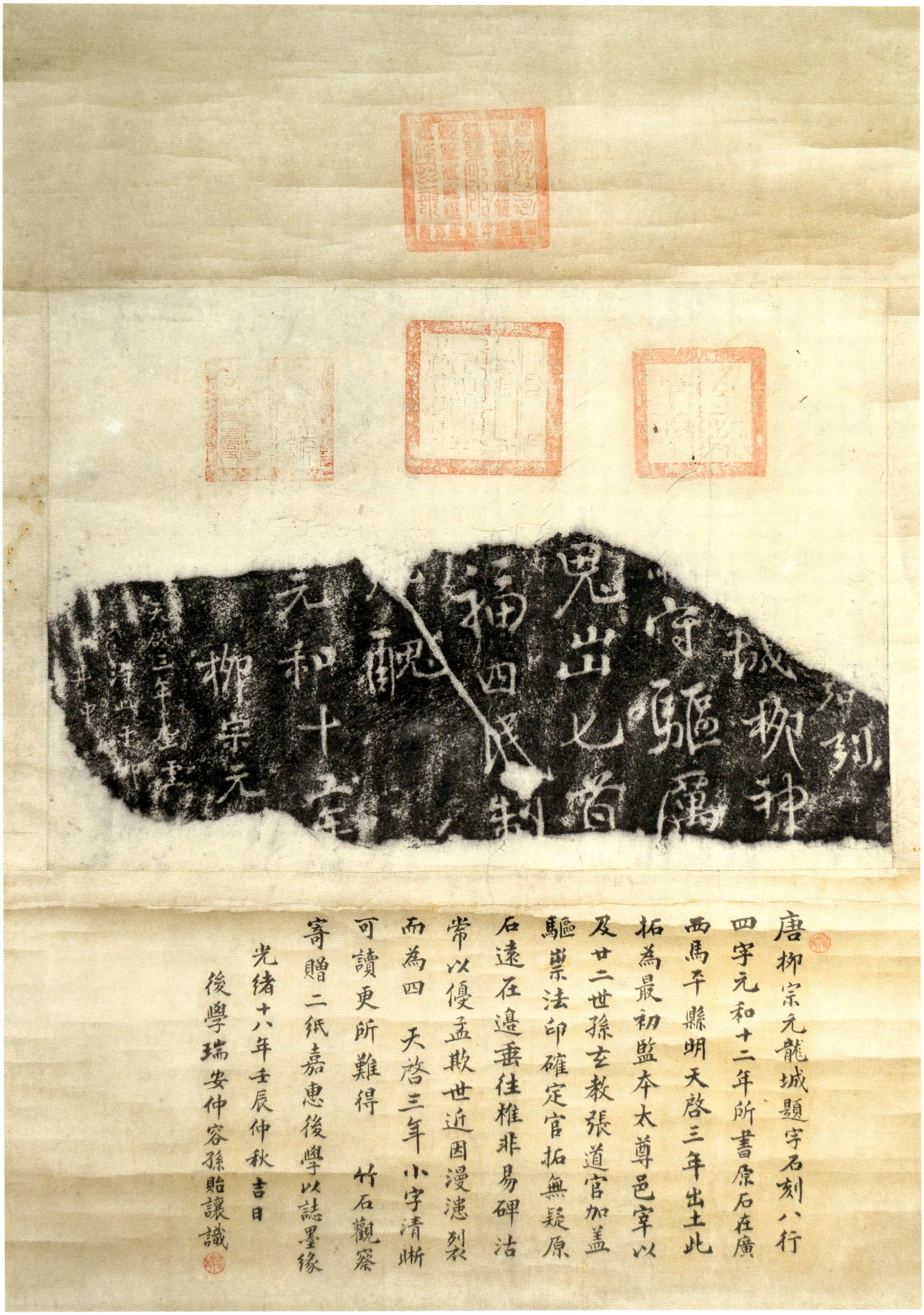

唐柳宗元龍城題字石刻八行
四字元和十二年所書原石在廣
西馬平縣明天啓三年出土此
拓為最初監本太尊邑宰以
及廿二世孫玄教張道官加盖
驅祟法印確定官拓無疑原
石遠在邉垂佳椎非易碑沽
常以優孟欺世近因漫漶裂
而為四 天啓三年小字清晰
可讀更所難得 竹石觀察
寄贈二紙嘉惠後學以誌墨緣
光绪十八年壬辰仲秋吉日
後學瑞安仲容孫貽讓識

卷軸裝　畫芯縱70釐米　橫48釐米
館藏號：J5459

6.《徐鉉題字》梁鼎芬跋本

徐鉉（916－991），字鼎臣。江蘇廣陵人。歷官五代吳校書郎、南唐知制誥、翰林學士、吏部尚書，後隨李煜歸宋，官至散騎常侍，世稱“徐騎省”。曾受詔校定《說文解字》，工小篆。與弟徐鍇有文名，號稱“二徐”，又與韓熙載齊名，世稱“韓徐”。

此拓為光緒二十二年（1896）梁鼎芬（節庵）拓贈沈曾植（乙庵）者，民國間歸沈覲安（劍知）收藏。留有梁鼎芬、趙時棡題識，鈐有“懶瞑庵”“瓶翁曾觀”等印章，外簽題曰：“徐鼎臣棲霞山題名，梁節庵手拓。”

沈覲安（1901－1975），字劍知。福建閩侯人，寄居上海。沈瀚清之子，沈葆楨曾孫。工詩、書、畫，舊有“三絕”之稱。

拓片左下方，梁鼎芬題記：

大徐題名可攷見者，《騎省石題名》見《諸道石刻録》，《茅山題名》見《復齋碑録》，《攝山題名》見《金陵新志》據此栖霞山有兩處題名，皆無小徐，惟鹿野堂兼有之，篆勢峻猛，不知誰手也。寄請乙盦同年鑒定。

丙申（1896）八月，鼎芬記。

梁鼎芬（1859－1919），字星海、心海，又字伯烈，號節庵、葵霜、藏山、藏叟等。廣東番禺人。光緒六年（1880）進士，歷任知府、按察使、布政使。曾因彈劾李鴻章，名震朝野，後主講廣東廣雅書院和江蘇鍾山書院。富藏書，擅書法詩文，與羅惇曧等人並稱“嶺南近代四家”。有《節庵先生遺詩》《款紅廔詞》傳世。

拓片右上方，趙時棡題識：

南唐徐鉉題字。劍知世先生藏本，庚辰（1940）夏月，趙時棡題。

趙時棡（1874－1945），字叔孺，初號紉萇，後改號為叔孺，晚號二弩老人。浙江鄞縣人。清末諸生，曾官福建同知，後寄居上海。精金石書畫，富藏鐘鼎彝器，尤以篆刻著稱於世。

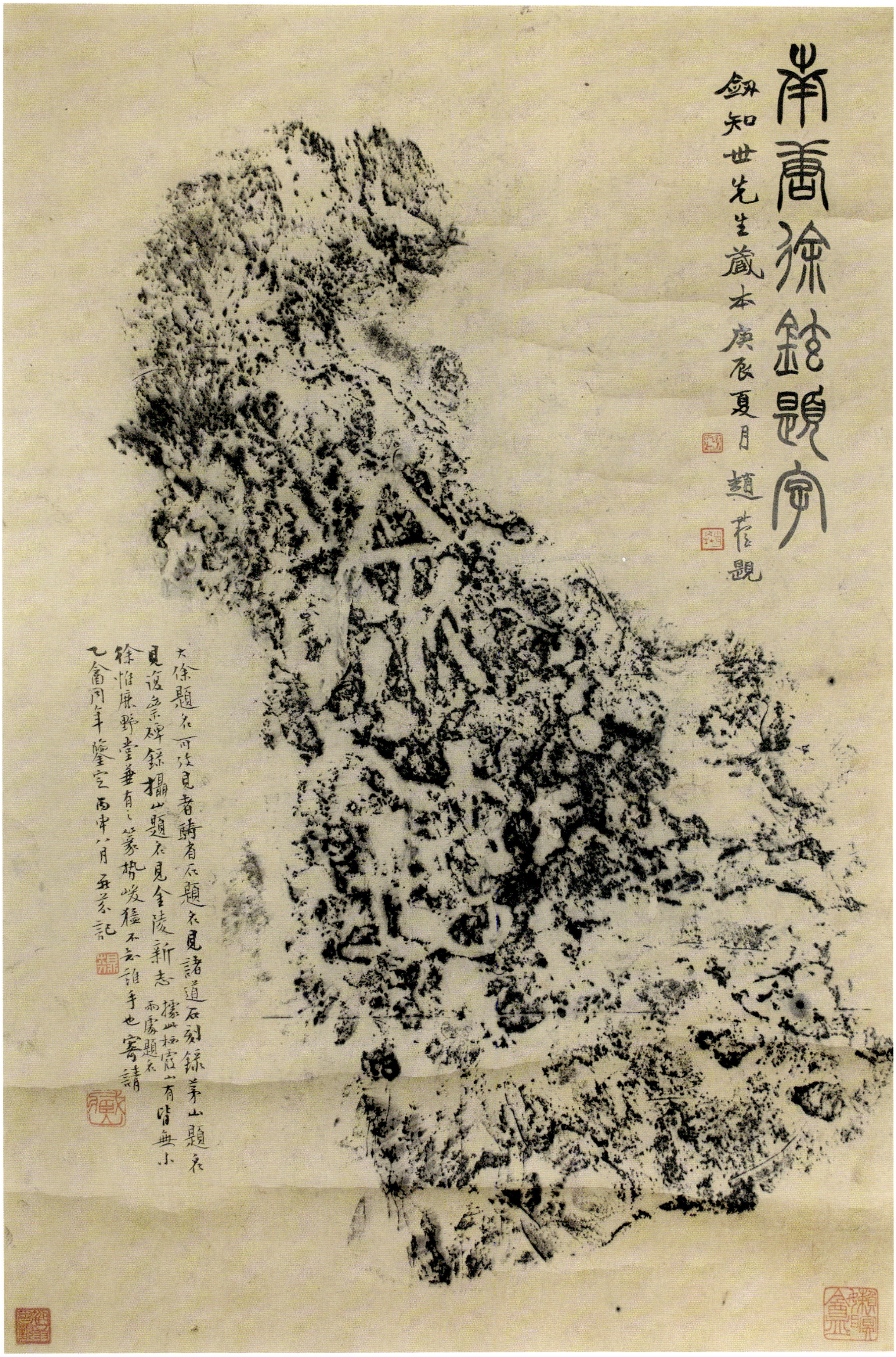

南唐徐鉉題字

劍知世先生藏本　庚辰夏月　趙藩觀

大徐題名可攷見者，騎省石題名見諸道石刻錄，茅山題名見復齋碑錄，攝山題名見金陵新志。據此棲霞山有兩處題名，皆無小徐，惟康野堂垂有之，篆勢峻矯，不知誰手也。寄請乙盦同年鑒定。丙申八月　吾（?）記

卷軸裝　畫芯縱59釐米　橫38釐米

館藏號：J3186

三　殘　石

1.《熹平石經殘字》羅振玉跋本

《熹平石經殘字》四塊，分別為《魯詩》三塊，《儀禮》一塊，民國十八年（1929）羅振玉購藏。此為羅振玉當年親手拓本，並留有校勘題記（將《漢石經》與《毛詩》《魯詩》三者互校），分裝四卷軸。鈐有"魯詩堂藏熹平石經殘字""松翁鑒藏"印章。

其一

羅振玉隸書題端：

魯詩堂藏漢熹平石經殘石。己巳(1929)重九後二日，貞松老人書于遼東寓居之魯詩堂。

自辛酉（1921）漢石經出洛陽以後，歲有出土者。去年土人得殘石二百餘，為春明賈人散歸諸家，予得《魯詩》三石，《禮經》一石，得考《魯詩》与《毛詩》篇次不同，此向來治四家詩者所未知也。爰手拓此，付之裝池，並署其首，以資玩賞。松翁羅振玉。

此《魯詩・小雅》殘字，首行"忖"字，即《毛詩》"憂心惸惸"之"惸"字，《魯》《毛》文異也。《說文》《廣韻》並有"忽"字，義皆訓"憂"，《廣韻》"忽"下又出"忖"字，注上同。觀此知《廣雅》之"忖"其源出《魯詩》也。今人於不見許書之字，概詆為俗，不知《玉篇》《廣韻》中存經字不少。烏可偏廢耶，松翁又題記。

其二：

此《魯詩・大雅》殘字，《毛詩》《韓奕》在《蕩之什》，《公劉》在《生民之什》。《石經》則《公劉》在後，《韓奕》在前，特不知此二篇《魯詩》在《生民之什》，抑在《蕩之什》耳。松翁記。

其三：

此《魯詩・大雅・瞻卬・假樂》殘字，《毛詩》《樂》在《生民之什》，《瞻卬》在《蕩之什》。《石經》則《瞻卬》在前，《魯》《毛》篇次前後不同。往讀趙氏《金石録跋尾》言《漢石經》篇第与今本時有不同，惜其不明言何經。今乃得其證矣。"且君且王"，今本《毛詩》作"宜君宜王"，《毛詩》釋文一本"且"並作"宜"字，《魯詩》與《毛詩》合，非有異也。松翁記。

其四：

此《儀禮・士虞禮》文，第三行"明日以其胖祔"，鄭注本"胖"作"班"，今文為"胖"，《漢石經》用今文本，與《鄭注》正合，末文之"某甫饗"，今本作"尚饗"，觀此知《石經》無"尚"字也。松翁記。

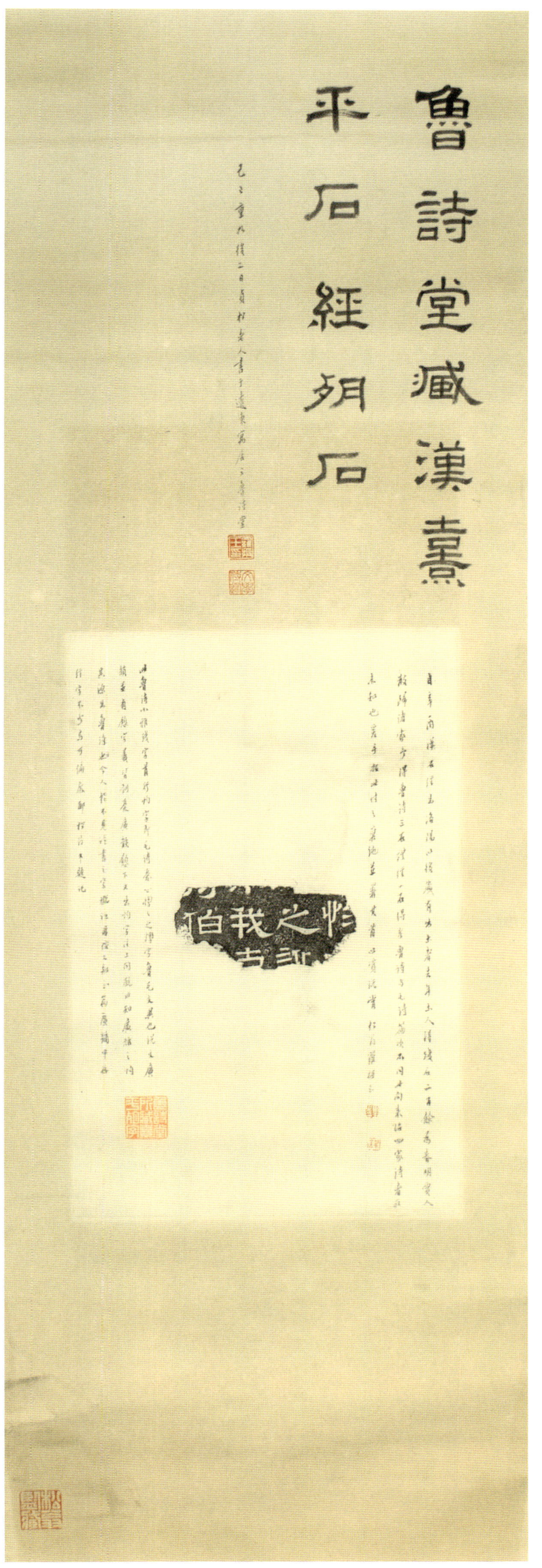

卷轴装　畫芯縱31釐米　横20.5釐米
館藏號：J2208-2211

自辛酉漢石經出洛陽以後歲有出土者去年土人得殘石二百餘為春明賈人散歸諸家今得魯詩三石禮經一石得見魯詩與毛詩篇次不同此向來治四家詩者所未知也爰手拓此付之襄池並署其首以資玩賞 松翁羅振玉

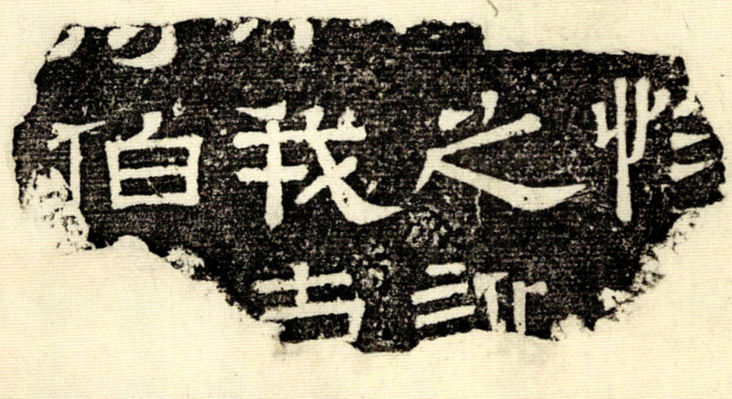

此魯詩小雅殘字首行懆字即毛詩憂心慘慘之慘字魯毛文異也說文廣韻並有懆字義皆訓憂廣韻懆下又出慘字注上同觀此知廣雅之懆其源出魯詩也今人於不見許書之字概以為俗不知玉篇廣韻中存佚字不少良可備廣鄭 松翁又題記

《熹平石經殘字》羅振玉跋本之一

此魯詩大雅殘字。毛詩韓奕在蕩之什，公劉在生民之什，石經則公劉在後，韓奕在前，特不知此二篇魯詩在生民之什抑在蕩之什耳。

叔蘊記

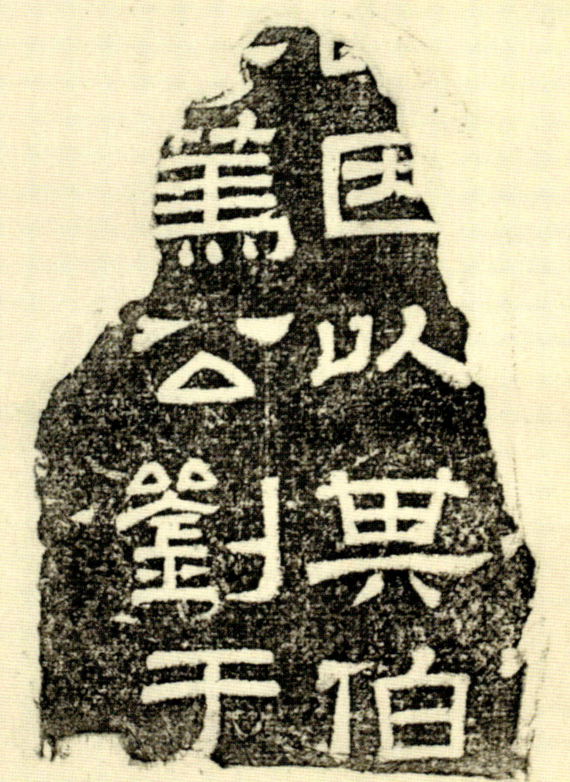

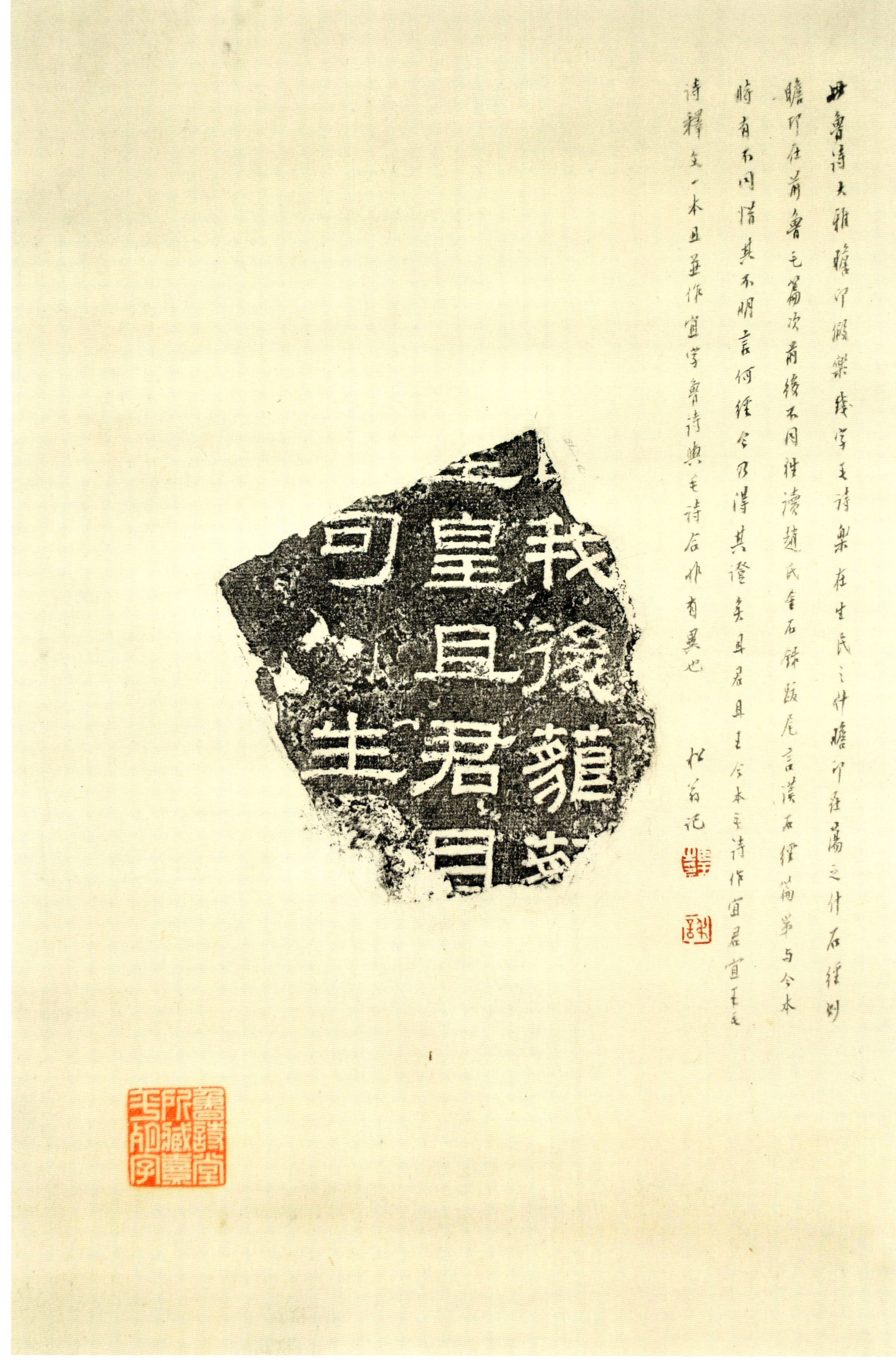

此魯詩大雅瞻卬假樂殘字毛詩樂在生民之什瞻卬在蕩之什石經則
瞻卬在前魯毛篇次前後不同往讀趙氏金石錄跋尾言漢石經篇第與今本
時有不同惜其不明言何經今乃得其證矣且君且王今本毛詩作宜君宜王毛
詩釋文一本且並作宜字魯詩與毛詩古亦有異也
松翁記

《熹平石經殘字》羅振玉跋本之三

此儀禮士虞禮文第三行明日以其胖祔鄭注本胖作班今文為胖漢石經用今文本與鄭注正合 末文之某甫饗今本作尚饗觀此知石經無尚字也 松翁記

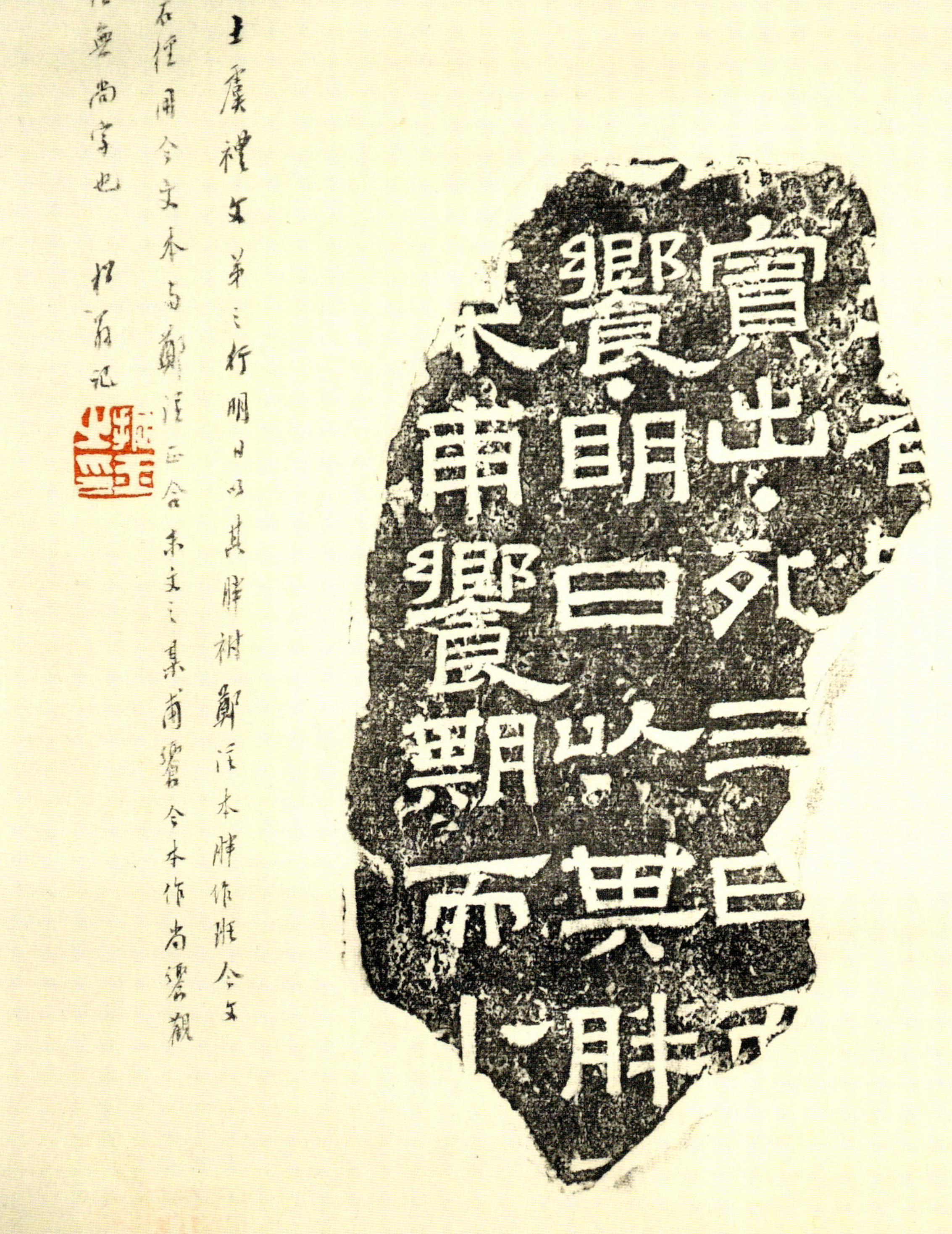

《熹平石經殘字》羅振玉跋本之四

2.《劉梁碑殘石》六舟跋本

《劉梁碑殘石》漢光和四年（181）三月十五日刻立。清嘉慶三年（1798），徐方在安陽縣豐樂鎮西門豹祠內訪得此碑之殘石，已被鑿為建築構建，中央有穿孔，以供插入門樞，成為西門豹祠門兩邊的門關，後又移至孔廟，現存安陽文化館。

此拓本為六舟達受舊藏，後轉贈給潘祖蔭之父潘曾綬，拓本上亦存有潘祖蔭（伯寅）藏印。民國期間，轉歸周大烈收藏。拓本為卷軸裝，作橫批樣式。

拓本殘石穿孔處，有道光丙午（1846）六舟題詩。其詩曰：

古碑作礎每頻看，亦有斷裂自漫漶。
挂牆砌磌不勝數，樵夫牧豎難憤惋。
以一為二鑿二孔，置門左右易石換。
其人可感從吾好，始信焦桐勞薪爨。
地不愛寶出區區，數行殘字馮臆判。
劉君已矣千百年，國喬是否難決斷。
歲在辛酉三月望，樹碑吉日或營葬。
永平建光又光和，元號疑議誰屏當。

嘉慶三年（1798）四月間，徐公得之君祠傍。趙公採入安陽乘，尚有《元孫》《正直》相頡頏。道光丙午（1846）小春大雪節，小住順城門外龍樹丈室，為紱庭先生金石交題此，難免布鼓之誚耳。海昌方外六舟達受試用唐坑小紅絲研，伏祈均政。

紱庭先生即潘曾綬（1810-1883），字紱庭，江蘇吳縣人，潘世恩之子，潘祖蔭之父。道光二十年（1840）舉人，歷官內閣中書、內閣侍讀等。後以子貴，就養京師，優遊文史，宏獎後進，布衣蕭然，無異寒素。工詩文和詞。著有《陔蘭書屋詩集》。

六舟題記所云《元孫》《正直》，亦為漢碑殘石，其中《正直殘石》康熙年間亦毀為門礎。《元孫》《正直》二石，外加《子遊》《劉梁》殘石，嘉慶年間同藏安陽縣豐樂鎮西門豹祠中，合稱“安陽漢四殘石”。

詩題結尾處，另有六舟補題三行，其文曰：

余藏是碑末缺歲在辛酉三月十五一行，為俗工所佚拓，今穎拓補裝于後。受又志。

“穎拓”即用毛筆繪製出拓本的效果，並非從碑石上拓出，它雖亦屬於傳拓門類的一種樣式，但似乎亦兼有繪畫屬性。

六舟補記所云“碑末缺歲在辛酉三月十五一行”，此行文字其實就在《劉梁碑殘石》碑側之上。筆者初觀此拓時，絲毫沒有覺察到碑側拓片的“異常”，唯稍感墨色不一，以為非一時所拓耳。今觀六舟補題所云“穎拓補裝於後”，頓時肅然起敬，倍感六舟穎拓技藝之高超絕倫。諦視之，筆者還是看不出六舟“穎拓”之“痕跡”，或稱“破綻”，依然宛若碑拓一般，但筆者還是寧可信其有，不可信其無，並將其視為金石僧六舟傳拓之代表作，進而推譽為嘉道時期“傳拓”技藝的巔峰之作。

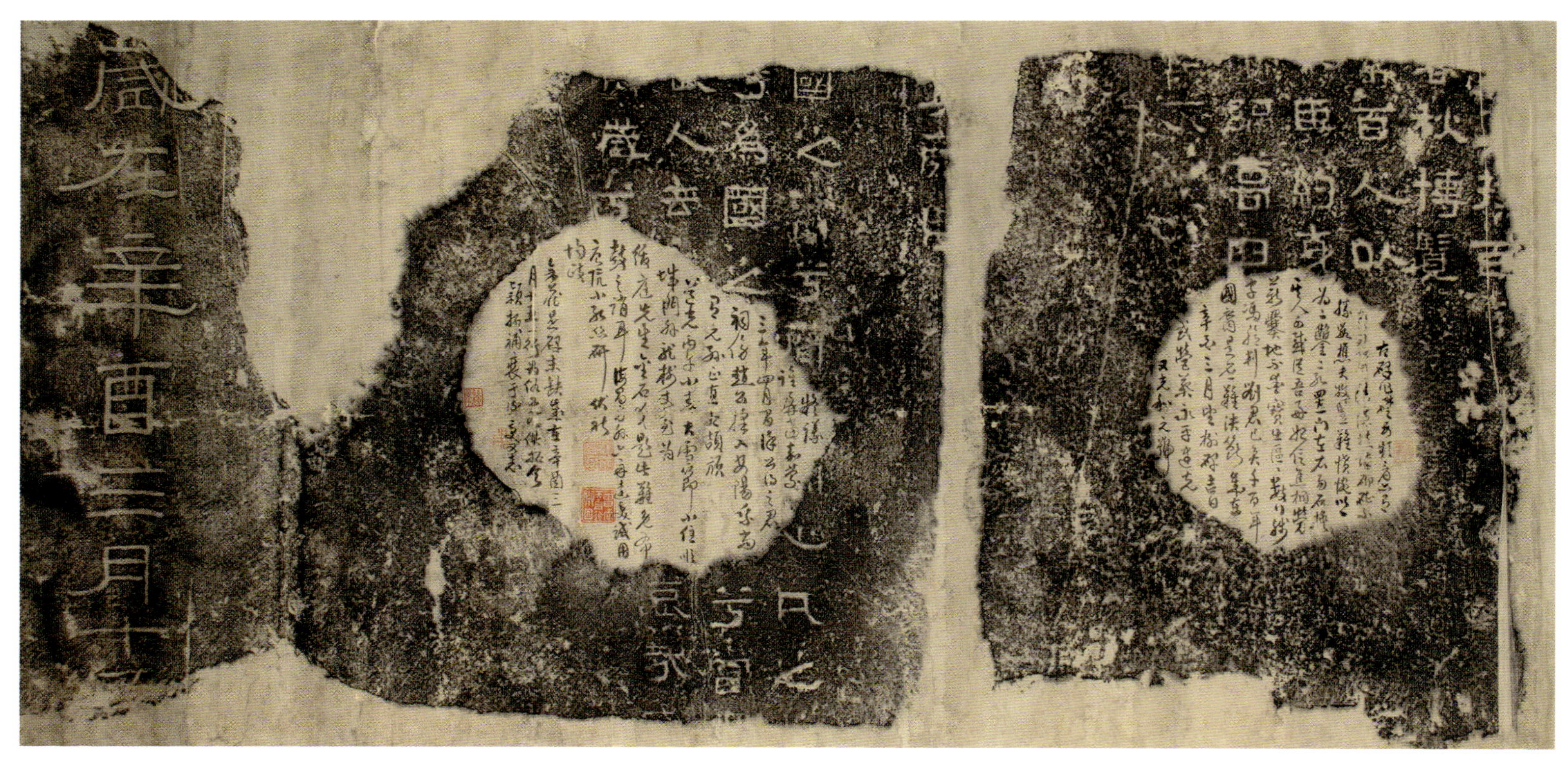

卷軸裝　畫芯縱41.5釐米　橫87釐米
館藏號：J2788

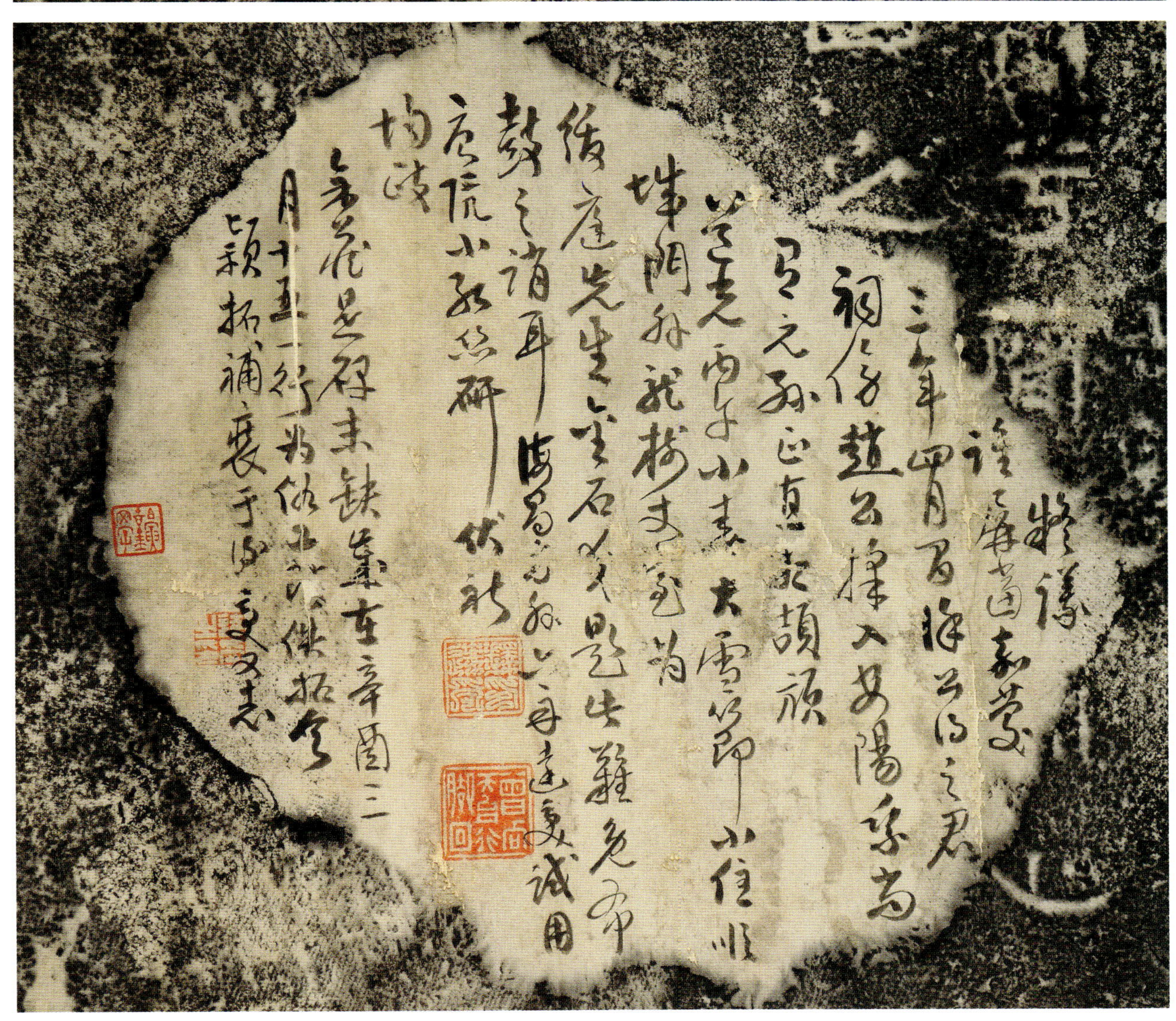

《劉梁碑殘石》六舟跋本局部

3.《瘞鶴銘殘字》沈塘藏本

此“石旌也迺”四字鶴銘殘石，相傳嘉道間為鎮江農人在焦山崖下江邊網得。殘石先歸揚州某氏，張廷濟（叔未）為題“小石室”三字匾額。後經汪鋆（研山）、章壽康（碩卿）遞藏。光緒三十四年（1908）沈塘（雪廬）先得“小石室”匾額，宣統元年（1909）又得《鶴銘》殘石，遂成延津之合。

此拓為章壽康拓贈沈塘者，宣統辛亥（1911）五月，沈塘將其裝裱成卷軸，又得陸恢、王儀鄭、沈維鍾、趙寬等人題記。

沈塘，字蓮舫，號雪廬，世居江蘇吳江。善書畫篆刻，好金石鑒藏，為吳大澂、張之洞、陸恢等大家所器重。

拓片右上角，存陸恢題端：

焦山卷石元鶴殘翎。

如此煥赫之品而留真跡于家中，當夜夜發光華也。恢唯有嘆羨爾。

陸恢（1851-1920），字廉夫，號狷叟、破佛龕主人。江蘇吳江人。清末民初書畫家。精鑒藏，精金石碑帖考訂之學。有《陸廉夫先生編年畫冊》傳世。

拓片底部，存王儀鄭（伯恭）題詩：

中泠泉畔水湯湯，均事流傳閱晉唐。

巧匠斫山餘四字，蕭齋合署石旌堂。伯恭。

中泠泉也叫中濡泉、南泠泉，位於江蘇鎮江金山寺外。此泉原在江心之中，湧泉時出時沒。唐宋之時，有“江心一朵芙蓉”譽之。由於河道變遷，泉口位置已變為陸地，現在泉口地面標高為4.8米。

王儀鄭（1857-1921），原名錫鬯，字伯恭，後更名儀鄭，號蜷廬，安徽盱眙人。曾入張之洞幕，能詩文，工書法。著有《蜷廬隨筆》。

卷軸頂部左側，存宣統三年（1911）五月沈塘題記：

此《瘞鶴銘》殘石，舊為會稽老友章碩卿大令所藏，每拓以贈同好。此本即其數年前貽余者，憶碩卿并語余此石來歷。嘉道間鎮江農人網水底土以肥田，於焦山之麓得此石，農人不知也。將為填垣庋竈之需。揚州某氏見之，持金易歸，甚珍視之，乞張叔未解元書“小石室”三字，以顏其藏石之廬。後歸新安汪硯山十二研齋，硯山好古，與吳攘老交，所藏多金石文字，碩卿曾於汪氏購得，適以遊囊告乏，此石仍質於揚州，每以篋無餘資，不得即歸為憾。丁未（1907）之秋，碩卿奉差至揚，乃得贖歸，刻“小石室印”以紀事。戊申（1908）春碩卿謝賓客，所藏盡散佚。余時客鄂中，先購叔未三字額，次年復於估人手獲此石，遂為延津之合，或謂《鶴銘》舊石尚在焦巖，此乃宋人重摹者，余據張力臣《鶴銘圖》攷之，此“石旌也迺”四字，卻在宋人補刻之列，則此石或係原刻雷轟後片鱗殘甲墮入江心者，亦未可知。總之《鶴銘》妙跡久著墨林，時隱時見，或存或缺，前人議論紛出，無所率從，不敢臆斷其真贋，就此片石而言，模糊苔蘚，遍體水蝕，其古趣洵非近世好事者所能髣髴也。宣統辛亥五月里居以拓本付裝并記其顛末如右。雪廬。

卷軸底部，存宣統三年（1911）五月沈維鍾（沈塘之侄）題識：

《瘞鶴銘》原石據張力臣所圖，分為三段，弌側，弌仰，弌仆，仆石之背有刻字三行，陳滄洲、汪退谷皆稱是宋人補刻，即“立石旌事”以下卅二字也。然攷南宋《馬子嚴題記》，自稱湻熙己酉為丹陽郡文學，於焦山崖下挽出弌石，乃“甲午歲”以下弌十餘字，是馬氏所得之字，即宋人補刻弌段文字，以二十餘字較三十二字，正少數字，則此拓“石旌也迺”四字，或與馬子嚴江濱所得同出弌崖未可知焉，豈可忽視歟。

雪廬叔父既得此石，并敘其出水之來歷，與馬子嚴事之相印證，敢抒所見如此，以待鑒家之審攷焉。宣統辛亥五月侄維鍾并隸。

卷軸頂部右側，存宣統三年（1911）八月俞宗海題記（抄録龔自珍絕句二首）：

從今誓學六朝書，不肄山陰肄隱居。

萬古焦山一痕石，飛昇有術此權輿。

二王只合為奴僕，何況唐碑八百通。

欲與此銘分浩逸，北朝差許鄭文公。

雪廬先生得廣陵汪氏十二研齋所藏《瘞鶴銘》原刻殘石，因録龔定盦詩二絕，放翁云殘碑斷碣以真為貴，詎在多耶。宣統三年歲在辛亥八月，古婁俞宗海。

俞宗海（1847—1930），字粟廬，號韜翁。松江婁縣人，俞振飛之父。諳昆曲，有“江南曲聖”之目。通金石之學，與陸恢同學北碑，書名相伯仲。著有《度曲一隅》。

卷軸右邊側，存民國二年（1913）趙寬題記：

妙蹟舊題小石室，精廬新署石旌堂。

衹今復作延津合，應有熊熊不夜光。

此石流傳之緒及馬子嚴以後諸家之說，諸跋已詳，無可增益，敬題一截以致歎羡而已，即求雪廬先生斧政。癸丑春仲，止非趙寬並識。

趙寬，字君閎，號止非、傳侯，常熟藏書家趙烈文（1832-1893）之子。著有《時務條陳》。

如今焦山碑林現存《瘞鶴銘》共有五石，依碑石位置可分：左上石、左下石、中上石、中下石、右上石。其中左下石刻字三行，共廿五字，第一行為“午歲化于朱方”，第二行為“也廼裹以玄黃之幣藏乎”，第三行為“石旌事篆銘不朽詞曰”。由此可見，沈塘所藏“石旌也廼”四字殘石，與焦山碑林之左下石之頂部四字雷同。那麼，究竟哪塊是原刻，哪塊是翻刻呢?

焦山碑林收藏的左下石，應該就是南宋馬子嚴所得二十餘字之石，但此石歷來就有原刻與摹刻之爭，基於此，沈塘所藏“石旌也廼”四字殘石才有所謂的“生存空間”。沈塘藏石雖然古色古香，似乎還流傳有緒，但是，筆者還是認為這是一塊後人摹刻之石。

道理十分簡單，“石旌也廼”四字殘石上方的石面完好，但卻未刻一字。查文獻記載，《瘞鶴銘》原碑文應該是“余仙鶴之遽也廼裹以玄黃之幣”，“故立石旌事篆銘不朽”，也就是說，“石旌”上方應有“故立”二字，“也廼”二字上方應有“之遽”二字。摹刻者不知碑刻原文，故作空缺狀，這就露出摹刻的馬腳了。在這一事實面前，任何的辯論與考證都是徒費口舌。

此塊殘石雖為翻刻，然頗具金石氣，在清代又歷經名家遞藏與研究考訂，已非尋常刻石可比，早已歸入“殘石名品”系列。此件拓本又與殘石的兩任收藏者——章壽康（碩卿）、沈塘（雪廬）相關聯，平添了文化收藏內涵，因此就堪比善本佳拓了。

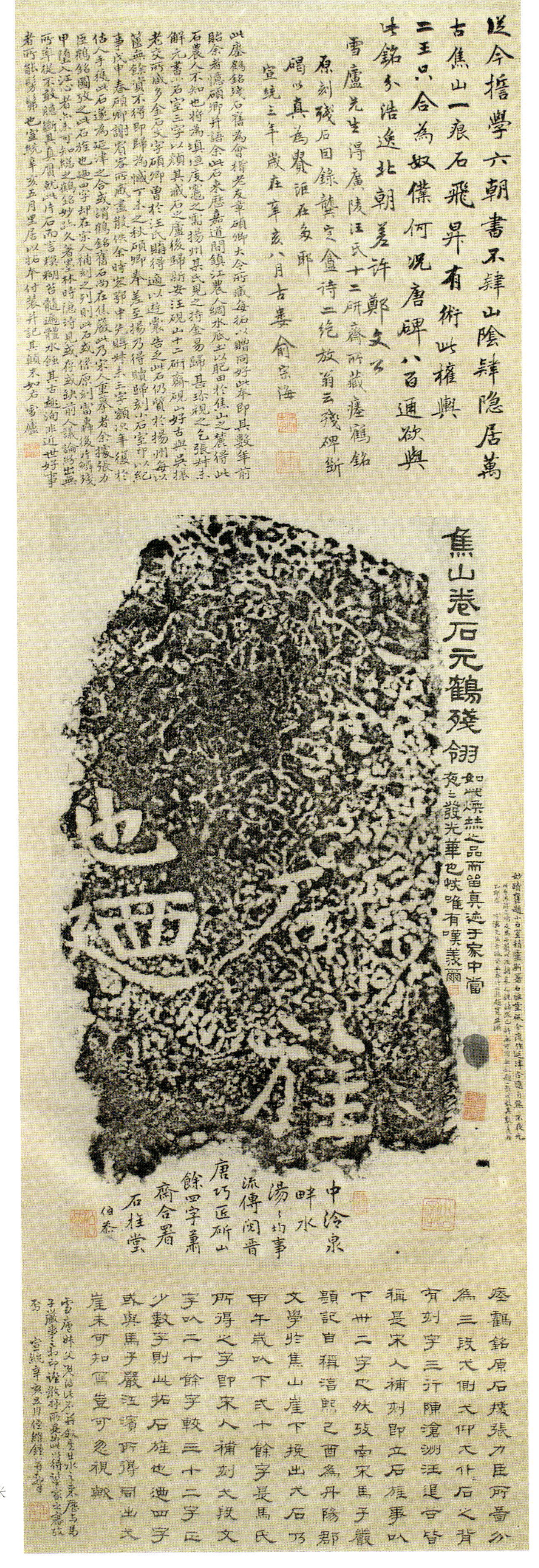

卷軸裝　殘石拓片縱52.5釐米　橫29釐米
畫芯縱120釐米　橫34釐米
館藏號：J2819

遂令揩學六朝書不疑山陰肆隱居萬
古焦山一痕石飛昇有術此權輿
二王只合為奴僕何況唐碑八百通欲與
此銘分浩逸北朝差許鄭文公
雪盧先生得廣陵汪氏十二研齋所藏瘞鶴銘
原刻殘石因錄龔定盦詩二絕放翁云殘碑斷
碣以真為贗詎在多耶
宣統三年歲在辛亥八月古婁俞宗海

此瘞鶴銘殘石舊為會稽老友章碩卿大令所藏每拓以贈同好此本即其數年前
貽余者憶碩卿并語余此石來歷嘉道間鎮江農人網水底土以肥田於焦山之麓得此
石農人不知也將為填垣庋竈之需揚州某氏見之持金易歸甚珍視之乞張叔未
解元書小石室三字以顏其藏石之廬後歸新安汪硯山十二研齋硯山好古與吳攘
老交所藏多金石文字碩卿曾於汪氏購得適以遊囊告乏此石仍質於揚州每以
篋無餘資不得即歸為憾丁未之秋碩卿奉差至揚乃得贖歸刻小石室印以紀
事戊申春碩卿謝賓客所藏盡散佚余時客鄂中先購叔未三字額次年復於
估人手獲此石遂為延津之合或謂鶴銘舊石尚在焦巖此乃宋人重摹者余攗張力
臣鶴銘圖攷之此石旌也廼四字却在宋人補刻之列則此石或係原刻雷轟後片鱗殘
甲墮入江心者亦未可知總之鶴銘妙跡久著墨林時隱時見或存或缺前人議論紛出無
所率從不敢臆斷其真贋就此片石而言模糊苔髓遍體水蝕其古趣洵非近世好事
者所能髣髴也宣統辛亥五月里居以拓本付裝并記其顛末如右 雪盧

《瘞鶴銘殘字》沈塘藏本局部

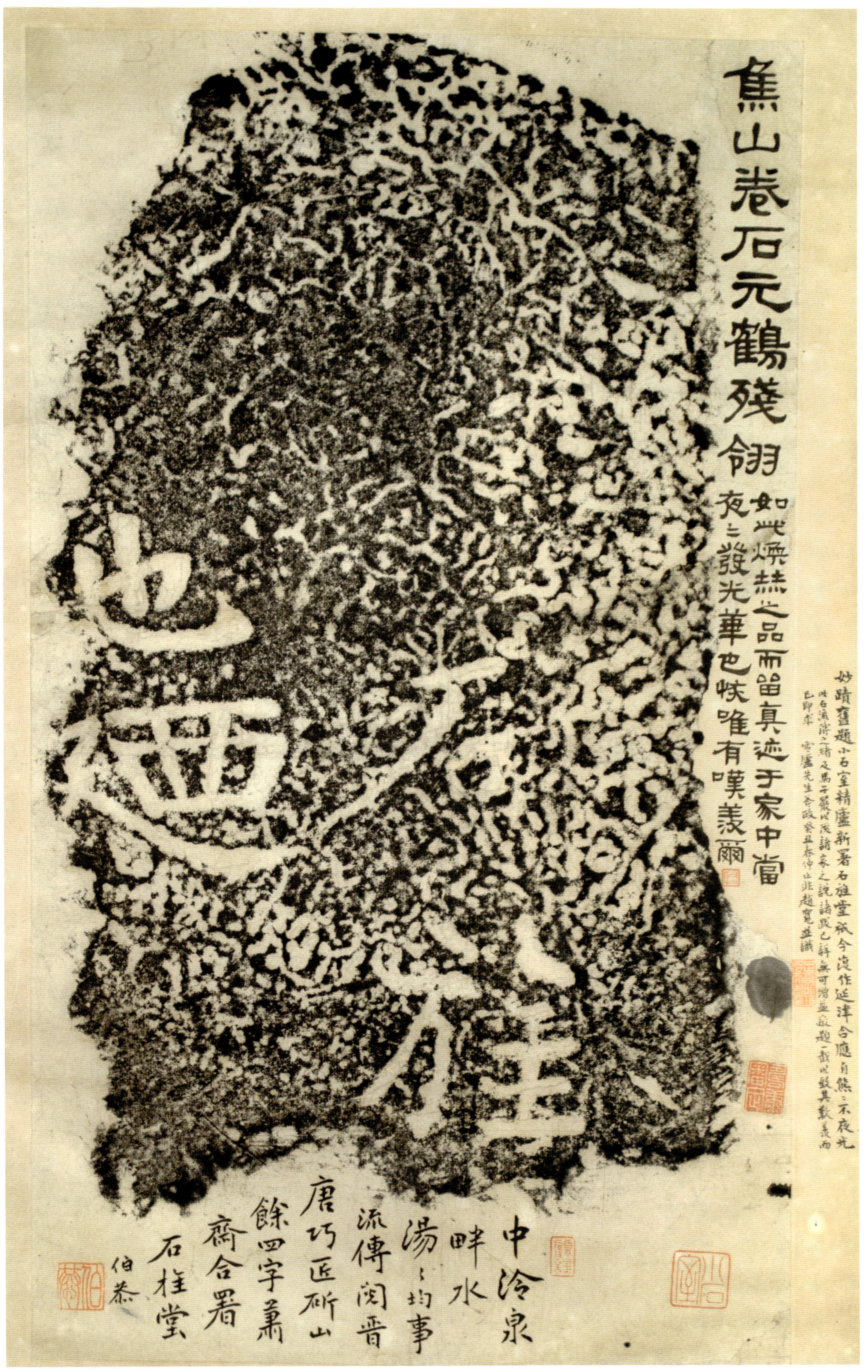

《瘞鹤铭残字》沈塘藏本局部

四　地　券

1.《楊量買山券》吳重光跋本

《楊量買山券》又名《楊量買山地刻石》，西漢宣帝劉詢地節二年（前68）刻立，清代在四川巴縣出土。銘文隸書五行，共廿七字，其文曰："地節二年十月，巴州民楊量買山，直錢千百。作業守，子孫永保其毋替。"相傳道光年間，刻石先歸湖州錢安父，後轉歸平湖吳重光。或云刻石先歸吳重光，後歸錢安父。其中孰是孰非，今已無從知曉，至咸豐十年（1860）刻石毀佚，拓本流傳較少。

清趙之謙《補寰宇訪碑録》、葉昌熾《語石》、羅振玉《石交録》等均以《楊量買山記》為偽作，其銘文曰"巴州民揚量"，然漢代有巴郡而無巴州，與史不合。再諦視拓本，亦面目呆滯，多做作氣，乏金石古氣，當屬清人偽作無疑。清末，此塊刻石竟然也出現一批翻刻本，其中居然還有"亂真"者。

《楊量買山券》與《朱博殘碑》一樣屬於漢碑作偽之成功者，許多金石行家亦信以為真，至今仍聚頌紛紛。《楊量買山券》既有西漢年款，又是刻石毀佚之品，傳播既久，影響亦大，故拓本亦屬難得之品，與尋常偽刻不可同日而言。

此拓為吳重光拓本，或云最初拓本，道光廿三年（1843）吳重光題贈季卿先生，光緒廿二年（1896）轉歸況周儀，民國八年（1919）再歸周大烈。拓片右側鈐有"三衢張海容少薇氏所得金石書畫印記"。卷軸裝，有吳重光、況周儀題跋。

卷軸外，有周大烈題外簽：

西漢楊量買山券，初拓精本，己未（1919）三月得於滬上，印髯自署。

拓片上方，吳重光釋文並題記：

地節二年月，巴州民楊量買山，直錢千百。作業守，子孫永保其毋替。道光廿三年（1843）歲在癸卯九秋，奉貽季卿先生金石鑒定，壺山弟吳重光識。

拓片下方，況周儀題跋：

《楊量買山券》石煨於庚申之亂。此精舊拓，可珍也。趙撝叔《補訪碑録》云："石近歸平湖吳重光家。"鮑少筠《金石屑》跋云："出四川巴州，為湖州錢安父携歸藏之家。"又云：

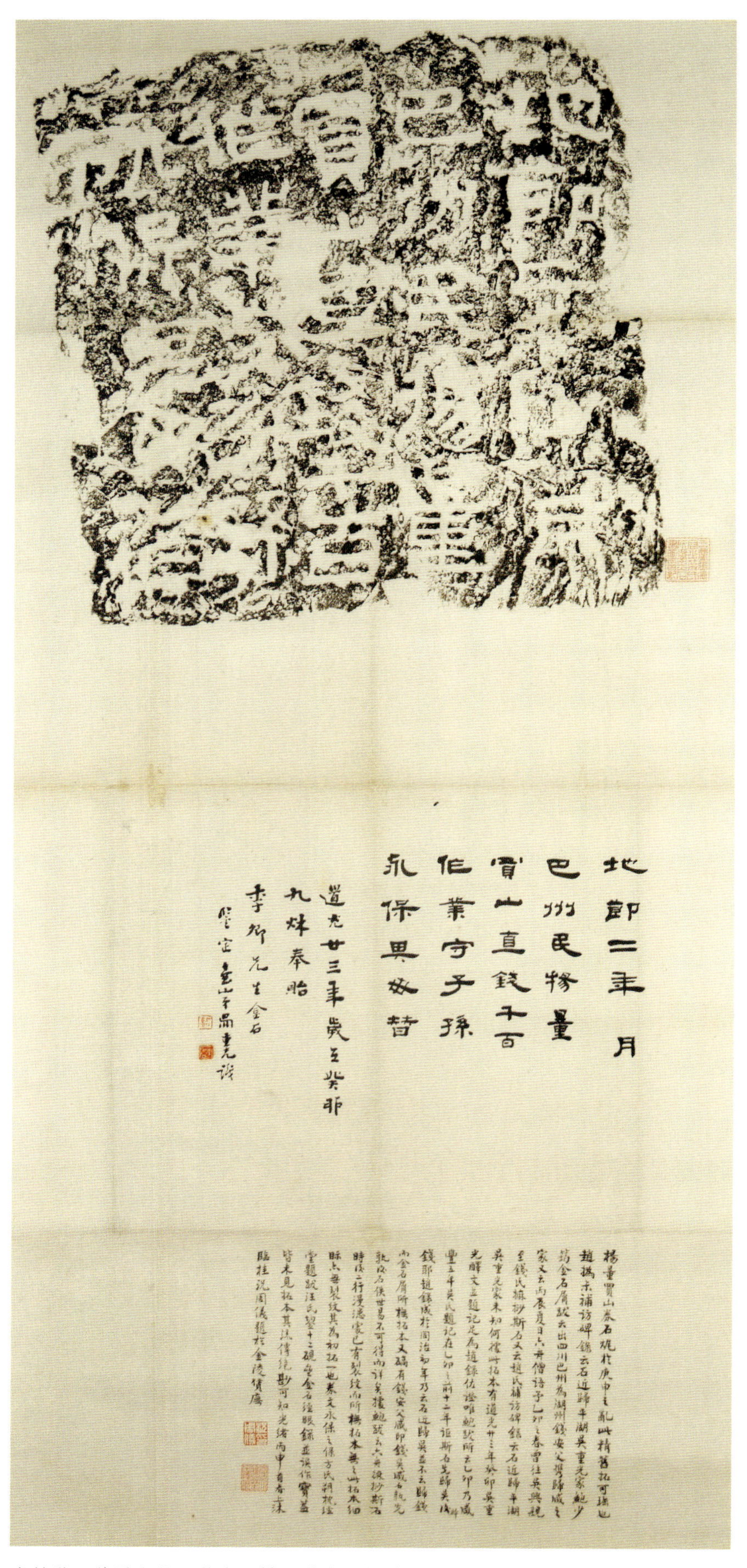

卷軸裝　著墨處縱48釐米　横48釐米　館藏號：J5458

"丙辰(1856)夏日,六舟僧語予,乙卯(1855)之春,曾往吴興親至錢氏,摨抄斯石。"又云:趙氏《補訪碑録》云石近歸平湖吴重光家,未知何據?

此拓本有道光廿三年(1843)癸卯吴重光醒文並題記,足為趙録佐證,唯鮑跋所云乙卯乃咸豐五年,吴氏題記在乙卯之前十二年。詎斯石先歸吴後歸錢耶?趙録成於同治初年,乃云石近歸吴,並不云歸錢,而《金石屑》所橅拓本,又碻有錢安父藏印。錢吴藏石孰先孰後,石佚世易,不可得而詳矣。

據鮑跋云六舟摨抄斯石時,後二行漫漶處已有裂紋,而所橅拓本無之。此拓本細眎亦無裂紋,其為初拓一也。券文"永保"之"保",方氏朔《枕經堂題跋》、汪氏鋆《十二硯齋金石經眼録》並誤作"寶",蓋皆未見拓本,其流傳絶尠可知。光緒丙申(1896)首春上沐臨桂況周儀題於金陵賃廡。

況周頤(1859–1926)字夔笙,一字揆孫,號玉梅詞人、玉梅詞隱、蕙風詞隱。廣西臨桂人。光緒五年(1879)舉人,曾入端方幕府,治理金石文字。一生致力於詞,精於詞論。與王鵬運、朱孝臧、鄭文焯合稱"清末四大家"。著有《蕙風詞》《蕙風詞話》等。

又見浙江博物館藏有《楊量買山券》六舟拓本一件,有馮登府、褚德彝等人題記。兩者相校,同出一石,未見區别。

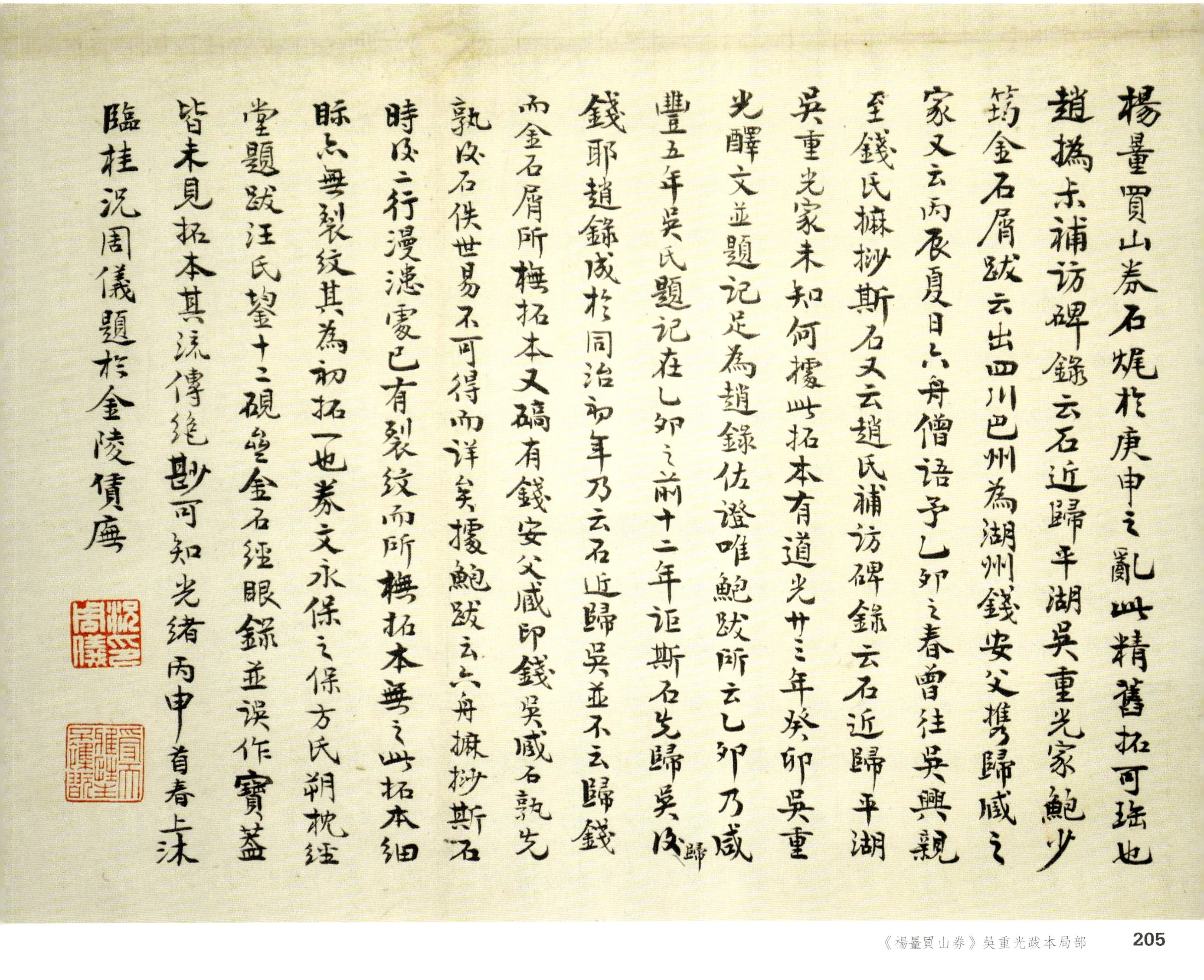

《楊量買山券》吴重光跋本局部

2.《馬二十四娘買地券》陳運彰跋本

買地券，又稱冥契、幽契。源于西漢，盛於東漢，唐宋以降傳佈於大江南北。買地券作為死者領有陰間土地的憑據，僅具有象徵意義，不具社會現實意義，一般還會附刻道教的制鬼符篆，是一種迷信的隨葬品。

《馬二十四娘買地券》，南漢大寶五年（962）十月一日刻，清同治年間廣州城北下塘村出土，或云陝西咸寧出土，誤也。地券首刻符籙，券文逐行顛倒回行刊刻，其內容記録了墓主人的姓名、居住地、下葬時間、買地的費用等信息。

此拓本為況維琦收藏，留有民國三十四年（1945）陳運彰題記，卷軸裝，横批式樣。

況維琦，字又韓，廣西桂林人，況周頤之長子。詩詞極工，兼擅繪畫，和張大千、陳運彰、吳湖帆、陳巨來等交往密切，藝事上彼此促進。

陳運彰題記：

南漢馬二十二孃買地券。廣州城北有下塘邨，邨人李月樵鋤地得此石，因於茂樹下雜蒔華竹，建茗肆以供往來游憩，楊息柯為題“寶漢茶寮”牓，時在同治十二年（1873）間，每春秋佳日，游者甚衆。幾經喪亂，已成陳跡，而此石亦無可蹤跡矣。墨本傳世頗不多，而精者尤難得。曾見摹刻一通，麤具形模而已。近年以來，屢見新搨，大都北方來者，其亦為大力者夜半負之而趨耳（此字點去）邪。又韓長兄以

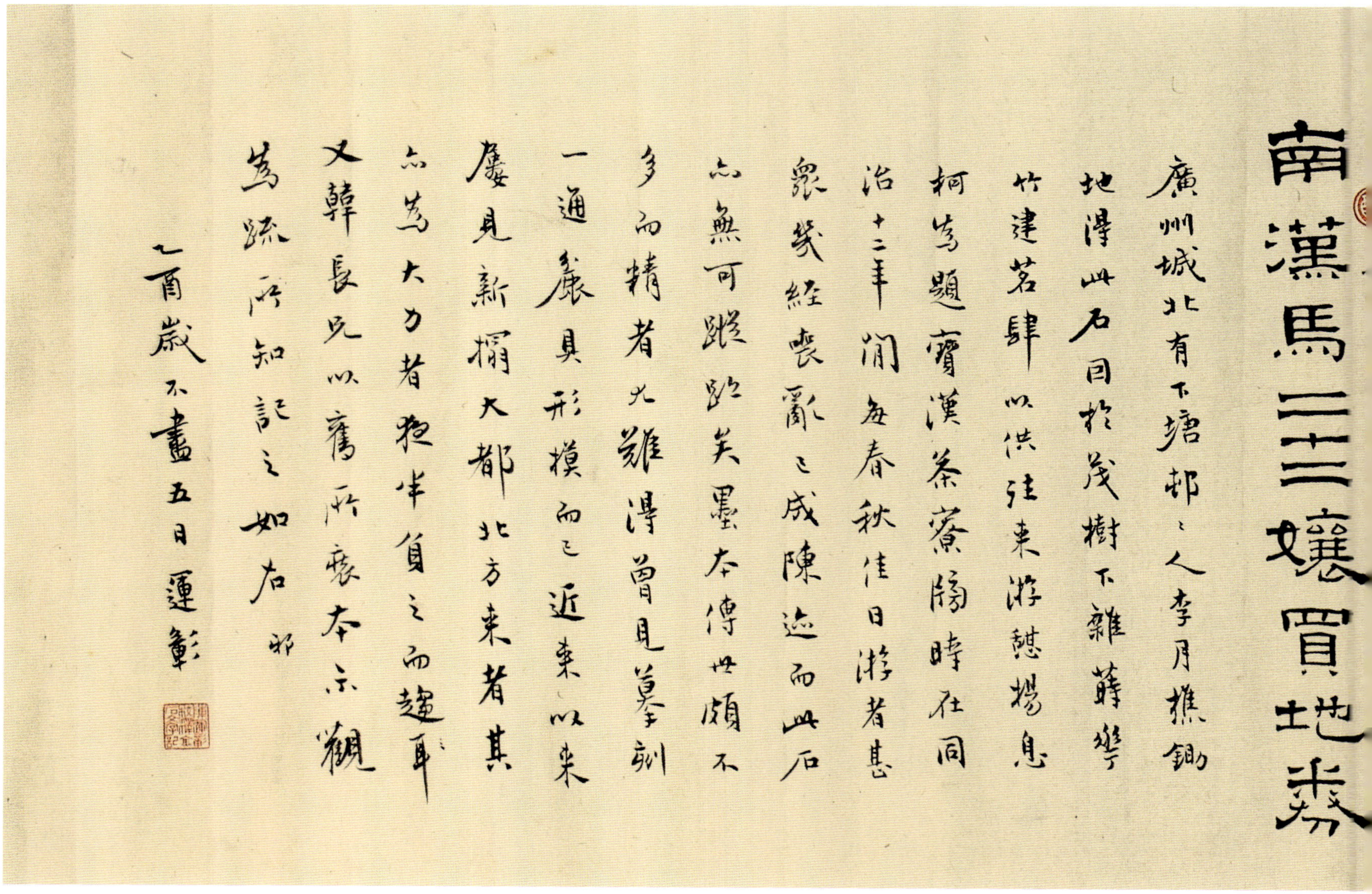

舊所裝本示觀，為疏所知，記之如右。乙酉歲不盡五日，運彰。

南漢馬二十二娘筆誤，應為二十四娘。

陳運彰（1905–1955），字君漠，一字蒙安，號蒙庵、蒙父、華西等。廣東潮陽人，生長於上海。早年從況周頤研究詞學，為入室弟子。歷任上海通志館特約採訪、潮州修志局委員，之江文理學院、太炎文學院及聖約翰大學教授。工詩詞、擅書畫、精篆刻、通金石。收藏《蘭亭》頗豐，齋室名曰“五百蘭亭室”。

地券释文：

維大寶五年歲次壬戌，十月一日乙酉朔，大漢國內侍省扶風郡歿故亡人馬氏二十四娘，年登六十四命終，魂歸后土，用錢玖萬玖阡玖伯玖拾玖貫玖伯玖拾玖文玖分玖毫玖厘，於地主武夷王邊，買得左金吾街咸寧縣北石鄉石馬保菖蒲觀界地名雲峰嶺下坤向地一面，上至青天，下極黃泉，東至甲乙麒麟，南至丙丁鳳凰，西至庚辛章光，北至壬癸玉堂。陰陽和會，動順四時，龍神守護，不逆五行，金木水火土並各相扶。今日交券，應合四維，分付受領，百靈知見。一任生人興切造墓，溫葬亡人馬氏二十四娘，萬代溫居，求爲古記。領買地內侍省扶風郡歿故亡人馬氏二十四娘券，賣地主神仙武夷王，賣地主神仙張堅固，知見神仙李定度，證見領錢神仙東方朔，領錢神仙赤松子，量地神仙白鶴仙，書券積是東海鯉魚仙，讀券元是天上鸛鶴上青天。莫入深泉，崑山樹木，各有分林神仙。若問何處追尋，太上老君勑青詔書，急急如律令。

卷軸裝　畫芯縱25釐米　橫78.5釐米　館藏號：J2344

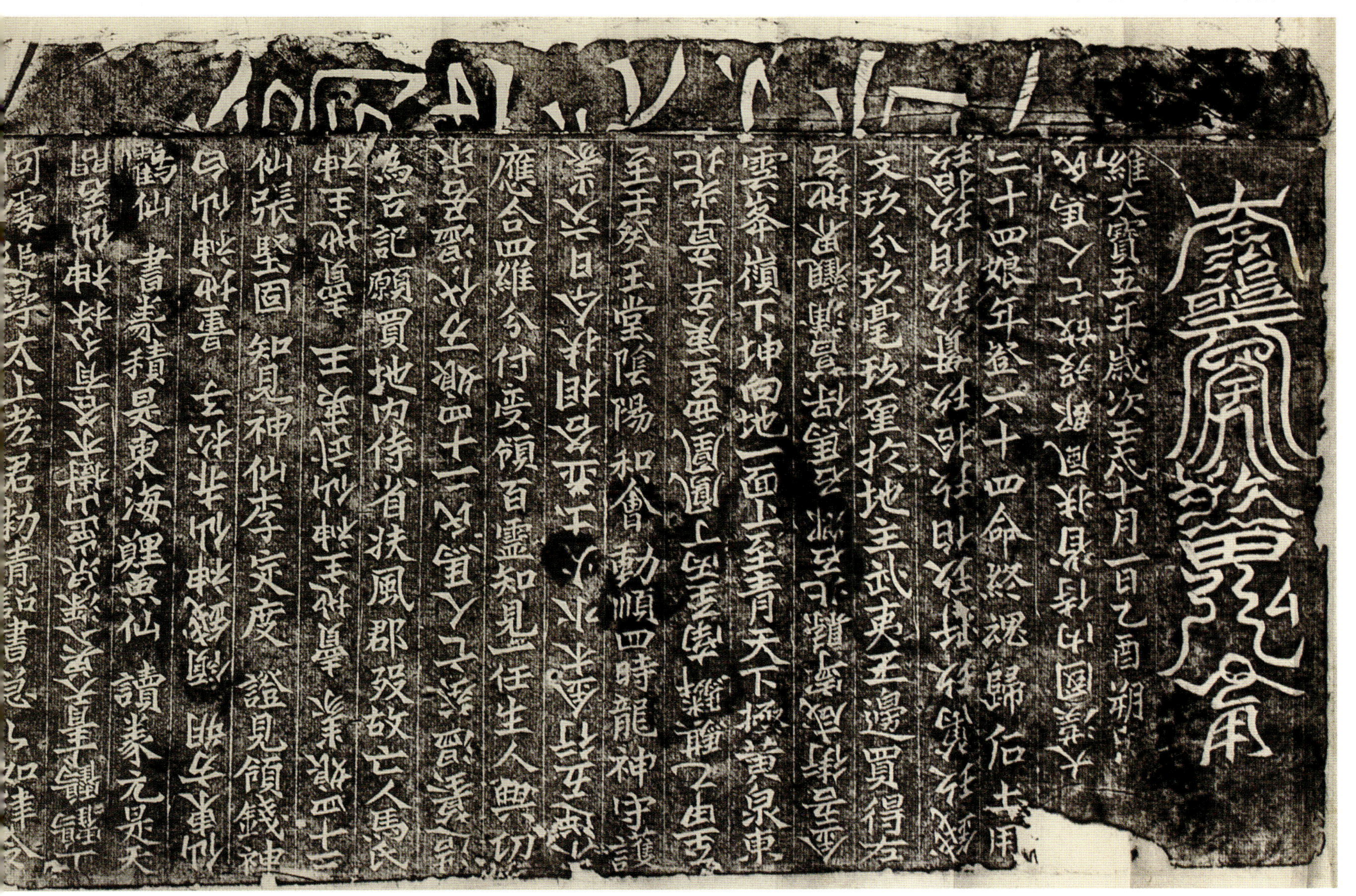

五　硯　銘

1.《萬歲磚硯》徐榮宙跋本

《萬歲磚硯》，由漢萬歲磚改製成硯臺。磚呈楔形，一頭窄，一頭寬，窄頭存“萬歲”殘字，硯池兩側刻有翁方綱、梁同書硯銘。

拓本分萬歲磚銘、硯面、硯底三部分，另附咸豐七年（1857）王逢辰隸書題刻之初拓本。外簽：“漢萬歲磚拓本，戊子（1948）夏得於海上。陶山題。”卷中存有咸豐年間徐榮宙題記一則，並鈐有“陶山珍藏”“雁湖世家”印章。此卷與陶山所藏《秦長生無極全瓦拓本》同屬一套，原為二屏裝，皆為徐榮宙拓贈遜亭先生者。

陶山（1879–1950），又名陶昌善，字俊人，號韜庵、五柳居士、秀翁。浙江秀水人。曾任南京臨時政府實業部農政司司長、北京政府農林部農林司司長等職。工書畫，富收藏，為近代收藏家。

硯池頂端翁方綱隸書題刻：“漢萬歲磚硯”。

硯池兩側梁同書題刻：

其來自冥漠君之墟耶，琳宮壞塔所留遺耶。上有萬歲篆籀字，作鏡不可，作硯宜，土花斑斑入膚理，蠟澤呴呴出清泚，羽陽銅雀是朋曹，虢绛澄泥遠孫耳。錢塘八十八老者同書銘。

王逢辰隸書題刻：

《萬歲磚》按張芑堂《金石契》定為漢磚。漢無忌諱，古人多作萬歲字，如萬歲舍、千萬歲署舍之類。此磚上狹下闊，造以適用，今取阮氏積古齋所摹漢建初尺度之，上廣九寸六分強，下廣一尺二寸四分弱，左右兩側各長一尺三寸三分強，中長一尺三寸三分弱，厚二寸二分強。已琢為硯。北平翁覃溪閣學題首，錢唐梁山舟侍講作銘。向為吾里張氏以重資得於畢秋帆制軍後裔，近歸余槐花唫館，與《秦長生無極全瓦》相偶，真金石奇緣也。咸豐丁巳（1857）八月十五日。嘉興艺亭王逢辰識。

王逢辰（1802–1870），字玉蔭，號芑亭。浙江嘉興人。王宗桓孫，王福田子，王其昱、王其晟、王其昶、王其淦父。廪貢生，官候選訓導。工詩文，善畫蘭，嗜金石，家藏鼎彝古器甚多。其居曰“槐花吟館”“秦瓦晉磚之室”。著有《槐花吟館集》《檇李譜》《竹里詩輯》《竹里秦漢瓦當文存》等。

徐榮宙題記：

同里王芑亭列岳所藏漢磚，搨奉遜亭仁兄大人鑒古。近泉弟徐榮宙。

徐榮宙，字近淦，又字光甫，號近泉、芹泉，浙江嘉興人。咸豐同治間書畫家，相傳曾為張廷濟代筆。

徐榮宙稱王逢辰為“列岳”，即妻之伯叔輩。王逢辰所著《檇李譜》書前就有徐榮宙題簽並繪《檇李圖》，再觀此件《萬歲磚硯》藏品，二人交誼可謂非同一般。

卷軸裝　畫芯縱131釐米　橫31釐米
館藏號：J5798

萬歲塼按張芑堂金石契定為漢塼漢無忌諱古人多作萬歲字如萬歲舍千萬歲答舍之類此塼上猴下闕造以適用今歸阮氏積古齋所摹漢建初尺度之上廣九寸六分強下廣一尺二寸四分弱左右兩側各長一尺三寸三分強中長一尺三寸三分弱厚二寸二分強已琢為硯北平翁覃溪閣學題首錢唐梁山舟侍講作銘向為吾里張氏以重資得於畢秋帆制軍後裔近歸余檇李唫館與秦長生無極全瓦相偶真金石奇緣也 咸豐丁巳八月十五日

嘉興芑亭王達泉識

同里王芑亭刺史所藏漢磚搨本

遂亭仁兄大人鑒古 世愚弟徐榮亩

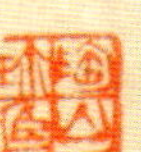

《萬歲磚硯》徐榮亩跋本局部

2.《永安磚琴硯》馬起鳳拓本

《永安磚琴硯》，以三國吳景帝永安元年（258）磚改製而成，因其形狀如古琴而得名。更為珍貴的是，此磚硯為清嘉道時期金石名家馬起鳳所藏，拓本又為馬氏親手所拓，存有馬起鳳題記四則，題記時間始於道光十七年（1837），止於咸豐九年（1859），前後歷時二十二年，足見馬起鳳對此件琴硯拓本的欣賞與珍愛。

此拓本後經同里小石先生、歸安吳平齋遞藏，又添曹樹珊、王逢辰、王成瑞、徐方增、褚德彝等金石名家題詩、題記及觀款，誠為金石小件之銘心絕品。以拓本觀之，硯臺長35釐米，最寬處14釐米，厚4.5釐米。

馬起鳳（1800－1862），原名馬宗默，字傳巖，號山父、夢舟。浙江嘉興人。喜金石收藏，且善傳拓，開創青銅彝器全形拓法。金石僧六舟達受（1791－1858）曾向馬起鳳請教傳拓技法，並將全形拓法推向極致。

全形拓，也稱全角拓、立體拓、器物拓、圖形拓等，是把器物原貌轉移到平面拓紙上的一種技藝。其器物主體以墨拓技法來完成，其立體效果則是輔以綫描、皴筆等繪畫技法來模擬。高超的全形拓本能將器物之大小、形狀、花紋惟妙惟肖地展現於紙上。

現將此本名家題記依時間先後開列如下：

卷軸右上角，道光十七年（1837）馬起鳳（傳巖）題端：

三吳古甎硯。道光丁酉（1837）重昜日，傳巖馬起鳳手拓并題。

卷軸左上方，道光十八年（1838）馬起鳳題詩二首，其詩曰：

審釋三吳未足誇，永安字勢勝龍蛇。幾經不怕遭兵燹，今入文房骨董家。戊戌（1838）上巳日，起鳳又題。

摩挲寶甓洵堪誇，古字千秋竟似蛇。愁煞永安今有跡，孫吳帝子是誰家。疊前韻，起鳳。

卷軸右下方，咸豐九年（1859）馬起鳳題記：

按《文道十書》景帝名休，字子烈，太祖第六子，初封琅邪王，太平三年戊寅（258）十月，為孫綝所立，改元永安，在位七年，甲申（264）七月殂，年三十，葬定陵。改元一永安。咸豐己未（1859）夏午，傳巖馬起鳳時年六十。

同治四年乙丑（1865）重九，海林曹樹珊拜觀。時年六十又六。

卷軸正下方，同治四年（1865）王逢辰（芑亭）題記：

近時為余之金石交，而酷愛古甎古瓦文者，如南屏六舟上人達受、福安李薌園司馬枝青、桐城吳晉齋大令廷康，並藏有秦漢瓦當、漢晉甎文不下數百十種，吾里張叔未解元廷濟以及余家所藏，亦足以与諸公匹敵。海鹽自張芑堂徵士燕昌之後，惟馬君傳巖上舍篤嗜之，嘗以手搨古甎瓦文出示者，約有五、六百種之多，雖拓本中真偽不甚選擇，且見每搨必多題識，隨手寫來，或詩或考，竟不自憚其煩，然其好古之心孜孜不倦，真不可及也。今傳巖歸道山矣，而古時甎瓦之有文字年號者，各處盡遭兵火，十不存一，可為浩歎。同治乙丑（1865）十有一月，小石姻兄大人得傳巖手拓永安甎硯文屬為題跋，遂不揣鄙陋，爰識數語。嘉興竹里芑亭王逢辰跋，時年六十有四。

王逢辰（1802－1870），字玉蔭，號芑亭，浙江嘉興人。嗜金石磚瓦，家藏《秦長生無極全瓦》《漢萬歲磚硯》等名品，著有《竹里秦漢瓦當文存》《槐花吟館集》《檇李譜》等。

拓本右上方，同治五年（1866）王成瑞（雲卿）題記：

余家百磚室藏磚甚夥，盛時幾及（此二字點去）二百有餘，庚申之變，半燬於家，半毀於全公鄉之顧氏宅中，數年來已無此磚癖矣。茲自閶亹旋滬，於彝場市肆得叔未先生磚圖六十，夏初，道出吳淞，雷君夏叔以建安磚出眎，同里小石大兄又以永安磚琴硯圖屬題，一時眼福之盛，幸何如之，至於是塼顛末已詳芑亭宗兄跋中，筆可不贅。丙寅（1866）夏四月，滬城坐花醉月舫寓公王成瑞雲卿氏甫。幾及二字隨筆所誤，勿哂為幸。

王成瑞（1828－1899），字雲卿，浙江平湖人。咸豐十年（1860）貢生，同治初年，臺灣道丁日健聘為記室，後又為餘姚訓導，晚應無錫知縣吳觀樂之聘，不幸卒於幕中。好收藏，精篆刻，蘇州虎丘劍池

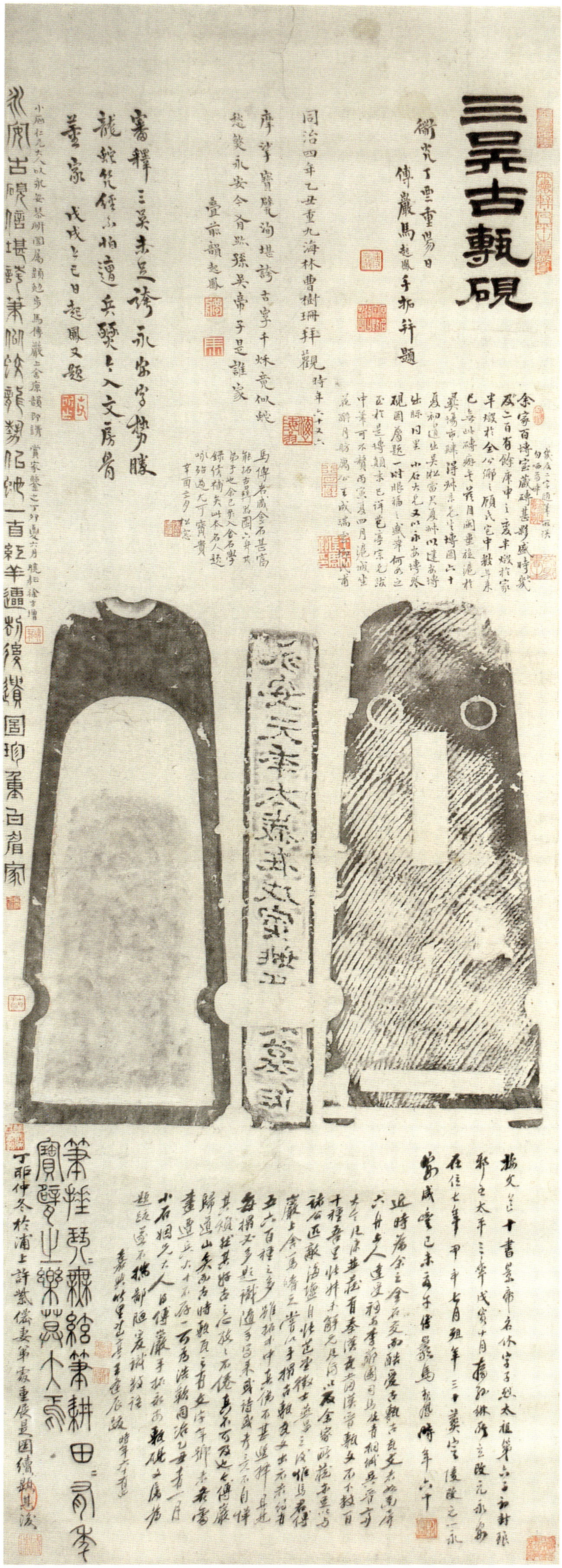

卷軸裝　畫芯縱103.5釐米　橫36釐米

館藏號：J4169

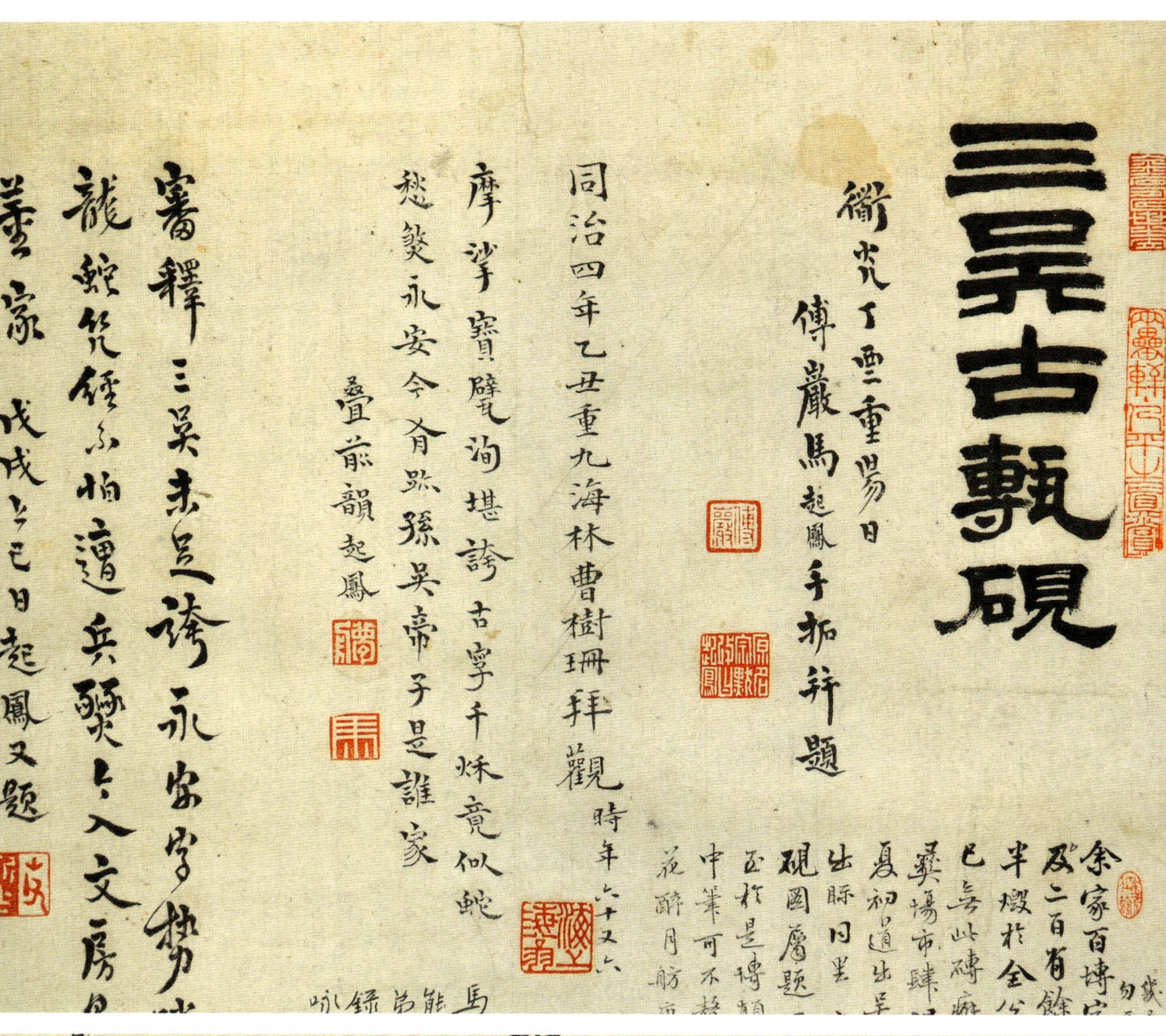

 《永安磚琴硯》馬起鳳拓本局部

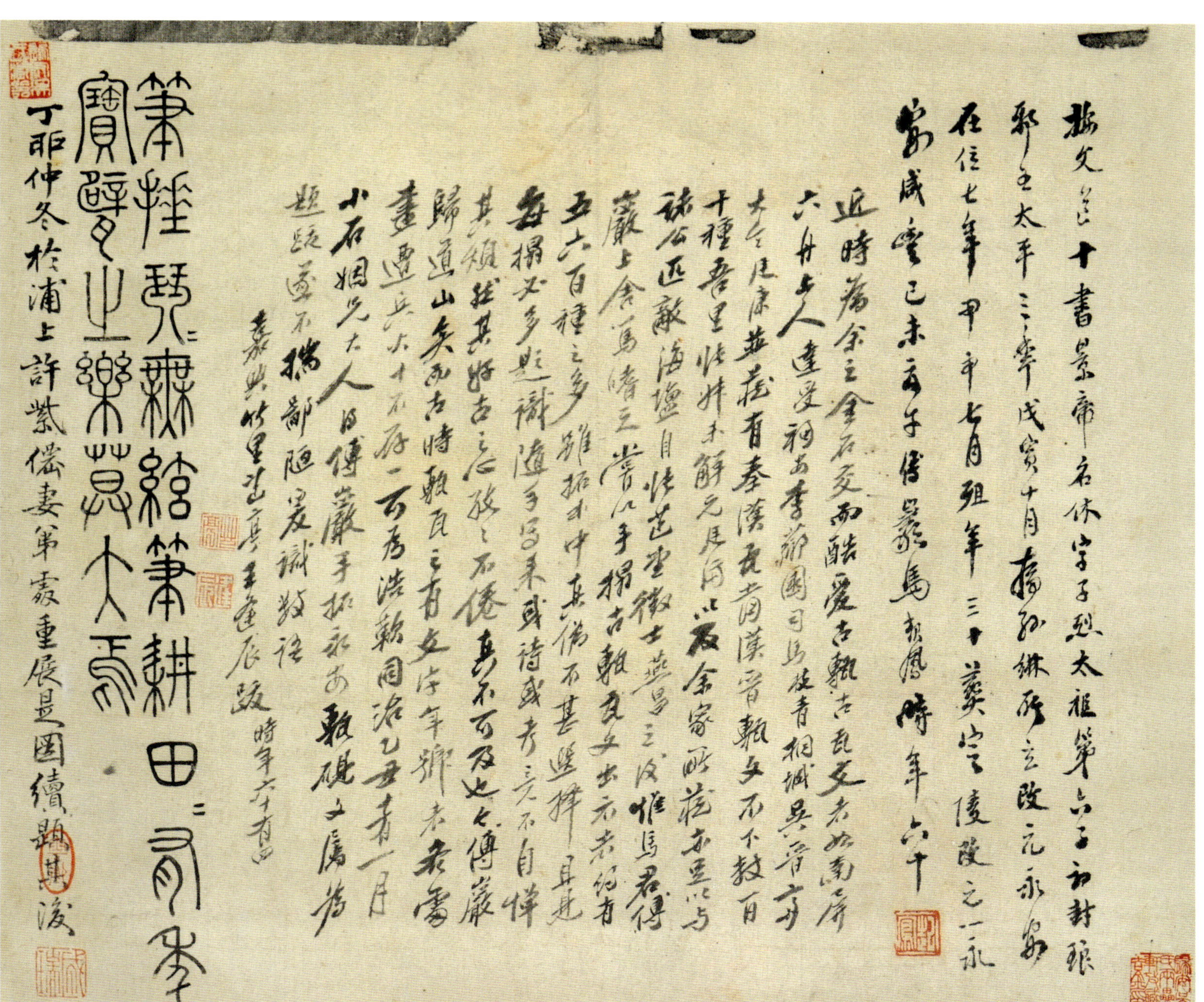

《永安磚琴硯》馬起鳳拓本局部

題刻出自其手筆。著有《玉玲瓏館詩鈔》《閩嶠游草》《梁溪遊草》《瀛臺爪雪集》。

拓本之左邊側，存同治六年（1867）徐方增（曉耘）題記：

> 永安古硯倍堪誇，筆似蛟龍勢似蛇。一自紅羊遭劫後，遺圖珍重白眉家。
>
> 小石仁兄大人以《永安琴研圖》屬題，勉步馬傅巖上舍原韻，即請賞家鑒之，丁卯（1867）夏六月，曉耘徐方增。

徐方增（1822-1877），字曉雲、曉耘，浙江平湖人。同治年間客居上海。能詩文，善書法，尤擅古隸。其書深受日本人喜愛，購者眾多。

拓本左下角，同治六年（1867）王成瑞（雲卿）題記：

> 筆揰琴，琴無弦，筆耕田，田有年，寶甓之樂莫大焉。丁卯（1867）仲冬於浦上許紫儴妻弟處，重展是圖，續題其後。

民國十年（1921）褚德彝題記：

> 馬傅岩藏金石甚富，能拓古彝器圖，六舟其弟子也。余已録入《金石學録續補》矣。此本名人題咏殆遍，尤可寶貴。辛酉（1921）四月，松窗。

小小的一件金石拓本，既是古磚，又是古研，更寓有古琴之意，從中折射出古代金石鑒藏家的奇思妙想和濃濃金石情緣，妙哉！奇哉！

3.《趙忠毅鐵硯》鄭文焯跋本

《趙忠毅鐵硯》哈少甫舊藏。此為鄭文焯藏拓，存有光緒二十七年（1901）鄭文焯題記。

趙忠毅即趙南星（1550–1627），字夢白，號儕鶴，别號清都散客。河北高邑人。萬曆二年（1574）進士，官至吏部尚書，明代東林黨的首領之一。後因得罪魏忠賢，謫戍代州，四年後病卒。崇禎初年，追謚為"忠毅"。

趙忠毅一生剛直不阿，品節如鐵，故有忠毅鐵硯、鐵如意之收藏佳話，然真僞莫辨。此件哈少甫所藏鐵硯，以鄭文焯藏拓本觀之，未見趙忠毅相關之銘文，其硯銘文字或為嵌銀所掩，無法傳拓。

哈少甫（1856 –1934），名哈麟，字少甫，一作少夫，少孚、紹甫，號觀叟、觀津老人，齋號寶鐵硯齋，江蘇南京人。早年家貧而棄學經商，後發跡成為二十世紀初上海工商界鉅子，又從事古玩業，精通金石書畫鑒别。因藏有宋趙忠毅鐵硯、蘇東坡鐵如意，故以"鐵廬"顔其齋。著有《寶鐵硯齋書畫》。

鄭文焯題記：

> 韓崇字履卿，著有《寶鐵齋金石跋尾》，丹徒嚴保庸為之敍。
>
> 履卿藏梁大同十年《陳寶齊造象記》，見之海豐吴氏《捃古録》，而《寶鐵齋金石跋尾》不載，今此石刻已歸嶺南李尹桑。鐵如意猶在吴下徐氏，十年前有人欲以餅銀廿圓出售於余，未果。若鐵研則藏之哈氏有年，故家文物雕零殆盡。老芝記於樵風廎。
>
> 余家藏趙忠毅鐵如意一枋，以文鏤銀絲不可濡脱，舊見吴康甫所拓本，乃陰文，銘詞亦同，蓋為好事者剗去銀鏤，以便於氊椎耳。忠毅比節於鐵，不謂世所傳如意外又有此研。昔孫樵銘李文貞笏有云："靈豸鹿角，比干獻背，合此憤烈，在公為笏"，兹研信足媲美前休矣。辛丑歲（1901）五月，鶴翁記。

館藏另有《哈少甫藏蘇軾鐵如意拓本》，參見本書《〈坡公鐵如意全形拓〉哈少甫藏本》。光緒二十七年（1901）鄭文焯作此篇《趙忠毅鐵硯題記》時，所言"鐵如意尚在吴下徐氏"，此處提及之鐵如意，應是忠毅鐵如意，而非坡公鐵如意。

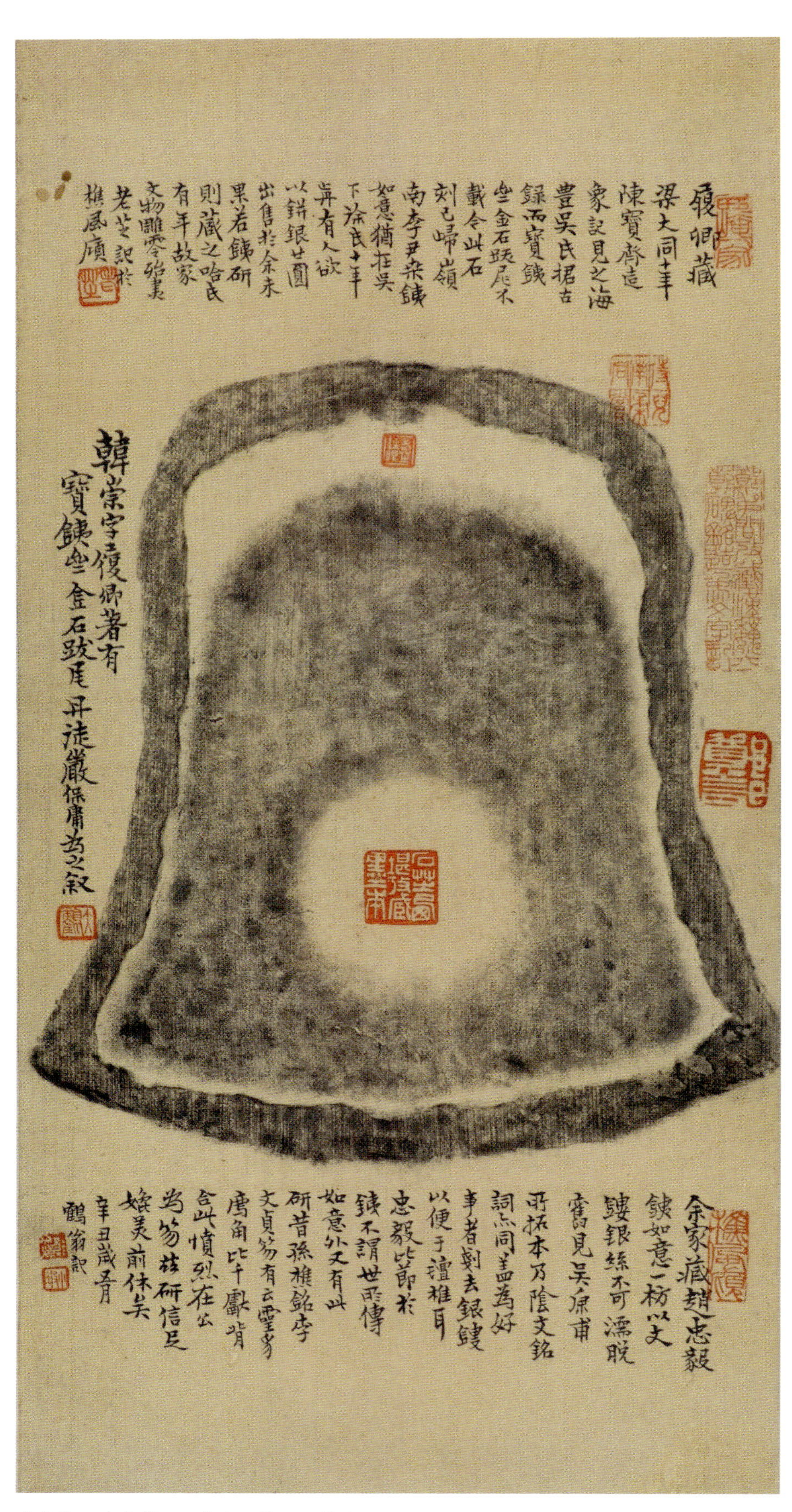

卷軸裝　畫芯縱33.5釐米　横17.2釐米

館藏號：J5710

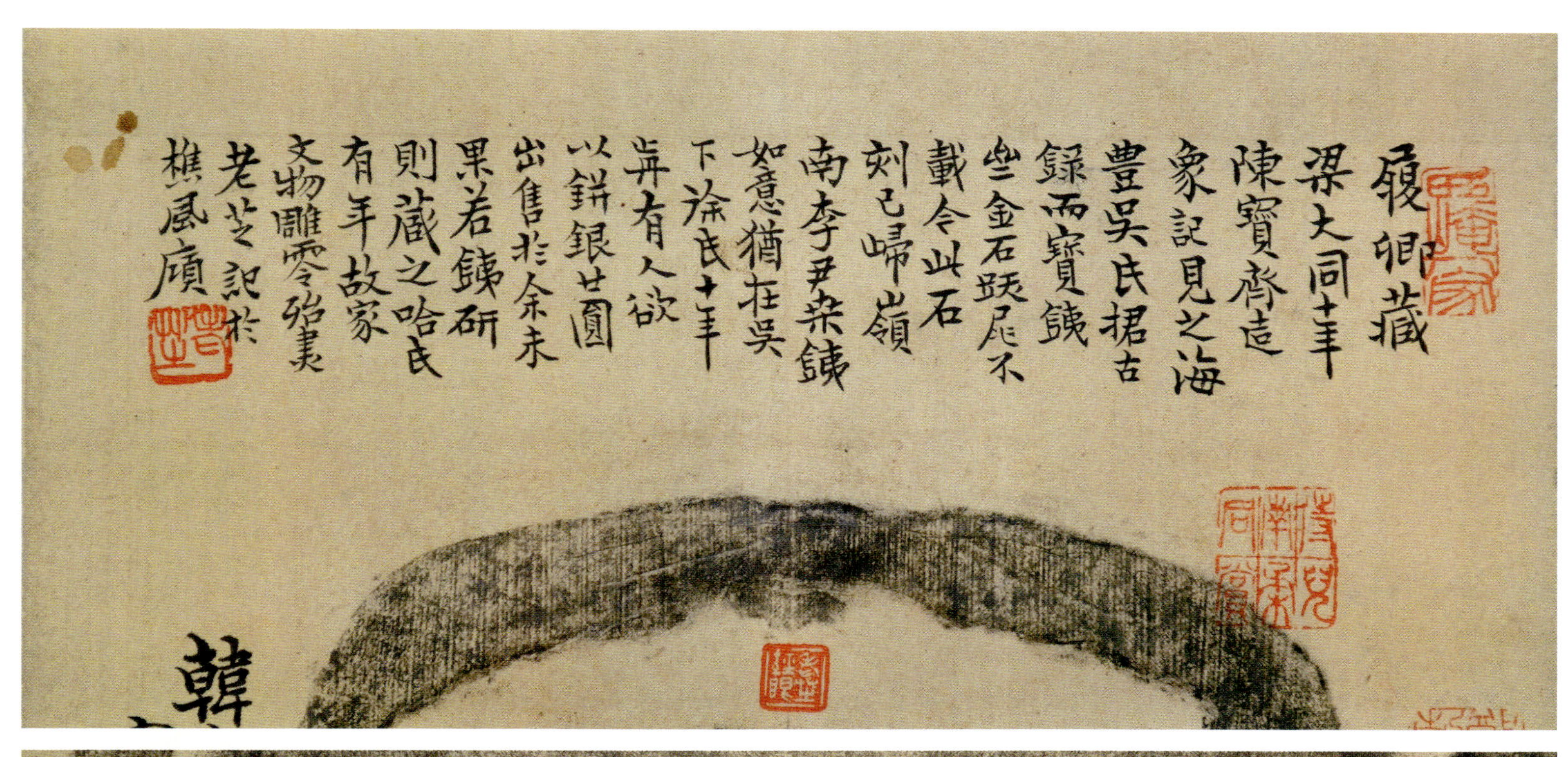

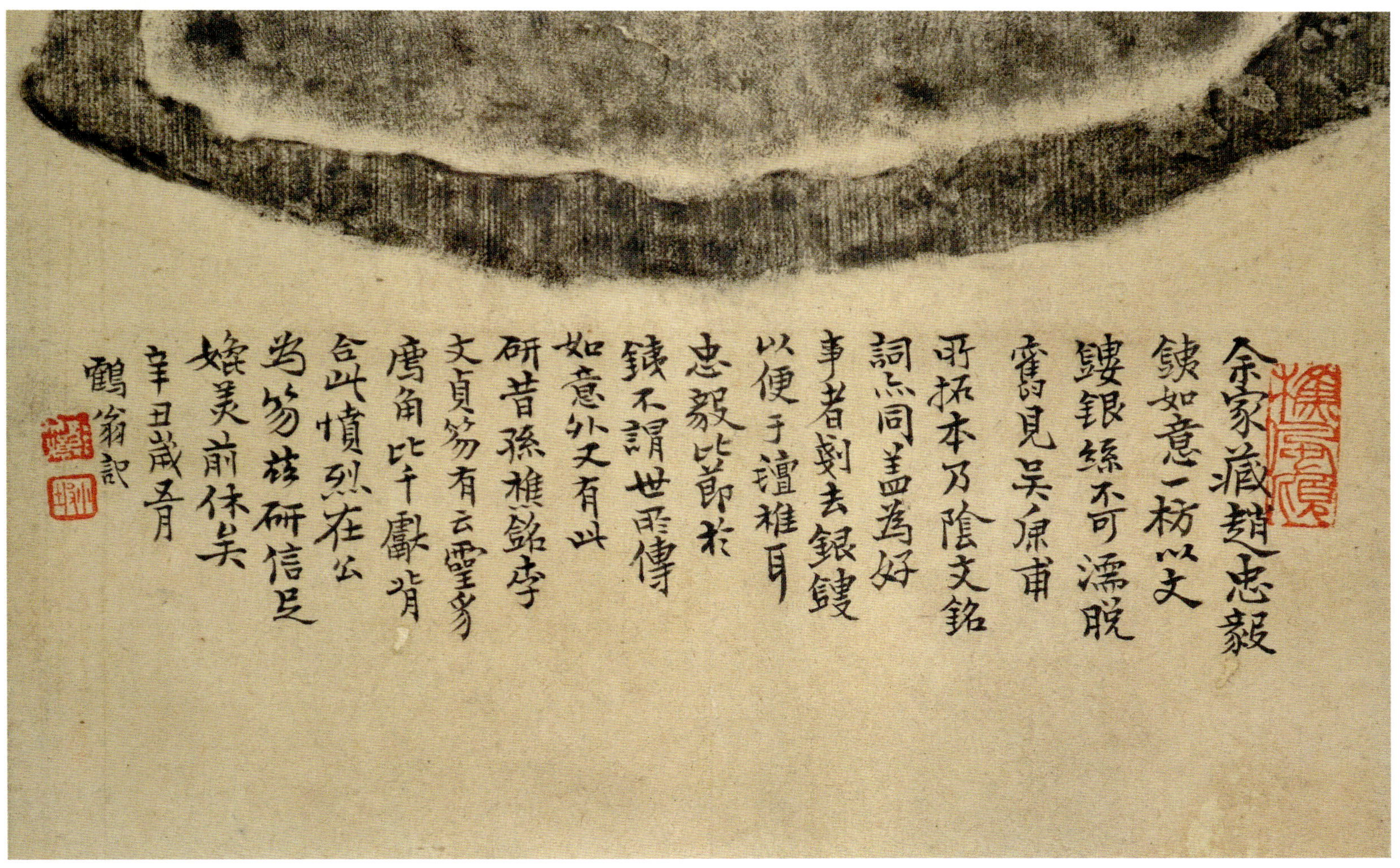

《趙忠毅鐵硯》鄭文焯跋本局部

4.《東坡像蕉白硯》周慶雲跋本

《東坡像蕉白硯》中央為蘇軾畫像，右側刻楷書“宋蘇文忠公真像”一行，左側刻隸書“白受采，得淨理，墨雲起”一行。其下署“蕉白研，药□銘”兩行小字。

蕉白硯，就是對一種端硯名石的美稱，又稱為“蕉葉白硯”。其顏色渾然一體，質地細嫩柔軟，溫潤有光澤，沉穩而緻密。這方《東坡像蕉白硯》為晚清周慶雲所藏。

此為周慶雲藏拓本，硯石寬16釐米，長19釐米。拓片上下有宣統二年（1910）十二月周慶雲題記、題詩。周慶雲言明將此件蘇軾畫像拓本藏之杭州西湖靈峰，待到每年東坡生日時，邀集朋輩來祭祀。

周慶雲（1866–1934），字景星，號湘齡，别號夢坡，浙江南潯人。清光緒七年（1881）秀才。因經營絲廠、鹽業、煤礦而發跡，成為南潯巨富。曾任蘇、浙、滬屬鹽公堂總經理。民國後，在杭州創辦天章絲織廠，又在上海浦東設立五和精鹽公司，還投資興辦長興煤礦等。周氏喜詩文書畫，與清末民初的滬上藝壇交往密切。精鑒藏，於書畫、金石、古硯、古琴、古書等無不涉獵，其藏書至十餘萬卷。著有《夢坡詩文》《鹽法通志》《夢坡室獲古叢編》《夢坡室藏硯》《南潯志》等。

《東坡像蕉白硯》對於周慶雲具有一份特殊含義。因為此硯背面刻有蘇軾真像，得硯後不久，居然夢見東坡，夢中還有一場對答，醒來後就開始自號“夢坡”了。因此，這方蕉葉白硯，是“周夢坡”别號的由來所在。

又因蘇軾知杭州時，曾有《靈峰絕句》，令周慶雲感慨萬千，宣統元年（1909），周氏特意為西湖靈峰補植梅樹三百本，用以恢復咸豐時楊蕉隱所繪《靈峰探梅圖》景觀。本卷《蕉葉白硯》中留存的宣統二年（1910）周慶雲題記、題詩，亦多涉及杭州靈峰舊跡與典故，看來周慶雲為靈峰植梅不是一時興起，而是暗藏了深層的人文情懷。

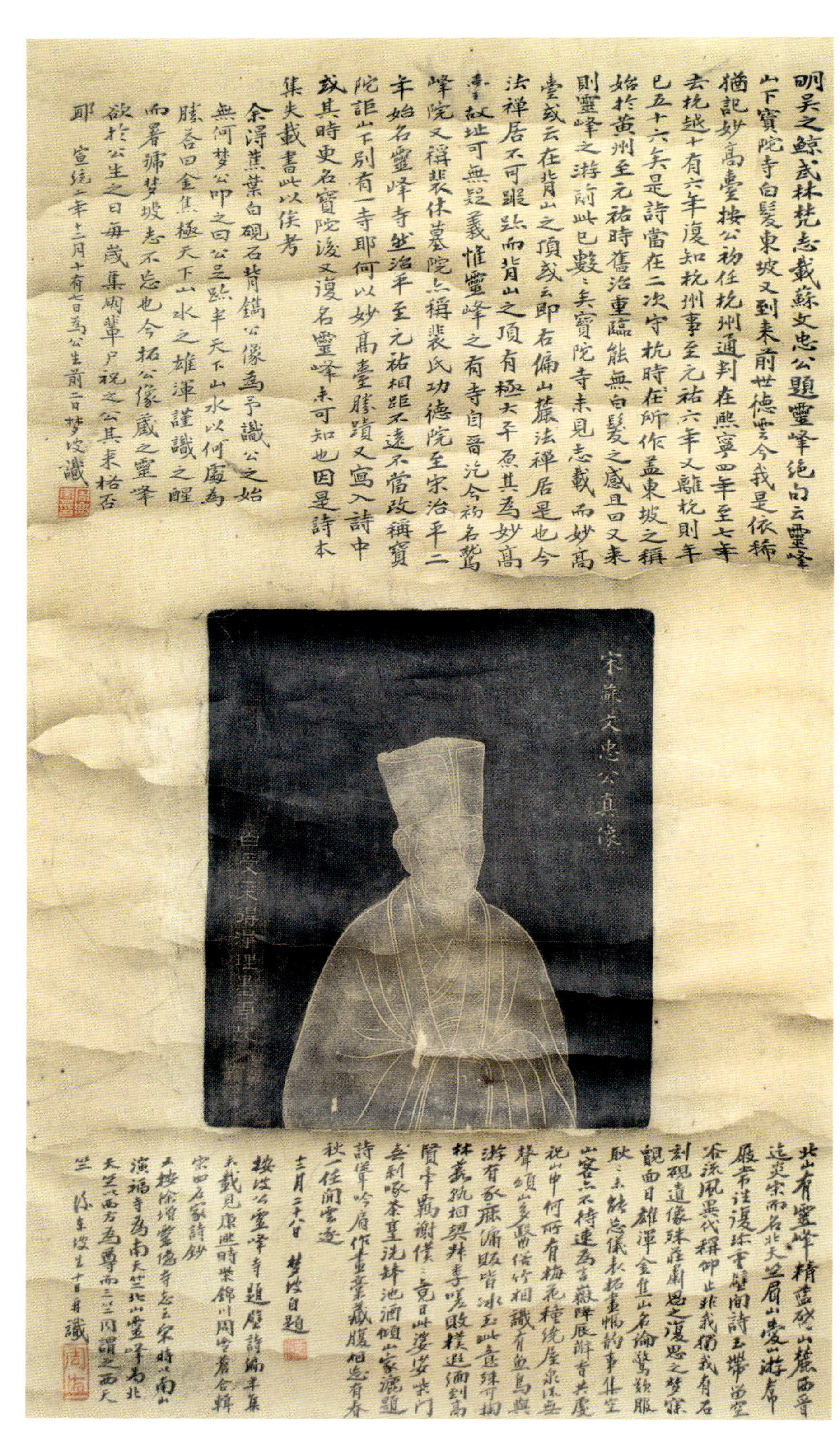

卷軸裝　畫芯縱51釐米　横30釐米

館藏號：J2184

一、拓片上方，周慶雲題記：

明吳之鯨《武林梵志》載，蘇文忠公題靈峰絕句云：靈峰山下寶陀寺，白髮東坡又到來。前世德雲今我是，依稀猶記妙高臺。按公初任杭州通判在熙寧四年，至七年（1071–1074）去杭。越十有六年，明吳之鯨武林梵志載蘇文忠公題靈峰絶句云靈峰山下寶陀寺白髮東坡又到來前世德雲今我是依稀猶記妙高臺按公初任杭州通判在熙寧四年至七年去杭越十有六年復知杭州事至元祐六年又離杭則年已五十六矣是詩當在二次守杭時在所作蓋東坡之稱始於黃州至元祐時舊治重臨能無白髮之感且曰又來則靈峰之游前此已數數矣寶陀寺未見志載而妙高臺或云在背山之頂或云即右偏山麓法禪居是也今法禪居不可蹤跡而背山之頂有極大平原其為妙高臺故址可無疑義惟靈峰之有寺自晉訖今初名鷲峰院又稱裴休墓院亦稱裴氏功德院至宋治平二年始名靈峰寺然治平至元祐相距不遠不當改稱寶陀詎山下別有一寺耶何以妙高臺勝蹟又寫入詩中或其時更名寶陀後又復名靈峰未可知也因是詩本集失載書此以俟考

余得蕉葉白硯石背鐫公像為予識公之始無何夢公叩之曰公足跡半天下山水以何處為勝答曰金焦極天下山水之雄渾謹識之醒而署號夢坡志不忘也今拓公像藏之靈峰欲於公生之日每歲集朋輩尸祝之公其來格否耶 宣統二年十二月十有七日為公生前二日夢坡識

北山有靈峰精藍啟山麓西晉迄炎宋而名北天竺眉山愛山游屐履常往復琢壁間詩玉帶留空谷流風異代稱仰止非我獨我有石刻硯遺像殊莊嚴思之復思之夢寐覿面目雄渾金焦山名論驚歎服耿耿未能忘儀表拓畫幅韵事集空山客亦不待速為言嶽降辰辦香共慶祝山中何所有梅花種繞屋泉流無聲頌山多戲嶺竹相識有魚鳥與游有豕鹿牖眼皆冰玉此意殊可掬林慕孰相契拜手嗟敗樸遐緬到高賢率羈謝僕僕竟日此婆娑柴門無剝啄茶烹洗鉢池酒傾山家瓶題詩從輩吟肩作畫橐藏腹相忘有春秋一任閒雲逐 十二月二十八日 夢坡自題

按坡公靈峰寺題壁詩編年集未載見康熙時紫錦川周雪蒼合輯宋四名家詩鈔

又按徐增靈隱寺志云宋時以南山演福寺為南天竺北山靈峰為北天竺以西方為尊而三竺因謂之西天竺 後東坡生十日再識

《東坡像蕉白硯》周慶雲跋本局部

復知杭州事，至元祐六年（1091）又離杭，則年已五十六矣。是詩當在二次守杭時在（此字點去）所作，蓋東坡之稱始於黄州，至元祐時舊治重臨，能無白髮之感，且曰又來，則靈峰之游前此已數數矣。寶陀寺未見志載，而妙高臺或云在背山之頂，或云即右偏山麓法禪居是也。今法禪居不可蹤跡，而背山之頂有極大平原，其為妙高臺故址可無疑義。惟靈峰之有寺，自晉汔今初名鷲峰院，又稱裴休墓院，亦稱裴氏功德院，至宋治平二年（1065）始名靈峰寺，然治平至元祐相距不遠，不當改稱寶陀，詎山下別有一寺耶？何以妙高臺勝蹟又寫入詩中，或其時更名寶陀，後又復名靈峰，未可知也。因是詩本集失載，書此以俟考。

余得蕉葉白硯石，背鐫公像，為予識公之始。無何夢公，叩之曰："公足跡半天下，山水以何處為勝？"答曰："金焦極天下山水之雄渾"，謹識之，醒而署號"夢坡"，志不忘也。今拓公像藏之靈峰，欲於公生之日，每歲集朋輩尸祝之，公其來格否耶。宣統二年（1910）十二月十有七日，為公生前二日，夢坡識。

二、拓片下方，周慶雲題詩：

北山有靈峰，精藍啟山麓。
西晉迄炎宋，而名北天竺。
眉山愛山游，帬屐常往復。
珎重壁間詩，玉帶留空谷。
流風異代稱，仰止非我獨。
我有石刻硯，遺像殊莊肅。
思之復思之，夢寐覿面目。
雄渾金焦山，名論驚歎服。
耿耿未能忘，儀表拓畫幅。
韻事集空山，客亦不待速。
為言嶽降辰，瓣香共虔祝。
山中何所有，梅花種繞屋。
泉流無聲頌，山多醫俗竹。
相識有魚鳥，與游有豕鹿。
傭販皆冰玉，此意殊可掬。
林藪孰相契，叔季嗟敗樸。
遐緬到高賢，牽羈謝僕僕。
竟日比婆娑，柴門無剝啄。
茶烹洗缽池，酒傾山家漉。
題詩聳吟肩，作畫橐藏腹。
相忘有春秋，一任閒雲逐。
十二月二十八日，夢坡自題。

按坡公《靈峰寺題壁詩》《編年集》未載，見康熙時柴錦川、周雪蒼合輯《宋四名家詩鈔》。

又按徐增《靈隱寺志》云：宋時以南山演福寺為南天竺，北山靈峰為北天竺，以西方為尊而三竺同謂之西天竺。後東坡生十日再識。

5.《怡府東坡硯》端方跋本

東坡硯，經俞龢、怡僖親王弘曉、端方等人遞藏。硯底綫刻《東坡笠屐像》，圖中蘇軾頭戴斗笠，手拄竹杖，腳踏木履。像左題刻“紫芝生藏”，其下刻“俞龢”“紫芝生”兩印章。像側刻有“子固”“文彭”字樣。硯臺邊側題刻“明善堂冰玉道人珍賞”。

此硯拓則為晚清六吉先生手拓，拓本存有端方題記。依拓本觀之，硯臺寬18釐米，長29釐米，厚4釐米。“紫芝生”即俞龢（1307–1382），字子中，號紫芝。浙江桐江人。性格沖澹，隱居不仕，能詩文，善翰墨，臨晉唐法帖甚多，深得松雪筆意。北京故宮博物院藏有不少俞龢的書畫作品，其中《俞龢蘭亭臨本》最受矚目。

“明善堂冰玉道人”即清怡僖親王弘曉（1722–1778），怡親王允祥之子，號冰玉道人。雍正元年（1723年），康熙帝第十三子胤祥被雍正帝封為“和碩怡親王”，大清世襲罔替親王，是清朝第九位鐵帽子王。雍正八年（1730）弘曉襲怡親王，乾隆四十三年（1778）薨。弘曉能詩能文，人稱“王爺詩人”，有《明善堂集》傳世。弘曉富收藏，家藏古籍、書畫、文玩不讓內府，尤以《脂硯齋重評石頭記》鈔本而著稱於世。

卷軸中存有端方題記：

> 怡王冰玉道人收藏宋本書、名人書畫下至焦琴、古硯，既精且多，幾埒內府。同治初元（1862）吾家收得怡府良硯十餘品，而兹最古穆可憙。六吉拓此，藉以潤色新居而屬端方題之。

端方（1861–1911），托忒克氏，字午橋，號陶齋。滿洲正白旗人。歷任湖廣總督、兩江總督等。光緒三十一年（1905），出使西洋考察憲政。端方嗜金石，好碑拓，為晚清金石碑帖收藏大家，如今“陶齋藏拓”早已享譽收藏界。

端方題跋中所云“同治初元（1862）吾家收得怡府良硯十餘品”，其背後的歷史事件就是“辛酉宮廷政變”，此次政變讓怡府遭到滅頂之災，家藏文物流散殆盡。當年，弘曉的曾孫載垣（1816–1861）任咸豐帝顧命八大臣之首，輔弼皇太子載淳為帝，總攝朝政，但與新皇帝載淳的生母皇太后葉赫那拉氏（即慈禧太后）產生嚴重矛盾，咸豐十一年（1861），慈禧太后與恭親王奕訢發動“辛酉政變”，載垣在北京被捕，賜白綢自盡。從此，慈禧垂簾聽政，開始掌握清政府的最高統治權。

怡府藏品就是在這次政變之後才流散出來的，今日觀賞《東坡硯銘》拓本，似乎還能感受到當年的刀光劍影，此硯承載著一段怡王府的悲歡離合。

卷軸裝　畫芯縱116釐米　橫29.5釐米

館藏號：J5981

6.《翁題黃硯》端方跋本

《福祿壽三瑞硯》拓本，卷軸裝。上方為硯臺拓本，硯池作玉圭形，其上刻蝙蝠、玄鹿、夔龍三瑞圖，恰與“福祿壽”諧音。硯臺底端之邊側刻有“錢塘黃易珍藏”楷書六字。卷軸下方為硯臺蓋板拓本，蓋板上刻芭蕉葉一片，葉片上留有翁方綱題刻。翁方綱與黃易是金石摯友，傳世有不少二人間往還的手札詩文、金石題跋、硯銘題刻等。依拓本觀之，硯臺寬16釐米，長33釐米，厚3釐米。此件藏品與上文所述《怡府東坡硯》端方跋本同屬一套，皆六吉先生藏品。

黃易（1744–1802），字大易，號小松、秋庵，秋影庵主。浙江仁和人。能詩文，工書畫，精篆刻。與丁敬、蔣仁、奚岡齊名，合稱“西泠四家”。在山東為官時，喜集金石文字，廣搜碑刻拓本，所繪《訪碑圖》享譽金石界。著有《秋盦詩草》《小蓬萊閣金石文字》《秋影庵印譜》等。

硯臺蓋板之翁方綱硯銘題刻：

> 重重火燒痕，不損千金璧。
>
> 一枕綠天菴，夢中題裂帛。
>
> 乾隆丙午（1786）冬月，方綱。

“綠天庵”是唐代著名書法家懷素（725–785）出家修行和練字的地方，位於湖南永州市零陵區高山寺大雄寶殿後側。

翁方綱（1733–1818），字正三，號覃溪，晚號蘇齋。直隸大興人。乾隆十七年進士，授編修。歷督廣東、江西、山東三省學政，官至內閣學士。精通金石書畫、詩文之學。著有《兩漢金石記》《粵東金石略》《漢石經殘字考》《復初齋詩文集》等。

卷軸底部，端方題記：

> 黃秋盦在乾嘉時收藏之富幾甲海內，每有所得，輒索蘇齋題識。山東去京師千里，郵筒驛使相望於道，此硯中有瑕痕，非純絕之品也。而蘇齋且親為題詠而不避，古人之重交誼於此可見。六吉屬題，庚寅（1890）十二月初八日，浭陽愚兄端方記。

六吉生平不詳，2011年拍賣場中得見一通《端方致六吉手札》，前題“恒大老爺，六吉甫臺啟。”

小小一張硯銘拓片，一經端方題跋點評，猶如畫龍點睛一般，鮮活地勾勒出翁方綱、黃易的金石交往，並對二人的金石情緣予以高度點贊，同時，亦間接地表達了端方對六吉（恒大老爺）的至深友情。

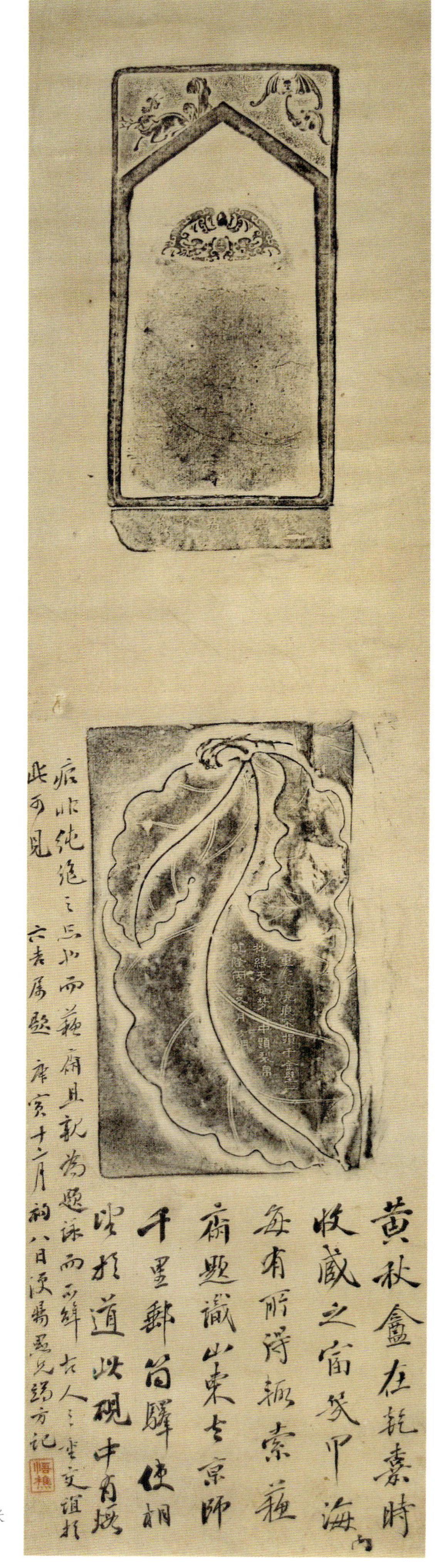

卷軸裝 畫芯縱116釐米 橫29.5釐米
館藏號：J5982

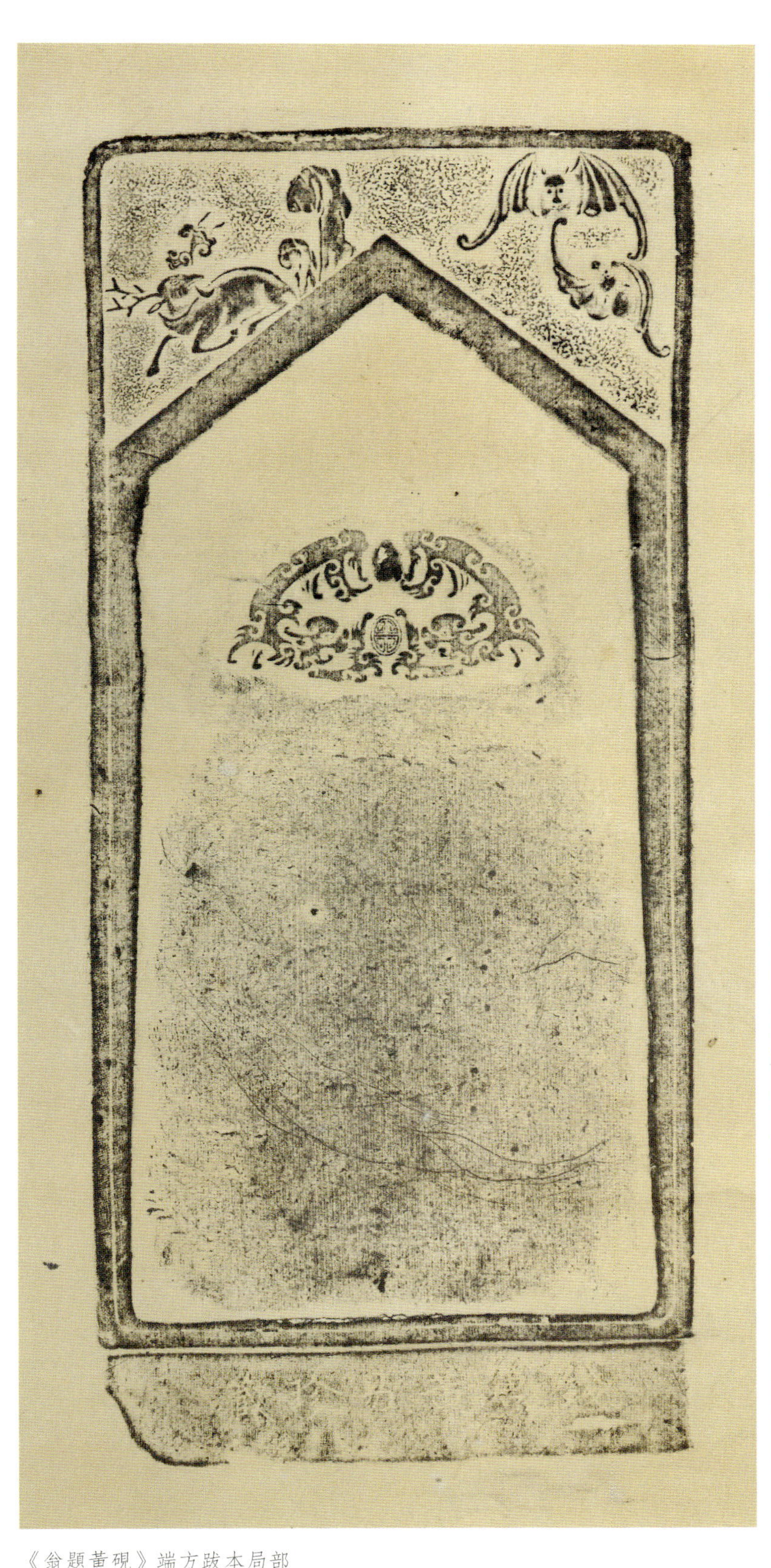

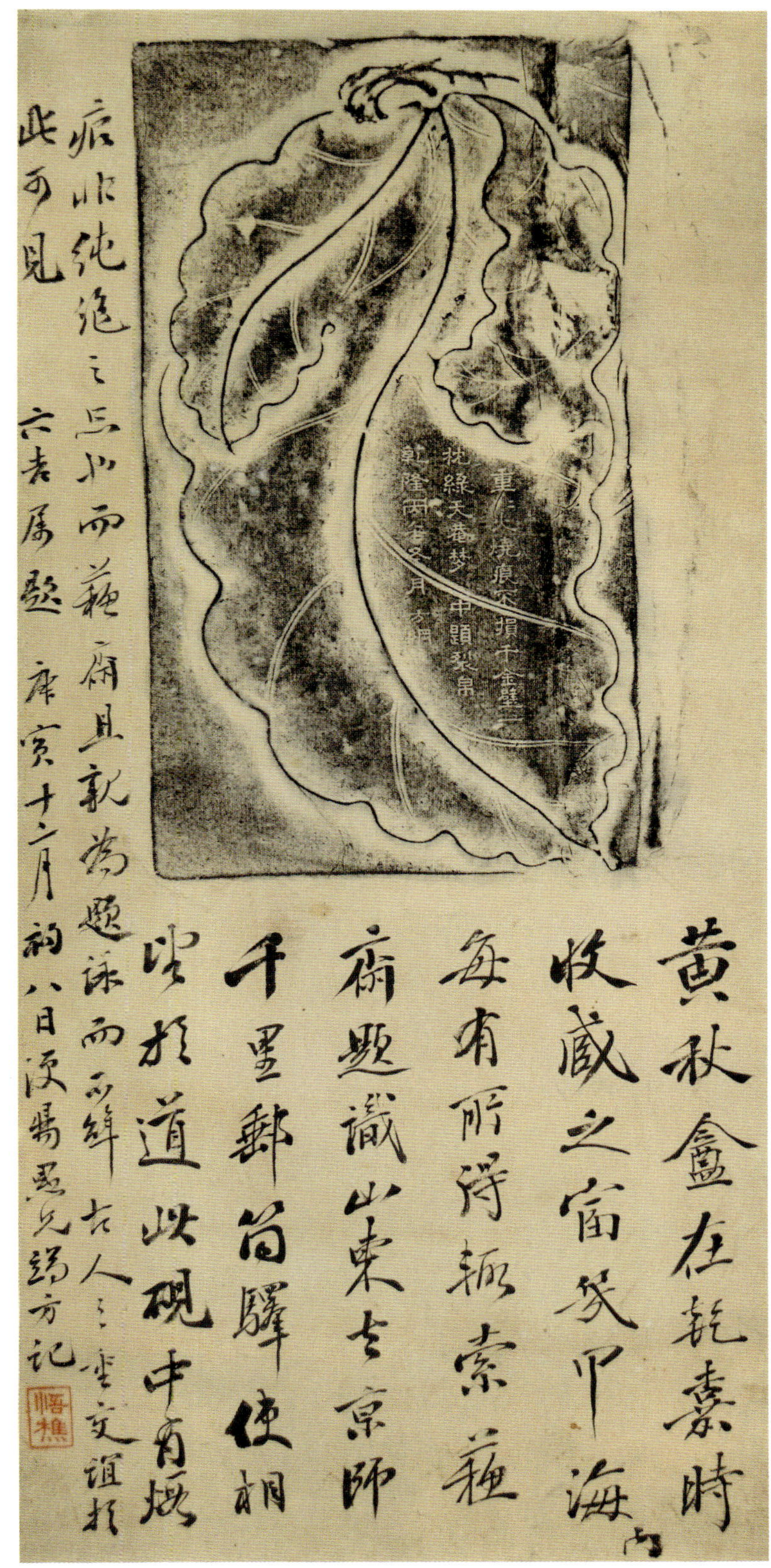

《翁题黄砚》端方跋本局部

7.《岳飛端硯拓本》劉之泗跋本

《岳飛端硯拓本》卷軸裝，其外簽題曰："岳武穆端硯拓本，楚園珍藏，之泗敬題。"岳武穆即大名鼎鼎的民族英雄岳飛。"楚園"即清末民初藏書家劉世珩之齋號，其家舊藏古籍、碑帖善本數千件，"之泗"乃劉世珩之子。突然到手的一卷岳飛使用過的端硯拓本，豈不令人神往。

卷軸正中為《岳飛端硯之六面拓片》，其前另有硯匣之蓋板拓片，兩側為劉之泗題記。從拓本可知，硯臺長24.5釐米，寬14.8釐米，高5.5釐米。硯尾有凹槽，以便插入手指抄起硯臺，屬宋代典型的"抄手硯"（或稱"插手硯"），硯臺底部鐫刻草書"持堅守白，不磷不緇"八個大字，硯臺六面（硯面、硯底、硯左右兩側、硯頭、硯尾）佈滿歷代收藏者、觀賞者的銘刻，真草隸篆之佈白穿插，既生動活潑而又井然有序，可謂琳琅滿目、精彩異常，洵為歷代硯銘之絕品。卷軸為橫批樣式裝潢。

筆者細讀硯銘文字後得知，此硯宋代經謝枋得、文天祥遞藏，元代入"味道齋"收藏，後經明

橫幅　畫芯縱46釐米　橫113釐米　館藏號：J4712

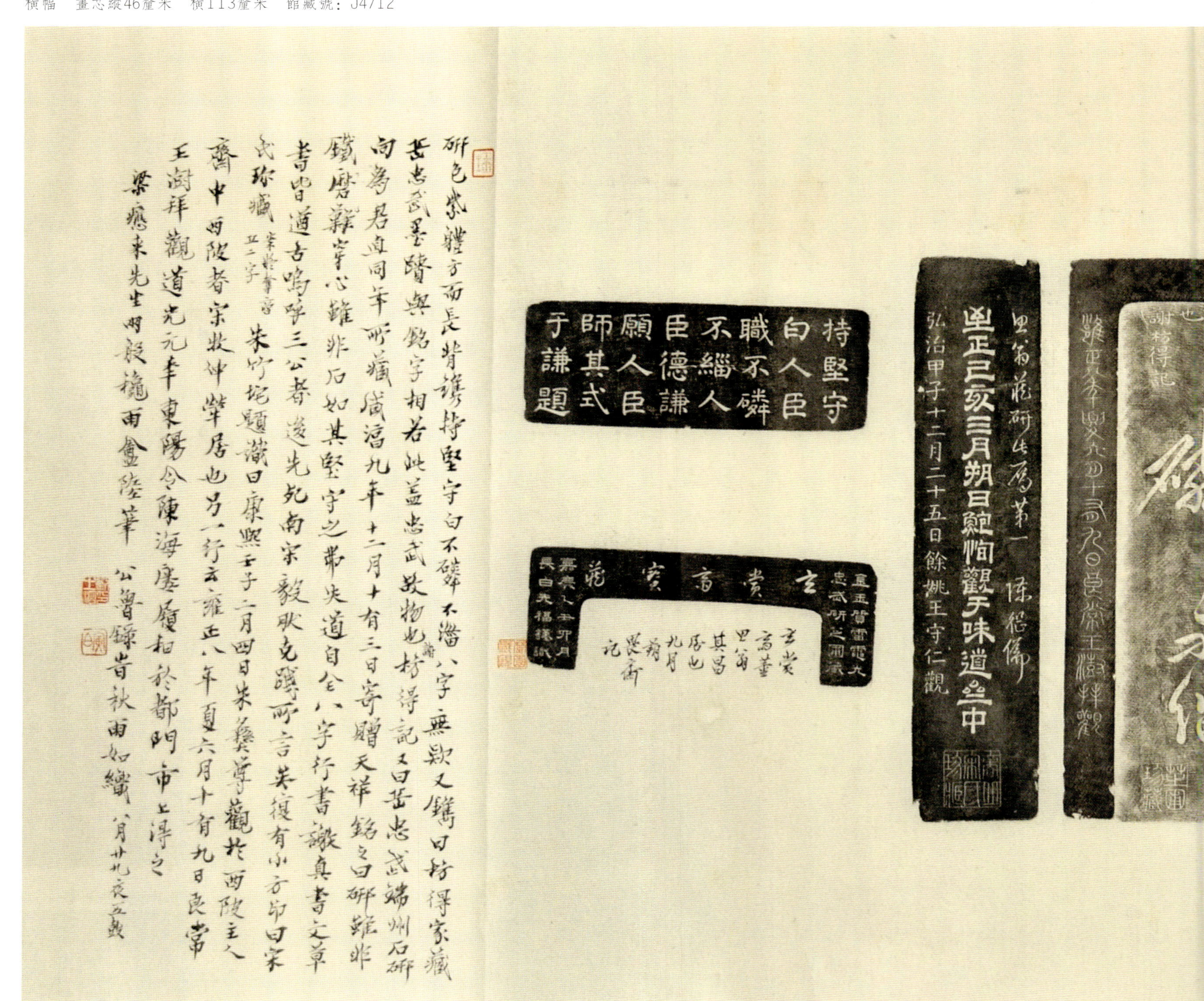

代于謙、董其昌，清代宋犖、陳履和、劉世珩等人遞藏，民國後歸劉之泗所有。端硯還歷經元明清三代的高士、碩儒、廉吏、學者、遺老等人觀賞，留下了難得的觀款銘刻。唯一可惜的是，“岳飛端硯”實物已不知所蹤，僅存此件端硯拓本。此外，此方“岳飛端硯”之銘文還被著録於道光年間的《兩般秋雨庵隨筆》。

從硯拓卷軸可知，此硯在南宋時，最初為謝枋得所有，硯底之頂端刻有謝枋得小楷銘文：

> 枋得家藏岳忠武墨蹟，与銘字相若，此盖忠武故物也。謝枋得記。

由此看來，謝枋得是將此方端硯認定為岳飛所有的始作俑者。謝枋得（1226－1289），字君直，號疊山。江西信州弋陽人。歷任江東提刑、江西招諭使等職，曾參與抗元，宋亡以後隱居閩中，元朝屢召出仕，堅辭不應。至元二十五年（1288）冬，福建參政魏天祐將其強行裹脅至大都（今北京），幽禁於大都憫忠寺（今北京法源寺），仍堅貞不屈，最終絕食而亡，為國盡節，至死未降為元臣。至今北京還保存著專門為紀念謝枋得而建的“謝疊山祠”，江西南昌亦有疊山路以紀念謝枋得。

此硯於咸淳九年（1273）由謝枋得轉贈文天祥，謝氏與文天祥為寶祐四年（1256）同科進士。硯臺右側刻有文天祥草書銘文：

> 岳忠武端州石硯，向為君直同年（謝枋得）所藏，咸淳九年（1273）十二月十有三日寄贈天祥，銘之曰：“硯雖非鐵難磨穿，心雖非石如其堅，守之弗失道自全。”

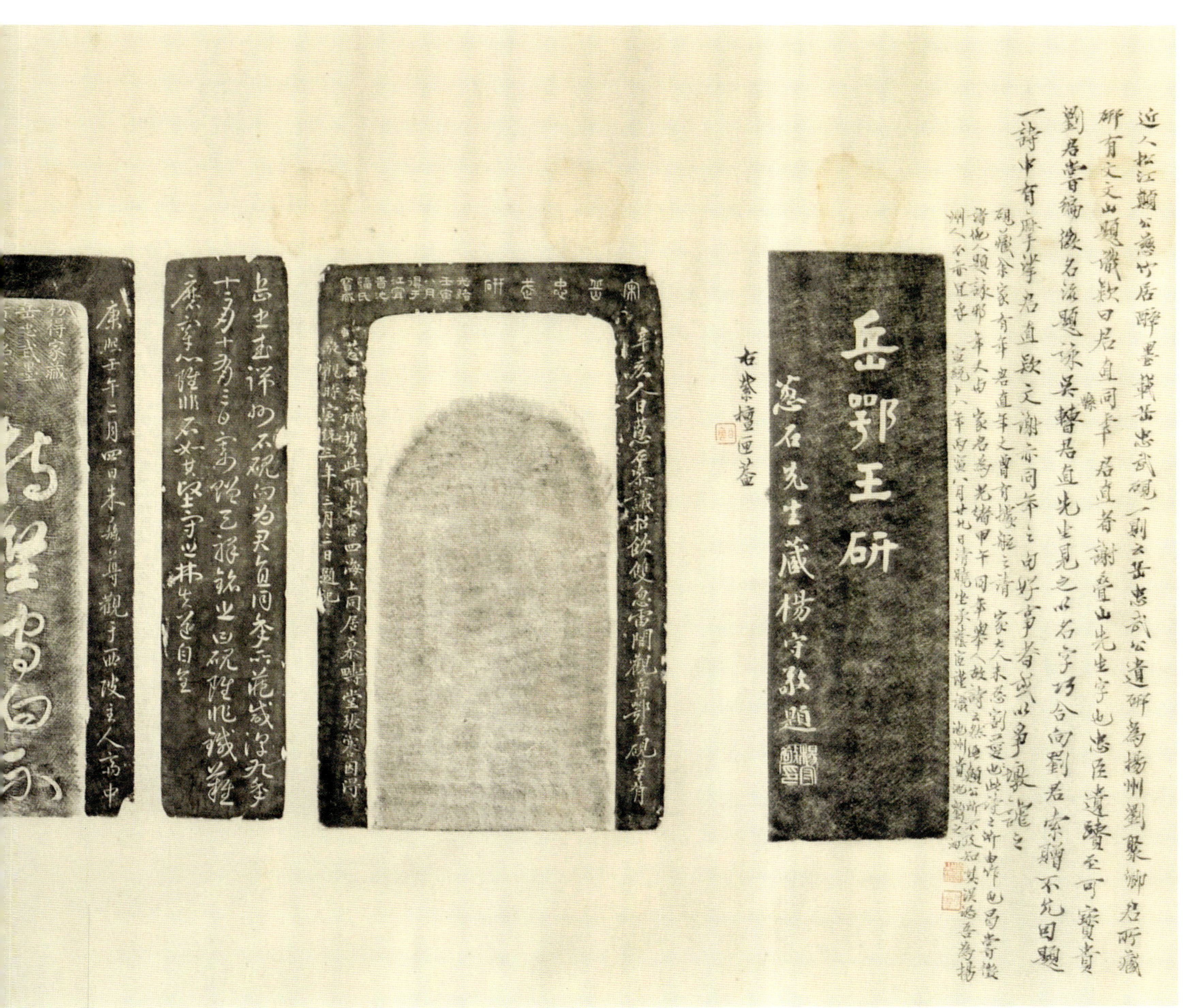

文天祥（1236–1283），字履善，號文山。江西吉安縣人。文學家、民族英雄。祥興元年（1278）抗元兵敗被俘虜，元世祖以高官厚禄勸降，文天祥寧死不屈，後在柴市從容就義，時年四十七。

謝枋得將"岳飛端硯"轉贈文天祥後，此塊端石旋即成為"南宋三忠烈"之遺物，其愛國主義内涵已然遠超任何一方宋代端硯的文物價值。

在元代，至正十九年（1359），此硯歸入"味道齋"收藏，硯臺左側刻有隸書銘文曰：

至正己亥（1359）三月朔日，鮑恂觀于味道齋中。

鮑恂（元明間人，生卒年未詳），字仲孚。浙江桐鄉人。元統年間，浙江鄉試第一，薦為平江教授、溫州路學正，皆未就任。至元元年（1335），登進士第，薦為翰林，亦請辭。耄耋之年的鮑恂還被明太祖朱元璋遣召至京城，欲拜為文華殿大學士，鮑恂亦以年老多疾而固辭。鮑恂一生為人慎重，好古力行，堪當高士，其學識品行名傳天下。

進入明代，此硯轉歸于謙收藏，硯頭刻有于謙小楷銘文：

持堅守白人臣職，不磷不緇人臣德，謙願人臣師其式，于謙題。

于謙（1398–1457），字廷益。浙江錢塘人。正統十四年（1449）"土木堡之變"明英宗被俘後，于謙擁立明代宗，從兵部侍郎升任尚書，反對南遷投降主義，擊退瓦剌軍，屢立戰功。景泰元年（1450年），也先請求議和，同意歸還英宗，景泰八年（1457）明英宗復辟，于謙旋以"謀逆罪"被誅。成化年間，其子于冕上疏為父平反，明憲宗親自審理，弘治二年（1489年）追贈特進光禄大夫、柱國、太傅，謚"肅愍"，葬於杭州西湖，後世尊于謙為民族英雄，和岳飛、張蒼水並稱"西湖三雄"。至此，留下于謙銘文後，此硯旋即成為"民族四英雄之硯"。

明弘治十七年（1504）端硯還經王守仁觀款，硯臺左側小楷銘文曰：

弘治甲子（1504）十二月二十五日，餘姚王守仁觀。

王守仁（1472 –1529），字伯安，號陽明。浙江餘姚人。官至南京兵部尚書、南京都察院左都御史。因平定宸濠之亂等軍功而被封為新建伯，隆慶年間又追封侯爵。王守仁是宋明心學之集大成者，非但精通儒、釋、道三教，又能統軍征戰，是中國歷史上罕見的全能大儒。

此後，端硯再歸董其昌收藏，硯臺尾部刻有董書"玄賞齋寶藏"五字行書。硯臺左側還刻有陳繼儒款識："思翁藏硯，此屬第一。"董其昌不僅是明代數一數二的書畫大家，更是中國書畫史的一座豐碑。

陳繼儒（1558–1639），字仲醇，號眉公、麋公。上海松江人，是明代傑出文學家和書畫家。工詩善文，亦擅墨梅、山水，所繪梅冊頁，自然蕭疏。

由此可見，此方不凡身世的端石，在明代亦有異乎尋常的流傳經歷。

入清以後，"岳飛端硯"再歸宋犖收藏，硯臺左側下刻："商丘宋氏珍藏"印章，硯臺底部之右側，有朱彝尊行書銘文：

康熙壬午（1702）二月四日，朱彝尊觀于西陂主人齋中。

宋犖（1634–1713），字牧仲，號漫堂、西陂。河南商丘人。著名詩人，擅書畫，精鑒賞。康熙三年（1664），授黄州通判，累擢江蘇巡撫，官至吏部尚書，曾被康熙帝譽為"清廉為天下巡撫第一"。

朱彝尊（1629–1709），號竹垞。浙江秀水人。康熙十八年（1679）舉博學鴻詞，以布衣授翰林院檢討，入直南書房，曾參加纂修《明史》。康熙三十一年（1692）六十四歲辭官歸里，專事著述。清代著名學者、詞人。

雍正庚戌（1730）端硯復經王澍鑒賞，硯底之左側刻有篆書銘文：

雍正八年（1730）夏六月十有九日，良常王澍拜觀。

王澍（1668–1743），字若霖，一字若林，號虛舟、良常。江蘇金壇人。康熙五十一年（1712）進士，官吏部員外郎。善書法，工篆刻，精於碑帖考證，著《竹雲題跋》《虛舟題跋》。

此外，硯尾另有隸書銘文：

金玉質，雷電光，忠武研，芝圃藏。嘉慶乙丑（1805）四月，長白先福謹識。

乾嘉以後，金石學進入全盛之時，此方煊赫名硯，自然受到倍加珍視，估計此時已經秘不示人，許為傳家至寶，故流傳信息漸稀。目前僅知，道光元年（1821）此硯歸陳海樓寶藏。

陳履和（1761–1825），字介存，號海樓。雲南石屏人。官山西太谷、浙江東陽知縣。工詩善文，精訓詁、小學、金石、考據。

陳履和收藏之後，"岳飛端硯"進入其流傳歷程的最後一家——貴池劉家。光緒二十八年（1902），此硯終歸貴池劉蔥石家藏，硯臺池面之頂端鐫有：

宋岳忠武研，光緒壬寅（1902）八月得于江甯，貴池鎦氏寶藏。

劉世珩（1875–1926），字蔥石，號聚卿、楚園等。安徽貴池人。光緒甲午（1894）舉人，歷官江蘇特用道，江寧商會總理、湖北造幣廠總辦、天津造幣廠監督。辛亥革命後定居上海，家藏古籍、碑拓善本數千種之多。

硯臺池面右側，另刻有鄭孝胥行書銘文：

辛亥（1911）人日，蔥石參議招飲雙忽雷閣，觀岳鄂王硯。孝胥。

鄭孝胥（1860–1938），字蘇戡。福建閩侯人。清光緒八年（1882）福建鄉試解元。曾歷任廣西邊防大臣，安徽、廣東按察使，湖南布政使等。辛亥革命後，以遺老自居，鬻書賣文。1923年投奔溥儀，為清廷復辟奔走，授內務府總理大臣，1932年任偽滿州國總理兼文教部總長等。

硯臺池面之左側，還刻有張謇行書銘文：

> 蒽石參議攜此研來吕四海上，同居慕疇堂，張謇因得敬觀，時宣統三年（1911）三月三日題記。

吕四在江蘇啟東，北臨黃海。慕疇堂為張謇通海墾牧公司的廳堂名。

張謇（1853–1926），字季直，號嗇翁。江蘇南通人。中國近代實業家、政治家、教育家、書法家。光緒二十年（1894）狀元，授翰林院編纂，後返里興辦實業，飲譽南北。

此外，硯匣蓋板銘文為楊守敬題寫："岳鄂王硯，蒽石先生藏。"

民國十五年（1920），世珩之子劉之泗將此硯製成拓片，並裝成卷軸，呈橫批裝，並於拓片首尾留下題識。

劉之泗（1900–1937）字公魯，號寅白，齋號畏齋。世珩之子，家藏古籍碑拓文物數千件。性情怪異，能詩善文，兼擅書畫。1937年日寇入其蘇州寓所騷擾，受驚而死。1940年家人靠典賣家藏度日，此後"岳飛端硯"就此不明下落。

拓片前段，劉之泗題記：

> 近人松江顛公《慈竹居醉墨》載岳忠武硯一則云：岳忠武公遺研為揚州劉聚卿君所藏，研有文文山題識款曰"君直同年"，君直者，謝疊山先生字也，忠臣遺蹟，至可寶貴。劉君嘗徧徵名流題詠，吳縣譬君直先生見之，以名字巧合向劉君索贈，不允，因題一詩，中有"摩挲君直欵，文謝亦同年"之句，好事者或以爭墩謔之。

"松江顛公"即雷瑨（1871–1941），字君曜，別號娱萱室主，筆名雲間顛公、縮庵老人等。松江縣人。清光緒十四年（1888）舉人。工詩詞，善文章。初任掃葉山房編輯，後任《申報》編輯多年。熟諳文獻與掌故，著述頗豐。

劉之泗續記曰：

> 硯藏余家有年，君直年丈曾有據舷之請，家大人未忍割愛也（此字點去），此詩之所由作也，曷嘗徵諸他人題詠邪。年丈与家君為光緒甲午（1894）同年舉人，故詩云然，此顛公所不及知，其誤認吾為揚州人，不亦宜乎。宣統十八年丙寅（1926）八月廿九日清曉，坐承蔭宦謹識。池州貴池劉之泗。

拓片後段，八月廿九日夜劉之泗過録梁紹壬《兩般秋雨庵隨筆》，其文曰：

> 硯色紫，體方而長，背鎸"持堅守白，不磷不緇"八字無欵，又鎸曰"枋得家藏岳忠武墨蹟，與銘字相若，此蓋忠武故物也，謝枋得記。"又曰"岳忠武端州石研，向為君直同年所藏，咸淳九年（1273）十二月十有三日寄贈天祥"，銘之曰："研雖非鐵難磨穿，心雖非石如其堅，守之弗失道自全"。八字行書、謝真書、文草書皆遒古。嗚呼！三公者，後先死南宋，毅然克踐所言矣。復有小方印曰"宋氏珍藏"，案疑牽商丘二字。朱竹垞題識曰："康熙壬子（1702）二月四日，朱彝尊觀於西陂主人齋中，"西陂者，宋牧仲犖居也。另一行云："雍正八年（1730）夏六月十有九日，良常王澍拜觀"。道光元年（1821）東陽令陳海慶履和於都門市上得之。
>
> 梁應來先生兩般穐雨盦隨筆，公魯録時秋雨如織。八月廿九夜五鼓。

梁紹壬（1792–？），字應來，號晉竹。浙江錢塘人。道光辛巳舉人，學問淵博，且善飲酒，官內閣中書。著有《兩般秋雨庵詩》《兩般秋雨庵隨筆》。

收卷起此方"岳飛端硯"卷軸，筆者陷入了沉思，糾結於"持堅守白，不磷不緇"八字的書者歸屬問題，若說不是岳飛所書，今天的我們可以理直氣壯地拿出宋刻宋拓《鳳墅帖》之岳飛手札來說事，指摘古人的錯失。但是，若說不是岳飛所書，此"持堅守白，不磷不緇"儼然就是岳飛的精神寫照，歷代高士、碩儒、廉吏、學者、遺老都未曾懷疑，愚鈍的筆者，焉能自作聰明，相信各位讀者亦不會說出此硯斷非岳飛所有的"煞風景"的話。

老話說得好，"十硯九偽"，此"偽"非"虛假"之意，乃"偽託"之意，其中不乏對前賢的仰慕，亦有對硯石的文化價值再疊加，歷經數代的文化傳承，其文物價值自然就會彰顯。

8.《陳元龍松花硯臺》陳紹夔跋本

《陳元龍松花硯臺》為雍正皇帝御賜之物，後歸陳元龍七世孫陳紹夔收藏。此拓本為民國丁亥（1947）八月林介侯手拓，內有陳紹夔題記，詳述此方硯臺的曲折流傳經歷。

陳元龍硯銘：

> 康熙四十五年十二月二十日，東宮恩賜，時臣元龍以詹事養親家居，寵頒實出異數。蒙賜滇南火井油煙寶墨二大笏，紺玉鼻煙壺一具，雕羽鞘佩刀一柄與此松花硯為四種，皆內府珍玩也。

陳元龍（1652—1736），字廣陵，號乾齋，浙江海寧人。康熙二十四年（1685）一甲二名進士。康熙年間，歷任廣西巡撫、工部尚書、兵部尚書。雍正年間，授文淵閣大學士，文華殿大學士兼禮部尚書等。著有《愛日堂文集》《愛日堂詩集》等。

從硯銘可知，此硯為康熙四十五年（1706）東宮胤禛（即日後的雍正皇帝）所賜。陳元龍為康熙、雍正兩朝元老，世受皇恩。雍正七年（1729），因年近八旬，精力尚健，定為"優眷老臣"。雍正十一年（1733），陳元龍上疏請求退休，雍正下令加太子太傅銜，以原官退休。起程時，御賜酒、食、果品，六部堂都出來餞送，沿途官弁盡禮迎送。雍正十二年，御賜《上諭》一卷，《悅心集》《寶鏡堂》各一部。乾隆元年（1736），陳元龍去世，享年八十五，以太子太傅、大學士致仕，祭如制，謚"文簡"。

林介侯題識：

> 丁亥（1947）秋八月古吳林介侯手拓。

鈐有"吳門林介侯所拓""根香館""兆祿長年"。

林介侯（1887—1951），名兆祿，字介侯，又字眉庵，別署根香館主。江蘇吳縣人。喜金石書畫，能篆刻，善傳拓與刻竹。與蔣吟秋、陳子彝、蕭退庵常有來往，得葉恭綽之賞識。

卷軸頂端，陳紹夔題記：

> 此松華研為內府珍玩，我七世祖文簡公以拜賜出於異數，爰于其後識而勒之，以為傳家之寶。洪楊之亂，先大父倉皇走避，家藏舊物悉罹浩劫。迨光緒壬寅（1902）歲，吾鄉疏通河道發見此研，輾轉秘藏，幾復淪失。先君子時方宦遊吳門，搜求經年始得重歸我家。紹夔謹承遺訓，什襲珍藏，蓋卌載於茲矣。回憶三百年來滄桑屢變，此研獨歷劫不磨，使我世守弗替，冥冥之中，若有神靈呵護。緬維先德，喜手澤之猶新，摩挲吉光，共貞珉而永久。此則予懷之所馨香拜禱者也。眉盦道兄（林介侯）為我橅拓既成，傳真腕底，雅趣盎然，用綴數言，並以此幀歸之，藉資印證云。丁亥（1947）中秋，海甯陳紹夔敬識。

卷軸裝　畫芯縱89釐米　橫33釐米

館藏號：J2450

此松花研為內府珍玩我
七世祖文簡公以拜賜出於異數爰于其后
識而勒之以為傳家之寶洪楊之亂
先大父倉皇出避家藏舊物悉罹浩劫迨
光緒壬寅歲吾鄉疏通河道發見此研輾
轉秘藏幾復淪失　先君子時方宦遊吳
門搜求經年始得重還我家紹夔謹承
遺訓什襲珍藏蓋卌載於茲矣因憶三
百年來滄桑屢變此研獨歷劫不磨
使我世守弗替冥冥之中若有神靈
呵護緬維　先德喜手澤之猶新摩挲
吉光共貞珉而永久此則予懷之所馨香
拜禱者也
眉盦道兄為我椎拓既成傳真寫底
雅趣盎然用綴數言並以此幀還之藉資
印證云丁亥中秋海寧陳紹夔敬識

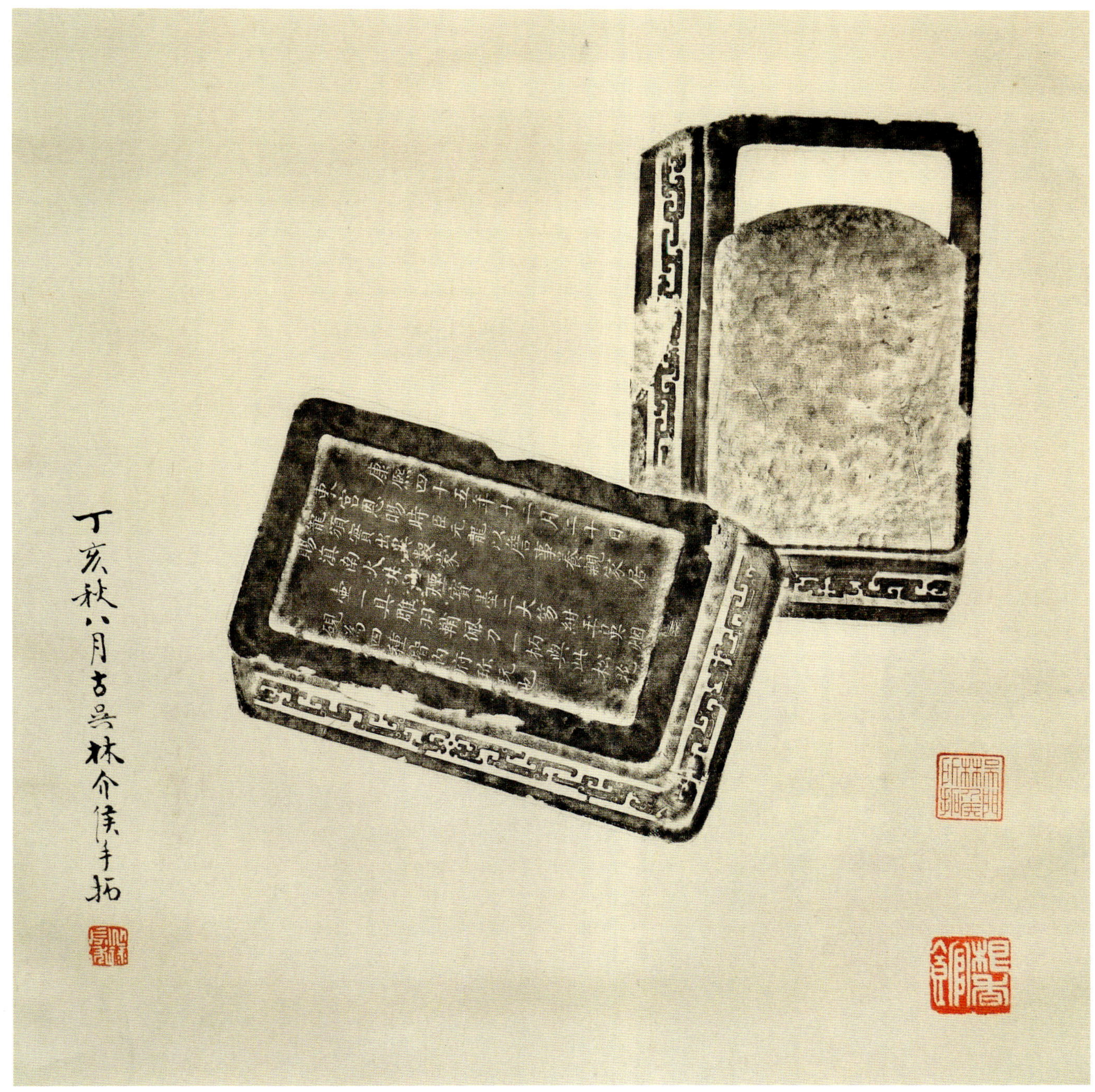

《陳元龍松花硯臺》陳紹夔跋本局部

9.《黃任瓜瓞硯》吳大澂跋本

此為黃任“十硯軒”藏硯之拓本，存硯池、硯背、硯蓋三部分。拓片共分兩張，製成一卷軸。

硯背刻有黃任題字：“綿綿瓜瓞。康熙己亥（1719）仲秋，造于姬巘環翠樓，莘田任。”此方“瓜瓞硯”之出典是《詩經・大雅・綿》：“綿綿瓜瓞，民之初生，自土沮漆”之句。“瓞”即小瓜，“瓜瓞綿綿”指瓜始生時常小，但其蔓不絕，綿延滋生。因此，在清代常將“瓜瓞綿綿”一詞來祝願子孫昌盛、興旺發達。

硯池左下角刻“古香”二字，硯池周邊則雕刻瓜蔓枝葉和一隻展翅蝴蝶，取“蝶”與“瓞”同音。如此這般就巧妙地勾畫出“瓜瓞綿綿”的吉祥意境。

黃任（1683—1768）字于莘，又字莘田。福建永泰人。因喜藏硯，自號十硯老人、十硯翁、端溪長吏等。雍正二年（1724）授廣東四會縣令，次年兼署高要縣事。廣東高要係古端州地，正是端硯石材的原產地。黃任遂染硯癖，全力購買硯石，得良硯百餘方。雍正五年（1727），為官有清譽的黃任，反遭上司排擠，劾其縱情詩酒硯石而不治縣事，遂拂袖罷官，歸舟所載惟硯石與詩卷耳。

黃任罷官歸里後，選擇硯石質地最好者，交付製硯高手——吳門顧二娘精製，最終選取十方最佳者，以為傳家寶，並顏其齋為“十硯軒”。或問：“汝為官三年，何以清貧至此？”黃任答曰：“余得十硯，當不負廣東之行。”

黃任壽高，歷康熙、雍正、乾隆三朝，一生作詩無數，詩名聞八閩，流譽海內外，詩選《香草箋》流布臺灣，家弦戶誦，對臺灣詩壇影響深遠。

此方瓜瓞硯，另配有木質硯蓋，其上刻有光緒二十三年（1897）吳大澂題字：

> 黃莘田遺硯。曾見黃莘田“美無度硯”，溫潤而澤，為吳門顧二娘所造十二硯中之一也，今在歸安吳氏，殊可愛。玩此“瓜瓞硯”，石質甚良，乃水歸洞上品，製作亦与“美無度”相埒，不知何人所琢，斗盧主人宜寶諸，勿輕示人也。丁酉（1897）新春，大澂題。

“斗盧主人”即徐熙，字翰卿，號斗盧。徐康之子，蘇州人。克承家學，精鑒別，工刻印，被吳大澂視為文物鑒藏知音。

《瓜瓞硯》康熙己亥（1719）黃任製成後，光緒年間，轉歸徐熙斗盧珍藏，今不知所在。此拓本為藝風老人費念慈舊藏，後歸松江朱孔陽收藏，朱氏也是一位鼎鼎大名的古印章和古硯收藏家，別署“三千三百方富翁”，“三千”指藏古印三千枚，“三百”則指藏古硯三百方。

吳大澂題記中所云“顧二娘”，本姓鄒，嫁到吳門製硯世家。她的公公是順治年間姑蘇城裏最負盛名的製硯高手——顧德麟，人稱“顧道人”。顧德麟死後，丈夫又不壽早逝，於是顧二娘便繼承了顧家絕技。相傳顧二娘製硯鏤剔精細，巧若神工。當年，黃任就是沖著顧家的獨門手藝，才從福建永福千里迢迢攜石料趕往蘇州的。顧二娘死後，十硯老人詩云：“古款微凹積墨香，纖纖女手切干將。誰傾幾滴梨花雨，一灑泉台顧二娘。”

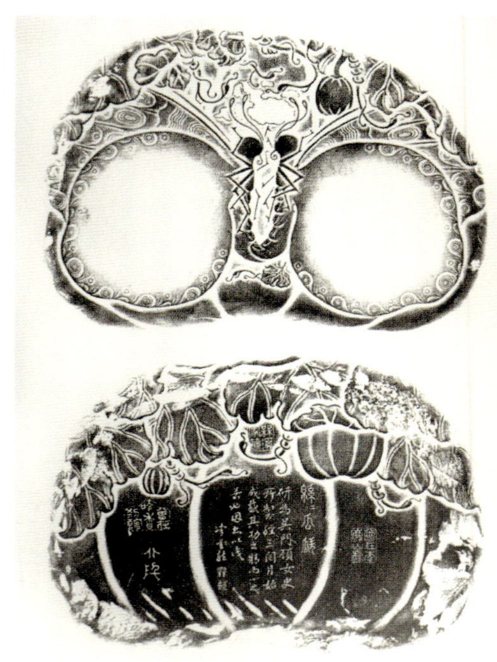

瓜瓞硯及拓片　現藏首都博物館

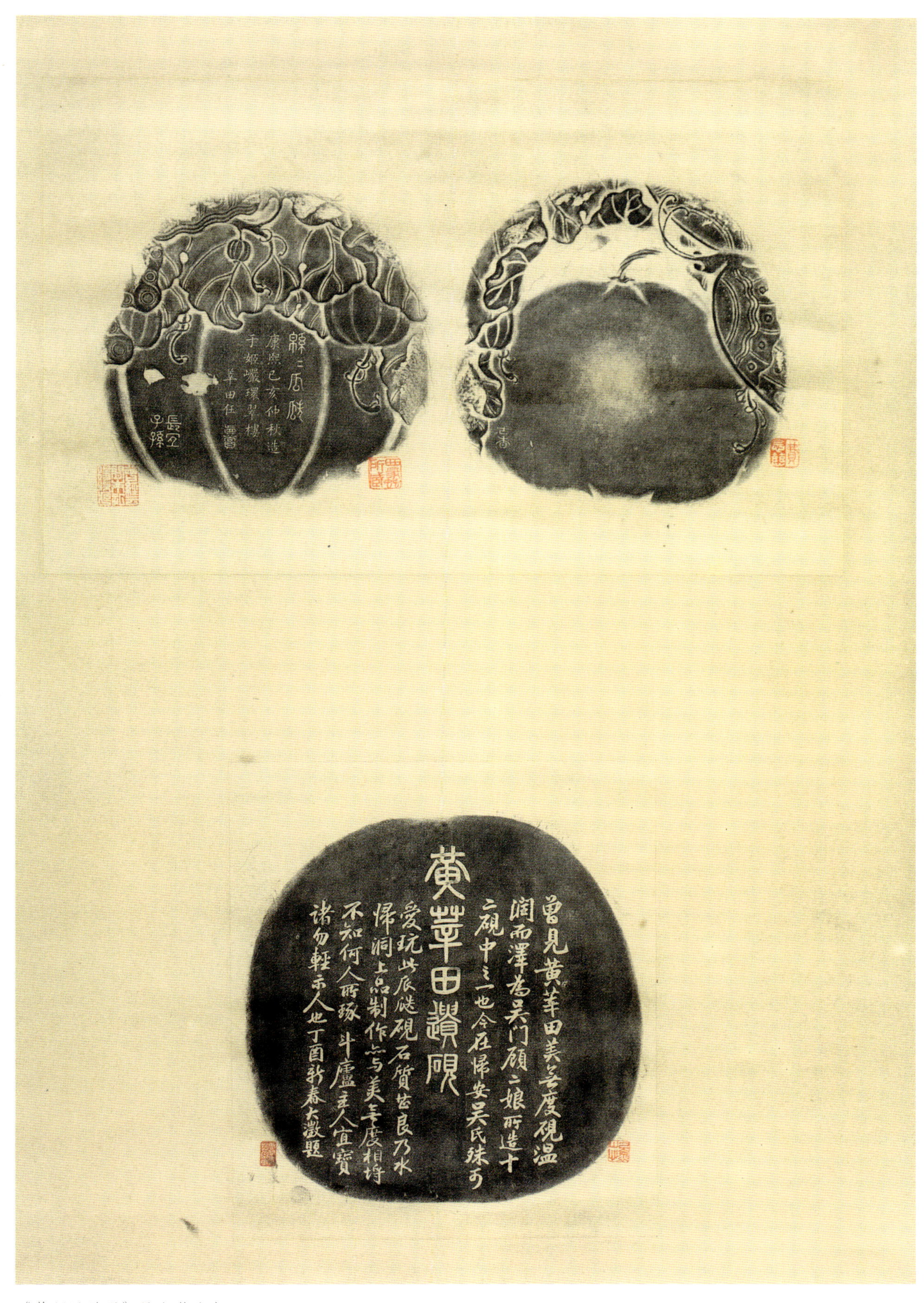

《黄任瓜瓞硯》吳大澂跋本

卷軸裝　上拓縱24釐米　横38釐米

　　　　下拓縱23釐米　横20釐米

館藏號：J2611

據説，黄任愛硯如命，白日坐臥軒中，摩娑撫玩，晚上又令小妾抱握床上，與石共眠，以為可得陰氣，促其溫潤柔滑。還為十硯取名曰“美無度”“古硯軒”“十二星”“天然”“生春紅”“著述”“風月”“寫裙”“青花”“蕉石”。

10.《清代金石家硯石小像》翁同龢跋本

《清代金石家硯石小像》平板硯石四件，分刻有畫像四幅，分别為西泠前四家之丁敬、黄易、奚岡三位，再外加趙之謙殿后，畫像硯石皆名家繪刻。此為翁同龢藏本，係濃淡墨雙色拓本，人物為淡墨拓，背景為烏金拓，另有光緒二十五年（1899）翁同龢題記讚語四則。

一、丁敬像

拓片著墨處寬9.6釐米，高16.5釐米。

硯銘題刻：

丁敬身先生像。

下鈐兩峰（羅聘）印章。

翁同龢題記：

文字結契，金石成癖，借酒為隱，市廛涸跡。松禪。

二、黄易像

拓片著墨處寬11.8釐米，高18.2釐米。

硯銘題刻：

小松得漢石經之像。乾隆丁酉，翁方綱題。

翁同龢題記：

平生雅有談碑癖，想見先生笠屐來。

一卷遺書千載墨，至今愛讀小蓬萊。

先生著有《小蓬萊集》，余於西蠡太史處見之，曾讀一過。松禪居士。

三、奚岡像

拓片著墨處寬14釐米，高21釐米。

卷軸裝　四軸　畫芯縱61釐米　橫26釐米

館藏號：J2204-2207

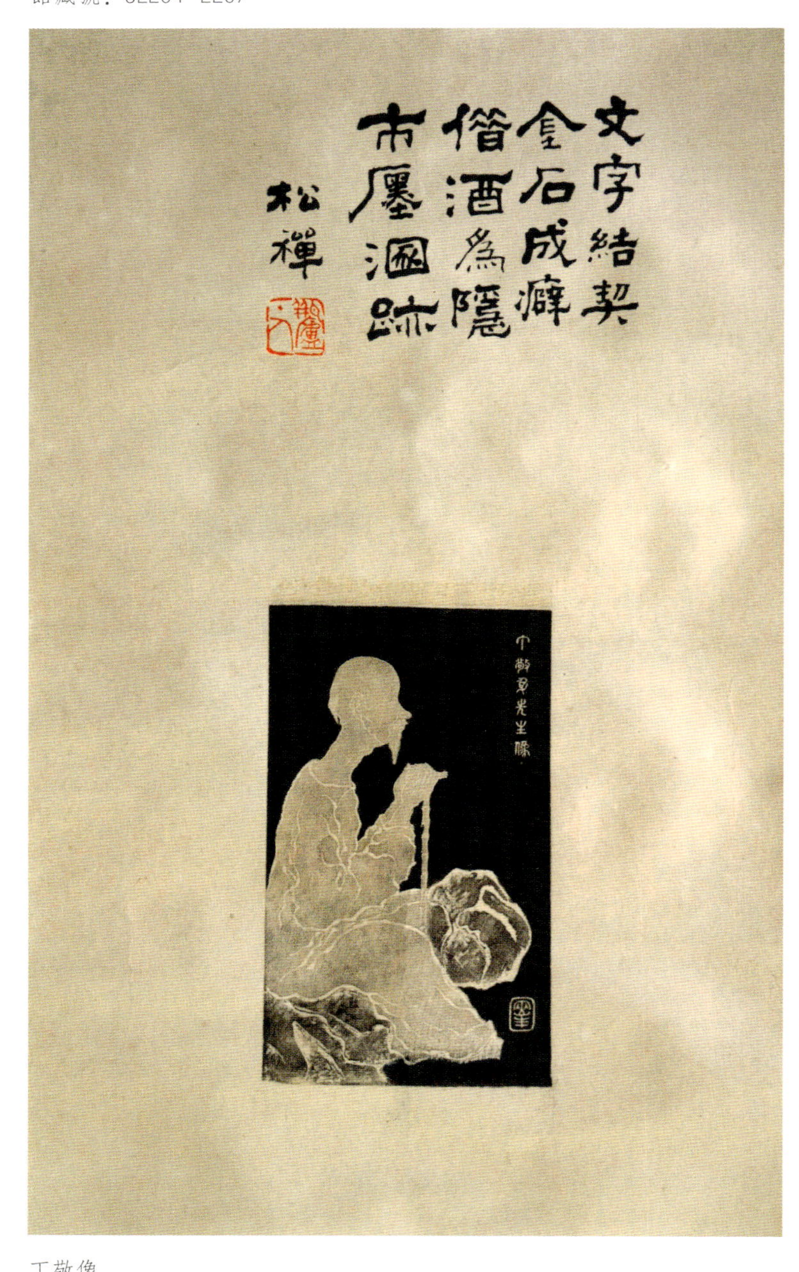

丁敬像

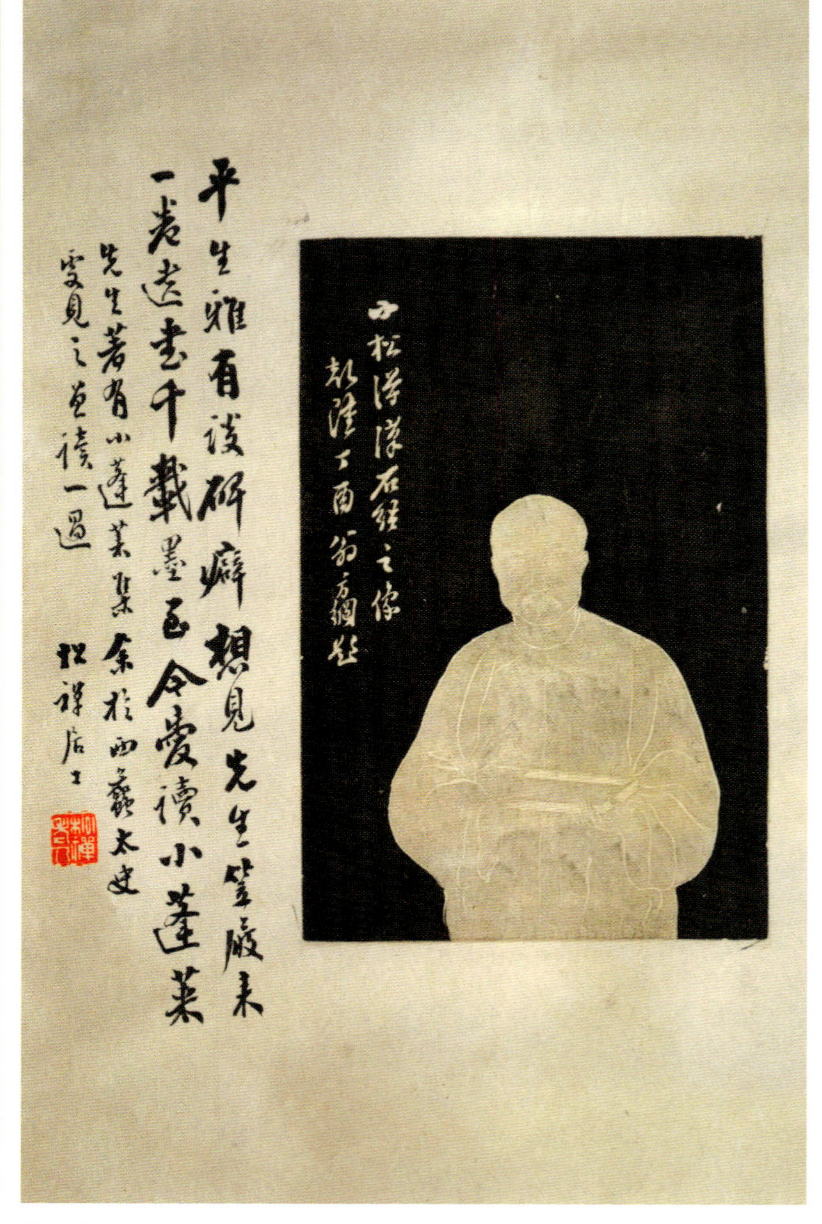

黄易像

硯銘題刻：

鐵生九兄遺影，西楳居士顧洛。

翁同龢題記：

一樽甯復寄吾真，書畫淪亡感故人。

易散煙雲經過眼，難抛筆研苦勞神。

瀟瀟涼雨秋堂竹，寂寂生涯病榻塵。

若箇江湖解閑意，願從簑笠問前津。

冬花庵燼餘稿，己亥（1899）三月觀鐵生先生遺像漫録。瓶廬翁同龢并記。

《冬花庵燼餘稿》奚岡所著，共三卷。

四、趙之謙像

拓片著墨處寬11.7釐米，高16釐米。

硯銘題刻：

撝叔同年小像，胡澍題。

翁同龢題記：

話雨已經三十載丙寅歲在京師相與尊酒永夕，越卅年矣，

談今論古想當筵。

訪碑寰宇編成帙子謙著有《寰宇訪碑録》，

不愧聲稱三絕傳浙中有書、詩、畫三絕之譽。

長瓶漫題。

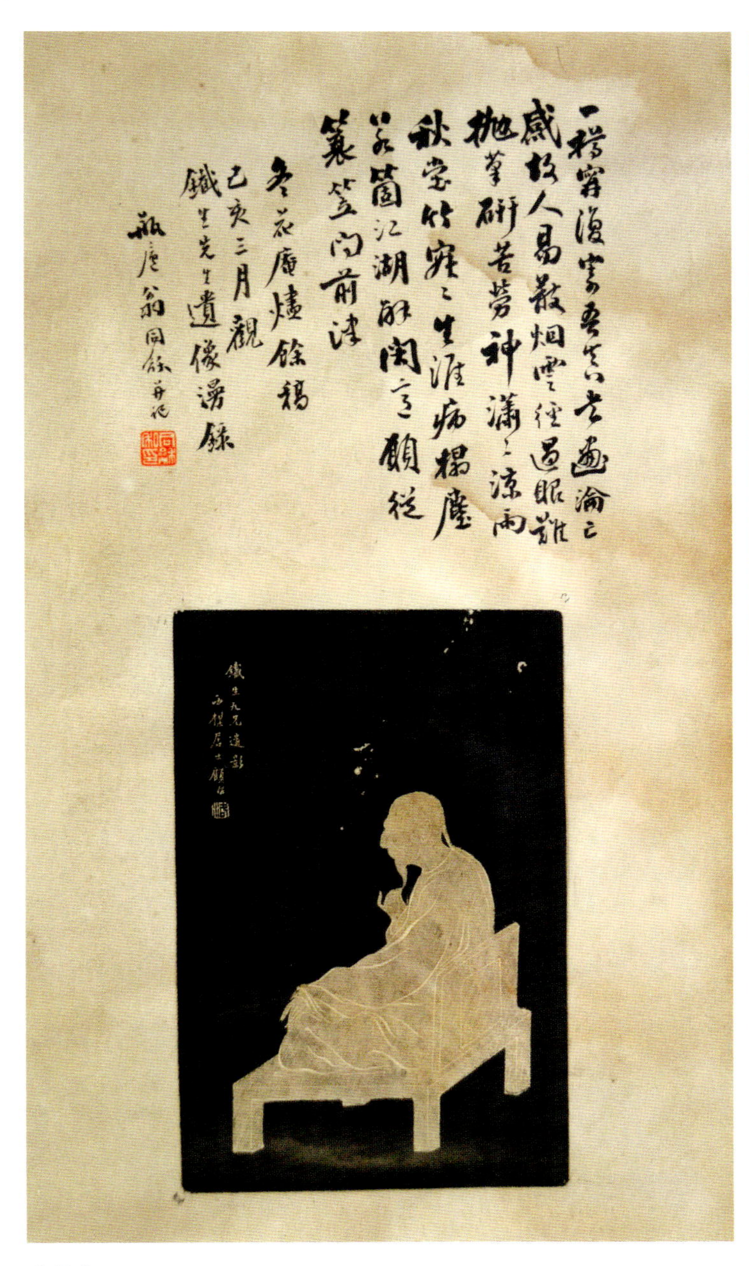

奚冈像

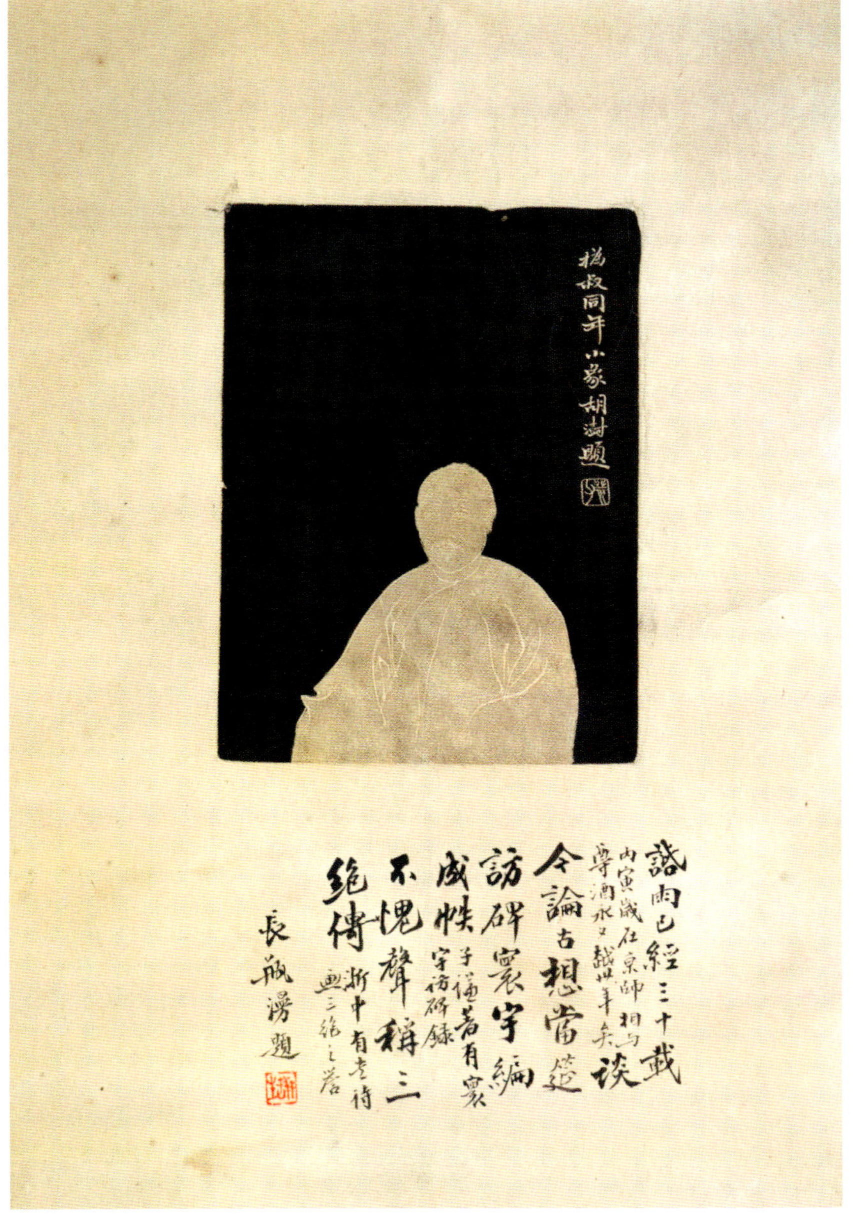

赵之谦像

11.《葉志詵縮刻華山碑硯》端方跋本

嘉道年間，平安館主人葉志詵（東卿）縮摹《漢西嶽華山廟碑銘》於平板硯石之上，成此《華山碑硯》。此硯後為端方收藏，光緒二十五年（1899）貢入清宮。

此拓為入宮前端方所拓，後作為壽禮轉贈恩壽（藝棠）。民國十四年（1925），此本又成為寶熙轉贈張國淦（潛若）五十大壽之賀禮。約二十年後，年近古稀的張國淦又請張元濟留下一段題記。從端方到張元濟的題記時間來看，其跨度約有四、五十年。

此本的第一收藏者為恩壽，清滿洲鑲白旗人，索卓羅氏，字藝棠。同治十三年（1874）進士，歷官江西按察使、江蘇巡撫、漕運總督、山西巡撫、陝西巡撫等。任江蘇巡撫期間，鎮壓愛國運動，引發了《蘇報》案。

此本的最終收藏者為張國淦（1876–1959），字乾若、潛若、仲嘉，號石公。湖北蒲圻人。北洋政府官員，學者、藏書家。

端方題記：

葉氏東卿華山碑硯拓本，摹刻精寀，特奉以為藝棠（恩壽）八兄大人壽，弟端方題記。

寶熙題記：

漢陽葉氏平安館縮刻華山碑硯，與阮太傅所刻石鼓小硯、萬廉山百漢碑硯異曲同工，同為研林清供。平安館華山碑研為端忠敏藏，己亥（1899）歲貢入天府，拓本傳世遂希。此幅上有忠敏題字，蓋以之壽藝棠中丞者中丞名恩壽。潛若（張國淦）吾弟今年五十初度，余適獲此，因以為壽。潛若楚產，硯乃楚寶，非偶然贈與也。乙丑（1925）秋初，寶熙記。

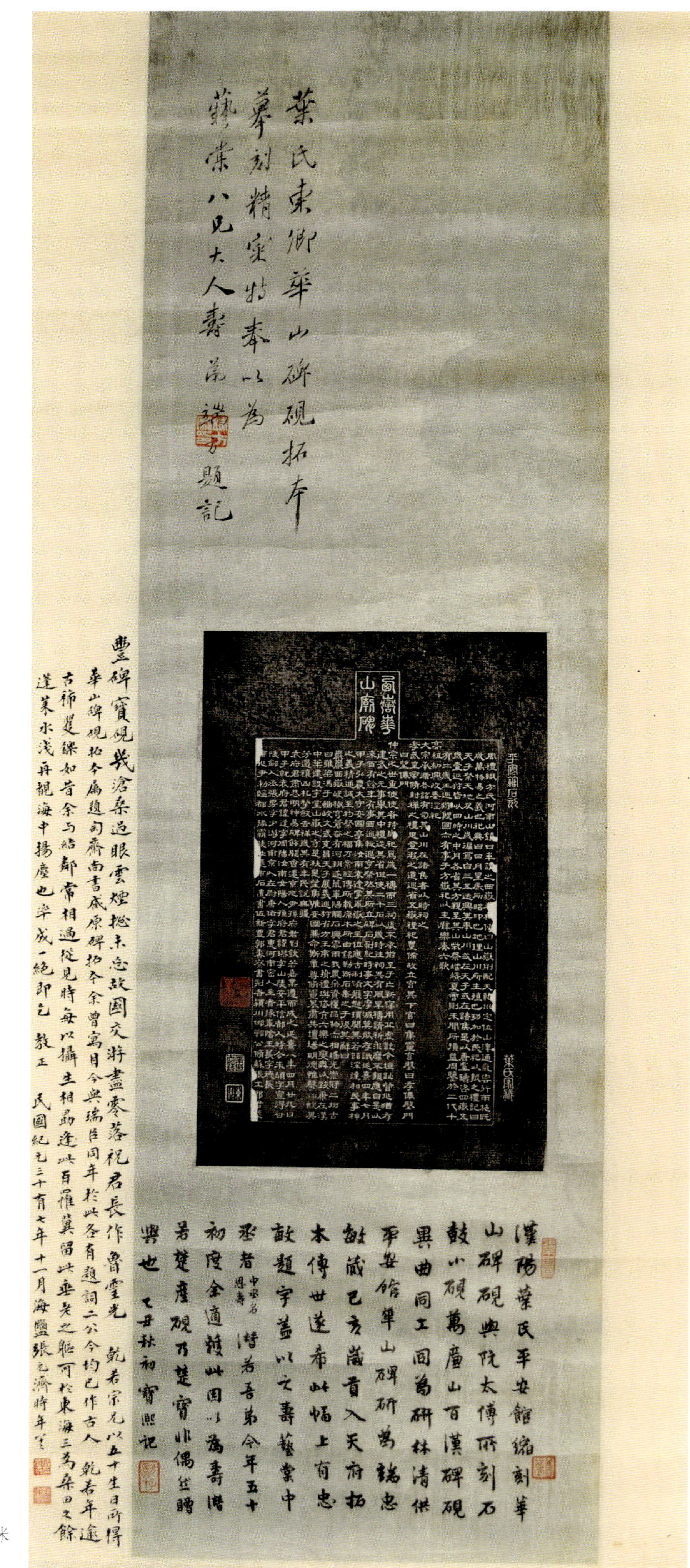

卷軸裝　畫芯縱90釐米　橫26釐米

館藏號：J4994

西嶽華山廟碑

平安館石刻

葉氏家藏

漢陽葉氏平安館縮刻華山碑硯，與阮太傅所刻石鼓小硯、萬廬山百漢碑硯異曲同工，同為研林清供。平安館華山碑研為端忠敏藏，己亥歲貢入天府，拓本傳世遂希。此幅上有忠敏題字，蓋以之壽藝棠中丞者（中丞名恩壽）。潛若吾弟今年五十初度，余適獲此，因以為壽。潛若楚產，硯乃楚寶，非偶然也。乙丑秋初寶熙記

豐碑寶硯幾滄桑，過眼雲煙總未忘。故國交游盡零落，祝君長作魯靈光。

乾若宗兄以五十生日所得華山碑硯拓本屬題。匋齋尚書藏原碑拓本，余曾寓目。今與瑞臣同年於此各有題詞，二公今均已作古人。乾若年逾古稀，矍鑠如昔，余與結鄰，常相過從，見時每以攝生相勖。逢此百罹，冀留此垂老之軀，可於東海三為桑田之餘，蓬萊水淺再覩海中揚塵也。率成一絕，即乞教正。

民國紀元三十有七年十一月 海鹽張元濟時年八二

《寶熙跋縮刻華山碑硯》端方跋本局部

愛新覺羅・寶熙（1871–1942），字瑞臣，號沉盦，默存，室名獨醒庵。清朝宗室，莫爾哈齊十世孫。歷任國子監祭酒、內閣學士兼禮部侍郎、修訂法律大臣、總理禁煙事務大臣等職。入民國後，任總統府顧問。工書法，能詩文。著有《工餘談藝》等。

張元濟題記：

豐碑寶硯幾滄桑，過眼雲煙總未忘。
故國交游盡零落，祝君長作魯靈光。

乾若（張國淦）宗兄以五十生日所得華山碑硯拓本屬題，匋齋尚書藏原碑拓本余曾寓目，今與瑞臣（寶熙）同年於此各有題詞，二公今均已作古人。乾若年逾古稀，矍鑠如昔，余与結鄰，常相過從，見時每以攝生相勗，逢此百罹，冀留此垂老之軀，可於東海三為桑田之餘，蓬萊水淺再覩海中揚塵也。率成一絕，即乞教正。民國紀元三十有七年十一月海鹽張元濟時年八十二。

張元濟（1867–1959），字筱齋，號菊生。浙江海鹽人。光緒壬辰（1892）進士，曾在總理事務衙門任章京。光緒二十七年（1901），投資商務印書館，並主持該館編譯工作。1926 年起，任商務印書館董事長直至逝世。著有《涵芬樓燼餘書録》《寶禮堂宋本書録》《涉園序跋集録》《校史隨筆》等。

12.《蘭亭硯兩方》李瑞清跋本

此為硯銘拓本兩件，硯石為蓮村先生收藏。其一為《蘭亭殘石》改製成硯石。其二為《吳與弼縮臨定武瘦本蘭亭硯》，拓本卷尾有清道人李瑞清題跋。從拓本觀之，兩方硯臺大小相同，硯臺長21.8釐米，寬14釐米，高3.5釐米。拓本裝成橫批樣式。

硯銘一：

為《定武蘭亭序》殘石，銘文自“盛一觴一詠”起，至“靜躁不同當其”止。

硯銘二：

1、硯底銘文刻字

硯底銘文為《吳與弼縮臨定武瘦本蘭亭》並跋刻。其跋曰：

> 《定武蘭亭》世不多見，此為瘦本，予從雲間宣大道岩處借得。書體勻淨生動，不同世之翻刻濫竽，真海內至寶也。適友人見贈端石一方，因摹作縮本，刻而藏之，以俟夫大雅賞鑒者一哂。宣德八年（1433）秋七月既望，崇安吳與弼并識於京江客次。

下刻“康齋”印章。

吳與弼（1391-1469），初名夢祥、長弼，字子傅，號康齋。江西撫州崇仁縣人。理學家、教育家、詩人，明代崇仁學派創立者。著有《康齋文集》。

硯底右邊框刻有“定武瘦本蘭亭殘石刻硯”隸書一行。

硯底左邊框刻有“乾隆五十三年（1788）四月，錢塘黃易審定”隸書一行。下刻“小松”印章。

硯底頂部刻“清鑒”篆書兩字。

2、硯銘右側題刻

硯銘右側上方刻有翁方綱觀款：“丙寅（1806）秋九月廿二日翁方綱觀。”左側刻有“翁方綱”“覃谿”印章。

硯銘右側下方刻有高鳳翰款：“乙卯（1735）春南村老夫製。”下刻“硯史”印章，右側刻“高氏念雲堂珍藏印”。

高鳳翰（1683-1749）又名翰，字西園，號南村、南阜、雲阜、硯史等，晚年因病改用左手作書畫，故號尚左生。山東膠縣人。曾任歙縣縣丞、績溪知縣等職。工詩，善書畫，尤嗜硯，家藏硯石千餘，皆自銘而手琢之。著有《硯史》《南阜集》《高南阜藏硯》等。

3、硯銘左側題刻

硯銘左側刻有錢大昕觀款：“溪南徐氏從古堂藏研，嘉慶八年（1803）二月錢大昕觀。”下刻“秀水計氏十硯齋珍藏”印章。

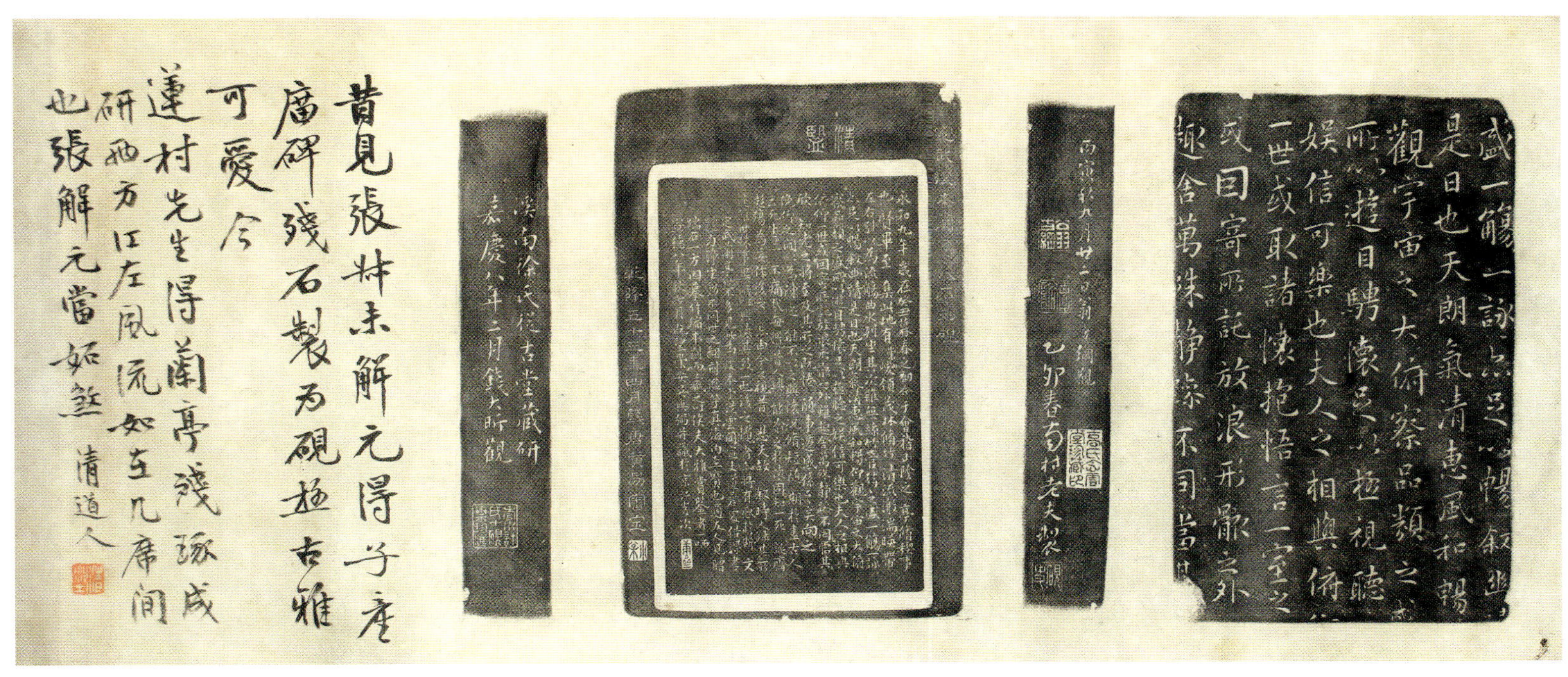

卷軸裝　縱26.5釐米　橫65釐米

館藏號：J4321

昔見張叔未解元得子虔廟碑殘石製為硯極古雅可愛今蓮村先生得蘭亭殘琢成研兩方江左風流如在几席間也張解元當妬煞　清道人

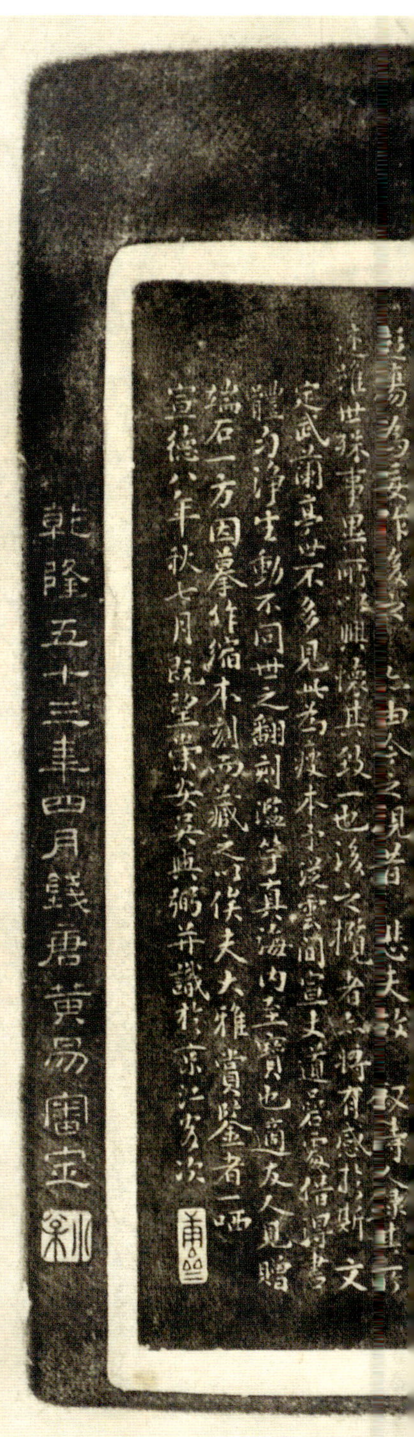

《蘭亭硯兩方》李瑞清跋本局部

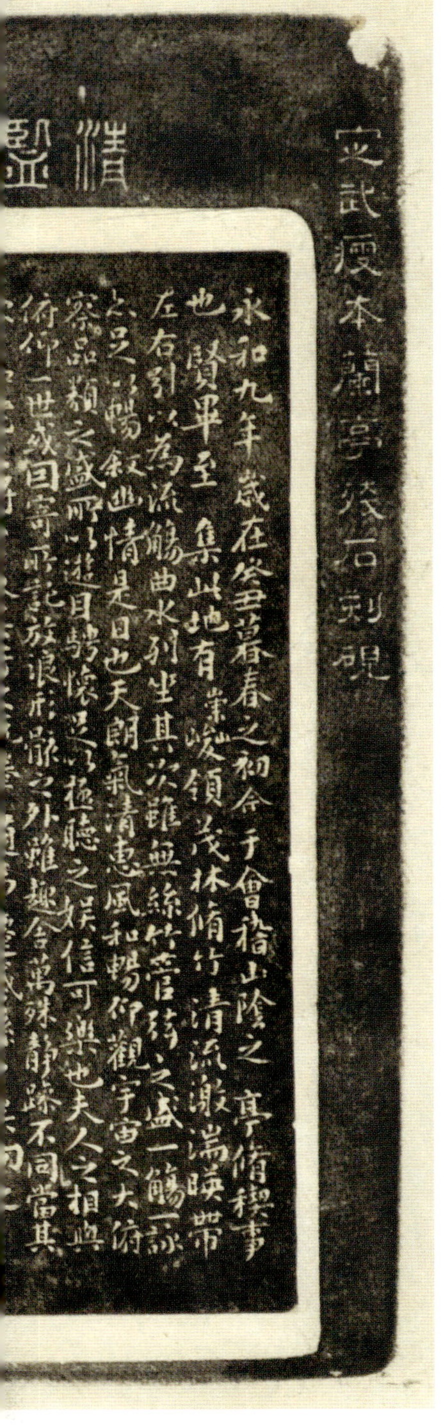

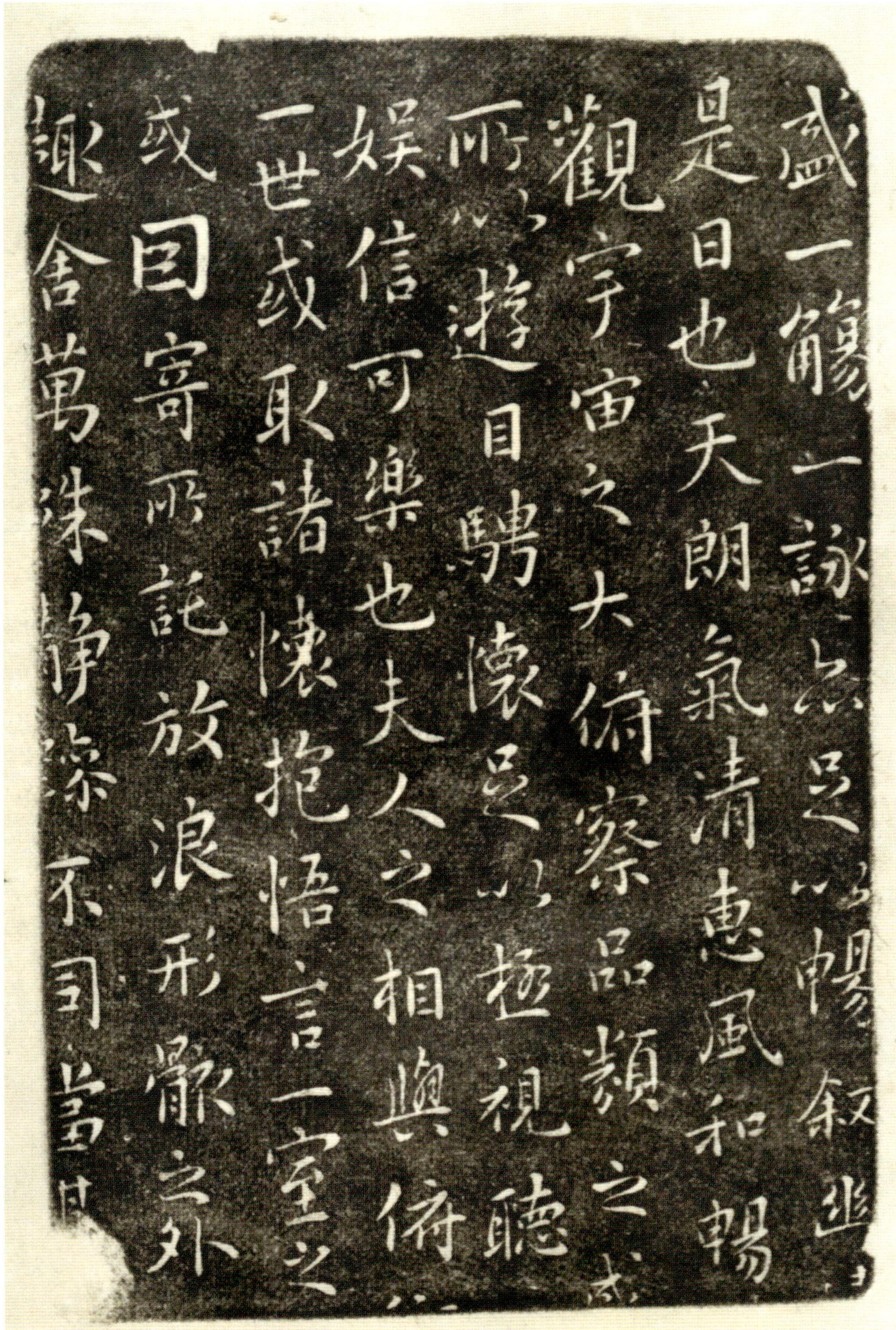

卷軸尾部，有李瑞清墨跋：

昔見張叔未解元得《子產廟碑殘石》製為硯，極古雅可愛。今蓮村先生得《蘭亭》殘（石），琢成研兩方，江左風流如在几席間也。張解元當妒煞。清道人。

從《吳與弼縮臨定武瘦本蘭亭》硯底銘文來看，此硯當為明宣德八年（1433）吳與弼製硯，但若從硯銘右側高鳳翰刻款來看，又似清雍正十三年（1735）高鳳翰製硯。再從李瑞清墨跋來看，蓮村先生得《蘭亭序殘石》後，製成硯石兩方，今觀拓本，兩方硯臺亦同等大小，莫非本卷拓本之第二硯——《吳與弼縮臨定武瘦本蘭亭硯》又為蓮村先生所製？

此事令人費解，難怪坊間盛傳“十硯九僞”之說。雖然硯銘事實難定，但不妨礙拓本的藝術欣賞，聊作金石文化繁星中的一顆來看待吧。

13.《缶廬磚硯三件》吳昌碩跋本

《吳昌碩磚硯題跋四軸》，已將古磚琢為硯池，旁側加刻吳昌碩硯銘，亦缶廬藏磚之一大特色。可惜只找到其中的三件，還有一件目前尚不明下落，期待以後整理中能得以配齊。卷軸包含磚銘拓片、硯銘拓片及吳昌碩楷書題跋三部份，吳昌碩的題跋時間為光緒十四年（1888）八月，時年四十五，題記之書體為吳氏早年鍾繇小楷面目，頗具玩味。

卷軸一《吳黃武元年（222）磚硯》

黃武之塼堅而古，卓哉孫郎留片土，供我硯林列弟五，倉碩。壬午（1882）四月金俯將持贈。

金傑，字俯將，江蘇蘇州人。吳昌碩摯友，多次將家藏金石割愛轉贈給昌碩。特別值得一提的是，金傑曾贈給昌碩一件古缶，吳氏從此便自號“缶翁”“老缶”，還將齋室名曰“缶廬”。

黃武為孫吳大帝六紀元之首，其時尚未稱帝，至己酉（229）四月即帝位，改元黃龍。戊子（1888）八月二日于滬上寓廬拓竟記此。吳俊。

下鈐“兼青亭長”印章。

卷中還鈐有：“甓禪”“牆有耳”“鶴壽”三印。

卷軸二《吳寶鼎三年（268）磚硯》

寶鼎殘磚敝帚享，鼎鼎朱門不珍賞，作為硯田兮，發金石想。庚辰（1880）得此，倉石吳俊。

馮氏《金石索》載寶鼎專字文相似，其微有不同者，特二年與三年，非出一范耳。苦鐵。

下鈐“吳昌石宜壽昌”。

卷中還鈐有：“老缶”“缶記”“安吉吳俊章”三印。

卷軸三《吳永安二年（259）磚硯》

永安磚硯永用吉，安吉縣人吳苦鐵。光緒乙酉（1885）苦鐵自銘。

晉惠帝亦有永安二年，《千甓亭專録》謂此專隸有篆意，當屬吳。倉碩。

下鈐“安吉”印章。

“年”下“白”，是“兒”之殘字，“兒”今作“倪”，此倪氏墓專也。

下鈐“苦鐵”印章。

鈐有：“抱員天”“缶記”“苦鐵近況”三印。

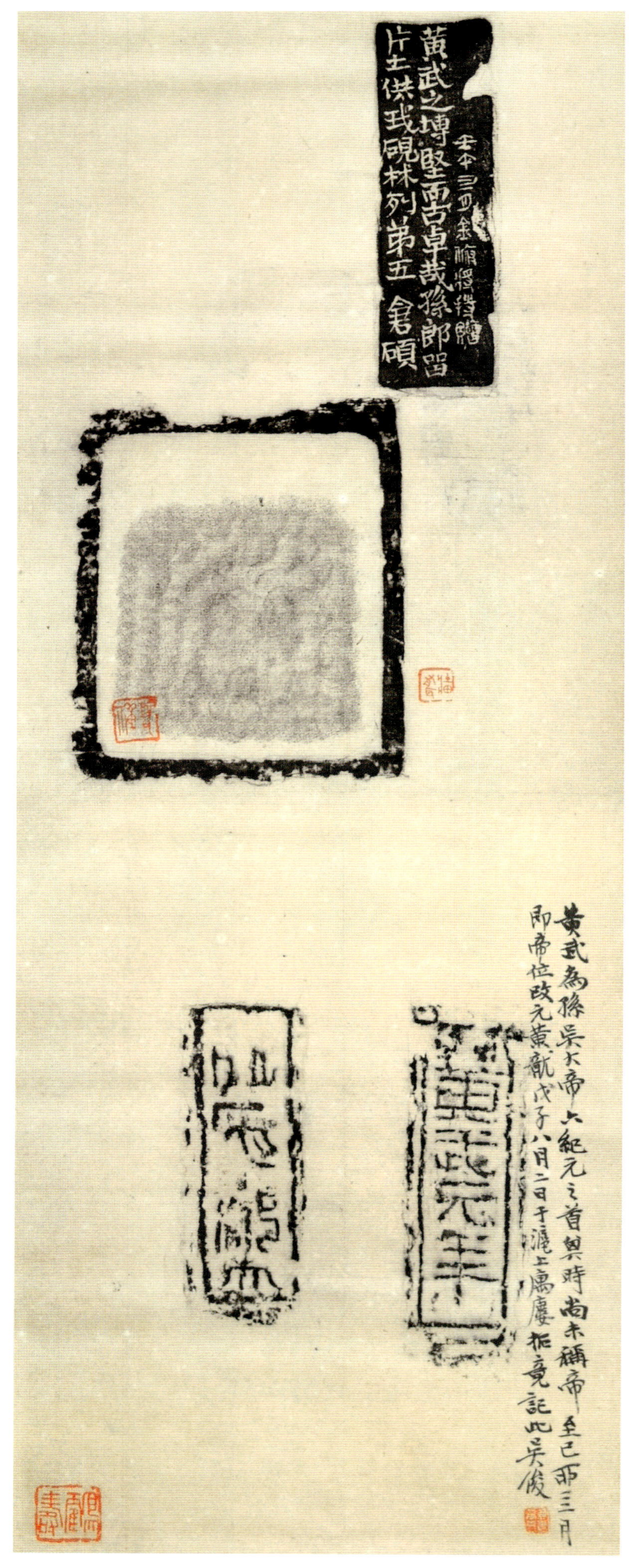

卷軸一

卷軸裝　帖芯縱62釐米　橫24釐米

館藏號：J6907-6909

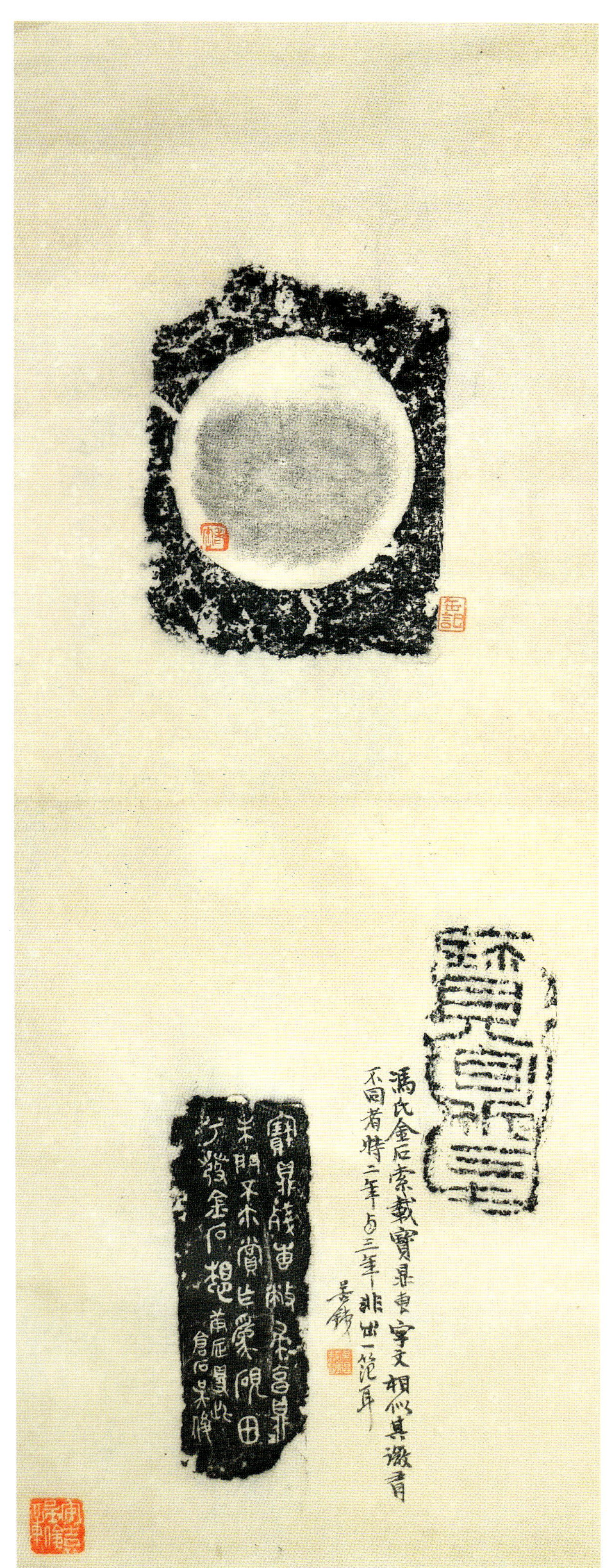

卷轴二

卷轴三

14.《張澍聲藏硯兩件》冒廣生跋本

張澍聲藏硯拓本兩件，其一為《雙清館度曲硯》，硯面刻有芭蕉葉，硯底綫刻《張澍聲畫像》，另有愛新覺羅・溥侗題刻硯銘一則。其二為《百二宣爐精舍寫經硯》，硯面上角刻有蒼鵝。拓本上各有民國三十四年（1945）冒廣生題記，均由唐源鄴抄録。

一、《百二宣鑪精舍寫經硯》

冒廣生題記：

百二宣鑪精舍寫經硯。

歙州佳硯琢金星，上有蒼鵝出地形。

好爇沈檀香一柱，寫經多寫度經人。

乙酉（1945）夏，冒廣生為澍聲先生屬題，唐源鄴書。

冒廣生（1873–1959），字鶴亭，號疚齋。江蘇如臯人，因出生於廣州而得名。光緒甲午（1894）年考取舉人，1898年戊戌變法，冒廣生入京參加了"公車上書"活動。1900年擔任刑部及農工部郎中。民國後，歷任農商部全國經濟調查會會長、江浙等地海關監督。抗戰勝利後，任中山大學教授、南京國史館纂修。新中國成立後，特聘為上海市文物保管委員會特約顧問、上海文史館館員。對經學、史學、諸子、詩詞皆有研究，著有《春秋繁露釋文》《小三吾亭詞話》。

唐源鄴（1886–1969），字李候、蒲傭，號醉農、醉龍、韭園、醉石、醉翁。湖南善化人。工漢隸，精篆刻。曾應馬衡之邀，赴京任故宮博物院顧問，審定文物，後任中央印鑄局技正。解放後，任湖北省文物管理委員會主任，湖北省文史研究館副館長，湖北東湖印社社長，西泠印社理事。著有《唐醉石印存》《醉石山農印稿》等。

二、《雙清館度曲硯》

1、溥侗硯銘題刻：

戊寅年（1938）甲子月，避地海陵，澍聲弟得此佳石，屬題記之，己卯（1939）清明前二日，西園識於申江寓所。

愛新覺羅・溥侗（1877–1952），字後齋、厚齋，號西園、紅豆館主。與袁克文、張伯駒、張學良並稱"民國四公子"。溥侗精於古典文學和文物鑒賞，通曉詞章音律。對於昆京藝術、戲劇音樂無所不通。1927年曾任樂律研究所所長，後被清華大學、女子文理學院等校聘為教授，講授昆曲。1935年，當選為國民黨第五屆候補中央監察委員，文化事業計劃委員會委員。抗日戰爭期間，溥侗未隨政府內遷，住在上海，曾在汪偽政權任"國民黨中央執行委員""國民政府委員""文物保管委員會委員"等職。

2、冒廣生題記：

雙清館度曲硯。

石之質，溫而純，曲之聽，清且新。張公子，殊絕倫，如聞其聲見其人。

澍聲先生屬題，冒廣生，乙酉新秋唐源鄴書。

張澍聲，京劇名票，祖上為無錫望族，係溥侗門生，與徐悲鴻、唐雲、白蕉、周煉霞、謝稚柳等書畫大家皆有往來。

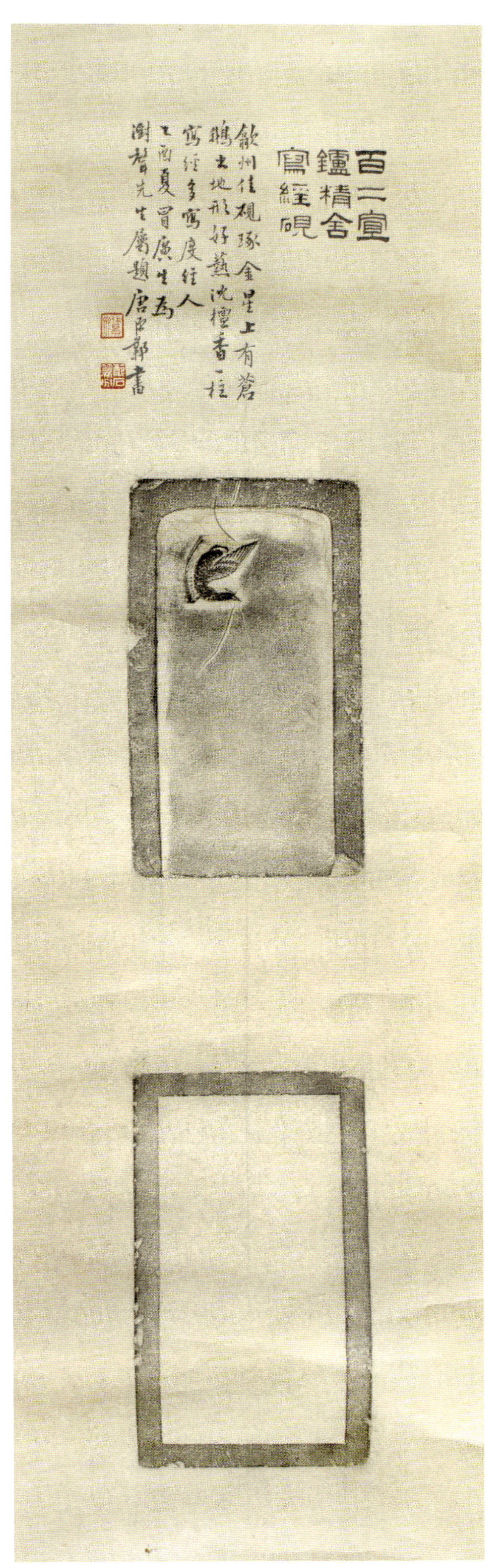

《百二宣鑪精舍寫經硯》

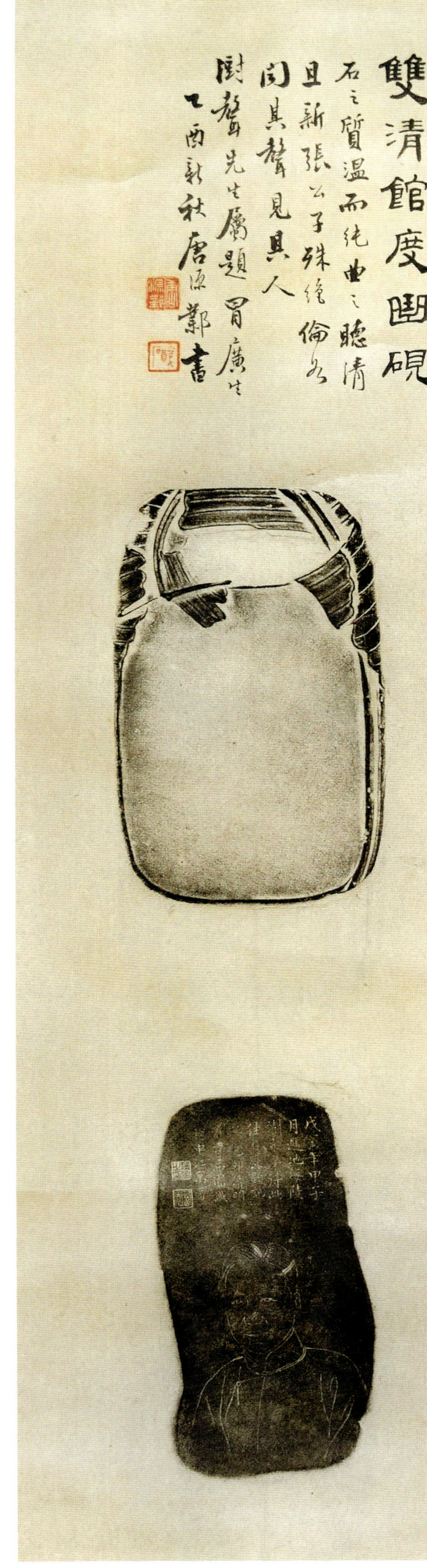

《雙清館度曲硯》　卷軸裝　畫芯縱59釐米　橫17.5釐米